Inhalt und Aufbau Englisch – Deutsch

1 **Stichwort**

3 **„to“ kennzeichnet die englischen Verben**

5 **Übersetzungen**

2 **Angabe der Aussprache in eckigen Klammern**

4 **Unregelmäßige Verbformen**

to **seek** [si:k] <sought, sought>
1 suchen
2 streben nach *Amt, Posten*

6 **Zusammengesetzte Verbformen sind mit einer Raute gekennzeichnet**

8 **Regionale Angaben**

7 **Beispielsätze zeigen dir die typische Verwendung des Stichworts**

9 **Diese Übersetzung, kannst du nur in Verbindung mit *Liebespaar* verwenden**

◆ to **go together**
1 zusammenpassen; **pink and orange don't go very well together** rosa und orange passen nicht so gut zusammen
2 (USA) (*umgangsspr*) *Liebespaar:* miteinander gehen

10 **Farbige Hinterlegung für den Grundwortschatz**

12 **Verschiedene Bedeutungen stehen auf einer neuen Zeile**

11 **Ein Warndreieck**

game [geɪm]
1 das Spiel
2 (*Sport*) das Spiel; **the Olympic Games** die Olympischen Spiele
3 **a game of chess/tennis** eine Partie Schach/Tennis
4 **games** ⚠ *Plural* (*Schulfach*) Spo
5 **what's his game?** (*umgangsspr*
er vor?
6 (*Kochen, Jagd*) das Wild[bret]

13 **Infokästen zu Kultur**

root [ru:t]
1 *von Pflanze, Haar, Zahn:* die Wurzel; **by the roots** mit der Wurzel; **to take root** Wurzeln schlagen
2 (*übertragen*) die Grundlage, die Ursache; **to get to the root of the problem** dem Problem auf den Grund gehen, das Problem bei den Wurzeln packen

Land und Leute
Root beer nennt man eine amerikanische Art Limonade mit verschiedenen Wurzelextrakten. Daraus kann man auch einen **root beer float** machen: Man gibt Milchspeiseeis in das root beer und trinkt es mit einem Strohhalm.

Grammati

to **drive** [draɪv] <drove, driven>
1 *Auto, Fahrer:* fahren; **can you drive?** kannst du fahren? [*oder* hast du einen Führerschein?]; **I drove to Cologne yesterday** gestern bin ich mit dem Auto nach Köln gefahren; …

Grammatik
Richtiges Konjugieren von **drive**: drive, drove, driven — *Mr Lee drove to Bath; Mrs Lee had driven for many miles.*

Hinweise zu Fehlerquellen

dur·ing ['djʊərɪŋ] während

Vorsicht Falle!
During oder **for**? Wenn es sich um die Zeitspanne handelt in der etwas passiert, verwendet man **during**: *It snowed during the night; Please do not smoke during the lesson.* Um zu sagen, wie lange etwas dauert oder passiert ist, verwendet man **for**: *I'm going to Glasgow for the weekend; He waited for two hours.*

falschen Freunden

to **spend** [spend] <spent, spent>
1 ausgeben *Geld*
2 verbringen *Zeit*

Falsche Freunde
Nicht verwechseln mit *spenden — to donate!*

PONS

WÖRTERBUCH FÜR DIE SCHULE ENGLISCH

+ App mit Verbtabellen

Englisch - Deutsch
Deutsch - Englisch

Neubearbeitung 2018

PONS GmbH
Stuttgart

PONS
Wörterbuch für die Schule
Englisch

Entwickelt auf der Basis des
PONS Wörterbuch für die Schule Englisch
ISBN 978-3-12-517824-3

Bearbeitet von: Ian Dawson, Anette Dralle, Katja Hald,
Johann-Friedrich Weber, Jill Williams

Landkarten
Klett-Perthes, Justus Perthes Verlag, Leipzig

Wörterbuch-App mit Verbtabellen
Die App zu diesem Titel können Sie im Rahmen unserer PONS Schule Bibliothek-App kostenfrei herunterladen.
Bei Verwendung der App gelten die Nutzungsbedingungen, die Sie auch unter www.pons.de/wörterbuch-für-die-schule-englisch einsehen können.

1. Auflage 2018 (1,01 – 2018)

www.pons.de
E-Mail: info@pons.de

Projektleitung: Ursula Martini
Sprachdatenverarbeitung: Andreas Lang, conTEXT AG
für Informatik und Kommunikation, Zürich
Einbandgestaltung: Ilham Widmann, Stuttgart
Logoentwurf: Erwin Poell, Heidelberg
Logoüberarbeitung: Sabine Redlin, Ludwigsburg
Titelfoto: Shutterstock/Billion Photos
Satz: Olaf Mangold Text & Typo, Stuttgart
Druck: Druckerei C.H. Beck, Nördlingen
Printed in Germany

ISBN 978-3-12-516070-5

Inhaltsverzeichnis

Vorwort

Liebe Lehrerinnen und Lehrer, liebe Schülerinnen und Schüler,

das **Englisch-Wörterbuch für die Schule von PONS** ist sehr ungewöhnlich, wie Sie gleich beim ersten Blättern sehen können. Die Seiten muten sehr übersichtlich und „luftig" an, weil wir die Informationen gezielt und sorgfältig ausgewählt haben. Das Ergebnis ist ein optimales „Lernwerkzeug" für Schülerinnen und Schüler der **Hauptschule**, **Werkrealschule**, **Integrierten Gesamtschule**, **Neuen Mittelschule** sowie aller weiteren differenzierenden Schulformen.

Die Beschränkung auf den wirklich lernerrelevanten Wortschatz hat Platz geschaffen für neue **lernerfreundliche Details**. In erster Linie sind dies die zahlreichen **Erläuterungen in gerahmten Kästchen**, die hilfreiche Ergänzung zu den Wörterbucheinträgen liefern und die kleinen **Anwendungsbeispiele**, die den typischen Gebrauch zeigen. Aber auch andere nützliche **Extras** verdienen es, hier kurz vorgestellt zu werden:

- Das neu entwickelte **Wörterbuch-Training** erleichtert den Lernenden den Einstieg in die Wörterbucharbeit. Hier finden die Schülerinnen und Schüler Erklärungen in leicht verständlicher Sprache und zahlreiche praktische Übungen zum Umgang mit dem Wörterbuch.
- Auf allen Seiten ist durchgängig die **ABC-Leiste** gedruckt, die stets eine sichere Orientierung im Alphabet garantiert.
- Damit Sie die **Stichwörter schneller finden**, haben wir sie besonders weit ausgerückt.
- Wir führen **jede einzelne Bedeutung** eines Stichwortes **auf einer neuen Zeile** auf und kennzeichnen sie mit einer arabischen Ziffer. Das garantiert einen guten Durchblick innerhalb der Einträge.
- Dadurch, dass wir **auf die Tilde** (~) **verzichten** und **das Stichwort immer ausschreiben**, gewinnt der Text an Klarheit, und die Merkquote erhöht sich schon während des Nachschlagens.
- Wir haben **auf Abkürzungen im Text** zwecks besserer Verständlichkeit bewusst **verzichtet**.
- Die **farbige Unterlegung der allerwichtigsten englischen Stichwörter** zeigt Ihnen an, welche „Lernwörter" Sie sich vorrangig einprägen sollten.
- Sie sparen Zeit beim Nachschlagen, weil wir **bei schwierigen englischen Übersetzungen die Lautschrift angeben**.
- **Unregelmäßige Wortformen** (z. B. ran, women, worse) haben wir **als Stichwörter mit Verweis auf die Grundform** aufgenommen. So können Sie schneller die passende Übersetzung finden.
- **Über 400 Infokästen** liefern wertvolle Zusatzinformationen zum korrekten Sprachgebrauch, zu landeskundlichen Themen und zu häufigen Fehlerquellen.
- **Grammatikboxen** dienen den Lernenden zur beiläufigen Wiederholung und Wissenserweiterung.
- Eine Liste mit den **englischen unregelmäßigen Verben** kann zum Nachschlagen und Lernen verwendet werden.
- **Bunte Bildseiten** zu Themenbereichen aus Alltag und Schule geben Impulse zum Aufbau und zur Erweiterung des Wortschatzes.

Das **PONS Wörterbuch für die Schule Englisch** enthält **36.000 Stichwörter und Wendungen** und begleitet die Schülerinnen und Schüler durch ihre gesamte Schulzeit und darüber hinaus.

Und das besondere Extra zum Buch:

Mit der **Vokabeltrainer-App von PONS** (für iOS und Android), die Sie kostenfrei herunterladen können, trainieren Sie Ihren Wortschatz und die unregelmäßigen englischen Verben - jederzeit und überall.

Das App-Symbol im Buch zeigt Ihnen an, welchen Wortschatz aus dem Buch Sie im Einzelnen mit der App üben und lernen können.

Viel Erfolg beim Nachschlagen, Üben und Lernen und immer gute Ergebnisse im Englischunterricht wünscht Ihnen

Ihre
PONS Redaktion
PONS - eine Marke aus dem Hause Klett

Dein Wörterbuch-Training

Die richtige Übersetzung zu finden, ist nicht so schwer, wie du vielleicht denkst. Dein Wörterbuch kann dir dabei eine große Hilfe sein. Vorausgesetzt natürlich, du weißt, wie du all die Informationen, die in ihm stecken, richtig nutzen kannst. Daher bieten wir dir hier ein tolles **Wörterbuch-Training** an. Lies dir einfach in Ruhe alles durch und versuche die Aufgaben zu lösen und schon wirst du bald zum **Wörterbuch-Champion**!

Apropos, weißt du eigentlich, wie **training** und **champion** auf Deutsch heißen? Kannst du die Wörter in deinem Wörterbuch finden?

Dann nimm dir einen Zettel und einen Stift und schreibe schon mal die Antwort auf. Im Anschluss an dieses Wörterbuch-Training findest du die jeweiligen Lösungen zu den Aufgaben. Und jetzt heißt es:

Ready, steady, go! – Auf die Plätze, fertig, los!

Was ist ein Stichwort?

1

Stichwörter nennt man die fett gedruckten farbigen Wörter, mit denen jeder Wörterbucheintrag beginnt. Wenn du also z. B. wissen willst, was Kaugummi auf Englisch heißt, suchst du nach dem Stichwort **Kaugummi**. Wie du bestimmt schon bemerkt hast, stehen in diesem Wörterbuch die englischen Stichwörter in der ersten Hälfte des Buches und die deutschen in der zweiten.

Was heißt **Kaugummi** auf Englisch?

Was gibt es alles für Stichwörter?

2

In deinem Wörterbuch stehen nicht nur *normale* Wörter, sondern auch:

- Abkürzungen
- Namen
- Zusammengesetzte Wörter, also Begriffe, die aus mehreren Wörtern bestehen

Kannst du die folgenden englischen Stichwörter finden? Schreibe auf, was sie bedeuten.
PE, **Denmark**, **paper cup**

Ein Wort, mehrere Wortarten

3

Manche Wörter kommen zum Beispiel als Verb und als Substantiv vor. In diesem Wörterbuch findest du all diese unterschiedlichen Wortarten jeweils in einem eigenen Eintrag wieder. Unterscheiden sich die Einträge nicht durch weitere Angaben, haben wir die Stichwörter zusätzlich mit einer hochgestellten arabischen Ziffer markiert, damit du sie besser unterscheiden kannst.

fork [fɔ:k]
1 die Gabel
2 *von Straße:* die Gabelung

to **fork** [fɔ:k] **to fork left** *Straße, Person, Auto:* nach links abbiegen

Euro·pean[1] [ˌjʊərəˈpɪən] europäisch

Euro·pean[2] [ˌjʊərəˈpɪən] der Europäer/die Europäerin

4 Unterschiedliche Schreibweisen

Manche Wörter kann man auf unterschiedliche Weisen schreiben. Buchstaben, die du wahlweise auch weglassen kannst, haben wir in deinem Wörterbuch eingeklammert.

to **whiz(z)** [(h)wɪz] **the holidays just whizzed past** die Ferien vergingen im Nu

gern(e)
1 gladly, with pleasure ['pleʒə]
2 **aber gern!** of course!
3 **gern geschehen!** you're welcome!
4 **das glaube ich gern** I can well believe it

5 Amerikanische Schreibvarianten

Englisch spricht man unter anderem in Großbritannien und in Amerika (USA). Manche Wörter werden in Amerika aber anders geschrieben als in Großbritannien. Amerikanische Schreibweisen haben wir in deinem Wörterbuch mit (USA) gekennzeichnet.

be·hav·iour [bɪ'heɪvɪəʳ], (USA) **be·hav·ior** das Benehmen, das Verhalten (**to/towards** gegenüber)

Wie schreibt man in Großbritannien das englische Wort für **Zentrum**? Findest du auch heraus, wie es die Amerikaner schreiben?

6 Silbentrennung

Hast du dich eigentlich schon gefragt, was die Punkte „·" in den englischen Stichwörtern bedeuten sollen? Nun, die Antwort ist ganz einfach. Dieser Punkt zeigt dir an, dass du das Wort an dieser Stelle trennen darfst.

lo·ca·tion [ləʊ'keɪʃn]
1 die Lage, der Standort
2 (*Tat*) die Ortsbestimmung, die Lagebestimmung
3 *von Film:* der Drehort; **to be on location** bei Außenaufnahmen sein

Das englische Wort für **Bergsteigen** heißt mountaineering. An welchen Stellen darf man dieses Wort trennen?

7 Besonders wichtige Wörter

Im englisch-deutschen Teil deines Wörterbuches findest du immer wieder Stichwörter, die farbig unterlegt sind. Dies sind Wörter, die man oft benutzt und die daher besonders wichtig sind. Wenn du dir diese Wörter gut merkst, ist das schon fast die halbe Miete.

live [laɪv]
1 (*am Leben*) lebend, lebendig
2 *Geschoss:* scharf
3 *Kabel:* Strom führend
4 **live broadcast** die Livesendung
5 **to broadcast live** direkt [*oder* live] übertragen

to **or·gan·ize** ['ɔːgənaɪz]
1 organisieren
2 einteilen *Arbeit, Zeit*

Unregelmäßige Wortformen 8

Wie im Deutschen gibt es auch im Englischen Wörter mit unregelmäßigen Formen. Diese können zum Beispiel auftreten, wenn man

- ein Wort steigert
- einen Satz in der Vergangenheit bilden will
- von der Mehrzahl (dem Plural) spricht

Im englisch-deutschen Teil deines Wörterbuches findest du diese unregelmäßigen Steigerungs-, Verb- und Pluralformen beim Basiseintrag in den spitzen Klammern „< >“.

many ['menɪ] <more, most> viele; **as many** ebenso viele; **as many again** noch mal so viele; **as many as 100** sage und schreibe 100; **a good** [*oder* **great**] **many** sehr viele; **there's one too many** einer ist zu viel; **he's had one too many** er hat einen über den Durst getrunken; **many a time** so manches Mal

to **lean** [liːn] <leant *oder* leaned, leant *oder* leaned>
① sich neigen
② *Person:* sich [an]lehnen (**against** gegen/an)
③ **to lean the ladder against the wall** die Leiter an die Wand lehnen

wom·an ['wʊmən, *Plural* 'wɪmɪn] <*Plural* women> die Frau

Zusätzlich dazu haben wir diese Formen auch als Stichwörter aufgeführt.

> Suche in deinem Wörterbuch:
> 1. die Steigerungsformen von **good**
> 2. die Grundform von **went**
> 3. die Pluralform von **knife**

Im Innenteil der Klappe des hinteren Vorsatzes findest du übrigens eine Tabelle mit den unregelmäßigen englischen Verben. Immer noch Probleme damit? Dann lad dir doch einfach unsere praktische App zu diesem Wörterbuch herunter. Wie das geht, steht auf der Rückseite der vorderen Umschlagsklappe.

Wörter mit unterschiedlichen Bedeutungen und Verwendungsarten 9

Viele Wörter haben mehr als nur eine Bedeutung oder Verwendungsart. Klar, dass diese dann auch unterschiedlich übersetzt werden müssen. Die Ziffern ①, ②, ③, ④, usw. zeigen dir an, welche Bedeutung oder Verwendung an der jeweiligen Stelle behandelt wird. In manchen Einträgen findest du zusätzlich hinter der Ziffer in Klammern eine schräg gedruckte Angabe, die dir helfen soll, noch besser zu verstehen, um welche Bedeutung es sich handelt.

ac·ces·so·ry [ək'sesərɪ] (*Gerät*) das/der Zubehör

> Welche Bedeutungen findest du in deinem Wörterbuch unter dem Stichwort **circuit**?

Es gibt darüber hinaus jedoch auch Wörter mit mehreren, sehr unterschiedlichen Bedeutungen. Wenn du z. B. von einer Bank sprichst, könntest du die Sitzgelegenheit oder das Geldinstitut meinen. In solchen Fällen führen wir jede Bedeutung als extra Stichwort auf und kennzeichnen sie mit der hochgestellten Ziffer.

pa·tient¹ ['peɪʃnt] geduldig

pa·tient² ['peɪʃnt] der Patient/die Patientin, der/die Kranke

der **Strauß¹** (*Blumenstrauß*) bunch of flowers

der **Strauß²** (*Laufvogel*) ostrich

Wie heißt auf Englisch die **Bank**, auf der man sitzen kann? Und wie nennt man auf Englisch die **Bank**, in der das Geld verwaltet wird?

10 Weiterlesen lohnt sich!

Wer in seinem Wörterbuch nur die erste Übersetzung hinter dem Stichwort anschaut, übersieht oft gerade das, was er eigentlich sucht. Wer schlau ist, liest also weiter! Auch lohnt es sich immer, gleich einen Blick auf die jeweiligen Folgeeinträge zu werfen. Am besten, du gewöhnst dir das gleich an. So kannst du unnötige Fehler vermeiden und oft sogar noch zusätzliche, interessante Beispielsätze finden.

Das englische Wort **piece** hat sehr viele Bedeutungen. Was bedeutet es beim Schach?

11 Redewendungen

Wer „eine lange Leitung hat", besitzt natürlich kein langes Stromkabel, sondern ist einfach nur schwer von Begriff. Im Deutschen machen solche Redewendungen natürlich keine Probleme. Aber wenn es ans Sprachenlernen geht, können sie zu einer echten Herausforderung werden. Die Kunst besteht nämlich darin herauszufinden, unter welchem Stichwort man die betreffende Redewendung findet. Auch in deinem Wörterbuch haben wir viele Redewendungen aufgenommen. Sie sind jeweils durch dem Symbol ▸ WENDUNGEN gekennzeichnet. Wenn du nun wissen möchtest, wie man eine bestimmte Redewendung übersetzt, überlege dir am besten, welches das wichtigste Wort der Wendung ist und schlage dann unter diesem Stichwort nach.

Unter welchem Stichwort findest du in deinem Wörterbuch die Redewendung „er hat eine ziemlich lange Leitung"?
Unter **er**, unter **hat**, unter **eine**, unter **ziemlich**, unter **lange** oder unter **Leitung**?

12 Wörter ohne direkte Übersetzung

Es gibt immer wieder Wörter oder Wendungen, die nur in einer Sprache vorkommen und für die es daher auch keine genauen Übersetzungen gibt. Damit du dennoch verstehen kannst, um was es geht, geben wir in solchen Fällen eine ungefähre Übersetzung an, markiert durch das Zeichen „≈".

das **Fladenbrot** round, flat loaf [of bread], ≈ Turkish bread

die **Drei**
1 (*Zahl*) [number] three
2 (*Schulnote*) ≈ C; **eine Drei schreiben** ≈ to get a C

Manchmal macht es auch Sinn, das Wort stattdessen zu erklären. Solche Erklärungen sind in schräger Schrift gedruckt.

char·ity shop (GB) *Laden, in dem gespendete, meist gebrauchte Waren verkauft werden, um Geld für wohltätige Zwecke zu sammeln*

Für **Rösti** gibt es keine direkte englische Entsprechung. Wie könnte man das Wort stattdessen ungefähr übersetzen? Schlag in deinem Wörterbuch nach.
Der englische Ausdruck **car-boot sale** hat keine deutsche Übersetzung. Mit welcher Erklärung wird er in deinem Wörterbuch umschrieben?

13

Achtung, Fehlerquelle!

Es gibt eine Reihe von Fehlern, die Englischschüler immer wieder machen. Das Warndreieck ⚠ soll dir dabei helfen, solche Fehler zu vermeiden. Also, am besten den Eintrag noch einmal gut durchlesen, wenn du auf ein solches Warndreieck stößt.

sta·tion·ery ['steɪʃənrɪ] ⚠ *kein Plural*
1 das Briefpapier
2 die Schreibwaren

der **Hafer** oats ⚠ *Plural*

Suche in deinem Wörterbuch nach zwei weiteren Warndreiecken ⚠. Verstehst du, warum sie gerade hier stehen? Tausche dich doch mal mit deinem Englischlehrer oder deinen Klassenkameraden aus.

14

Sprachgebrauch

Natürlich sprichst du mit deinen Freunden anders als zum Beispiel mit deinem Lehrer. Und du wirst auch andere Wörter benutzen. Bei einem Vorstellungsgespräch sollte man sich gut ausdrücken können, aber wenn man so richtig sauer auf jemanden ist, entschlüpft einem auch schon mal ein vulgäres Schimpfwort. All dies fasst man unter Sprachgebrauch zusammen.

Auch im Englischen gibt es Wörter und Wendungen, die du nur in einem bestimmten Sprachgebrauch verwenden solltest. In deinem Wörterbuch haben wir dies durch einen Hinweis in runden Klammern gekennzeichnet. Die folgende Tabelle zeigt dir, welche Bezeichnungen zum Sprachgebrauch in deinem Wörterbuch vorkommen.

Sprachgebrauch	Umschreibung des Sprachgebrauchs
(abwertend)	bezeichnet einen abwertenden Sprachgebrauch. Der Sprecher drückt damit seine abschätzige Haltung aus, z. B. *swot - Streber; tart - Schlampe.*
(gehoben)	bezeichnet gehobenen Sprachgebrauch, sowohl in der gesprochenen als auch in der geschriebenen Sprache, z. B. *upon - auf; public house - Kneipe*
(übertragen)	bezeichnet übertragenen Sprachgebrauch. Das Wort oder die Wendung dient - in einem übertragenen Sinn - als Bild für das, was man ausdrücken will: *to walk into - zufällig treffen; colourful - lebendig*
(umgangsspr)	bezeichnet umgangssprachlichen Sprachgebrauch wie er zwischen Familienmitgliedern und Freunden in zwangsloser Unterhaltung und in privaten Briefen verwendet wird, z. B. *veg - Gemüse; to waffle - quasseln*
(slang)	bezeichnet stark umgangssprachlichen, saloppen Sprachgebrauch oder Wörter, die als vulgär gelten und daher tabu sind: *naff - ätzend; to puke - kotzen*

Suche in deinem Wörterbuch je ein Beispiel für die fünf verschiedenen Sprachgebrauchsarten, die in der Tabelle aufgeführt sind.

15

Regionale Angaben: (GB), (USA) und (A), (CH)

Für Stichwörter oder Redewendungen, die nur in Großbritannien benutzt werden, verwenden wir das Länderkennzeichen (GB).

post·box (GB) der Briefkasten

Varianten, die dagegen nur im amerikanischen Englisch vorkommen, erkennst du am Länderkennzeichen (USA).

air·plane ['eəpleɪn] (USA) das Flugzeug

Im deutsch-englischen Teil deines Wörterbuches findest du auch Wörter, die typisch für Österreich oder die Schweiz sind. Sie sind mit (A) bzw. (CH) gekennzeichnet.

der **Paradeiser** (A) tomato [tə'mɑːtəʊ]

parkieren (CH) to park

16 Die Infokästen

Für alle, die es etwas genauer wissen wollen, gibt es unsere zahlreichen farbig unterlegten Infokästen mit tollen Tipps. Dabei unterscheiden wir fünf unterschiedliche Arten von Infokästen:

L **Land und Leute**: Hier findest du Informationen über die Menschen und das Leben in Großbritannien und Amerika. Dein Wörterbuch hilft dir also nicht nur dabei, Englisch zu lernen. Es bringt dir auch die Gewohnheiten und Besonderheiten der Briten und Amerikaner näher. So macht Lernen gleich noch mehr Spaß!

V **Vorsicht Falle!**: Diese Kästen helfen dir dabei, typische Fehler zu vermeiden, die andere Englischschüler immer wieder machen. So bekommst du zum Beispiel Tipps, welche Wörter du in welchem Zusammenhang verwenden kannst und wann du manche Wörter unbedingt meiden solltest. Hier warnen wir dich auch vor typischen Falschschreibungen. Wenn du also regelmäßig die Vorsicht Falle!-Kästen liest, wirst du schon bald ein gutes Gespür für die englische Sprache entwickeln und so bei deiner Lehrerin oder deinem Lehrer mit deinem Wissen punkten können!

G **Grammatik**: Auch wenn es manchmal schwerfällt – Grammatik ist wichtig! Und so sind unsere Grammatikboxen mit ihren nützlichen Hinweisen ein wertvoller Bestandteil deines Wörterbuches.

F **Falscher Freund**: Manche englischen Wörter sehen deutschen Wörtern sehr ähnlich, bedeuten aber etwas ganz anderes. Solche Wörter nennt man falsche Freunde. Unsere betreffenden Infokästchen warnen wir dich vor solchen Sprachfallen. Natürlich verraten wir dir hier auch immer gleich, wie die korrekte Übersetzung heißen muss. So kannst du typische Fehler vermeiden und gleichzeitig auch noch ein paar nützliche Wörter lernen.

Viel Spaß mit deinem Wörterbuch wünscht dir deine

PONS-Redaktion

Die Lösungen zu den Aufgaben

training - die **Schulung**, die **Ausbildung**
champion - (*Sport*) der **Meister**

1 der Kaugummi - **chewing gum**

2 PE - (*in der Schule*) Abkürzung von **physical education** der Sport
Denmark - **Dänemark**
paper cup - der **Pappbecher**

5 Zentrum - (GB) **centre**, (USA) **center**

6 moun·tain·eer·ing

8 1. good, **better**, **best**
2. **go**, went, gone
3. knife, (*Plural*) **knives**

9 circuit:
1. die **Runde**, die **Rundreise**
2. (*Sport*) die **Rennbahn**
3. (*elektrisch*) der **Stromkreis**

die Bank (*Sitz- oder Gartenbank*) - **bench**
die Bank (*Geldinstitut*) - **bank**

10 piece - (*beim Schach*) die **Figur**

11 Die Wendung steht unter dem Stichwort **Leitung**.

12 Rösti: *hash browns*
car-boot sale: *privater Flohmarkt, bei dem der Kofferraum als Verkaufsfläche dient*

13 Schaue dir z. B. die Warnhinweise bei folgenden Stichwörtern an: **drum**, **news**, **spectacle**

14 Schaue dir z. B. folgende Stichwörter an: **swot**, **upon**, **come over**, **weird**, **bloke**

Liste der Lautschriftzeichen

Damit du immer weißt, wie die Wörter, die du in deinem Wörterbuch nachschlägst ausgesprochen werden, steht hinter jedem englischen Stichwort in eckigen Klammern die Lautschrift. Die Lautschriftzeichen bilden eine Art extra Alphabet. In den folgenden Tabellen findest du alle Zeichen des Lautschriftalphabets. Hier wird jedem Zeichen ein Beispielwort zugeordnet, das den jeweiligen Laut enthält.

Vokale und Diphthonge	
[ɑː]	father
[ɑ̃ː]	entrée
[aɪ]	five, life
[aʊ]	house, about
[æ]	man, sad
[e]	get, bed
[eɪ]	name, same
[ᵊ]	ago, better
[ɜː]	bird, her
[ᵊ]	lotion
[eə]	there, care
[ʌ]	but, son
[ɪ]	it, wish
[iː]	read, meet
[ɪə]	here, near
[ɔː]	caught, ought
[əʊ]	no, low
[ɒ]	not, long
[ɔː]	law, all
[ɔɪ]	boy, oil
[ʳ]	bitter, flour
[ʊ]	push, look
[uː]	you, do
[ʊə]	poor, sure

Konsonanten	
[b]	been, blind
[d]	do, had
[ð]	this, father
[dʒ]	jam, object
[f]	father, wolf
[g]	go, beg
[ŋ]	long, sing
[h]	house
[j]	youth
[k]	keep, milk
[kw]	queen
[l]	lamp
[l̩]	fizzle, amicable
[m]	man, am
[n]	no, manner
[p]	paper, happy
[r]	red, dry
[s]	stand, yes
[ʃ]	ship, station
[t]	tell, fat
[tʃ]	church, catch
[θ]	thank, youth
[v]	voice, live
[w]	water, we
[x]	loch
[z]	zeal, gaze
[ʒ]	pleasure

In den Lautschrift werden außer den Schriftzeichen noch [ː], [ˈ] und [ˌ] verwendet.

[ː] bedeutet, dass der vorangegangene Vokal lang ausgesprochen wird: kɑːd – **card**

[ˈ] steht vor der Wortsilbe, die die Hauptbetonung trägt: ˈhjuːmən – **human**

[ˌ] steht in langen Wörtern, da es dann zusätzlich zur Haupt- noch eine Nebenbetonung gibt: ˌgʊdˈlʊkɪŋ – **good-looking**

Englisch
Deutsch

Aa

A <*Plural* A's *oder* As>, **a** [eɪ] <*Plural* a's>
1 (*auch Musiknote*) a, das A
2 (*Schulnote*) die Eins

a [ə, *betont* eɪ], *vor Vokalen* **an** [ən, *betont* æn]
1 *unbestimmter Artikel* ein, eine, ein; **she's a teacher** sie ist Lehrerin
2 pro; **five pounds an hour** fünf Pfund pro [*oder* die] Stunde; **once a week** einmal in der Woche
3 **half an hour** eine halbe Stunde

to **aban·don** [ə'bændən]
1 verlassen *Mensch, Haus;* stehen lassen *Auto*
2 aufgeben *Hoffnung, Projekt*

ab·bey ['æbɪ] die Abtei

ab·bre·via·tion [əˌbriːvɪ'eɪʃn] die Abkürzung

abil·ity [ə'bɪlətɪ]
1 die Fähigkeit; **to have the ability to do something** etwas können; **to the best of one's ability** nach besten Kräften
2 (*Talent*) die Begabung

able ['eɪbl]
1 (*kompetent*) fähig, tüchtig; **to be able to** können, in der Lage sein zu
2 (*talentiert*) begabt

aboard [ə'bɔːd] **all aboard!** alles einsteigen!

to **abol·ish** [ə'bɒlɪʃ] abschaffen

abo·li·tion [əbəl'ɪʃn] die Abschaffung

Abo·rigi·ne [ˌæbə'rɪdʒɪnɪ] der/die Ureinwohner/Ureinwohnerin Australiens

abor·tion [ə'bɔːʃn] der Schwangerschaftsabbruch, die Abtreibung

about [ə'baʊt]
1 (*bezüglich*) *Thema:* von; *Buch:* über; **what's the film about?** wovon handelt der Film?
2 in, an; **the worst thing about my job is the commuting** das Schlimmste bei meinem Job ist das Pendeln
3 **what about going to the cinema this evening?** wie wäre es mit Kino heute Abend?
4 *räumlich* herum, umher; **round about** ringsum
5 *örtlich* da; **there's no one about** es ist niemand da
6 *zeitlich* um, gegen; [**at**] **about five o'clock** gegen fünf Uhr
7 **it's just about to snow** es wird jeden Augenblick schneien; **he was about to leave the house** er wollte gerade aus dem Haus gehen
8 (*umgangsspr*) ungefähr; **she was about 30** sie war um die 30; **it's about six metres long** es ist zirka sechs Meter lang

above[1] [ə'bʌv]
1 über, oberhalb; **above sea level** über dem Meeresspiegel
2 oben; **from above** von oben; **as** [**mentioned**] **above** wie oben erwähnt
3 (*in Rang, Bedeutung, Stellung*) höher; **she's a year above me in school** sie ist in der Klasse über mir
4 mehr als; **above average** überdurchschnittlich ▸ WENDUNGEN: **above all** vor allem

above[2] [ə'bʌv] obig, oben erwähnt

abroad [ə'brɔːd] im/ins Ausland

ab·rupt [ə'brʌpt]
1 plötzlich, abrupt
2 *Verhalten:* schroff, barsch

ab·sence ['æbsəns]
1 *einer Person:* die Abwesenheit (**from** von)
2 (*von einer Sache*) das Fehlen

ab·sent ['æbsənt] abwesend, fehlend

absent-minded [ˌæbsənt'maɪndɪd] zerstreut

ab·so·lute ['æbsəluːt] absolut

ab·so·lute·ly ['æbsəluːtlɪ, *allein stehend* ˌæbsə'luːtlɪ]
1 **absolutely nothing** absolut nichts
2 **absolutely mad** völlig verrückt
3 **absolutely!** (*umgangsspr*) genau!

to **ab·sorb** [əb'sɔːb] aufsaugen *Flüssigkeit*

ab·sorbed [əb'sɔːbd] (*übertragen*) vertieft

ab·surd [əb'sɜːd] absurd, unsinnig

abun·dant [ə'bʌndənt]
1 reich (**in** an), üppig
2 reichlich versehen (**with** mit)

to **abuse** [ə'bjuːz]
1 missbrauchen, quälen *Person, Tier*
2 missbrauchen *Macht, Vertrauen*

abuse [ə'bjuːs]
1 der Missbrauch (**of** von), der Missstand
2 (*Beleidigung*) die Beschimpfung

aca·dem·ic[1] [ˌækəˈdemɪk]
1 akademisch
2 wissenschaftlich, geistig
3 **that is academic** das ist nicht direkt relevant

aca·dem·ic[2] [ˌækəˈdemɪk] der Akademiker/die Akademikerin

acad·emy [əˈkædəmɪ] die Akademie

to **ac·cel·er·ate** [əkˈseləreɪt]
1 [sich] beschleunigen
2 *Autofahrer:* Gas geben

ac·cel·era·tion [əkˌseləˈreɪʃn] die Beschleunigung

ac·cel·era·tor [əkˈseləreɪtəʳ] (*am Auto*) das Gaspedal

ac·cent [ˈæksənt] der Akzent

to **ac·cept** [əkˈsept]
1 annehmen, akzeptieren
2 (*übertragen*) einverstanden sein, glauben

Grammatik
Accept oder **agree**? Wenn man eine Einladung, eine Stelle oder ein Angebot annehmen möchte, verwendet man **accept**: *They've invited me to their wedding and I've accepted.* Mit **agree to do something** sagt man, dass man mit etwas einverstanden ist: *He's agreed to come and meet us at the airport.*

ac·cept·able [əkˈseptəbl] annehmbar

ac·cept·ance [əkˈseptəns]
1 die Annahme
2 die Zustimmung

ac·cess [ˈækses]
1 der Zutritt (**to** zu)
2 **internet access** der Internetzugriff

to **ac·cess** [ˈækses] **to access data** auf Daten zugreifen

ac·ces·sible [əkˈsesəbl] zugänglich, erreichbar (**to** für)

ac·ces·so·ry [əkˈsesərɪ] (*Gerät*) das/der Zubehör

ac·ci·dent [ˈæksɪdənt]
1 der Zufall; **by accident** zufällig
2 das Unglück, der Unfall; **in an accident** bei einem Unfall

ac·ci·den·tal [ˌæksɪˈdentl] zufällig, versehentlich

ac·com·mo·da·tion [əˌkɒməˈdeɪʃn] die Unterkunft

to **ac·com·pa·ny** [əˈkʌmpənɪ] (*auch musikalisch*) begleiten (**on** auf)

ac·cord **of one's own accord** von sich aus, von selbst

ac·cord·ance [əˈkɔːdəns] **in accordance with** entsprechend, gemäß

ac·cord·ing·ly [əˈkɔːdɪŋlɪ] dementsprechend, danach

ac·cord·ing to [əˈkɔːdɪŋ] laut, nach; **according to schedule** fahrplanmäßig, zeitplanmäßig

ac·count [əˈkaʊnt]
1 das Konto (**with** bei)
2 der Bericht
3 **accounts** *Plural* (*in der Wirtschaft*) die [Geschäfts]bücher
4 **on no account** auf keinen Fall
5 **to take into account** in Betracht ziehen, berücksichtigen

to **ac·count** [əˈkaʊnt]
1 **to account for something** etwas erklären
2 **young people account for a big percentage of our customers** junge Leute machen einen großen Prozentsatz unserer Kunden aus

ac·count·ant [əˈkaʊntənt]
1 der Steuerberater/die Steuerberaterin
2 der Buchhalter/die Buchhalterin

to **ac·cu·mu·late** [əˈkjuːmjʊleɪt] [sich] ansammeln

ac·cu·ra·cy [ˈækjərəsɪ] die Genauigkeit

ac·cu·rate [ˈækjərət] genau

ac·cu·sa·tion [ˌækjuːˈzeɪʃn]
1 die Anklage
2 der Vorwurf

to **ac·cuse** [əˈkjuːz] anklagen; **to accuse someone of a crime** jemanden eines Verbrechens beschuldigen

ac·cused [əˈkjuːzd] der/die Angeklagte

ac·cus·tomed [əˈkʌstəmd] **to be accustomed** gewohnt sein (**to** an); **to get accustomed** sich gewöhnen (**to** an)

ace [eɪs] (*Spielkarte; beim Tennis*) Ass

ache [eɪk] der Schmerz

to **ache** [eɪk] **my foot aches** mein Fuß tut mir weh

to **achieve** [əˈtʃiːv] erreichen *Ziel*

achieve·ment [əˈtʃiːvmənt] die Leistung, die Errungenschaft

acid [ˈæsɪd] sauer; **acid rain** der saure Regen

to **ac·knowl·edge** [ək'nɒlɪdʒ]
1 anerkennen
2 **the government has acknowledged that unemployment figures have not fallen** die Regierung hat zugegeben, dass die Arbeitslosenzahl nicht zurückgegangen ist
3 **to acknowledge the receipt of a letter** den Empfang eines Briefes bestätigen

ac·quaint·ance [ə'kweɪntəns]
1 der/die Bekannte
2 **to make someone's acquaintance** jemandes Bekanntschaft machen

to **ac·quire** [ə'kwaɪəʳ]
1 erwerben
2 sich aneignen *Kenntnisse*

ac·ro·bat ['ækrəbæt] der Akrobat/die Akrobatin

ac·ro·bat·ic [ˌækrə'bætɪk] akrobatisch

across[1] [ə'krɒs]
1 [quer] über *die Straße*
2 [quer] durch *die Stadt;* **right across** quer durch
3 auf der anderen Seite *der Straße;* **to live across the street** gegenüber wohnen

across[2] [ə'krɒs]
1 **to come across someone** jemandem begegnen, auf jemanden stoßen
2 **ten metres across** zehn Meter breit

act [ækt]
1 die Handlung, die Tat
2 (*im Theater*) der Akt, der Aufzug
3 **Act** [**of Parliament**] das Gesetz
4 **don't put on an act!** (*umgangsspr*) spiel doch kein Theater!

to **act** [ækt]
1 spielen *eine Rolle*
2 sich benehmen
3 handeln, tätig werden (**as** als); **you must act quickly** Sie müssen schnell reagieren

ac·tion ['ækʃn]
1 das Handeln, die Tat; **to take action** Schritte unternehmen, Maßnahmen ergreifen; **to put a plan into action** einen Plan in die Tat umsetzen
2 die Klage, der Prozess
3 der Kampf; **killed in action** gefallen
4 (*auch im Film*) die Action
5 **in/out of action** in/außer Betrieb

ac·tive ['æktɪv]
1 aktiv, lebhaft; **to take an active part in something** an etwas regen Anteil nehmen
2 *Vulkan:* tätig

ac·tiv·ity [æk'tɪvətɪ] die Tätigkeit, die Aktivität

ac·tor ['æktəʳ] der Schauspieler

ac·tress ['æktrɪs] <*Plural* actresses> die Schauspielerin

ac·tual ['æktʃʊəl] wirklich, tatsächlich [vorhanden], eigentlich

ac·tu·al·ly ['æktʃʊlɪ]
1 eigentlich
2 tatsächlich

acute [ə'kju:t]
1 *Situation, Krankheit:* akut
2 *Sinne:* scharf
3 *Winkel:* spitz

ad [æd] (*umgangsspr*)
1 das Inserat
2 die Werbung

AD *Abkürzung von* **anno Domini** n. Chr.

to **adapt** [ə'dæpt]
1 anpassen (**to** an)
2 bearbeiten *Roman*

adapt·able [ə'dæptəbl] anpassungsfähig (**to** an)

ad·ap·ta·tion [ˌædæp'teɪʃn]
1 die Anpassung (**to** an)
2 *eines Textes:* die Bearbeitung

adapt·er, **adap·tor** [ə'dæptəʳ] (*Gerät*) der Adapter; **universal adaptor plug** der Mehrfachstecker

to **add** [æd]
1 hinzufügen (**to** zu)
2 **to add to something** zu etwas beitragen, etwas vermehren *Probleme*
3 **to add up** addieren

ad·dict ['ædɪkt] der/die Süchtige

ad·dict·ed [ə'dɪktɪd] süchtig; **addicted to drugs** rauschgiftsüchtig

ad·dic·tion [ə'dɪkʃən] die Sucht

ad·di·tion [ə'dɪʃn]
1 die Beigabe
2 der Zusatz
3 (*in der Mathematik*) die Addition

ad·di·tion·al [ə'dɪʃənl] zusätzlich

ad·di·tive ['ædɪtɪv] *zu Lebensmittel:* der Zusatz

to **ad·dress** [ə'dres]
1 adressieren *Brief*
2 eine Ansprache halten an *Publikum*

ad·dress [ə'dres] <*Plural* addresses>
1 die Anrede
2 die Adresse

ad·equate ['ædɪkwət] ausreichend (**to** für)

ad·he·sive [əd'hi:sɪv] der Klebstoff

ad·jec·tive ['ædʒɪktɪv] das Adjektiv

to **ad·just** [ə'dʒʌst] [richtig] einstellen *Gerät;* **to adjust [oneself] to something** sich einer Sache anpassen, sich auf eine Sache einstellen

ad·just·able [ə'dʒʌstəbl] verstellbar

ad·just·ment [ə'dʒʌstmənt]
① die Anpassung
② *von Gerät:* die Einstellung

to **ad·min·is·ter** [əd'mɪnɪstəʳ]
① verwalten *Amt*
② verabreichen *Medizin*

ad·min·is·tra·tion [əd,mɪnɪ'streɪʃn]
① die Verwaltung
② die Regierung

ad·mi·rable ['ædmərəbl] bewundernswert

ad·mi·ral ['ædmərəl] der Admiral/die Admiralin

ad·mi·ra·tion [,ædmə'reɪʃn] die Bewunderung (**of/for** für)

to **ad·mire** [əd'maɪəʳ] bewundern (**for** wegen)

ad·mis·sion [əd'mɪʃn]
① der Zutritt, der Einlass; **no admission!** Zutritt verboten!
② der Eintrittspreis; **admission free** Eintritt frei
③ das Eingeständnis; **admission of guilt** das Schuldbekenntnis

to **ad·mit** [əd'mɪt] <admitted, admitted>
① zugeben
② hereinlassen (**into** in); **this ticket admits two children** diese Entrittskarte ist für zwei Kinder; **to be admitted to hospital** ins Krankenhaus eingeliefert werden

ad·mit·tance [əd'mɪtns] der Einlass, der Zutritt

ad·mit·ted·ly [əd'mɪtɪdlɪ] zugegebenermaßen

ado·les·cence [,ædə'lesns] die Jugend, die Pubertät

ado·les·cent [,ædə'lesnt] der/die Jugendliche

to **adopt** [ə'dɒpt]
① adoptieren *Kind*
② einnehmen *Einstellung, Haltung*
③ übernehmen *Sitte*

adop·tion [ə'dɒpʃn]
① die Adoption
② die Annahme

to **adore** [ə'dɔ:ʳ] (*umgangsspr*) sehr gernhaben

adult ['ædʌlt]
① der/die Erwachsene
② das ausgewachsene Tier

adul·tery [ə'dʌltərɪ] der Ehebruch

to **ad·vance** [əd'vɑ:ns]
① vorrücken
② Fortschritte machen

ad·vance [əd'vɑ:ns]
① der Fortschritt
② der Vorschuss
③ **in advance** im Voraus

ad·vanced [əd'vɑ:nst] fortgeschritten

ad·van·tage [əd'vɑ:ntɪdʒ] der Vorteil; **to have an advantage over someone** jemandem gegenüber im Vorteil sein; **to take advantage of** ausnutzen

ad·ven·ture [əd'ventʃəʳ] das Abenteuer

ad·ven·tur·ous [əd'ventʃərəs]
① *Reise:* abenteuerlich
② *Person:* abenteuerlustig

ad·verb ['ædvɜ:b] das Umstandswort

ad·vert ['ædvɜ:t] GB (*umgangsspr*)
① die [Zeitungs]anzeige, das Inserat
② die Werbung

to **ad·ver·tise** ['ædvətaɪz]
① annoncieren, inserieren
② Reklame machen, Werbung betreiben

ad·ver·tise·ment [əd'vɜ:tɪsmənt]
① die [Zeitungs]anzeige, das Inserat
② die Reklame, die Werbung

ad·ver·tis·ing ['ædvə,taɪzɪŋ] die Werbung, die Reklame

ad·vice [əd'vaɪs] ⚠ *kein Plural und kein ‚a' oder ‚an'* der Rat[schlag]; **a piece** [*oder* **bit**] **of advice** ein Rat, jemandes Rat befolgen; **to ask someone's advice** jemanden um Rat fragen

ad·vis·able [əd'vaɪzəbl] ratsam

to **ad·vise** [əd'vaɪz] raten

Grammatik
Advice oder **advise**? **Advice** mit c ist ein Substantiv und wird nie im Plural gebraucht: *I'll give you a piece of advice; I need some advice.* **Advise** mit s ist ein Verb: *Jane advised him to go to Oxford.*

aer·ial[1] ['eərɪəl]
① Luft-; **aerial view** das Luftbild
② *Kabel:* oberirdisch

aer·ial² ['eərɪəl] (GB) die Antenne

aero·plane ['eərəpleɪn] das Flugzeug

aero·sol ['eərəsɒl] die Sprühdose

af·fair [ə'feəʳ]
1 die Angelegenheit, die Sache
2 das Verhältnis, die Affäre
3 **foreign affairs** die auswärtigen Angelegenheiten

to **af·fect** [ə'fekt]
1 beeinflussen, in Mitleidenschaft ziehen *Menschen*
2 *Krankheit:* angreifen, befallen
3 **to affect someone [deeply]** einen [tiefen] Eindruck auf jemanden machen

af·fec·tion [ə'fekʃn] die [Zu]neigung, die Liebe (**for/towards** zu)

af·fec·tion·ate [ə'fekʃənət] liebevoll, herzlich

af·firma·tive [ə'fɜːmətɪv] bejahend

af·flu·ent ['æflʊənt] reich (**in** an)

to **af·ford** [ə'fɔːd] sich leisten; **I can't afford it** ich kann es mir nicht leisten

afraid [ə'freɪd]
1 **to be afraid** Angst haben (**of** vor)
2 **I'm afraid I have to go** ich muss leider gehen

Af·rica ['æfrɪkə] Afrika

Af·ri·can¹ ['æfrɪkən] der Afrikaner/die Afrikanerin

Af·ri·can² ['æfrɪkən] afrikanisch

af·ter ['ɑːftəʳ]
1 (*räumlich*) hinter
2 (*zeitlich*) nach; **day after day** Tag für Tag; **the day after tomorrow** übermorgen
3 nachdem; **after studying all evening, she decided to go out** nachdem sie den ganzen Abend gelernt hatte, beschloss sie auszugehen
4 hinterher
5 **after all** schließlich

after·noon [ˌɑːftə'nuːn] der Nachmittag; **in the afternoon[s]** nachmittags, am Nachmittag; **at four in the afternoon** um vier Uhr nachmittags; **this afternoon** heute Nachmittag; **good afternoon!** guten Tag!

Vorsicht Falle!
Im Englischen verwendet man mit **afternoon** die Präposition **in** wenn man darüber spricht, was nachmittags geschieht oder geschehen ist: **In** *the afternoon I like to have a cup of tea.* Aber: *We're going into town* **this** *afternoon.* In Verbindung mit einem bestimmten Wochentag verwendet man **on**: *My appointment is* **on** *Tuesday afternoon.*

after·wards ['ɑːftəwədz] danach

again [ə'gen] wieder, noch einmal; **as much again** noch einmal so viel; **never again** nie wieder; **now and again** dann und wann; **over and over again** immer wieder

against [ə'genst] gegen; **to be for or against something** für oder gegen etwas sein

age [eɪdʒ]
1 das Alter; **at the age of** im Alter von; **over age** über der Altersgrenze; **under age** minderjährig
2 das Zeitalter, die Epoche; **the Ice Age** die Eiszeit; **the Middle Ages** das Mittelalter
3 (*umgangsspr*) **for ages** ewig lang; **to be** [*oder* **take**] **ages** ewig brauchen

to **age** [eɪdʒ] alt werden [lassen], altern

aged [eɪdʒd] im Alter von

age-group die Altersgruppe

agen·cy ['eɪdʒənsɪ] die Agentur, die Vertretung; **travel agency** das Reisebüro

agen·da [ə'dʒendə] die Tagesordnung

agent ['eɪdʒənt]
1 (*Person*) der Vertreter/die Vertreterin; *eines Künstlers:* der Agent/die Agentin; **travel agent** der Reisebürokaufmann/die Reisebürokauffrau
2 (*Spion*) der Agent/die Agentin

ag·gres·sion [ə'greʃn] die Aggression

ag·gres·sive [ə'gresɪv] aggressiv

ago [ə'gəʊ] vor; **three months ago** vor drei Monaten; **a long time ago** schon lange her; **not long ago** vor kurzem, unlängst; **how long ago?** wie lange ist es her?

ago·ny ['ægənɪ] die Qual

to **agree** [ə'griː]
1 (*Erlaubnis geben*) einverstanden sein (**to** mit)
2 (*einer Meinung sein*) sich einigen (**on** über); **we couldn't agree on how to do the experiment** wir konnten uns nicht darüber einigen, wie man das Experiment durchführt

Vorsicht Falle!
Vorsicht bei der Wahl der richtigen Präposition mit dem Verb **agree**. Man sagt **agree with**

someone: *I agree with Anne*, aber **agree to something**: *We agreed to the plan.*

agree·ment [ə'griːmənt]
1 die Vereinbarung; **to come to/reach an agreement with someone** sich mit jemandem einigen
2 die Zustimmung, das Einverständnis
3 der Vertrag, das Abkommen

ag·ri·cul·ture ['ægrɪkʌltʃəʳ] die Landwirtschaft

ahead [ə'hed] vor; **ahead of** vor; **ahead of time** vorzeitig; **to be ahead of someone** seiner Zeit voraus sein; **Frankfurt is one hour ahead of London** die Frankfurter Ortszeit liegt eine Stunde vor der in London; **go ahead and tell her** sag's ihr doch; **straight ahead** geradeaus

to **aid** [eɪd] **to aid someone** jemandem helfen

aid [eɪd]
1 die Hilfe; **to give first aid** erste Hilfe leisten
2 **in aid of the local children's home** zu Gunsten des örtlichen Kinderheims

Aids, AIDS [eidz] *Abkürzung von* **Acquired Immune Deficiency Syndrome** Aids, die Immunschwächekrankheit

to **aim** [eɪm]
1 zielen (**at** auf/nach)
2 richten *Waffe, Fernglas, Kamera* (**at** auf)
3 (*übertragen*) **this programme is aimed at young people** dieses Programm ist für Jugendliche gedacht

aim [eɪm]
1 das Ziel
2 (*übertragen*) der Zweck

ain't [eɪnt]
1 (*slang*) *Kurzform von* **am not, is not, are not**
2 (*slang*) *Kurzform von* **has not, have not**

air [eəʳ]
1 die Luft; **in the open air** unter freiem Himmel
2 **to be on [the] air** *Sendung:* senden
3 **by air** mit dem Flugzeug

air-con·di·tioned [eəkən'dɪʃnd] klimatisiert

air·craft ['eəkrɑːft] <*Plural* aircraft> das Flugzeug

air·field ['eəfiːld] der Flugplatz

air force die Luftwaffe

air hostess die Stewardess

air·line ['eəlaɪn] die Fluglinie, die Fluggesellschaft

air·mail ['eəmeɪl] die Luftpost

air·plane ['eəpleɪn] (USA) das Flugzeug

air·port ['eəpɔːt] der Flughafen

air·tight ['eətaɪt] luftdicht

air traf·fic con·trol·ler der Fluglotse/die Fluglotsin

aisle [aɪl]
1 *im Flugzeug, Kino:* der Gang
2 *einer Kirche:* das Seitenschiff

alarm [ə'lɑːm]
1 der Alarm; **to give the alarm** Alarm schlagen
2 die Beunruhigung

to **alarm** [ə'lɑːm] beunruhigen, erschrecken

alarm clock der Wecker

alarm·ing [ə'lɑːmɪŋ] beunruhigend, alarmierend

al·co·hol ['ælkəhɒl] der Alkohol

al·co·hol·ic[1] [ˌælkə'hɒlɪk] alkoholisch

al·co·hol·ic[2] [ˌælkə'hɒlɪk] der Alkoholiker/die Alkoholikerin

alert[1] [ə'lɜːt]
1 lebhaft, aufgeweckt
2 wachsam

alert[2] [ə'lɜːt]
1 der Alarm
2 **to be on the alert** auf der Hut sein

to **alert** [ə'lɜːt] alarmieren *Feuerwehr*

A lev·el *meist Plural* (GB) ≈ das Abitur; **what A Levels are you taking?** in welchen Fächern machst du deine A Levels?

Land und Leute
Das **A level** (*Advanced level*) ist eine Abschlussprüfung, die Schüler der 12. Klasse in England, Wales und Nordirland ablegen. Das **A level** besteht seit dem Jahr 2000 aus zwei Teilen, dem *AS* und dem *A2*. Der *Advanced Subsidiary* (*AS*) ist ein eigenständiger Abschluss und wird wie ein halbes **A level** bewertet. Der *A2* ist der zweite Teil der Abschlussprüfung, der für ein volles **A level** notwendig ist. Die meisten Schüler wählen drei Prüfungsfächer, aber es ist auch möglich, jeweils nur ein Fach zu nehmen. Mit den bestandenen **A levels** können die Schulabgänger dann an einer Universität studieren.

al·ge·bra ['ældʒɪbrə] die Algebra

ali·as ['eɪlɪəs] sonst [... genannt], alias

ali·bi ['ælɪbaɪ] das Alibi

al·ien ['eɪlɪən]
1 (*politisch*) der Ausländer/die Ausländerin
2 das außerirdische Wesen

alike [ə'laɪk]
1 ähnlich; **they look very alike** sie ähneln sich sehr
2 gleich
3 in gleicher Weise

alive [ə'laɪv] lebend[ig]; **is she still alive?** lebt sie noch?

all[1] [ɔ:l]
1 *mit Plural* alle; **all the children** alle Kinder; **all of them** sie alle
2 *mit Singular* ganze(r, s); **all the butter** die ganze Butter; **all day/night long** den ganzen Tag/die ganze Nacht hindurch

Grammatik
Im Englischen steht das Wort **all** bei einer Zeitangabe ohne ‚the': *It rained all week; I was sick all morning.*

all[2] [ɔ:l]
1 *mit Superlativen* **richest of all** am reichsten
2 *mit Adjektiven* ganz; **all dirty** ganz schmutzig
3 **all round** rundum
4 **all the same** trotzdem

all[3] [ɔ:l]
1 alles; **above all** vor allem, trotzdem, schließlich [und endlich]; **all in all** alles in allem; **all over** [**the place**] überall; **all over the world** in der ganzen Welt; **all the time**, **at all** überhaupt; **in all** insgesamt; **not at all** keineswegs; **not at all!** keine Ursache!
2 (*im Sport*) **two all** zwei zu zwei

to **al·lege** [ə'ledʒ] behaupten

al·ler·gic [ə'lɜ:dʒɪk] (*auch übertragen*) allergisch (**to** gegen)

al·ler·gy ['ælədʒi] die Allergie (**to** gegen); **dust/sun allergy** die Staub-/Sonnenallergie

al·ley ['ælɪ] die Gasse

al·li·ance [ə'laɪəns] das Bündnis

al·li·ga·tor ['ælɪgeɪtə[r]] der Alligator

to **al·lo·cate** ['æləkeɪt] zuteilen

al·lot·ment [ə'lɒtmənt] (GB) die Parzelle, der Schrebergarten

to **al·low** [ə'laʊ]
1 erlauben, gestatten; **are you allowed to smoke at home?** darfst du zu Hause rauchen?
2 **to allow for something** etwas berücksichtigen [*oder* in Betracht ziehen]
3 **to allow through** durchlassen

Grammatik
Allow und **let** haben ähnliche Bedeutungen. Man verwendet **allow** in eher formellen und offiziellen Situationen, wenn es sich z. B. um Regeln und Gesetze handelt: *You're not allowed to drive faster than 30 mph here; Have your parents allowed you to stay longer?* In gesprochenen oder weniger formellen Situationen verwendet man hingegen eher **let**: *Will you let me use your computer for my homework?*

al·low·ance [ə'laʊəns]
1 der Zuschuss; (*staatlich*) die Beihilfe, die Unterstützung; **tax allowance** der Steuerfreibetrag
2 (USA) das Taschengeld

all right [ˌɔ:l'raɪt]
1 in Ordnung, okay; **are you feeling all right?** fehlt Ihnen etwas?; **that's all right** schon gut, gern geschehen
2 **it was all right** es war ganz gut
3 **is that all right with you?** ist Ihnen das recht?

ally ['ælaɪ]
1 der/die Verbündete
2 (*historisch*) **the Allies** die Alliierten

al·mond ['ɑ:mənd]
1 die Mandel
2 der Mandelbaum

al·most ['ɔ:lməʊst] fast, beinahe

alone [ə'ləʊn]
1 allein
2 **leave it alone!** lassen Sie es bleiben!; **leave me alone!** lass mich in Ruhe!

along[1] [ə'lɒŋ] entlang; **go along here** gehen Sie in dieser Richtung; **the houses along this side of the street** die Häuser auf dieser Straßenseite

along[2] [ə'lɒŋ]
1 weiter; **to move along** weitergehen
2 **she'll be along in a minute** sie wird gleich hier sein
3 **along with** zusammen mit
4 **to get along well** sich gut verstehen (**with** mit); (*mit Arbeit*) gut vorankommen

along·side [əˌlɒŋ'saɪd] [da]neben

aloud [ə'laʊd] laut; **to read aloud** vorlesen

al·pha·bet ['ælfəbet] das Alphabet

al·pha·beti·cal [ˌælfə'betɪkl] alphabetisch

al·pine ['ælpaɪn] alpin

Alps [ælps] *Plural* **the Alps** die Alpen

al·ready [ɔːl'redɪ] schon, bereits

also ['ɔːlsəʊ] auch, ebenfalls

al·tar ['ɔːltəʳ] der Altar

al·ter ['ɔːltəʳ]
1 [ab]ändern, umändern, verändern
2 sich [ver]ändern

al·tera·tion [ˌɔːltə'reɪʃn]
1 die Änderung
2 *an Gebäude:* der Umbau

al·ter·nate [ɔːl'tɜːnət] abwechselnd; **on alternate days** jeden zweiten Tag

to **al·ter·nate** ['ɔːltəːneɪt] abwechseln lassen, [sich] abwechseln (**with** mit)

al·ter·na·tive[1] [ɔːl'tɜːnətɪv] alternativ; **alternative route** die Ausweichstrecke

al·ter·na·tive[2] [ɔːl'tɜːnətɪv] die Alternative

al·ter·na·tive·ly [ɔːl'tɜːnətɪvlɪ] statt dessen

al·though [ɔːl'ðəʊ] obgleich, obwohl

al·ti·tude ['æltɪtjuːd] die Höhe

al·to·geth·er [ˌɔːltə'geðəʳ]
1 gänzlich, völlig
2 insgesamt, im Ganzen

al·ways ['ɔːlweɪz] immer, ständig; **as always** wie immer; **he's always been shy** er war schon immer schüchtern

am [əm, *betont* æm] **I am** ich bin

a.m. *Abkürzung von* **ante meridiem** vormittags; **your appointment is at 7.30 a.m.** ihr Termin ist um 7.30 Uhr

ama·teur ['æmətəʳ]
1 der Amateur/die Amateurin
2 (*als Kritik*) der Dilettant/die Dilettantin

to **amaze** [ə'meɪz] verblüffen, sehr überraschen

amaze·ment [ə'meɪzmənt] die Verblüffung, die Verwunderung

amaz·ing [ə'meɪzɪŋ] erstaunlich

Ama·zon ['æməzən] (*Fluss*) der Amazonas

am·bas·sa·dor [æm'bæsədəʳ] der Botschafter/die Botschafterin

am·ber ['æmbəʳ]
1 der Bernstein
2 (*Verkehrsampel*) das Gelb

am·bigu·ous [æm'bɪgjʊəs] mehrdeutig, zweideutig

am·bi·tion [æm'bɪʃn] der Ehrgeiz

am·bi·tious [æm'bɪʃəs] ehrgeizig

am·bu·lance ['æmbjʊləns] der Krankenwagen

am·bush ['æmbʊʃ] der Hinterhalt

to **am·bush** ['æmbʊʃ] aus dem Hinterhalt überfallen

amen·ity [ə'miːnətɪ] die öffentliche Einrichtung; **close to all amenities** in günstiger Lage

Ameri·ca [ə'merɪkə] Amerika

Ameri·can[1] [ə'merɪkən] der Amerikaner/die Amerikanerin

Ameri·can[2] [ə'merɪkən] amerikanisch

Land und Leute
Der **American football** ist ganz anders als der europäische Fußball, der in den USA **soccer** genannt wird. Der Ball hat zwei spitze Enden und wird nicht nur getreten, sondern auch geworfen. Jede Halbzeit fängt mit einem **kickoff** an, d. h. ein Spieler tritt den Ball, und seine Mitspieler versuchen, den Ball mit den Händen zu fangen, um damit zum Tor zu rennen. Die Gegenseite stoppt den Spieler mit dem Ball durch **tackling**, wobei man ihn mit den Armen festhält und zu Boden reißt.

amid [ə'mɪd], **amidst** [ə'mɪdst] mitten unter, inmitten

am·mu·ni·tion [ˌæmjʊ'nɪʃn] die Munition

am·nes·ty ['æmnəstɪ] die Amnestie

among [ə'mʌŋ], **amongst** [ə'mʌŋst] unter, zwischen; **among other things** unter anderem; **they agreed among themselves** sie stimmten miteinander überein

amount [ə'maʊnt]
1 der Betrag, die Summe; **large amounts of money** die beträchtlichen Geldsummen
2 die Menge

to **amount** [ə'maʊnt]
1 **to amount to something** *Betrag:* sich auf etwas belaufen
2 **to amount to something** etwas bedeuten

to **am·pu·tate** ['æmpjʊteɪt] amputieren

to **amuse** [ə'mju:z] amüsieren; **to be amused at** [*oder* **by**] **something** sich über etwas amüsieren

amuse·ment [ə'mju:zmənt]
1 die Belustigung (**at** über)
2 die Unterhaltung

amuse·ment ar·cade die Spielhalle

amus·ing [ə'mju:zɪŋ] amüsant, lustig

an [ən, *betont* æn] *unbestimmter Artikel*
1 *vor Vokalen* **an egg** ein Ei
2 *vor einem stillen ‚h'* **an hour** eine Stunde

an·aes·thet·ic [ˌænɪs'θetɪk] das Betäubungsmittel

to **ana·lyse**, USA to **ana·lyze** ['ænəlaɪz] analysieren

analy·sis [ə'næləsɪs, *Plural* ə'næləsi:z] <*Plural* analyses> die Analyse

anato·my [ə'nætəmɪ] die Anatomie

an·ces·tor ['ænsestəʳ] der Vorfahr/die Vorfahrin

an·chor ['æŋkəʳ] der Anker

an·cient ['eɪnʃənt]
1 alt, antik
2 (*humorvoll*) uralt

and [ən, ənd, *betont* ænd] und; **nice and warm** schön warm; **and so on** und so weiter; **try and do it!** versuch's doch mal!

an·es·thet·ic [ˌænɪs'θetɪk] USA das Betäubungsmittel

an·gel ['eɪndʒl] (*auch übertragen*) der Engel

an·ger ['æŋgəʳ] der Ärger, der Zorn; (*stärker*) die Wut (**at** über); **in** [**a moment of**] **anger** im Zorn

an·gle ['æŋgl] der Winkel

an·gler ['æŋgləʳ] der Angler/die Anglerin

An·gli·can[1] ['æŋglɪkən] der Anglikaner/die Anglikanerin

An·gli·can[2] ['æŋglɪkən] anglikanisch

an·gling ['æŋglɪŋ] das Angeln

An·glo [ˌæŋgləʊ] Anglo-, englisch-

an·gry ['æŋgrɪ] ärgerlich, zornig; **to be angry at something** über etwas verärgert sein

ani·mal ['ænɪml] (*auch übertragen*) das Tier

an·kle ['æŋkl] der Fußknöchel; **to sprain one's ankle** sich den Fuß verstauchen

an·ni·ver·sa·ry [ˌænɪ'vɜ:sərɪ] der Jahrestag; **wedding anniversary** der Hochzeitstag

to **an·nounce** [ə'naʊns]
1 bekannt geben, ankündigen
2 *im Radio:* ansagen
3 *in der Zeitung:* anzeigen

an·nounce·ment [ə'naʊnsmənt]
1 die Bekanntgabe, die Ankündigung
2 *im Radio:* die Ansage
3 *in der Zeitung:* die Anzeige

an·nounc·er [ə'naʊnsəʳ] der Ansager/die Ansagerin

to **an·noy** [ə'nɔɪ] ärgern; **he's very annoyed with you for taking the car** er hat sich über dich aufgeregt, weil du das Auto genommen hast

an·noy·ance [ə'nɔɪəns]
1 der Ärger
2 die Belästigung

an·noy·ing [ə'nɔɪɪŋ] lästig, ärgerlich

an·nual ['ænjʊəl] jährlich, im Jahr

an·nu·al·ly ['ænjʊəlɪ] jährlich

ano·nym·ity [ˌænə'nɪmətɪ] die Anonymität

anony·mous [ə'nɒnɪməs] anonym

ano·rak ['ænəræk] der Anorak

an·other[1] [ə'nʌðəʳ]
1 noch eine(r, s), ein weiterer, eine weitere, ein weiteres; **shall we have another drink?** sollen wir noch was trinken?
2 ein anderer, eine andere, ein anderes; **at another time** zu einer anderen Zeit

an·other[2] [ə'nʌðəʳ] **one another** einander, sich

an·swer ['ɑ:nsəʳ]
1 die Antwort
2 *eines Problems:* die Lösung

to **an·swer** ['ɑ:nsəʳ]
1 **to answer someone** jemandem antworten
2 beantworten, antworten auf *Frage, Brief*
3 **to answer the door** die Tür öffnen
4 **to answer the telephone** ans Telefon gehen
◆ to **answer back** widersprechen, frech sein; **don't answer back!** keine Widerrede!

an·swer·ing ma·chine ['ɑ:nsərɪŋ mə'ʃi:n], **an·swer·phone** ['ɑ:nsərˌfəʊn] der Anrufbeantworter

ant [ænt] die Ameise

Ant·arc·tic [æn'tɑ:ktɪk] **the Antarctic** die Antarktis

an·ten·na [æn'tenə, *Plural* æn'teni:]
1 <*Plural* antennae> *von Insekten:* der Füh-

ler
2 <*Plural* antennas> (*Radio, TV*) die Antenne

an·them ['ænθəm] die Hymne

anti ['æntɪ] gegen

anti-air·craft [ˌæntɪ'eəkrɑːft] Flugabwehr-

anti·bi·ot·ic [ˌæntɪbaɪ'ɒtɪk] das Antibiotikum

to **an·tici·pate** [æn'tɪsɪpeɪt]
1 erwarten
2 vorhersehen

an·tici·pa·tion [ænˌtɪsɪ'peɪʃn] die Erwartung

anti·cli·max [ˌæntɪ'klaɪmæks] die Enttäuschung

anti·clock·wise [ˌæntɪ'klɒkwaɪz] entgegen dem Uhrzeigersinn

an·tique[1] [æn'tiːk] die Antiquität

an·tique[2] [æn'tiːk] antik

anti-rac·ist [ˌæntɪreɪsɪst] antirassistisch

anti-Se·mit·ic [ˌæntɪsɪ'mɪtɪk] antisemitisch

anti·sep·tic[1] [ˌæntɪ'septɪk] antiseptisch, keimtötend

anti·sep·tic[2] [ˌæntɪ'septɪk] das Antiseptikum

anti·so·cial [ˌæntɪ'səʊʃl]
1 *Mensch:* unsozial, ungesellig
2 *Verhalten:* asozial

anxi·ety [æŋ'zaɪətɪ] die Besorgnis, die Angst (**for/about** um), das Angstgefühl

anx·ious ['æŋkʃəs] besorgt, beunruhigt (**about** wegen)

any[1] ['enɪ]
1 *in Frage- und Bedingungssätzen, in verneinenden Sätzen* **have you any other questions?** haben Sie sonst noch Fragen?; **not any** kein[e]
2 (*egal welche*) irgendein[e]; **take any CD you fancy** suche dir irgendeine CD aus
3 jede(r, s) beliebige; **come at any time** kommen Sie zu jeder [beliebigen] Zeit
4 **in any case** auf jeden Fall
5 **if any** wenn überhaupt

any[2] ['enɪ]
1 *mit Steigerungsformen* noch; **any more?** noch mehr?
2 **it hasn't got any colder** es ist nicht kälter geworden

any·body ['enɪbɒdɪ]
1 irgendjemand; **isn't there anybody who wants to go into town?** möchte denn niemand in die Stadt?
2 jeder [beliebige]; **anybody can do that** jeder kann das
3 **anybody else** irgendein anderer; **does anybody else want another cup of coffee?** will noch jemand noch eine Tasse Kaffee?
4 **not anybody** niemand; (*einzelne Person*) keine(r, s)

any·how ['enɪhaʊ]
1 jedenfalls, trotzdem; **anyhow, you can try** du kannst es trotzdem versuchen
2 irgendwie

any·one ['enɪwʌn] →**anybody**

any·thing ['enɪθɪŋ]
1 irgendetwas; **is there anything new?** gibt's was Neues?; **she didn't say anything** sie hat nichts gesagt; **take anything you like** nimm dir was dir gefällt
2 **here's your salami, anything else?** hier ist die Salami, sonst noch etwas?
3 **the price is anything between 10 and 20 dollars** der Preis liegt irgendwo zwischen 10 und 20 Dollar

any·way ['enɪweɪ] sowieso, trotzdem

any·where ['enɪweəʳ] irgendwo; **are you going anywhere tomorrow?** gehen Sie morgen irgendwohin?; **anywhere you go** wohin Sie auch gehen; **and don't go anywhere near that dog next door!** und geh nicht in die Nähe von dem Hund nebenan!; **not anywhere** nirgendwo[hin], nirgends

apart [ə'pɑːt]
1 auseinander; **to take apart** auseinandernehmen, zerlegen; **it just fell apart in my hands!** es ist mir in den Händen einfach auseinandergefallen!
2 getrennt; **to live apart** getrennt leben
3 **apart from** abgesehen von, außer
4 zur Seite, abseits (**from** von)

apart·heid [ə'pɑːtheɪt] die Apartheid

apart·ment [ə'pɑːtmənt] (USA) die Wohnung, das Apartment

ape [eɪp] der Affe

to **apolo·gize** [ə'pɒlədʒaɪz] sich entschuldigen; **you should apologize to her for your behaviour** du solltest dich bei ihr für dein Benehmen entschuldigen

apo·logy [ə'pɒlədʒɪ] die Entschuldigung; **please accept our apologies** wir bitten um Entschuldigung

apos·tro·phe [ə'pɒstrəfɪ] der Apostroph

app [æp] *kurz für* **application** (*Computer*) die App

ap·pal·ling [əˈpɔːlɪŋ] entsetzlich, schrecklich

ap·pa·ra·tus [ˌæpəˈreɪtəs] der Apparat, das Gerät

ap·par·ent [əˈpærənt] scheinbar

ap·par·ent·ly [əˈpærəntlɪ] anscheinend

ap·peal [əˈpiːl]
1 die dringende Bitte (**for** um), der Aufruf, der Appell
2 (*übertragen*) die Anziehungskraft
3 (*vor Gericht*) der Einspruch, die Berufung

to **ap·peal** [əˈpiːl]
1 sich wenden, appellieren (**to** an)
2 (*übertragen*) Anklang finden (**to** bei)
3 *vor Gericht:* Berufung einlegen (**against** gegen)

ap·peal·ing [əˈpiːlɪŋ]
1 *Blick:* flehentlich
2 (*verlockend*) reizvoll, ansprechend

to **ap·pear** [əˈpɪəʳ]
1 erscheinen, auftauchen; **to appear in court** vor Gericht erscheinen
2 den Anschein haben; **everything appears to be in order** alles scheint soweit in Ordnung zu sein
3 *Zeitung:* erscheinen; *Buch:* herauskommen
4 (*im Theater*) auftreten

ap·pear·ance [əˈpɪərəns]
1 das Erscheinen, das Auftauchen; *von Schauspieler:* der Auftritt; **to make an appearance** sich zeigen
2 das Aussehen
3 **appearances** *Plural* der Anschein, der Schein; **to judge by appearances** nach dem Äußeren urteilen

ap·pen·dix [əˈpendɪks] <*Plural* appendices *oder* appendixes>
1 der Anhang, der Zusatz (**to** zu)
2 (*medizinisch*) der Blinddarm

ap·pe·tite [ˈæpɪtaɪt] der Appetit; **she's got a huge appetite** sie kann aber viel essen

to **ap·plaud** [əˈplɔːd] Beifall klatschen, applaudieren

ap·plause [əˈplɔːz] der Beifall, der Applaus

ap·ple [ˈæpl] der Apfel

ap·pli·ance [əˈplaɪəns] das Gerät, der Apparat

ap·pli·cable [ˈæplɪkəbl] zutreffend (**to** auf)

ap·pli·cant [ˈæplɪkənt] (*für Arbeitsstelle*) der Bewerber/die Bewerberin (**for** für)

ap·pli·ca·tion [ˌæplɪˈkeɪʃn]
1 die Anwendung
2 der Antrag (**for** auf)
3 (*für Arbeitsplatz*) die Bewerbung (**for** um); **application form** das Bewerbungsformular

to **ap·ply** [əˈplaɪ]
1 anwenden (**to** auf)
2 auftragen *Farbe, Salbe*
3 sich beziehen, zutreffen (**to** auf)
4 sich wenden (**to** an); **for more information, apply to the owner** Näheres beim Eigentümer
5 sich bewerben

to **ap·point** [əˈpɔɪnt] *als Korrespondent, Lehrer:* einstellen

ap·point·ment [əˈpɔɪntmənt]
1 *bei einer Firma:* die Stelle, die Anstellung
2 der Termin, die Verabredung; **doctor's/dentist's appointment** Termin beim Arzt/Zahnarzt

to **ap·pre·ci·ate** [əˈpriːʃɪeɪt] **to appreciate something** etwas schätzen, für etwas dankbar sein

ap·pre·hen·sive [ˌæprɪˈhensɪv] besorgt (**for** um, **of** wegen)

ap·pren·tice [əˈprentɪs] der/die Auszubildende

to **ap·proach** [əˈprəʊtʃ]
1 sich nähern
2 herantreten
3 **to approach a problem** an ein Problem herangehen

ap·proach [əˈprəʊtʃ]
1 die Annäherung
2 (*auch übertragen*) **approach road** die Zufahrtsstraße
3 (*übertragen*) die Einstellung (**to** zu)

ap·pro·pri·ate [əˈprəʊprɪət] passend, geeignet (**to/for** für); *Bemerkung:* angebracht

ap·prov·al [əˈpruːvl] die Zustimmung, die Genehmigung (**of** für/zu)

to **ap·prove** [əˈpruːv]
1 genehmigen; **to approve of something** einer Sache zustimmen
2 **she approved of my cake** sie mochte meinen Kuchen

ap·proxi·mate [əˈprɒksɪmət] ungefähr

ap·proxi·mate·ly [əˈprɒksɪmətlɪ] ungefähr, etwa

apri·cot [ˈeɪprɪkɒt] die Aprikose

April [ˈeɪprəl] der April

apron [ˈeɪprən] die Schürze

Aquar·ius [ə'kweərɪəs] (*Sternzeichen*) der Wassermann

Arab ['ærəb] der Araber/die Araberin

Ara·bic[1] ['ærəbɪk] das Arabische, die arabische Sprache

Ara·bic[2] ['ærəbɪk] arabisch

ar·bi·trary ['ɑːbɪtrərɪ] willkürlich

ar·cade [ɑː'keɪd] die Arkade; **shopping arcade** die Einkaufspassage

arch [ɑːtʃ] *von Gebäude:* der Bogen

ar·chae·olo·gist [ˌɑːkɪ'ɒlədʒɪst] der Archäologe/die Archäologin

ar·chae·ol·ogy [ˌɑːkɪ'ɒlədʒɪ] die Archäologie

archi·tect ['ɑːkɪtekt] der Architekt/die Architektin, der Baumeister/die Baumeisterin

archi·tec·ture ['ɑːkɪtektʃəʳ] die Baukunst, die Architektur

ar·chives ['ɑːkaɪvz] *Plural* das Archiv

arc·tic ['ɑːktɪk] arktisch, Polar-

Arc·tic ['ɑːktɪk] **the Arctic** die Arktis

are [əʳ, *betont* ɑːʳ] **we are** wir sind; **you are** du bist, ihr seid, Sie sind; **they are** sie sind

area ['eərɪə]
1 (*auch übertragen*) das Gebiet, der Bereich
2 die Grundfläche, die Bodenfläche

area code die Vorwahl

arena [ə'riːnə] (*auch übertragen*) die Arena

aren't [ɑːʳnt] *Kurzform von* **are not, am not: we aren't in the phonebook** wir sind [*oder* stehen] nicht im Telefonbuch; **I'm late, aren't I?** ich habe mich verspätet, oder?

to **ar·gue** ['ɑːgjuː]
1 diskutieren, sich auseinandersetzen
2 sich streiten (**about** über)
3 **to argue that** behaupten, dass

ar·gu·ment ['ɑːgjʊmənt]
1 die Auseinandersetzung; **to have an argument** sich streiten
2 (*Begründung*) das Argument

Aries ['eəriːz] (*Sternzeichen*) der Widder

to **arise** [ə'raɪz] <arose, arisen> *Schwierigkeiten:* sich ergeben; *Problem:* aufkommen

> **Grammatik**
> Richtiges Konjugieren von **arise**: arise, arose, arisen — *A thunderstorm arose; A new problem has arisen.*

ar·is·to·cra·cy [ˌærɪ'stɒkrəsɪ] die Aristokratie

aris·to·crat ['ærɪstəkræt] der Aristokrat/die Aristokratin

arith·me·tic [ə'rɪθmətɪk] die Arithmetik, das Rechnen

ark [ɑːk] die Arche; **Noah's ark** die Arche Noah

arm [ɑːm]
1 der Arm; **arm in arm** Arm in Arm
2 *von Kleidung:* der Ärmel
3 *von Stuhl:* die Armlehne

to **arm** [ɑːm] sich bewaffnen

arm·chair ['ɑːmˌtʃeəʳ] der Sessel, der Lehnstuhl

armed [ɑːmd] bewaffnet; **armed forces** die Streitkräfte

ar·mour ['ɑːməʳ], USA **ar·mor**
1 der Panzer, die Panzerung
2 (*historisch*) die Rüstung; **suit of armour** der Harnisch

ar·moured ['ɑːməd], USA **ar·mored** gepanzert

arms [ɑːmz] *Plural* die Waffen

army ['ɑːmɪ] die Armee, das Heer

around [ə'raʊnd]
1 ringsherum, rundherum; **all around** auf allen Seiten, überall
2 (*umgangsspr*) in der Nähe; **is he around?** ist er da?
3 **to have a look around** sich umsehen
4 ungefähr, etwa; **it's around £5** es ist ungefähr [*oder* um die] £5

to **ar·range** [ə'reɪndʒ]
1 [an]ordnen, aufstellen
2 verabreden, arrangieren; **we've arranged to meet this evening** wir haben uns für heute Abend verabredet; **have you got anything arranged for the weekend?** hast du am Wochenende etwas vor?; **as arranged** wie abgesprochen
3 (*organisieren*) **I'll arrange the music for the party** ich werde mich um die Musik für die Party kümmern

ar·range·ment [ə'reɪndʒmənt]
1 die Anordnung
2 **to make arrangements** Vorkehrungen treffen

3 **by arrangement** nach Vereinbarung; **to come to an arrangement** zu einer Einigung kommen

to **ar·rest** [ə'rest] festnehmen, verhaften

ar·rest [ə'rest] die Verhaftung, die Festnahme; **police have made several arrests** die Polizei hat einige Leute festgenommen; **to be under arrest** verhaftet sein

ar·ri·val [ə'raɪvl] die Ankunft, das Eintreffen; **arrivals and departures** Ankunft/Abfahrt, Ankunft/Abflug

to **ar·rive** [ə'raɪv] ankommen (**at/in** in), eintreffen; **to arrive home** nach Hause kommen

Vorsicht Falle!
Vorsicht bei der Wahl der richtigen Präpositionen in Verbindung mit **arrive**. Benutze **arrive at** wenn es sich um einen bestimmten Ort oder ein Gebäude, handelt: *She arrived at the restaurant an hour late; they arrived at Paddington Station.* **Arrive in** verwendet man wenn es sich um eine Stadt oder ein Land handelt: *When will you arrive in London?* Zusammen mit **home, here** oder **there** steht **arrive** hingegen ohne Präposition: *We arrived home at midnight.*

ar·ro·gant ['ærəgənt] arrogant, überheblich

ar·row ['ærəʊ] der Pfeil

ar·son ['ɑːsn] die Brandstiftung

art [ɑːt] die Kunst; **work of art** das Kunstwerk

ar·ti·cle ['ɑːtɪkl]
1 der Artikel, der Gegenstand
2 der Aufsatz; **newspaper article** der Zeitungsartikel
3 (*in der Grammatik*) der Artikel, das Geschlechtswort
4 (*im Gesetz*) der Artikel

ar·ti·fi·cial [ˌɑːtɪ'fɪʃl]
1 künstlich; **artificial leg** die Beinprothese
2 *Lächeln:* gekünstelt

art·ist ['ɑːtɪst] der Künstler/die Künstlerin

ar·tis·tic [ɑː'tɪstɪk]
1 künstlerisch, geschmackvoll
2 **she's very artistic** sie ist künstlerisch begabt

as[1] [əz, *betont* æz]
1 **as ... as** ebenso ... wie; **not as** [*oder* **so**] **... as** nicht so ... wie; **he's as tall as I am** er ist genauso groß wie ich
2 **as long as they don't make a noise, they can stay** solange sie keinen Krach machen, können sie bleiben
3 **as much ... as** ebenso viel[e] ... wie, bis zu ...
4 **as far as** bis [zu], so viel, so weit
5 **as well** auch; **as well as** sowie, dazu, [und] außerdem
6 **as yet** bis jetzt

as[2] [əz, *betont* æz]
1 da, weil; **he had to stop as his phonecard had run out** er musste aufhören, da [*oder* weil] seine Telefonkarte abgelaufen war
2 als, während; **he cooked as she talked** er kochte während [*oder* als] sie redete
3 [in der Art] wie, als [ob]; **he spoke to me as he would to a child** er sprach mit mir wie mit einem Kind
4 **as if** [*oder* **though**] als ob
5 **as ... so** wie ..., so
6 **as soon as** sobald [als], sowie
7 **she's late, as usual** sie hat sich verspätet, wie immer

ash[1] [æʃ] die Asche

ash[2] [æʃ] die Esche, das Eschenholz

ashamed [ə'ʃeɪmd] **to be ashamed** sich schämen; **he was ashamed of his flat** er schämte sich wegen seiner Wohnung; **she was too ashamed to ask for help** sie schämte sich zu sehr, um Hilfe zu bitten

ashore [ə'ʃɔːʳ] **to go ashore** an Land gehen

ash·tray der Aschenbecher

Asia ['eɪʃə] Asien

Asian[1] ['eɪʃn] asiatisch

Asian[2] ['eɪʃn] der Asiat/die Asiatin

aside [ə'saɪd]
1 beiseite, zur Seite; **to put** [*oder* **set**] **aside** auf die Seite legen; *Waren, Geld:* zurücklegen
2 **aside from** abgesehen von, außer

to **ask** [ɑːsk]
1 fragen; **does anyone want to ask a question?** will jemand etwas fragen [*oder* eine Frage stellen]?; **we asked someone the time** wir haben jemanden nach der Zeit gefragt
2 sich informieren (**about** über)
3 einladen; **has he asked you out yet?** hat er dich schon um eine Verabredung gebeten?
4 bitten; **to ask someone's advice** jemanden um Rat fragen; **can I ask you a favour?** kann ich Sie um einen Gefallen bitten?; **to ask for permission** um Erlaubnis bitten
5 verlangen *Preis*

asleep [ə'sliːp] schlafend; **to be asleep** schlafen; **to fall asleep** einschlafen

as·para·gus [ə'spærəgəs] der Spargel

as·pect ['æspekt] der Aspekt

to **as·sas·si·nate** [ə'sæsɪneɪt] ermorden

as·sas·si·na·tion [əˌsæsɪ'neɪʃn] die Ermordung

to **as·sault** [ə'sɔːlt] angreifen

to **as·sem·ble** [ə'sembl]
1 sich versammeln
2 **to assemble something** etwas montieren, zusammensetzen

as·sem·bly [ə'semblɪ]
1 die Versammlung
2 GB (*in der Schule*) *meist tägliche Zusammenkunft von Schülern und Lehrern zur Morgenandacht*
3 (*politisch*) die gesetzgebende Körperschaft
4 (*technisch*) die Montage; **assembly line** das Fließband, das Montageband

to **as·sert** [ə'sɜːt]
1 behaupten
2 **to assert oneself** sich durchsetzen

to **as·sess** [ə'ses]
1 **to assess someone/something** jemanden/etwas bewerten; *Haus:* schätzen lassen
2 (*übertragen*) einschätzen

as·sess·ment [ə'sesmənt] die Abschätzung, die Einschätzung

as·sign·ment [ˌə'saɪnmənt] die Aufgabe, der Auftrag; **homework assignment** die Hausaufgabe

to **as·sist** [ə'sɪst]
1 helfen
2 mitwirken

as·sist·ance [ə'sɪstəns] die Hilfe

as·sis·tant [ə'sɪstənt] der Assistent/die Assistentin; *im Laden:* der Verkäufer/die Verkäuferin

to **as·so·ci·ate** [ə'səʊʃɪeɪt]
1 in Zusammenhang bringen
2 **to associate with someone** mit jemandem verkehren

as·so·cia·tion [əˌsəʊsɪ'eɪʃn]
1 der Verband, der Verein
2 der Umgang (**with** mit)
3 die Gedankenverbindung

as·sort·ed [ə'sɔːtɪd] gemischt

as·sort·ment [ə'sɔːtmənt] die Auswahl, das Sortiment

to **as·sume** [ə'sjuːm]
1 voraussetzen, annehmen; **assuming that it is true** angenommen, es stimmt; **we cannot just assume that he's guilty** wir können nicht einfach davon ausgehen, dass er schuldig ist
2 **to assume a name** einen Namen annehmen
3 **to assume power** sich Macht anmaßen

as·sump·tion [ə'sʌmpʃn] die Annahme, die Voraussetzung

as·sur·ance [ə'ʃʊərəns]
1 die Zusicherung
2 die Selbstsicherheit

to **as·sure** [ə'ʃʊəʳ]
1 versichern
2 beruhigen; **I just want to assure myself that everything's turned off before I go out** bevor ich weggehe, will ich mich nur vergewissern, dass alles ausgeschaltet ist

as·ter·isk ['æstərɪsk] das Sternchen

to **aston·ish** [ə'stɒnɪʃ] in Erstaunen versetzen, überraschen; **to be astonished** erstaunt sein, überrascht sein (**at** über)

aston·ish·ing [ə'stɒnɪʃɪŋ] erstaunlich

aston·ish·ment [ə'stɒnɪʃmənt] das Erstaunen, die Verwunderung (**at** über)

as·trolo·ger [ə'strɒlədʒəʳ] der Astrologe/die Astrologin

as·trol·ogy [ə'strɒlədʒɪ] die Astrologie

as·tro·naut ['æstrənɔːt] der Astronaut/die Astronautin

as·trono·mer [ə'strɒnəməʳ] der Astronom/die Astronomin

as·tro·nomi·cal [ˌæstrə'nɒmɪkl] (*auch übertragen*) astronomisch

as·trono·my [ə'strɒnəmɪ] die Astronomie

asy·lum [ə'saɪləm]
1 das Asyl; **asylum seeker** der Asylbewerber/die Asylbewerberin
2 das Heim; **mental asylum** die Nervenheilanstalt

at [ət]
1 (*örtlich*) **at the next corner** an der nächsten Ecke; **at the dentist's** beim Zahnarzt; **at home** zu Hause; **at school** in der Schule; **he's at work** er ist im Büro
2 **at night** in der Nacht; **at noon** mittags; **at the age of** im Alter von
3 (*Zustand*) in; **at peace** im Frieden; **I feel**

at ease mir ist wohl zu Mute
4 (*Richtung*) nach, gegen, zu, an, auf; **to arrive at a decision** zu einer Entscheidung kommen; **to be astonished at** erstaunt sein über; **he is mad at me** er ist wütend auf mich
5 (*bei Zahlenangaben*) zu; **he drove at 150kph** er ist mit 150km/h gefahren
6 **at all** überhaupt; **not at all!** gern geschehen!; **at first** zuerst; **at last** endlich; **at least** mindestens, wenigstens; [**all**] **at once** sofort, auf einmal

ate [et, eɪt] *2. Form von* **eat**

athe·ist [ˈeɪθɪɪst] der Atheist/die Atheistin

ath·lete [ˈæθliːt] der Athlet/die Athletin, der Leichtathlet/die Leichtathletin, der Sportler/die Sportlerin

ath·let·ic [æθˈletɪk] sportlich, athletisch

ath·let·ics [æθˈletɪks] *mit Singular oder Plural* die Leichtathletik

At·lan·tic [ətˈlæntɪk] der Atlantische Ozean, der Atlantik

at·las [ˈætləs] der Atlas

at·mos·phere [ˈætməsfɪəʳ] (*auch übertragen*) die Atmosphäre

atom [ˈætəm] das Atom

atom bomb die Atombombe

atom·ic [əˈtɒmɪk] atomar, Atom-

atroc·ity [əˈtrɒsətɪ]
1 die Grausamkeit
2 die Gräueltat

at sign (*im Internet*) der Klammeraffe

to **at·tach** [əˈtætʃ]
1 anheften, befestigen (**to** an)
2 beimessen *Bedeutung;* **to attach value to** Wert legen auf

at·tach·ment [əˈtætʃmənt] die Beilage, die Anlage; *einer E-Mail:* die Anlage

to **at·tack** [əˈtæk]
1 (*auch in der Chemie*) angreifen
2 *Krankheit:* befallen

at·tack [əˈtæk]
1 der Angriff (**on** auf/gegen)
2 *von Krankheit:* der Anfall

to **at·tempt** [əˈtempt] versuchen

at·tempt [əˈtempt] der Versuch; **to make another attempt** es nochmals versuchen

to **at·tend** [əˈtend]
1 anwesend [*oder* zugegen] sein; **to attend a meeting** einer Versammlung beiwohnen; **to attend school** die Schule besuchen
2 **to attend to something** sich mit etwas befassen, sich um etwas kümmern; **to attend to a customer** einen Kunden bedienen

at·tend·ance [əˈtendəns]
1 die Anwesenheit; **attendance at school** der Schulbesuch
2 die Teilnehmerschaft (**at** bei)

at·tend·ant [əˈtendənt] der Wärter/die Wärterin, der Aufseher/die Aufseherin

at·ten·tion [əˈtenʃn]
1 die Aufmerksamkeit; **to pay attention to something** etwas beachten; **for the attention of** zu Händen von
2 **attention, please! here is an announcement!** Achtung! Hier ist eine Durchsage!

at·tic [ˈætɪk] der Dachboden, der Speicher

at·ti·tude [ˈætɪtjuːd] die Haltung, die Einstellung (**towards** gegenüber)

at·tor·ney [əˈtɜːnɪ] (USA) der Rechtsanwalt/die Rechtsanwältin

to **at·tract** [əˈtrækt]
1 (*auch übertragen*) anziehen
2 auf sich lenken *Aufmerksamkeit*
3 (*übertragen*) reizen, anlocken

at·trac·tion [əˈtrækʃn]
1 (*auch in der Physik*) die Anziehung
2 der Reiz, der Zauber
3 (*Unterhaltung*) die Attraktion

at·trac·tive [əˈtræktɪv]
1 anziehend
2 (*übertragen*) *Person:* attraktiv; *Idee:* verlockend

auc·tion [ˈɔːkʃn] die Auktion, die [öffentliche] Versteigerung

audible [ˈɔːdəbl] hörbar, vernehmlich

audi·ence [ˈɔːdɪəns] das Publikum, die Zuhörerschaft; *von TV:* die Zuschauer; *von Radio:* die Hörer

audio [ˈɔːdiəʊ] Ton-, Hör-, Audio-

audio file (*in der Informatik*) die Audiodatei

audi·tion [ɔːˈdɪʃn] das Vorsingen, das Vorspielen, das Vortanzen

August [ˈɔːgəst] der August; **in August** im August; **on 15th August, on August 15** (USA) am 15. August

aunt [ɑːnt] die Tante

A B C D E F G H I J K L M N O P Q R S T U V W X Y Z

aural ['ɔ:rəl] Ohr-

Aus·tralia [ɒ'streɪlɪə] Australien

Aus·tral·ian[1] [ɒ'streɪlɪən] der Australier/die Australierin

Aus·tral·ian[2] [ɒ'streɪlɪən] australisch

Aus·tria ['ɒstrɪə] Österreich

Aus·trian[1] ['ɒstrɪən] der Österreicher/die Österreicherin

Aus·trian[2] ['ɒstrɪən] österreichisch

authen·tic [ɔ:'θentɪk] authentisch, echt

author ['ɔ:θə(r)] der Autor/die Autorin, der Verfasser/die Verfasserin, der Schriftsteller/die Schriftstellerin

author·ity [ɔ:'θɒrətɪ]
1 die Befugnis; **to have [the] authority to do something** befugt [*oder* ermächtigt] sein, etwas zu tun
2 **local authority** (GB) die örtliche Behörde, die Kommunalverwaltung
3 (*Person*) die Autorität; **she's an authority on butterflies** sie ist eine Expertin für Schmetterlinge

to **author·ize** ['ɔ:θəraɪz] bevollmächtigen; **to authorize someone** jemandem die Befugnis erteilen

auto·bi·og·ra·phy [ˌɔ:təbaɪ'ɒgrəfɪ] die Autobiografie

auto·graph ['ɔ:təgrɑ:f] das Autogramm

auto·mat·ic[1] [ˌɔ:tə'mætɪk]
1 automatisch, selbsttätig
2 (*übertragen*) mechanisch

auto·mat·ic[2] [ˌɔ:tə'mætɪk]
1 die Maschinenwaffe
2 der Automatikwagen

auto·mo·bile ['ɔ:təməbi:l] das Auto[mobil]

autumn ['ɔ:təm] (*auch übertragen*) der Herbst; **in autumn** im Herbst

autum·nal [ɔ:'tʌmnəl] herbstlich

aux·ilia·ry [ɔ:g'zɪlɪərɪ] **auxiliary verb** das Hilfszeitwort

avail·able [ə'veɪləbl]
1 verfügbar; **she won't be available after 4pm** sie steht nach 16 Uhr nicht mehr zur Verfügung
2 (*in der Wirtschaft*) lieferbar

ava·lanche ['ævəlɑ:nʃ] (*auch übertragen*) die Lawine

av·enue ['ævənju:] die Allee

av·er·age[1] ['ævərɪdʒ] der Durchschnitt; **on [an] average** durchschnittlich, im Durchschnitt; **to be above/below [the] average** über/unter dem Durchschnitt liegen

av·er·age[2] ['ævərɪdʒ] durchschnittlich, Durchschnitts-; **of average height** mittelgroß

to **av·er·age** ['ævərɪdʒ]
1 **average [out]** im Durchschnitt betragen
2 im Durchschnitt ausmachen
3 **he averages about $1200 a month** er verdient um die $1200 monatlich

to **avert** [ə'vɜ:t] abwenden *Blick, Gedanken* (**from** von)

avia·tion [ˌeɪvɪ'eɪʃn] die Luftfahrt

to **avoid** [ə'vɔɪd] vermeiden; **I managed to avoid hitting the other car** es gelang mir, dem anderen Auto auszuweichen; **to avoid someone** jemanden meiden [*oder* aus dem Wege gehen]

to **await** [ə'weɪt] erwarten

to **awake** [ə'weɪk] <awoke *oder* (USA) *auch* awaked, awoken *oder* (USA) *auch* awaked>
1 aufwachen; **they awoke at 6 this morning** sie sind um 6 heute Morgen wach geworden
2 (*übertragen*) **the photo had awoken old memories** das Foto hatte alte Erinnerungen erweckt

awake [ə'weɪk] wach, munter; **to be awake** wach sein; **wide awake** hellwach

award [ə'wɔ:d] der Preis, die Auszeichnung

to **award** [ə'wɔ:d]
1 zuerkennen, zusprechen
2 verleihen *Preis*

aware [ə'weə(r)] bewusst; **I'm aware of that** ich bin mir dessen bewusst

away [ə'weɪ]
1 weg, fort; **to go away** weggehen; **to take away** wegnehmen
2 entfernt, abseits; **far away** weit weg
3 abwesend; **away on business** geschäftlich unterwegs
4 **right [*oder* straight] away** auf der Stelle, sofort; **to give [something] away** [etwas] verschenken

aw·ful ['ɔ:f(ə)l]
1 furchtbar
2 (*umgangsspr*) scheußlich

aw·ful·ly ['ɔ:f(ə)li] furchtbar

awk·ward [ˈɔːkwəd]
1 *Person:* unbeholfen, ungeschickt
2 *Gegenstand:* unhandlich
3 *Situation:* peinlich
4 *Frage:* schwierig
5 *Zeitpunkt:* ungünstig

awoke [əˈwəʊk] *2. Form von* **awake**

awok·en [əˈwəʊkən] *3. Form von* **awake**

axe [æks], USA **ax** die Axt, das Beil

to **axe** [æks], USA to **ax** (*übertragen*) radikal kürzen [*oder* abbauen]

axis [ˈæksɪs, *Plural* ˈæksiːz] <*Plural* **axes**> die Achse

aye [aɪ] (*im Parlament*) die Jastimme

Bb

B <*Plural* B's *oder* Bs>, **b** [biː] <*Plural* b's>
1 B, b
2 (*Musiknote*) H, h
3 (*Schulnote*) gut

to **bab·ble** [ˈbæbl]
1 stammeln, lallen
2 *Wasser:* plätschern

baby [ˈbeɪbɪ]
1 das Baby, der Säugling; **to** [**be going to**] **have a baby** ein Kind bekommen
2 (*umgangsspr*) Schätzchen

baby car·riage USA der Kinderwagen

bach·elor [ˈbætʃələʳ] der Junggeselle

back[1] [bæk]
1 (*auch übertragen*) der Rücken; **back of a book** der Buchrücken
2 **back to front** verkehrt herum
3 **at the back of** hinter
4 (*im Auto*) der Rücksitz
5 *einer Münze, Seite:* die Rückseite; *of chair:* die Rückenlehne
6 (*beim Fußball*) der Verteidiger/die Verteidigerin

back[2] [bæk]
1 rückwärtig, Hinter-
2 *Ort, Straße:* abgelegen, fern

back[3] [bæk]
1 rückwärts, zurück (**from** von), hinten
2 **did you get your sweater back?** hast du deinen Pullover zurückbekommen?
3 **5 years back** vor fünf Jahren
4 **stand** [*oder* **keep**] **back!** zurück[bleiben]!

to **back** [bæk]
1 unterstützen
2 zurückfahren *Auto*

◆ to **back away** zurückweichen

◆ to **back up**
1 zurückfahren *Auto*
2 beistehen *Person*
3 sichern *Daten*

back·bone [ˈbækbəʊn] (*auch übertragen*) das Rückgrat

back door [ˌbækˈdɔːʳ] (*auch übertragen*) die Hintertür

back·ground [ˈbækgraʊnd]
1 der Hintergrund; (*auch übertragen*) die Umwelt, das Milieu
2 (*übertragen*) die berufliche Erfahrung

back·hand [ˈbækhænd] (*beim Tennis*) die Rückhand

back·ing [ˈbækɪŋ] die Unterstützung

back·pack [ˈbækpæk] der Rucksack

back·pack·er der Rucksacktourist/die Rucksacktouristin

back seat [bækˈsiːt] der Rücksitz

back·stage [bækˈsteɪdʒ] hinter der Bühne

back-up [ˈbækʌp]
1 die Unterstützung
2 (*Computer*) die Sicherung

back·ward [ˈbækwəd]
1 rückwärtig, rückwärtsgerichtet
2 *Kind:* zurückgeblieben

back·wards [ˈbækwədz] rückwärts, zurück; **backwards and forwards** hin und her

back·yard [ˌbækˈjɑːd] der Hinterhof

ba·con [ˈbeɪkən] der [durchwachsene] Speck

bac·te·ria [bækˈtɪərɪə] *Plural* die Bakterien

bad [bæd] <worse, worst>
1 schlecht; **in a bad mood** schlecht gelaunt; **a bad business** eine üble Sache
2 *Geruch:* übel
3 *Hund, Kind:* böse, schlimm

4 *Sturz:* böse
5 *Verletzung:* schlimm
6 *Erkältung, Fehler, Unfall:* schwer
7 *Lebensmittel:* verdorben; *Ei:* faul; **to go bad** schlecht werden, verderben
8 **bad luck** Pech

badge [bædʒ] das Abzeichen, der Button

bad·ly ['bædlɪ] <worse, worst>
1 schlecht, schlimm
2 arg, dringend; **to want badly** dringend brauchen [*oder* benötigen]
3 **to come off badly** schlecht wegkommen; **to be badly off** finanziell schlecht dran sein
4 **badly beaten** vernichtend geschlagen

bad·min·ton ['bædmɪntən] der Federball, das Badminton

bag [bæg]
1 die Tasche, die Handtasche
2 (*aus Papier, Plastik*) die Tüte
3 (*zum Zuziehen*) der Beutel
4 **bags** *Plural* das Gepäck
5 **bags of** (*umgangsspr*) jede Menge

bag·gage ['bægɪdʒ] das Reisegepäck

bag·gage claim die Gepäckausgabe

bag·gy ['bægɪ]
1 schlabberig *umgangsspr*
2 (*unförmig*) ausgebeult

bag·pipes ['bægpaɪps] *Plural* der Dudelsack

bait [beɪt] (*auch übertragen*) der Köder

to **bake** [beɪk] backen *Kuchen, Brot;* **baked potato** die Ofenkartoffel

bak·er ['beɪkə^{r}] der Bäcker/die Bäckerin

bak·ery ['beɪkərɪ] die Bäckerei

bal·ance ['bæləns]
1 die Waage
2 das Gleichgewicht
3 *vom Konto:* der Kontostand

to **bal·ance** ['bæləns]
1 balancieren (**on** auf)
2 das Gleichgewicht halten
3 **to balance the books** die Bücher bilanzieren

bal·co·ny ['bælkənɪ] der Balkon

bald [bɔːld] *Kopf:* kahl; **he's bald** er hat eine Glatze

ball[1] [bɔːl]
1 der Ball
2 (*aus Kordel, Wolle*) das/der Knäuel

ball[2] [bɔːl] der [Tanz]ball

bal·let ['bæleɪ] das Ballett

bal·loon [bə'luːn] der Ballon

ball·point ['bɔːlpɔɪnt], **ball·point pen** [ˌbɔːlpɔɪnt'pen] der Kugelschreiber

ball·room ['bɔːlrʊm] der Ballsaal, der Tanzsaal; **ballroom dancing** der Gesellschaftstanz

to **ban** [bæn] <banned, banned>
1 verbieten
2 sperren *Spieler*

ban [bæn] das Verbot

ba·na·na [bə'nɑːnə] die Banane

band [bænd]
1 das Band
2 die [Musik]kapelle, die Band
3 *von Farbe:* der Streifen

band·age ['bændɪdʒ] die Bandage, die Binde, der Verband

bang[1] [bæŋ]
1 der [heftige] Schlag
2 der [laute] Knall

bang[2] [bæŋ] peng!

to **bang** [bæŋ]
1 knallen (**against** gegen); **I banged my knee on the step** ich bin mit dem Knie gegen die Treppe geknallt
2 **to bang the door** die Tür zuschlagen [*oder* zuknallen]

ban·gle ['bæŋgl] der Armreif, der Armring

bangs [bæŋz] *Plural* (USA) (*Frisur*) der Pony

bank[1] [bæŋk] die Bank

bank[2] [bæŋk]
1 *eines Flusses, Sees:* das Ufer
2 (*Abhang*) die Böschung

to **bank** [bæŋk] **bank money** Geld auf die Bank bringen, Geld einzahlen; **where do you bank?** wo haben Sie Ihr Bankkonto?; **I bank with Lloyds** ich habe ein Konto bei Lloyds

bank ac·count ['bæŋkəkaʊnt] das Bankkonto

bank holi·day (GB) der [gesetzliche] Feiertag; (USA) der Bankfeiertag

Land und Leute
Feiertage, die früher von der *Bank of England* als Urlaubstage gerechnet wurden, heißen **bank holidays**. Davon gab es ursprünglich 30; heute ist ein bank holiday ein **public holiday** (gesetzlicher Feiertag).

bank·rupt ['bæŋkrʌpt] bankrott, zahlungsunfähig; **to go** [*oder* **become**] **bankrupt** bankrottgehen, in Konkurs gehen

ban·ner ['bænəʳ] das Banner, die Fahne

bap·tism ['bæptɪzəm] (*auch übertragen*) die Taufe

Bap·tist ['bæptɪst] der Baptist/die Baptistin

to **bap·tize** [bæp'taɪz] taufen

bar [bɑːʳ]
1 die Stange
2 *von Schokolade:* die Tafel
3 **a bar of soap** ein Stück Seife
4 (*in der Musik*) der Taktstrich
5 (*Kneipe*) die Bar

bar·be·cue ['bɑːbɪkjuː]
1 der Grill
2 die Grillparty

to **bar·be·cue** ['bɑːbɪkjuː] auf dem Rost braten, grillen

barbed [bɑːbd] **barbed wire** der Stacheldraht

bar·ber ['bɑːbəʳ] der [Herren]friseur

bare [beəʳ]
1 nackt, bloß; **with one's bare hands** mit den bloßen Händen
2 *Baum, Wand:* kahl
3 (*übertragen*) unverhüllt, offen; **the bare facts** die nackten Tatsachen

bare·ly ['beəlɪ] kaum

bar·gain ['bɑːgɪn]
1 das Gelegenheitskauf; **it's a bargain** es ist sehr günstig
2 (*Abmachung*) **it's a bargain!** abgemacht!

to **bar·gain** ['bɑːgɪn] handeln (**for** um)

barge [bɑːdʒ] der Lastkahn, der Schleppkahn

bark [bɑːk] *eines Baums:* die Rinde, die Borke

to **bark** [bɑːk] *Hund:* bellen

bar·maid ['bɑːmeɪd] die Bardame, die Bedienung

bar·man ['bɑːmən] <*Plural* barmen> der Barmann, der Barkeeper

barn [bɑːn] die Scheune, die Scheuer; (USA) der Stall

bar·racks ['bærəks] die Kaserne

bar·rel ['bærəl]
1 das Fass
2 das [Kanonen]rohr, der [Gewehr]lauf

bar·ri·cade [ˌbærɪ'keɪd] die Barrikade

bar·ri·er ['bærɪəʳ] die Schranke, die Sperre, die Barriere

bar·ris·ter ['bærɪstəʳ] der Barrister, der Rechtsanwalt/die Rechtsanwältin (*vor einem höheren Gericht zugelassen*)

base [beɪs]
1 (*auch in der Mathematik*) die Basis
2 *von Lampe, Mikroskop, Mauer:* der Fuß
3 *von Schrank, Statue:* der Sockel
4 der Grund[lage]
5 (*beim Militär*) die Basis, der Stützpunkt

to **base** [beɪs]
1 basieren, gründen (**on** auf); **to be based on** sich stützen auf
2 **the company is based in Frankfurt** die Firm hat ihren Hauptsitz in Frankfurt

base·ball ['beɪsbɔːl] der Baseball

Land und Leute
Für die Amerikaner ist **baseball** *der* Nationalsport. In meist riesigen Stadien treten zwei Mannschaften gegeneinander an, wobei immer eine Mannschaft **up** ist. Der **pitcher** (Werfer) der einen Mannschaft wirft den Ball, während der Spieler der anderen Mannschaft versucht, den Ball mit seinem Schläger zu treffen und ihn so weit wie möglich wegzuschlagen. Er versucht dann **runs** (Punkte) zu machen indem er nach Möglichkeit die vier **bases** (Platten) an den Ecken eines Quadrates erreicht, bevor die Gegenseite den Ball unter Kontrolle bekommt.

base·ment ['beɪsmənt] das Kellergeschoss; (*im Kaufhaus*) das Untergeschoss

bases ['beɪsiːz] *Pluralform von* **basis**

ba·sic ['beɪsɪk]
1 Grund-, grundlegend
2 grundsätzlich [wichtig], fundamental
3 *Kenntnisse, Einrichtungen:* elementar

ba·si·cal·ly ['beɪsɪklɪ] im Grunde

ba·sin ['beɪsn]
1 die Schale
2 das Waschbecken, die Schüssel

ba·sis ['beɪsɪs] <*Plural* bases>
1 die Basis, die Grundlage; **on a regular basis** regelmäßig
2 der Grundbestandteil

bas·ket ['bɑːskɪt] der Korb

bas·ket·ball der Basketball

bass [beɪs] der Bass

bat[1] [bæt] die Fledermaus

bat^{2} [bæt] das Schlagholz, der Schläger

to **bat** [bæt] <batted, batted> [mit dem Schlagholz] schlagen

bath [bɑːθ]
① (*auch in der Chemie*) das Bad; **to have** [*oder* **take**] **a bath** ein Bad nehmen
② die Badewanne
③ **baths** *Plural* das Bad

to **bath** [bɑːθ] [sich] baden

bath·ing ['beɪðɪŋ] das Baden

bath·robe ['bɑːθrəʊb] der Bademantel

bath·room ['bɑːθruːm]
① das Badezimmer
② (USA) **where's the bathroom?** wo ist die Toilette?

bath tow·el das Badetuch

bath·tub ['bɑːθtʌb] die Badewanne

to **bat·ter** ['bætə^{r}]
① verprügeln, zusammenschlagen
② trommeln; **to batter at the door** gegen die Tür hämmern

bat·ter ['bætə^{r}]
① der Teig (*zum Frittieren*)
② der Pfannkuchenteig

bat·tery ['bætərɪ] die Batterie

bat·tle ['bætl]
① die Schlacht (**against** gegen, **of** bei), das Gefecht (**for** um)
② (*übertragen*) der Kampf (**for** um); **the battle against cancer** der Kampf gegen Krebs

to **bat·tle** ['bætl] kämpfen (**against** gegen, **for** um, **with** mit)

bat·tle·field ['bætlfiːld], **bat·tle·ground** ['bætlgraʊnd] das Schlachtfeld

bat·tle·ship ['bætlʃɪp] das Schlachtschiff

bay [beɪ] die Bucht; **the Bay of Bengal** der Golf von Bengalen; **Hudson Bay** Hudsonbai

ba·zaar [bəzɑː] der Basar

BC [ˌbiː'siː] *Abkürzung von* **before Christ** v. Chr.

to **be** [biː] <was *oder* were, been>
① sein
② **how are you?** wie geht es dir/Ihnen?
③ (*beruflich*) werden; **I want to be a lawyer** ich möchte Anwalt werden
④ geschehen, sich ereignen; **when's the party?** wann findet die Party statt?
⑤ kosten; **how much is that?** wie viel macht das?
⑥ (*dürfen, sollen*) **tell them they are to register first** sag ihnen, sie müssen [*oder* sollen] sich zuerst anmelden
⑦ *zur Bildung der Verlaufsform: + -ing* **I'm doing my homework** ich mache meine Hausaufgaben
⑧ *zur Bildung des Passivs* werden; **the house was built in 1872** das Haus wurde 1872 erbaut

beach [biːtʃ] <*Plural* beaches> der Strand

bead [biːd]
① die Perle
② der Tropfen

beak [biːk] der Schnabel

beak·er ['biːkə^{r}] der Becher

beam [biːm]
① der Balken
② **beam of light** der [Licht]strahl

bean [biːn] die Bohne

bear [beə^{r}] der Bär

to **bear** [beə^{r}] <bore, borne *oder* (USA) *auch* born>
① tragen *Last, Namen, Waffe, Zeichen*
② tragen, [hervor]bringen *Frucht*
③ (*übertragen*) vertragen; **I can't bear her!** ich kann sie nicht ausstehen [*oder* leiden]
④ **it doesn't bear thinking about** der Gedanke allein ist zu schrecklich
⑤ **to bear to the right** sich rechts halten
⑥ **to bear someone/something in mind** jemanden/etwas berücksichtigen

beard [bɪəd] der Bart

bear·ing ['beərɪŋ] **to lose one's bearings** (*auch übertragen*) die Orientierung verlieren; **to take one's bearings** sich orientieren

beast [biːst]
① das [wilde] Tier
② (*übertragen*) das Biest

beat [biːt]
① der Schlag
② der Takt

to **beat** [biːt] <beat, beaten>
① schlagen *Tier, Mensch;* [ver]prügeln *Mensch*
② klopfen *Teppich*
③ schlagen *Eier, Takt*
④ (*beim Sport, Militär*) schlagen, besiegen
⑤ **you can't beat ...** es gibt nichts besseres als ..., es geht nichts über ...
⑥ *Herz:* pochen
⑦ *Regen:* peitschen

Grammatik
Richtiges Konjugieren von **beat**: beat, beat, beaten — *I beat John at badminton yesterday; Our team was beaten.*

◆ to **beat down**
1 einschlagen *Tür*
2 herunterhandeln *Preis*
3 *Sonne:* herunterbrennen
4 *Regen:* niederprasseln
◆ to **beat up** verdreschen, zusammenschlagen

beau·ti·ful [ˈbjuːtɪfᵊl] *Sache, Frau:* schön, wunderschön; *Landschaft auch:* herrlich, wundervoll

beau·ty [ˈbjuːtɪ] die Schönheit

be·came [bɪˈkeɪm] *2. Form von* **become**

be·cause [bɪˈkɒz]
1 weil, da
2 **because of** wegen; **because of her/him** ihretwegen/seinetwegen

to **beck·on** [ˈbekᵊn] [zu]winken; **she beckoned the waiter over** sie winkte den Kellner zu sich

to **be·come** [bɪˈkʌm] <became, become> werden

Grammatik
Richtiges Konjugieren von **become**: become, became, become — *Harry became a minister; Joe has become very thin.*

bed [bed]
1 das Bett; **in bed** im Bett; **to get into bed** sich ins Bett legen; **to get out of bed** aufstehen; **to get out of bed on the wrong side** (*übertragen*) mit dem falschen Fuß aufstehen
2 das [Blumen]beet
3 **river bed** das Flussbett

bed and break·fast das Zimmer mit Frühstück

bed·room [ˈbedruːm] das Schlafzimmer

bed·time [ˈbedtaɪm] die Schlafenszeit; **it's bedtime** es ist Zeit, ins Bett zu gehen

bee [biː] die Biene

beef [biːf] das Rindfleisch

bee·hive [ˈbiːhaɪv] der Bienenstock

been [biːn] *3. Form von* **be**

beer [bɪəʳ] das Bier

bee·tle [ˈbiːtl] der Käfer

beet·root [ˈbiːtruːt] die rote Bete

be·fore[1] [bɪˈfɔːʳ]
1 (*zeitlich*) vor; **the day before yesterday** vorgestern; **before long** bald
2 (*räumlich*) vor

be·fore[2] [bɪˈfɔːʳ] früher, zuvor; **have you been to America before?** waren Sie schon einmal in Amerika?

be·fore[3] [bɪˈfɔːʳ] bevor, ehe; **before you ask, ...** ehe du fragst, ...

before·hand [bɪˈfɔːhænd] im Voraus, schon vorher

to **beg** [beg] <begged, begged>
1 betteln (**for** um)
2 bitten [um]
3 **I beg your pardon?** wie bitte?; **I beg your pardon!** Verzeihung!

be·gan [bɪˈgæn] *2. Form von* **begin**

beg·gar [ˈbegəʳ] der Bettler/die Bettlerin

to **be·gin** [bɪˈgɪn] <began, begun> beginnen, anfangen; **to begin again** [wieder] von vorn anfangen; **to begin with** erstens, zunächst; **he began by saying ...** zuerst sagte er ...

be·gin·ner [bɪˈgɪnəʳ] der Anfänger/die Anfängerin

be·gin·ning [bɪˈgɪnɪŋ]
1 der Beginn, der Anfang
2 der Ausgangspunkt, der Ursprung; **from beginning to end** von Anfang bis Ende; **in the beginning** anfangs, am Anfang

be·gun [bɪˈgʌn] *3. Form von* **begin**

be·half [bɪˈhɑːf] **on behalf of** für, im Namen von

to **be·have** [bɪˈheɪv] sich [gut] benehmen; **behave yourself!** benimm dich!

be·hav·iour [bɪˈheɪvɪəʳ], (USA) **be·hav·ior** das Benehmen, das Verhalten (**to/towards** gegenüber)

be·hind[1] [bɪˈhaɪnd]
1 hinter; **one behind the other** hintereinander
2 **who's behind that scheme?** wer steckt hinter dem Plan?

be·hind[2] [bɪˈhaɪnd] [nach] hinten, dahinter; **to be behind in** [*oder* **with**] **something** mit einer Sache im Rückstand [*oder* Verzug] sein

be·hind[3] [bɪˈhaɪnd] (*umgangsspr*) der Hintern

be·ing [ˈbiːɪŋ]
1 das Dasein, die Existenz
2 das Lebewesen, das Geschöpf; **human being** der Mensch
3 **to come into being** entstehen

be·lat·ed [bɪ'leɪtɪd] verspätet

Bel·gian[1] ['beldʒən] der Belgier/die Belgierin

Bel·gian[2] ['beldʒən] belgisch

Bel·gium ['beldʒəm] Belgien

be·lief [bɪ'li:f]
① der Glaube[n] (**in** an), das Vertrauen (**in** zu); **beyond** [*oder* **past**] **all belief** unglaublich
② (*religiös*) der Glaube[n]
③ die Überzeugung

to **be·lieve** [bɪ'li:v]
① glauben (**in** an); **I believe so/not** ich glaube ja/nein; **believe it or not** ob du es glaubst oder nicht
② **to believe in** Vertrauen haben zu

bell [bel]
① die Glocke; **to answer the bell** die Tür öffnen; **was that the bell?** hat es geklingelt [*oder* geläutet]?
② (*Telefon*) **to give someone a bell** (GB) (*umgangsspr*) jemanden anrufen
③ **this rings a bell** (*übertragen*) das kommt mir bekannt vor

bel·ly ['belɪ]
① der Bauch
② der Magen

to **be·long** [bɪ'lɒŋ]
① gehören; **it belongs to him** es gehört ihm
② **to belong to a club** einem Klub/Verein angehören
③ **I belong here** hier ist mein Zuhause; **where does that belong?** wohin gehört das?

be·long·ings [bɪ'lɒŋɪŋz] *Plural* das Eigentum, die Habe, die Sachen

be·low[1] [bɪ'ləʊ] unter, unterhalb; **below him** unter seiner Würde; **below ground** unter der Erde

be·low[2] [bɪ'ləʊ] [nach] unten, hinunter; **see below** siehe unten

belt [belt]
① der Gürtel
② die Zone, das [Anbau]gebiet; **green belt** *einer Stadt:* der Grüngürtel
③ **safety belt** der Sicherheitsgurt
④ (*technisch*) der Riemen

bench [bentʃ] <*Plural* benches>
① die [Sitz]bank
② die Werkbank

bend [bend] die Biegung, die Kurve

to **bend** [bend] <bent, bent>
① biegen, beugen; **please do not bend** bitte nicht knicken; **to bend something out of shape** etwas verbiegen
② sich biegen; *Fluss, Straße, Bahn:* eine Biegung machen

be·neath [bɪ'ni:θ] unter, unterhalb

ben·efit ['benɪfɪt]
① die Hilfe
② der Nutzen, der Vorteil
③ (*finanziell*) die Unterstützung, die Beihilfe; **unemployment benefit** das Arbeitslosengeld

to **ben·efit** ['benɪfɪt] gut tun, nützen; **who will benefit from** [*oder* **by**] **this scheme?** wem wird der Plan nützen?

bent [bent] *2. und 3. Form von* **bend**

ber·ry ['berɪ] die Beere

berth [bɜ:θ] *im Schiff:* die Koje; *im Zug:* der Schlafwagenplatz

be·side [bɪ'saɪd] (*örtlich*) neben

be·sides[1] [bɪ'saɪdz] außer, abgesehen von

be·sides[2] [bɪ'saɪdz] außerdem; **besides being a mother, she's also a doctor** sie ist Mutter und auch Ärztin

best[1] [best] *Superlativ von* **good** beste(r, s)

best[2] [best] *Superlativ von* **well**
① am besten, am meisten
② **to like best** am liebsten mögen
③ **as best you can** so gut du kannst

best[3] [best] **the best** der, die, das Beste ▶ WENDUNGEN: **at best** bestenfalls; **to do one's best** sein Bestes, Möglichstes tun; **all the best!** alles Gute!

to **bet** [bet] <bet *oder* betted, bet *oder* betted> wetten; **he bet me five pounds** er wettete mit mir um fünf Pfund; **I bet you** [**ten pounds**] **that ...** ich wette mit dir [zehn Pfund], dass ...

bet [bet] die Wette

to **be·tray** [bɪ'treɪ] verraten (**to** an)

bet·ter[1] ['betəʳ] *Komparativ von* **good**
① besser; **she's better than him** sie ist besser als er
② **I am getting better now** es geht mir [gesundheitlich] wieder besser

bet·ter[2] ['betəʳ] *Komparativ von* **well**
① besser
② **I know better** da lasse ich mir nichts vor-

A B C D E F G H I J K L M N O P Q R S T U V W X Y Z

machen
3 **you had better go** du tätest besser daran, jetzt zu gehen

bet·ter³ ['betəʳ] **the better** der, die, das Bessere

be·tween [bɪ'twi:n]
1 *räumlich, zeitlich* zwischen
2 **in between** dazwischen
3 zwischen, unter; **they have twenty pounds between them** sie haben zusammen zwanzig Pfund

to **be·ware** [bɪ'weəʳ] **beware of the dog!** Achtung, bissiger Hund!

Vorsicht Falle!
Das Verb **beware** kann nur in der Befehlsform angewendet werden.

be·yond [bɪ'jɒnd]
1 (*auch übertragen*) jenseits, über ... hinaus
2 *örtlich* nach, hinter
3 *zeitlich* länger als, später als
4 **beyond belief** unglaublich

bias(s)ed ['baɪəst] voreingenommen (**against** gegen)

Bi·ble ['baɪbl] die Bibel

bib·li·og·ra·phy [ˌbɪblɪ'ɒgrəfɪ] die Bibliografie

bi·cy·cle ['baɪsɪkl] das Fahrrad; **to ride a bicycle** Rad fahren

to **bid** [bɪd] <bid, bid> bieten (**for** für)

bid [bɪd]
1 (*in einer Auktion*) das Gebot
2 (*bei einer Ausschreibung*) das Preisangebot
3 der Versuch

big [bɪg] <bigger, biggest>
1 groß; *Kleidung:* breit, weit; *Mahlzeit:* reichlich
2 kräftig gebaut
3 (*erwachsen*) groß; **when I'm big ...** wenn ich groß bin ...
4 **a big decision** eine wichtige Entscheidung

bike [baɪk] (*umgangsspr*) das Rad

bi·ki·ni [bɪ'ki:nɪ] der Bikini

bi·lin·gual [baɪ'lɪŋgwəl] zweisprachig

bill¹ [bɪl] der Schnabel

bill² [bɪl]
1 die Rechnung; **the bill, please!** bitte zahlen!
2 die Gesetzesvorlage, der Gesetzentwurf; **to pass a bill** ein Gesetz verabschieden
3 (USA) **dollar bill** die $1 Banknote, der Geldschein

bil·liards ['bɪlɪədz] das Billard[spiel]

bil·lion ['bɪlɪən] die Milliarde

bin [bɪn]
1 der Behälter
2 (GB) der Mülleimer

to **bind** [baɪnd] <bound, bound> binden (**to/on** an)

bind·er ['baɪndəʳ] der Hefter, die Mappe

bin·ocu·lars [bɪ'nɒkjʊləz] [**pair of**] **binoculars** das Fernglas

bio·chem·is·try [ˌbaɪəʊ'kemɪstrɪ] die Biochemie

bio·de·grad·able [ˌbaɪəʊdɪ'greidəbl] biologisch abbaubar

bi·og·ra·phy [baɪ'ɒgrəfɪ] die Biografie, die Lebensbeschreibung

bio·logi·cal [ˌbaɪə'lɒdʒɪkl] biologisch

bi·olo·gist [baɪ'ɒlədʒɪst] der Biologe/die Biologin

bi·ol·ogy [baɪ'ɒlədʒɪ] die Biologie

bird [bɜ:d] der Vogel; **bird of prey** der Raubvogel

bird flu (*umgangsspr*) die Vogelgrippe

birth [bɜ:θ]
1 die Geburt; **to give birth to** zur Welt bringen; (*übertragen*) ins Leben rufen; **date of birth** das Geburtsdatum
2 die Abstammung, die Herkunft; **he's Canadian by birth** er ist gebürtiger Kanadier

birth cer·tifi·cate die Geburtsurkunde

birth·day ['bɜ:θdeɪ] der Geburtstag

birth·mark das Muttermal

birth·place der Geburtsort

bis·cuit ['bɪskɪt] der Keks; (USA) das Brötchen

bish·op ['bɪʃəp] der Bischof

bit¹ [bɪt]
1 das Stückchen; **a bit at a time, bit by bit** Stück für Stück, schrittweise
2 **a bit** ein bisschen, ein Weilchen; **he's a bit better** es geht ihm etwas besser
3 **not a bit** kein bisschen, nicht im Geringsten

bit² [bɪt] (*Computer*) das Bit

bit³ [bɪt] *2. Form von* **bite**

bite [baɪt]
1 der Biss; **in two bites** in zwei Bissen
2 die Bisswunde, der Stich
3 **a bite to eat** ein kleiner Happen [*oder* Imbiss]

to **bite** [baɪt] <bit, bitten>
1 beißen
2 *Insekt:* stechen

bit·ten ['bɪtn] *3. Form von* **bite**

bit·ter[1] ['bɪtəʳ]
1 bitter
2 (*übertragen*) hart; *Nachricht, Tatsache:* traurig
3 *Kritik:* scharf
4 *Wind:* eisig, rau; *Kälte:* streng

bit·ter[2] ['bɪtəʳ] das dunkle Bier

black[1] [blæk]
1 schwarz
2 (*übertragen*) *Zukunft:* dunkel
3 *Hautfarbe:* dunkel[häutig]

black[2] [blæk] das Schwarz, die schwarze Farbe
◆ to **black out**
1 ohnmächtig werden
2 verdunkeln *Zimmer*

black·board ['blækbɔːd] die Wandtafel

to **black·en** ['blækən] schwärzen

black·mail ['blækmeɪl] die Erpressung

to **black·mail** ['blækmeɪl] erpressen

blade [bleɪd]
1 die Klinge
2 *eines Ruders, einer Säge:* das Blatt; *eines Propellers:* der Flügel
3 **blade of grass** der Grashalm

to **blame** [bleɪm]
1 die Schuld geben; **to blame someone for something** jemandem an etwas die Schuld geben, jemanden für etwas verantwortlich machen
2 Vorwürfe machen; **to blame something on someone** jemandem etwas vorwerfen

blame [bleɪm] die Schuld

blank[1] [blæŋk]
1 leer, unbeschrieben; **blank space** der freie Raum, die frei gelassene Stelle
2 *Gesicht:* ausdruckslos

blank[2] [blæŋk] (*auf Formular*) die leere Stelle, der freie Raum

blan·ket ['blæŋkɪt] die Decke

blast [blɑːst]
1 der Windstoß
2 der Knall, die Explosion

to **blast** [blɑːst] sprengen

blaze [bleɪz] das Feuer, der Brand

to **blaze** [bleɪz] *Sonne:* brennen; *Feuer:* lodern

blaz·er ['bleɪzəʳ] der Blazer

bleach [bliːtʃ] <*Plural* bleaches> das Bleichmittel

to **bleach** [bliːtʃ] bleichen

bleak [bliːk]
1 *Landschaft:* öde
2 *Wetter:* rau
3 (*übertragen*) *Aussichten:* trostlos

to **bleed** [bliːd] <bled, bled> bluten (**from** von)

to **bleep** [bliːp] anpiepsen *Arzt*

bleep·er ['bliːpəʳ] der Piepser

to **blend** [blend]
1 mischen *Tee, Kaffee, Tabak*
2 sich [ver]mischen (**with** mit)

blend [blend] die Mischung

blend·er [blendəʳ] der Mixer

to **bless** [bles] <blessed, blessed>
1 segnen
2 **bless you!** Gesundheit!

bless·ing ['-ɪŋ] der Segen

blew [bluː] *2. Form von* **blow**

blind[1] [blaɪnd]
1 (*auch übertragen*) blind; **to be blind in one eye** auf einem Auge blind sein; **blind panic** die wilde Panik
2 (*übertragen*) uneinsichtig, verständnislos (**to** gegenüber)

blind[2] [blaɪnd]
1 der Rollladen, das Rollo
2 **the blind** die Blinden

to **blind** [blaɪnd] blind machen (**to** für)

to **blind·fold** ['blaɪndfəʊld] **to blindfold someone** jemandem die Augen verbinden

blind·fold ['blaɪndfəʊld] die Augenbinde

bling-bling ['blɪŋblɪŋ] (*umgangsspr*) der Klunker

to **blink** [blɪŋk] blinzeln; **to blink one's eyes** mit den Augen zwinkern

blis·ter ['blɪstəʳ] die Blase

bliz·zard ['blɪzəd] der Schneesturm

blob [blɒb] der Tropfen, der Klecks

block [blɒk]
① (*aus Holz*) der Klotz; (*aus Stein*) der [Fels]block
② (*zum Spielen*) das Bauklötzchen
③ **block of flats** der Wohnblock

to **block** [blɒk]
① blockieren; [ver]sperren *Weg*
② verstopfen *Rohr*
③ stoppen *Ball*
◆ to **block up**
① verstopfen
② versperren *Weg*

blog [blɒg] (*im Internet*) das Blog, das Internet-tagebuch

blog·ging ['blɒgɪŋ] *kein Plural, ohne Artikel* (*im Internet*) das Blogging (*das Schreiben von Internet-Tagebüchern*)

blog-o-sphere ['blɒgə(ʊ)sfɪəʳ] (*im Internet*) die Blogwelt

bloke [bləʊk] (*slang*) der Kerl, der Bursche

blond [blɒnd] *Mann:* blond

blonde[1] [blɒnd] *Frau:* blond

blonde[2] [blɒnd] die Blondine

blood [blʌd] das Blut

blood do·nor der Blutspender/die Blutspenderin

blood group die Blutgruppe

bloody ['blʌdɪ]
① blutig
② (*slang*) verflucht; **he's bloody good!** er ist verdammt gut!

bloom [blu:m] die Blüte *auch übertragen*

to **bloom** [blu:m] (*auch übertragen*) blühen

blos·som ['blɒsəm] die Blüte

to **blos·som** ['blɒsəm]
① [auf]blühen
② (*übertragen*) sich entfalten (**into** zu)

blot [blɒt] der Fleck, der Klecks

blouse [blaʊz] die Bluse

blow [bləʊ] der Schlag, der Stoß

to **blow** [bləʊ] <blew, blown>
① *Wind:* wehen, blasen
② pusten
③ *Sicherung:* durchbrennen
④ blasen *Instrument*
⑤ **to blow one's nose** sich die Nase putzen

> **Grammatik**
> Richtiges Konjugieren von **blow**: blow, blew, blown — *The wind blew strongly; A lot of trees were blown over.*

◆ to **blow away**
① (*im Wind*) wegfliegen
② wegwehen
◆ to **blow out** ausblasen *Streichholz*
◆ to **blow up**
① aufblasen, aufpumpen *Luftballon, Luftmatratze*
② sprengen, in die Luft jagen *Gebäude*
③ vergrößern *Foto*

to **blow-dry** ['bləʊˌdraɪ] föhnen

blown [bləʊn] *3. Form von* **blow**

blue[1] [blu:]
① blau; **dark blue** dunkelblau; **light blue** hellblau
② (*übertragen*) trübsinnig
③ *Witz:* unanständig; **blue movie** der Pornofilm

blue[2] [blu:]
① das Blau, die blaue Farbe
② **blues** *Plural* der Trübsinn; **to have the blues** Trübsal blasen

blunt [blʌnt] stumpf

blunt·ly [blʌntlɪ] freiheraus, unverblümt

to **blur** [blɜ:ʳ] <blurred, blurred>
① verschmieren *Schrift*
② verschwommen werden *Bild*

blur [blɜ:ʳ] das verschwommene Bild, der Fleck

to **blush** [blʌʃ] erröten (**with** vor)

board [bɔ:d]
① das Brett
② die [Anschlag]tafel, die Wandtafel
③ das Spielbrett
④ die Verpflegung
⑤ der Ausschuss, die Kommission; **school board** die Schulbehörde
⑥ Bord; **on board** an Bord; **to go on board ship** an Bord gehen

to **board** [bɔ:d] an Bord gehen *Schiff, Flugzeug*

board·ing card die Bordkarte

board·ing school das Internat

to **boast** [bəʊst]
① prahlen (**of/about** mit)
② sich rühmen

boat [bəʊt]
1 das Boot
2 das Schiff

body ['bɒdɪ]
1 der Körper
2 **dead body** die Leiche
3 das Gremium, das Organ

body·guard ['bɒdɪgɑːd] der Leibwächter/die Leibwächterin

bog [bɒg] der Sumpf, das Moor

to **boil** [bɔɪl] kochen, sieden
◆ to **boil over**
1 überkochen
2 (*übertragen*) sich zuspitzen; *Mensch:* explodieren

boil·er ['bɔɪləʳ] der Warmwasserbereiter, der Boiler

boil·ing [bɔɪlɪŋ]
1 kochend, siedend; **boiling-point** (*auch übertragen*) der Siedepunkt
2 **boiling hot** (*umgangsspr*) *Wetter:* glühend heiß

bois·ter·ous ['bɔɪstərəs] *Person:* ausgelassen

bold [bəʊld]
1 kühn
2 dreist
3 *Farbe:* kräftig; *Muster:* auffällig; *Stil:* ausdrucksvoll
4 *Druck:* fett

bolt [bəʊlt]
1 der [Tür]riegel
2 der Bolzen

to **bolt** [bəʊlt]
1 verriegeln *Tür*
2 zuschrauben *Deckel*

bomb [bɒm] die Bombe

to **bomb** [bɒm] bombardieren

bomb·er ['bɒməʳ]
1 der Bomber, das Bombenflugzeug
2 der Bombenattentäter/die Bombenattentäterin

bone [bəʊn]
1 der Knochen
2 *von Fisch:* die Gräte

bon·fire ['bɒnfaɪəʳ] das Freudenfeuer, Feuer im Freien

bon·net ['bɒnɪt]
1 die Haube
2 *von Auto:* die Motorhaube

bo·nus ['bəʊnəs] der Bonus

bony ['bəʊnɪ] knochendürr

boo [buː] der Buhruf

to **boo** [buː] buhen

boo·by prize der Trostpreis

book [bʊk]
1 das Buch
2 das Heft; **book of stamps** das Briefmarkenheft

to **book** [bʊk]
1 buchen
2 [vor]bestellen *Platz, Karte;* **to be fully booked** ausgebucht sein; *Hotel:* voll belegt sein

book·ing of·fice der Fahrkartenschalter, die Vorverkaufsstelle

book·mark ['bʊkmɑːk] das Lesezeichen

book·shelf <*Plural* **bookshelves**> das Bücherregal, das Bücherbord

book·shop die Buchhandlung

book·store ['bʊkstɔːʳ] (USA) die Buchhandlung

boom [buːm] der Aufschwung, die Hochkonjunktur

to **boom** [buːm] einen Aufschwung nehmen

to **boost** [buːst]
1 ankurbeln
2 verstärken *Strom, Leistung*

boost [buːst]
1 der Auftrieb
2 *von Strom, Leistung:* die Verstärkung

boot [buːt]
1 der Stiefel
2 (GB) der Kofferraum

booth [buːð] die [Markt]bude; **[tele]phone booth** die Telefonzelle

booze [buːz] (*umgangsspr*) der Alkohol

bor·der ['bɔːdəʳ]
1 der Rand
2 die Grenze
3 (*im Garten*) die Rabatte

to **bor·der** ['bɔːdəʳ] begrenzen, einfassen

to **bore** [bɔːʳ] langweilen; **to be bored** sich langweilen

bore[1] [bɔːʳ] der Langweiler

bore[2] [bɔːʳ] *2. Form von* **bear**

bore·dom ['bɔːdəm] die Langeweile

bor·ing ['bɔːrɪŋ] langweilig

Vorsicht Falle!
Bored oder **boring**? **Bored** wird verwendet um auszusagen, dass es jemandem langweilig ist: *I'm bored!* Wenn jedoch eine bestimmte Sache langweilig ist, verwendet man **boring**: *Our history lesson was so boring!*

born [bɔːn] geboren; **where were you born?** wo sind Sie geboren?; **he was born in 1988** er ist 1988 geboren

borne [bɔːn] *3. Form von* **bear**

bor·ough ['bʌrə] der Bezirk, die Stadtgemeinde

to **bor·row** ['bɒrəʊ] borgen, leihen (**from** von)

bos·om ['bʊzəm] (*auch übertragen*) der Busen

boss [bɒs] (*umgangsspr*) der Boss, der Chef

bossy ['bɒsɪ] (*umgangsspr*) herrisch, rechthaberisch

bo·tani·cal [bə'tænɪkl] botanisch

bota·ny ['bɒtənɪ] die Botanik, die Pflanzenkunde

both[1] [bəʊθ] beide, beides; **we can both go** wir beide können gehen; **both [the] brothers** beide Brüder

both[2] [bəʊθ] **both ... and** sowohl ... als auch

to **both·er** ['bɒðə^r]
1. **to bother someone** jemandem lästig sein
2. aus der Ruhe bringen
3. sich Sorgen machen (**about** um)

both·er ['bɒðə^r]
1. der Ärger
2. die Mühe
3. die Plage

bot·tle ['bɒtl] die Flasche

bot·tle bank der Altglascontainer

bot·tom[1] ['bɒtəm]
1. *auch eines Gewässers:* der Boden, der Grund
2. das untere Ende, der Fuß; **from top to bottom** von oben bis unten
3. (*umgangsspr*) der Hintern

bot·tom[2] ['bɒtəm] unterste(r, s), niedrigste(r, s)

bought [bɔːt] *2. und 3. Form von* **buy**

boul·der ['bəʊldə^r] der Felsblock

to **bounce** [baʊns]
1. *Ball:* aufprallen
2. springen
3. aufprallen lassen *Ball*

bound[1] [baʊnd] **it was bound to happen** das musste so kommen

bound[2] [baʊnd] *2. und 3. Form von* **bind**

bounda·ry ['baʊndrɪ] die Grenze, die Trennungslinie

bounds [baʊnd] **out of bounds** Betreten verboten

bow[1] [bəʊ]
1. die Schleife
2. (*Waffe*) der Bogen
3. *von Geige:* der Bogen

bow[2] [baʊ] die Verbeugung

to **bow** [baʊ]
1. sich verbeugen
2. **to bow one's head** den Kopf senken

bowl [bəʊl] die Schüssel, die Schale

to **bowl** [bəʊl] werfen *Ball*

bowl·er ['bəʊlə^r] (*Hut*) die Melone

bowl·ing ['bəʊlɪŋ]
1. das Bowlingspiel
2. (*Kricket*) das Werfen des Balles

bowl·ing al·ley die Kegelbahn

bow tie die Fliege

box [bɒks]
1. die Schachtel
2. die Kiste, der Karton
3. die Dose, die Büchse
4. (*im Theater*) die Loge

to **box** [bɒks] boxen

box·er ['bɒksə^r] der Boxer/die Boxerin

box·ing ['bɒksɪŋ] das Boxen, der Boxsport

Box·ing Day der zweite Weihnachtsfeiertag

Land und Leute
In früheren Zeiten war es in Großbritannien üblich, dass die Lehrlinge nach dem ersten Weihnachtstag mit „boxes" (Schachteln) Trinkgelder bei den Kunden ihrer Meister einsammelten. Auch das Weihnachtsgeld für die Angestellten wurde als „Christmas box" bezeichnet. Deshalb heißt der 26. Dezember noch heute **Boxing Day**. In Irland heißt der 26. Dezember dagegen „St Stephen's Day".

box of·fice die Theaterkasse

boy [bɔɪ] der Junge

boy·friend ['bɔɪfrend] der Freund

boy scout der Pfadfinder

bra [brɑː] der Büstenhalter, der BH

brace [breɪs]
1 die Zahnspange
2 **braces** *Plural*, **pair of braces** (GB) der Hosenträger

brace·let ['breɪslɪt] das Armband

brack·et ['brækɪt]
1 der Träger, die Konsole
2 die Klammer; **in brackets** in Klammern

brain [breɪn]
1 das Gehirn
2 *meist Plural* (*übertragen*) der Verstand

brain·wave ['breɪnweɪv] der Geistesblitz

brainy ['breɪnɪ] klug

brake [breɪk] die Bremse

to **brake** [breɪk] <broke, broken> bremsen

branch [brɑːntʃ]
1 der Zweig, der Ast
2 *von Straße, Bahn:* die Abzweigung
3 *einer Firma:* die Branche, der Zweig

brand [brænd] die Marke, das Warenzeichen

brand-new [ˌbrænd'njuː] [funkel]nagelneu

bran·dy ['brændɪ] der Weinbrand

brass [brɑːs]
1 das Messing
2 (*im Orchester*) **the brass** die Blechbläser

bras·siere ['bræsɪəʳ] der Büstenhalter

brave [breɪv] tapfer, mutig

brav·ery ['breɪvərɪ] die Tapferkeit, der Wagemut

bread [bred] das Brot; **a loaf of bread** ein [Laib] Brot; **a slice of bread** eine Scheibe Brot

bread·crumb ['bredkrʌm] **breadcrumbs** *Plural* das Paniermehl

breadth ['bretθ]
1 die Breite
2 die Weite

break [breɪk]
1 der Bruch
2 die Lücke, der Riss, die Spalte
3 die Pause, der Urlaub; **without a break** ununterbrochen
4 (*in Schrift und Druck*) der Absatz

to **break** [breɪk] <broke, broken>
1 zerbrechen, zerreißen; **to be broken** kaputt sein, ruiniert sein
2 einschlagen *Fensterscheibe*
3 (*übertragen*) übertreten *Gesetz;* nicht halten *sein Wort, Versprechen*
4 unterbrechen, abbrechen *Reise, Urlaub*
5 *Unwetter:* hereinbrechen

Grammatik
Richtiges Konjugieren von **break**: break, broke, broken — *Bart broke the window; The window has been broken.*

◆ to **break down** kaputtgehen; *Auto:* eine Panne haben
◆ to **break in** einbrechen
◆ to **break into** plötzlich beginnen mit
◆ to **break off** abbrechen
◆ to **break out** *Gefangener, Feuer, Krieg:* ausbrechen
◆ to **break up**
1 aufbrechen
2 auseinandernehmen
3 (*übertragen*) abbrechen *Veranstaltung*
4 *Schule:* aufhören; **when do you break up?** wann habt ihr Ferien?

break·down ['breɪkdaʊn]
1 die [Betriebs]störung; *von Auto:* die Panne
2 (*übertragen*) das Versagen, das Scheitern
3 der Nervenzusammenbruch

break·fast ['brekfəst] das Frühstück; **to have breakfast** frühstücken

break·through ['breɪkθruː] der Durchbruch

break-up ['breɪkʌp]
1 (*auch übertragen*) die Auflösung
2 *einer Ehe:* die Zerrüttung; (*zwischen Freunden*) der Bruch

breast [brest] die Brust; (*auch übertragen*) der Busen

to **breast·feed** ['brestfiːd] <breastfed, breastfed> stillen *Säugling*

breast·stroke ['breststrəʊk] das Brustschwimmen

breath [breθ] der Atem; **out of breath** außer Atem; **to catch one's breath** verschnaufen; **to take a deep breath** tief Luft holen

to **breathe** [briːð] atmen
◆ to **breathe in** einatmen

breath·ing ['briːðɪŋ] die Atmung

breath·less ['breθlɪs] außer Atem, atemlos

breath·tak·ing ['breθteɪkɪŋ] atemberaubend

to **breed** [briːd] <bred, bred>
1 sich fortpflanzen
2 züchten *Vieh*

breed [briːd] die Zucht, die Rasse

breeze [bri:z] die Brise

to **brew** [bru:] brauen *Bier*

brew·ery ['brʊərɪ] die Brauerei

Brexit ['breksɪt] der Brexit (*der Ausstieg Großbritanniens aus der EU*)

bribe [braɪb] das Schmiergeld, das Bestechungsgeld

to **bribe** [braɪb] bestechen

brib·ery ['braɪbərɪ] die Bestechung

brick [brɪk] der Ziegel, der Backstein

brick·lay·er ['brɪkˌleɪəʳ] der Maurer/die Maurerin

bride ['braɪd] die Braut

bride·groom ['braɪdgrʊm] der Bräutigam

brides·maid ['braɪdzmeɪd] die Brautjungfer

bridge [brɪdʒ]
1 die Brücke
2 die Kommandobrücke

to **bridge** [brɪdʒ] eine Brücke schlagen [*oder* bauen] über

brief [bri:f]
1 kurz
2 **in brief** in Kürze, kurz; **to be brief** sich kurz fassen

to **brief** [bri:f] **to brief someone** jemandem einen Auftrag geben

brief·case ['bri:fkeɪs] die Aktentasche, die Aktenmappe

brief·ly ['bri:flɪ] kurz, in Kürze, mit wenigen Worten

bright [braɪt]
1 strahlend, hell
2 *Wetter:* heiter, klar
3 glücklich

to **bright·en** ['braɪtn], to **bright·en up** ['braɪtn ʌp]
1 aufhellen
2 aufheitern
3 *Himmel:* sich aufhellen

bril·liant ['brɪlɪənt]
1 hell leuchtend
2 (*übertragen*) glänzend; *Mensch:* geistreich
3 **that's brilliant!** das ist fantastisch!; (*ironisch*) na, super [*oder* toll]!

brim [brɪm]
1 *von Gefäß:* der Rand
2 *von Hut:* die Krempe

to **bring** [brɪŋ] <brought, brought>
1 [mit]bringen, herbringen
2 einbringen *Gewinn;* erzielen *Preis*
3 **to bring someone to do something** jemanden dazu bringen [*oder* bewegen], etwas zu tun ▶ WENDUNGEN: **to bring to an end** beenden

Grammatik
Richtiges Konjugieren von **bring**: bring, brought, brought — *Who brought this present?; Have you brought my umbrella back?*

◆ to **bring along** mitbringen
◆ to **bring back** zurückbringen *Gegenstand*
◆ to **bring forward** vorverlegen
◆ to **bring in**
1 (*finanziell*) einbringen
2 hereinbringen
◆ to **bring out**
1 herausbringen *Buch*
2 auf den Markt bringen *Ware*
◆ to **bring up**
1 aufziehen, erziehen
2 zur Sprache bringen

brisk [brɪsk]
1 *Schritte:* rasch, flott
2 *Wind:* frisch

Brit·ain ['brɪtn] Großbritannien

Land und Leute
Das Königreich England, das Königreich Schottland und das Fürstentum Wales bilden zusammen **Great Britain** (Großbritannien). Great Britain und Nordirland wiederum bilden zusammen das **United Kingdom** (Vereinigtes Königreich). Der geografische Begriff **British Isles** (Britische Inseln) bezieht sich auf die Hauptinsel Großbritannien, einschließlich Irlands, die Insel Man, die Hebriden, die Orkneyinseln, die Shetlandinseln, die Scilly Inseln und die **Channel Islands** (Kanalinseln).

Brit·ish[1] ['brɪtɪʃ] britisch

Brit·ish[2] ['brɪtɪʃ] **the British** die Briten

Brit·on ['brɪtn] der Brite/die Britin

broad [brɔ:d]
1 breit, weit
2 allgemein
3 grob
4 **broad hint** der deutliche Wink

broad·band der Breitband; **broadband radio** das Breitbandradio

broad·cast ['brɔ:dkɑ:st] die Rundfunkübertragung, die Fernsehübertragung

to **broad·cast** ['brɔ:dkɑ:st] <broadcast, broadcast>

1 (*Radio, TV*) senden
2 im Rundfunk übertragen, im Fernsehen senden

to **broad·en** ['brɔːdn] verbreitern

broad·ly ['brɔːdlɪ] allgemein; **broadly speaking** ganz allgemein gesehen

broc·co·li ['brɒkəlɪ] der Brokkoli

bro·chure ['brəʊʃəʳ] die Broschüre

broke [brəʊk] *2. Form von* **break**

bro·ken[1] ['brəʊkn] *3. Form von* **break**

bro·ken[2] ['brəʊkn] kaputt, gebrochen

bro·ken-down *Maschine:* nicht betriebsfähig/gebrauchsfähig

bro·ken-heart·ed mit gebrochenem Herzen, untröstlich

bronze[1] [brɒnz] die Bronze

bronze[2] [brɒnz] bronzen, bronzefarben

brooch [brəʊtʃ] <*Plural* brooches> die Brosche

broom [bruːm] der Besen

broth·er ['brʌðəʳ] (*auch übertragen*) der Bruder; **brother**[s] **and sister**[s] die Geschwister

broth·er-in-law ['brʌðərɪnlɔː] <*Plural* brothers-in-law> der Schwager

brought [brɔːt] *2. und 3. Form von* **bring**

brown[1] [braʊn] braun

brown[2] [braʊn] das Braun

to **brown** [braʊn]
1 bräunen; anbraten *Fleisch*
2 braun werden

brown rice der Naturreis

bruise [bruːz] der Bluterguss, der blaue Fleck

brush [brʌʃ] <*Plural* brushes>
1 die Bürste
2 der Pinsel
3 der Besen

to **brush** [brʌʃ]
1 bürsten; **to brush one's teeth** sich die Zähne putzen
2 fegen, kehren *Boden*
3 streifen *Körperteil*

◆ to **brush up**
1 aufkehren
2 (*übertragen*) auffrischen

Brus·sels ['brʌslz] Brüssel

Brus·sels sprout der Rosenkohl

bru·tal ['bruːtl] roh, brutal

bub·ble ['bʌbl] die [Luft]blase, die Seifenblase

to **bub·ble** ['bʌbl] sprudeln, blubbern

buck [bʌk] (USA) (*slang*) der Dollar

buck·et ['bʌkɪt] der Eimer, der Kübel

> **Land und Leute**
> Der **Buckingham Palace** in London ist der Hauptwohnsitz der britischen Königin, Elizabeth II. Der Palast hat über 600 Räume und wurde von 1821 bis 1830 für König George IV gebaut.

buck·le ['bʌkl] die Schnalle, die Spange

bud [bʌd] die Knospe

bud·dy ['bʌdɪ] (USA) (*umgangsspr*) der Kumpel

budg·eri·gar ['bʌdʒərɪgɑːʳ] der Wellensittich

budg·et ['bʌdʒɪt] der Etat, das Budget

to **budg·et** ['bʌdʒɪt] **to budget for something** etwas im Haushaltsplan vorsehen

buf·fa·lo ['bʌfələʊ] <*Plural* buffalo *oder* buffaloes> der Büffel, der Bison

buf·fet ['bʊfeɪ] das Büfett; **cold buffet** das kalte Büfett

buf·fet car (GB) der Speisewagen

bug [bʌg]
1 (*allgemein*) das Insekt; (USA) der Käfer
2 (*umgangsspr*) der Bazillus
3 (*Abhörgerät*) die Wanze

to **bug** [bʌg] <bugged, bugged>
1 eine Wanze einbauen in
2 (*umgangsspr*) ärgern

build [bɪld] der Körperbau, die Figur

to **build** [bɪld] <built, built>
1 bauen
2 aufbauen, erbauen, errichten

◆ to **build up**
1 aufbauen
2 steigern, erhöhen

build·er ['bɪldəʳ]
1 der Bauarbeiter/die Bauarbeiterin
2 der Bauherr/die Bauherrin

build·ing ['bɪldɪŋ]
1 das Bauwerk, das Gebäude
2 der Bau, das Bauen

build·ing site die Baustelle

build·ing so·ci·ety die Bausparkasse

build-up ['bɪldʌp]
1 die Reklame, die Propaganda
2 die Steigerung
3 **a build-up of traffic** eine Verkehrsverdichtung

built [bɪlt] *2. und 3. Form von* **build**

bulb [bʌlb]
1 die [Blumen]zwiebel, die Knolle
2 die [Glüh]birne

bulg·ing [bʌldʒɪŋ]
1 prall gefüllt
2 **bulging eyes** die Glotzaugen

bulk [bʌlk] die Masse, die Größe; **to buy in bulk** en gros kaufen

bulky ['bʌlkɪ] sperrig

bull [bʊl] der Stier, der Bulle

bull·dog ['bʊldɒg] die Bulldogge

bull·doz·er ['bʊldəʊzəʳ] die Planierraupe, der Bulldozer

bul·let ['bʊlɪt] die Gewehrkugel, das Geschoss

bul·letin board (USA) das schwarze Brett

bul·ly ['bʊlɪ] der Tyrann; (*in der Schule*) der Rabauke

to **bul·ly** ['bʊlɪ] einschüchtern, schikanieren

bump [bʌmp]
1 der Stoß, der Bums
2 **bump on the head** die Beule am Kopf
3 (*in der Straße*) die Unebenheit

to **bump** [bʌmp]
1 **to bump something** gegen etwas stoßen
2 anstoßen (**against** gegen, **into** an)
3 holpern

bump·er ['bʌmpəʳ] die Stoßstange

bun [bʌn] (GB) das süße Brötchen

bunch [bʌntʃ] <*Plural* bunches>
1 **bunch of flowers** der Blumenstrauß; **bunch of grapes** die Weintraube; **bunch of keys** der Schlüsselbund
2 (*umgangsspr*) der Haufen; **a bunch of people** eine Menschengruppe

bun·dle ['bʌndl] (*auch übertragen*) das Bündel, das Paket

bur·den ['bɜːdn] (*auch übertragen*) die Last

bu·reau ['bjʊərəʊ] <*Plural* bureaux *oder* (USA) *auch* bureaus> **information bureau** die Auskunft

bur·ger ['bɜːgəʳ] der Hamburger

bur·glar ['bɜːgləʳ] der Einbrecher/die Einbrecherin

bur·gla·ry ['bɜːglərɪ] der Einbruchsdiebstahl

to **bur·gle** ['bɜːgl] einbrechen in; **we were burgled** bei uns wurde eingebrochen

burn [bɜːn] die Brandwunde, die Verbrennung

> **Grammatik**
> Richtiges Konjugieren von **burn**: burn, burnt, burnt/ burned — *John burnt the toast; Liz has burnt her fingers on the hot iron.*

to **burn** [bɜːn] <burnt *oder* burned, burnt *oder* burned>
1 verbrennen
2 anzünden, in Brand stecken; **to burn a hole in something** ein Loch in eine Sache brennen
3 sich verbrennen *den Mund, die Finger*
4 in Flammen stehen
5 *Licht:* eingeschaltet sein

◆ to **burn down** abbrennen, niederbrennen

◆ to **burn up** verbrennen

> **Land und Leute**
> Den Geburtstag des schottischen Dichters Robert Burns (1759–96), den 25. Januar, feiern die Schotten mit der so genannten **Burns Night**. Dazu gibt es ein besonderes Essen: das „Burns Supper". Es besteht aus haggis, neeps (Rüben) und mashed tatties (Kartoffelbrei). **Haggis** ist eine Art Hackbraten aus gewürzten Schafsinnereien, vermischt mit Hafer und Zwiebeln, die im Schafsmagen gekocht und später im Ofen gebacken werden.

to **burp** [bɜːp] (*umgangsspr*) rülpsen

burst [bɜːst]
1 (*im Rohr*) der Bruch
2 die Explosion
3 (*übertragen*) der Ausbruch

to **burst** [bɜːst] <burst, burst>
1 bersten, [zer]platzen
2 *Sturm:* ausbrechen
3 **to burst into tears** in Tränen ausbrechen
4 **to burst open** aufbrechen
5 sprengen; **the river burst its banks** der Fluss trat über die Ufer

◆ to **burst in**
1 (*ins Zimmer*) hineinstürzen
2 (*in ein Gespräch*) dazwischenplatzen

◆ to **burst out** ausrufen; **to burst out crying/laughing** in Tränen/Lachen ausbrechen

to **bury** ['berɪ]
1 begraben, beerdigen
2 vergraben

bus [bʌs] <*Plural* buses *oder* (USA) busses> Bus; **to go by bus** mit dem Bus fahren

bus driv·er der Busfahrer/die Busfahrerin

bush [bʊʃ] <*Plural* bushes>
1 der Busch, das Gebüsch
2 (*in Afrika*) der Busch

bushy ['bʊʃɪ] buschig

busi·ly ['bɪzɪlɪ] geschäftig, eifrig

busi·ness ['bɪznɪs] <*Plural* businesses>
1 der Handel; **on business** geschäftlich
2 Unternehmen
3 die Aufgabe, die Angelegenheit
4 **mind your own business!** kümmern Sie sich um Ihre eigenen Angelegenheiten!; **that's none of your business!** das geht Sie nichts an!

busi·ness·man ['bɪznɪsmæn] <*Plural* businessmen> der Geschäftsmann

busi·ness·wom·an ['bɪznɪswʊmən, *Plural* 'bɪznɪswɪmɪn] <*Plural* businesswomen> die Geschäftsfrau

busk·er ['bʌskə^r] der Straßenmusikant/die Straßenmusikantin

bus ser·vice die Busverbindung

bus sta·tion der Busbahnhof

bus stop die Bushaltestelle

bust [bʌst] (*umgangsspr*) **to go bust** pleitegehen

busy ['bɪzɪ]
1 beschäftigt; **to be busy doing something** gerade etwas tun
2 *Straße:* verkehrsreich, belebt; *Tag:* voll ausgefüllt; *Mensch:* ausgelastet
3 *Telefon:* besetzt

but[1] [bʌt]
1 aber, dennoch, [je]doch
2 sondern
3 *nach Verneinung* **not only ... but also** nicht nur ..., sondern auch

but[2] [bʌt] außer; **nothing but** nichts als; **the last but one** der Vorletzte; **all but one** alle bis auf einen

butch·er ['bʊtʃə^r] der Metzger/die Metzgerin, der Fleischer/die Fleischerin; **butcher's shop** die Fleischerei, die Metzgerei

but·ter ['bʌtə^r] die Butter

but·ter·fly ['bʌtəflaɪ] der Schmetterling

but·ton ['bʌtn] der Knopf; **to press the button** auf den Knopf drücken

to **buy** [baɪ] <bought, bought> kaufen

buzz [bʌz] das Summen, das Brummen

to **buzz** [bʌz]
1 summen, surren
2 *Straße, Stadt:* lebendig sein
3 (USA) (*umgangsspr*) anrufen

buzz·er ['bʌzə^r] der Summer

by[1] [baɪ]
1 *örtlich* bei, an, neben; **by the sea** an der See; **sit by me** setz dich zu mir
2 *örtlich* an ... vorbei; **we came by your house yesterday** wir sind gestern an deinem Haus vorbeigekommen
3 *zeitlich* während, in, an; **by day** bei [*oder* am] Tage, tagsüber
4 *zeitlich* **by tomorrow** bis morgen; **by now** bisher, bis jetzt
5 (*je*) **by the pound** pfundweise
6 von, durch, mit; **a tragedy by Shakespeare** eine Tragödie von Shakespeare; **by car/train/bus/plane** mit dem Wagen/Zug/Bus/Flugzeug
7 nach, von; **by nature** von Natur [aus]
8 **what do you mean by that?** was meinen Sie damit? was wollen Sie damit sagen?
9 (*nacheinander*) **little by little** nach und nach; **one by one** einer nach dem andern
▸ WENDUNGEN: **by the way** [*oder* **by**[**e**]] übrigens

by[2] [baɪ] *räumlich* vorbei; **I can't get by** ich kann [*oder* komme] nicht vorbei

bye-bye ['baɪ'baɪ] (*umgangsspr*) tschüs[s]!

by·pass ['baɪpɑːs] die Umgehungsstraße

by-prod·uct ['baɪprɒdʌkt] das Nebenprodukt

Cc

C <*Plural* C's *oder* Cs>, **c** [siː] <*Plural* c's>
1 (*auch Musik*) C, c
2 (*Schulnote*) befriedigend

cab [kæb] **taxi-cab** die Taxe, das Taxi; **to go by cab** mit der Taxe fahren

cab·bage ['kæbɪdʒ] der Kohl

cab·in ['kæbɪn]
1 die Hütte
2 die Kabine

cabi·net ['kæbɪnɪt]
1 die Vitrine, der Schrank
2 **the Cabinet** (*in der Politik*) das Kabinett

ca·ble ['keɪbl]
1 das Tau
2 das Kabel
3 (*umgangsspr*) das Kabel[fernsehen]

ca·ble car die Seilbahn

ca·ble tele·vi·sion das Kabelfernsehen

cac·tus ['kæktəs] <*Plural* cactuses *oder* cacti> der Kaktus

café ['kæfeɪ]
1 das Café
2 das Restaurant

caf·eteria [ˌkæfɪ'tɪərɪə] das Selbstbedienungsrestaurant, die Cafeteria

caf·fein(e) ['kæfiːn] das Koffein

cage [keɪdʒ] der Käfig

cake [keɪk] der Kuchen

to **cal·cu·late** ['kælkjʊleɪt]
1 berechnen
2 (*übertragen*) schätzen, kalkulieren

cal·cu·la·tion [ˌkælkjʊ'leɪʃn] die Kalkulation, die [Be]rechnung

cal·cu·la·tor ['kælkjʊleɪtəʳ] der Taschenrechner

cal·en·dar ['kælɪndəʳ] der Kalender

calf [kɑːf, *Plural* kɑːvz] <*Plural* calves>
1 das Kalb
2 die Wade

call [kɔːl]
1 der Ruf; **to call for help** der Hilferuf
2 der Anruf; **to give someone a call** jemanden anrufen
3 die Anfrage (**for** nach), die Nachfrage (**for** nach)
4 der [kurze] Besuch
5 **on call** auf Abruf, in Bereitschaft

to **call** [kɔːl]
1 rufen; (*telefonisch*) anrufen; aufrufen *Namen*
2 holen *Arzt, Taxe*
3 nennen, bezeichnen; **to be called after someone** nach jemandem heißen [*oder* genannt werden]
4 einberufen *Versammlung*
5 einlegen *Pause*

◆ to **call at** **to call at a town/railway station** in einer Stadt/einem Bahnhof halten
◆ to **call for**
1 (GB) abholen *Person*
2 erfordern; **this calls for a celebration!** das muss unbedingt gefeiert werden!
◆ to **call off** absagen *Veranstaltung*
◆ to **call on** besuchen; **call on me in my office** besuchen Sie mich in meinem Büro
◆ to **call out**
1 rufen, schreien
2 alarmieren *Feuerwehr*

call-box ['kɔːlbɒks] die Telefonzelle

call·er ['kɔːləʳ]
1 der Besucher/die Besucherin
2 der Anrufer/die Anruferin

calm[1] [kɑːm] die Ruhe, die Stille

calm[2] [kɑːm] ruhig

to **calm** [kɑːm] beruhigen; **to calm down** sich beruhigen; *Wind:* abflauen

calo·rie ['kælərɪ] die Kalorie

calves [kɑːvz] *Pluralform von* **calf**

came [keɪm] *2. Form von* **come**

cam·el ['kæml] das Kamel

cam·era ['kæmərə] die Kamera, der Fotoapparat

camp [kæmp] das [Zelt]lager, der Lagerplatz
◆ to **camp out** zelten

cam·paign [kæm'peɪn]
1 der Feldzug; (*übertragen*) die Kampagne
2 (*politisch*) der Wahlkampf

camp·er ['kæmpəʳ] (*Person*) der Camper/die Camperin

camp·ing ['kæmpɪŋ] das Zelten, das Camping; **to go camping** zelten [gehen]

camp·site ['kæmpsait] der Campingplatz, der Zeltplatz

cam·pus ['kæmpəs] das Universitätsgelände, der Campus

can[1] [kæn]
1. die Kanne
2. die Dose
3. (USA) der Mülleimer

can[2] [kən, *betont* kæn] <could, could>
1. können; **I can't do it** ich kann es nicht tun
2. dürfen; **you can't go** du darfst nicht gehen; **can** [*oder* **could**] **I look at it?** darf ich es mir ansehen?

Cana·da ['kænədə] Kanada

ca·nal [kə'næl] der Kanal

to **can·cel** ['kænsl] <cancelled *oder* (USA) canceled, cancelled *oder* (USA) canceled>
1. stornieren *Auftrag*
2. absagen *Veranstaltung*

can·cel·la·tion [ˌkænsə'leɪʃn]
1. Streichung, die Absage
2. *von Auftrag:* die Stornierung

can·cer ['kænsəʳ] (*Krankheit*) der Krebs

Can·cer ['kænsəʳ] (*Sternzeichen*) der Krebs

can·di·date ['kændɪdət] der Kandidat/die Kandidatin, der Bewerber/die Bewerberin

can·dle ['kændl] die Kerze

can·dy ['kændɪ]
1. (USA) das Bonbon
2. ⚠ *kein Plural* (USA) die Süßigkeiten

cane [keɪn] der [Spazier]stock, der Rohrstock

can·non ['kænən] die Kanone

can·not ['kænɒt] *verneinte Form von* **can**: **she cannot swim** sie kann nicht schwimmen

ca·noe [kə'nu:] das Kanu, das Paddelboot

to **ca·noe** [kə'nu:] Kanu fahren, paddeln

can't [kɑ:nt] *Kurzform von* **cannot**

can·teen [kæn'ti:n] die Kantine

can·vas ['kænvəs] (*für Malerei*) die Leinwand

cap [kæp]
1. die Mütze, die Haube
2. der Aufsatz, der Deckel
3. *einer Flasche:* der Verschluss

ca·pable ['keɪpəbl]
1. fähig (**of** zu)
2. **to be capable of walking** im Stande sein zu gehen, gehen können

ca·pac·ity [kə'pæsətɪ]
1. das Fassungsvermögen; **filled to capacity** (*Theater*) voll [besetzt]
2. (*übertragen*) die Fähigkeit, das Vermögen

cape[1] [keɪp] der Umhang, das Cape

cape[2] [keɪp] das Kap

capi·tal[1] ['kæpɪtl]
1. das Kapital
2. die Hauptstadt
3. der Großbuchstabe

capi·tal[2] ['kæpɪtl]
1. **capital letter** der Großbuchstabe
2. **capital punishment** die Todesstrafe

capi·tal·ism ['kæpɪtəlɪzəm] der Kapitalismus

capi·tal·ist[1] ['kæpɪtəlɪst] der Kapitalist/die Kapitalistin

capi·tal·ist[2] ['kæpɪtəlɪst] kapitalistisch

Cap·ri·corn ['kæprɪkɔ:n] (*Sternzeichen*) der Steinbock

to **cap·size** [kæp'saɪz] kentern [lassen]

cap·sule ['kæpsju:l] die Kapsel

cap·tain ['kæptɪn]
1. (*in der Armee*) der Hauptmann
2. *eines Schiffs:* der Kapitän
3. (*im Sport*) der Mannschaftsführer/die Mannschaftsführerin

cap·tion ['kæpʃn] die Bilderklärung, die Bildunterschrift

cap·tive[1] ['kæptɪv] gefangen; **to hold/take captive** gefangen halten/nehmen

cap·tive[2] ['kæptɪv] der/die Gefangene

cap·tiv·ity [kæp'tɪvətɪ] die Gefangenschaft, die Haft

cap·ture ['kæptʃəʳ] die Gefangennahme

to **cap·ture** ['kæptʃəʳ]
1. gefangen nehmen
2. einfangen *Tier, Augenblick*
3. erobern *Stadt*
4. an sich reißen *Aufmerksamkeit*

car [kɑ:ʳ]
1. der Wagen, das Auto[mobil]; **by car** mit dem Wagen/Auto; **to drive a car** einen Wagen/ein Auto fahren
2. (USA) der Eisenbahnwagen

cara·van ['kærəvæn] (GB) der Wohnwagen

car·bon di·ox·ide das Kohlendioxyd

car-boot sale ['kɑːbuːtˌseɪl] *privater Flohmarkt, bei dem der Kofferraum als Verkaufsfläche dient*

card [kɑːd]
1 die Karte; **game of cards** das Kartenspiel
2 die Pappe

card·board ['kɑːdbɔːd] die Pappe

car·di·gan ['kɑːdɪgən] die Strickjacke

care [keəʳ]
1 die Sorgfalt; **take care!** mach's gut!
2 **to take care of something** etwas aufbewahren
3 **to take care of oneself** sich pflegen
4 (*für Garten*) die Pflege; (*für Auto*) die Wartung
5 (*für einen Menschen*) die Fürsorge
6 die Obhut

to **care** [keəʳ]
1 sich sorgen (**about** über)
2 Interesse haben an; **I don't care** das ist mir egal; (*neutraler*) das macht mir nichts aus
◆ to **care for** sich kümmern um; **to be cared for** versorgt sein

ca·reer [kə'rɪəʳ]
1 die Laufbahn, die Karriere
2 der Beruf

care·free ['keəfriː] ohne Sorgen, sorglos

care·ful ['keəfᵊl] sorgfältig, sorgsam

care·less ['keəlɪs]
1 *Person, Arbeit:* nachlässig
2 *Handlung, Bemerkung:* gedankenlos

care·tak·er ['keəˌteɪkəʳ] der Hausmeister/die Hausmeisterin

car·go ['kɑːgəʊ] <*Plural* cargos *oder* cargoes> die Fracht, die [Schiffs]ladung

car·ni·val ['kɑːnɪvl]
1 der Karneval, der Fasching
2 das Volksfest

car·ol ['kærəl] das Weihnachtslied

car park ['kɑːpɑːk] der Parkplatz

car·pen·ter ['kɑːpəntəʳ] der Zimmermann, der Tischler/die Tischlerin

car·pet ['kɑːpɪt] der Teppich, der Läufer

car·riage ['kærɪdʒ]
1 der Wagen, die Kutsche
2 (GB) der Eisenbahnwagen

car·rot ['kærət] die Mohrrübe, die Karotte

to **car·ry** ['kærɪ]
1 tragen
2 befördern *Güter*
3 [bei sich] haben, [mit sich] führen [*oder* tragen]
◆ to **carry away** (*übertragen*) mitreißen
◆ to **carry on**
1 fortsetzen, weiterführen
2 weitermachen (**with** mit)
◆ to **carry out** ausführen, durchführen; halten *Versprechen;* wahrmachen *Drohung*

cart [kɑːt] der Karren, der [zweirädrige] Wagen

car·ton ['kɑːtn] der Karton, die Pappschachtel; (*für Milch*) die Tüte; (*für Zigaretten*) die Stange

car·toon [kɑː'tuːn]
1 der Cartoon
2 der Zeichentrickfilm

car·tridge ['kɑːtrɪdʒ]
1 (*für Gewehr, Füllhalter*) die Patrone
2 (*für Fotografie*) die Kassette

to **carve** [kɑːv]
1 schnitzen, meißeln
2 [ein]schneiden *Name*
3 aufschneiden, tranchieren *Fleisch*

carv·ing [kɑːvɪŋ] die Schnitzerei

case[1] [keɪs]
1 der Fall; [**just**] **in case** im Falle; für den Fall, dass; **in case of** im Fall
2 (*juristisch*) der Fall, der Prozess

case[2] [keɪs]
1 die Schachtel, der Kasten
2 (*für Brille usw.*) das Etui

cash [kæʃ]
1 das Bargeld
2 (*Zahlung*) die Barzahlung

to **cash** [kæʃ] einlösen *Scheck*

cash·ier [kæ'ʃɪəʳ] der Kassierer/die Kassiererin

cash point der Geldautomat

cas·se·role ['kæsərəʊl] die Kasserolle, der Schmortopf

cas·sette [kə'set] die Kassette

cast [kɑst] (*Schauspieler*) die [Rollen]besetzung, das Ensemble

cas·tle ['kɑːsl]
1 die Burg, das Schloss
2 (*Schach*) der Turm

cas·ual ['kæʒʊəl]
1 *Begegnung:* zufällig; *Bemerkung:* beiläufig
2 *Bekanntschaft:* flüchtig

3 zwanglos
4 *Art, Geste:* lässig

cas·ual·ty ['kæʒʊəltɪ]
1 der Un[glücks]fall; **casualty [ward]** (*im Krankenhaus*) die Unfallstation
2 der/die Verletzte; (*im Krieg*) der/die Gefallene

cas·ual work die Gelegenheitsarbeit

cas·ual work·er der Gelegenheitsarbeiter/die Gelegenheitsarbeiterin

cat [kæt] die Katze

cata·logue ['kætəlɒg], USA **cata·log** der Katalog, das Verzeichnis

to **cata·logue** ['kætəlɒg], USA to **cata·log** katalogisieren

ca·tas·tro·phe [kə'tæstrəfɪ] die Katastrophe

cata·stroph·ic [ˌkætə'strɒfɪk] katastrophal

catch [kætʃ] <*Plural* catches>
1 *vom Ball:* das Fangen
2 (*auch übertragen*) der Fang, die Beute
3 *einer Brosche:* der Verschluss
4 (*übertragen*) der Haken, der Nachteil

Grammatik
Richtiges Konjugieren von **catch**: catch, caught, caught — *The cat caught two rats; The burglars were caught and arrested; I have caught a bad cold.*

to **catch** [kætʃ] <caught, caught>
1 fangen
2 einfangen *Tier*
3 einholen *Person*
4 [noch] erreichen, erwischen *Zug, Bus*
5 ertappen (**at** bei); **to catch someone in the act** [*oder* **red-handed**] jemanden auf frischer Tat ertappen
6 hängen bleiben; **my coat got caught on a nail** ich bin mit meinem Mantel an einem Nagel hängen geblieben
7 sich holen *Krankheit;* **to catch [a] cold** sich einen Schnupfen holen
8 mitkriegen, hören *Gesprochenes*
9 **to catch fire** Feuer fangen ▶ WENDUNGEN: **to catch someone's eye** jemandes Blick [*oder* Aufmerksamkeit] auf sich ziehen

◆ to **catch up**
1 aufholen; **to catch up with someone** jemanden einholen
2 **to catch up on** [*oder* **with**] **one's work** die Arbeit aufholen

cat·ego·ry ['kætɪgərɪ] die Kategorie, die Klasse

to **ca·ter** ['keɪtəʳ] Speisen und Getränke liefern

ca·ter·ing ['keɪtərɪŋ] die Versorgung mit Speisen und Getränken, der Partyservice

cat·er·pil·lar ['kætəpɪləʳ] die Raupe

ca·thedral [kə'θi:drəl] die Kathedrale, der Dom

Catho·lic[1] ['kæθəlɪk] katholisch

Catho·lic[2] ['kæθəlɪk] der Katholik/die Katholikin

cat·tle ['kætl] das Rind[vieh]

caught [kɔ:t] *2. und 3. Form von* **catch**

cau·li·flow·er ['kɒlɪflaʊəʳ] der Blumenkohl

cause [kɔ:z]
1 die Ursache
2 der Grund (**for** zu); **to be the cause of something** Anlass zu etwas sein
3 die Sache, die Angelegenheit

to **cause** [kɔ:z]
1 verursachen; anrichten *Schaden*
2 veranlassen

cau·tion ['kɔ:ʃn] die Vorsicht, die Bedachtsamkeit

cau·tious ['kɔ:ʃəs] vorsichtig, umsichtig

cave [keɪv] die Höhle

CD [ˌsi:'di:] *Abkürzung von* **compact disc** die CD

CD play·er der CD-Spieler

CD-ROM [ˌsi:di:'rɒm] *Abkürzung von* **compact disc read-only memory** die CD-ROM

CD-ROM play·er [ˌsi:di:'rɒmˌpleɪəʳ] das CD-ROM-Laufwerk

ceil·ing ['si:lɪŋ] die [Zimmer]decke

to **cel·ebrate** ['selɪbreɪt]
1 (*kirchlich*) zelebrieren
2 feiern

cel·ebra·tion [ˌselɪ'breɪʃn] die Feier

ce·leb·rity [sɪ'lebrətɪ] der/die Prominente

cel·ery ['selərɪ] der Stangensellerie

cell [sel] die Zelle

cel·lar ['seləʳ] der Keller

cel·lo ['tʃeləʊ] <*Plural* cellos> das Cello

cell phone ['selfəʊn] BESONDERS USA das Mobiltelefon, das Handy; **cell phone cover/case** die Handyhülle

ce·ment [sɪ'ment] der Zement

cem·etery ['semətrɪ] der Friedhof

cen·sor ['sensəʳ] der Zensor

to cen·sor ['sensəʳ] zensieren, prüfen

cent [sent] der Cent

cen·te·nary [sen'tiːnərɪ], USA **cen·ten·nial** [sen'tenɪəl] die Hundertjahrfeier, das hundertjährige Jubiläum

cen·ter USA →**centre**

cen·ti·grade ['sentɪgreɪd] Celsius; **degree centigrade** der Grad Celsius

cen·ti·me·tre ['sentɪˌmiːtəʳ], USA **cen·ti·me·ter** das/der Zentimeter

cen·tral ['sentrəl]
1 in der Mitte gelegen, zentral
2 Haupt-

cen·tral heat·ing die Zentralheizung

cen·tre, USA **cen·ter** ['sentəʳ]
1 der Mittelpunkt, das Zentrum
2 die Zentrale, die Zentralstelle

cen·tu·ry ['sentʃərɪ] das Jahrhundert

ce·real ['sɪərɪəl]
1 **cereals** das Getreide
2 (*Cornflakes, Müsli usw.*) die Getreideflocken, die Frühstückszerealien

cer·emo·ny ['serɪmənɪ] die Zeremonie

cer·tain ['sɜːtn]
1 bestimmt, sicher; **for certain** bestimmt, [ganz] sicher; **to make certain** sich vergewissern
2 **to be certain of something** überzeugt sein von etwas, sich einer Sache sicher sein
3 **a certain John Jones** ein gewisser John Jones

cer·tain·ly ['sɜːtnlɪ]
1 sicher[lich], gewiss; **I certainly won't do it** ich tue es bestimmt nicht
2 (*als Antwort*) aber sicher!

cer·tain·ty ['sɜːtntɪ] die Gewissheit, die Sicherheit

cer·tifi·cate [sə'tɪfɪkət]
1 das Zeugnis
2 *vom Arzt:* die Bescheinigung

chain [tʃeɪn]
1 (*auch übertragen*) die Kette
2 die Schmuckkette, die Halskette
3 **chains** Ketten, Fesseln; **in chains** in Ketten

to chain [tʃeɪn] [an]ketten, fesseln (**to** an)

chair [tʃeəʳ]
1 der Stuhl, der Sessel; **take a chair** Platz nehmen
2 der/die Vorsitzende, der Vorsitz

chair·lift der Sessellift

chair·man ['tʃeəmən] <*Plural* chairmen> der Vorsitzende

chair·wom·an ['tʃeəwʊmən, *Plural* 'tʃeəwɪmɪn] <*Plural* chairwomen> die Vorsitzende

chalk [tʃɔːk] die Kreide

chal·lenge ['tʃælɪndʒ]
1 die Herausforderung
2 die schwierige Aufgabe, das Problem

to chal·lenge ['tʃælɪndʒ]
1 herausfordern
2 in Frage stellen

chal·leng·ing ['tʃælɪndʒɪŋ]
1 herausfordernd
2 schwierig

cham·pagne [ʃæm'peɪn] der Champagner

cham·pi·on ['tʃæmpɪən] (*Sport*) der Meister/die Meisterin

cham·pi·on·ship ['tʃæmpɪənʃɪp] die Meisterschaft

chance [tʃɑːns]
1 der Zufall; **by chance** zufällig
2 die Möglichkeit, die Chance
3 die Gelegenheit; **to give someone a chance** jemandem eine Chance geben
4 das Wagnis; **to take a chance** es darauf ankommen lassen

chan·cel·lor ['tʃɑːnsələʳ] der Kanzler/die Kanzlerin; **Chancellor of the Exchequer** GB der Schatzkanzler/die Schatzkanzlerin

change ['tʃeɪndʒ]
1 die Änderung, die Veränderung
2 der Wechsel
3 die Abwechslung; **for a change** zur Abwechslung
4 das Wechselgeld; **can you give me change for a pound?** können Sie mir ein Pfund wechseln?; **small change** das Kleingeld

to change ['tʃeɪndʒ]
1 [ver]ändern (**into** zu)
2 tauschen; umtauschen *Ware;* [um]wechseln *Geld*
3 frisch überziehen *Bett;* anziehen *andere Kleider*
4 umschalten *Sender*
5 umsteigen *Zug, Bus*
6 **to change one's mind** sich eines anderen besinnen, seine Meinung ändern
7 sich [ver]ändern, anders werden; **to**

change for the better/worse sich verbessern/sich verschlechtern
◆ to **change into**
① umwandeln in
② sich verwandeln in
③ anziehen *Kleidung*

change·able ['tʃeɪndʒəbl]
① veränderlich
② wankelmütig

chang·ing room ['tʃeɪndʒɪŋ ru:m] der Umkleideraum

chan·nel ['tʃænl]
① der Kanal; **the [English] Channel** der Ärmelkanal
② die Rinne
③ (*Radio, TV*) der Kanal

cha·os ['keɪɒs] das Chaos

cha·ot·ic [keɪ'ɒtɪk] chaotisch, wirr

chap·el ['tʃæpl] (*kirchlich*) die Kapelle

chap·ter ['tʃæptəʳ] das Kapitel

char·ac·ter ['kærəktəʳ]
① der Charakter
② die Persönlichkeit
③ (*Theater*) die Rolle

char·ac·ter·is·tic [ˌkærəktə'rɪstɪk] das Merkmal

charge [tʃɑ:dʒ]
① *oft Plural* die Kosten; **there's no charge** es kostet nichts; **free of charge** gratis
② die Gebühr, die Taxe
③ die Verantwortung; **to be in charge of something** die Aufsicht über [*oder* die Verantwortung für] etwas haben; **the person in charge** die verantwortliche Person
④ der Anklage[punkt]; **to bring a charge against someone** jemanden anklagen

to **charge** [tʃɑ:dʒ]
① fordern *Preis;* **to charge too much** zu viel berechnen
② belasten mit *Abnehmer*
③ anvertrauen, beauftragen; **to charge someone with something** jemanden mit etwas beauftragen
④ anstürmen
⑤ aufladen *Batterie*

charg·ing ca·ble ['tʃɑ:dʒɪŋkeɪbl] das Ladekabel (*für Handy- und Computerakkus*)

charg·ing sta·tion ['tʃɑ:dʒɪŋsteɪʃᵊn] die Ladestation; (*für Elektrofahrzeuge*) die Stromtankstelle

char·ity ['tʃærətɪ] (*Organisation*) der Wohltätigkeitsverein

char·ity shop (GB) *Laden, in dem gespendete, meist gebrauchte Waren verkauft werden, um Geld für wohltätige Zwecke zu sammeln*

charm [tʃɑ:m]
① das Amulett
② der Zauber, der Charme

to **charm** [tʃɑ:m] bezaubern

charm·ing [tʃɑ:mɪŋ] bezaubernd, charmant

chart [tʃɑ:t]
① das Diagramm
② die Seekarte
③ die Tabelle
④ **charts** die Hitparade

char·ter flight ['tʃɑ:təʳ flaɪt] der Charterflug

chase [tʃeɪs]
① die Verfolgung
② die Jagd

to **chase** [tʃeɪs]
① verfolgen, [nach]jagen
② hetzen

chat [tʃæt]
① das Geplauder
② (*im Internet*) der Chat

to **chat** [tʃæt] <chatted, chatted> plaudern, sich unterhalten
◆ to **chat up** **to chat someone up** (*umgangsspr*) jemanden anquatschen

to **chat·ter** ['tʃætəʳ]
① *Menschen:* schnattern, plappern
② *Zähne:* klappern

chat·ter ['tʃætəʳ] das Geschnatter, das Geplapper

cheap [tʃi:p] billig, preiswert

to **cheat** [tʃi:t] betrügen (**of/out of** um); **to cheat someone out of something** jemanden um etwas bringen [*oder* betrügen]

cheat [tʃi:t]
① der Betrug, der Schwindel
② der Betrüger/die Betrügerin

check [tʃek]
① die [Nach]prüfung, die Überprüfung, die Kontrolle, die Probe
② (USA) (*Zeichen*) der Haken
③ (*beim Schachspiel*) das Schach
④ (*Muster*) das Karo[muster], der karierte Stoff
⑤ (USA) der Scheck
⑥ (USA) (*im Restaurant*) die Rechnung
⑦ (USA) der Gepäckschein, die Garderobenmarke

to **check** [tʃek] prüfen, kontrollieren

- ◆ to **check in** *Hotelgäste:* sich eintragen, ankommen; *Flugpassagiere:* einchecken
- ◆ to **check out**
  1 *Hotelgäste:* die Rechnung bezahlen und abreisen; abholen *Gepäck*
  2 **check it out!** schau es dir mal an!
- ◆ to **check up** **to check up on something** etwas im Einzelnen nachprüfen [*oder* genau vergleichen]

check·book ['tʃekˌbʊk] (USA) das Scheckheft

check-in desk ['tʃekinˌdesk] der Abfertigungsschalter

check·list ['tʃekˌlɪst] die Kontrollliste

check·mate ['tʃekmeɪt] das Schachmatt

to **check·mate** ['tʃekmeɪt] matt setzen

check·out (*im Supermarkt*) die Kasse

check·point ['tʃekpɔɪnt] die Kontrollstelle

check·up ['tʃekʌp] (*medizinisch*) die gründliche Untersuchung

cheek [tʃi:k]
1 die Backe, die Wange
2 (*umgangsspr*) die Frechheit

cheeky ['tʃi:kɪ] (*umgangsspr*) frech, unverschämt

cheer [tʃɪəʳ]
1 der Hurraruf; **three cheers** ein dreifaches Hoch (**for** für)
2 **cheers!** prost!

to **cheer** [tʃɪəʳ] **to cheer someone** jemandem zujubeln

- ◆ to **cheer up** **to cheer someone** [**up**] jemanden aufmuntern

cheer·ful ['tʃɪəfᵊl]
1 fröhlich
2 erfreulich

cheerio [ˌtʃɪərɪ'əʊ] (*umgangsspr*) tschüs[s]!, mach's gut!

cheese [tʃi:z] der Käse

chef [ʃef] der Küchenchef/die Küchenchefin, der Koch/die Köchin

chemi·cal[1] ['kemɪkl] die Chemikalie

chemi·cal[2] ['kemɪkl] chemisch

chem·ist ['kemɪst]
1 der Chemiker/die Chemikerin
2 (GB) der Drogist/die Drogistin; **dispensing chemist** der Apotheker/die Apothekerin; **chemist's** [**shop**] die Drogerie, die Apotheke

chem·is·try ['kemɪstrɪ] die Chemie

cheque [tʃek] der Scheck; **to cash a cheque** einen Scheck einlösen

cheque book das Scheckbuch

cheque card die Scheckkarte

cher·ry ['tʃerɪ] die Kirsche

chess [tʃes] das Schach

chest [tʃest]
1 die Kiste, die Truhe
2 **chest of drawers** die Kommode
3 der Brustkasten

chest·nut ['tʃesnʌt] die Kastanie

to **chew** [tʃu:] kauen

chew·ing-gum ['tʃu:ɪŋgʌm] der Kaugummi

chick [tʃɪk] das Küken

chick·en ['tʃɪkɪn] das Huhn, das Hähnchen, das Hühnchen

chief[1] [tʃi:f] <*Plural* chiefs>
1 der Chef/die Chefin, das Oberhaupt
2 *eines Stammes:* der Häuptling

chief[2] [tʃi:f] führend, leitend

chief·ly ['tʃi:fˌlɪ] hauptsächlich, besonders

child [tʃaɪld] <*Plural* children> das Kind

child·hood ['tʃaɪldhʊd] die Kindheit

child·ish ['tʃaɪldɪʃ] kindisch

child mind·er die Tagesmutter

chil·dren ['tʃɪldrən] *Pluralform von* **child** die Kinder

chili ['tʃɪlɪ] <*Plural* chilies> (USA) die Peperoni; (*Gewürz*) der Chili

chill [tʃɪl]
1 die Kälte
2 die Erkältung

to **chill** [tʃɪl] kühlen

chil·li ['tʃɪlɪ] <*Plural* chillies> (*Gewürz*) der Chili

chil·ly ['tʃɪlɪ] kühl

chim·ney ['tʃɪmnɪ] der Schornstein

chim·pan·zee [ˌtʃɪmpæn'zi:] der Schimpanse

chin ['tʃɪn] das Kinn

chi·na ['tʃaɪnə] das Porzellan

Chi·na ['tʃaɪnə] China

Chi·nese[1] [tʃaɪ'ni:z] chinesisch

Chi·nese[2] [tʃaɪˈniːz] <*Plural* Chinese>
① der Chinese/die Chinesin
② das Chinesische

chip [tʃɪp]
① der Splitter
② (*an Porzellan, Glas*) die lädierte Stelle
③ **chips** (GB) die Pommes frites; (USA) die ⚠ Kartoffelchips
④ (*Computer*) der Chip

choco·late [ˈtʃɒklət]
① die Schokolade; **bar of chocolate** die Tafel Schokolade
② die Praline

choice [ˈtʃɔɪs] die Auswahl; **by choice** vorzugsweise; **to make a choice** eine Auswahl treffen

choir [ˈkwaɪəʳ] der Chor

to **choke** [tʃəʊk] jemanden erwürgen [*oder* ersticken]

cho·les·ter·ol [kəˈlestərɒl] das Cholesterin

to **choose** [tʃuːz] <chose, chosen>
① [aus]wählen, aussuchen
② vorziehen

> **Grammatik**
> Richtiges Konjugieren von **choose**: choose, chose, chosen — *Laura chose a chocolate and vanilla ice-cream; What have you chosen?*

chop [tʃɒp]
① der Hieb
② das Kotelett

to **chop** [tʃɒp] <chopped, chopped>
① [zer]hacken; spalten *Holz*
② hacken, hauen, schlagen (**at** nach)
◆ to **chop down** umhacken; fällen *Baum*
◆ to **chop off** abhacken

chop·sticks [ˈtʃɒpstɪks] *Plural* die Essstäbchen

chord [ˈkɔːd] (*Musik*) der Akkord

chore [tʃɔːʳ]
① die unangenehme Arbeit
② *meist Plural* die Hausarbeit

cho·rus [ˈkɔːrəs] <*Plural* choruses>
① der Chor
② *von Lied:* der Refrain

chose [tʃəʊz] *2. Form von* **choose**

cho·sen [ˈtʃəʊzn] *3. Form von* **choose**

Christ [kraɪst] Christus

to **chris·ten** [ˈkrɪsn] taufen

chris·ten·ing [ˈkrɪsnɪŋ] die Taufe

Chris·tian[1] [ˈkrɪstʃən] christlich

Chris·tian[2] [ˈkrɪstʃən] der Christ/die Christin

Chris·ti·an·ity [ˌkrɪstɪˈænətɪ] das Christentum

Christ·mas [ˈkrɪsməs] <*Plural* Christmases> Weihnachten; **at Christmas** an Weihnachten; **merry Christmas!** frohe Weihnachten!; **Father Christmas** der Weihnachtsmann

Christ·mas carol das Weihnachtslied

Christ·mas Day der 1. Weihnachtstag (*25. Dez.*)

Christ·mas Eve der Heilige Abend (*24. Dez.*)

Christ·mas pud·ding der Plumpudding

Christ·mas tree der Weihnachtsbaum, der Christbaum

chron·ic [ˈkrɒnɪk]
① (*medizinisch*) chronisch
② (*slang*) widerlich

chrono·logi·cal [ˌkrɒnəˈlɒdʒɪkl] chronologisch; **in chronological order** in zeitlicher Folge

chub·by [ˈtʃʌbɪ] pausbäckig

to **chuck** [tʃʌk] (*umgangsspr*) schmeißen
◆ to **chuck in** (*umgangsspr*) aufgeben
◆ to **chuck out** (*umgangsspr*) hinauswerfen

to **chuck·le** [ˈtʃʌkl] **to chuckle to oneself** in sich hineinlachen

chunk [tʃʌŋk] der Brocken, der Klumpen

chunky [ˈtʃʌŋkɪ] (*umgangsspr*)
① *Mensch:* untersetzt
② *Pullover:* dick

church [tʃɜːtʃ] <*Plural* churches> die Kirche; **at** [*oder* **in**] **church** in der Kirche, beim Gottesdienst

chute [ʃuːt] die Rutsche

ci·der [ˈsaɪdəʳ] der Apfelwein, der Most

ci·gar [sɪˈgɑːʳ] die Zigarre

ciga·rette [ˌsɪgəˈret] die Zigarette

cin·ema [ˈsɪnəmə] das Kino

cir·cle [ˈsɜːkl]
① der Kreis
② **circle of friends** der Freundeskreis
③ (*im Theater*) der Rang

to **cir·cle** [ˈsɜːkl] umkreisen; *Zutreffendes:* einkreisen

cir·cuit [ˈsɜːkɪt]
① die Runde (**of** um), die Rundreise

2 (*Sport*) die Rennbahn
3 (*elektrisch*) der Stromkreis

cir·cu·lar ['sɜːkjʊləʳ] kreisförmig, rund

to **cir·cu·late** ['sɜːkjʊleɪt] *auch Blut:* zirkulieren

cir·cu·la·tion [ˌsɜːkjʊ'leɪʃn]
1 die [Blut]zirkulation, der Kreislauf
2 *einer Zeitung:* die Verbreitung; **with a wide circulation** mit hoher Auflage

cir·cum·stance ['sɜːkəmstəns] *meist Plural* die Umstände; **under no circumstances** auf keinen Fall

cir·cus ['sɜːkəs] der Zirkus

citi·zen ['sɪtɪzn]
1 der Bürger/die Bürgerin
2 der/die Staatsangehörige

city ['sɪtɪ] die [Groß]stadt

city toll die Citymaut

civ·il ['sɪvl]
1 zivil, bürgerlich
2 höflich

ci·vil·ian [sɪ'vɪlɪən] der Zivilist/die Zivilistin

civi·li·za·tion [ˌsɪvəlaɪ'zeɪʃn] die Zivilisation, die Kultur

civ·il rights die Bürgerrechte, die bürgerlichen Ehrenrechte

civ·il ser·vice der Staatsdienst

civ·il war der Bürgerkrieg

claim [kleɪm]
1 der Anspruch, das Anrecht (**to** auf)
2 die Forderung
3 die Behauptung; **to make claims about something** Behauptungen über etwas aufstellen

to **claim** [kleɪm]
1 Anspruch erheben auf
2 beantragen; beanspruchen *Unterstützung*
3 behaupten

clam·my ['klæmɪ] feucht[kalt]

clamp [klæmp] die Klammer, die Zwinge; (*für Auto*) die Parkkralle

to **clamp** [klæmp] [ver]klammern, festklemmen; **to clamp a car** ein Auto mit einer Parkkralle festsetzen

to **clang** [klæŋ] *Schwert, Metallgegenstand:* klirren; *Glocke:* läuten

to **clap** [klæp] <clapped, clapped> klatschen; **to clap one's hands** in die Hände klatschen

clap [klæp]
1 der [laute] Schlag; **clap of thunder** der Donnerschlag
2 das [Hände]klatschen, der Beifall

to **clari·fy** ['klærɪfaɪ] klären; **to clarify a statement** eine Äußerung näher erläutern

to **clash** [klæʃ]
1 zusammenstoßen; **students clashed with police** es kam zu Zusammenstößen zwischen Studenten und der Polizei
2 sich streiten, im Widerspruch stehen (**with** zu); *Persönlichkeit, Stil:* nicht zusammenpassen (**with** mit); *Farben:* sich beißen

clash [klæʃ] <*Plural* clashes>
1 der Zusammenprall, der Zusammenstoß
2 (*übertragen*) die Disharmonie
3 *von Interessen:* die Kollision

class [klɑːs] <*Plural* classes>
1 die Klasse; **first/second class ticket** Fahrschein erster/zweiter Klasse
2 **in a class of its own** von besonderer Qualität, einzigartig
3 **to have class** Stil haben
4 die [Gesellschafts]klasse
5 die [Unterrichts]stunde; **evening class** der Abendkurs

to **class** [klɑːs] einordnen, in Gruppen einteilen

clas·sic¹ ['klæsɪk] klassisch

clas·sic² ['klæsɪk] der Klassiker

clas·si·cal ['klæsɪkl] klassisch

clas·sics ['klæsɪks] *Plural* die Altphilologie

clas·si·fied ['klæsɪfaɪd] **classified ad[vertisement]** die Kleinanzeige

to **clas·si·fy** ['klæsɪfaɪ] klassifizieren, einteilen

class·mate ['klɑːsmeɪt] der Klassenkamerad/die Klassenkameradin

class·room ['klɑːsrʊm] das Klassenzimmer

Vorsicht Falle!
Class oder **classroom**? Mit **class** bezeichnet man im Englischen eine Gruppe von Schülern, die zusammen Unterricht haben: *There are 24 people in my class.* Für das Zimmer selbst jedoch verwendet man **classroom:** *There is an overhead projector in every classroom.*

to **clat·ter** ['klætəʳ] klappern; **to clatter something** mit etwas klappern

clause [klɔːz]
1 der Satz
2 (*juristisch*) die Klausel

claw [klɔː] die Kralle, die Klaue, die [Krebs]schere

clay [kleɪ] der Lehm, der Ton

clean [kliːn]
1 sauber, rein; **to keep clean** sauber halten
2 neu, unbenutzt
3 (*übertragen*) makellos
4 *Bruch, Schnitt:* sauber; *Linien:* klar

to **clean** [kliːn]
1 reinigen, säubern, putzen
2 **to clean one's hands/teeth** sich die Hände waschen/die Zähne putzen
◆ to **clean out** gründlich sauber machen; ausmisten *Stall*
◆ to **clean up**
1 **to clean something up** etwas aufwischen
2 aufräumen

clean·er ['kliːnəʳ]
1 die Putzhilfe
2 der Reiniger, das Reinigungsmittel
3 (*Geschäft*) **dry-cleaner's** die Reinigung

clean·ly ['klenlɪ] sauber

clear [klɪəʳ]
1 klar, rein; *Himmel:* wolkenlos
2 *Foto:* scharf; *Abbild:* deutlich
3 verständlich; **clear instructions** die eindeutigen Anweisungen; **to make oneself clear** sich klar [*oder* verständlich] machen
4 **clear profit** der Reingewinn
5 *Weg, Straße:* frei
6 (*übertragen*) **a clear conscience** ein reines Gewissen

to **clear** [klɪəʳ]
1 wegräumen; freimachen *Straße;* **to clear the table** den Tisch abräumen
2 leeren *Briefkasten*
3 freisprechen (**of** von)
4 freigeben
5 **to clear one's throat** sich räuspern
6 *Wetter:* aufklaren; *Nebel:* sich auflösen
◆ to **clear out** **to clear something out** etwas ausräumen
◆ to **clear up** **to clear something up** etwas aufräumen

clear·ly ['klɪəlɪ]
1 klar [und deutlich]
2 offensichtlich; **it's clearly the case** das ist eindeutig der Fall

to **clench** [klentʃ] ballen *Faust*

clerk [klɑːk] der/die Büroangestellte

clev·er ['klevəʳ]
1 klug, gescheit
2 schlau
3 geschickt (**at** in); **to be clever at something** Geschick bei etwas haben

click [klɪk] das Klicken

to **click** [klɪk]
1 klicken
2 *Tür, Schloss:* zuschnappen

cli·ent ['klaɪənt]
1 der Klient/die Klientin
2 der Kunde/die Kundin

cliff [klɪf] die Klippe

cli·mate ['klaɪmɪt]
1 das Klima
2 (*übertragen*) die Stimmung, die Atmosphäre

cli·max ['klaɪmæks]
1 der Höhepunkt
2 der Orgasmus

climb [klaɪm]
1 der Aufstieg
2 **the walk was quite a climb** der Spaziergang war eine richtige Kletterpartie

to **climb** [klaɪm]
1 **to climb a mountain** einen Berg besteigen [*oder* erklimmen]
2 *Leiter, Stufen:* hinaufsteigen
3 klettern; **to climb the tree** auf den Baum klettern
4 *Straße:* ansteigen

climb·er ['klaɪməʳ] der Kletterer/die Kletterin, der Bergsteiger/die Bergsteigerin

to **cling** [klɪŋ] <clung, clung> *Mensch, Tier:* sich klammern (**to** an); **to cling together** [fest] zusammenhalten

cling·film ['klɪŋfɪlm] die Frischhaltefolie

clin·ic ['klɪnɪk] die Klinik

to **clink** [klɪŋk] klirren, klimpern

clip [klɪp] **paper clip** die Büroklammer; **hair clip** die Haarklammer

to **clip** [klɪp] <clipped, clipped>
1 festklammern; **the pages were clipped together** die Seiten waren zusammengeheftet
2 schneiden *Haar, Fingernägel;* scheren *Schaf;* knipsen *Fahrschein*

cloak [kləʊk] der Umhang, der [weite] Mantel

cloak·room ['kləʊkrʊm]
① die Garderobe
② GB die Gäste-Toilette

clock [klɒk] die Uhr; **it's ten o'clock** es ist 10 Uhr; **round the clock** rund um die Uhr
◆ to **clock in** einstempeln
◆ to **clock out** ausstempeln

clog [klɒg] der Holzschuh

to **clog** [klɒg] <clogged, clogged>
① **to be clogged up** verstopft sein
② verstopfen, blockiert werden

clone [kləʊn] der Klon

to **clone** [kləʊn] klonen

close[1] [kləʊs]
① (*örtlich*) dicht, nahe; **close by** in der Nähe; **close to the sea** nahe am Meer; **close to the ground** dicht am Boden
② **she's close to tears** sie ist den Tränen nahe
③ (*zeitlich*) nahe [bevorstehend]; **close on 9 [o'clock]** kurz vor 9 [Uhr]
④ **he is a close friend of mine** er ist ein enger Freund von mir
⑤ *Spiel, Ergebnis:* knapp

close[2] [kləʊz] Abschluss, Ende; **to bring to a close** zu Ende bringen; **to draw to close** zu Ende gehen

to **close** [kləʊz]
① schließen, zumachen
② sperren *Straße;* stilllegen *Betrieb, Fabrik*
◆ to **close down**
① *Betrieb:* stilllegen
② *Geschäft:* schließen
◆ to **close off** **to close something off** etwas abriegeln, etwas absperren

closed [kləʊzd] geschlossen

close·ly [ˌkləʊslɪ]
① dicht, eng
② genau

cloth [klɒθ]
① der Stoff
② das Tuch, der Lappen

to **clothe** [kləʊð] **to clothe someone** jemanden kleiden

clothes [kləʊ(ð)z] *Plural* die Kleider, die Kleidung; **to put on/take off one's clothes** sich anziehen/ausziehen

clothes hang·er der Kleiderbügel

clothes peg die Wäscheklammer

cloth·ing ['kləʊðɪŋ] die Kleidung

cloud [klaʊd] die Wolke; **cloud of dust** die Staubwolke

cloudy ['klaʊdɪ]
① *Himmel:* wolkig, bewölkt
② *Wetter, Flüssigkeit:* trübe

clown [klaʊn] der Clown

club [klʌb]
① der Klub, der Verein
② die Keule, der Knüppel
③ der Schläger
④ **clubs** ⚠ *Plural* (*auf Spielkarten*) das Kreuz

clubber ['klʌbəʳ] der Discobesucher/die Discobesucherin; **clubbers** die Nachtschwärmer

club·bing ['klʌbɪŋ] *kein Plural* **to go clubbing** in die Disco gehen

clue [kluː] der Anhaltspunkt, der Schlüssel (**to** zu); **he hasn't a clue** er hat keine Ahnung

clum·sy ['klʌmzɪ]
① schwerfällig; *Mensch, Bewegung:* unbeholfen
② *Ausdrucksweise:* ungeschickt
③ taktlos

clung [klʌŋ] *2. und 3. Form von* **cling**

clutch [klʌtʃ] (*am Auto*) die Kupplung

to **clutch** [klʌtʃ]
① **to clutch someone/something** jemanden/etwas [er]greifen, jemanden/etwas umklammern
② greifen (**at** nach)

clut·ter ['klʌtəʳ] der Wirrwarr, die Unordnung

coach [kəʊtʃ]
① die Kutsche
② der Reisebus
③ (*Sport*) der Trainer/die Trainerin

to **coach** [kəʊtʃ]
① **to coach someone** jemanden aufs Examen vorbereiten
② **to coach someone** jemanden trainieren

coal [kəʊl] die Kohle

coa·li·tion [ˌkəʊə'lɪʃn] die Koalition

coal mine ['kəʊlmaɪn] das Kohlenbergwerk, die Zeche

coal miner der Bergmann

coarse [kɔːs]
① *Struktur, Haut:* grob
② *Mensch, Art:* ungehobelt, primitiv; **coarse joke** der derbe Witz

coast [kəʊst] die Küste, das Meeresufer; **on the coast** an der Küste

coast·line die Küstenlinie

coat [kəʊt]
1. der Mantel
2. *eines Tiers:* das Fell, der Pelz
3. **coat of paint** der Anstrich

coat hang·er der Kleiderbügel

cob·ble ['kɒbl] der Kopfstein; **the street was cobbled** die Straße hatte Kopfsteinpflaster

cock [kɒk] der Hahn

cock·pit ['kɒkpɪt] das Cockpit, die Kanzel

cock·tail ['kɒkteɪl] der Cocktail

co·coa ['kəʊkəʊ] das Kakao[pulver]

coco·nut ['kəʊkənʌt] die Kokosnuss

code [kəʊd] die Chiffre, der Code

to **co·ex·ist** [ˌkəʊɪg'zɪst] gleichzeitig [*oder* zusammen] [vorhanden] sein, nebeneinander bestehen (**with** mit)

cof·fee ['kɒfɪ] der Kaffee

cof·fee shop das Café

cof·fin ['kɒfɪn] der Sarg

coin [kɔɪn] die Münze

to **co·in·cide** [ˌkəʊɪn'saɪd]
1. (*zeitlich*) zusammenfallen
2. (*übertragen*) übereinstimmen (**with** mit)

co·in·ci·dence [kəʊ'ɪnsɪdəns] der Zufall; **what a coincidence!** was für ein Zufall!

cold[1] [kəʊld]
1. kalt; **I am cold** mir ist kalt
2. (*übertragen*) kühl

cold[2] [kəʊld]
1. die Kälte
2. die Erkältung; **to catch** [**a**] **cold** sich erkälten

to **col·labo·rate** [kə'læbəreɪt]
1. zusammenarbeiten (**with** mit)
2. (*mit dem Feind*) kollaborieren

col·labo·ra·tion [kəˌlæbə'reɪʃn]
1. die Zusammenarbeit
2. (*mit dem Feind*) die Kollaboration

col·lapse [kə'læps]
1. *von Gebäude:* der Einsturz
2. (*auch übertragen*) *eines Menschen:* der Zusammenbruch

to **col·lapse** [kə'læps] *Gebäude:* zusammenstürzen, einstürzen; *Gestell, Mensch:* zusammenbrechen

col·lar ['kɒlə^r]
1. der Kragen
2. das [Hunde]halsband

col·league ['kɒli:g] der Kollege/die Kollegin

to **col·lect** [kə'lekt]
1. **to collect something** etwas [ein]sammeln, etwas zusammentragen
2. **to collect someone/something** jemanden/etwas abholen
3. sammeln *Briefmarken, Münzen*
4. *Menschen:* sich versammeln

col·lect call (USA) das R-Gespräch

col·lec·tion [kə'lekʃn]
1. die [An]sammlung, das Sammeln
2. die Abholung
3. die [Geld]sammlung, die Spendensammlung

col·lec·tive [kə'lektɪv] gemeinsam, kollektiv

col·lege ['kɒlɪdʒ]
1. das College
2. die Akademie, die [Fach-]Hochschule

> **Land und Leute**
> In Großbritannien ist ein **sixth-form college** ein College für 16–18-jährige Schüler, die oft von Schulen kommen, an denen es keine **sixth form** (≈ 12./13. Klasse) gibt. An dem College können sie dann ihre **A levels** (≈ Abitur) absolvieren, oder berufsorientierte Kurse wie die **NVQs** besuchen (*s.a.* **NVQ**).

to **col·lide** [kə'laɪd] zusammenstoßen, zusammenprallen (**with** mit)

col·li·sion [kə'lɪʒn] der Zusammenstoß, der Zusammenprall

col·lo·quial [kə'ləʊkwɪəl] umgangssprachlich

co·lon ['kəʊlən] der Doppelpunkt

colo·nel ['kɜ:nl] der Oberst

to **colo·nize** ['kɒlənaɪz] kolonisieren, besiedeln

colo·ny ['kɒlənɪ] die Kolonie, die [An]siedlung

col·our ['kʌlə^r], (USA) **color**
1. die Farbe; **what colour is it?** was für eine Farbe hat es?
2. die Hautfarbe

to **col·our** ['kʌlə^r], (USA) to **color** **to colour something** etwas Farbe geben, etwas malen

col·our-blind, (USA) **col·or-blind** farbenblind

col·oured ['kʌləd], (USA) **col·ored** farbig; **coloured pencil** der Farbstift

col·our·ful ['kʌləfᵊl], (USA) **col·or·ful**
① farbenreich, farbenprächtig
② (*übertragen*) bunt, lebendig

col·our·ing ['kʌlərɪŋ], (USA) **col·oring**
① die Färbung, der Farbton
② die Gesichtsfarbe, der Teint
③ **food colouring** der Lebensmittelfarbstoff

col·umn ['kɒləm]
① (*auch übertragen*) die Säule; **column of figures** die Zahlenreihe
② die Spalte, die Kolumne; **gossip column** die Klatschspalte

comb [kəʊm] der Kamm

to **comb** [kəʊm] **to comb someone's/one's hair** jemandem/sich die Haare kämmen

com·bat ['kɒmbæt] der Kampf, das Gefecht

to **com·bat** ['kɒmbæt] <combated *oder* combatted, combated *oder* combatted>
① kämpfen
② **to combat something** etwas bekämpfen

com·bi·na·tion [ˌkɒmbɪ'neɪʃn] die Kombination, die Zusammensetzung

to **com·bine** [kəm'baɪn] <combined, combined>
① **to combine something** etwas kombinieren, etwas verbinden
② sich verbinden, sich vereinigen (**with** mit)

to **come** [kʌm] <came, come>
① kommen; **come here!** komm [mal] her!; **to come and** [*oder* **to**] **see someone** jemanden besuchen; **to come home** heimkommen, nach Hause kommen
② werden; **to come true** sich verwirklichen

> **Grammatik**
> Richtiges Konjugieren von **come**: come, came, come — *Kevin came home late last night; Have any letters come for me?*

◆ to **come along** mitkommen, mitgehen; **come along with me!** komm mal mit!

◆ to **come away**
① weggehen
② *Farbe, Papier:* abgehen

◆ to **come back** zurückkommen, zurückkehren

◆ to **come down**
① herunterkommen, heruntergehen (**to** bis)
② *Preis:* sinken

◆ to **come from**
① kommen von
② **to come from something** *Schmerz, Problem:* von etwas verursacht werden
③ abstammen von; **where do you come from?** von wo kommst du her?

◆ to **come in**
① hereinkommen; **come in!** herein!
② ankommen; *Zug:* einfahren
③ *Nachricht:* eintreffen
④ (*Sport*) **to come in second** Zweite(r) werden

◆ to **come off** *Knopf:* abgehen

◆ to **come on**
① **come on!** komm schon!
② anfangen; *Dunkelheit:* hereinbrechen
③ *Schauspieler:* auftreten

◆ to **come out**
① herauskommen
② *Fleck:* herausgehen
③ **to come out of something** aus etwas hervorgehen
④ *Zeitung, Druckschrift:* erscheinen, herauskommen

◆ to **come over**
① herüberkommen
② (*übertragen*) **what's come over you?** was ist in dich gefahren?

◆ to **come round**
① zu Besuch vorbeikommen
② wieder zu sich kommen

◆ to **come through**
① durchkommen
② überstehen *Krise*

◆ to **come to**
① dazu kommen, führen zu; **that will come to nothing** das führt zu nichts; **to come to an end** zu Ende kommen
② [wieder] zu sich kommen
③ **to come to a decision** zu einer Entscheidung kommen; *Person:* sich entscheiden

◆ to **come up**
① heraufkommen; *Sonne, Mond:* aufgehen
② *Frage, Thema:* aufkommen
③ **to come up against** stoßen auf *Problem*
④ **the water came up to his ankles** das Wasser reichte ihm bis zu den Knöcheln
⑤ **to come up with a suggestion** vorschlagen

come·back ['kʌmbæk] (*im Theater, Film*) das Comeback

co·median [kə'mi:dɪən] der Komiker/die Komikerin

com·edy ['kɒmədɪ]
① das Lustspiel, die Komödie
② die komische Geschichte

com·et ['kɒmɪt] der Komet

com·fort ['kʌmfət]
1 der Trost, die Beruhigung (**to** für)
2 der Komfort, die Behaglichkeit; **to live in comfort** in angenehmen Verhältnissen leben

to **com·fort** ['kʌmfət] trösten

com·fort·able ['kʌmftəbl]
1 bequem
2 **to feel comfortable** sich wohl fühlen; **make yourself comfortable!** machen Sie's sich bequem!

com·fort·ing ['kʌmfətɪŋ] tröstlich

com·fy ['kʌmfɪ] (*umgangsspr*) behaglich

com·ic[1] ['kɒmɪk] lustig

com·ic[2] ['kɒmɪk]
1 der Komiker/die Komikerin
2 das Comicheft

com·ic strip der Comic[strip]

com·ma ['kɒmə] das Komma

com·mand [kə'mɑːnd]
1 der Befehl
2 **under someone's command** unter jemandes Befehl
3 die Führung
4 **to have a good command of English** gut Englisch können

to **com·mand** [kə'mɑːnd]
1 **to command someone to do something** jemandem befehlen, etwas zu tun
2 befehligen
3 **to command someone's respect** jemandem Achtung einflößen

com·mand·er [kə'mɑːndəʳ] der Kommandant/die Kommandantin, der Befehlshaber/die Befehlshaberin

com·mand·ment [kə'mɑːndmənt] das Gebot; **The Ten Commandments** die Zehn Gebote

to **com·memo·rate** [kə'meməreɪt] **to commemorate someone/something** jemandes/einer Sache gedenken

to **com·mence** [kə'mens] anfangen; **to commence doing something** beginnen, etwas zu tun

com·ment ['kɒment]
1 die Bemerkung (**on** über); **to make a comment** eine Bemerkung machen
2 **no comment!** kein Kommentar!

to **com·ment** ['kɒment]
1 **to comment on something** etwas kommentieren
2 seine Meinung äußern (**on** über)

com·men·tary ['kɒməntrɪ]
1 der Kommentar (**on** zu)
2 **running** [*oder* **live**] **commentary** die Live-Reportage

com·men·ta·tor ['kɒmənteɪtəʳ] der Kommentator/die Kommentatorin

com·merce ['kɒmɜːs] der Handel

com·mer·cial[1] [kə'mɜːʃl] (*Radio, TV*) der Werbespot

com·mer·cial[2] [kə'mɜːʃl] kaufmännisch, kommerziell, Handels-; **commercial interests** die Geschäftsinteressen

com·mis·sion [kə'mɪʃn]
1 Auftrag
2 Ausschuss; **commission of enquiry** die Untersuchungskommission; **European Commission** die Europäische Kommission
3 (*beim Verkauf*) die Provision

to **com·mit** [kə'mɪt] <committed, committed>
1 begehen *Ehebruch, Verbrechen, Mord*
2 **to commit someone for trial** jemanden einem Gericht überstellen
3 **to commit something** etwas festlegen (**to** auf)
4 sich festlegen; **to commit oneself to do** [*oder* **doing**] **something** sich verpflichten, etwas zu tun

com·mit·ment [kə'mɪtmənt] die Verpflichtung

com·mit·tee [kə'mɪtɪ] der Ausschuss, das Komitee

com·mon[1] ['kɒmən] <commoner *oder* more common, commonest *oder* most common>
1 gemein[sam]; **common interests** die gemeinsamen Interessen
2 allgemein; *Tiere, Vögel, Sitten:* weit verbreitet; **it is common knowledge that...** es ist allgemein bekannt, dass...
3 gewöhnlich; **the common people** die einfachen Leute
4 ordinär

com·mon[2] ['kɒmən] **to have something in common** [**with someone**] etwas [mit jemandem] gemein haben; **to have interests in common** gemeinsame Interessen haben

com·mon·ly ['kɒmənlɪ] gewöhnlich, im Allgemeinen

com·mon room der Gemeinschaftsraum

com·mon sense der gesunde Menschenverstand

com·mu·nal ['kɒmjʊnl] kommunal, Gemeinschaftsto **com·mu·ni·cate** [kəˈmjuːnɪkeɪt] **to communicate something** etwas mitteilen; übermitteln *Nachrichten;* vermitteln *Gefühl*

com·mu·ni·ca·tion [kəˌmjuːnɪˈkeɪʃn]
1 die Verständigung, die Kommunikation; *von Ideen, Information:* die Vermittlung
2 **to be in communication with someone** mit jemandem in Verbindung stehen

com·mun·ism [ˈkɒmjʊnɪzəm] der Kommunismus

com·mun·ist[1] [ˈkɒmjʊnɪst] der Kommunist/die Kommunistin

com·mun·ist[2] [ˈkɒmjʊnɪst] kommunistisch

com·mu·nity [kəˈmjuːnətɪ]
1 die Gemeinschaft
2 **the community** die Allgemeinheit

com·mu·nity cen·tre das Gemeindehaus, das Gemeindezentrum

to **com·mute** [kəˈmjuːt] pendeln

com·mut·er [kɒˈmjuːtəʳ] der Pendler/die Pendlerin

com·pact [kəmˈpækt]
1 kompakt
2 *Masse:* fest

com·pact disc, com·pact disk [ˌkəmpækt ˈdɪsk] die Compactdisc, die CD

com·pan·ion [kəmˈpænɪən] der Begleiter/die Begleiterin, der Gefährte/die Gefährtin; **travelling companion** der Reisebegleiter/die Reisebegleiterin

com·pa·ny [ˈkʌmpənɪ]
1 die Gesellschaft, die Begleitung; **to keep someone company** jemandem Gesellschaft leisten; **to be good/bad/poor company** ein guter/schlechter Gesellschafter sein
2 die Gäste; **we're expecting company** wir erwarten Besuch
3 die Handelsgesellschaft, die Firma, das Unternehmen
4 die Schauspieltruppe

com·pa·rable [ˈkɒmpərəbl] vergleichbar (**to/with** mit)

com·para·tive[1] [kəmˈpærətɪv]
1 vergleichend
2 relativ

com·para·tive[2] [kəmˈpærətɪv] der Komparativ

com·para·tive·ly [kəmˈpærətɪvlɪ] verhältnismäßig

to **com·pare** [kəmˈpeəʳ]
1 vergleichen (**with/to** mit)
2 sich vergleichen [lassen] (**with** mit)

com·pari·son [kəmˈpærɪsn] der Vergleich (**to/with** mit); **by/in comparison** vergleichsweise; **in comparison with** im Vergleich zu; **there is no comparison between them** sie lassen sich nicht vergleichen

com·part·ment [kəmˈpɑːtmənt]
1 *im Schrank, Kühlschrank:* das Fach
2 *im Zug:* das Abteil

com·pass [ˈkʌmpəs] <*Plural* compasses>
1 der Kompass
2 **compasses** ⚠ *Plural,* **a pair of compasses** ein Zirkel

com·pas·sion·ate [kəmˈpæʃənət] mitleid[s]voll, mitfühlend

com·pat·ible [kəmˈpætəbl]
1 vereinbar, verträglich (**with** mit)
2 passend; *Menschen:* zueinander passend
3 *Geräte:* kompatibel

to **com·pen·sate** [ˈkɒmpənseɪt]
1 **to compensate someone for something** jemandem etwas ersetzen, jemanden für etwas entschädigen
2 ersetzen, vergüten *Schaden*
3 **to compensate for something** etwas ausgleichen [*oder* kompensieren]

com·pen·sa·tion [ˌkɒmpenˈseɪʃn]
1 die Entschädigung, der Ersatz
2 (USA) die Entlohnung

to **com·pete** [kəmˈpiːt]
1 konkurrieren (**for** um); **to compete against/with each other** miteinander konkurrieren
2 (*im Sport*) teilnehmen; **to compete against/with someone** gegen jemanden kämpfen

com·pe·tent [ˈkɒmpɪtənt] fähig

com·pe·ti·tion [ˌkɒmpəˈtɪʃn]
1 der Wettbewerb, der Wettkampf
2 die Konkurrenz (**for** um)

com·peti·tive [kəmˈpetətɪv]
1 Wettbewerbs-, Konkurrenz-; **competitive sport** der Leistungssport
2 konkurrenzfähig

com·peti·tor [kəmˈpetɪtəʳ]
1 der Mitbewerber/die Mitbewerberin
2 der Konkurrent/die Konkurrentin
3 der Wettkämpfer/die Wettkämpferin

to **com·pile** [kəmˈpaɪl] zusammenstellen *Liste*

A B C D E F G H I J K L M N O P Q R S T U V W X Y Z

com·pla·cent [kəm'pleɪsnt] selbstzufrieden, selbstgefällig

to **com·plain** [kəm'pleɪn]
1 **to complain of something** *Krankheit, Schmerzen:* über etwas klagen
2 sich beschweren (**about** über); **stop complaining!** beklag dich nicht dauernd!

com·plaint [kəm'pleɪnt]
1 die Klage, die Beschwerde; **to make a complaint against** [*oder* **about**] **someone** sich über jemanden beschweren
2 die Beschwerde; **to have a heart complaint** ein Herzleiden haben

com·ple·ment ['kɒmplɪmənt] die Ergänzung

com·plete [kəm'pliːt]
1 vollständig, ganz; **the complete works of Shakespeare** die gesammelten Werke Shakespeares
2 völlig
3 vollendet, fertig
4 **complete with** mitsamt, komplett mit

to **com·plete** [kəm'pliːt]
1 **to complete a job** eine Arbeit fertig stellen
2 vervollständigen
3 ausfüllen *Formular*

com·plete·ly [kəm'pliːtlɪ] ganz [und gar], vollkommen; **he's completely wrong** er irrt sich gewaltig

com·plex ['kɒmpleks] komplex; *Frage, Idee:* vielschichtig; *Problem, System:* kompliziert

com·plex·ion [kəm'plekʃn] der Teint, die Gesichtsfarbe

to **com·pli·cate** ['kɒmplɪkeɪt] komplizieren, [noch] komplizierter machen

com·pli·cat·ed ['kɒmplɪkeɪtɪd] kompliziert, verwickelt

com·pli·ca·tion [ˌkɒmplɪ'keɪʃn] die Komplikation

com·pli·ment ['kɒmplɪmənt] das Kompliment; **to pay someone a compliment** jemandem ein Kompliment machen

to **com·pli·ment** ['kɒmplɪment] **to compliment someone on something** jemandem Komplimente wegen [*oder* zu] etwas machen

com·pli·men·tary [ˌkɒmplɪ'mentrɪ] Ehren-, Gratis-; **complimentary ticket** die Freikarte, die Ehrenkarte

to **com·pose** [kəm'pəʊz]
1 komponieren *Musik;* abfassen *Brief;* verfassen *Rede, Gedicht*
2 bilden; **to be composed of** bestehen aus

com·pos·er [kəm'pəʊzəʳ] der Komponist/die Komponistin

com·po·si·tion [ˌkɒmpə'zɪʃn]
1 *von Musik:* die Komposition; *eines Briefs:* das Aufsetzen; *eines Gedichts:* das Verfassen
2 die Zusammensetzung, die Bildung
3 der [Schul]aufsatz

com·pound ['kɒmpaʊnd] die Zusammensetzung

to **com·pre·hend** [ˌkɒmprɪ'hend] verstehen, einsehen

com·pre·hen·sible [ˌkɒmprɪ'hensəbl] verständlich, begreiflich

com·pre·hen·sion [ˌkɒmprɪ'henʃn]
1 das Verstehen, das Begreifen; **beyond comprehension** unbegreiflich
2 das Verständnis (**of** für)

com·pre·hen·sive [ˌkɒmprɪ'hensɪv] *Angebot, Sammlung:* umfassend

Land und Leute
Die meisten staatlich geführten *secondary schools* (weiterführende Schulen) in Großbritannien sind **comprehensive schools** für Schüler zwischen 11 und 18 Jahren. An den **Comprehensive schools** werden unterschiedlich lernstarke Kinder unterrichtet. Das *streaming* (Einteilung in Leistungsgruppen) unterteilt die Kinder jedoch entsprechend ihrer Begabung für verschiedene Fächer in Schuljahresgruppen mit 3, 6 oder sogar 8 Leistungsstufen. Es ist zum Beispiel möglich, in Mathe in der ersten und in Geschichte in der letzten Gruppe zu sein. Mit 16 machen die meisten Schüler ihre **GCSE** Prüfung und diejenigen mit den besten Noten bleiben oft auf der Schule, um mit **A Level**-Kursen weiterzumachen. Andere wiederum entscheiden sich am **college** weiter zu lernen oder beginnen zu arbeiten.

to **com·prise** [kəm'praɪz] umfassen, bestehen aus

com·pro·mise ['kɒmprəmaɪz] der/das Kompromiss

to **com·pro·mise** ['kɒmprəmaɪz]
1 einen Kompromiss schließen; **to compromise with someone over something** mit jemandem einen Kompromiss über etwas schließen
2 **to compromise someone/something** jemanden/etwas kompromittieren

com·pul·so·ry [kəm'pʌlsərɪ] obligatorisch; **compulsory subject** das Pflichtfach

com·put·er [kəm'pju:təʳ] der Computer, der Rechner

com·put·er-ani·mat·ed computeranimiert

com·put·er game das Computerspiel

com·put·er graph·ics *Plural* die Computergrafik

to **com·put·er·ize** [kəm'pju:təraɪz] auf Computer umstellen *Firma, Methode;* in einen Computer eingeben *Daten*

com·put·er sci·ence die Informatik

con [kɒn]
1 der Schwindel, der Betrug
2 **pros and cons** Für und Wider

to **con·ceal** [kən'si:l] verstecken, verbergen (**from** vor)

con·ceit·ed [kən'si:tɪd] eingebildet

con·ceiv·able [kən'si:vəbl] denkbar, vorstellbar

to **con·ceive** [kən'si:v] schwanger werden

to **con·cen·trate** ['kɒnsəntreɪt]
1 sich konzentrieren (**upon/on** auf)
2 **to concentrate on doing something** sich darauf konzentrieren, etwas zu tun

con·cen·tra·tion [ˌkɒnsn'treɪʃn] die Konzentration

con·cept ['kɒnsept] der Begriff, die Vorstellung

to **con·cern** [kən'sɜ:n]
1 **it concerns...** es handelt von...; **the essay concerns love** in diesem Aufsatz geht es um die Liebe
2 **to concern someone/something** jemanden/etwas betreffen [*oder* angehen]; **to whom it may concern** (*im Brief*) an die zuständige Stelle
3 **it concerns me** es beunruhigt mich

con·cern [kən'sɜ:n]
1 das Unternehmen
2 die Angelegenheit, die Sache
3 die Sorge, die Besorgnis (**over** wegen); **with deep concern** sehr besorgt

con·cerned [kən'sɜ:nd]
1 beteiligt (**in/with** an); **the people concerned** die Betroffenen; **as far as I am concerned** was mich angeht, von mir aus
2 besorgt (**about/at** wegen)

con·cern·ing [kən'sɜ:nɪŋ] bezüglich, in Bezug auf

con·cert ['kɒnsət] das Konzert

con·cise [kən'saɪs] kurz [und bündig], knapp

to **con·clude** [kən'klu:d]
1 beenden, schließen *Meeting, Rede;* abschließen *Vertrag*
2 schließen (**from** aus)
3 *Geschichte, Film:* enden, aufhören

con·clu·sion [kən'klu:ʒn]
1 der Schluss; **in conclusion** schließlich, zum Abschluss
2 *eines Vertrags:* der Abschluss
3 die Schlussfolgerung, die Folgerung; **to come to a conclusion** zu einem Ergebnis kommen

con·crete ['kɒnkri:t] der Beton

to **con·demn** [kən'dem]
1 **to condemn someone** jemanden verurteilen, verdammen
2 (*juristisch*) verurteilen (**to** zu)

con·den·sa·tion [ˌkɒnden'seɪʃn] das Kondenswasser

to **con·dense** [kɒn'dens]
1 (*wissenschaftlich*) kondensieren
2 (*übertragen*) zusammenfassen *Bericht, Rede*

con·di·tion [kən'dɪʃn]
1 die Bedingung (**of** für), die Voraussetzung (**of** für); **on condition that ...** unter der Voraussetzung, dass ...
2 der Zustand; **in good condition** in gutem Zustand, gut erhalten
3 (*Mensch*) **to be in good condition** gut in Form sein; **to be in/out of condition** eine gute/keine Kondition haben; **to have a heart condition** ein Herzleiden haben
4 **conditions, living/working conditions** die Wohn-/Arbeitsbedingungen

to **con·di·tion** [kən'dɪʃn] gewöhnen (**to** an)

con·di·tion·al [kən'dɪʃənl]
1 abhängig (**on** von)
2 (*Grammatik*) konditional, Konditional-

con·di·tion·er [kən'dɪʃənəʳ] die Spülung

con·dom ['kɒndəm] das Kondom

to **con·duct** [kən'dʌkt]
1 führen *Gespräch, Geschäft*
2 dirigieren *Orchester, Chor*
3 leiten *Strom*

con·duct ['kɒndʌkt]
1 *eines Unternehmens:* die Führung, die Leitung
2 *eines Menschen:* das Verhalten

con·duc·tor [kən'dʌktəʳ]
1 *von Orchester, Chor:* der Dirigent/die Dirigentin
2 **bus/tram conductor** der Schaffner/die Schaffnerin

A B C D E F G H I J K L M N O P Q R S T U V W X Y Z

A B C D E F G H I J K L M N O P Q R S T U V W X Y Z

3 (USA) der Zugführer/die Zugführerin
4 (*Physik*) der Leiter

cone [kəʊn]
1 der Kegel; **traffic cone** der Kegel
2 **ice-cream cone** die Eistüte
3 der [Tannen]zapfen

con·fec·tion·ery [kən'fekʃnərɪ] die Süßwaren

to **con·fer** [kən'fɜːʳ] <conferred, conferred> **to confer with someone** sich mit jemandem beraten

con·fer·ence ['kɒnfərəns] die Tagung, die Konferenz

to **con·fess** [kən'fes]
1 **to confess to something** etwas gestehen
2 seine Schuld [*oder* seinen Fehler] eingestehen
3 (*in der Kirche*) beichten

con·fes·sion [kən'feʃn]
1 das Bekenntnis, das Geständnis; **I have a confession to make** ich muss dir etwas gestehen
2 (*in der Kirche*) die Beichte

to **con·fide** [kən'faɪd] **to confide something to someone** jemandem etwas anvertrauen; **to confide in someone** sich jemandem anvertrauen

con·fi·dence ['kɒnfɪdəns]
1 das Vertrauen (**in** zu); **to take someone into one's confidence** jemanden ins Vertrauen ziehen
2 [**self-**]**confidence** die Selbstsicherheit
3 die vertrauliche Mitteilung; **in strict confidence** streng vertraulich

con·fi·dent ['kɒnfɪdənt]
1 überzeugt (**of** von)
2 selbstsicher

con·fiden·tial [ˌkɒnfɪ'denʃl] *Mitteilung:* vertraulich

to **con·fine** [kən'faɪn]
1 **to confine someone/something to something** jemanden/etwas auf etwas beschränken; **to confine oneself to doing something** sich darauf beschränken, etwas zu tun
2 einsperren (**in/to** in)

to **con·firm** [kən'fɜːm] **to confirm something** etwas bestätigen; **to confirm one's suspicions** sich in seinem Verdacht bestätigt sehen

con·fir·ma·tion [ˌkɒnfə'meɪʃn] die Bestätigung

to **con·fis·cate** ['kɒnfɪskeɪt] beschlagnahmen

con·flict ['kɒnflɪkt] der Konflikt, der Widerstreit; **to be in conflict with someone/something** im Widerspruch zu jemandem/etwas stehen; **conflict of interests** der Interessenkonflikt

to **con·flict** [kən'flɪkt] im Widerspruch stehen (**with** zu)

to **con·form** [kən'fɔːm]
1 übereinstimmen (**to** mit); **to not conform to the regulations** den Vorschriften nicht entsprechen
2 sich anpassen (**to** an)

to **con·front** [kən'frʌnt]
1 **to confront someone with something** jemanden mit etwas konfrontieren
2 **to confront someone/something** jemandem/einer Sache entgegentreten

to **con·fuse** [kən'fjuːz]
1 durcheinanderbringen
2 **to confuse someone with someone** jemanden mit jemandem verwechseln

con·fused [kən'fjuːzd]
1 *Mensch:* verwirrt
2 *Lage:* verworren

con·fu·sion [kən'fjuːʒn]
1 die Verwirrung, das Durcheinander; **to throw everything into confusion** alles durcheinanderbringen
2 (*Emotionen*) die Verwirrtheit
3 (*zwischen zwei Sachen*) die Verwechs[e]lung
4 die Verlegenheit

con·gest·ed [kən'dʒestɪd] *Straße, Nase:* verstopft

con·ges·tion charge ≈ die City-Maut

> **Land und Leute**
> Die **congestion charge** wurde im Februar 2003 eingeführt. Sie ist das erste großflächige Mautprojekt Großbritanniens. Im Londoner Zentrum wird sie von Montag bis Freitag erhoben. Die Gebühren können an Tankstellen, in manchen Läden, bei der Post, online, telefonisch oder per SMS bezahlt werden.
> Diese Maßnahme soll den Verkehr in der Innenstadt entlasten und soll bewirken, dass Verkehrsteilnehmer verstärkt auf das eigene Auto verzichten und auf umweltfreundlichere Alternativen (wie zum Beispiel öffentlicher Nahverkehr oder das Fahrrad) zurückgreifen.

to **con·gratu·late** [kən'grætʃʊleɪt] **to congratulate someone** jemandem gratulieren (**on** zu)

con·gratu·la·tion [kənˌgrætʃʊ'leɪʃn] der Glückwunsch, die Gratulation; **congratulations**

on passing the exam! ich gratuliere zum bestandenen Examen!

con·gre·ga·tion [ˌkɒŋgrɪ'geɪʃn] die [Kirchen]gemeinde

con·gress ['kɒŋgres] der Kongress, die Tagung; **Congress** (USA) der Kongress

Con·gress·man ['kɒŋgresmən] <*Plural* congressmen> der Kongressabgeordnete

Con·gress·wom·an ['kɒŋgreswʊmən, *Plural* 'kɒŋgreswɪmɪn] <*Plural* congresswomen> die Kongressabgeordnete

co·ni·fer ['kɒnɪfəʳ] der Nadelbaum

con·junc·tion [kən'dʒʌŋkʃn]
① **in conjunction with someone/something** in Verbindung mit jemandem/etwas
② (*Grammatik*) das Bindewort

to **con·jure** ['kʌndʒəʳ] zaubern
◆ to **conjure up** hervorzaubern

con·jur·er, con·juror ['kʌndʒərəʳ] der Zauberkünstler/die Zauberkünstlerin

to **con·nect** [kə'nekt]
① **to connect someone/something** jemanden/etwas verbinden (**with** mit); anschließen *Telefon* (**with** an); **I'll connect you** ich verbinde
② **to connect something** etwas koppeln, kuppeln (**with** mit), etwas anschalten/einschalten
③ (*übertragen*) in Verbindung bringen; **these things are connected in my mind** diese Dinge gehören für mich zusammen; **to be connected with** in Verbindung stehen mit
④ in Verbindung stehen (**with** mit)
⑤ *Zug:* Anschluss haben (**with** an)

con·nect·ing [kə'nektɪŋ] **connecting flight** der Anschlussflug

con·nec·tion [kə'nekʃn]
① die Verbindung
② (*Telefon, Zug*) der Anschluss
③ der Zusammenhang; **in connection with** im Zusammenhang mit
④ **connection[s]** Beziehungen (**with** zu)

to **con·quer** ['kɒŋkəʳ] erobern *Land;* besiegen *Gegner*

con·science ['kɒnʃəns] das Gewissen; **to have something on one's conscience** etwas auf dem Gewissen haben; **to have a clear/guilty conscience** ein gutes/schlechtes Gewissen haben

con·sci·en·tious [ˌkɒnʃɪ'enʃəs] gewissenhaft

con·scious ['kɒnʃəs]
① bewusst; **to be conscious of something** sich einer Sache bewusst sein
② absichtlich; *Entscheidung, Tat:* vorsätzlich
③ **he is [fully] conscious** er ist bei [vollem] Bewusstsein

con·scious·ness ['kɒnʃəsnɪs]
① das Bewusstsein; **to lose/regain consciousness** das Bewusstsein verlieren/wiedererlangen
② das Wissen (**of** um)

con·scrip·tion [kən'skrɪpʃn] die Wehrpflicht

con·secu·tive [kən'sekjʊtɪv] aufeinanderfolgend, fortlaufend; **on three consecutive days** drei Tage hintereinander

to **con·sent** [kən'sent] einwilligen (**to** in), einverstanden sein (**to** mit)

con·sent [kən'sent] die Einwilligung (**to** in), das Einverständnis (**to** zu); **to give one's consent to something** seine Zustimmung zu etwas erteilen

con·se·quence ['kɒnsɪkwəns] die Konsequenz, das Ergebnis; **in consequence** folglich; **in consequence of** infolge

con·se·quent·ly ['kɒnsɪkwəntlɪ] folglich

con·ser·va·tion [ˌkɒnsə'veɪʃn]
① die Erhaltung
② der Umweltschutz, der Naturschutz; **conservation area** das Naturschutzgebiet

con·serva·tive [kən'sɜːvətɪv]
① konservativ
② **the Conservative Party** (GB) die Konservative Partei

Con·serva·tive [kən'sɜːvətɪv] (GB) (*in der Politik*) der/die Konservative

con·serva·tory [kən'sɜːvətrɪ] der Wintergarten

to **con·serve** [kən'sɜːv]
① erhalten, konservieren
② sparen *Kräfte*

to **con·sid·er** [kən'sɪdəʳ]
① betrachten; **she's considering her position** sie zieht ihre Stelle in Erwägung
② überlegen *Idee, Angebot*
③ berücksichtigen *Kosten, Schwierigkeiten*
④ betrachten als; **I consider him to be a friend** ich halte ihn für einen Freund
⑤ denken an; **consider Anne** denken Sie an Anne

con·sid·er·able [kən'sɪdərəbl] beachtlich, beträchtlich

con·sid·era·tion [kən,sɪdə'reɪʃn]
① die Überlegung
② **out of consideration for** mit Rücksicht auf
③ **to take something into consideration** etwas in Betracht ziehen; **in consideration of** im Hinblick auf, mit Rücksicht auf

con·sid·er·ing [kən'sɪdərɪŋ]
① **considering that...** wenn man bedenkt, dass...
② **... considering** wenn man... bedenkt

to **con·sist** [kən'sɪst] **to consist of** bestehen aus; **to consist in** bestehen in

con·sist·ent [kən'sɪstənt]
① *Meinung:* übereinstimmend (**with** mit)
② *Qualität, Leistung:* gleich bleibend
③ **to be consistent about something** konsequent in etwas sein

con·so·la·tion [,kɒnsə'leɪʃn] der Trost

to **con·sole** [kən'səʊl] **to console someone** jemanden trösten

con·so·nant ['kɒnsənənt] der Konsonant

con·spicu·ous [,kɒns'pɪkjʊəs] auffallend

con·spira·cy [,kɒns'pɪrəsɪ] die Verschwörung, das Komplott

con·stant ['kɒnstənt]
① ständig, ununterbrochen
② gleich bleibend; **constant temperature** die konstante Temperatur

con·sti·tu·tion [,kɒnstɪ'tju:ʃn]
① die Verfassung, das Grundgesetz, die Satzung
② die Zusammensetzung

con·sti·tu·tion·al [,kɒnstɪ'tju:ʃənl] Verfassungs-; *Regierung, Vorgang:* verfassungsmäßig

to **con·strain** [kən'streɪn] zwingen

to **con·struct** [kən'strʌkt] aufbauen; erbauen *Gebäude*

con·struc·tion [kən'strʌkʃn]
① das Bauwerk
② **construction work** die Bauarbeiten; **to be under** [*oder* **in course of**] **construction** im Bau sein
③ **sentence construction** die Satzstellung

con·struc·tive [kən'strʌktɪv] konstruktiv

con·sul ['kɒnsl] der Konsul

con·sulate ['kɒnsjʊlət] das Konsulat

to **con·sult** [kən'sʌlt]
① **to consult someone** jemanden um Rat fragen; **to consult a doctor** einen Arzt zu Rate ziehen
② nachschlagen in *Buch, Liste*
③ **to consult with someone about something** sich mit jemandem über etwas beraten

con·sult·ant [kən'sʌltənt]
① der Berater/die Beraterin
② der Facharzt/die Fachärztin

to **con·sume** [kən'sju:m]
① konsumieren; verzehren *Nahrung*
② aufbrauchen; verbrauchen *Geld, Kraft*

con·sum·er [kən'sju:mə^r] der Verbraucher/die Verbraucherin

con·sump·tion [kən'sʌmpʃn] der Verbrauch, der Konsum (**of** an)

con·tact ['kɒntækt]
① der Kontakt, die Berührung; **to make contact** sich berühren
② (*Strom*) Kontakt
③ (*übertragen*) die Verbindung (**with** zu); **to be in contact with someone** mit jemandem in Verbindung stehen; **I'll get in contact** ich melde mich
④ die Kontaktperson

to **con·tact** ['kɒntækt] **to contact someone** sich mit jemandem in Verbindung setzen

con·tact lens die Kontaktlinse

con·ta·gious [kən'teɪdʒəs] (*auch übertragen*) ansteckend

to **con·tain** [kən'teɪn]
① **to contain something** etwas enthalten
② zügeln *Gefühl*
③ in Grenzen halten *Krankheit*

con·tain·er [kən'teɪnə^r]
① der Behälter
② der Container

to **con·tami·nate** [kən'tæmɪneɪt]
① verschmutzen, verunreinigen
② (*radioaktiv*) verseuchen

con·tami·na·tion [kən,tæmɪ'neɪʃn]
① die Verschmutzung, die Verunreinigung
② die Verseuchung

to **con·tem·plate** ['kɒntempleɪt]
① betrachten
② **to contemplate something** über etwas nachdenken
③ **to contemplate doing something** daran denken, etwas zu tun

con·tem·po·rary[1] [kən'temprərɪ]
① gleichzeitig; *Literatur, Autor:* zeitgenössisch

2 modern; **contemporary art** die moderne Kunst

con·tem·po·rary² [kən'temprərɪ] der Zeitgenosse/die Zeitgenossin, der Altersgenosse/die Altersgenossin

con·tempt [kən'tempt] die Verachtung

to **con·tend** [kən'tend]
1 (*im Wettbewerb*) kämpfen (**for** um)
2 **to contend that...** behaupten, dass ...

con·tent¹ ['kɒntent]
1 **contents** ⚠ *Plural* der Inhalt
2 *einer Substanz:* der Gehalt

con·tent² [kən'tent] zufrieden (**with** mit)

to **con·tent** [kən'tent] **to content oneself with something** mit etwas zufrieden sein, sich mit etwas begnügen

con·tent·ed [kən'tentɪd] zufrieden (**with** mit)

con·tent·ment [kən'tentmənt] die Zufriedenheit

to **con·test** [kən'test]
1 bestreiten *Behauptung;* anfechten *Wahl*
2 kämpfen um (**against** gegen)

con·test ['kɒntest] der Wettkampf, der Wettstreit (**for** um)

con·test·ant [kən'testənt]
1 der [Wettkampf]teilnehmer/die [Wettkampf]teilnehmerin
2 der [Mit]bewerber/die [Mit]bewerberin

con·text ['kɒntekst] der Zusammenhang, der Kontext; **in/out of context** im/ohne Kontext

con·ti·nent ['kɒntɪnənt] das Festland, der Kontinent; **the Continent** Kontinentaleuropa

con·ti·nent·al [ˌkɒntɪ'nentl] kontinental, europäisch

con·tin·ual [kən'tɪnjʊəl] ständig, unaufhörlich

con·tinu·ation [kənˌtɪnjʊ'eɪʃn]
1 die Fortsetzung
2 die Fortdauer

to **con·tinue** [kən'tɪnju:]
1 fortsetzen; weitermachen mit *Tätigkeit;* **to continue to read** weiterlesen; **to be continued** Fortsetzung folgt; **continued on p.12** weiter auf Seite 12; **to continue to do something** etwas weiterhin tun
2 andauern; **to continue with something** mit etwas fortfahren
3 weiterhin sein, sich weiterhin befinden; **to continue in power** an der Macht bleiben
4 **to continue on** [**one's way**] weiterfahren, weiterreisen

con·tinu·ous [kən'tɪnjʊəs]
1 ununterbrochen, ständig
2 (*Grammatik*) **continuous form** die Verlaufsform

contra·cep·tion [ˌkɒntrə'sepʃn] die Empfängnisverhütung

contra·cep·tive [ˌkɒntrə'septɪv] das Verhütungsmittel

con·tract ['kɒntrækt] der Vertrag

to **con·tract** [kən'trækt]
1 *Muskel:* [sich] zusammenziehen; *Pupillen:* sich verengen
2 sich zuziehen *Krankheit*

to **contra·dict** [ˌkɒntrə'dɪkt] **to contradict someone** jemandem widersprechen

contra·dic·tion [ˌkɒntrə'dɪkʃn] der Widerspruch, die Widerrede

con·tra·ry¹ ['kɒntrərɪ]
1 **contrary to** im Gegensatz zu; **contrary to expectations** wider Erwarten
2 *Mensch:* widerspenstig

con·tra·ry² ['kɒntrərɪ] das Gegenteil (**to** von); **on the contrary** im Gegenteil

to **con·trast** [kən'trɑ:st]
1 *Farbe, Stil:* sich [stark] abheben (**with** von)
2 im Gegensatz stehen (**with** zu)
3 **to contrast something with something** etwas mit etwas vergleichen, etwas einer Sache gegenüberstellen

con·trast ['kɒntrɑ:st] der Gegensatz (**to** zu), der Kontrast; **she's such a contrast to her brother** sie ist ganz anders als ihr Bruder; **in contrast to/with** im Gegensatz zu

to **con·trib·ute** [kən'trɪbju:t]
1 beitragen, mitwirken (**to** bei)
2 **to contribute to charity** für die Wohlfahrt spenden

con·tri·bu·tion [ˌkɒntrɪ'bju:ʃn]
1 der Beitrag (**to** zu)
2 die Spende

to **con·trol** [kən'trəʊl] <controlled, controlled>
1 beherrschen, Kontrolle haben über; zügeln, mäßigen *Zorn;* **to control oneself** sich beherrschen
2 leiten *Geschäft;* regeln *Verkehr*
3 überwachen *Arbeit;* regulieren *Temperatur*

con·trol [kən'trəʊl]
1 die Herrschaft, die Kontrolle (**of** über); **to lose control of** [*oder* **over**] die Kontrolle verlieren über; **to gain control over, to get control of** die Herrschaft gewinnen über

2 *von Gefühlen:* die Beherrschung
3 die Aufsicht (**of/over** über); *einer Arbeit:* die Überwachung
4 *eines Geräts:* der Regler, der Schalter

con·tro·ver·sial [ˌkɒntrəˈvɜːʃl] strittig, umstritten; **to be highly controversial** stark umstritten sein

con·tro·ver·sy [ˈkɒntrəvɜːsɪ, kənˈtrɒvəsɪ] die Kontroverse, der Streit

con·veni·ence [kənˈviːnɪəns]
1 die Bequemlichkeit; **convenience foods** die Fertiggerichte
2 **at your [own] convenience** wenn es Ihnen recht ist [*oder* passt]
3 **public convenience** die öffentliche Toilette

con·veni·ent [kənˈviːnɪənt]
1 praktisch, bequem
2 (*zeitlich*) **when it is convenient for you** wenn es Ihnen recht ist

con·vent [ˈkɒnvənt] das Nonnenkloster

con·ven·tion [kənˈvenʃn]
1 die Sitte, der Brauch
2 die Versammlung; (USA) der Parteitag
3 (*politisch*) das Abkommen, der Vertrag

con·ven·tion·al [kənˈvenʃənl]
1 konventionell
2 herkömmlich

con·ver·sa·tion [ˌkɒnvəˈseɪʃn] das Gespräch, die Unterhaltung; **to have a conversation with someone** mit jemandem ein Gespräch führen; **in conversation with** im Gespräch mit

con·ver·sion [kənˈvɜːʃn]
1 die Umwandlung (**from** von, **into** in)
2 *von Gebäude:* der Umbau
3 *bei Zahlen:* die Umrechnung
4 *von Person:* die Bekehrung

to **con·vert** [kənˈvɜːt]
1 verwandeln, umwandeln (**into** in)
2 umbauen *Haus;* umrüsten *Fahrzeug;* umstellen *Vorrichtung*
3 (*bei Zahlen*) umrechnen
4 (*Glaube*) **to convert someone [to something]** jemanden [zu etwas] bekehren

con·vert·ible [kənˈvɜːtəbl] (*Auto*) das Kabrio[lett]

con·vex [ˈkɒnveks] konvex

con·vict [ˈkɒnvɪkt] der Sträfling, der/die Strafgefangene

to **con·vict** [kənˈvɪkt] verurteilen; **to convict someone of murder** jemanden wegen Mordes verurteilen

con·vic·tion [kənˈvɪkʃn]
1 die Überführung, die Verurteilung; **to have a previous conviction** vorbestraft sein (**for** wegen)
2 die Überzeugung

to **con·vince** [kənˈvɪns] **to convince someone** jemanden überzeugen (**of** von)

cook [kʊk] der Koch/die Köchin

to **cook** [kʊk] zubereiten; **a cooked meal** eine warme Mahlzeit

cook·book [ˈkʊkbʊk] (USA) das Kochbuch

cook·er [ˈkʊkəʳ] der Kocher, der Herd

cook·ery [ˈkʊkərɪ] das Kochen, die Kochkunst

cook·ery book das Kochbuch

cookie [ˈkʊkɪ] (USA) der Keks, das Plätzchen

cool [kuːl]
1 kühl, frisch; **to store in a cool place** kühl aufbewahren
2 *Mensch:* kühl; **to keep cool** Ruhe bewahren; **to keep a cool head** einen kühlen Kopf behalten
3 (*übertragen umgangsspr*) prima, klasse

to **cool** [kuːl] abkühlen [lassen]

to **co·oper·ate** [kəʊˈɒpəreɪt]
1 mitarbeiten (**in** an)
2 **to cooperate [with each other]** kooperieren, zusammenarbeiten

co·opera·tion [kəʊˌɒpəˈreɪʃn] die Kooperation; **in cooperation with** in Zusammenarbeit mit

co·opera·tive[1] [kəʊˈɒpərətɪv]
1 hilfsbereit, kooperativ
2 genossenschaftlich

co·opera·tive[2] [kəʊˈɒpərətɪv] die Genossenschaft, die Kooperative

co·or·di·nate [ˌkəʊˈɔːdɪnət] die Koordinate

co·or·di·na·tion [ˌkəʊˌɔːdɪˈneɪʃn] die Koordination, die Koordinierung

cop [kɒp] (*umgangsspr: Polizist*) der Bulle

to **cope** [kəʊp] zurechtkommen; **to cope with someone/something** mit jemandem/etwas fertig werden

cop·per [ˈkɒpəʳ] das Kupfer

copy [ˈkɒpɪ]
1 die Kopie; *von Foto:* der Abzug
2 *eines Buchs:* das Exemplar

to **copy** [ˈkɒpɪ]
1 nachahmen, nachmachen

2 (*schreiben*) **to copy something** [**down**] etwas abschreiben; **to copy something out** etwas abschreiben/ins Reine schreiben
3 kopieren; abziehen *Foto*

cor·al ['kɒrəl] die Koralle

cord [kɔ:d]
1 die Leine, die Kordel; (*Elektrokabel*) die Schnur
2 [**pair of**] **cords** die Kordhose

cor·du·roy ['kɔ:dərɔɪ] Cord-

core [kɔ:ʳ]
1 *eines Apfels, einer Birne:* das Kerngehäuse
2 (*übertragen*) der Kern

core sub·ject das Pflichtfach

cork [kɔ:k]
1 (*Material*) der Kork
2 (*Stöpsel*) der Korken

cork·screw ['kɔ:kskru:] der Korkenzieher

corn [kɔ:n] das Korn, das Getreide; [**sweet**]**corn** der Mais

cor·ner ['kɔ:nəʳ]
1 die Ecke; *von Auge, Mund:* der Winkel; **just round the corner** gleich um die Ecke
2 die Kurve
3 (*Plätzchen*) der Winkel, die Ecke

coro·na·tion [ˌkɒrə'neɪʃn] die Krönung

cor·po·ral[1] ['kɔ:pərəl] körperlich; **corporal punishment** die körperliche Züchtigung

cor·po·ral[2] ['kɔ:pərəl] der Unteroffizier

cor·po·ra·tion [ˌkɔ:pə'reɪʃn] (*Unternehmen*) die Kapitalgesellschaft; (USA) die Aktiengesellschaft

corpse [kɔ:ps] die Leiche

cor·rect [kə'rekt]
1 richtig, korrekt; **that's correct** das stimmt
2 *Antwort:* zutreffend

to **cor·rect** [kə'rekt] verbessern, korrigieren

cor·rec·tion [kə'rekʃn] die Berichtigung, die Korrektur

to **cor·re·spond** [ˌkɒrɪ'spɒnd]
1 entsprechen, sich entsprechen; **to correspond with** [*oder* **to**] **something** mit etwas übereinstimmen
2 **to correspond with someone** mit jemandem in Briefwechsel stehen [*oder* korrespondieren]

cor·re·spond·ence [ˌkɒrɪ'spɒndəns]
1 die Übereinstimmung (**with** mit)
2 der Briefwechsel; **to be in correspondence with** korrespondieren mit

cor·re·spond·ent [ˌkɒrɪ'spɒndənt] (*Zeitung*) der Korrespondent/die Korrespondentin

cor·re·spond·ing [ˌkɒrɪ'spɒndɪŋ] entsprechend

cor·ri·dor ['kɒrɪdɔ:ʳ] der Gang, der Korridor

cor·rupt [kə'rʌpt] bestechlich, korrupt

to **cor·rupt** [kə'rʌpt] **to corrupt someone** jemanden verderben [*oder* korrumpieren]

cor·rup·tion [kə'rʌpʃn] die Bestechung, die Korruption

cos·met·ic [kɒz'metɪk] kosmetisch

cos·met·ics [kɒz'metɪks] *Plural* die Kosmetika

to **cost** [kɒst] <cost, cost> kosten; **how much does it cost?** wie viel kostet es?

cost [kɒst]
1 der Preis, die Kosten; **cost of petrol** die Benzinpreise
2 (*übertragen*) der Preis; **at all** [*oder* **any**] **costs** um jeden Preis

cost·ly ['kɒstlɪ] kostspielig, teuer

cos·tume ['kɒstju:m]
1 die Tracht; **national costume** die Nationaltracht
2 [**theatrical**] **costume** das Kostüm

cosy ['kəʊzɪ] gemütlich, behaglich

cot [kɒt]
1 (GB) das Kinderbett
2 (USA) das Klappbett, das Feldbett

cot·tage ['kɒtɪdʒ] das kleine Haus, das Häuschen, das Ferienhaus

cot·ton[1] ['kɒtn]
1 die Baumwolle
2 **cotton** [**fabric**] der Baumwollstoff

cot·ton[2] ['kɒtn] Baumwoll-

cot·ton wool
1 (GB) die Watte
2 (USA) die Rohbaumwolle

couch [kaʊtʃ] <*Plural* couches> die Couch, das Liegesofa

cough [kɒf] der Husten

to **cough** [kɒf] husten

could [kʊd]
1 *3. Form von* **can**
2 *konditional, fragend* könnte; **could you open the window?** könntest du das Fenster aufmachen?

> **Grammatik**
> Die verneinte Form von **could** ist **could not** oder kurz **couldn't**: *Pete could repair my bike, couldn't he?; Paula couldn't have done it, could she?*

coun·cil ['kaʊnsl]
1 der Rat, die Ratsversammlung
2 der Stadtrat

coun·cil es·tate (GB) die Siedlung des sozialen Wohnungsbaus

coun·cil flat, coun·cil house (GB) die Sozialwohnung

coun·sel ['kaʊnsl]
1 der Rat[schlag]
2 der [Rechts]anwalt/die Anwältin

to **coun·sel** ['kaʊnsl] <counselled *oder* (USA) counseled, counselled *oder* (USA) counseled> beraten, raten; **to counsel someone to do something** jemandem raten, etwas zu tun

coun·sel·lor ['kaʊn(t)sələr], (USA) **coun·se·lor**
1 der Berater/die Beraterin
2 (USA) der Anwalt, die Anwältin

count¹ [kaʊnt] der Graf

count² [kaʊnt] die Zählung, die Berechnung; **to keep count of something** etwas [mit]zählen; **to lose count** sich verzählen

to **count** [kaʊnt]
1 zählen; **he can count to three** er kann bis drei zählen
2 nachzählen *Wechselgeld*
3 [mit]zählen; **not counting the others** die anderen nicht mitgerechnet
4 wichtig sein; **that doesn't count** das macht nichts, das gilt nicht
5 betrachten; **to count someone as a friend** jemanden als Freund ansehen; **to count oneself lucky** sich glücklich schätzen können

◆ to **count against** **to count against someone** gegen jemanden sprechen

◆ to **count on** **to count on someone** sich auf jemanden verlassen

◆ to **count out**
1 **to count someone/something out** mit jemandem/etwas nicht rechnen
2 abzählen, zusammenzählen *Geldstücke*

count·er ['kaʊntər] der Ladentisch, die Theke; (*bei der Bank, Post*) der Schalter

to **coun·ter·act** [ˌkaːʊntər'ækt] entgegenwirken

coun·ter·feit ['kaʊntəfɪt] gefälscht, falsch

coun·tess ['kaʊntɪs] <*Plural* countesses> die Gräfin

count·less ['kaʊntlɪs] zahllos, unzählig

coun·try ['kʌntrɪ]
1 das Land; **the country** das Land, die Nation; **from all over the country** aus allen Teilen des Landes; **country of origin** das Herkunftsland, das Ursprungsland
2 (*nicht in der Stadt*) der Land[strich]; **he lives in the country** er lebt auf dem Land

> **Grammatik**
> **Land, country, nation** oder **state**? Das Englische Wort **land** bedeutet ein Stück Land, welches man besitzen oder erwerben kann: *His family owns a lot of land in Cornwall.* Mit **country** (= Land) ist hingegen ein Landgebiet mit eigener Regierung und Volk gemeint: *France, Italy, Germany and other European countries.* Wenn man über ein Land in Hinblick auf die Kultur oder die Menschen dieses Landes spricht, benutzt man das Wort **nation** (= Nation): *leading industrialized nations.* Mit dem Begriff **state** (= Staat) bezeichnet man ein politisches oder offizielles Gebiet: *Switzerland is an independent state.* Einige Länder, wie z. B. die Vereinigten Staaten von Amerika, sind zudem in mehrere **states** (= Bundesstaaten) aufgeteilt: *the state of California.*

coun·try·side ['kʌntrɪsaɪd]
1 die Landschaft, die Gegend
2 (*nicht in der Stadt*) das Land; **in the country** auf dem Lande

coun·ty ['kaʊntɪ]
1 (GB) die Grafschaft, der Landkreis
2 (USA) der Regierungsbezirk eines US-Staates

cou·ple ['kʌpl]
1 zwei, ein paar; **a couple of days** zwei Tage, ein paar Tage
2 das Paar; **married couple** das Ehepaar

cou·pon ['kuːpɒn]
1 der Gutschein
2 der Wettschein
3 der Kupon; **reply coupon** der Antwortschein

cour·age ['kʌrɪdʒ] der Mut, die Tapferkeit

cou·ra·geous [kə'reɪdʒəs] mutig, tapfer

cour·gette [kʊə'ʒet] die Zucchini

course [kɔːs]
1 der Kurs; **French course** der Französischkurs[us]
2 (*zeitlich*) der Verlauf; **in the course of time** im Laufe der Zeit

3 *eines Schiffes, Flugzeugs:* der Kurs
4 *einer Linie, Straße:* der Lauf
5 (*Sport*) die Strecke, die Bahn
6 (*Mahlzeit*) der Gang
7 (*Hergang*) der Verlauf; **the course of events** der Lauf der Dinge
8 **of course** natürlich, selbstverständlich, gewiss, sicher

court [kɔːt]
1 das Gericht, der Gerichtshof; **in court** vor, bei Gericht; **to bring to court** vor Gericht bringen
2 (*Sport*) das Spielfeld; **tennis court** der Tennisplatz
3 der [Fürsten]hof

cour·tesy ['kɜːtəsɪ] die Höflichkeit

court·yard ['kɔːtjɑːd] der Hof

cous·in ['kʌzn] der Cousin/die Cousine

cov·er ['kʌvəʳ]
1 *von Topf:* der Deckel
2 *von Bett, Sofa:* die Decke; *von Kissen, Bettdecke:* der Überzug; *von Heft:* die [Schutz]hülle
3 *von Buch:* der Einband; **from cover to cover** von der ersten bis zur letzten Seite
4 der Schutz
5 der Versicherungsschutz

to **cov·er** ['kʌvəʳ]
1 bedecken; (*mit einer Decke*) zudecken; **to cover one's head** den Kopf bedecken; **the mountain was covered with** [*oder* **in**] **snow** der Berg war mit Schnee bedeckt; **she covered her face with her hands** sie verbarg das Gesicht in den Händen
2 (*mit Versicherung*) **to cover oneself against something** sich gegen etwas versichern
3 **to cover one's tracks** seine Spuren verwischen
4 (*in den Medien*) **to cover something** über etwas berichten
5 abdecken, behandeln *Aspekt, Thema*

cov·ered ['kʌvəd] bedeckt, überdacht

cov·er·ing ['kʌvərɪŋ] die Decke, die Hülle

cow [kaʊ] die Kuh

cow·ard ['kaʊəd] der Feigling

cow·boy ['kaʊbɔɪ] der Cowboy

cozy ['kəʊzɪ] (USA) gemütlich, behaglich

crab [kræb] die Krabbe, der Krebs

crack [kræk]
1 der Sprung, der Riss; (*im Boden*) der Spalt, die Ritze
2 (*Geräusch*) der Krach; **a crack of thunder** ein Donnerschlag
3 (*Droge*) der Crack

to **crack** [kræk]
1 *Fläche:* rissig werden; *Glas:* springen
2 *Zweige:* krachen
3 *Stimme:* versagen
4 zerbrechen *Vase, Teller*
5 knacken *Nuss, Problem*
6 **to crack a whip** mit einer Peitsche knallen
7 **he cracked his head on the pavement** (*umgangsspr*) er knallte mit dem Kopf aufs Pflaster

crack·er ['krækəʳ]
1 **Christmas cracker** der/das Knallbonbon
2 der [salzige] Keks

to **crack·le** ['krækl] knistern, rascheln

cra·dle ['kreɪdl] die Wiege

craft [krɑːft] das Handwerk

crafts·man ['krɑːftsmən] <*Plural* craftsmen> der Handwerker

crafty ['krɑːftɪ] schlau

to **cram** [kræm] <crammed, crammed>
1 vollstopfen; **she crammed the books into her bag** sie stopfte die Bücher in ihre Tasche; **her bag was crammed with books** ihre Tasche war mit Büchern vollgestopft
2 *Leute:* hineinzwängen

cramp [kræmp] der Krampf

crane [kreɪn] der Kran

to **crash** [kræʃ]
1 *Flugzeug, Computer:* abstürzen
2 krachen; **to crash into something** gegen etwas krachen
3 **to crash a car** einen Unfall [mit dem Auto] haben
4 *Börse:* zusammenbrechen

crash [kræʃ] <*Plural* crashes>
1 das Krachen; **with a crash** mit einem Krach
2 der Unfall; *eines Flugzeugs:* der Absturz; **a car crash** ein Autounfall, ein Zusammenstoß
3 *von Computer:* der Programmabsturz, der Systemabsturz
4 (*an der Börse*) der Crash

crash hel·met der Sturzhelm

crate [kreɪt] die Kiste

cra·ter ['kreɪtəʳ] der Krater

to **crawl** [krɔ:l]
① (*auch übertragen*) kriechen (**to** vor); *Kind:* krabbeln
② *Auto:* im Schneckentempo fahren

cray·on ['kreɪən] der Zeichenstift, der Pastellstift

craze [kreɪz] die Manie, die fixe Idee

crazy ['kreɪzɪ]
① verrückt (**with** vor, **about** nach); **to drive someone crazy** jemanden wahnsinnig machen; **to go crazy** verrückt werden
② versessen (**about** auf), wild (**about** nach)

to **creak** [kri:k] *Holz:* knarren; *Tür:* quietschen

cream[1] [kri:m]
① die Sahne, der Rahm
② die Hautcreme

cream[2] [kri:m] cremefarben

to **cre·ate** [kri:'eɪt]
① [er]schaffen
② verursachen; **to create difficulties** Schwierigkeiten machen
③ **to create [a fuss]** Theater/Tamtam machen (**about** um)

crea·tion [kri:'eɪʃn]
① die [Er]schaffung
② das Werk
③ **the Creation** die Schöpfung

crea·tive [kri:'eɪtɪv] kreativ, schöpferisch

crea·tor [kri:'eɪtəʳ] der Schöpfer/die Schöpferin

crea·ture ['kri:tʃəʳ] das Geschöpf, die Kreatur

crèche [kreɪʃ] der Kinderhort

cred·it ['kredɪt]
① (*auf Bankkonto*) das Guthaben, das Haben
② (*Wirtschaft*) der Kredit; **on credit** auf Kredit
③ die Anerkennung; **to take the credit for something** die Lorbeeren für etwas ernten
④ die Ehre; **to someone's credit** zu jemandes Ehre

cred·it card die Kreditkarte

creep [kri:p]
① **he's a real creep** (*umgangsspr*) er ist ein widerlicher Typ
② **it gave me the creeps** dabei lief es mir eiskalt den Rücken runter

to **creep** [kri:p] <crept, crept> (*auch übertragen*) schleichen, kriechen

to **cre·mate** [krɪ'meɪt] einäschern *Leiche*

crema·to·rium [ˌkremə'tɔ:rɪəm] <*Plural* crematoriums *oder* crematoria>, **crema·tory** ['kri:mətɔ:ri] (USA) das Krematorium

crept [krept] *2. und 3. Form von* **creep**

cres·cent ['kreznt] die Mondsichel, der Halbmond

crest [krest]
① *von Hühnern:* der Kamm
② **crest of a hill** der Bergkamm

crew [kru:] *mit Singular oder Plural*
① *von Schiff:* die Besatzung
② (*Sport*) die Mannschaft

crib [krɪb] (USA) das Kinderbett

crick·et ['krɪkɪt]
① die Grille
② (*Sport*) das Kricket

crime [kraɪm] das Verbrechen

crimi·nal[1] ['krɪmɪnl] verbrecherisch, kriminell, strafbar

crimi·nal[2] ['krɪmɪnl] der Verbrecher/die Verbrecherin

crim·son ['krɪmzn] purpurrot, blutrot

crip·ple ['krɪpl] der Krüppel *meist abwertend*

cri·sis ['kraɪsɪs, *Plural* -si:z] <*Plural* crises> die Krise; **to be in crisis** in einer Krise stecken; **a crisis situation** eine Krisensituation; **economic crisis** die Wirtschaftskrise; **energy crisis** die Energiekrise; **migrant** [*oder* **refugee**] **crisis** die Flüchtlingskrise

crisp[1] [krɪsp]
① *Gebäck:* knusprig; *Obst, Gemüse:* knackig
② *Luft:* frisch

crisp[2] [krɪsp] (GB) der Kartoffelchip

crispy ['krɪspɪ] knusp[e]rig

crit·ic ['krɪtɪk] der Kritiker/die Kritikerin

criti·cal ['krɪtɪkl] kritisch, bedenklich

criti·cism ['krɪtɪsɪzəm] die Kritik (**of** an/über)

to **criti·cize** ['krɪtɪsaɪz]
① **to criticize someone** jemanden kritisieren (**for** wegen)
② **to criticize something** sich kritisch über etwas äußern

crock·ery ['krɒkərɪ] das Geschirr

croco·dile ['krɒkədaɪl] das Krokodil

crook [krʊk] (*umgangsspr*) der Schwindler, der Gauner

crop [krɒp]
1 die Feldfrüchte, das Getreide; **to bring the crop[s] in** die Ernte einbringen
2 der Ertrag; **a good crop of apples** eine gute Apfelernte

cross[1] [krɒs] das Kreuz; **the sign of the Cross** das Kreuzzeichen

cross[2] [krɒs] sauer, böse

to **cross** [krɒs]
1 kreuzen, überqueren; **to cross the road** über die Straße gehen; **the bridge crosses the river** die Brücke führt über den Fluss
2 **to cross one's arms** die Arme verschränken; **I'll keep my fingers crossed!** (*übertragen*) ich drücke dir die Daumen!
3 sich bekreuzigen
4 (*mit Stift*) ankreuzen
5 **it crossed my mind that ...** es ist mir eingefallen, dass ...
◆ to **cross off**, to **cross out** **to cross something off** etwas streichen

cross-coun·try [ˌkrɒsˈkʌntrɪ]
1 **cross-country skiing** der Skilanglauf
2 querfeldein

to **cross-ex·am·ine** **to cross-examine someone** jemanden ins Kreuzverhör nehmen

cross·ing [ˈkrɒsɪŋ]
1 die Überquerung; (*mit einem Schiff*) die Überfahrt
2 *einer Straße, Bahn:* die Kreuzung; (*für Fußgänger*) der Übergang

cross·roads [ˈkrɒsrəʊdz] <*Plural* crossroads>
1 die Wegkreuzung, die Straßenkreuzung
2 (*übertragen*) der Scheideweg

cross·walk (USA) der Fußgängerüberweg

cross·word [ˈkrɒswɜːd], **cross·word puz·zle** [ˈkrɒswɜːd pʌzl] das Kreuzworträtsel

to **crouch** [kraʊtʃ] **to crouch [down]** kauern, sich [nieder]kauern

crow [krəʊ] die Krähe

crowd [kraʊd]
1 die [Menschen]menge, die Menschenmasse; (*Sport*) die Zuschauermenge
2 das Gedränge

to **crowd** [kraʊd]
1 *Menschen:* sich drängen; **to be crowded with** wimmeln von; **to crowd round something** sich um etwas herumdrängen; **they crowded into the tent** sie drängten sich in das Zelt
2 *die Straße, einen Platz:* bevölkern

crowd·ed [kraʊdɪd] gedrängt, überfüllt (**with** von)

crowd·fund·ing [ˈkraʊdfʌndɪŋ] das Crowdfunding

crowd-pleas·er der Publikumsrenner; *person:* der Publikumsliebling

crown [kraʊn] die Krone

to **crown** [kraʊn] **to crown someone** jemanden krönen

cru·cial [ˈkruʃl] entscheidend

to **cru·ci·fy** [ˈkruːsɪfaɪ] **to crucify someone** jemanden kreuzigen

crude [kruːd]
1 roh
2 *Mensch:* grob, ungehobelt
3 *Witz, Bemerkung:* geschmacklos

cru·el [krʊəl]
1 grausam; *Mensch auch:* herzlos (**to** gegen)
2 *Entscheidung, Umstände:* unbarmherzig

cru·el·ty [ˈkrʊəltɪ] die Grausamkeit

to **cruise** [kruːz]
1 eine Kreuzfahrt machen
2 *Auto:* mit Reisegeschwindigkeit fahren

cruise [kruːz] die Kreuzfahrt

crumb [krʌm] der Krümel, die Krume

to **crum·ble** [ˈkrʌmbl]
1 *Brot, Gebäck:* zerkrümeln, zerbröckeln
2 *Gebäude:* zerfallen, verfallen

to **crum·ple** [ˈkrʌmpl] zerknittern

to **crunch** [krʌntʃ]
1 knabbern *Nüsse, Äpfel*
2 *Schnee, Kies:* knirschen

to **crush** [krʌʃ]
1 zerdrücken
2 zerstoßen *Eis*
3 zerknittern *Kleid*

crust [krʌst] die [Brot]kruste, die Rinde

crusty [ˈkrʌstɪ] *Brot:* knusprig

crutch [krʌtʃ] (*auch übertragen*) die Krücke; **to be on crutches** an Krücken gehen

cry [kraɪ]
1 der Schrei, der Ruf; **cry for help** der Hilfeschrei
2 das Weinen, das Heulen; **to have a good cry** sich ausweinen

to **cry** [kraɪ]
1 schreien, rufen; **to cry for help** nach Hilfe

schreien
2 weinen

crys·tal ['krɪstl] der Kristall

cub [kʌb]
1 *eines Raubtiers:* das Junge
2 (*Pfadfinder*) der Wölfling

cube [kju:b]
1 der Würfel; **ice cube** der Eiswürfel; **sugar cube** das Stück Würfelzucker
2 (*Mathematik*) die Kubikzahl

to **cube** [kju:b]
1 in Würfel schneiden *Fleisch, Kartoffeln*
2 (*Mathematik*) in die dritte Potenz erheben

cub·ic ['kju:bɪk] Kubik-; **cubic metre** das Kubikmeter

cuckoo ['kʊku:] der Kuckuck

cu·cum·ber ['kju:kʌmbəʳ] die [Salat]gurke

to **cud·dle** ['kʌdl]
1 liebkosen; **to cuddle someone** mit jemandem schmusen
2 schmusen

cud·dle ['kʌdl] die Umarmung; **to give someone a cuddle** jemanden umarmen, mit jemandem schmusen

cue [kju:]
1 (*Theater*) das Stichwort; (*Musik*) der Einsatz
2 der Billardstock, das Queue

cuff [kʌf]
1 die Manschette
2 (USA) der Hosenaufschlag

cul-de-sac ['kʌldəsæk] <*Plural* cul-de-sacs *oder* culs-de-sac> (*auch übertragen*) die Sackgasse

to **cul·ti·vate** ['kʌltɪveɪt]
1 bestellen *Feld*
2 anbauen *Getreide, Obst*

cul·tur·al ['kʌltʃərəl] kulturell

cul·ture ['kʌltʃəʳ] die Kultur

cun·ning ['kʌnɪŋ] schlau, listig

cup [kʌp]
1 die Tasse
2 (*Sport, Wettbewerb*) der Pokal

cup·board ['kʌbəd] der Schrank

cure ['kjʊəʳ] das Heilmittel, das Heilverfahren; (*übertragen*) das Mittel (**for** gegen)

to **cure** ['kjʊəʳ]
1 heilen
2 (*übertragen*) **to cure something** einer Sache abhelfen

cur·few ['kɜ:fju:] die Ausgangssperre

cu·ri·os·ity [ˌkjʊərɪ'ɒsətɪ]
1 die Neugier[de]
2 die Rarität

cu·ri·ous ['kjʊərɪəs]
1 neugierig, wissbegierig
2 seltsam, eigenartig

curl [kɜ:l] (*im Haar*) die Locke

to **curl** [kɜ:l]
1 **to curl one's hair** die Haare in Locken legen
2 *Haare:* sich locken

curl·er ['kɜ:ləz] der Lockenwickler

curly ['kɜ:lɪ] *Haar:* lockig, wellig

cur·rant ['kʌrənt] die Korinthe

cur·ren·cy ['kʌrənsɪ] die Währung; **foreign currency** die Devisen

cur·rent[1] ['kʌrənt]
1 *Monat, Jahr:* laufend; *Idee, Meinung:* verbreitet
2 aktuell; **current affairs** *Plural* die Tagespolitik

cur·rent[2] ['kʌrənt]
1 (*Fluss, Luft*) die Strömung; **air current** der Luftzug
2 (*Elektrizität*) der Strom

cur·rent ac·count das Girokonto

cur·ricu·lum [kə'rɪkjʊləm, *Plural* kə'rɪkjʊlə] <*Plural* curricula> der Studienplan, der Lehrplan

cur·ricu·lum vi·tae [kə'rɪkjʊləm 'vi:taɪ] <*Plural* curriculum vitaes *oder* curricula vitae> der Lebenslauf

cur·ry ['kʌrɪ] der/das Curry; **curry powder** das Currypulver

curse [kɜ:s] der Fluch; **to be under a curse** unter einem Fluch stehen

to **curse** [kɜ:s]
1 verfluchen, verdammen
2 fluchen

cur·sor ['kɜ:səʳ] der Cursor

cur·tain ['kɜ:tn] die Gardine, der Vorhang; **to draw the curtains** die Vorhänge zuziehen/aufziehen

curve [kɜ:v] (*auch Mathematik*) die Kurve

to **curve** [kɜːv] sich krümmen; *Straße, Fluss:* eine Biegung machen

cush·ion ['kʊʃn] das Kissen, das Polster

cus·tard ['kʌstəd] die Vanillesoße

cus·to·dy ['kʌstədɪ]
① die Haft; **to take someone into custody** jemanden verhaften
② die Obhut, die Verwahrung; (*für ein Kind*) das Sorgerecht

cus·tom ['kʌstəm]
① die Sitte, der Brauch
② die Angewohnheit

cus·tom·er ['kʌstəməʳ] der Kunde/die Kundin; **regular customer** der Stammkunde/die Stammkundin

cus·toms ['kʌstəmz] *Plural* der Zoll; **to clear customs** den Zoll passieren

cus·toms of·fic·er der Zollbeamter/die Zollbeamtin

cut [kʌt]
① der Schnitt; **she had a cut on her forehead** sie hatte eine Schnittwunde auf der Stirn
② (*beim Frisör*) der Haarschnitt; **to cut and blow-dry** Waschen, Schneiden, Fönen
③ *von Gehalt, Leistungen:* die Kürzung; **cut in prices** die Preissenkung

to **cut** [kʌt] <cut, cut>
① schneiden (**through** durch); **she cut her finger** sie hat sich in den Finger geschnitten; **to have one's hair cut** sich die Haare schneiden lassen; **to cut something in two** [*oder* **in half**] etwas halbieren; **to cut something to pieces** etwas zerstückeln [*oder* in Stücke schneiden]
② mähen *Gras*
③ hacken *Holz*
④ zuschneiden *Stoff;* schneiden *Film;* **cut!** Schnitt!
⑤ kürzen *Gehalt;* herabsetzen, reduzieren *Preise*

◆ to **cut back**
① kürzen *Lohn;* **we'll have to cut back on our spending** wir müssen unsere Ausgaben einschränken
② zurückschneiden, beschneiden *Baum, Hecke*

◆ to **cut down**
① fällen *Baum*
② verringern *Ausgaben;* **to cut the costs down** die Kosten senken; **to cut down on the work** bei der Arbeit kürzertreten; **you should cut down on smoking** du solltest weniger rauchen

◆ to **cut off**
① abschneiden *Weg;* **to be cut off by the snow** durch den Schnee abgeschnitten sein
② unterbrechen *Telefongespräch*
③ abstellen *Gas, Strom*

◆ to **cut out**
① ausschneiden
② (*übertragen*) **to cut out drinking/smoking** das Trinken/Rauchen aufgeben; **cut it out!** hör auf damit!; **to cut out the boring part** den langweiligen Teil weglassen

◆ to **cut up** zerschneiden *Essen, Papier;* zerlegen *Fleisch*

cute [kjuːt] <cuter, cutest> (USA) (*umgangsspr*) süß, niedlich; *Person:* hübsch

cut·lery ['kʌtlərɪ] das Besteck

cut-price **at cut-price** zu Schleuderpreisen

cut-rate verbilligt

cut·ting ['kʌtɪŋ]
① (GB) der [Zeitungs]ausschnitt
② *von Pflanzen:* der Ableger

CV [siː'viː] *Abkürzung von* **curriculum vitae** der Lebenslauf

cy·ber- ['saɪbə] Cyber-, Internet-

cy·ber·cafe ['saɪbəkæfeɪ] das Internetcafé

cy·ber·pet ['saɪbəpet] das virtuelle Haustier

cy·cle ['saɪkl]
① der Kreislauf, der Zyklus
② (*umgangsspr*) das Fahrrad

to **cy·cle** ['saɪkl] Rad fahren, radeln

cy·clist ['saɪklɪst] der Radfahrer/die Radfahrerin

cyl·in·der ['sɪlɪndəʳ] der Zylinder

Czech[1] [tʃek] tschechisch

Czech[2] [tʃek]
① (*Person*) der Tscheche/die Tschechin
② (*Sprache*) Tschechisch, das Tschechische

Czech Re·pub·lic die Tschechische Republik

Dd

D <*Plural* D's *oder* Ds>, **d** [diː] <*Plural* d's>
1 D, d
2 (*Schulnote*) ausreichend

to **dab** [dæb] <dabbed, dabbed> leicht berühren

dab [dæb] **a dab of ice cream/sauce** ein bisschen Eis/Soße

dad ['dæd] (*umgangsspr*) der Papa, der Papi

dad·dy ['dædi] der Papi, der Papa

daf·fo·dil ['dæfədɪl] die Narzisse, die Osterglocke

daft [dɑːft] (*umgangsspr*) dumm, blöd; **don't be daft!** red kein dummes Zeug!

dag·ger ['dægəʳ] der Dolch

dai·ly ['deɪlɪ] täglich

dairy ['deərɪ]
1 (*Fabrik*) die Molkerei
2 (*Geschäft*) das Milchgeschäft

dairy pro·duce die Milchprodukte

dai·sy ['deɪzɪ] das Gänseblümchen

dam [dæm] der Staudamm, die Talsperre

dam·age ['dæmɪdʒ]
1 der Schaden
2 **damages** ⚠ *Plural* der Schadenersatz

to **dam·age** ['dæmɪdʒ] beschädigen *Gegenstand;* **smoking damages your health** Rauchen schadet der Gesundheit

to **damn** [dæm] **to damn someone** jemanden verdammen

damn [dæm] (*slang*) verdammt

damp[1] [dæmp] feucht

damp[2] [dæmp] die Feuchtigkeit

to **dance** [dɑːns]
1 tanzen; **would you like to dance** [**with me**]? möchtest du [mit mir] tanzen?
2 hüpfen; **to dance for** [*oder* **with**] **joy** vor Freude tanzen

dance [dɑːns]
1 der Tanz
2 **there's a dance on at the town hall this evening** heute Abend findet eine Tanzveranstaltung in der Stadthalle statt

danc·er ['dɑːnsəʳ] der Tänzer/die Tänzerin

dan·druff ['dændrʌf] die Schuppen

Dane [deɪn] der Däne/die Dänin

dan·ger ['deɪndʒəʳ] die Gefahr (**to** für); **caution, danger!** Achtung, Lebensgefahr!; **in danger** in Gefahr; **out of danger** außer Gefahr

dan·ger·ous ['deɪndʒərəs] gefährlich

to **dan·gle** ['dæŋgl] baumeln lassen

Dan·ish[1] ['deɪnɪʃ] dänisch

Dan·ish[2] ['deɪnɪʃ] Dänisch, das Dänische

to **dare** [deəʳ]
1 es wagen, sich trauen; **don't you dare!** untersteh dich!; **how dare you behave like that!** wie wagst du es, dich so zu benehmen!
2 herausfordern; **go on, I dare you to do it!** na los, mach schon! sei kein Feigling!

Grammatik
Die verneinte Form von **to dare** ist **dare not**, oder kurz **daren't**. Das darauf folgende Verb steht immer ohne **to**: *Bart daren't tell the truth; He doesn't dare disobey his father.*

dare [deəʳ] die Herausforderung; **to do something for a dare** etwas als Mutprobe tun

dark[1] [dɑːk]
1 dunkel, finster; **be home before it gets dark** sei vor Einbruch der Dunkelheit zu Hause
2 *Farbe, Haut, Haare:* dunkel; **dark blue** dunkelblau
3 (*von Laune*) mutlos
4 *Gedanke:* finster; *Stimmung, Aussichten:* düster

dark[2] [dɑːk] (*Nacht*) die Dunkelheit, die Finsternis; **before/after dark** vor/nach Einbruch der Dunkelheit

to **dark·en** ['dɑːkən]
1 dunkel machen *Farbe*
2 verdunkeln, abdunkeln *Raum*
3 *Himmel:* dunkel werden

dark·ness ['dɑːknəs] die Dunkelheit, die Finsternis; **the hall was in complete darkness** im Saal war es stockdunkel

dar·ling ['dɑːlɪŋ] der Liebling, der Schatz

dart [dɑːt]
1 der Pfeil
2 **darts** ⚠ *mit Singular* Darts

to **dash** [dæʃ]
1 sausen; **she dashed out of the house** sie stürzte aus dem Haus
2 schlagen, prallen; **the boat was dashed against the rocks** das Boot zerschlug an den Felsen

dash [dæʃ] <*Plural* dashes>
1 **to make a dash** losstürzen; **she made a dash for the door** sie stürzte zur Tür
2 etwas, ein bisschen; **a dash of lemon juice** ein Schuss Zitronensaft
3 der Gedankenstrich

data ['deɪtə] *Plural* die Daten, die Angaben

date[1] [deɪt]
1 das Datum; **what date will he arrive?** wann kommt er an?; **what is the date today?** welches Datum [*oder* den Wievielten] haben wir heute?; **date of birth** das Geburtsdatum
2 der Termin, der Zeitpunkt
3 (*umgangsspr*) die Verabredung; **to have a date** verabredet sein; **to make a date** sich verabreden
4 **out of date** *Mode:* altmodisch; **this bread is out of date** das Haltbarkeitsdatum ist bei diesem Brot bereits abgelaufen
5 **up-to-date** auf dem neuesten Stand, aktuell

Land und Leute
Beim **dating** gibt es im Englischen verschiedene Ausdrücke für eine Beziehung. *Seeing* oder *dating each other* heißt, dass zwei sich öfters verabreden, aber trotzdem frei sind, mit anderen Partnern auszugehen. *Going out with someone* heißt, man ist mit jemandem fest zusammen. Wenn man an einem Jungen oder Mädchen Interesse hat, fragt man *Do want to go out with me?* Aber: *Do you want to go out sometime?* heißt nur „Wollen wir uns mal verabreden?"

date[2] ['deɪt] die Dattel

to **date** [deɪt]
1 datieren *Dokumente*
2 **these pots date back to Roman times** diese Töpfe stammen aus der Römerzeit
3 (*umgangsspr*) **to date someone** mit jemandem ausgehen

daugh·ter ['dɔːtəʳ] die Tochter

daugh·ter-in-law ['dɔːtərɪnlɔː] <*Plural* daughters-in-law> die Schwiegertochter

dawn [dɔːn]
1 die [Morgen]dämmerung; **at dawn** bei Tagesanbruch; **from dawn to dusk** von früh bis spät
2 (*übertragen*) der Beginn; **at the dawn of a new era** an der Schwelle zu einer neuen Ära

to **dawn** [dɔːn]
1 dämmern
2 (*übertragen*) *Idee:* aufkommen; *Zeitalter:* beginnen, anbrechen
3 **it dawned on me what he had meant** es dämmerte mir, was er gemeint hatte

day [deɪ]
1 der Tag; **every day** jeden Tag, täglich; **the day after tomorrow** übermorgen; **the day before yesterday** vorgestern; **the other day** kürzlich, neulich; [**three times**] **a day** [dreimal] täglich; **all day** den ganzen Tag; **from day to day** von Tag zu Tag; **day in, day out** tagein, tagaus; **have a nice day!** einen schönen Tag!
2 [**in**] **those days** damals; **these days** heute, heutzutage; **one day** eines Tages, einmal; **the present day** die Gegenwart

day·break der Tagesanbruch

day·light ['deɪlaɪt] das Tageslicht

day·time der Tag; **during** [*oder* **in**] **the daytime** bei Tage

dazed [deɪzd] **she was dazed by the news** sie war durch die Nachricht wie benommen

to **daz·zle** ['dæzl] blenden

dead[1] [ded]
1 tot, verstorben; **to shoot someone dead** jemanden erschießen
2 *Feuer:* aus
3 **to go dead** *Telefon:* ausfallen

dead[2] [ded] (*umgangsspr*) völlig; **dead tired** todmüde; **to be dead against something** völlig gegen etwas sein

dead[3] [ded]
1 **the dead** die Toten
2 **in the dead of night** mitten in der Nacht; **in the dead of winter** mitten im Winter

dead end [ˌded'end] die Sackgasse; **to come to a dead end** (*übertragen*) in eine Sackgasse geraten

dead·line ['dedlaɪn] der letzte Termin, der Einsendeschluss; **to meet the deadline** den Termin einhalten

dead·ly ['dedlɪ] tödlich

deaf[1] [def] taub (**to** für/gegenüber); **deaf and dumb** taubstumm

deaf[2] [def] **the deaf** die Tauben

to **deaf·en** ['defn] taub machen

deal [di:l]
1 das Abkommen; **to do a deal** zu einer Abmachung kommen; **it's a deal!** abgemacht!
2 **she saw him a good deal** sie hat ihn ziemlich oft gesehen; **he's a good deal better than I am** er ist um einiges besser als ich

to **deal** [di:l] <dealt, dealt> **to deal** [**out**] **cards** die Karten geben

◆ to **deal in** **they deal in used cars** sie handeln mit Gebrauchtwagen

◆ to **deal with**
1 umgehen mit
2 verhandeln mit; **they deal with a lot of Asian companies** sie machen mit vielen asiatischen Unternehmen Geschäfte
3 sich kümmern um
4 handeln von; **the film deals with the American civil war** in dem Film geht es um den amerikanischen Bürgerkrieg

deal·er ['di:ləʳ]
1 der Händler/die Händlerin (**in** für); **she's an antique dealer** sie handelt mit Antiquitäten
2 (USA) (*Börse*) der Makler/die Maklerin

dealt [delt] *2. und 3. Form von* **deal**

dear[1] [dɪəʳ]
1 lieb, teuer
2 (*in der Briefanrede*) Liebe(r), Sehr geehrte(r); **Dear Mr Smith,** Sehr geehrter Herr Smith,
3 kostspielig, teuer

dear[2] [dɪəʳ] **oh, dear!** oje!, ach du liebe Zeit!

dear·ly [dɪəʳlɪ]
1 **dearly love to do something** etwas liebend gern tun
2 **I love him dearly** ich liebe ihn von ganzem Herzen

death [deθ]
1 der Tod
2 der Todesfall
3 (*übertragen*) das Ende, die Vernichtung

death pen·al·ty die Todesstrafe

death row (USA) **to be on death row** in der Todeszelle sitzen

de·bate [dɪ'beɪt] die Debatte, die Diskussion

to **de·bate** [dɪ'beɪt] **to debate something** über etwas diskutieren [*oder* debattieren]

to **deb·it** ['debɪt] belasten; **to debit someone's account** jemandes Konto belasten

debt [det] die Schuld; **out of debt** schuldenfrei; **to be in debt** verschuldet sein; **to pay off a debt** eine Schuld abzahlen

dec·ade ['dekeɪd] das Jahrzehnt, die Dekade

de·caf·fein·at·ed [ˌdi:'kæfɪneɪtɪd] *Kaffee:* koffeinfrei

to **de·cay** [dɪ'keɪ]
1 sich zersetzen; *Essen:* schlecht werden; *Zahn:* verfaulen
2 *Reich, Zivilisation:* untergehen

to **de·ceive** [dɪ'si:v]
1 täuschen, irreführen *Person*
2 *Worte, Geste:* trügen

De·cem·ber [dɪ'sembəʳ] der Dezember; **in December** im Dezember; **on 15th December, on December 15** (USA) am 15. Dezember

de·cent ['di:snt] anständig

to **de·cide** [dɪ'saɪd] beschließen, sich entscheiden (**between** zwischen); **to decide on** sich entscheiden für; **she's decided against having a party** sie hat beschlossen, keine Party zu geben

deci·mal ['desɪml] die Dezimalzahl; **decimal fraction** der Dezimalbruch; **decimal point** das Komma

de·ci·sion [dɪ'sɪʒn]
1 die Entscheidung (**over** über); **to make a decision** eine Entscheidung treffen
2 der Entschluss; (*von Komitee*) der Beschluss

de·ci·sive [dɪ'saɪsɪv]
1 entscheidend, ausschlaggebend (**for** für)
2 entschlossen

deck [dek]
1 das Deck; **on deck** auf Deck
2 **a deck of cards** ein Spiel Karten
3 **tape-deck** das Tapedeck
4 **sun deck** (USA) der Balkon [zur Sonnenseite]

deck chair der Liegestuhl

dec·la·ra·tion [ˌdeklə'reɪʃn] die Erklärung, die Aussage; **to give** [*oder* **make**] **a declaration** eine Erklärung abgeben

to **de·clare** [dɪ'kleəʳ]
1 erklären; **to declare war** [**on someone**] [jemandem] den Krieg erklären
2 angeben, deklarieren *Waren;* **have you anything to declare?** haben Sie etwas zu verzollen?

to **de·cline** [dɪˈklaɪn]
1 nachlassen, abnehmen, geringer werden
2 *Preise:* zurückgehen, sinken, fallen
3 **to decline [someone's offer]** [jemandes Angebot] ablehnen

de·cline [dɪˈklaɪn]
1 der Rückgang; **decline of the birth rate** der Geburtenrückgang; **to be on the decline** abnehmen
2 *von Reich:* der Untergang

to **deco·rate** [ˈdekəreɪt]
1 dekorieren, schmücken, verzieren
2 streichen, tapezieren *Wände, Zimmer*

deco·ra·tion [ˌdekəˈreɪʃn] die Verzierung, die Dekoration

to **de·crease** [dɪˈkriːs]
1 abnehmen; *Menge:* abnehmen, zurückgehen
2 *Preis, Wert:* sich verringern [*oder* reduzieren]

de·crease [ˈdiːkriːs] der Rückgang; *von Gewicht usw.:* die Abnahme, die Verringerung (**in** an); **on the decrease** im Abnehmen; **decrease in population** der Bevölkerungsrückgang

to **de·di·cate** [ˈdedɪkeɪt] **to dedicate a book/a building to someone** jemandem ein Buch/ein Gebäude widmen

to **de·duct** [dɪˈdʌkt] abziehen (**from** von); einbehalten *Betrag*

de·duc·tion [dɪˈdʌkʃn]
1 der Abzug
2 *vom Preis:* der Rabatt, der Nachlass
3 die Schlussfolgerung

deed [diːd] die Tat

deep [diːp]
1 tief; **she stood knee-deep in mud** sie stand bis zum Knie im Matsch
2 (*extrem*) **deep sleep** der Tiefschlaf; **deep green** dunkelgrün; **to take a deep breath** tief einatmen; **he was deep in thought** er war in Gedanken versunken
3 tiefsinnig, tiefgründig

deep-freeze [ˌdiːpˈfriːz] der Tiefkühlschrank, die Tiefkühltruhe

deep·ly [ˈdiːplɪ] tief, zutiefst; **breathe deeply** atme tief ein; **she was deeply hurt by his remark** sie war durch seine Bemerkung schwer verletzt

deer [dɪəʳ] <*Plural* deer> der Hirsch, das Reh; **red deer** das Rotwild

to **de·feat** [dɪˈfiːt]
1 (*im Krieg, Sport*) **to defeat someone** jemanden schlagen
2 ablehnen *Vorschlag*
3 zunichtemachen *Plan*

de·feat [dɪˈfiːt] die Niederlage; **to suffer a defeat** eine Niederlage erleiden; **to admit defeat** eine Niederlage gestehen

de·fect [ˈdiːfekt] der Fehler, der Defekt (**in** an)

de·fence, (USA) **de·fense** [dɪˈfens]
1 (*auch im Sport*) die Verteidigung; **in someone's defence** zu jemandes Verteidigung
2 die Befestigung, die Schutzmaßnahme
3 (*juristisch*) die Verteidigung

to **de·fend** [dɪˈfend]
1 (*auch juristisch*) **to defend someone** jemanden verteidigen (**against** gegen)
2 rechtfertigen *Handeln, Politik*

de·fend·ant [dɪˈfendənt] der/die Angeklagte

de·fen·sive [dɪˈfensɪv]
1 **defensive measures** die Schutzmaßnahmen; **defensive weapon** die Verteidigungswaffe
2 **to be defensive** sich rechtfertigen

de·fi·ant [dɪˈfaɪənt] aufsässig; *Antwort:* trotzig

to **de·fine** [dɪˈfaɪn]
1 näher bestimmen
2 definieren *Wort*
3 **to be clearly defined** sich klar abzeichnen

defi·nite [ˈdefɪnət]
1 bestimmt, sicher; **it's definite that...** es ist sicher, dass ...; **for a definite period** für eine bestimmte Zeit
2 *Plan:* fest
3 *Aussage:* klar, deutlich
4 **definite article** der bestimmte Artikel

defi·nite·ly [ˈdefɪnətlɪ] sicherlich; **are you going to accept? – definitely!** wirst du akzeptieren? – na klar!

defi·ni·tion [ˌdefɪˈnɪʃn] die Definition

to **de·frost** [ˌdiːˈfrɒst]
1 auftauen *Lebensmittel;* abtauen *Tiefkühltruhe*
2 enteisen *Windschutzscheibe*

to **defy** [dɪˈfaɪ] **to defy someone/something** [sich] jemandem/etwas widersetzen, jemandem/etwas trotzen

de·gree [dɪˈgriː]
1 der Grad; **it's 25 degrees Celsius** es ist

25 Grad Celsius
2 (*Landeskunde*) **degree of latitude** der Breitengrad; **degree of longitude** der Längengrad
3 das Maß; **by degrees** nach und nach, allmählich; **to some degree** einigermaßen
4 **to get one's degree** seinen Universitätsabschluss machen; **he has a degree in Geography** er ist Diplomgeograph

to **de·lay** [dɪ'leɪ]
1 **to delay doing something** etwas verschieben; aufschieben, etwas zu tun; **he delayed writing the letter** er schob den Brief auf
2 **to delay someone** jemanden aufhalten
3 **to be delayed** Verspätung haben *Zug, Flug*

de·lay [dɪ'leɪ] die Verzögerung; **without delay** sofort, unverzüglich

to **del·egate** ['delɪgət]
1 delegieren (**to** an)
2 erteilen *Vollmacht*

del·egate ['delɪgət] der/die Delegierte, der bevollmächtigte Vertreter/die bevollmächtigte Vertreterin

to **de·lete** [dɪ'li:t]
1 streichen (**from** aus)
2 löschen *Daten*

de·lib·er·ate [dɪ'lɪbərət]
1 bewusst, absichtlich
2 bedächtig

deli·ca·cy ['delɪkəsɪ]
1 die Feinheit, die Zartheit
2 *der Gesundheit:* die Anfälligkeit
3 (*Takt*) das Zartgefühl, das Feingefühl; **of great delicacy** heikel, schwierig
4 (*Essen*) die Delikatesse

deli·cate ['delɪkət]
1 fein, zart, empfindlich
2 *Gesundheit:* anfällig
3 *Situation:* heikel, schwierig
4 (*übertragen*) feinfühlig, zartfühlend
5 *Essen:* delikat

deli·ca·tes·sen [ˌdelɪkə'tesn] das Delikatessengeschäft

de·li·cious [dɪ'lɪʃəs] *Essen:* köstlich, lecker

de·light [dɪ'laɪt] die Freude, das Vergnügen; **to my delight** zu meiner Freude

de·light·ful [dɪ'laɪtfᵊl] entzückend, reizend, bezaubernd

to **de·liv·er** [dɪ'lɪvəʳ]
1 [ab]liefern, ausliefern *Ware;* zustellen *Post*
2 halten *Rede, Vortrag*

de·liv·ery [dɪ'lɪvərɪ] die [Aus]lieferung; *von Post:* die Zustellung; **on delivery** bei Lieferung

to **de·mand** [dɪ'mɑ:nd]
1 *Person:* fordern, verlangen; **he demanded to see his lawyer** er verlangte nach seinem Rechtsanwalt
2 *Sache:* erfordern, verlangen

de·mand [dɪ'mɑ:nd]
1 die Forderung, das Verlangen (**for** nach); **on demand** auf Verlangen
2 (*Geschäft, Industrie*) der Bedarf, die Nachfrage (**for** nach)

de·moc·ra·cy [dɪ'mɒkrəsɪ] die Demokratie

demo·crat ['deməkræt] der Demokrat/die Demokratin

demo·crat·ic [ˌdemə'krætɪk] demokratisch

to **de·mol·ish** [dɪ'mɒlɪʃ] niederreißen *Gebäude*

to **dem·on·strate** ['demənstreɪt]
1 vorführen *Gerät, Vorrichtung*
2 beweisen, nachweisen; (*mit Experimenten*) zeigen
3 (*politisch*) demonstrieren

dem·on·stra·tion [ˌdemən'streɪʃn]
1 die Beweisführung; *von Gerät:* die Vorführung
2 (*politisch*) die Demonstration

dem·on·stra·tor ['demənstreɪtəʳ] (*politisch*) der Demonstrant/die Demonstrantin

de·ni·al [dɪ'naɪəl] **to give an official denial** [**to something**] [etwas] offiziell dementieren

den·im ['denɪm] der Jeansstoff

Den·mark ['denmɑ:k] Dänemark

dense [dens] <denser, densest> dicht, eng

den·sity ['densətɪ] die Dichte

dent [dent] die Beule, die Delle

den·tal ['dentl] Zahn-

den·tist ['dentɪst] der Zahnarzt/die Zahnärztin; **at the dentist**['**s**] beim Zahnarzt

to **deny** [dɪ'naɪ]
1 bestreiten *Aussage;* (*vor Gericht*) leugnen
2 verweigern, abschlagen *Wunsch*

de·odor·ant [di:'əʊdərənt] das Deo, das Deodorant

to **de·part** [dɪ'pɑːt] abreisen, wegfahren; *Flugzeug:* abfliegen; **to be ready to depart** startbereit sein

de·part·ment [dɪ'pɑːtmənt]
1 *von Laden, Firma:* die Abteilung
2 das Amt; *von Regierung:* das Ministerium
3 (*an einer Universität*) das Institut

de·part·ment store das Warenhaus, das Kaufhaus

de·par·ture [dɪ'pɑːtʃəʳ]
1 die Abreise, die Abfahrt, der Abflug
2 **departures** ⚠ *Plural* Abfahrt, Abflug
3 das Abweichen (**from** von)

to **de·pend** [dɪ'pend]
1 abhängen, abhängig sein (**on** von); **that** [*oder* **it all**] **depends** das kommt drauf an
2 sich verlassen (**on/upon** auf)

de·pend·ent [dɪ'pendənt] abhängig (**on** von); **to be dependent on** abhängen von, abhängig sein von

to **de·pict** [dɪ'pɪkt]
1 abbilden *Landschaft, Person*
2 schildern, beschreiben *Ort, Zeitalter*

to **de·port** [dɪ'pɔːt] ausweisen, abschieben *Immigrant*

de·por·ta·tion [ˌdiːpɔː'teɪʃn] die Deportation, die Abschiebung

to **de·pose** [dɪ'pəʊz] absetzen *Regierung* (**from** von)

to **de·pos·it** [dɪ'pɒzɪt]
1 hinlegen, hinstellen; absetzen *Mitfahrer*
2 **to deposit money in a bank account** Geld auf ein Konto einzahlen
3 (*geologisch*) ablagern (**on** auf)

de·pos·it [dɪ'pɒzɪt]
1 (*in Bank*) das Guthaben; **to make a deposit** etwas einzahlen
2 die Sicherheit, die Kaution; **to leave** [*oder* **pay**] **a deposit** eine Anzahlung machen
3 *von Kalk usw.:* die Ablagerung

to **de·press** [dɪ'pres] **to depress someone** jemanden deprimieren, jemanden bedrücken

de·pressed [dɪ'prest] *Person:* deprimiert, niedergeschlagen

de·pres·sion [dɪ'preʃn]
1 (*in der Medizin*) die Depression
2 (*in der Wirtschaft*) die Flaute, die Krise; **the Depression** die Weltwirtschaftskrise

to **de·prive** [dɪ'praɪv] **to deprive someone of something** jemandem etwas entziehen

depth [depθ]
1 die Tiefe; **at a depth of** in einer Tiefe von
2 **in depth** eingehend, intensiv

depu·ty ['depjʊtɪ]
1 der Stellvertreter/die Stellvertreterin
2 (*politisch*) der/die Delegierte

der·elict ['derəlɪkt] verfallen, verlassen

de·roga·tory [dɪ'rɒgətrɪ] abfällig *Bemerkung*

to **de·scend** [dɪ'send] herabsteigen, hinabsteigen; hinuntergehen, heruntergehen *Treppe;* **the lift descended slowly** der Aufzug fuhr langsam nach unten

de·scend·ant [dɪ'sendənt] der Nachkomme, der Abkömmling

de·scent [dɪ'sent]
1 *von Person:* der Abstieg
2 die Abstammung, die Herkunft; **she's of Russian descent** sie ist russischer Abstammung

to **de·scribe** [dɪ'skraɪb]
1 beschreiben, schildern, darstellen
2 **to describe oneself** sich bezeichnen (**as** als)

de·scrip·tion [dɪ'skrɪpʃn]
1 die Beschreibung, die Schilderung
2 die Bezeichnung
3 (*umgangsspr*) die Sorte; **of every description** jeder Art

to **de·sert** [dɪ'zɜːt]
1 verlassen, im Stich lassen *Familie usw.*
2 (*militärisch*) desertieren

de·sert ['dezət]
1 die Wüste
2 (*übertragen*) die Einöde

des·ert is·land ['dezət aɪlənd] die einsame Insel

to **de·serve** [dɪ'zɜːv]
1 verdienen; **he deserves to be punished** er hat seine Strafe verdient
2 (*übertragen*) **to deserve a medal** einen Orden verdienen

de·sign [dɪ'zaɪn]
1 der Entwurf, der Plan
2 (*in der Mode*) das Muster
3 die Konstruktion
4 **by design** mit Absicht, absichtlich

to **de·sign** [dɪ'zaɪn]
1 planen
2 entwerfen, konstruieren *Maschine usw.*
3 **this language course is designed for beginners** dieser Sprachkurs ist für Anfänger bestimmt

de·sign·er [dɪˈzaɪnəʳ] der Designer/die Designerin

de·sir·able [dɪˈzaɪərəbl]
1 wünschenswert, begehrenswert, erstrebenswert
2 *Person:* begehrenswert

to **de·sire** [dɪˈzaɪəʳ]
1 **to desire something** sich etwas wünschen
2 begehren, verlangen nach *Person*

de·sire [dɪˈzaɪəʳ]
1 der Wunsch, die Sehnsucht (**for** nach)
2 das Verlangen, das Begehren (**for** nach)

desk [desk]
1 der Schreibtisch
2 die Rezeption; (*im Hotel*) der Empfang; **to ask at the information desk** sich bei der Auskunft erkundigen

to **des·pair** [dɪˈspeəʳ] verzweifeln (**of** an); **she despaired of ever seeing him alive again** sie hat die Hoffnung aufgegeben, ihn jemals lebendig wieder zu sehen

des·pair [dɪˈspeəʳ] die Verzweiflung, die Hoffnungslosigkeit; **in despair** verzweifelt

des·per·ate [ˈdespərət]
1 *Person:* verzweifelt
2 *Lage:* hoffnungslos, ausweglos
3 (*übertragen*) extrem; **to be in desperate need of something** etwas dringend benötigen

des·pera·tion [ˌdespəˈreɪʃn] **in desperation** aus Verzweiflung

to **des·pise** [dɪˈspaɪz] **to despise someone/something** jemanden verachten/etwas verschmähen

de·spite [dɪˈspaɪt] trotz

des·sert [dɪˈzɜːt] der Nachtisch, das Dessert

des·ti·na·tion [ˌdestɪˈneɪʃn] *von Waren:* der Bestimmungsort; *von Personen:* das Reiseziel; *mit dem Zug:* der Zielort

des·ti·ny [ˈdestɪnɪ] das Schicksal

to **de·stroy** [dɪˈstrɔɪ]
1 zerstören
2 (*übertragen*) zunichtemachen *Hoffnungen, Chancen*

de·struc·tion [dɪˈstrʌkʃn] die Zerstörung, die Vernichtung

de·struc·tive [dɪˈstrʌktɪv] zerstörerisch, destruktiv

de·tached [dɪˈtætʃt]
1 *Meinung:* unvoreingenommen
2 *Person:* kühl
3 **detached house** das frei stehende Haus

de·tail [ˈdiːteɪl] das Detail, die Einzelheit; **in detail** im Einzelnen, im Detail; **to go into details** auf Einzelheiten eingehen

de·tailed [ˈdiːteɪld] ausführlich, detailliert

to **de·tect** [dɪˈtekt] bemerken; aufdecken *Fehler, Irrtum;* feststellen *Strahlung;* wahrnehmen *Bewegung*

de·tec·tive [dɪˈtektɪv] der Kriminalbeamter/die Kriminalbeamtin, der Detektiv/die Detektivin

de·ten·tion [dɪˈtenʃn]
1 (*juristisch*) die Haft
2 (*in der Schule*) das Nachsitzen

de·ter·gent [dɪˈtɜːdʒənt] das Reinigungsmittel; (*für Wäsche*) das Waschmittel; (*für Geschirr*) das Spülmittel

de·ter·mi·na·tion [dɪˌtɜːmɪˈneɪʃn]
1 die Entschlossenheit
2 die Bestimmung (**of** von), die Festlegung

to **de·ter·mine** [dɪˈtɜːmɪn]
1 beschließen
2 festlegen, festsetzen *Preis, Datum, Zeit*
3 bestimmen

de·ter·mined [dɪˈtɜːmɪnd] entschlossen

to **de·test** [dɪˈtest] verabscheuen

de·tour [ˈdiːtʊəʳ] die Umleitung

deuce [djuːs] (*Tennis*) der Einstand

to **de·value** [ˌdiːˈvæljuː] abwerten

to **dev·as·tate** [ˈdevəsteɪt]
1 verwüsten *Stadt, Land*
2 **she was devastated by the news** sie war von den Nachrichten zutiefst geschockt

to **de·vel·op** [dɪˈveləp]
1 sich entwickeln (**from** aus, **into** zu); entwickeln *Film*
2 entfalten, ausweiten *Idee*
3 bekommen *Krankheit*
4 *Talent:* sich entfalten
5 entstehen; **the software has developed a fault** bei der Software ist ein Defekt aufgetreten
6 (USA) sich herausstellen, sich zeigen; **it developed that ...** es stellte sich heraus, dass...

de·vel·op·ing [dɪˈveləpɪŋ] **developing country** das Entwicklungsland

de·vel·op·ment [dɪˈveləpmənt] die Entwicklung

de·vice [dɪˈvaɪs] das Gerät, die Vorrichtung

A B C D E F G H I J K L M N O P Q R S T U V W X Y Z

dev·il ['devl] der Teufel

to **de·vote** [dɪ'vəʊt] widmen *Leben, Energie*

de·vo·tion [dɪ'vəʊʃn] die Ergebenheit (**to** gegenüber)

dew [dju:] der Tau

dia·be·tes [ˌdaɪə'bi:tɪz] ⚠ *mit Singular* der Diabetes

dia·bet·ic[1] [ˌdaɪə'betɪk] der Diabetiker/die Diabetikerin

dia·bet·ic[2] [ˌdaɪə'betɪk] zuckerkrank

to **di·ag·nose** ['daɪəgnəʊz] diagnostizieren *Krankheit*

di·ag·no·sis [ˌdaɪəg'nəʊsɪs, *Plural* daɪəg'nəʊsi:z] <*Plural* diagnoses> die Diagnose

di·ago·nal [daɪ'ægənl] diagonal

dia·gram ['daɪəgræm] die grafische Darstellung; (*Mathematik*) das Diagramm

dial ['daɪəl]
1 (*Telefon*) die Wählscheibe
2 (*Radio, TV*) die [Einstell]skala
3 (*Uhr*) das Zifferblatt

to **dial** ['daɪəl] <dialled *oder* USA dialed, dialled *oder* USA dialed> wählen; **dial direct** durchwählen

dia·lect ['daɪəlekt] der Dialekt, die Mundart

dial·ling code ['daɪəlɪŋkəʊd] die Vorwahlnummer

dial·ling tone ['daɪəlɪŋtəʊn] das Amtszeichen, der Wählton

dia·logue ['daɪəlɒg], USA **dia·log** der Dialog

di·am·eter [daɪ'æmɪtəʳ] der Durchmesser; **to be one metre in diameter** einen Durchmesser von einem Meter haben

dia·mond ['daɪəmənd]
1 der Diamant
2 (*Form*) der Rhombus
3 (*Spielkarten*) das Karo

dia·per ['daɪpəʳ] USA die Windel

di·ar·rhoea [ˌdaɪə'rɪə], USA **di·ar·rhea** der Durchfall

dia·ry ['daɪərɪ]
1 das Tagebuch
2 der Terminkalender

dice [daɪs] <*Plural* dice>
1 der Würfel
2 **no dice!** USA (*umgangsspr*) keine Chance!

to **dic·tate** [dɪk'teɪt]
1 diktieren *Brief*
2 **to dictate to someone** jemandem Vorschriften machen

dic·ta·tion [dɪk'teɪʃn] (*in der Schule, im Büro*) das Diktat

dic·ta·tor [dɪk'teɪtəʳ] der Diktator/die Diktatorin

dic·ta·tor·ship [dɪk'teɪtəʳʃɪp] die Diktatur

dic·tion·ary ['dɪkʃənrɪ] das Wörterbuch

did [dɪd] *2. Form von* **do**

didn't [dɪdnt] *Kurzform von* **did not**

to **die** [daɪ] <died, died>
1 sterben (**of** an); **to die of hunger** verhungern; **to be dying** im Sterben liegen
2 *Liebe:* vergehen, erlöschen
3 *Sitte:* aussterben
◆ to **die away** nachlassen; *Wind, Lärm, Ärger:* sich legen
◆ to **die out** aussterben

die·sel ['di:zl]
1 **diesel** [**engine**] der Dieselmotor
2 der Dieselkraftstoff

diet ['daɪət]
1 die Nahrung
2 die Diät; **to put someone on a diet** jemandem eine Diät verordnen; **he is on a diet** er ist auf Diät, er macht eine Abmagerungskur

to **diet** ['daɪət] nach einer Diät leben; (*zum Abnehmen*) eine Abmagerungskur machen

to **dif·fer** ['dɪfəʳ]
1 (*in Aussehen, Wesen*) verschieden sein, sich unterscheiden
2 **we differ on this point** in diesem Punkt sind wir verschiedener Meinung; **to agree to differ** verschiedene Meinungen zugestehen

dif·fer·ence ['dɪfrəns]
1 der Unterschied (**between** zwischen); **difference in age** der Altersunterschied; **does it make any difference if ...?** macht es was aus, wenn ...?
2 *von Preis, Summe:* die Differenz; **to pay the difference** den Rest bezahlen
3 **differences** [**of opinion**] die Meinungsverschiedenheiten
4 **what's the difference?** (*umgangsspr*) was macht das schon?; **it makes no difference to me, whether ...** es ist mir egal, ob ...

dif·fer·ent ['dɪfrənt]
1 andere(r, s), anders (**from/to/than** als);

let's do something completely different lass uns etwas ganz anderes machen
2 verschieden, unterschiedlich; **in what way are they different?** wie unterscheiden sie sich?

dif·fi·cult ['dɪfɪkəlt]
1 schwer, schwierig
2 *Person:* schwierig

dif·fi·cul·ty ['dɪfɪkəltɪ]
1 die Schwierigkeit; **she had difficulty in understanding him** sie hatte Schwierigkeiten, ihn zu verstehen; **with difficulty** mit Mühe
2 **to be in difficulties** Schwierigkeiten haben; **to get into difficulties** in Schwierigkeiten geraten

to **dig** [dɪg] <dug, dug> ausgraben; graben *Loch*
◆ to **dig out**
1 **to dig something out** etwas ausgraben
2 (*umgangsspr*) **have you dug out that photo yet?** hast du das Foto schon gefunden?
◆ to **dig up**
1 aufwühlen, umgraben *Erde, Garten*
2 (*übertragen*) ausgraben *Vergangenheit*

to **di·gest** [dɪ'dʒest, daɪ'dʒest] **to digest food** Essen verdauen

di·ges·tion [dɪ'dʒestʃən] die Verdauung

dig·it ['dɪdʒɪt] (*mathematisch*) die Ziffer

digi·tal ['dɪdʒɪtl] digital

dig·ni·ty ['dɪgnətɪ] die Würde

dike [daɪk] der Deich, der Damm

to **di·lute** [daɪ'lu:t]
1 verdünnen (**with** mit)
2 (*übertragen*) abschwächen, mildern *Effekt*

dim [dɪm]
1 *Licht:* schwach, dunkel
2 *Erinnerung:* blass, verschwommen

di·men·sion [dɪ'menʃn, daɪ'menʃn]
1 (*auch mathematisch*) die Dimension
2 die Abmessung
3 **dimensions** *Plural* die Ausmaße

to **di·min·ish** [dɪ'mɪnɪʃ] nachlassen; *Zahl:* sich verringern, sich vermindern

to **dine** [daɪn] speisen; **to dine out** auswärts speisen

din·er ['daɪnəʳ] (USA) das Diner

Land und Leute

In den USA ist ein **diner** eine Art Restaurant. Ursprünglich hatten die Diners in den 50er Jahren Hamburger, Pommes und ähnliches Fastfood auf der Speisekarte. Heute sind sie dafür bekannt, dass dort die Speisekarte „so lang wie ein Roman" ist und sie auch Sandwiches, Steaks, Hähnchen und Eiergerichte anbieten. Da viele Diners von griechischen Einwanderern betrieben werden, gibt es dort oft auch griechische Spezialitäten.

din·ghy ['dɪŋgɪ] das Ding[h]i

din·ing room ['daɪnɪŋru:m] das Esszimmer, das Speisezimmer

din·ner ['dɪnəʳ] die Hauptmahlzeit, das Mittagessen, das Abendessen; **after dinner** nach dem Essen; **at dinner** beim Essen; **to ask someone to dinner** jemanden zum Essen einladen

din·ner jack·et der Smoking

di·no·saur ['daɪnəsɔ:ʳ] der Dinosaurier

dip[1] [dɪp] (*Soße*) der Dip

dip[2] [dɪp] **to go for** [*oder* **take**] **a dip** baden gehen

to **dip** [dɪp] <dipped, dipped>
1 [ein]tunken (**in** in)
2 abblenden *Scheinwerfer*
◆ to **dip into**
1 **to dip into something** in etwas greifen
2 **to dip into one's savings** seine Ersparnisse angreifen
3 **to dip one's toe[s] into something** (*übertragen*) seine Fühler nach etwas ausstrecken

di·plo·ma [dɪ'pləʊmə] das Diplom (**in** in)

dip·lo·mat ['dɪpləmæt] der Diplomat/die Diplomatin

dip·lo·mat·ic [ˌdɪplə'mætɪk] diplomatisch

di·rect [dɪ'rekt]
1 direkt
2 unmittelbar
3 *Zug:* durchgehend, direkt; **direct flight** Direktflug
4 *Bemerkung:* offen, deutlich

to **di·rect** [dɪ'rekt, daɪ'rekt]
1 richten (**towards** auf); **could you direct me to the station, please?** könnten Sie mir bitte sagen, wo der Bahnhof ist?
2 leiten *Organisation*
3 Regie führen bei *Film*

4 dirigieren, leiten *Orchester*
5 (*ärztlich*) **as directed** wie verordnet

di·rec·tion [dɪ'rekʃn]
1 die Richtung
2 die Leitung, die Führung; **under the direction of** unter [der] Leitung von
3 (*Theater, Film*) die Regie
4 **directions** ⚠ *Plural* die Wegbeschreibung; **directions for use** die Gebrauchsanweisung

di·rect·ly [dɪ'rektlɪ]
1 direkt
2 sofort, gleich
3 sobald wie

di·rec·tor [dɪ'rektəʳ]
1 der Direktor/die Direktorin, der Leiter/die Leiterin
2 (*Theater, Film*) der Regisseur/die Regisseurin

di·rec·tory [dɪ'rektərɪ] **telephone directory** das Telefonbuch

di·rec·tory en·quiries *Plural* die Telefonauskunft

dirt [dɜ:t] der Schmutz, der Dreck

dirty ['dɜ:tɪ]
1 schmutzig, verschmutzt
2 *Witz:* unflätig, zotig

dis·abil·ity [ˌdɪsə'bɪlətɪ] die Behinderung

dis·abled[1] [dɪs'eɪbld] *Person:* behindert; **disabled person** der/die Behinderte

dis·abled[2] [dɪs'eɪbld] **the disabled** die Behinderten

dis·ad·vant·age [ˌdɪsəd'vɑ:ntɪdʒ] der Nachteil; **at a disadvantage** im Nachteil; **to someone's disadvantage** zu jemandes Nachteil; **to put someone at a disadvantage** jemanden benachteiligen

to **dis·agree** [ˌdɪsə'gri:]
1 nicht übereinstimmen (**with** mit), nicht einverstanden sein
2 eine Meinungsverschiedenheit haben

dis·agree·able [ˌdɪsə'gri:əbl]
1 unangenehm
2 *Person:* unsympathisch

dis·agree·ment [ˌdɪsə'gri:mənt]
1 die Meinungsverschiedenheit
2 die Uneinigkeit

to **dis·ap·pear** [ˌdɪsə'pɪəʳ] verschwinden (**from** von/aus)

dis·ap·pear·ance [ˌdɪsə'pɪərəns] das Verschwinden

to **dis·ap·point** [ˌdɪsə'pɔɪnt] **to disappoint someone** jemanden enttäuschen

dis·ap·point·ed [ˌdɪsə'pɔɪntɪd] enttäuscht; **she was very disappointed with** [*oder* **in**] **you** sie war von dir sehr enttäuscht

dis·ap·point·ing [ˌdɪsə'pɔɪntɪŋ] enttäuschend

dis·ap·point·ment [ˌdɪsə'pɔɪntmənt] die Enttäuschung

to **dis·ap·prove** [ˌdɪsə'pru:v] dagegen sein; **to disapprove** [*oder* **be disapproving**] **of someone/something** jemanden ablehnen/etwas missbilligen

dis·as·ter [dɪ'zɑ:stəʳ]
1 die Katastrophe; **disaster area** das Katastrophengebiet
2 (*übertragen*) das Fiasko

dis·as·trous [dɪ'zɑ:strəs] katastrophal, verheerend

disc, (USA) **disk** [dɪsk]
1 die Scheibe
2 (*Computer*) die Diskette
3 (*am Rückgrat*) die Bandscheibe
4 die CD

dis·charge [dɪs'tʃɑ:dʒ]
1 entlassen *Patienten*
2 ausströmen lassen *Gas*
3 freisprechen *Angeklagte*

dis·ci·ple [dɪ'saɪpl] der Jünger/die Jüngerin

dis·ci·pline ['dɪsɪplɪn]
1 die Disziplin
2 (*Universität*) das Lehrfach

to **dis·ci·pline** ['dɪsɪplɪn] **to discipline someone** jemanden disziplinieren, jemanden bestrafen

disc jock·ey ['dɪskdʒɒkɪ] der Diskjockey

dis·co ['dɪskəʊ] <*Plural* discos> die Disko

to **dis·con·nect** [ˌdɪskə'nekt]
1 *Verbindung:* trennen (**from** von); (*technisch*) auskuppeln
2 ausschalten, abschalten *Elektrizität*
3 abstellen *Telefon, Wasser*

dis·count ['dɪskaʊnt] der Nachlass, der Rabatt (**on** auf); **at a discount** mit Rabatt

to **dis·cour·age** [dɪ'skʌrɪdʒ]
1 **to discourage someone** jemanden entmutigen
2 **to discourage someone from doing something** jemanden davon abhalten, etwas zu tun

to **dis·cov·er** [dɪˈskʌvəʳ] entdecken, finden; (*nach Suche*) ausfindig machen

dis·cov·ery [dɪˈskʌvərɪ] die Entdeckung

dis·creet [dɪˈskriːt] diskret, rücksichtsvoll

to **dis·crimi·nate** [dɪˈskrɪmɪneɪt] **to discriminate against someone** jemanden diskriminieren [*oder* benachteiligen]

dis·crimi·na·tion [dɪˌskrɪmɪˈneɪʃn] die Diskriminierung; **racial discrimination** die Rassendiskriminierung

to **dis·cuss** [dɪˈskʌs] diskutieren, besprechen

dis·cus·sion [dɪˈskʌʃn] die Diskussion; **to be under discussion** zur Diskussion stehen

dis·ease [dɪˈziːz] die Krankheit

dis·eased [dɪˈziːzd] krank

to **dis·em·bark** [ˌdɪsɪmˈbɑːk] von Bord gehen

dis·grace [dɪsˈgreɪs]
1 die Ungnade
2 die Schande (**to** für); **to be in disgrace** in Ungnade sein

to **dis·grace** [dɪsˈgreɪs]
1 **to disgrace someone** Schande über jemanden bringen; **to be disgraced** blamiert sein
2 **to disgrace oneself** sich blamieren

dis·grace·ful [dɪsˈgreɪsfᵊl] schändlich, skandalös

to **dis·guise** [dɪsˈgaɪz]
1 **to disguise oneself** sich verkleiden (**as** als); verstellen *Stimme*
2 verbergen *Irrtum*

dis·guise [dɪsˈgaɪz] die Verkleidung, die Verstellung; **in disguise** verkleidet, maskiert

dis·gust [dɪsˈgʌst] der Ekel (**at** vor)

to **dis·gust** [dɪsˈgʌst]
1 **to disgust someone** jemanden anekeln
2 **to be disgusted with someone** über jemanden empört sein

dis·gust·ing [dɪsˈgʌstɪŋ] ekelhaft, widerlich

dish [dɪʃ] <*Plural* dishes>
1 die Schüssel, die Schale
2 das Gericht, die Speise; **dish of the day** das Tagesgericht
3 **dishes** ⚠ *Plural* das Geschirr; **to do the dishes** das Geschirr spülen
4 **satellite dish** die Satellitenschüssel

dis·hon·est [dɪsˈɒnɪst] unehrlich

dis·hon·our [dɪsˈɒnəʳ], USA **dis·hon·or** die Schande, die Unehre

to **dis·hon·our** [dɪsˈɒnəʳ], USA to **dis·hon·or** entehren; nicht einhalten *Versprechen*

dish·wash·er die Geschirrspülmaschine

dis·in·fect·ant [ˌdɪsɪnˈfektənt] das Desinfektionsmittel

to **dis·in·te·grate** [dɪsˈɪntɪgreɪt] auflösen, zerfallen

dis·in·ter·est·ed [dɪsˈɪntrəstɪd]
1 desinteressiert
2 unparteiisch, unvoreingenommen

disk [dɪsk]
1 USA → **disc**
2 **hard disk** die Festplatte

disk drive das Diskettenlaufwerk

disk·ette [dɪsˈkæt] die Diskette

to **dis·like** [dɪsˈlaɪk] **to dislike somebody/something** jemanden/etwas nicht mögen; **to dislike doing something** etwas ungern tun

dis·like [dɪsˈlaɪk] die Abneigung (**of/for** gegen); **to take a dislike to something** eine Abneigung gegen etwas entwickeln

dis·may [dɪsˈmeɪ] die Bestürzung; **in dismay** bestürzt

to **dis·miss** [dɪsˈmɪs] entlassen *Angestellten*

dis·obedi·ent [ˌdɪsəˈbiːdjənt] ungehorsam

to **dis·obey** [ˌdɪsəˈbeɪ]
1 **to disobey someone** jemandem nicht gehorchen
2 **to disobey an order** sich einem Befehl widersetzen

dis·or·der [dɪsˈɔːdəʳ] die Unordnung, das Durcheinander; **in disorder** durcheinander

dis·or·gan·ized [dɪˈsɔːgənaɪzd] schlecht organisiert

to **dis·patch** [dɪˈspætʃ] abschicken, absenden *Brief, Paket*

dis·pens·er [dɪˈspensəʳ] (*Automat*) der Spender; **cash dispenser** der Geldautomat

to **dis·play** [dɪˈspleɪ]
1 [offen] zeigen, ausstellen *Waren, Bilder*
2 demonstrieren *Macht*
3 *Computer:* anzeigen

dis·play [dɪˈspleɪ]
1 die Ausstellung; **to be on display** ausgestellt sein
2 (*Geschäft*) die Auslage
3 *vom Computer:* Display, die Anzeige
4 die Zurschaustellung; **to make a display**

of one's feelings seine Gefühle zur Schau stellen

to **dis·please** [dɪsˈpliːz]
1 **to displease someone** jemandem missfallen
2 verstimmen; **to be displeased with someone** über jemanden verärgert sein

dis·pos·able [dɪˈspəʊzəbl] wegwerfbar, Einweg-; **disposable nappy** die Wegwerfwindel

dis·pos·al [dɪˈspəʊzl] die Beseitigung, die Entsorgung; **waste-disposal unit** der Müllschlucker
◆ to **dispose of** beseitigen, entsorgen *Müll*

to **dis·prove** [ˌdɪsˈpruːv] widerlegen *Beweis, Theorie*

to **dis·pute** [dɪˈspjuːt] streiten (**with/against** mit, **on/about** über); **to dispute something** sich über etwas streiten

dis·pute [ˈdɪspjuːt, dɪˈspjuːt]
1 die Meinungsverschiedenheit
2 **industrial** [*oder* **wage**] **dispute** der Tarifkonflikt

dis·quali·fi·ca·tion [dɪsˌkwɒlɪfɪˈkeɪʃn]
1 die Disqualifizierung
2 (*Sport*) der Ausschluss

to **dis·quali·fy** [dɪsˈkwɒlɪfaɪ] disqualifizieren, ausschließen *Spieler* (**from** von)

to **dis·re·gard** [ˌdɪsrɪˈgɑːd]
1 nicht beachten, ignorieren *Rat, Verwarnung*
2 missachten *Gefahr*

dis·re·gard [ˌdɪsrɪˈgɑːd]
1 die Nichtbeachtung
2 die Missachtung
3 die Geringschätzung; **she showed a total disregard for his feelings** ihr waren seine Gefühle völlig egal

dis·repu·table [dɪsˈrepjʊtəbl] verrufen, anrüchig

dis·re·pute [ˌdɪsrɪˈpjuːt] der schlechte Ruf

dis·re·spect [ˌdɪsrɪˈspekt] die Respektlosigkeit (**to** gegenüber)

to **dis·rupt** [dɪsˈrʌpt] stören *Klasse, Sitzung*

dis·rup·tion [dɪsˈrʌpʃn] die Störung, die Unterbrechung

dis·sat·is·fac·tion [ˌdɪsˌsætɪsˈfækʃn] die Unzufriedenheit (**with** mit)

dis·sat·is·fied [dɪsˈsætɪsfaɪd] unzufrieden (**with** mit)

to **dis·solve** [dɪˈzɒlv] auflösen *Tablette;* **it dissolves in water** es löst sich im Wasser auf

dis·tance [ˈdɪstəns]
1 die Entfernung, die Distanz; **at** [*oder* **from**] **a distance** von fern, von weitem; **in the distance** in der Ferne; **it's within walking distance** es ist zu Fuß erreichbar
2 die Strecke
3 der Abstand; **to keep one's distance** Abstand halten; **to keep someone at a distance** jemanden auf Distanz halten

dis·tant [ˈdɪstənt]
1 weit entfernt, fern; **in the distant future** in ferner Zukunft
2 *Verwandte(r)*: weitläufig, entfernt
3 (*übertragen*) zurückhaltend

dis·tinct [dɪˈstɪŋkt]
1 *Eigenschaft:* deutlich, ausgeprägt
2 verschieden; **as distinct from** im Unterschied zu
3 (*übertragen*) eigen, individuell

dis·tinc·tion [dɪˈstɪŋkʃn]
1 die Unterscheidung, der Unterschied; **to draw a distinction between** einen Unterschied machen zwischen
2 die Auszeichnung; **of distinction** ausgezeichnet, von Rang

dis·tinc·tive [dɪˈstɪŋktɪv] charakteristisch, unverwechselbar

to **dis·tin·guish** [dɪˈstɪŋgwɪʃ]
1 erkennen
2 **to distinguish between people/things** zwischen Personen/Dingen unterscheiden
3 **to distinguish blue from green** Blau und Grün auseinanderhalten
4 **to distinguish oneself** sich auszeichnen, sich hervortun

dis·tin·guished [dɪˈstɪŋgwɪʃt]
1 hervorragend
2 vornehm

to **dis·tract** [dɪˈstrækt] ablenken

dis·trac·tion [dɪˈstrækʃn] die Ablenkung, die Störung

dis·tress [dɪˈstres]
1 der Kummer, die Verzweiflung; **to be in great distress** sehr leiden
2 das Elend, die Not; **a plane in distress** ein Flugzeug in Not

to **dis·tri·bute** [dɪˈstrɪbjuːt]
1 verteilen (**to** an, **among** unter)
2 vertreiben *Waren*

dis·tri·bu·tion [ˌdɪstrɪˈbjuːʃn]
1 die Verteilung, die Zuteilung
2 (*geschäftlich*) der Vertrieb

dis·trict [ˈdɪstrɪkt]
1 (*von Land*) das Gebiet, das Land, der Landstrich
2 (*von Stadt*) das Viertel
3 der [Verwaltungs]bezirk

dis·trict at·tor·ney USA der Bezirksanwalt/die Bezirksanwältin

dis·trust [dɪsˈtrʌst] das Misstrauen (**of/towards** gegen)

to **dis·trust** [dɪsˈtrʌst] **to distrust someone** jemandem misstrauen

to **dis·turb** [dɪˈstɜːb]
1 **to disturb someone/something** jemanden/etwas stören, jemanden/etwas unterbrechen; **sorry to disturb you, but ...** entschuldigen Sie bitte die Störung, aber ...
2 beunruhigen; **he was disturbed by what she said** was sie gesagt hat, hat ihn beunruhigt

dis·turb·ance [dɪˈstɜːbəns]
1 die Störung
2 **disturbances** *Plural* die Unruhen

dis·turb·ing [dɪˈstɜːbɪŋ] beunruhigend

ditch [dɪtʃ] <*Plural* ditches> der Graben

dive [daɪv]
1 der Kopfsprung
2 der Tauchgang
3 (*von Flugzeug*) der Sturzflug

to **dive** [daɪv] <dived *oder* USA dove, dived *oder* USA dove>
1 einen Kopfsprung machen (**into** in)
2 tauchen (**into** in)
◆ to **dive in** hineinspringen

div·er [ˈdaɪvəʳ] der Taucher/die Taucherin

di·verse [daɪˈvɜːs] verschieden[artig]

di·ver·sion [daɪˈvɜːʃn]
1 die Umleitung
2 (*übertragen*) die Ablenkung

di·ver·sity [daɪˈvɜːsətɪ] die Vielfalt

to **di·vert** [daɪˈvɜːt]
1 umleiten *Verkehr;* **the plane has diverted** das Flugzeug wurde umgeleitet
2 ablenken; **he tried to divert her from the topic** er versuchte, sie vom Thema abzulenken

to **di·vide** [dɪˈvaɪd]
1 sich teilen, sich gliedern; **to divide something** etwas teilen (**into** in); **to divide in half** halbieren; **to be divided into** sich gliedern in
2 aufteilen, verteilen *Geld*
3 **she divided the class into three groups** sie teilte die Klasse in drei Gruppen ein
4 (*mathematisch*) dividieren; **you can't divide 25 by 3** 25 lässt sich nicht durch 3 dividieren
5 (*übertragen*) entzweien *Familie, Partei;* **to be divided over something** über etwas verschiedener Meinung sein

Grammatik
Welche Präpositionen man mit dem Verb **divide** anwendet, hängt davon ab, unter wievielen Personen man etwas teilt. Bei mehr als zwei Personen wird **among** gebraucht: *The teacher divided the textbooks among the pupils.* Bei nur zwei Personen wird hingegen **between** gebraucht: *Her money was divided between her two sons.*

◆ to **divide out** **to divide something out** etwas aufteilen (**among** unter)
◆ to **divide up**
1 **to divide up a cake** einen Kuchen aufteilen; **the flat is divided up into three rooms** die Wohnung ist in drei Zimmer aufgeteilt
2 **the pupils divided up into groups of three** die Schüler teilten sich in Dreiergruppen ein

div·ing [ˈdaɪvɪŋ] das Tauchen

di·vi·sion [dɪˈvɪʒn]
1 die Teilung, die [Ein]teilung, die Verteilung; **division of labour** die Arbeitsteilung
2 (*mathematisch*) die Division
3 (*in einer Firma*) die Abteilung
4 (*Fußball*) die Liga

di·vorce [dɪˈvɔːs] die [Ehe]scheidung

to **di·vorce** [dɪˈvɔːs] **to get divorced** sich scheiden lassen; **he divorced his wife** er ließ sich von seiner Frau scheiden

DIY *Abkürzung von* **do-it-yourself** das Heimwerken

diz·zy [ˈdɪzɪ] schwind[e]lig; **someone feels dizzy** jemandem ist schwindlig

Grammatik
Die verneinten Formen von **to do** sind **do not** oder kurz **don't; does not** oder kurz **doesn't; did not** oder kurz **didn't**: *I don't know; John doesn't like football; Susan didn't go swimming, did she?*

to **do** [duː] <does, did, done>
1 tun, machen; **what are you doing now?** was machst du nun?
2 (*ausführen*) **to do the housework** die Hausarbeit machen; **to do the shopping** einkaufen gehen; **what can I do for you?** was kann ich für Sie tun?
3 durchnehmen, behandeln *Themen*
4 lösen *Rätsel*
5 (*richten*) **to do one's hair** sich frisieren
6 fahren, machen *Geschwindigkeit, Entfernung;* **I do twenty lengths of the pool every morning** ich schwimme zwanzig Bahnen jeden Morgen
7 vorbereiten *Essen;* **we don't do meals for small children** wir haben kein Essen für kleine Kinder
8 vorankommen; **to do well/badly at school** gut/schlecht in der Schule sein
9 **how are you doing?** wie geht es Ihnen?
10 reichen; **that'll do!** jetzt reicht's aber!
11 *zur Bildung von Fragen* **do you understand?** verstehen Sie?; *zur Bildung von verneinten Sätzen;* **I do not** [*oder* **don't**] **understand** ich verstehe nicht
12 *um die Wiederholung des Verbs zu vermeiden* **you speak better Italian than I do** Sie sprechen besser Italienisch als ich
13 *zur Bestätigung* **he lives in London, doesn't he?** er lebt doch in London?; **you don't know him, do you?** Sie kennen ihn nicht, oder?

Grammatik
Richtiges Konjugieren von **do**: do, did, done — *Bill did the washing-up; What have you done to your hair?*

◆ to **do up**
1 **to do a zip up** einen Reißverschluss zumachen
2 zusammenpacken *Waren*

◆ to **do with**
1 brauchen; **I could do with a cup of tea** ich könnte eine Tasse Tee vertragen
2 **what has that got to do with it?** was hat das damit zu tun?

◆ to **do without**
1 **to do without something** ohne etwas auskommen
2 (*umgangsspr*) **I can do without his criticism** ich kann auf seine Kritik verzichten

dock [dɒk]
1 das Dock, der Kai
2 **docks** ⚠ *Plural* der Hafen

doc·tor ['dɒktəʳ]
1 der Arzt/die Ärztin, der Doktor/die Doktorin; **to go to the doctor** zum Arzt gehen
2 (*Person mit akademischem Grad*) der Doktor/die Doktorin

doc·tor·ate ['dɒktərət] der Doktorgrad

docu·ment ['dɒkjʊmənt] die Urkunde, das Dokument

docu·men·tary [ˌdɒkjʊ'mentərɪ] der Dokumentarfilm

to **dodge** [dɒdʒ] ausweichen *Schlag, Ball, Frage;* sich drücken vor *Arbeit;* umgehen *Steuer*

dodgy ['dɒdʒɪ] (*umgangsspr*)
1 *Knie, Rücken:* schwach
2 *Situation:* verzwickt
3 *Maschine:* nicht einwandfrei

does [dʌz] *3. Person Singular Präsens von* **do**

doesn't ['dʌznt] *Kurzform von* **does not**

dog [dɒg] der Hund

dole [dəʊl] (*umgangsspr*) das Arbeitslosengeld; **to go** [*oder* **be**] **on the dole** stempeln gehen

doll [dɒl] die Puppe

dol·lar ['dɒləʳ] der Dollar

dol·phin ['dɒlfɪn] der Delphin

dome [dəʊm] die Kuppel

do·mes·tic [də'mestɪk]
1 häuslich; **domestic appliance** das Haushaltsgerät
2 (*politisch, wirtschaftlich*) Innen-, Binnen-; **domestic flight** der Inlandsflug
3 **domestic animals** die Haustiere

domi·nant ['dɒmɪnənt] [be]herrschend, bestimmend

to **domi·nate** ['dɒmɪneɪt] dominieren; **to dominate someone/something** jemanden/etwas beherrschen

to **do·nate** [dəʊ'neɪt] spenden *Organe;* spenden, stiften *Geld*

do·na·tion [dəʊ'neɪʃn] die Spende, die Stiftung

done [dʌn] *3. Form von* **do**

don·key ['dɒŋkɪ] der Esel

do·nor ['dəʊnəʳ] der Spender/die Spenderin

don't [dəʊnt] *Kurzform von* **do not**

door [dɔːʳ] die Tür, der Eingang; **next door** nebenan; **out of doors** draußen; **who's that at the**

door? wer ist an der Tür?; **I'll show you to the door** ich begleite Sie hinaus

door·bell ['dɔ:bel] die Türklingel

door poli·cy *of a club, bar etc:* die Einlasskriterien

door·step ['dɔ:step] die Türstufe

door·way ['dɔ:weɪ] der Eingang

dope [dəʊp] (*umgangsspr*) das Marihuana; (*Rauschgift allgemein*) der Stoff

to **dope** [dəʊp]
1 dopen *Pferde, Sportler*
2 **to dope a drink** einem Getränk ein Betäubungsmittel beimischen

dor·mi·tory ['dɔ:mɪtrɪ]
1 der Schlafsaal
2 USA das [Studenten]wohnheim

dose [dəʊs] die Dosis; **in small doses** in kleinen Mengen

dot [dɒt]
1 der Punkt, das Pünktchen
2 **on the dot** auf die Minute

dou·ble[1] ['dʌbl]
1 doppelt, zweifach; **to see double** doppelt sehen
2 Doppel-

dou·ble[2] ['dʌbl]
1 [das] Doppelte, [das] Zweifache
2 das Ebenbild, der Doppelgänger/die Doppelgängerin

to **dou·ble** ['dʌbl] sich verdoppeln
◆ to **double up** **to double up with laughter** sich vor Lachen krümmen

dou·ble bed das Doppelbett

dou·ble-deck·er [dʌbl'dekər] der Doppeldecker

dou·ble-glaz·ing das Doppelfenster

dou·bles ['dʌblz] *mit Singular oder Plural* (*Sport*) das Doppel

doubt [daʊt] der Zweifel (**about** an); **without** [**a**] **doubt** ohne Zweifel; **beyond** [**all**] **doubt** ohne [jeden] Zweifel; **to have no doubt about something** etwas nicht bezweifeln

to **doubt** [daʊt] bezweifeln; **I doubt whether he will come** ich bezweifle, dass er kommen wird; **she doubted him** sie zweifelte an ihm

doubt·ful ['daʊtfəl] unsicher, zweifelhaft; **to be doubtful about something** an etwas zweifeln

doubt·less ['daʊtlɪs] ohne Zweifel, zweifellos

dough [dəʊ] der Teig

dough·nut ['dəʊnʌt] der Berliner

dove[1] [dʌv] die Taube

dove[2] [doʊv] USA *2. Form von* **dive**

down[1] [daʊn] herunter, hinunter, nach unten; **head down** mit dem Kopf nach unten; **up and down** auf und ab; **to go down the hill** den Berg hinuntergehen; **he was walking down the street** er ging die Straße entlang

down[2] [daʊn]
1 nach unten
2 (*statische Position*) unten; **down there** da unten
3 (*an einem anderen Punkt*) **on the way down from London** auf dem Weg von London hierher; **down South** im Süden
4 (*Computer*) ausgefallen
5 (*im Volumen, in der Menge*) **the price of fruit is down** die Obstpreise sind gefallen
6 (*in der Stärke*) **the wind died down** der Wind legte sich
7 **to write something down** etwas aufschreiben
8 (*angemeldet*) **to be down for the next race** für das nächste Rennen gemeldet sein
▶ WENDUNGEN: **ups and downs** gute und schlechte Zeiten

down·fall ['daʊnfɔ:l]
1 der Sturz
2 (*übertragen*) der Ruin

down·hill [ˌdaʊn'hɪl] bergab, abwärts; **to go downhill** bergab gehen

to **down·load** herunterladen, downloaden *Programm, Daten*

down·stairs[1] [ˌdaʊn'steəz] die Treppe hinunter; **your slippers are downstairs** deine Pantoffeln sind unten

down·stairs[2] [ˌdaʊn'steəz] Parterre-; **the downstairs rooms** die unteren Zimmer

down·stream [ˌdaʊn'stri:m] stromabwärts

down·town[1] ['daʊntaʊn] USA **to go downtown** in die Innenstadt gehen

down·town[2] ['daʊntaʊn] **downtown LA** die Innenstadt von LA

down·ward ['daʊnwəd] nach unten; **to lie face downward** [*oder* **downwards**] mit dem Gesicht nach unten liegen

to **doze** [dəʊz] [vor sich hin] dösen
◆ to **doze off** einnicken

doz·en ['dʌzn] das Dutzend; **dozens of times** x-mal, tausendmal

draft [drɑːft] die Skizze, der Entwurf

to **draft** [drɑːft]
1 skizzieren, entwerfen *Plan, Vertrag*
2 (USA) einziehen *Wehrpflichtige*

drafty (USA) zugig

to **drag** [dræg] <dragged, dragged>
1 schleppen; **to drag one's feet** [mit den Füßen] schlurfen
2 (*Computer*) [mit der Maus] ziehen
3 *Zeit:* sich hinziehen
◆ to **drag away** **to drag one's eyes away from the television** die Augen vom Fernsehen losreißen

drag·on ['drægən] der Drache

drain [dreɪn]
1 das Rohr, das Abflussrohr
2 **drains** ⚠ *Plural* die Kanalisation

to **drain** [dreɪn]
1 ablaufen; ableiten *Wasser*
2 entwässern, trockenlegen *Land*
3 abtropfen lassen *Gemüse, Nudeln*

dra·ma ['drɑːmə] das Drama

dra·mat·ic [drə'mætɪk]
1 dramatisch
2 schauspielerisch

drank [dræŋk] *2. Form von* **drink**

draught [drɑːft]
1 der [Luft]zug, die Zugluft; **there's a draught in here** hier zieht's
2 **draughts** ⚠ *mit Singular* (GB) das Damespiel
3 **draught beer** das Bier vom Fass, das Fassbier

draughty ['drɑːftɪ] zugig

draw [drɔː]
1 (*Lotterie*) die Ziehung
2 (*beim Sport*) das Unentschieden; **to end in a draw** unentschieden ausgehen

to **draw** [drɔː] <drew, drawn>
1 zeichnen, malen *Bild*
2 **to draw the curtains** die Vorhänge zuziehen
3 erregen *Interesse*
4 anlocken *Menge;* **to be drawn to someone** sich zu jemandem hingezogen fühlen
5 **to draw breath** einatmen
6 (*Los*) **to draw first prize** den ersten Preis gewinnen
7 (*Sport*) unentschieden spielen
8 **to draw to a close** dem Ende zugehen
◆ to **draw up**
1 *Auto:* anhalten
2 entwerfen, ausarbeiten *Plan, Vertrag;* aufstellen *Liste*
3 **draw up a chair** hol dir einen Stuhl

draw·back ['drɔːbæk] der Nachteil

draw·er ['drɔːʳ] die Schublade

draw·ing ['drɔːɪŋ] die Zeichnung

draw·ing pin (GB) die Reißzwecke

drawn [drɔːn] *3. Form von* **draw**

dread·ful ['dredfᵊl] furchtbar, schrecklich

dream [driːm]
1 der Traum; **to have a bad dream** schlecht träumen; **to have a dream about something** von etwas träumen
2 (*übertragen*) der Traum; **we had a dream holiday** wir hatten einen Traumurlaub

to **dream** [driːm] <dreamed *oder* dreamt, dreamed *oder* dreamt> träumen
◆ to **dream up** sich einfallen lassen, ausdenken *Idee*

dreamt [dremt] *2. und 3. Form von* **dream**

dress [dres] <*Plural* dresses>
1 das Kleid
2 **evening dress** die Abendkleidung; **national dress** die Nationalkleidung

to **dress** [dres]
1 sich anziehen, sich kleiden; anziehen *Kind;* **he's always well dressed** er ist immer gut gekleidet
2 verbinden *Wunde*
◆ to **dress up**
1 sich fein machen
2 sich verkleiden

dress·ing ['dresɪŋ]
1 der Verband
2 [**salad**] **dressing** die Salatsoße

dress·ing gown der Morgenrock

drew [druː] *2. Form von* **draw**

to **drib·ble** ['drɪbl]
1 träufeln *Soße, Dressing*
2 *Baby, Person:* sabbern
3 (*im Sport*) dribbeln

dried[1] [draɪd] *2. und 3. Form von* **dry**

dried[2] [draɪd] getrocknet; **dried fruit** das Dörrobst, das Backobst

dri·er ['draɪəʳ] der Wäschetrockner; **spin drier** die Wäscheschleuder

drift [drɪft] die [Schnee]verwehung

to **drift** [drɪft]
1 getrieben werden, verweht werden
2 **to drift** [**off-course**] vom Kurs abweichen
3 (*übertragen*) **to drift** [**along**] sich treiben lassen

drill [drɪl] der Bohrer

to **drill** [drɪl] bohren (**for** nach); bohren *Loch*

drink [drɪŋk] das Getränk; **to have a drink** ein Gläschen trinken

to **drink** [drɪŋk] <drank, drunk>
1 trinken; **to drink to someone/something** auf jemanden/etwas trinken
2 *Tier:* saufen

to **drip** [drɪp] <dripped, dripped> tropfen, tröpfeln (**from** von)

drip [drɪp]
1 der Tropfen, das Tröpfeln
2 das Tropfgeräusch
3 (*in der Medizin*) der Tropf

drive [draɪv]
1 die Fahrt; **to go for a drive** ein bisschen [raus]fahren
2 **drive**[**way**] die Einfahrt, die Ausfahrt
3 (*Computer*) [**disk**] **drive** das Laufwerk

to **drive** [draɪv] <drove, driven>
1 *Auto, Fahrer:* fahren; **can you drive?** kannst du fahren? [*oder* hast du einen Führerschein?]; **I drove to Cologne yesterday** gestern bin ich mit dem Auto nach Köln gefahren; **she drove him home** sie hat ihn nach Hause gefahren; **to drive into a tree** gegen einen Baum fahren
2 (*zwingen*) treiben; **she drove him to it** sie trieb ihn dazu
3 antreiben *Maschine*
4 treiben *Tier*
5 einrammen *Pfahl*

> **Grammatik**
> Richtiges Konjugieren von **drive**: drive, drove, driven — *Mr Lee drove to Bath; Mrs Lee had driven for many miles.*

driv·en ['drɪvn] *3. Form von* **drive**

driv·er ['draɪvəʳ] der Fahrer/die Fahrerin, der Chauffeur/die Chauffeurin

driv·er's li·cense (USA) der Führerschein

driv·ing ['draɪvɪŋ] das Fahren

driv·ing in·struc·tor der Fahrlehrer/die Fahrlehrerin

driv·ing li·cence (GB) der Führerschein

to **driz·zle** ['drɪzl] nieseln

driz·zle ['drɪzl] der Sprühregen

drop [drɒp]
1 der Tropfen; **drop of rain** der Regentropfen; **drop of blood** der Blutstropfen
2 **a drop more** noch ein bisschen; **would you like another drop of wine?** möchtest du noch einen Schluck Wein?
3 das Sinken, das Fallen; *von Land:* der Abfall, der Absturz
4 *von Menge, Qualität:* der Rückgang; **drop in temperature** der Temperaturrückgang

to **drop** [drɒp] <dropped, dropped>
1 fallen, herunterfallen; **to drop something** etwas fallen lassen
2 **I dropped everything and rushed to the hospital** ich ließ alles stehen und liegen und eilte zum Krankenhaus
3 fallen lassen *Freund, Freundin;* **she was dropped from the team** sie wurde aus der Mannschaft genommen
4 nachlassen; *Wind:* abflauen; *Temperatur:* fallen, sinken
5 niederlegen *Arbeit*
6 absetzen *Fahrgast*
7 **to drop a line to someone** jemandem ein paar Zeilen schreiben

◆ to **drop by**, to **drop in** besuchen; **he dropped in** [*oder* **by**] **for a chat** er kam auf ein Schwätzchen vorbei

◆ to **drop off**
1 herunterfallen
2 **to drop something off** etwas abgeben (**at** bei); **to drop someone off** jemanden aussteigen lassen

◆ to **drop out**
1 nicht mehr teilnehmen (**of** an); **he dropped out of university** er hat sein Studium abgebrochen
2 [aus der Gesellschaft] aussteigen
3 (*im Sport, Wettbewerb*) ausscheiden

drop·out ['drɒpaʊt] der Aussteiger/die Aussteigerin, der Studienabbrecher/die Studienabbrecherin

drought [draʊt] die Trockenheit, die Dürre[periode], die Dürrezeit

drove [drəʊv] *2. Form von* **drive**

to **drown** [draʊn] ertrinken

drowsy ['draʊzɪ]
1 schläfrig
2 einschläfernd

drug [drʌg]
1 das Medikament
2 die Droge, das Rauschgift; **to be on drugs** drogensüchtig sein

to **drug** [drʌg] <drugged, drugged>
1 **to drug somebody's drink/food** jemandes Getränk/Essen etwas untermischen
2 **to drug someone** jemanden betäuben

drum [drʌm]
1 die Trommel
2 **drums** ⚠ *Plural* das Schlagzeug

drum·mer ['drʌmə^{r}] der Trommler/die Trommlerin, der Schlagzeuger/die Schlagzeugerin

drunk[1] [drʌŋk] *3. Form von* **drink**

drunk[2] [drʌŋk] betrunken; **to get drunk** sich betrinken

drunk[3] [drʌŋk] der/die Betrunkene, der Säufer/die Säuferin

dry [draɪ] *Boden, Wetter, Humor:* trocken; *Holz:* dürr; *Wein:* herb, trocken

to **dry** [draɪ] <dried, dried> trocken werden; trocknen *Haare;* abtrocknen *Geschirr;* **to dry one's eyes/hands** sich die Tränen abwischen/sich die Hände abtrocknen

> **Grammatik**
> Richtiges Konjugieren von **dry**: dry, dried, dried — *Helen dried the dishes; the mud on my shoes has dried.*

◆ to **dry out** austrocknen
◆ to **dry up**
1 abtrocknen; *Fluss:* austrocknen
2 *Ideen:* versiegen

dry-clean·er's (*Geschäft*) die chemische Reinigung

dry·er ['draɪə^{r}] der Wäschetrockner; **spin dryer** die Wäscheschleuder

dual ['dju:əl] zweifach, doppelt

to **dub** [dʌb] <dubbed, dubbed> synchronisieren *Film*

du·bi·ous ['dju:bɪəs] zweifelhaft, fraglich

duch·ess ['dʌtʃɪs] <*Plural* duchesses> die Herzogin

duck [dʌk] die Ente

to **duck** [dʌk] sich ducken

due [dju:]
1 (*erwartet*) **when is the train due?** wann soll der Zug ankommen?; **she's due back tomorrow** sie kommt morgen zurück [*oder* wir erwarten sie morgen]
2 *Geld, Miete:* fällig, zahlbar
3 **the car's due for a service** das Auto muss demnächst zur Inspektion
4 **due to** auf Grund von, wegen; **there will be long delays due to bad weather** auf Grund schlechten Wetters kommt es zu längeren Wartezeiten
5 **he never received the recognition due to him** die ihm gebührende Anerkennung hat er nie bekommen
6 **in due course** zur rechten Zeit

dug [dʌg] *2. und 3. Form von* **dig**

duke [dju:k] der Herzog

dull [dʌl]
1 *Licht:* trüb, matt
2 *Wetter:* grau
3 langweilig

dumb [dʌm] stumm

dum·my ['dʌmɪ]
1 die Attrappe, die Schaufensterpuppe
2 GB (*für Baby*) der Schnuller
3 USA (*abwertend*) der Dummkopf

dump [dʌmp]
1 die Müllhalde, die Müllkippe
2 (*abwertend umgangsspr*) das Dreckloch

to **dump** [dʌmp] (*unordentlich*) hinschmeißen; [hin]werfen, abladen *Abfall*

dune [dju:n] die Düne

dun·geon ['dʌndʒən] das Verlies

dur·ing ['djʊərɪŋ] während

> **Vorsicht Falle!**
> **During** oder **for**? Wenn es sich um die Zeitspanne handelt in der etwas passiert, verwendet man **during**: *It snowed during the night; Please do not smoke during the lesson.* Um zu sagen, wie lange etwas dauert oder passiert ist, verwendet man **for**: *I'm going to Glasgow for the weekend; He waited for two hours.*

dusk [dʌsk] die Abenddämmerung

dust [dʌst] der Staub

to **dust** [dʌst] Staub wischen

dust·bin ['dʌstbɪn] GB die Mülltonne

dust·man ['dʌstmən] <*Plural* dustmen> der Müllarbeiter

dusty ['dʌstɪ] staubig, verstaubt

Dutch[1] [dʌtʃ] holländisch, niederländisch

Dutch[2] [dʌtʃ]
1 Niederländisch, das Niederländische
2 **the Dutch** die Niederländer

duty ['dju:tɪ]
1 die Pflicht (**to** gegenüber)
2 die Aufgabe, die Obliegenheit; **to be on duty** Dienst haben
3 der Zoll

duty-free zollfrei

dwarf [dwɔ:f, *Plural* dwɔ:vz] <*Plural* dwarves> der Zwerg/die Zwergin

dye [daɪ] der Farbstoff

to **dye** [daɪ] färben

dyke [daɪk] → **dike**

dy·nam·ic [daɪ'næmɪk] dynamisch

dy·na·mite ['daɪnəmaɪt] das Dynamit

Ee

E <*Plural* E's *oder* Es>, **e** [i:] <*Plural* e's>
1 E, e
2 (*Schulnote*) mangelhaft

each [i:tʃ]
1 jede(r, s); **each [and every] one** jede(r, s) Einzelne; **each of you** jede(r) von euch
2 **each other** einander
3 je; **$3 each** $3 pro Stuck

eager ['i:gəʳ] <more eager, most eager>
1 eifrig
2 begierig (**for** nach); **she's very eager to see you again** sie wartet sehnsüchtig darauf, dich wieder zu sehen

eagle ['i:gl] der Adler

ear [ɪəʳ] das Ohr

ear·ly ['ɜ:lɪ] früh, frühzeitig; **you're early!** du bist aber früh!; **from an early age** von klein auf; **early next month** Anfang nächsten Monats

to **earn** [ɜ:n]
1 verdienen *Geld, Einkommen;* [sich] erwerben *Respekt*
2 bringen *Zinsen*

earn·ings ['ɜ:nɪŋz] *Plural* das Einkommen, die Einkünfte

ear·phones ['ɪəfəʊnz] *Plural* der Kopfhörer

ear·ring ['ɪərɪŋ] der Ohrring

earth [ɜ:θ]
1 **the earth** [*oder* **Earth**] die Erde; **why on earth ...?** warum in aller Welt ...?; **on earth** auf der Erde, auf Erden
2 der [Erd]boden, die Erde

earth·quake ['ɜ:θkweɪk] das Erdbeben

ease [i:z] **at ease** entspannt

to **ease** [i:z]
1 erleichtern *Arbeit*
2 lindern *Schmerz, Sorge*
3 **she eased [herself] into the chair** sie setzte sich vorsichtig hin

easi·ly ['i:zəlɪ]
1 leicht, mühelos
2 zweifellos, bestimmt

east[1] ['i:st]
1 der Osten; **in the east** im Osten
2 **the East** (*die Staaten Osteuropas bzw. Asiens*) der Osten

east[2] ['i:st]
1 östlich
2 nach Osten; **to travel east** Richtung Osten fahren

East·er ['i:stəʳ] Ostern; **at Easter** an Ostern; **happy Easter!** frohe Ostern!

East·er egg [**chocolate**] **Easter egg** das Osterei

east·er·ly ['i:stəlɪ] östlich, nach/von Osten

east·ern ['i:stən] östlich; **Eastern Germany** die neuen Bundesländer

eastward[1] ['i:stwəd] östlich

eastward[2] ['i:stwəd] ostwärts, nach Osten

eastwards ['i:stwədz] ostwärts, nach Osten

easy ['i:zɪ]
1 leicht, mühelos; **easy to clean/use** leicht zu reinigen/nutzen; **easier said than done!** leichter gesagt als getan!

2 **take it easy!** immer mit der Ruhe!
3 bequem, angenehm; *Stimmung:* zwanglos

to **eat** [iːt] <ate, eaten> essen; *Tier:* fressen; **to eat lunch/dinner** zu Mittag/Abend essen; **to eat in/out** zu Hause essen/essen gehen

echo ['ekəʊ] <*Plural* echoes> das Echo; (*übertragen*) der Anklang

to **echo** ['ekəʊ] widerhallen (**with** von)

eclipse [ɪ'klɪps] **eclipse of the sun** die Sonnenfinsternis; **eclipse of the moon** die Mondfinsternis

eco·logi·cal [ˌiːkə'lɒdʒɪkl] ökologisch, Öko-; **ecological disaster** die Umweltkatastrophe

eco·logi·cal·ly [ˌiːkə'lɒdʒɪk^{ə}li] ökologisch; **ecologically friendly** umweltfreundlich

ecolo·gist [iː'kɒlədʒɪst] der Ökologe/die Ökologin

ecol·ogy [iː'kɒlədʒɪ] die Ökologie

eco·nom·ic [ˌiːkə'nɒmɪk] ökonomisch, wirtschaftlich, Wirtschafts-

eco·nomi·cal [ˌiːkə'nɒmɪkl] wirtschaftlich, sparsam

eco·nom·ics [ˌiːkə'nɒmɪks] *Plural* ⚠ *mit Singular* die Wirtschaftswissenschaften, die Volkswirtschaft[slehre]

econo·mist [ɪ'kɒnəmɪst] der Wirtschaftswissenschaftler/die Wirtschaftswissenschaftlerin, der Volkswirt/die Volkswirtin

to **econo·mize** [ɪ'kɒnəmaɪz] **to economize on something** mit etwas sparsam sein

econo·my [ɪ'kɒnəmɪ]
1 die Wirtschaft
2 die Wirtschaftlichkeit, die Sparsamkeit
3 **economy price** der Sparpreis; **economy size** die Sparpackung

eco·sys·tem ['iːkəʊˌsɪstəm] das Ökosystem

edge [edʒ]
1 *von Klinge:* die Schneide
2 *von Tisch:* die Kante
3 der Rand; *von See, Fluss:* das Ufer; **at the edge of** am Rande

to **edge** [edʒ]
1 säumen *Straße;* besetzen *Kleidung*
2 sich schieben; **to edge one's way through a crowd** sich durch eine Menschenmenge drängen

ed·ible ['edɪbl] essbar, genießbar

to **edit** ['edɪt]
1 herausgeben *Buch*
2 redigieren *Zeitung, Text*
3 schneiden *Film*
4 editieren; aufbereiten *Daten*

edi·tion [ɪ'dɪʃn]
1 (*Buch*) die Ausgabe
2 die Auflage

edi·tor ['edɪtə^{r}]
1 der Herausgeber/die Herausgeberin
2 der Redakteur/die Redakteurin
3 (*Computer*) der Editor

to **edu·cate** ['edʒʊkeɪt] erziehen; **she was educated in Richmond** sie ging in Richmond zur Schule

edu·cat·ed ['edʒʊkeɪtɪd] gebildet; **to make an educated guess** eine begründete Vermutung äußern

edu·ca·tion [ˌedʒʊ'keɪʃn]
1 (*an Schule, Uni usw.*) die Ausbildung
2 (*Prozess*) die Erziehung
3 (*kulturelles Wissen*) die Bildung

eerie ['ɪərɪ] <eerier, eeriest> schaurig, gespenstisch

ef·fect [ɪ'fekt]
1 die Wirkung (**on** auf); **to take effect** (*auch Gesetz*) in Kraft treten
2 der Eindruck, der Effekt

Vorsicht Falle!

Effect nicht mit **affect** verwechseln! **Affect** ist das Verb und bedeutet eine Veränderung zu verursachen: *Her parent's divorce affected her schoolwork.* Spricht man jedoch von der Veränderung oder deren Auslöser selbst, so verwendet man das Substantiv **effect**: *Problems at home can have an effect on your performance at school.*

ef·fec·tive [ɪ'fektɪv]
1 wirksam; **to become effective** *Gesetz:* in Kraft treten
2 wirkungsvoll, eindrucksvoll
3 tatsächlich, effektiv

ef·fec·tive·ly [ɪ'fektɪvlɪ]
1 erfolgreich
2 praktisch, in Effekt

ef·fi·cien·cy [ɪ'fɪʃnsɪ] (*von Person, Betrieb*) die Leistungsfähigkeit, die Effizienz, die Produktivität

ef·fi·cient [ɪ'fɪʃnt] *Person, Betrieb:* leistungsfähig, effizient

ef·fort ['efət] die Mühe, die Bemühung; **to make an effort** sich anstrengen [*oder* bemühen]

egg [eg]
1 das Ei; **boiled/scrambled/fried egg** das gekochtes Ei/Rührei/Spiegelei
2 (*biologisch*) das Ei, die Eizelle

egg·shell die Eierschale

Egypt ['iːdʒɪpt] Ägypten

Egyp·tian[1] [ɪ'dʒɪpʃn] ägyptisch

Egyp·tian[2] [ɪ'dʒɪpʃn] der Ägypter/die Ägypterin

eight[1] [eɪt] acht; **a quarter to eight** viertel vor acht

eight[2] [eɪt] die Acht

eight·een[1] [ˌeɪ'tiːn] achtzehn

eight·een[2] [ˌeɪ'tiːn] die Achtzehn

eighth[1] [eɪtθ] achte(r, s)

eighth[2] [eɪtθ]
1 (*Datum*) **the eighth** der Achte
2 (*Bruchzahl*) das Achtel

eighty[1] ['eɪtɪ] achtzig

eighty[2] ['eɪtɪ]
1 die Achtzig
2 **in one's/the eighties** in den Achtzigern

either[1] ['aɪðəʳ] jede(r, s), beide(s); **on either side** auf jeder Seite, auf beiden Seiten

either[2] ['aɪðəʳ] **either ... or** entweder ... oder

either[3] ['aɪðəʳ]
1 *mit Verneinung* auch nicht; **I don't either** ich auch nicht
2 eine(r, s) von beiden; **is either of you interested?** ist einer von euch beiden daran interessiert?

to **eject** [ɪ'dʒekt]
1 hinauswerfen *Person* (**from** aus)
2 *Pilot:* den Schleudersitz betätigen

elas·tic[1] [ɪ'læstɪk]
1 dehnbar, biegsam
2 elastisch
3 **elastic band** das Gummiband

elas·tic[2] [ɪ'læstɪk] das Gummiband

el·bow ['elbəʊ] der Ellbogen

el·der[1] ['eldəʳ] ältere(r, s)

> **Grammatik**
> **Elder — eldest** können anstatt **older — oldest** vor Familienmitgliedern verwendet werden: *Bob has two elder brothers and his eldest brother is six years older than him.*

el·der[2] ['eldəʳ] der/die Ältere

el·der·ly[1] ['eldəlɪ] ältere(r, s)

el·der·ly[2] ['eldəlɪ] **the elderly** die ältere Menschen

eld·est[1] ['eldɪst] älteste(r, s)

eld·est[2] ['eldɪst] **the eldest** der/die Älteste

to **elect** [ɪ'lekt] wählen; **to elect a president** jemanden zum Präsidenten wählen

elec·tion [ɪ'lekʃn] die Wahl; **to hold an election** eine Wahl durchführen; **to stand for election** kandidieren

elec·tric [ɪ'lektrɪk] elektrisch; **electric shock** der Stromschlag

elec·tri·cal [ɪ'lektrɪkl] elektrisch; **electrical appliances** die Elektrogeräte

elec·tric bike das Elektrofahrrad, das E-Bike

elec·tric car das Elektroauto, das E-Auto

elec·tric cook·er der Elektroherd

elec·tric gui·tar die E-Gitarre

elec·tri·cian [ɪˌlek'trɪʃn] der Elektriker/die Elektrikerin

elec·tric·ity [ɪˌlek'trɪsətɪ] die Elektrizität, der Strom; **electricity meter** der Stromzähler

elec·tric light bulb die Glühbirne

elec·tric mo·tor der Elektromotor

elec·tric shock der Stromschlag

elec·tron·ic [ˌɪlek'trɒnɪk] elektronisch; **electronic mail** die elektronische Post

elec·tron·ics [ˌɪlek'trɒnɪks] *Plural* die Elektronik

el·egant ['elɪgənt] elegant

el·ement ['elɪmənt] das Element

el·emen·ta·ry [ˌelɪ'mentərɪ]
1 elementar
2 **elementary school** (USA) die Grundschule
3 einfach

el·ephant ['elɪfənt] der Elefant

el·eva·tor ['elɪveɪtəʳ] (USA) der Aufzug, der Fahrstuhl

elev·en[1] [ɪ'levn] elf; **a quarter to eleven** viertel vor elf

elev·en[2] [ɪ'levn] die Elf

elev·enth[1] [ɪ'levnθ] elfte(r, s)

elev·enth[2] [ɪ'levnθ]
1 (*Datum*) **the eleventh** der Elfte
2 (*Bruchzahl*) das Elftel

eli·gible ['elɪdʒəbl] [teilnahme]berechtigt (**for** für), geeignet

to **elimi·nate** [ɪ'lɪmɪneɪt]
1 beseitigen *Fehler;* ausräumen *Zweifel*
2 ausschließen *Möglichkeit*
3 ausschalten *Feind, Gegner*

else [els]
1 (*zusätzlich*) sonst noch; **anybody/anything else?** sonst noch jemand/etwas?; **nobody else** sonst niemand; **nothing else** nichts weiter; **what else?** was noch?, was sonst?; **who else?** wer sonst?
2 (*stattdessen*) andere(r, s); **what else could I have done?** was hätte ich sonst tun können?; **everybody else** alle anderen; **anybody** [*oder* **somebody**] **else** jemand anders; **nobody else** niemand anders; **everything else** alles andere; **nothing else** nichts anderes; **somewhere else** woanders, woandershin
3 **or else** sonst, andernfalls

else·where [ˌels'weəʳ]
1 (*Ort*) anderswo, sonst wo, woanders
2 (*Richtung*) anderswohin

e-mail, email ['iːmeɪl] die E-Mail

e-mail ad·dress die E-Mail-Adresse

to **em·bark** [ɪm'bɑːk] an Bord gehen

to **em·bar·rass** [ɪm'bærəs] **to embarrass someone** jemanden in Verlegenheit bringen

em·bar·rassed [ɪm'bærəst] verlegen

em·bar·rass·ing [ɪm'bærəsɪŋ] peinlich, unangenehm

em·bar·rass·ment [ɪm'bærəsmənt] die Verlegenheit; **to be an embarrassment to someone** jemanden blamieren

em·bassy ['embəsɪ] die Botschaft

em·blem ['əmbləm] das Emblem

to **em·brace** [ɪm'breɪs] umarmen

em·brace [ɪm'breɪs] die Umarmung

em·bryo ['embrɪəʊ] <*Plural* embryos> der Embryo

em·er·ald[1] ['emərəld] der Smaragd

em·er·ald[2] ['emərəld] smaragdgrün

to **emerge** [ɪ'mɜːdʒ]
1 auftauchen; *Wasser:* heraustreten
2 *Problem, Idee:* entstehen (**from/out of** aus)
3 (*übertragen*) sich herausstellen, bekannt werden

emer·gen·cy [ɪ'mɜːdʒənsɪ]
1 der Notfall, die Notlage; **in an** [*oder* **in case of**] **emergency** im Notfall, im Ernstfall; **state of emergency** der Notstand
2 **emergency exit** der Notausgang; **emergency room** die Notaufnahme

emi·grant ['emɪgrənt] der Auswanderer/die Auswanderin, der Emigrant/die Emigrantin

to **emi·grate** ['emɪgreɪt] auswandern, emigrieren (**from** aus, **to** nach)

emi·gra·tion [ˌemɪ'greɪʃn] die Auswanderung, die Emigration

emi·nent ['emɪnənt] bedeutend; *Person:* angesehen, berühmt

emis·sion [mɪʃn] die Emission, die Ausstrahlung; *von Wärme, Schall:* die Abgabe

to **emit** [ɪ'mɪt] <emitted, emitted> ausstrahlen *Licht;* abgeben *Geräusch;* ausstoßen *Rauch*

emo·tion [ɪ'məʊʃn] das Gefühl, die Emotion

emo·tion·al [ɪ'məʊʃənl]
1 *Rede:* gefühlvoll
2 *Person:* empfindsam, gefühlsbetont

em·per·or ['empərəʳ] der Kaiser

em·pha·sis ['emfəsɪs] <*Plural* emphases> die Betonung (**on** auf)

to **em·pha·size** ['emfəsaɪz] nachdrücklich betonen, hervorheben, unterstreichen

em·pire ['empaɪəʳ]
1 das Reich
2 (*übertragen*) das Imperium

to **em·ploy** [ɪm'plɔɪ] beschäftigen, einstellen

em·ployee [ˌɪmplɔɪ'iː] der Arbeitnehmer/die Arbeitnehmerin, der/die Angestellte; **the employees** die Belegschaft

em·ploy·er [ɪm'plɔɪəʳ] der Arbeitgeber/die Arbeitgeberin

em·ploy·ment [ɪm'plɔɪmənt] die Arbeit, das Arbeitsverhältnis; **out of employment** arbeitslos

emp·ty ['emptɪ] leer; *Haus:* leer stehend; **on an empty stomach** auf nüchternen Magen

to **emp·ty** ['emptɪ] [aus]leeren (**into** in)

to **en·able** [ɪ'neɪbl] ermöglichen, möglich machen

to **en·close** [ɪn'kləʊz]
1 umgeben, einschließen (**in** in)
2 beilegen; **I enclose a price list** als Anlage schicke ich Ihnen eine Preisliste

en·clo·sure [ɪn'kləʊʒəʳ]
1 das Gehege
2 (*mit Brief*) die Anlage

en·core ['ɒŋkɔːʳ] die Zugabe

to **en·coun·ter** [ɪn'kaʊntəʳ]
1 [unerwartet] treffen
2 stoßen auf *Schwierigkeiten*

en·coun·ter [ɪn'kaʊntəʳ] die Begegnung

to **en·cour·age** [ɪn'kʌrɪdʒ]
1 ermutigen *Person*
2 bestärken, unterstützen *Vorhaben*
3 **I was encouraged by the news** die Nachricht hat mir neuen Mut gegeben

en·cour·age·ment [ɪn'kʌrɪdʒmənt]
1 die Ermutigung
2 (*von Vorhaben*) die Unterstützung, die Bestärkung

en·cour·ag·ing [ɪn'kʌrɪdʒɪŋ] ermutigend, viel versprechend

en·cy·clo·p(a)e·dia [ɪnˌsaɪklə'piːdɪə] die Enzyklopädie

end [end]
1 *von Zeitperiode, Ereignis:* das Ende, der Schluss; **end of the month** das Monatsende; **at the end of February** Ende Februar; **in the end** am Ende, schließlich
2 der Zweck, die Absicht; **to this end** zu diesem Zweck

to **end** [end]
1 enden, zu Ende sein
2 **to end something** etwas beenden
◆ to **end up** enden; **I always end up doing the washing-up** am Ende bleibt das Abspülen immer an mir hängen; **you'll end up in prison!** du wirst im Gefängnis landen!

to **en·dan·ger** [ɪn'deɪndʒəʳ] gefährden

end·ing ['endɪŋ] das Ende, der Ausgang

end·less ['endlɪs]
1 endlos, ohne Ende
2 unendlich

en·emy ['enəmɪ] der Feind; **to make an enemy of someone** sich jemanden zum Feind machen

en·er·get·ic [ˌenə'dʒetɪk] *Person:* energiegeladen

en·er·gy ['enədʒɪ] die Energie

to **en·force** [ɪn'fɔːs] durchsetzen *Gesetz, Anspruch*

to **en·gage** [ɪn'geɪdʒ] einstellen; **to engage a band** eine Band engagieren

en·gaged [ɪn'geɪdʒd]
1 verlobt; **to get engaged to someone** sich mit jemandem verloben; **we are engaged to be married** wir sind verlobt
2 *Toilette, Telefon:* besetzt; **engaged tone** das Besetztzeichen

en·gage·ment [ɪn'geɪdʒmənt]
1 die Verlobung (**to** mit)
2 der Termin; **I have an engagement** ich bin verabredet

en·gine ['endʒɪn]
1 der Motor
2 *von Zug:* Lokomotive

en·gi·neer [ˌendʒɪ'nɪəʳ]
1 (*mit Hochschulabschluss*) der Ingenieur/die Ingenieurin
2 der Techniker/die Technikerin
3 (USA) der Lokführer/die Lokführerin

en·gi·neer·ing [ˌendʒɪ'nɪərɪŋ] das Ingenieurwesen; **mechanical engineering** der Maschinenbau; **civil engineering** der Hoch- und Tiefbau; **electrical engineering** die Elektrotechnik

Eng·land ['ɪŋglənd] England

Eng·lish[1] ['ɪŋglɪʃ] englisch; **the English Channel** der Ärmelkanal; **he's English** er ist Engländer

Eng·lish[2] ['ɪŋglɪʃ]
1 (*Sprache*) Englisch, das Englische; **in English** auf Englisch
2 **the English** die Engländer

Eng·lish·man ['ɪŋglɪʃmən] <*Plural* Englishmen> der Engländer

Eng·lish·wom·an ['ɪŋglɪʃˌwʊmən, *Plural* 'ɪŋglɪʃwɪmɪn] <*Plural* Englishwomen> die Engländerin

to **en·joy** [ɪn'dʒɔɪ]
1 **she enjoys dancing and swimming** sie tanzt und schwimmt gern; **he enjoys music** er mag Musik; **she enjoyed the film** der Film hat ihr gut gefallen
2 **to enjoy oneself** sich gut unterhalten, sich amüsieren; **enjoy yourselves at the party!** viel Spaß auf der Party!
3 **enjoy your meal!** guten Appetit!

en·joy·able [ɪn'dʒɔɪəbl] *Abend, Empfindung:* angenehm; *Buch, Film:* unterhaltsam

en·joy·ment [ɪn'dʒɔɪmənt] die Freude, der Spaß (**of** an)

to **en·large** [ɪnˈlɑːdʒ]
1 vergrößern *Foto*
2 erweitern *Wissen*

en·or·mous [ɪˈnɔːməs]
1 *Menge, Tier:* riesig, enorm
2 *Unterschied, Kraft:* gewaltig; *Problem:* ungeheuer

enough[1] [ɪˈnʌf] genug, genügend; **is there enough cake?** ist genügend Torte da?; **there's enough room** es gibt Platz genug

enough[2] [ɪˈnʌf]
1 genug; **to have enough** genug haben; **we've got enough to live on** es reicht uns zum Leben
2 (*beim Essen*) **that's enough, thanks** danke, das reicht

to **en·quire** [ɪnˈkwaɪəʳ] sich erkundigen (**about/after** nach), fragen (**about** nach)

en·quiry [ɪnˈkwaɪərɪ]
1 die Anfrage (**about** über); **on enquiry** auf Anfrage
2 *meist Plural* die Erkundigung
3 (*polizeilich*) die Untersuchung
4 **enquiries** ⚠ *Plural* die Auskunft

to **en·rol** [ɪnˈrəʊl], USA to **en·roll** <enrolled, enrolled>
1 (*für einen Kurs*) sich einschreiben; (*an der Uni*) sich immatrikulieren; **to enrol someone on** [*oder* **for**] **a course** jemanden für einen Kurs einschreiben
2 (*in einem Verein*) Mitglied werden

en route [ˌɒnˈruːt] auf dem Weg (**to/for** nach/zu)

to **en·sure** [ɪnˈʃʊəʳ] gewährleisten, sicherstellen; **please ensure that the doors are locked** bitte sorgen Sie dafür, dass die Türen abgeschlossen sind

to **en·ter** [ˈentəʳ]
1 hineingehen; (*von innen gesehen*) hereinkommen; **enter!** herein!; **to enter a building/room** ein Gebäude/einen Raum betreten
2 **to enter a competition** an einem Wettbewerb teilnehmen
3 (*in Land*) einreisen
4 eingeben *Daten*

Vorsicht Falle!
Beachte, dass man nach **enter** keine Präposition benötigt: *She entered the room.* (und nicht: *She entered in the room*!).

◆ to **enter into**
1 sich einlassen auf; teilnehmen an *Debatte, Wettbewerb*
2 **to enter into discussion**[**s**] sich an Diskussionen beteiligen
3 eingehen *Partnerschaft, Ehe*

en·ter·prise [ˈentəpraɪz]
1 (*Vorhaben*) das Unternehmen
2 (*Geschäft*) das Unternehmen

en·ter·pris·ing [ˈentəpraɪzɪŋ] unternehmungslustig, einfallsreich

to **en·ter·tain** [ˌentəˈteɪn]
1 unterhalten
2 bewirten

en·ter·tain·ing [ˌentəˈteɪnɪŋ] unterhaltend, unterhaltsam

en·ter·tain·ment [ˌentəˈteɪnmənt]
1 die Unterhaltung, das Vergnügen
2 (*öffentliche Darbietung*) die Unterhaltungsshow
3 *von Gästen:* die Bewirtung

en·thu·si·asm [ɪnˈθjuːzɪæzəm] die Begeisterung, der Enthusiasmus (**for** für)

en·thu·si·as·tic [ɪnˌθjuːzɪˈæstɪk] begeistert (**about** von)

en·tire [ɪnˈtaɪəʳ] ganz; **the entire week** die ganze Woche; **the entire country** das gesamte Land

en·tire·ly [ɪnˈtaɪəʳlɪ] gänzlich; **entirely different** grundverschieden

en·trance [ˈentrəns]
1 der Eingang, die Eingangstür
2 (*für Fahrzeug*) die Einfahrt
3 das Eintrittsgeld
4 der Eintritt
5 **no entrance!** Zutritt verboten!

en·trance ex·ami·na·tion [ˈentrəns ɪgˌzæmɪˈneɪʃn] die Aufnahmeprüfung

en·try [ˈentrɪ]
1 der Eintritt (**to** in)
2 (*Tür*) der Eingang, die Eingangstür
3 (*für Fahrzeug*) die Einfahrt
4 (*in ein Land*) die Einreise
5 (*im Telefonbuch*) der Eintrag (**in** in); (*im Lexikon*) das Stichwort
6 **no entry!** (*auf einer Tür*) Zutritt verboten!; (*auf der Straße*) keine Einfahrt!

to **en·vel·op** [ɪnˈveləp] [ein]hüllen, einwickeln (**in** in)

en·velope [ˈenvələʊp] der [Brief]umschlag

en·vi·ous [ˈenvɪəs] neidisch (**of** auf)

en·vi·ron·ment [ɪn'vaɪərənmənt]
1 (*Natur*) die Umwelt
2 die Umgebung

en·vi·ron·men·tal [ɪnˌvaɪərən'mentl] Umwelt-; **environmental pollution** die Umweltverschmutzung

envy ['envɪ] der Neid (**of** auf)

to **envy** ['envɪ] beneiden; **I envy her good looks** ich beneide sie um ihr gutes Aussehen

epi·dem·ic [ˌepɪ'demɪk] (*auch übertragen*) die Epidemie, die Seuche

epi·sode ['epɪsəʊd] die Episode; *von Serie:* die Folge

equal[1] ['i:kwəl]
1 gleich; **equal in height** gleich hoch
2 **equal opportunities** Gleichberechtigung

equal[2] ['i:kwəl] der/die Gleichgestellte

to **equal** ['i:kwəl] <equalled, equalled>
1 **to equal someone/something** jemandem/einer Sache gleichen [*oder* gleichkommen]
2 **three times two equals six** drei mal zwei ist [gleich] sechs

equali·ty [ɪ'kwɒlətɪ]
1 die Gleichheit
2 die Gleichberechtigung

to **equal·ize** ['i:kwəlaɪz]
1 angleichen
2 (*bei Fußball usw.*) ausgleichen

equal·ly ['i:kwəlɪ]
1 gleich
2 **to distribute something equally** etwas gleichmäßig verteilen

equa·tion [ɪ'kweɪʒn] die Gleichung

equa·tor [ɪ'kweɪtəʳ] der Äquator

to **equip** [ɪ'kwɪp] <equipped, equipped>
1 ausrüsten
2 ausstatten *Zimmer*
3 **fully equipped** komplett ausgerüstet [*oder* ausgestattet]

equip·ment [ɪ'kwɪpmənt]
1 *von Schiff usw.:* die Ausrüstung
2 **climbing equipment** die Bergsteigerausrüstung; **diving equipment** die Taucherausrüstung

era ['ɪərə] die Ära, das Zeitalter

to **erase** [ɪ'reɪz]
1 ausradieren
2 löschen *Daten*

eras·er [ɪ'reɪzəʳ] der Radiergummi

erect [ɪ'rekt] aufrecht, aufgerichtet

to **erect** [ɪ'rekt]
1 aufrichten
2 aufbauen; errichten *Gebäude;* aufstellen *Zelt*

to **erode** [ɪ'rəʊd]
1 zerfressen, zernagen
2 *Meer:* auswaschen

ero·sion [ɪ'rəʊʒn]
1 die Erosion
2 (*übertragen*) langsamer Verlust (**of** an)

erot·ic [ɪ'rɒtɪk] erotisch

er·ror ['erəʳ]
1 der Fehler; **free from error** fehlerfrei, fehlerlos
2 der Irrtum, das Versehen; **error of judgement** die Fehleinschätzung

to **erupt** [ɪ'rʌpt]
1 *Vulkan, Streit, Krieg:* ausbrechen
2 *Person:* explodieren

erup·tion [ɪ'rʌpʃn] *von Vulkan, Streit, Krieg:* der Ausbruch

to **es·ca·late** ['eskəleɪt]
1 *Preise, Kosten:* ansteigen
2 *Krieg:* sich ausweiten

es·ca·la·tor ['eskəleɪtəʳ] die Rolltreppe

to **es·cape** [ɪ'skeɪp]
1 flüchten (**from** aus); (*mit Erfolg*) entkommen; (*aus Gefängnis, Käfig*) ausbrechen
2 *Flüssigkeit:* auslaufen; *Gas:* ausströmen (**from** aus)
3 **to escape danger/punishment** einer Gefahr/Strafe entgehen; **he escaped alive** [*oder* **with his life**] er ist mit dem Leben davongekommen; **to escape an enemy** einem Feind entkommen; **to escape death** dem Tode entgehen

es·cape [ɪ'skeɪp]
1 die Flucht; (*aus Gefängnis*) der Ausbruch; **escape attempt** der Fluchtversuch
2 das Entkommen, die Rettung (**from** von); **to have a narrow escape** mit knapper Not entkommen
3 *von Gas:* das Ausströmen

es·cort ['eskɔ:t]
1 der Begleiter/die Begleiterin
2 (*Bewacher*) der Geleitschutz, die Eskorte

to **es·cort** [ɪ'skɔ:t]
1 begleiten
2 eskortieren, Geleitschutz geben

es·pe·cial·ly [ɪ'speʃəlɪ] [ganz] besonders, vor allem

es·pio·nage ['espɪənɑːʒ] die Spionage

es·say ['eseɪ] der/das Essay; (*in der Schule*) der Aufsatz

es·sence ['esns]
1 *von Fleisch, Pflanzen:* die Essenz
2 *von Theorie:* das Wesentliche; **in essence** im Wesentlichen

es·sen·tial [ɪ'senʃl]
1 wesentlich, grundlegend (**to** für); **essential difference** wesentlicher Unterschied
2 unentbehrlich; *Nahrungsmittel:* [lebens]notwendig (**to** für)

es·sen·tial·ly [ɪ'senʃəlɪ] im Wesentlichen, in der Hauptsache

es·sen·tials [ɪ'senʃl] *Plural* **the essentials** das Notwendigste; **the bare essentials** das Allernötigste

to **es·tab·lish** [ɪ'stæblɪʃ]
1 eröffnen *Geschäft*
2 beweisen, nachweisen *Schuld, Tatbestand*

es·tab·lish·ment [ɪ'stæbliʃmənt]
1 (*Eröffnung*) *von Firma:* die Gründung; *von Regierung:* die Bildung
2 *von Beweis:* die Feststellung
3 das Unternehmen, die Firma
4 (GB) (*Gesellschaft*) das Establishment

es·tate [ɪ'steɪt]
1 der Besitz, das Eigentum, das Vermögen
2 der Grundbesitz, der Landbesitz
3 das Landgut
4 (GB) **housing estate** die Wohnsiedlung
5 **industrial estate** das Industriegebiet

es·tate agent der Immobilienmakler/die Immobilienmaklerin

es·tate car der Kombi[wagen]

to **es·ti·mate** ['estɪmeɪt]
1 schätzen; abschätzen, einschätzen *Entfernung, Zahl*
2 **to estimate the costs** die Kosten veranschlagen

es·ti·mate ['estɪmət]
1 die [Ab]schätzung, die Bewertung
2 der Kostenvoranschlag
3 **at a rough estimate** grob geschätzt

es·tu·ary ['estʃʊərɪ] die Mündung

etc. *Abkürzung von* **et cetera** usw., und so weiter

et cet·era [ɪt'setərə] und so weiter

eter·nal [ɪ'tɜːnl] ewig

eter·nal·ly [ɪ'tɜːnəlɪ]
1 für immer
2 (*umgangsspr*) ununterbrochen

eter·nity [ɪ'tɜːnətɪ] (*auch übertragen*) die Ewigkeit

ethi·cal ['eθɪkl] moralisch, ethisch

eth·ics ['eθɪks] *Plural* die Ethik, die Moral

eth·nic ['eθnɪk] ethnisch; **ethnic minority** die ethnische Minderheit

EU [ˌiː'juː] *Abkürzung von* **European Union** die EU

euro ['jʊərəʊ] der Euro

Europe ['jʊərəp] Europa; **the Council of Europe** der Europarat

Euro·pean[1] [ˌjʊərə'pɪən] europäisch

Euro·pean[2] [ˌjʊərə'pɪən] der Europäer/die Europäerin

to **evacu·ate** [ɪ'vækjʊeɪt]
1 **to evacuate a house** ein Haus räumen
2 evakuieren *Bevölkerung*

to **evapo·rate** [ɪ'væpəreɪt]
1 verdampfen
2 **evaporated milk** die Dosenmilch, die Kondensmilch

eve [iːv] der Vorabend

even ['iːvn]
1 *Fläche:* eben; *Oberfläche:* glatt
2 (*in Größe*) gleich [groß]
3 *Atmung, Geschwindigkeit:* gleichmäßig
4 *Zahl:* gerade
5 sogar, selbst; **he cleaned everything, even the tiles!** er hat alles geputzt, sogar die Fliesen!
6 sogar, noch; **that's even better** das ist sogar [noch] besser
7 **even though** obwohl
8 **even so** trotzdem

eve·ning ['iːvnɪŋ] der Abend; **in the evening** abends, am Abend; **on Sunday evening** am Sonntagabend; **one evening** eines Abends; **this/yesterday/tomorrow evening** heute/gestern/morgen Abend

event [ɪ'vent]
1 das Ereignis, die Veranstaltung
2 das Geschehnis, der Fall; **in the event of illness** im Falle einer Krankheit; **in any event** jedenfalls
3 (*im Sport*) der Wettkampf

event·ful [ɪ'ventfəl] ereignisreich

A B C D E F G H I J K L M N O P Q R S T U V W X Y Z

even·tu·al·ly [ɪ'ventʃʊəlɪ] letzt[end]lich, schließlich

ever ['evəʳ]
① je, jemals; **have you ever been to Scotland?** bist du schon einmal in Schottland gewesen?; **his best performance ever** seine beste Vorstellung überhaupt; **it's worse than ever** es ist schlimmer als je zuvor; **hardly ever** fast nie; **it hardly ever snows here** hier schneit es so gut wie nie; **not ever** noch nie; **never ever** nie im Leben
② immer; **for ever** [**and ever**] für alle Zeiten, für immer; **as ever** wie immer
③ **ever since** seitdem
④ (*umgangsspr: als Betonung*) **she's ever so kind** sie ist unheimlich nett; **thanks ever so much!** tausend Dank!; **I'm ever so sorry!** es tut mir sehr leid!
⑤ (*als Betonung*) bloß, nur; **what ever shall we do?** was sollen wir bloß machen?

every ['evrɪ]
① jede(r, s), alle; **every day** jeden Tag; **every other day** jeden zweiten Tag; **every other week** alle vierzehn Tage; **every time** jedes Mal; **every now and then** von Zeit zu Zeit
② **each and every one** jede(r, s) einzelne; **he has every reason** er hat allen Grund; **in every way** in jeder Hinsicht

Land und Leute
Everyone, everybody, everything und **everywhere** werden immer zusammengeschrieben. Wenn andere Wörter mit **every** zusammenstehen, so werden diese immer auseinander geschrieben: *She does excercises every day; There is cable television in every room; Every time I leave the house I forget something.*

every·body ['evrɪbɒdɪ] jeder, alle; **everybody is ready** alle sind bereit; **everybody knows that!** das weiß doch jeder!; **everybody else** alle anderen

every·day ['evrɪdeɪ] alltäglich, gewöhnlich; **in everyday life** im Alltag

every·one ['evrɪwʌn] jeder, alle; **everyone is ready** alle sind bereit; **everyone knows that!** das weiß doch jeder!

every·thing ['evrɪθɪŋ]
① alles; **she is everything to him** sie ist sein Ein und Alles; **money is everything to him** Geld ist für ihn das Wichtigste
② **everything new** alles Neue
③ **everything else** alles andere
④ **everything OK?** alles klar?

every·where[1] ['evrɪweəʳ] **everywhere in London** überall in London

every·where[2] ['evrɪweəʳ]
① überall
② **everywhere you look ...** wohin du auch schaust ...

evi·dence ['evɪdəns]
① der Beweis, das Beweisstück; **for lack of evidence** aus Mangel an Beweisen
② *von Zeugen:* die Zeugenaussage; **to give evidence** eine Aussage machen
③ **in evidence** deutlich sichtbar, offenkundig

evil[1] ['iːvl]
① *Charakter:* schlecht, böse
② *Geruch:* übel, schlimm

evil[2] ['iːvl] das Böse, das Übel; **to deliver us from evil** erlöse uns von dem Bösen

evo·lu·tion [ˌiːvə'luːʃn]
① die Entwicklung
② die Evolution; **theory of evolution** die Evolutionstheorie

ex·act [ɪg'zækt]
① genau, exakt; **the exact opposite** genau das Gegenteil
② **exact fare** passendes Fahrgeld

ex·act·ly [ɪg'zæktlɪ]
① genau; **when exactly did she go?** wann genau ging sie?; **not exactly sure** nicht ganz sicher; **exactly!** ganz genau!
② **at six o'clock exactly** Punkt sechs Uhr
③ (*humorvoll*) **not exactly friendly** nicht gerade freundlich

to **ex·ag·ger·ate** [ɪg'zædʒəreɪt] übertreiben

ex·ag·gera·tion [ɪgˌzædʒə'reɪʃn] die Übertreibung

exam [ɪg'zæm] die Prüfung

ex·ami·na·tion [ɪgˌzæmɪ'neɪʃn]
① die Prüfung, das Examen (**in** in); **examination question** die Prüfungsfrage
② (*medizinisch*) die Untersuchung

to **ex·am·ine** [ɪg'zæmɪn] untersuchen

ex·am·in·er [ɪg'zæmɪnəʳ] der Prüfer/die Prüferin

ex·am·ple [ɪg'zɑːmpl]
① das Beispiel (**of** für); **for example** zum Beispiel; **to take something as an example** etwas als Beispiel nehmen
② **to give** [*oder* **set**] **an example** mit gutem Beispiel vorangehen; **to be a good example to someone** jemandem ein gutes Vorbild sein

3 **to make an example of someone** ein Exempel an jemandem statuieren

to **ex·ceed** [ɪk'si:d]
1 überschreiten
2 *Kosten, Anzahl:* übersteigen
3 **to exceed someone's expectations** jemandes Erwartungen übertreffen

ex·cel·lence ['eksələns]
1 die Vorzüglichkeit
2 die hervorragende Leistung (**at/in** in)

ex·cel·lent ['eksələnt] ausgezeichnet, hervorragend

to **ex·cept** [ɪk'sept] **to except someone/something** jemanden/etwas ausnehmen [*oder* ausschließen] (**from** aus)

ex·cept [ɪk'sept]
1 außer, ausgenommen; **the museum is open daily except Mondays** außer montags ist das Museum täglich geöffnet
2 **except for** bis auf, mit Ausnahme; **the twins are identical except that one has a birthmark** die Zwillinge gleichen sich, außer dass einer ein Muttermal hat
3 (*umgangsspr*) doch, jedoch

ex·cep·tion [ɪk'sepʃn] die Ausnahme (**to** von); **as an** [*oder* **by way of**] **exception** ausnahmsweise; **without exception** ausnahmslos

ex·cep·tion·al [ɪk'sepʃənl] außergewöhnlich; **exceptional case** der Ausnahmefall

ex·cep·tion·al·ly [ɪk'sepʃnəlɪ] außergewöhnlich, ungewöhnlich

ex·cerpt ['eksɜ:pt] der Auszug, das Exzerpt (**from** aus)

ex·cess [ɪk'ses] <*Plural* excesses>
1 das Übermaß (**of** an); **in excess of a million** über eine Million; **to be in excess of** hinausgehen über
2 **excesses** *Plural* die Exzesse, die Ausschweifungen

ex·cess bag·gage das Übergepäck

ex·ces·sive [ɪk'sesɪv] übermäßig, übertrieben

to **ex·change** [ɪk'stʃeɪndʒ]
1 tauschen (**with** mit); **to exchange addresses** Adressen austauschen
2 **to exchange money** Geld wechseln (**for** gegen)

ex·change [ɪk'stʃeɪndʒ]
1 der Tausch; *von Gefangenen, Studenten:* der Austausch; *von Geld, Waren:* der Umtausch; **in exchange for** im Tausch gegen, als Ersatz für
2 (*für Waren*) das Tauschgeschäft; (*für Geld*) die Wechselstube
3 [**telephone**] **exchange** die [Telefon]zentrale, das Fernamt
4 **exchange of letters** der Briefwechsel; **exchange of views** der Meinungsaustausch

ex·change rate der Wechselkurs

to **ex·cite** [ɪk'saɪt]
1 aufregen; **she was excited by the news** die Nachricht hat sie sehr aufgeregt
2 begeistern; **she became very excited by the idea** die Idee begeisterte sie

ex·cit·ed [ɪk'saɪtɪd]
1 aufgeregt; **to get excited** sich aufregen (**over** über)
2 begeistert

ex·cite·ment [ɪk'saɪtmənt]
1 die Aufregung
2 die Begeisterung

ex·cit·ing [ɪk'saɪtɪŋ] aufregend, spannend

to **ex·claim** [ɪk'skleɪm] [aus]rufen; **she exclaimed that I was wrong** sie rief, dass ich mich geirrt hatte

ex·cla·ma·tion [ˌekskləˈmeɪʃn] der Ausruf; **exclamation mark** [*oder* (USA) **point**] das Ausrufezeichen

to **ex·clude** [ɪk'sklu:d] ausschließen (**from** aus)

ex·clud·ing [ɪk'sklu:dɪŋ] nicht inbegriffen, ausgenommen

ex·clu·sive [ɪk'sklu:sɪv]
1 *Kleidung:* vornehm, elegant; *Verein:* exklusiv
2 **exclusive interview** das Exklusivinterview
3 (*umgangsspr*) *Laden:* teuer

ex·cur·sion [ɪk'skɜ:ʃn]
1 der Ausflug; **to go on an excursion** einen Ausflug machen
2 die Rundfahrt, die Rundreise

to **ex·cuse** [ɪk'skju:z]
1 **to excuse someone's behaviour** jemandes Benehmen entschuldigen; **to excuse someone** jemandem verzeihen; **to excuse someone for being late** jemandes Zuspätkommen entschuldigen
2 **excuse me!** entschuldigen Sie!
3 (*befreien*) **to excuse someone from something** jemandem etwas erlassen
4 **to excuse oneself** sich entschuldigen; **she excused herself from the meeting** sie entschuldigte sich und verließ das Meeting
5 (USA) **excuse me?** wie bitte?

ex·cuse [ɪk'skjuːs]
1 die Entschuldigung
2 **to make an excuse** sich entschuldigen (**to** bei); **to make excuses for someone** jemanden entschuldigen
3 die Ausrede; **excuses, excuses!** nichts als Ausreden!

to **ex·ecute** ['eksɪkjuːt]
1 ausführen *Arbeit;* durchführen, erledigen *Auftrag*
2 hinrichten

ex·ecu·tion [ˌeksɪ'kjuːʃn] die Hinrichtung

ex·ecu·tive [ɪg'zekjʊtɪv] der/die leitende Angestellte

ex·empt [ɪg'zempt] befreit, ausgenommen (**from** von); **exempt from charges** spesenfrei, kostenfrei; **exempt from taxation** steuerfrei

ex·er·cise ['eksəsaɪz]
1 (*Aufgabe*) die Übung; (*in der Schule*) die [Schul]aufgabe
2 (*körperlich*) die Bewegung; **I need to take more exercise** ich sollte mehr Sport machen; **stomach exercises** die Bauchübungen

to **ex·er·cise** ['eksəsaɪz]
1 **to exercise the body** den Körper trainieren
2 **to exercise influence/power** Einfluss/Macht ausüben; **to exercise patience** Geduld aufbringen
3 sich üben (**in** in); **I don't exercise regularly** ich treibe nicht regelmäßig Sport

ex·er·cise book das Heft

to **ex·haust** [ɪg'zɔːst]
1 ermüden
2 **her patience is exhausted** ihre Geduld ist erschöpft; **to exhaust a topic** ein Thema erschöpfen[d behandeln]

ex·haust [ɪg'zɔːst]
1 **exhaust** [**pipe**] der Auspuff, das Auspuffrohr
2 **exhaust** [**fumes**] die Abgase

ex·haust·ed [ɪg'zɔːstɪd] erschöpft

ex·haust·ing [ɪg'zɔːstɪŋ]
1 *Bewegung, Person:* anstrengend, ermüdend
2 *Aufgabe:* mühsam

ex·haus·tion [ɪg'zɔːstʃn] die Erschöpfung

ex·hi·bi·tion [ˌeksɪ'bɪʃn] die Ausstellung

ex·ile ['eksaɪl]
1 die Verbannung, das Exil; **to live in exile** im Exil leben
2 (*Person*) der/die Verbannte

to **ex·ile** ['eksaɪl] verbannen (**from** aus)

to **ex·ist** [ɪg'zɪst]
1 existieren
2 *Brauch, Zweifel:* bestehen
3 **to exist on something** von etwas leben
4 **do fairies exist?** gibt es Feen?

ex·ist·ence [ɪg'zɪstəns]
1 das Dasein, die Existenz
2 *einer Person:* die Lebensweise
3 **to be in existence** bestehen; **to bring** [*oder* **call**] **into existence** ins Leben rufen; **to come into existence** [plötzlich] auftreten

exit ['eksɪt]
1 (*aus einem Gebäude*) der Ausgang
2 (*im Theater*) der Abgang
3 (*für Fahrzeug*) die Ausfahrt
4 (*aus einem Land*) die Ausreise

to **exit** ['eksɪt]
1 hinausgehen
2 (*Bühnenanweisung*) abgehen; **exit the queen** die Königin ab
3 (*im Computer*) **to exit a program** ein Programm beenden

ex·ot·ic [ɪg'zɒtɪk] fremdartig, exotisch

to **ex·pand** [ɪk'spænd]
1 ausbreiten, [aus]dehnen
2 vergrößern *Einfluss, Erfahrung*
3 erweitern *Aktivitäten, Wissen*
4 *Horizont, Wissen:* sich erweitern [*oder* verbreitern]

ex·pan·sion [ɪk'spænʃn]
1 *von Gas:* die Ausdehnung
2 *von Wissen, Gebäude:* die Erweiterung
3 *von Wirtschaft:* die Expansion

to **ex·pect** [ɪk'spekt]
1 erwarten
2 **to expect something of someone** etwas von jemandem erwarten
3 **to expect someone to do something** von jemandem erwarten, dass er etwas tut; (*befürchten*) damit rechnen, dass jemand etwas tut; **I expected as much!** das habe ich erwartet!
4 meinen, vermuten; **I expect you'd like to see her** ich nehme an, dass du sie sehen möchtest
5 **I expect so!** ich glaube schon!
6 (*umgangsspr: schwanger sein*) **she's expecting** sie ist in anderen Umständen

ex·pec·ta·tion [ˌekspek'teɪʃn]
1 die Erwartung

2 **expectations** *Plural* die Erwartung, die Aussicht; **against** [*oder* **contrary to**] **all expectation[s]** wider Erwarten; **beyond expectation[s]** über Erwarten; **to meet someone's expectations** jemandes Erwartungen entsprechen

ex·pedi·tion [ˌekspɪˈdɪʃn]
1 die Expedition, die Forschungsreise
2 **to go on a shopping expedition** eine Einkaufstour machen

to **ex·pel** [ɪkˈspel] <expelled, expelled>
1 ausweisen; (*mit Gewalt*) vertreiben
2 **he was expelled from school** er wurde von der Schule verwiesen

ex·pendi·ture [ɪkˈspendɪtʃəʳ] *von Geld:* die Ausgaben (**on** für)

ex·pense [ɪkˈspens]
1 die Kosten; **at little/great expense** mit geringen/hohen Kosten
2 **expenses** *Plural* die Auslagen, die Spesen

ex·pen·sive [ɪkˈspensɪv] kostspielig, teuer

ex·peri·ence [ɪkˈspɪərɪəns]
1 die Erfahrung (**of** von); **from experience** aus Erfahrung; **to gain experience** Erfahrungen sammeln
2 (*Geschehen*) das Erlebnis
3 **practical experience** die Praxis, die praktische Kenntnisse

to **ex·peri·ence** [ɪkˈspɪərɪəns]
1 erleben
2 **we experienced great difficulties** wir sind auf große Schwierigkeiten gestoßen

ex·peri·enced [ɪkˈspɪərɪənst] erfahren

ex·peri·ment [ɪkˈsperɪmənt]
1 der Versuch, das Experiment (**on** an, **with** mit)
2 **to do an experiment** ein Experiment machen

to **ex·peri·ment** [ɪkˈsperɪmənt] Versuche anstellen, experimentieren (**on** an, **with** mit)

ex·pert [ˈekspɜːt] der Experte/die Expertin; **to be an expert in a field** Fachmann [*oder* Fachfrau] auf einem Gebiet sein

to **ex·pire** [ɪkˈspaɪəʳ] *Amtszeit:* enden; *Vertrag:* auslaufen; *Pass:* ablaufen

ex·pi·ry [ɪkˈspaɪərɪ] der Ablauf

ex·pi·ry date der Ablauftermin, das Verfallsdatum

to **ex·plain** [ɪkˈspleɪn]
1 **to explain something** [**to someone**] [jemandem] etwas erklären
2 erläutern *Bild, Gedanken*
3 begründen *Entscheidung*

ex·pla·na·tion [ˌekspləˈneɪʃn]
1 die Erklärung
2 *von Bild, Gedanken:* die Erläuterung
3 *von Entscheidung:* die Begründung (**of** für)

ex·plic·it [ɪkˈsplɪsɪt]
1 *Aussage, Warnung:* eindeutig, klar
2 *Sprache, Filmszene:* ausdrücklich, unverhüllt

to **ex·plode** [ɪkˈspləʊd]
1 *Bombe:* explodieren, [zer]platzen
2 **to explode with laughter** in Gelächter ausbrechen; **to explode with fury** vor Wut platzen

ex·ploit [ˈeksplɔɪt] die Heldentat

to **ex·ploit** [ɪksˈplɔɪt]
1 (*verwerten*) nutzen *Mittel;* abbauen *Bergwerk*
2 (*abwertend*) ausbeuten *Arbeiter;* ausnutzen *Freund, Unwissenheit*

ex·ploi·ta·tion [ˌeksplɔɪˈteɪʃn] die Ausbeutung

ex·plo·ra·tion [ˌeksplәˈreɪʃn] die Erforschung

to **ex·plore** [ɪkˈsplɔːʳ] erforschen

ex·plor·er [ɪkˈsplɔːrəʳ] der/die Forschungsreisende

ex·plo·sion [ɪkˈspləʊʒn] *von Bombe:* die Explosion

ex·plo·sive[1] [ɪkˈspləʊsɪv] explosiv

ex·plo·sive[2] [ɪkˈspləʊsɪv] der Sprengstoff

to **ex·port** [ɪkˈspɔːt] ausführen, exportieren

ex·port [ˈekspɔːt]
1 die Ausfuhr; *von Waren:* der Export
2 **exports** *Plural* die Ausfuhrgüter

to **ex·pose** [ɪkˈspəʊz]
1 freilegen; entblößen *Körperteil*
2 **to expose someone to a danger** jemanden einer Gefahr aussetzen
3 (*übertragen*) aufdecken *Plan, Missstand, Skandal*
4 belichten *Negativ*

ex·po·sure [ɪkˈspəʊʒəʳ]
1 das Aussetzen; **exposure to the rain** dem Regen Ausgesetztsein
2 **to die of exposure** *Person:* erfrieren
3 (*beim Fotografieren*) die Belichtung[szeit]
4 **media exposure** die Publicity

to **ex·press** [ɪkˈspres] ausdrücken; zum Ausdruck bringen *Dank, Liebe;* äußern *Meinung;* **to express oneself** sich ausdrücken [*oder* verständlich machen]

ex·press[1] [ɪk'spres]
1 *Wunsch, Befehl:* ausdrücklich
2 *Brief, Paket:* Eil-, Schnell-, Express-

ex·press[2] [ɪk'spres]
1 der Eilbote; **to send a parcel by express** ein Paket als Schnellsendung schicken
2 **express [train]** der Schnellzug

ex·pres·sion [ɪk'spreʃn]
1 (*Redewendung*) der Ausdruck
2 (*mit Worten*) die Äußerung, der Ausdruck
3 **the expression on her face** ihr Gesichtsausdruck

ex·press·way [ɪk'spresweɪ] USA die Autobahn

ex·pul·sion [ɪk'spʌlʃn]
1 *von Volk:* die Vertreibung (**from** aus)
2 (*aus einem Land*) die Ausweisung
3 (*aus Schule, Verein*) der Ausschluss (**from** aus/von)

to **ex·tend** [ɪk'stend]
1 ausstrecken *Hand, Bein;* ausbreiten *Flügel*
2 (*räumlich*) vergrößern; ausbauen *Geschäft, Gebäude;* anbauen [an] *Haus;* [aus]dehnen *Grenze*
3 (*zeitlich*) verlängern; ausdehnen *Besuch;* verlängern lassen *Visum*
4 *Grundstück:* sich erstrecken (**beyond** über, **to** bis)

ex·ten·sion [ɪk'stenʃn]
1 (*auch zeitlich*) die Verlängerung; **extension to a deadline** die Fristverlängerung; **could I have a week's extension for my essay?** könnte ich den Aufsatz eine Woche später einreichen?
2 *von Gebäude:* der Erweiterungsbau; *von Haus:* der Anbau
3 *von Telefon:* der [Neben]anschluss, der Apparat, die Klappe Ⓐ

ex·ten·sive [ɪk'stensɪv]
1 ausgedehnt
2 **extensive knowledge** umfangreiches Wissen

ex·tent [ɪk'stent]
1 *von Gebäude, Fläche:* die Ausdehnung, die Größe
2 *von Wissen, Macht:* der Umfang
3 *von Schaden:* das Ausmaß
4 **to a certain extent** bis zu einem gewissen Grad; **to the full extent** in vollem Umfang; **to a great extent** in hohem Maße; **to some extent** bis zu einem gewissen Grad; **to what extent is he responsible for this problem?** inwieweit ist er für dieses Problem verantwortlich?; **it rained to such an extent that ...** es regnete so sehr, dass ...

ex·te·ri·or[1] [ɪk'stɪərɪəʳ] äußere(r, s), Außen-; **...: the exterior walls** die Außenwände

ex·te·ri·or[2] [ɪk'stɪərɪəʳ] *von Gebäude:* das Äußere, die Außenseite

ex·ter·nal [ɪk'stɜːnl]
1 äußere(r, s)
2 *Prüfung, Kandidat:* extern
3 *Medizin:* **for external use only** nur äußerlich anzuwenden

ex·tinct [ɪk'stɪŋkt]
1 *Vulkan:* erloschen
2 *Tier, Pflanze:* ausgestorben; **to become extinct** aussterben

ex·tinc·tion [ɪk'stɪŋkʃn] *von Tier:* das Aussterben; **extinction of species** der Artenschwund

to **ex·tin·guish** [ɪk'stɪŋgwɪʃ] [aus]löschen *Feuer;* ausschalten *Licht*

ex·tra[1] ['ekstrə]
1 zusätzlich; **we need an extra chair** wir brauchen noch einen Stuhl; **drinks are extra** die Getränke kosten extra; **extra charge** der Aufschlag, der Zuschlag
2 übrig, Reserve-; **these copies are extra** diese Exemplare sind übrig; **a few extra books** ein paar Bücher mehr
3 extra, besonders; **please be extra quiet** sei bitte besonders leise

ex·tra[2] ['ekstrə]
1 (*für Arbeiter usw.*) die Sonderleistung
2 (*bei Autos*) das Extra, die Sonderausstattung
3 (*auf Rechnung*) der Zuschlag
4 (*im Film, Theater*) der Statist/die Statistin

to **ex·tract** [ɪk'strækt] [her]ausziehen *Zahn, Saft,* herausnehmen (**from** aus)

ex·tract ['ekstrækt] *von Buch, Film:* der Auszug

extraor·di·nary [ɪk'strɔːdnrɪ]
1 außerordentlich, außergewöhnlich
2 merkwürdig; **how extraordinary!** wie seltsam!

ex·trava·gant [ɪk'strævəgənt]
1 verschwenderisch; **she's very extravagant with money** sie gibt das Geld mit vollen Händen aus
2 **an extravagant lifestyle** ein aufwendiger Lebensstil

ex·treme [ɪk'striːm]
1 äußerste(r, s); **on the extreme left of the picture** ganz links im Bild
2 *Gefahr:* höchste(r, s); *Armut, Wichtigkeit:* größte(r, s)
3 (*politisch*) extrem, radikal

ex·treme [ɪk'stri:m] das Extrem, das Äußerste; **in the extreme** im höchsten Grade; **to go to extremes** bis zum Äußersten gehen; **to go from one extreme to the other** von einem Extrem ins andere fallen

ex·treme·ly [ɪk'stri:mlɪ] äußerst, höchst

eye [aɪ]
1 das Auge; **to keep an eye on something** etwas im Auge behalten
2 der Blick; **his eye fell on her book** sein Blick fiel auf ihr Buch; **to catch someone's eye** jemandes Aufmerksamkeit auf sich lenken
3 *von Kartoffel:* das Auge; (*auf Feder*) das Pfauenauge; *von Nadel:* das Öhr, die Öse

eye·brow ['aɪbraʊ]
1 die Augenbraue
2 **to raise one's eyebrows** die Stirn runzeln (**at** über)

eye·lash ['aɪlæʃ] die Wimper

eye·lid ['aɪlɪd] das Augenlid

eye·sight ['aɪsaɪt] **to have bad/good eyesight** schlecht/gut sehen

eyewear *no pl* die Brillen [und Kontaktlinsen]

eye·wit·ness der Augenzeuge

e-zine ['i:zi:n] das Internet-Magazin

Ff

F <*Plural* F's *oder* Fs>, **f** [ef] <*Plural* f's>
1 (*auch bei Musik*) F, f
2 (USA) (*Schulnote*) ungenügend

fab·ric ['fæbrɪk] der Stoff, das Gewebe

fabu·lous ['fæbjʊləs]
1 sagenhaft, legendär; **fabulous beast** das Fabeltier
2 (*übertragen*) fantastisch

face [feɪs]
1 das Gesicht
2 der Gesichtsausdruck; **to pull a face** das Gesicht verziehen
3 *von Uhr:* das Zifferblatt

to **face** [feɪs]
1 **to face [someone]** [jemandem] gegenüberstehen
2 **the room faces north** der Raum liegt nach Norden
3 (*übertragen*) entgegentreten; **to be faced with something** sich einer Sache gegenübersehen; **to face the facts** den Tatsachen ins Auge blicken; **I can't face doing the washing-up** ich bringe es einfach nicht über mich abzuwaschen
4 **please face the front!** wende dich bitte nach vorne!

◆ to **face up to**
1 **to face up to something** etwas ins Auge sehen
2 **to face up to responsibility** die Verantwortung auf sich nehmen

face-cloth der Waschlappen

fa·cil·ity [fə'sɪlətɪ] *meist Plural* die Einrichtung; **cooking facilities** die Kochgelegenheit; **shopping facilities** die Einkaufsmöglichkeiten

fact [fækt]
1 die Tatsache, der Fakt; **facts and figures** Fakten und Zahlen; **fact and fiction** Dichtung und Wahrheit
2 **as a matter of fact** eigentlich; **in fact** in Wirklichkeit
3 **to tell someone about the facts of life** (*umgangsspr*) jemanden [sexuell] aufklären

fac·to·ry ['fæktərɪ] die Fabrik[anlage], das Werk

fac·tual ['fæktʃʊəl] sachlich

fa·cul·ty ['fækltɪ]
1 (*an der Uni*) die Fakultät
2 (USA) der Lehrkörper
3 **mental faculties** ⚠ *Plural* geistiges Vermögen

to **fade** [feɪd]
1 *Farben:* verblassen, verbleichen
2 *Blume:* [ver]welken
3 (*übertragen*) **to fade [away]** schwächer werden, verblassen; *Laut:* verklingen

fag [fæg] (GB) (*slang*) die Kippe

to **fail** [feɪl]
1 versagen, keinen Erfolg haben; **to fail to do something** etwas nicht tun; **if all else fails** wenn alle Stricke reißen
2 *Plan:* misslingen; *Ehe:* scheitern; *Versuch:* fehlschlagen

3 *Geschäft:* eingehen
4 *Ernte:* schlecht ausfallen
5 (*im Examen*) durchfallen
6 *Gesundheit:* sich verschlechtern
7 *Strom:* ausfallen; *Bremsen, Motor:* versagen

fail [feɪl]
1 **without fail** ganz bestimmt
2 **he got a fail in maths** in Mathematik ist er durchgefallen

fail·ure ['feɪljəʳ]
1 der Misserfolg
2 *von Verhandlungen, Plan:* der Fehlschlag; *von Ehe:* das Scheitern
3 *von Radio, Strom:* der Ausfall; *von Motor:* das Versagen
4 (*Mensch*) der Versager/die Versagerin, die Niete

faint[1] [feɪnt]
1 schwach, kraftlos
2 **he looked faint** er schien einer Ohnmacht nahe
3 *Hoffnung:* gering
4 *Geruch:* schwach; *Ton:* leise; *Spur:* undeutlich
5 **I haven't the faintest idea!** ich habe nicht die leiseste Ahnung!

faint[2] [feɪnt] die Ohnmacht

to **faint** [feɪnt] **to faint** ohnmächtig werden

fair[1] [feəʳ]
1 fair; **to be fair to someone** jemandem gegenüber gerecht sein; **fair enough!** na schön!
2 den Regeln entsprechend; **to play fair** fair spielen
3 ziemlich; **a fair amount of work** ziemlich viel Arbeit
4 *Wetter:* schön, heiter, sonnig
5 *Haare:* blond, hell

fair[2] [feəʳ]
1 der [Jahr]markt
2 (*Ausstellung*) die Messe; **book fair** die Buchmesse

fair·ground ['feəgraʊnd] der Rummelplatz

fair·ly ['feəlɪ]
1 **it's fairly expensive** es ist ziemlich teuer
2 *behandeln:* gerecht
3 **to play fairly** fair spielen

fair·ness ['feənɪs] die Gerechtigkeit, die Fairness; **in all fairness [to someone]** um fair [gegen jemanden] zu sein

fairy ['feərɪ] die Fee

fairy-tale das Märchen

faith [feɪθ]
1 (*religiös*) der Glaube[n] (**in** an)
2 das Vertrauen; **to have faith in someone** jemandem vertrauen; **to lose faith in someone** das Vertrauen zu jemandem verlieren

faith·ful ['feɪθfəl] **to be faithful to someone** jemandem treu sein

faith·ful·ly ['feɪθfəli]
1 treu
2 (*formeller Briefschluss*) **Yours faithfully** mit freundlichen Grüßen

to **fake** [feɪk]
1 fälschen *Unterschrift, Pass*
2 erfinden *Geschichte*
3 vortäuschen *Unfall, Interesse;* **he's just faking!** er tut nur so!

fake [feɪk] die Fälschung

fall [fɔːl]
1 *von Person:* der Fall, der Sturz; **my grandma had a fall** meine Oma ist gestürzt
2 *von Stadt:* die Eroberung; *von Regierung:* der Sturz
3 *von Preisen:* das Sinken, das Fallen; *von Temperatur:* der Abfall
4 (USA) der Herbst
5 **falls** ⚠ *Plural* der Wasserfall
6 **fall in price** der Preisrückgang

Grammatik
Richtiges Konjugieren von **fall**: fall, fell, fallen — *Steven tripped over the carpet and fell; Most of the apples have fallen from the tree.*

to **fall** [fɔːl] <fell, fallen>
1 *Person:* stürzen; **he fell [over]** er fiel hin
2 *Gegenstand:* fallen
3 **snow/rain is falling** es regnet/schneit
4 *Blätter:* abfallen; *Federn, Haare:* ausfallen
5 *Temperatur, Preise:* sinken, fallen
6 **to fall asleep** einschlafen; **to fall ill** krank werden
7 **to fall to pieces** *Plan, Verhältnis:* in die Brüche gehen

Vorsicht Falle!
Die Vergangenheitsformen von **fall** und **feel** werden oft verwechselt! Die Vergangenheit von **fall** ist **fell:** *I fell down the stairs.* Die Vergangenheit von **feel** ist hingegen **felt:** *She felt very nervous before the exam.*

◆ to **fall down**
1 *Person:* hinfallen; *Gegenstand:* herunterfal-

len
2 hinunterfallen *Treppe*

◆ to **fall in**
1 *Gebäude, Dach:* einstürzen
2 **to fall in love with someone** sich in jemanden verlieben

◆ to **fall into**
1 hineinfallen in
2 **to fall into a category** unter eine Kategorie fallen

◆ to **fall off**
1 *Produktion:* zurückgehen
2 *Gesundheit:* schwächer werden
3 *Interesse:* nachlassen
4 **she fell off her horse** sie fiel von ihrem Pferd herunter

◆ to **fall out**
1 *Haar:* ausfallen
2 **to fall out with someone** sich mit jemandem streiten

◆ to **fall over**
1 *Person:* hinfallen
2 **to fall over something** über etwas fallen

◆ to **fall through** (*übertragen*) *Plan:* fehlschlagen, danebengehen

fall-out [ˈfɔːlaʊt] der Fallout, radioaktiver Niederschlag

false [fɔːls] falsch

false alarm (*auch übertragen*) blinder Alarm

false teeth *Plural* die dritten Zähne, [künstliches] Gebiss

fame [feɪm] der Ruhm

fa·mili·ar [fəˈmɪlɪəʳ]
1 *Anblick, Umgebung:* vertraut, gewohnt; **are you familiar with this type of machine?** kennen Sie sich mit solchen Geräten aus?
2 *Person:* bekannt; **he looks familiar** er kommt mir bekannt vor
3 vertraulich; **to be on familiar terms with someone** mit jemandem auf vertrautem Fuß stehen

fami·ly [ˈfæməlɪ]
1 die Familie; **it runs in the family** das liegt in der Familie
2 die Verwandschaft; **the whole family is coming for Christmas!** die ganze Verwandtschaft kommt an Weihnachten!
3 die Herkunft, die Abstammung

fami·ly name der Familienname

fami·ly tree der Stammbaum

fam·ine [ˈfæmɪn] die Hungersnot

fa·mous [ˈfeɪməs] berühmt (**for** für/wegen)

fan [fæn]
1 der Fächer
2 der Ventilator
3 (*umgangsspr*) der Fan, der Verehrer/die Verehrerin

to **fan** [fæn] <fanned, fanned> **to fan someone/oneself** jemandem/sich zufächeln

fa·nat·ic[1] [fəˈnætɪk] fanatisch

fa·nat·ic[2] [fəˈnætɪk] der Fanatiker/die Fanatikerin

fa·nati·cal [fəˈnætɪkəl] fanatisch

fan·cy [ˈfænsɪ]
1 kunstvoll, schick
2 *Idee:* überspannt
3 **fancy prices** die gepfefferte Preise; **a big fancy car** ein toller Schlitten
4 (USA) Delikatess-

to **fan·cy** [ˈfænsɪ]
1 (*mögen*) **fancy a cup of tea?** wie wäre es mit einer Tasse Tee?; **what do you fancy doing this evening?** worauf hättest du Lust heute Abend?; **I don't fancy living here!** hier zu wohnen, würde mir nicht gefallen!
2 (*umgangsspr*) **she fancies him** sie findet ihn süss *umgangsspr*

fan·cy dress das Maskenkostüm; **fancy-dress ball** der Kostümball

fan·tas·tic [fænˈtæstɪk]
1 (*umgangsspr*) toll
2 fantastisch; *Geschichte:* unwahrscheinlich

far [fɑːʳ] <farther *oder* further, farthest *oder* furthest>
1 (*räumlich*) weit, fern; **at the far end** am hinteren Ende; **the far end of the room** das andere Ende des Zimmers
2 **the train goes as far as York** der Zug fährt bis nach York
3 **far away** weit entfernt; **does he live far away?** wohnt er weit weg?; **to see something from far away** etwas aus der Ferne sehen
4 (*zeitlich*) **so far** bis jetzt; **far into the night** bis spät in die Nacht hinein
5 (*als Betonung*) **far too expensive** viel zu teuer; **far longer/better** weit[aus] länger/besser; **so far so good** so weit, so gut
6 **as far as I know** soweit ich weiß

far-away [ˈfɑːrəweɪ]
1 weit entfernt, abgelegen
2 *Blick:* verträumt

fare [feəʳ] das Fahrgeld, der Fahrpreis; (*im Flugzeug*) der Flugpreis

fare·well [ˌfeəˈwel] der Abschied

farm [fɑːm] der Bauernhof, der Gutshof, die Farm

to **farm** [fɑːm]
1 **to farm the land** das Land bewirtschaften
2 Landwirtschaft betreiben

farm·er [ˈfɑːməʳ] der Bauer/die Bäuerin, der Landwirt/die Landwirtin

farm·ing [ˈfɑːmɪŋ] die Landwirtschaft, der Ackerbau

far·ther [ˈfɑːðəʳ] weiter entfernt, weiter [weg]

far·thest [ˈfɑːðɪst] entfernteste(r, s); **the farthest place** der am weitesten entfernte Ort

to **fas·ci·nate** [ˈfæsɪneɪt] faszinieren, begeistern

fas·ci·nat·ing [ˈfæsɪneɪtɪŋ] faszinierend, spannend; *Buch:* fesselnd

fas·cism [ˈfæʃɪzəm] der Faschismus

fas·cist[1] [ˈfæʃɪst] der Faschist/die Faschistin

fas·cist[2] [ˈfæʃɪst] faschistisch

fash·ion [ˈfæʃn]
1 die Mode; **in fashion** in Mode, modern; **to come into fashion** Mode werden; **to be out of fashion** aus der Mode sein
2 Art und Weise; **to behave in a strange fashion** sich merkwürdig verhalten

fash·ion·able [ˈfæʃnəbl] modisch, schick

fash·ion show die Modenschau

fast [fɑːst]
1 schnell
2 **my watch is fast** meine Uhr geht vor
3 **fast food** der Imbiss, das Fastfood; **fast food restaurant** der Schnellimbiss
4 **fast lane** die Überholspur
5 **to be fast asleep** tief schlafen

to **fast** [fɑːst] fasten

to **fas·ten** [ˈfɑːsn]
1 befestigen, festmachen (**to** an)
2 zumachen *Knopf;* **to fasten one's seatbelt** sich anschnallen; **to fasten one's jacket** seine Jacke zumachen; **to fasten one's shoes** seine Schuhe binden

fat[1] [fæt] <fatter, fattest> fett, dick

fat[2] [fæt] das Fett

fa·tal [ˈfeɪtl]
1 *Irrtum:* verhängnisvoll (**to** für)
2 *Unfall:* tödlich

fate [feɪt] das Schicksal, das Los

fa·ther [ˈfɑːðəʳ]
1 der Vater
2 der Pfarrer
3 **fathers** (USA) die Väter, die Vorfahren

Fa·ther Christ·mas der Weihnachtsmann

fa·ther-in-law [ˈfɑːðərɪnlɔː] <*Plural* fathers-in-law> der Schwiegervater

fat·ten·ing [ˈfætnɪŋ] dick machend; **fattening foods** die Dickmacher

fat·ty [ˈfætɪ] *Essen:* fett[ig], fetthaltig

fau·cet [ˈfɔːsɪt] (USA) der [Wasser]hahn

fault [fɔːlt]
1 der Fehler, der Mangel
2 *von Maschine:* der Defekt
3 die Schuld; **it isn't my fault** es ist nicht meine Schuld

fault·less [ˈfɔːltlɪs] untadelig; *Englisch:* fehlerfrei; *Aussehen:* tadellos

faulty [ˈfɔːltɪ] fehlerhaft, mangelhaft; *Maschine:* defekt

fa·vour [ˈfeɪvəʳ], (USA) **fa·vor**
1 der Gefallen, die Gefälligkeit; **to ask someone for a favour** jemanden um einen Gefallen bitten; **to do someone a favour** jemandem einen Gefallen tun
2 die Gunst
3 **to be in favour of something** für etwas sein

to **fa·vour** [ˈfeɪvəʳ], (USA) to **fa·vor**
1 für gut halten, bevorzugen
2 **to favour someone** jemanden begünstigen

fa·vour·able [ˈfeɪvərəbl], (USA) **fa·vor·able**
1 günstig, vorteilhaft (**to** für)
2 *Antwort, Eindruck:* positiv

fa·vour·ite[1] [ˈfeɪvərɪt], (USA) **fa·vor·ite**
1 der Liebling
2 (*bei Sport*) der Favorit/die Favoritin

fa·vour·ite[2] [ˈfeɪvərɪt], (USA) **fa·vor·ite** Lieblings-; **my favourite food** mein Lieblingsessen

to **fax** [fæks] faxen; **I will fax it to you** ich werde es Ihnen zufaxen

fax [fæks] <*Plural* faxes>
1 (*Gerät*) das [Tele]fax
2 das Fax

fear [fɪəʳ]
1 die Angst, die Furcht; **fear of flying** die Flugangst; **fear of heights** die Höhenangst
2 die Sorge, die Befürchtung; **no fear!** keine Sorge!

to fear [fɪəʳ]
① [sich] fürchten, Angst haben; **to fear for someone/something** um jemanden/etwas fürchten
② befürchten

fear·ful ['fɪəfᵊl] ängstlich (**of** vor)

fea·sible ['fiːzəbl]
① machbar, realisierbar; *Plan, Vorschlag:* durchführbar
② *Ausrede:* glaubhaft, plausibel

feast [fiːst]
① (*religiös*) das Fest
② das Festmahl, das Festessen, das Bankett

feath·er ['feðəʳ]
① die Feder; **as light as a feather** federleicht
② **feathers** ⚠ *Plural* das Gefieder

fea·ture ['fiːtʃəʳ]
① das Kennzeichen, das Merkmal
② *von Raum, Gebäude:* die Besonderheit
③ (*im Fernsehen*) der Dokumentarbericht, das Feature
④ (*in Zeitung*) der Sonderbericht

fea·ture film der Spielfilm

Feb·ru·ary ['febrʊərɪ] der Februar; **in February** im Februar; **on 15th February, on February 15** (USA) am 15. Februar; **at the beginning of February** Anfang Februar; **at the end of February** Ende Februar

fed [fed] *2. und 3. Form von* **feed**

fed·er·al ['fedərəl]
① bundesstaatlich, föderativ
② (USA) **federal state** der Staat
③ **the Federal Republic of Germany** die Bundesrepublik Deutschland

fed·era·tion [ˌfedə'reɪʃn] das Bündnis

fed up [ˌfed'ʌp] **I'm fed up!** ich habe die Nase voll!; **I'm fed up with it** es hängt mir zum Hals heraus

fee [fiː]
① die Gebühr; **on payment of a small fee** gegen eine geringe Gebühr
② **school fees** das Schulgeld

fee·ble ['fiːbl] <feebler, feeblest>
① schwach; **that's a feeble excuse** das ist eine schlechte Ausrede
② *Stimme:* matt
③ *Versuch:* zaghaft

feed [fiːd]
① *eines Babys:* die Mahlzeit, das Essen
② *eines Tieres:* das Futter

to feed [fiːd] <fed, fed>
① **to feed someone** jemanden verpflegen; **to feed the family** die Familie ernähren
② **to feed an animal** einem Tier zu fressen geben; **to feed a baby** ein Baby füttern; (*an der Brust*) ein Baby stillen
③ versorgen *Maschine*
④ **to feed oneself** sich selbst verpflegen
⑤ *Tier:* fressen

feed·back ['fiːdbæk] das Feedback, die Rückmeldung

to feel [fiːl] <felt, felt>
① fühlen, befühlen
② empfinden *Eifersucht, Mitleid, Gefühl;* **to feel the cold/heat** unter der Kälte/Hitze leiden
③ glauben; **she felt it necessary ...** sie hielt es für notwendig...; **how do you feel about him?** was halten Sie von ihm?; **how do you feel about it?** was halten Sie davon?
④ sich fühlen; **to feel well** sich wohl fühlen; **I'm feeling much better** es geht mir viel besser; **to feel hungry** hungrig sein; **I feel hot** mir ist heiß
⑤ sich anfühlen; **it feels hard** es fühlt sich hart an; **it feels like leather** es fühlt sich an wie Leder
⑥ **to feel like something** Lust auf etwas haben; **I feel like an ice-cream** ich hätte jetzt Lust auf ein Eis; **I feel like going for a walk** ich habe Lust, spazieren zu gehen

> **Grammatik**
> Richtiges Konjugieren von **feel**: feel, felt, felt — *Lisa felt cold; I have never felt so tired before.*

feel·ing ['fiːlɪŋ]
① die Empfindung, das Gefühl
② **I have a feeling that ...** ich habe das Gefühl, dass ...
③ **feelings** die Gefühle; **I hope you haven't any hard feelings** ich hoffe, Sie sind [mir] nicht böse; **to hurt someone's feelings** jemanden verletzen

feet [fiːt] *Pluralform von* **foot**

fell [fel] *2. Form von* **fall**

fel·low ['feləʊ] der Bursche, der Kerl; **old fellow** alter Knabe

fel·low stu·dent der Kommilitone/die Kommilitonin

felt¹ [felt] *2. und 3. Form von* **feel**

felt² [felt] der Filz

felt-tip (pen) der Filzschreiber, der Filzstift

fe·male[1] ['fi:meɪl] weiblich

fe·male[2] ['fi:meɪl] *von Tieren:* das Weibchen

femi·nine ['femənɪn] feminin, weiblich

femi·nist[1] ['femɪnɪst] feministisch, Frauen-

femi·nist[2] ['femɪnɪst] der Feminist/die Feministin, der Frauenrechtler/die Frauenrechtlerin

fence [fens]
1 der Zaun
2 (*für Pferde*) das Hindernis

to **fence** [fens] fechten

fenc·ing ['fensɪŋ]
1 der Zaun, die Umzäunung
2 das Fechten

fer·ry ['ferɪ] die Fähre

fer·tile ['fɜ:taɪl] fruchtbar

fer·ti·liz·er ['fɜ:təlaɪzəʳ] der Dünger

fes·ti·val ['festɪvl]
1 das Fest
2 (*kulturell*) die Festspiele, das Festival

to **fetch** [fetʃ]
1 holen, bringen; **he fetched her from the station** er holte sie vom Bahnhof ab
2 **his car fetched $1,000 at auction** sein Auto brachte $1000 bei der Versteigerung

fête [feɪt] das [Garten]fest

fe·tus ['fi:təs] (USA) der Fötus, der Fetus

fe·ver ['fi:vəʳ]
1 das Fieber
2 **to be at fever pitch** in höchster Erregung sein

fe·ver·ish ['fi:vərɪʃ]
1 fiebernd
2 (*übertragen*) fieberhaft

few [fju:]
1 wenige; **few people** wenige Leute
2 **a few people** ein paar Leute; **a few times** ein paar Mal; **quite a few** ziemlich viele
3 **every few days** alle paar Tage

few·er ['fju:əʳ] weniger; **no fewer than ...** nicht weniger als ...

few·est ['fju:ɪst] [**the**] **fewest** die Wenigsten

fi·an·cé [fɪ'ɒnseɪ] der Verlobter

fi·an·cée [fɪ'ɒnseɪ] die Verlobte

fi·bre ['faɪbəʳ], (USA) **fi·ber**
1 (*bei Pflanzen usw.*) die Faser
2 [**dietary**] **fibre** die Ballaststoffe

fi·bre·glass ['faɪbəglɑ:s], (USA) **fi·ber·glass** das Fiberglas

fic·tion ['fɪkʃn]
1 die Erfindung, die Fiktion
2 die Erzählliteratur

fic·tion·al ['fɪkʃənl] erfunden, erdichtet

fic·ti·tious [fɪk'tɪʃəs]
1 *Geschichte:* [frei] erfunden; *Figur:* fiktiv
2 falsch

fid·dle ['fɪdl] die Fiedel, die Geige

to **fid·dle** ['fɪdl]
1 geigen
2 (*umgangsspr*) **to fiddle the books** die Bücher frisieren
◆ to **fiddle about** herumspielen, herumfummeln

fid·dly ['fɪdlɪ] (*umgangsspr*) knifflig

field [fi:ld]
1 das Feld, der Acker; (*mit Tieren*) die Weide
2 (*Sport*) das Feld; **playing field** der Sportplatz
3 (*militärisch*) das Feld
4 (*übertragen*) das [Fach]gebiet, der Bereich; **in this field** auf diesem Gebiet

to **field** [fi:ld] (*Kricket, Baseball*) als Fänger spielen

field·work ['fi:ldwɜ:k]
1 die Arbeit im Gelände
2 *von Wissenschaftler:* die Feldforschung

fierce [fɪəs]
1 *Erscheinung:* wild
2 *Blick:* böse
3 *Hund:* scharf
4 *Kampf:* heftig
5 *Konkurrenz:* erbittert

fiery ['faɪərɪ]
1 feurig, glühend
2 **to have a fiery temper** ein Hitzkopf sein

fif·teen[1] [ˌfɪf'ti:n] fünfzehn

fif·teen[2] [ˌfɪf'ti:n] die Fünfzehn

fifth[1] [fɪfθ] fünfte(r, s)

fifth[2] [fɪfθ]
1 (*Datum*) **the fifth** der Fünfte
2 (*Bruchzahl*) das Fünftel

fif·ti·eth[1] ['fɪftɪəθ] fünfzigste(r, s)

fif·ti·eth[2] ['fɪftɪəθ]
1 Fünfzigste(r, s)
2 (*Bruchzahl*) das Fünfzigstel

fif·ty[1] ['fɪftɪ]
1 fünfzig
2 **to go fifty-fifty with someone** mit jemandem halbe-halbe machen

fif·ty[2] ['fɪftɪ]
1 die Fünfzig
2 **in the fifties** in den Fünfzigern; **she must be in her fifties** sie muss in den Fünfzigern sein

fig [fɪg] die Feige

fight [faɪt] der Kampf, das Gefecht; **to have a fight with someone** sich mit jemandem schlagen

to **fight** [faɪt] <fought, fought>
1 kämpfen (**for** um); **to fight someone/something** gegen jemanden/etwas [*oder* mit jemandem/etwas] kämpfen, jemanden/etwas bekämpfen
2 (*mit Worten*) sich streiten
3 (*mit den Fäusten*) sich prügeln
4 **to fight for one's life** um sein Leben kämpfen
◆ to **fight back** zurückschlagen, sich wehren

fight·er ['faɪtəʳ]
1 der Kämpfer/die Kämpferin
2 das Jagdflugzeug
3 der Boxer

fight·ing ['faɪtɪŋ] der Kampf, das Gefecht

fig·ura·tive ['fɪgjərətɪv] bildlich, übertragen

fig·ure ['fɪgəʳ]
1 die Zahl, die Ziffer; *von Geld:* die Summe
2 (*geometrisch*) die Form
3 (*Körper*) die Gestalt, die Figur; **she has a good figure** sie hat eine gute Figur

to **fig·ure** ['fɪgəʳ] (USA) meinen; **I figured he'd be late** ich dachte, er würde zu spät kommen
◆ to **figure out**
1 **to figure something out** etwas ausrechnen
2 **to figure out a problem** ein Problem verstehen
3 **to figure someone out** jemanden verstehen

file [faɪl]
1 der Aktenhefter, der Aktenordner
2 die Akte; **on file** aktenkundig; **to put something on file** etwas zu den Akten nehmen
3 (*in der Informatik*) die Datei
4 die Feile
5 die Reihe; **in single file** im Gänsemarsch

to **file** [faɪl]
1 **to file something** [**away**] etwas zu den Akten legen [*oder* ablegen]
2 **to file a report** einen Bericht einsenden
3 feilen *Fingernägel*
◆ to **file in** hereinmarschieren
◆ to **file out** hinausgehen

to **fill** [fɪl]
1 füllen
2 zustopfen *Loch;* stopfen *Pfeife;* plombieren *Zahn*
3 **the position is already filled** die Stelle ist schon besetzt
4 voll werden, sich füllen
◆ to **fill in**
1 **to fill in a hole** ein Loch auffüllen
2 **to fill in a form** ein Formular ausfüllen; **please fill in your name** bitte setzen Sie Ihren Namen ein
3 **to fill in for someone** für jemanden einspringen
◆ to **fill out** ausfüllen *Formular*
◆ to **fill up**
1 **to fill something up** etwas voll füllen
2 **to fill up a car** voll tanken
3 sich füllen, voll werden

fill·ing[1] ['fɪlɪŋ] *Essen:* sättigend

fill·ing[2] ['fɪlɪŋ]
1 (*für Zahn*) die Plombe, die Füllung
2 (*für Brot*) der Belag

fill·ing sta·tion die Tankstelle

film [fɪlm]
1 (*dünner Belag*) die Schicht, der Film
2 (*für Fotoapparat, im Kino*) der Film; **to make** [*oder* **shoot**] **a film** einen Film drehen

to **film** [fɪlm]
1 [ver]filmen
2 sich verfilmen lassen

film star der Filmstar

fil·ter ['fɪltəʳ] der/das Filter

to **fil·ter** ['fɪltəʳ] filtern
◆ to **filter through** durchsickern

filthy ['fɪlθɪ]
1 schmutzig, dreckig
2 (*übertragen*) unanständig, schweinisch
3 (*umgangsspr*) **filthy rich** stinkreich *umgangsspr*

fin [fɪn] die Flosse

fi·nal[1] ['faɪnl]
1 letzte(r, s); **final score** der Schlussstand; **final whistle** der Schlusspfiff
2 *Resultat, Ziel:* End-
3 *Urteil, Entscheidung:* endgültig

fi·nal[2] ['faɪnl]
1 die Abschlussprüfung
2 (*im Sport*) das Endspiel, das Finale

to **fi·nal·ize** ['faɪnəlaɪz] **to finalize a plan** einen Plan endgültig festlegen; **to finalize a deal** ein Geschäft zum Abschluss bringen

fi·nal·ly ['faɪnəlɪ]
1 (*nach langem Warten*) schließlich; **and finally he was ready!** und endlich war er fertig!
2 (*zeitlich*) zum Schluss; **firstly, ... secondly,... and finally ...** erstens, ... zweitens, ... und zuletzt ...

fi·nance ['faɪnæns]
1 das Finanzwesen
2 **finances** die Finanzen

to **fi·nance** ['faɪnæns] finanzieren

fi·nan·cial [faɪ'nænʃl] finanziell

find [faɪnd] der Fund

to **find** [faɪnd] <found, found>
1 finden; (*unerwartet*) entdecken
2 (*besorgen*) **to find something for someone** jemandem etwas besorgen; **did you find what you wanted?** hast du bekommen, was du wolltest?
3 (*bemerken*) **you'll find that he's lying** du wirst feststellen, dass er lügt
4 (*empfinden*) **she found all the questions easy** sie fand alle Fragen leicht

◆ to **find out**
1 herausfinden
2 erwischen *Person*
3 dahinter kommen

fine[1] [faɪn]
1 fein; *Wetter:* schön
2 *Sportler, Künstler:* ausgezeichnet, hervorragend
3 (*Qualität*) *Material:* fein, zart
4 *Werkzeug:* genau; *Nadel, Pinsel:* fein, spitz
5 **fine dust** feiner Staub; **fine rain** der Nieselregen
6 gesund; **I'm feeling fine** mir geht's bestens; **how are you? — fine, thanks!** wie geht's? — gut, danke!
7 **that's fine!** das ist prima!; **everything's fine** alles ist in Ordnung

fine[2] [faɪn] das Bußgeld, die Geldstrafe

to **fine** [faɪn] mit einer Geldstrafe belegen; **he was fined for speeding** er erhielt eine Geldstrafe für zu schnelles Fahren

fin·ger ['fɪŋgəʳ] der Finger

fin·ger·nail der Fingernagel

fin·ger·print ['fɪŋgəprɪnt] der Fingerabdruck

fin·ish ['fɪnɪʃ]
1 das Ende, der Schluss
2 (*Endpunkt*) das Ziel; (*Endphase*) der Endspurt
3 der Schliff; (*bei Waren*) die Verarbeitung

to **fin·ish** ['fɪnɪʃ]
1 beenden
2 **to finish [off]** erledigen, vollenden *Arbeit;* auslesen *Buch*
3 **to finish doing something** aufhören, etwas zu tun; **to have finished doing something** mit etwas fertig sein; **to finish writing** fertig schreiben; **have you finished?** bist du fertig?; **to finish one's drink** austrinken
4 fertig stellen
5 zu Ende sein, fertig sein, aufhören; **when does the concert finish?** wann ist das Konzert aus?

◆ to **finish off**
1 **to finish something off** etwas fertig machen
2 aufessen *Essen*

◆ to **finish up** aufessen *Essen;* austrinken *Getränk*

◆ to **finish with**
1 **have you finished with the paper?** brauchst du die Zeitung noch?; **to finish with a book** ein Buch auslesen
2 (*übertragen*) **to finish with someone** mit jemandem nichts mehr zu tun haben wollen; **to finish with a girlfriend/boyfriend** mit einem Freund/einer Freundin Schluss machen

fin·ished ['fɪnɪʃt]
1 **he's finished** er ist fertig
2 *Person:* erledigt *umgangsspr*

fir [fɜːʳ] die Tanne, die Fichte

fire ['faɪəʳ]
1 das Feuer; **danger of fire** die Brandgefahr; **to catch fire** Feuer fangen
2 (*von Gebäude, Wald*) der Brand; **to be on fire** in Flammen stehen; **to set fire to a house, to set a house on fire** ein Haus in Brand stecken

to **fire** ['faɪəʳ]
1 (*umgangsspr*) feuern *umgangsspr,* entlassen
2 abfeuern *Feuerwaffe, Geschoss*
3 *Waffe:* feuern, schießen

fire alarm ['faɪərəˌlɑːm]
1 der Feueralarm
2 (*Gerät*) der Feuermelder

fire·arm die Feuerwaffe, die Schusswaffe

fire bri·gade die Feuerwehr

fire de·part·ment (USA) die Feuerwehr

fire en·gine das Feuerwehrauto

fire es·cape die Feuertreppe, die Feuerleiter

fire ex·tin·guish·er der Feuerlöscher

fire·fight·er der Feuerwehrmann

fire·man ['faɪəmən] <*Plural* firemen> der Feuerwehrmann

fire·place ['faɪəpleɪs] der Kamin

fire·wom·an ['faɪəwʊmən, *Plural* 'faɪəwɪmɪn] <firewomen> *Plural* die Feuerwehrfrau

fire·work
1 der Feuerwerkskörper
2 **fireworks** das Feuerwerk

firm[1] [fɜːm]
1 fest, stabil
2 *Freundschaft:* beständig, dauerhaft
3 *Basis:* sicher
4 *Angebot:* bindend

firm[2] [fɜːm] die Firma, das Unternehmen

first[1] [fɜːst]
1 erste(r, s); **first novel** der Erstlingsroman; **for the first time** zum ersten Mal; **in first place** (*beim Rennen*) an erster Stelle; **he was first to arrive** er kam als Erster an; **first thing every morning** gleich morgens früh
2 zuerst, als Erste(r, s); **to come in first** das Rennen gewinnen; **Ladies first!** den Damen der Vortritt!; **first come, first served** wer zuerst kommt, mahlt zuerst
3 als Erstes, zunächst; **first of all, I'm going to unpack** zuallererst werde ich auspacken
4 zum ersten Mal; **when did you first meet him?** wann hast du ihn das erste Mal getroffen?
5 zuerst; **I must finish this first** ich muss das erst fertig machen

first[2] [fɜːst]
1 **the first** der/die/das Erste; **he was the first to arrive** er kam als Erster an
2 (GB) (*Note an der Uni*) die Eins
3 (*im Fahrzeug*) erster Gang
4 **the first of July** der erste Juli
5 **at first** zuerst, zunächst

first aid die erste Hilfe; **first aid box** der Verbandskasten

first-class [ˌfɜːst'klɑːs]
1 erstklassig
2 (GB) **first-class stamp** die Briefmarke für Eilpost

first·ly ['fɜːstlɪ] erstens

first name ['fɜːst neɪm] der Vorname; **to be on first name terms** sich duzen

first-rate [ˌfɜːst'reɪt]
1 erstrangig, erstklassig
2 (*umgangsspr*) prima, großartig

fish [fɪʃ] <*Plural* fish *oder* fishes> der Fisch; **fish and chips** Backfisch und Pommes frites

to **fish** [fɪʃ]
1 fischen
2 angeln (**for** nach)

fish·cake ['fɪʃkeɪk] die Fischfrikadelle

fish·er·man ['fɪʃəmən] <*Plural* fishermen> der Fischer, der Angler

fish fin·ger [ˌfɪʃ'fɪŋgəʳ] das Fischstäbchen

fish·ing ['fɪʃɪŋ] das Fischen, das Angeln

fish·ing rod die Angelrute

fish·monger ['fɪʃmʌŋgəʳ] (GB) der Fischhändler/die Fischhändlerin

fishy ['fɪʃɪ]
1 *Geruch, Geschmack:* fischartig
2 (*umgangsspr*) verdächtig, faul

fist [fɪst] die Faust

fit[1] [fɪt]
1 (*medizinisch*) der Anfall; **fit of coughing** der Hustenanfall
2 **fit of anger** der Wutanfall

fit[2] [fɪt] <fitter, fittest>
1 *Person:* gesund, in Form; **to keep fit** in Form bleiben
2 geeignet; **fit to drink** trinkbar; **fit for a position** für eine Stelle geeignet; **fit for work** arbeitsfähig

to **fit** [fɪt] <fitted *oder* (USA) fit, fitted *oder* (USA) fit>
1 **the lid fits the pot** der Deckel passt auf den Topf; **the key fits the lock** der Schlüssel passt in das Schloss
2 *Kleidung:* passen, sitzen
3 montieren, einbauen *Schloss;* einsetzen *Scheibe, Tür*

Grammatik

Fit oder **suit**? Das Wort **fit** sagt aus, ob etwas die richtige Größe oder Form hat: *The square peg does not fit into the round hole; This dress doesn't fit me anymore.* Wenn man jedoch sagen möchte, dass jemandem etwas nicht steht oder ungelegen ist, verwendet man **suit:** *I don't suit* *that colour; Monday doesn't suit me — can we meet up on Tuesday?*

◆ to **fit in**
1 **to fit something in** etwas unterbringen
2 **to fit someone in** jemandem einen Termin geben; **to fit in a visit** einen Besuch einschieben; **I can fit you in on Monday** am Montag hätte ich Zeit für Sie
3 einbauen *Scheibe usw.*

fit·ness ['fɪtnɪs] die Fitness, die Kondition

five [faɪv] fünf; **a quarter to five** viertel vor fünf

five [faɪv] die Fünf; **the five of hearts** die Herzfünf

fix [fɪks]
1 (*umgangsspr*) **to be in a fix** in der Klemme sein
2 (*slang*) *Drogen:* der Fix

to **fix** [fɪks]
1 *mit Schrauben usw.:* festmachen, befestigen (**to** an)
2 **to fix one's eyes on something** den Blick auf etwas heften
3 festsetzen, festlegen *Preis* (**at** auf)
4 abmachen; **to fix a date** ein Treffen vereinbaren
5 (*umgangsspr*) reparieren; **to fix the radio** das Radio reparieren
6 **to fix one's hair** sich frisieren

fixed [fɪkst]
1 fest
2 *Idee:* fix
3 *Lächeln:* starr

fizzy ['fɪzɪ] sprudelnd; **fizzy drinks** die kohlensäurehaltige Getränke

flab·by ['flæbɪ] *Körperteil:* schwabbelig

flag [flæg] die Fahne, die Flagge

flair [fleə^{r}] **to have a flair for something** eine Nase für etwas haben

flake [fleɪk] *Schnee, Farbe, Seife:* die Flocke

to **flake** [fleɪk] **to flake** [**away** [*oder* **off**]] *Farbe:* abblättern

flame [fleɪm] die Flamme; **to burst into flames** in Flammen aufgehen

flam·ing ['fleɪmɪŋ] lodernd, brennend

flan [flæn]
1 (*süß*) die Torte
2 (*pikant*) die Quiche

flan·nel ['flænl]
1 der Waschlappen
2 der Flanell

flap [flæp] die Klappe; (*am Briefumschlag*) die Lasche

to **flap** [flæp] <flapped, flapped> *Flügel:* schlagen; *Fahne, Segel:* flattern

to **flare** [fleə^{r}]
1 [auf]flackern
2 (*übertragen*) aufbrausen

◆ to **flare up**
1 (*auch übertragen*) aufflammen; *Krankheit:* [wieder] ausbrechen
2 aufbrausen

to **flash** [flæʃ]
1 aufleuchten, aufblitzen
2 [auf]blitzen, funkeln; **lightning flashed** es blitzte
3 (*übertragen*) sausen, flitzen; **to flash by** vorbeisausen; **the time flashed past** die Zeit verflog im Nu; **the idea flashed through my mind** der Gedanke schoss mir durch den Kopf
4 **to flash one's headlights at someone** jemanden anblinken

flash [flæʃ] <*Plural* flashes>
1 das Aufblinken, das Blitzen
2 *am Fotoapparat:* der Blitz, das Blitzlicht
3 **flash of lightning** der Blitz
4 **in a flash** im Nu; **as quick as a flash** blitzschnell

flash·back ['flæʃbæk] (*im Buch, Film*) die Rückblende

flash·mob ['flæʃmɒb] der Flashmob

flashy ['flæʃɪ] auffallend, auffällig

flask [flɑːsk]
1 die Thermosflasche
2 (*für Schnaps*) der Flachmann

flat[1] [flæt] <flatter, flattest>
1 *Fläche:* flach, eben; *Reifen:* platt
2 *Batterie:* leer
3 *Getränk:* schal, abgestanden
4 (*übertragen*) *Stimmung:* fade
5 **flat rate** die Pauschale

flat[2] [flæt]
1 die Reifenpanne
2 (GB) die Wohnung

flat rate die Flatrate, der Pauschalsatz

flat screen (*Monitor*) der Flachbildschirm; (*TV*) das Fernsehgerät mit Flachbildschirm

to **flat·ten** ['flætn] platt drücken

to **flat·ter** ['flætəʳ] schmeicheln

fla·vour ['fleɪvəʳ], (USA) **fla·vor** der Geschmack, das Aroma

fla·vour·ing, (USA) **fla·vor·ing** das Aroma

flea [fli:] der Floh

flea mar·ket der Flohmarkt

to **flee** [fli:] <fled, fled> fliehen, flüchten (**from** vor)

fleet [fli:t] *Schiffe:* die Flotte

flesh [fleʃ] das Fleisch; **flesh and blood** Fleisch und Blut

flew [flu:] *2. Form von* **fly**

flex·ible ['fleksəbl]
1 biegsam, elastisch
2 (*übertragen*) flexibel

to **flick·er** ['flɪkəʳ]
1 flattern
2 *Flamme:* flackern, zucken

flick·er ['flɪkəʳ]
1 *von Flamme:* das Flackern
2 **flicker of hope** der Hoffnungsschimmer

flight [flaɪt]
1 der Flug, das Fliegen; **in flight** im Flug
2 die Flugstrecke
3 **flight of stairs** die Treppe

to **fling** [flɪŋ] <flung, flung> schleudern; **to fling back one's head** den Kopf zurückwerfen

to **flip** [flɪp] <flipped, flipped>
1 **to flip something** [**over**] etwas wenden
2 (*umgangsspr*) ausflippen

flip·per ['flɪpəʳ]
1 (*Tier*) die Flosse
2 (*beim Taucher*) die [Schwimm]flosse

to **float** [fləʊt] schwimmen, treiben; (*in Luft*) schweben

flock [flɒk]
1 die Herde
2 *von Vögeln:* der Schwarm

flood [flʌd] das Hochwasser, die Überschwemmung; **the Flood** die Sintflut

to **flood** [flʌd]
1 überschwemmen, überfluten; **the cellar was flooded** [**out**] der Keller stand unter Wasser
2 (*übertragen*) überschütten (**with** mit)
◆ to **flood in** hereinstürmen, hineinströmen

flood·light ['flʌdlaɪt] der Scheinwerfer, das Scheinwerferlicht, das Flutlicht

floor [flɔ:ʳ]
1 der Fußboden
2 die Tanzfläche
3 der Stock; **first floor** (GB) erster Stock; (USA) das Erdgeschoss

to **flop** [flɒp] <flopped, flopped>
1 fallen, sich fallenlassen
2 *Theaterstück usw.:* nicht ankommen

flop [flɒp] (*umgangsspr*) der Reinfall, der Misserfolg

flop·py ['flɒpɪ]
1 schlaff, schlapp
2 **floppy disk** die Floppy Disc, die Floppy Disk, die Diskette

flo·rist ['flɒrɪst] der Blumenhändler/die Blumenhändlerin; (*Beruf*) der Florist/die Floristin

flour ['flaʊəʳ] das Mehl

to **flour·ish** ['flʌrɪʃ] blühen; (*Geschäft auch*) florieren

to **flow** [fləʊ]
1 *Fluss, Tränen:* fließen, strömen; **the river flows into the lake** der Fluss mündet in den See
2 *Gas:* strömen

flow [fləʊ] der Strom, der Fluss; **flow of traffic** der Verkehrsstrom; **flow of information** der Informationsfluss; **flow of words** der Redefluss

flow·er ['flaʊəʳ] die Blume, die Blüte; **in flower** in Blüte

to **flow·er** ['flaʊəʳ] blühen

flow·er·bed ['flaʊəbed] das Blumenbeet

flow·er·pot ['flaʊəpɒt] der Blumentopf

flown [fləʊn] *3. Form von* **fly**

flu [flu:] (*umgangsspr*) die Grippe

flu·ent ['flu:ənt]
1 *Stil:* flüssig
2 *Redner:* gewandt
3 **to speak fluent English** fließend Englisch sprechen

fluffy ['flʌfɪ] flaumig

flu·id ['flu:ɪd] die Flüssigkeit

flung [flʌŋ] *2. und 3. Form von* **fling**

to **flush** [flʌʃ]
1 **to flush the toilet** spülen
2 *Person:* rot werden

flushed ['flʌʃt] rot, gerötet

flute [flu:t] die Querflöte

to **flut·ter** ['flʌtəʳ]
① *Motte, Fahne:* flattern
② **to flutter something** mit etwas flattern; **to flutter one's eyelashes** mit den Wimpern klimpern

flut·ter ['flʌtəʳ] das Flattern

fly [flaɪ]
① die Fliege
② **flies** ⚠ *Plural* der Hosenschlitz

to **fly** [flaɪ] <flew, flown>
① fliegen; **to fly into Glasgow** in Glasgow landen
② **to fly a kite** einen Drachen steigen lassen
③ *Zeit:* vergehen
④ **she flew past him in a great hurry** sie sauste eilig an ihm vorbei
⑤ *Fahne:* wehen
◆ to **fly away** wegfliegen; *Flugzeug:* abfliegen

fly·ing ['flaɪɪŋ] das Fliegen

foam [fəʊm] der Schaum

to **foam** [fəʊm] *Meer, Person:* schäumen (**with** vor); **to be foaming at the mouth** vor Wut schäumen

fo·cus ['fəʊkəs, *Plural* 'fəʊsaɪ] <*Plural* focuses, foci>
① (*beim Fotografieren*) die Brennweite; **in/out of focus** scharf/unscharf eingestellt
② (*übertragen*) der Mittelpunkt; **to be the focus of attention** im Mittelpunkt stehen

to **fo·cus** ['fəʊkəs] <focussed, focussed *oder* focused, focused>
① einstellen *Kamera*
② (*übertragen*) sich konzentrieren (**on** auf)

fog [fɒg] der Nebel

fog·gy ['fɒgɪ]
① neb[e]lig
② (*übertragen*) **I haven't the foggiest idea** ich habe überhaupt keine Ahnung

foil [fɔɪl] die Folie; **aluminium foil** die Alufolie

fold [fəʊld] die Falte

to **fold** [fəʊld]
① zusammenfalten; zusammenlegen *Wäsche;* zusammenklappen *Klappstuhl*
② **to fold one's arms** die Arme verschränken; **to fold one's hands** die Hände falten
◆ to **fold up** zusammenklappen *Stuhl*

fold·er ['fəʊldəʳ]
① der Schnellhefter, der Aktendeckel
② das Merkblatt

folk [fəʊk] ⚠ *Plural*
① die Leute
② **my folks** (*umgangsspr*) meine Eltern

folk mu·sic die Volksmusik

to **fol·low** ['fɒləʊ]
① folgen *Weg, Trend;* befolgen *Regel, Rat, Rezept;* **please follow me** bitte folgen Sie mir, mir nach!
② (*zeitlich*) sich anschließen; **the programme follows the news** die Sendung schließt sich an die Nachrichten an
③ ausüben, nachgehen *Beruf*
④ mitmachen, folgen *Mode*
⑤ verfolgen *Serie*
⑥ [er]folgen, sich ergeben (**from** aus); **it follows that ...** daraus folgt [*oder* ergibt sich], dass ...
⑦ **as follows** wie folgt

fol·low·ing[1] ['fɒləʊɪŋ] folgend; **the following day** am darauf folgenden Tag

fol·low·ing[2] ['fɒləʊɪŋ]
① die Anhängerschaft
② **he said the following** er sagte Folgendes

fond [fɒnd]
① *Blick:* liebevoll; **fondest regards** mit lieben Grüßen
② **to be fond of someone/something** jemanden/etwas mögen [*oder* gernhaben]; **to be fond of doing something** etwas gern tun

food [fu:d]
① die Nahrung, das Essen; (*für Tiere*) das Futter
② das Nahrungsmittel; (*im Laden*) das Lebensmittel

food poi·son·ing die Lebensmittelvergiftung

food pro·ces·sor die Küchenmaschine

fool[1] [fu:l]
① der Dummkopf, der Narr
② **to make a fool of oneself** sich lächerlich machen; **to make a fool of someone** jemanden zum Narren machen; **April Fool!** April, April!

fool[2] [fu:l] (USA) (*umgangsspr*) dumm, doof *umgangsspr*

to **fool** [fu:l] **to fool someone** jemanden reinlegen, mit jemandem seinen Spaß haben
◆ to **fool about**, to **fool around** herumblödeln, herumalbern; **stop fooling about!** lass den Blödsinn!

fool·ish ['fu:lɪʃ] dumm, töricht

fool·proof ['fu:lpru:f] *Gerät:* narrensicher, idiotensicher; *Plan:* todsicher

foot [fʊt] <*Plural* feet>
① der Fuß; **on foot** zu Fuß; **to get to one's feet** aufstehen
② *von Bett:* das Fußende
③ (*Längenmaß*) der Fuß (*30,48 cm*) ▸ WENDUNGEN: **to be [back] on one's feet** (*nach einer Krankheit*) wieder auf den Beinen sein; **to stand on one's own two feet** auf eigenen Füßen stehen; **to put one's foot down** ein Machtwort sprechen; **to put one's foot in it** ins Fettnäpfchen treten

foot·ball ['fʊtbɔ:l]
① der Fußball
② amerikanischer Fußball, der Football

foot·path ['fʊtpɑ:θ] der Fußweg, der Gehweg

foot·print ['fʊtprɪnt] der Fußabdruck

foot·step ['fʊtstep]
① der Schritt, der Tritt
② **to follow in someone's footsteps** (*auch übertragen*) in jemandes Fußstapfen treten

for [fɔ:ʳ]
① (*räumlich*) **the train for Glasgow** der Zug nach Glasgow; **we walked for two miles** wir sind zwei Meilen weit gelaufen
② (*zeitlich*) **he's been working there for six months** er arbeitet seit sechs Monaten dort; **I'm going to be here for three weeks** ich bin für drei Wochen hier
③ (*Zweck*) **for example** zum Beispiel; **what's this box for?** wozu dient dieser Kasten?; **to go for a walk** spazieren gehen; **to phone for an ambulance** nach einem Krankenwagen telefonieren; **to work for a living** für den Lebensunterhalt arbeiten
④ (*Grund*) aus; **for this reason** aus diesem Grund; **well-known for his work** bekannt wegen seiner Arbeit
⑤ **to have something for breakfast/dessert** etwas zum Frühstück/Nachtisch essen
⑥ bestimmt; **a letter for you** ein Brief für dich
⑦ (*dafür*) **are you for or against it?** sind Sie dafür oder dagegen?
⑧ (*im Wert von*) **a cheque for £200** ein Scheck in Höhe von 200 Pfund
⑨ (*im Austausch*) **how much did you pay for that?** wie viel hast du dafür bezahlt?
⑩ **to wait for someone** auf jemanden warten

to **for·bid** [fə'bɪd] <forbad *oder* forbade, forbidden>
① **I forbid you to do that again!** ich verbiete dir, so was noch mal zu tun!
② (*auf einem Schild*) **use of mobile phones forbidden** das Benutzen von Mobiltelefonen ist untersagt
③ **God forbid!** Gott bewahre!

force [fɔ:s]
① die Stärke; **in force** in voller Stärke
② (*übertragen*) die Kraft; **force of gravity** die Schwerkraft
③ die Gewalt, der Zwang, der Druck; **by force** mit Gewalt

to **force** [fɔ:s]
① drängen; **don't force him [to do it]!** zwinge ihn nicht dazu[, so etwas zu tun]!; **I was forced to do it** ich musste es tun
② **to force something open** etwas aufbrechen

to **fore·cast** ['fɔ:kɑ:st] <forecast *oder* forecasted, forecast *oder* forecasted> vorhersehen; vorhersagen *Wetter*

> **Grammatik**
> Richtiges Konjugieren von **forecast**: forecast, forecast/forecasted, forecast/forecasted — *The weatherman forecast thunderstorms; Thunderstorms had been forecast*

fore·cast ['fɔ:kɑ:st]
① die Voraussage; (*wirtschaftlich*) die Prognose
② **weather forecast** die Wettervorhersage

fore·ground ['fɔ:graʊnd] **in the foreground** im Vordergrund

fore·hand ['fɔ:hænd] (*Tennis*) die Vorhand

fore·head ['fɒrɪd] die Stirn

for·eign ['fɒrən]
① fremd, nicht dazugehörig
② auswärtig, ausländisch
③ **foreign travel** die Reisen ins Ausland

for·eign·er ['fɒrənəʳ] der Ausländer/die Ausländerin

for·eign lan·guage die Fremdsprache

for·eign poli·cy die Außenpolitik

For·eign Sec·re·tary (*in GB*) der Außenminister/die Außenministerin

fore·name ['fɔ:neɪm] der Vorname

to **fore·see** [fɔ:'si:] <foresaw, foreseen> **to foresee a problem** ein Problem vorhersehen

for·est ['fɒrɪst] der Wald, der Forst

for·ever [fə'revəʳ] für immer

fore·word ['fɔːwɜːd] das Vorwort

for·gave [fə'geɪv] *2. Form von* **forgive**

to **forge** [fɔːdʒ] **to forge a banknote** eine Banknote fälschen

forg·ery ['fɔːdʒərɪ] *von Bild, Banknote:* die Fälschung

to **for·get** [fə'get] <forgot, forgotten>
1 vergessen; **to forget about doing something** vergessen, etwas zu tun; **did you buy any milk? — sorry, I forgot** hast du Milch gekauft? — tut mir leid, ich habe es vergessen
2 **to forget how to ride a bicycle** das Radfahren verlernen

for·get·ful [fə'getfᵊl] vergesslich

to **for·give** [fə'gɪv] <forgave, forgiven> vergeben, verzeihen; **can you forgive me?** kannst du mir verzeihen?

for·got [fə'gɒt] *2. Form von* **forget**

for·got·ten [fə'gɒtn] *3. Form von* **forget**

fork [fɔːk]
1 die Gabel
2 *von Straße:* die Gabelung

to **fork** [fɔːk] **to fork left** *Straße, Person, Auto:* nach links abbiegen

form [fɔːm]
1 (*Art*) die Form; **form of government** die Regierungsform
2 die Gestalt
3 das Formular; **to fill in a form** ein Formular ausfüllen
4 (*Kondition*) die Form, die [körperliche] Verfassung; **to be in good form** in guter Verfassung sein; **to be out of form** nicht in Form sein
5 (GB) die Schulklasse

to **form** [fɔːm]
1 bilden; **to form a circle** einen Kreis bilden
2 formen, gestalten
3 *Idee:* sich bilden, sich entwickeln; **the idea formed in her mind** ihre Idee nahm Gestalt an
4 gewinnen *Eindruck*

for·mal ['fɔːml]
1 *Einladung, Person:* formell, förmlich
2 offiziell
3 **to make a formal apology** sich in aller Form entschuldigen
4 **formal dress** die Gesellschaftskleidung

for·mal·ity [fɔː'mælətɪ]
1 *von Zeremonie:* die Förmlichkeit
2 die Formalität, die Formsache; **as a formality** der [bloßen] Form wegen

for·mat ['fɔːmæt] *von Buch:* das Format, die Aufmachung

to **for·mat** ['fɔːmæt] <formatted, formatted> formatieren

for·ma·tion [fɔː'meɪʃn]
1 die Bildung; *von Gegenstand:* die Gestalt, die Gestaltung
2 die Struktur; *von Netzwerk, Organisation:* der Aufbau
3 *von Gesellschaft:* die Gründung

for·mer[1] ['fɔːməʳ]
1 ehemalige(r, s); **a former pupil** ein ehemaliger Schüler/eine ehemalige Schülerin
2 erstere(r, s); **the former example** das erstere Beispiel

for·mer[2] ['fɔːməʳ] **the former** der/die/das Erstere

for·mer·ly ['fɔːməlɪ] früher, ehemals

for·mu·la ['fɔːmjʊlə, *Plural* 'fɔːmjʊliː] <*Plural* formulas, formulae> die Formel

fort [fɔːt] das Fort

forth·com·ing [ˌfɔːθ'kʌmɪŋ]
1 [unmittelbar] bevorstehend
2 *Film:* in Kürze anlaufend; **forthcoming books** die Neuerscheinungen

for·ti·eth[1] ['fɔːtɪəθ] vierzigste(r, s)

for·ti·eth[2] ['fɔːtɪəθ]
1 Vierzigste(r, s)
2 (*Bruchzahl*) das Vierzigstel

fort·night ['fɔːtnaɪt] vierzehn Tage, zwei Wochen; **for a fortnight** für vierzehn Tage; **today/tomorrow/next Monday fortnight** heute/morgen/Montag in zwei Wochen

fort·night·ly ['fɔːtnaɪtlɪ] alle vierzehn Tage, halbmonatlich

for·tu·nate ['fɔːtʃənət] **he was fortunate in having** er hatte das Glück, ... zu haben; **it was fortunate that ...** es war ein Glück, dass ...

for·tu·nate·ly ['fɔːtʃənətli] glücklicherweise

for·tune ['fɔːtʃuːn]
1 das Schicksal; **to have one's fortune told** sich die Zukunft vorhersagen lassen
2 **to make a fortune** ein Vermögen verdienen

for·tune tell·er der Wahrsager/die Wahrsagerin

for·ty[1] ['fɔːtɪ] vierzig

for·ty[2] ['fɔːtɪ]
1 die Vierzig
2 **in one's/the forties** in den Vierzigern

for·ward[1] ['fɔːwəd]
1 **forward**[s] vorwärts, nach vorn; **to step forward** vortreten; **to come forward** sich melden
2 voraus; **forward planning** die Vorausplanung

for·ward[2] ['fɔːwəd] (*im Sport*) der Stürmer/die Stürmerin

to **for·ward** ['fɔːwəd]
1 befördern, schicken *Waren*
2 nachsenden *Brief*

for·wards ['fɔːwədz] vorwärts; **as she moved forwards ...** als sie nach vorne trat ...

to **fos·ter** ['fɒstəʳ] **to foster a child** ein Kind in Pflege nehmen

fought [fɔːt] *2. und 3. Form von* **fight**

foul[1] [faʊl]
1 *Geruch:* übel
2 *Person, Verhalten:* gemein, fies
3 *Wetter:* schlecht
4 *Sprache:* anstößig, gemein
5 (*Sport*) **foul play** das Foulspiel

foul[2] [faʊl] (*im Sport*) das Foul

to **foul** [faʊl]
1 beschmutzen; verpesten *Luft*
2 (*im Sport*) foulen

to **found**[1] [faʊnd]
1 gründen *Schule usw.*
2 begründen *Argument, Theorie*

found[2] [faʊnd] *2. und 3. Form von* **find**

foun·da·tion [faʊn'deɪʃn]
1 *von Schule, Firma:* die Gründung
2 (*wohltätig*) die Stiftung
3 **foundations** ⚠ *Plural* die Grundmauer, das Fundament
4 (*übertragen*) *von Theorie usw.:* die Grundlage, die Basis

foun·tain ['faʊntɪn]
1 der Springbrunnen
2 **drinking fountain** der Trinkwasserbrunnen

foun·tain pen der Füller, der Füllfederhalter

four[1] [fɔːʳ] vier; **a quarter to four** viertel vor vier

four[2] [fɔːʳ]
1 die Vier; **the four of spades** die Pikvier
2 **on all fours** auf allen vieren

four·teen[1] [ˌfɔː'tiːn] vierzehn

four·teen[2] [ˌfɔː'tiːn] die Vierzehn

fourth[1] [fɔːθ] vierte(r, s)

fourth[2] [fɔːθ]
1 (*Datum*) **the fourth** der Vierte
2 (*Bruchzahl*) das Viertel

fox [fɒks] der Fuchs

foy·er ['fɔɪeɪ] (*im Theater*) das Foyer, die Empfangshalle

frac·tion ['frækʃn]
1 (*übertragen*) der Bruchteil
2 (*Mathematik*) der Bruch

frac·ture[1] ['fræktʃəʳ]
1 der Bruch
2 die Fraktur; **fracture of the skull** der Schädelbruch

to **frac·ture**[2] ['fræktʃəʳ] brechen; **to fracture one's leg** sich das Bein brechen

frag·ile ['frædʒaɪl]
1 zerbrechlich; **fragile — handle with care!** Vorsicht zerbrechlich!
2 *Gesundheit:* anfällig
3 *Person:* gebrechlich

frag·ment ['frægmənt] das Bruchstück; *von Porzellan:* die Scherbe; *von Kunstwerk:* das Fragment

to **frame**[1] [freɪm] rahmen; einrahmen *Gesicht*

frame[2] [freɪm]
1 *von Bild, Fahrrad:* der Rahmen; *von Bett, Brille:* das Gestell
2 *von Person, Tier:* der Körperbau

France [frɑːns] Frankreich

frank [fræŋk]
1 freimütig, offen
2 *Meinung:* ehrlich, aufrichtig; **to be frank, ...** offen gestanden, ...

frank·ly [fræŋklɪ] **frankly, I can't stand her** offen gesagt, kann ich sie nicht leiden

fran·tic ['fræntɪk]
1 verzweifelt
2 *Person, Tier:* rasend; **to go frantic** außer sich geraten
3 **to drive someone frantic** jemanden zur Verzweiflung treiben

fraud [frɔːd]
1 der Betrug, der Schwindel
2 (*Person*) der Betrüger/die Betrügerin

freck·le ['frekl] die Sommersprosse

free¹ [friː]
1 frei; **free of something** frei von etwas; **free from pain** schmerzfrei
2 **to get free** sich befreien; **to set someone free** jemanden freilassen
3 ungehindert, zwanglos; **you're free to choose** die Wahl steht Ihnen frei; **please feel free to ask!** bitte, fragen Sie ruhig!
4 kostenlos, gratis; **free sample** die Gratisprobe; **admission free** Eintritt frei; **to get something free** etwas umsonst kriegen *umgangsspr*
5 *Platz, Zimmer:* frei, nicht besetzt

to **free²** [friː] <freed, freed> befreien; freilassen *Tier, Mensch*

free·dom ['friːdəm]
1 die Freiheit
2 *einer Person:* die Unabhängigkeit, die Ungebundenheit
3 **freedom of the press** die Pressefreiheit

free·lance¹ ['friːlɑːns] der Freiberufler/die Freiberuflerin, der/die Freischaffende

free·lance² ['friːlɑːns] freiberuflich

to **free·lance** ['friːlɑːns] freiberuflich tätig sein

free·ly ['friːlɪ]
1 reichlich, großzügig
2 **to travel freely** ungehindert reisen
3 **to speak freely** offen sprechen

free·way ['friːweɪ] (USA) die [gebührenfreie] Autobahn

freeze [friːz] der Frost, die Frostperiode

to **freeze** [friːz] <froze, frozen>
1 frieren
2 **it's freezing!** es ist bitter kalt!; **I'm freezing!** mir ist eiskalt!; **to freeze to death** erfrieren
3 *Wasser:* [ge]frieren; *Wasserleitung:* einfrieren
4 einfrieren; **this dish is easy to freeze** dieses Gericht lässt sich gut einfrieren
5 (*übertragen*) erstarren

freez·er ['friːzəʳ] die Tiefkühltruhe, der Gefrierschrank

freez·ing¹ ['friːzɪŋ] eisig, eiskalt

freez·ing² ['friːzɪŋ] das Einfrieren; **below freezing** unter dem Gefrierpunkt

freight [freɪt] das Frachtgut

French¹ [frentʃ] französisch; **he is French** er ist Franzose

French² [frentʃ]
1 Französisch, das Französische
2 **the French** die Franzosen

French fries *Plural* die Pommes frites

fre·quen·cy ['friːkwənsɪ]
1 die Häufigkeit
2 *von Sender:* die Frequenz

fre·quent ['friːkwent] häufig; *Theaterbesucher usw.:* eifrig

fre·quent·ly ['friːkwentli] oft, häufig

fresh [freʃ]
1 frisch
2 kühl, erfrischend
3 **to make a fresh start** neu anfangen
4 **fresh water** das Süßwasser

to **fresh·en** ['freʃn] *Wind:* auffrischen
◆ to **freshen up** sich frisch machen

fric·tion ['frɪkʃn]
1 die Reibung
2 (*übertragen*) die Reibungen, die Spannungen

Fri·day ['fraɪdeɪ] der Freitag; **on Friday** am Freitag; **on Fridays** freitags; **Good Friday** der Karfreitag

fridge [frɪdʒ] (GB) (*umgangsspr*) der Kühlschrank

friend [frend]
1 der Freund/die Freundin
2 der/die Bekannte
3 **to be friends with someone** ⚠ *Plural* mit jemandem befreundet sein; **to make friends with someone** ⚠ *Plural* sich mit jemandem anfreunden

to **friend** [frend] (*im Internet*) **to friend someone** jemanden [in seiner Kontaktliste] als Freund markieren [*oder* eintragen]

friend·ly ['frendlɪ]
1 freundschaftlich
2 freundlich, angenehm

friend·ship ['frendʃɪp] die Freundschaft

fright [fraɪt] der Schreck[en]; **to give someone a fright** jemanden erschrecken

to **fright·en** ['fraɪtn]
1 erschrecken
2 *Drohung:* jemandem Angst machen, jemanden ängstigen
3 **to be frightened of something** vor et-

was Angst haben; **in a frightened voice** mit angsterfüllter Stimme

fringe [frɪndʒ]
1 (*übertragen*) der Rand
2 *von Frisur:* der Pony
3 *von Teppich:* die Fransen

to **frisk** [frɪsk]
1 *junge Tiere:* herumtollen
2 **to frisk someone** jemanden durchsuchen

friz·zy ['frɪzɪ] *Haar:* kraus, gekräuselt

fro [frəʊ] **to and fro** hin und her

frock [frɒk] das Kleid

frog [frɒg] der Frosch

from [frɒm]
1 (*Ausgangspunkt*) von, aus; **the train from London** der Zug aus London; **to drink from a glass** aus einem Glas trinken; **from inside** von innen; **from beneath something** unter etwas hervor; **from among the trees** zwischen den Bäumen hervor; **from house to house** von Haus zu Haus; **to go from bad to worse** immer schlimmer werden
2 (*zeitlich*) seit, von ... an; **from his childhood** von Kindheit an; **from time to time** von Zeit zu Zeit
3 (*Entfernung*) von ... weg; **their house is 10 km from the city centre** ihr Haus ist 10 km vom Stadtzentrum entfernt
4 (*weg*) **to go away from home** von zu Hause weggehen; **to escape from prison** aus dem Gefängnis entkommen
5 (*Herkunft*) **where are you from?** wo sind Sie her?
6 (*unterste Grenze angebend*) ab; **from the age of 18** ab 18 Jahren

front[1] [frʌnt]
1 die Vorderseite, die Front
2 *von Gebäude:* die Vorderfront, die Fassade
3 **in front** vorne; **in front of someone** vor jemandem
4 **to sit in the front of the car** im Auto vorne sitzen

front[2] [frʌnt]
1 vorderste(r, s), erste(r, s)
2 **to move up front** nach vorne rücken

fron·tier ['frʌntɪəʳ] die Grenze, die Landesgrenze, das Grenzgebiet

frost [frɒst] der Frost, der Raureif

frosty ['frɒstɪ] frostig, eisig

frothy ['frɒθɪ] schaumig, schäumend

to **frown** [fraʊn]
1 die Stirn runzeln (**at** über)
2 **to frown on something** etwas missbilligen

frown [fraʊn] das Stirnrunzeln

froze [frəʊz] *2. Form von* **freeze**

froz·en[1] ['frəʊzn] *3. Form von* **freeze**

froz·en[2] ['frəʊzn]
1 *Fluss:* [zu]gefroren
2 *Körper:* erfroren; **I'm frozen** (*übertragen*) mir ist eiskalt
3 **frozen foods** die Tiefkühlkost

fruit [fru:t] die Frucht, das Obst

to **frus·trate** [frʌ'streɪt] **to frustrate someone** jemanden frustrieren

frus·trat·ed [frʌ'streɪtɪd] frustriert

frus·tra·tion [frʌ'streɪʃn] *von Person:* die Frust

to **fry** [fraɪ] braten

fry·ing-pan ['fraɪŋpæn] die Bratpfanne

fuel ['fju:əl]
1 das Heizmaterial, der Brennstoff
2 (*für Auto*) der Kraftstoff, das Benzin

to **ful·fil** [fʊl'fɪl], (USA) to **ful·fill** <fulfilled, fulfilled>
1 erfüllen *Wunsch*
2 ausführen *Aufgabe, Befehl*
3 einlösen *Versprechen;* einhalten *Verpflichtung*

full[1] [fʊl]
1 (*gefüllt*) voll; **the bucket is full of water** der Eimer ist voll Wasser; **full to overflowing** bis zum Überlaufen voll
2 *Bus:* voll besetzt; **the city was full of people** in der Stadt wimmelte es von Menschen
3 (*vollständig*) voll; **a full day** ein ganzer Tag; *Bericht:* umfassend; **the full details** alle Einzelheiten
4 *Figur:* füllig
5 **full house** (*im Theater*) ausverkauft
6 **full up** voll besetzt
7 **I'm full up** ich bin satt
8 **at full speed** in voller Fahrt; **in full daylight** am helllichten Tag

full[2] [fʊl] **in full** ganz, vollständig; **to write one's name in full** seinen Namen ausschreiben

full-length [ˌfʊl'leŋθ]
1 *Film:* abendfüllend
2 *Porträt:* lebensgroß

full stop der Punkt

full-time ganztägig; **to work full-time** ganztags arbeiten

ful·ly [ˈfʊli]
1 völlig, ganz
2 **fully qualified** voll qualifiziert

fumes [fjuːmz] *Plural* der Rauch, der Dampf; *von Auto:* die Abgase

fun [fʌn]
1 der Spaß; **dancing is fun** Tanzen macht Spaß; **for fun** zum Spaß; **to have fun** Spaß haben; **have fun!** viel Spaß!; **he is great fun** man hat mit ihm viel zu lachen
2 **to make fun of someone** sich über jemanden lustig machen

Vorsicht Falle!
Fun oder **funny**? Wenn einem etwas Spaß macht, verwendet man **fun:** *I like ice hockey — it's fun!* Wenn man etwas lustig findet, verwendet man hingegen **funny:** *They made funny faces to each other; That wasn't a very funny joke!*

func·tion [ˈfʌŋkʃn]
1 *von Gerät usw.:* die Funktion
2 *von Person:* die Aufgaben, die Pflichten
3 die Veranstaltung; (*offiziell*) die Feier

to **func·tion** [ˈfʌŋkʃ] *Maschine, System:* funktionieren, laufen

func·tion·al [ˈfʌŋkʃənl]
1 funktionsfähig
2 (*nützlich, praktisch*) funktionell, zweckmäßig

fund [fʌnd]
1 der Vorrat, der Schatz
2 (*von Geld*) der Fonds
3 **funds** die Gelder, die Geldmittel

to **fund** [fʌnd] finanzieren

fun·da·men·tal [ˌfʌndəˈmentl] grundlegend (**to** für)

fun·da·men·tal·ly [ˌfʌndəˈmentəlɪ] im Wesentlichen, im Grunde genommen

fu·ner·al [ˈfjuːnərəl] die Beerdigung, das Begräbnis

fun·fair [ˈfʌnfeəʳ] der Rummelplatz

fun·gus [ˈfʌŋgəs, *Plural* ˈfʌŋgaɪ] <*Plural* fungi> der Pilz

fun·nel [ˈfʌnl]
1 der Trichter
2 *von Schiff:* der Schornstein

fun·ny [ˈfʌnɪ]
1 *Person, Witz:* lustig, komisch
2 seltsam, merkwürdig

fur [fɜːʳ] das Fell; (*als Mantel*) der Pelz

fu·ri·ous [ˈfjʊərɪəs] wütend; **she was furious with him** sie war zornig auf ihn; **to be furious about something** über etwas wütend sein

to **fur·nish** [ˈfɜːnɪʃ] einrichten *Haus;* **furnished room** möbliertes Zimmer

fur·ni·ture [ˈfɜːnɪtʃəʳ] die Möbel; **a piece of furniture** das ein Möbelstück

fur·ry [ˈfɜːrɪ] Pelz-; *Stoff:* haarig; *Zunge:* belegt, pelzig

fur·ther [ˈfɜːðəʳ] *Komparativ von* **far**
1 (*räumlich, zeitlich*) weiter; **till further notice** bis auf weiteres; **further on** weiter; **further back** weiter zurück, früher
2 (*übertragen*) weiter, ferner
3 **further education** die Weiterbildung, die Fortbildung

Grammatik
Further und **farther** sind austauschbar wenn man über Distanzen spricht: *He lives further down the street.* Oder: *He lives farther down the street.* In allen anderen Situationen verwendet man jedoch nur **further**: *Prices have increased further; Please write to us for further information.*

fur·ther·more [ˌfɜːðəˈmɔːʳ] ferner

fur·thest [ˈfɜːðɪst] *Superlativ von* **far** weiteste(r, s), entfernteste(r, s)

fury [ˈfjʊərɪ] die Wut, die Raserei

to **fuse** [fjuːz] durchbrennen

fuse [fjuːz]
1 die Sicherung; **to blow a fuse** eine Sicherung durchbrennen lassen; (*übertragen*) aufbrausen
2 *von Bombe:* der Zünder; *von Feuerwerkskörper:* die Zündschnur

fuss [fʌs] der Wirbel, die Aufregung; **to make** [*oder* **kick up**] **a fuss** ein Theater aufführen; **don't make a fuss!** stell dich nicht so an!

fussy [ˈfʌsɪ] kleinlich, pingelig; **to be fussy about food** sehr eigen sein, was das Essen angeht; **he's not fussy** er ist nicht wählerisch

fu·ture[1] [ˈfjuːtʃəʳ] künftig, zukünftig; **future generations** die kommenden Generationen; **future prospects** die Zukunftsaussichten

A B C D E F G H I J K L M N O P Q R S T U V W X Y Z

fu·ture[2] ['fjuːtʃə^r]
1 die Zukunft; **in the near future** in naher Zukunft
2 (*in der Grammatik*) die Zukunft, das Futur

to **fuze** [fjuːz] (USA) durchbrennen

fuze [fjuːz] (USA)
1 die Sicherung; **to blow a fuse** eine Sicherung durchbrennen lassen; (*übertragen*) aufbrausen
2 *von Bombe:* der Zünder; *von Feuerwerkskörper:* die Zündschnur

fuzzy ['fʌzɪ]
1 *Bild:* unklar
2 *Haar:* kraus

Gg

G <*Plural* G's *oder* Gs>, **g** [dʒiː] <*Plural* g's> G, g

gadg·et ['gædʒɪt] (*umgangsspr*)
1 das Gerät, der Apparat
2 das Dingsda

gage [geɪdʒ] (USA) das Messgerät; **pressure gage** der Druckmesser

to **gage** [geɪdʒ] (USA)
1 messen
2 beurteilen, abschätzen

gai·ly ['geɪlɪ] fröhlich

gain [geɪn]
1 der Gewinn, der Vorteil
2 die Steigerung, die Zunahme; **gain in weight** die Gewichtszunahme

to **gain** [geɪn]
1 gewinnen; **to gain the upper hand** die Oberhand gewinnen
2 erwerben *Ruf, Wissen*
3 erlangen *Freiheit*
4 erreichen *Ziel*
5 **to gain speed** schneller werden
6 **to gain weight** zunehmen

gala ['gɑːlə]
1 das Fest, die Festlichkeit; **swimming gala** das Schwimmfest
2 (*im Theater usw.*) die Galaveranstaltung

gal·axy ['gæləksɪ] die Galaxie, das Sternsystem

gale [geɪl] der Sturm

gal·lery ['gælərɪ]
1 (*für Kunst*) die Galerie
2 *von Gebäude:* die Empore, die Galerie

gal·lon ['gælən] die Gallone (*4,55 l, Am 3,79 l*)

gal·lop ['gæləp] der Galopp; **at a gallop** im Galopp

to **gal·lop** ['gæləp] galoppieren

to **gam·ble** ['gæmbl]
1 [um Geld] spielen
2 (*übertragen*) riskieren, wagen; **to gamble with something** etwas aufs Spiel setzen

gam·ble ['gæmbl] gewagtes Spiel, das Risiko

gam·bling ['gæmblɪŋ] das Spielen; (*auf Pferde, Hunde*) das Wetten; **gambling machine** der Spielautomat

game [geɪm]
1 das Spiel
2 (*Sport*) das Spiel; **the Olympic Games** die Olympischen Spiele
3 **a game of chess/tennis** eine Partie Schach/Tennis
4 **games** ⚠ *Plural* (*Schulfach*) Sport
5 **what's his game?** (*umgangsspr*) was hat er vor?
6 (*Kochen, Jagd*) das Wild[bret]

gang [gæŋ]
1 *von Arbeitern:* die Kolonne, die Rotte
2 *von Gefangenen:* der Trupp
3 *von Verbrechern:* die Bande

gang·ster ['gæŋstə^r] der Gangster

gang·way ['gæŋweɪ]
1 *von Flugzeug, Schiff:* die Gangway
2 (*zwischen Sitzreihen*) der Gang

gaol [dʒeɪl] das Gefängnis; **in gaol** im Gefängnis

gap [gæp]
1 die Lücke
2 der Abstand

to **gape** [geɪp]
1 **to gape at someone** jemanden anstarren
2 **to gape open** aufklaffen

gap·ing *Wunde:* klaffend; *Loch:* gähnend

gar·age ['gærɑːʒ]
1 (*zum Parken*) die Garage

2 (*zum Tanken*) die Tankstelle
3 (*für Reparaturen*) die Werkstatt

gar·bage ['gɑːbɪdʒ]
1 der Abfall, der Müll
2 (*übertragen*) der Schund, der Unsinn

gar·bage can (USA) der Mülleimer, die Mülltonne

gar·den ['gɑːdn]
1 der Garten
2 **gardens** die Anlagen, der Park

gar·den·er ['gɑːdnəʳ] der Gärtner/die Gärtnerin

gar·den·ing ['gɑːdnɪŋ] die Gartenarbeit; **Dad's doing the gardening** Papa arbeitet im Garten

gar·lic ['gɑːlɪk] der Knoblauch

gas [gæs] <*Plural* gases *oder* gasses>
1 das Gas
2 (USA) das Benzin
3 **to step on the gas** (*umgangsspr*) Gas geben

gas cook·er der Gaskocher, der Gasherd

gaso·line ['gæsəliːn] (USA) das Benzin

to **gasp** [gɑːsp]
1 keuchen, nach Luft schnappen; **I gasped in surprise** mir stockte der Atem vor Überraschung
2 mühsam hervorbringen *Worte*

gasp [gɑːsp] das Keuchen, schweres Atmen; **to give a gasp of surprise** vor Überraschung nach Luft schnappen

gas sta·tion ['gæssteɪʃn] (USA) die Tankstelle

gate [geɪt]
1 das Tor (**to** zu)
2 (*in Flughäfen*) der Flugsteig, das Gate

to **gate·crash** ['geɪtkræʃ] ungebeten erscheinen (**in** bei)

gate·way ['geɪtweɪ] das Tor (**to** zu)

to **gath·er** ['gæðəʳ]
1 sammeln; **to gather information** Erkundigungen einziehen
2 einbringen *Ernte*
3 pflücken *Blumen*
4 schließen (**from** aus); **as far as I can gather** soweit ich weiß
5 zunehmen an *Geschwindigkeit, Kraft*
6 *Menschen:* sich versammeln, zusammenkommen
7 *Wolken:* sich zusammenziehen

gath·er·ing ['gæðərɪŋ] die Versammlung

gauge [geɪdʒ] das Messgerät; **petrol gauge** die Benzinuhr; **pressure gauge** der Druckmesser

to **gauge** [geɪdʒ]
1 messen
2 (*übertragen*) beurteilen, [ab]schätzen

gave [geɪv] *2. Form von* **give**

gay[1] [geɪ] (*umgangsspr: homosexuell*) schwul *auch abwertend, umgangsspr*

gay[2] [geɪ] (*umgangsspr*) der Schwule *auch abwertend, umgangsspr*

to **gaze** [geɪz] starren (**at/on/upon** auf)

gaze [geɪz] starrer Blick

GCSE *Abkürzung von* **General Certificate of Secondary Education** (*Schulabschluss*) ≈ mittlere Reife

> **Land und Leute**
> Das **GCSE**, das früher **O-level (Ordinary level)** hieß, ist die erste Prüfung, die Schüler im Alter von 16 Jahren in England, Wales und Nordirland ablegen. Es ist möglich jeweils nur ein Fach zu wählen, aber die meisten Schüler versuchen die Prüfung in sieben oder acht Fächern abzulegen. In Schottland heißt diese erste Prüfung **Standard Grade**.

gear [gɪəʳ]
1 der Gang; **to change** [*oder* (USA) **shift**] **into first gear** den ersten Gang einlegen; **to change** [*oder* (USA) **shift**] **gear** schalten; **reverse gear** der Rückwärtsgang
2 das Gerät, die Ausrüstung; (*umgangsspr*) die Sachen, das Zeug
3 (*umgangsspr: Kleidung*) die Klamotten, die Sachen

gear stick, (USA) **gear·shift** der Schaltknüppel, der Schalthebel

geese [giːs] *Pluralform von* **goose**

gem [dʒem] [geschliffener] Edelstein

Gemi·ni ['dʒemɪnɪ] (*Sternbild*) die Zwillinge

gen·der ['dʒendəʳ] das Geschlecht

gene [dʒiːn] das Gen

gen·er·al[1] ['dʒenrəl]
1 allgemein; **as a general rule, in general** im Allgemeinen
2 (*weit verbreitet*) üblich, gewöhnlich, normal
3 (*nicht exakt*) unbestimmt, allgemein gehalten

gen·er·al[2] ['dʒenrəl] der General

gen·er·al di·rec·tor der Generaldirektor/die Generaldirektorin

gen·er·al elec·tion die Parlamentswahlen

to **gen·er·al·ize** ['dʒenərəlaɪz] verallgemeinern

gen·er·al·ly ['dʒenrəlɪ] im Allgemeinen, allgemein

gen·er·al man·ag·er der Generaldirektor/die Generaldirektorin

gen·er·al prac·ti·tion·er der Arzt für Allgemeinmedizin/die Ärztin für Allgemeinmedizin

to **gen·er·ate** ['dʒenəreɪt]
1 erzeugen *Energie*
2 (*übertragen*) verursachen

gen·era·tion [ˌdʒenə'reɪʃn]
1 die Generation
2 *von Energie:* die Erzeugung

gen·er·ous ['dʒenərəs]
1 großzügig; *Person:* freigebig
2 *Portion:* reichlich

ge·net·ic [dʒɪ'netɪk] genetisch; **genetic engineering** die Gentechnologie

gen·et·ics [dʒɪ'netɪks] die Genetik

geni·tals ['dʒenɪtᵊlz] *Plural* die Geschlechtsorgane, die Genitalien

ge·ni·us ['dʒiːnɪəs, *Plural* 'dʒiːnɪaɪ] <*Plural* geniuses, genii>
1 (*Person*) das Genie, genialer Mensch
2 (*Fähigkeit*) der Genius

gent [dʒent]
1 (*umgangsspr*) der Gentleman
2 **the Gents** ⚠ *Singular* die Herrentoilette

gen·tle ['dʒentl]
1 *Abhang:* sanft
2 *Shampoo:* mild
3 *Übung:* leicht
4 *Berührung:* zart; *Brise:* leicht

gen·tle·man ['dʒentlmən] <*Plural* gentlemen>
1 (*Mann*) der Herr; [**Ladies and**] **Gentlemen!** meine [Damen und] Herren!
2 (*Ehrenmann*) der Gentleman

genu·ine ['dʒenjʊɪn]
1 (*authentisch*) echt
2 *Gefühl, Person:* aufrichtig

ge·og·ra·phy [dʒɪ'ɒgrəfɪ] die Erdkunde, die Geographie

ge·olo·gist [dʒɪ'ɒlədʒɪst] der Geologe/die Geologin

ge·ol·ogy [dʒɪ'ɒlədʒɪ] die Geologie

ge·om·etry [dʒɪ'ɒmətrɪ] die Geometrie

germ [dʒɜːm] der Keim

Ger·man[1] ['dʒɜːmən] deutsch; **I am German** ich bin Deutsche(r)

Ger·man[2] ['dʒɜːmən]
1 (*Sprache*) Deutsch, das Deutsche; **in German** auf Deutsch; **I don't speak German** ich spreche kein Deutsch
2 (*Person*) der/die Deutsche

Ger·man mea·sles *Plural* die Röteln

Ger·ma·ny ['dʒɜːmənɪ] Deutschland; **the Federal Republic of Germany** die Bundesrepublik Deutschland

ges·ture ['dʒestʃəʳ] die Geste

to **get** [get] <got *oder* (USA) gotten, got *oder* (USA) gotten>
1 (*empfangen*) bekommen, kriegen *Geld, Geschenk, Krankheit;* empfangen *Sender;* erhalten *Eindruck*
2 (*holen*) besorgen, beschaffen; **to get something for someone** jemandem etwas besorgen; **what can I get you?** was kann ich Ihnen anbieten?; **can I get you a drink?** möchten Sie etwas trinken?; **we need to get some milk** wir müssen Milch kaufen
3 (*werden*) **it's getting warmer** es wird wärmer
4 kommen; **when did you get there?** wann bist du angekommen?; **how do I get to the station?** wie komme ich zum Bahnhof?
5 fassen, schnappen; **to get hold of someone** jemanden zu fassen kriegen
6 verstehen, begreifen; **get it?** alles klar?; **I get it** ich verstehe schon; **I've got it!** ich hab's!
7 veranlassen, überreden; **to get someone to do something** jemanden dazu bewegen, etwas zu machen; **to get one's hair cut** sich die Haare schneiden lassen
8 **to have got** haben; **I've got a headache/boat** ich habe Kopfschmerzen/ein Boot
9 **to have got to do something** etwas tun müssen; **I've got to go/say** ich muss gehen/sagen
10 **to get to know something** etwas erfahren [*oder* in Erfahrung bringen]; **to get to know someone** jemanden kennen lernen
11 **to get married** heiraten

Grammatik
Richtiges Konjugieren von **get**: get, got, got — *Lena got a bike for her birthday; He has got all wet in the rain.*

◆ to **get across**
① hinüberkommen
② (*übertragen*) verständlich machen *Idee*

◆ to **get along**
① vorankommen (**with** mit); **how are you getting along?** wie kommen Sie zurecht?
② **to get along with someone** mit jemandem auskommen

◆ to **get around**
① *Person:* [viel] herumkommen
② *Nachricht:* sich verbreiten
③ **to get around to doing something** dazu kommen, etwas zu tun

◆ to **get at**
① **to get at something** an etwas herankommen, etwas herausfinden
② **what are you getting at?** worauf willst du hinaus?

◆ to **get away**
① *Person:* davonkommen, sich aus dem Staube machen; **get away from me!** hau bloß ab!
② **to get away with something** sich etwas erlauben können

◆ to **get back**
① zurückbekommen
② *Person:* zurückkommen; **she got back home late** sie kam spät nach Hause

◆ to **get behind** **to get behind with one's work** mit seiner Arbeit in Rückstand kommen

◆ to **get by**
① (*passieren*) vorbeikommen
② (*umgangsspr*) durchkommen; **I can just about get by in Italian** mein Italienisch reicht gerade, um mich zu verständigen
③ auskommen (**on** mit); **it's hard to get by on my pension** es ist schwer, mit meiner Rente auszukommen

◆ to **get down**
① **to get somebody/something down** jemanden/etwas hinunterbringen
② *Person:* hinuntersteigen (**from** von)
③ **to get down to something** sich auf etwas konzentrieren; **let's get down to business** lass uns zur Sache kommen

◆ to **get in**
① hineinbringen
② *Zug, Flug:* ankommen

◆ to **get into**
① einsteigen in *Auto*
② annehmen *Gewohnheit*
③ **to get into a temper** wütend werden
④ **what's got into him?** was ist nur in ihn gefahren?

◆ to **get off**
① absteigen von *Fahrrad, Pferd*
② aussteigen aus *Bus, Zug*
③ ausziehen *Kleidung;* entfernen *Fleck*
④ **to get off with a fine** mit einer Geldstrafe davonkommen
⑤ **when do you get off work?** wann hast du Feierabend?
⑥ **to get off with someone** (*slang*) jemanden aufreißen *slang*

◆ to **get on**
① anziehen *Kleidung*
② aufsitzen; aufsteigen auf *Fahrrad, Pferd*
③ einsteigen in *einen Bus, Zug*
④ **to get on with one's work** mit der Arbeit weitermachen
⑤ **I get on well with Nancy** ich verstehe mich gut mit Nancy

◆ to **get out**
① herauskommen
② (*aus einem Fahrzeug*) aussteigen

◆ to **get out of**
① verlassen *Zimmer;* aussteigen aus *Fahrzeug*
② entlassen werden aus *Gefängnis*

◆ to **get over** hinwegkommen über

◆ to **get through**
① (*am Telefon*) **to get through to someone** zu jemandem durchkommen
② **to get through to someone** zu jemandem durchdringen; **I can't get it through to him** ich kann es ihm nicht klarmachen
③ **we'll get through somehow** wir werden schon irgendwie durchkommen

◆ to **get together**
① *Personen:* zusammenkommen, sich treffen; **let's get together sometime** wir könnten uns doch mal wieder treffen
② zusammenbringen *Leute*
③ **to get one's things together** seine Sachen zusammenpacken

◆ to **get up** aufstehen

get·away ['getəweɪ] das Entkommen

gher·kin ['gɜːkɪn] die Essiggurke, die Gewürzgurke

ghost [gəʊst]
① der Geist, das Gespenst
② **to give up the ghost** den Geist aufgeben

gi·ant[1] ['dʒaɪənt] der Riese

gi·ant[2] ['dʒaɪənt] riesig

gid·dy ['gɪdɪ] schwind[e]lig; **I feel giddy** mir ist schwindlig

gift [gɪft]
① das Geschenk

(2) (*übertragen*) die Begabung, das Talent (**for** zu)

gift·ed ['gɪftɪd] begabt, talentiert

gi·gan·tic [dʒaɪ'gæntɪk] riesig; *Appetit:* gewaltig

to **gig·gle** ['gɪgl] kichern

gig·gle ['gɪgl] das Kichern, das Gekicher

gin [dʒɪn] der Gin; **gin and tonic** der Gin Tonic

gin·ger[1] ['dʒɪndʒəʳ] der Ingwer

gin·ger[2] ['dʒɪndʒəʳ]
(1) *Geschmack:* Ingwer-
(2) *Haare:* rotblond

gip·sy ['dʒɪpsɪ] (*abwertend*) der Zigeuner/die Zigeunerin *abwertend*

gi·raffe [dʒɪ'rɑːf] die Giraffe

girl [gɜːl] das Mädchen

girl·friend ['gɜːlfrend] die Freundin

Girl Guide (GB) die Pfadfinderin

to **give** [gɪv] <gave, given>
(1) (*allgemein*) geben
(2) schenken *Geschenk;* geben *Spende;* spenden *Blut*
(3) von sich geben *Geräusch;* **she gave a loud cry** sie stieß einen lauten Schrei aus
(4) geben; angeben *Grund;* aufführen *Beispiel;* erstatten *Bericht*
(5) **to give birth** *Frau:* entbinden; *Tier:* jungen, werfen

Grammatik
Richtiges Konjugieren von **give**: give, gave, given — *Dave gave Jenny his phone number; have you given him the car key?; I was given a present.*

◆ to **give away**
(1) weggeben, verschenken
(2) verpassen *Gelegenheit*
(3) verraten *Geheimnis*

◆ to **give back** zurückgeben

◆ to **give in**
(1) einreichen *Aufsatz;* abgeben *Paket*
(2) *Person:* nachgeben; **don't give in to his threats** gehe nicht auf seine Drohungen ein

◆ to **give off**
(1) abgeben *Wärme*
(2) ausstrahlen *Licht*
(3) ausströmen *Geruch*

◆ to **give out**
(1) **to give something out** etwas austeilen [*oder* verteilen]
(2) zu Ende gehen *Geduld, Kraft, Vorräte*

◆ to **give up**
(1) aufgeben; **to give up smoking** das Rauchen aufgeben
(2) **to give oneself up** sich stellen

glaci·er ['glæsɪəʳ] der Gletscher

glad [glæd] <gladder, gladdest>
(1) *Person:* froh (**about** über); **I am so glad** das freut mich; **she was glad to find somewhere to sit down** sie war froh, dass sie sich endlich setzen konnte
(2) **I'd be glad to!** aber gern!; **I'd be glad to help you** ich helfe Ihnen gern
(3) **to be glad of something** für etwas dankbar sein

glad·ly ['glædlɪ] gern[e]

glance [glɑːns] [flüchtiger] Blick; **at a glance** auf einen Blick; **to give someone a glance** jemandem einen Blick zuwerfen

to **glance** [glɑːns] schauen, blicken; **to glance at someone/something** jemanden/etwas kurz ansehen; **to glance over something** etwas überfliegen; **to glance round** sich umsehen

to **glare** [gleəʳ]
(1) *Licht:* grell scheinen
(2) **to glare at someone** jemanden [wütend] anstarren

glare [gleəʳ]
(1) grelles Licht
(2) wütender, starrer Blick

glass [glɑːs]
(1) das Glas
(2) **glasses** ⚠ *Plural,* [**a pair of**] **glasses** [eine] Brille; **where are my glasses?** wo ist meine Brille?

glass fi·bre die Glasfaser

to **glide** [glaɪd]
(1) *Segelflugzeug:* gleiten, schweben
(2) *Person:* [segel]fliegen

glid·er ['glaɪdəʳ] das Segelflugzeug

glid·ing ['glaɪdɪŋ] das Segelfliegen

to **glim·mer** ['glɪməʳ]
(1) *Feuer:* glimmen
(2) *Licht:* schimmern

glim·mer ['glɪməʳ]
(1) das Glimmen
(2) **glimmer of light** der Lichtschimmer; **glimmer of hope** der Hoffnungsschimmer

glimpse [glɪmps] kurzer Blick; **to catch a glimpse of something** etwas flüchtig zu sehen bekommen

to **glimpse** [glɪmps] im Vorübergehen sehen

A B C D E F G H I J K L M N O P Q R S T U V W X Y Z

to **glit·ter** ['glɪtəʳ] glitzern, funkeln

glit·ter ['glɪtəʳ] das Glitzern, das Funkeln

glit·ter·ing ['glɪtərɪŋ]
1 glitzernd
2 (*übertragen*) glänzend

glob·al ['gləʊbl] global, weltweit; **global warming** globaler Temperaturanstieg

globe [gləʊb]
1 (*Form*) die Kugel
2 (*Welt*) der Erdball, der Globus
3 (*Karte*) der Globus

gloom [glu:m]
1 das Dunkel, die Dunkelheit
2 (*übertragen*) die Traurigkeit, die Schwermut

gloomy ['glu:mɪ] düster, trüb[e], trübselig

glo·ri·ous ['glɔ:rɪəs]
1 *Sieg:* ruhmreich
2 *Wetter:* herrlich
3 *Anblick:* prächtig

glo·ry ['glɔ:rɪ]
1 (*Berühmtheit*) der Ruhm
2 (*Schönheit*) die Herrlichkeit, die Pracht

glossy[1] ['glɒsɪ]
1 glänzend
2 **glossy paper** das Glanzpapier; **glossy magazine** das Hochglanzmagazin

glossy[2] ['glɒsɪ] das [Hochglanz]magazin

glove [glʌv] der Handschuh; **boxing glove** der Boxhandschuh; **rubber glove** der Gummihandschuh; **to fit like a glove** wie angegossen sitzen

to **glow** [gləʊ]
1 glühen
2 *Gesicht:* leuchten (**with** vor)

glow [gləʊ]
1 die Glut
2 **her cheeks had a healthy glow** ihre Wangen hatten eine gesunde Farbe

glue [glu:] der Klebstoff, der Leim

to **glue** [glu:]
1 leimen, kleben (**on** auf, **to** an)
2 (*übertragen*) **his eyes were glued to the screen** er sah wie gebannt auf den Bildschirm; **as if glued to the spot** wie angewurzelt

to **gnaw** [nɔ:] nagen (**at/on** an)

go [gəʊ] <*Plural* goes>
1 der Versuch; **to have a go at something** etwas versuchen; **let me have a go** lass mich mal
2 (*Tatkraft*) der Schwung

> **Grammatik**
> Richtiges Konjugieren von **go**: go, went, gone — *Mr Lee went to the same school as his son; my pen has gone; Lucy has been gone for an hour.*

to **go** [gəʊ] <goes, went, gone>
1 gehen; **to go to see someone** jemanden besuchen
2 *Fahrzeug:* fahren, reisen; *Flugzeug:* fliegen; **to go by car/train** mit dem Auto/Zug fahren; **to go by air** fliegen
3 *Maschine:* in Betrieb sein, funktionieren
4 *Straße:* führen (**to** nach)
5 **first prize went to the red team** der erste Preis ging an die rote Mannschaft
6 *Party, Prüfung, Tag:* verlaufen; **how did the exam go? — it went all right, thanks** wie war die Prüfung? — sie war ganz o.k., danke
7 *Zeit:* vergehen, verstreichen
8 werden; **to go blind/mad** blind/verrückt werden; **to go wrong** schiefgehen
9 *Gegenstand:* kommen, gehören; **where do you want it to go?** wo soll es hin?
10 **where did my pen go?** wohin ist mein Stift verschwunden?, wo ist mein Stift?
11 (*nachlassen*) *Material, Maschine:* kaputtgehen; *Augen, Gesundheit:* schlechter werden; *Bremsen:* versagen
12 (*Geräusche nachahmen*) **a gorilla goes like this** ein Gorilla macht so
13 *zur Futurbildung* werden, wollen; **I am going to write soon** ich werde bald schreiben; **he was going to do it** er wollte es machen
14 *mit der -ing Form* gehen; **to go swimming/shopping** schwimmen/einkaufen gehen

> **Grammatik**
> Im Englischen benutzt man oft das Partizip Perfekt **been** statt **gone**, wenn man sagen möchte, dass man irgendwo war und wieder zurückgekommen ist, oder jemanden besucht hat: *I've just been to the shops to get some more bread* (= Ich bin dort hingegangen und wieder zurückgekommen). Aber: *She has gone to see Jenny* (= sie ist immer noch dort).

◆ to **go about**
1 herumgehen
2 *Gerücht, Krankheit:* umgehen

◆ to **go after**
1 **to go after someone** jemandem nachge-

hen [*oder* nachlaufen]
2 (*übertragen*) anstreben; sich bemühen um *Job*

◆ to **go against** widerstreben *Prinzipien*

◆ to **go ahead**
1 **to go ahead of someone** jemandem vorausgehen
2 **to go ahead with something** etwas durchführen
3 vorangehen; **the meeting went ahead without him** die Besprechung fand ohne ihn statt

◆ to **go along**
1 **to go along with someone** jemanden begleiten, mit jemandem mitgehen
2 **I'm happy to go along with whatever you decide** ich schließe mich gerne dem an, was ihr entscheidet

◆ to **go away**
1 weggehen, verreisen
2 *Schmerzen:* weggehen; *Fleck:* herausgehen

◆ to **go back**
1 zurückgehen, zurückfahren
2 (*zeitlich*) sich zurückführen lassen (**to** auf)
3 **the clocks go back an hour tomorrow** die Uhren werden morgen um eine Stunde zurückgestellt

◆ to **go by**
1 *Gelegenheit, Person:* vorbeigehen
2 *Zeit:* vergehen
3 **to go by an example/the clock** sich nach einem Beispiel/der Uhr richten; **to go by the rules** sich an die Regeln halten

◆ to **go down**
1 hinuntergehen *Treppe usw.*
2 *Schiff, Sonne:* untergehen
3 *Fieber, Preise:* sinken, fallen
4 **to go down well/badly** gut/schlecht ankommen
5 **to go down with flu** die Grippe bekommen

◆ to **go for**
1 **I'm going for an ice-cream** ich gehe mir ein Eis holen
2 **to go for a drive/walk** ausfahren/einen Spaziergang machen
3 **that goes for you too** das gilt auch für dich

◆ to **go in** hineingehen

◆ to **go into**
1 untersuchen; sich befassen mit *Fach, Thema*
2 **I won't go into detail now** ich werde jetzt keine Einzelheiten nennen
3 **to go into politics** in die Politik gehen

◆ to **go off**
1 weggehen; **he just went off without saying goodbye** er ging einfach, ohne sich zu verabschieden
2 *Gewehr:* losgehen; *Bombe:* explodieren
3 **to go off to sleep** einschlafen
4 *Lebensmittel:* schlecht werden
5 **to go off well/badly** auf Zustimmung/Ablehnung stoßen

◆ to **go on**
1 weitermachen, fortfahren (**with** mit); **to go on talking** weiterreden; **this can't go on any longer** das kann nicht mehr so weitergehen
2 **what's going on here?** was geht hier vor?, was ist hier los?
3 **to go on at someone** auf jemandem herumhacken
4 **she went on to become ...** sie wurde schließlich noch ...; **he went on to say that ...** weiterhin sagte er, dass ...
5 **go on, tell me what happened** komm schon, erzähl mir, was passiert ist

◆ to **go out**
1 hinausgehen
2 (*zum Vergnügen*) ausgehen
3 *Feuer, Licht:* ausgehen
4 **to go out to work** arbeiten gehen
5 **to go out with someone** mit jemandem gehen; **are you going out with anyone?** hast du einen festen Freund/eine feste Freundin?

◆ to **go through**
1 durchgehen; durchsehen *Post, Text*
2 durchsuchen *Koffer*
3 *Straße:* durchführen
4 *Gesuch, Gesetz:* durchgehen, angenommen werden
5 durchmachen *schwierige Situation, Scheidung*
6 **to go through with something** etwas zu Ende führen [*oder* vollenden]

◆ to **go together**
1 zusammenpassen; **pink and orange don't go very well together** rosa und orange passen nicht so gut zusammen
2 USA (*umgangsspr*) *Liebespaar:* miteinander gehen

◆ to **go under**
1 *Schiff:* untergehen, sinken; **to go under water** unter Wasser tauchen
2 (*übertragen*) *Geschäft:* zugrunde gehen, eingehen

◆ to **go up**
1 hinaufgehen *Treppe;* hinaufsteigen *Leiter*
2 *Preis:* steigen
3 **to go up in flames/in smoke** in Flammen/in Rauch aufgehen

◆ to **go with**
1 USA (*als Freund[in]*) gehen mit

2 **that top goes well with your trousers** das Oberteil passt gut zu deiner Hose

◆ to **go without** **to go without food** nichts essen; **to go without sleep** ohne Schlaf auskommen

goal [gəʊl]
1 das Tor; **to score a goal** ein Tor schießen
2 (*übertragen*) das Ziel

goalie ['gəʊlɪ] (*umgangsspr*), **goal·keep·er** der Torwart/die Torwartin, der Torhüter/die Torhüterin

goat [gəʊt] die Ziege

god [gɒd] der Gott; **God** Gott; **God knows who** weiß der Himmel, wer; **for God's sake!** (*erbost*) mein Gott!; **thank God!** Gott sei Dank!

god·child ['gɒdtʃaɪld] <*Plural* godchildren> das Patenkind

god·daugh·ter ['gɒdˌdɔːtəʳ] die Patentochter

god·dess ['gɒdɪs] <*Plural* goddesses> die Göttin

god·fa·ther ['gɒdˌfɑːðəʳ] der Pate

god·moth·er ['gɒdˌmʌðəʳ] die Patin

god·par·ent ['gɒdˌpeərənt] der Pate/die Patin

god·son ['gɒdsʌn] der Patensohn

gog·gles ['gɒglz] die Schutzbrille; (*zum Schwimmen*) die Schwimmbrille, die Taucherbrille

gold[1] [gəʊld] das Gold

gold[2] [gəʊld] golden, Gold-

gold·en ['gəʊldən]
1 golden
2 (*übertragen*) *Gelegenheit:* einmalig

gold·fish ['gəʊldfɪʃ] der Goldfisch

gold med·al die Goldmedaille

golf [gɒlf] das Golf

golf course der Golfplatz

golf·er ['gɒlfəʳ] der Golfspieler/die Golfspielerin, der Golfer/die Golferin

gone[1] [gɒn] *3. Form von* **go**

gone[2] [gɒn]
1 **it's [just] gone six o'clock** es ist [gerade] sechs Uhr durch
2 **all gone** alle, alles leer

good[1] [gʊd] <better, best>
1 gut; **to have a good time** sich gut unterhalten; **good morning/evening!** guten Morgen/Abend!; **good for you!** gut so!; **no good** nichts wert, unbrauchbar
2 *Angebot, Gelegenheit:* günstig
3 *Arbeiter:* tüchtig
4 begabt; **to be good at figures** gut im Rechnen sein
5 (*wohlerzogen*) artig, brav
6 freundlich; **that's good of you** das ist lieb [*oder* nett] von dir
7 erfreulich; **it would be good if ...** es wäre erfreulich, wenn ...
8 **a good deal** ziemlich viel, eine Menge; **a good many** ziemlich viele, eine Menge; **a good hour** eine gute Stunde
9 **to feel good** sich wohl fühlen
10 **that's not good enough** so geht das nicht

good[2] [gʊd]
1 das Gute; **good and evil** Gut und Böse
2 das Wohl; **for your own good** zu deinem Besten
3 der Nutzen; **what's the good of ...?** was nützt ...?

good·bye [ˌgʊd'baɪ], (USA) **good·by**
1 das Lebewohl; **to say goodbye to someone** jemandem auf Wiedersehen sagen
2 **Goodbye!** auf Wiedersehen!; (*am Telefon*) auf Wiederhören!

good-look·ing [ˌgʊd'lʊkɪŋ] gut aussehend

good·ness ['gʊdnɪs]
1 die Güte
2 *von Nahrungsmitteln:* der Nährwert
3 **goodness gracious!, goodness me!** [ach] du meine Güte!; **for goodness' sake!** um Himmels willen!

goods [gʊdz] *Plural* die Güter, die Waren; **goods train** der Güterzug

google ['guːgl] (*umgangsspr*) **to google something** im Internet nach etwas suchen

goose [guːs] <*Plural* geese> die Gans

goose·ber·ry ['gʊzbərɪ] die Stachelbeere

goose-pim·ples *Plural* die Gänsehaut

gor·geous ['gɔːdʒəs]
1 prächtig, prachtvoll
2 (*umgangsspr*) sagenhaft, großartig

go·ril·la [gə'rɪlə] der Gorilla

gos·pel ['gɒspl]
1 das Evangelium; **the Gospel according to St Luke** das Evangelium nach Lukas
2 (*Musik*) der/das Gospel

gos·sip ['gɒsɪp]
1 (*Wörter*) der Klatsch
2 (*Person*) die Klatschbase

to **gos·sip** ['gɒsɪp] klatschen, tratschen

got [gɒt] *2. und 3. Form von* **get**

got·ten ['gɒtən] (USA) *3. Form von* **get**

to **gov·ern** ['gʌvn]
1 regieren *Land, Volk*
2 verwalten; leiten *Kolonie, Provinz*
3 *Vorschriften:* bestimmen

gov·ern·ment ['gʌvənmənt]
1 die Regierung
2 (*System*) die Regierungsform

GP [dʒiː'piː] *Abkürzung von* **General Practitioner** der Arzt für Allgemeinmedizin/die Ärztin für Allgemeinmedizin

Land und Leute
In Großbritannien heißen praktische Ärzte **GPs (general practitioners)**. Die GPs arbeiten in der Regel in einer *group practice* (= Gemeinschaftspraxis) mit anderen Ärzten zusammen.

GPS [ˌdʒiː'piː'es] *Abkürzung von* **Global Positioning System** das GPS

to **grab** [græb] <grabbed, grabbed>
1 **to grab someone/something** jemanden/etwas packen, sich jemanden/etwas schnappen
2 **to grab at something** nach etwas greifen

grab [græb] **to make a grab at something** nach etwas greifen

grace [greɪs] **to say grace** das Tischgebet sprechen

gra·cious ['greɪʃəs] [**good**] **gracious!, gracious me!** ach du liebe Güte!

grade [greɪd]
1 (*in der Schule*) die Note, die Zensur
2 (USA) die Schulklasse
3 **grade school** (USA) die Grundschule
4 (*Niveau*) die Stufe
5 (*Rang*) der Grad
6 *von Waren:* die Güteklasse, die Qualität

to **grade** [greɪd]
1 (USA) (*in der Schule*) zensieren
2 einstufen
3 (*nach Größe, Qualität*) sortieren

grad·ual ['grædʒʊəl]
1 allmählich
2 *Steigung:* sanft

grad·ual·ly ['grædʒʊlɪ] allmählich

gradu·ate ['grædʒʊət]
1 der Universitätsabsolvent/die Universitätsabsolventin
2 (USA) der Schulabsolvent/die Schulabsolventin

to **gradu·ate** ['grædʒʊeɪt]
1 einen Hochschulabschluss machen; **he graduated in 2005** er hat 2005 das Examen gemacht
2 (USA) die Schulabschlussprüfung bestehen

gradua·tion [ˌgrædʒʊ'eɪʃn] der Universitätsabschluss, der Lehrgangsabschluss; (USA) der Schulabschluss

grain [greɪn]
1 (*allgemein*) das Getreide, das Korn
2 *von Holz:* die Maserung

gram [græm] das Gramm

gram·mar ['græməʳ] die Grammatik

gram·mar school das Gymnasium

gramme (GB) das Gramm

gran [græn] (*umgangsspr*) die Oma

grand [grænd]
1 groß; *Person:* bedeutend
2 prächtig; *Gebäude, Zeremonie:* prachtvoll
3 (*umgangsspr*) großartig, fantastisch

grand·child ['græntʃaɪld] <*Plural* grandchildren> das Enkelkind

grand·dad, gran·dad ['grændæd] der Opa

grand·daugh·ter ['grænˌdɔːtəʳ] die Enkelin

grand·fa·ther ['grændˌfɑːðəʳ] der Großvater

grand·ma ['grænmɑː] die Oma

grand·moth·er ['grænˌmʌðəʳ] die Großmutter

grand·pa ['grænpɑː] der Opa

grand·par·ents ['grænˌpeərənts] *Plural* die Großeltern

grand·son ['grænsʌn] der Enkel

gran·ny ['græni] <*Plural* grannies> (*umgangsspr*) die Oma, die Omi

to **grant** [grɑːnt]
1 gewähren; erfüllen *Wunsch, Bitte*
2 erteilen *Erlaubnis*
3 **to take something for granted** etwas als selbstverständlich voraussetzen

grant [grɑːnt] das Stipendium

grape [greɪp] die Weintraube; **a bunch of grapes** eine Traube

grape·fruit ['greɪpfru:t] <*Plural* grapefruit *oder* grapefruits> die Grapefruit, die Pampelmuse

grape·vine der Weinstock, die Weinrebe ▶ WENDUNGEN: **I heard it on the grapevine** es ist mir zu Ohren gekommen

graph [grɑ:f] die grafische Darstellung, der Graph; **graph paper** das Millimeterpapier

graph·ic ['græfɪk]
1 grafisch; **graphic art**[**s**] die Grafik
2 *Darstellung:* anschaulich

to **grasp** [grɑ:sp]
1 [er]greifen, fassen, packen; **to grasp at something** nach etwas greifen
2 (*übertragen*) begreifen, verstehen

grasp [grɑ:sp]
1 der Griff
2 (*übertragen*) das Verständnis; **to have a good grasp of something** etwas sehr gut beherrschen

grass [grɑ:s] <*Plural* grasses>
1 das Gras
2 der Rasen; **keep off the grass!** Betreten des Rasens verboten!

to **grate** [greɪt]
1 reiben *Käse*
2 raspeln *Gemüse*
3 *Tür:* knirschen

grate [greɪt] der Rost

grate·ful ['greɪtfᵊl] dankbar

grati·tude ['grætɪtju:d] die Dankbarkeit (**to** gegenüber); **in gratitude for** aus Dankbarkeit für

grave[1] [greɪv] ernst, ernsthaft

grave[2] [greɪv] das Grab

grav·el ['grævl] der Kies

grave·stone ['greɪvstəʊn] der Grabstein

grave·yard ['greɪvjɑ:d] der Friedhof

grav·ity ['grævətɪ]
1 *von Situation:* der Ernst
2 die Gravitation, die Schwerkraft

gra·vy ['greɪvɪ] die Bratensoße

gray (USA) grau

to **graze**[1] [greɪz] *Kuh:* grasen, weiden

to **graze**[2] [greɪz]
1 [auf]schürfen *Knie usw.*
2 streifen *Auto*

graze [greɪz] die Schramme, die Schürfwunde

grease [gri:s] das Fett, das Schmierfett

greasy ['gri:sɪ] *Haar:* fettig; *Essen:* fett; *Maschinerie:* schmierig

great [greɪt]
1 groß
2 *Leistung:* hervorragend
3 *Freund:* sehr gut
4 (*umgangsspr*) **to be great at something** [ganz] groß in etwas sein
5 (*umgangsspr*) großartig, prima, spitze *umgangsspr*
6 **a great deal** eine [ganze] Menge, viel; **a great many** sehr viele

great-aunt die Großtante

Great Brit·ain Großbritannien

great-grand·child <*Plural* great-grandchildren> der Urenkel/die Urenkelin

great-grand·par·ents *Plural* die Urgroßeltern

great·ly ['greɪtlɪ] sehr; **greatly admired/influenced** stark bewundert/beeinflusst

great·ness ['greɪtnɪs] die Größe, die Bedeutung

great-un·cle der Großonkel

Greece [gri:s] Griechenland

greed [gri:d], **greedi·ness** ['gri:dɪnɪs] die Gier (**for** nach)

greedy ['gri:dɪ]
1 gierig (**for** nach)
2 (*beim Essen*) gefräßig

Greek[1] [gri:k] griechisch

Greek[2] [gri:k]
1 (*Person*) der Grieche/die Griechin
2 (*Sprache*) Griechisch, das Griechische

green[1] [gri:n] grün

green[2] [gri:n]
1 das Grün
2 die Grünfläche, der Rasen
3 **greens** grünes Gemüse

green·gro·cer ['gri:n,grəʊsəʳ] der Obst- und Gemüsehändler/die Obst- und Gemüsehändlerin

green·house ['gri:nhaʊs] das Gewächshaus, das Treibhaus

green·house ef·fect der Treibhauseffekt

to **greet** [gri:t] grüßen, begrüßen

greet·ing [gri:tɪŋ] die Begrüßung, der Gruß; **greeting**[**s**] **card** die Glückwunschkarte

gre·nade [grɪˈneɪd] die [Hand]granate

grew [gruː] *2. Form von* **grow**

grey[1] [greɪ]
1 grau
2 *Person:* grauhaarig; **to turn grey** grau werden

grey[2] [greɪ]
1 das Grau
2 (*Pferd*) der Grauschimmel

grey·hound [ˈgreɪhaʊnd] der Windhund

grid [grɪd]
1 das Gitter
2 (*beim Autorennen*) der Start[platz]

grief [griːf] der Kummer, das Leid, die Trauer

to **grieve** [griːv] trauern (**for** um)

grill [grɪl] (*Gerät*) der Grill

to **grill** [grɪl] grillen

grim [grɪm]
1 grimmig
2 *Nachricht:* abschreckend; *Anblick:* abstoßend
3 *Kampf:* verbissen

to **grin** [grɪn] grinsen

grin [grɪn] das Grinsen

to **grind** [graɪnd] <ground, ground>
1 mahlen
2 **to grind one's teeth** mit den Zähnen knirschen

Grammatik
Richtiges Konjugieren von **grind**: grind, ground, ground — *She ground the pepper in a pepper mill; The coffee has been finely ground.*

grip [grɪp]
1 (*am Seil, auf der Straße*) der Griff, der Halt; **to lose one's grip** den Halt verlieren
2 *von Reifen:* die Griffigkeit
3 das Haarklemmchen
4 (*übertragen*) die Herrschaft (**on** über)
5 (*übertragen*) **to get to grips with** (*übertragen*) in den Griff bekommen; **to get a grip on oneself** (*übertragen*) sich wieder fangen

to **grip** [grɪp] <gripped, gripped>
1 [er]greifen, packen
2 fesseln *Publikum*

grip·ping [ˈgrɪpɪŋ] spannend; *Buch:* fesselnd

grit [grɪt] (*für Straßen*) der Streusand

to **grit** [grɪt] <gritted, gritted>
1 mit Sand [*oder* Kies] bestreuen
2 **to grit one's teeth** die Zähne zusammenbeißen

to **groan** [grəʊn] stöhnen (**with** vor)

groan [grəʊn] das Stöhnen

gro·cer [ˈgrəʊsəʳ] der Lebensmittelhändler/die Lebensmittelhändlerin

gro·cery [ˈgrəʊsərɪ]
1 das Lebensmittelgeschäft
2 **groceries** das Lebensmittel

groin [grɔɪn] die Leiste, die Leistengegend

groom [gruːm] der Bräutigam

gross [grəʊs]
1 dick, fett; *Figur:* feist
2 grob, ordinär; *Benehmen:* unanständig
3 schwer; *Fehler:* grob
4 **gross income** der Bruttoverdienst

grot·ty [ˈgrɒtɪ] (*slang*) mies *umgangsspr*

ground[1] [graʊnd] *2. und 3. Form von* **grind**

ground[2] [graʊnd]
1 der Boden; **above/below ground** über/unter der Erde; **to work above/below ground** über/unter Tage arbeiten
2 (*Motiv, Anlass*) der Grund (**for** für/zu); **grounds for divorce** der Scheidungsgrund; **on the grounds of** aufgrund, wegen
3 **grounds** die Anlagen, das Gelände

ground floor das Erdgeschoss

Land und Leute
In den USA heißt der 2. Februar **Groundhog Day**. An diesem Tag kommt das **groundhog** [Waldmurmeltier] angeblich aus seinem Erdloch, wo es seinen Winterschlaf gehalten hat. Sieht es seinen Schatten, so dauert der Winter nach dem Volksglauben noch sechs Wochen und das groundhog geht wieder in sein Loch. Aber wenn es bewölkt ist und es seinen Schatten nicht sieht, bleibt es draußen, weil der Frühling kommt.

group [gruːp]
1 die Gruppe
2 die Unternehmensgruppe, der Konzern

to **grow** [grəʊ] <grew, grown>
1 wachsen; **to grow a beard** sich einen Bart wachsen lassen
2 (*übertragen*) zunehmen *Lärm*
3 werden (**into** zu); **she's growing very thin** sie wird immer dünner
4 züchten *Blumen;* anbauen *Gemüse, Getrei-*

de
5 **to grow on someone** jemandem ans Herz wachsen

Grammatik
Richtiges Konjugieren von **grow**: grow, grew, grown — *She grew roses in her garden; You have grown tall since I last saw you.*

◆ to **grow into**
1 heranwachsen [*oder* werden] zu
2 hineinwachsen in *Kleidung*

◆ to **grow out** **to grow out of one's clothes** aus seiner Kleidung herauswachsen

◆ to **grow up**
1 aufwachsen
2 (*übertragen*) erwachsen werden; **grow up!** sei nicht kindisch!

growl [graʊl] das Knurren

to **growl** [graʊl] knurren; **to growl at someone** jemanden anknurren

grown[1] [grəʊn] *3. Form von* **grow**

grown[2] [grəʊn] **fully grown** ausgewachsen

grown-up[1] ['grəʊnʌp] erwachsen

grown-up[2] ['grəʊnʌp] der/die Erwachsene

growth [grəʊθ]
1 das Wachstum
2 (*übertragen*) die Zunahme, der Zuwachs (**in** an)
3 (*am Körper*) die Geschwulst, das Gewächs

to **grudge** [grʌdʒ] missgönnen; **I don't grudge you that** das gönne ich dir wirklich

grudge [grʌdʒ] der Groll; **to bear someone a grudge** jemandem etwas nachtragen

to **grum·ble** ['grʌmbl] murren (**at/about/over** über)

grum·ble ['grʌmbl] das Murren

grumpy ['grʌmpɪ] mürrisch

to **grunt** [grʌnt]
1 *Schwein:* grunzen
2 **to grunt something** (*undeutlich äußern*) etwas grunzen

guar·an·tee [ˌgærən'tiː] (*für Produkt*) die Garantie, die Gewährleistung; (*für Schulden*) die Bürgschaft

to **guar·an·tee** [ˌgærən'tiː]
1 garantieren, gewährleisten; **he cannot guarantee that** dafür kann er nicht garantieren
2 bürgen [*oder* Bürgschaft leisten] für

guard [gɑːd]
1 die Wache; **to stand** [*oder* **keep**] **guard** Wache stehen
2 die Wachsamkeit; **to be on/off one's guard** auf/nicht auf der Hut sein
3 (*Gruppe*) die Wache, die Wachmannschaft; (*einzelne Person*) der Wachmann, der Posten
4 der [Gefangenen]wärter/die [Gefangenen]wärterin
5 der Schaffner/die Schaffnerin; (USA) der Bahnwärter/die Bahnwärterin

to **guard** [gɑːd]
1 bewachen
2 behüten, beschützen (**from/against** vor)

◆ to **guard against**
1 sich in Acht nehmen vor, sich hüten vor *Gefahr*
2 vorbeugen *Krankheit, Missverständnis*
3 verhüten *Unfall*

guard dog der Wachhund

guard·ian ['gɑːdɪən]
1 der Hüter/die Hüterin, der Wächter/die Wächterin; **guardian angel** der Schutzengel
2 *eines Minderjährigen:* der Vormund

gue(r)·ril·la [gə'rɪlə] der Guerilla, der Guerillakämpfer/die Guerillakämpferin

to **guess** [ges]
1 raten; **guess what?** rate mal!; (*richtig*) erraten
2 schätzen, vermuten
3 (*umgangsspr*) annehmen, glauben; **are you coming? — I guess so** kommst du mit? — ich denke schon

guess [ges] <*Plural* guesses>
1 die Schätzung
2 **at a guess** schätzungsweise
3 **to make a guess at something** etwas raten; **have a guess!** rate mal!; **I'll give you three guesses** dreimal darfst du raten

guess·work die Vermutung

guest [gest] der Gast; **be my guest!** bitte sehr!

guest·house die Pension, das Gästehaus

guid·ance ['gaɪdns]
1 (*Anleitung*) die Führung, die Leitung
2 (*Rat*) die Beratung

guide [gaɪd]
1 (*Person*) der Fremdenführer/die Fremdenführerin
2 (*Buch*) der Reiseführer
3 das Handbuch (**to** über), die Einführung (**to** in)

4 (*Hinweis*) der Anhaltspunkt (**to** für)
5 GB die Pfadfinderin

to **guide** [gaɪd]
1 führen *Menschen*
2 leiten, lenken *Diskussion*

guide·line die Richtlinie

guilt [gɪlt] die Schuld; **to admit one's guilt** sich schuldig bekennen

guilty ['gɪltɪ] schuldig; *Blick:* schuldbewusst; **to feel guilty** ein schlechtes Gewissen haben; **to plead guilty** sich schuldig bekennen

guilty con·science schlechtes Gewissen

guin·ea-pig ['gɪnɪ-pɪg]
1 das Meerschweinchen
2 (*übertragen*) das Versuchskaninchen

gui·tar [gɪ'tɑːʳ] die Gitarre

gui·tar·ist [gɪ'tɑːrɪst] der Gitarrist/die Gitarristin

gulf [gʌlf]
1 der Meerbusen, der Golf; **the Persian Golf** der Persische Golf; **the Golf War** der Golfkrieg
2 die Kluft

gull [gʌl] die Möwe

to **gulp** [gʌlp]
1 hinunterschlingen *Essen*
2 hinunterstürzen *Getränk*
3 (*vor Überraschung*) schlucken

gulp [gʌlp] [großer] Schluck

gum¹ [gʌm] *meist Plural* das Zahnfleisch

gum² [gʌm] USA der Kaugummi

gun [gʌn] die Schusswaffe, die Pistole; **to carry a gun** bewaffnet sein

gun·fire die Schüsse

gun·man ['gʌnmən] <*Plural* gunmen> der/die Bewaffnete

gun·pow·der ['gʌn,paʊdəʳ] das Schießpulver

gun·shot ['gʌnʃɒt] der Schuss; **gunshot wound** die Schusswunde

to **gur·gle** ['gɜːgl]
1 *Baby:* glucksen
2 *Wasser:* plätschern

to **gush** [gʌʃ]
1 herausschießen, strömen (**from** aus)
2 (*übertragen: überschwänglich reden*) schwärmen (**over** von)

gust [gʌst] der Windstoß, die Bö

gut [gʌt] <better, best>
1 der Darm
2 **guts** (*umgangsspr*) die Eingeweide
3 **to have guts** (*umgangsspr*) Mumm [*oder* Mut] haben

guy [gaɪ]
1 (*umgangsspr*) der Kerl, der Typ *umgangsspr*
2 GB *Guy Fawkes verkörpernde Puppe, die in der Guy Fawkes Night auf einem Scheiterhaufen verbrannt wird*

Land und Leute

Guy Fawkes gehörte der katholischen Verschwörung von 1605 an, die als der **Gunpowder Plot** [Schießpulver-Komplott] bekannt wurde. Sie versuchte das englische **Houses of Parliament** [Parlamentsgebäude] zusammen mit König James I und allen seinen Ministern in die Luft zu sprengen. Guy Fawkes wurde geschnappt als er am 5. November im Keller Sprengstoff auslegte. Er wurde daraufhin gefoltert, vor Gericht gestellt und dann gehängt. Dieses Ereignis wird immer noch am 5. November mit **bonfire parties** gefeiert, bei denen eine Stoffpuppe, die man als einen **guy** bezeichnet, auf einem Scheiterhaufen verbrannt wird. Außerdem gibt es noch ein großes Feuerwerk.

gym [dʒɪm] (*umgangsspr*)
1 (*in der Schule*) die Turnhalle; (*im Hotel*) der Fitnessraum
2 (*Club*) das Fitnessstudio
3 (*Schulfach*) Turnen, die Turnstunde; **gym shoes** die Turnschuhe

gym·na·sium [dʒɪm'neɪzɪəm] <*Plural* gymnasiums *oder* gymnasia> die Turnhalle

gym·nast ['dʒɪmnæst] der Turner/die Turnerin

gym·nas·tics [dʒɪm'næstɪks] ⚠ *mit Singular*
1 das Turnen
2 (*Leibesübungen*) die Gymnastik

gyp·sy ['dʒɪpsɪ] (*abwertend*) der Zigeuner/die Zigeunerin *abwertend*

Hh

H <*Plural* H's *oder* Hs>, **h** [eɪtʃ] <*Plural* h's> H, h

hab·it ['hæbɪt] die Angewohnheit; **from** [*oder* **out of**] **habit** aus Gewohnheit

to **hack** [hæk]
1 zerhacken
2 (*Computer*) hacken

hack·er [hækəʳ] (*Computer*) der Hacker/die Hackerin

had [həd, *betont* hæd] *2. und 3. Form von* **have**

> **Grammatik**
> Die verneinte Form von **had** ist **had not** oder kurz **hadn't**: *You* **hadn't told** *him,* **had** *you?*

haemo·phili·ac [ˌhiːməʊ'fɪlɪæk] der Bluter/die Bluterin

hail [heɪl] der Hagel

to **hail** [heɪl]
1 hageln
2 **to hail a taxi** ein Taxi rufen

hair [heəʳ]
1 das Haar
2 die Haare; **to do one's hair** sich frisieren
3 (*am Körper*) die Behaarung

hair·brush ['heəbrʌʃ] die Haarbürste

hair·cut ['heəkʌt] der Haarschnitt; **to have a haircut** sich die Haare schneiden lassen

hair·dress·er ['heəˌdresəʳ] der Friseur/die Friseurin, die Friseuse

hair dri·er, hair dry·er ['heədraɪəʳ] der Föhn

hair ex·ten·sion *meist Plural* die Haarverlängerung

hair gel das Haargel

hair·grip die Haarklammer

hair·pin ['heəpɪn] die Haarnadel

hair re·mov·er ['heərɪˌmuːvəʳ] das Haarentfernungsmittel

hair·spray ['heəspreɪ] das Haarspray

hair·style ['heəstaɪl] die Frisur

hairy ['heərɪ]
1 behaart, haarig
2 (*übertragen*) haarsträubend; *Situation:* haarig

half[1] [hɑːf, *Plural* 'hɑːvz] <*Plural* halves>
1 die Hälfte; **to cut in half** [*oder* **in**[**to**] **halves**] halbieren
2 (*Sport*) die Halbzeit

half[2] [hɑːf]
1 halb; **half an hour** eine halbe Stunde; **at** [*oder* **for**] **half the price** zum halben Preis
2 zur Hälfte; **it's half finished/full** es ist zur Hälfte fertig/voll; **half as long/much** halb so lang/viel
3 **half past three** halb vier

half-broth·er der Halbbruder

half-price halber Preis; **at half-price** zum halben Preis

half-sister die Halbschwester

half-time [ˌhɑːf'taɪm] (*Sport*) die Halbzeit

half·way
1 auf halbem Weg; **halfway between London and Manchester** auf halbem Wege zwischen London und Manchester
2 **halfway point** die Mitte

hall [hɔːl]
1 (*großer Raum*) die Halle, der Saal
2 (*Eingangshalle*) die Diele, der Flur
3 **hall** [**of residence**] das Wohnheim

Hal·low·een [ˌhæləʊ'wiːn] Halloween

> **Land und Leute**
> **Hallowe'en** ist am 31. Oktober, dem Tag vor **All Saints' Day** oder **All Hallows** [Allerheiligen] und wird seit alters her mit Geistern und Hexen in Verbindung gebracht. In Schottland Und Irland basteln Kinder **turnip lanterns** [Rübenlaternen] und gehen **guising** [d. h. sie verkleiden sich mit **disguises** und gehen von Haus zu Haus und erhalten für ihr Singen oder Aufsagen von Gedichten Geld]. In den USA verkleiden sich Kinder an diesem Abend und gehen mit einem Sack in der Hand von Tür zu Tür. Wenn die Bewohner ihre Haustür aufmachen, rufen die Kinder **'Trick or treat!'**: man soll ihnen einen **treat** [Süßigkeit] geben oder man bekommt einen **trick** [Streich] gespielt. Heutzutage sind die Streiche nicht mehr üblich, denn die Kinder gehen nur noch zu den Häusern, bei denen die Außenbeleuchtung als Willkommensgruß eingeschaltet ist.

halt [hɔːlt] **to come to a halt** anhalten, stehen bleiben; *Fahrzeug auch:* zum Stillstand kommen; **halt sign** das Stoppschild

A B C D E F G H I J K L M N O P Q R S T U V W X Y Z

to **halve** [hɑːv]
1 halbieren
2 (*zeitlich*) um die Hälfte verkürzen

ham [hæm] der Schinken

ham·burg·er ['hæmbɜːgə^{r}] die flache Frikadelle; (*in Brötchen*) der Hamburger

ham·mer ['hæmə^{r}]
1 der Hammer
2 **throwing the hammer** (*Sport*) das Hammerwerfen

to **ham·mer** ['hæmə^{r}] hämmern, schlagen

ham·ster ['hæmstə^{r}] der Hamster

hand [hænd]
1 die Hand; **keep your hands off that!** lass die Finger davon!; **hands off!** Hände weg!; **hands up!** Hände hoch!; **to shake someone's hand** [*oder* **hands with someone**] jemandem die Hand drücken [*oder* geben]
2 (*an einer Uhr*) der Zeiger
3 der Beifall, der Applaus; **to give someone a big hand** jemandem großen Applaus geben
4 (*beim Kartenspiel*) das Blatt; **to show one's hand** seine Karten aufdecken
5 **in hand** (*verfügbar*) bei der Hand; (*zu erledigen*) in Bearbeitung; (*unter Kontrolle*) im Griff; **to take in hand** in die Hand [*oder* in Angriff] nehmen
6 **on hand** in Reichweite; *Waren:* auf Lager, vorrätig
7 **on the one hand ..., [but] on the other [hand]** ... einerseits ..., andererseits ..., auf der einen Seite ..., auf der anderen Seite ...
8 **to lend** [*oder* **give**] **someone a hand** jemandem helfen [*oder* behilflich sein]

to **hand** [hænd] **to hand something to someone** jemandem etwas geben [*oder* reichen]
◆ to **hand down**
1 hinunterreichen, hinuntergeben *Gegenstand*
2 (*übertragen*) überliefern *Tradition*
3 (*übertragen*) vererben *Erbstück*
◆ to **hand in**
1 abgeben *Arbeit, Aufsatz*
2 einreichen *Gesuch*
◆ to **hand out** austeilen, verteilen *Sache, Arbeit*
◆ to **hand over**
1 hergeben *Geld, Waffen*
2 (*übertragen*) übergeben *Amt, Macht*

hand·bag ['hændbæg] die Handtasche

hand·brake ['hændbreɪk] die Handbremse

handcuffs ['hændkʌfs] *Plural* die Handschellen

hand·ful ['hændfʊl]
1 Handvoll; **a handful of peanuts** eine Handvoll Erdnüsse
2 **a handful of people** ein paar Leute
3 **the children are a real handful** die Kinder halten einen ganz schön in Trab

to **handi·cap** ['hændɪkæp] <handicapped, handicapped>
1 behindern, benachteiligen
2 **mentally/physically handicapped** geistig/körperlich behindert; **handicapped people** die Behinderten

hand·ker·chief ['hæŋkətʃɪf] das Taschentuch

han·dle ['hændl]
1 der Griff, der Handgriff
2 *von Besen, Kamm, Topf:* der Stiel
3 *von Korb, Tasse:* der Henkel

to **han·dle** ['hændl]
1 anfassen; **glass! handle with care!** Vorsicht, Glas!
2 umgehen mit, sich befassen mit *Sache;* behandeln *Menschen;* **how should we handle this problem?** wie sollen wir dieses Problem angehen?
3 erledigen *Geschäft, Korrespondenz*

han·dle·bars ['hændlbɑːz] *Plural* die Lenkstange

hand·made [ˌhænd'meɪd] handgearbeitet

hand·rail ['hændreɪl] das Geländer

hand·shake ['hændʃeɪk] der Händedruck

hand·some ['hænsəm]
1 *Mensch:* gut aussehend
2 ansehnlich; *Preis, Summe:* beträchtlich

hand·writ·ing ['hændˌraɪtɪŋ] die Handschrift

hand·writ·ten [ˌhænd'rɪtn] handgeschrieben

handy ['hændɪ]
1 praktisch, handlich; **to come in handy** sich als nützlich erweisen
2 **to keep something handy** etwas griffbereit halten
3 **the house is handy for the station** das Haus liegt günstig zum Bahnhof

hang [hæŋ] **to get the hang of something** (*umgangsspr*) etwas herauskriegen

to **hang**^{1} [hæŋ] <hanged, hanged> hängen, aufhängen; **to hang oneself** sich erhängen

to **hang**^{2} [hæŋ] <hung, hung>
1 *Mantel, Bild:* hängen (**from/on** an)
2 ankleben *Tapete*

Grammatik
Richtiges Konjugieren von **hang**: hang, hung, hung — *Paul hung his coat over the chair; I have just hung up the washing.*

◆to **hang around**
1 sich herumtreiben [*oder* herumdrücken]
2 (*umgangsspr*) warten; **hang about!** warte [*oder* Moment] mal!

◆to **hang on**
1 **to hang on to something** sich an etwas festhalten; (*übertragen*) etwas behalten
2 durchhalten
3 warten; **hang on a minute, I'll see what I can find** warte mal kurz, ich sehe nach, was ich finden kann; **hang on** [**a minute**]! Moment mal!
4 (*am Telefon*) am Apparat bleiben

◆to **hang out**
1 *Zunge:* heraushängen
2 aufhängen *Wäsche*
3 (*umgangsspr*) herumhängen *umgangsspr;* **he hangs out at the mall** er hängt gerne im Einkaufszentrum rum; **she hangs out with her friends after school** nach der Schule trifft sie sich mit ihren Freunden

◆to **hang up**
1 aufhängen
2 auflegen *Hörer;* **he hung up on me** er legte einfach auf

hang·er ['hæŋəʳ] der Kleiderbügel

hang·over ['hæŋˌəʊvəʳ] (*nach Alkoholkonsum*) der Kater

to **hap·pen** ['hæpən]
1 sich ereignen, geschehen; **the party never happened** die Party fand nie statt; **to happen to someone** jemandem zustoßen
2 **to happen to do** zufällig tun; **he happened to be there** er war zufällig[erweise] dort
3 **how does it happen that ...?** wie kommt es, dass ...?

hap·pi·ly ['hæpɪlɪ]
1 glücklich
2 glücklicherweise, zum Glück

hap·pi·ness ['hæpɪnɪs] das Glück

hap·py ['hæpɪ]
1 glücklich; **to feel happy about something** über etwas erfreut sein
2 zufrieden (**about/with** mit)
3 **happy birthday!** herzlichen Glückwunsch zum Geburtstag!; **happy Christmas!** frohe Weihnachten!; **happy New Year!** ein gutes [*oder* glückliches] neues Jahr!

har·bour ['hɑːbəʳ], (USA) **har·bor** der Hafen

hard [hɑːd]
1 *Gelee, Zement:* hart, fest; *Droge, Wasser:* hart
2 *Schlag, Tritt, Stoß:* kräftig; *Regen:* stark, heftig
3 *Arbeit:* anstrengend, hart; **to work hard** hart arbeiten; **to try hard** sich große Mühe geben
4 schwer; *Problem:* schwierig; **he is hard to get on with** es ist nicht leicht, mit ihm auszukommen; **hard to believe** kaum zu glauben
5 *Mensch:* hart[herzig], streng; **to be hard** [**up**]**on someone** mit jemandem streng sein
6 (*regnen, schneien*) stark
7 (*schlagen*) heftig, kräftig ▸ WENDUNGEN: **the hard facts** die harten Tatsachen; **hard luck!** Pech [gehabt]!; **hard up** knapp bei Kasse

hard disk (*Computer*) die Festplatte

to **hard·en** ['hɑːdn]
1 härten *Metall*
2 *Butter, Wachs:* hart werden
3 **hardened criminal** der Gewohnheitsverbrecher/die Gewohnheitsverbrecherin

hard·ly ['hɑːdlɪ] kaum, fast nicht; **hardly any** fast kein; **hardly ever** kaum je[mals], fast nie

hard·ship ['hɑːdʃɪp] die Not

hard-work·ing [ˌhɑːd'wɜːkɪŋ] fleißig

hare [heəʳ] der Hase

harm [hɑːm] der Schaden; **to do harm** Schaden anrichten; **to do someone harm** jemanden verletzen, jemandem schaden; **to mean no harm** es nicht böse meinen; **there's no harm in trying** ein Versuch kann nicht schaden

to **harm** [hɑːm] schaden; **it won't harm you to try** es wird dir sicher nicht schaden, es zu versuchen

harm·ful ['hɑːmfᵊl] schädlich

harm·less [hɑːmlɪs] harmlos, unschädlich

harsh [hɑːʃ]
1 *Klima:* rau
2 *Licht:* grell
3 *Stimme:* schrill
4 *Strafe:* hart; **don't be too harsh on** [*oder* **with**] **them** sei nicht zu streng mit ihnen

har·vest ['hɑːvɪst] die Ernte; **bad harvest** die Missernte

to **har·vest** ['hɑːvɪst] ernten

has [həz, *betont* hæz] *3. Person Singular Präsens von* **have**

hasn't ['hæznt] *Kurzform von* **has not**

to **has·sle** ['hæsl] ärgern, belästigen

has·sle ['hæsl] (*umgangsspr*) der Ärger, die Mühe; **it's such a hassle** das ist so mühsam

haste [heɪst] die Hast, die Eile

has·ty ['heɪstɪ]
① eilig, schnell
② *Entscheidung, Reaktion:* hastig, voreilig

hat [hæt] der Hut

to **hatch** *Vogel:* ausschlüpfen

hatch [hætʃ] <*Plural* hatches>
① die Luke
② (*im Esszimmer*) die Durchreiche

hatch·back ['hætʃbæk] das Schrägheckmodell

to **hate** [heɪt]
① hassen, nicht ausstehen können
② **to hate doing** [*oder* **to do**] **something** etwas ungern [*oder* nicht gern] tun; **I hate to say it, but ...** ich sage es ungern, aber ...

hate [heɪt] der Hass (**for** auf)

ha·tred ['heɪtrɪd] der Hass (**of** auf/gegen)

to **haunt** [hɔːnt] *Gespenst:* umgehen in

haunt·ed [hɔːntəd] **haunted house** das Spukhaus, ein Haus, in dem es spukt

to **have**[1] [həv, *betont* hæv] <has, had, had>
① *zur Bildung der Vergangenheit* haben; *besonders bei Verben der Bewegung* sein; **he has seen** er hat gesehen; **they have gone** sie sind gegangen; **how long have you been here?** seit wann lebst [*oder* wohnst] du hier?; **have you been waiting long?** hast du schon lange gewartet?; **he has been living there** er hat da gewohnt; **have you finished?** bist du/sind Sie fertig?; **having said that, ...** obwohl ich das gesagt habe, ...; **you have taken it, haven't you?** du hast das doch genommen, oder?; **you haven't taken it, have you?** du hast es doch nicht genommen, oder?
② *modal, mit Infinitiv* müssen; **you have to do it** du musst das machen; **I don't have to if I don't want to** wenn ich nicht will, muss ich es nicht machen; **you had better go** du gehst jetzt besser

to **have**[2] [həv, *betont* hæv] <has, had, had>
① haben; **to have got** (GB) haben; **a cat has four legs** eine Katze hat vier Beine; **I have** [*oder umgangsspr* **I've got**] **a red car** ich habe ein rotes Auto; **you can have it if you like** wenn du willst, kannst du es haben; **have you got a light?** hast du mal Feuer?
② **I have a cold** ich bin erkältet; **I have a headache** ich habe Kopfschmerzen
③ bekommen, erhalten, kriegen *umgangsspr;* **she's having** [*oder* **going to have**] **a baby** sie bekommt [*oder* kriegt] ein Kind; **I had a letter/**[**phone**]**call from John** ich habe einen Brief/Anruf von John bekommen
④ *mit Substantiven* **to have a bath/shower/wash** ein Bad nehmen/[sich] duschen/sich waschen; **to have a game of chess** Schach spielen; **have a look at this** sieh dir das mal an; **to have a swim** schwimmen, baden; **to have a walk** spazieren gehen
⑤ haben; **have fun!, have a good time!** viel Spaß!; **did you have a good holiday?** hattet ihr einen schönen Urlaub?
⑥ (*zu sich nehmen*) **to have breakfast** frühstücken; **to have lunch/dinner** zu Mittag/Abend essen; **to have a cigarette** eine Zigarette rauchen; **have a biscuit!** nimm ein Plätzchen!; **I haven't had a drink for ages!** ich habe schon lange nichts mehr getrunken!; **I'll have the lasagne** ich nehme die Lasagne
⑦ [zu]lassen, gestatten; **I'm not having that!** das lasse ich mir nicht bieten!; **I won't have pets in the kitchen** ich dulde keine Tiere in der Küche
⑧ **to have something done** etwas machen lassen; **we had the flat renovated** wir haben die Wohnung renovieren lassen
⑨ **to have to do with someone/something** mit jemandem/etwas zu tun haben
⑩ **I have** [*oder umgangsspr* **I've got**] **it!** ich hab's! ► WENDUNGEN: **have had it** (*umgangsspr*) die Nase voll haben (**with** von); **let him have it!** (*umgangsspr*) gib's ihm!; **to have it in for someone** jemanden auf dem Kieker haben; **you've been had!** (*umgangsspr*) da hat man dich über's Ohr gehauen!; **to have it off with someone** (*slang*) mit jemandem schlafen

◆ to **have on**
① anhaben *Kleider, Licht, Radio*
② vorhaben; **have you got anything on tomorrow?** hast du morgen etwas vor?

hay [heɪ] das Heu

hay fe·ver der Heuschnupfen

haz·ard ['hæzəd] die Gefahr, das Risiko

haze [heɪz] der Dunst[schleier]

hazy ['heɪzɪ]
① *Wetter:* dunstig, diesig
② *Umriss:* verschwommen, unklar
③ *Erinnerung:* vage

he¹ [hiː] er

he² [hiː] (*bei Tieren*) das Männchen; **a he** ein Er; **the baby is a he** das Baby ist ein Junge

head [hed]
① der Kopf; **to shake one's head** den Kopf schütteln (**at** über); **a** [*oder* **per**] **head** pro Kopf; **head first** kopfüber
② (*übertragen*) der Kopf, der Verstand; **to lose one's head** den Kopf verlieren; **to take it into one's head** sich etwas in den Kopf setzen; **to have a head for figures** mathematisch begabt sein
③ der Leiter/die Leiterin; (*umgangsspr*) *von Schule:* der Schulleiter/die Schulleiterin; *von Familie, Kirche:* das Oberhaupt; **head of department** der Abteilungsleiter/die Abteilungsleiterin; **head of state** das Staatsoberhaupt
④ die führende Stellung, die Spitze; **at the head of the queue** an der Spitze der Schlange
⑤ *von Tal, Treppe:* ober[st]er Teil, oberes Ende; *von Bett, Tisch:* der Kopf, das Kopfende; *von Brief, Hammer, Nagel:* der Kopf
⑥ *von Salat, Münze:* der Kopf; **heads or tails?** Kopf oder Zahl? ▸ WENDUNGEN: **to laugh one's head off** sich fast totlachen; **to be head over heels in love** bis über beide Ohren verliebt sein

to **head** [hed]
① anführen *Prozession, Tabelle*
② führen, leiten *Organisation*
③ köpfen *Ball*
④ sich bewegen, fahren; **where are you headed?** wo wollen Sie hin?; **the car was heading straight towards** [*oder* **for**] **him** das Auto kam direkt auf ihn zu; **to head home** nach Hause gehen
◆ to **head for** **to head for the coast** in Richtung Küste fahren; **to head for home** sich auf den Heimweg machen

head·ache ['hedeɪk]
① das Kopfweh, die Kopfschmerzen; **to have a bad headache** schlimme Kopfschmerzen haben
② (*umgangsspr*) das Problem; **that boy's a real headache** der Junge ist ein echter Problemfall

head·lamp ['hedlæmp], **head·light** ['hedlaɪt] der Scheinwerfer

head·line ['hedlaɪn] die Schlagzeile

head·mas·ter [ˌhed'mɑːstəʳ] der Rektor, der Schulleiter

head·mis·tress [ˌhed'mɪstrɪs] die Rektorin, die Schulleiterin

head-on [ˌhed'ɒn] **head-on collision** der Frontalzusammenstoß

head·phones ['hedfəʊnz] ⚠ *Plural* der Kopfhörer

head·quar·ters [ˌhed'kwɔːtəz] *Plural, oft mit Singular*
① *von Militär:* das Hauptquartier; **police headquarters** die Polizeidirektion
② *von Unternehmen:* die Zentrale, die Hauptgeschäftsstelle

to **heal** [hiːl]
① heilen
② *Wunde:* heilen; **to heal up** verheilen

health [helθ]
① die Gesundheit, der Gesundheitszustand; **to be in poor health** kränklich sein
② **to drink** [**to**] **someone's health** auf jemandes Wohl trinken; **good** [*oder* **your**] **health!** zum Wohl!

health cen·tre das Ärztezentrum

health club das Fitnesscenter

health food shop der Naturkostladen, das Reformhaus

Health Ser·vice (GB) das Gesundheitswesen

healthy ['helθɪ] gesund

heap [hiːp]
① der Haufen; **in heaps** in Haufen, haufenweise
② **heaps of** (*umgangsspr*) jede Menge, massig *umgangsspr*

to **hear** [hɪəʳ] <heard, heard>
① hören (**about**/**from**/**of** von)
② erfahren; **to hear something about someone/something** etwas über jemanden/etwas erfahren

Grammatik
Richtiges Konjugieren von **hear**: hear, heard, heard — *Yes, I heard what you said; Have you* **heard** *the good news yet?*

Vorsicht Falle!
hear, **listen to** — *to hear something* heißt etwas hören = mit den Ohren wahrnehmen; *to listen to something* heißt etwas zuhören = aufmerksam

hören: *Sorry, I can't* **hear** *you; Peter is* **listening** *to the radio.*

hear·ing ['hɪərɪŋ]
1 das Gehör; **sense of hearing** der Gehörsinn; **hard of hearing** schwerhörig; **his hearing is poor** er hört schlecht
2 **within/out of hearing** in/außer Hörweite
3 (*politisch*) das Hearing, die Anhörung
4 (*zivilrechtlich*) die Verhandlung

heart [hɑːt]
1 das Herz
2 (*übertragen*) **with all one's heart** von ganzem Herzen; **to have a heart** ein Herz haben, Verständnis haben; **I didn't have the heart to tell him** ich brachte es nicht übers Herz, es ihm zu sagen; **to set one's heart on something** sein Herz an etwas hängen
3 der Mut; **to take heart** Mut fassen; **don't lose heart!** verlier den Mut nicht!
4 das Wesentliche, der Kern; **to get to the heart of something** einer Sache auf den Grund kommen; **at heart** im Innersten, im Grunde genommen
5 **hearts** (*auf Spielkarten*) das Herz
6 **by heart** auswendig

heart at·tack der Herzanfall, der Herzinfarkt

heart·break·ing ['hɑːtbreɪkɪŋ] herzzerreißend

heart·bro·ken ['hɑːtˌbrəʊkən] untröstlich

heat [hiːt]
1 die Hitze; (*Physik*) die Wärme
2 (*Sport*) der Vorlauf, die Vorrunde; **dead heat** unentschiedenes Rennen

to **heat** [hiːt]
1 heizen *Raum*
2 beheizen *Schwimmbad*
3 erhitzen *Flüssigkeit*
◆ to **heat up** aufwärmen, warm machen *Essen*

heat·er ['hiːtəʳ]
1 der Ofen
2 (*im Auto*) die Heizung
3 (*für Wasser*) der Boiler

heath·er ['heðəʳ] die Heide, das Heidekraut, die Erika

heat·ing ['hiːtɪŋ] die Heizung

heat·wave ['hiːtweɪv] die Hitzewelle

heav·en ['hevn] der Himmel; **in heaven** im Himmel ▶ WENDUNGEN: **for heaven's sake!** um Himmels [*oder* Gottes] Willen!; **good heavens!** du meine Güte!; **thank heavens!** Gott sei Dank!

heavy ['hevɪ]
1 (*nicht leicht*) schwer; *Mantel:* dick; **heavy industry** die Schwerindustrie
2 *Kampf, Schaden, Schlag, Strafe, Sturm:* schwer; *Wolken:* dicht
3 *Raucher, Wind:* stark; *Regen, Schlag:* heftig; **heavy traffic** starkes Verkehrsaufkommen
4 *Geldstrafe, Schulden, Verluste:* hoch
5 *Druck, Kritik:* massiv
6 *Speise:* schwer
7 *Boden:* schwer
8 **this book is heavy going** das Buch liest sich schwer

heavy·weight ['hevɪweɪt] das Schwergewicht; (*Person auch*) der Schwergewichtler/die Schwergewichtlerin

he'd [hiːd] *Kurzform von* **he had; he would**

hedge [hedʒ] die Hecke

hedge·hog ['hedʒhɒg] der Igel

heel [hiːl]
1 die Ferse; **to be at** [*oder* **on**] **someone's heels** jemandem auf den Fersen sein
2 *von Schuh:* der Absatz

height [haɪt]
1 die Höhe; **what's the height of Everest?** wie hoch ist der Mount Everest?; **to be five metres in height** fünf Meter hoch sein
2 die [Körper]größe; **what height are you?** wie groß bist du?
3 (*übertragen*) der Höhepunkt; **height of fashion** die neueste Mode
4 **to be afraid of heights** nicht schwindelfrei sein

heir [eəʳ] der Erbe; **heir to the throne** der Thronfolger/die Thronfolgerin

heir·ess ['eərɪs] <*Plural* heiresses> die Erbin

held [held] *2. und 3. Form von* **hold**

heli·cop·ter ['helɪkɒptəʳ] der Hubschrauber, der Helikopter

hell [hel]
1 die Hölle
2 (*umgangsspr*) [**oh,**] **hell!** verdammt [noch mal]!; **go to hell!** scher dich zum Teufel!; **what the hell are you doing here?** was zum Teufel machen Sie denn hier?
3 (*umgangsspr*) **a hell of a noise** ein Höllenlärm; **a hell of a lot of money** wahnsinnig viel Geld

he'll [hiːl] *Kurzform von* **he will; he shall**

hel·lo [hə'ləʊ] hallo!; **say hello to your mother** grüß deine Mutter von mir

hel·met ['helmɪt] der Helm; **crash helmet** der Sturzhelm

help [help] die Hilfe; **thanks for all your help** vielen Dank für all deine Hilfe; **a great help you were!** (*ironisch*) du warst vielleicht eine schöne Hilfe!; **to give someone some help [with something]** jemandem [bei etwas] helfen

to **help** [help]
1 helfen; **to help someone [with something]** jemandem [bei etwas] helfen [*oder* behilflich sein]; **can I help you?** kann ich Ihnen behilflich sein?; (*im Geschäft*) womit kann ich Ihnen dienen?; **to help oneself** sich selbst helfen; (*bei Tisch*) sich bedienen; **help yourself!** bedienen Sie sich!
2 **I can't help it** ich kann nichts dafür [*oder* daran ändern]; **that can't be helped** das lässt sich nicht ändern; **I couldn't help laughing** ich musste einfach lachen

◆ to **help out**
1 aushelfen
2 **to help someone out [with something]** jemandem [mit etwas] helfen

help·er ['helpəʳ] der Helfer/die Helferin

help·ful ['helpfᵊl]
1 *Person:* hilfsbereit
2 *Sache:* hilfreich, nützlich

help·ing[1] ['helpɪŋ] die Portion

help·ing[2] ['helpɪŋ] **to give someone a helping hand** jemandem helfen

help·less ['helplɪs] hilflos

hen [hen] die Henne, das Huhn

her[1] [hɜːʳ]
1 sie; **he loves her** er liebt sie; **it's her** sie ist es
2 ihr; **he gave her a ring** er gab ihr einen Ring

her[2] [hɜːʳ] ihr; **her mother** ihre Mutter

herb [hɜːb]
1 (*zum Kochen*) das Kraut, das Küchenkraut
2 (*in der Medizin*) das Heilkraut

herb·al ['hɜːbᵊl] Kräuter-

herd [hɜːd] die Herde, das Rudel

here [hɪəʳ]
1 hier
2 **come here!** komm her!; **come here, please** kommen Sie bitte [hier]her
3 **look here!** sieh [*oder* schau] mal [her]!
4 **here he comes!** da kommt er [ja]!
5 **here you are!** (*bei der Übergabe von etwas*) bitte schön!; (*wenn man jemanden gefunden hat*) ach, hier bist du! ▶ WENDUNGEN: **here and there** hier und da, hier[hin] und dort[hin]; **here, there and everywhere** überall

hero ['hɪərəʊ] <*Plural* heroes> der Held

hero·in ['herəʊɪn] das Heroin

hero·ine ['herəʊɪn] die Heldin

hers [hɜːz] ihre(r, s); **a friend of hers** einer ihrer Freunde, ein Freund von ihr; **the book is hers** das Buch gehört ihr

her·self [hɜː'self]
1 sich
2 (*betont*) [sie] selbst; **she herself said it** sie hat es selbst gesagt; **she'll do it herself** sie macht das selbst
3 **all by herself** ganz allein, ohne [fremde] Hilfe

he's [hiːz] *Kurzform von* **he is; he has**

hesi·tant·ly ['hezɪtəntlɪ] zögerlich

to **hesi·tate** ['hezɪteɪt]
1 zögern; **to hesitate to do something** Bedenken haben, etwas zu tun
2 (*beim Sprechen*) stocken

hesi·ta·tion [ˌhezɪ'teɪʃn] das Zögern; **without a moment's hesitation** ohne einen Augenblick zu zögern

hexa·gon ['heksəgən] das Sechseck

hex·ago·nal [heks'ægənl] sechseckig

hi [haɪ] **hi!** hallo!

to **hi·ber·nate** ['haɪbəneɪt] Winterschlaf halten

hi·ber·na·tion [ˌhaɪbə'neɪʃn] der Winterschlaf

hic·cup ['hɪkʌp] der Schluckauf; **to have the hiccups** Schluckauf haben

to **hic·cup** ['hɪkʌp] den Schluckauf haben

to **hide** [haɪd] <hid, hidden>
1 verstecken (**from** vor); **to hide from someone** sich vor jemandem verstecken
2 verbergen *Gefühle* (**from** vor)
3 verheimlichen *Wahrheit* (**from** vor)

Grammatik
Richtiges Konjugieren von **hide**: hide, hid, hidden — *Sandra hid in the loft; Where have you hidden your report?*

hide·ous ['hɪdɪəs] scheußlich

hid·ing ['haɪdɪŋ] **to go into hiding** untertauchen; **to be in hiding** sich versteckt halten

hi-fi [ˌhaɪ'faɪ] das Hi-Fi-Gerät, die Hi-Fi-Anlage

high[1] [haɪ]
1 hoch; **a high building** ein hohes Gebäude; **high prices** hohe Preise
2 (*slang: von Drogen*) high *slang*
3 **high society** die vornehme Gesellschaft
4 **in high spirits** in guter Laune

high[2] [haɪ]
1 der Höchststand, der Rekord, die Rekordhöhe
2 (*Wetterlage*) das Hoch, das Hochdruckgebiet

Land und Leute
Der **Higher Grade** des *Scottish Certificate of Education* wird normalerweise im 5. oder 6. Schuljahr auf einer weiterführenden Schule gemacht. Er ist das Ziel vieler Schüler, insbesondere derer, die einen höheren Bildungsweg anstreben oder fortgeschrittene Kurse für eine bessere Ausbildung belegen wollen. Schüler die den *Standard Grade* mit einem *Credit Level* bestehen, können die Prüfung zum Higher Grade in diesem Fach in der Regel schon nach einem Jahr machen. Schüler die den *Standard Grade* mit einem *General Level* abschließen, müssen normalerweise zwei weitere Jahre auf die Schule gehen, um sich auf den **Higher Grade** vorzubereiten. Es können jedoch nicht alle Schulen 2-Jahres-Kurse anbieten, die zum **Higher Grade** führen.

high jump der Hochsprung

high·light ['haɪlaɪt]
1 (*übertragen*) der Höhepunkt
2 (*im Haar*) die Strähne

to **high·light** ['haɪlaɪt]
1 **the sentence was highlighted in yellow** der Satz war gelb markiert
2 (*übertragen*) **to highlight a problem** ein Problem hervorheben

high·ly ['haɪlɪ]
1 **highly critical** äußerst kritisch; **highly inflammable** leicht entzündlich; **highly sensitive** hoch empfindlich
2 **to speak highly of someone** von jemandem in den höchsten Tönen reden; **to think highly of someone** große Stücke auf jemanden halten

high·ness ['haɪnɪs] **His/Your [Royal] Highness** Seine/Eure [Königliche] Hoheit

high-rise build·ing das Hochhaus

high school (USA) die weiterführende Schule

Land und Leute
In den USA dauert die **high school** drei bis sechs Jahre und ist für Schüler im Alter zwischen 13 und 18 Jahren. In manchen Schulsystemen beginnen die Schüler die **high school** jedoch erst mit 15. In den USA haben die Schüler der **High School** und des **College** bestimmte Bezeichnungen. In der 9. Klasse heißen sie **Freshmen**, Schüler der 10. Klasse heißen **Sophomores**, in der 11. Klasse heißen sie **Juniors** und in der 12. Klasse werden sie **Seniors** genannt.

high street die Hauptstraße

high·way ['haɪweɪ]
1 (GB) die Hauptstraße, die Landstraße
2 (USA) die Fernstraße; **Highway Code** die Straßenverkehrsordnung

to **hi·jack** ['haɪdʒæk]
1 entführen *Flugzeug*
2 überfallen *Fahrzeug*

hi·jack ['haɪdʒæk] die Flugzeugentführung

hi·jack·er ['haɪdʒækəʳ] der Flugzeugentführer/die Flugzeugentführerin

hike [haɪk] die Wanderung

to **hike** [haɪk] wandern

hik·er ['haɪkəʳ] der Wanderer/die Wanderin

hill [hɪl] der Hügel; (*höher*) der Berg

hilly ['hɪlɪ] hüg[e]lig, bergig

him [hɪm]
1 ihn; **she loves him** sie liebt ihn; **it's him** er ist es
2 ihm; **she gave him a book** sie gab ihm ein Buch

him·self [hɪm'self]
1 sich
2 (*betont*) [er] selbst; **he himself said it** er hat es selbst gesagt; **he'll do it himself** er macht es selbst
3 **all by himself** ganz allein, ohne [fremde] Hilfe

hinge [hɪndʒ] die Türangel, das Scharnier

hint [hɪnt] der Hinweis, der Wink, die Andeutung; **to drop a hint** eine Bemerkung fallen lassen; **to take a hint** es sich gesagt sein lassen; **a big hint** ein Wink mit dem Zaunpfahl

to **hint** [hɪnt] hinweisen (**at** auf)

hip [hɪp] die Hüfte; **hip pocket** die Gesäßtasche

A B C D E F G H I J K L M N O P Q R S T U V W X Y Z

hip·po ['hɪpəʊ] <*Plural* hippos> (*umgangsspr*) das Nilpferd

hip·po·pota·mus [ˌhɪpə'pɒtəməs] <*Plural* hippopotamuses, hippopotami> das Flusspferd, das Nilpferd

hire ['haɪə^r] **for hire** zu vermieten; *Taxi:* frei

to **hire** ['haɪə^r]
(1) mieten *Auto;* leihen *Anzug;* **hire[d] car** der Mietwagen
(2) engagieren *Anwalt*
(3) einstellen *Arbeitskraft*
◆ to **hire out** vermieten

his[1] [hɪz] sein(e, r); **a friend of his** einer seiner Freunde, ein Freund von ihm; **the book is his** das Buch gehört ihm

his[2] [hɪz] sein; **his trousers** seine Hose; **he cut his hand** er hat sich in die Hand geschnitten

to **hiss** [hɪs] zischen; *Katze:* fauchen

his·tor·ic [hɪ'stɒrɪk] historisch

his·tori·cal [hɪ'stɒrɪkl] historisch, geschichtlich; **historical novel** historischer Roman

his·tory ['hɪstrɪ]
(1) die Geschichte; **history of art** die Kunstgeschichte; **to make history** Geschichte machen
(2) *von Krankheit:* die Vorgeschichte

hit [hɪt]
(1) der Schlag
(2) (*genau aufs Ziel*) der Treffer
(3) (*übertragen*) der Erfolg, der Knüller; (*Lied*) der Schlager, der Hit
(4) (*im Internet*) der Hit

to **hit** [hɪt] <hit, hit>
(1) schlagen; **to hit someone in the stomach/on the head** jemanden in den Bauch/auf den Kopf schlagen; **to hit one's head against something** mit dem Kopf gegen etwas schlagen [*oder* stoßen], mit dem Kopf auf etwas aufschlagen
(2) *Auto:* auffahren; **the car hit the tree** das Auto fuhr [*oder* prallte] gegen den Baum
(3) treffen; **I've been hit!** ich bin getroffen!; **the ball hit me in the face/on the leg** der Ball traf mich im Gesicht/am Bein; **to be hit by lightning** vom Blitz getroffen werden
(4) **to hit an all-time high** eine Rekordhöhe erreichen ▶ WENDUNGEN: **to hit the rush hour** in den Stoßverkehr geraten

> **Grammatik**
> Richtiges Konjugieren von **hit**: hit, hit, hit — *Kevin hit his head against a lamppost; Bart was hit by a stone.*

◆ to **hit back** zurückschlagen

to **hitch** [hɪtʃ]
(1) **he hitched across Europe** er fuhr per Anhalter [*oder* trampte] durch Europa
(2) **to hitch a lift** [*oder* (USA) **ride**] per Anhalter fahren

hitch [hɪtʃ] <*Plural* hitches> die Schwierigkeit, der Haken; **without a hitch** reibungslos, glatt

to **hitch·hike** ['hɪtʃhaɪk] per Anhalter fahren, trampen

hitch·hik·er ['hɪtʃhaɪkə^r] der Anhalter/die Anhalterin, der Tramper/die Tramperin

HIV [ˌeɪtʃaɪ'viː] *Abkürzung von* **human immunodeficiency virus** HIV

hive [haɪv] der Bienenstock, der Bienenkorb

hoarse [hɔːs] rau, heiser

hoax [həʊks] (*Falschmeldung*) der Schwindel, die Ente; **hoax call** blinder Alarm; **hoax story** die Zeitungsente

hob·by ['hɒbɪ] das Hobby, das Steckenpferd

hock·ey ['hɒkɪ]
(1) das Hockey; **ice hockey** das Eishockey
(2) (USA) das Eishockey

> **Land und Leute**
> **Hogmanay** sagt man in Schottland und Nordengland für **New Year's Eve** (Silvester), den 31. Dezember. Die Schotten sind dafür bekannt, Hogmanay besonders ausgelassen zu feiern. In den letzten Jahren ist es Brauch geworden, dass Tausende von Leuten im Zentrum Edinburghs zusammenkommen, wo dann auf den Straßen eine große Silvesterparty mit Bands und Feuerwerk stattfindet. Das Wort Hogmanay stammt aus Nordfrankreich: hoginané und bedeutet ursprünglich etwa: *bitte ein Geschenk zum neuen Jahr.*

hold [həʊld] der Griff; **to catch/get/take hold of something** etwas fassen/packen/ergreifen; **to get a hold of oneself** sich in den Griff bekommen; **to keep hold of something** etwas festhalten; **to let go one's hold** [*oder* **lose hold**] **of something** etwas loslassen

Grammatik
Richtiges Konjugieren von **hold**: hold, held, held — *Jane held the puppy in her arms; The assemply was held in the sports hall.*

to **hold** [həʊld] <held, held>
1 [fest]halten; **to hold hands** sich an der Hand halten; *Liebespaar:* Händchen halten
2 tragen; *Seil:* halten, nicht reißen; **I don't think the bridge will hold our weight** ich glaube nicht, dass die Brücke uns trägt
3 innehaben, ausüben; **to hold office** an der Macht [*oder* im Amt] sein
4 abhalten *Versammlung;* führen *Gespräch*
5 *Raum, Gefäß:* enthalten, fassen; **the bus holds 36 people** der Bus ist für 36 Personen vorgesehen
6 vertreten *Ansicht, Meinung*
7 **to hold one's breath** den Atem anhalten
8 **to hold the line** am Apparat bleiben

◆ to **hold against** **to hold something against someone** jemandem etwas verübeln

◆ to **hold back**
1 **to hold something back** etwas zurückhalten; verschweigen *Wahrheit*
2 **to hold someone back from doing something** jemanden [daran] hindern, etwas zu tun

◆ to **hold on**
1 [sich] festhalten (**to** an)
2 (*übertragen*) durchhalten
3 (*umgangsspr*) warten; **hold on!** einen Moment!; (*beim Telefonieren*) bleiben Sie am Apparat!

◆ to **hold out**
1 sich halten, aushalten
2 *Vorräte:* reichen
3 **to hold out one's hand** die Hand ausstrecken; **to hold out one's arms** die Arme ausbreiten

◆ to **hold up**
1 aufrecht halten, stützen
2 **to hold up one's hand** die Hand [hoch]heben

hold-up ['həʊldʌp] [bewaffneter] Raubüberfall

hole [həʊl]
1 das Loch
2 *von Fuchs, Kaninchen:* der Bau

holi·day ['hɒlədeɪ]
1 [arbeits]freier Tag
2 [**public**] **holiday** [gesetzlicher] Feiertag; **bank holiday** (GB) [gesetzlicher] Feiertag
3 **holidays** der Urlaub, die Ferien; **on holiday** in Urlaub, in den Ferien; **to be on holiday** im Urlaub sein, Ferien haben; **to go on holiday** in Urlaub gehen [*oder* fahren]; **to take a holiday** Urlaub nehmen

holi·day·mak·er der Feriengast, der Urlauber/die Urlauberin

Hol·land ['hɒlənd] Holland

hol·low ['hɒləʊ] hohl

hol·ly ['hɒlɪ] die Stechpalme

holy ['həʊlɪ] heilig

home[1] [həʊm]
1 das Heim, das Haus, die Wohnung; **at home** daheim, zu Hause
2 die Heimat; **Hamburg has become his second home** ihm ist Hamburg zur zweiten Heimat geworden
3 (*Anstalt*) das Heim; **old people's home** das Altenheim
4 **to be/feel at home** (*übertragen*) zu Hause sein/sich zu Hause fühlen; **to make oneself at home** es sich bequem machen

home[2] [həʊm]
1 heim, nach Hause; **to go home** nach Hause gehen, heimgehen
2 daheim, zu Hause

Land und Leute
Homecoming ist in den USA ein wichtiges Fest an der High School und an der Universität. An diesem Tag kommt die Footballmannschaft zu einem Heimspiel „nach Hause". Es gibt eine Riesenparty, und eine beliebte Schülerin bzw. Studentin wird zur **homecoming queen** gekürt.

home eco·nom·ics die Hauswirtschaft[slehre]

home·land ['həʊmlænd] die Heimat, das Heimatland

home·less ['həʊmlɪs] obdachlos

home-made [ˌhəʊm'meɪd] selbst gemacht

Home Of·fice ['həʊm'ɒfɪs] (GB) das Innenministerium

Home Sec·re·tary (GB) der Innenminister/die Innenministerin

home·sick ['həʊmsɪk] **to be homesick** Heimweh haben

home·work ['həʊmwɜːk] die Hausaufgaben; **to do one's homework** seine Hausaufgaben machen

homoeopa·thy [ˌhəʊmɪ'ɒpəθɪ] die Homöopathie

homo·sex·ual[1] [ˌhɒmə'sekʃʊəl] homosexuell

A B C D E F G H I J K L M N O P Q R S T U V W X Y Z

homo·sex·ual[2] [ˌhɒmə'sekʃʊəl] der/die Homosexuelle

hon·est ['ɒnɪst] ehrlich, aufrichtig

hon·est·ly ['ɒnɪstlɪ]
1 ehrlich
2 (*tatsächlich*) wirklich; **honestly!** ehrlich!; (*verärgert*) also wirklich!

hon·es·ty ['ɒnɪstɪ] die Ehrlichkeit, die Aufrichtigkeit; **in all honesty** ganz ehrlich

hon·ey ['hʌnɪ]
1 der Honig
2 (USA) (*umgangsspr*) der Schatz, der Liebling

hon·ey·moon ['hʌnɪmuːn] die Flitterwochen; **to go on honeymoon** seine Hochzeitsreise machen

hon·or·ary ['ɒnərərɪ] ehrenamtlich, Ehren-

hon·our ['ɒnəʳ], (USA) **hon·or** die Ehre; **guest of honour** der Ehrengast; **word of honour** das Ehrenwort

to **hon·our** ['ɒnəʳ], (USA) to **hon·or** ehren

hood [hʊd]
1 die Kapuze
2 *von Auto:* das Verdeck
3 (USA) die Motorhaube

hoodie, hoody ['hʊdi] <*Plural* hoodies> die Kapuzenjacke, das Kapuzenshirt

hoof [huːf] <*Plural* hoofs, hooves> der Huf

hook [hʊk]
1 der Haken, der Kleiderhaken
2 **fishhook** der Angelhaken

to **hook** [hʊk]
1 mit [einem] Haken befestigen (**to** an); festhaken *Tür*
2 angeln *Fisch*
3 (*umgangsspr*) **to get/be hooked on something** von etwas abhängig werden/sein; **she's hooked on jazz** sie steht auf Jazz

hoo·li·gan ['huːlɪgən] der Hooligan, der Rowdy

to **hoot** [huːt]
1 **to hoot [with laughter]** johlen, sich kaputtlachen
2 *Eule:* schreien
3 *Fahrzeug:* hupen

hoot [huːt]
1 *von Eule:* der Ruf, der Schrei
2 *von Auto:* das Hupen

to **Hoo·ver**® ['huːvəʳ] (GB) staubsaugen; saugen *Teppich*

Hoover® ['huːvəʳ] (GB) der Staubsauger

hop [hɒp] der Sprung

to **hop** [hɒp] <hopped, hopped> hüpfen; **to hop over something** über etwas springen

hope [həʊp] die Hoffnung (**of** auf); **there's no hope of winning** es besteht keine Hoffnung, dass wir gewinnen; **past** [*oder* **beyond**] **hope** hoffnungslos; **to raise someone's hopes** jemandem Hoffnung machen

to **hope** [həʊp]
1 hoffen (**for** auf); **I hope you're right** hoffentlich hast du Recht; **I hope so/not!** hoffentlich/hoffentlich nicht!
2 **he hopes to go to Brazil** er hofft, nach Brasilien reisen zu können

hope·ful ['həʊpfᵊl] hoffnungsvoll; *Situation:* viel versprechend; **to be hopeful** sich Hoffnungen machen, hoffen

hope·ful·ly ['həʊpfᵊli]
1 hoffnungsvoll
2 **will you be on time? — hopefully** kommst du rechtzeitig? — hoffentlich

hope·less ['həʊplɪs]
1 hoffnungslos
2 **she's hopeless at drawing** sie kann überhaupt nicht zeichnen

hope·less·ly ['həʊplɪslɪ] hoffnungslos

ho·ri·zon [hə'raɪzn] (*auch übertragen*) der Horizont

ho·ri·zon·tal [ˌhɒrɪ'zɒntl] horizontal, waagerecht

hor·mone ['hɔːməʊn] das Hormon

horn [hɔːn]
1 *von Tier:* das Horn
2 die Sirene; *von Auto:* die Hupe; **to blow** [*oder* **sound**] **the horn** hupen
3 (*Musik*) das Horn

hor·net ['hɔːnɪt] die Hornisse

horo·scope ['hɒrəskəʊp] das Horoskop

hor·ren·dous [hɒ'rendəs]
1 *Verbrechen:* entsetzlich
2 *Preise, Lüge:* horrend

hor·ri·ble ['hɒrəbl]
1 schrecklich, furchtbar, entsetzlich
2 unfreundlich

hor·rid ['hɒrɪd] abscheulich, ekelhaft

hor·ri·fic [hə'rɪfɪk] schrecklich

to **hor·ri·fy** ['hɒrɪfaɪ]
1 **to horrify someone** jemandem einen Schrecken einjagen

2 entsetzen *Person;* **to be horrified** schockiert sein (**at/by** von)

hor·ror ['hɒrəʳ]
1 der Schrecken, das Entsetzen; **a scene of horror** ein Bild des Grauens
2 der Abscheu, der Ekel (**of** vor); **snakes give me the horrors** vor Schlangen habe ich eine panische Angst
3 **horror film** der Horrorfilm

horse [hɔːs] das Pferd

horse·back ['hɔːsbæk] **on horseback** zu Pferde

horse·pow·er ['hɔːspaʊəʳ] <*Plural* horsepower> die Pferdestärke

horse rac·ing
1 der Pferderennsport
2 das Pferderennen

hose [həʊz] der [Gummi]schlauch

hos·pi·tal ['hɒspɪtl] die Klinik, das Krankenhaus

hos·pi·tal·ity [ˌhɒspɪ'tælətɪ] die Gastlichkeit; *von Person:* die Gastfreundschaft

host [həʊst]
1 der Gastgeber (**to** für)
2 (*beim TV*) der Showmaster

hos·tage ['hɒstɪdʒ] die Geisel; **to take someone hostage** jemanden als Geisel nehmen

hos·tel ['hɒstl] das Wohnheim; **youth hostel** die Jugendherberge

host·ess ['həʊstɪs] <*Plural* hostesses>
1 die Gastgeberin
2 die Empfangsdame, die Hostess
3 die Stewardess

hos·tile ['hɒstaɪl]
1 feindlich
2 *Person, Atmosphäre:* feindselig (**to** gegen)

hos·til·ity [hɒ'stɪlətɪ]
1 die Feindschaft (**to/towards/against** gegen)
2 **hostilities** die Feindseligkeiten

hot [hɒt] <hotter, hottest>
1 heiß; *Wasser, Mahlzeit:* warm; **I'm hot** mir ist heiß
2 *Speise:* stark gewürzt, scharf

ho·tel [həʊ'tel] das Hotel

hour ['aʊəʳ]
1 die Stunde; **by the hour** stundenweise; **for hours** stundenlang
2 die Zeit, der Zeitpunkt; **rush hour** die Stoßzeit; **working hours** die Dienststunden, die Arbeitszeit; **opening hours** die Geschäftszeiten; *von Arzt:* die Sprechstunde; **after hours** nach Geschäftsschluss; *von Kneipe:* nach der Polizeistunde; *von Arzt:* außerhalb der Sprechstunde; **at all hours** zu jeder Tages- und Nachtzeit

hour·ly ['aʊəlɪ] stündlich; **hourly wage** der Stundenlohn

house ['haʊs]
1 das Haus; **at my house** bei mir zu Hause
2 die Dynastie
3 (*im Theater*) die Vorstellung, das Publikum
4 (*an einer Universität*) das College; (*an einem Internat*) das Wohngebäude
5 das Parlament; **Lower House** das Unterhaus; **Upper House** das Oberhaus; **the House of Commons/Lords** (GB) das Unterhaus/Oberhaus; **the Houses of Parliament** (GB) das Parlamentsgebäude; **the House of Representatives** (USA) das Repräsentantenhaus
6 **on the house** auf Kosten des Hauses

to **house** ['haʊz]
1 **to house someone** jemanden beherbergen
2 unterbringen *Gegenstände, Waren*

house·hold ['haʊshəʊld] der Haushalt

house-warm·ing ['haʊsˌwɔːmɪŋ] das Einzugsfest

house·work ['haʊswɜːk] die Hausarbeit

hous·ing ['haʊzɪŋ]
1 die Wohnungen
2 die Wohnungsbeschaffung
3 *von Waren:* die Lagerung
4 die Unterkunft

hous·ing de·vel·op·ment (USA), **hous·ing es·tate** (GB) die Wohnsiedlung

hov·er ['hɒvəʳ]
1 schweben (**over** über)
2 sich herumtreiben (**about/near** in der Nähe von)
3 (*übertragen*) schwanken

hov·er·craft ['hɒvəkrɑːft] das Luftkissenfahrzeug, das Hovercraft

how [haʊ]
1 wie, wieso; **how about ...?** wie wäre es mit ...?; **how come ...?** wie kommt es ...?; **how many?** wie viele?; **how much?** wie viel?; **how are you?** wie geht's?; **how do you do?** guten Morgen/Tag/Abend
2 **to learn how to do something** etwas lernen

how·ever¹ [haʊ'evəʳ] wie auch immer; **however big/intelligent** wie groß/intelligent auch immer

how·ever² [haʊ'evəʳ] jedoch, aber, trotzdem

howl [haʊl] das Geheul

to **howl** [haʊl] *Tier, Wind:* heulen

to **hud·dle** ['hʌdl]
① sich drängen [*oder* drücken]
② sich schmiegen (**to** an); **to huddle together** sich aneinander schmiegen
◆ to **huddle up** sich zusammenkauern

to **hug** [hʌg] <hugged, hugged> umarmen

hug [hʌg] die Umarmung

huge [hjuːdʒ] riesig, ungeheuer; *Interesse, Verbesserung:* gewaltig

huge·ly [hjuːdʒlɪ] ungeheuer

hul·lo [hə'ləʊ] hallo! nanu!

to **hum** [hʌm] <hummed, hummed> summen *Lied*

hum [hʌm] das Summen; *von Maschine:* das Brummen

hu·man¹ ['hjuːmən]
① menschlich; **I'm only human!** ich bin auch nur ein Mensch!
② **human error** menschliches Versagen; **human rights** die Menschenrechte

hu·man² ['hjuːmən] **human [being]** der Mensch

hu·mane [hjuː'meɪn] menschlich, human

hu·man·ity [hjuː'mænətɪ]
① die Menschheit
② die Menschlichkeit

hu·man·ly ['hjuːmənlɪ] **humanly possible** menschenmöglich

hum·ble ['hʌmbl] <humbler, humblest>
① *Person:* demütig, bescheiden
② *Rang:* einfach
③ *Haus:* einfach, bescheiden

hu·mid ['hjuːmɪd] feucht

hu·mid·ity [hjuː'mɪdətɪ] die Feuchtigkeit

to **hu·mili·ate** [hjuː'mɪlɪeɪt] **to humiliate someone** jemanden demütigen

hu·mor·ous ['hjuːmərəs] amüsant, komisch; *Person:* humorvoll

hu·mour ['hjuːməʳ], (USA) **hu·mor** **sense of humour** der Humor

hump [hʌmp]
① *von Kamel:* der Höcker
② *von Mensch:* der Buckel
③ der Hügel

hunch·back ['hʌntʃbæk]
① der Buckel
② der/die Bucklige

hun·dred¹ ['hʌndrəd] hundert

hun·dred² ['hʌndrəd] die Hundert; **a hundred** hundert; **one hundred** einhundert; **hundreds of ...** Hunderte von ...

hun·dredth¹ ['hʌndrədθ] hundertste(r, s)

hun·dredth² ['hʌndrədθ]
① Hundertste(r, s)
② (*Bruchteil*) das Hundertstel

hung [hʌŋ] *2. und 3. Form von* **hang**

Hun·gar·ian¹ [hʌŋ'geərɪən] ungarisch

Hun·gar·ian² [hʌŋ'geərɪən]
① (*Person*) der Ungar/die Ungarin
② (*Sprache*) Ungarisch, das Ungarische

Hun·ga·ry ['hʌŋgərɪ] Ungarn

hun·ger ['hʌŋgəʳ]
① der Hunger
② (*übertragen*) das Verlangen (**for/after** nach); **to die of hunger** verhungern, vor Hunger sterben; **hunger strike** der Hungerstreik

hun·gry ['hʌŋgrɪ]
① hungrig; **to be hungry** Hunger haben, hungrig sein
② (*übertragen*) verlangend, [be]gierig (**for** nach)

hunt [hʌnt]
① die Jagd, die Fuchsjagd
② (*übertragen*) die Jagd, die Suche (**for** nach)

to **hunt** [hʌnt]
① jagen; **to hunt animals** Jagd auf Tiere machen; **to go hunting** auf die Jagd gehen
② [eifrig] suchen *Gegenstand, Verbrecher*

hunt·er ['hʌntəʳ]
① der Jäger
② das Jagdpferd

hunt·ing [hʌntɪŋ]
① das Jagen, die Jagd
② die Suche

hur·dle ['hɜːdl]
① die Hürde
② (*Sport*) **hurdles** ⚠ *mit Singular* der Hürdenlauf
③ (*übertragen*) das Hindernis, die Hürde

hur·ri·cane ['hʌrɪkən] der Wirbelsturm; (*auch übertragen*) der Orkan

hur·ried ['hʌrɪd]
1 hastig, eilig
2 übereilt

hur·ry ['hʌrɪ]
1 die Eile, die Hast; **in a hurry** in [großer] Eile; **he was in a hurry to leave early** er hatte es sehr eilig, frühzeitig zu gehen; **to be in no hurry to do something** es nicht eilig haben, etwas zu tun; **there is no hurry** damit hat's keine Eile
2 die Übereilung

to **hur·ry** ['hʌrɪ]
1 sich beeilen; **don't hurry!** immer mit der Ruhe!
2 **stop hurrying me!** hör auf, mich zu drängen!

◆ to **hurry up**
1 sich beeilen
2 **hurry something up** etwas vorantreiben

to **hurt** [hɜːt] <hurt, hurt>
1 weh tun; **you're hurting me!** du tust mir weh!
2 (*seelisch*) verletzen, kränken; **to feel hurt** sich gekränkt [*oder* verletzt] fühlen; **to hurt someone's feelings** jemanden kränken [*oder* verletzen]
3 **that won't hurt!** das schadet nichts!

> **Grammatik**
> Richtiges Konjugieren von **hurt**: hurt, hurt, hurt — *Mike hurt his knee; Two people were hurt in the accident.*

hurt [hɜːt]
1 der Schmerz
2 (*seelisch*) die Verletzung
3 der Schaden

hus·band ['hʌzbənd] der Ehemann, der Mann; **husband and wife** die Eheleute

hut [hʌt] die Hütte, die Baracke

hydro·elec·tric [ˌhaɪdrəʊɪ'lektrɪk] hydroelektrisch; **hydroelectric power station** das Wasserkraftwerk

hydro·gen ['haɪdrədʒən] der Wasserstoff

hy·giene ['haɪdʒiːn] die Gesundheitspflege, die Hygiene; **personal hygiene** die Körperpflege

hy·gien·ic [haɪ'dʒiːnɪk] hygienisch

hymn [hɪm] die Hymne, das Loblied

hyper·mar·ket ['haɪpəmɑːkɪt] (GB) der Großmarkt, der Verbrauchermarkt

hy·phen ['haɪfn]
1 der Bindestrich
2 der Trennungsstrich, der Trennstrich

hypo·crite ['hɪpəkrɪt] der Heuchler/die Heuchlerin, der/die Scheinheilige

hys·teri·cal [hɪ'sterɪkl]
1 hysterisch
2 (*umgangsspr*) irrsinnig komisch

hys·ter·ics [hɪ'sterɪks] *Plural* **to go into hysterics** einen hysterischen Anfall bekommen

I

I <*Plural* I's *oder* Is>, **i** [aɪ] <*Plural* i's> I, i

I [aɪ] ich

ice [aɪs]
1 das Eis
2 das Speiseeis

to **ice** [aɪs] glasieren *Kuchen*

ice-cream das Eis, die Eiscreme

ice hock·ey das Eishockey

ice lol·ly [ˌaɪs'lɒlɪ] (GB) das Eis am Stil

ice rink ['aɪsrɪŋk] die Schlittschuhbahn

to **ice-skate** ['aɪsˌkeɪt] eislaufen

ice-skate ['aɪsˌkeɪt] der Schlittschuh

ice-skat·ing ['aɪskeɪtɪŋ] der Eislauf, das Schlittschuhlaufen

ic·ing ['aɪsɪŋ]
1 der Zuckerguss, die Glasur
2 die Vereisung

icy ['aɪsɪ]
1 *Wetter:* eisig [kalt]
2 *Straße:* vereist
3 *Stimmung:* eisig

I'd [aɪd] *Kurzform von* **I had; I would**

ID card [aɪ'diːˌkaːd] der Personalausweis

idea [aɪ'dɪə]
1 der Gedanke, die Idee; **good idea!** gute Idee!
2 die Vorstellung
3 die Ahnung; **I have no idea** ich habe keine Ahnung
4 **that's the idea** so ist's richtig

ideal[1] [aɪ'dɪəl] ideal, vorbildlich

ideal[2] [aɪ'dɪəl] das Ideal

iden·ti·cal [aɪ'dentɪkl] identisch, völlig gleich; **identical twins** eineiige Zwillinge

iden·ti·fi·ca·tion [aɪˌdentɪfɪ'keɪʃn]
1 die Identifizierung
2 (*Dokument*) die Ausweispapiere

to **iden·ti·fy** [aɪ'dentɪfaɪ]
1 identifizieren *Leiche, Verbrecher*
2 wiedererkennen *Gegenstand*

iden·ti·ty [aɪ'dentətɪ]
1 die Identität
2 die Gleichheit, die Übereinstimmung

iden·ti·ty card der Ausweis, der Personalausweis

iden·ti·ty fraud *kein Plural* der Identitätsbetrug

iden·tity theft der Identitätsdiebstahl

idiom ['ɪdɪəm]
1 die idiomatische Redewendung
2 die Sprache, die Ausdrucksweise

idio·mat·ic [ˌɪdɪə'mætɪk] idiomatisch

idi·ot ['ɪdɪət] (*umgangsspr*) der Idiot, der Dummkopf

idle ['aɪdl]
1 *Person:* faul, träge
2 (*nicht arbeitend*) untätig; (*im Arbeitsverhältnis*) unbeschäftigt
3 *Motor, Gerät:* nicht in Betrieb; **to stand idle** stillstehen
4 *Worte:* leer, nutzlos, vergeblich

if [ɪf]
1 wenn, falls; **if it rains tomorrow ...** für den Fall, dass es morgen regnet ...; **if I were you ...** an deiner Stelle ...
2 ob; **I wonder if he'll come** ich bin gespannt, ob er kommt
3 **as if** als ob [*oder* wenn]; **as if by chance** wie zufällig; **if so** wenn ja; **if not** falls nicht; **even if** auch wenn; **if only she'd told me!** wenn sie mir das nur gesagt hätte!

ig·loo ['ɪgluː] der/das Iglu

ig·no·rance ['ɪgnərəns]
1 die Unwissenheit, die Ignoranz
2 der Mangel an Bildung

ig·no·rant ['ɪgnərənt]
1 unwissend
2 nicht informiert; **to be ignorant of something** etwas nicht wissen
3 unkultiviert

to **ig·nore** [ɪg'nɔːʳ] ignorieren, nicht beachten; nicht befolgen *Befehl, Rat*

ill[1] [ɪl]
1 krank; **to fall** [*oder* **be taken**] **ill** erkranken (**with** an), krank werden; **to feel ill** sich unwohl fühlen
2 schlecht; **ill feeling** das böses Blut

ill[2] [ɪl] das Übel, das Böse; **to speak/think ill of someone** Schlechtes über jemanden sagen/denken

I'll [aɪl] *Kurzform von* **I will; I shall**

ill-ad·vised [ˌɪlədˈvaɪzd] unklug; **to be ill-advised** schlecht beraten sein

il·legal [ɪˈliːgl] unerlaubt, ungesetzlich, illegal

il·leg·ible [ɪˈledʒəbl] unleserlich

il·le·giti·mate [ˌɪlɪˈdʒɪtɪmət]
1 *Kind:* unehelich
2 (*juristisch*) unrechtmäßig

il·lit·er·ate [ɪˈlɪtərət] des Schreibens und Lesens unkundig

ill·ness [ˈɪlnɪs] die Krankheit

il·logi·cal [ɪˈlɒdʒɪkl] unlogisch

to **il·lu·mi·nate** [ɪˈluːmɪneɪt]
1 beleuchten; *Mond, Sonne:* erleuchten
2 (*übertragen*) erhellen *Frage*

il·lu·mi·na·tion [ɪˌluːmɪˈneɪʃn]
1 die Beleuchtung
2 **illuminations** ⚠ *Plural* die Festbeleuchtung
3 die Erleuchtung

il·lu·sion [ɪˈluːʒn]
1 die Illusion, die trügerische Hoffnung; **to have no illusions about someone/something** sich von jemandem/etwas keine falschen Vorstellungen machen; **to be under the illusion that ...** sich einbilden, dass ...
2 die Sinnestäuschung

to **il·lus·trate** [ˈɪləstreɪt]
1 [bildlich] darstellen
2 illustrieren *Buch*
3 (*übertragen*) erklären, anschaulicher machen *Sache*

il·lus·tra·tion [ˌɪləˈstreɪʃn]
1 die Erklärung
2 die Abbildung
3 die Illustration

I'm [aɪm] *Kurzform von* **I am**

im·age [ˈɪmɪdʒ]
1 das Bild
2 das Abbild
3 die Vorstellung
4 das Image; **to improve one's image** sein Image aufbessern

im·agi·nary [ɪˈmædʒɪnərɪ] unwirklich, imaginär

im·agi·na·tion [ɪˌmædʒɪˈneɪʃn]
1 die Fantasie
2 die Einbildung

im·agi·na·tive [ɪˈmædʒɪnətɪv] fantasievoll, einfallsreich

to **im·ag·ine** [ɪˈmædʒɪn]
1 sich ausdenken [*oder* vorstellen]
2 glauben; **just imagine!** denken Sie nur [mal]!; **I imagine so** ich glaube schon

to **imi·tate** [ˈɪmɪteɪt]
1 nachahmen, imitieren
2 kopieren *Bild, Stil;* fälschen *Unterschrift*

imi·ta·tion[1] [ˌɪmɪˈteɪʃn]
1 die Nachahmung
2 die Imitation

imi·ta·tion[2] [ˌɪmɪˈteɪʃn] falsch; **imitation leather** das Kunstleder

im·macu·late [ɪˈmækjʊlət]
1 fleckenlos
2 untadelig

im·ma·ture [ˌɪməˈtjʊəʳ]
1 unreif, unentwickelt
2 *Ideen:* unausgegoren

im·medi·ate [ɪˈmiːdɪət]
1 unmittelbar, direkt
2 (*am nächsten*) **in immediate future** in nächster Zukunft; **our immediate neighbours** unsere nächsten Nachbarn
3 *Antwort:* umgehend

im·medi·ate·ly [ɪˈmiːdɪətlɪ]
1 direkt, unmittelbar
2 sofort; **immediately after/before** unmittelbar danach/davor

im·mense [ɪˈmens] ungeheuer [groß], immens

im·mi·grant [ˈɪmɪgrənt] der Einwanderer/die Einwanderin

im·mi·gra·tion [ˌɪmɪˈgreɪʃn] die Einwanderung

im·mi·nent [ˈɪmɪnənt] nahe bevorstehend; **to be imminent** nahe bevorstehen

im·mor·al [ɪˈmɒrəl] unmoralisch [*oder* sittenlose]

im·mor·tal [ɪˈmɔːtl]
1 unsterblich
2 *Ruhm:* unvergänglich

im·mune [ɪˈmjuːn]
1 immun (**against/to** gegen); **immune system** das Immunsystem
2 (*übertragen*) sicher (**from** vor)

im·mu·nity [ɪˈmjuːnətɪ]
1 die Immunität
2 (*juristisch*) die Straffreiheit; **diplomatic immunity** die diplomatische Immunität
3 (*übertragen*) die Unempfindlichkeit, die Sicherheit

to **im·mu·nize** [ˈɪmjʊnaɪz] **to immunize someone** jemanden immunisieren (**against** gegen)

im·pact ['ɪmpækt]
1 der Aufprall; *von Bombe:* der Einschlag
2 (*übertragen*) die Auswirkung, die Wirkung; **to make an impact on someone/something** Eindruck auf jemanden/etwas machen

im·par·tial [ɪm'pɑːʃl] unparteiisch, vorurteilslos

im·pa·tience [ɪm'peɪʃns]
1 die Ungeduld
2 die Unduldsamkeit (**of** gegen)

im·pa·tient [ɪm'peɪʃnt]
1 ungeduldig
2 unduldsam (**of** gegen)

im·per·fect [ɪm'pɜːfɪkt]
1 unvollständig, unvollkommen
2 mangelhaft
3 *Wettbewerb:* ungleich

im·perial [ɪm'pɪərɪəl]
1 Reichs-, kaiserlich
2 (*des British Empire*) Empire-

im·per·son·al [ˌɪm'pɜːsənl] unpersönlich, sachlich

im·per·ti·nent [ɪm'pɜːtɪnənt] unverschämt

im·petus ['ɪmpɪtəs]
1 die Wucht, der Schwung
2 (*übertragen*) der Impuls

im·ple·ment ['ɪmplɪmənt] das Gerät, das Werkzeug

to **im·ple·ment** [ɪmplɪ'ment]
1 ausführen, durchführen *Plan*
2 erfüllen *Vertrag*
3 vollziehen *Gesetz*

im·pli·ca·tion [ˌɪmplɪ'keɪʃn]
1 die Verwicklung
2 die Implikation; **by implication** implizit

im·plic·it [ɪm'plɪsɪt]
1 stillschweigend, implizit
2 *Drohung:* indirekt, unausgesprochen
3 *Gehorsam:* unbedingt

to **im·ply** [ɪm'plaɪ] implizieren; **what are you implying?** was wollen Sie damit sagen?

im·po·lite [ˌɪmpə'laɪt] unhöflich

to **im·port** [ɪm'pɔːt] einführen, importieren *Waren* (**into/in** nach)

im·port ['ɪmpɔːt]
1 die Einfuhr, der Import
2 **imports** die Importe
3 (*übertragen*) die Bedeutung, der Sinn

im·por·tance [ɪm'pɔːtns]
1 die Wichtigkeit
2 der Grund, die Bedeutung; **of no importance** bedeutungslos, belanglos

im·por·tant [ɪm'pɔːtnt]
1 wichtig (**to** für)
2 einflussreich

im·por·tant·ly [ɪm'pɔːtntlɪ]
1 wichtigtuerisch
2 entscheidend

to **im·pose** [ɪm'pəʊz]
1 erheben *Steuer* (**on** auf)
2 **to impose conditions on someone** jemandem Bedingungen auferlegen [*oder* aufzwingen]
3 **he didn't want to impose on them** er wollte ihnen nicht zur Last fallen

im·pos·ing [ɪm'pəʊzɪŋ]
1 imposant
2 imponierend

im·pos·sibil·ity [ɪmˌpɒsə'bɪlətɪ] die Unmöglichkeit

im·pos·sible [ɪm'pɒsəbl]
1 unmöglich
2 (*umgangsspr*) unausstehlich, unerträglich

im·prac·ti·cal [ɪm'præktɪkl] unpraktisch

to **im·press** [ɪm'pres]
1 eindrücken *Muster* (**on** auf)
2 beeindrucken *Person*
3 **to impress something on someone** jemandem etwas einschärfen

im·pres·sion [ɪm'preʃn]
1 die Prägung, der Abdruck
2 (*übertragen*) der Eindruck; **to give the impression** den Eindruck erwecken; **to be under the impression** den Eindruck haben
3 **to do an impression of someone** jemanden imitieren

im·pres·sive [ɪm'presɪv] eindrucksvoll

to **im·pris·on** [ɪm'prɪzn] **to imprison someone** jemanden inhaftieren

im·pris·on·ment [ɪm'prɪznmənt] die Inhaftierung, die Gefangenschaft; **one year's imprisonment** ein Jahr Gefängnis; **life imprisonment** lebenslängliche Freiheitsstrafe

im·prob·able [ɪm'prɒbəbl] unwahrscheinlich

im·prop·er [ɪm'prɒpəʳ]
1 unpassend, unangebracht (**to** für)
2 unsachgemäß
3 *Verhalten:* unanständig

to **im·prove** [ɪm'pruːv]
1 sich bessern; **to improve something** etwas verbessern
2 *Wetter:* schöner werden
3 **to improve on** [*oder* **upon**] **something** etwas überbieten *Angebot*

im·prove·ment [ɪm'pruːvmənt] die Verbesserung

to **im·pro·vise** ['ɪmprəvaɪz] improvisieren

im·pulse ['ɪmpʌls]
1 der Anstoß, der Impuls; **to act on impulse** impulsiv handeln
2 (*psychologisch*) der Drang

im·pure [ɪm'pjʊəʳ]
1 unrein
2 *Motiv:* unsauber
3 *Essen:* verunreinigt

im·pur·ity [ɪm'pjʊərətɪ]
1 die Unreinheit
2 *von Wasser:* die Verschmutzung

in[1] [ɪn]
1 *räumlich* in; **in the house** im Hause; **in the street** auf der Straße; **sitting in the window** am Fenster sitzend; **in bed** im Bett
2 *zeitlich* in, während; **in 2018** 2018; **in July** im Juli; **in the morning/afternoon/evening** morgens/nachmittags/abends; **in the beginning** am Anfang; **in time** rechtzeitig; **in a week** in einer Woche
3 (*Art, Zustand*) **to speak in a loud voice** laut [*oder* mit lauter Stimme] sprechen; **to speak in German** Deutsch reden; **in this way** so; **in anger** im Zorn; [**dressed**] **in black** in Schwarz gekleidet; **to write in ink** mit Tinte schreiben
4 (*Ausmaß*) **in part** teilweise
5 (*betreffend*) **a rise in prices** der ein Preisanstieg

in[2] [ɪn]
1 daheim, zu Hause; **is Michael in?** ist Michael da?
2 (*modisch, aktuell*) **green is in** Grün ist in
▶ WENDUNGEN: **to be in for something** etwas zu erwarten [*oder* zu befürchten] haben; **now you are in for it!** jetzt bist du dran!; **to be in on something** an einer Sache beteiligt sein, über etwas Bescheid wissen

in·abil·ity [ˌɪnə'bɪlətɪ] die Unfähigkeit

in·ac·cu·rate [ɪn'ækjərət] unrichtig, ungenau

in·ad·equate [ɪn'ædɪkwət]
1 unzulänglich
2 *Mittel:* unzureichend
3 unangemessen
4 nicht geeignet

in·ap·pro·pri·ate [ˌɪnə'prəʊprɪət]
1 unangemessen, unangebracht
2 ungelegen; *Zeit:* unpassend

in·augu·ra·tion [ɪˌnɔːgjʊ'reɪʃn]
1 die Amtseinführung
2 die Einweihung, die Eröffnung

in·cal·cu·lable [ɪn'kælkjʊləbl]
1 *Betrag:* unschätzbar, unabsehbar
2 (*mathematisch*) nicht berechenbar

in·ca·pable [ɪn'keɪpəbl]
1 unfähig, nicht im Stande [*oder* in der Lage]; **to be incapable of doing something** unfähig sein, etwas zu tun
2 untauglich, ungeeignet (**of** für)

in·cen·tive [ɪn'sentɪv] [finanzieller] Anreiz (**to** zu)

in·ces·sant [ɪn'sesnt] unablässig, unaufhörlich

inch [ɪntʃ] <*Plural* inches>
1 der Zoll (*= 2,54 cm*)
2 ein bisschen, [ein] wenig; **inch by inch** Zentimeter um Zentimeter

in·ci·dent ['ɪnsɪdənt]
1 der Vorfall, das Ereignis
2 der Zwischenfall

in·ci·den·tal·ly [ˌɪnsɪ'dentlɪ] übrigens, nebenbei gesagt

in·cin·era·tor [ɪn'sɪnəreɪtəʳ] (*für Müll*) die Verbrennungsanlage

in·cli·na·tion [ˌɪnklɪ'neɪʃn]
1 der Hang; *von Dach:* die Neigung
2 (*übertragen*) die Vorliebe (**for** für)
3 das Gefälle

in·clined [ɪn'klaɪnd] geneigt; **to be inclined to do something** Lust haben [*oder* dazu neigen], etwas zu tun; **I am inclined to think that ...** ich neige zu der Ansicht, dass ...

to **in·clude** [ɪn'kluːd]
1 einschließen (**in** in); **breakfast is included in the price** das Frühstück ist im Preis enthalten
2 **the panel includes two students** zu dem Rateteam gehören zwei Studenten; **the children included** einschließlich der Kinder

in·clud·ing [ɪn'kluːdɪŋ] einschließlich, inklusive

in·clu·sion [ɪn'kluːʒn] die Einbeziehung (**in** in)

in·clu·sive [ɪn'kluːsɪv] einschließlich, inklusive; **to be inclusive of something** etwas einschließen; **Monday to Friday inclusive** von Montag bis einschließlich Freitag

in·come ['ɪŋkʌm] das Einkommen, die Einkünfte (**from** aus)

in·come tax die Einkommensteuer, die Lohnsteuer; **income tax return** die Einkommensteuererklärung, die Lohnsteuererklärung

in·com·ing [ˈɪnˌkʌmɪŋ]
1 *Zug:* einfahrend; *Schiff:* einlaufend
2 hereinkommend; *Mieter, Regierung:* neu

in·com·pa·rable [ɪnˈkɒmprəbl] nicht vergleichbar (**to/with** mit), unvergleichlich

in·com·pat·ible [ˌɪnkəmˈpætəbl] unvereinbar (**with** mit); **to be incompatible** nicht zusammenpassen

in·com·pe·tent [ɪnˈkɒmpɪtənt]
1 unfähig, untauglich
2 (*juristisch*) unzuständig (**to** für)

in·com·plete [ˌɪnkəmˈpliːt] unvollständig

in·com·pre·hen·sible [ˌɪnˌkɒmprɪˈhensəbl] unbegreiflich; *Sprache, Theorie:* unverständlich

in·con·ceiv·able [ˌɪnkənˈsiːvəbl]
1 unvorstellbar
2 unfassbar

in·con·clu·sive [ˌɪnkənˈkluːsɪv] ergebnislos; *Beweis:* nicht schlüssig

in·con·sid·er·ate [ˌɪnkənˈsɪdərət]
1 unaufmerksam
2 rücksichtslos

in·con·sist·ent [ˌɪnkənˈsɪstənt]
1 widersprüchlich
2 *Arbeit:* unbeständig
3 **her behaviour is inconsistent with her beliefs** ihr Verhalten stimmt mit ihren Ansichten nicht überein

in·con·ven·ience [ˌɪnkənˈviːnɪəns] die Unannehmlichkeit

in·con·ven·ient [ˌɪnkənˈviːnɪənt] unbequem; *Zeit:* unpassend; *Lage:* ungünstig; *Design:* unpraktisch

in·cor·rect [ˌɪnkəˈrekt]
1 falsch, unrichtig
2 unkorrekt

to **in·crease** [ɪnˈkriːs]
1 zunehmen; **to increase in size/price** größer/teurer werden
2 vergrößern (**to** auf); erhöhen *Preis, Temperatur*
3 verstärken *Bemühung*

in·crease [ˈɪŋkriːs]
1 die Vergrößerung
2 *von Preis, Kosten:* die Erhöhung (**on** gegenüber); **increase in value** die Wertsteigerung
3 die Zunahme, der Zuwachs; **to be on the increase** ständig zunehmen; **increase in population** die Bevölkerungszunahme

in·creas·ing [ˈɪŋkriːsɪŋ] zunehmend, steigend

in·cred·ible [ɪnˈkredəbl]
1 unglaubhaft
2 unglaublich

in·cur·able [ɪnˈkjʊərəbl] unheilbar; (*übertragen*) unverbesserlich

in·de·cent [ɪnˈdiːsnt]
1 unsittlich
2 anstößig, unanständig; **indecent assault** sexueller Übergriff

in·de·ci·sion [ˌɪndɪˈsɪʒn] die Unentschlossenheit

in·de·ci·sive [ˌɪndɪˈsaɪsɪv]
1 unentschlossen
2 nichts entscheidend; *Diskussion:* ergebnislos

in·deed [ɪnˈdiːd]
1 in der Tat, tatsächlich; **thank you very much indeed!** vielen herzlichen Dank!; **are you pleased? — yes, indeed!** bist du zufrieden? — oh ja, sehr sogar!
2 **indeed** wirklich; **if indeed ...** falls ... wirklich

in·defi·nite [ɪnˈdefɪnət] unbegrenzt, unbestimmt

in·de·pend·ence [ˌɪndɪˈpendəns]
1 die Unabhängigkeit (**from** von)
2 **Independence Day** (USA) der Unabhängigkeitstag (*Jahrestag vom 4. Juli 1776*)

> **Land und Leute**
> Am 4. Juli 1776 erklärten die amerikanischen Kolonien ihre Unabhängigkeit von Großbritannien. Der **Fourth of July** oder **Independence Day** ist deshalb der höchste amerikanische Feiertag. Man gedenkt jedes Jahr am 4. Juli der *Declaration of Independence* (Unabhängigkeitserklärung). An diesem Tag unternimmt man Picknicks, trifft sich zu Familienfeiern und es finden professionelle Baseballspiele statt. Abends gibt es dann überall ein großes Feuerwerk.

in·de·pend·ent[1] [ˌɪndɪˈpendənt]
1 unabhängig (**of** von), selbstständig
2 (*politisch*) parteilos

in·de·pend·ent[2] [ˌɪndɪˈpendənt]
1 der/die Unabhängige
2 (*politisch*) der/die Parteilose

in·dex [ˈɪndeks]
1 <*Plural* indexes> das Register, der Index
2 <*Plural* indices> das Hinweiszeichen

A B C D E F G H I J K L M N O P Q R S T U V W X Y Z

3 <*Plural* indices> (*mathematisch*) der Exponent

to **in·di·cate** ['ɪndɪkeɪt]
1 anzeigen *Temperatur*
2 **to indicate something** auf etwas hinweisen; andeuten, zum Ausdruck bringen *Gefühle*
3 *Maschine:* anzeigen
4 *Auto:* blinken

in·di·ca·tion [ˌɪndɪ'keɪʃn]
1 *von Gerät:* die Anzeige
2 der Hinweis (**of** auf), das Anzeichen (**of** für); **there is every indication that ...** alles weist darauf hin, dass ...

in·di·ca·tor ['ɪndɪkeɪtəʳ]
1 der Anzeiger
2 *von Auto:* der Fahrtrichtungsanzeiger, der Blinker
3 (*übertragen*) das Anzeichen

in·di·ces ['ɪndɪsiːz] *Pluralform von* **index**

in·dif·fer·ent [ɪn'dɪfrənt]
1 gleichgültig (**to/towards** gegenüber)
2 *Beobachter:* unbeteiligt
3 mittelmäßig, durchschnittlich

in·dig·enous [ɪn'dɪdʒɪnəs] einheimisch; *Bevölkerung:* eingeboren; **indigenous to Europe** in Europa heimisch

in·diges·tion [ˌɪndɪ'dʒəstʃən] die Magenverstimmung

in·dig·nant [ɪn'dɪgnənt] entrüstet, empört (**at/about** über)

in·dig·na·tion [ˌɪndɪg'neɪʃn] die Entrüstung, die Empörung (**at/about/over** über)

in·di·rect [ˌɪndɪ'rekt]
1 indirekt, mittelbar
2 **by indirect means** auf Umwegen

in·dis·crimi·nate [ˌɪndɪ'skrɪmɪnət]
1 kritiklos
2 wahllos, willkürlich

in·dis·pen·sable [ˌɪndɪ'spensəbl] unbedingt notwendig, unentbehrlich (**to** für)

in·dis·tin·guish·able [ˌɪndɪ'stɪŋgwɪʃəbl]
1 nicht zu unterscheiden
2 nicht erkennbar

in·di·vid·ual[1] [ˌɪndɪ'vɪdʒʊəl]
1 *Portion:* einzeln
2 **individual cases** die Einzelfälle
3 persönlich
4 individuell; *Geschmack:* eigen

in·di·vid·ual[2] [ˌɪndɪ'vɪdʒʊəl]
1 der/die Einzelne
2 das Individuum

in·door ['ɪndɔːʳ] Innen-, Haus-; **indoor swimming-pool** das Hallenbad

in·doors [ˌɪn'dɔːz] im Hause; **to go indoors** nach drinnen gehen

to **in·dulge** [ɪn'dʌldʒ]
1 **to indulge someone [in something]** jemandem [in etwas] nachgeben; verwöhnen *Kind*
2 **to indulge a wish/desire** einem Wunsch/Verlangen nachgeben
3 **to indulge in something** sich etwas gönnen, in etwas schwelgen

in·dus·trial [ɪn'dʌstrɪəl]
1 gewerblich, industriell
2 Betriebs-; **industrial action** die Streikmaßnahmen; **industrial estate** das Industriegelände, der Industriepark; **Industrial Revolution** die industrielle Revolution; **industrial tribunal** das Arbeitsgericht

in·dus·tri·al·ist [ɪn'dʌstrɪəlɪst] der/die Industrielle

in·dus·tri·ali·za·tion [ɪnˌdʌstrɪəlaɪ'zeɪʃn] die Industrialisierung

to **in·dus·tri·al·ize** [ɪn'dʌstrɪəlaɪz] industrialisieren *Gebiet, Landschaft*

in·dus·try ['ɪndəstrɪ]
1 die Industrie, der Industriezweig; **heavy industry** die Schwerindustrie; **light industry** die Leichtindustrie; **hotel industry** das Hotelgewerbe; **tourist industry** die Touristik
2 der Fleiß

in·ed·ible [ɪn'edəbl] ungenießbar

in·ef·fec·tive [ˌɪnɪ'fektɪv]
1 unwirksam, wirkungslos
2 *Person:* untauglich, unfähig

in·ef·fi·cient [ˌɪnɪ'fɪʃnt]
1 *Person:* unfähig, inkompetent
2 *Maschine:* unwirtschaftlich
3 *Betrieb:* unrationell

in·eli·gible [ɪn'elɪdʒəbl]
1 ungeeignet, nicht qualifiziert; **she's ineligible for the position** sie kommt für die Position nicht in Frage
2 (*für Leistungen*) nicht berechtigt

in·equal·ity [ˌɪnɪ'kwɒlətɪ] die Ungleichheit

in·evi·table [ɪn'evɪtəbl] unvermeidbar, zwangsläufig

in·ex·cus·able [ˌɪnɪk'skju:zəbl] unentschuldbar, unverzeihlich

in·ex·haust·ible [ˌɪnɪg'zɔ:stəbl] unerschöpflich

in·ex·pen·sive [ˌɪnɪk'spensɪv] billig, preiswert

in·ex·pe·ri·enced [ˌɪnɪk'spɪərɪənst] unerfahren

in·ex·pli·cable [ˌɪnɪk'splɪkəbl] unerklärlich, unfasslich

in·fal·lible [ɪn'fæləbl]
1 unfehlbar
2 *Methode:* zuverlässig

in·fa·mous ['ɪnfəməs]
1 berüchtigt
2 schändlich, niederträchtig

in·fant ['ɪnfənt]
1 das Kleinkind, der Säugling
2 (*juristisch*) der/die Minderjährige

to **in·fect** [ɪn'fekt]
1 infizieren (**with** mit); **the wound became infected** die Wunde hat sich entzündet
2 verseuchen *Wasser*
3 (*übertragen*) anstecken *Person, Stimmung*

in·fec·tion [ɪn'fekʃn]
1 die Infektion; **throat infection** die Halsentzündung
2 *von Wasser:* die Verseuchung

in·fec·tious [ɪn'fekʃəs] (*auch übertragen*) ansteckend, infektiös; **infectious disease** die Infektionskrankheit

to **in·fer** [ɪn'fɜ:ʳ] <inferred, inferred>
1 **to infer something** etwas [schluss]folgern (**from** aus)
2 andeuten *Idee*

in·fe·ri·or [ɪn'fɪərɪəʳ]
1 (*im Beruf usw.*) **to be inferior to someone** jemandem untergeordnet sein
2 *Qualität:* geringer (**to** als), geringwertiger (**to** als)
3 *Person:* unterlegen

in·fe·ri·or·ity [ɪnˌfɪərɪ'ɒrətɪ] die Minderwertigkeit; *von Person:* die Unterlegenheit

in·fer·tile [ɪn'fɜ:taɪl] unfruchtbar

in·fi·nite ['ɪnfɪnət]
1 unendlich, unbegrenzt
2 *Vergnügen:* grenzenlos

in·fin·ity [ɪn'fɪnətɪ]
1 die Unendlichkeit
2 (*mathematisch*) das Unendliche

to **in·flame** [ɪn'fleɪm] *Wunde:* sich entzünden

in·flam·mable [ɪn'flæməbl]
1 leicht entzündbar, feuergefährlich
2 (*übertragen*) explosiv

in·flam·ma·tion [ˌɪnflə'meɪʃn] die Entzündung

in·flat·able [ɪn'fleitəbl] aufblasbar; *Boot:* Schlauch-

to **in·flate** [ɪn'fleɪt]
1 aufblasen, aufpumpen
2 in die Höhe treiben *Preise*

in·fla·tion [ɪn'fleɪʃn]
1 das Aufblasen, das Aufpumpen
2 die Inflation

in·flex·ible [ɪn'fleksəbl]
1 steif, starr
2 (*übertragen*) unnachgiebig, starr

to **in·flict** [ɪn'flɪkt]
1 zufügen *Schmerz*
2 **to inflict a punishment on someone** jemandem eine Strafe auferlegen

in·flu·ence ['ɪnflʊəns] der Einfluss (**over** auf); **to be a good influence [on someone]** einen guten Einfluss [auf jemanden] haben; **under the influence [of alcohol]** unter Alkoholeinfluss

to **in·flu·ence** ['ɪnflʊəns] **to influence someone/something** jemanden/etwas beeinflussen

in·flu·en·tial [ˌɪnflʊ'enʃl] einflussreich

in·flu·en·za [ˌɪnflʊ'enzə] die Grippe

in·flux ['ɪnflʌks] der Einfluss, der Zustrom, die Zufuhr

to **in·form** [ɪn'fɔ:m]
1 **to inform someone** jemanden informieren (**about** über); **I'm pleased to inform you that ...** ich freue mich, Ihnen mitteilen zu können, dass...; **to keep someone informed** jemanden auf dem Laufenden halten
2 **to inform against someone** jemanden anzeigen [*oder* denunzieren]

in·for·mal [ɪn'fɔ:ml]
1 informell, inoffiziell
2 *Party:* zwanglos

in·for·ma·tion [ˌɪnfə'meɪʃn] die Information; **a piece of information** eine Auskunft; **for your information** zur Kenntnisnahme; **to get information about someone/something** sich über jemanden/etwas informieren; **lack of information** das Informationsdefizit

in·for·ma·tion tech·nol·ogy die Informationstechnologie

in·forma·tive [ɪnˈfɔːmətɪv] belehrend, informativ; *Dokument:* aufschlussreich

in·form·er [ɪnˈfɔːməʳ] der Denunziant/die Denunziantin, der Spitzel

to **in·furi·ate** [ɪnˈfjʊərɪeɪt] **to infuriate someone** jemanden wütend machen

in·grati·tude [ɪnˈgrætɪtjuːd] der Undank, die Undankbarkeit

in·gre·di·ent [ɪnˈgriːdɪənt]
1 (*im Essen*) die Zutat
2 der Bestandteil, die Ingredienz

to **in·hab·it** [ɪnˈhæbɪt] **to inhabit a place** einen Ort bewohnen

in·hab·it·ant [ɪnˈhæbɪtənt] der Bewohner/die Bewohnerin, der Einwohner/die Einwohnerin

to **in·hale** [ɪnˈheɪl] einatmen; inhalieren *Zigarettenrauch*

to **in·her·it** [ɪnˈherɪt] erben

in·her·it·ance [ɪnˈherɪtəns] die Erbschaft, das Erbe

in·hi·bi·tion [ˌɪnɪˈbɪʃn] die Hemmung

in·hu·man [ɪnˈhjuːmən] unmenschlich

ini·tial1 [ɪˈnɪʃl] anfänglich; **initial letter** der Anfangsbuchstabe

ini·tial2 [ɪˈnɪʃl] die Initiale

to **ini·tial**3 [ɪˈnɪʃl] abzeichnen *Dokument;* paraphieren *Vertrag*

ini·tial·ly [ɪˈnɪʃəlɪ] anfangs, am Anfang

ini·tia·tive [ɪˈnɪʃətɪv] die Initiative; **on one's own initiative** aus eigenem Antrieb; **to take the initiative** die Initiative ergreifen

to **in·ject** [ɪnˈdʒekt] einspritzen (**into** in); **to inject someone with something** jemandem etwas injizieren

in·jec·tion [ɪnˈdʒekʃn] die Injektion, die Spritze

to **in·jure** [ˈɪndʒəʳ] **to injure someone** (*auch übertragen*) jemanden verletzen

in·ju·ry [ˈɪndʒərɪ]
1 die Verletzung (**to** an)
2 (*auch übertragen*) **to do someone an injury** jemanden verletzen

in·jus·tice [ɪnˈdʒʌstɪs]
1 die Ungerechtigkeit
2 das Unrecht; **to do someone an injustice** jemandem Unrecht tun

ink [ɪŋk]
1 die Tinte; **to write in ink** mit Tinte schreiben
2 die Tusche
3 die Stempelfarbe

in·land [ˈɪnlənd]
1 Binnen-
2 inländisch, Inland[s]-
3 landeinwärts; **to live inland** im Landesinneren leben

In·land Rev·enue (GB) das Finanzamt

in-laws [ˈɪnlɔːz] *Plural* (*umgangsspr*)
1 der/die angeheiratete Verwandte
2 die Schwiegereltern

in-liner [ˈɪnlaɪnə], **in-line skate** *meist Plural* der Inliner, der Inlineskate

in-line skat·ing *kein Plural* das Inlineskaten, das Inlineskating

in·mate [ˈɪnmeɪt] der Insasse/die Insassin

inn [ɪn] der Gasthof, das Wirtshaus

in·ner [ˈɪnəʳ]
1 innere(r, s), Innen-
2 (*übertragen*) innere(r, s), verborgene(r, s)

in·no·cence [ˈɪnəsns] die Unschuld

in·no·cent [ˈɪnəsnt]
1 unschuldig (**of** an)
2 naiv, ahnungslos

in·no·va·tion [ˌɪnəˈveɪʃn]
1 die Innovation
2 die Neuerung

to **in·ocu·late** [ɪˈnɒkjʊleɪt] **to inoculate someone** jemanden impfen (**against** gegen)

in·ocu·la·tion [ɪˌnɒkjʊˈleɪʃn] die Impfung

in·put [ˈɪnpʊt]
1 (*technisch*) die Energiezufuhr
2 (*Computer*) der Input
3 der Arbeitsaufwand

in·quest [ˈɪnkwest] die gerichtliche Untersuchung

to **in·quire** [ɪnˈkwaɪəʳ] **to inquire about** [*oder* **after**] **something** sich nach etwas erkundigen, nach etwas fragen; **to inquire into something** etwas untersuchen

in·quiry [ɪnˈkwaɪərɪ]
1 die Anfrage (**about** über); **on inquiry** auf Anfrage
2 die Erkundigung (**about** über); **to make inquiries [about someone]** Erkundigungen [über jemanden] einziehen, Nachforschungen [über jemanden] anstellen

3 die Untersuchung; **to hold an inquiry into something** eine Untersuchung über etwas durchführen

in·sane [ɪn'seɪn]
1 geisteskrank
2 wahnsinnig

in·san·ity [ɪn'sænətɪ]
1 die Geisteskrankheit
2 (*übertragen*) der Wahnsinn

in·sect ['ɪnsekt] das Insekt

in·se·cure [ˌɪnsɪ'kjʊəʳ]
1 unsicher
2 *Gebäude:* nicht sicher

in·sen·si·tive [ɪn'sensətɪv]
1 *Person, Benehmen:* gefühllos (**to** gegen)
2 (*physisch*) unempfindlich
3 unempfänglich

in·sepa·rable [ɪn'seprəbl] untrennbar; *Freunde, Zwillinge:* unzertrennlich

to **in·sert** [ɪn'sɜːt] **to insert something** etwas hineinstecken [*oder* einsetzen] (**in** in); etwas einwerfen *Münze;* etwas einfügen *Wort, Satz*

in·side[1] [ɪn'saɪd]
1 das Innere, die Innenseite
2 (*umgangsspr*) die Eingeweide
3 **inside out** verkehrt herum; *Kleidungsstück:* auf links; **the wind blew her umbrella inside out** der Wind hat ihren Schirm umgestülpt

in·side[2] ['ɪnsaɪd] innere(r, s), Innen-; **inside wall** die Innenwand

in·side[3] ['ɪnsaɪd] innen, im Innern, drinnen; **come inside out of the rain!** kommen Sie herein, aus dem Regen raus!

in·side[4] ['ɪnsaɪd]
1 in; **here inside the house** hier drinnen im Haus; **to go inside the house** ins Haus gehen
2 **inside an hour** innerhalb einer Stunde

in·sid·er [ɪn'saɪdəʳ] der Insider, der/die Eingeweihte; **insider dealing** [*oder* **trading**] der Insiderhandel

in·sight ['ɪnsaɪt]
1 das Verständnis
2 der Einblick; **to gain an insight into something** einen Einblick in etwas bekommen

in·sig·nifi·cant [ˌɪnsɪg'nɪfɪkənt]
1 bedeutungslos
2 *Summe, Unterschied:* geringfügig

to **in·sist** [ɪn'sɪst] bestehen (**on/upon** auf); **if you insist** wenn Sie darauf bestehen; **to insist on doing something** darauf bestehen, etwas zu tun

in·sist·ent [ɪn'sɪstənt]
1 beharrlich; *Person:* hartnäckig; **to be insistent that ...** darauf bestehen, dass ...
2 *Forderung, Ton:* nachdrücklich, penetrant

in·so·lent ['ɪnsələnt] unverschämt, frech

in·sol·uble [ɪn'sɒljʊbl]
1 *Substanz:* unauflöslich, unlöslich
2 *Problem:* unlösbar

in·som·nia [ɪn'sɒmnɪə] die Schlaflosigkeit

to **in·spect** [ɪn'spekt]
1 kontrollieren, prüfen
2 inspizieren *Räumlichkeiten*

in·spec·tion [ɪn'spekʃn]
1 die Prüfung, die Kontrolle
2 (*militärisch*) die Inspektion

in·spec·tor [ɪn'spektəʳ]
1 der Kontrolleur/die Kontrolleurin, der Prüfungsbeamter/die Prüfungsbeamtin, der Aufsichtsbeamter/die Aufsichtsbeamtin
2 der Inspektor/die Inspektorin; **inspector [of police]** der Polizeikommissar/die Polizeikommissarin

in·spi·ra·tion [ˌɪnspə'reɪʃn] die Eingebung, die Inspiration

to **in·spire** [ɪn'spaɪəʳ]
1 **to inspire someone** jemanden inspirieren
2 wecken, hervorrufen *Gefühl*

in·sta·bil·ity [ˌɪnstə'bɪlətɪ] die Instabilität; (*geistig*) die Labilität

to **in·stall**, to **in·stal** [ɪn'stɔːl] <installed, installed> aufstellen *Maschinen;* installieren *Heizung, Wassersystem;* einbauen *Badezimmer, Küche;* anschließen *Telefon, Waschmaschine;* installieren *Software*

in·stal·la·tion [ˌɪnstə'leɪʃn]
1 *von Heizung:* die Installation; *von Badezimmer, Küche:* der Einbau
2 die Anlage

in·stal·ment [ɪn'stɔːlmənt], (USA) **in·stall·ment**
1 die Ratenzahlung, die Teilzahlung; **to pay by** [*oder* **in**] **instalments** in Raten zahlen; **monthly instalments** die Monatsraten
2 *von Roman:* die Fortsetzung; *von Film:* die Folge

in·stance ['ɪnstəns]
1 das Beispiel; **for instance** zum Beispiel
2 der Fall

in·stant[1] ['ɪnstənt]
1 unmittelbar; **an instant success** ein sofortiger Erfolg
2 *Suppe, Getränk:* Instant-, Tüten-; **instant coffee** der Pulverkaffee, der Instantkaffee

in·stant[2] ['ɪnstənt] der Augenblick, der Moment; **at this instant** in diesem Augenblick; **in an instant** im Nu

in·stant·ly ['ɪnstəntlɪ] sofort, augenblicklich

in·stead[1] [ɪn'sted] stattdessen

in·stead[2] [ɪn'sted] **instead of something** anstelle einer Sache; **instead of going to work** statt zur Arbeit zu gehen

in·stinct ['ɪnstɪŋkt] der Instinkt; **by** [*oder* **from**] **instinct** instinktiv

in·stinc·tive [ɪn'stɪŋktɪv] instinktiv

in·sti·tute ['ɪnstɪtju:t] das Institut

in·sti·tu·tion [ˌɪnstɪ'tju:ʃn]
1 das Institut, die Anstalt
2 *von Reform:* die Einführung

to **in·struct** [ɪn'strʌkt]
1 belehren; unterrichten *Klasse*
2 **to instruct someone** jemandem Anweisungen geben
3 unterrichten, informieren *Person*

in·struc·tion [ɪn'strʌkʃn]
1 der Unterricht, die Schulung
2 die Instruktion, die Anweisung; **instructions for use** die Gebrauchsanweisung

in·struc·tor [ɪn'strʌktəʳ]
1 der Lehrer/die Lehrerin, der Ausbilder/die Ausbilderin; **driving instructor** der Fahrlehrer/die Fahrlehrerin
2 (USA) der Dozent/die Dozentin

in·stru·ment ['ɪnstrʊmənt]
1 das Werkzeug, das Instrument
2 das [Musik]instrument

in·stru·men·tal [ˌɪnstrʊ'mentl]
1 förderlich; **to be instrumental in something** bei etwas behilflich sein
2 (*Musik*) instrumental, Instrumental-

in·suf·fi·cient [ˌɪnsə'fɪʃnt]
1 ungenügend
2 unzulänglich

to **in·su·late** ['ɪnsjʊleɪt] isolieren *Kabel, Haus* (**from/against** gegen)

in·su·la·tion [ˌɪnsjʊ'leɪʃn] (*elektrisch*) die Isolierung, das Isoliermaterial

in·sult ['ɪnsʌlt] die Beleidigung

to **in·sult** [ɪn'sʌlt] **to insult someone** jemanden beleidigen

in·sur·ance [ɪn'ʃʊərəns]
1 die Versicherung; **to take out an insurance policy** eine Versicherung abschließen
2 die Versicherungssumme

in·sur·ance poli·cy die Versicherungspolice

to **in·sure** [ɪn'ʃʊəʳ] **to insure a building** [**against fire**] ein Gebäude [gegen Feuer] versichern

in·tact [ɪn'tækt] unversehrt, intakt

in·take ['ɪnteɪk]
1 (*in Schule*) die Aufnahme
2 *von Wasser, Strom:* die Aufnahme
3 **food intake** die Nahrungsaufnahme

in·te·grat·ed ['ɪntɪgreɪtɪd]
1 einheitlich, ein Ganzes bildend
2 *Gesellschaft, Schule:* ohne Rassentrennung

in·tel·lect ['ɪntəlekt]
1 der Verstand, der Intellekt
2 (*Mensch*) großer Geist

in·tel·lec·tual[1] [ˌɪntə'lektʃʊəl] intellektuell

in·tel·lec·tual[2] [ˌɪntə'lektʃʊəl] der/die Intellektuelle

in·tel·li·gence [ɪn'telɪdʒəns]
1 die Intelligenz
2 die Nachricht, die Auskunft
3 der Nachrichtendienst; **military intelligence** militärischer Geheimdienst

in·tel·li·gent [ɪn'telɪdʒənt] intelligent, klug

to **in·tend** [ɪn'tend]
1 beabsichtigen; **he didn't intend me to hear that** er wollte nicht, dass ich das höre
2 **to intend to do something** fest vorhaben, etwas zu tun; **what do you intend doing today?** was haben Sie heute vor?
3 **what did you intend by that joke?** was wolltest du mit diesem Witz sagen?

in·tense [ɪn'tens] *Emotionen:* äußerst groß; *Angst, Freude:* intensiv; *Schmerz:* heftig; *Diskussion:* lebhaft; *Person:* ernsthaft

to **in·ten·si·fy** [ɪn'tensɪfaɪ]
1 *Regen:* sich verstärken; *Kampf:* sich verschärfen
2 intensivieren *Suche;* vertiefen *Beziehung*

in·ten·sity [ɪn'tensətɪ] die Intensität

in·ten·sive [ɪnˈtensɪv]
1 intensiv
2 **intensive care** die Intensivpflege

in·tent¹ [ɪnˈtent]
1 *Blick:* durchdringend
2 **to be intent on doing something** fest entschlossen sein, etwas zu tun

in·tent² [ɪnˈtent] die Absicht; **to all intents and purposes** in jeder Hinsicht; **with intent** mit der Absicht (**to** zu)

in·ten·tion [ɪnˈtenʃn] die Absicht, das Vorhaben

in·ten·tion·al [ɪnˈtenʃənl] absichtlich, vorsätzlich

inter·ac·tive [ˌɪntəræktɪv] interaktiv

to **inter·cept** [ˌɪntəˈsept] **to intercept someone/something** jemanden/etwas abfangen

inter·cep·tion [ˌɪntəˈsepʃn] das Abfangen

inter·change·able [ˌɪntəˈtʃeɪndʒəbl] austauschbar, auswechselbar

inter·course [ˈɪntəkɔːs] **sexual intercourse** der Geschlechtsverkehr

in·ter·est [ˈɪntrəst]
1 das Interesse (**in** für/an); **to take an interest in someone** sich für jemanden interessieren; **just out of interest** nur interessehalber
2 **in your own interests** in deinem eigenen Interesse; **of public interest** von öffentlichem Interesse
3 (*Finanzwesen*) die Zinsen; **rate of interest** der Zinssatz
4 die Bedeutung; **of great interest** von großer Wichtigkeit

to **in·ter·est** [ˈɪntrəst] **to interest someone** jemanden interessieren

in·ter·est·ed [ˈɪntrəstɪd] interessiert; **to be interested in sport/music** sich für Sport/Musik interessieren; **I'm interested to hear what he says** ich höre mir gerne an, was er zu sagen hat

in·ter·est·ing [ˈɪntrəstɪŋ] interessant, fesselnd

to **inter·fere** [ˌɪntəˈfɪəʳ]
1 sich einmischen (**in** in)
2 **to interfere with something** etwas beeinträchtigen
3 stören *Radio, Fernseher*

inter·fer·ence [ˌɪntəˈfɪərəns]
1 die Einmischung
2 (*im Radio, TV*) die Störung

in·te·ri·or¹ [ɪnˈtɪərɪəʳ] Innen-, Binnen-

in·te·ri·or² [ɪnˈtɪərɪəʳ]
1 *von Gebäude:* das Innere; (*in der Kunst*) das Interieur
2 *von Land:* das Landesinnere
3 (USA) **the Department of the Interior** das Innenministerium; **Interior Minister** der Innenminister/die Innenministerin

inter·medi·ate [ˌɪntəˈmiːdɪət]
1 Zwischen-
2 (*Schule*) **intermediate [level]** die Mittelstufe

inter·mis·sion [ˌɪntəˈmɪʃn] die Unterbrechung, die Pause

in·ter·nal [ɪnˈtɜːnl]
1 innere(r, s)
2 (*in einem Land*) innere(r, s); **internal affairs** innere Angelegenheiten
3 (*in einer Firma*) betriebsintern
4 **Internal Revenue Service, IRS** (USA) das Finanzamt

in·ter·nal·ly [ɪnˈtɜːnəlɪ] (*medizinisch*) **not to be taken internally** nur zur äußerlichen Anwendung

inter·na·tion·al¹ [ˌɪntəˈnæʃnəl] international; **international call** das Auslandsgespräch

inter·na·tion·al² [ˌɪntəˈnæʃnəl]
1 (*beim Sport*) das Länderspiel
2 der Nationalspieler/die Nationalspielerin

inter·net [ˈɪntənet] das Internet

to **in·ter·pret** [ɪnˈtɜːprɪt]
1 interpretieren
2 dolmetschen *Fremdsprache*

in·ter·pret·er [ɪnˈtɜːprɪtəʳ] der Dolmetscher/die Dolmetscherin

to **in·ter·ro·gate** [ɪnˈterəgeɪt] **to interrogate someone** jemanden verhören; jemanden vernehmen *Zeugen*

in·ter·ro·ga·tion [ɪnˌterəˈgeɪʃn] das Verhör

to **in·ter·rupt** [ˌɪntəˈrʌpt]
1 unterbrechen
2 **you're always interrupting her!** du fällst ihr immer ins Wort!
3 stören, behindern *Arbeit*

in·ter·rup·tion [ˌɪntəˈrʌpʃn] die Unterbrechung

inter·sec·tion [ˌɪntəˈsekʃn]
1 (*mathematisch*) der Schnittpunkt
2 *von Straße, Bahn:* die Kreuzung; *von Autobahn:* das Kreuz

in·ter·val [ˈɪntəvl]
1 der Zwischenraum, der Abstand; **at inter-**

vals in Abständen
2 (*auch im Theater*) die Pause
3 **sunny intervals** die Aufheiterungen

to **inter·vene** [ˌɪntəˈviːn]
1 eingreifen (**in** in)
2 (*politisch*) intervenieren

inter·ven·tion [ˌɪntəˈvenʃn]
1 das Eingreifen
2 (*politisch*) die Intervention

inter·view [ˈɪntəvjuː]
1 das Vorstellungsgespräch
2 das Interview, die Befragung

to **inter·view** [ˈɪntəvjuː]
1 (*bei einer Bewerbung*) **to interview someone** ein Vorstellungsgespräch mit jemandem führen
2 interviewen *Politiker, Filmstar*

in·tes·tine [ɪnˈtestɪn] **intestines** ⚠ *Plural* der Darm

in·ti·mate [ˈɪntɪmət]
1 *Freund:* vertraut; (*sexuell*) intim
2 *Problem:* persönlich; *Gefühl:* privat
3 *Wissen:* gründlich

to **in·timi·date** [ɪnˈtɪmɪdeɪt] **to intimidate someone** jemanden einschüchtern [*oder* unter Druck setzen]

into [ˈɪntʊ]
1 *räumlich* in; **to go into the house** ins Haus gehen; **to walk into the door** gegen die Tür laufen
2 (*umgangsspr*) **he's into jazz** er steht auf Jazz
3 (*mathematisch*) **three into six goes twice** sechs durch drei gibt zwei
4 *zeitlich* **to work late into the night** bis tief in die Nacht arbeiten
5 **to translate into French** ins Französische übersetzen

in·tol·er·ant [ɪnˈtɒlərənt] intolerant (**of** gegenüber)

in·toxi·cat·ing [ɪnˈtɒksɪkeɪtɪŋ] berauschend

in·toxi·ca·tion [ɪnˌtɒksɪˈkeɪʃn] die Trunkenheit, der Rausch

in·tri·cate [ˈɪntrɪkət] kompliziert, schwierig

in·trigue [ˈɪntriːg] die Intrige

in·tri·guing [ɪnˈtriːgɪŋ] sehr spannend, höchst interessant

to **intro·duce** [ˌɪntrəˈdjuːs]
1 vorstellen *Personen;* **she introduced herself to the director** sie hat sich der Direktorin vorgestellt; **can I introduce you to my partner?** darf ich dich mit meinem Partner bekannt machen?
2 einführen *Ware, Tier, Pflanze*

intro·duc·tion [ˌɪntrəˈdʌkʃn]
1 *von Neuheit:* die Einführung
2 *von Personen:* die Vorstellung
3 *von Buch, Musikstück:* die Einleitung

intro·duc·tory [ˌɪntrəˈdʌktərɪ] **introductory offer** das Einführungsangebot

to **in·trude** [ɪnˈtruːd] **am I intruding?** störe ich?; **to intrude on someone** jemanden stören

in·trud·er [ɪnˈtruːdəʳ] der Eindringling

in·tru·sion [ɪnˈtruːʒn]
1 die Störung
2 das Aufdrängen

in·tui·tion [ˌɪntjuːˈɪʃn]
1 die Intuition
2 die Vorahnung

in·tui·tive [ɪnˈtjuːɪtɪv] intuitiv

to **in·vade** [ɪnˈveɪd]
1 **to invade a country** in ein Land einmarschieren
2 (*übertragen*) *Kinder, Touristen:* überschwemmen

in·vad·er [ɪnˈveɪdəʳ] der Eindringling

in·va·lid[1] [ˈɪnvəlɪd] der/die Invalide, der/die Körperbehinderte

in·va·lid[2] [ɪnˈvælɪd] *Vertrag, Pass, Fahrkarte:* ungültig; *Annahme:* nicht zulässig

in·valu·able [ɪnˈvæljʊəbl] unschätzbar

in·vari·able [ɪnˈveərɪəbl] unveränderlich, ständig

in·va·sion [ɪnˈveɪʒn]
1 die Invasion (**of** in); (*militärisch*) der Einmarsch
2 die Störung

to **in·vent** [ɪnˈvent] erfinden

in·ven·tion [ɪnˈvenʃn] die Erfindung

in·ven·tive [ɪnˈventɪv] erfinderisch, einfallsreich

in·ven·tor [ɪnˈventəʳ] der Erfinder/die Erfinderin

to **in·vert** [ɪnˈvɜːt]
1 **to invert something** etwas auf den Kopf stellen [*oder* umkehren]
2 **inverted commas** das Anführungszeichen

to **in·vest** [ɪnˈvest]
1 anlegen, investieren *Geld*
2 investieren *Zeit, Mühe*

to **in·ves·ti·gate** [ɪn'vestɪgeɪt]
1 Ermittlungen anstellen; untersuchen *Verbrechen;* **to investigate a case** in einem Fall ermitteln
2 überprüfen *Forderung*

in·ves·ti·ga·tion [ɪnˌvestɪ'geɪʃn]
1 die Ermittlung, die Untersuchung; **he's under investigation** gegen ihn wird ermittelt
2 die Forschung

in·vest·ment [ɪn'vestmənt] die Anlage, die Investition

in·vis·ible [ɪn'vɪzəbl] unsichtbar, nicht wahrnehmbar (**to** für)

in·vi·ta·tion [ˌɪnvɪ'teɪʃn] die Einladung

to **in·vite** [ɪn'vaɪt]
1 **to invite someone** [**to a party/restaurant**] jemanden [zu einer Party/in ein Restaurant] einladen
2 **to invite someone to do something** jemanden auffordern, etwas zu tun

in·vit·ing [ɪn'vaɪtɪŋ] verlockend, einladend

in·voice ['ɪnvɔɪs] die Rechnung, die Faktura

to **in·volve** [ɪn'vɒlv]
1 **to involve someone/something** jemanden/etwas einbeziehen; **to involve someone in a quarrel** jemanden in einen Streit verwickeln
2 **to be involved in a project** an einem Projekt mitarbeiten
3 **to get involved with someone** sich mit jemandem einlassen; (*sexuell*) eine Affäre mit jemandem anfangen
4 **what does your job involve?** worin besteht Ihre Arbeit?
5 **it would involve a lot of work** das würde viel Arbeit mit sich bringen
6 **this involves all of you** das geht euch alle an; **those involved** die Betroffenen

in·volved [ɪn'vɒlvd]
1 verwickelt; (*politisch*) engagiert
2 *Geschichte, Plan:* kompliziert

in·ward ['ɪnwəd]
1 innere(r, s); *Lächeln:* innerliche(r, s)
2 *Kurve:* nach innen gehend

in·ward·ly ['ɪnwədlɪ] innerlich

in·wards ['ɪnwədz] einwärts; **the door opens inwards** die Tür geht nach innen auf

Ire·land ['aɪələnd] Irland; **Northern Ireland** Nordirland; **Republic of Ireland** die Republik Irland

Land und Leute
Während der nördliche Teil Irlands zum Vereinigten Königreich gehört, ist der größte Teil der irischen Insel ein unabhängiger Staat, die **Irish Republic** oder **Republic of Ireland** (Republik Irland). Mit dem *Anglo-Irish Treaty* (anglo-irisches Abkommen) von 1921 erhielt Irland den dominion status innerhalb des Commonwealth als der **Irish Free State**. 1949 trat Irland jedoch aus dem Commonwealth aus und ist seit 1973 Mitglied der EU.

Irish¹ ['aɪərɪʃ] irisch

Irish² ['aɪərɪʃ]
1 (*Sprache*) Irisch, das Irische
2 (*Personen*) **the Irish** die Iren

Irish·man ['aɪərɪʃmən] <*Plural* Irishmen> der Ire

Irish·wom·an ['aɪərɪʃwʊmən, *Plural* 'aɪərɪʃwɪmɪn] <*Plural* Irishwomen> die Irin

iron¹ ['aɪən]
1 das Eisen
2 (*für Kleider*) das Bügeleisen

iron² ['aɪən]
1 eisern
2 (*übertragen*) eisern, streng

to **iron** ['aɪən] bügeln *Kleider*

iron·ic [aɪ'rɒnɪk], **iron·ic·al** [aɪ'rɒnɪkel]
1 ironisch; *Lächeln:* spöttisch
2 (*übertragen*) paradox

iron·ing ['aɪənɪŋ] **to do the ironing** bügeln

iron·ing board das Bügelbrett

iro·ny ['aɪərənɪ] die Ironie

ir·ra·tion·al [ɪ'ræʃənl] unvernünftig, irrational

ir·regu·lar [ɪ'regjʊləʳ]
1 unregelmäßig
2 uneben, ungleichmäßig
3 unvorschriftsmäßig

ir·rel·evant [ɪ'reləvənt] belanglos, irrelevant

ir·re·sist·ible [ˌɪrɪ'zɪstəbl] unwiderstehlich

ir·re·spon·sible [ˌɪrɪ'spɒnsəbl] unverantwortlich; *Person:* verantwortungslos

ir·ri·table ['ɪrɪtəbl] reizbar, gereizt

to **ir·ri·tate** ['ɪrɪteɪt]
1 **to irritate someone** jemanden ärgern [*oder* irritieren]; **to be irritated by someone/something** sich über jemanden/etwas ärgern
2 (*medizinisch*) reizen

ir·ri·ta·tion [ˌɪrɪˈteɪʃn]
1 der Ärger, die Verärgerung (**at/against** über)
2 (*medizinisch*) die Reizung

is [ɪz] *3. Person Singular Präsens von* **be**

Is·lam [ɪzˈlɑːm] der Islam

Is·lam·ic [ɪzˈlæmɪk] islamisch

is·land [ˈaɪlənd] die Insel

is·land·er [ˈaɪləndəʳ] der Inselbewohner/die Inselbewohnerin

isn't [ˈɪznt] *Kurzform von* **is not**

to **iso·late** [ˈaɪsəleɪt] (*auch technisch*) **to isolate someone/something** jemanden/etwas isolieren (**from** von)

iso·lat·ed [ˈaɪsəleɪtɪd]
1 isoliert, abgeschnitten; **isolated house** einsames [*oder* abgelegenes] Haus
2 einzeln; **isolated case** der Einzelfall

is·sue [ˈɪʃuː]
1 die Frage; **at issue** zur Debatte stehend, strittig; **to become an issue** zum Problem werden; **to make an issue of something** etwas aufbauschen
2 die Ausgabe, die Lieferung; *von Banknoten, Zeitschrift:* die Ausgabe; *von Aktien:* die Emission

to **is·sue** [ˈɪʃuː]
1 **to issue something to someone** etwas an jemanden ausgeben; jemandem etwas ausstellen *Dokument*
2 herausgeben *Bücher*

it [ɪt]
1 *je nach Geschlecht* (*vorher Genanntes*) er, sie, es, ihn, sie, es, ihm, ihr, ihm
2 *Geschlecht unbekannt* (*vorher Genanntes*) es; **do you see the tree? he's behind/in front of/beside it** siehst du den Baum? er ist dahinter/davor/daneben
3 **who is it? — it's me** wer ist da? — ich bin's; **what is it?** was ist das?
4 **it's raining** es regnet; **it's 12 o'clock** es ist 12 Uhr
5 **that's it!** ja, genau!; **that's it! I'm going home!** Feierabend! ich gehe nach Hause!; **that's it! I've had enough!** so, das war's! mir reicht's!

IT [ˌaɪˈtiː] *Abkürzung von* **information technology** IT

Ital·ian[1] [ɪˈtæljən] italienisch

Ital·ian[2] [ɪˈtæljən]
1 der Italiener/die Italienerin
2 Italienisch, das Italienische

ital·ic[1] [ɪˈtælɪk] kursiv

ital·ic[2] [ɪˈtælɪk] **in italics** in Kursivschrift

Ita·ly [ˈɪtəlɪ] Italien

to **itch** [ɪtʃ] jucken; **my back itches** mir juckt der Rücken

itch [ɪtʃ] <*Plural* itches> das Jucken, der Juckreiz

itchy [ˈɪtʃɪ] juckend

item [ˈaɪtəm]
1 das Ding, der Gegenstand; (*im Laden*) der Artikel
2 (*auf einer Rechnung*) die Buchung, der Posten; (*auf einer Liste, Agenda*) der Punkt
3 **item** [**of news**] die Nachricht

it'll [ˈɪtl] *Kurzform von* **it will; it shall**

its [ɪts] seine(r, s)

it's [ɪts] *Kurzform von* **it is; it has**

it·self [ɪtˈself]
1 sich; **look at the cat washing itself!** guck mal, wie die Katze sich putzt!
2 (*betont*) selbst; **do it yourself!** tu es doch selbst!
3 **by itself** allein, von selbst

I've [aɪv] *Kurzform von* **I have**

ivo·ry [ˈaɪvərɪ] das Elfenbein

Jj

J <*Plural* J's *oder* Js>, **j** [dʒeɪ] <*Plural* j's> J, j

to **jab** [dʒæb] <jabbed, jabbed>
1 **to jab something** etwas stoßen (**into** in); **to jab someone with a knife** jemanden mit einem Messer stechen
2 **she jabbed her finger** sie hat sich in den Finger gestochen

jab [dʒæb]
1 der Stich, [kurzer] Stoß
2 (*umgangsspr*) **to have a jab** eine Spritze bekommen

jack·et ['dʒækɪt]
1 die Jacke; (*von Anzug*) das Jackett; **life jacket** die Schwimmweste
2 *Buch:* der Schutzumschlag, die Hülle

jack·et po·ta·to in der Schale gebackene Kartoffel, die gebackene Kartoffel

jag·ged ['dʒægɪd, 'dʒægɪ]
1 zackig, gezahnt
2 *Küste:* zerklüftet

jail [dʒeɪl] das Gefängnis; **in jail** im Gefängnis

to **jam** [dʒæm] <jammed, jammed>
1 einklemmen *Finger*
2 *Gegenstand:* festklemmen; *Maschine, Gerät:* klemmen
3 stören *Übertragung*

jam [dʒæm]
1 die Marmelade, die Konfitüre
2 **traffic jam** der Stau
3 (*technisch*) die Verklemmung

Janu·ary ['dʒænjʊərɪ] der Januar; **in January** im Januar; **on 15th January, on January 15** (USA) am 15. Januar; **at the beginning of January** Anfang Januar; **at the end of January** Ende Januar

jar [dʒɑːʳ] *Marmelade:* das Glas

jave·lin ['dʒævlɪn] der Speer; (*Sportart*) das Speerwerfen

jaw [dʒɔː]
1 der Kiefer
2 **jaws** ⚠ *Plural Tier:* das Maul, der Rachen

jazz [dʒæz] der Jazz

jeal·ous ['dʒeləs] eifersüchtig (**of** auf)

jeal·ousy ['dʒeləsɪ] die Eifersucht (**of** auf)

jeans [dʒiːnz] ⚠ *Plural* die Jeans

jeep [dʒiːp] der Jeep

jel·ly ['dʒelɪ] der/das Gelee

to **jerk** [dʒɜːk]
1 heftig ziehen an *Seil*
2 *Körperteil:* zucken, zusammenzucken
3 **the car jerked to a stop** das Auto blieb ruckartig stehen

jerk [dʒɜːk] der Ruck

jer·sey ['dʒɜːzɪ]
1 der Pullover
2 (*für Sport*) das Trikot

Jesus ['dʒiːzəs], **Jesus Christ** [ˌdʒiːzəs'kraɪst] *kein Plural, ohne Artikel* Jesus Christus

jet [dʒet]
1 *von Flüssigkeit:* der Strahl
2 die Düse
3 das Düsenflugzeug

jet en·gine ['dʒetˌendʒɪn] das Düsentriebwerk

jet lag ['dʒetlæg] der Jetlag

Jew [dʒuː] der Jude/die Jüdin

jew·el ['dʒuːəl]
1 der Edelstein; (*auch übertragen*) das Juwel
2 **jewels** ⚠ *Plural* der Schmuck

je·wel·ler ['dʒuːələʳ], (USA) **je·wel·er** der Juwelier

je·wel·lery ['dʒuːəlrɪ], (USA) **je·wel·ry** die Juwelen, der Schmuck

Jew·ish ['dʒuːɪʃ] jüdisch

jig·saw ['dʒɪgsɔː] **jigsaw** [**puzzle**] das Puzzle

to **jin·gle** ['dʒɪŋgl] klimpern mit *Schlüssel, Münzen*

job [dʒɒb]
1 die Arbeit; **to do a job for someone** für jemanden etwas erledigen; **to do a good/bad job** seine Sache gut/schlecht machen; **to do odd jobs** Gelegenheitsarbeiten verrichten; **out of a job** arbeitslos
2 die Stelle, der Job
3 (*zu erfüllen*) die Aufgabe; **he's only doing his job** er tut nur seine Pflicht
4 (*umgangsspr*) **it's quite a job!** es ist eine schwierige Sache! ▶ WENDUNGEN: **just the job** genau das Richtige; **that should do the job** das müsste hinhauen

job·cen·tre (GB) ≈ die Agentur für Arbeit (*für Arbeitsvermittlung, Durchführung arbeits-*

marktpolitischer Maßnahmen und Gewährung von Lohnersatzleistungen zuständig)

job·less ['dʒɒblɪs] arbeitslos

jock·ey ['dʒɒkɪ] der Jockei, der Jockey, der Rennreiter/die Rennreiterin

jog [dʒɒg] **to go for a jog** joggen gehen

to **jog** [dʒɒg] <jogged, jogged>
1 laufen gehen, joggen
2 **to jog someone's memory** jemandes Gedächtnis nachhelfen

jog·ger ['dʒɒgəʳ] der Läufer/die Läuferin, der Jogger/die Joggerin

join [dʒɔɪn] die Verbindungsstelle, die Fuge, die Naht

to **join** [dʒɔɪn]
1 **to join something** etwas verbinden (**to/onto** mit)
2 **to join someone** sich zu jemandem gesellen, sich jemandem anschließen; **come and join us!** setzt dich doch zu uns!, komm mit uns!; **to join a club** in einen Verein eintreten; **to join hands with someone** sich an den Händen fassen
3 *Fluss:* sich vereinigen, münden in; *Straße:* zusammenlaufen; *Land:* angrenzen (**to** an)
◆ to **join in** mitmachen (**with** bei)
◆ to **join up**
1 (*beim Militär*) einrücken
2 miteinander verbinden

join·er ['dʒɔɪnəʳ] der Tischler/die Tischlerin, der Schreiner/die Schreinerin

joint[1] [dʒɔɪnt]
1 (*anatomisch*) das Gelenk
2 die Keule; **lamb joint** die Lammkeule
3 die Naht, die Fuge
4 (*umgangsspr*) die Kneipe, die Spielhölle
5 (*umgangsspr: Marihuana*) der Joint

joint[2] [dʒɔɪnt] gemeinsam, gemeinschaftlich; **to take joint action** gemeinsam vorgehen

joke [dʒəʊk]
1 der Spaß, der Scherz; **a practical joke** der ein Streich; **to make a joke of something** etwas ins Lächerliche ziehen, einen Witz aus etwas machen; **to play a joke on someone** jemandem einen Streich spielen; **he can't take a joke** er versteht keinen Spaß
2 **to tell a joke** einen Witz erzählen

to **joke** [dʒəʊk] Witze machen, scherzen; **you must be joking!** das kann doch wohl nicht dein Ernst sein!; **I was only joking** ich habe das nicht ernst gemeint

jok·er ['dʒəʊkəʳ]
1 der Witzbold
2 (*umgangsspr*) der Kerl, der Bursche
3 (*im Kartenspiel*) der Joker

jol·ly ['dʒɒlɪ]
1 fröhlich, lustig
2 (*umgangsspr*) mächtig, sehr; **it was a jolly good evening** es war ein prima Abend; **you can jolly well do it yourself!** du kannst es verdammt noch mal selber tun!

to **jolt** [dʒəʊlt]
1 **to jolt something** etwas [durch]rütteln
2 (*übertragen*) **to jolt someone** jemanden erschüttern
3 *Auto, Traktor:* holpern

jolt [dʒəʊlt]
1 plötzlicher Stoß
2 der Schock

jour·nal ['dʒɜːnl]
1 das Tagebuch
2 das Journal
3 die Zeitschrift

jour·nal·ism ['dʒɜːnlɪzəm] der Journalismus

jour·nal·ist ['dʒɜːnlɪst] der Journalist/die Journalistin

jour·ney ['dʒɜːnɪ] die Reise; **to go on a journey** eine [lange] Reise antreten; **a day's journey** eine Tagesreise

joy [dʒɔɪ] die Freude (**in/of** an, **at** über); **to dance for** [*oder* **with**] **joy** vor Freude tanzen; **to their great joy** zu ihrer großen Freude

joy·ful ['dʒɔɪfᵊl]
1 voller Freude
2 freudig, froh, glücklich

joy·ride die Strolchenfahrt (CH), *Fahrt in einem gestohlenen Auto*

joy·stick
1 der Steuerknüppel
2 (*für den Computer*) der Steuerknüppel, der Joystick

ju·bi·lee ['dʒuːbɪliː] das Jubiläum

judge [dʒʌdʒ]
1 der Richter/die Richterin (**of** über)
2 der Schiedsrichter/die Schiedsrichterin, der Preisrichter/die Preisrichterin
3 der Kenner/die Kennerin; **to be no judge of something** sich in etwas nicht auskennen; **he's the best judge of that** er kennt sich am besten damit aus

to **judge** [dʒʌdʒ]
1 (*in einem Gerichtsfall*) richten; **to judge a**

case einen Fall verhandeln, die Verhandlung über einen Fall führen
2 (*in einem Wettbewerb*) die Entscheidung treffen
3 urteilen; **to judge someone/something** jemanden/etwas beurteilen; **as far as I can judge** soweit ich das beurteilen kann
4 [ab]schätzen *Situation*

judge·ment ['dʒʌdʒmənt]
1 das Urteil (**on** über)
2 der Richterspruch
3 (*übertragen*) die Meinung; **in my judgement** meines Erachtens

judo ['dʒuːdəʊ] Judo

jug [dʒʌg] der Krug, die Kanne

to **jug·gle** ['dʒʌgl] (*auch übertragen*) jonglieren

jug·gler ['dʒʌglə^r] der Jongleur/die Jongleurin

juice [dʒuːs] der Saft

juicy ['dʒuːsɪ] saftig

July [dʒuː'laɪ] der Juli; **in July** im Juli; **on 15th July, on July 15** (USA) am 15. Juli; **at the beginning of July** Anfang Juli; **at the end of July** Ende Juli

jum·ble ['dʒʌmbl] der Mischmasch, das Durcheinander
◆ to **jumble up** **to jumble something up** etwas [ver]mischen; (*übertragen*) etwas durcheinander bringen

jum·ble sale
1 der Trödelmarkt
2 der Wohltätigkeitsbasar

jum·bo ['dʒʌmbəʊ] riesig; **jumbo jet** der Jumbo [Jet]

jump [dʒʌmp]
1 der Sprung; **high jump** der Hochsprung; **long jump** der Weitsprung; **triple jump** der Dreisprung
2 *von Körper:* die Zuckung
3 *von Preisen:* plötzliches Ansteigen

to **jump** [dʒʌmp]
1 springen; **to jump something** über etwas springen
2 *Person:* zusammenzucken
3 *Preise:* in die Höhe schnellen ► WENDUNGEN: **to jump the queue** sich vordrängeln
◆ to **jump at** sich stürzen auf; **he jumped at the chance** er hat die Gelegenheit beim Schopf gepackt
◆ to **jump down** hinabspringen, hinunterspringen (**from** von)
◆ to **jump in**
1 hineinspringen *Wasser*
2 hineinsteigen *Auto, Zug*
◆ to **jump off** herabspringen; **to jump off something** von etwas springen
◆ to **jump on** aufspringen; **to jump on [to] one's bicycle** sich aufs Fahrrad schwingen
◆ to **jump out** hinausspringen; aussteigen *Auto, Zug*
◆ to **jump up** aufspringen, hochspringen

jump·er ['dʒʌmpə^r]
1 der Springer/die Springerin; **high jumper** der Hochspringer/die Hochspringerin; **long jumper** der Weitspringer/die Weitspringerin
2 (GB) der Pullover

junc·tion ['dʒʌŋkʃn]
1 der Verbindungspunkt, der Schnittpunkt
2 **road junction** die [Straßen]kreuzung, der [Verkehrs]knotenpunkt
3 der Eisenbahnknoten[punkt]

June [dʒuːn] der Juni; **in June** im Juni; **on 15th June, on June 15** (USA) am 15. Juni; **at the beginning of June** Anfang Juni; **at the end of June** Ende Juni

jun·gle ['dʒʌŋgl] der Dschungel, der Urwald

jun·ior[1] ['dʒuːnɪə^r]
1 jünger
2 von geringerem Dienstalter, von niedrigerem Rang (**to** als)
3 (*nach einem Namen*) **Smith Junior** Smith Junior

jun·ior[2] ['dʒuːnɪə^r]
1 der/die Jüngere; **he's her junior by two years** er ist zwei Jahre jünger als sie
2 der/die Rangniedrigere
3 (USA) der/die Schüler/Schülerin im 3. Schuljahr
4 (USA) der/die Student/Studentin im 3. Studienjahr

jun·ior col·lege (USA) *College für die beiden ersten Studienjahre*

jun·ior high school (USA) *Schule, die das 8. und 9. Schuljahr umfasst*

Land und Leute
Nach der *elementary school* (Grundschule), setzen 12- bis 15-jährige Schüler in manchen Teilen Nordamerikas ihre Schulbildung an der **junior high school** fort. Danach gehen sie zur *senior high school* über.

jun·ior school (GB) die Grundschule

Land und Leute
In Großbritannien ist eine **junior school** eine Art Grundschule für Kinder im Alter von 7–11 Jahren. Davor fangen Kinder in Großbritannien im Alter von 5 Jahren mit der **infant school** an, bis zum 7. Lebensjahr. Die **primary school** ist eine Kombination aus beiden dieser Schulen und wird demnach im Alter von 5–11 Jahren besucht.

junk [dʒʌŋk]
1 der Abfall, das Gerümpel
2 der Ramsch

junk food [ˌdʒʌŋk'fuːd] die minderwertige Kost

junk mail ['dʒʌŋmeɪl] die [unerwünschte] Reklamesendung

jury ['dʒʊərɪ]
1 [die] Geschworenen, [die] Schöffen
2 die Jury

just[1] [dʒʌst]
1 *Strafe:* gerecht; *Person:* redlich
2 rechtmäßig
3 *Maß:* recht

just[2] [dʒʌst]
1 genau; **just as good/bad/interesting** genauso gut/schlecht/interessant; **just as well** auch gut; **that's just it!** darum geht es ja gerade!; **just so** ganz richtig, genauso
2 gerade; **just as he arrived the phone rang** gerade als er ankam, hat das Telefon geklingelt; **just then** gerade in diesem Augenblick; **he [only] just made it** er hat es gerade noch [*oder* mit knapper Not] geschafft; **just now** gerade [so] eben; **just after/before** direkt nach/vor; **it's just after/before 10** es ist kurz nach/vor 10 Uhr
3 **just enough** gerade genug; **I've just about had enough of this** mir reicht's langsam; **just about** beinahe, ungefähr
4 (*umgangsspr*) ganz, einfach; **just like that** einfach so; **that's just crazy!** das ist einfach verrückt!
5 **just a moment!** einen Augenblick!
6 **just tell me!** sag doch mal!
7 **just in case** für alle Fälle, für den Fall, dass
8 **just the same** trotzdem

jus·tice ['dʒʌstɪs]
1 die Gerechtigkeit; **to do someone/something justice** jemandem/etwas gerecht werden
2 das Recht
3 der Richter/die Richterin; **Justice of the Peace** der Friedensrichter/die Friedensrichterin

jus·ti·fi·ca·tion [ˌdʒʌstɪfɪ'keɪʃn] die Rechtfertigung

to **jus·ti·fy** ['dʒʌstɪfaɪ] rechtfertigen (**to** vor)

just·ly ['dʒʌstlɪ] verdientermaßen, gerechterweise

ju·venile[1] ['dʒuːvənaɪl]
1 jugendlich, jung
2 unreif

ju·venile[2] ['dʒuːvənaɪl] der/die Jugendliche

ju·venile crime, ju·venile de·lin·quen·cy die Jugendkriminalität

Kk

K <*Plural* K's *oder* Ks>, **k** [keɪ] <*Plural* k's> K, k

kan·ga·roo [ˌkæŋgəˈruː] das Känguru

ka·ra·te [kəˈrɑːtɪ] Karate

kay·ak [ˈkaɪæk] der Kajak

keen [kiːn]
1 *Interesse:* lebhaft, stark; *Person:* stark interessiert (**on** an); **she is keen on riding** sie ist eine leidenschaftliche Reiterin
2 *Augen, Messer, Verstand:* scharf

> **Grammatik**
> Richtiges Konjugieren von **keep**: keep, kept, kept — *Jenny kept her new perfume in its box; Mr Green has kept rabbits for the last twenty years.*

to **keep** [kiːp] <kept, kept>
1 behalten; **to keep a promise** ein Versprechen halten; **can you keep a secret?** kannst du etwas für dich behalten?; **to keep something from someone** etwas vor jemandem verheimlichen; **to keep something in [good] repair** etwas in gutem Zustand [er]halten; **to keep silent** Stillschweigen bewahren
2 **to keep [to the] left** sich links halten; *Auto:* links fahren
3 einhalten, befolgen *Gesetz, Regeln*
4 aufbewahren *Waren;* **to keep cool** kühl aufbewahren; *Lebensmittel:* sich halten
5 unterhalten *Haus, Familie;* **to keep house** haushalten
6 halten *Vieh*
7 beschäftigen *Personal*
8 führen *Waren, Tagebuch*
9 feiern *Jahrestag*
10 betreiben *Hotel*
11 aufhalten, abhalten *Person* (**from** von); **what kept you?** wo warst du denn so lange?; **to keep someone waiting** jemanden warten lassen
12 **to keep hold of something** etwas festhalten; **to keep one's seat** sitzen bleiben
13 **to keep calm** [*oder* **quiet**] ruhig bleiben
14 **to keep doing something** etwas weiterhin tun, etwas dauernd tun; **keep going!** gehen Sie weiter!; (*übertragen*) machen Sie weiter!
15 **to keep someone company** jemandem Gesellschaft leisten
16 **to keep fit** fit bleiben

◆ to **keep away**
1 wegbleiben
2 **to keep someone/something away** jemanden/etwas fernhalten (**from** von); **he can't keep away from it** er kann die Finger nicht davon lassen

◆ to **keep off** **to keep off something** von etwas wegbleiben [*oder* fernbleiben]; **keep off!** Betreten verboten!; **keep off the grass!** Betreten des Rasens verboten!

◆ to **keep on**
1 aufbehalten *Hut;* anbehalten *Kleidung*
2 **keep on with your work** arbeitet doch weiter; **he keeps on calling me** er ruft mich immer wieder an

◆ to **keep out**
1 **to keep someone/something out** jemanden/etwas nicht hereinlassen; abhalten *Kälte*
2 sich fernhalten (**of** von); **keep out!** Eintritt verboten!

◆ to **keep to**
1 **to keep to the rules/a diet** sich an die Regeln/eine Diät halten
2 **to keep to the path** auf dem Weg bleiben; **to keep to the left** sich links halten, links fahren

◆ to **keep up**
1 fortfahren mit, weitermachen [mit] *gute Arbeit, Leistung;* **keep it up!** nur so weiter! nicht nachgeben!
2 festhalten an; aufrecht halten *Gewohnheit, Brauch;* aufrechterhalten *Standard, Bemühungen, Freundschaft*
3 **to keep up with someone** (*auch übertragen*) mit jemandem Schritt halten; **he talked so fast, I couldn't keep up** er sprach so schnell, dass ich kaum mitkam

keep·er [ˈkiːpə^r]
1 **zookeeper** der Tierwärter/die Tierwärterin
2 **[goal]keeper** der Torwart

kept [kept] *2. und 3. Form von* **keep**

kerb [kɜːb] die Bordkante

ketch·up [ˈketʃəp] der/das Ketchup

ket·tle [ˈketl] der Kessel; **to put the kettle on** Teewasser/Kaffeewasser aufsetzen

key[1] [kiː]
1 der Schlüssel
2 (*übertragen*) die Lösung (**of** für)
3 *von Klavier, Schreibmaschine:* die Taste
4 (*in der Musik*) die Tonart; **to sing off key**

falsch singen
5 die Zeichenerklärung

key² [kiː] wichtigste(r, s); **key point** springender Punkt; **key position** die Schlüsselposition
◆ to **key in** eingeben *Daten*

key·board [ˈkiːbɔːd] die Klaviatur; *von Computer:* die Tastatur

kick [kɪk]
1 der Fußtritt, der Stoß
2 (*beim Fußball*) der Schuss

to **kick** [kɪk]
1 treten; *Pferd:* ausschlagen; *Baby:* strampeln; **to kick someone** jemandem einen Tritt geben
2 kicken *Fußball;* schießen *Tor*
◆ to **kick off**
1 wegschleudern; (*beim Fußball*) anspielen
2 (*umgangsspr*) beginnen
◆ to **kick out** (*umgangsspr*) **to kick someone/something out** jemanden/etwas rauswerfen

kid [kɪd] (*umgangsspr*)
1 das Kind; **when you were a kid** als du klein warst
2 **kid sister** die jüngere Schwester; **kid brother** jüngerer Bruder

to **kid** [kɪd] <kidded, kidded> (*umgangsspr*) Spaß machen; **don't kid yourself** mach dir doch nichts vor

to **kid·nap** [ˈkɪdnæp] <kidnapped, kidnapped> **to kidnap someone** jemanden entführen

kid·ney [ˈkɪdnɪ] die Niere

to **kill** [kɪl]
1 **to kill someone** jemanden töten; (*absichtlich*) jemanden umbringen; **smoking can kill you** das Rauchen kann tödliche Folgen haben
2 schlachten, erlegen *Tier*
3 **to kill time** Zeit totschlagen

kill·er [ˈkɪləʳ] der Mörder/die Mörderin

kill·ing [ˈkɪlɪŋ]
1 das Töten, der Mord
2 *eines Tieres:* das Abschlachten

kilo [ˈkiːləʊ] <*Plural* kilos> das Kilo

kilo·gram, (GB) **kilo·gramme** [ˈkɪləgræm] das Kilogramm

kilo·me·tre [ˈkɪləmiːtəʳ], (USA) **kilo·me·ter** der Kilometer

kilt [kɪlt] der Kilt, der Schottenrock

> **Land und Leute**
> Zu besonderen Anlässen, wie Hochzeiten, tragen viele Schotten noch heute einen **kilt**. Dieser kilt oder **Highland dress** stammt aus dem 16. Jh. und bestand damals aus einem einzigen Stück Stoff. Im 17. Jh. wurden daraus zwei getrennte Kleidungsstücke: der kilt und das **plaid** (Umhangtuch aus Wolle). Aus dieser Zeit stammt auch der **sporran**, ein Beutel, der am Gürtel hängt. Erst im 18. Jh. wurden die unterschiedlichen **tartans** (Schottenmuster) für einzelne **clans** (Familien) entworfen.

kind¹ [kaɪnd]
1 die Art; **a kind of toy** eine Art Spielzeug; **this kind of thing** so etwas; **something of the kind** so etwas Ähnliches
2 die Sorte, die Klasse; **what kind of bird is it?** was für ein Vogel ist das?; **I am not that kind of person** so bin ich nicht; **the same kind** von derselben Sorte
3 (*umgangsspr*) **it was kind of funny/stupid** es war irgendwie witzig/doof

kind² [kaɪnd] freundlich, nett; **to be kind to someone** nett zu jemandem sein; **kind to animals** tierlieb

kind·ly [ˈkaɪndlɪ]
1 gütig, freundlich
2 nett, liebenswürdig
3 **he very kindly helped us** er hat uns liebenswürdigerweise geholfen

kind·ness [ˈkaɪndnɪs] <*Plural* kindnesses>
1 die Freundlichkeit, die Liebenswürdigkeit
2 die Gefälligkeit

king [kɪŋ] der König

king·dom [ˈkɪŋdəm] das Königreich; **the animal/vegetable kingdom** das Tierreich/Pflanzenreich; **the United Kingdom** das Vereinigte Königreich

ki·osk [ˈkiːɒsk] der Kiosk, die Bude; **telephone kiosk** (GB) die Telefonzelle

to **kiss** [kɪs] **to kiss someone/something** jemanden/etwas küssen

kiss [kɪs] <*Plural* kisses> der Kuss

kit [kɪt]
1 (*auch militärisch*) die Ausrüstung; **sports kit** das Sportzeug
2 (*umgangsspr*) der Satz
3 das Handwerkszeug; **repair kit** der Reparatursatz
4 **first-aid kit** das Verbandszeug

kitch·en [ˈkɪtʃɪn] die Küche

kite [kaɪt]
1 (*Vogel*) der Milan
2 der Drachen; **to fly a kite** einen Drachen steigen lassen

kit·ten ['kɪtn] das Kätzchen; **to have kittens** Zustände kriegen

knee [niː] das Knie; **on one's knees** auf den Knien; (*übertragen*) kniefällig

to **kneel** [niːl] <knelt, knelt> **kneel [down]** [nieder]knien

knew [njuː] *2. Form von* **know**

knick·ers ['nɪkəz] *Plural* (*umgangsspr*) der [Damen]schlüpfer

knife [naɪf, *Plural* naɪvz] <*Plural* knives> das Messer; **knives and forks** das Besteck

knight [naɪt]
1 der Ritter
2 (*beim Schach*) der Springer

knight·hood ['naɪthʊd] die Ritterwürde, der Ritterstand

to **knit** [nɪt] <knit *oder* knitted, knit *oder* knitted> stricken

knit·ting [nɪtɪŋ]
1 die Strickarbeit, das Strickzeug
2 das Stricken

knit·ting-nee·dle die Stricknadel

knob [nɒb] der Griff, der Knopf, der Knauf

knock [nɒk]
1 der Schlag, der Stoß
2 das Klopfen

to **knock** [nɒk]
1 **to knock someone/something** jemanden/etwas stoßen [*oder* schlagen] (**on/against** gegen)
2 klopfen; **to knock at the door** an die Tür klopfen

◆ to **knock down**
1 **to knock someone down** jemanden umstoßen; (*mit Fahrzeug*) jemanden umfahren
2 **to knock something down** etwas umstürzen; abbrechen *Gebäude*

◆ to **knock out**
1 (*beim Boxen*) k.o. schlagen
2 (*umgangsspr*) **I was really knocked out by the news** ich war von der Nachricht verblüfft

◆ to **knock over**
1 **to knock something over** etwas umwerfen
2 umfahren *Person*

knock·out ['nɒkaʊt]
1 **knock-out blow** der K.o.-Schlag
2 (*übertragen*) die vernichtende Niederlage

knot [nɒt] der Knoten; **to tie/untie a knot** einen Knoten machen/aufmachen

to **know** [nəʊ] <knew, known>
1 wissen (**about** über); **I should have known better** ich hätte es besser wissen müssen; **not that I know of** nicht, dass ich wüsste
2 kennen *Person;* **I don't know her** ich kenne sie nicht; **to get to know someone** jemanden kennen lernen; **do you know each other?** haben Sie sich schon kennen gelernt?
3 **to know someone by his/her voice/walk** jemanden an der Stimme/am Gang erkennen
4 können *Sprache;* sich auskennen mit *Gerät;* **do you know anything about car engines?** verstehst du etwas von Automotoren?; **to know how to do something** es verstehen, etwas zu tun
5 **to let someone know** jemanden wissen lassen, jemandem Bescheid geben

> **Vorsicht Falle!**
> **Know** oder **find out**? Im Englischen verwendet man **know** wenn man bereits über etwas Bescheid weiß: *Do you know what time the bus goes?; I know that she wants a bike for Christmas.* Wenn man jedoch etwas erfahren möchte, benutzt man **find out:** *I need to find out what time the bus leaves; Can you find out what Emma wants for Christmas?*

knowl·edge ['nɒlɪdʒ]
1 die Kenntnisse (**of** in); **knowledge of English** die Englischkenntnisse
2 das Wissen, die Kenntnis; **to [the best of] my knowledge** soviel ich weiß; **without my knowledge** ohne mein Wissen

knowl·edg(e)·able ['nɒlɪdʒəbl] kenntnisreich, bewandert (**about** in)

knuck·le ['nʌkl]
1 der Knöchel
2 (*Fleisch*) die Haxe

L

L <*Plural* L's *oder* Ls>, **l** [el] <*Plural* l's> L, l

lab [læb] (*umgangsspr*) das Labor; **language lab** das Sprachlabor

la·bel ['leɪbl] das Schildchen, das Etikett

to **la·bel** ['leɪbl] <labelled *oder* (USA) labeled, labelled *oder* (USA) labeled> etikettieren *Ware*

la·bor (USA)
1 die Arbeit
2 die Arbeitskräfte
3 **to be in labor** Wehen haben

la·bora·tory [lə'bɒrətrɪ] das Labor[atorium]

la·bour ['leɪbə^r]
1 die Arbeit
2 die Arbeitskräfte
3 **to be in labour** Wehen haben

> **Land und Leute**
> In den USA wird der Tag der Arbeit, der **Labor Day**, nicht am 1. Mai, sondern am ersten Montag im September gefeiert und ist überall ein gesetzlicher Feiertag.

la·bour·er ['leɪbərə^r] der Arbeiter/die Arbeiterin

lace [leɪs]
1 (*für Schuh*) der Schnürsenkel, der Senkel
2 *kein Plural* (*Textil*) die Spitze

lack [læk] der Mangel (**of** an); **for lack of love/money** aus Mangel an Liebe/Geld

to **lack** [læk] fehlen; **to lack something** etwas nicht haben; **he lacks talent** ihm fehlt es an Talent

lack·ing ['lækɪŋ] fehlend; **she's lacking in confidence** ihr fehlt das Selbstvertrauen

lad [læd]
1 der Junge
2 der Typ; **the lads** (*umgangsspr*) die Jungs

lad·der ['lædə^r]
1 die Leiter
2 (GB) die Laufmasche

lady ['leɪdɪ]
1 die Dame
2 (*Adelsprädikat*) **Lady** die Lady
3 **Ladies and Gentlemen** meine Damen und Herren
4 **Ladies** die Damen[toilette]

la·ger ['lɑːgə^r] helles Bier

laid [leɪd] *2. und 3. Form von* **lay**

lain [leɪn] *3. Form von* **lie**

lake [leɪk] der See

lamb [læm]
1 das Lamm
2 **lamb** ⚠ *kein Plural* das Lammfleisch

lamb chop das Lammkotelett

lame [leɪm]
1 lahm (**in** auf)
2 (*übertragen*) schwach, nicht überzeugend; **lame excuse** die faule Ausrede

lamp [læmp] die Lampe, die Laterne

lamp·post ['læmppəʊst] der Laternenpfahl

lamp·shade ['læmpʃeɪd] der Lampenschirm

land [lænd]
1 das Land, das Festland; **by land** auf dem Landweg
2 (*Acker, Wald*) das Land, Grund und Boden
3 das Land, der Staat
4 der Landbesitz, der Grundbesitz

to **land** [lænd]
1 landen *Flugzeug;* anlegen *Schiff*
2 *Flugpassagiere, Waren:* landen; *Schiffspassagiere:* an Land gehen

land·ing ['lændɪŋ]
1 das Landen, die Landung; **emergency landing** die Notlandung
2 (*im Haus*) der Treppenabsatz, der Treppenflur

land·lady ['læn,leɪdɪ]
1 *von Wohnung, Haus:* die Vermieterin; *von Grund:* die Grundbesitzerin
2 *von Hotel, Gaststätte:* die Wirtin

land·lord ['lænlɔːd]
1 *von Wohnung, Haus:* der Vermieter, der Hauseigentümer
2 *von Hotel, Gaststätte:* der Gastwirt

land·mark ['lændmɑːk]
1 der Grenzstein
2 das Seezeichen
3 (*übertragen*) der Markstein

land·own·er ['lænd,əʊnə^r] der Grundbesitzer/die Grundbesitzerin, der Gutsbesitzer/die Gutsbesitzerin

land·scape ['lændskeɪp] die Landschaft

land·slide ['lændslaɪd]
1 der Erdrutsch
2 (*übertragen: in der Politik*) überwältigender [Wahl]sieg, der Erdrutschsieg

lane [leɪn]
1 (*in der Stadt*) die Gasse
2 (*auf dem Land*) die schmale Landstraße
3 (*im Sport*) die [Renn]bahn
4 (*auf der Straße*) die Spur

lan·guage ['læŋgwɪdʒ]
1 die Sprache
2 die Ausdrucksweise, die Redeweise; **bad language** die unanständige Ausdrücke

lan·tern ['læntən] die Laterne

lap[1] [læp] der Schoß

lap[2] [læp] (*im Sport*) die Runde; **lap of honour** die Ehrenrunde

to **lap** [læp] <lapped, lapped> schlecken

lapse [læps]
1 das Versehen, der Fehler, der Irrtum
2 *von Zeit:* die Zeitspanne, der Zeitraum

lap·top ['æptɒp] der Laptop

large [lɑ:dʒ]
1 groß
2 **by and large** im Großen und Ganzen

large·ly ['lɑ:dʒlɪ] größtenteils

large-scale ['lɑ:dʒskeɪl] in großem Maßstab, groß angelegt

la·ser ['leɪzəʳ] der Laser

lash [læʃ] <*Plural* lashes> die Augenwimper

last[1] [lɑ:st]
1 letzte(r, s); **last night** gestern Abend, heute Nacht
2 **for the last time** zum letzten Mal
3 **last but one** vorletzte(r, s); **the week before last** vorletzte Woche
4 **last but not least** nicht zuletzt; **to come last** letzte(r) sein
5 das letzte Mal, zuletzt
6 **last of all** zuallerletzt

last[2] [lɑ:st]
1 **the last** der/die/das Letzte
2 **at last** schließlich, endlich, zuletzt; **at long last** zu guter Letzt, schließlich
3 **to the last** bis zum Letzten [*oder* Äußersten]

to **last** [lɑ:st]
1 andauern, anhalten
2 aushalten
3 [aus]reichen; **while stocks last** solange Vorrat reicht
4 **the coat has lasted me five years** ich habe den Mantel schon fünf Jahre

last·ly ['lɑ:stlɪ] zuletzt, schließlich

last name der Nachname

late [leɪt] <later, latest>
1 spät
2 verspätet, zu spät; **to be late for something** zu etwas zu spät kommen
3 [jüngst] verstorben; **the late John Smith** der verstorbene John Smith
4 **as late as last week** erst [*oder* noch] letzte Woche
5 **late show** die Spätvorstellung

late·ly ['leɪtlɪ] in letzter Zeit, neuerdings

lat·er ['leɪtəʳ] *Komparativ von* **late** später; **one day later** einen Tag darauf; **later on** später; **sooner or later** früher oder später; **see you later!** bis später! bis nachher!

lat·est[1] ['leɪtɪst] *Superlativ von* **late**
1 späteste(r, s); **when is the latest flight out in the evening?** wann ist abends der letzte Abflug?
2 neueste(r, s); **the latest fashion** die neueste Mode
3 letzte(r, s); **the latest news** die letzten Neuigkeiten

lat·est[2] ['leɪtɪst] **the latest** das Allerneueste; **at the latest** spätestens

Lat·in[1] ['lætɪn]
1 lateinisch
2 *Temperament:* südländisch

Lat·in[2] ['lætɪn] Latein, das Lateinische

lati·tude ['lætɪtju:d] die Breite

laugh [lɑ:f]
1 das Lachen, das Gelächter; **with a laugh** lachend
2 der Spaß; **to do something for a laugh** etwas aus Spaß machen

to **laugh** [lɑ:f]
1 lachen (**at** über)
2 (*höhnisch*) **to laugh at someone** jemanden auslachen

laugh·ter ['lɑ:ftəʳ] das Gelächter

launch [lɔ:ntʃ]
1 *eines Schiffes:* der Stapellauf
2 *einer Rakete, eines Torpedos:* der Abschuss
3 *eines Raumschiffs:* der Start
4 *einer Firma:* die Gründung
5 *eines Produkts:* die Einführung

to **launch** [lɔːntʃ]
1 vom Stapel lassen *Schiff*
2 aussetzen *Boot*
3 abschießen *Rakete, Torpedo*
4 starten *Raumschiff*
5 gründen *Firma*
6 lancieren *Film*
7 einführen, auf den Markt bringen *Produkt*
8 **to launch an attack** zum Angriff übergehen

launch pad
1 die Startrampe, die Abschussrampe
2 (*übertragen*) das Sprungbrett

laun·d(e)rette [lɔːn'dret], (USA) **laun·dro·mat®** ['lɔːndroʊmæt] der Waschsalon

laun·dry ['lɔːndrɪ]
1 (*Geschäft*) die Wäscherei
2 (*schmutzige Kleidung*) die Wäsche

lava·tory ['lævətrɪ] die Toilette

law [lɔː]
1 das Gesetz, das Recht; **by law** von Rechts wegen; **international law** das Völkerrecht
2 (*Studienfach*) Jura, Rechtswissenschaft

law court der Gerichtshof

law·ful ['lɔːfəl] rechtmäßig, legitim

lawn [lɔːn] der Rasen

lawn·mow·er ['lɔːnˌməʊər] der Rasenmäher

law school ['lɔːˌskuːl] (USA) juristische Fakultät

law·suit ['lɔːˌs(j)uːt] der Rechtsstreit, der [Zivil]prozess

law·yer ['lɔːjər]
1 der Rechtsanwalt/die Rechtsanwältin
2 (*allgemein*) der Jurist/die Juristin

lay [leɪ] *2. Form von* **lie**

> **Grammatik**
> Richtiges Konjugieren von **lay**: lay, laid, laid — *The hen laid two eggs yesterday; Have you laid the table yet?*

to **lay** [leɪ] <laid, laid>
1 (*allgemein*) legen *auch Eier*
2 verlegen *Kabel, Rohr*
3 **to lay the table** den Tisch decken
4 **to lay the blame on someone** jemandem die Schuld zuschieben

> **Vorsicht Falle!**
> **Lay** nicht mit **lie** verwechseln! Das Verb **lay** bedeutet etwas vorsichtig irgendwo hinlegen, und steht immer zusammen mit einem direkten Objekt: *she layed her coat on the bed.* Das Verb **lie** wird dagegen verwendet, wenn etwas bereits an einem bestimmten Ort liegt, oder bereits in einer horizontalen Position liegt. **Lie** steht nie mit einem direkten Objekt zusammen: *her coat was lying on the bed* (und nicht: her coat was laying on the bed!)

◆ to **lay down**
1 hinlegen; **to lay down one's arms** die Waffen niederlegen
2 festlegen *Bedingungen, Regeln*

◆ to **lay out** auslegen, ausbreiten; zurechtlegen *Kleider*

lay-by ['leɪbaɪ] (GB) die Parkbucht

lay·er ['leɪər] die Schicht, die Lage

lay·out ['leɪaʊt]
1 *eines Büros, Gartens:* die Anlage, die Anordnung
2 *eines Buchs, einer Zeitschrift:* das Lay-out

lazy ['leɪzɪ]
1 faul, träge
2 **we spent a lazy afternoon by the river** wir verbrachten einen gemütlichen Nachmittag am Fluss

lead[1] [led]
1 das Blei
2 (*in Bleistift*) die [Blei]mine

lead[2] [liːd]
1 (*erste Stelle*) die Führung; **to be in the lead** führen, an der Spitze sein; **to take the lead** die Führung übernehmen
2 Beispiel; **to follow someone's lead, to take one's lead from someone** jemandes Beispiel folgen
3 der Anhaltspunkt, der Hinweis; **the police have a lead** die Polizei hat eine Spur
4 (*im Theater, Film*) die Hauptrolle; (*Person*) der Hauptdarsteller/die Hauptdarstellerin
5 die [Hunde]leine; **to keep on a/the lead** an der Leine führen
6 (*elektrisch*) die Leitung, der Leitungsdraht, das Kabel

to **lead** [liːd] <led, led>
1 führen, leiten; **to lead the way** vorangehen; (*übertragen*) führend sein
2 [hin]führen, bringen; **this road leads to the coast** diese Straße führt zur Küste; **what will it lead to?** wohin soll das führen?; **to lead nowhere** zu nichts führen
3 anführen *Abordnung, Revolution;* leiten *Mannschaft, Orchester*
4 (*im Sport*) führen, an der Spitze stehen, in

Führung sein; **he was leading** [**the race**] **until the final bend** er war bis zur letzten Kurve in Führung
5 **to lead someone to do something** jemanden veranlassen, etwas zu tun; **I was led to believe that ...** ich hatte Grund zu der Annahme, dass ...; **it leads me to think** es lässt mich meinen

◆ to **lead to** zur Folge haben

◆ to **lead up** hinführen (**to** zu); **the events which led up to the strike** die Ereignisse, die zum Streik führten

lead·er ['li:dəʳ]
1 der Führer/die Führerin
2 *einer Expedition:* der Leiter/die Leiterin
3 *einer Partei:* der/die Vorsitzende
4 *einer Bande:* der Anführer/die Anführerin

lead·er·ship ['li:dəʳʃɪp] die Führung, die Leitung

leaf [li:f, *Plural* li:vz] <*Plural* leaves> das Blatt

leaf·let ['li:flɪt]
1 (*mit Werbung*) der Handzettel, der Reklamezettel
2 (*mit Information*) das Merkblatt; (*politisch auch*) das Flugblatt

league [li:g]
1 der Bund, das Bündnis; **League of Nations** der Völkerbund
2 (*im Sport*) die Liga; **the league leaders** der Tabellenführer

to **leak** [li:k]
1 undicht sein
2 *Wasserhahn:* tropfen
3 *Flüssigkeit:* durchsickern, auslaufen
4 **to leak something** etwas durchlassen; **the pipe is leaking oil** die Leitung leckt Öl

leak [li:k] das Leck, die undichte Stelle; **to spring a leak** ein Leck bekommen, undicht werden

lean [li:n]
1 *Fleisch, Ernte:* mager
2 *Person:* hager

to **lean** [li:n] <leant *oder* leaned, leant *oder* leaned>
1 sich neigen
2 *Person:* sich [an]lehnen (**against** gegen/an)
3 **to lean the ladder against the wall** die Leiter an die Wand lehnen

◆ to **lean back** sich zurücklehnen

◆ to **lean forward** sich vorbeugen

◆ to **lean on** **she leant her head on his shoulder** sie lehnte ihren Kopf an seine Schulter

◆ to **lean out** sich hinauslehnen

◆ to **lean over**
1 sich neigen
2 **to lean something over** etwas schräg stellen

leap [li:p] der Sprung

to **leap** [li:p] <leapt *oder* leaped, leapt *oder* leaped> springen

leap year das Schaltjahr

to **learn** [lɜ:n] <learnt *oder* learned, learnt *oder* learned>
1 [er]lernen; **to learn something by heart** etwas auswendig lernen
2 erfahren, hören (**from** von)

Grammatik
Richtiges Konjugieren von **learn**: learn, learnt/learned, learnt/learned — *Tom learnt German at school; I have learnt the new rules by heart.*

learn·er ['lɜ:nəʳ]
1 der Anfänger/die Anfängerin
2 *von Sprachen:* der/die Lernende, der Lerner/die Lernerin
3 (*im Auto*) der Fahrschüler/die Fahrschülerin

Land und Leute
Wer in Großbritannien gerade das Autofahren lernt, muss am Fahrzeug sowohl vorne als auch hinten ein großes, rotes „L" (= **learner**) anbringen. Damit sollen die anderen Verkehrsteilnehmer gewarnt werden, dass es sich um einen Fahrschüler handelt.

least[1] [li:st]
1 kleinste(r, s), geringste(r, s), wenigste(r, s); **at least** wenigstens; **last but not least** nicht zuletzt
2 am wenigsten; **least of all** am allerwenigsten

least[2] [li:st]
1 **the least** der/die/das Kleinste [*oder* Geringste]
2 **not in the least** nicht im Geringsten; **to say the least** gelinde gesagt

leath·er ['leðəʳ] das Leder; **leather jacket** die Lederjacke

leave [li:v]
1 der Urlaub; **on leave** auf Urlaub; **to go on leave** in Urlaub gehen
2 der Abschied; **to take one's leave** Abschied nehmen (**of** von)

Grammatik
Richtiges Konjugieren von **leave**: leave, left, left — *Harry left the class room; Amanda has already left.*

to **leave** [liːv] <left, left>
1 fortgehen, weggehen, fortfahren
2 verlassen; **to leave school** die Schule verlassen; (*frühzeitig*) von der Schule abgehen; **to leave home** von zu Hause weggehen; **to leave one's job** seine Stelle aufgeben
3 *Person:* abreisen; *Fahrzeug:* abfahren; *Flugzeug:* abfliegen; **he's leaving in the morning for Australia** morgen früh reist er nach Australien ab
4 lassen; **she left her cat with her neighbours** sie hat ihre Katze bei den Nachbarn gelassen; **to leave open** offen lassen; **to leave someone alone** jemanden in Ruhe lassen
5 hinterlassen *Erbe, Nachricht*
6 liegen lassen, stehen lassen; **to leave the watch** [**lying**] **on the table** die Uhr auf dem Tisch liegen lassen; **to leave one's dinner** sein Abendessen stehen lassen
7 **leave some** [**of it**] **for me** lass mir etwas [davon] übrig; **to be left** übrig bleiben, übrig sein

◆ to **leave behind**
1 zurücklassen
2 (*aus Versehen*) stehen lassen, liegen lassen

◆ to **leave out**
1 (*übersehen*) auslassen
2 draußen lassen
3 **the books were left out on the table** die Bücher wurden auf dem Tisch gelassen

◆ to **leave over** übrig lassen; **to be left over** übrig [geblieben] sein

leaves [liːvz] *Pluralform von* **leaf**

lec·ture ['lektʃəʳ] die Vorlesung, der Vortrag

lec·tur·er ['lektʃərəʳ]
1 der/die Vortragende, der Redner/die Rednerin
2 (*an einer Hochschule*) der/die Lehrbeauftragte, der Dozent/die Dozentin

led [led] *2. und 3. Form von* **lead**

ledge [ledʒ] der [Fels]vorsprung

leek [liːk] der Lauch, der Porree

left[1] [left]
1 linke(r, s)
2 [nach] links; **to turn left** links abbiegen

left[2] [left]
1 die linke Seite; **on the left** links; **to the left** [**of**] nach links, links [von]; **to keep to the left** links fahren [*oder* gehen]
2 (*politisch*) **the left** die Linke

left[3] [left] *2. und 3. Form von* **leave**

left-hand ['lefthænd] linke(r, s); **left-hand drive** die Linkssteuerung; **to take the left-hand turn** links abbiegen

left-hand·ed [ˌleft'hændɪd] linkshändig

left-lug·gage [ˌleft'lʌgɪdʒ] **left-luggage office** die Gepäckaufbewahrung

left·overs ['leftˌəʊvəz] *Plural*
1 die Essensreste
2 die Reste, das Überbleibsel

left wing [ˌleft'wɪŋ] linker Flügel

left-wing ['leftwɪŋ] links stehend

leg [leg]
1 das Bein; **to stretch one's legs** sich die Beine vertreten
2 die Keule; **leg of lamb** die Lammkeule
3 *von Reise, Rennen:* die Strecke, die Etappe
▶ WENDUNGEN: **to pull someone's leg** (*umgangsspr*) jemanden auf den Arm nehmen

le·gal ['liːgl]
1 (*einem Gesetz entsprechend*) gesetzlich, rechtlich, legal
2 (*dem Recht nach*) gesetzmäßig, rechtmäßig
3 **to take legal action** den Rechtsweg beschreiten, prozessieren; **legal advice** die Rechtsberatung

to **le·gal·ize** ['liːgəlaɪz] legalisieren

le·gal·ly ['liːgəlɪ]
1 legal, gesetzlich
2 **legally married** rechtmäßig verheiratet

leg·end ['ledʒənd] die Legende

leg·gings ['legɪŋz] *Plural* die Leggings

leg·ible ['ledʒəbl] lesbar, leserlich

le·giti·mate [lɪ'dʒɪtɪmət]
1 rechtmäßig, gesetzmäßig, legitim
2 *Kind:* ehelich

lei·sure ['leʒəʳ] die Freizeit

lei·sure cen·tre, **lei·sure com·plex** das Freizeitzentrum

lei·sure·ly ['leʒəlɪ]
1 gemächlich
2 ohne Eile

lem·on ['lemən] die Zitrone

lem·on·ade [ˌlemə'neɪd] die Limonade

to **lend** [lend] <lent, lent>
1 [aus]leihen, verleihen
2 **to lend a [helping] hand** behilflich sein

> **Grammatik**
> Richtiges Konjugieren von **lend**: lend, lent, lent — *Kate lent him two dollars; Jane has never lent him anything.*

length [leŋθ]
1 die Länge; **three feet in length** drei Fuß lang
2 *zeitlich* die Dauer
3 (*im Sport*) die Länge; **to win by a length** um eine Länge gewinnen

to **length·en** ['leŋθən]
1 länger werden
2 **to lengthen something** etwas verlängern

length·ways ['leŋθweɪz], **length·wise** ['leŋθwaɪz] der Länge nach

lengthy ['leŋθɪ]
1 ziemlich lang
2 (*abwertend*) weitschweifig

le·ni·ent ['liːnɪənt] mild, nachsichtig

lens [lenz] <*Plural* lenses>
1 die Linse
2 *von Brille:* das Glas
3 *von Kamera:* das Objektiv

lent [lent] *2. und 3. Form von* **lend**

Lent [lent] die Fastenzeit

len·til ['lentl] die Linse

Leo ['liːəʊ] (*Sternbild*) der Löwe

leop·ard ['lepəd] der Leopard

les·bian[1] ['lezbɪən] lesbisch *umgangsspr*

les·bian[2] ['lezbɪən] die Lesbierin

less [les]
1 kleiner, geringer, weniger
2 weniger, in geringerem Maße; **none the less** nichtsdestoweniger
3 (*abzüglich*) weniger; **less than ...** weniger als ...; **what is five less three?** was macht fünf minus drei?

to **less·en** ['lesn]
1 weniger werden; *Wind:* abnehmen, nachlassen
2 verringern, vermindern *Risiko, Schmerz*

less·er ['lesəʳ] kleiner, geringer; **to a lesser extent** in geringerem Maße

les·son ['lesn]
1 die Lehrstunde, die Unterrichtsstunde; **lessons** der Unterricht; **to give lessons** Unterricht geben, unterrichten; **to have a driving lesson** eine Fahrstunde bekommen; **to have** [*oder* **take**] **driving lessons** Fahrunterricht nehmen
2 (*Übung*) die Lektion
3 die Lehre; **to teach someone a lesson** jemandem eine Lehre erteilen

> **Grammatik**
> Richtiges Konjugieren von **let**: let, let, let — *Susan let me in; Has Peter let the dog out?*

to **let** [let] <let, let>
1 lassen; **to let someone do something** jemanden etwas tun lassen; **let me help you** kann ich Ihnen helfen?
2 *Absicht und Intention* **let's go!** gehen wir!; **let's talk it over** lass uns darüber reden
3 **to let someone/something go** [*oder* **let go of someone/something**] jemanden/etwas loslassen
4 **to let someone go** [*oder* **leave**] jemanden gehen lassen
5 **to let someone into a secret** jemanden in ein Geheimnis einweihen
6 **to let someone know** jemandem Bescheid sagen
7 **let us suppose ...** nehmen wir an ...
8 **..., let alone ...** ..., geschweige denn ...
9 vermieten; **to let!** zu vermieten!

> **Grammatik**
> **let's** ist die Kurzform für **let us**: *Let's go for a walk.*

◆ to **let down**
1 herunterlassen
2 (*enttäuschen*) im Stich lassen

◆ to **let in** hineinlassen, hereinlassen

◆ to **let off**
1 abbrennen *Feuerwerk*
2 **to let someone off something** jemandem etwas erlassen

◆ to **let out**
1 herauslassen, hinauslassen
2 **to let someone out** jemanden aussteigen lassen, jemanden absetzen

le·thal ['liːθl] tödlich

let·ter ['letəʳ]
1 der Buchstabe; **capital letter** der Groß-

buchstabe
② der Brief, das Schreiben (**to** an); **by letter** brieflich

let·ter·box GB der Briefkasten

let·tuce ['letɪs] der Kopfsalat

lev·el1 ['levl]
① die Höhe; **at eye level** in Augenhöhe
② **sea level** der Meeresspiegel; **water level** der Pegel, der Wasserstand
③ das Niveau, der Stand; **on a high/low level** auf hohem/niedrigem Niveau; **level of performance** das Leistungsniveau
④ (*in Gebäude*) die Etage, das Geschoss

lev·el2 ['levl]
① *Boden:* eben; *Land:* flach; *Regal:* waagerecht
② gleich hoch; **to be level with something** so hoch sein wie etwas
③ **the two riders were level** die zwei Reiter waren auf gleicher Höhe

lev·er ['li:vəʳ] der Hebel

lia·ble ['laɪəbl]
① haftbar (**for** für); **to be liable for something** für etwas haften
② **to be liable to do something** dazu neigen, etwas zu tun; **he is liable to change his mind** es kann durchaus sein, dass er es sich anders überlegt

liar ['laɪəʳ] der Lügner/die Lügnerin

lib·er·al1 ['lɪbərəl]
① freigiebig, großzügig (**of** mit)
② liberal, aufgeschlossen
③ (*politisch*) liberal

lib·er·al2 ['lɪbərəl] der/die Liberale

to **lib·er·ate** ['lɪbəreɪt] befreien (**from** von)

lib·era·tion [ˌlɪbə'reɪʃn]
① die Befreiung
② **women's liberation** [**movement**] die Frauenbewegung

lib·er·ty ['lɪbətɪ] die Freiheit

Li·bra ['li:brə] (*Sternbild*) die Waage

li·brar·ian [laɪ'breərɪən] der Bibliothekar/die Bibliothekarin

li·brary ['laɪbrərɪ] die Bibliothek, die Bücherei

li·cence ['laɪsns], USA **li·cense**
① die Genehmigung, die Konzession, die Lizenz
② **driving licence** GB der Führerschein

to **lick** [lɪk] lecken

lid [lɪd]
① der Deckel
② *von Auge:* das Lid

lie [laɪ] die Lüge; **to tell a lie** lügen

to **lie1** [laɪ] lügen; **to lie to someone** jemanden anlügen

to **lie2** [laɪ] <lay, lain> liegen
◆ to **lie about** herumliegen
◆ to **lie down** sich hinlegen

lie-in [ˌlaɪ'ɪn] **to have a lie-in** [sich] ausschlafen

lieu·ten·ant [lef'tenənt] der Leutnant; GB (*in der Armee*) der Oberleutnant; (*in der Marine*) der Kapitänleutnant

life [laɪf, *Plural* laɪvz] <*Plural* lives>
① das Leben
② die Lebenszeit; **for life** auf Lebenszeit, lebenslänglich
③ die Lebensweise; **miners have a hard life** Bergarbeiter haben eine schwere Existenz
④ (*Lebenskraft*) der Schwung; **to come to life** in Schwung kommen; **full of life** voller Leben, sehr lebendig

life·belt ['laɪfbelt] der Rettungsring

life·boat ['laɪfbəʊt] das Rettungsboot

life·guard ['laɪfgɑ:d]
① der Rettungsschwimmer/die Rettungsschwimmerin
② (*im Schwimmbad*) der Bademeister/die Bademeisterin

life jack·et die Schwimmweste

life sen·tence die lebenslängliche Freiheitsstrafe

life·time ['laɪftaɪm] die Lebenszeit; **in** [*oder* **during**] **someone's lifetime** zu jemandes Lebzeiten; **the chance of a lifetime** die Chance meines/deines Lebens

lift [lɪft]
① GB der Aufzug, der Fahrstuhl, der Lift
② die Mitfahrgelegenheit; **to give someone a lift** jemanden mitnehmen, jemanden mitfahren lassen; **do you want a lift?** willst du mitfahren?, kann ich dich mitnehmen?

to **lift** [lɪft]
① [auf]heben, in die Höhe heben
② aufheben *Sperre*

lift-off ['lɪftɒf] *von Rakete:* das Abheben, der Start

light1 [laɪt]
① das Licht, die Helligkeit
② (*Lichtquelle*) das Licht, die Beleuchtung
③ (*am Auto*) **lights** die Lichter, die Scheinwerfer

4 **lights** (*umgangsspr*) die Ampel; **to turn right at the lights** an der Ampel rechts abbiegen
5 (*für Zigarette*) das Feuer; **have you got a light?** haben Sie Feuer?
6 **in the light of** angesichts, im Hinblick auf
▶ WENDUNGEN: **to come to light** an den Tag kommen

light[2] [laɪt]
1 *auch Essen, Musik:* leicht
2 *Farbe:* hell; **light blue** hellblau
3 **light reading** die Unterhaltungslektüre
4 **to travel light** mit wenig [*oder* leichtem] Gepäck reisen

to **light** [laɪt] <lit *oder* lighted, lit *oder* lighted>
1 anzünden *Feuer*
2 (*mit Scheinwerfern*) anstrahlen, beleuchten, erleuchten; befeuern *Flugplatz*

> **Grammatik**
> Richtiges Konjugieren von **light**: light, lit/lighted, lit/lighted — *Vivian lit the candles; The room was lit only by candles.*

◆ to **light up**
1 aufleuchten
2 anzünden *Zigarette, Pfeife*
3 beleuchten, erhellen *Himmel, Zimmer*

light bulb ['laɪtbʌlb] die Glühbirne

to **light·en**[1] ['laɪtn]
1 (*auch übertragen*) heller machen, aufhellen
2 hell werden, sich aufhellen

to **light·en**[2] ['laɪtn] leichter machen

light·er ['laɪtəʳ] das Feuerzeug

light-head·ed
1 benommen
2 schwind[e]lig

light-heart·ed [ˌlaɪt'hɑ:tɪd] sorglos, unbeschwert

light·house ['laɪthaʊs] der Leuchtturm

light·ing ['laɪtɪŋ] die Beleuchtung

light·ly ['laɪtlɪ]
1 leicht
2 **to get off lightly** glimpflich davonkommen
3 **to treat something** [**too**] **lightly** etwas nicht ernst [genug] nehmen

light·ning ['laɪtnɪŋ] der Blitz; **flash of lightning** der Blitz, der Blitzschlag; **to be struck by lightning** vom Blitz getroffen werden; **like lightning** wie der Blitz

like[1] [laɪk]
1 ähnlich, wie; **to be like someone** wie jemand sein, jemandem ähnlich sein; **they are very like each other** sie sehen sich sehr ähnlich
2 **what is he like?** was ist er für ein Mensch?; **what is it like?** wie ist es? wie sieht es aus?
3 **that's not like her** das ist nicht ihre Art
4 **something like that** so etwas Ähnliches
5 **there is nothing like ...** es geht nichts über ...
6 **I don't feel like work**[**ing**] **today** ich bin heute nicht zum Arbeiten aufgelegt
7 **it looks like rain**[**ing**] es sieht nach Regen aus
8 **like mad** wie verrückt

like[2] [laɪk] die Vorliebe

to **like** [laɪk]
1 mögen, gern haben; **I like it** das gefällt mir, das mag ich; **he likes classical music** er mag klassische Musik
2 wollen, gerne mögen; **would you like a cup of tea?** möchten Sie eine Tasse Tee?; **I should like to know** ich wüsste gern

like·li·hood ['laɪklɪhʊd] die Wahrscheinlichkeit; **in all likelihood** höchstwahrscheinlich

like·ly[1] ['laɪklɪ] <likelier, likeliest>
1 wahrscheinlich; **he is likely to come** es ist wahrscheinlich, dass er kommt; **it's likely to cause problems** das wird wahrscheinlich Probleme mit sich bringen
2 *Geschichte:* glaubhaft; **a likely story!** das soll mal einer glauben!

like·ly[2] ['laɪklɪ] **as likely as not** höchstwahrscheinlich; **not likely** schwerlich, kaum; **very** [*oder* **most**] **likely** höchstwahrscheinlich, sehr wahrscheinlich

li·lac ['laɪlək]
1 (*Pflanze*) der Flieder
2 (*Farbe*) Lila

limb [lɪm] das Glied

lime [laɪm]
1 (*Frucht*) die Limone
2 (*Laubbaum*) die Linde

lim·it ['lɪmɪt]
1 die Grenze, die Beschränkung; **within limits** in Grenzen; **without limit** unbegrenzt, unbeschränkt; **speed limit** die Geschwindigkeitsbegrenzung
2 **time limit** die Frist

to **lim·it** ['lɪmɪt] begrenzen, beschränken, einschränken

lim·it·ed ['lɪmɪtɪd]
1 begrenzt
2 (*kommerziell*) beschränkt (**to** auf); **limited [liability] company** Gesellschaft mit beschränkter Haftung

to **limp** [lɪmp] hinken

limp[1] [lɪmp] das Hinken; **to walk with a limp** hinken, humpeln

limp[2] [lɪmp]
1 schlaff
2 *Blumen:* welk

line [laɪn]
1 (*Schnur, Seil*) die Leine
2 **fishing line** die Angelschnur
3 **telephone line** die Telefonleitung; **bad line** die schlechte Verbindung; **to hold the line** am Apparat bleiben; **line engaged!** (GB), **line busy!** (USA) besetzt!
4 (*Markierung*) die Linie, der Strich
5 (*beim Sport*) die Grenzlinie
6 (*in der Hand*) die Handlinie; (*auf der Stirn*) die Falte, die Runzel
7 (*Bahnlinie*) das Gleis, die Strecke
8 (USA) die Menschenschlange; **to stand in line** anstehen, Schlange stehen, sich anstellen (**for** um)
9 die Reihe; **a line of trees** eine Baumreihe; **to keep in line** in Reih und Glied bleiben
10 (*Reihe von Wörtern*) die Zeile, der Vers; **to drop someone a line** jemandem ein paar Zeilen schreiben; **to forget one's lines** (*auf der Bühne*) seinen Text vergessen
11 **line of business** der Geschäftszweig

to **line** [laɪn]
1 lin[i]ieren *Papier*
2 entlang stehen an, säumen; **lined with trees** Baum bestanden

◆ to **line up**
1 aufstellen
2 *Personen:* sich aufstellen; (USA) Schlange stehen

lin·en ['lɪnɪn]
1 (*Material*) das Leinen
2 (*Bettwäsche, Tischwäsche*) die Wäsche

line-up ['laɪnʌp] (*auch Sport*) die Aufstellung

lin·guist ['lɪŋgwɪst] der Linguist/die Linguistin, der Sprachwissenschaftler/die Sprachwissenschaftlerin

lin·ing ['laɪnɪŋ]
1 das Futter, der Futterstoff
2 (*technisch*) die Auskleidung

link [lɪŋk]
1 das [Ketten]glied
2 (*übertragen*) das Bindeglied, die Verbindung

to **link** [lɪŋk] verbinden; **to link arms** sich unterhaken

link-up ['lɪŋkʌp] die Verbindung

lion ['laɪən] der Löwe

li·on·ess [laɪə'nes] <*Plural* lionesses> die Löwin

lip [lɪp]
1 die Lippe
2 *eines Gefäßes:* der Rand

lip·stick ['lɪpstɪk] der Lippenstift

liq·uid[1] ['lɪkwɪd] (*auch finanziell*) flüssig

liq·uid[2] ['lɪkwɪd] die Flüssigkeit

to **liq·uid·ize** ['lɪkwɪdaɪz] im Mixer pürieren

liq·uid·iz·er ['lɪkwɪdaɪzəʳ] der Mixer

liq·uor ['lɪkɚ] (USA) der Alkohol

to **lisp** [lɪsp] **to [speak with a] lisp** lispeln

list [lɪst] die Liste, das Verzeichnis, die Aufstellung; **shopping list** der Einkaufszettel; **to be on a list** auf einer Liste stehen; **to put on a list** auf eine Liste setzen

to **list·en** ['lɪsn] hören, horchen (**to** auf); **to listen for something** auf etwas horchen; **to listen to someone** jemandem zuhören; **don't listen to him!** hören Sie nicht auf ihn!; **to listen to the radio** Radio hören

list·en·er ['lɪsnəʳ]
1 der Zuhörer/die Zuhörerin; **to be a good listener** gut zuhören können
2 *von Radio:* der Hörer/die Hörerin

lit [lɪt] *2. und 3. Form von* **light**

li·ter ['liːtəʳ] (USA) der/das Liter

lit·era·cy ['lɪtərəsɪ] die Lese- und Schreibfertigkeit

lit·er·ate ['lɪtərət] des Lesens und Schreibens kundig

lit·era·ture ['lɪtrətʃəʳ] die Literatur

Lithua·nia [ˌlɪθju'eɪniə] Litauen

Lithua·nian[1] [ˌlɪθju'eɪniən]
1 der Litauer/die Litauerin
2 *kein Plural* Litauisch

Lithua·nian[2] [ˌlɪθju'eɪniən] litauisch

li·tre ['liːtəʳ] (GB) der/das Liter

lit·ter ['lɪtəʳ]
1 der Abfall

2 (*neugeborene Tiere*) der Wurf
3 (*für Tiere*) die Streu, das Stroh

to **lit·ter** ['lɪtəʳ] verstreuen; **to be littered with something** mit etwas übersät sein

lit·tle[1] ['lɪtl] <smaller, smallest>
1 klein
2 **of little interest/value** von geringem Interesse/Wert
3 **in a little while** in kurzer Zeit, bald; **a little while ago** vor kurzem
4 wenig; **to have little chance/money/time** kaum eine Chance/wenig Geld/Zeit haben; **I know little Spanish** ich spreche [nur] wenig Spanisch; **I go there very little** ich gehe sehr selten dorthin

Grammatik
Als Steigerungsformen von **little** verwendet man im Englischen **smaller** und **smallest, wenn es sich um Größenangaben handelt:** *Kate is very little, but Josey is smaller. Louise is the smallest.* Bei Mengenangaben jedoch sind die Steigerungsformen **less** und **least**: *We have little money, but our friends have less, and our neighbours have (the) least of all.*

lit·tle[2] ['lɪtl]
1 **the little I know of him** das Wenige, was ich von ihm weiß
2 **a little** ein [klein] wenig, ein bisschen
3 **little by little** nach und nach, allmählich

live [laɪv]
1 (*am Leben*) lebend, lebendig
2 *Geschoss:* scharf
3 *Kabel:* Strom führend
4 **live broadcast** die Livesendung
5 **to broadcast live** direkt [*oder* live] übertragen

to **live** [lɪv]
1 leben
2 *Patient:* am Leben bleiben, überleben
3 wohnen (**with** bei, **at** in); **where do you live?** wo wohnen Sie?; **to live with someone** mit jemandem zusammenleben

◆ to **live on**
1 *Erinnerung:* weiterleben
2 leben von; **to live on** [**a diet of**] **fish** sich von Fisch ernähren

◆ to **live together** zusammenleben

◆ to **live up to he has a lot to live up to** an ihn werden hohe Erwartungen gestellt

live·ly ['laɪvlɪ]
1 lebhaft, lebendig
2 *Beschreibung:* lebendig
3 (*umgangsspr*) aufregend

liv·er ['lɪvəʳ] die Leber

liv·ing[1] ['lɪvɪŋ]
1 lebend
2 **living conditions** die Lebensbedingungen, die Wohnverhältnisse

liv·ing[2] ['lɪvɪŋ]
1 der Lebensunterhalt; **to make a living as an artist** sein Auskommen als Künstler haben
2 das Leben; **standard of living** der Lebensstandard
3 **the living** die Lebenden

liv·ing room das Wohnzimmer

liz·ard ['lɪzəd] die Eidechse

load [ləʊd]
1 (*Fracht*) die Ladung, die Fuhre
2 *einer Achse:* die Belastung, die Traglast
3 (*übertragen*) die Last, die Bürde; **that's a load off my mind** damit fällt mir ein Stein vom Herzen
4 **a load of nonsense** [*oder* **rubbish**]**!** (*umgangsspr*) Quatsch! Blödsinn!
5 **loads of ...** jede Menge ...

to **load** [ləʊd]
1 laden
2 beladen *Transportmittel;* verladen *Ladung*
3 laden *Feuerwaffe*
4 einen Film einlegen in *Fotoapparat*

loaf [ləʊf, *Plural* 'ləʊvz] <*Plural* loaves>
1 der Laib, das Brot
2 **meat loaf** der Hackbraten

loan [ləʊn]
1 (*finanziell*) das Darlehen, die Anleihe
2 die Leihgabe; **on loan** leihweise, ausgeliehen; **to have something on loan** etwas geliehen haben

to **loan** [ləʊn] [aus]leihen, verleihen (**to** an)

lob·by ['lɒbɪ]
1 *eines Hotels:* die Eingangshalle
2 (*im Parlament*) die Lobby, die Wandelhalle
3 (*übertragen*) die Lobby, die Interessengruppe

lo·cal[1] ['ləʊkl] örtlich, lokal, ortsansässig, hiesig; **local authority** die Ortsbehörde, die Kommunalverwaltung; **local call** das Ortsgespräch; **local government** die Gemeindeverwaltung, die Kommunalverwaltung; **local paper** die Lokalzeitung; **local time** die Ortszeit

lo·cal[2] ['ləʊkl]
1 der/die Ortsansässige
2 (*umgangsspr*) die Stammkneipe

to **lo·cate** [ləʊˈkeɪt]
1 (*finden*) ausfindig machen
2 (*platzieren*) errichten; einrichten *Firma, Gebäude*
3 **to be located** liegen, sich befinden

lo·ca·tion [ləʊˈkeɪʃn]
1 die Lage, der Standort
2 (*Tat*) die Ortsbestimmung, die Lagebestimmung
3 *von Film:* der Drehort; **to be on location** bei Außenaufnahmen sein

loch [lɒk, lɒx] (*in Schottland*) der See, der Meeresarm

Land und Leute
Das **Loch Ness Monster** ist ein riesiges, unbekanntes Wesen das angeblich in den Gewässern des Loch Ness im Nordosten Schottlands lebt. Es soll eine Art Wasserdinosaurier mit einem langen wellenförmigen Schwanz sein. Einige Leute behaupten, das Ungeheuer gesehen zu haben, obwohl es bis heute keinen wirklich ernst zu nehmenden Nachweis dafür gibt. Geschichten darüber gibt es schon seit dem 6. Jahrhundert.

lock [lɒk]
1 *von Tür:* das Schloss
2 (*in Fluss, Kanal*) die Schleuse

to **lock** [lɒk]
1 abschließen, zuschließen
2 **to lock someone in a room** jemanden in ein[em] Zimmer einschließen [*oder* einsperren]
3 *Räder:* blockieren

◆ to **lock away**
1 wegschließen *Sache*
2 einsperren *Person*

◆ to **lock in** einschließen, einsperren

◆ to **lock out** aussperren

◆ to **lock up**
1 abschließen *Sache*
2 wegschließen *Wertsachen*
3 einsperren *Person*

lock·er [ˈlɒkəʳ] das Schließfach; **locker room** der Umkleideraum

to **lodge** [lɒdʒ]
1 **to lodge with someone** bei jemandem zur Untermiete wohnen
2 *Kugel:* stecken bleiben

lodg·er [ˈlɒdʒəʳ] der Untermieter/die Untermieterin

lodg·ing [ˈlɒdʒɪŋ]
1 **board and lodging** Kost und Logis
2 **lodgings** möbliertes Zimmer, möblierte Wohnung; **to live in lodgings** möbliert wohnen

loft [lɒft] der Dachboden

log [lɒg] der [Holz]klotz, der Block; (*für Feuer*) das Holzscheit

log·ic [ˈlɒdʒɪk] die Logik

logi·cal [ˈlɒdʒɪkl] logisch

logo [ˈlɒgəʊ] das Logo

lol·li·pop [ˈlɒlɪpɒp] der Lutscher

lone·li·ness [ˈləʊnlɪnɪs] die Einsamkeit

lone·ly [ˈləʊnlɪ] einsam

long[1] [lɒŋ]
1 lang
2 **it's a long way to Scotland** bis nach Schottland ist es sehr weit
3 **I haven't seen him for a long time** ich habe ihn seit langem nicht mehr gesehen
4 **all night long** die ganze Nacht
5 **to take a long time** viel Zeit brauchen/nehmen
6 **in the long run** auf die Dauer
7 **don't be long!** beeil dich!

long[2] [lɒŋ]
1 **as** [*oder* **so**] **long as** solange
2 **at the longest** höchstens, längstens
3 **before long** in Kürze
4 **no longer** nicht mehr
5 **long after** lange nachher, viel später; **long before** lange vorher, viel früher
6 **long ago** vor langer Zeit
7 **have you been waiting long?** warten Sie schon lange?
8 **so long!** (*umgangsspr*) bis später!

to **long** [lɒŋ] sich sehnen (**for** nach)

long-dis·tance long-distance call das Ferngespräch; **long-distance flight** der Langstreckenflug; **long-distance lorry driver** der Fernfahrer/die Fernfahrerin

lon·gi·tude [ˈlɒŋgɪtjuːd] die [geographische] Länge

long jump der Weitsprung

long-life milk [ˈlɒŋlaɪf] die H-Milch

long-sight·ed [ˌlɒŋˈsaɪtɪd] weitsichtig

long-term langfristig; **long-term effect** die Langzeitwirkung; **long-term unemployed** [**person**] der/die Langzeitarbeitslose, der/die Dauerarbeitslose

long-wind·ed [ˌlɒŋˈwɪndɪd] langatmig

loo [luː] GB (*umgangsspr*) das Klo

A B C D E F G H I J K **L** M N O P Q R S T U V W X Y Z

look [lʊk]
1 der Blick; **to have a look at something** [sich] etwas ansehen, einen Blick auf etwas werfen; **to give someone a dirty look** jemandem einen vernichtenden Blick zuwerfen
2 **the look on his face** der sein Gesichtsausdruck
3 **looks** das Aussehen; **good looks** gutes Aussehen
4 **I don't like the look of it** es gefällt mir nicht

Grammatik
Look, **see** oder **watch**? Man verwendet **Look (at)** wenn man versucht etwas oder jemanden zu sehen und wird nie von einem direkten Objekt gefolgt: *I've looked everywhere but I can't find my keys. Look at those trendy shoes over there!* Das Verb **see** bedeutet etwas oder jemanden mit den Augen wahrnehmen: *I saw your keys on the table. When did you last see Zoe? Das Verb* **watch** bedeutet länger beobachten oder zuschauen: *I like to watch television. She watched them play tennis.*

to **look** [lʊk]
1 sehen, schauen, gucken
2 **to look at someone/something** jemanden/etwas ansehen [*oder* anschauen]
3 Acht geben, aufpassen; **look what you're doing!** pass auf, was du machst!
4 (*suchen*) nachsehen; **to look and see** nachsehen
5 gehen nach; **this window looks south** dieses Fenster geht nach Süden
6 aussehen; **it looks like rain** es sieht nach Regen aus
7 **look here!** sieh her!, hör mal gut zu!
8 **he looks his age** man sieht ihm sein Alter an

◆ to **look after** sich kümmern um, aufpassen auf
◆ to **look ahead** die Zukunft planen, vorausschauen
◆ to **look at**
1 ansehen; **to look at one's watch** auf seine Uhr schauen
2 sich ansehen, überprüfen *Bücher, Unterlagen*
3 (*überlegen*) betrachten
◆ to **look back** **to look back on** [*oder* **to**] **something** (*übertragen*) auf etwas zurückblicken
◆ to **look for** suchen [nach]; **who are you looking for?** wen suchen Sie?
◆ to **look forward** **to look forward to something** sich auf etwas freuen
◆ to **look into** untersuchen, nachgehen
◆ to **look on** zusehen
◆ to **look out**
1 hinaussehen, heraussehen; **to look out of the window** aus dem Fenster sehen
2 aufpassen, Acht geben (**for** auf); **look out!** aufpassen! Achtung! Vorsicht!
3 **to look out for something/someone** Ausschau nach etwas/jemandem halten
◆ to **look over**
1 sich ansehen *Haus*
2 durchsehen *Text*
3 mustern *Person*
◆ to **look round** sich umsehen
◆ to **look up**
1 aufblicken, aufsehen (**at** zu)
2 *Lage:* besser werden; **things are looking up** es geht bergauf
3 nachschlagen *Wort*

loop [lu:p] die Schlinge, die Schleife

loop·hole ['lu:phəʊl] **a loophole in the law** eine Gesetzeslücke

loose[1] [lu:s]
1 *Tier:* lose, frei
2 *Knopf, Zahn:* lose, locker; **loose connection** der Wackelkontakt
3 *Kleidung:* weit
4 **loose change** das Kleingeld
5 **to break loose** sich losreißen

Vorsicht Falle!
Loose nicht mit **lose** verwechseln! **Loose** ist ein Adjektiv und beschreibt etwas das nicht fest oder eng ist: *The screw is a bit loose. I like to wear loose trousers.* **Lose** hingegen ist ein Verb und bedeutet verlieren: *He might lose his job.*

loose[2] [lu:s] **to be on the loose** frei herumlaufen

to **loos·en** ['lu:sn]
1 lösen, lockern
2 sich lösen, sich lockern

loot [lu:t] die Beute

to **loot** [lu:t] plündern

lord [lɔ:d]
1 der Herr (**of** über)
2 (GB) der Lord; **the House of Lords** das britische Oberhaus
3 [**Our**] **Lord** der Herr; **the Lord's Prayer** das Vaterunser
4 **Lord only knows where ...** weiß der Himmel wo ...

lor·ry ['lɒrɪ] (GB) der Lastkraftwagen, der Lkw, der Laster

to **lose** [luːz] <lost, lost>
1 verlieren, einbüßen
2 versäumen *Gelegenheit*
3 *Uhr:* nachgehen
4 **to be lost** verloren sein, verschwunden sein, sich verlaufen haben; **I'm lost** ich habe mich verlaufen; (*übertragen*) ich verstehe nichts mehr
5 **the child got lost** das Kind hatte sich verirrt; **get lost!** verschwinde! hau ab!
6 **to lose oneself in a book** sich in einem Buch verlieren, ganz in einem Buch aufgehen
7 **to lose one's head** (*übertragen*) den Kopf verlieren; **to lose one's temper** die Beherrschung verlieren
8 **to lose sight of something** etwas aus den Augen verlieren
9 **to lose one's way** sich verirren, sich verlaufen

◆ to **lose out** verlieren, unterliegen; **to lose out on a deal** große Verluste bei einem Geschäft erleiden

los·er [ˈluːzəʳ] der Verlierer/die Verliererin

loss [lɒs] <*Plural* losses>
1 der Verlust
2 **loss of appetite** die Appetitlosigkeit; **loss of time** der Zeitverlust; **loss in weight** der Gewichtsverlust

lost[1] [lɒst] *2. und 3. Form von* **lose**

lost[2] [lɒst]
1 verloren
2 verirrt

lost-prop·er·ty of·fice das Fundbüro

lot [lɒt]
1 (*Schicksal*) das Los
2 (*bei Verlosung*) das Los; **to draw lots for something** um etwas losen
3 (*Land*) die Parzelle; **parking lot** der Parkplatz
4 (*umgangsspr*) der Haufen; **you lot** ihr [alle]
5 **a lot of, lots of** viele, eine Menge
6 **a lot** viel; **a lot better** viel besser; **I liked it a lot** es war sehr gut; **to have lots** [*oder* **a lot**] **to do** viel zu tun haben
7 **the lot** alles, das Ganze

lot·tery [ˈlɒtərɪ]
1 die Lotterie
2 (*übertragen*) das Glücksspiel

loud [laʊd]
1 laut
2 (*übertragen*) *Farbe:* grell, schreiend; *Kleider:* auffällig
3 **to say something out loud** etwas laut sagen

loud·speak·er [ˌlaʊdˈspiːkəʳ] der Lautsprecher, die Box

lounge [laʊndʒ]
1 *im Hotel:* der Gesellschaftsraum
2 *im Flughafen:* der Warteraum; **departure lounge** die Abflughalle
3 *im Haus:* das Wohnzimmer

lout [laʊt] der Lümmel, der Flegel

love [lʌv]
1 die Liebe (**for**/**of** zu); **love of adventure** die Abenteuerlust; **love of cooking/life** die Freude am Kochen/Leben; **for the love of someone** jemandem zuliebe
2 **to be in love with someone** in jemanden verliebt sein; **to fall in love with someone/something** sich in jemanden/eine Sache verlieben
3 **to make love to someone** mit jemandem schlafen
4 (*Briefschluss*) [**with**] **love from ...** liebe Grüße von ...
5 (*Grüße*) **to send one's love to someone** jemanden grüßen lassen; **give him my love** grüßen Sie ihn von mir
6 (*Anrede*) Liebling, Schatz; **can I help you, love?** (*umgangsspr: im Geschäft*) was darf's denn sein?
7 (*Tennis*) **fifteen love** fünfzehn null

to **love** [lʌv]
1 lieben, lieb haben
2 (*übertragen*) [gern] mögen; **to love to do something** etwas gern tun; **I'd love to go** ich würde [liebend] gern gehen

love·ly [ˈlʌvlɪ]
1 [wunder]schön, herrlich
2 (*umgangsspr*) toll, großartig; **lovely and warm** schön warm

lov·er [ˈlʌvəʳ]
1 der Liebhaber/die Liebhaberin, der/die Geliebte; **they are lovers** sie sind ein Liebespaar
2 **lover of horses** der Pferdeliebhaber/die Pferdeliebhaberin

love sto·ry die Liebesgeschichte

lov·ing [ˈlʌvɪŋ]
1 *Person:* liebend
2 *Blick:* liebevoll

low[1] [ləʊ]
1 niedrig
2 *Stimme, Ton, Verbeugung:* tief; **in a low voice** leise

3 *Wolke:* tief hängend
4 **to be in low spirits** in gedrückter Stimmung sein, niedergeschlagen sein
5 *Herkunft, Rang:* niedrig, nieder
6 knapp; **we are a bit low on petrol** unser Benzin ist ein bisschen knapp; **our supplies are running low** unsere Vorräte gehen allmählich zur Neige

low² [ləʊ]
1 das Tief, das Tiefdruckgebiet
2 (*übertragen*) der Tiefpunkt, der Tiefstand

low·er ['ləʊəʳ]
1 niedriger; **lower jaw** der Unterkiefer
2 tiefer [gelegen]; **lower down** weiter unten

to **low·er** ['ləʊəʳ]
1 hinunterlassen, herunterlassen
2 senken *Blick, Stimme*
3 herabsetzen, senken *Preis*

loy·al ['lɔɪəl] treu, loyal

loy·al·ty ['lɔɪəltɪ] die Treue, die Loyalität

luck [lʌk]
1 das Glück; **good luck** das Glück; **bad luck** das Pech, das Unglück; **good luck!** viel Glück!; **for luck** als Glückbringer; **to be in luck** Glück haben; **to be out of luck** kein Glück haben; **tough luck!** (*umgangsspr*) so ein Pech!
2 der Zufall, das Schicksal; **as luck would have it** wie es der Zufall wollte

lucki·ly ['lʌkɪlɪ] glücklicherweise; **luckily for him** zu seinem Glück

lucky ['lʌkɪ] **to be lucky** Glück haben; **that's lucky** das ist ein Glück; **to have a lucky escape** glücklich davonkommen; **lucky you!** du Glückliche(r)!

lug·gage ['lʌgɪdʒ] (GB) das [Reise]gepäck; **hand luggage** das Handgepäck; **luggage rack** die Gepäckablage

luke·warm [ˌluːk'wɔːm] *Flüssigkeit:* lauwarm

lu·mi·nous ['luːmɪnəs] leuchtend, Leucht-

lump [lʌmp]
1 der Klumpen
2 (*am Körper*) die Beule; (*krebsartig*) der Knoten
3 **a lump of sugar** ein Stück Zucker

lumpy ['lʌmpi] <lumpier, lumpiest> klumpig

lu·nar ['luːnəʳ] **lunar module** die Mondfähre

lu·na·tic¹ ['luːnətɪk] blödsinnig, verrückt

lu·na·tic² ['luːnətɪk] der/die Wahnsinnige

lunch [lʌntʃ] <*Plural* lunches> das Mittagessen; **to have lunch** zu Mittag essen

lunch·time ['lʌntʃtaɪm] der Mittag, die Mittagszeit

lung [lʌŋ] die Lunge

lust [lʌst]
1 die Gier
2 (*sexuell*) die Begierde (**for** nach)

luxu·ry ['lʌkʃərɪ] der Luxus

lyr·ics ['lɪrɪks] *Plural* der [Lied]text

Mm

M <*Plural* M's *oder* Ms>, **m** [em] <*Plural* m's> M, m

ma [mɑː] (*umgangsspr*) die Mama, die Mutti

ma·chine [mə'ʃiːn]
1 die Maschine
2 *für Zigaretten:* der Automat

mad [mæd] <madder, maddest>
1 wahnsinnig, verrückt; **to go mad** verrückt werden; **to drive someone mad** jemanden wahnsinnig machen; **like mad** wie verrückt
2 **to be mad at someone** auf jemanden böse sein; **to be mad about** [*oder* **at**] **something** über etwas wütend sein
3 **to be mad about** [*oder* **on**] **something** auf etwas versessen sein; **to be mad keen on someone/something** ganz scharf auf jemanden/etwas sein

mad·am ['mædəm] die gnädige Frau

made [meɪd] *2. und 3. Form von* **make**

> **Vorsicht Falle!**
> **Made of** oder **made from**? **Made of** sagt man, wenn man das Material meint, aus dem ein Gegenstand hergestellt ist: *my desk is made of wood.* **Made from** sagt man dagegen, wenn man den Rohstoff meint, aus dem etwas hergestellt ist: *paper is made from wood.*

made-up ['meɪdʌp]
1 *Geschichte:* erfunden
2 *Gesicht:* geschminkt

mad·ly ['mædlɪ]
1 wie verrückt
2 (*umgangsspr*) wahnsinnig; **it's madly exciting** es ist unglaublich aufregend

mad·ness ['mædnɪs] der Wahnsinn

mag [mæg] *kurz für* **magazine** (*umgangsspr*) die Zeitschrift, das Magazin

maga·zine [ˌmægə'ziːn] die Zeitschrift

mag·ic[1] ['mædʒɪk]
1 die Magie, die Zauberei
2 (*übertragen*) der Zauber; **as if by magic** wie durch ein Wunder

mag·ic[2] ['mædʒɪk] Zauber-, magisch

ma·gi·cian [mə'dʒɪʃn]
1 (*literarisch*) der Magier/die Magierin
2 (*Künstler*) der Zauberer/die Zauberin

mag·net ['mægnɪt] (*auch übertragen*) der Magnet

mag·net·ic [mæg'netɪk] magnetisch

mag·nifi·cent [mæg'nɪfɪsnt] prächtig, prunkvoll, großartig

to **mag·ni·fy** ['mægnɪfaɪ] vergrößern; **magnifying glass** das Vergrößerungsglas, die Lupe

maid·en name der Mädchenname

mail [meɪl] die Post; **to send by** [*oder* **via**] **air mail** mit Luftpost verschicken

to **mail** [meɪl]
1 mit der Post [ver]senden, abschicken, aufgeben
2 eine E-Mail schicken; **can you mail me your address?** kannst du mir per E-Mail deine Adresse schicken?

mail·box ['meɪlbɒks]
1 (USA) der Briefkasten
2 *Handy:* die Mailbox

mail·man ['meɪlmæn] <*Plural* mailmen> (USA) der Briefträger

main [meɪn] Haupt-; **main thing** die Hauptsache

main·land ['meɪnlænd] das Festland

main·ly ['meɪnlɪ] hauptsächlich, in erster Linie

main road die Hauptverkehrsstraße

mains [meɪnz] *Plural* das Versorgungsnetz, das Stromnetz; **to turn the electricity off at the mains** den Strom am Hauptschalter abschalten; **to turn the gas/water off at the mains** den Haupthahn [für das Gas/Wasser] abstellen

to **main·tain** [meɪn'teɪn]
1 warten *Maschine*
2 in Stand halten *Gebäude*
3 unterhalten *Beziehungen, Familie, Straße*
4 halten, behaupten *Stellung*

maj·es·ty ['mædʒəstɪ] die Majestät

ma·jor[1] ['meɪdʒəʳ] größer, Haupt-, bedeutend[er]; **major road** die Hauptverkehrsstraße

ma·jor[2] ['meɪdʒəʳ]
1 der Major
2 (USA) das Hauptfach

to **ma·jor** ['meɪdʒəʳ] (USA) **to major in something** etwas als Hauptfach studieren

ma·jor·ity [məˈdʒɒrətɪ]
1 die Mehrheit; **to be in a majority** in der Mehrzahl sein; **the majority of cases** die Mehrzahl der Fälle
2 (*juristisch*) die Volljährigkeit, die Mündigkeit; **to attain one's** [*oder* **reach the age of**] **majority** volljährig, mündig werden

make [meɪk] die Marke, das Fabrikat

to **make** [meɪk] <made, made>
1 machen *Bemerkung, Fehler, Vorschlag;* treffen *Entscheidung;* halten *Rede;* geben *Versprechen*
2 anfertigen *Kleidung*
3 (*industriell*) herstellen (**from/of** aus); **made in Germany** in Deutschland hergestellt
4 **to make bread/a cake** Brot/einen Kuchen backen
5 [zu]bereiten *Mahlzeit, Tee*
6 ausdenken, formulieren *Plan*
7 ergeben *Summe;* **1 plus 1 makes 2** 1 und 1 ist 2
8 erwerben, verdienen *Geld;* einstreichen, einstecken *Gewinn;* erleiden *Verlust*
9 noch erreichen *Zug*
10 (*Zustand*) **to make someone happy** jemanden glücklich machen; **to make oneself comfortable** es sich bequem machen; **to make oneself useful** sich nützlich machen; **to make oneself heard** sich Gehör verschaffen
11 **he was made Foreign Secretary** er wurde zum Außenminister ernannt
12 **to make someone do something** jemanden dazu bringen, etwas zu tun; **to make someone laugh** jemanden zum Lachen bringen; **to make someone understand** jemandem etwas verständlich machen; **to make oneself do something** sich dazu zwingen, etwas zu tun
13 **it makes no difference to me** es ist mir gleich
14 **we've made it!** wir haben es geschafft!
15 **what time do you make it?** wie spät hast du es?

Grammatik
Richtiges Konjugieren von **make**: make, made, made — *Jenny made her own jacket; The puppy has made a mess in the living-room.*

◆ to **make of** halten von; **what do you make of him?** was hältst du von ihm?

◆ to **make out**
1 (*verstehen*) herausbekommen, entziffern
2 ausstellen *Rechnung, Scheck*
3 behaupten; **it's not as bad as it's made out to be** es ist nicht so schlimm wie behauptet wird

◆ to **make up**
1 erfinden, sich ausdenken *Ausrede;* **it was all made up** es war alles nur erfunden
2 schminken *Gesicht*
3 zusammenstellen *Liste*
4 **to make up one's mind** sich entschließen

◆ to **make up for**
1 ausgleichen
2 wettmachen (**with** durch); **to make up for lack of something** etwas ersetzen; **to make up for lost time** verlorene Zeit wieder aufholen

make-up [ˈmeɪkʌp]
1 das Make-up, die Schminke; (*im Theater*) die Maske
2 *einer Mannschaft:* die Zusammenstellung
3 (*Charakter*) die Veranlagung

male[1] [meɪl]
1 männlich
2 Männer-

male[2] [meɪl]
1 (*Mensch*) der Mann
2 (*Tier*) das Männchen

mall [mɔːl] das Einkaufszentrum

mam·mal [ˈmæml] das Säugetier

man [mæn, *Plural* men] <*Plural* men>
1 der Mann
2 *ohne Artikel* der Mensch; **man evolved from the apes** der Mensch stammt vom Affen ab
3 **man, that's wicked!** (*slang*) Mensch, das ist ja geil!

to **man·age** [ˈmænɪdʒ]
1 leiten *Betrieb*
2 verwalten *Geld, Grundstück*
3 managen *Künstler, Sportler*
4 bewältigen, schaffen *Aufgabe;* **he managed it very well** er hat das sehr gut gemacht; **to manage to do something** es schaffen, etwas zu tun

man·age·ment [ˈmænɪdʒmənt] das Management, die Unternehmensleitung

man·ag·er [ˈmænɪdʒəʳ]
1 *einer Firma:* der Geschäftsführer/die Geschäftsführerin, der Manager/die Managerin
2 *einer Abteilung:* der Abteilungsleiter/die Abteilungsleiterin; **sales manager** der Verkaufsleiter/die Verkaufsleiterin

3 *eines Künstlers, Sportlers:* der Manager/die Managerin

man·ag·er·ess [ˌmænɪdʒəˈres] <*Plural* manageresses> die Geschäftsführerin, die Managerin

man·kind [ˌmænˈkaɪnd] die Menschheit

man-made [ˈmænmeɪd] künstlich [hergestellt]

man·ner [ˈmænəʳ]
1 die Art, die Weise; **in this manner** auf diese Art und Weise
2 **manners** das Benehmen, die Manieren; **he has no manners** er hat keine Manieren

man·or [ˈmænəʳ] das Landgut; **manor house** das Herrenhaus

man·tel·piece [ˈmæntlpiːs] der/das Kaminsims

manu·al[1] [ˈmænjʊəl] manuell; **manual labour** die körperliche Arbeit; **manual transmission** das Schaltgetriebe

manu·al[2] [ˈmænjʊəl] das Handbuch

manu·fac·ture [ˌmænjʊˈfæktʃəʳ] die Herstellung, die Fertigung

to **manu·fac·ture** [ˌmænjʊˈfæktʃəʳ]
1 herstellen, fertigen
2 (*übertragen*) erfinden *Ausrede*

manu·fac·tur·er [ˌmænjʊˈfækʃərəʳ] der Hersteller, der Fabrikant

many [ˈmenɪ] <more, most> viele; **as many** ebenso viele; **as many again** noch mal so viele; **as many as 100** sage und schreibe 100; **a good** [*oder* **great**] **many** sehr viele; **there's one too many** einer ist zu viel; **he's had one too many** er hat einen über den Durst getrunken; **many a time** so manches Mal

map [mæp]
1 die Landkarte
2 der Stadtplan

mara·thon [ˈmærəθən]
1 (*Sport*) der Marathonlauf
2 (*übertragen*) der Marathon

mar·ble [ˈmɑːbl]
1 (*Gestein*) der Marmor
2 (*Spielzeug*) die Murmel

March [mɑːtʃ] März; **in March** im März; **on 15th March, on March 15** (USA) am 15. März

to **march** [mɑːtʃ] marschieren

march [mɑːtʃ] <*Plural* marches> der Marsch

mar·ga·rine [ˌmɑːdʒəˈriːn] die Margarine

mar·gin [ˈmɑːdʒɪn]
1 der Rand; **in the margin** am Rande
2 **by a narrow margin** knapp

ma·rine[1] [məˈriːn] See-, Meer[es]-

ma·rine[2] [məˈriːn] der Marineinfanterist; **the Marines** die Marineinfanterie

mari·tal sta·tus der Familienstand

mark[1] [mɑːk] (*Währungseinheit*) die Mark

mark[2] [mɑːk]
1 (*auf Kleidung, Teppich*) der Fleck
2 das Zeichen; **distinguishing marks** die besonderen Kennzeichen [*oder* Merkmale]
3 (*in der Schule*) die Note, die Zensur; **good marks** die guten Noten
4 die Markierung ▶ WENDUNGEN: **on your marks, get set, go!** auf die Plätze, fertig, los!

to **mark** [mɑːk]
1 Flecken machen auf *Teppich, Kleidung*
2 kennzeichnen, markieren; **mark something in red** etwas rot anstreichen
3 benoten, zensieren *Prüfungsaufgabe;* **to mark something wrong** etwas als Fehler anstreichen
4 (*im Sport*) decken *Gegenspieler*

mark·er [ˈmɑːkəʳ]
1 *einer Prüfung:* der Korrektor/die Korrektorin
2 (*im Sport*) der Bewacher/die Bewacherin; *eines Gegenspielers:* der Beschatter/die Beschatterin

mar·ket [ˈmɑːkɪt] der Markt; **at the market** auf dem Markt; **to go to** [**the**] **market** zum Markt gehen; **on the market** auf dem Markt

to **mar·ket** [ˈmɑːkɪt] vertreiben

mar·ket place der Marktplatz

mar·ma·lade [ˈmɑːməleɪd] die Marmelade aus Zitrusfrüchten

Land und Leute
In Großbritannien isst man oft **Marmite**® auf Toast oder auf dem Pausenbrot. Dieser dunkle Brotaufstrich besteht aus Gemüse- und Hefeextrakt und schmeckt sehr streng.

mar·riage [ˈmærɪdʒ]
1 (*Zustand*) die Ehe
2 (*Zeremonie*) die Heirat, die Hochzeit (**to** mit)

mar·ried [ˈmærɪd] verheiratet (**to** mit); **to get married** [sich ver]heiraten; **married couple** das Ehepaar

to **mar·ry** ['mærɪ]
1 **to marry someone, to get married to someone** jemanden heiraten, sich mit jemandem verheiraten
2 *Pfarrer:* trauen

mar·vel·lous ['mɑːvləs], USA **mar·vel·ous** wunderbar, fantastisch

mas·cu·line ['mæskjʊlɪn] männlich

mash [mæʃ]
1 der Brei
2 (*umgangsspr*) der Kartoffelbrei

to **mash** [mæʃ] [zer]stampfen; **mashed potatoes** der Kartoffelbrei

mask [mɑːsk] die Maske

mass[1] [mæs] (*Gottesdienst*) die Messe; **to go to mass** zur Messe gehen

mass[2] [mæs]
1 die Masse
2 *von Menschen:* die Menge
3 (*umgangsspr*) **masses of** massenhaft, massig; **we have masses of time** wir haben jede Menge Zeit

mas·sa·cre ['mæsəkəʳ] das Massaker

mas·sage ['mæsɑːʒ] die Massage

to **mas·sage** ['mæsɑːʒ] massieren

mas·sive ['mæsɪv]
1 massiv, wuchtig
2 *Aufgabe:* gewaltig
3 *Schulden:* enorm, riesig

mas·ter ['mɑːstəʳ]
1 der Herr
2 der Meister
3 der Lehrer

to **mas·ter** ['mɑːstəʳ]
1 unter Kontrolle bringen
2 bewältigen *Aufgabe*
3 beherrschen *Fähigkeit*

mas·ter·piece ['mɑːstəpiːs] das Meisterwerk, das Meisterstück

mat [mæt]
1 die Matte; **door mat** der Türvorleger
2 (*auf Tisch*) der Untersetzer

match[1] [mætʃ] <*Plural* matches> (*im Sport*) der Wettkampf, der/das Match; **boxing match** der Boxkampf

match[2] [mætʃ] das Streichholz, das Zündholz

to **match** [mætʃ] zusammenpassen, passen (**with** zu)

match·box die Streichschachtel, die Zündholzschachtel

mate[1] [meɪt]
1 der Freund/die Freundin, der Kamerad/die Kameradin; **listen, mate!** jetzt hör mal, Freundchen!
2 (*bei Tieren*) das Männchen, das Weibchen

mate[2] [meɪt] (*beim Schach*) das Matt

to **mate** [meɪt] sich paaren

ma·terial [mə'tɪərɪəl] das Material, der Stoff

math [mæθ] USA (*umgangsspr*) Mathe

math·emati·cal [ˌmæθə'mætɪkl] mathematisch

math·ema·ti·cian [ˌmæθəmə'tɪʃn] der Mathematiker/die Mathematikerin

math·emat·ics [ˌmæθə'mætɪks] ⚠ *mit Singular* die Mathematik

maths [mæθs] ⚠ *mit Singular* GB (*umgangsspr*) Mathe

mat·ter ['mætəʳ]
1 (*in der Physik*) die Materie, der Stoff
2 die Sache, die Angelegenheit; **as matters stand** wie die Dinge liegen; **to make matters worse** zu allem Unglück; **it's a matter of life and death** es geht um Leben und Tod; **a matter of taste** [eine] Geschmackssache; **a matter of time** eine Frage der Zeit
3 **for that matter, as a matter of fact** eigentlich
4 **no matter what he does** ganz gleich [*oder* einerlei] was er tut
5 **no matter!** macht nichts!
6 **what's the matter** [**with you**]? was ist [denn] [mit dir] los?

to **mat·ter** ['mætəʳ] **it doesn't matter** es macht nichts; **it doesn't matter to me what you do** es ist mir egal, was du machst; **what does it matter?** was macht das [schon]?

mat·tress ['mætrɪs] <*Plural* mattresses> die Matratze

ma·ture [mə'tjʊəʳ]
1 *Person:* reif; *Kind:* vernünftig
2 *Käse:* reif

maxi·mum[1] ['mæksɪməm, *Plural* 'mæksɪmə] <*Plural* maximums, maxima> das Maximum

maxi·mum[2] ['mæksɪməm] Höchst-, maximal

may [meɪ] <might>
1 können; **it may** [*oder* **might**] **rain** es könnte regnen; **it may be that ...** vielleicht ...; **you may be right** Sie könnten Recht ha-

ben; **we may** [*oder* **might**] **as well go** ich glaube, wir können gehen
2 dürfen; **may I go now?** darf ich jetzt gehen?
3 **may you both be happy!** ich wünsche euch beiden viel Glück; **may the best man win!** auf dass der Beste gewinnt!

> **Grammatik**
> Das Verb **may** (= dürfen) verwendet man um höflicher um Erlaubnis zu bitten: *may I have some more pudding, please?* Man kann jedoch auch mit **can** fragen, ob man etwas darf: *can I borrow your pen, please?*

May [meɪ]
1 der Mai; **in May** im Mai; **on 15th May, on May 15** USA am 15. Mai; **at the beginning of May** Anfang Mai; **at the end of May** Ende Mai
2 **May Day** der 1. Mai, der Maifeiertag

may·be ['meɪbiː] vielleicht

mayor [meə^{r}] der Bürgermeister

me [miː]
1 mich; **she is taller than me** sie ist größer als ich
2 mir; **give me my pen back!** gib mir meinen Stift zurück!
3 (*umgangsspr*) ich; **it's me** ich bin's

meal [miːl] die Mahlzeit, das Essen; **to go for a meal** essen gehen

to **mean** [miːn] <meant, meant>
1 meinen; **he means no harm** er meint es nicht böse; **to mean well by someone** es gut mit jemandem meinen
2 vorhaben, beabsichtigen; **to mean to do something** etwas tun wollen; **to be meant for someone** für jemanden bestimmt sein
3 ernst meinen; **I'll call the police – I mean it!** ich werde die Polizei anrufen – ich meine es ernst!
4 sagen wollen (**by** mit); **what do you mean by that?** was willst du damit sagen?; **I meant it as a joke** das sollte ein Witz sein
5 *Wort:* bedeuten

> **Grammatik**
> Richtiges Konjugieren von **mean**: mean, meant, meant — *We meant to go to the park but it started to rain; It was meant to be a joke.*

mean [miːn]
1 (*mit Geld*) geizig, knauserig
2 *Verhalten:* gemein
3 USA (*umgangsspr*) spitze; **she's a mean swimmer** sie ist eine spitze Schwimmerin

mean·ing ['miːnɪŋ] der Sinn, die Bedeutung; **what's the meaning of ...?** was heißt ...?; **do you get my meaning?** haben Sie mich verstanden?

means [miːnz] <*Plural* means> ⚠ *Singular* die Möglichkeit, das Mittel; **there is no means of doing it** es ist unmöglich, das zu tun; **by means of something** durch etwas, mittels einer Sache; **by some means or other** auf irgendeine Art und Weise; **by no means** keineswegs

meant [ment] *2. und 3. Form von* **mean**

mean·time ['miːntaɪm] inzwischen; **in the meantime** in der Zwischenzeit

mean·while ['miːnwaɪl] inzwischen, unterdessen

mea·sles ['miːzlz] ⚠ *mit Singular* die Masern

meas·ure ['meʒə^{r}]
1 das Maß, die Maßeinheit
2 (*übertragen*) der Maßstab; **there's a measure of truth in what he says** an dem, was er sagt, ist etwas Wahres dran
3 die Maßnahme; **to take measures to do something** Maßnahmen ergreifen, um etwas zu tun

to **meas·ure** ['meʒə^{r}]
1 messen; **to measure someone** bei jemandem Maß nehmen
2 abmessen *Länge*
3 ausmessen *Raum*

meas·ure·ment ['meʒəmənt]
1 (*Vorgang*) die Messung
2 **measurements** *Plural* die Maße; **to take someone's measurements** bei jemandem Maß nehmen

meat [miːt] das Fleisch

med·al ['medl]
1 (*im Sport*) die Medaille
2 (*für Verdienste*) der Orden

med·al·list ['medəlɪst] der Medaillengewinner/die Medaillengewinnerin

medi·cal[1] ['medɪkl] medizinisch, ärztlich; **medical insurance** die Krankenversicherung

medi·cal[2] ['medɪkl] die ärztliche Untersuchung

medi·cine ['medsn]
1 (*Wissenschaft*) die Medizin, die Heilkunde; **to practise medicine** den Arztberuf ausüben
2 (*Medikament*) die Arznei

me·di·eval [ˌmedɪ'iːvl] mittelalterlich

to **medi·tate** ['medɪteɪt] nachdenken (**on/upon** über), meditieren

Medi·ter·ra·nean [ˌmedɪtə'reɪnɪən] das Mittelmeer; **the Mediterranean climate** das Mittelmeerklima

me·dium ['miːdɪəm]
1 mittlere(r, s), mittel-; **of medium height** mittelgroß
2 *Steak:* medium, halb durch

Grammatik
Meet, get to know — know — Wenn man jemanden zum ersten Mal kennenlernt und/oder mit dieser Person redet, verwendet man **meet someone:** *I met John on holiday in Spain*. Wenn man jemanden dann näher kennenlernt, heißt das im Englischen **get to know someone:** *I got to know him and we became friends*. Jetzt kann man auch sagen, dass man diese Person kennt und verwendet nun das Wort **know:** *I have known John for six months*.

to **meet** [miːt] <met, met>
1 treffen, [sich] begegnen, sich treffen [mit]; **to arrange to meet someone** sich mit jemandem verabreden
2 bekannt werden mit, kennen lernen; **have you two met before?** kennen Sie sich schon?; **pleased to meet you!** sehr angenehm!
3 abholen
4 (*im Sport*) treffen auf *Gegner*
5 **their eyes met** ihre Blicke trafen sich
6 *Gesellschaft:* sich versammeln, tagen

◆ to **meet with**
1 stoßen auf *Widerstand*
2 erleiden *Unfall*
3 (USA) treffen *Mensch*

meet·ing ['miːtɪŋ]
1 das Treffen, die Begegnung
2 (*offiziell*) die Besprechung, die Sitzung, die Versammlung
3 (*im Sport*) die Veranstaltung

meet·ing place der Treffpunkt

mel·on ['melən] die Melone

to **melt** [melt]
1 *Schnee, Teer:* schmelzen
2 *Butter:* zergehen

mem·ber ['membəʳ]
1 das Mitglied; **member of the family** das Familienmitglied, der/die Familienangehörige
2 **Member of Parliament** (*in GB*) der/die Abgeordnete des Unterhauses; (*in BRD*) der/die Bundestagsabgeordnete
3 **member of staff** (*in Betrieb*) der Mitarbeiter/die Mitarbeiterin; (*in Schule*) der Kollege/die Kollegin

mem·ber·ship ['membəʳʃɪp]
1 die Mitgliedschaft (**of** in)
2 die Mitgliederzahl

me·mo·rial [mɪ'mɔːrɪəl] das Denkmal, die Gedenkstätte

Land und Leute
Am **Memorial Day**, am letzten Montag im Mai, gedenken die Amerikaner der Gefallenen aller US-Kriege. Es ist, außer in ein paar Südstaaten, ein gesetzlicher Feiertag.

to **memo·rize** ['meməraɪz] sich einprägen, auswendig lernen

memo·ry ['memərɪ]
1 (*Erinnerungsvermögen*) das Gedächtnis; **from memory** aus dem Kopf; **to the best of my memory** soweit ich mich erinnern kann
2 die Erinnerung (**of** an)
3 *von Computer:* der Speicher
4 **in memory of** zur Erinnerung an

men [men] *Pluralform von* **man**

to **mend** [mend]
1 ausbessern, reparieren
2 flicken *Kleidung*

men's room ['menzˌruːm] (USA) die Herrentoilette

men·tal ['mentl] geistig, seelisch; **mental arithmetic** das Kopfrechnen; **mental breakdown** der Nervenzusammenbruch

men·tal·ly ['mentəlɪ] geistig; **mentally disabled** geistig behindert

to **men·tion** ['menʃn] erwähnen; **not to mention, without mentioning** abgesehen von, ganz zu schweigen von; **don't mention it!** keine Ursache! gern geschehen!; **that's not worth mentioning** das ist nicht der Rede wert

menu ['menjuː]
1 (*im Restaurant*) die Speisekarte
2 (*am Bildschirm*) das Menü

mer·cy ['mɜːsɪ] die Gnade, das Erbarmen; **to be at the mercy of someone** jemandem ausgeliefert sein; **to show someone mercy** Erbarmen mit jemandem haben; **without mercy** erbarmungslos, mitleidlos

mere [mɪəʳ] bloß, nichts als, rein; **she's a mere child** sie ist bloß ein Kind; **the merest hint**

of something die kleinste Andeutung von etwas; **the mere thought of it** allein der Gedanke daran

mere·ly ['mɪəlɪ] bloß, nur, lediglich

mer·ry ['merɪ]
1 fröhlich, heiter, lustig, vergnügt; **Merry Christmas!** fröhliche Weihnachten!
2 (*umgangsspr*) beschwipst

mess [mes] <*Plural* messes>
1 die Unordnung, das Durcheinander; **to be in a mess** unordentlich sein, ein Durcheinander sein; **to make a mess of something** etwas durcheinanderbringen; (*übertragen*) etwas verpfuschen
2 der Schmutz, der Dreck
3 **to get into a mess** in Schwierigkeiten geraten

◆ to **mess about, mess around**
1 herumpfuschen (**with** an); **to mess about with computers** an Computern herumspielen/herumbasteln; **he likes messing about in boats** es macht ihm Spaß, mit dem Boot herumzugondeln
2 **stop messing me about!** hör auf, mich an der Nase herumzuführen!
3 herumalbern; **will you stop messing about!** hör endlich mit dem Blödsinn auf!

◆ to **mess up**
1 in Unordnung bringen
2 (*übertragen*) verpfuschen, vermasseln

mes·sage ['mesɪdʒ]
1 die Mitteilung, die Nachricht
2 *eines Films, Romans:* die Aussage, die Botschaft
3 **I get the message** (*slang*) [Ich hab] schon kapiert

messy ['mesɪ]
1 unordentlich
2 schmutzig, dreckig
3 (*übertragen*) *Situation:* vertrackt

met [met] *2. und 3. Form von* **meet**

met·al ['metl] das Metall

me·ter¹ ['miːtəʳ] der Zähler; **gas-meter** die Gasuhr; **parking-meter** die Parkuhr

me·ter² ['miːtəʳ] (USA) der Meter

meth·od ['meθəd] die Methode, das Verfahren

me·tre ['miːtəʳ]
1 der Meter
2 (*in Gedicht*) das Versmaß

met·ric ['metrɪk] metrisch

mice [maɪs] *Pluralform von* **mouse**

mickey ['mɪkɪ] **to take the mickey** [**out of someone/something**] (*umgangsspr*) jemanden auf den Arm nehmen, jemanden/etwas durch den Kakao ziehen

micro·phone ['maɪkrəfəʊn] das Mikrofon

micro·scope ['maɪkrəskəʊp] das Mikroskop

micro·wave ['maɪkrəʊweɪv] die Mikrowelle, der Mikrowellenherd

mid [mɪd] Mittel-; **in mid-morning** mitten am Vormittag; **from mid-May to mid-June** von Mitte Mai bis Mitte Juni; **in mid-air** in der Luft; **she's in her mid-twenties** sie ist Mitte zwanzig; **in the mid-nineties** Mitte der neunziger Jahre

mid·day [ˌmɪd'deɪ] der Mittag; **at midday** mittags

mid·dle¹ ['mɪdl] die Mitte, mittlerer Teil; **in the middle of the night** mitten in der Nacht; **down the middle** in der Mitte

mid·dle² ['mɪdl] mittlere(r, s), Mittel-

mid·dle-aged [ˌmɪdl'eɪdʒd] in den mittleren Jahren, mittleren Alters

mid·dle-class [ˌmɪdl'klɑːs] bürgerlich

Mid·dle East Naher Osten

mid·night ['mɪdnaɪt] die Mitternacht; **at midnight** um Mitternacht

mid·way [ˌmɪd'weɪ] auf halbem Weg[e] (**between** zwischen)

mid·wife ['mɪdwaɪf, *Plural* 'mɪdwaɪvz] <*Plural* midwives> die Hebamme

might [maɪt] **it might rain** es könnte regnen; **you might be right** Sie könnten Recht haben; **we might as well go** ich glaube, wir können gehen

mike [maɪk] (*umgangsspr*) das Mikrofon

mild [maɪld]
1 *Geschmack:* leicht, mild
2 *Klima:* mild

mild·ly ['maɪdlɪ] leicht, milde; **to put it mildly** gelinde gesagt

mile [maɪl]
1 die Meile (*1,61 km*); [**for**] **miles and miles** meilenweit; **a 30-mile journey** eine Fahrt von 30 Meilen
2 (*übertragen*) **to be miles away** mit den Gedanken ganz woanders sein; **to miss/win by miles** meilenweit verfehlen/haushoch gewinnen

mili·tary[1] ['mɪlɪtrɪ] militärisch; **military service** der Militärdienst, der Wehrdienst

mili·tary[2] ['mɪlɪtrɪ] **the military** das Militär

milk [mɪlk] die Milch

to **milk** [mɪlk] melken

milk choco·late die [Voll]milchschokolade

milk·man ['mɪlkmən] <*Plural* milkmen> der Milchmann

Milky Way ['mɪlkɪˌweɪ] die Milchstraße

mill [mɪl] die Mühle

mil·len·nium [mɪ'lenɪəm, *Plural* mɪ'lenɪə] <*Plural* millennia> das Jahrtausend; **at the turn of the millennium** um die Jahrtausendwende

mil·ler ['mɪləʳ] der Müller

mil·li·gram ['mɪlɪgræm], (GB) **mil·li·gramme** ['mɪlɪgræm] das Milligramm

mil·li·li·tre ['mɪlɪˌliːtəʳ], (USA) **mil·li·li·ter** der Milliliter

mil·lion ['mɪlɪən] die Million; **two million people** zwei Millionen Menschen

mil·lion·aire [ˌmɪlɪə'neəʳ] der Millionär/die Millionärin

mince [mɪns] (GB) das Hackfleisch

mince pie gefüllte [süße] Pastete

> **Land und Leute**
> In Großbritannien isst man zu Weihnachten **mince pies**, kleine, runde Gebäckstückchen, die mit **mincemeat** (einer Mischung aus Rosinen, Sultaninen, Zitronat, Äpfeln und Gewürzen) gefüllt sind.

mind [maɪnd]
① (*Intellekt*) der Geist, der Verstand; **to be out of one's mind** den Verstand verloren haben, von Sinnen sein
② die Gedanken; **to have one's mind on other things** mit den Gedanken woanders sein; **to keep one's mind on** achten, aufpassen auf; **to take one's mind off** nicht mehr denken an, sich nicht mehr kümmern um; **that'll take your mind off things** das wird Sie auf andere Gedanken bringen
③ (*Erinnerung*) das Gedächtnis; **to bear** [*oder* **keep**] **something in mind** etwas nicht vergessen
④ (*Neigung*) die Absicht, der Wille, der Wunsch; **to have in mind to do something** vorhaben, etwas zu tun
⑤ die Meinung, die Ansicht; **to my mind** meiner Meinung nach; **to change one's mind** seine Meinung ändern; **to make up one's mind** zu einem Entschluss kommen

to **mind** [maɪnd]
① achten, aufpassen auf; **mind what you're doing!** pass doch auf!; **mind the step!** Vorsicht Stufe!; **mind the dog!** Warnung vor dem Hund!
② **mind your own business!** kümmern Sie sich um Ihre [eigenen] Angelegenheiten!
③ **do you mind my smoking?** macht es Ihnen etwas aus, wenn ich rauche?; **would you mind opening the window?** würden Sie bitte das Fenster öffnen?; **no one seemed to mind** niemand schien etwas dagegen zu haben; **... if you don't mind my asking** ... wenn ich fragen darf
④ **mind you** allerdings
⑤ **never mind** macht nichts, ist doch egal, mach dir nichts draus; **never mind about that now!** vergiss das jetzt mal!

mine[1] [maɪn] meine(r, s); **mine is better** meine(r, s) ist besser; **this is mine** das gehört mir; **a friend of mine** einer meiner Freunde, ein Freund von mir

mine[2] [maɪn]
① das Bergwerk, die Grube, die Zeche
② (*Sprengkörper*) die Mine

to **mine** [maɪn]
① Bergbau treiben, graben (**for** nach)
② abbauen, schürfen *Bodenschätze*
③ fördern *Kohle*
④ (*mit Minen versehen*) verminen

min·er ['maɪnəʳ] der Bergmann, der Kumpel

mini·mum ['mɪnɪməm] <*Plural* minimums *oder* minima> das Minimum; **minimum wage** der Mindestlohn

min·ing ['maɪnɪŋ] der Bergbau

mini·skirt ['mɪnɪskɜːt] der Minirock

min·is·ter ['mɪnɪstəʳ]
① (*politisch*) der Minister/die Ministerin
② (*religiös*) der Pfarrer/die Pfarrerin, der Pastor/die Pastorin

min·is·try ['mɪnɪstrɪ] (*politisch*) das Ministerium; **Ministry of the Environment** das Umweltministerium

mi·nor ['maɪnəʳ]
① kleiner, unbedeutend, unwichtig
② *Verletzung:* leicht
③ (*in der Musik*) Moll-; **C Minor** c-Moll

mi·nor·ity [maɪˈnɒrətɪ] die Minderheit; **to be in a minority** in der Minderheit sein

mint [mɪnt]
1 (*Pflanze*) die Minze; **mint sauce** die Minzsoße
2 (*Bonbon*) das Pfefferminz[bonbon]

mi·nus[1] [ˈmaɪnəs] weniger, minus; **minus 10 degrees centigrade** minus 10 Grad Celsius

mi·nus[2] [ˈmaɪnəs] minus; **what is 57 minus 39?** was ist 57 minus 39?

mi·nus[3] [ˈmaɪnəs] <*Plural* minuses> das Minuszeichen

min·ute[1] [ˈmɪnɪt]
1 die Minute
2 (*übertragen*) der Augenblick; **in a minute** sofort; **any minute** jeden Augenblick; **at the last minute** in letzter Minute; **just a minute!** Moment [*oder* Augenblick] mal!; **have you got a minute?** hast du mal einen Moment Zeit?

min·ute[2] [maɪˈnjuːt]
1 winzig
2 *Untersuchung:* minuziös, ganz genau

mira·cle [ˈmɪrəkl] das Wunder

mir·ror [ˈmɪrəʳ] der Spiegel

to **mis·be·have** [ˌmɪsbɪˈheɪv] sich schlecht benehmen

mis·chief [ˈmɪstʃɪf] der Unfug, der Unsinn; **he's up to some mischief** er führt etwas im Schilde; **to keep out of mischief** keinen Unfug machen

mis·er·able [ˈmɪzrəbl]
1 unglücklich; **to feel miserable** sich elend [*oder* miserabel] fühlen
2 *Behausung, Leben:* armselig, elend, erbärmlich, jämmerlich
3 *Existenz, Wetter:* trist

mis·ery [ˈmɪzərɪ] das Elend; **a life of misery** ein erbärmliches Leben

to **mis·judge** [ˌmɪsˈdʒʌdʒ] falsch beurteilen, falsch einschätzen

mis·print [ˈmɪsprɪnt] der Druckfehler

to **mis·read** [ˌmɪsˈriːd] <misread, misread>
1 falsch lesen
2 (*übertragen*) missverstehen, missdeuten

Miss [mɪs]
1 **Miss Jones** Frau/Fräulein Jones
2 **Miss!** (*zur Bedienung*) Fräulein!; (*zur Lehrerin*) Frau ...!

miss [mɪs] <*Plural* misses>
1 der Fehlschuss, Fehlschlag
2 **to give something a miss** sich etwas schenken

to **miss** [mɪs]
1 verfehlen *Ziel;* **missed** [**me**]! nicht getroffen!
2 verpassen; versäumen *Gelegenheit, Zug*
3 übersehen, überhören
4 nicht mitbekommen; **I missed that** das ist mir entgangen
5 noch ausweichen können *Hindernis*
6 vermissen, [sehr] entbehren; **I miss you** du fehlst mir
7 *Ball, Schuss:* danebengehen

◆ to **miss out**
1 zu kurz kommen; **to miss out on something** etwas verpassen
2 **to miss something out** etwas auslassen, weglassen; (*aus Versehen*) etwas übersehen

mis·sile [ˈmɪsaɪl]
1 (*per Hand*) das [Wurf]geschoss
2 (*per Antrieb*) die Rakete

mis·sing [ˈmɪsɪŋ]
1 fehlend, vermisst; **to be missing** fehlen, vermisst werden; **missing person** der/die Vermisste
2 *Gegenstand:* verschwunden, fehlend

to **mis·spell** [ˌmɪsˈspel] <misspelt *oder* (USA) misspelled, misspelt *oder* (USA) misspelled> falsch schreiben

mist [mɪst] der Nebel, der Dunst
◆ to **mist over**, to **mist up** [sich] beschlagen

to **mis·take** [mɪˈsteɪk] <mistook, mistaken>
1 verwechseln (**for** mit)
2 falsch verstehen, missverstehen
3 **to be mistaken** sich irren, sich täuschen

mis·take [mɪˈsteɪk]
1 der Fehler; **to make a mistake** einen Fehler machen, sich irren
2 der Irrtum, das Missverständnis; **by mistake** irrtümlich, versehentlich, aus Versehen; **there's no mistake about it!** Irrtum ausgeschlossen!

mis·tak·en[1] [mɪˈsteɪkən] *3. Form von* **mistake**

mis·tak·en[2] [mɪˈsteɪkən]
1 **to be mistaken** sich irren; **to be mistaken about** [*oder* **in**] **something** sich in einer Sache täuschen
2 **mistaken idea** die falsche Vorstellung; **a case of mistaken identity** eine Verwechslung

A B C D E F G H I J K L M N O P Q R S T U V W X Y Z

Mis·ter ['mɪstəʳ]
1 Herr
2 **listen to me, mister** hören Sie mal zu

mis·tle·toe ['mɪsltəʊ] der Mistelzweig

> **Land und Leute**
> An Weihnachten wird in Großbritannien ein **mistletoe** (= Mistelzweig) aufgehängt, meistens über der Tür. Nach einem alten Brauch trifft man sich unter dem Mistelzweig und gibt sich einen Kuss.

mis·took [mɪ'stʊk] *2. Form von* **mistake**

mis·tress ['mɪstrɪs] <*Plural* mistresses>
1 die Geliebte
2 die Herrin, die Hausherrin
3 die Lehrerin

to **mis·trust** [ˌmɪs'trʌst] **to mistrust someone/something** jemandem/einer Sache misstrauen

mis·trust [ˌmɪs'trʌst] das Misstrauen (**of** gegen)

misty ['mɪstɪ] neblig, dunstig

to **mis·under·stand** [ˌmɪsˌʌndə'stænd] <misunderstood, misunderstood> missverstehen, falsch verstehen

mis·under·stand·ing [ˌmɪsˌʌndə'stændɪŋ] das Missverständnis

mix [mɪks] die Mischung

to **mix** [mɪks]
1 [ver]mischen, [ver]mengen
2 verrühren *Zutaten;* anrühren *Teig*
3 (*übertragen*) verbinden; **to mix business with pleasure** das Angenehme mit dem Nützlichen verbinden
4 sich mischen lassen, sich vermischen

◆ to **mix up**
1 vermischen; verrühren *Zutaten*
2 durcheinanderbringen; **to mix someone up with someone** [**else**] jemanden mit jemandem verwechseln
3 **to mix someone up in something** jemanden in etwas hineinziehen; **to be mixed up in something** in etwas verwickelt sein

mixed [mɪkst]
1 gemischt; **mixed doubles** gemischtes Doppel; **mixed marriage** die Mischehe; **mixed reaction** unterschiedliche Reaktion
2 **mixed-up** durcheinander, konfus

mix·ture ['mɪkstʃəʳ] die Mischung, das Gemisch

mix-up ['mɪksʌp]
1 das Durcheinander
2 das Missverständnis

to **moan** [məʊn]
1 stöhnen, ächzen
2 (*umgangsspr*) meckern

mo·bile[1] ['məʊbaɪl] (*umgangsspr*) das Handy, das Mobiltelefon

mo·bile[2] ['məʊbaɪl]
1 beweglich, mobil
2 fahrbar; **mobile library** der Bücherbus, die Fahrbücherei; **mobile home** der Wohnwagen

mo·bile de·vice das Mobilgerät

mo·bile-free zone (GB) die handyfreie Zone

mo·bile phone BESONDERS (GB) das Mobiltelefon, das Handy; **mobile phone cover/case** die Handyhülle

mock[1] [mɒk] *Prüfung:* Probe-, simuliert

mock[2] [mɒk] (GB) (*umgangsspr*) das Probeexamen

to **mock** [mɒk] spotten, höhnen; **to mock somebody** sich über jemanden lustig machen, jemanden verspotten

mod·el ['mɒdl]
1 das Modell
2 das Model[l], das Mannequin, der Dressman
3 *eines Autos:* der Typ, das Modell
4 (*übertragen*) das Muster, das Vorbild

to **mod·el** ['mɒdl] <modelled *oder* (USA) modeled, modelled *oder* (USA) modeled>
1 **to model something on something** etwas als Vorlage [*oder* Muster] für eine Sache benützen
2 **to model oneself on someone** sich jemanden zum Vorbild nehmen
3 (*in Ton*) modellieren, formen
4 vorführen *Kleider*
5 als Model/Dressman arbeiten, Modell stehen

mod·er·ate ['mɒdərət]
1 *politische Einstellung:* gemäßigt
2 *Appetit:* mäßig; *Trinken:* maßvoll
3 *Erfolg:* mittelmäßig, bescheiden

mod·ern ['mɒdn] modern; **in modern times** in der heutigen Zeit

mod·est ['mɒdɪst]
1 *Charakter, Haus, Kleidung:* bescheiden
2 *Forderung:* maßvoll; *Preis:* mäßig

moist [mɔɪst] feucht (**with** von)

mois·ture ['mɔɪstʃəʳ] die Feuchtigkeit

mois·tur·iz·er ['mɔɪstʃəraɪzəʳ] die Feuchtigkeitscreme

mo·lar ['məʊləʳ] der Backenzahn

mold (USA) der Schimmel, der Schimmelpilz

moldy (USA) schimmelig, verschimmelt

mole¹ [məʊl] das Muttermal, der Leberfleck

mole² [məʊl] der Maulwurf

mole·hill ['məʊlhɪl] der Maulwurfshügel, der Maulwurfshaufen ▶ WENDUNGEN: **to make a mountain out of a molehill** aus einer Mücke einen Elefanten machen

mo·ment ['məʊmənt] der Augenblick, der Moment; **at the moment** im Augenblick, momentan; **at any moment** jederzeit, jeden Augenblick; **at the last moment** im letzten Augenblick; **in a moment** im Nu

mon·arch ['mɒnək] der Monarch/die Monarchin, der Herrscher/die Herrscherin

mon·ar·chy ['mɒnəkɪ] die Monarchie

mon·as·tery ['mɒnəstrɪ] das [Mönchs]kloster

Mon·day ['mʌndeɪ] der Montag; **on Monday** am Montag; **on Mondays** montags

mon·ey ['mʌnɪ] das Geld

mon·ey·box die Sparbüchse

moni·tor ['mɒnɪtəʳ]
1 (*Schüler/Schülerin*) der Klassensprecher/die Klassensprecherin
2 *von Computer, Fernseher:* der Monitor

to **moni·tor** ['mɒnɪtəʳ]
1 beobachten *Bewegung, Wetter;* abhören *Sendung*
2 kontrollieren *Kosten*

monk [mʌŋk] der Mönch

mon·key ['mʌŋkɪ]
1 der Affe
2 (*Kind*) der Strolch, der Schlingel

mon·ster ['mɒnstəʳ]
1 (*Fabelwesen*) das Ungeheuer, das Monster
2 (*riesiges Ding*) das Monstrum

month [mʌnθ] der Monat; **at the end of the month** am Monatsende; **by the month** monatlich; **every two months** alle zwei Monate; **once/twice a month** einmal/zweimal im Monat

month·ly¹ ['mʌnθlɪ] monatlich, Monats-

month·ly² ['mʌnθlɪ]
1 jeden Monat
2 **twice monthly** zweimal pro Monat

to **moo** [muː] *Kuh:* muhen

mood [muːd]
1 die Stimmung
2 die Laune; **bad mood** die schlechte Laune; **good mood** die gute Laune; **he's in a good mood** er ist gut gelaunt; **to be in the mood for dancing** zum Tanzen aufgelegt sein

moody ['muːdɪ]
1 launisch, launenhaft
2 schlecht gelaunt

moon [muːn] der Mond; **full moon** der Vollmond; **half-moon** der Halbmond; **new moon** der Neumond ▶ WENDUNGEN: **to be over the moon** überglücklich sein

moon·light ['muːnlaɪt] der Mondschein, das Mondlicht

moor [mʊəʳ] das Hochmoor; **moorland** die Heide, das Heideland

mop [mɒp] der Mopp

to **mop** [mɒp] <mopped, mopped>
1 **to mop the floor** den Fußboden wischen; **to mop up** [feucht] aufwischen
2 **to mop one's face** sich den Schweiß vom Gesicht wischen

mor·al¹ ['mɒrəl]
1 *Pflicht, Wert:* sittlich, moralisch
2 *Person:* tugendhaft

mor·al² ['mɒrəl]
1 *einer Geschichte:* die Moral; **to draw a moral from something** eine Lehre aus etwas ziehen
2 **morals** die Moral

mo·rale [mə'rɑːl] *von Mannschaft, Person:* die Moral, die Stimmung; **high morale** die gute Moral; **low morale** die schlechte Moral

more¹ [mɔːʳ] <most> mehr, noch mehr; **no more money** kein Geld mehr; **would you like some more tea?** möchtest du noch [etwas] Tee?; **a few more friends** noch ein paar Freunde

Grammatik
Das Gegenteil von **more** ist **fewer** bei zählbaren Hauptwörtern, und **less** bei unzählbaren Hauptwörtern: *I should smoke fewer cigarettes; He has less hair now.*

A B C D E F G H I J K L **M** N O P Q R S T U V W X Y Z

more² [mɔːʳ] <most>
① *zur Bildung von Steigerungsformen* **more beautiful** schöner; **more and more expensive** immer teurer; **to like something more** etwas lieber mögen; **no more than ten people** nicht mehr als zehn Leute
② **more and more** immer mehr; **once more** noch einmal; **not any more** nicht mehr
③ **more or less** mehr oder weniger

more³ [mɔːʳ] <most>
① **a little more** etwas mehr; **no more** nichts mehr; **some more** noch etwas; **even more** noch mehr
② **what more do you want?** was willst du denn noch?
③ **all the more** umso mehr; **all the more so because ...** umso mehr, weil ...

morn·ing [ˈmɔːnɪŋ]
① der Morgen; **good morning!** guten Morgen!; **from morning till night** von früh bis spät; **in the morning** am Morgen, morgens, vormittags; **early in the morning** in der Frühe; **at 8 in the morning** um 8 Uhr morgens; **this morning** heute Morgen; **Friday morning** Freitag früh; **the morning after** am nächsten Tag
② (*vor zwölf*) der Vormittag

mo·sa·ic [məʊˈzeɪɪk] das Mosaik, die Mosaikarbeit

Mos·lem¹ [ˈmɒzləm] der Moslem/die Moslemin

Mos·lem² [ˈmɒzləm] mohammedanisch, muslimisch

mosque [mɒsk] die Moschee

mos·qui·to [məˈskiːtəʊ] <*Plural* mosquitoes *oder* mosquitos> die Stechmücke, der Moskito

mos·qui·to bite der Mückenstich

most¹ [məʊst] <many> (*Menge*) meiste(r, s), größte(r, s); **most people** die meisten Leute; **for the most part** größtenteils

most² [məʊst] <many>
① (*Rang*) am meisten; **he likes that the most** das gefällt ihm am meisten; **most of all** am allermeisten
② *zur Bildung von Superlativen* **the most beautiful ...** der/die/das schönste ...
③ **most likely** höchstwahrscheinlich

most³ [məʊst] <many>
① das meiste, die meisten; **most of his friends** die meisten seiner Freunde; **most of the time** die meiste Zeit; **he spent most of his holiday on the beach** er verbrachte den größten Teil seines Urlaubs am Strand
② **to make the most of something** etwas voll ausnützen; **to make the most of oneself** das Beste aus sich machen

most·ly [ˈməʊstlɪ]
① hauptsächlich, zum größten Teil
② *zeitlich* meist, meistens

MOT [ˌeməʊˈtiː]
① *Abkürzung von* **Ministry of Transport** das Verkehrsministerium
② **MOT** [**test**] TÜV

moth [mɒθ] die Motte

moth·er [ˈmʌðəʳ]
① die Mutter; **a mother of three** eine Mutter von drei Kindern
② **Mother's Day** der Muttertag

moth·er-in-law [ˈmʌðərɪnlɔː] <*Plural* mothers-in-law> die Schwiegermutter

mo·tion [ˈməʊʃn] die Bewegung; **to be in motion** sich bewegen, laufen; **to put** [*oder* **set**] **something in motion** etwas in Gang bringen [*oder* setzen]

to **mo·tion** [ˈməʊʃn] **to motion to someone to do something** jemandem bedeuten, etwas zu tun

to **mo·ti·vate** [ˈməʊtɪveɪt] **to motivate someone** jemanden motivieren

mo·tive [ˈməʊtɪv] das Motiv, der Beweggrund (**for** zu)

mo·tor [ˈməʊtəʳ] der Motor

mo·tor·bike das Motorrad

mo·tor·boat das Motorboot

mo·tor·cy·cle das Motorrad, das Kraftrad

mo·tor·cy·clist der Motorradfahrer/die Motorradfahrerin

mo·tor·ing¹ [ˈməʊtərɪŋ]
① Auto-
② **motoring offence** der Verkehrsverstoß

mo·tor·ing² [ˈməʊtərɪŋ] das Autofahren

mo·tor·ist [ˈməʊtərɪst] der Autofahrer/die Autofahrerin

mo·tor rac·ing der Autorennsport

mo·tor scoot·er der Motorroller

mo·tor·way [ˈməʊtəweɪ] (GB) die Autobahn

mould [məʊld] der Schimmel, der Schimmelpilz

mouldy [ˈməʊldɪ] mod[e]rig, schimm[e]lig, verschimmelt; **to go mouldy** verschimmeln

mound [maʊnd]
1 der Erdhügel
2 **a mound of books** ein Haufen Bücher

mount [maʊnt] **Mount Everest** der Mount Everest; **Mount Vesuvius** der Vesuv

to **mount** [maʊnt]
1 hinaufsteigen *Treppe;* steigen auf *Plattform, Reittier*
2 **to mount up** sich häufen

moun·tain ['maʊntɪn]
1 (*auch übertragen*) der Berg
2 **mountains** das Gebirge; **in the mountains** im Gebirge

moun·tain·eer·ing [ˌmaʊntɪ'nɪərɪŋ] das Bergsteigen

to **mourn** [mɔːn] trauern; **to mourn someone** jemanden betrauern; **to mourn for** [*oder* **over**] **someone** um jemanden trauern

mouse [maʊs] <*Plural* **mice**> die Maus

mouse·trap die Mausefalle

mous·tache [mə'stɑːʃ] der Schnurrbart

mouth [maʊθ]
1 der Mund; **to keep one's mouth shut** den Mund halten; **shut your mouth!** (*slang*) halt den Mund!
2 *von Tier:* das Maul
3 *von Tunnel:* der Eingang
4 *von Fluss:* die Mündung

mouth·ful ['maʊθfʊl]
1 *von Essen:* Mund voll, der Bissen, der Happen; *von Getränk:* der Schluck
2 (*umgangsspr*) der Zungenbrecher

move [muːv]
1 die Bewegung; **to be on the move** in Bewegung sein, auf Achse sein
2 (*in neues Haus*) der Umzug
3 (*bei Brettspielen*) der Zug; **it's my move!** ich bin dran!
4 der Schritt; *von Regierung usw.:* die Maßnahme; **to make the first move** den ersten Schritt machen
5 **to get a move on** sich beeilen

to **move** [muːv]
1 sich bewegen; **to move something** etwas bewegen, aus dem Weg räumen; **to move something to a different place** etwas an einen anderen Platz stellen; **don't move!** keine Bewegung!; **to keep moving** nicht stehen bleiben; **to move closer to something** sich einer Sache nähern
2 bewegen, rühren *Körperteil;* wegziehen *Hand*
3 transportieren *Güter;* vertreiben *Vieh*
4 **to move someone** jemanden rühren, bewegen
5 **to move** [**house**] umziehen (**to** nach)
6 (*auf einem Brettspiel*) einen Zug machen

◆ to **move along** **move along, please!** fahren/gehen Sie bitte weiter!

◆ to **move away**
1 abgehen, abfahren; **to move something away** etwas wegräumen, etwas wegfahren
2 aus dem Weg gehen; (*aus einem Ort*) wegziehen (**from** aus)

◆ to **move back**
1 **to move something back** etwas zurückstellen
2 zurückweichen
3 (*zu einem Ort*) sich zurückziehen

◆ to **move down** nach hinten aufrücken; **to move something down** etwas nach unten stellen

◆ to **move forward** vorrücken, sich vorwärtsbewegen; **to move something forward** etwas vorgehen lassen, etwas vorziehen

◆ to **move in**
1 **to move something in** etwas hineinstellen
2 (*in ein Haus*) einziehen; **to move in with someone** mit jemandem zusammenziehen
3 sich nähern; *Polizei, Truppen:* anrücken

◆ to **move off**
1 sich in Bewegung setzen
2 *Auto usw.:* abfahren

◆ to **move on**
1 **to move someone/something on** jemanden/etwas zum Weitergehen/Weiterfahren auffordern
2 weitergehen/weiterfahren
3 (*beim Reden*) weitermachen

◆ to **move out** *Person:* ausziehen

◆ to **move over**
1 **to move something over** etwas herüberschieben
2 zur Seite rücken

◆ to **move up**
1 **to move something up** etwas nach oben stellen
2 *Aktienpreise:* steigen
3 befördert werden; **to move someone up** jemanden befördern

move·ment ['muːvmənt]
1 die Bewegung
2 *von Symphonie:* der Satz

movie ['muːvɪ] (USA) der Film; **to go to the movies** ins Kino gehen

mov·ing ['muːvɪŋ]
1 beweglich
2 (*übertragen*) rührend, bewegend

to **mow** [məʊ] <mowed, mown *oder* mowed> mähen *Rasen*

mow·er ['məʊəʳ] die Mähmaschine, der Rasenmäher

MP [ˌem'piː] *Abkürzung von* **Member of Parliament** der/die [Parlaments]abgeordnete

MP3 [ˌempiː'θriː] *Abkürzung von* **MPEG-Audio-Layer-3** MP3

MP3 play·er der MP3-Player

mph [ˌempiː'eɪtʃ] *Abkürzung von* **miles per hour** Meilen pro Stunde

Mr ['mɪstəʳ] (*Anredeform*) Herr

Mrs ['mɪsɪz] (*Anredeform für eine verheiratete Frau*) Frau

Ms [məz] (*Anredeform für alle Frauen*) Frau

much[1] [mʌtʃ] <more, most>
1 viel; **how much is this watch?** wie viel kostet diese Uhr?; **that much** so viel; **three times as much** dreimal so viel; **as much as you want** so viel du willst; **as much again** noch einmal so viel
2 **it's a bit much!** es ist ein bisschen zu viel; **she's not much of a reader** sie ist keine große Leserin

much[2] [mʌtʃ] <more, most>
1 **I don't care much** es ist mir ziemlich egal; **they don't go out much** sie gehen nicht viel aus; **I don't think much of him** ich halte nicht viel von ihm
2 **much better** viel besser; **much more expensive** viel teurer
3 **much to my astonishment** zu meinem großen Erstaunen; **much as I would like to come ...** so gerne ich mitkommen würde, ...
4 **thank you very much!** vielen Dank!

muck [mʊk] *kein Plural* (GB) der Dreck *umgangsspr;* (*Abfall*) der Müll
◆ to **muck about**
1 (*slang*) herumalbern, herumblödeln
2 **to muck someone about** jemanden hinhalten; (*slang*) jemanden verarschen
◆ to **muck up** (*übertragen*) **to muck something up** etwas vermasseln

mud [mʌd] der Schlamm, der Matsch

to **mud·dle** ['mʌdl]
1 **to muddle something [up]** etwas durcheinanderbringen
2 **to muddle someone/something [up]** (*übertragen*) jemanden/etwas verwechseln

mud·dle ['mʌdl]
1 das Durcheinander
2 (*übertragen*) die Verwirrung; **to be in a muddle** ganz verwirrt sein

mud·dy ['mʌdɪ] schmutzig, schlammig

mug [mʌg] der Becher; *für Bier:* der Krug; **a mug of tea** ein Becher Tee

to **mug** [mʌg] <mugged, mugged> **to mug someone** jemanden überfallen und berauben

mug·ger ['mʌgəʳ] der Straßenräuber/die Straßenräuberin

mug·gy ['mʌgɪ] schwül, drückend

multi·col·oured [ˌmʌlti'kʌləd], (USA) **multi·col·ored** mehrfarbig

multi·pli·ca·tion [ˌmʌltɪplɪ'keɪʃn] die Multiplikation

to **multi·ply** ['mʌltɪplaɪ]
1 vervielfältigen *Chancen*
2 multiplizieren; **2 multiplied by 3 is 6** 2 mal 3 ist 6
3 *Tiere:* sich vermehren

multi-sto·rey, (USA) **multi-sto·ry** mehrgeschossig; **multi-storey car park** das Parkhaus

mum [mʌm] (*umgangsspr*) die Mutti, die Mama

to **mum·ble** ['mʌmbl] [vor sich hin] murmeln

mum·my ['mʌmɪ] (*umgangsspr*) die Mutti, die Mama

Mu·nich ['mjuːnɪk] München

mu·ral ['mjʊərəl] das Wandgemälde, die Wandmalerei

mur·der ['mɜːdəʳ] der Mord (**of** an), die Ermordung

to **mur·der** ['mɜːdəʳ]
1 **to murder someone** jemanden [er]morden [*oder* umbringen]
2 (*übertragen*) verhunzen, verderben *Lied usw.*

mur·der·er ['mɜːdərəʳ] der Mörder

mur·der·ess ['mɜːdərɪs] die Mörderin

mus·cle ['mʌsl] der Muskel; **to pull a muscle** sich eine Muskelzerrung zuziehen

mu·seum [mjuː'zɪəm] das Museum

mush·room ['mʌʃrʊm] [essbarer] Pilz

mu·sic ['mjuːzɪk]
1 die Musik
2 die Noten

mu·si·cal[1] ['mju:zɪkl]
1 *Person, Unterhaltung:* musikalisch
2 **musical box** die Spieldose; **musical instrument** das Musikinstrument

mu·si·cal[2] ['mju:zɪkl] das Musical

mu·si·cian [mju:'zɪʃn] der Musiker/die Musikerin

mu·sic stand ['mju:zɪkˌstænd] der Notenständer

must [mʌst]
1 müssen; **you must go** Sie müssen gehen; **must I?** ja, wirklich?, muss das sein?
2 **must not** nicht dürfen; **you mustn't do that** Sie dürfen das nicht tun
3 **you must be hungry** Sie haben doch bestimmt Hunger
4 **you must be joking!** das soll wohl ein Witz sein!

mus·tache ['mʌstæʃ] (USA) der Schnurrbart

mus·tard ['mʌstəd] der Senf

mustn't ['mʌsnt] *Kurzform von* **must not**

to **mut·ter** ['mʌtəʳ]
1 murmeln
2 (*sich beklagen*) murren (**at/about** über)

my [maɪ] mein; **this is my car** das ist mein Auto; **it's a room of my own** es ist mein eigenes Zimmer

my·self [maɪ'self]
1 mich, mir; **I hurt myself** ich habe mir wehgetan; **I said to myself** ich sagte mir
2 *betont* [ich] selbst; **I said so myself** das habe ich auch gesagt; [**all**] **by myself** [ganz] allein, ohne Hilfe; **I'll do it myself** das mache ich selbst

mys·teri·ous [mɪ'stɪərɪəs] *Fremder, Verhalten:* geheimnisvoll; *Vorfall:* rätselhaft, mysteriös

mys·tery ['mɪstərɪ] das Geheimnis; **it's a mystery to me** es ist mir ein Rätsel

Nn

N <*Plural* N's *oder* Ns>, **n** [en] <*Plural* n's> N, n

naff [næf]
1 (*slang*) ätzend
2 **naff off!** verschwinde!

to **nag** [næg] <nagged, nagged> nörgeln; **to nag someone** an jemandem [dauernd] herumnörgeln

nail [neɪl] *von Finger, aus Metall:* der Nagel; **to bite one's nails** an den Nägeln kauen

to **nail** [neɪl] **to nail something to the wall** etwas an die Wand nageln; **to nail something up** etwas annageln/zunageln

nail file die Nagelfeile

nail pol·ish der Nagellack

nail scis·sors *Plural* die Nagelschere

nail var·nish (GB) der Nagellack

na·ked ['neɪkɪd] (*auch übertragen*) nackt

name [neɪm]
1 der Name; **what's your name?** wie heißen Sie?
2 **to put one's name down for something** für etwas kandidieren, sich zu etwas anmelden
3 der Ruf; **to get a bad name** in Verruf kommen
4 **to call someone names** jemanden beschimpfen

to **name** [neɪm] [be]nennen; **a woman named Linda** eine Frau namens Linda; **to name a child after someone** ein Kind nach jemandem nennen

name·ly ['neɪmlɪ] nämlich

nan [næn] (*umgangsspr*) die Oma, die Omi

nan·ny ['nænɪ] das Kindermädchen

nap [næp] das Schläfchen, das Nickerchen; **to take a nap** ein Nickerchen machen

nap·kin ['næpkɪn] die Serviette

nap·py ['næpɪ] (GB) die Windel

to **nar·rate** [nə'reɪt] erzählen

nar·ra·tor [nə'reɪtəʳ] der Erzähler/die Erzählerin

nar·row ['nærəʊ]
1 *Straße:* eng, schmal
2 *Mehrheit, Sieg:* knapp; **to have a narrow escape** mit knapper Not davonkommen

to **nar·row** ['nærəʊ] *Fluss, Straße:* sich verengen, enger/schmaler werden

nar·row·ly ['nærəʊlɪ] beinahe, fast, mit knapper Not

nas·ty ['nɑːstɪ]
1 *Geschmack, Geruch:* ekelhaft
2 *Überraschung:* böse, unangenehm
3 *Wetter:* abscheulich
4 *Person:* gemein; **he turned nasty** er wurde unangenehm; **he has a nasty temper** mit ihm ist nicht gut Kirschen essen
5 *Bemerkung:* gehässig, übel
6 *Krankheit:* schwer

na·tion ['neɪʃn] die Nation

na·tion·al ['næʃnəl]
1 national; **national anthem** die Nationalhymne
2 staatlich; **national service** der Wehrdienst, der Militärdienst
3 **National Health Service, NHS** (GB) staatlicher Gesundheitsdienst

na·tion·al·ity [ˌnæʃə'nælətɪ] die Staatsangehörigkeit, die Nationalität

na·tive[1] ['neɪtɪv]
1 Heimat-, Mutter-; **native speaker** der Muttersprachler/die Muttersprachlerin
2 gebürtig; (*bei Naturvölkern*) eingeboren; **she's a native American** sie ist amerikanische Ureinwohnerin
3 *Pflanze, Tier:* einheimisch

na·tive[2] ['neɪtɪv] der/die Einheimische, der/die Eingeborene; **a native of Germany** ein gebürtiger Deutscher, eine gebürtige Deutsche

natu·ral ['nætʃrəl]
1 natürlich
2 *Fähigkeit:* angeboren
3 *Art, Benehmen:* natürlich
4 *Eltern:* leiblich

natu·ral·ly ['nætʃrəlɪ]
1 von Natur aus; **something comes naturally to someone** etwas fällt jemandem leicht
2 **naturally!** natürlich!

na·ture ['neɪtʃəʳ]
1 die Natur
2 *eines Menschen:* das Wesen, die Natur; **by nature** von Natur aus; **human nature** die menschliche Natur

naugh·ty ['nɔːtɪ]
1 unartig, ungezogen, frech
2 *Wort:* unanständig

to **navi·gate** ['nævɪgeɪt] navigieren

navy ['neɪvɪ] die [Kriegs]marine

near[1] [nɪəʳ]
1 *räumlich, zeitlich* nahe
2 beinahe, fast; **that was a near miss** [*oder* **thing**] das war knapp

near[2] [nɪəʳ]
1 *räumlich* nahe; **near at hand** zur Hand; **to come nearer** näher kommen
2 *zeitlich* nahe; **in the near future** in nächster Zukunft
3 **near to tears** den Tränen nahe; **it's nowhere near enough** das ist bei weitem nicht genug

near[3] [nɪəʳ]
1 *räumlich* nahe an, in der Nähe von; **it's nearest to the door** es ist der Tür am nächsten; **she lives near the hospital** sie wohnt in der Nähe vom Krankenhaus
2 *zeitlich* gegen; *Ereignis:* kurz bevorstehend; **near the beginning/end of a film** zu Anfang/gegen Ende eines Films

to **near** [nɪəʳ] **to near something** sich einer Sache nähern; **the project is nearing completion** das Projekt ist beinahe fertig gestellt

near·by[1] ['nɪəbaɪ] in der Nähe

near·by[2] ['nɪəbaɪ] *Stadt, Straße:* nahe gelegen

near·ly ['nɪəlɪ] fast, beinahe; **not nearly** [auch] nicht annähernd

neat [niːt]
1 *Mensch, Zimmer:* ordentlich, sauber; *Haar:* gepflegt
2 *Arbeit:* gelungen; *Stil:* gewandt
3 *alkoholisches Getränk:* pur, unverdünnt
4 (USA) prima, tadellos

nec·es·sari·ly ['nesəsərɪlɪ, ˌnesə'serɪlɪ] notwendigerweise, unbedingt

nec·es·sary ['nesəsərɪ]
1 notwendig, nötig, erforderlich (**to/for** für); **it's necessary to stay here** man muss hierbleiben; **it isn't necessary for him to come** es ist nicht nötig, dass er mitkommt; **if necessary** wenn nötig
2 *Ergebnis, Folge:* unausweichlich

ne·ces·sity [nɪ'sesətɪ]
1 die Notwendigkeit, die Unerlässlichkeit, die Unumgänglichkeit
2 **of** [*oder* **by**] **necessity** notwendigerweise

neck [nek]
1 *auch von Flasche:* der Hals
2 *von Kleidung:* der Ausschnitt
3 (*bei Rennen*) **to be neck and neck** Kopf an Kopf liegen

neck·lace ['neklɪs] die Halskette

need [niːd]
① das Bedürfnis (**of** nach), der Bedarf (**of** an)
② die Notwendigkeit; **there is no need for you to come** du brauchst nicht zu kommen; **there is no need to worry** es besteht kein Grund zur Sorge; **in need of repair** reparaturbedürftig sein; **if need be** nötigenfalls
③ die Not[lage], die Bedürftigkeit, die Armut

to **need** [niːd]
① **to need something** etwas nötig haben, etwas brauchen
② **to need to do something** etwas tun müssen; **the ironing needs doing** [*oder* **to be done**] es muss gebügelt werden
③ brauchen, müssen; **you don't need to go** du brauchst nicht zu gehen; **you needn't have waited** du hättest nicht zu warten brauchen
④ **he needs no introduction** er benötigt keine spezielle Einführung

nee·dle ['niːdl] die Nadel

need·less ['niːdlɪs]
① unnötig, überflüssig
② **needless to say** selbstverständlich

nega·tive[1] ['negətɪv]
① negativ
② *Antwort:* verneinend

nega·tive[2] ['negətɪv]
① die Verneinung; **to answer in the negative** eine verneinende Antwort geben, mit Nein antworten
② *Foto:* das Negativ

to **ne·glect** [nɪ'glekt]
① **to neglect someone** jemanden vernachlässigen
② versäumen, unterlassen *Gelegenheit*

to **ne·go·tiate** [nɪ'gəʊʃɪeɪt] verhandeln, unterhandeln (**for/about** um/wegen); **to negotiate a contract** einen Vertrag aushandeln

to **neigh** [neɪ] *Pferd:* wiehern

neigh·bour ['neɪbəʳ], (USA) **neigh·bor** der Nachbar/die Nachbarin

neigh·bour·hood ['neɪbəʳhʊd], (USA) **neigh·bor·hood**
① die Nachbarschaft
② *in Stadt, Gegend:* das Viertel, die Wohngegend

neigh·bour·ing ['neɪbərɪŋ], (USA) **neigh·bor·ing** benachbart, angrenzend

nei·ther ['niːðəʳ]
① keine(r, s); **neither of you** keiner von euch beiden; **neither of the children** keines der Kinder; **in neither case** in keinem Fall
② **neither ... nor** weder ... noch
③ **me neither!** ich auch nicht!

neph·ew ['nevjuː] der Neffe

nerve [nɜːv]
① (*körperlich*) der Nerv
② (*geistig*) **to be all** [*oder* **a bundle of**] **nerves** ein Nervenbündel sein
③ der Mut; **to have the nerve to do something** sich trauen, etwas zu tun; **to lose one's nerve** die Nerven/den Mut verlieren
④ die Frechheit, die Unverschämtheit; **what a nerve!** so ein Frechheit!
⑤ **to get on someone's nerves** (*umgangsspr*) jemandem auf die Nerven gehen

nerv·ous ['nɜːvəs]
① (*geistig, körperlich*) Nerven-, nervös; **nervous breakdown** der Nervenzusammenbruch
② nervös, aufgeregt; **to feel nervous** nervös sein; **I am nervous about him** mir ist bange um ihn

nerv·ous·ness ['nɜːvəsnɪs] die Nervosität

nest [nest] das [Vogel]nest

to **nest** [nest] *Vögel:* nisten

net [net]
① das Netz
② **the Net** das Internet

net(t) [net] **net profit** der Reingewinn, der Nettoertrag

net·ball ['netbɔːl] (*Sportart*) Korbball

Neth·er·lands ['neðələndz] ⚠ *Plural* **the Netherlands** die Niederlande

net·tle ['netl] die Nessel

net·work ['netˌwɜːk]
① (*elektrisch*) das Netzwerk
② *von Straßen usw.:* das Netz
③ *Rundfunk, TV:* das Sendenetz
④ (*im Internet*) **social network** das soziale Netzwerk, das Social Network

to **network** ['netˌwɜːk] Kontakte knüpfen und nutzen, netzwerken *umgangsspr;* **to network with somebody** mit jemandem Kontakt knüpfen

neu·tral[1] ['njuːtrəl] neutral

neu·tral[2] ['njuːtrəl]
① der/die Neutrale
② (*im Auto*) der Leerlauf

nev·er ['nevəʳ]
1 nie, niemals; **never before** noch nie; **he never even apologised** er hat sich noch nicht einmal entschuldigt
2 **that will never do!** das geht ganz und gar nicht; **well I never [did]**! nein, so was!; **never mind!** macht nichts!

nev·er-end·ing [ˌnevər'endɪŋ] endlos, unaufhörlich

nev·er·the·less [ˌnevəðə'les] nichtsdestoweniger, trotzdem

new [nju:]
1 neu; *Mode:* modern, neu; *Ort:* unbekannt
2 **that's nothing new** das ist nichts Neues

new·com·er ['nju:ˌkʌməʳ] (*in Stadt*) der Neuankömmling; (*in Beruf*) der Neuling

new·ly ['nju:lɪ] frisch, neu

news [nju:z] ⚠ *nur mit Singular verwendet*
1 die Nachricht; **the news is bad** es gibt schlechte Nachrichten; **a piece of news** eine Neuigkeit [*oder* Nachricht]; **what's the news?** was gibt's Neues?; **that's news to me** das ist mir neu; **I've had no news from him for a long time** ich habe lange nichts von ihm gehört
2 *TV, Radio:* die Nachrichten; **news in brief** die Kurznachrichten

news·agent ['nju:zˌeɪdʒənt] GB der Zeitschriftenhändler/die Zeitschriftenhändlerin

news·let·ter ['nju:zˌletəʳ] das Rundschreiben

news·pa·per ['nju:speɪpəʳ] die Zeitung

New Year [ˌnju:'jɜ:ʳ, -'jɪəʳ] neues Jahr; **New Year's Day** der Neujahr[stag]; **New Year's Eve** der Silvesterabend; **Happy New Year!** ein glückliches neues Jahr!

> **Land und Leute**
> In Schottland und Nordengland sagt man **Hogmanay** für *New Year's Eve* (Silvester). Das Wort Hogmanay stammt aus Nordfrankreich: *hogi-nané* und bedeutet ursprünglich etwa: „bitte ein Geschenk zum neuen Jahr“. Die Schotten feiern Hogmanay besonders ausgelassen.

next[1] [nekst]
1 *zeitlich* nächste(r, s); **next time I see him** wenn ich ihn das nächste Mal sehe; **this time next week** nächste Woche um diese Zeit; **the year after next** übernächstes Jahr
2 *räumlich* nächste(r, s); **in the next room** im nächsten Raum; **next to someone** neben jemandem
3 (*Reihenfolge*) **it's my turn next** ich komme als Nächste(r) dran; **the next best** der/die/das Nächstbeste; **what shall we do next?** was sollen wir als Nächstes machen?

next[2] [nekst] nächste(r); **next please!** der Nächste bitte!

next door [ˌneks'dɔ:ʳ] nebenan; **they live next door to us** sie wohnen direkt neben uns

next-door **the house next-door** das Nebenhaus; **they are our next-door neighbours** sie wohnen direkt neben uns

NHS [ˌenaɪtʃ'es] GB *Abkürzung von* **National Health Service** staatlicher Gesundheitsdienst

nice [naɪs]
1 angenehm; **did you have a nice time?** haben Sie sich gut unterhalten?; **how nice to see you!** schön Sie zu sehen!
2 *Person:* nett, sympathisch; **nice-looking** gut aussehend
3 *Essen:* gut, lecker; *Geruch:* fein, gut
4 **it's nice and warm** es ist angenehm warm; **to take it nice and easy** überanstrengen Sie sich nicht; **come nice and early!** komm schön früh!

nice·ly ['naɪslɪ]
1 angenehm, nett
2 gut; **the plan is going nicely** der Plan läuft wie geschmiert; **that will do nicely!** das reicht vollauf!

nick[1] [nɪk] **in the nick of time** gerade noch rechtzeitig

nick[2] [nɪk] (*slang*) der Knast, das Kittchen

to **nick** [nɪk] (*slang*) klauen

nick·name ['nɪkneɪm] der Spitzname

niece [ni:s] die Nichte

night [naɪt]
1 die Nacht; (*vor dem Schlafengehen*) der [später] Abend; **all night [long]** die ganze Nacht [über]; **at night** abends; (*nach dem Schlafengehen*) bei Nacht, nachts; **late at night** spät am Abend, spät abends; **by night** bei Nacht, in der Nacht, nachts; **last night** gestern Abend; **the night before last** vorgestern Abend
2 **to have a night out** ausgehen, einen freien Abend haben

night·club ['naɪtklʌb] das Nachtlokal, der Nachtklub

night·dress ['naɪtdres] das Nachthemd

nightie ['naɪtɪ] (*umgangsspr*) das Nachthemd

night·ly[1] ['naɪtlɪ] nächtlich, allnächtlich, abendlich

night·ly[2] ['naɪtlɪ] jeden Abend, jede Nacht

night·mare ['naɪtmeəʳ] der Albtraum

night shift die Nachtschicht

night·shirt ['naɪtʃɜːt] das [Herren]nachthemd

night·spot ['naɪtspɒt] das Nachtlokal

night-time die Nachtzeit; **at night-time** nachts

nil [nɪl] die Null; **two [goals to] nil** zwei zu null

nine [naɪn] neun; **a quarter to nine** viertel vor neun

nine·teen [ˌnaɪn'tiːn] neunzehn

nine·teenth [ˌnaɪn'tiːnθ] neunzehnte(r, s)

nine·ti·eth ['naɪntɪəθ] neunzigste(r, s)

nine·ty ['naɪntɪ] neunzig

ninth[1] [naɪnθ] neunte(r, s)

ninth[2] [naɪnθ]
1 (*Datum*) **the ninth** der Neunte
2 (*Bruchzahl*) das Neuntel

to **nip** [nɪp] <nipped, nipped>
1 zwicken
2 (*umgangsspr*) flitzen
◆ to **nip out** hinaussausen

nip·py ['nɪpɪ] (*umgangsspr*)
1 *Wetter:* frisch, kühl
2 fix, flink

no[1] [nəʊ]
1 nein; **the answer is no!** die Antwort ist Nein!
2 **no later than last week** erst letzte Woche
3 **I have no more money** ich habe kein Geld mehr; **a person of no intelligence** ein Mensch ohne jede Intelligenz; **it's no use** das hat keinen Zweck; **no smoking!** Rauchen verboten!; **in no time** im Nu; **there is no such thing** so etwas gibt es nicht

no[2] [nəʊ] <*Plural* noes *oder* nos>
1 das Nein
2 die Neinstimme

no. <*Plural* nos> *Abkürzung von* **number** Nr.

no·ble[1] ['nəʊbl]
1 adlig
2 (*übertragen*) edel, hochherzig

no·ble[2] ['nəʊbl] der/die Adlige

no·body ['nəʊbədɪ] niemand, keiner; **we saw nobody we knew** wir sahen niemanden, den wir kannten

to **nod** [nɒd] <nodded, nodded>
1 nicken, wippen; **to nod one's head** mit dem Kopf nicken; **to nod to someone** jemandem zunicken
2 **to nod in agreement** zustimmend nicken

nod [nɒd] das Nicken, das Zunicken; **to give someone a nod** jemandem zunicken

noise [nɔɪz] das Geräusch; (*unangenehm*) der Lärm, das Geschrei

noisy ['nɔɪzɪ] geräuschvoll, laut, lärmend

to **nomi·nate** ['nɒmɪneɪt]
1 **to nominate someone** jemanden ernennen
2 **to nominate someone for an election** jemanden für eine Wahl nominieren

non- [ˌnɒn] nicht-

non-al·co·hol·ic alkoholfrei

none [nʌn]
1 keine(r, s), keine; **none at all** kein Einziger; **none of that!** lass das! Schluss damit!; **that's none of your business** das geht dich nichts an
2 **none the less** nichtsdestoweniger, trotzdem

Vorsicht Falle!
None kann sowohl wie ein Singular als auch wie ein Plural behandelt werden: *none of my friends smoke* oder *none of my friends smokes.*

non-resi·dent [ˌnɒn'rezɪdənt]
1 der/die Nichtortsansässige
2 (*im Hotel*) nicht im Haus wohnender Gast

non-re·turn·able [ˌnɒnrɪ'tɜːnəbl] Einweg-

non·sense ['nɒnsns] der Unsinn, der Quatsch, dummes Zeug; **to make [a] nonsense of something** etwas ad absurdum führen; **to stand no nonsense** keine Dummheiten dulden; **no more of your nonsense!** Schluss mit dem Unsinn!

non-shrink [ˌnɒn'ʃrɪŋk] *Kleider:* nicht einlaufend

non-smok·er der Nichtraucher/die Nichtraucherin

non-stop durchgehend, ohne Unterbrechung, Nonstop-

noo·dle ['nuːdl] die Nudel

noon [nuːn] der Mittag; **at noon** um zwölf Uhr mittags

no one ['nəʊwʌn] niemand, keiner; **we saw no one we knew** wir sahen niemanden, den wir kannten

nor [nɔːʳ]
1 noch; **neither ... nor** weder ... noch
2 **nor I** [*oder* **me**] ich auch nicht

nor·mal ['nɔːml]
1 normal, üblich
2 **his temperature is above normal** er hat erhöhte Temperatur

nor·mal·ly ['nɔːməlɪ] normalerweise, gewöhnlich

north[1] [nɔːθ] der Norden; **the house faces north** das Haus liegt nach Norden

north[2] [nɔːθ]
1 nördlich
2 nach Norden

north-east·ern [ˌnɔːθ'iːstən] nordöstlich

nor·ther·ly ['nɔːðəlɪ] nördlich

north·ern ['nɔːðən] nördlich; **the Northern Lights** das Nordlicht

north·ern·er ['nɔːðənəʳ]
1 der Nordländer/die Nordländerin
2 (GB) der Nordengländer/die Nordengländerin
3 (USA) der Nordstaatler/die Nordstaatlerin

North·ern Ire·land Nordirland

North Pole ['nɔːθpəʊl] der Nordpol

North Sea die Nordsee

north·west[1] [ˌnɔːθ'west] der Nordwest[en]

north·west[2] [ˌnɔːθ'west] nordwestlich

north-west·er·ly [ˌnɔːθ'westəlɪ] nordwestlich

Nor·way ['nɔːweɪ] Norwegen

Nor·we·gian[1] [nɔː'wiːdʒən] norwegisch

Nor·we·gian[2] [nɔː'wiːdʒən]
1 der Norweger/die Norwegerin
2 (*Sprache*) Norwegisch, das Norwegische

nose [nəʊz] die Nase; **to blow one's nose** sich die Nase putzen
2 **to look down one's nose at someone** auf jemanden herabsehen; **to stick one's nose into something** (*übertragen*) seine Nase in etwas stecken; **to turn up one's nose at something** die Nase über etwas rümpfen

nose·bleed ['nəʊzbliːd] das Nasenbluten

nose ring der Nasenring

nosey ['nəʊzɪ] (*umgangsspr*) neugierig

nos·tril ['nɒstrəl] das Nasenloch; (*bei Pferd*) die Nüster

nosy ['nəʊzɪ] (*umgangsspr*) neugierig

not [nɒt]
1 nicht; **she is not a teacher** sie ist keine Lehrerin; **he warned me not to be late** er ermahnte mich, nicht zu spät zu kommen
2 **not a bit** kein bisschen; **not any more** nicht mehr; **not yet** noch nicht; **not in the least** nicht im Geringsten
3 **I'm afraid not** ich fürchte nicht; **you are coming, are you not?** [*oder* **aren't you?**] Sie kommen doch, oder?; **you haven't forgotten, have you? — certainly not!** du hast es nicht vergessen, oder? — gewiss nicht!; **are you tired? — not at all** sind Sie müde? — überhaupt nicht; **thanks a lot! — not at all!** vielen Dank! — keine Ursache!

note [nəʊt]
1 die Notiz; **to make a note of something** sich etwas aufschreiben; **to speak without notes** frei sprechen; **to take note of something** etwas zur Kenntnis nehmen; **to take notes** sich Notizen machen (**of** über)
2 der Brief, die kurze Mitteilung
3 (*auf Buchseite*) die Anmerkung, der Vermerk, die Fußnote
4 (*in der Musik*) die Note, der Ton
5 (*Geld*) [**bank**] **note** die Banknote, der Schein

to **note** [nəʊt]
1 **to note something** etwas bemerken/beachten, etwas zur Kenntnis nehmen
2 **to note something down** etwas notieren, aufschreiben

note·book ['nəʊtbʊk]
1 das Notizbuch
2 (*Computer*) das Notebook
3 (USA) das Übungsheft

note·pad ['nəʊtpæd]
1 der Notizblock
2 (*Computer*) das Notepad

note·paper ['nəʊtˌpeɪpəʳ] das Schreibpapier, das Briefpapier

noth·ing ['nʌθɪŋ]
1 nichts; **she got the dress for nothing** sie bekam das Kleid umsonst; **he has nothing on** (*nackt*) er hat nichts an; (*ohne Verabredungen*) er hat nichts vor; **that's nothing!** das ist gar nichts!
2 **nothing else** sonst nichts; **nothing much**

nicht viel; **nothing new** nichts Neues
3 **there is nothing to it** es ist kinderleicht

no·tice ['nəʊtɪs]
1 (*Information*) die Benachrichtigung, die Mitteilung; (*in Zeitung*) die Anzeige; **to give someone notice of something** jemanden von etwas benachrichtigen
2 (*Zettel*) die Bekanntmachung; (*am schwarzen Brett*) der Anschlag
3 die Beachtung; **to bring something to someone's notice** jemandem etwas zur Kenntnis bringen; **to take notice of something** etwas beachten [*oder* zur Kenntnis nehmen]; **to take no notice of someone** jemanden ignorieren
4 die Kündigung; **to give someone notice** jemandem kündigen; **to hand in one's notice** kündigen
5 die Frist; **at a moment's notice** sofort, jederzeit; **at short notice** kurzfristig; **at a week's notice** innerhalb einer Woche; **until further notice** bis auf weiteres

to **no·tice** ['nəʊtɪs] bemerken

no·tice·able ['nəʊtɪsəbl]
1 erkennbar, wahrnehmbar
2 *Verbesserung:* merklich

no·tice-board das Anschlagbrett, schwarzes Brett

nought [nɔːt] (*Ziffer*) die Null

noun [naʊn] das Hauptwort, das Substantiv

nov·el ['nɒvl] der Roman

nov·el·ist ['nɒvəlɪst] der Romanschriftsteller/die Romanschriftstellerin

No·vem·ber [nəʊ'vembə^r] der November; **in November** im November; **on 15th November, on November 15** (USA) am 15. November

now [naʊ]
1 jetzt, nun; (*in der Gegenwart*) heute, heutzutage; **just now** gerade eben
2 **for now** im Moment, vorläufig; **from now on** von nun an; **from now until then** bis dahin; **up to** [*oder* **till**] **now** bis jetzt; **now and then** [*oder* **again**] ab und zu, von Zeit zu Zeit, gelegentlich
3 gleich, sofort; **I'll do it right now** ich mache es jetzt gleich; **it's now or never** jetzt oder nie
4 (*beim Reden*) **well now, tell me what's wrong!** also, sag mir was los ist!; **now then** also jetzt, na; **bye for now!** bis bald!

nowa·days ['naʊədeɪz] heute, heutzutage

no·where ['nəʊweə^r]
1 nirgends, nirgendwo, nirgendwohin; **to appear from nowhere** [wie] aus dem Nichts auftauchen
2 **to get nowhere** zu nichts, auf keinen grünen Zweig kommen

nu·clear ['njuːklɪə^r] **nuclear power** die Kernkraft; **nuclear weapon** die Atomwaffe, die Nuklearwaffe

nude[1] [njuːd] nackt, unbekleidet

nude[2] [njuːd]
1 (*Kunst*) das Aktmodell; **to paint a nude** einen Akt malen
2 **in the nude** nackt

nud·ist ['njuːdɪst] der Anhänger der Freikörperkultur, die Anhängerin der Freikörperkultur

nud·ist beach der FKK-Strand, der Nacktbadestrand

nui·sance ['njuːsns]
1 (*Person*) die Plage, die Nervensäge; **to make a nuisance of oneself** lästig werden
2 (*Geschehen*) das Ärgernis, der Missstand; **what a nuisance!** wie ärgerlich!

numb [nʌm]
1 taub, empfindungslos, gefühllos; **fingers numb with cold** Finger, die vor Kälte taub sind
2 (*übertragen*) betäubt

to **numb** [nʌm] **to numb the pain** den Schmerz betäuben

num·ber ['nʌmbə^r]
1 die Zahl, die Ziffer
2 die Anzahl; **a number of problems** eine Anzahl von Problemen; **on a number of occasions** des Öfteren; **a fair number of times** ziemlich oft
3 *von Haus, Telefon usw.:* die Nummer
4 *einer Zeitschrift:* die Nummer, die Ausgabe
5 **numbers** das Rechnen

to **num·ber** ['nʌmbə^r]
1 zählen *Betrag*
2 nummerieren *Seiten, Plätze*

num·ber plate das Nummernschild

nu·mer·al ['njuːmərəl] die Ziffer; **Arabic numerals** die arabische Ziffern; **Roman numerals** die römische Ziffern

nu·mer·ous ['njuːmərəs] zahlreich

nun [nʌn] die Nonne

nurse [nɜːs]
1 die Krankenschwester
2 **male nurse** der Krankenpfleger

to **nurse** [nɜːs]
1 **to nurse a baby** ein Baby stillen
2 **to nurse someone** jemanden pflegen; **to nurse someone back to health** jemanden gesund pflegen

nurse·ry ['nɜːsərɪ]
1 die Kindertagesstätte
2 (*im Haus*) das Kinderzimmer
3 (*für Pflanzen*) die Baumschule

nurse·ry rhyme der Kindervers

nurse·ry school der Kindergarten

nurs·ing[1] ['nɜːsɪŋ] (*Beruf*) die Krankenpflege

nurs·ing[2] ['nɜːsɪŋ] Pflege-, pflegerisch; **nursing home** das Pflegeheim

nut [nʌt]
1 (*Frucht*) die Nuss
2 (*aus Metall*) die [Schrauben]mutter

nut·crack·er der Nussknacker

nu·tri·tious [njuː'trɪʃəs] nahrhaft

nuts [nʌts] (*slang*)
1 **to be nuts** spinnen; **to go nuts** durchdrehen
2 **to be nuts about someone** von jemandem ganz hingerissen sein

nut·ty ['nʌtɪ]
1 *Essen, Geschmack:* nussig
2 (*slang*) bekloppt, plemplem

Land und Leute
Wenn sie die Schule verlassen entscheiden sich manche britische Schüler für die **National Vocational Qualifications** (*NVQs*). Das ist eine berufsorientierte Abschlussprüfung, welche nicht innerhalb eines bestimmten Zeitraums abgelegt werden muss. Sie kann von Vollzeitangestellten absolviert werden oder auch von Schülern, die einen Teilzeitjob oder ein Praktikum machen. Die *NVQs* sind in fünf Stufen angelegt, die auf den für den Beruf notwendigen Fähigkeiten beruhen. Hierbei entsprechen die Stufen 1-3 am häufigsten den Lernenden zwischen 14 und 19 Jahren.

O o

O <*Plural* O's *oder* Os>, **o** [əʊ] <*Plural* o's> das O, o

oak [əʊk] die Eiche, das Eichenholz

OAP [ˌəʊeɪ'piː] *Abkürzung von* **old-age pensioner** der Rentner/die Rentnerin

oar [ɔːʳ] das Ruder, der Riemen

oats [əʊt] die Haferflocken

obedi·ent [ə'biːdɪənt] gehorsam, folgsam; **to be obedient** [**to someone**] [jemandem] gehorchen [*oder* folgen]

to **obey** [ə'beɪ]
1 gehorchen, folgen; **to obey someone** jemandem gehorchen [*oder* folgen]
2 sich halten an, befolgen *Regeln*

object ['ɒbdʒɪkt]
1 (*Ding*) der Gegenstand
2 (*Ziel*) der Zweck

to **object** [əb'dʒekt]
1 dagegen sein, Einwände haben
2 **do you object to my smoking?** stört es Sie, wenn ich rauche?

ob·jec·tion [əb'dʒekʃn] der Einwand (**to** gegen); (*auch vor Gericht*) der Einspruch

ob·jec·tive[1] [əb'dʒektɪv] objektiv, sachlich

ob·jec·tive[2] [əb'dʒektɪv] das Ziel

ob·li·ga·tion [ˌɒblɪ'geɪʃn] die Verpflichtung, die Pflicht; **to be under an/no obligation to do something** verpflichtet/nicht verpflichtet sein, etwas zu tun; **there's no obligation to buy** es besteht kein Kaufzwang

to **oblige** [ə'blaɪdʒ]
1 **to oblige someone to do something** jemanden zwingen, etwas zu tun; **you are not obliged to answer** Sie müssen nicht antworten
2 **much obliged!** herzlichen Dank!; **I am much obliged to you for this!** ich bin Ihnen dafür sehr verbunden

ob·long[1] ['ɒblɒŋ] rechteckig

ob·long[2] ['ɒblɒŋ] das Rechteck

ob·scene [əb'siːn] unanständig, obszön, unzüchtig

ob·scure [əb'skjʊəʳ]
1 undeutlich
2 *Hinweis:* unklar; *Text:* schwer verständlich
3 *Dichter, Herkunft, Ort:* unbekannt, obskur

ob·ser·vant [əb'zɜːvənt] aufmerksam, wachsam

ob·ser·va·tion [ˌɒbzə'veɪʃn]
1 die Beobachtung, das Beobachten
2 die Bemerkung, die Äußerung (**on** über)

to **ob·serve** [əb'zɜːv]
1 zusehen, beobachten; (*polizeilich*) überwachen
2 beachten, befolgen *Vorschrift*
3 einhalten; feiern *Feiertag*
4 bemerken, feststellen

ob·serv·er [əb'zɜːvəʳ] der Beobachter/die Beobachterin

to **ob·sess** [əb'ses] **to be obsessed by** [*oder* **with**] **someone/something** von jemandem/etwas besessen sein

ob·ses·sion [əb'seʃn]
1 die Besessenheit (**with** von)
2 die fixe Idee, die fixe Manie

ob·stacle ['ɒbstəkl] (*auch übertragen*) das Hindernis (**to** für)

ob·sta·cle race das Hindernisrennen

ob·sti·nate ['ɒbstɪnət] hartnäckig, starrsinnig

to **ob·struct** [əb'strʌkt]
1 **to obstruct something** etwas [ver]sperren, blockieren; **to obstruct traffic** den Verkehr behindern
2 (*übertragen*) **to obstruct someone** jemanden [be]hindern

ob·struc·tion [əb'strʌkʃn]
1 das Versperren; *einer Straße:* die Verstopfung
2 *von Fortschritt, Plan:* die Behinderung (**to** für)

to **ob·tain** [əb'teɪn]
1 erhalten, erlangen, bekommen; **to obtain something for someone** jemandem etwas verschaffen
2 erzielen *Preis, Resultat*
3 erwerben *akademischen Grad, Wissen*

ob·vi·ous ['ɒbvɪəs]
1 offenbar, offensichtlich, augenfällig; **it's obvious** das liegt auf der Hand
2 *Unterschied:* offenkundig
3 *Lösung:* einleuchtend, naheliegend

oc·ca·sion [ə'keɪʒn]
1 (*Zeitpunkt*) die Gelegenheit, der Anlass; **on occasion** gelegentlich; **on that occasion** damals; **on several occasions** mehrmals
2 (*Fest usw.*) das Ereignis; **to celebrate the occasion** zur Feier des Tages; **on the occasion of your marriage** anlässlich Ihrer Hochzeit

oc·ca·sion·al [ə'keɪʒənl] gelegentlich, hin und wieder

oc·ca·sion·al·ly [ə'keɪʒənəlɪ] gelegentlich, ab und zu

oc·cu·pant ['ɒkjʊpənt]
1 der Bewohner/die Bewohnerin
2 *eines Autos:* der Insasse/die Insassin

oc·cu·pa·tion [ˌɒkjʊ'peɪʃn]
1 der Beruf, die Tätigkeit
2 (*Betätigung, Hobby usw.*) die Beschäftigung
3 *eines Landes, einer Stadt:* die Besetzung

to **oc·cu·py** ['ɒkjʊpaɪ]
1 bewohnen; belegen *Zimmer*
2 (*militärisch, polizeilich*) besetzen *Gebäude, Stadt*
3 **this seat is occupied** dieser Platz ist besetzt
4 innehaben *Stellung*
5 einnehmen *Raum*
6 in Anspruch nehmen *Zeit*
7 **to occupy someone, to keep someone occupied** jemanden beschäftigen; **to occupy oneself** sich beschäftigen

to **oc·cur** [ə'kɜːʳ] <occurred, occurred>
1 vorkommen; *Unfall, Vorfall:* sich ereignen, geschehen; *Problem:* sich ergeben
2 **to occur to someone** jemandem einfallen, in den Sinn kommen; **did it ever occur to you that ...?** hast du eigentlich je daran gedacht, dass ...?

oc·cur·rence [ə'kʌrəns]
1 (*Begebenheit*) das Ereignis, das Vorkommnis
2 *von Pflanzen, Tieren, usw.:* das Vorkommen

ocean ['əʊʃn] der Ozean, das Meer

o'clock [ə'klɒk] **it's 2 o'clock** es ist 2 Uhr

oc·ta·gon ['ɒktəgən] das Achteck

Oc·to·ber [ɒk'təʊbəʳ] der Oktober; **in October** im Oktober; **on 15th October, on October 15** (USA) am 15. Oktober

oc·to·pus ['ɒktəpəs] <*Plural* octopuses *oder* octopi> der Tintenfisch, der Krake

odd [ɒd]
1 **odd number** die ung[e]rade Zahl
2 *Schuh, Socke:* einzeln; **odd one** [*oder*

man] **out** das fünfte Rad am Wagen
3 *Ereignis, Mensch:* merkwürdig, seltsam
4 gelegentlich, zeitweilig; **odd-job man** der Gelegenheitsarbeiter
5 *Geld, Zeit:* übrig
6 **I've lived here for thirty-odd years** ich habe so um die dreißig [Jahre] hier gelebt

odd·ly ['ɒdlɪ] eigenartig, sonderbar, merkwürdig; **oddly enough** seltsamerweise

odds [ɒdz] *Plural*
1 (*beim Wetten*) die Gewinnchancen; **the odds are 2 to 1** die Chancen stehen 2 zu 1
2 **the odds are against us** alles spricht gegen uns; **the odds are in his favour** der Vorteil ist auf seiner Seite
3 **odds and ends** das Überbleibsel, der Krimskrams, der Kram

of [əv, *betont* ɒv]
1 *Besitzverhältnis* von; **a friend of mine** ein Freund von mir; **the works of Shakespeare** Shakespeares Werk
2 *örtlich* **the city of Birmingham** die Stadt Birmingham; **north of London** nördlich von London; **the Battle of Hastings** die Schlacht von [*oder* bei] Hastings
3 *zeitlich* **your letter of 10th June** Ihr Brief vom 10. Juni; **today of all days** ausgerechnet heute; **a quarter of six** (USA) Viertel vor sechs
4 *Angabe des Grundes/der Ursache* **to die of hunger** verhungern; **to be proud of something** stolz auf etwas sein; **what has become of him?** was ist aus ihm geworden?
5 *Angabe des Geruchs/Materials* **it smells of leather** es riecht nach Leder; **a table made of wood** ein Holztisch
6 *Angabe der Beschäftigung/Qualität* **doctor of medicine** Doktor der Medizin; **man of courage** mutiger Mensch; **of no importance** bedeutungslos; **she has a fear of the dark** sie fürchtet sich vor der Dunkelheit; **love of money** die Liebe zum Geld; **you of all people ought to know** gerade Sie sollten das wissen
7 *mit Quantität* **the five of us** wir fünf; **many of them came** viele kamen; **one of the best** einer der Besten; **a glass of wine** ein Glas Wein; **a pound of oranges** ein Pfund Orangen

off [ɒf]
1 *Entfernung* abgelegen von; **far off** weit weg; **the inn was two miles off the main road** der Gasthof lag zwei Meilen von der Hauptstraße entfernt
2 *Angabe eines Weggangs* fort, weg; **he's gone off** er ist weggegangen; **it's time I was off** es ist Zeit, dass ich gehe
3 *Angabe einer Bewegung* **to fall off a ladder** von einer Leiter fallen; **to get off the bus** aus dem Bus aussteigen
4 *zeitlich* **how are we off for time?** wie viel Zeit haben wir noch?; **it rained off and on** es regnete ab und an; **the holidays are not far off** es ist nicht mehr lang bis zu den Ferien
5 (*bei der Arbeit, in der Schule*) frei; **to get a day off** einen Tag freibekommen; **to be off sick** wegen Krankheit fehlen
6 *Gerät, Licht usw.:* aus; **to turn** [*oder* **switch**] **the light off** das Licht ausschalten
7 *Deckel:* nicht drauf; **to get the lid off** den Deckel abbekommen
8 (*umgangsspr*) **to be off one's food** keinen Appetit haben; **he's off drugs now** er ist jetzt von den Drogen runter
9 *Speisen:* verdorben, schlecht; *Milch:* sauer
10 **I'm afraid the veal is off now** das Kalbfleisch ist leider ausgegangen
11 *Spiel, Streik:* abgesagt; **the party is off** die Party fällt aus
12 **to be badly/well off** nicht gut/gut gestellt sein

of·fence, (USA) **of·fense** [ə'fens]
1 (*vor dem Gericht*) die Straftat, das Vergehen (**against** gegen)
2 die Kränkung, die Beleidigung; **to cause** [*oder* **give**] **offence to someone** jemanden kränken; **to take offence at something** wegen etwas gekränkt sein, an etwas Anstoß nehmen
3 (*beim Sport*) der Angriff

to **of·fend** [ə'fend] beleidigend sein; **to offend someone** jemanden beleidigen, verletzen, bei jemandem Anstoß erregen

of·fense (USA) → **offence**

of·fen·sive[1] [ə'fensɪv]
1 offensiv, Angriffs-
2 *Film:* anstößig
3 *Benehmen:* beleidigend, kränkend

of·fen·sive[2] [ə'fensɪv] der Angriff, die Offensive; **on the offensive** in der Offensive

to **of·fer** ['ɒfəʳ]
1 anbieten; **to offer to help** seine Hilfe anbieten
2 **to offer an explanation** eine Erklärung geben; **to offer an opinion** sich äußern; [an]bieten *Rat*
3 aussetzen *Belohnung, Preis, Summe*
4 **to offer resistance** Widerstand leisten
5 **Scotland has a lot to offer** Schottland hat eine Menge zu bieten

of·fer ['ɒfəʳ]
1 das Angebot
2 (*Waren*) **on offer** [zum Verkauf] angeboten, im Sonderangebot; **the house is under offer** für das Haus liegt ein Kaufangebot vor

of·fice ['ɒfɪs]
1 das Büro; **at the office** im Büro
2 das Amt; **to hold office** im Amt sein; **to take office** das Amt antreten; (*von Partei*) die Regierung übernehmen
3 **Home Office** GB das Innenministerium

of·fice block das Bürohaus, der Bürokomplex

of·fic·er ['ɒfɪsəʳ]
1 (*militärisch*) der Offizier
2 (*polizeilich*) der Beamter/die Beamtin

of·fi·cial[1] [ə'fɪʃl] amtlich, dienstlich, offiziell

of·fi·cial[2] [ə'fɪʃl]
1 der Beamter/die Beamtin
2 *von Verein:* der Funktionär/die Funktionärin

of·fi·cial·ly [ə'fɪʃəlɪ] offiziell

off-li·cence ['ɒflaɪsns] GB die Wein- und Spirituosenhandlung

off-peak ['ɒfpiːk] **off-peak charges** verbilligter Tarif; **during off-peak hours** außerhalb der Stoßzeiten

off-put·ting [ˌɒf'pʊtɪŋ] (*umgangsspr*) wenig einladend; *Person, Verhalten:* abstoßend

off·side [ˌɒf'saɪd] (*beim Sport*) im Abseits; **to be offside** abseitsstehen

of·ten ['ɒfn] oft, häufig; **as often as not** [*oder* **more often than not**] meistens; **every so often** öfters, von Zeit zu Zeit

oh [əʊ] oh! ach!; **oh well** na ja!; **oh dear!** o je!; **oh yes?** ach ja?

oil [ɔɪl]
1 das Öl
2 das Erdöl
3 **oils** die Ölfarben

to **oil** [ɔɪl] [ein]ölen, schmieren

oil paint·ing
1 (*Bild*) das Ölgemälde
2 (*Beschäftigung*) die Ölmalerei

oil slick der Ölteppich

oil well die Ölquelle

oint·ment ['ɔɪntmənt] die Salbe

OK[1], **okay** [ˌəʊ'keɪ]
1 okay! einverstanden! in Ordnung!
2 in Ordnung, okay; **that's okay with me** das ist mir recht; **to be okay for money** genug Geld haben
3 gut; **he's doing OK** er macht seine Sache gut

OK[2], **okay** [ˌəʊ'keɪ] die Zustimmung; **I gave the plan my OK** ich gab dem Plan mein Okay

to **OK**, to **okay** [ˌəʊ'keɪ] gutheißen, billigen *Plan*

old [əʊld]
1 alt; **he's forty years old** er ist 40; **a seven-year-old girl** eine Siebenjährige; **an old friend of his** ein alter Freund von ihm
2 früher, ehemalig; **in the old days** früher; **his old school** seine ehemalige Schule

old age das Alter; **old-age pension** die Altersrente; **old age pensioner, OAP** der Rentner/die Rentnerin

old-fash·ioned [ˌəʊld'fæʃnd] altmodisch

old peo·ple's home das Altersheim

ol·ive ['ɒlɪv] die Olive; **olive tree** der Olivenbaum

Olym·pic [ə'lɪmpɪk] olympisch; **the Olympic Games** die Olympischen Spiele

ome·lette ['ɒmlɪt], USA **omelet** das Omelett

to **omit** [ə'mɪt] <omitted, omitted> auslassen (**from** aus)

on [ɒn]
1 *räumlich* auf, an; **on the table** auf dem Tisch; **pictures on the wall** Bilder an der Wand; **on the right/left** rechts/links; **a house on the coast** ein Haus am Meer
2 *zeitlich* an; **on Sunday** am Sonntag; **on the evening of May the first** am Abend des ersten Mai; **from that day on** von diesem Tag an
3 (*mit Transportmittel*) **to go on the train** mit dem Zug fahren; **on foot** zu Fuß; **on a bicycle** mit dem Fahrrad
4 (*mit Thema*) über; **a lecture on Shakespeare** ein Vortrag über Shakespeare
5 (*Mittel*) **to live on one's income** von seinem Einkommen leben; **to live on bread** sich von Brot ernähren
6 bei; **on my arrival** bei meiner Ankunft; **on request** auf Wunsch
7 (*mit Beschäftigung, Arbeit usw.*) **to work on a project** an einem Projekt arbeiten; **he is on the committee** er gehört dem Ausschuss an; **to be on duty** im Dienst sein
8 (*mit Geld*) **this is on me** das geht auf meine Kosten; **he has no money on him** er

hat kein Geld bei sich
9 **to have nothing on** nichts anhaben, nackt sein; **I have nothing on tonight** ich habe heute Abend nichts vor; **I put a hat on** ich setzte einen Hut auf; **to keep on talking** immer weiterreden
10 **on and on** ununterbrochen, andauernd; **to be on at someone** (*umgangsspr*) dauernd auf jemandem herumhacken; **what's he on about?** wovon redet er nun schon wieder?
11 *Gerät, Licht:* an
12 **on the radio** im Radio; **who's on tonight?** wer spielt heute Abend?; **what's on in town?** was läuft in der Stadt?
13 **it's just not on** das gibt es einfach nicht

once [wʌns]
1 (*zahlenmäßig*) einmal; **once a week** einmal in der Woche; **once more** noch einmal; **once and for all** ein für allemal; **once or twice** ein- oder zweimal
2 (*vergangen*) früher einmal, einst; **once upon a time there was ...** es war einmal ...
3 **at once** sofort, auf einmal; **all at once** ganz plötzlich
4 wenn, als

on·com·ing ['ɒnkʌmɪŋ] **oncoming traffic** der Gegenverkehr

one[1] [wʌn]
1 (*Zahl*) ein, eine, ein; **the baby is one [year old]** das Kind ist ein Jahr [alt]; **it is one o'clock** es ist ein Uhr; **one hundred pounds** hundert Pfund
2 (*unbestimmt*) **one morning** eines Morgens; **one day next week** nächste Woche einmal
3 (*einzig*) **my one hope** meine einzige Hoffnung

one[2] [wʌn]
1 eine(r, s); **she is one of us** sie ist eine von uns; **the one who ...** derjenige, der ...; **a bigger one** ein größerer; **no one of these people** keiner dieser Leute; **any one** irgendeine(r, s); **every one** jede(r, s); **this one** diese(r, s); **the little ones** die Kleinen; **I'm not one to go out often** ich bin nicht der Typ, der oft ausgeht; **one by one** einzeln; **one after the other** einer nach dem anderen
2 *unpersönlich* **to wash one's face** sich das Gesicht waschen

one[3] [wʌn] die Eins; **in ones and twos** in kleinen Gruppen

one·self [wʌn'self]
1 sich; **to cut oneself** sich schneiden
2 *betont* [man] selbst; **by oneself** ganz allein, ohne Hilfe

one-way ['wʌnweɪ] **one-way street** die Einbahnstraße; **one-way ticket** die einfache Fahrkarte

on·go·ing ['ɒngəʊɪŋ] *Problem:* laufend; *Situation:* andauernd; *Suche:* im Gang befindlich

on·ion ['ʌnɪən] die Zwiebel

on·line [ˌɒn'laɪn] online

on·line ac·cess der Internetzugang, der Onlinezugang

on·line bank·ing das Onlinebanking

on·line or·der die Onlinebestellung

on·line tick·et das Onlineticket

on·look·er ['ɒnlʊkəʳ] der Zuschauer/die Zuschauerin

only ['əʊnlɪ]
1 einzige(r, s); **he's an only child** er ist ein Einzelkind; **the only thing** das Einzige
2 nur; **only last week** erst letzte Woche; **if only** wenn doch nur; **not only ... but also** nicht nur ... sondern auch; **only just** eben erst
3 **I'd love to go, only I'm busy** ich würde gern hingehen, aber ich habe so viel zu tun

on·side ['ɒnsaɪd] (*beim Sport*) nicht im Abseits

onto ['ɒntʊ]
1 auf
2 **to be onto someone** jemandem auf die Schliche kommen

on·ward ['ɒnwəd] **onward[s]** voran, vorwärts, weiter; **from today onwards** von heute an

open[1] ['əʊpən]
1 *Augen, Buch, Fenster:* offen; **to keep the door open** die Tür offen lassen
2 *Bank, Geschäft:* geöffnet; **open** geöffnet; **open on Sundays** Sonntags geöffnet; **open to the public** der Öffentlichkeit zugänglich
3 **to be open to advice** Ratschlägen zugänglich sein
4 *Feuer, Gelände:* offen; **in the open air** im Freien; **road open to traffic** Durchfahrt frei
5 *Frage:* offen, ungeklärt; **an open secret** ein offenes Geheimnis; **to leave something open** (*übertragen*) etwas offenlassen

open[2] ['əʊpən]
1 **in the open** im Freien
2 **to force something out into the open** etwas zur Sprache bringen

to **open** ['əʊpən]
1 *Fenster, Tür:* sich öffnen, aufgehen
2 öffnen, aufmachen *Mund;* aufschlagen *Buch, Zeitung*
3 *Laden:* öffnen, aufmachen; **doors open at**

6 o'clock Einlass ab 18 Uhr; eröffnen *Ausstellung, Konto*
4 (*übertragen*) beginnen (**with** mit); eröffnen, beginnen *Debatte, Diskussion*
5 *Zimmer:* führen (**into/onto** in)

◆ to **open out**
1 *Landschaft:* sich verbreitern
2 *Karte:* sich ausfalten lassen; **to open out a map** eine Karte auseinander falten

◆ to **open up**
1 *Knospe:* sich öffnen; **to open up a parcel** ein Paket aufmachen
2 aufschließen *Tür;* **the door opened up** die Tür ging auf
3 eröffnen *Geschäft*
4 (*übertragen*) *Person:* gesprächiger werden

open-air [ˌəʊpnˈeəʳ] im Freien; **open-air swimming pool** das Freibad; **open-air theatre** das Freilichttheater

open·er [ˈəʊpənəʳ] **bottle-opener** der Flaschenöffner; **tin-opener** [*oder* USA **can-opener**] der Büchsenöffner

open·ing[1] [ˈəʊpənɪŋ]
1 *von Loch usw.:* die Öffnung
2 *von Ausstellung usw.:* die Eröffnung
3 der Beginn, der Anfang
4 *von Paket:* das Aufmachen
5 die Möglichkeit, die Chance
6 (*Arbeit*) die freie Stelle

open·ing[2] [ˈəʊpənɪŋ] erste(r, s), Eröffnungs-

open·ly [ˈəʊpənlɪ] **to speak openly** offen reden

op·era [ˈɒprə] die Oper; **to go to the opera** in die Oper gehen

to **op·er·ate** [ˈɒpəreɪt]
1 *Maschine:* in Betrieb, in Gang sein; *Bus, Zug:* verkehren
2 **to operate a machine** eine Maschine bedienen
3 **to operate on someone** jemanden operieren; **to be operated on** operiert werden

op·er·at·ing [ˈɒpəreɪtɪŋ]
1 Betriebs-
2 (*medizinisch*) Operations-

op·era·tion [ˌɒpəˈreɪʃn]
1 *von Maschine:* der Gang, der Lauf; **to be in/out of operation** in/außer Betrieb sein
2 (*medizinisch*) die Operation; **to have an operation** operiert werden (**for** wegen)
3 (*militärisch*) die Operation
4 **the law comes into operation soon** das Gesetz wird bald in Kraft treten

op·era·tor [ˈɒpəreɪtəʳ]
1 (*am Telefon*) die Vermittlung
2 der Maschinenarbeiter/die Maschinenarbeiterin, der Operator/die Operatorin

opin·ion [əˈpɪnɪən] die Meinung, die Ansicht (**about/on** zu); **in my opinion** meiner Ansicht nach; **it's a matter of opinion** das ist Ansichtssache; **public opinion** die öffentliche Meinung

opin·ion poll die Meinungsumfrage

op·po·nent [əˈpəʊnənt] der Gegner/die Gegnerin, der Gegenspieler/die Gegenspielerin

op·por·tu·nity [ˌɒpəˈtjuːnətɪ] die Gelegenheit; **at the first opportunity** bei der erstbesten Gelegenheit; **to take the opportunity to do** [*oder* **of doing**] **something** die Gelegenheit nutzen, etwas zu tun

to **op·pose** [əˈpəʊz] **to oppose something** sich einer Sache widersetzen; **to oppose a plan** einen Plan ablehnen

op·po·site[1] [ˈɒpəzɪt]
1 *Richtung:* entgegengesetzt; *Seite:* gegenüberliegend
2 gegenüber
3 (*übertragen*) entgegengesetzt; **the opposite sex** das andere Geschlecht

op·po·site[2] [ˈɒpəzɪt] das Gegenteil, der Gegensatz; **quite the opposite!** ganz im Gegenteil!

op·po·si·tion [ˌɒpəˈzɪʃn]
1 der Gegensatz (**to** zu)
2 der Widerstand, die Opposition
3 GB (*politisch*) **the Opposition** die Opposition

op·ti·cian [ɒpˈtɪʃn] der Optiker/die Optikerin

op·ti·mism [ˈɒptɪmɪzəm] der Optimismus

op·ti·mist [ˈɒptɪmɪst] der Optimist/die Optimistin

op·ti·mis·tic [ˌɒptɪˈmɪstɪk] optimistisch

op·tion [ˈɒpʃn]
1 die Wahl, die Möglichkeit; **I have little/no option** mir bleibt kaum eine/keine andere Wahl; **she had no option but to leave** ihr blieb nichts anderes übrig als zu gehen; **to leave one's options open** sich alle Möglichkeiten offenlassen
2 (*an Schule, Uni*) das Wahlfach

op·tion·al [ˈɒpʃənl] freiwillig, wahlfrei, fakultativ; **optional extras** die Extras

or [ɔːʳ]
1 oder; **a minute or two** ein paar Minuten; **he could not read or write** er konnte weder lesen noch schreiben
2 **either ... or** entweder ... oder; **whether**

... **or not** ob ... oder; **or else** sonst, andernfalls; **or even** oder sogar; **or rather** oder vielmehr

oral[1] ['ɔːrəl]
1 mündlich
2 (*medizinisch*) oral

oral[2] ['ɔːrəl] (*umgangsspr*) die mündliche Prüfung

or·ange[1] ['ɒrɪndʒ]
1 (*Frucht*) die Apfelsine, die Orange
2 (*Farbe*) das Orange

or·ange[2] ['ɒrɪndʒ] orange[farben]

or·bit ['ɔːbɪt] *von Planeten usw.:* die Kreisbahn, die Umlaufbahn, die Planetenbahn, der Orbit; **to put a satellite into orbit** einen Satelliten in die Umlaufbahn schießen

to **or·bit** ['ɔːbɪt] **to orbit the Earth** die Erde umkreisen

or·chard ['ɔːtʃəd] der Obstgarten

or·ches·tra ['ɔːkɪstrə] das Orchester

or·der ['ɔːdəʳ]
1 die Ordnung, die Anordnung, die Reihenfolge; **in order of preference** in der bevorzugten Reihenfolge; **to put something in order** etwas ordnen
2 (*geordneter Zustand*) die Ordnung; **to be out of order** *Maschine:* nicht funktionieren, außer Betrieb sein; **to keep order** Ordnung wahren
3 (*im Restaurant*) die Bestellung; **last orders, please!** (*in einer Kneipe*) letzte Runde bitte!
4 *von Waren:* der Auftrag, die Bestellung, die Order
5 (*militärisch*) das Kommando, der Befehl
6 **in order to do something** um etwas zu tun; **in order that ...** damit ...

to **or·der** ['ɔːdəʳ]
1 (*im Geschäft, Restaurant*) bestellen; **are you ready to order?** darf ich Ihre Bestellung aufnehmen?
2 **to order someone to do something** jemanden anweisen, etwas zu tun; (*militärisch*) jemandem befehlen, etwas zu tun; **the doctor ordered me to stay in bed** der Arzt verordnete mir Bettruhe
3 ordnen *Bücher, Dokumente usw.*
4 **to order someone about** jemanden herumkommandieren

or·di·nary[1] ['ɔːdɪnrɪ]
1 gewöhnlich, normal
2 durchschnittlich, alltäglich

or·di·nary[2] ['ɔːdɪnrɪ] **nothing out of the ordinary** nichts Außergewöhnliches

or·gan ['ɔːgən]
1 (*körperlich*) das Organ
2 (*Instrument*) die Orgel

or·gan·ic [ɔː'gænɪk] organisch; **organic farming** die biologisch-dynamische Landwirtschaft; **organic waste** organischer Abfall, der Biomüll

or·gan·ism ['ɔːgənɪzəm] der Organismus

or·gani·za·tion [ˌɔːgənaɪ'zeɪʃn] die Organisation

to **or·gan·ize** ['ɔːgənaɪz]
1 organisieren
2 einteilen *Arbeit, Zeit*

or·gan·ized ['ɔːgənaɪzd] organisiert, geregelt; **he isn't very organized** bei ihm geht alles drunter und drüber

ori·gin ['ɒrɪdʒɪn] der Ursprung, die Herkunft, die Abstammung; **country of origin** das Ursprungsland, das Herkunftsland

origi·nal[1] [ə'rɪdʒənl]
1 ursprünglich, anfänglich; **original inhabitants** die Ureinwohner
2 *Gemälde:* original
3 *Idee:* originell

origi·nal[2] [ə'rɪdʒənl] das Original, die Vorlage

origi·nal·ly [ə'rɪdʒənəlɪ]
1 ursprünglich, anfänglich
2 originell

or·na·ment ['ɔːnəmənt] der Schmuck, die Verzierung

or·phan ['ɔːfn] die Waise, das Waisenkind

oth·er ['ʌðəʳ]
1 andere(r, s); **the others** die anderen
2 **one other thing** noch eins; **are there any others there?** sind sonst noch welche da?; **do you have any other questions?** haben Sie sonst noch Fragen?; **in other words** mit anderen Worten
3 **each other** einander, sich; **they kissed each other** sie küssten sich
4 **the other day** neulich; **some other time** ein andermal, ein anderes Mal; **every other** jede(r, s) zweite
5 **somehow/someone/sometime/somewhere or other** irgendwie/irgendjemand/irgendwann/irgendwo
6 anders; **there is no other way** es geht nicht anders; **other than** anders als

oth·er·wise ['ʌðəwaɪz]
1 anders; **to think otherwise** anderer Mei-

nung sein
2 **he was otherwise engaged** er war anderweitig beschäftigt
3 **she must study even harder, otherwise she'll fail** sie muss noch fleißiger lernen, sonst wird sie durchfallen; **he's got a cold, but otherwise he's OK** er hat eine Erkältung, aber ansonsten geht es ihm nicht schlecht

OTT [ˌəʊtiːˈtiː] *Abkürzung von* **over the top** übertrieben

ouch [aʊtʃ] au! autsch!

ought [ɔːt]
1 **I ought to go** ich sollte hingehen; **he ought to have come** er hätte kommen sollen
2 *vorschlagend* **you ought to see that film** den Film sollten Sie sehen
3 (*wahrscheinlich*) **he ought to win the race** er müsste [eigentlich] das Rennen gewinnen

ounce [aʊns] (*Gewicht*) die Unze (= *28,35 g*)

our [ˈaʊəʳ] unser

ours [ˈaʊəz] unsere(r, s), der/die/das Unsere; **this house is ours** das ist unser Haus; **that is ours** das gehört uns; **a friend of ours** ein Freund von uns, einer unserer Freunde

our·selves [aʊəˈselvz]
1 uns
2 *betont* [wir] selbst; [**all**] **by ourselves** [ganz] allein, ohne Hilfe; **we did it ourselves** wir haben es selbst gemacht

out [aʊt]
1 *Richtung* hinaus, heraus, aus; **out!** raus!; **to go out** hinausgehen; **to look out of the window** aus dem Fenster sehen; **to throw someone out** jemanden hinauswerfen
2 *Position* außen, draußen; **I'm afraid she's out** leider ist sie nicht zu Hause; **he lives out in the country** er lebt draußen auf dem Land
3 (*übertragen*) **the sun is out** die Sonne scheint; **the secret is out** das Geheimnis ist bekannt geworden; **out with it!** heraus mit der Sprache!
4 *Feuer, Licht:* aus
5 *Buch:* heraus, erschienen
6 (*nicht richtig*) **I am out in my calculations** ich liege mit meinen Berechnungen daneben; **my watch is five minutes out** meine Uhr geht fünf Minuten falsch
7 **we have run out of cheese** der Käse ist uns ausgegangen
8 **out of curiosity** aus Neugier; **out of date** überholt, veraltet; *Kleider:* altmodisch; **made out of wood** aus Holz gemacht; **out of sight** außer Sicht; **two out of three Americans** zwei von drei Amerikanern
9 **to have it out with someone** (*umgangsspr*) etwas mit jemandem ausdiskutieren

out·break [ˈaʊtbreɪk] *von Krieg, Seuche:* der Ausbruch

out·burst [ˈaʊtbɜːst] *von Zorn usw.:* der Ausbruch

out·come [ˈaʊtkʌm] das Ergebnis, das Resultat

out·door [ˈaʊtdɔːʳ] **outdoor clothes** die warme Kleidung; **outdoor games** Spiele im Freien; **outdoor** [**swimming**] **pool** das Freibad

out·doors [ˌaʊtˈdɔːz] draußen, im Freien; **to go outdoors** nach draußen gehen

out·er [ˈaʊtəʳ] äußere(r, s), Außen-; **outer space** der tiefe Weltraum

out·fit [ˈaʊtfɪt] die Kleidung

out·go·ing [ˌaʊtˈgəʊɪŋ]
1 (*übertragen*) *Mensch:* gesellig, kontaktfreudig
2 *Beamte:* scheidend
3 **outgoing flight** der Abflug; **outgoing tide** die Ebbe

out·ing [ˈaʊtɪŋ] der Ausflug; **to go for** [*oder* **on**] **an outing** einen Ausflug machen

out·line [ˈaʊtlaɪn]
1 der Umriss, die Silhouette
2 (*übertragen*) *von Plan usw.:* der Grundriss, der Abriss; *von Aufsatz usw.:* der Entwurf

to **out·line** [ˈaʊtlaɪn]
1 **to outline something** die Umrisse einer Sache zeichnen
2 (*übertragen*) **to outline a plan** einen Plan skizzieren [*oder* umreißen]

out·look [ˈaʊtlʊk]
1 die Ansicht, die Auffassung, der Standpunkt; **his outlook** [**up**]**on life** seine Einstellung zum Leben
2 **the weather outlook** die Wetteraussichten

to **out·num·ber** [ˌaʊtˈnʌmbəʳ] **to outnumber someone** jemandem zahlenmäßig überlegen sein; **we were outnumbered 4 to 1** die anderen waren viermal so viele wie wir

out-of-date [ˌaʊtəvˈdeɪt] veraltet; *Stil:* unmodern, altmodisch; *Karte:* ungültig

out-of-work [ˌaʊtəvˈwɜːk] arbeitslos

out·pa·tient [ˈaʊtpeɪʃnt] der/die Kranke in ambulanter Behandlung; **outpatients'** [**department**] die Ambulanz

out·ra·geous [aʊt'reɪdʒəs]
1 *Verbrechen:* abscheulich, verabscheuungswürdig
2 *Verhalten:* empörend, unerhört, unverschämt
3 *Kleider:* ausgefallen, unmöglich

out·side[1] [ˌaʊt'saɪd] die Außenseite

out·side[2] ['aʊtsaɪd]
1 Außen-, äußere(r, s); **the outside world** die Außenwelt
2 **an outside chance** eine kleine Chance
3 draußen; **to go outside** nach draußen gehen; **outside the town** außerhalb der Stadt; **the car outside the house** das Auto vor dem Haus

out·sid·er [ˌaʊt'saɪdəʳ] der Außenseiter/die Außenseiterin

out·skirts ['aʊtskɜːts] *Plural* die Außengebiete; **on the outskirts of Glasgow** am Stadtrand von Glasgow

out·stand·ing [ˌaʊt'stændɪŋ]
1 hervorragend; **of outstanding ability** außerordentlich begabt
2 **a lot of work is still outstanding** viel Arbeit ist noch unerledigt

out·ward ['aʊtwəd]
1 äußerlich; *Erscheinung:* äußere(r, s)
2 **outward journey** die Hinfahrt
3 **open outward[s]** nach außen aufgehen

out·ward·ly ['aʊtwədlɪ] nach außen hin

out·wards ['aʊtwədz] nach außen

oven ['ʌvn] der Backofen

over ['əʊvəʳ]
1 *mit Bewegung, Richtung* hinüber, herüber; **they swam over to us** sie schwammen zu uns herüber
2 *räumlich* über; **the bridge over the river** die Brücke über den Fluss; **to spread a cloth over the table** ein Tischtuch auf den Tisch legen; **over there** da drüben; **she is over here** sie ist hier; **I am aching all over** mir tut alles weh
3 **to turn over the page** die Seite umblättern
4 (*zu Ende*) **the rain is over** der Regen hat aufgehört
5 übrig; **there is a lot of meat left over** es ist viel Fleisch übrig
6 (*mehr*) **children of 14 and over** Kinder ab 14; **he spoke for over an hour** er sprach über eine Stunde
7 (*mehrmals*) **she read it twice over** sie hat es zweimal gelesen; **over and over again** immer und immer wieder
8 *zeitlich* während, in; **to stay over the weekend** über das Wochenende bleiben; **over the summer** den Sommer über
9 **to come over tonight** kommen Sie heute Abend vorbei; **he is famous all over the world** er ist in der ganzen Welt berühmt; **they talked over a cup of tea** sie unterhielten sich bei einer Tasse Tee; **I heard it over the radio** ich habe es im Radio gehört

over·all[1] [ˌəʊvər'ɔːl]
1 gesamt, insgesamt; **overall majority** die absolute Mehrheit; **overall situation** die Gesamtlage; **overall it cost £18** die Gesamtkosten betrugen 18 Pfund
2 im Großen und Ganzen; *Verbesserung, Wirkung:* allgemein

over·all[2] ['əʊvərɔːl] **overalls** der Overall, der Arbeitsanzug

over·board ['əʊvəbɔːd] über Bord

over·cast [ˌəʊvə'kɑːst] *Himmel:* bedeckt, bewölkt

to **over·charge** [ˌəʊvə'tʃɑːdʒ] **to overcharge someone for something** jemandem für etwas zu viel berechnen

over·crowd·ed [ˌəʊvə'kraʊdɪd]
1 (*mit Menschen*) überfüllt, übervölkert
2 (*mit Sachen*) überladen

over·dose ['əʊvədəʊs] die Überdosis

over·draft ['əʊvədrɑːft] die Kontoüberziehung

over·due [ˌəʊvə'djuː] überfällig

to **over·flow** [ˌəʊvə'fləʊ] *Bad, Topf:* überlaufen; **a river overflowing its banks** ein Fluss, der über die Ufer tritt

over·head [ˌəʊvə'hed] oben, am Himmel, in der Luft

to **over·hear** [ˌəʊvə'hɪəʳ] <overheard, overheard> **to overhear a conversation** ein Gespräch zufällig [mit]hören

over·joyed [ˌəʊvə'dʒɔɪd] überglücklich

over·night[1] [ˌəʊvə'naɪt] über Nacht; **to stay overnight with someone** bei jemandem übernachten

over·night[2] ['əʊvənaɪt] Nacht-; **overnight bag** die Reisetasche

to **over·re·act** [ˌəʊvərɪ'ækt] überreagieren

over·seas [ˌəʊvə'siːz]
1 überseeisch, in Übersee
2 **to go overseas** nach Übersee gehen

A B C D E F G H I J K L M N O P Q R S T U V W X Y Z

to **over·sleep** [ˌəʊvə'sliːp] <overslept, overslept> verschlafen

to **over·take** [ˌəʊvə'teɪk] <overtook, overtaken> (GB) überholen

to **over·throw** [ˌəʊvə'θrəʊ] <overthrew, overthrown> **to overthrow a government** eine Regierung stürzen

over·time ['əʊvətaɪm] die Überstunden; **to be on** [*oder* **do**] [*oder* **work**] **overtime** Überstunden machen

to **over·turn** [ˌəʊvə'tɜːn]
1 *Auto, Gegenstand:* umkippen; *Boot:* kentern; **to overturn something** etwas umwerfen [*oder* umstoßen] [*oder* umstürzen]
2 stürzen *Regierung*

over·weight [ˌəʊvə'weɪt] zu schwer; **he is overweight** er hat Übergewicht

over·whelm·ing [ˌəʊvə'welmɪŋ] überwältigend

to **over·work** [ˌəʊvə'wɜːk]
1 sich überarbeiten
2 überstrapazieren

to **owe** [əʊ]
1 **to owe someone money** jemandem Geld schulden; **how much do I owe you?** was bin ich schuldig?
2 **I owe my life to him** ich verdanke ihm mein Leben

ow·ing ['əʊɪŋ]
1 unbezahlt; **how much is still owing?** wie viel steht noch aus?
2 **owing to** wegen, infolge

owl [aʊl] die Eule

own [əʊn]
1 eigen; **his own car** sein eigenes Auto; **that's my own** das ist mein eigenes; **I have money of my own** ich habe selbst Geld
2 **get one's own back on someone** es jemandem heimzahlen
3 **all on one's own** ganz allein, selbst

to **own** [əʊn] besitzen, haben; **who owns that car?** wem gehört dieses Auto?
◆ to **own up to** **to own up to something** etwas zugeben

own·er ['əʊnəʳ]
1 der Besitzer/die Besitzerin, der Eigentümer/die Eigentümerin
2 *einer Firma, eines Kontos:* der Inhaber/die Inhaberin

own·er·ship ['əʊnəʳʃɪp] der Besitz

oxy·gen ['ɒksɪdʒən] der Sauerstoff

oys·ter ['ɔɪstəʳ] die Auster

ozone lay·er die Ozonschicht

Pp

P <*Plural* P's *oder* Ps>, **p** [piː] <*Plural* p's> P, p

pa [pɑː] (*umgangsspr*) der Papa

pace [peɪs]
1 der Schritt
2 das Tempo; **to set the pace** das Tempo angeben

to **pace** [peɪs] **to pace up and down** auf- und abgehen

Pa·cif·ic [pəˈsɪfɪk] [der] Pazifik; **a Pacific island** eine Insel im Pazifik

paci·fist [ˈpæsɪfɪst] der Pazifist/die Pazifistin

pack [pæk]
1 das Bündel
2 (USA) *von Zigaretten:* die Schachtel
3 *von Wölfen:* das Rudel; *von Jagdhunden:* die Meute
4 **[back]pack** der Rucksack
5 **a pack of cards** das ein Kartenspiel
6 **a pack of lies** lauter Lügen

to **pack** [pæk]
1 [seine Sachen] packen; packen *Koffer*
2 füllen *Raum;* **to be packed out** gerammelt voll sein
3 **to pack something in plastic** etwas in Plastik verpacken

◆ to **pack in**
1 **to pack something in** etwas einpacken; hineinpferchen *Menschen*
2 (GB) (*umgangsspr*) **to pack a job in** eine Stelle hinschmeißen; **pack it in!** hör auf!

◆ to **pack up**
1 **to pack something up** etwas verpacken
2 zusammenpacken *Sachen*
3 (*umgangsspr*) *Motor:* stehen bleiben

pack·age [ˈpækɪdʒ] (*auch übertragen*) das Paket

pack·age holi·day, **pack·age tour** die Pauschalreise

pack·et [ˈpækɪt]
1 das Paket, das Päckchen
2 *von Zigaretten:* die Packung
3 **to make a packet** (GB) (*umgangsspr*) eine Stange Geld verdienen; **to cost a packet** (*umgangsspr*) ein Heidengeld kosten

pack·ing [ˈpækɪŋ]
1 **to do one's packing** (*umgangsspr*) packen
2 das Packmaterial

pad [pæd]
1 das Kissen, das Polster
2 **writing pad** der Schreibblock
3 (*für Sport*) der Beinschützer
4 (*slang*) die Wohnung, die Bude

pad·dle [ˈpædl]
1 das Paddel
2 **to go for a paddle** im Wasser planschen gehen

to **pad·dle** [ˈpædl]
1 paddeln
2 im Wasser planschen

pad·lock [ˈpædlɒk] das Vorhängeschloss

page [peɪdʒ] das Blatt; *von Buch:* die Seite

paid [peɪd] *2. und 3. Form von* **pay**

pain [peɪn]
1 (*körperlich*) die Schmerzen; **to be in/feel pain** Schmerzen haben/empfinden; **to be a pain [in the neck]** (*umgangsspr*) jemandem auf den Wecker gehen
2 (*seelisch*) der Kummer, die Qualen

pain·ful [ˈpeɪnfᵊl]
1 schmerzhaft, schmerzend; **to be painful** wehtun
2 (*übertragen*) peinlich, unangenehm

pain·kill·er schmerzstillendes Mittel

to **paint** [peɪnt] malen; anstreichen *Wand;* lackieren *Auto, Tür*

paint [peɪnt]
1 die Farbe, der Anstrich
2 (*für Auto*) der Lack
3 **wet paint!** frisch gestrichen!

paint·box der Malkasten

paint·brush [ˈpeɪntbrʌʃ] der Pinsel

paint·er [ˈpeɪntəʳ]
1 der Maler/die Malerin
2 **[house] painter** der Anstreicher/die Anstreicherin

paint·ing [ˈpeɪntɪŋ]
1 das Malen; (*von Haus usw.*) das Anstreichen
2 (*Kunst*) die Malerei
3 (*Kunstwerk*) das Bild, das Gemälde

pair [peəʳ]
1 das Paar; **in pairs** paarweise
2 **a pair of gloves/shoes** das ein Paar

Handschuhe/Schuhe; **a pair of scissors/tongs/trousers** eine Schere/Zange/Hose
3 (*Tiere, Spielkarten*) das Pärchen

pa·jam·as [pə'dʒɑːməz] ⚠ *Plural* (USA) der Schlafanzug, der Pyjama

pal [pæl] (*slang*) der Kumpel

pal·ace ['pælɪs] der Palast

pale [peɪl]
1 bleich, blass; **to turn pale** blass [*oder* bleich] werden, erbleichen
2 **pale blue** blassblau
3 *Licht:* schwach

palm¹ [pɑːm] (*Baum*) die Palme

palm² [pɑːm] (*Körperteil*) der Handteller, die Handfläche; **to read someone's palm** jemandem aus der Hand lesen

pam·phlet ['pæmflɪt] die Broschüre, das Flugblatt

pan [pæn] die Pfanne, der Kochtopf

pan·cake ['pænkeɪk] der Pfannkuchen; **Pancake Day** der Fastnachtsdienstag

> **Land und Leute**
> Der **Pancake Day** oder **Shrove Tuesday** (Fastnachtsdienstag) ist der Tag vor dem **Ash Wednesday** (= Aschermittwoch). Man isst Pfannkuchen, weil es früher üblich war, noch alle Eier im Haus aufzubrauchen, bevor die Fastenzeit (= **Lent**) begann.

p and p [ˌpiːən'piː] →**postage and packing** Porto und Verpackung

pan·el ['pænl]
1 (*aus Glas, Holz*) die Platte; (*aus Holz*) die Tafel
2 (*bei Radioprogramm usw.*) das Podium
3 der Ausschuss, die Kommission; **panel of experts** der Sachverständigenausschuss

pan·el game das Ratespiel

pan·ic ['pænɪk] die Panik, panischer Schreck[en]; **to get into a panic about something** wegen etwas in panische Angst geraten

to **pan·ic** ['pænɪk] <panicked, panicked> in Panik geraten; **don't panic!** keine Panik!

to **pant** [pænt] *Person:* keuchen; *Hund:* hecheln

panties ['pæntɪz] *Plural* [**pair of**] **panties** der Schlüpfer; (*für Kinder*) das Höschen

pan·to·mime ['pæntəmaɪm] (*in Großbritannien*) die Weihnachtsaufführung

pants [pænts] *Plural*
1 (USA) die Hose
2 (GB) die Unterhose

pan·ty·hose (USA) die Strumpfhose

panty lin·er die Slipeinlage

pa·per ['peɪpəʳ]
1 das Papier; **a piece of paper** das ein Blatt Papier
2 die Zeitung; **to do a paper round** Zeitungen austragen
3 (*akademischer Bericht*) das Paper, das Referat (**on** über)
4 **examination paper** die Prüfungsarbeit
5 **papers** (*Ausweis usw.*) die Papiere
6 **papers** (*im Büro*) die Akten, die Papiere
7 **on paper** auf dem Papier; (*übertragen*) in der Theorie

pa·per·back ['peɪpəbæk] das Taschenbuch

pa·per bag die Tüte

pa·per boy der Zeitungsjunge

pa·per clip die Büroklammer

pa·per cup der Pappbecher

pa·per·work ['peɪpəwɜːk] die Schreibarbeit

para·chute ['pærəʃuːt] der Fallschirm

to **para·chute** ['pærəʃuːt] abspringen

pa·rade [pə'reɪd]
1 *von Truppen:* die Parade
2 (*bei Festlichkeiten*) der Aufzug, der Festzug, die Prozession

to **pa·rade** [pə'reɪd]
1 aufmarschieren lassen *Truppen;* **the soldiers paraded through the streets** die Soldaten marschierten durch die Straßen
2 (*übertragen*) sich zur Schau stellen
3 *Demonstranten:* ziehen (**through** durch)

para·dise ['pærədaɪs] das Paradies

para·graph ['pærəgrɑːf] der Absatz, der Abschnitt

par·al·lel¹ ['pærəlel] parallel (**with/to** mit)

par·al·lel² ['pærəlel] (*auch übertragen*) die Parallele (**to** zu)

to **para·lyse** ['pærəlaɪz]
1 lähmen
2 lahmlegen *Verkehr*
3 (*übertragen*) zum Erliegen bringen, unwirksam machen; **paralysed with fear** starr vor Schrecken

para·med·ic [ˌpærə'medɪk] der Sanitäter/die Sanitäterin

to **para·phrase** ['pærəfreɪz] umschreiben

para·site ['pærəsaɪt] der Schmarotzer; (*auch übertragen*) der Parasit

para·troops ['pærətru:ps] *Plural* die Fallschirmtruppen, die Luftlandetruppen

par·cel ['pɑ:sl] das Paket, das Päckchen

to **par·don** ['pɑ:dn]
1 (*juristisch*) begnadigen
2 **to pardon [someone]** [jemandem] vergeben [*oder* verzeihen]
3 **pardon me!** Entschuldigung!; **pardon me?** (USA) wie bitte?

par·don ['pɑ:dn]
1 die Verzeihung, die Vergebung
2 (*juristisch*) die Begnadigung
3 **I beg your pardon!** Entschuldigung!; **I beg your pardon?** wie bitte?

par·ent ['peərənt]
1 der Elternteil
2 **parents** die Eltern; **parents-in-law** die Schwiegereltern

par·ish ['pærɪʃ] die [Pfarr]gemeinde, die Kirchengemeinde

park [pɑ:k]
1 der Park; **theme park** der Freizeitpark
2 **national park** der Nationalpark
3 (USA) der Sportplatz

to **park** [pɑ:k] abstellen; parken *Auto*

park·ing ['pɑ:kɪŋ]
1 das Parken; **no parking** Parken verboten
2 (*Platz*) die Parkplätze

park·ing lot der Parkplatz

park·ing me·ter die Parkuhr

park·ing space die Parklücke

park·ing tick·et der Strafzettel (*für falsches Parken*)

park keep·er ['pɑ:k ki:pəʳ] der Parkwächter/die Parkwächterin

par·lia·ment ['pɑ:ləmənt] das Parlament

par·rot ['pærət] der Papagei

pars·ley ['pɑ:slɪ] die Petersilie

pars·nip ['pɑ:snɪp] die Pastinake

part[1] [pɑ:t]
1 der Teil; **part of the body** der/das Körperteil
2 (*technisch*) das Teil, das Bauteil
3 *einer Serie:* die Folge, die Fortsetzung
4 (*beim Theater, im Film*) die Rolle
5 (*Musik*) die Stimme, die Partie
6 die Seite, die Partei; **for my part** meinerseits, was mich betrifft; **on the part of** vonseiten, seitens
7 (*Region*) **which part of Austria is he from?** von wo in Österreich kommt er?; **in these parts** in dieser Gegend, hierzulande
8 **for the most part** meist[ens], größtenteils, meistenteils
9 **in parts** teilweise, teils, zum Teil
10 **part of speech** die Wortart
11 **to take part** teilnehmen, sich beteiligen (**in** an) ► WENDUNGEN: **the nice part of it is** das Nette daran ist

part[2] [pɑ:t] teils, teilweise; **she's part English, part German** sie ist halb Engländerin und halb Deutsche

to **part** [pɑ:t]
1 teilen; scheiteln *Haar*
2 trennen (**from** von)
3 *Personen, Paar:* sich trennen (**with** von); **to part as friends** in Freundschaft auseinander gehen
4 *Lippen, Vorhang:* sich öffnen

par·tial ['pɑ:ʃl] teilweise; **partial success** der Teilerfolg

par·tial·ly ['pɑ:ʃəlɪ] teilweise

par·tici·pant [pɑ:'tɪsɪpənt] der Teilnehmer/die Teilnehmerin

to **par·tici·pate** [pɑ:'tɪsɪpeɪt] teilnehmen, sich beteiligen (**in** an)

par·tici·pa·tion [pɑ:ˌtɪsɪ'peɪʃn] die Mitwirkung, die Teilnahme (**in** an), die Beteiligung

par·ti·ci·ple ['pɑ:tɪsɪpl] das Partizip

par·ti·cle ['pɑ:tɪkl]
1 *Staub:* das Teilchen
2 (*Grammatik*) die Partikel

par·ticu·lar [pə'tɪkjʊləʳ]
1 besondere(r, s); bestimmt *Grund;* **in particular** insbesondere; **nothing in particular** nichts Besonderes
2 *Mensch:* eigen, wählerisch, [über]genau
3 **she's very particular about cleanliness** sie nimmt es mit der Sauberkeit sehr genau

par·ticu·lar·ly [pə'tɪkjʊləlɪ] im Besonderen, insbesondere

par·ticu·lars [pə'tɪkjʊləʳs] *Plural*
1 Näheres, die Details, die Einzelheiten (**about/of** über)
2 die Personalien

part·ing[1] ['pɑ:tɪŋ] der Abschied

part·ing² ['pɑːtɪŋ] (GB) der Scheitel

part·ly ['pɑːtlɪ] teilweise, zum Teil

part·ner ['pɑːtnəʳ] der Partner/die Partnerin

part-time [ˌpɑːt'taɪm] Teilzeit-; **he is only part-time** er arbeitet nur Teilzeit

par·ty ['pɑːtɪ]
1 (*politisch*) die Partei
2 (*Feier*) die Party
3 **a party of five** eine Gruppe von fünf Personen

par·ty-goer ['pɑːtɪˌgəʊəʳ] der Partygänger/die Partygängerin

pass [pɑːs] <*Plural* passes>
1 der Ausweis; (*beim Militär*) der Passierschein
2 **he got a pass in maths** er hat die Matheprüfung bestanden
3 (*beim Sport*) der Pass
4 (*im Gebirge*) der Pass

to **pass** [pɑːs]
1 *Person:* vorbeigehen; *Fahrzeug:* vorbeifahren (**by** an); **to let someone pass** jemanden vorbeilassen
2 (*geben*) herumreichen *Snack;* **can you pass me the butter please?** kannst du mir bitte die Butter reichen?
3 **don't worry, it'll pass** keine Angst, das geht vorbei
4 *Zeit:* vergehen, verstreichen; **to pass the time** die Zeit verbringen
5 bestehen *Prüfung*
6 verabschieden *Gesetz*
7 (*im Kartenspiel*) passen
8 (*Sport*) den Ball weitergeben; **to pass the ball to someone** jemandem den Ball zuspielen
9 **to let something pass** *Ereignis, Bemerkung:* etwas durchgehen lassen; **to pass unnoticed** nicht bemerkt werden

◆ to **pass away**
1 (*sterben*) *Mensch, Tier:* entschlafen, hinscheiden
2 **to pass away the time** die Zeit verbringen

◆ to **pass by**
1 vorbeigehen; *Fahrzeug:* vorbeifahren
2 *Zeit:* vergehen

◆ to **pass down** weitergeben *Tradition, Brauch* (**to** an)

◆ to **pass on**
1 weitersagen *Geheimnis, Information*
2 weitergeben *Krankheit*
3 weiterreichen; **could you pass the papers on to the next row?** könntest du die Papiere an die nächste Reihe weitergeben?

◆ to **pass out** das Bewusstsein verlieren, in Ohnmacht fallen

◆ to **pass through**
1 **I'm just passing through** ich bin nur auf der Durchreise
2 **you'll pass through London** Sie werden durch London fahren

pas·sage ['pæsɪdʒ]
1 (*in einem Gebäude*) der [Durch]gang, der Korridor; (*zwischen Gebäuden*) die Gasse, der Weg
2 die Textstelle
3 (*Musik*) die Passage, das Stück

pas·sen·ger ['pæsɪndʒəʳ] der/die Reisende; (*im Bus, Taxi*) der Fahrgast; (*auf einem Schiff*) der Passagier; (*im Flugzeug*) der Fluggast, der Passagier; (*im Auto*) der Mitfahrer/die Mitfahrerin, der Beifahrer/die Beifahrerin

pass·er-by [ˌpɑːsə'baɪ] <*Plural* passers-by> der Passant/die Passantin

pass·ing place die Ausweichstelle

pas·sion ['pæʃn] die Leidenschaft, die Leidenschaftlichkeit

pas·sion·ate ['pæʃənət] leidenschaftlich

pas·sive¹ ['pæsɪv] das Passiv

pas·sive² ['pæsɪv]
1 passiv; **passive smoking** das Passivrauchen
2 (*Grammatik*) **passive voice** das Passiv

pass·port ['pɑːspɔːt]
1 der Reisepass
2 (*übertragen*) der Weg, der Schlüssel (**to** zu)

pass·word ['pɑːswɜːd]
1 (*im Internet*) das Passwort
2 das Kennwort

past¹ [pɑːst]
1 *räumlich* vorüber, vorbei; **to walk/drive/run past something** an etwas vorbeigehen/vorbeifahren/vorbeilaufen; **the supermarket is past the post office** der Supermarkt ist hinter [*oder* nach] der Post
2 *zeitlich* **ten past three** zehn nach drei; **half past three** halb vier; **past forty** über vierzig
3 (*Grammatik*) **past tense** die Vergangenheit; **past perfect** das Plusquamperfekt
▸ WENDUNGEN: **I'm past caring** das ist mir jetzt egal; **to be past something** für etwas zu alt sein; **he is [getting] past it** er bringt es nicht mehr; **this machine is getting past it**

die Maschine taugt langsam nichts mehr; **I wouldn't put it past him** (*umgangsspr*) das würde ich ihm zutrauen

past² [pɑːst] die Vergangenheit; **in the past** früher, in der Vergangenheit

pas·ta ['pæstə] die Teigwaren, die Pasta

pas·try ['peɪstrɪ]
1 der Kuchenteig
2 das Backwerk, das Gebäck; **Danish pastry** das Teilchen

pasty¹ ['peɪstɪ] *Gesicht:* bleich, blass, käsig

pasty² ['pæstɪ] (GB) die Pastete (*mit Fleisch und Kartoffeln*)

pat [pæt] leichter Schlag, der Klaps; **give yourself a pat on the back** klopf dir auf die Schulter

to **pat** [pæt] <patted, patted>
1 tätscheln; festklopfen *Erde, Sand*
2 **to pat someone on the back** jemandem auf die Schulter klopfen

patch [pætʃ] <*Plural* patches>
1 (*zum Reparieren*) der Flicken
2 die [Augen]klappe
3 der Fleck, die Stelle; *von Land:* das Stück; (*im Garten*) das Beet; **icy patches** stellenweise Glatteis
4 (*zeitlich*) die Phase; **to go through a bad patch** eine schlechte Phase durchmachen
5 (*umgangsspr*) *von Polizist, Prostituierter:* das Revier

to **patch** [pætʃ] flicken
◆ to **patch up**
1 zusammenflicken *Kleidungsstück*
2 beilegen *Streit;* **to patch up a relationship** eine Beziehung kitten

patchy ['pætʃɪ]
1 *Qualität, Arbeit:* unregelmäßig, ungleichmäßig
2 *Kenntnisse:* lückenhaft
3 *Stoff:* gefleckt
4 **there will be patchy showers** es gibt hin und wieder Regen

pâté ['pæteɪ] die Pastete

path [pɑːθ]
1 der Pfad, der Weg
2 (*astrologisch*) die Bahn
3 (*übertragen*) der Weg; **to cross someone's path** jemanden zufällig treffen

pa·thet·ic [pə'θetɪk]
1 Mitleid erweckend, ergreifend, erschütternd
2 armselig, jämmerlich, unzureichend; **that's really pathetic!** das ist ja zum Heulen!

pa·tience ['peɪʃns]
1 die Geduld; **to lose one's patience** die Geduld verlieren
2 (*Kartenspiel*) die Patience; **to play patience** eine Patience legen

pa·tient¹ ['peɪʃnt] geduldig

pa·tient² ['peɪʃnt] der Patient/die Patientin, der/die Kranke

pa·tio ['pætɪəʊ] <*Plural* patios> (*am Haus*) die Terrasse

pa·trol [pə'trəʊl]
1 *von Polizei:* die Streife, die Runde; **on patrol** auf Streife
2 *von Militär:* die Patrouille; **on patrol** auf Patrouille

to **pa·trol** [pə'trəʊl] <patrolled, patrolled> *Polizist:* auf Streife sein; *Wächter:* die Runde machen; *Soldat:* [ab]patrouillieren

pat·tern ['pætn]
1 (*auf Papier, Stoff*) das Muster
2 **paper pattern** das Schnittmuster
3 (*übertragen*) das Vorbild, das Muster
4 *von Verhalten:* das Schema

pause [pɔːz] die Pause; **without a pause** ununterbrochen

to **pause** [pɔːz]
1 (*während einer Aktivität*) stehen bleiben, anhalten, innehalten
2 (*zum Entspannen*) eine Pause machen; **to pause for breath** eine Atempause machen

pave·ment ['peɪvmənt]
1 (USA) die Fahrbahn
2 (GB) der Bürgersteig, der Gehweg, das Trottoir

paw [pɔː]
1 die Pfote, die Tatze
2 (*umgangsspr*) die Pfote, die Hand

pawn [pɔːn]
1 (*beim Schach*) der Bauer
2 (*übertragen*) die Schachfigur, das Werkzeug

pay [peɪ] die Bezahlung, der Lohn, das Gehalt

to **pay** [peɪ] <paid, paid>
1 zahlen, bezahlen; **to pay as you go** immer gleich bezahlen; **to pay through the nose** Wucherpreise bezahlen; **to pay by credit card** mit Kreditkarte bezahlen
2 begleichen *Rechnung, Schulden*
3 (*übertragen*) sich lohnen für, sich auszah-

len für
4 **to pay someone a visit** [*oder* **call**] jemanden besuchen, jemandem einen Besuch abstatten; **to pay attention** aufpassen
5 büßen (**for** für)
◆ to **pay back**
1 zurückzahlen
2 (*übertragen*) **to pay someone back** es jemandem heimzahlen
◆ to **pay in** einzahlen
◆ to **pay off**
1 abbezahlen, tilgen *Schulden*
2 auszahlen *Arbeiter*
3 sich rentieren [*oder* lohnen]
◆ to **pay up** [voll] bezahlen

pay desk die Kasse

pay·ment ['peɪmənt] die Zahlung, die Bezahlung; **on payment of** bei Bezahlung von; **in payment of** als Bezahlung für

pay phone der Münzfernsprecher

pay rise die Gehaltserhöhung, die Lohnerhöhung

PC [piːˈsiː]
1 *Abkürzung von* **personal computer** der PC
2 (GB) *Abkürzung von* **Police Constable** der Polizeibeamter/die Polizeibeamtin

PE [ˌpiːˈiː] (*in der Schule*) *Abkürzung von* **physical education** der Sport

pea [piː] die Erbse

peace [piːs]
1 der Friede[n]
2 (*gesetzlich*) Ruhe [und Ordnung]; **breach of the peace** die Ruhestörung
3 (*übertragen*) die Ruhe, die Stille; **peace and quiet** Ruhe und Frieden; **to leave someone in peace** jemanden in Ruhe lassen

peace·ful ['piːsfəl]
1 friedlich
2 *Schlaf, Zeit:* ruhig

peacekeep·ing ['piːskiːpɪŋ] **peace-keeping force** die Friedenstruppe

peach [piːtʃ] <*Plural* peaches> der Pfirsich, der Pfirsichbaum

peak [piːk]
1 die Spitze
2 *eines Berges:* der Gipfel
3 der Mützenschirm
4 (*übertragen*) *der Konjunktur:* Höchst-, der Höhepunkt

peak hours *Plural von Verkehr:* die Hauptverkehrszeit; *vom Stromnetz:* die Spitzenzeit; **during peak hours** während der Stoßzeit

peak sea·son die Hochsaison

pea·nut ['piːnʌt]
1 die Erdnuss
2 **peanuts** (*umgangsspr*) die lächerliche Kleinigkeit; **the pay is peanuts** die Bezahlung ist miserabel

pea·nut but·ter die Erdnussbutter

pear [peəʳ] die Birne

pearl [pɜːl] die Perle

peb·ble ['pebl] der Kieselstein

to **peck** [pek]
1 hacken *Loch,* picken (**at** nach)
2 aufpicken *Futter*

pe·cu·liar [pɪˈkjuːlɪəʳ]
1 sonderbar, eigenartig, seltsam
2 eigen, eigentümlich

ped·al ['pedl] das Pedal

to **ped·al** ['pedl] <pedalled *oder* (USA) pedaled, pedalled *oder* (USA) pedaled> das Pedal bedienen

peda·lo ['pedələʊ] <*Plural* pedalos> das Tretboot

pe·des·trian[1] [pɪˈdestrɪən] **pedestrian crossing** der Fußgängerüberweg; **pedestrian precinct** die Fußgängerzone

pe·des·trian[2] [pɪˈdestrɪən] der Fußgänger/die Fußgängerin

to **pee** [piː] (*umgangsspr*) **to go for** [*oder* **have a**] **pee** pinkeln

peel [piːl] die Schale

to **peel** [piːl]
1 schälen, die Haut abziehen
2 sich häuten, sich abschälen; **the paintwork is peeling** die Farbe geht [*oder* blättert] ab
◆ to **peel back** abziehen
◆ to **peel off** abziehen, abschälen, abstreifen

peel·er ['piːləʳ] der Schäler

to **peep** [piːp]
1 [verstohlen] gucken (**at** nach)
2 allmählich sichtbar werden, zum Vorschein kommen
3 *Vogel, Tier:* piepen, piepsen

peep [piːp]
1 flüchtiger Blick, heimlicher Blick; **to take a peep at something** verstohlen nach etwas

schauen
2 (*Geräusch*) das Piepen

to **peer** [pɪəʳ] starren, angestrengt schauen, blicken (**at** auf, **into** in, **for** nach)

peg [peg]
1 (*aus Holz*) der Stift; (*für Zelt*) der Hering
2 GB die Wäscheklammer

◆ to **peg out**
1 abgrenzen, abstecken
2 **to peg out the washing** die Wäsche aufhängen
3 (*umgangsspr*) *Mensch:* abkratzen; *Maschine:* den Geist aufgeben

to **pelt** [pelt]
1 werfen; **they pelted him with mud** sie bewarfen ihn mit Matsch
2 **the rain pelted [down] on the roof** der Regen trommelte [*oder* prasselte] auf das Dach; **it was pelting with rain** es schüttete

pen [pen]
1 der Füllfederhalter, der Füller
2 der Kugelschreiber
3 (*für Tiere*) der Pferch

pen·al·ty ['penltɪ]
1 die Strafe
2 (*Sport*) der Strafpunkt; (*beim Fußball*) der Elfmeter
3 (*übertragen*) **to pay the penalty** die Folgen tragen

pen·al·ty area (*Fußball*) der Strafraum

pen·al·ty kick (*Fußball*) der Elfmeter

pence [pens] GB (*Währungseinheit*) die Pence

pen·cil ['pensl] der Bleistift; **to write in pencil** mit Bleistift schreiben

pen·cil case das Federmäppchen

pen·cil sharp·en·er der Bleistiftspitzer

to **pen·etrate** ['penɪtreɪt]
1 *Armee:* vordringen, eindringen in
2 *Strahlen:* durchdringen, durchstoßen
3 (*übertragen*) infiltrieren *Organisation*

pen·friend ['penfrend] der Brieffreund/die Brieffreundin

pen·knife ['pennaɪf, *Plural* 'pennaɪvz] <*Plural* penknives> das Taschenmesser

pen·ny ['penɪ, *Plural* 'peni:z] <*Plural* pennies, pence> der Penny ▶ WENDUNGEN: **the penny dropped** der Groschen ist gefallen; **a penny for your thoughts** woran denkst du gerade?; **to spend a penny** (*umgangsspr*) mal verschwinden

Vorsicht Falle!
Die Pluralform von **penny** heißt **pence**, wenn es sich um einen Betrag handelt: *the newspaper costs 50 pence*. Wenn man aber einzelne Penny-Stücke meint, sagt man **pennies**: *There are ten pennies in my purse*.

pen·pal ['penpæl] der Brieffreund/die Brieffreundin

pen·sion ['penʃn] die Altersrente, die Pension

pen·sion·er ['penʃənəʳ] der Pensionär/die Pensionärin, der Rentenempfänger/die Rentenempfängerin, der Rentner/die Rentnerin

pen·ta·gon ['pentəgən]
1 (*Form*) das Fünfeck, das Pentagon
2 **the Pentagon** USA das Pentagon

pen·tath·lon [pen'tæθlən] der Fünfkampf

pe·nul·ti·mate [pen'ʌltɪmət] vorletzte(r, s)

peo·ple ['pi:pl] ⚠ *Plural*
1 die Leute, die Menschen
2 **how many people are there in Germany?** wie viele Einwohner hat Deutschland?; **local people** Einheimische
3 **the common people** das gemeine Volk
4 *mit Possessivpronomen* **my people** meine Familie [*oder* Leute]
5 **people say** man sagt
6 **you! of all people!** ausgerechnet du!

pep·per ['pepəʳ]
1 der Pfeffer
2 (*Gemüse*) der Paprika

pep·per·mint ['pepəmɪnt]
1 die Pfefferminze
2 (*Bonbon*) das Pfefferminz

per [pɜ:ʳ] pro, je, für; [**as**] **per account** laut Rechnung; **per annum** pro Jahr; **per hour** in der Stunde; **50 km per hour** 50 Stundenkilometer; **as per sample** gemäß dem Muster; **as per usual** (*umgangsspr*) wie gewöhnlich

per·cent [pə'sent] USA das Prozent

per·cus·sion [pə'kʌʃn] **percussion instruments** die Schlaginstrumente

per·cus·sion·ist [pə'kʌʃnɪst] der Schlagzeuger/die Schlagzeugerin

per·fect ['pɜ:fɪkt]
1 vollendet, vollkommen
2 *Leistung:* tadellos, fehlerlos
3 vollständig, völlig, gänzlich; **perfect strangers** die wildfremde Menschen

4 **practice makes perfect** Übung macht den Meister

to **per·fect** [pə'fekt] vervollkommnen

per·fec·tion [pə'fekʃn]
1 die Vervollkommnung
2 die Vollkommenheit

per·fect·ly ['pɜːfɪktlɪ]
1 vollkommen, völlig, durchaus, absolut
2 tadellos
3 (*umgangsspr*) **perfectly awful** ganz furchtbar

to **per·form** [pə'fɔːm]
1 ausführen *Aufgabe;* **how did he perform?** wie war er?
2 durchführen *Operation*
3 vollziehen *Zeremonie*
4 *Künstler:* auftreten, spielen; aufführen, spielen *Stück, Konzert;* vortragen *Solo, Duett;* spielen *Rolle;* vorführen *Kunststück;* vollbringen *Wunder*

per·for·mance [pə'fɔːməns]
1 die Leistung
2 (*im Theater*) die Aufführung, die Vorstellung; (*im Kino*) die Vorstellung
3 *einer Rolle:* die Darstellung
4 (*umgangssprr*) der Umstand, das Theater

per·fume ['pɜːfjuːm] der Duft, das Parfüm

per·haps [pə'hæps] vielleicht, eventuell

pe·ri·od ['pɪərɪəd]
1 die Periode, der Zeitraum, die Dauer; **for a period of** für die Dauer von
2 (*historisch*) die Epoche
3 **[menstrual] period** die Periode; **I've got my period** ich habe meine Tage
4 (USA) (*Satzzeichen*) der Punkt
5 die Unterrichtsstunde
6 (*slang*) Schluss!, [und damit] basta!

perm [pɜːm] die Dauerwelle

to **perm** [pɜːm] **to have one's hair permed** sich Dauerwellen machen lassen

per·ma·nent ['pɜːmənənt]
1 ständig, beständig, dauerhaft
2 auf Lebenszeit; **permanent appointment** die feste Anstellung; **permanent position** [*oder* **post**] die Lebensstellung, die Dauerstellung

per·mis·sion [pə'mɪʃn] die Genehmigung, die Erlaubnis; **without permission** unbefugt, unerlaubt; **to ask someone's** [*oder* **someone for**] **permission** jemanden um Erlaubnis bitten; **to give someone permission to do something** jemandem erlauben, etwas zu tun

to **per·mit** [pə'mɪt] <permitted, permitted>
1 erlauben, gestatten, zulassen, dulden; **to permit someone to do something** jemandem erlauben, etwas zu tun
2 **weather permitting** wenn das Wetter mitmacht

per·mit ['pɜːmɪt]
1 die Genehmigung, die Bewilligung
2 **hunting permit** der Jagdschein; **fishing permit** der Angelschein

to **per·se·cute** ['pɜːsɪkjuːt] verfolgen

per·se·cu·tion [ˌpɜːsɪ'kjuːʃn] die Verfolgung, die Belästigung

per·sis·tent [pə'sɪstənt]
1 *Mensch:* beharrlich, unnachgiebig
2 [an]dauernd, beständig

per·son ['pɜːsn] <*Plural* people> der Mensch, die Person; **in person** in Person, persönlich; **there is no such person** so jemanden gibt es nicht

per·son·al ['pɜːs(ə)nl] persönlich; (*auf einem Brief*) privat; *Daten:* personenbezogen; **personal affair** [*oder* **business**] die Privatangelegenheit

per·son·al·ity [ˌpɜːsə'nælətɪ] die Persönlichkeit; **personality cult** der Personenkult

per·son·al·ly ['pɜːsənəlɪ] persönlich

per·son·al or·gan·iz·er der Terminplaner

per·son·nel [ˌpɜːsə'nel] das Personal, die Belegschaft; (*im Flugzeug, Schiff*) die Besatzung

per·spec·tive [pə'spektɪv]
1 (*in der Kunst*) die Perspektive
2 (*übertragen*) der Standpunkt, der Blick; **to get something out of perspective** etwas verzerrt sehen; **to see something in perspective** etwas mit Abstand betrachten

to **per·suade** [pə'sweɪd]
1 überreden
2 überzeugen

per·sua·sion [pə'sweɪʒn]
1 die Überredung
2 die Überzeugung

per·sua·sive [pə'sweɪsɪv] überzeugend

pes·si·mism ['pesɪmɪzəm] der Pessimismus

pes·si·mist ['pesɪmɪst] der Pessimist/die Pessimistin

pes·si·mis·tic [ˌpesɪ'mɪstɪk] pessimistisch

pest [pest]
① (*umgangsspr: Mensch*) die Nervensäge, die Plage
② der Schädling

to **pes·ter** ['pestəʳ] belästigen, plagen (**with** mit)

pet[1] [pet]
① das Haustier
② der Liebling

pet[2] [pet] Lieblings-; **pet name** der Kosename; **that's my pet hate** das ist mir ein Gräuel; **pet shop** die Tierhandlung

pet·al ['petl]
① das Blütenblatt
② (*umgangsspr*) das Schätzchen

pet·rol ['petrəl] (GB) das Benzin; **to fill up with petrol** auftanken

pet·rol pump (*an der Tankstelle*) die Zapfsäule

pet·rol sta·tion die Tankstelle

pew [pju:] der Kirchenstuhl

phar·ma·cist ['fɑ:məsɪst] (USA) der Apotheker/die Apothekerin

phar·ma·cy ['fɑ:məsɪ]
① die Pharmazie
② die Apotheke

phase [feɪz] die Phase, das Stadium, der Abschnitt
◆ to **phase in** stufenweise einführen
◆ to **phase out**
① allmählich abbauen
② (*Produktion*) auslaufen lassen

phi·loso·pher [fɪ'lɒsəfəʳ] der Philosoph/die Philosophin

philo·soph·ic(al) [ˌfɪlə'sɒfɪk(l)] philosophisch

phi·loso·phy [fɪ'lɒsəfɪ] die Philosophie

phone [fəʊn] das Telefon

to **phone** [fəʊn] telefonieren, anrufen

> **Grammatik**
> Im britischen Englisch kann man neben dem Verb **phone** auch die Verben **call** oder **ring** verwenden, wenn man ‚telefonieren' sagen möchte: *I'll phone you tomorrow* oder *I'll call you tomorrow* oder *I'll ring you tomorrow*. Man kann auch die Substantive **ring** oder **call** verwenden: *I'll give you a* **ring** *tomorrow* oder *I'll give you a* **call** *tomorrow*. Im amerikanischen Englisch ist jedoch das Verb **call** üblicher.

◆ to **phone back** zurückrufen

phone booth (USA), **phone box** (GB) die Telefonzelle

phone call
① das Telefongespräch
② der Anruf

phone·card ['fɜʊnkɑ:d] die Telefonkarte

phone-in ['fəʊnɪn] die Hörersendung

pho·net·ic [fə'netɪk] phonetisch; **phonetic script** die Lautschrift

pho·to ['fəʊtəʊ] <*Plural* photos> das Foto, die Fotografie

pho·to·copi·er ['fəʊtəʊˌkɒpɪəʳ] das Fotokopiergerät, der Fotokopierer

pho·to·copy ['fəʊtəʊˌkɒpɪ] die Fotokopie

to **pho·to·copy** ['fəʊtəʊˌkɒpɪ] fotokopieren

pho·to·graph ['fəʊtəgrɑ:f] die Fotografie; **to take a photograph** eine Aufnahme machen

to **pho·to·graph** ['fəʊtəgrɑ:f] fotografieren

pho·tog·ra·pher [fə'tɒgrəfəʳ] der Fotograf/die Fotografin

pho·to·graph·ic [ˌfəʊtə'græfɪk] fotografisch; **photographic equipment** die Fotoausrüstung

pho·tog·ra·phy [fə'tɒgrəfɪ] die Fotografie

phrase [freɪz]
① der Ausdruck, die Redewendung
② der Satzteil, die Wortgruppe

phrase·book ['freɪzbʊk] der Sprachführer

physi·cal ['fɪzɪkl]
① physisch
② körperlich; **physical condition** der Gesundheitszustand; **physical education** der Sportunterricht; **physical training** die Leibesübungen
③ **physical science**[**s**] die Naturwissenschaften

phy·si·cian [fɪ'zɪʃn] der Arzt/die Ärztin

physi·cist ['fɪzɪsɪst] der Physiker/die Physikerin

phys·ics ['fɪzɪks] ⚠ *Singular* die Physik

pia·nist ['pɪənɪst] der Pianist/die Pianistin, der Klavierspieler/die Klavierspielerin

pi·ano ['pjɑ:nəʊ] <*Plural* pianos> das Klavier; **to play the piano** Klavier spielen; **grand piano** der Flügel

pick [pɪk]
① die Auswahl, die Auslese; **the pick of the bunch** das Beste [von allem]; **to have** [*oder* **take**] **one's pick** seine Wahl treffen

2 die Spitzhacke, die Haue
3 (*Musik*) das Plektrum

to **pick** [pɪk]
1 auswählen; aufstellen *Mannschaft;* **to pick one's way** [*oder* **steps**] vorsichtig gehen, sich durchschlängeln; **to pick and choose** sich den/die/das Beste herauspicken
2 zupfen an; kratzen an *Pickel, Haut*
3 pflücken *Obst, Blumen;* lesen *Trauben*
4 **to pick a lock** ein Schloss knacken
5 **to pick one's nose** in der Nase bohren; **to pick one's teeth** in den Zähnen stochern
▶ WENDUNGEN: **to pick a fight** [*oder* **quarrel**] einen Streit vom Zaun brechen

◆ to **pick off**
1 abpflücken; wegzupfen *Blätter*
2 abschießen *Mensch, Tier*

◆ to **pick on** (*umgangsspr*) herumhacken auf; **why pick on me?** warum gerade ich?

◆ to **pick out**
1 heraussuchen, auswählen
2 ausmachen, entdecken

◆ to **pick up**
1 aufpicken, aufheben, auflesen
2 **to pick up the bill** die Rechnung bezahlen
3 mitnehmen *Fahrgast;* **can you pick me up from school?** kannst du mich von der Schule abholen?
4 erstehen *Schnäppchen*
5 herausfinden, herausbringen, in Erfahrung bringen; verstehen, erfassen *Information*
6 sich aneignen *Kenntnisse*
7 (*umgangsspr*) zufällig kennen lernen
8 empfangen *Radiosendung*
9 sich erholen, wieder zu Kräften kommen
10 *Kurse:* anziehen, sich festigen
11 **to pick up speed** an Geschwindigkeit gewinnen

pick·le ['pɪkl] [**mixed**] **pickles** *Plural* süßsauer eingelegtes Gemüse, die Mixed Pickles

to **pick·le** ['pɪkl] einlegen *Gurken, Zwiebeln*

pick·pock·et ['pɪkpɒkɪt] der Taschendieb/die Taschendiebin; **beware of pickpockets!** vor Taschendieben wird gewarnt!

pick-up ['pɪkʌp] **pick-up point** der Treffpunkt, die Haltestelle

pic·nic ['pɪknɪk] das Picknick

to **pic·nic** ['pɪknɪk] <picnicked, picnicked> ein Picknick veranstalten, picknicken

pic·ture ['pɪktʃəʳ]
1 das Bild, das Gemälde
2 (*Foto*) die Aufnahme; **to take a picture of** fotografieren, aufnehmen
3 **to go to the pictures** ins Kino gehen; **how was the picture?** wie war der Film?
4 die Vorstellung, die Darstellung, die Beschreibung

to **pic·ture** ['pɪktʃəʳ]
1 abbilden, malen, zeichnen
2 (*übertragen*) schildern, beschreiben
3 (*übertragen*) sich vorstellen

pic·ture book das Bilderbuch, der Bildband

pie [paɪ]
1 die Pastete; **meat pie** die Fleischpastete
2 **apple pie** gedeckter Apfelkuchen ▶ WENDUNGEN: **as easy as pie** (*umgangsspr*) kinderleicht

piece [piːs]
1 das Stück; **piece of chocolate** das Stück Schokolade; **piece by piece** Stück für Stück; **piece of music** das Musikstück
2 **piece of news** die Neuigkeit; **a fine piece of work** eine saubere Arbeit
3 (*in einem Buch*) der Abschnitt, die Stelle
4 *eines Service, Sets:* das Einzelteil
5 **in pieces** entzwei, kaputt
6 **in one piece** (*umgangsspr*) unbeschädigt; *Person:* unverletzt
7 **to pieces** in Stücke, kaputt; **to fall to pieces** auseinander fallen; **to go to pieces** (*umgangsspr*) *Person:* durchdrehen; **to take to pieces** (*auch übertragen*) zerlegen, auseinander nehmen; **to tear to pieces** (*auch übertragen*) zerreißen, zerpflücken
8 (*Brettspiel*) der Stein; (*beim Schach*) die Figur
9 (*Musik, Theater*) das Stück
10 **piece of advice** der Rat ▶ WENDUNGEN: **it was a piece of cake** (*umgangsspr*) es war ein Kinderspiel

pier [pɪəʳ] der Landungssteg, der Pier

to **pierce** [pɪəs]
1 eindringen in
2 *Dolch, Messer:* durchbohren
3 *Schall, Licht:* durchdringen
4 (*übertragen*) durchdringen

pierc·ing [pɪəsɪŋ]
1 *Geräusch:* durchdringend; *Schrei:* gellend
2 *Kälte:* schneidend; *Blick:* stechend, durchdringend

pig [pɪg] das Schwein ▶ WENDUNGEN: **to make a pig of oneself** fressen wie ein Scheunendrescher

pi·geon ['pɪdʒɪn] die Taube

pig·gy·back ['pɪgɪ bæk] huckepack

pig·gy bank das Sparschweinchen

pig·sty ['pɪgstaɪ] (*auch übertragen*) der Schweinestall

pig·tail ['pɪgteɪl] der Zopf

pile [paɪl]
1 der Haufen, der Stoß, der Stapel; **to put in a pile** stapeln, auf einen Haufen legen
2 (*umgangsspr*) [großer] Haufen, die Menge, die Masse; **piles of food** Berge von Essen

to **pile** [paɪl] stapeln
◆ to **pile in** (*umgangsspr*) *Menschen:* hereinströmen, hineindrängen
◆ to **pile up**
1 sich anhäufen, stapeln; *Schnee, Arbeit:* sich türmen; *Schulden:* anhäufen
2 *Autos:* aufeinander auffahren

pile-up ['paɪlʌp] die Massenkarambolage

pill [pɪl] die Pille, die Tablette; **to be on the pill** (*umgangsspr*) die Pille nehmen

pil·lar-box (GB) der Briefkasten

pil·low ['pɪləʊ] das Kopfkissen

pi·lot ['paɪlət]
1 der Lotse/die Lotsin
2 der Pilot/die Pilotin
3 (*Radio, TV*) die Probesendung

to **pi·lot** ['paɪlət]
1 lotsen *Schiff*
2 fliegen *Flugzeug*

pim·ple ['pɪmpl] der Pickel, die Pustel

pin [pɪn]
1 die Stecknadel
2 die Reißzwecke
3 die Anstecknadel, die Brosche
4 (*beim Bowling*) der Kegel
5 **my feet have** [**got**] **pins and needles** mir sind die Füße eingeschlafen

to **pin** [pɪn] <pinned, pinned>
1 festmachen, anstecken, [an]heften (**to** an)
2 (*umgangsspr*) **to pin the blame on someone** jemandem die Schuld zuschieben
► WENDUNGEN: **to pin one's hopes on** seine Hoffnung setzen auf
◆ to **pin down** (*übertragen*) festnageln, festlegen

pin·ball ma·chine ['pɪnbɔːlməˈʃiːn] der Flipper

to **pinch** [pɪntʃ]
1 kneifen, zwicken
2 *Schuhe:* drücken
3 (*umgangsspr*) klauen, stibitzen

pine [paɪn]
1 die Kiefer, die Föhre
2 die Pinie

pine·ap·ple ['paɪnæpl] die Ananas

pink [pɪŋk] rosa, rosig

pint [paɪnt] das Pint (*0,568 l*)

pip [pɪp] *von Obst:* der Kern

pipe [paɪp]
1 (*zum Rauchen*) die Pfeife
2 das Rohr, die Leitung

pi·rate ['paɪərət]
1 der Seeräuber, der Pirat
2 **pirate copy** der Raubdruck

pit [pɪt]
1 (*Bergbau*) die Grube, die Zeche
2 (*beim Autorennen*) die Box

pitch [pɪtʃ] <*Plural* pitches>
1 der Wurf, der Stoß
2 der Platz; **football pitch** der Fußballplatz

pitch-black pechschwarz

pitch-dark stockfinster

pitch·er[1] ['pɪtʃəʳ] der Werfer

pitch·er[2] ['pɪtʃəʳ] die Kanne, der Krug

pity ['pɪtɪ]
1 das Mitleid; **out of pity** aus Mitleid; **to have** [*oder* **take**] **pity on** Mitleid haben mit
2 **what a pity!** wie schade!; **it's a pity that ...** es ist schade, dass ...

to **pity** ['pɪtɪ] bemitleiden, bedauern; **I pity you** Sie tun mir leid

place [pleɪs]
1 der Platz, der Ort, die Stelle; **place of birth** der Geburtsort; **all over the place** überall, an allen Orten; **in places** stellenweise
2 der [Sitz]platz
3 **in place** am richtigen Platz; **out of place** nicht am [rechten] Platz; (*übertragen*) fehl am Platz, unangebracht
4 (*Sport*) der Platz
5 (*übertragen: in einer Ordnung, Reihenfolge*) die Stelle, der Platz; **in the first place** in erster Linie
6 **to take someone's place** jemandes Stelle einnehmen, an jemandes Stelle treten
7 **in place of someone** an jemandes Stelle, stellvertretend für jemanden
8 **my place or yours?** zu mir oder zu dir?; **at my place** bei mir
9 **to take place** stattfinden

to **place** [pleɪs]
1 setzen, stellen, legen
2 setzen, aufgeben *Anzeige*
3 **he placed the matter in the hands of a lawyer** er übergab die Sache einem Rechtsanwalt
4 **to place an order** einen Auftrag erteilen, eine Bestellung aufgeben
5 **I can't place him** ich weiß nicht, woher ich ihn kenne, ich kann ihn nicht einordnen

plain[1] [pleɪn]
1 einfach; *Kleidung:* einfach, schlicht; **in plain clothes** *Polizist, Soldat:* in Zivil
2 *Farbe:* uni, einfarbig
3 **plain chocolate** die Bitterschokolade
4 (*unmissverständlich*) *Frage, Antwort:* klar; *Wahrheit:* rein; *Aussage:* deutlich; **in plain English** geradeheraus
5 *Aussehen:* nicht überwältigend, alltäglich

plain[2] [pleɪn] die Ebene

plain·ly ['pleɪnlɪ]
1 einfach, klar; **to put it plainly** um es klar auszudrücken
2 offensichtlich

plait [plæt] die Flechte, der Zopf

to **plait** [plæt] flechten

plan [plæn]
1 der Plan, der Entwurf
2 (*übertragen*) das Vorhaben, das Projekt; **to go according to plan** planmäßig verlaufen; **to change one's plans** umdisponieren

to **plan** [plæn] <planned, planned>
1 planen; **to plan for something** etwas einplanen; **to plan on something** mit etwas rechnen, etwas vorhaben
2 entwerfen, skizzieren
3 planen, vorhaben, beabsichtigen

plane [pleɪn] das Flugzeug

plane crash der Flugzeugabsturz

plan·et ['plænɪt] der Planet

plant [plɑːnt]
1 die Pflanze
2 die Fabrik, das Werk

to **plant** [plɑːnt]
1 pflanzen
2 bepflanzen *Gelände*
3 **to plant a bomb** eine Bombe legen

plas·ter ['plɑːstəʳ]
1 (*Baumaterial*) der Putz, der Bewurf
2 **plaster** [**of Paris**] der Gips
3 GB (*für Wunden*) das Pflaster

plas·tic[1] ['plæstɪk] Plastik-, aus Plastik

plas·tic[2] ['plæstɪk] das Plastik, der Kunststoff

plas·tic bag der Plastikbeutel, die Plastiktüte

plate [pleɪt]
1 (*für Essen*) der Teller
2 (*auch technisch*) die Platte
3 **door** [*oder* **name**] **plate** das Türschild; **number** [*oder* **licence**] **plate** (*Auto*) das Nummernschild

plat·form ['plætfɔːm]
1 das Podium, die Plattform
2 (*im Bahnhof*) der Bahnsteig, das Gleis

play [pleɪ]
1 das Spiel
2 (*Sport*) *Ball:* **out of play** im Aus
3 **at play** beim Spiel
4 das Theaterspiel, das Theaterstück

to **play** [pleɪ]
1 **to play** [**a game**] spielen; **they're playing Manchester United** sie spielen gegen Manchester United; ausspielen *Karte*
2 (*Theater, Musik*) spielen; **to play the piano** Klavier spielen
3 **to play for money** um Geld spielen; **to play for time** Zeit rausschinden wollen
4 **to play a joke on someone** jemandem einen Streich spielen; **to play a** [**dirty**] **trick on someone** jemanden hereinlegen; **to play the fool** herumalbern

◆ to **play at** **what do you think you're playing at?** was soll denn das?

play·er ['pleɪəʳ] der Spieler/die Spielerin

play·ful ['pleɪfᵊl]
1 *Kind:* verspielt
2 *Bemerkung:* spaßig, spaßhaft

play·ground ['pleɪgraʊnd]
1 der Spielplatz
2 der Schulhof

play·ing field ['pleɪɪŋ'fiːld] der Sportplatz

play-off ['pleɪɒf] das Entscheidungsspiel

play·room ['pleɪrʊm] das Spielzimmer

play·school ['pleɪskuːl] der Kindergarten

play·time ['pleɪtaɪm] (*in der Schule*) die Pause

play·wright ['pleɪraɪt] der Bühnenschriftsteller/die Bühnenschriftstellerin, der Dramatiker/die Dramatikerin

plc [ˌpiːel'siː] *Abkürzung von* **public limited company** ≈ die AG

pleas·ant ['pleznt]
1 *Erfahrung:* angenehm, erfreulich
2 *Mensch:* umgänglich, liebenswürdig

to **please** [pliːz]
1 gefallen, angenehm sein
2 zufrieden stellen; **to please his parents** seinen Eltern zuliebe; **you can't please everybody** man kann es nicht allen recht machen; **he is hard to please** man kann es ihm schwer recht machen
3 eine Freude machen
4 **as you please** [*oder* **please yourself**] wie du willst

please [pliːz] bitte; **please do!** bitte sehr!

pleased ['pliːzd]
1 erfreut; **to be pleased about something** sich über etwas freuen; **pleased to meet you!** angenehm!, freut mich!
2 zufrieden; **to be pleased with** [*oder* **about**] **something** mit etwas zufrieden sein; **to be pleased with oneself** (*auch abwertend*) selbstgefällig sein

pleas·ure ['pleʒəʳ]
1 das Vergnügen, die Freude; **for pleasure** zum Vergnügen; **with pleasure** mit Vergnügen; **to take pleasure in** Gefallen finden an; **it gives me no pleasure** es ist für mich kein Vergnügen
2 **thank you – my pleasure** danke – gern geschehen

plen·ty[1] ['plentɪ] **plenty of** eine Menge ..., reichlich ..., sehr viel ...; **plenty more** viel mehr

plen·ty[2] ['plentɪ] (USA) (*umgangsspr*) **it's plenty big enough** es ist wirklich groß genug

plough [plaʊ], (USA) **plow** der Pflug

to **plough** [plaʊ], (USA) to **plow** pflügen; ziehen *Furche*

to **pluck** [plʌk]
1 rupfen *Geflügel*
2 zupfen *Augenbrauen*
3 zerren, zupfen, ziehen (**at** an)
◆ to **pluck up** **to pluck up courage** Mut fassen

plug [plʌg]
1 der Stöpsel
2 (*elektrisch*) der Stecker; (*umgangsspr*) die Steckdose

to **plug** [plʌg] <plugged, plugged>
1 **to plug** [**up**] zustopfen
2 stecken (**into** in)
◆ to **plug in** einstecken, anschließen *Gerät*

plug·hole ['plʌghəʊl] der Abfluss

plum [plʌm] die Pflaume, die Zwetsch[g]e

plumb·er ['plʌməʳ] der Klempner/die Klempnerin, der Installateur/die Installateurin

plumb·ing ['plʌmɪŋ]
1 die Klempnerarbeit
2 die Leitungen
3 die sanitäre Anlagen

plump [plʌmp]
1 rundlich, mollig
2 gut gefüttert *Tier*

plu·ral ['plʊərəl] der Plural, die Mehrzahl

plus[1] [plʌs] plus, und

plus[2] [plʌs] <*Plural* pluses *oder Plural* plusses>
1 das Plus, das Mehr
2 **plus-sign** das Pluszeichen

PM [piː'em] *Abkürzung von* **Prime Minister** der Premierminister/die Premierministerin

pm [piː'em] *Abkürzung von* **post meridiem** nachmittags; **at 4 pm** um 16 Uhr

to **poach** [pəʊtʃ]
1 pochieren *Ei;* **poached eggs** die verlorene Eier
2 unberechtigt jagen *Wild,* wildern

PO Box [ˌpiː'əʊbɒks] *Abkürzung von* **post office box** das Postfach

pock·et ['pɒkɪt]
1 die Tasche
2 (*Billard*) das Loch

to **pock·et** ['pɒkɪt]
1 in die Tasche stecken, einstecken
2 sich aneignen

pock·et·book
1 das Notizbuch
2 (USA) die Brieftasche
3 (USA) das Handtäschchen

pock·etknife <pocket-knives> *Plural* das Taschenmesser

pock·et mon·ey das Taschengeld

poem ['pəʊɪm] das Gedicht

poet ['pəʊɪt] der Dichter/die Dichterin, der Poet/die Poetin

po·et·ry ['pəʊɪtrɪ]
1 die Dichtung, die Poesie
2 die Gedichte

point [pɔɪnt]
1 (*Note, Bewertung*) der Punkt; **he won on points** (*beim Boxen*) er hat nach Punkten gewonnen

2 *von Messer usw.:* die Spitze, spitzes Ende
3 (*Dezimalpunkt*) das Komma; **three point two, 3.2** drei Komma zwei, 3,2
4 (*genauer Ort*) die Stelle, der Platz; **at this point** (*auch übertragen*) an dieser Stelle
5 der Zeitpunkt, der Moment, der Augenblick; **to be on the point of doing something** im Begriff sein, etwas zu tun
6 **up to a certain point** bis zu einem gewissen Grad
7 (*eines Arguments*) der Punkt; **the point is ...** der springende Punkt ist ...; **that's beside the point** das ist irrelevant [*oder* nicht der Punkt], das gehört nicht zur Sache
8 (*das, worum es geht*) **that's just** [*oder* **exactly**] **the point!** genau das ist es [eben]!; **to come** [*oder* **get**] **to the point** zur Sache kommen; **to keep to the point** bei der Sache bleiben; **to get the point** (*umgangsspr*) verstehen, kapieren; **to miss the point** nicht verstehen, worum es wirklich geht
9 **he's got a point** er hat nicht so unrecht; **to make one's point** seinen Standpunkt klar machen; **I don't see your point** ich weiß nicht, worauf Sie hinauswollen
10 **point of view** die Ansicht, der Standpunkt
11 **strong point** die Stärke
12 der Sinn, der Zweck; **there is no point in that** das hat keinen Sinn; **what's the point?** wozu?
13 (*übertragen*) **to make a point of something** auf etwas bestehen [*oder* Wert legen]; **to make a point of doing something** darauf achten, etwas zu tun

to **point** [pɔɪnt]
1 zeigen (**at** auf)
2 richten *Waffe* (**at** auf)
3 hinweisen (**to** auf)
◆ to **point out**
1 zeigen auf
2 hinweisen auf *Tatsache;* **we'll have to point out to them that ...** wir müssen sie darauf aufmerksam machen, dass ...

point·ed ['pɔɪntɪd]
1 spitz
2 (*übertragen*) scharf, beißend, treffend

point·less ['pɔɪntlɪs]
1 bedeutungslos
2 sinnlos, zwecklos

poi·son ['pɔɪzn] (*auch übertragen*) das Gift

to **poi·son** ['pɔɪzn] vergiften

poi·son·ous ['pɔɪzənəs] giftig, Gift-

poke [pəʊk] der Stoß; **give him a poke** schubs ihn doch an

to **poke** [pəʊk]
1 [an]stoßen; **to poke someone in the ribs** jemandem einen Rippenstoß versetzen
2 stochern (**at** in) ▶ WENDUNGEN: **to poke fun at someone** sich über jemanden lustig machen; **to poke one's nose into** seine Nase stecken in
◆ to **poke about**, to **poke around** (*umgangsspr*) herumstöbern, herumwühlen (**in** in)

Poland ['pəʊlənd] das Polen

po·lar bear der Eisbär

Pole [pəʊl] der Pole/die Polin

pole [pəʊl]
1 der Pfahl, der Pfosten, der Mast
2 (*Sport*) der Stab, der Skistock
3 (*Geographie, Elektrizität*) der Pol

pole vault ['pəʊl vɔːlt] der Stabhochsprung

po·lice [pə'liːs] die Polizei

to **po·lice** [pə'liːs] polizeilich überwachen

po·lice car das Polizeiauto, der Streifenwagen

po·lice force die Polizei

po·lice·man [pə'liːsmən] <*Plural* policemen> der Polizist

po·lice of·fic·er der Polizeibeamter/die Polizeibeamtin

po·lice sta·tion das Polizeirevier, die Wache

po·lice·wom·an <*Plural* policewomen> die Polizistin

poli·cy ['pɒləsɪ]
1 die Politik; **foreign policy** die Auslandspolitik
2 (*übertragen*) der Grundsatz, das Ziel
3 **insurance policy** die Versicherungspolice

Po·lish[1] ['pəʊlɪʃ] polnisch; **he's Polish** er ist Pole

Po·lish[2] ['pəʊlɪʃ] (*Sprache*) Polnisch, das Polnische

pol·ish ['pɒlɪʃ]
1 die Politur, die Schuhcreme, die Schuhwichse
2 (*übertragen*) die Eleganz, die Verfeinerung; (*umgangsspr*) der Schliff

to **pol·ish** ['pɒlɪʃ]
1 polieren
2 bohnern, schmirgeln

po·lite [pə'laɪt] höflich

po·liti·cal [pə'lɪtɪkl] politisch

poli·ti·cian [ˌpɒlɪ'tɪʃn] der Politiker/die Politikerin

poli·tics ['pɒlɪtɪks]
1 *Plural* [die] Politik, politische Ansichten
2 ⚠ *mit Singular* (*Fach*) die Politik

poll [pəʊl]
1 die Umfrage, die Erhebung; **to conduct a public opinion poll** eine öffentliche Meinungsumfrage durchführen
2 (*politisch*) die Wahl, die Abstimmung; **to be defeated at the polls** eine Wahlniederlage erleiden; **to go to the polls** zur Wahl gehen

to **poll** [pəʊl] befragen

poll·ing day der Wahltag

poll·ing sta·tion das Wahllokal

pol·lu·tant [pəl'uːtənt] der Schadstoff

to **pol·lute** [pə'luːt] verunreinigen, verschmutzen

pol·lu·tion [pə'luːʃn] die Verschmutzung, die Verunreinigung, die Schadstoffbelastung

polo neck, **polo-neck sweat·er** der Rollkragenpullover

poly·sty·rene [ˌpɒlɪ'staɪriːn] das Styropor

pomp·ous ['pɒmpəs] wichtigtuerisch, aufgeblasen

pond [pɒnd] der Teich

pony ['pəʊnɪ] das Pony

pony·tail (*Frisur*) der Pferdeschwanz

pool [puːl]
1 der Teich
2 die Pfütze, die Lache
3 **swimming pool** das Schwimmbecken
4 das Poolbillard
5 **pools** das/der Toto

poor[1] [pʊəʳ]
1 arm
2 *Zeugnis, Arbeit:* schlecht
3 *Ernte, Ergebnis:* mager
4 *Boden:* dürftig
5 bedauernswert, arm; **poor you!** du Ärmster!

poor[2] [pʊəʳ] **the poor** ⚠ *Plural* die Armen

poor·ly ['pʊəlɪ]
1 (*übertragen*) schlecht, mangelhaft, dürftig
2 (*umgangsspr*) kränklich; **to feel poorly** sich schlecht fühlen

pop [pɒp]
1 die Popmusik
2 *einer Sektflasche:* der Knall
3 (*umgangsspr*) die Brause; (USA) die Limo

to **pop** [pɒp] <popped, popped>
1 knallen
2 [zer]springen, platzen
3 zum Platzen bringen
4 **his eyes almost popped out of his head** ihm fielen beinahe die Augen aus
5 (*umgangsspr*) **to pop one's head round the corner** den Kopf um die Ecke stecken
6 (*umgangsspr*) **to pop round [to] the shops** schnell einkaufen gehen

◆ to **pop in** **to pop in on someone** bei jemanden auf einen Sprung vorbeikommen; **to pop in for a coffee** auf einen Kaffee vorbeikommen

◆ to **pop off** (*umgangsspr*)
1 weggehen
2 abkratzen, sterben

◆ to **pop up**
1 hochfahren, auffahren
2 plötzlich auftauchen
3 (*in der Informatik*) *Fenster:* aufpoppen

Pope [pəʊp] der Papst

pop·py ['pɒpɪ] die Mohnblume

Pop·py Day (*am 11. November*) ≈ der Volkstrauertag

popu·lar ['pɒpjʊləʳ]
1 beliebt, populär (**with** bei)
2 weit verbreitet

popu·lar·ity [ˌpɒpjʊ'lærətɪ] die Popularität, die Beliebtheit (**with** bei)

popu·la·tion [ˌpɒpjʊ'leɪʃn]
1 die Bevölkerung
2 die Einwohnerschaft, die Einwohnerzahl

porch [pɔːtʃ] <*Plural* porches> der Vorbau, die Veranda

pork [pɔːk] das Schweinefleisch

pork chop das Schweinskotelett

pork pie die Schweinefleischpastete

por·ridge ['pɒrɪdʒ] der Haferbrei

por·ridge oats *Plural* die Haferflocken

port[1] [pɔːt]
1 der Hafen; **to leave port** auslaufen
2 die Hafenstadt
3 *eines Schiffs:* das Backbord

port[2] [pɔːt] der Portwein

port·able ['pɔːtəbl] tragbar

por·ter ['pɔːtəʳ]
1 (*im Hotel*) der Portier, der Gepäckträger
2 (USA) der Schlafwagenschaffner/die Schlafwagenschaffnerin
3 der Pförtner/die Pförtnerin, der Portier

por·tion ['pɔːʃn]
1 der Teil (**of** an)
2 *einer Karte:* der Abschnitt
3 *von Essen:* die Portion

por·trait ['pɔːtrɪt] das Porträt; **to have one's portrait painted** sich porträtieren lassen

to **por·tray** [pɔː'treɪ]
1 malen
2 (*übertragen*) schildern, beschreiben
3 (*Theater*) darstellen

pos·er ['pəʊzəʳ]
1 die schwierige Frage, schwieriges Problem
2 affektierter Mensch, der Angeber/die Angeberin

posh [pɒʃ] (*umgangsspr*) piekfein, vornehm

po·si·tion [pə'zɪʃn]
1 der Platz, die Stelle, der Standort, die Lage; **in/out of position** am rechten/falschen Platz
2 (*übertragen*) die Situation, die Lage; **legal position** die Rechtslage
3 (*übertragen*) die Haltung, die Stellung, die Position
4 der Standpunkt
5 (*Sport*) der Platz
6 die gesellschaftliche Stellung
7 (*Arbeit*) die Stelle, die Stellung (**with** bei)

posi·tive ['pɒzətɪv]
1 positiv
2 *Einstellung:* positiv, bejahend; *Kritik:* konstruktiv
3 **are you positive?** bist du ganz sicher?

to **pos·sess** [pə'zes]
1 besitzen
2 **to be possessed by** ergriffen [*oder* besessen] sein von, [ganz] eingenommen sein von; **what possessed you to do that?** was ist in Sie gefahren, so etwas zu tun?

pos·ses·sion [pə'zeʃn]
1 der Besitz; **to be in possession of** im Besitz sein von
2 das Eigentum

pos·ses·sive [pə'zesɪv]
1 **to be possessive** sein Besitzrecht stark betonen, besitzergreifend sein
2 **possessive pronoun** das Possessivpronomen, besitzanzeigendes Fürwort

pos·sibil·ity [ˌpɒsə'bɪlətɪ]
1 die Möglichkeit; **possibility of doing something** die Möglichkeit, etwas zu tun
2 (*umgangsspr*) **she's a possibility** sie kommt schon in Frage

pos·sible ['pɒsəbl]
1 möglich; **would it be possible for me to see him?** dürfte ich zu ihm?; **as early/as soon as possible** so früh/so bald wie möglich; **if [it is] possible** wenn möglich
2 denkbar, geeignet

pos·sibly ['pɒsəblɪ]
1 möglicherweise, eventuell; **if I possibly can** wenn ich irgend kann; **I cannot possibly come** ich kann unmöglich kommen; **how could he possibly have been so stupid?** wie konnte er so dumm sein?
2 vielleicht

post [pəʊst]
1 der Pfosten, der Pfahl, der Mast
2 die Stelle; (*auch beim Militär*) der Posten
3 (GB) die Post; **by post** mit der Post; **by return of post** postwendend; **by today's post** mit der heutigen Post; **by separate post** mit getrennter Post; **is there any post for me?** ist Post für mich da?

to **post** [pəʊst]
1 in den Briefkasten werfen, auf die Post bringen *Brief*
2 aufgeben, abschicken, absenden *Brief*
3 (*im Internet*) **to post something [in a forum]** etwas [in einem Forum] posten; **to post something on the [inter]net** etwas über das Internet bekanntgeben
4 **to post a notice** durch Aushang bekannt geben
5 **she was posted to London** sie wurde nach London versetzt

post·age ['pəʊstɪdʒ] das Porto, die Postgebühr; **postage and packing** Porto und Verpackung

post·age stamp die Briefmarke, das Postwertzeichen

post·al ['pəʊstl] Post-, postalisch; **postal code** die Postleitzahl; **postal order** (GB) die Postanweisung; **postal vote** die Briefwahl

post·box (GB) der Briefkasten

post·card ['pəʊstkɑːd] die Postkarte; **picture postcard** die Ansichtskarte

post·code (GB) die Postleitzahl

post·man ['pəʊstmən] <*Plural* postmen> der Briefträger

post·mark ['pəʊstmɑːk] der Poststempel; **date as postmark** das Datum des Poststempels

post of·fice ['pəʊstˌɒfɪs, ˌpiː'əʊ] das Postamt; **the Post Office** die Post; **post office box** das Postfach to **post·pone** [pə'spəʊn] verlegen, verschieben *Termin*

post·pone·ment [pə'spəʊnmənt] Verschiebung

post-war ['pəʊstwɔː] die Nachkriegs-

pot [pɒt] der Topf, die Kanne; **coffee pot** die Kaffeekanne

po·ta·to [pə'teɪtəʊ] <*Plural* potatoes> die Kartoffel; **boiled potatoes** die Salzkartoffeln; **fried potatoes** die Bratkartoffeln, die Röstkartoffeln; **mashed potato**[**es**] der Kartoffelbrei; **jacket** [*oder* **baked**] **potatoes** die Ofenkartoffeln

po·ta·to crisps, (USA) **po·ta·to chips** *Plural* die Kartoffelchips

po·ten·tial[1] [pə'tenʃl] potenziell, möglich

po·ten·tial[2] [pə'tenʃl] das Potenzial

pot·tery ['pɒtərɪ]
1 die Töpferei
2 die Töpferwaren

poul·try ['pəʊltrɪ] das Geflügel

pound [paʊnd]
1 das Pfund (*16 Unzen = 453,592 g*); **by the pound** pfundweise
2 **pound sterling** das Pfund

to **pound** [paʊnd]
1 [zer]stoßen, [zer]stampfen
2 **she pounded on the door** sie trommelte an die Tür
3 *Maschine:* stampfen
4 *Herz:* pochen, heftig schlagen

to **pour** [pɔːʳ]
1 gießen, schütten; **could you pour the tea?** könntest du den Tee einschenken?
2 (*auch übertragen*) **pouring rain** strömender Regen; **it's pouring** es gießt in Strömen, es schüttet

◆ to **pour out**
1 *Menschen:* herausströmen
2 ausgießen
3 einschenken *Tee, Kaffee*

pov·er·ty ['pɒvətɪ] die Armut

pov·er·ty-strick·en ['pɒvətɪˌstrɪkən] verarmt

pow·der ['paʊdəʳ]
1 der Puder
2 das Pulver

pow·er ['paʊəʳ]
1 die Kraft, die Stärke, die Wucht; (*übertragen*) die Überzeugungskraft
2 die Macht; **world power** die Weltmacht; **to be in power** an der Macht sein
3 die Herrschaft (**over** über)
4 (*technisch*) die Kraft, die Energie, die Leistung, der Strom; **nuclear power** die Kernkraft; (*politisch*) die Atommacht; **solar power** die Solarenergie

pow·er·boat das Rennboot

pow·er cut, **pow·er fail·ure** der Stromausfall

pow·er·ful ['paʊəfəl]
1 mächtig, stark, einflussreich
2 leistungsfähig, leistungsstark

pow·er·less ['paʊəlɪs] kraftlos, machtlos

pow·er point die Steckdose

pow·er sta·tion das Kraftwerk; **nuclear power station** das Kernkraftwerk

pow·er steer·ing die Servolenkung

prac·ti·cable ['præktɪkəbl] praktikabel, durchführbar, machbar

prac·ti·cal ['præktɪkl]
1 praktisch; *Mensch:* praktisch [veranlagt]; *Lösung, Idee:* praxisnah, praxisorientiert
2 **practical joke** der Streich

prac·ti·cal·ly ['præktɪk(ə)lɪ]
1 in der Praxis
2 praktisch, so gut wie, nahezu; **it's practically the same** es ist fast dasselbe

prac·tice ['præktɪs]
1 die Gewohnheit, der Brauch
2 (*geschäftlich*) die Verfahrensweise, die Praxis
3 *eines Arztes, eines Anwaltes:* die Praxis
4 (*nicht Theorie*) die Praxis; **to put in**[**to**] **practice** in die Tat umsetzen
5 die Übung; **out of practice** aus der Übung; **practice makes perfect** Übung macht den Meister; (*Sport*) das Training

to **prac·tise** ['præktɪs], (USA) to **prac·tice**
1 üben; proben *Lied, Stück*
2 praktisch tätig sein, praktizieren
3 ausüben *Beruf*
4 (*Sport*) trainieren

to **praise** [preɪz] loben (**for** für)

praise [preɪz] das Lob

pram [præm] (GB) der Kinderwagen

prawn [prɔːn] die Garnele

prawn cock·tail der Krabbencocktail

to **pray** [preɪ] beten (**to** zu, **for** um)

prayer [preəʳ] das Gebet; **to say one's prayers** sein Gebet verrichten; **the Lord's Prayer** das Vaterunser

pre·cau·tion [prɪ'kɔːʃn] die Vorsichtsmaßnahme; **to take the precaution of doing something** etwas vorsichtshalber tun

to **pre·cede** [prɪ'siːd] vorausgehen, vorangehen

pre·cinct ['priːsɪŋkt]
1 **shopping precinct** das Einkaufsviertel
2 **pedestrian precinct** die Fußgängerzone
3 der Bezirk

pre·cious ['preʃəs]
1 wertvoll (**to** für), kostbar
2 **precious metal** das Edelmetall; **precious stone** der Edelstein

pre·cise [prɪ'saɪs] genau, exakt; **to be precise** genau gesagt; **at that precise moment** in dem Augenblick

pre·cise·ly [prɪ'saɪslɪ] genau; **precisely!** genau!, so ist es!

pre·de·ces·sor ['priːdɪsesəʳ] der Vorgänger/die Vorgängerin

to **pre·dict** [prɪ'dɪkt] vorhersagen, prophezeien

pre·dict·able [prɪ'dɪktəbl] vorhersehbar

pre·dic·tion [prɪ'dɪkʃn] die Vorhersage, die Prognose

pref·ace ['prefɪs] das Vorwort

pre·fect ['priːfekt] (GB) der Vertrauensschüler/die Vertrauensschülerin

to **pre·fer** [prɪ'fɜːʳ] <preferred, preferred> vorziehen, bevorzugen; **he prefers red to white wine** Rotwein ist ihm lieber als Weißwein; **I'd prefer going to the cinema than stay here** ich würde lieber ins Kino gehen als hierbleiben

pref·er·able ['prefrəbl] **to be preferable to** vorzuziehen sein

pref·er·ably ['prefrəblɪ] am liebsten

pref·er·ence ['prefrəns] die Vorliebe (**for** für); **by preference** vorzugsweise; **in preference to** lieber als; **to give preference to someone** jemandem den Vorzug geben

pre·fix ['priːfɪks] <*Plural* prefixes> (*Grammatik*) die Vorsilbe

preg·nan·cy ['pregnənsɪ]
1 (*einer Frau*) die Schwangerschaft
2 (*eines Tiers*) die Trächtigkeit

preg·nant ['pregnənt]
1 schwanger; **she's eight months pregnant** sie ist im achten Monat [schwanger]
2 *Tier:* trächtig

preju·dice ['predʒʊdɪs] das Vorurteil, die vorgefasste Meinung (**against** gegen)

preju·diced ['predʒʊdɪst] voreingenommen

pre·limi·nary [prɪ'lɪmɪnərɪ] Vor-; **preliminary examination** die Aufnahmeprüfung; **preliminary round** (*Sport*) die Vorrunde

prema·ture [premə'tjʊəʳ]
1 vorzeitig, zu früh
2 (*übertragen*) voreilig; **premature baby** die Frühgeburt

prem·ier¹ ['premɪəʳ] führend

prem·ier² ['premɪəʳ] der Premierminister/die Premierministerin

prepa·ra·tion [ˌprepə'reɪʃn] die Vorbereitung; **to make preparations** Vorbereitungen treffen (**for** für); **in preparation for** als Vorbereitung für

pre·para·tory [prɪ'pærətrɪ] vorbereitend, einführend

Land und Leute
In Großbritannien können Jungen zwischen 7 und 13 Jahren oder Mädchen zwischen 7 und 11 Jahren eine **preparatory school** besuchen, in der sie vor allem für eine **public school** (⚠ = Privatschule) vorbereitet werden. In Amerika hingegen dient die **prep school** als Vorbereitung aufs College oder auf die Universität.

to **pre·pare** [prɪ'peəʳ]
1 [sich] vorbereiten (**for** auf); **to prepare yourself for a shock** mach dich auf einen Schock gefasst
2 zubereiten *Essen*

prepo·si·tion [prepə'zɪʃn] die Präposition

prep school (*umgangsspr*)
1 (GB) *vorbereitende Privatschule für die Aufnahme an einer „Public School" (höheren Privatschule)*
2 (USA) *vorbereitende [Privat]schule für die Aufnahme an einem College*

to **pre·scribe** [prɪ'skraɪb] *Arzt:* verschreiben, verordnen

pre·scrip·tion [prɪ'skrɪpʃn] (*medizinisch*) das Rezept; **only available on prescription** rezeptpflichtig; **prescription charge** die Rezeptgebühr

pres·ence ['prezns] die Gegenwart, die Anwesenheit

pres·ent¹ ['preznt]
1 (*räumlich*) anwesend, zugegen, vorhanden
2 (*räumlich und zeitlich*) gegenwärtig
3 (*zeitlich*) augenblicklich, momentan; **at the present time** gegenwärtig; **up to the present time** bis zum heutigen Tage, bis heute; **present tense** das Präsens, die Gegenwart

pres·ent² ['preznt] das Geschenk

pres·ent³ ['preznt]
1 die Gegenwart; **at present** zurzeit, im Augenblick
2 (*Grammatik*) die Gegenwart, das Präsens

to **pres·ent** [ˌprɪ'zent]
1 übergeben, überreichen
2 schenken
3 unterbreiten *Vorschlag*
4 bieten *Anblick, Möglichkeit, Angriffsziel*
5 (*Radio, TV*) präsentieren, moderieren; (*Theater*) zeigen
6 **to present itself** *Gelegenheit, Problem:* sich ergeben

pres·en·ta·tion [ˌprezn'teɪʃn]
1 (*Theater*) die Aufführung, die Darstellung
2 die Überreichung, die Schenkung
3 (*Rede*) die Präsentation

pres·ent·ly ['prezntlɪ]
1 bald, in kurzem, in Kürze
2 gegenwärtig

pre·serva·tive [prɪ'zɜːvətɪv] der Konservierungsstoff

to **pre·serve** [prɪ'zɜːv]
1 bewahren, schützen (**from** vor)
2 erhalten, in Stand halten
3 konservieren; einmachen, einkochen *Nahrungsmittel*

presi·den·cy ['prezɪdənsɪ] (USA) die Präsidentschaft

presi·dent ['prezɪdənt]
1 der/die Vorsitzende
2 (*politisch*) der Präsident/die Präsidentin

presi·den·tial [ˌprezɪ'denʃl] **presidential address** die Ansprache des Präsidenten; **presidential election** die Präsidentenwahl

press [pres]
1 der Druck
2 der Andrang, das Gedränge
3 die [Frucht]presse, die Ölpresse
4 **printing press** die Druckpresse
5 die Presse, die Zeitungen, das Zeitungswesen, das Pressewesen

to **press** [pres]
1 [fest] drücken (**to** an)
2 pressen; auspressen *Obst*
3 plätten, bügeln
4 aufdrängen
5 **to be pressed for time** unter Zeitdruck stehen

press con·fer·ence die Pressekonferenz

press-up ['presˌʌp] der Liegestütz

pres·sure ['preʃəʳ]
1 der Druck; **blood pressure** der Blutdruck
2 (*übertragen*) der Druck, der Zwang; **under pressure** unter Druck; **to put pressure on someone** jemanden unter Druck setzen

pre·sum·ably [prɪ'zjuːməbli] vermutlich

to **pre·sume** [prɪ'zjuːm] annehmen, vermuten

to **pre·tend** [prɪ'tend]
1 vorgeben, vortäuschen; **to pretend** [**that**] so tun [als ob]; **he's just pretending** er tut nur so
2 **to pretend to be** sich ausgeben als

pret·ty ['prɪtɪ]
1 nett, hübsch
2 ziemlich, [ganz] ordentlich, ganz schön, beachtlich; **pretty much** so ziemlich; **he's doing pretty well** es geht ihm ganz gut; **I've pretty well finished** ich bin beinahe [*oder* fast] fertig

to **pre·vent** [prɪ'vent]
1 verhindern
2 verhüten, vermeiden
3 abhalten, zurückhalten

pre·ven·tion [prɪ'venʃn]
1 die Verhinderung, die Vermeidung
2 die Vorbeugung, die Verhütung; **prevention is better than cure** Vorbeugen ist besser als Heilen

pre·view ['priːvjuː] (*Theater*) die Probeaufführung; (*Ausstellung*) die Vorbesichtigung; (*Film*) die Vorschau, die Preview

pre·vi·ous ['priːvɪəs] (*zeitlich*) vorausgehend, vorhergehend, früher; **on the previous day** am Vortag

pre·vi·ous·ly ['priːvɪəslɪ] früher, vorher

price [praɪs] der Preis; **at the price of** (*auch übertragen*) zum Preis von

to **price** [praɪs]
① einen Preis festsetzen für, bewerten
② mit einem Preis versehen, auszeichnen

price·less ['praɪslɪs]
① unbezahlbar, unschätzbar, unvergleichlich
② GB (*umgangsspr*) amüsant

price list die Preisliste

price tag, **price tick·et** das Preisschild

prick [prɪk]
① (*durch eine Nadel*) der Stich
② stechender Schmerz

to **prick** [prɪk]
① stechen
② sich stechen

pride[1] [praɪd]
① der Stolz
② der Hochmut
③ **she takes a pride in her work** sie ist sehr stolz auf ihre Arbeit

pride[2] [praɪd] *von Löwen:* das Rudel

priest [pri:st]
① der Priester/die Priesterin
② der Pfarrer/die Pfarrerin, der Pastor/die Pastorin

pri·ma·ry[1] ['praɪmərɪ]
① Haupt-, wesentlich; **primary colour** die Grundfarbe; **of primary importance** von größter Wichtigkeit
② Primär-, primär; **primary school** die Grundschule, die Elementarschule; *s. a.* **junior school**

Land und Leute
Staatliche Schulen für Kinder im Alter von 5 bis 11 Jahren heißen in Großbritannien **primary schools**. Anschließend besuchen die Kinder dann eine **secondary school**.

pri·ma·ry[2] ['praɪmərɪ] USA (*bei Wahlen*) die Vorwahl

prime [praɪm]
① wesentlich, Haupt-; **the matter is of prime importance** die Sache ist von höchster Wichtigkeit
② *Qualität:* erstklassig
③ **prime number** die Primzahl

prime min·is·ter der Premierminister/die Premierministerin, der Ministerpräsident/die Ministerpräsidentin

Land und Leute
In der „Number 10 **Downing Street**" wohnt der britische **Prime Minister**. Das Haus stammt aus dem 17. Jh. und wurde von Sir George Downing gebaut. Der Premierminister wohnt in einem oberen Stockwerk und im übrigen Gebäude befinden sich die Regierungsbüros sowie die Sitzungsräume des Kabinetts. Der **Chancellor of the Exchequer** (Finanzminister) wohnt im Haus nebenan, in „Number 11"; außerdem gibt es in der Downing Street noch weitere Regierungsgebäude.

prince [prɪns]
① (*Herrscher*) der Fürst
② (*in Königsfamilie*) der Prinz; **Prince of Wales** der Prinz von Wales

prin·cess [prɪn'ses] <*Plural* princesses>
① (*Frau eines Fürsten*) die Fürstin
② (*in Königsfamilie*) die Prinzessin

prin·ci·pal[1] ['prɪnsəpl] Haupt-, wichtigste(r, s), bedeutendste(r, s)

prin·ci·pal[2] ['prɪnsəpl]
① *einer Schule:* der Rektor/die Rektorin
② (*im Theater*) der Hauptdarsteller/die Hauptdarstellerin

prin·ci·ple ['prɪnsəpl] der Grundsatz, das Prinzip; **in principle** im Prinzip, grundsätzlich; **on principle** aus Prinzip, grundsätzlich

print [prɪnt]
① der Druck; **in big** [*oder* **large**] **print** groß gedruckt; **out of print** vergriffen
② [das] Gedruckte
③ (*Foto*) der Abzug
④ *von Hand, Fuß:* der Abdruck

to **print** [prɪnt]
① drucken *Dokument*
② bedrucken *Stoff*
③ veröffentlichen *Roman, Artikel*
④ in Druckschrift schreiben
⑤ abziehen *Foto*

print·er ['prɪntə[r]]
① (*Gerät*) der Drucker
② (*Werk*) die Druckerei

print·out ['prɪntaʊt] (*Computer*) der Ausdruck

pri·or ['praɪə[r]]
① vorherig, früher
② **prior to** vor

pri·or·ity [praɪ'ɒrətɪ] die Priorität, der Vorrang; **to have** [*oder* **take**] **priority** Vorrang haben

pris·on ['prɪzn] das Gefängnis; **in prison** im Gefängnis

pris·on·er ['prɪznəʳ] der/die Gefangene, der Häftling; **to hold** [*oder* **keep**] **someone prisoner** jemanden gefangen halten; **to take someone prisoner** jemanden gefangen nehmen; **prisoner of war** der/die Kriegsgefangene

pri·va·cy ['prɪvəsɪ]
1 die Privatsphäre, die Intimsphäre, das Privatleben
2 die Zurückgezogenheit; **there is no privacy here** man kann hier nichts unbeobachtet tun

pri·vate[1] ['praɪvɪt]
1 privat, Privat-; **private life** das Privatleben; **private property** das Privateigentum
2 **private and confidential** streng vertraulich
3 **for private use** für den eigenen Gebrauch

pri·vate[2] ['praɪvɪt] [einfacher] Soldat

pri·vate·ly ['praɪvɪtlɪ]
1 privat; **privately owned** in Privathand
2 vertraulich; **to speak to someone privately** mit jemandem unter vier Augen sprechen

privi·lege ['prɪvəlɪdʒ]
1 das Privileg, das Vorrecht
2 die Ehre

prize [praɪz]
1 der Preis
2 (*in der Lotterie*) der Gewinn

prize·win·ner *einer Lotterie:* der Preisträger/die Preisträgerin, der Gewinner/die Gewinnerin

pro [prəʊ] <*Plural* pros> (*umgangsspr*) der Profi

pro- [prəʊ] für, pro-; **pro-democracy** [*oder* **pro-democratic**] prodemokratisch

prob·abil·ity [ˌprɒbə'bɪlətɪ] die Wahrscheinlichkeit; **in all probability** aller Wahrscheinlichkeit nach

prob·able ['prɒbəbl] wahrscheinlich

pro·ba·tion [prə'beɪʃn]
1 die Probe, die Probezeit
2 (*juristisch*) die Bewährung

prob·lem ['prɒbləm]
1 das Problem; **what's the problem?** (*umgangsspr*) wo fehlt's denn?
2 (*mathematisch*) die Aufgabe

pro·cedure [prə'siːdʒəʳ] das Verfahren, das Vorgehen

to **pro·ceed** [prə'siːd]
1 weitergehen; (*bei einer Reise*) weiterreisen; (*mit dem Auto*) weiterfahren
2 (*mit einer Beschäftigung*) weitermachen, fortfahren (**with** mit)
3 anfangen, beginnen
4 **to proceed to the next question** zur nächsten Frage übergehen
5 **to proceed against someone** gegen jemanden gerichtlich vorgehen, jemanden verklagen

pro·cess ['prəʊses] <*Plural* processes>
1 der Prozess; **in process** im Gange; **in** [**the**] **process of** im Verlauf von
2 das [Arbeits]verfahren

to **pro·cess** ['prəʊses]
1 verarbeiten *Atommüll, Daten, Rohstoffe*
2 konservieren *Nahrungsmittel;* **processed cheese, process cheese** (USA) der Schmelzkäse
3 entwickeln *Film*
4 bearbeiten *Akte, Antrag*

pro·ces·sion [prə'seʃn]
1 (*religiös*) die Prozession
2 (*festlich*) [feierlicher] Umzug, der [Fest]zug

to **pro·duce** [prə'djuːs]
1 produzieren, herstellen, erzeugen
2 schreiben *Buch, Artikel;* schaffen *Kunstwerk*
3 vorzeigen, vorweisen, vorlegen *Papiere;* beibringen *Zeugen;* erbringen, führen *Nachweis;* anführen *Gründe*
4 (*verursachen*) bewirken, hervorrufen
5 inszenieren *Theaterstück;* produzieren *Film*

pro·duce ['prɒdjuːs] das Erzeugnis, das Produkt

pro·duc·er [prə'djuːsəʳ]
1 der Erzeuger; *von Waren:* der Hersteller
2 *eines Theaterstücks:* der Regisseur/die Regisseurin; *eines Films:* der Produzent/die Produzentin; *eines Hörspiels:* der Sendeleiter/die Sendeleiterin

prod·uct ['prɒdʌkt]
1 das Produkt, das Erzeugnis
2 (*übertragen*) das Produkt, das Ergebnis

pro·duc·tion [prə'dʌkʃn]
1 die Erzeugung, die Herstellung, die Produktion, die Fertigung
2 (*im Theater*) die Aufführung, die Inszenierung
3 *von Film:* die Produktion
4 *eines Dokuments:* die Vorlage, die Beibringung

pro·fes·sion [prə'feʃn]
1 der Beruf; **by profession** von Beruf

2 der Berufsstand; **the legal/medical profession** die Anwaltschaft/Ärzteschaft

pro·fes·sion·al[1] [prə'feʃnəl]
1 beruflich, berufsmäßig; **to turn professional** Profi werden
2 fachmännisch, professionell

pro·fes·sion·al[2] [prə'feʃnəl]
1 der Profi
2 der Berufssportler/die Berufssportlerin

prof·it ['prɒfɪt] der Gewinn, der Profit; **to sell at a profit** mit Gewinn verkaufen

to **prof·it** ['prɒfɪt] profitieren (**by/from** von), Nutzen ziehen (**from/by** aus)

prof·it·able ['prɒfɪtəbl]
1 Gewinn bringend, rentabel; **to be profitable** sich rentieren
2 (*übertragen*) lohnend, nützlich

pro·found [prə'faʊnd] *Bemerkung, Gedanken:* tiefgründig, tief schürfend

pro·gram ['prəʊgræm]
1 (*Computer*) das Programm
2 (USA) das Programm; (*Radio, TV*) die Sendung

to **pro·gram** ['prəʊgræm] <programmed *oder* (USA) programed, programmed *oder* (USA) programed> programmieren *Computer*

pro·gramme ['prəʊgræm]
1 das Programm
2 (*Radio, TV*) die Sendung

to **pro·gramme** ['prəʊgræm]
1 programmieren
2 (*übertragen*) vorprogrammieren

pro·gram·mer ['prəʊgræməʳ] der Programmierer/die Programmiererin

pro·gress ['prəʊgres]
1 der Fortschritt; **to make progress** Fortschritte machen, vorankommen
2 **in progress** im Gange

to **pro·gress** [prə'gres] Fortschritte machen

pro·gres·sive [prə'gresɪv]
1 fortschreitend, zunehmend
2 (*im Denken*) fortschrittlich, progressiv

to **pro·hib·it** [prə'hɪbɪt]
1 verbieten; **to prohibit someone from doing something** jemandem verbieten, etwas zu tun
2 verhindern; **to prohibit someone from doing something** jemanden daran hindern, etwas zu tun

proj·ect ['prɒdʒekt] das Projekt, das Vorhaben

pro·jec·tor [prə'dʒektəʳ] der Projektor, das Vorführgerät

prom [prɒm]
1 (GB) das Promenadenkonzert
2 (GB) die Promenade
3 (USA) der Schülerball

promi·nent ['prɒmɪnənt]
1 *Backenknochen:* vorstehend
2 *Fels, Nase:* vorspringend
3 *Kennzeichen:* auffällig
4 (*übertragen*) [wohl] bekannt, prominent

prom·ise ['prɒmɪs]
1 das Versprechen; **to make a promise** ein Versprechen geben
2 die [feste] Aussicht, die Hoffnung (**of** auf); **to show great promise** zu großen Hoffnungen berechtigen, viel versprechend sein

to **prom·ise** ['prɒmɪs] versprechen; **to promise someone something, promise something to someone** jemandem etwas versprechen

prom·is·ing ['prɒmɪsɪŋ] viel versprechend

to **pro·mote** [prə'məʊt]
1 (*beruflich*) befördern
2 (*Sport*) **to be promoted** aufsteigen (**to** in)
3 (*unterstützen*) fördern
4 werben für *ein Produkt*

pro·mo·tion [prə'məʊʃn]
1 (*beruflich*) die Beförderung
2 (*Sport*) der Aufstieg
3 (*Unterstützung*) die Förderung
4 (*kommerziell*) die Werbung, die Werbekampagne

prompt [prɒmpt] *Handeln:* umgehend, sofortig, unverzüglich

to **prompt** [prɒmpt] (*im Theater*) **to prompt someone** jemandem soufflieren

prompt·ly ['prɒmptlɪ] pünktlich; **to start promptly at eight** Punkt acht Uhr anfangen

pro·noun ['prəʊnaʊn] das Pronomen, das Fürwort

to **pro·nounce** [prə'naʊns]
1 verkünden; (*feierlich*) erklären
2 aussprechen *Wort*

pro·nun·cia·tion [prəˌnʌnsɪ'eɪʃn] die Aussprache

proof [pruːf] der Beweis, der Nachweis; **by way of proof** als Beweis

prop·er ['prɒpəʳ]
1 richtig, passend, geeignet; **at the proper time** zur rechten Zeit
2 (*umgangsspr*) echt, richtig
3 (*umgangsspr*) anständig, gehörig

prop·er·ly [ˈprɒpəʳlɪ]
1 korrekt, richtig
2 anständig, ordentlich

prop·er name, prop·er noun der Eigenname

prop·er·ty [ˈprɒpətɪ]
1 das Eigentum, der Besitz
2 (*Land und Gebäude*) der Grundbesitz, der Landbesitz
3 **get off my property** verlassen Sie mein Grundstück
4 (*geschäftsbringend*) die Immobilien
5 die Eigenschaft

pro·por·tion [prəˈpɔːʃn]
1 der Teil, der Anteil, die Quote
2 das Verhältnis; (*auch mathematisch*) die Proportion; **in proportion to** im Verhältnis zu; **out of all proportion to** in gar keinem Verhältnis zu; **to keep a sense of proportion** (*übertragen*) die Dinge im richtigen Licht sehen

pro·por·tion·al [prəˈpɔːʃənl] proportional (**to** zu); **proportional representation** das Verhältniswahlrecht

pro·po·sal [prəˈpəʊzl]
1 der Vorschlag
2 **proposal** [**of marriage**] der [Heirats]antrag

to **pro·pose** [prəˈpəʊz]
1 vorschlagen; **to propose doing something** anregen, etwas zu tun
2 beabsichtigen, vorhaben; **to propose to do something** beabsichtigen, etwas zu tun
3 **to propose to someone** jemandem einen Heiratsantrag machen
4 **to propose a toast to someone** einen Toast auf jemanden ausbringen

prose [prəʊz] die Prosa

to **pros·ecute** [ˈprɒsɪkjuːt]
1 **to prosecute someone** [**for something**] jemanden [wegen etwas] strafrechtlich verfolgen
2 *Anwalt:* die Anklage vertreten, als Kläger auftreten

pros·ecu·tion [ˌprɒsɪˈkjuːʃn]
1 die Strafverfolgung; **liable to prosecution** strafbar
2 **the prosecution** die Staatsanwaltschaft, die Anklagevertretung

pros·pect [ˈprɒspekt] die Aussicht

pros·ti·tute [ˈprɒstɪtjuːt] der/die Prostituierte

pros·ti·tu·tion [ˌprɒstɪˈtjuːʃn] die Prostitution

to **pro·tect** [prəˈtekt]
1 [be]schützen, bewahren (**from** vor, **against** gegen)
2 wahren *Interessen, Rechte*

pro·tec·tion [prəˈtekʃn] der Schutz (**from** vor)

pro·tec·tive [prəˈtektɪv]
1 schützend, Schutz-; **protective clothing** die Schutzkleidung
2 **to be protective towards someone** fürsorglich gegenüber jemandem sein

to **pro·test** [prəˈtest]
1 beteuern *Unschuld*
2 protestieren [gegen], sich verwahren (**against** gegen); **to protest to someone** bei jemandem Einspruch [*oder* Protest] erheben

pro·test [ˈprəʊtest] der Einspruch, der Protest (**against** gegen); **as a protest, in protest** aus Protest; **under protest** unter Protest; **without protest** widerspruchslos, vorbehaltlos

pro·test·er [prəˈtestəʳ] der/die Protestierende, der Demonstrant/die Demonstrantin

pro·trac·tor [prəˈtræktəʳ] der Winkelmesser

proud [praʊd]
1 stolz (**of** auf)
2 (*abwertend*) hochmütig

to **prove** [pruːv] <proved *oder* proven, proved *oder* proven>
1 beweisen, nachweisen, unter Beweis stellen; **to prove one's identity** sich ausweisen
2 **to prove** [**to be**] sich erweisen [*oder* herausstellen] als

prov·en [ˈpruːvn] *3. Form von* **prove**

prov·erb [ˈprɒvɜːb] das Sprichwort

to **pro·vide** [prəˈvaɪd]
1 besorgen, sorgen für
2 heranschaffen, liefern
3 zur Verfügung stellen *Dienst;* bereitstellen *Geld*
4 **to provide someone with something** jemanden mit etwas versorgen/ausstatten/beliefern
5 **to provide for someone** jemanden versorgen
6 **to provide for the future** für die Zukunft vorsorgen

pro·vid·ed [prəˈvaɪdɪd] **provided** [**that**] vorausgesetzt, [dass]

pro·vid·ing [prəˈvaɪdɪŋ] **providing** [**that**] vorausgesetzt, [dass]

prov·ince ['prɒvɪns]
1 die Provinz
2 **the provinces** die Provinz

pro·vin·cial [prə'vɪnʃl]
1 Provinz-
2 (*abwertend*) provinziell

pro·vi·sion [prə'vɪʒn] **provisions** Lebensmittel

pro·vi·sion·al [prə'vɪʒənl] vorläufig, provisorisch

to **pro·voke** [prə'vəʊk]
1 provozieren, [auf]reizen
2 hervorrufen *Ärger, Kritik, Lächeln*

psy·chia·trist [saɪ'kaɪətrɪst] der Psychiater/die Psychiaterin

psy·chia·try [saɪ'kaɪətrɪ] die Psychiatrie

psycho·logi·cal [ˌsaɪkə'lɒdʒɪkl] psychologisch

psy·cholo·gist [saɪ'kɒlədʒɪst] der Psychologe/die Psychologin

psy·chol·ogy [saɪ'kɒlədʒɪ] die Psychologie

PT [ˌpiː'tiː] *Abkürzung von* **physical training** (*in der Schule*) der Sport

pt *Abkürzung von* **pint** das Pint (*0,568 l*)

PTO [ˌpiːtiː'əʊ] *Abkürzung von* **please turn over** b.w.

pub [pʌb] die Kneipe, das Wirtshaus

pub·lic[1] ['pʌblɪk]
1 öffentlich
2 allgemein bekannt

pub·lic[2] ['pʌblɪk] die Öffentlichkeit; **in public** öffentlich, in der Öffentlichkeit; **the cinema-going/the theatre-going public** das Filmpublikum/das Theaterpublikum

pub·lic con·veni·ence die öffentliche Bedürfnisanstalt

pub·lic holi·day gesetzlicher Feiertag

pub·lic house (GB) (*gehoben*) das Wirtshaus, das Gasthaus, die Gaststätte

pub·lic·ity [pʌb'lɪsətɪ]
1 die Publizität, die Publicity
2 die Werbung, die Reklame; **publicity campaign** die Werbeaktion, die Werbekampagne

to **pub·li·cize** ['pʌblɪsaɪz]
1 bekannt machen
2 werben für, Reklame machen für

pub·lic li·brary die öffentliche Bibliothek

pub·lic opin·ion die öffentliche Meinung

pub·lic prop·er·ty das Staatseigentum

pub·lic school
1 (GB) die Privatschule
2 (USA) die öffentliche, staatliche Schule

Land und Leute
In Großbritannien werden unabhängige Schulen als **public schools** bezeichnet. **Public schools** werden nicht durch staatliche Mittel finanziert sondern größtenteils durch Gebühren, welche die Eltern der Schüler bezahlen. Viele **public schools** stammen aus dem 19. Jh.. Die ältesten Schulen begannen als **grammar schools** für arme Studenten, z. B. *Winchester* (im 14. Jh.), *Eton* (im 15. Jh.) und *Harrow* (im 16. Jh.). In den USA ist eine **public school** jedoch eine kostenlose, durch Steuern finanzierte Schule, die von der lokalen Regierung kontrolliert wird.

pub·lic trans·port die öffentliche Verkehrsmittel

to **pub·lish** ['pʌblɪʃ]
1 [öffentlich] bekannt geben, bekannt machen
2 veröffentlichen, herausgeben *Buch, Zeitschrift;* publizieren, veröffentlichen *Forschungsarbeit*
3 *Verlag:* verlegen

pub·lish·er ['pʌblɪʃəʳ]
1 der Verleger/die Verlegerin
2 **publisher, publishers** *Plural* der Verlag

pub·lish·ing ['pʌblɪʃɪŋ] das Verlagswesen; **publishing company** der Verlag, das Verlagshaus

pud·ding ['pʊdɪŋ] die Nachspeise, der Nachtisch; **what's for pudding?** was gibt es zum Nachtisch?

Falsche Freunde
Nicht verwechseln mit *der Pudding* = **blancmange**!

pud·dle ['pʌdl] die Pfütze

puff [pʌf]
1 **puff of air** der Atemstoß; **puff of wind** der Windstoß
2 (*an einer Zigarette*) der Zug
3 (*umgangsspr*) die Puste

to **puff** [pʌf]
1 schnaufen, keuchen
2 *Raucher:* paffen (**at** an)

to **puke** [pjuːk] (*slang*) kotzen

pull [pʊl]
1 der Zug, der Ruck; **to give a pull** ziehen
2 (*auch übertragen*) die Anziehungskraft
3 *einer Strömung:* der Sog

to **pull** [pʊl]
1 (*zerren*) ziehen
2 (*reißen*) ziehen an *Glocke, Seil;* **to pull someone by the hair** jemanden an den Haaren ziehen
3 zerren *Muskel*
4 **to pull to pieces** in Stücke reißen, zerreißen; (*übertragen*) kein gutes Haar lassen an
5 **the train pulled into the station** der Zug fuhr in den Bahnhof ein ▸ WENDUNGEN: **to pull someone's leg** jemanden auf den Arm nehmen

◆ to **pull apart**
1 auseinander ziehen
2 trennen *Streitende*
3 auseinander nehmen *Apparat*
4 (*übertragen*) kein gutes Haar lassen an

◆ to **pull away**
1 wegziehen
2 *Auto:* anfahren
3 *Läufer:* sich absetzen

◆ to **pull down** abreißen, demolieren *Gebäude*

◆ to **pull in**
1 einziehen *Krallen*
2 (*übertragen*) anziehen *Zuschauer*
3 *Zug:* einfahren
4 *Auto:* anhalten

◆ to **pull off**
1 ausziehen *Kleider*
2 [mit Erfolg] abwickeln; an Land ziehen *Geschäft, Auftrag*

◆ to **pull out**
1 [her]ausziehen
2 ausziehen *Tisch*
3 ziehen *Zahn*
4 (*von Truppen*) abziehen
5 *Zug:* abfahren
6 *Auto:* ausscheren

◆ to **pull over**
1 *Fahrer, Wagen:* an die Seite fahren
2 anhalten

◆ to **pull through**
1 [hin] durchziehen
2 durchbringen *Kranken*
3 *Kranker:* durchkommen

◆ to **pull together**
1 (*übertragen*) am gleichen Strang ziehen
2 **to pull oneself together** (*übertragen*) sich zusammennehmen, sich zusammenreißen

◆ to **pull up**
1 hochziehen
2 herausreißen *Unkraut*
3 anhalten, zum Stehen bringen *Fahrzeug*
4 *Fahrzeug:* anhalten, stehen bleiben (**at** an/bei/vor)

pull·over ['pʊləʊvəʳ] der Pullover

pull-up ['pʊlʌp] der Klimmzug

pulse (*auch übertragen*) der Puls; **to feel** [*oder* **take**] **someone's pulse** jemandem den Puls fühlen

pump [pʌmp] die Pumpe

to **pump** [pʌmp] pumpen

◆ to **pump out**
1 auspumpen, leer pumpen *Boot, Keller*
2 ausstoßen *Abgase*

◆ to **pump up**
1 aufpumpen *Reifen*
2 heraufpumpen *Öl*

pump·kin ['pʌmpkɪn] der Kürbis

pun [pʌn] das Wortspiel

to **punch** [pʌntʃ]
1 lochen *Karte, Papier;* stanzen *Loch*
2 **to punch someone/something** jemanden/etwas mit der Faust schlagen

punch[1] [pʌntʃ] <*Plural* punches>
1 der Locher, die Lochzange
2 der Faustschlag

punch[2] [pʌntʃ] der Punsch

punch-up ['pʌntʃʌp] (*umgangsspr*) die Schlägerei

punc·tu·al ['pʌŋktʃʊəl] pünktlich

punc·tua·tion [ˌpʌŋktʃʊ'eɪʃn] die Interpunktion, die Zeichensetzung; **punctuation mark** das Satzzeichen

punc·ture ['pʌŋktʃəʳ] die [Reifen]panne

to **pun·ish** ['pʌnɪʃ] [be]strafen

pun·ish·ment ['pʌnɪʃmənt]
1 die Bestrafung
2 die Strafe; **as a punishment** zur Strafe

pu·pil[1] ['pju:pl] der Schüler/die Schülerin

> **Land und Leute**
> In Großbritannien tragen die meisten **pupils** eine Schuluniform (= *school uniform*). Der Unterricht dauert von 8.30 Uhr oder 9.00 Uhr bis etwa 15.30 Uhr. So müssen die Schüler in der Schule Mittag essen. Entweder sie bringen ihre eigenen Lunchpakete (= *packed lunch*) mit, oder sie kaufen das Mittagessen, das von der Schule angeboten wird.

pu·pil[2] ['pju:pl] (*im Auge*) die Pupille

pup·pet ['pʌpɪt] die [Hand]puppe; (*auch übertragen*) die Marionette; **puppet-show** das Puppenspiel

pup·py ['pʌpɪ] (*junger Hund*) der Welpe

A B C D E F G H I J K L M N O P Q R S T U V W X Y Z

to **pur·chase** ['pɜːtʃəs] [an]kaufen, erwerben

pur·chase ['pɜːtʃəs] der Kauf, die Anschaffung

pure [pjʊəʳ]
1 rein
2 (*übertragen*) *Unsinn, Wahnsinn:* hell, reinste(r, s)

pu·rée ['pjʊəreɪ] das Püree; **tomato purée** das Tomatenmark

to **pu·ri·fy** ['pjʊərɪfaɪ] reinigen

pur·ple ['pɜːpl]
1 violett, lila
2 *Gesicht:* hochrot

pur·pose ['pɜːpəs]
1 die Absicht; **on purpose** absichtlich, mit Absicht
2 der Zweck; **for what purpose?** weshalb?

to **purr** [pɜːʳ]
1 *Katze:* schnurren
2 *Motor:* surren

purse [pɜːs]
1 (GB) der Geldbeutel, die Geldbörse, das Portemonnaie
2 (USA) die Handtasche

to **pur·sue** [pə'sjuː]
1 verfolgen
2 betreiben, nachgehen *Tätigkeit, Beruf*

pur·suit [pə'sjuːt]
1 die Verfolgung, die Jagd (**of** auf)
2 (*übertragen*) das Streben (**of** nach)

push [pʊʃ] <*Plural* pushes>
1 der Stoß, der Schubs; **my car won't start — can you give me a push?** mein Auto springt nicht an — kannst du mich anschieben?
2 (*auch militärisch*) der Vorstoß (**for** auf)
3 **to get the push** (*umgangsspr*) *Arbeitnehmer(in)*: entlassen werden, rausfliegen; *Freund(in)*: den Laufpass bekommen; **to give someone the push** (*umgangsspr*) *Arbeitgeber(in)*: jemanden rausschmeißen; *Freund, Freundin:* jemandem den Laufpass geben

to **push** [pʊʃ]
1 stoßen, schieben; **to push [start] a car** ein Auto anschieben
2 drücken *Knopf, Tür*
3 (*übertragen*) drängen, [an]treiben *Person*
4 intensiv werben für, propagieren
5 pushen, dealen *Drogen*
6 *Mensch[enmenge]*: drängen, drängeln; **stop pushing!** hören Sie auf zu drängeln!
▶ WENDUNGEN: **to be pushed for time/money** in Zeitschwierigkeiten/in Geldnot sein; **don't push your luck!** treib's nicht zu weit!

◆ to **push around** herumkommandieren, schlecht behandeln
◆ to **push away** wegstoßen, wegschieben
◆ to **push back**
1 zurückschieben, zurückstoßen
2 zurückdrängen *Menschen*
3 **to push one's hair back** sich das Haar zurückstreichen
◆ to **push in** (*in einer Schlange*) sich vordrängeln
◆ to **push off**
1 wegdrücken *Deckel*
2 abstoßen *Boot*
3 (*umgangsspr*) abhauen; **push off!** hau ab!
◆ to **push out** (*übertragen*) hinausdrängen
◆ to **push over** umstoßen
◆ to **push through**
1 durchschieben, durchstoßen; **to push [one's way] through the crowd** sich durch die Menge schieben [*oder* drängen]
2 durchsetzen *Forderung*
3 durchbringen, durchdrücken *Gesetz, Vorschlag*
◆ to **push up**
1 hinaufschieben
2 (*übertragen*) hochtreiben *Preise*

push·chair ['pʊʃtʃeəʳ] (GB) (*für Kleinkinder*) der Sportwagen

push·over ['pʊʃəʊvəʳ] (*umgangsspr*) das Kinderspiel

push·pin ['pʊʃpɪn] (USA) die Reißzwecke

push-up ['pʊʃʌp] der Liegestütz

pushy ['pʊʃɪ] (*abwertend*) aufdringlich, penetrant

puss [pʊs], **pussy** [pʊsɪ] die [Mieze]katze

to **put** [pʊt] <put, put>
1 legen, setzen, stellen, tun; **to put a child to bed** ein Kind ins [*oder* zu] Bett bringen; **she put her head round the door** sie streckte den Kopf zur Tür herein
2 stecken (**into** in); **to put one's hands in one's pockets** die Hände in die Taschen stecken
3 (*übertragen*) bringen, versetzen; **to put someone in a bad mood** jemanden missmutig stimmen; **to put someone out of action** jemanden außer Gefecht setzen
4 (*umsetzen*) **to put in order** in Ordnung bringen; **to put into practice** in die Praxis umsetzen; **to put right** verbessern, in Ordnung bringen; **to put an end to something** einer Sache ein Ende setzen; **to put a stop to something** mit etwas Schluss machen; **to put something to the vote** über etwas ab-

stimmen lassen
5 (*auferlegen*) **to put pressure on someone** auf jemanden Druck ausüben; **to put the blame on someone** jemandem die Schuld zuschieben
6 (*ausdrücken, sagen*) **to put something into words** etwas in Worte fassen; **how shall I put it?** wie soll ich es sagen?
7 stellen *Frage;* unterbreiten *Vorschlag;* **to put it to someone** jemandem vorschlagen …
8 ansetzen, schätzen *Kosten* (**at** mit/auf)
9 schreiben; machen *Komma;* **to put something on a list** etwas auf eine Liste setzen; **to put a tick in the box** ein Häkchen in das Kästchen machen; **to put a cross against something** etwas ankreuzen; **to put something in writing** etwas schriftlich machen
10 **to put the shot** die Kugel stoßen
11 (*umgangsspr*) **I wouldn't put it past him** ich traue es ihm zu
12 **to stay put** sich nicht von der Stelle rühren

> **Grammatik**
> Richtiges Konjugieren von **put**: put, put, put — *Sally put her bag on the desk; Where have you put my mug?*

◆ to **put aside**
1 **to put something aside [for someone]** [für jemanden] etwas zurücklegen [*oder* aufheben]
2 auf die Seite legen *Geld*

◆ to **put away**
1 weglegen, wegräumen, einräumen
2 zurücklegen, sparen *Geld*
3 einstellen *Auto*
4 (*umgangssprr*) einsperren *Kriminellen*
5 (*umgangssprr*) verdrücken *Essen*

◆ to **put back**
1 zurücklegen *an seinen Platz*
2 zurückstellen *Uhr*
3 verzögern; verschieben *Termin*

◆ to **put by** zurücklegen, beiseitelegen *Geld*

◆ to **put down**
1 hinstellen, hinlegen; auflegen *Hörer;* **the book was so exciting I couldn't put it down** das Buch war so spannend, ich konnte es nicht weglegen; **you can put your hands down now** ihr könnt eure Hände jetzt runternehmen
2 einschieben *Antenne*
3 niederschlagen *Aufstand*
4 demütigen, herabsetzen
5 einschläfern *Haustier*
6 aufschreiben, notieren
7 **to put someone down for something** jemanden für etwas eintragen/anmelden/vormerken
8 absetzen *Fahrgäste*
9 anzahlen; **to put down a deposit** eine Anzahlung machen

◆ to **put forward**
1 **to put someone forward** jemanden vorschlagen
2 unterbreiten, vorlegen *Vorschlag*
3 vorstellen *Uhr*
4 vorverlegen *Termin*

◆ to **put in**
1 installieren, einbauen
2 einsetzen *Glasscheibe*
3 vorlegen, unterbreiten, einreichen *Antrag*
4 **to put in a claim** einen Anspruch stellen
5 verwenden, hineinstecken *Zeit*
6 einlegen *Extrastunde*
7 setzen *Anzeige, Geld*
8 **to put in a good word for** ein gutes Wort einlegen für

◆ to **put into** hineinstecken *Arbeit, Geld*

◆ to **put off**
1 **to put someone off** jemanden ablenken [*oder* abschrecken]
2 **to put someone off doing something** jemanden davon abbringen, etwas zu tun
3 **to put someone off their food** jemandem den Appetit verderben
4 **to put someone off until** jemanden vertrösten auf
5 verschieben *Termin*

◆ to **put on**
1 anmachen *Licht*
2 anziehen *Kleidung;* aufsetzen *Hut*
3 einsetzen *Sonderzug*
4 aufsetzen *Essen*
5 aufführen *Schauspiel;* veranstalten *Ausstellung*
6 heucheln, vorgeben; **it's all put on** es ist reine Schau; **to put on an act/show** eine Show abziehen
7 **to put on speed** schneller fahren, beschleunigen
8 **to put on weight/four pounds** zunehmen/vier Pfund zunehmen

◆ to **put out**
1 hinausbringen, hinausstellen *Abfall;* vor die Tür setzen *Katze*
2 **to put the washing out** die Wäsche raushängen
3 ausstrecken *Hand*
4 ausrenken *Schulter*
5 ausmachen *Licht;* löschen *Feuer*
6 aussenden *Hilferuf*
7 **to be put out [by something]** [über etwas] verärgert sein

8 **to put someone/oneself out** jemandem/sich Umstände machen

◆ to **put through**
1 (*am Telefon*) **to put someone through** [**to someone**] jemanden [mit jemandem] verbinden
2 **the course instructors really put us through it** die Kursleiter haben uns wirklich stark beansprucht

◆ to **put together**
1 (*an einem Ort*) zusammensetzen, zusammenlegen
2 (*montieren*) zusammensetzen, zusammenbauen
3 **better than all the others put together** besser als alle anderen zusammen

◆ to **put up**
1 [hoch]heben *Hand*
2 aufstellen *Zelt;* errichten, [auf]bauen *Bauwerk*
3 erhöhen *Preis*
4 aufbringen *Geld*
5 **to put up a fight/struggle** sich wehren, sich zur Wehr setzen
6 **to put something up for sale** etwas zum Verkauf anbieten
7 **to put someone up** jemanden unterbringen [*oder* beherbergen]
8 **to put up with something** sich mit einer Sache abfinden; **I won't put up with it any longer!** das lasse ich mir nicht länger gefallen!
9 **to put someone up to something** jemanden zu etwas anstiften

to **puz·zle** ['pʌzl]
1 verblüffen; **just one thing puzzles me** nur eins ist mir rätselhaft
2 rätseln, sich den Kopf zerbrechen (**about/over** über), knobeln (**over** an)

puz·zle ['pʌzl]
1 (*auch übertragen*) das Rätsel; **crossword puzzle** das Kreuzworträtsel
2 das Geduldsspiel
3 das Puzzle

py·ja·mas [pə'dʒɑːməz] *Plural* der Schlafanzug, der Pyjama

pyra·mid ['pɪrəmɪd] die Pyramide

Qq

Q <*Plural* Q's *oder* Qs>, **q** [kjuː] <*Plural* q's> Q, q

to **quack** [kwæk] *Ente:* schnattern, quaken

quali·fi·ca·tion [ˌkwɒlɪfɪ'keɪʃn]
1 die Qualifikation, die Voraussetzung
2 (*Sport*) die Qualifikation
3 die Einschränkung, der Vorbehalt

quali·fied ['kwɒlɪfaɪd]
1 ausgebildet, qualifiziert
2 berechtigt; **to be qualified to vote** wahlberechtigt sein
3 bedingt, nicht uneingeschränkt; **a qualified success** kein voller Erfolg

to **quali·fy** ['kwɒlɪfaɪ]
1 berechtigen (**for** zu)
2 seine Ausbildung abschließen, sich qualifizieren; **to qualify as a teacher** die Lehrbefähigung erhalten
3 (*beim Sport*) sich qualifizieren

qual·ity ['kwɒlətɪ]
1 die Qualität, die Güteklasse
2 (*Merkmal*) die Eigenschaft

quan·tity ['kwɒntətɪ]
1 die Quantität, die Menge
2 (*in der Mathematik*) die Größe

quar·rel ['kwɒrəl] der Streit, die Auseinandersetzung; **they have had a quarrel** sie haben sich gestritten

to **quar·rel** ['kwɒrəl] <quarrelled *oder* (USA) quarreled, quarrelled *oder* (USA) quarreled> sich streiten (**with** mit, **about/over** über)

quar·ry ['kwɒrɪ] der Steinbruch

quar·ter ['kwɔːtəʳ]
1 das Viertel; **a quarter of a mile** eine Viertelmeile
2 das Vierteljahr, das Quartal
3 (*in Uhrzeiten*) **a quarter of an hour** eine Viertelstunde; **a quarter to seven** (GB), **a quarter of seven** (USA) Viertel vor sieben; **a quarter past seven** (GB), **a quarter after seven** (USA) Viertel nach sieben
4 der Vierteldollar, das 25-Centstück
5 **quarters** *Plural* das Quartier, die Unterkunft

quar·ter·fi·nal ['kwɔːtəʳˌfaɪnəl] das Viertelfinale

quay [kiː] der Kai

queen [kwiːn]
1 die Königin
2 (*beim Schach, Kartenspiel*) die Dame; **the queen of spades** die Pikdame

queen moth·er die Königinmutter

queer[1] [kwɪəʳ]
1 eigenartig, komisch, seltsam
2 (*abwertend slang*) schwul *auch abwertend, umgangsspr*

queer[2] [kwɪəʳ] (*abwertend slang*) der Schwule(r) *auch abwertend, umgangsspr*

que·ry ['kwɪərɪ] die Frage

to **que·ry** ['kwɪərɪ] in Frage stellen, bezweifeln; **I query whether ...** ich bezweifle, ob ...

ques·tion ['kwestʃən]
1 die Frage; **to ask someone a question** jemandem eine Frage stellen; **what a question!** was für eine Frage!
2 der Zweifel; **beyond [all]** [*oder* **without [any]**] **question** ohne Frage, ohne [jeden] Zweifel; **there's no question of a strike** von einem Streik kann keine Rede sein; **that's out of the question** das kommt nicht in Frage
3 die Frage, das Problem; **that's another question altogether** das ist etwas völlig anderes; **that's not the question** darum geht es nicht

to **ques·tion** ['kwestʃən]
1 befragen (**about** nach)
2 *Polizei:* vernehmen, verhören
3 *Prüfer:* prüfen
4 bezweifeln, zweifeln an, in Frage stellen

ques·tion mark das Fragezeichen

ques·tion·naire [ˌkwestʃə'neəʳ] der Fragebogen

queue [kjuː] die Schlange; **to stand in a queue** Schlange stehen, anstehen; **to join the queue** sich hinten anstellen; **to jump the queue** sich vordrängeln

to **queue** [kjuː] **to queue [up]** sich anstellen, eine Schlange bilden; **we queued for an hour** wir haben eine Stunde angestanden

quick [kwɪk]
1 schnell; **be quick!** schnell!; **be quick about it!** aber ein bisschen dalli!; **what's the quickest way to the station?** wie komme ich am schnellsten zum Bahnhof?; **we had a quick meal** wir haben schnell etwas gegessen
2 *Antwort:* prompt
3 *Kuss:* flüchtig
4 *Rede:* kurz
5 *Verstand:* wach; **he is quick at figures** er kann schnell rechnen; **she's very quick** sie kapiert schnell

quick·ly ['kwɪklɪ] schnell

quick-n-easy kinderleicht; **the quick-n-easy way** die [aller]einfachste Art

quid [kwɪd] <*Plural* quid> (GB) (*umgangsspr: Geldsumme*) das Pfund

qui·et[1] ['kwaɪət] <quieter, quietest>
1 ruhig, still; **be quiet!** Ruhe!; **to go quiet** still werden; **to keep quiet** still [*oder* leise] sein
2 *Fahrzeug, Musik, Schritte, Stimme:* leise
3 *Abend:* geruhsam
4 **to keep quiet about something** über etwas Stillschweigen bewahren

> **Vorsicht Falle!**
> **Quiet** nicht verwechseln mit **quite** — diese Wörter sind sich sehr ähnlich in Schreibweise und Aussprache, haben jedoch sehr verschiedene Bedeutungen! **Quiet** bedeutet ‚still, wenig Lärm erzeugend': *It was very quiet after everyone left the house*, während quite ‚ein wenig' oder ‚ziemlich' bedeutet: *He's quite good at maths*.

qui·et[2] ['kwaɪət]
1 die Ruhe, die Stille
2 **on the quiet** (*umgangsspr*) heimlich

◆ to **quieten down**
1 leiser werden, sich beruhigen
2 **to quieten someone down** jemanden beruhigen

qui·et·ly ['kwaɪətlɪ] leise, ruhig

quilt [kwɪlt] die Steppdecke, das Federbett

to **quit** [kwɪt] <quitted, quit *oder* quitted>
1 kündigen, aufgeben *Stelle*
2 aufhören mit; **to quit smoking** das Rauchen aufgeben

> **Falsche Freunde**
> Nicht verwechseln mit *quittieren — to give a receipt for!*

quite [kwaɪt]
1 ganz, völlig; **I quite agree with you** ich stimme völlig mit Ihnen überein; **that's quite another matter** das ist doch etwas ganz anderes; **not quite** nicht ganz; **quite so!** genau!
2 ziemlich; **quite likely** sehr wahrscheinlich; **quite a few people** ziemlich viele Leu-

te
3 wirklich; **she's quite a beauty** sie ist wirklich eine Schönheit; **it was quite a shock** es war ein ziemlicher Schock

quiz [kwɪz] <*Plural* quizzes>
1 das Quiz
2 (USA) (*in der Schule*) kleiner Test

quo·ta·tion [kwəʊ'teɪʃn]
1 das Zitat; **a quotation from Shakespeare** das ein Shakespeare-Zitat
2 (*finanziell*) der Kostenvoranschlag

quo·ta·tion marks *Plural* das Anführungszeichen

to **quote** [kwəʊt]
1 zitieren (**from** aus)
2 **to quote someone as an example** jemanden als Beispiel anführen
3 nennen *Preis*

quote [kwəʊt] (*umgangsspr*)
1 das Zitat
2 **quotes** das Anführungszeichen
3 der Kostenvoranschlag

Rr

R <*Plural* R's *oder* Rs>, **r** [ɑːʳ] <*Plural* r's> R, r

rab·bit ['ræbɪt] das Kaninchen

to **race** [reɪs]
1 **to race [against] someone** mit jemandem um die Wette laufen [*oder* schwimmen], gegen jemanden laufen [*oder* schwimmen]
2 rasen, jagen, rennen; **to race after someone** hinter jemandem herjagen

race[1] [reɪs] das Rennen, der Wettlauf; (*beim Schwimmen*) das Wettschwimmen; **to have a race with someone** mit jemandem um die Wette laufen [*oder* schwimmen]

race[2] [reɪs] die Rasse

race·horse das Rennpferd

ra·cial ['reɪʃl] rassisch; **racial discrimination** die Rassendiskriminierung

rac·ing[1] ['reɪsɪŋ] das Pferderennen, das Motorrennen

rac·ing[2] ['reɪsɪŋ] Renn-; **racing bicycle** das Rennrad; **racing car** der Rennwagen; **racing driver** der Rennfahrer/die Rennfahrerin

rac·ism ['reɪsɪzəm] der Rassismus

rac·ist[1] ['reɪsɪst] der Rassist/die Rassistin

rac·ist[2] ['reɪsɪst] rassistisch

rack [ræk]
1 (*für Toast, Zeitschriften*) der Ständer
2 (*für Flaschen, Teller*) das Gestell
3 (*für Werkzeug*) das Regal
4 (*für Gepäck*) die Ablage

rack·et[1] ['rækɪt] (*umgangsspr*)
1 der Krach, der Lärm; **to make a racket** Krach schlagen
2 die Schiebung, die Gaunerei; **drugs racket** das Drogengeschäft

rack·et[2] ['rækɪt] (*beim Sport*) der Schläger

Falsche Freunde
Nicht verwechseln mit *die Rakete — rocket, missile!*

ra·dia·tion [ˌreɪdɪ'eɪʃn]
1 *von Hitze:* die Ausstrahlung
2 die [radioaktive] Strahlung

ra·dia·tor ['reɪdɪeɪtəʳ]
1 der Heizkörper
2 (*am Auto*) der Kühler

ra·dio ['reɪdɪəʊ] <*Plural* radios>
1 (*Medium*) der Rundfunk; (*privat*) der Funk; **to listen to the radio** Radio hören; **to hear something on the radio** etwas im Radio hören
2 (*Apparat*) das Radio, das Funkgerät

to **ra·dio** ['reɪdɪəʊ] funken, über Funk verständigen; **radio for help** per Funk einen Hilferuf durchgeben

ra·dio·ac·tive [ˌreɪdɪəʊ'æktɪv] radioaktiv

ra·dio play das Hörspiel

ra·dio sta·tion die Rundfunkstation

ra·dius ['reɪdɪəs] <*Plural* radii>
1 (*in der Mathematik*) der Halbmesser, der Radius
2 **within a two-mile radius** [*oder* **a radius of two miles**] in einem Umkreis von zwei Meilen

RAF ['aːʳeɪ'ef] *Abkürzung von* **Royal Air Force** die britische Luftwaffe

raf·fle ['ræfl] die Tombola

to **raf·fle** ['ræfl] verlosen

raft [rɑːft] das Floß

rag [ræg] der Lumpen, der Lappen, der Fetzen

rage [reɪdʒ] die Wut, der Zorn; **to be in a rage** wütend sein

raid [reɪd]
1 der Überfall
2 (*militärisch*) der Überraschungsangriff; **air raid** der Luftangriff
3 *von Polizei:* die Razzia

to **raid** [reɪd]
1 überfallen *Bank*
2 *Polizei:* eine Razzia durchführen in
3 (*humorvoll*) plündern *Kühlschrank*

rail [reɪl]
1 *einer Treppe:* das Geländer
2 (*für Gardinen*) die Schiene
3 (*für Handtücher*) der Handtuchhalter
4 (*für Züge*) die Schiene; **rails** *Plural* die Gleise
5 **to travel by rail** mit der Bahn fahren

rail·ing ['reɪlɪŋ] *meist Plural*
1 *einer Treppe:* das Geländer
2 *eines Schiffes:* die Reling
3 der Zaun, das Gitter

rail·road ['reɪlrəʊd] (USA) die Eisenbahn

rail strike der Bahnstreik

rail·way ['reɪlweɪ] (GB) die Eisenbahn

rail·way line
1 die Eisenbahnlinie
2 die Eisenbahngleise

rail·way sta·tion der Bahnhof

rain [reɪn] der Regen

to **rain** [reɪn] regnen; **it is raining** es regnet
◆ to **rain off** **to be rained off** wegen Regen abgebrochen [*oder* abgesagt] werden

rain·bow ['reɪnbəʊ] der Regenbogen

rain·coat ['reɪnkəʊt] der Regenmantel

rain·fall ['reɪnfɔːl] der Niederschlag

rain for·est der Regenwald

rainy ['reɪnɪ] *Tag:* regnerisch, verregnet; *Sommer:* regenreich

to **raise** [reɪz]
1 [hoch]heben, hochziehen
2 heben *Glas*
3 erhöhen *Mauer*
4 erhöhen, anheben, heraufsetzen *Gehalt*
5 schaffen, aufwerfen *Problem;* erheben *Einwand*
6 aufziehen, großziehen *Kinder*
7 aufbringen, auftreiben *Geld*
8 **to raise someone's hopes** jemandem Hoffnung[en] machen
9 **to raise one's voice** lauter sprechen

rai·sin ['reɪzn] die Rosine

ral·ly ['rælɪ]
1 die Versammlung; (*politisch*) die Kundgebung
2 (*beim Tennis*) der Ballwechsel
3 (*im Motorsport*) die Rallye
4 (*wirtschaftlich*) der Aufschwung, die Erholung

ram·bler ['ræmbləʳ] der Wanderer/die Wandererin

ran [ræn] *2. Form von* **run**

ran·dom ['rændəm]
1 willkürlich, Zufalls-; **random sample** die Stichprobe
2 **at random** aufs Geratewohl

rang [ræŋ] *2. Form von* **ring**

to **range** [reɪndʒ] **to range from ... to ...** von ... bis ... gehen [*oder* reichen]

range [reɪndʒ]
1 der Aktionsradius
2 die Reichweite; *einer Rakete, eines Gewehrs:* die Schussweite; **out of range** außer Hörweite/Reichweite/Schussweite
3 **at a range of** in einer Entfernung von; **at close/long range** aus kurzer/großer Entfernung
4 die Skala, die Palette; **in this price range** in dieser Preislage
5 *an Waren:* das Angebot, die Auswahl, das Sortiment; **a wide range** eine große Auswahl, ein breites Spektrum
6 **mountain range** die Bergkette

rank [ræŋk]
1 (*militärisch*) der Rang
2 die [soziale] Stellung, der Stand, die Schicht
3 die Reihe; **taxi rank** der Taxistand

to **rank** [ræŋk] **to rank among** zählen zu

ran·som ['rænsəm] das Lösegeld

rape [reɪp] die Vergewaltigung

to **rape** [reɪp] vergewaltigen

rap·id ['ræpɪd] schnell, rasch, rapide

rare [reəʳ]
1 selten, rar
2 *Fleisch:* roh; *Steak:* blutig, englisch

rare·ly ['reəlɪ] selten

rash[1] [ræʃ] unbesonnen, voreilig

Falsche Freunde
Nicht verwechseln mit *rasch — speedy, swift!*

rash[2] [ræʃ] <*Plural* rashes> der [Haut]ausschlag

rash·er ['ræʃəʳ] **rasher [of bacon]** die Speckscheibe

rasp·berry ['rɑ:zbrɪ] die Himbeere

rat [ræt] die Ratte

rate [reɪt]
1 die Rate
2 (*Geschwindigkeit*) das Tempo
3 (*finanziell*) der Satz, der Kurs; **rate of exchange** der Wechselkurs; **rate of interest** der Zinssatz
4 **at any rate** auf jeden Fall

to **rate** [reɪt]
1 einschätzen
2 **something rates as** etwas gilt als

ra·ther ['rɑ:ðəʳ]
1 lieber, eher; **I'd rather not** lieber nicht; **I would rather you came yourself** mir wäre es lieber, Sie kämen selbst
2 **or rather** oder vielmehr, genauer gesagt
3 ziemlich

ra·tio ['reɪʃɪəʊ] <*Plural* ratios> das Verhältnis; **in the ratio of 2 to 3** im Verhältnis 2 zu 3

rat race beruflicher Existenzkampf

rat·tle ['rætl] die Rassel, die Klapper

to **rat·tle** ['rætl]
1 *Fenster, Schlüssel:* klappern
2 *Ketten:* rasseln, klirren

to **rave** [reɪv] schwärmen (**about/over** von)

rave [reɪv] der/das Rave

raw [rɔ:]
1 roh
2 *Haut:* wund
3 (*übertragen*) *Rekrut:* unerfahren; *Anfänger:* blutig

ray [reɪ]
1 der [Licht]strahl
2 (*übertragen*) der Schimmer; **ray of hope** der Hoffnungsschimmer

ra·zor ['reɪzəʳ] der Rasierapparat

RE [ˌɑ:r'i:] *Abkürzung von* **religious education** der Religionsunterricht

reach [ri:tʃ] <*Plural* reaches> die Reichweite; **within someone's reach** in jemandes Reichweite; **within easy reach of the sea** in unmittelbarer Nähe des Meers

to **reach** [ri:tʃ]
1 erreichen, ankommen
2 erzielen, gelangen zu *Einigung*
3 reichen, gehen bis zu; **the lead won't reach the socket** das Kabel reicht nicht bis zur Steckdose
4 **to be able to reach something** an etwas heranreichen können
5 **to reach for something** nach etwas greifen

◆ to **reach down**
1 hinunterreichen
2 **to reach something down to someone** etwas jemandem herunterreichen

◆ to **reach out** die Hände ausstrecken; **to reach out for something** nach etwas greifen

to **re·act** [rɪ'ækt] reagieren (**to** auf); **to react against** negativ reagieren auf

re·ac·tion [rɪ'ækʃn] die Reaktion (**to** auf, **against** gegen)

read[1] [red] *2. und 3. Form von* **read**

read[2] [ri:d]
1 **to have a quiet read** ungestört [*oder* in Ruhe] lesen
2 **to be a good read** sich gut lesen

to **read** [ri:d] <read, read>
1 lesen; **to read aloud** laut lesen; **to read to oneself** für sich lesen; **to read to someone** jemandem vorlesen
2 ablesen *Thermometer*
3 *Messgerät:* anzeigen
4 *Text:* lauten

◆ to **read out** vorlesen
◆ to **read over**, to **read through** durchlesen
◆ to **read up** sich informieren (**on** über)

read·able ['ri:dəbl]
1 lesbar, leserlich
2 lesenswert

read·er ['ri:dəʳ]
1 der Leser/die Leserin
2 (*Schulbuch*) das Lesebuch

readi·ly ['redɪlɪ]
1 bereitwillig
2 gleich, sofort, ohne weiteres; **readily available** umgehend erhältlich

read·ing ['ri:dɪŋ]
1 das Lesen
2 die Lektüre; **reading matter** der Lesestoff
3 (*auch im Parlament*) die Lesung; **poetry reading** die Dichterlesung
4 *eines Messgeräts, Zählers:* der Stand

read·ing glasses ⚠ *Plural* die Lesebrille

read·ing lamp die Leselampe

ready ['redɪ]
1 bereit, fertig; **ready to leave** abfahrbereit; **ready for anything** zu allem bereit; **are you ready to go?** sind Sie so weit?; **ready when you are!** ich bin fertig, bist du auch so weit?; **to get ready to do something** sich bereitmachen, etwas zu tun; **to get ready for something** sich auf etwas vorbereiten
2 (*willens*) bereit (**to** zu); **ready to do something** bereit, etwas zu tun
3 **to be ready with an excuse** eine Entschuldigung parat haben
4 **ready, steady, go!** Achtung [auf die Plätze], fertig, los!

real [rɪəl]
1 *Freundschaft, Gefühle, Gold, Notfall:* echt
2 *Ereignis, Grund, Meinung, Welt, Wesen:* wirklich
3 *Name, Vater:* richtig; **a real idiot** ein richtiger [*oder* kompletter] Idiot
4 (USA) echt, wirklich; **get real!** machen wir uns doch nichts vor!
5 **for real** wirklich, echt, im Ernst

re·al·is·tic [ˌrɪə'lɪstɪk]
1 realistisch
2 *Preis:* reell

re·al·ity [rɪ'ælətɪ] die Wirklichkeit, die Realität; **in reality** in Wirklichkeit

to **re·al·ize** ['rɪəlaɪz]
1 erkennen, begreifen; **I've just realized** das ist mir eben klar geworden; **I hadn't realized how late it was** ich hatte gar nicht gemerkt, wie spät es war
2 verwirklichen, realisieren *Plan*

re·al·ly ['rɪəlɪ] wirklich, tatsächlich; **I don't really think so** das glaube ich eigentlich nicht; **really and truly** wirklich; **I really must say ...** ich muss schon sagen ...; **really glad** richtig froh; **not really!** ach wirklich?; **really, Peter!** also wirklich, Peter!

rear[1] [rɪəʳ]
1 hinterer Teil; **at** [*oder* **in**] **the rear** hinten; **at** [*oder* **to**] **the rear of the house** hinter dem Haus; **from the rear** von hinten
2 (*umgangsspr*) der Hintern

rear[2] [rɪəʳ] hintere(r, s); **rear light** das Rücklicht; **rear wheel** das Hinterrad; **rear window** die Heckscheibe

to **re·ar·range** [ˌri:ə'reɪndʒ]
1 umgruppieren, neu ordnen *Möbel*
2 erneut vereinbaren *Termin*

rea·son ['ri:zn]
1 der Grund (**for** für); **the reason for my going** weshalb ich gehe; **the reason why** weswegen; **for that very reason** eben deswegen; **with good reason** mit gutem Grund; **without any reason** grundlos; **for no reason at all** ohne ersichtlichen Grund; **for what reason?** aus welchem Grund?
2 der Verstand
3 die Vernunft; **to listen to reason** Vernunft annehmen

to **rea·son** ['ri:zn]
1 logisch denken
2 **to reason with someone** mit jemandem vernünftig reden

rea·son·able ['ri:znəbl]
1 vernünftig
2 *Preis:* angemessen, vernünftig
3 *Zweifel:* berechtigt
4 ordentlich, ganz gut; **with a reasonable amount of luck** mit einigem [*oder* einer Portion] Glück

rea·son·ably ['ri:znəblɪ]
1 vernünftig; **reasonably priced** preisgünstig, preiswert
2 einigermaßen, ziemlich

to **re·as·sure** [ˌri:ə'ʃʊəʳ]
1 beruhigen
2 **to reassure someone of something** jemandem etwas versichern

to **re·bound** [rɪ'baʊnd]
1 *Ball:* abprallen, zurückprallen
2 (*übertragen*) zurückfallen ((**up**)**on** auf)

to **re·call** [rɪ'kɔ:l]
1 zurückrufen *Produkt*
2 sich erinnern an

re·ceipt [rɪ'si:t]
1 der Empfang, der Erhalt, der Eingang
2 die Empfangsbestätigung, die Quittung, der Beleg

Falsche Freunde
Nicht verwechseln mit *das Rezept — prescription!*

to **re·ceive** [rɪ'si:v]
1 erhalten, bekommen, empfangen
2 empfangen, aufnehmen *Besucher*
3 *Rundfunk, TV:* empfangen *Signal*
4 (*beim Tennis*) rückschlagen, den Aufschlag nehmen

re·ceiv·er [rɪ'si:vəʳ]
1 der Empfänger/die Empfängerin
2 (*am Telefon*) der Hörer
3 (*Radio*) der Empfänger
4 (*beim Tennis*) der Rückschläger/die Rückschlägerin

re·cent ['ri:snt]
1 neueste(r, s), letzte(r, s)
2 *Erfindung:* neu

re·cent·ly ['ri:sntlɪ]
1 neulich, kürzlich, vor kurzem; **until quite recently** bis vor kurzem; **as recently as** erst
2 in letzter Zeit

re·cep·tion [rɪ'sepʃn]
1 die Aufnahme, der Empfang
2 (*zu einem offiziellen Anlass*) der Empfang
3 (*Rundfunk, TV*) der Empfang
4 (*im Hotel*) die Rezeption, der Empfang

re·cep·tion·ist [rɪ'sepʃnɪst]
1 (*im Hotel*) der Empfangschef/die Empfangschefin, die Empfangsdame
2 (*im Büro*) der Empfangssekretär/die Empfangssekretärin
3 (*beim Arzt*) die Sprechstundenhilfe

re·ces·sion [rɪ'seʃn] die Rezession

to **re·charge** [ˌri:'tʃɑ:dʒ] aufladen *Batterie*

re·charge·able [ˌri:'tʃɑ:dʒəbl] *Batterie:* aufladbar

reci·pe ['resəpɪ] das Rezept

to **re·cite** [rɪ'saɪt] vortragen, rezitieren

to **reck·on** ['rekən]
1 ausrechnen, berechnen *Kosten*
2 (*umgangsspr*) glauben, schätzen; **what do you reckon?** was meinen Sie?
3 rechnen
◆ to **reckon with** rechnen mit
◆ to **reckon without** nicht rechnen mit

to **re·claim** [rɪ'kleɪm]
1 [wieder]gewinnen, urbar machen *Land*
2 abholen *Gepäck*

Falsche Freunde
Nicht verwechseln mit *reklamieren* — *to query, to make a complaint!*

rec·og·ni·tion [ˌrekəg'nɪʃn]
1 die Anerkennung
2 das Erkennen

to **rec·og·nize** ['rekəgnaɪz]
1 [wieder] erkennen (**by** an)
2 (*offiziell*) anerkennen
3 einsehen *Fehler*

to **rec·ol·lect** [ˌrekə'lekt] sich erinnern [an]

rec·ol·lec·tion [ˌrekə'lekʃn] die Erinnerung (**of** an)

to **rec·om·mend** [ˌrekə'mend]
1 empfehlen (**as** als)
2 **the island has much/little to recommend it** es spricht viel/wenig für die Insel, die Insel ist sehr/nicht gerade empfehlenswert

rec·om·men·da·tion [ˌrekəmen'deɪʃn] die Empfehlung

rec·on·cilia·tion [ˌrekənˌsɪlɪ'eɪʃn] die Versöhnung, die Aussöhnung (**between** zwischen, **with** mit)

to **rec·ord** [rɪ'kɔ:d]
1 aufzeichnen, verzeichnen *Ereignisse*
2 (*offiziell*) dokumentieren, eintragen; (*in das Protokoll*) protokollieren
3 (*auf Tonband*) aufnehmen, aufzeichnen

rec·ord ['rekɔ:d]
1 (*Rechenschaft*) die Aufzeichnung; **to keep a record of something** über etwas Buch führen
2 *von Anwesenden:* die Liste
3 (*offizieller Bericht*) das Protokoll; **for the record** der Ordnung halber; **off the record** inoffiziell, ganz im Vertrauen
4 (*Dokument*) die Unterlage; **medical records** das Krankenblatt
5 **to have a [police [*oder* criminal]] record** vorbestraft sein
6 die Vorgeschichte, die Leistungen; **to have an excellent record** ausgezeichnete Leistungen vorweisen können
7 die Schallplatte; **record player** der Plattenspieler
8 (*im Sport*) der Rekord; **to beat [*oder* break] the record** den Rekord brechen; **record holder** der Rekordhalter/die Rekordhalterin

re·cord·er [rɪ'kɔ:dəʳ]
1 (*Messinstrument*) das Registriergerät
2 (*Musikinstrument*) die Blockflöte
3 **cassette recorder** der Kassettenrekorder; **tape recorder** das Tonbandgerät

re·cord·ing [rɪ'kɔ:dɪŋ]
1 *von Film:* die Aufzeichnung

2 die Tonaufnahme; **recording studio** das Aufnahmestudio, das Tonstudio

to **re·cov·er** [rɪ'kʌvəʳ]
1 sich erholen, wieder zu sich kommen
2 (*wirtschaftlich*) sich wieder beleben
3 wiederfinden *Verlorenes*
4 wiedererlangen *Gesundheit;* **to recover consciousness** wieder zu Bewusstsein gelangen
5 wiederbekommen *Vermögen*
6 bergen *Wrack*

re·cov·ery [rɪ'kʌvərɪ]
1 *von Verlorenem:* das Wiederfinden, die Wiedergewinnung
2 *von Krankheit:* die Erholung, die Genesung; **to make a good recovery** sich gut erholen
3 (*wirtschaftlich*) konjunktureller Aufschwung

re·crea·tion [ˌrekrɪ'eɪʃn]
1 die Erholung, die Entspannung
2 die Freizeitbeschäftigung, das Hobby

rec·tan·gle ['rektæŋgl] das Rechteck

rec·tan·gu·lar [rek'tæŋgjʊləʳ] rechteckig, rechtwinklig

to **re·cy·cle** [rɪ'saɪkl] wiederverwerten, recyceln; **recycled paper** das Umweltpapier, das Recyclingpapier

red[1] [red] <redder, reddest> rot

red[2] [red]
1 das Rot
2 (*umgangsspr*) der Rotwein

Red Cross Rotes Kreuz

red·cur·rant die [rote] Johannisbeere

to **red·den** ['redn] rot werden, sich röten

red·dish ['redɪʃ] rötlich

to **re·de·vel·op** [ˌri:dɪ'veləp] sanieren

re·de·vel·op·ment [ˌri:dɪ'veləpmənt] die Sanierung

red-haired [ˌred'heəʳd] rothaarig

red-hand·ed [ˌred'hændɪd] ▶ WENDUNGEN: **to catch someone red-handed** jemanden auf frischer Tat ertappen

red·head ['redhed] der/die Rothaarige

to **re·di·rect** [ˌri:dɪ'rekt]
1 umadressieren, nachsenden *Brief*
2 umleiten *Anruf, Verkehr*

red light
1 (*Verkehrsampel*) das Rotlicht; **to go** [*oder* **drive**] **through a red light** bei Rot über die Ampel fahren
2 (*Warnsignal*) rotes Licht

to **re·do** [ˌri:'du:] <redid, redone> neu machen

red pep·per [ˌred'pepəʳ] der roter Paprika

red tape (*übertragen*) der Papierkrieg, der Behördenkram

to **re·duce** [rɪ'dju:s]
1 verringern, reduzieren
2 **to reduce speed** langsamer fahren
3 senken, ermäßigen, herabsetzen *Preis*

re·duc·tion [rɪ'dʌkʃn]
1 die Verringerung, die Verminderung, die Herabsetzung, die Reduzierung
2 **reduction in price**[**s**] die Preissenkung, die Preisermäßigung; **a reduction of £50** ein Preisnachlass von 50 Pfund
3 **reduction in salary** die Gehaltskürzung
4 **reduction in speed** die Verminderung der Geschwindigkeit
5 **reduction in staff** der Personalabbau

re·dun·dan·cy [rɪ'dʌndənsɪ]
1 die Arbeitslosigkeit
2 **redundancies** die Entlassungen

re·dun·dant [rɪ'dʌndənt] arbeitslos; **to become** [*oder* **be made**] **redundant** den Arbeitsplatz verlieren

reef [ri:f] das [Felsen]riff

reel [ri:l] die Rolle, die Spule

ref[1] [ref] →**reference**: **your/our ref** Ihr/unser Zeichen

ref[2] [ref] →**referee** der Schiri

to **re·fer** [rɪ'fɜ:ʳ] <referred, referred>
1 **to refer something to someone** etwas an jemanden weiterleiten
2 **to refer someone to someone/something** jemanden an jemanden/auf eine Sache verweisen
3 **to refer to someone/something** sich auf jemanden/etwas berufen [*oder* beziehen]; **to refer back to** sich beziehen auf
4 nachschauen in, konsultieren *Buch;* **he referred to his notes** er hielt sich an seine Notizen

ref·eree[1] [ˌrefə'ri:]
1 der Schiedsrichter/die Schiedsrichterin
2 (*beim Boxen*) der Ringrichter
3 (*für Bewerbung*) die Referenz

to **ref·eree**[2] [ˌrefə'ri:] Schiedsrichter sein

ref·er·ence ['refrəns]
1 **to make a reference to something** etwas erwähnen
2 die Referenz, das Zeugnis
3 (*im Buch*) der Verweis (**to** auf)
4 (*im Brief*) das Zeichen
5 **in** [*oder* **with**] **reference to** in Bezug auf, was ... anbetrifft

ref·er·ence book das Nachschlagewerk

ref·er·ence li·brary die Präsenzbibliothek

ref·er·ence num·ber das Aktenzeichen

ref·er·en·dum [ˌrefə'rendəm] <*Plural* referendums *oder* referenda> der Volksentscheid, das Referendum

to **re·fill** [ˌriː'fɪl] wiederfüllen, nachfüllen

re·fill ['riːfɪl] die Nachfüllpatrone

to **re·flect** [rɪ'flekt]
1 reflektieren, widerspiegeln, zurückwerfen; **the moon was reflected in the lake** der Mond spiegelte sich im See
2 **to reflect well/badly [up]on someone/something** ein gutes/schlechtes Licht auf jemanden/etwas werfen
3 nachdenken (**on/upon** über)

re·flec·tion [rɪ'flekʃn]
1 die Reflexion, die [Wider]spiegelung
2 das Spiegelbild; **to see one's reflection in a mirror** sich im Spiegel sehen
3 das Nachdenken, die Betrachtung, die Überlegung (**on** über); **on reflection** wenn man sich das recht überlegt

re·flex·ive [rɪ'fleksɪv] rückbezüglich, reflexiv

to **re·form** [rɪ'fɔːm]
1 reformieren; verbessern *Welt*
2 bessern *Menschen*
3 sich bessern

re·form [rɪ'fɔːm] die Reform

re·frac·tion [rɪ'frækʃn] die Lichtbrechung

to **re·frain** [rɪ'freɪn] **she refrained from comment** sie enthielt sich eines Kommentars; **please refrain from smoking** bitte unterlassen Sie das Rauchen

to **re·fresh** [rɪ'freʃ] erfrischen, stärken; **to refresh oneself** eine Erfrischung zu sich nehmen

re·fresh·ing [rɪ'freʃɪŋ] erfrischend

re·fresh·ment [rɪ'freʃmənt] die Erfrischung

to **re·frig·er·ate** [rɪ'frɪdʒəreɪt] kühlen; **"refrigerate after opening"** „nach dem Öffnen kühl aufbewahren"

re·frig·era·tor [rɪ'frɪdʒəreɪtə^r] der Kühlschrank

to **re·fuel** [ˌriː'fjuːəl] <refuelled *oder* (USA) refueled, refuelled *oder* (USA) refueled> auftanken

ref·uge ['refjuːdʒ] die Zuflucht (**from** vor); **to take refuge** Zuflucht nehmen (**in** in)

refu·gee [ˌrefjʊ'dʒiː] der Flüchtling; **refugee camp** das Flüchtlingslager

to **re·fund** [rɪ'fʌnd] zurückzahlen, zurückerstatten, rückvergüten

re·fund ['riːfʌnd] die Rückvergütung, die [Rück]erstattung

re·fus·al [rɪ'fjuːzl]
1 die Ablehnung
2 die Verweigerung; **refusal to do something** die Weigerung, etwas zu tun

to **re·fuse** [re'fjuːz]
1 ablehnen
2 **to refuse someone something** jemandem etwas abschlagen; **to be refused something** etwas nicht bekommen
3 verweigern *Antrag*
4 **to refuse to do something** sich weigern, etwas zu tun

re·fuse ['refjuːs] der Müll, der Abfall; **refuse collection** die Müllabfuhr; **refuse collector** der Müllwerker; (*umgangsspr*) der Müllmann

to **re·gard** [rɪ'gɑːd]
1 betrachten; **to regard someone/something as something** jemanden/etwas für etwas halten; **to be regarded as ...** als ... angesehen werden
2 **as regards someone/something** was jemanden/etwas angeht [*oder* betrifft]

re·gard [rɪ'gɑːd]
1 die Rücksicht (**for** auf); **to show little regard for someone** wenig Rücksichtnahme für jemanden zeigen
2 die [Hoch]achtung, die Wertschätzung
3 der Bezug, die Beziehung (**to** auf); **in this regard** in diesem Zusammenhang; **in** [*oder* **with**] **regard to** in Bezug auf
4 **regards** ⚠ *Plural* der Gruß; **to send someone one's regards** jemanden grüßen lassen; **give him my regards** grüßen Sie ihn von mir

re·gard·ing [rɪ'gɑːdɪŋ] in Bezug auf, bezüglich

re·gard·less [rɪ'gɑːdlɪs]
1 **regardless of** ohne Rücksicht auf, ungeachtet
2 trotzdem

re·gion ['ri:dʒən]
① das Gebiet, die Region
② (*übertragen*) **in the region of** um, etwa

reg·is·ter ['redʒɪstəʳ]
① das Register
② (*im Hotel*) das Gästebuch
③ (*in der Schule*) das Klassenbuch; **to take the register** die Namen aufrufen

to **reg·is·ter** ['redʒɪstəʳ]
① registrieren, sich eintragen [lassen]
② anmelden *neuen Wohnsitz;* **to register with the police** sich polizeilich anmelden
③ *Messgerät:* registrieren
④ einschreiben *Brief*
⑤ *Student:* sich einschreiben

reg·is·tra·tion [ˌredʒɪ'streɪʃn]
① die Registrierung, der Eintrag, die Eintragung
② die Anmeldung, die Einschreibung

reg·is·tra·tion num·ber polizeiliches Kennzeichen

reg·is·try of·fice ['redʒɪstrɪˌɒfɪs] (GB) das Standesamt

to **re·gret** [rɪ'gret] <regretted, regretted> bedauern; **I regret to say that ...** ich muss Ihnen leider mitteilen, dass ...; **you won't regret it** Sie werden es nicht bereuen

re·gret [rɪ'gret] das Bedauern (**at** über); **to have no regrets** nichts bereuen

re·gret·ful·ly [rɪ'gretfəli] bedauerlicherweise, mit Bedauern

re·gret·table [rɪ'gretəbl] bedauerlich

regu·lar[1] ['regjʊləʳ]
① (*auch grammatisch*) regelmäßig; **at regular intervals** in regelmäßigen [*oder* gleichmäßigen] Abständen
② *Anstellung, Einkommen:* fest, regulär
③ *Preis:* normal; **regular size** die Standardgröße
④ *Kunde:* Stamm-; **regular staff** fest angestelltes Personal, das Stammpersonal

regu·lar[2] ['regjʊləʳ] der Stammkunde/die Stammkundin

regu·lar·ly ['regjʊləʳlɪ] regelmäßig

regu·la·tion [ˌregjʊ'leɪʃn]
① die Regelung, die Regulierung
② die Vorschrift; **according to regulations** laut Vorschrift

re·hears·al [rɪ'hɜ:sl] *eines Theaterstücks:* die Probe

to **re·hearse** [rɪ'hɜ:s] proben *Theaterstück*

reign [reɪn] die Regentschaft, die Herrschaft; **in the reign of** während der Regierungszeit

to **reign** [reɪn] regieren, herrschen (**over** über)

rein [reɪn] der Zügel

rein·deer ['reɪndɪəʳ] <*Plural* reindeer> das Rentier

to **re·ject** [rɪ'dʒekt]
① ablehnen, ausschlagen, zurückweisen
② verwerfen *Plan*
③ durchfallen lassen *Kandidaten*

re·jec·tion [rɪ'dʒekʃn]
① *eines Antrags, Bewerbers:* die Ablehnung, die Zurückweisung
② *einer Klage:* die Abweisung, das Verwerfen

to **re·joice** [rɪ'dʒɔɪs] sich freuen (**at** an, **over** über)

re·joic·ing [rɪ'dʒɔɪsɪŋ] der Jubel

to **re·late** [rɪ'leɪt]
① erzählen *Geschichte*
② in Verbindung bringen (**to/with** mit)
③ **to relate to something** mit etwas zusammenhängen
④ **to relate to someone** eine Beziehung zu jemandem aufnehmen

re·lat·ed [rɪ'leɪtɪd]
① *Familie:* verwandt (**to** mit)
② (*verbunden*) zusammenhängend; **to be related to something** mit etwas zusammenhängen [*oder* verwandt sein]

re·la·tion [rɪ'leɪʃn]
① die Beziehung, das Verhältnis; **in relation to** in Bezug auf, im Verhältnis zu
② der/die Verwandte; **she's a relation of mine** sie ist mit mir verwandt
③ **relations** die Beziehungen

re·la·tion·ship [rɪ'leɪʃnʃɪp] die Beziehung, das Verhältnis; **to have a relationship with** eine Beziehung haben zu

rela·tive[1] ['relətɪv]
① relativ
② **relative pronoun** das Relativpronomen

rela·tive[2] ['relətɪv] der/die Verwandte

rela·tive·ly ['relətɪvlɪ] verhältnismäßig

to **re·lax** [rɪ'læks]
① lockern
② sich entspannen; entspannen *Muskeln*
③ sich beruhigen

re·laxa·tion [ˌri:læk'seɪʃn]
① die Lockerung, die Entspannung
② die Entspannung, die Erholung

re·lay ['ri:leɪ] (*Sport*) die Staffel, der Staffellauf

to **re·lease** [rɪ'li:s]
1 freilassen, befreien *Tier, Menschen*
2 *aus Gefängnis:* entlassen
3 lösen *Bremse*
4 herausbringen *Film*
5 veröffentlichen *Nachricht*
6 freisetzen *Hormone;* ablassen *Gas*
7 **to release one's hold on something** etwas loslassen

re·lease [rɪ'li:s]
1 die Freilassung, die Befreiung; *aus Gefängnis:* die Entlassung
2 *eines Films:* das Herausbringen, die Veröffentlichung; **on general release** in allen Kinos; **a new release** eine Neuerscheinung

to **rel·egate** ['relɪgeɪt] (*beim Sport*) **to be relegated to the second division** in die zweite Liga absteigen

rele·vant ['reləvənt]
1 relevant (**to** für)
2 *Behörde:* zuständig

re·li·able [rɪ'laɪəbl] zuverlässig, verlässlich

re·lief [rɪ'li:f]
1 die Erleichterung (**from** von)
2 die Hilfe, die Entlastung

re·lief work·er der Katastrophenhelfer/die Katastrophenhelferin

to **re·lieve** [rɪ'li:v]
1 **to relieve someone** jemanden erleichtern
2 mildern, schwächen *Angst;* lindern *Schmerz, Not*
3 abbauen *Spannung*

re·li·gion [rɪ'lɪdʒən] die Religion, der Glaube[n]

re·li·gious [rɪ'lɪdʒəs]
1 religiös; **religious education** der Religionsunterricht
2 gläubig, fromm

re·luc·tant [rɪ'lʌktənt] unwillig, widerwillig; **he was reluctant to leave** er ging nur ungern

to **rely** [rɪ'laɪ] **to rely on** sich verlassen [*oder* angewiesen sein] auf; **he can be relied on** man kann sich auf ihn verlassen

to **re·main** [rɪ'meɪn]
1 bleiben; **that remains to be seen** das wird sich zeigen; **to remain silent** weiterhin schweigen
2 übrig bleiben

re·mains [rɪ'meɪnz] *Plural*
1 die Reste, die Überreste
2 **Roman remains** die Relikte aus der Römerzeit

to **re·mark** [rɪ'mɑ:k]
1 bemerken
2 **nobody remarked on it** niemand hat etwas dazu gesagt [*oder* hat sich dazu geäußert]

re·mark [rɪ'mɑ:k] die Bemerkung

re·mark·able [rɪ'mɑ:kəbl] bemerkenswert, beachtlich, außergewöhnlich

to **re·mem·ber** [rɪ'membəʳ]
1 sich erinnern [an]; **if I remember right[ly]** wenn ich mich recht erinnere; **I remember doing it** ich erinnere mich daran, dass ich es getan habe
2 denken an; **to remember to do something** daran denken, etwas zu tun; **that's easy to remember** das kann man sich leicht merken

to **re·mind** [rɪ'maɪnd] erinnern (**of** an); **to remind someone to do something** jemanden daran erinnern, etwas zu tun; **that reminds me!** dabei fällt mir etwas ein!

re·mind·er [rɪ'maɪndəʳ]
1 die Gedächtnisstütze
2 (*kommerziell*) die Mahnung, der Mahnbescheid

re·morse [rɪ'mɔ:s] die Reue (**for/about** über)

re·mote [rɪ'məʊt] <remoter, remotest>
1 (*auch übertragen*) entfernt
2 *Dorf, Gebiet:* abgelegen, entlegen
3 *Art, Person:* unnahbar, unzulänglich
4 *Chance:* gering, winzig

re·mote con·trol
1 die Fernsteuerung
2 (*für TV usw.*) die Fernbedienung

re·mov·al [rɪ'mu:vl]
1 die Entfernung, die Beseitigung
2 (GB) der Umzug

to **re·move** [rɪ'mu:v]
1 entfernen
2 beseitigen *Spur*
3 forträumen, wegnehmen, wegschaffen *Papiere*
4 ausziehen, ablegen *Kleidung*
5 beseitigen *Schwierigkeiten*
6 streichen *Namen*
7 entlassen, absetzen *Beamte*

to **re·new** [rɪ'nju:]
1 erneuern
2 erneuern, auffrischen *Vorräte*
3 verlängern *Vertrag;* **to renew a library book** ein Buch verlängern lassen

rent [rent]
① (*für Haus, Wohnung*) die Miete
② (*für Land*) die Pacht

to **rent** [rent]
① mieten *Haus, Wohnung*
② pachten *Land, Geschäftsräume*
③ **to rent** [**out**] vermieten, verpachten

Falsche Freunde
Nicht verwechseln mit *[sich] rentieren — to be worth it!*

rep [rep] →**representative** der Vertreter/die Vertreterin

to **re·pair** [riːˈpeəʳ]
① ausbessern, reparieren
② (*übertragen*) wieder gutmachen

re·pair [riːˈpeəʳ]
① die Ausbesserung, die Reparatur; **to be under repair** in Reparatur sein; **beyond repair** nicht mehr zu reparieren; **to be in good repair** in gutem Zustand sein
② **closed for repairs** wegen Reparaturarbeiten geschlossen

to **re·pay** [rɪˈpeɪ] <repaid, repaid>
① zurückzahlen
② abzahlen *Schuld*
③ erwidern *Gefälligkeit, Besuch*
④ **to repay someone for something** jemandem etwas vergelten

to **re·peat** [rɪˈpiːt]
① wiederholen; **repeat after me** sprecht mir nach
② **to repeat something to someone** jemandem etwas weitersagen

re·peat [rɪˈpiːt] die Wiederholung

re·pel·lent [rɪˈpelənt] **insect repellent** das Insektenschutzmittel

rep·eti·tion [ˌrepɪˈtɪʃn] die Wiederholung

re·peti·tive [rɪˈpetətɪv] sich wiederholend; (*abwertend*) eintönig

to **re·place** [rɪˈpleɪs]
① zurückstellen, zurücklegen, zurücksetzen; **to replace the receiver** den Hörer auflegen
② **to replace someone/something** jemanden/etwas ersetzen (**with** durch)
③ (*erneuern*) austauschen *Teile;* auswechseln *Glühbirne*

re·place·ment [rɪˈpleɪsmənt]
① der Ersatz
② (*Person auch*) die Vertretung

to **re·play** [ˌriːˈpleɪ] **to replay a match** ein Spiel wiederholen

re·play [ˈriːpleɪ]
① (*im Sport*) das Wiederholungsspiel
② (*TV*) die Wiederholung

to **re·ply** [rɪˈplaɪ] antworten, entgegnen, erwidern; **to reply to someone/something** jemandem/auf eine Sache antworten; **to reply to a letter** einen Brief beantworten

re·ply [rɪˈplaɪ] die Antwort, die Erwiderung; **in reply to your letter** in Beantwortung Ihres Briefes

re·ply-paid **reply-paid envelope** der Freiumschlag

to **re·port** [rɪˈpɔːt]
① berichten über; (*offiziell*) melden; **he is reported as having said ...** er soll gesagt haben ...; **to report someone missing** jemanden als vermisst melden
② melden *Verbrechen;* anzeigen *Person* (**for** wegen)
③ sich melden (**to** bei); **to report for duty** sich zum Dienst melden; **to report sick** sich krankmelden

re·port [rɪˈpɔːt]
① der Bericht (**on** über); **official report** das Gutachten
② (*in den Medien*) die Reportage
③ das [Schul]zeugnis

to **rep·re·sent** [ˌreprɪˈzent]
① (*stehen für*) darstellen
② (*juristisch*) vertreten

rep·re·sen·ta·tive[1] [ˌreprɪˈzentətɪv] repräsentativ (**of** für)

rep·re·sen·ta·tive[2] [ˌreprɪˈzentətɪv]
① (*kommerziell*) der Vertreter/die Vertreterin
② (*juristisch*) der/die Bevollmächtigte, der/die Beauftragte
③ (*politisch*) der/die Abgeordnete

to **re·pro·duce** [ˌriːprəˈdjuːs]
① wiedergeben, reproduzieren
② (*biologisch*) sich fortpflanzen

re·pro·duc·tion [ˌriːprəˈdʌkʃn]
① (*Prozess*) die Reproduktion, die Wiedergabe
② (*biologisch*) die Fortpflanzung
③ (*Kopie*) die Reproduktion

rep·tile [ˈreptaɪl] das Reptil

re·pub·lic [rɪˈpʌblɪk] die Republik

re·pub·lic·an[1] [rɪˈpʌblɪkən] republikanisch

re·pub·lic·an² [rɪˈpʌblɪkən] der Republikaner/die Republikanerin

re·pul·sive [rɪˈpʌlsɪv] abstoßend, widerwärtig

repu·ta·tion [ˌrepjʊˈteɪʃn] der Ruf, der Name; **to have a good reputation** großes Ansehen genießen; **he has a reputation for being a liar** er hat den Ruf, ein Lügner zu sein

re·quest [rɪˈkwest] die Bitte, der Wunsch; **at someone's request** auf jemandes Bitte; **on** [*oder* **by**] **request** auf Wunsch; **to make a request for something** um etwas bitten

to **re·quest** [rɪˈkwest] bitten, ersuchen; **to request something from someone** jemanden um etwas bitten

re·quest stop GB (*für Bus*) die Bedarfshaltestelle

to **re·quire** [rɪˈkwaɪəʳ]
1 brauchen, benötigen; **as required** nach Bedarf; **if required** falls notwendig; **when required** auf Wunsch
2 erfordern *Arbeit, Sorgfalt*
3 wünschen, mögen; **do you require anything else?** wünschen Sie außerdem noch etwas?
4 verlangen; **to require someone to do something** von jemandem verlangen, dass er etwas tut; **to be required to do something** etwas tun müssen; **required reading** die Pflichtlektüre

re·quire·ment [rɪˈkwaɪəʳmənt]
1 das Bedürfnis, der Bedarf
2 das Erfordernis; **to fit the requirements** den Anforderungen entsprechen

re·sale [ˈriːseɪl] **not for resale** nicht zum Weiterverkauf bestimmt

to **res·cue** [ˈreskjuː]
1 retten; **to rescue someone from drowning** jemanden vor dem Ertrinken retten
2 befreien

res·cue [ˈreskjuː]
1 die Rettung, die Hilfe; **to come to someone's rescue** jemandem zu Hilfe kommen
2 die Befreiung

re·search [rɪˈsɜːtʃ] die Forschung (**into/on** über); **to do research** forschen

to **re·search** [rɪˈsɜːtʃ] forschen, Forschung betreiben (**into** über); **to research** [**into**] **something** etwas erforschen [*oder* untersuchen]

re·search·er [rɪˈsɜːtʃəʳ] der Forscher/die Forscherin

to **re·sent** [rɪˈzent] übel nehmen, sich ärgern über

re·sent·ment [rɪˈzentmənt] der Ärger, der Groll

res·er·va·tion [ˌrezəˈveɪʃn]
1 der Vorbehalt; **without reservation** vorbehaltlos, ohne Vorbehalt
2 die Reservierung; **to make a reservation at the hotel** ein Zimmer im Hotel reservieren

to **re·serve** [rɪˈzɜːv] reservieren [lassen] *Buch, Tisch*

re·serve [rɪˈzɜːv]
1 die Rücklage, die Reserve; (*kommerziell auch*) der Vorrat; **to have/keep in reserve** in Reserve haben/halten
2 das Reservat; **nature reserve** das Naturschutzgebiet
3 (*kühles Verhalten*) die Reserve, die Zurückhaltung
4 (*militärisch*) die Reserve; **the reserves** die Reservetruppen
5 (*im Sport*) der Ersatzspieler/die Ersatzspielerin, der Reservespieler/die Reservespielerin; **to play in the reserves** bei der Reserve spielen

re·served [rɪˈzɜːvd]
1 *Person:* zurückhaltend, reserviert
2 *Tisch, Zimmer:* reserviert
3 **all rights reserved** alle Rechte vorbehalten

res·er·voir [ˈrezəvwɑːʳ] das Reservoir, der Stausee

resi·dence [ˈrezɪdəns]
1 der Wohnsitz
2 *eines Staatsoberhauptes:* die Residenz
3 der Aufenthalt; **residence permit** die Aufenthaltsgenehmigung; **place of residence** der Wohnort

resi·dent¹ [ˈrezɪdənt] wohnhaft, ansässig (**in** in)

resi·dent² [ˈrezɪdənt]
1 *eines Hauses:* der Bewohner/die Bewohnerin
2 *einer Stadt:* der Einwohner/die Einwohnerin; **local resident** der Anwohner/die Anwohnerin; **residents only** Anlieger frei
3 der Hotelgast

resi·den·tial [ˌrezɪˈdenʃl] Wohn-; **residential area** die Wohngegend; **residential course** mehrtägiger Kurs [mit Unterkunft]

to **re·sign** [rɪˈzaɪn]
1 *Arbeitnehmer:* kündigen
2 **to resign one's job** seine Stelle kündigen
3 **to resign from a post** von einer Stellung zurücktreten
4 **to resign oneself to a problem** sich mit einem Problem abfinden

res·ig·na·tion [ˌrezɪɡˈneɪʃn]
(1) der Rücktritt
(2) die Amtsniederlegung
(3) (*übertragen*) die Resignation

to **re·sist** [rɪˈzɪst]
(1) **to resist a plan** sich einem Plan widersetzen
(2) **to resist an enemy** Widerstand gegen einen Feind leisten
(3) **to resist temptation** der Versuchung widerstehen

re·sis·tance [rɪˈzɪstəns] der Widerstand (**to** gegen); **to offer no resistance to someone** jemandem keinen Widerstand leisten; **to meet with resistance** auf Widerstand stoßen

re·sis·tant [rɪˈzɪstənt] widerstandsfähig (**to** gegen)

to **re·sit** [ˈriːsɪt] <resat, resat> **to resit an exam** eine Prüfung wiederholen

reso·lu·tion [ˌrezəˈluːʃn]
(1) der Beschluss
(2) (*übertragen*) die Entschlossenheit, die Bestimmtheit
(3) **to make New Year's resolutions** gute Vorsätze fürs Neue Jahr fassen

to **re·sort** [rɪˈzɔːt] greifen (**to** zu)

re·sort [rɪˈzɔːt]
(1) [**holiday**] **resort** der Urlaubsort; **health resort** der Kurort; **seaside resort** das Seebad
(2) **as a last resort** als letzter Ausweg

re·source [rɪˈsɔːs] **resources** *Plural* die Mittel, die Ressourcen

to **re·spect** [rɪˈspekt] **to respect someone** jemanden achten [*oder* respektieren]

re·spect [rɪˈspekt]
(1) die Achtung, der Respekt (**for** vor)
(2) die Rücksicht (**for** auf); **to treat with respect** rücksichtsvoll behandeln; **out of respect for someone** aus Rücksicht auf jemanden
(3) **in some respects** in gewisser Hinsicht; **with respect to ...** was ... anbetrifft

re·spect·able [rɪˈspektəbl]
(1) *Mensch:* geachtet
(2) *Beschäftigung:* anständig
(3) *Summe:* beachtlich

re·spect·ed [rɪˈspektəd] angesehen

re·spec·tive·ly [rɪˈspektɪvlɪ] beziehungsweise

to **re·spond** [rɪˈspɒnd]
(1) antworten (**to** auf)
(2) reagieren (**to** auf)

re·sponse [rɪˈspɒns]
(1) die Antwort
(2) die Reaktion (**to** auf)

re·spon·sibil·ity [rɪˌspɒnsəˈbɪlətɪ]
(1) die Verantwortung (**for**/**of** für); **sense of responsibility** das Verantwortungsgefühl
(2) **responsibilities** die Verpflichtung

re·spon·sible [rɪˈspɒnsəbl]
(1) verantwortlich (**for** für)
(2) *Haltung:* verantwortungsvoll; *Person:* verantwortungsbewusst
(3) **to be responsible to someone for something** jemandem gegenüber für etwas verantwortlich sein; **to hold someone responsible for something** jemanden für etwas verantwortlich machen

to **rest** [rest]
(1) **to rest** [**oneself**] [sich] ausruhen; ausruhen *Augen*
(2) *Leiter:* lehnen (**on** an)
(3) stützen *Ellbogen;* **to rest one's head on the table** den Kopf auf den Tisch legen

rest[1] [rest]
(1) die Ruhe[pause]
(2) *von Person:* die Rast, die Erholung; **to have** [*oder* **take**] **a rest** sich ausruhen
(3) **to put someone's mind at rest** jemanden beruhigen
(4) **to come to rest** zum Stillstand kommen, sich niederlassen

rest[2] [rest] **the rest** der Rest; **the rest of the money** das übrige Geld

res·tau·rant [ˈrestrɒnt] das Restaurant, die Gaststätte

res·tau·rant car der Speisewagen

rest·less [ˈrestlɪs]
(1) rastlos
(2) *Person:* unruhig

to **re·store** [rɪˈstɔːʳ]
(1) wiederherstellen *Vertrauen, Gesundheit*
(2) restaurieren *Gebäude*
(3) **to restore someone to power** jemanden wieder an die Macht bringen

to **re·strain** [rɪˈstreɪn]
(1) **to restrain someone from doing something** jemanden davon abhalten, etwas zu tun
(2) bändigen *Tier*
(3) **to restrain oneself** sich beherrschen

re·strict·ed [rɪˈstrɪktɪd]
(1) eingeschränkt; *Zulassung:* begrenzt

2 *Dokument:* geheim
3 **restricted area** das Sperrgebiet

re·stric·tion [rɪ'strɪkʃn]
1 die Beschränkung, die Einschränkung
2 **to place restrictions on something** etwas beschränken; **without restrictions** uneingeschränkt

rest·room ['restruːm] (USA) die [öffentliche] Toilette

to **re·sult** [rɪ'zʌlt]
1 sich ergeben, resultieren (**from** aus)
2 **to result in something** zu etwas führen

re·sult [rɪ'zʌlt]
1 das Ergebnis, das Resultat; **without result** ergebnislos
2 die Folge
3 **as a result of my inquiry** auf meine Anfrage hin
4 **to get results** Erfolge erzielen

to **re·sume** [rɪ'zjuːm]
1 wieder aufnehmen *Arbeit*
2 weitermachen mit *Tätigkeit*
3 fortsetzen *Reise*

ré·su·mé ['rezjuːmeɪ]
1 das Resümee, die Zusammenfassung
2 (USA) der Lebenslauf

to **re·take** [ˌriː'teɪk] <retook, retaken>
1 zurückerobern *Stadt usw.*
2 wiederholen *Prüfung*

to **re·tire** [rɪ'taɪə^{r}]
1 in Rente gehen
2 ausscheiden, zurücktreten (**from** aus)

re·tire·ment [rɪ'taɪəmənt]
1 das Ausscheiden aus dem Arbeitsleben
2 (*Periode*) der Ruhestand

to **re·train** [riː'treɪn] **to retrain someone** jemanden umschulen

re·treat [rɪ'triːt]
1 (*auch militärisch*) der Rückzug; **to beat a retreat** den Rückzug antreten
2 (*übertragen*) die Zuflucht, der Zufluchtsort

to **re·treat** [rɪ'triːt]
1 den Rückzug antreten
2 (*übertragen*) zurückweichen

to **re·turn** [rɪ'tɜːn]
1 zurückkommen; **to return to school** wieder in die Schule gehen
2 *Fahrzeug:* zurückfahren
3 wiederkehren; *Krankheit:* wieder auftreten
4 **to return something [to someone]** [jemandem] etwas zurückgeben; (*mit der Post*) etwas zurückschicken
5 erwidern *Gruß, Besuch*

re·turn [rɪ'tɜːn]
1 die Rückkehr, die Rückfahrt; **on my return** bei meiner Rückkehr; **return home** die Heimkehr
2 **by return [of post]** postwendend
3 (*übertragen*) die Wiederkehr
4 *von Eigenschaft usw.:* die Rückgabe
5 **return ticket** die Rückfahrkarte
6 *von Ball:* der Rückschlag
7 **in return** dafür; **in return for** für
8 **many happy returns [of the day]** herzlichen Glückwunsch zum Geburtstag

re·turn jour·ney die Rückreise

re·turn match das Rückspiel

re·turn tick·et die Rückfahrkarte, der Rückflugschein

re·uni·fi·ca·tion [riːˌjuːnɪfɪ'keɪʃn] die Wiedervereinigung

re·union [ˌriː'juːnɪən]
1 die Zusammenkunft
2 (*Feier*) das Treffen

to **re·unite** [ˌriːjuː'naɪt]
1 **to reunite a family** eine Familie wieder zusammenbringen
2 **to reunite a country** ein Land wiedervereinigen
3 wieder zusammenkommen

re·us·able [ˌriː'juːzəbl] wiederverwendbar

to **re·veal** [rɪ'viːl]
1 **to reveal something** etwas zum Vorschein bringen
2 enthüllen, aufdecken *Tatsachen*
3 **to reveal one's identity** seine Identität preisgeben

to **re·venge** [rɪ'vendʒ]
1 **to revenge someone/something** jemanden/etwas rächen
2 **to revenge oneself on someone** sich an jemandem rächen

re·venge [rɪ'vendʒ]
1 die Rache; **out of revenge** aus Rache; **in revenge for something** als Rache für etwas
2 **to get one's revenge** sich rächen; **he took revenge on his brother** er rächte sich an seinem Bruder

re·verse[1] [rɪ'vɜːs]
1 umgekehrt (**to** zu); *Richtung:* entgegengesetzt
2 **reverse-charge call** das R-Gespräch

re·verse² [rɪ'vɜːs]
1 das Gegenteil
2 *von Münze:* die Rückseite, die Kehrseite
3 (*im Auto*) der Rückwärtsgang

to **re·verse** [rɪ'vɜːs]
1 **to reverse something** etwas umkehren [*oder* umdrehen]
2 umstoßen *Entscheidung*
3 **to reverse a car into the garage** rückwärts in die Garage fahren
4 **to reverse the charges** (*beim Telefonieren*) ein R-Gespräch führen

re·view [rɪ'vjuː]
1 die Überprüfung; **to come under review** überprüft werden
2 *von Vergangenheit:* der Rückblick (**of** auf)
3 (USA) *von Schulstoff:* die Wiederholung
4 *von Buch, Theaterstück, Konzert:* die Kritik, die Rezension

to **re·view** [rɪ'vjuː]
1 **to review a policy** eine Politik überdenken
2 **to review the past week** auf die vergangene Woche zurückblicken
3 besprechen, rezensieren *Buch*

to **re·vise** [rɪ'vaɪz]
1 wiederholen *Lernstoff*
2 überprüfen, revidieren *Text;* **revised edition** die überarbeitete Ausgabe
3 überholen, revidieren *Meinung*
4 **to revise for an exam** auf eine Prüfung lernen

re·vi·sion [rɪ'vɪʒn]
1 *von Lernstoff:* die Wiederholung
2 die Revision

to **re·vive** [rɪ'vaɪv]
1 wieder zu sich kommen
2 **to revive someone** jemanden wiederbeleben
3 wieder erwecken *Interesse*
4 wieder aufleben lassen *Brauch*

re·volt·ing [rɪ'vəʊltɪŋ] (*übertragen*) ekelhaft, widerlich; *Person auch:* abstoßend

to **re·volve** [rɪ'vɒlv] sich drehen

re·ward [rɪ'wɔːd]
1 die Belohnung, das Entgelt
2 **as a reward for** als Belohnung für; **reward offered for the return of ...** Finderlohn für ...

to **re·ward** [rɪ'wɔːd] **to reward someone** jemanden belohnen

re·ward·ing [rɪ'wɔːdɪŋ] lohnend, einträglich

to **re·wind** [ˌriː'waɪnd] <rewound, rewound>
1 wieder aufziehen *Uhr*
2 zurückspulen *Film, Tonband*

rhi·no ['raɪnəʊ] (*umgangsspr*) *kurz für* **rhinoceros** das Nashorn, das Rhinozeros

rhi·noc·er·os [raɪ'nɒsərəs] <*Plural* rhinoceroses> das Nashorn, das Rhinozeros

rhyme [raɪm]
1 der Reim
2 das Gedicht; **nursery rhyme** der Kinderreim

to **rhyme** [raɪm] [sich] reimen (**with** auf)

rhythm ['rɪðəm] der Rhythmus

rib [rɪb] die Rippe; **rib cage** der Brustkorb

rib·bon ['rɪbən] das Band

rice [raɪs] der Reis

rice pud·ding der Milchreis

rich¹ [rɪtʃ]
1 reich, wohlhabend
2 *Essen, Wein:* schwer; **a rich diet** eine reichhaltige Kost
3 *Farben:* satt
4 *Stimme:* voll, klangreich
5 **rich in minerals** reich an Bodenschätzen

rich² [rɪtʃ]
1 **the rich** ⚠ *Plural* die Reichen
2 **riches** die Reichtümer

to **rid** [rɪd] <rid, rid> **to rid oneself of someone/something** sich jemanden/etwas vom Halse schaffen; **to be rid of someone/something** jemanden/etwas los sein

rid·den ['rɪdn] *3. Form von* **ride**

rid·dle ['rɪdl] das Rätsel

ride [raɪd]
1 (*zu Pferd*) der Ritt; **to go for a ride** ausreiten
2 (*mit dem Auto usw.*) die Fahrt; (*mit dem Fahrrad*) die Radfahrt
3 **to give someone a ride** jemanden mitnehmen

to **ride** [raɪd] <rode, ridden>
1 reiten *Pferd* (**on** auf)
2 fahren *Fahrrad*
3 **to ride on a bus/in a train** in einem Bus/Zug fahren
4 **to ride away** wegfahren, davonfahren

> **Grammatik**
> Richtiges Konjugieren von **ride**: ride, rode, ridden — *Have you ever ridden a pony?; Tessa rode ten miles on her bicycle.*

rid·er ['raɪdəʳ]
1 *von Pferd:* der Reiter/die Reiterin
2 *von Motorrad:* der Fahrer/die Fahrerin

ridge [rɪdʒ]
1 *von Stoff:* die Rippe
2 der Bergrücken, der Kamm, der Grat

to **ridi·cule** ['rɪdɪkjuːl] **to ridicule someone** jemanden verspotten

ri·dicu·lous [rɪ'dɪkjʊləs] lächerlich

rid·ing ['raɪdɪŋ] das Reiten

rid·ing school die Reitschule

ri·fle ['raɪfl] das Gewehr

to **rig** [rɪg] <rigged, rigged>
1 auftakeln *Schiff*
2 (*übertragen*) manipulieren *Wahlen*

rig [rɪg] **oil rig** die Ölbohrinsel

right[1] [raɪt]
1 (*wahr, korrekt*) *Antwort, Zeit:* richtig; **you're quite right** Sie haben ganz Recht; **to put someone right** jemanden berichtigen; **to do something the right way** etwas richtig machen; **to do something right** etwas richtig machen; **nothing is going right for me** bei mir klappt nichts
2 (*moralisch gut*) recht, richtig; **it's only right** es ist nur recht und billig
3 (*geeignet*) richtig
4 (*in Ordnung*) richtig, korrekt; **to put** [*oder* **set**] **something right** etwas richtigstellen
5 **right!** [*oder* **right-oh!**] gut, schön, okay
6 genau; **right in front of you** direkt vor Ihnen; **right here** genau hier
7 (*völlig*) ganz
8 **right away** sofort, schnurstracks; **right now** in diesem Augenblick

right[2] [raɪt]
1 (*nicht links*) rechte(r, s)
2 rechts; **turn right** biegen Sie rechts ab

right[3] [raɪt]
1 das Recht; **to know right from wrong** Recht von Unrecht unterscheiden können
2 das Anrecht, der Anspruch; **to have a right to something** einen Anspruch auf etwas haben; **right to strike** das Streikrecht; **by what right?** mit welchem Recht?

right[4] [raɪt]
1 die rechte Seite; **to drive on the right** rechts fahren; **to keep to the right** sich rechts halten
2 **the Right** (*politisch*) die Rechte

right an·gle rechter Winkel; **at right angles** rechtwinklig (**to** zu)

right·ful ['raɪtfᵊl]
1 rechtmäßig
2 *Bestrafung:* gerecht

right-hand ['raɪthænd] rechte(r, s); **to take the right-hand turn** rechts abbiegen

right-hand·ed [ˌraɪt'hændɪd] rechtshändig

right-hand·er [ˌraɪt'hændəʳ] der Rechtshänder/die Rechtshänderin

right·ly ['raɪtlɪ]
1 richtig; **I don't rightly know** ich weiß nicht genau
2 mit [*oder* zu] Recht

right of way das Wegerecht; *von Auto:* die Vorfahrt

right-wing (*politisch*) rechtsgerichtet; **right-wing extremism** der Rechtsextremismus

rig·id ['rɪdʒɪd]
1 starr, steif
2 (*übertragen*) unbeugsam, unnachgiebig

rim [rɪm] *von Tasse usw.:* der Rand

ring[1] [rɪŋ]
1 *von Glocken:* der Klang, das Läuten; *von Klingel:* das Klingeln; **there was a ring at the door** es hat geläutet
2 der Anruf; **to give someone a ring** jemanden anrufen

ring[2] [rɪŋ]
1 der Ring
2 der [Box]ring; *von Zirkus:* die Manege

to **ring** [rɪŋ] <rang, rung>
1 *Glocke:* klingen, läuten; **the doorbell rang** es hat geläutet; **to ring the doorbell** an der Tür läuten
2 **my ears are ringing** mir klingen die Ohren
3 (*telefonieren*) **to ring someone up** jemanden anrufen

> **Grammatik**
> Richtiges Konjugieren von **ring**: ring, rang, rung — *Peter rang the doorbell; Has Mary rung yet?*

◆ to **ring back** **to ring** [**someone**] **back** (*telefonisch*) jemanden zurückrufen
◆ to **ring off** aufhängen, den Hörer auflegen

◆ to **ring up** **to ring someone up** jemanden anrufen

ring tone der Klingelton

ring·ing tone (*am Telefon*) das Freizeichen, das Rufzeichen

rink [rɪŋk] die Eisbahn, die Rollschuhbahn

to **rinse** [rɪns] [ab]spülen, ausspülen

riot ['raɪət]
1 der Aufstand, der Aufruhr
2 (*Tumult*) der Krawall
3 **to run riot** randalieren

to **riot** ['raɪət] randalieren

ri·ot·er ['raɪətəʳ] der Aufrührer/die Aufrührerin, der Unruhestifter/die Unruhestifterin

rip [rɪp] der Riss, der Schlitz

to **rip** [rɪp] <ripped, ripped>
1 **to rip something** einen Riss in etwas machen, etwas zerreißen
2 *Stoff:* reißen

◆ to **rip down** herunterreißen

◆ to **rip off**
1 abreißen
2 (*umgangsspr*) **to rip someone off** jemanden neppen

◆ to **rip out** herausreißen

◆ to **rip up** zerreißen

rip-off ['rɪpɒf] der Wucher, der Nepp, der Schwindel

to **rise** [raɪz] <rose, risen>
1 sich erheben; *Rauch usw.:* aufsteigen
2 *Preis:* ansteigen
3 *Lift:* hochfahren, nach oben fahren
4 *Vorhang:* sich heben
5 *Mond:* aufgehen
6 *Stimme:* höher werden
7 *Hoffnung:* steigen, wachsen, zunehmen
8 *Berg:* sich erheben
9 **to rise up** aufstehen; (*auch übertragen*) sich erheben

rise [raɪz]
1 *von Sonne:* der Aufgang; *von Vorhang:* das Aufgehen
2 *von Preisen:* der Anstieg; *von Temperatur:* die Zunahme
3 (*Hügel*) die Erhebung, die Steigung
4 [**pay**] **rise** die Gehaltserhöhung

ris·en ['rɪzn] *3. Form von* **rise**

risk [rɪsk]
1 die Gefahr; **at one's own risk** auf eigene Gefahr; **children at risk** die gefährdete Kinder; **to put someone at risk** jemanden gefährden
2 das Risiko; **to take** [*oder* **run**] **a risk doing something** ein Risiko eingehen, etwas zu tun

to **risk** [rɪsk] riskieren; **to risk one's life** sein Leben aufs Spiel setzen

risky ['rɪskɪ] riskant, gewagt

ri·val ['raɪvl] der Rivale/die Rivalin

riv·er ['rɪvəʳ]
1 der Fluss, der Strom
2 **down river** flussabwärts; **up river** flussaufwärts

road [rəʊd]
1 die Straße; **is this the road to ...?** geht es hier nach ...?; **by road** *von Gütern:* per Spedition; *von Menschen:* mit dem Auto/Bus; **just across the road** gerade gegenüber
2 **to be on the road** unterwegs sein; *von Theatergruppe usw.:* auf Tournee sein
3 (*übertragen*) der Weg; **to be on the right road** auf dem richtigen Weg sein

road·block die Straßensperre

road rage die aggressive Fahrweise

road·side ['rəʊdsaɪd] der Straßenrand

road sign das Verkehrszeichen, das Straßenschild

road·works ['rəʊdwɜːks] *Plural* die Straßenbauarbeiten

to **roar** [rɔːʳ]
1 *Tier, Mensch:* brüllen; **to roar with laughter** vor Lachen brüllen
2 *Wasser:* tosen
3 *Gewehr:* donnern

roar [rɔːʳ]
1 *von Löwe:* das Gebrüll
2 *von Wasser:* das Tosen
3 **roars of laughter** brüllendes Gelächter

to **roast** [rəʊst]
1 braten *Fleisch*
2 rösten *Kaffee*
3 (*übertragen umgangsspr*) *Mensch:* irrsinnig schwitzen, in der Sonne braten

roast[1] [rəʊst] der Braten; **pork roast** der Schweinebraten

roast[2] [rəʊst] gebraten; **roast pork** der Schweinebraten

to **rob** [rɒb] <robbed, robbed>
1 ausrauben *Bank*
2 berauben *Person;* **she's been robbed** sie ist bestohlen worden; **to rob someone of**

something jemanden einer Sache berauben, jemandem etwas wegnehmen

rob·ber ['rɒbəʳ] der Räuber/die Räuberin

rob·bery ['rɒbərɪ] der Raub

rob·in ['rɒbɪn], **rob·in red·breast** [ˌrɒbɪn'redbrest] das Rotkehlchen

ro·bot ['rəʊbɒt] der Roboter

rock¹ [rɒk]
1. das Gestein, der Fels[en]
2. der Felsbrocken, der großer Stein
3. die Lutschstange, der Kandis
4. **on the rocks** *Getränk:* mit Eiswürfeln; *Heirat:* kaputt

rock² [rɒk] **rock music** der Rock, die Rockmusik; **Rock 'n' Roll** der Rock 'n' Roll

to **rock** [rɒk]
1. **to rock a baby** ein Kind wiegen; **to rock someone to sleep** jemanden in den Schlaf wiegen
2. rütteln, erschüttern, ins Wanken bringen
3. *Musik:* rocken

rock climb·ing das Klettern, der Klettersport

rock·et ['rɒkɪt] die Rakete

rocky ['rɒkɪ] felsig, steinig

rod [rɒd]
1. die Rute, die Gerte; **fishing rod** die Angelrute
2. der Stab, die Stange

rode [rəʊd] *2. Form von* **ride**

role [rəʊl] (*auch übertragen*) die Rolle

roll [rəʊl]
1. *von Papier:* die Rolle
2. *von Stoff:* der Ballen
3. *von Banknoten:* das Bündel
4. **bread roll** das Brötchen
5. (*Bewegung*) das Rollen; **to do a roll** eine Rolle machen
6. *von Donner:* das Rollen, das Brausen
7. **a roll of film** eine Rolle Film
8. **roll of honour** die Ehrenliste

to **roll** [rəʊl]
1. *auch Augen, Wogen:* rollen; **to roll down the hill** den Berg hinunterkugeln
2. *Trommel:* wirbeln
3. *Schiff:* schlingern
4. *Donner:* grollen
5. drehen *Zigarette*

◆ to **roll in** *Briefe, Geld, Ideen:* hereinströmen

◆ to **roll on**
1. weiterrollen
2. *Zeit:* verfliegen

◆ to **roll over**
1. *Fahrzeug:* umkippen
2. *Person:* sich umdrehen; **to roll something over** etwas umdrehen

◆ to **roll up**
1. **to roll up a carpet** einen Teppich aufrollen/zusammenrollen
2. hochkrempeln *Ärmel*
3. kommen, erscheinen

roll call ['rəʊlkɔːl] der Namensaufruf

roll·er ['rəʊləʳ]
1. die Rolle, die Walze
2. **hair roller** der Lockenwickler
3. (*Welle*) der Brecher

roll·er blind das Springrollo

roll·er coast·er die Achterbahn, die Berg-und-Tal-Bahn

roll·er skate ['rəʊlə skeɪt] der Rollschuh

to **roll·er-skate** ['rəʊləskeɪt] Rollschuh laufen

roll-neck ['rəʊlnek] der Rollkragen

Ro·man¹ ['rəʊmən] römisch

Ro·man² ['rəʊmən] der Römer/die Römerin

ro·mance¹ [rəʊ'mæns]
1. die Romanze
2. die Liebesgeschichte, der Ritterroman, der Abenteuerroman, der Liebesroman
3. (*übertragen*) die Romantik

ro·mance² [rəʊ'mæns] **Romance languages** die romanische Sprachen

ro·man·tic [rəʊ'mæntɪk]
1. romantisch
2. (*übertragen*) romantisch veranlagt

Rome ['rəʊm] Rom

roof [ruːf]
1. das Dach
2. **to raise the roof** [etwas tun,] dass die Wände wackeln

roof rack *von Auto:* der Dachgepäckträger

rook [rʊk]
1. die Saatkrähe
2. (*beim Schach*) der Turm

rookie ['rʊkɪ] (USA) (*slang*) der Neuling, der Grünschnabel

room [ruːm]
1. das Zimmer, der Raum; **rooms to let** Zimmer zu vermieten
2. der Platz; **there is room for two** es ist ge-

nügend Platz für zwei; **to make room for someone** jemandem Platz machen
3 (*übertragen*) der Spielraum; **there is room for improvement** es ließe sich noch manches verbessern

room·mate der Zimmergenosse/die Zimmergenossin

room ser·vice der Zimmerservice

roost·er ['ru:stəʳ] der Hahn

root [ru:t]
1 *von Pflanze, Haar, Zahn:* die Wurzel; **by the roots** mit der Wurzel; **to take root** Wurzeln schlagen
2 (*übertragen*) die Grundlage, die Ursache; **to get to the root of the problem** dem Problem auf den Grund gehen, das Problem bei den Wurzeln packen

> **Land und Leute**
> **Root beer** nennt man eine amerikanische Art Limonade mit verschiedenen Wurzelextrakten. Daraus kann man auch einen **root beer float** machen: Man gibt Milchspeiseeis in das root beer und trinkt es mit einem Strohhalm.

rope [rəʊp]
1 das Seil; *von Schiff:* das Tau
2 **to know the ropes** sich auskennen; **to show someone the ropes** jemanden in alles einweihen

to **rope** [rəʊp]
1 **to rope something** etwas verschnüren
2 (*übertragen*) **to rope someone in** jemanden einspannen
3 **to rope an area off** ein Gebiet mit einem Seil absperren

rose[1] [rəʊz] *2. Form von* **rise**

rose[2] [rəʊz] die Rose

rosy ['rəʊzɪ] rosarot, rosig

to **rot** [rɒt] <rotted, rotted> faulen; **to rot away** verfaulen, vermodern

to **ro·tate** [rəʊ'teɪt]
1 [sich] drehen
2 (*übertragen*) [sich] turnusmäßig [ab]wechseln

ro·ta·tion [rəʊ'teɪʃn]
1 die Umdrehung, die Rotation
2 (*übertragen*) turnusmäßiger Wechsel; **by** [*oder* **in**] **rotation** abwechselnd, im Turnus

rot·ten ['rɒtn]
1 *Zahn, Ei:* faul
2 *Holz:* morsch
3 *Früchte:* verdorben
4 (*übertragen*) korrupt, verdorben
5 *Wetter, Zustand:* mies

rough [rʌf]
1 rau; *Gelände:* uneben; *Straße:* holprig; *See:* rau, stürmisch
2 *Geschmack:* rau; *Wein:* sauer
3 *Ton:* hart; *Worte:* grob, hart
4 *Benehmen:* ungehobelt, roh; *Behandlung:* grob, hart
5 *Sport:* hart
6 *Rechnung:* grob, ungefähr
7 *Entwurf, Manuskript:* roh; **rough book** (*in der Schule*) das Schmierheft; **rough paper** das Konzeptpapier
8 **he had a rough time** (*umgangsspr*) er hat eine schlimme Zeit durchgemacht
9 **she feels rough today** (*umgangsspr*) heute fühlt sie sich mies

to **rough** [rʌf] **to rough it** primitiv leben

rough·ly ['rʌflɪ]
1 rau, grob, barsch
2 ungefähr

round[1] [raʊnd] <rounder, roundest>
1 rund
2 *Figur:* rundlich
3 **round figure** [*oder* **number**] die runde Zahl

round[2] [raʊnd]
1 *von Verhandlungen:* die Runde; **round of talks** die Gesprächsrunde
2 (*Rundgang*) *von Polizei:* die Runde
3 (*beim Sport, Spiel*) die Runde; **a round of golf** eine Runde Golf
4 (*in der Musik*) der Kanon
5 **a round of toast** eine Scheibe Toast
6 **to pay for a round** [**of drinks**] eine Runde bezahlen
7 **a round of applause** der Applaus
8 **a round of ammunition** eine Ladung

round[3] [raʊnd]
1 herum, ringsherum, rundherum; **all** [*oder* **right**] **round** ganz herum; **round and round** rundherum; **the long way round** der längere Weg
2 **the other way round** umgekehrt
3 **he'll be round at 2 o'clock** er wird um 2 Uhr da sein
4 **for the second time round** zum zweiten Mal; **all** [**the**] **year round** das ganze Jahr über
5 um ... herum; **round the table** um den Tisch; **all round the house** im ganzen Haus; **to go round a corner** um eine Kurve [*oder*

Ecke] gehen; **to look round a house** sich ein Haus ansehen; **to show someone round a town** jemandem eine Stadt zeigen; **she's doing a tour round the world** sie macht eine Weltreise; **does he live round here?** wohnt er hier in der Nähe?
6 ungefähr; **round** [**about**] **4 o'clock** ungefähr um 4 Uhr; **somewhere round £50** so um die 50 Pfund

to **round** [raʊnd] **to round the corner** um die Ecke biegen
◆ to **round down** abrunden *Preis*
◆ to **round off**
1 abrunden *Preis, Zahl*
2 beschließen *Mahlzeit*
◆ to **round up**
1 zusammentrommeln *Leute;* hochnehmen *Verbrecher*
2 zusammentreiben *Vieh*
3 aufrunden *Preis, Zahl*

round·about ['raʊndəbaʊt]
1 das Karussell
2 GB der Kreisverkehr, der Kreisel

round-the-clock rund um die Uhr

round trip die Rundreise; USA die Hin- und Rückfahrt

round-up ['raʊndʌp] **a round-up of the news** eine Zusammenfassung der Nachrichten

route [ruːt]
1 die Strecke, die Route
2 **bus route** die Buslinie

row[1] [rəʊ] die Reihe; **in rows** reihenweise

row[2] [rəʊ] die Ruderfahrt, die Ruderstrecke; **to go for a row** rudern gehen

row[3] [raʊ]
1 der Lärm, der Krach
2 der Streit; **to have a row with someone** mit jemandem Krach haben

to **row**[1] [rəʊ] rudern; **to row someone across a river** jemanden einen Fluss hinüberrudern

to **row**[2] [raʊ] sich streiten

row·boat ['rəʊbəʊt] USA das Ruderboot

row·er ['rəʊəʳ] der Ruderer/die Ruderin

row·ing ['rəʊɪŋ] das Rudern, der Rudersport

row·ing boat ['rəʊɪŋbəʊt] GB das Ruderboot

roy·al[1] ['rɔɪəl] königlich

roy·al[2] ['rɔɪəl] (*umgangsspr*) das Mitglied der königlichen Familie

Roy·al High·ness **His Royal Highness** Seine Königliche Hoheit; **Your Royal Highness** Eure Königliche Hoheit

roy·al·ty ['rɔɪəltɪ]
1 Mitglieder *Plural* des Königshauses
2 **royalties** die Tantiemen

rub [rʌb] das Reiben; **to give something a rub** etwas reiben

to **rub** [rʌb] <rubbed, rubbed>
1 reiben (**on/against** an); **to rub one's hands** [**together**] sich die Hände reiben
2 **to rub something dry** etwas trockenreiben
◆ to **rub down**
1 **to rub something down** etwas abreiben
2 striegeln *Pferd*
◆ to **rub in**
1 einreiben *Salbe*
2 **to rub it in** (*übertragen*) darauf herumreiten
◆ to **rub off**
1 *Schmutz:* abgehen; **to rub dirt off** den Schmutz wegreiben
2 **to rub off on someone** (*übertragen*) auf jemanden abfärben
◆ to **rub out** **to rub an error out** einen Fehler ausradieren

rub·ber ['rʌbəʳ]
1 der Gummi
2 GB der Radiergummi
3 USA (*umgangsspr*) das Kondom

rub·ber band das Gummiband

rub·bish ['rʌbɪʃ]
1 der Abfall, die Abfälle
2 (*übertragen*) der Blödsinn; **don't talk rubbish!** red keinen Quatsch!

rub·bish bin der Abfalleimer, der Mülleimer

rub·bish dump die Müllkippe

rub·ble ['rʌbl] die Trümmer

ruby ['ruːbɪ] der Rubin

ruck·sack ['rʌksæk] der Rucksack

rud·der ['rʌdəʳ] das Ruder

rude [ruːd]
1 *Person:* unhöflich, unverschämt, grob
2 *Witz:* unanständig
3 **it's rude to stare** man starrt andere Leute nicht an

rug [rʌg]
1 der Teppich; **bedside rug** der Bettvorleger
2 die Wolldecke

ruin ['ruːɪn]
1 *von Gebäude:* der Verfall; **to go** [*oder* **fall**] **to ruin** verfallen
2 **ruins** *Plural* die Ruinen, die Trümmer
3 der Ruin; *von Hoffnung:* das Ende

to **ruin** ['ruːɪn]
1 verwüsten, zerstören *Gebäude, Leben*
2 ruinieren *Ruf*
3 verderben *Kind, Gesundheit*

rule [ruːl]
1 die Regel; *von Spielen:* die Spielregel; **as a rule** in der Regel; **against the rules** regelwidrig; **to play by the rules** die Spielregeln einhalten
2 (*Verwaltung*) die Vorschrift, die Bestimmung
3 die Herrschaft, die Regierungszeit

to **rule** [ruːl]
1 *Monarch, Diktator:* regieren, herrschen über
2 *Gericht:* entscheiden; **to rule in favour of/against someone** zugunsten von jemandem/gegen jemanden entscheiden
3 linieren *Papier*

◆ to **rule out**
1 **to rule out a mistake** einen Fehler ausschließen
2 **to rule out an idea/a plan** eine Idee/einen Plan unmöglich machen

rul·er[1] ['ruːləʳ] der Herrscher (**of** über)

rul·er[2] ['ruːləʳ] das Lineal

to **rum·ble** ['rʌmbl]
1 *Donner:* grollen
2 *Magen:* knurren

ru·mour ['ruːməʳ], (USA) **ru·mor** das Gerücht (**of** über); **there is a rumour of war** es gehen Kriegsgerüchte um

run [rʌn]
1 (*auch im Sport*) der Lauf; **to make a run for it** abhauen; **on the run** [**from the police**] auf der Flucht [vor der Polizei]
2 (*mit Fahrzeug*) die Fahrt, der Ausflug
3 (*bekannte Straße*) die Strecke
4 die Reihe, die Serie; **a run of luck** eine Glückssträhne ▶ WENDUNGEN: **in the long run** auf [die] Dauer

to **run** [rʌn] <ran, run>
1 laufen, rennen; **he came running out** er kam herausgelaufen; **to run for the bus** zum Bus laufen; **she ran to help him** sie kam ihm schnell zu Hilfe
2 (*Leistungssport*) laufen
3 davonlaufen, wegrennen; **to run for one's life** um sein Leben rennen
4 *Fahrzeug:* rollen, gleiten
5 fahren, bringen *Personen;* **he ran her home** er brachte sie nach Hause
6 *Verkehrsmittel:* verkehren; **it runs on wheels** es fährt auf Rädern; **the buses run once an hour** die Busse fahren stündlich; **all planes are running late** alle Flugzeuge haben Verspätung
7 führen, leiten *Hotel;* **to run a company** ein Unternehmen leiten
8 *Wasser:* laufen; **tears ran down her cheeks** Tränen liefen ihr übers Gesicht; **to run** [**water into**] **a bath** Wasser in die Badewanne einlaufen lassen
9 *Farbe:* zerfließen, ineinanderfließen
10 *Strom, Gewässer:* fließen, strömen; **to run dry** austrocknen; **the river runs into the sea** der Fluss mündet ins Meer
11 *Straße:* führen, gehen; *Berge:* sich ziehen, sich erstrecken
12 (*funktionieren*) *Fabrik:* arbeiten; *Geschäft, Maschine:* gehen, laufen, in Betrieb sein; betreiben *Maschine;* **the radio runs off the mains** das Radio läuft auf Netz
13 sich aufstellen lassen; aufstellen *Kandidaten;* **to run for President** für die Präsidentschaft kandidieren
14 *Worte:* lauten; **the wording ran as follows** es lautete folgendermaßen
15 **to run down the list** die Liste durchgehen
16 **it runs in the family** es liegt in der Familie

> **Grammatik**
> Richtiges Konjugieren von **run**: run, ran, run — *Rupert ran to the door; Mrs Smith has run the shop for ten years.*

◆ to **run about** herumlaufen, umherlaufen

◆ to **run across**
1 hinüberlaufen
2 zufällig treffen *Leute*

◆ to **run after** **to run after someone** jemandem hinterherlaufen

◆ to **run along** (*umgangsspr*) **run along!** ab mit dir!

◆ to **run around** herumrennen *umgangsspr*

◆ to **run away** wegrennen; **to run away from home** von zu Hause weglaufen

◆ to **run down**
1 hinunterlaufen
2 *Batterie:* leer werden
3 **to run someone down** jemanden überfahren
4 abbauen, auflösen *Lagerbestand*

◆ to **run in**
① hineinlaufen
② einfahren *Auto*
③ (*umgangsspr*) hoppnehmen *Verbrecher*

◆ to **run into**
① **to run into someone** jemanden zufällig treffen
② *Auto:* fahren gegen
③ **to run into difficulties** Schwierigkeiten bekommen

◆ to **run off**
① weglaufen, wegrennen
② *Wasser:* ablassen

◆ to **run on** weiterlaufen, weiterrennen

◆ to **run out**
① hinausgehen, herauslaufen
② *Ware:* ausgehen, zu Ende gehen
③ *Bescheinigung:* ablaufen

◆ to **run over**
① kurz hinüberlaufen
② **to run someone over** jemanden überfahren

◆ to **run through**
① **to run through the park** durch den Park laufen
② durchgehen *Text*
③ durchspielen *Theaterstück*

run·away ['rʌnəweɪ]
① durchgebrannt, entlaufen
② *Inflation:* unkontrollierbar
③ **to have a runaway victory** einen leichten Sieg haben

run-down [ˌrʌn'daʊn]
① *Gebäude:* heruntergekommen
② *Person:* abgespannt

rung[1] [rʌŋ] *3. Form von* **ring**

rung[2] [rʌŋ] *von Leiter:* die Sprosse

run·ner ['rʌnə[r]]
① der Läufer/die Läuferin
② die [Schlitten]kufe
③ **to do a runner** (*slang*) eine Fliege machen

run·ner-up [ˌrʌnər'ʌp] <*Plural* runners-up> (*im Rennen*) der/die Zweite

run·ning[1] ['rʌnɪŋ]
① das Laufen, das Rennen; **running shoe** der Laufschuh
② *von Firma:* die Leitung, die Führung
③ **to be in the running** im Rennen liegen; **to be out of the running** aus dem Rennen sein

run·ning[2] ['rʌnɪŋ]
① *Wasser:* fließend
② **4 days running** 4 Tage hintereinander
③ **up and running** in Betrieb

run·ny ['rʌnɪ]
① flüssig
② **I've got a runny nose** mir läuft die Nase

run-up ['rʌnʌp]
① **to take a run-up** Anlauf nehmen
② **the run-up to an event** das Vorfeld eines Ereignisses

run·way ['rʌnweɪ] die Start- und Landebahn, die Runway

ru·ral ['rʊərəl] ländlich, Land-

rush [rʌʃ]
① **to make a rush for something** sich auf etwas stürzen
② der Ansturm (**for** auf/nach)
③ die Eile; **to be in a rush** in Eile sein; **what's [all] the rush?** wozu diese Hast?
④ **the Christmas rush** der Weihnachtsbetrieb; **a rush of orders** eine Flut von Aufträgen

to **rush** [rʌʃ]
① hasten, hetzen; **to rush to help** zu Hilfe eilen
② **to rush someone to hospital** jemanden schnell ins Krankenhaus bringen
③ hastig machen *Arbeit*
④ **to rush someone into a decision** jemanden zu einer schnellen Entscheidung treiben; **to rush someone into doing something** jemanden dazu treiben, etwas überstürzt zu tun

◆ to **rush at** **to rush at something** auf etwas losstürzen

◆ to **rush out** hinauseilen, hinausstürzen

rush hour ['rʌʃaʊə] die Hauptgeschäftszeit, die Hauptverkehrszeit, die Stoßzeit

Rus·sia ['rʌʃə] Russland

Rus·sian[1] ['rʌʃn]
① der Russe/die Russin
② (*Sprache*) Russisch, das Russische

Rus·sian[2] ['rʌʃn] russisch

rust [rʌst] der Rost

to **rust** [rʌst] rosten, einrosten

rusty ['rʌstɪ]
① *Auto usw.:* rostig, verrostet
② **I'm a bit rusty** ich bin etwas aus der Übung; **my German is a bit rusty** mein Deutsch ist etwas eingerostet

Falsche Freunde
Nicht verwechseln mit *rüstig — sprightly!*

Ss

S <*Plural* S's *oder* Ss>, **s** [es] <*Plural* s's> S, s

sack [sæk]
1 der Sack
2 (*umgangsspr*) **to get the sack** gefeuert werden; **to give someone the sack** jemanden entlassen, jemanden hinauswerfen

to **sack** [sæk] (*umgangsspr*) **to sack someone** jemanden feuern

sac·ri·fice ['sækrɪfaɪs] (*auch übertragen*) das Opfer

sad [sæd] <sadder, saddest>
1 *Person:* traurig, betrübt (**about** über); **to feel sad** traurig sein
2 *Verlust:* schmerzlich
3 *Fehler:* bedauerlich
4 *Farbe:* trist
5 *Ort:* düster

to **sad·den** ['sædn] **to sadden someone** jemanden betrüben

sad·dle ['sædl] *von Pferd, Fahrrad:* der Sattel

to **sad·dle** ['sædl] satteln *Pferd*

sad·ness ['sædnəs] die Traurigkeit

sae, **SAE** [ˌeseɪ'iː] *Abkürzung von* **stamped addressed envelope** der frankierte Rückumschlag

safe[1] [seɪf] der Safe, der Tresor

safe[2] [seɪf]
1 sicher, unverletzt; **to be safe** in Sicherheit sein
2 ungefährlich; *Fahrer, Methode:* sicher, zuverlässig; **the beach is safe for bathing** an dem Strand kann man gefahrlos baden
3 **to keep something safe** etwas sicher aufbewahren
4 *Politik:* vorsichtig, risikolos

safe·guard ['seɪfgɑːd] der Schutz

to **safe·guard** ['seɪfgɑːd] schützen (**against** vor)

safe·ty ['seɪftɪ] die Sicherheit

safe·ty belt der Sicherheitsgurt

safe·ty pin die Sicherheitsnadel

said [sed] *2. und 3. Form von* **say**

sail [seɪl]
1 das Segel
2 die Schifffahrt, die Seefahrt; **to go for a sail** segeln gehen

to **sail** [seɪl]
1 segeln, fahren; segeln mit *Schiff*
2 abfahren, auslaufen (**for** nach)
3 **to sail through an exam** eine Prüfung spielend schaffen

sail·boat (USA) das Segelboot

sail·ing ['seɪlɪŋ]
1 das Segeln, der Segelsport
2 *von Schiff:* die Abfahrt

sail·ing boat (GB) das Segelboot

sail·or ['seɪləʳ] der Seemann, der Matrose

saint [seɪnt, *vor Namen* snt] der/die Heilige; **Saint Anne** die heilige Anna

sake [seɪk]
1 **for my sake** meinetwegen
2 **for goodness** [*oder* **heaven's**] **sake!** um Himmels willen!
3 **... and all for the sake of a few pounds** ... und alles wegen ein paar Pfund

sal·ad ['sæləd] der Salat; **fruit salad** der Obstsalat

sal·ad cream die Salatmayonnaise

sal·ad dress·ing die Salatsoße

sala·ry ['sælərɪ] das Gehalt

sale [seɪl]
1 der Verkauf; **for sale** zu verkaufen; **to put something up for sale** etwas zum Verkauf anbieten; **not for sale** nicht verkäuflich; **to be on sale** verkauft werden
2 (*im Laden*) der Ausverkauf, der Schlussverkauf
3 **sales** *Plural* (*Verkaufszahlen*) der Absatz

sales as·sist·ant ['seɪlzəˌsɪstənt] (GB) der Verkäufer/die Verkäuferin

sales·man ['seɪlzmən, *Plural* 'seɪlzmen] <*Plural* salesmen> der Verkäufer

sales·wom·an ['seɪlzwʊmən, *Plural* 'seɪlzwɪmɪn] <*Plural* saleswomen> die Verkäuferin

salm·on ['sæmən] <*Plural* salmon> der Lachs

sa·loon [sə'luːn]
1 (USA) der Saloon
2 (GB) **saloon car** die Limousine

salt [sɔːlt] das Salz

salt cel·lar der Salzstreuer

salty ['sɔːltɪ] salzig

to **sa·lute** [sə'lu:t] [militärisch] grüßen; **to salute someone** vor jemandem salutieren

sa·lute [sə'lu:t] (*militärisch*) der Salut[schuss]

same [seɪm]
1 **the same** der, die, das Gleiche, derselbe, dieselbe, dasselbe; **they are all the same** sie sind alle gleich; **she's much the same** sie hat sich kaum verändert; **it's not the same as before** es ist nicht wie früher; **it's all the same to me** es ist mir egal
2 **all** [*oder* **just**] **the same** trotzdem
3 **it's the same thing** das ist das Gleiche; **at the same time** zur selben Zeit
4 **same to you** ebenfalls, gleichfalls

sam·ple ['sɑ:mpl]
1 die Probe
2 (*in der Statistik*) die Stichprobe, die Auswahl
3 (*übertragen*) das Beispiel
4 *von Waren:* das Muster

sand [sænd]
1 der Sand
2 **sands** ⚠ *Plural* der Sandstrand

san·dal ['sændl] die Sandale

sand·cas·tle die Sandburg

sand dune die Sanddüne

sand·pa·per ['sændpeɪpəʳ] das Sandpapier, das Schmirgelpapier

sand·pit der Sandkasten

sand·wich ['sænwɪdʒ] <*Plural* sandwiches> das Sandwich

to **sand·wich** ['sænwɪdʒ] einklemmen, einzwängen (**between** zwischen)

sandy ['sændɪ]
1 sandig
2 (*Farbe*) rötlich, rotblond

sane [seɪn]
1 geistig gesund
2 (*übertragen*) vernünftig, sinnvoll, gesund

sang [sæŋ] *2. Form von* **sing**

sani·tary ['sænɪtrɪ]
1 hygienisch
2 **sanitary towel** [*oder* (USA) **napkin**] die Damenbinde, die Monatsbinde

san·ity ['sænətɪ]
1 die geistige Gesundheit
2 (*übertragen*) die Vernünftigkeit

sank [sæŋk] *2. Form von* **sink**

San·ta Claus [ˌsæntə'klɔ:z] der Weihnachtsmann; (*am 6. Dezember*) der Nikolaus

sar·cas·tic [sɑ:'kæstɪk] sarkastisch

sat [sæt] *2. und 3. Form von* **sit**

Land und Leute

In England und Wales müssen alle Schulkinder im Alter von 7, 11 und 14 Jahren die **SATs** (*Standard Assessment Tests*) machen. Die Ergebnisse werden mit dem nationalen Durchschnitt verglichen und dazu benutzt, die Fortschritte der Schüler während ihrer Schulzeit zu verfolgen. In den USA ist der **SAT** (*Scholastic Assessment Test*) eine Prüfung die Schulabgänger einer *high school* bestehen müssen, um eine höhere Schulbildung zu durchlaufen. Er bewertet die allgemeine schulische Entwicklung der Schüler und ihre Eignung fürs *college*.

satch·el ['sætʃəl] der Schulranzen, die Schultasche

sat·el·lite ['sætəlaɪt] der Satellit

sat·el·lite dish (*für Fernseher*) die Parabolantenne, die Satellitenschüssel *umgangsspr*

sat·is·fac·tion [ˌsætɪs'fækʃn]
1 die Befriedigung
2 (*Zustand*) die Zufriedenheit (**at** mit); **to feel a sense of satisfaction at something** Genugtuung über etwas empfinden

sat·is·fac·tory [ˌsætɪs'fæktərɪ]
1 zufrieden stellend, befriedigend (**to** für)
2 (*Schulnote*) ausreichend

to **sat·is·fy** ['sætɪsfaɪ]
1 stillen *Hunger, Durst*
2 erfüllen, nachkommen *Bedingungen, Verpflichtungen;* genügen *Anforderungen*
3 **to be satisfied with something** mit etwas zufrieden sein
4 **to satisfy oneself about something** sich von etwas überzeugen

sat·is·fy·ing ['sætɪsfaɪɪŋ]
1 befriedigend
2 sättigend

Sat·ur·day ['sætədeɪ] der Sonnabend, der Samstag; **on Saturday** am Sonnabend

sauce [sɔ:s] die Soße, die Sauce

sauce·pan ['sɔ:spən] der Kochtopf

sauc·er ['sɔ:səʳ] die Untertasse

sau·sage ['sɒsɪdʒ] die Wurst

sau·sage roll das Würstchen im Schlafrock

save [seɪv] (*beim Sport*) die Parade

to **save** [seɪv]
1 **to save someone [from something]** jemanden [vor etwas] retten; **to save someone's life** jemandem das Leben retten
2 sparen *Geld*
3 sparsam umgehen mit *Wasser, Mittel;* aufsparen *Kraft*
4 sichern, abspeichern *Daten*
5 **to save oneself the trouble** sich die Mühe sparen; **it saves me time** dabei spare ich Zeit
◆ to **save up** sparen *Geld*

sav·ing ['seɪvɪŋ] **savings** die Ersparnisse

sav·ings ac·count ['seɪvɪŋzəˌkaʊnt] das Sparkonto

sa·voury ['seɪvərɪ], USA **sa·vory** (*nicht süß*) pikant; **savoury biscuits** das Salzgebäck

saw[1] [sɔː] die Säge

saw[2] [sɔː] *2. Form von* **see**

to **saw** [sɔː] <sawed, sawn *oder* USA sawed> sägen

saxo·phone ['sæksəfəʊn] das Saxophon

to **say** [seɪ] <said, said>
1 sagen; **that says a lot for him** das spricht für ihn; **she is said to be clever** sie soll klug sein; **what do you say?** was meinen Sie?; **it goes without saying that ...** es ist selbstverständlich, dass ...; es versteht sich von selbst, dass ...
2 aufsagen *Gedicht,* sprechen; aussprechen *Wort;* **it says in the papers that ...** in den Zeitungen steht, dass ...; **the weather forecast said that ...** es hieß im Wetterbericht, dass ..., laut Wetterbericht ...
3 *Uhr:* zeigen; *Thermometer:* anzeigen ▶ WENDUNGEN: **it's easier said than done** das ist leichter gesagt als getan; **that is to say ...** das heißt ..., mit anderen Worten ...; **you can say that again!** das kann man wohl sagen

say [seɪ] **let him have his say** lass ihn mal reden; **to have a say in something** bei etwas etwas zu sagen haben

say·ing ['seɪɪŋ] die Redensart, das Sprichwort

scab [skæb] der Schorf, der Grind

scaf·fold·ing ['skæfəldɪŋ] das Baugerüst

to **scald** [skɔːld] **to scald someone** jemanden verbrühen

scale [skeɪl]
1 die Skala, die Gradeinteilung
2 (*übertragen*) das Ausmaß; **on a national scale** auf nationaler Ebene; **to plan on a large scale** in großem Rahmen planen
3 *von Musik:* die Tonleiter
4 (*technisch*) der Maßstab; **to scale** maßstabgerecht; **on the scale of one to ten** im Maßstab eins zu zehn; **to be out of scale** nicht maßstabgerecht sein

scales [skeɪlz] ⚠ *Plural* die Waage

scan·dal ['skændl] der Skandal

scape·goat ['skeɪpgəʊt] (*übertragen*) der Sündenbock

scar [skɑːʳ] die Narbe

scarce [skeəs]
1 *Pflanzensorte usw.:* selten, rar
2 *Essen, Mittel:* knapp, nicht ausreichend vorhanden

scarce·ly ['skeəslɪ] kaum

scare [skeəʳ]
1 der Schreck[en]
2 die Panikstimmung

to **scare** [skeəʳ]
1 **to scare someone** jemandem einen Schrecken einjagen; (*plötzlich*) jemanden erschrecken
2 **I don't scare easily** ich bekomme nicht so schnell Angst
3 **to be scared out of one's wits** Todesängste ausstehen
◆ to **scare away** **to scare someone away** jemanden verscheuchen, jemanden verjagen

scare·crow ['skeəkrəʊ] die Vogelscheuche

scarf [skɑːf, *Plural* skɑːvz] <*Plural* scarves> der Schal

scar·let ['skɑːlət] scharlachrot

scary ['skeərɪ] (*umgangsspr*) unheimlich, gruselig

scath·ing ['skeɪðɪŋ]
1 *Person, Humor:* bissig
2 *Bemerkung:* schneidend
3 *Kritik:* beißend, scharf

to **scat·ter** ['skætəʳ] [sich] zerstreuen

scene [siːn]
1 der Schauplatz; **the scene of the crime** der Tatort
2 *von Theater, Roman usw.:* der Ort der Handlung
3 (*im Theater*) das Bühnenbild; **behind the scenes** hinter den Kulissen
4 (*übertragen*) die Szene
5 (*Landschaft*) der Anblick

scen·ery ['siːnərɪ]
1 (*im Theater*) das Bühnenbild
2 die Landschaft

scent [sent]
① der Geruch, der Duft
② GB das Parfüm

scep·ti·cal ['skeptɪkl] skeptisch, zweifelnd

sched·ule ['ʃedju:l, 'skedʒʊl]
① das Programm, der Zeitplan
② USA *von Schüler:* der Stundenplan
③ der Fahrplan, der Flugplan; **the train is behind schedule** der Zug hat Verspätung; **to be on schedule** pünktlich sein

to **sched·ule** ['ʃedju:l]
① planen
② **to schedule an appointment** einen Termin ansetzen
③ **the plane is scheduled for ...** planmäßige Ankunft/der planmäßige Abflug ist ...

scheme [ski:m]
① (*Plan*) das Programm, das Projekt
② das System; **pension scheme** die Rentenversicherung

Falsche Freunde
Nicht verwechseln mit *das Schema (Muster)* — *pattern!*

schol·ar ['skɒlə^r]
① der/die Gelehrte
② (*Student mit Stipendium*) der Stipendiat/die Stipendiatin

schol·ar·ship ['skɒləʃɪp]
① die Gelehrsamkeit
② das Stipendium

school [sku:l]
① die Schule; **at school** in der Schule; **to go to school** in die Schule gehen
② USA das College, die Universität
③ **to go to law/medical school** Jura/Medizin studieren; *s. a.* **boarding school, comprehensive school, elementary school, grammar school, high school, junior high school, junior school, preparatory school, primary school, public school**

school bag die Schultasche

school·boy ['sku:lbɔɪ] der Schuljunge, der Schüler

school·child ['sku:ltʃaɪld, *Plural* 'sku:ltʃɪldrən] <*Plural* schoolchildren> das Schulkind

school·girl ['sku:lgɜ:l] das Schulmädchen, die Schülerin

school hall die Aula

school leav·er ['sku:lli:və^r] der Schulabgänger/die Schulabgängerin

school·mate der Schulkamerad/die Schulkameradin

school·room ['sku:lrʊm] das Klassenzimmer

school·teach·er der Lehrer/die Lehrerin

sci·ence ['saɪəns]
① die Wissenschaft; **natural science** die Naturwissenschaft
② (*übertragen*) die Kunst, die Lehre

sci·en·tif·ic [ˌsaɪən'tɪfɪk] wissenschaftlich

sci·en·tist ['saɪəntɪst] der [Natur]wissenschaftler/die [Natur]wissenschaftlerin

scis·sors ['sɪzəz] ⚠ *Plural* die Schere; **a pair of scissors** eine Schere

scone [skɒn] GB *brötchenartiges Gebäck, das mit Marmelade bestrichen zum Tee serviert wird*

scoop [sku:p]
① die Schaufel
② *von Eis:* die Kugel
③ *für eine Zeitung:* der Knüller

to **scoop** [sku:p] schaufeln *Kohlen;* schöpfen *Schaum, Suppe*

scoot·er ['sku:tə^r]
① der [Tret]roller
② **motor scooter** der [Motor]roller

scope [skəʊp]
① *von Suche, Sitzung:* der Rahmen
② der Kompetenzbereich
③ die Entfaltungsmöglichkeit, der Spielraum

to **scorch** [skɔ:tʃ] versengen

scorch·er ['skɔ:tʃə^r] (*umgangsspr*) **yesterday was a scorcher** gestern war eine Knallhitze

score [skɔ:^r]
① (*im Sport*) der Punktestand, der Spielstand; **what's the score?** wie steht's?; **there was no score at half-time** zur Halbzeit stand es 0 : 0; **to keep [the] score** Punkte zählen
② (*Musik*) die Partitur; *von Filmen:* die Filmmusik
③ **scores** *Plural* **of ...** Dutzende von ...

to **score** [skɔ:^r]
① erzielen *Punkte;* **to score well/badly** gut/schlecht abschneiden
② **to score a goal** ein Tor schießen, einen Punkt erzielen

score·board die Anzeigetafel

scor·er ['skɔ:rə^r] der Torschütze/die Torschützin

Scot [skɒt] der Schotte/die Schottin

Scotch [skɒtʃ] <*Plural* scotches> (*Whisky*) der Scotch

Scot·land ['skɒtlənd] Schottland

Land und Leute
Seit 1999 haben die Schotten ihr eigenes **Scottish Parliament**, nachdem sie fast 300 Jahre darauf verzichten mussten. Bei einer Volksabstimmung am 11. September 1997 entschieden sich die meisten Schotten für diese Art größerer Sebstständigkeit gegenüber England. Das neue **Scottish Parliament** besteht aus 129 Abgeordneten und hat seinen Sitz in Edinburgh. Es darf Gesetze erlassen und auch Steuern erheben.

Scots[1] [skɒts] schottisch

Scots[2] [skɒts]
1 (*Dialekt*) Schottisch
2 **the Scots** *Plural* die Schotten

Scots·man [skɒtsmən] <*Plural* Scotsmen> der Schotte

Scots·wom·an [skɒtswʊmən, *Plural* skɒtswɪmɪn] <*Plural* Scotswomen> die Schottin

Scot·tish[1] ['skɒtɪʃ] schottisch

Scot·tish[2] ['skɒtɪʃ]
1 (*Dialekt*) Schottisch, das Schottische
2 **the Scottish** ⚠ *Plural* die Schotten

scout [skaʊt] der Pfadfinder

to **scram·ble** ['skræmbl]
1 klettern, krabbeln
2 sich balgen, sich reißen (**for** um)
3 **scrambled eggs** die Rühreier

scram·ble ['skræmbl]
1 das Klettern
2 das Gedränge, die Balgerei (**for** um)

scrap [skræp]
1 das Stück[chen]; **scrap of paper** der Papierfetzen
2 **scraps** *Plural* die Reste
3 **scrap metal** der Schrott
4 **not a scrap of evidence** nicht der geringste Beweis

to **scrap** [skræp] <scrapped, scrapped>
1 **to scrap a car** ein Auto verschrotten
2 (*übertragen*) fallen lassen *Plan*

scrap·book ['skræpbʊk] das Sammelalbum

to **scrape** [skreɪp]
1 [ab]kratzen
2 schrammen *Auto*
3 [wund] scheuern, aufschürfen *Knie*
4 abstreifen *Schuhe*

◆ to **scrape off** **to scrape rust off** Rost abkratzen

◆ to **scrape through** **to scrape through an exam** mit Ach und Krach durch eine Prüfung kommen

◆ to **scrape together** **to scrape money together** Geld zusammenkratzen, sich gerade so über Wasser halten

scrap·py ['skræpɪ]
1 zusammengestückelt
2 *Wissen:* lückenhaft

scratch [skrætʃ] <*Plural* scratches>
1 der Kratzer
2 (*Geräusch*) das Kratzen, das Scharren

to **scratch** [skrætʃ]
1 kratzen; **to scratch something** etwas [zer]kratzen; **he scratched his name in the wood** er ritzte seinen Namen ins Holz
2 **to scratch one's head** sich am Kopf kratzen

scratch card ['skrætʃkɑ:d] die Rubbelkarte

scratchy ['skrætʃɪ] *Pullover:* kratzig

to **scrawl** [skrɔ:l] schmieren, kritzeln

scrawl [skrɔ:l] das Gekritzel, die Kritzelei

to **scream** [skri:m]
1 schreien; **to scream at someone** jemanden anschreien
2 **to scream with pain** vor Schmerzen schreien
3 **to scream one's head off** sich die Lunge aus dem Leib schreien

scream [skri:m]
1 der Schrei
2 (*umgangsspr*) **to be a scream** zum Schreien sein

to **screech** [skri:tʃ]
1 *Affe, Kind:* kreischen
2 *Fahrzeug:* quietschen

screech [skri:tʃ] <*Plural* screeches>
1 der Schrei
2 *von Bremsen:* das Kreischen

screen [skri:n]
1 *von Fernseher:* der Bildschirm
2 (*Möbelstück*) die Trennwand
3 (*im Kino*) die Leinwand

to **screen** [skri:n]
1 abschirmen (**from** vor)
2 (*medizinisch*) **to screen someone** jemanden untersuchen

screw [skru:] die Schraube

to **screw** [skruː]
1 schrauben (**to** an, **onto** auf)
2 (*slang*) **to screw someone** jemanden bumsen

◆ to **screw up**
1 zusammenknüllen *Papier*
2 zusammenkneifen *Augen*
3 (*slang*) vermasseln *Plan*

screw·driv·er der Schraubenzieher

to **scrib·ble** [ˈskrɪbl] kritzeln

scrib·ble [ˈskrɪbl] das Gekritzel

to **scroll** [skrəʊl] (*am Computer*) blättern

to **scrounge** [skraʊndʒ] (*umgangsspr*) schnorren, abstauben (**from** bei)

to **scrub** [skrʌb] <scrubbed, scrubbed> [ab]schrubben, scheuern

scruffy [ˈskrʌfɪ] (*umgangsspr*) *Mensch:* vergammelt, verlottert

scu·ba div·ing [ˈskuːbə ˈdaɪvɪŋ] das Sporttauchen

to **scuf·fle** [ˈskʌfl] sich raufen

scuf·fle [ˈskʌfl] die Balgerei, das Handgemenge

sculp·ture [ˈskʌlptʃəʳ]
1 (*Kunstform*) die Bildhauerei
2 die Skulptur

scum [skʌm] der Schaum, der Rand

sea [siː] die See, das Meer; **at sea** auf [hoher] See; **by sea** auf dem Seeweg

Falsche Freunde
Nicht verwechseln mit *der See — lake!*

sea·food [ˈsiːfuːd] die Meeresfrüchte

sea·gull [ˈsiːgʌl] die Seemöwe

seal[1] [siːl]
1 (*für Dokument*) das Siegel
2 (*für Rohr*) die Dichtung
3 (*aus Metall*) die Plombe

seal[2] [siːl] der Seehund

to **seal** [siːl]
1 **to seal a document** ein Dokument versiegeln
2 zukleben *Brief*
3 luftdicht verschließen *Kiste usw.;* abdichten *Rohr*

◆ to **seal off** **to seal something off** etwas hermetisch abriegeln

seam [siːm] der Saum, die Naht

search [sɜːtʃ]
1 die Suche (**for** nach)
2 *von Gebäude usw.:* die Durchsuchung

to **search** [sɜːtʃ]
1 suchen (**for** nach); **to search someone/something** jemanden/etwas durchsuchen
2 **search me!** was weiß ich!

search par·ty die Suchmannschaft

search war·rant der Durchsuchungsbefehl

sea·shell die Muschel

sea·shore [ˈsiːʃɔːʳ] der Strand

Vorsicht Falle!
Seashore oder **seaside**? **Seashore** bedeutet das Strandufer: *We walked along the seashore collecting shells*; und — **seaside** bedeutet ein Ort am Meer: *we went to the seaside this summer.*

sea·sick [ˈsiːsɪk] seekrank

sea·side [ˈsiːsaɪd] **at the seaside** am Meer; **to go to the seaside** ans Meer fahren

sea·son [ˈsiːzn]
1 die Jahreszeit
2 die Saison; **holiday season** die Ferienzeit
3 **strawberries are in season** jetzt ist Erdbeerzeit

sea·son·al [ˈsiːzənl] jahreszeitlich; **seasonal unemployment** die saisonbedingte Arbeitslosigkeit

sea·son·ing [ˈsiːznɪŋ] (*auch übertragen*) die Würze

sea·son tick·et (GB) die Dauerkarte

seat [siːt]
1 der Sitz, die Sitzgelegenheit; **to take a seat** einen Platz einnehmen
2 (*im Theater*) der [Theater]platz
3 (*im Parlament*) der Sitz

to **seat** [siːt]
1 **the bus seats 40 passengers** der Bus hat 40 Sitzplätze
2 **please be seated** bitte nehmen Sie Platz; **to remain seated** sitzen bleiben

seat belt *von Auto, Flugzeug:* der Sicherheitsgurt; **to fasten one's seat belt** sich anschnallen

seat·ing ar·range·ments *Plural* die Sitzordnung

sea·weed [ˈsiːwiːd] der Seetang

sec·ond[1] [ˈsekənd]
1 zweite(r, s); **to be second** Zweite(r, s) sein; **the second of May** der zweite Mai; **in**

second place an zweiter Stelle; **to come/ lie second** an zweiter Stelle kommen/liegen
2 **in the second place** zweitens; **to have second thoughts about something** sich etwas anders überlegen

sec·ond[2] ['sekənd]
1 *von Auto:* der zweite Gang
2 **seconds** die Waren zweiter Wahl
3 (*beim Essen*) **can I have seconds?** kann ich noch etwas nachbekommen?

sec·ond[3] ['sekənd]
1 die Sekunde
2 **Moment** der Augenblick; **just a second!** einen Augenblick!

sec·ond·ary ['sekəndrɪ] zweitrangig, untergeordnet, geringer

sec·ond·ary school (GB) die höhere Schule (*für Schüler vom 11. bis zum 16./18. Lebensjahr*)

sec·ond-best [ˌsekənd'best] zweitbeste(r, s)

sec·ond-class **to travel second class** zweiter Klasse reisen

sec·ond floor **on the second floor** im zweiten [*oder* (USA) ersten] Stock

sec·ond-hand
1 *Information:* aus zweiter Hand
2 *Auto:* gebraucht

sec·ond hand der Sekundenzeiger

sec·ond lan·guage die erste Fremdsprache

sec·ond·ly ['sekəndlɪ] zweitens

se·cret[1] ['si:krɪt]
1 geheim
2 *Bewunderer, Trinker:* heimlich

se·cret[2] ['si:krɪt] das Geheimnis; **in secret** im Geheimen

Falsche Freunde
Nicht verwechseln mit *das Sekret* — *secretion!*

sec·re·tary ['sekrətrɪ]
1 der Sekretär/die Sekretärin
2 (*in der Politik*) der Minister/die Ministerin; **Secretary-General** der Generalsekretär/die Generalsekretärin; **Secretary of State** (GB) der Minister/die Ministerin; (USA) der Außenminister/die Außenministerin

sect [sekt] die Sekte

sec·tion ['sekʃn]
1 das Teil
2 *von Gebäude:* der Trakt
3 *von Buch:* der Abschnitt
4 *von Gesetz:* der Absatz, der Paragraph

sec·tor ['sektəʳ] der Sektor

se·cure [sɪ'kjʊəʳ]
1 sicher
2 *Existenz:* gesichert
3 *Knoten:* fest

to **se·cure** [sɪ'kjʊəʳ] [ab]sichern; **to secure a boat** ein Boot festmachen

se·cu·rity [sɪ'kjʊərətɪ] die Sicherheit, der Schutz (**against/from** vor)

se·cu·rity guard die Wache, der Wächter/die Wächterin

to **se·duce** [sɪ'dju:s] **to seduce someone** jemanden verführen; **to seduce someone into doing something** jemanden zu etwas verleiten

to **see** [si:] <saw, seen>
1 sehen; **to see someone do something** sehen, wie jemand etwas macht; **I saw it happen** ich habe gesehen, wie es passiert ist; **see for yourself!** sieh doch selbst!; **it's too late, [you] see** weißt du, es ist zu spät; **I must be seeing things!** ich sehe wohl Gespenster!
2 **to see a film** einen Film ansehen
3 **to see someone** jemanden sprechen (**about** wegen), jemanden besuchen; **to see a doctor** zum Arzt gehen; **she refused to see us** sie wollte uns nicht empfangen; **be seeing you! see you later!** bis später! bis nachher!
4 sich vorstellen; **I can't see that working** ich kann mir kaum vorstellen, dass das klappt; **I can see it happening** ich sehe es kommen
5 verstehen, erkennen; **I see what you mean** ich verstehe, was du meinst; **as I see it** so, wie ich es sehe
6 **that remains to be seen** das wird sich zeigen
7 **let me see** lass mich überlegen

◆ to **see about** **to see about something** sich um etwas kümmern; **I'll see about it** ich will mal sehen

◆ to **see off** **to see someone off** jemanden verabschieden

◆ to **see out** **to see someone out** jemanden hinausbegleiten; **to see oneself out** allein hinausfinden

◆ to **see through**
1 **to see through someone** jemanden

durchschauen
② zu Ende bringen *Arbeit*

◆ to **see to** sich kümmern um; **to see to it that ...** sieh zu, dass ...

seed [si:d]
① *von Pflanzen:* der Same[n], das Samenkorn
② (*in der Landwirtschaft*) das Saatgut

to **seed** [si:d] (*im Sport*) **to seed someone** jemanden setzen, platzieren

see·ing ['si:ɪŋ] **seeing that ...** da ...

to **seek** [si:k] <sought, sought>
① suchen
② streben nach *Amt, Posten*

to **seem** [si:m]
① [er]scheinen, vorkommen; **he seems younger than he is** er wirkt jünger, als er ist
② **it seems as if** es sieht so aus, als ob

seen [si:n] *3. Form von* **see**

see-through ['si:θru:] durchsichtig

to **seg·re·gate** ['segrɪgeɪt] (*nach Rassen, Geschlechtern*) trennen

to **seize** [si:z]
① packen, ergreifen; **to seize someone's arm** jemanden am Arm packen
② beschlagnahmen *Schmuggelware*
③ **to seize the chance** [*oder* **opportunity**] die Gelegenheit ergreifen; **to seize power** die Macht ergreifen

sel·dom ['seldəm] selten

to **se·lect** [sɪ'lekt] auswählen (**from** aus)

se·lec·tion [sɪ'lekʃn] die Auswahl (**from** aus)

self [self, *Plural* selvz] <*Plural* selves> das Selbst

self-ca·ter·ing für Selbstversorger

self-con·fi·dence das Selbstvertrauen

self-con·scious befangen, gehemmt

self-con·trol die Selbstbeherrschung

self-de·fence, (USA) **self-de·fense** die Selbstverteidigung; **to kill somebody in self-defence** jemanden in Notwehr töten

self-em·ployed selbstständig

sel·fie ['selfi] das Selfie; **to take a selfie** ein Selfie machen

sel·fie stick der Selfiestick, die Selfie-Stange

self·ish ['selfɪʃ] selbstsüchtig, egoistisch

self·ish·ness ['selfɪʃnɪs] die Selbstsucht, der Egoismus

self-re·spect die Selbstachtung

self-ser·vice die Selbstbedienung

to **sell** [sel] <sold, sold>
① verkaufen; **to sell something to someone** jemandem etwas [*oder* etwas an jemanden] verkaufen; **the book is selling well** das Buch verkauft sich gut
② kosten; **what are they selling at?** wie viel kosten sie?
③ **to be sold on someone** von jemandem begeistert sein

◆ to **sell out**
① ausverkaufen; **we've sold out of tickets** die Karten sind ausverkauft
② (*umgangsspr*) sich verkaufen (**to** an)

sell-by date ['selbaɪˌdeɪt] das Haltbarkeitsdatum

sell·er ['seləʳ] (*Person*) der Verkäufer/die Verkäuferin

sell·ing ['selɪŋ] das Verkaufen

Sel·lo·tape® ['seləteɪp] der Tesafilm®

sell-out ['selaʊt]
① (*Spiel, Show usw.*) **it was a sell-out** es war ausverkauft
② (*umgangsspr*) der faule Kompromiss

selves [selvz] *Pluralform von* **self**

semi- ['semɪ] halb-

semi →**semi-detached** (**house**) die Doppelhaushälfte

semi·cir·cle ['semɪˌsɜ:kl] der Halbkreis

semi·co·lon [ˌsemɪ'kəʊ lən] das Semikolon, der Strichpunkt

semi-de·tached [ˌsemɪdɪ'tætʃt] **semi-detached house** die Doppelhaushälfte

semi-fi·nal (*im Sport*) das Halbfinale, das Semifinalspiel

sen·ate ['senɪt] der Senat

sena·tor ['senətəʳ] der Senator/die Senatorin

to **send** [send] <sent, sent>
① **to send someone for something** jemanden nach etwas schicken
② **to send something by post** versenden *Ware*
③ **the blow sent him sprawling** der Schlag schleuderte ihn zu Boden

◆ to **send away**
① **to send someone away** jemanden wegschicken [*oder* fortschicken]

2 **to send away for something** etwas anfordern

◆ to **send back** **to send someone/something back** jemanden/etwas zurückschicken

◆ to **send for**
1 **to send for someone** jemanden kommen lassen; rufen *Polizei*
2 anfordern *Katalog*

◆ to **send in** einschicken, einsenden *Brief;* einreichen *Bericht*

◆ to **send off**
1 **to send something off** etwas abschicken
2 **to send someone off** jemanden verabschieden; wegschicken *Kinder*
3 vom Platz verweisen *Spieler*
4 **to send off for something** etwas bestellen [*oder* anfordern]

◆ to **send on**
1 nachschicken *Brief*
2 vorausschicken *Gepäck*
3 aufs Feld schicken, einsetzen *Spieler*

◆ to **send out**
1 **to send someone out** jemanden hinausschicken
2 verschicken *Prospekte*

send·er ['sendəʳ] der Absender/die Absenderin

sen·ior[1] ['siːnɪəʳ]
1 älter (**to** als); **senior citizens** die Senioren
2 ranghöher; *Position:* höher, leitend; **he is senior to me** er ist mir übergeordnet
3 **senior school** [*oder* (USA) **senior high school**] die Oberstufe

sen·ior[2] ['siːnɪəʳ]
1 der Senior/die Seniorin
2 (USA) der/die Student/Studentin des letzten Studienjahres

sen·sa·tion[1] [sen'seɪʃn] das Gefühl, die Empfindung; **a sensation of falling** das Gefühl zu fallen

sen·sa·tion[2] [sen'seɪʃn]
1 (*Ereignis*) die Sensation
2 (*Aufregung*) das Aufsehen

sen·sa·tion·al [sen'seɪʃnl] sensationell, Aufsehen erregend

sense [sens]
1 **sense of hearing** der Gehörsinn; **sense of smell** der Geruchssinn; **sense of taste** der Geschmackssinn; **sense of touch** der Tastsinn
2 **senses** der Verstand; **to come to one's senses** zur Vernunft kommen
3 (*übertragen*) das Gefühl, der Sinn (**of** für); **sense of duty** das Pflichtbewusstsein
4 der Sinn; *von Wort usw.:* die Bedeutung; **I can't make sense of it** ich kann mir darauf keinen Reim machen
5 **in a sense** in gewisser Hinsicht; **in every sense** in jeder Hinsicht

to **sense** [sens] spüren, empfinden, fühlen

sense·less ['senslɪs]
1 *Mensch:* bewusstlos
2 *Handlung:* unvernünftig, unsinnig
3 *Diskussion:* sinnlos

sen·sible ['sensəbl] vernünftig

Vorsicht Falle!
Sensible nicht verwechseln mit dem deutschen ‚sensibel'! Diese beiden Wörter werden zwar ähnlich geschrieben, haben jedoch sehr unterschiedliche Bedeutungen: Das englische **sensible** bedeutet ‚vernünftig': *It would be more sensible to leave on Saturday morning when there is less traffic; He's very sensible for his age.* Wenn jemand sensibel (sprich: empfindlich, einfühlsam) ist, heißt das englische Wort hierfür **sensitive:** *She's very sensitive, — she doesn't take criticism very well.*

sen·si·tive ['sensətɪv]
1 *Körperteil:* empfindlich
2 *Person:* **to be sensitive about something** empfindlich auf etwas reagieren
3 *Verständnis:* einfühlsam
4 (*übertragen*) *Thema usw.:* heikel

sent [sent] *3. Form von* **send**

sen·tence[1] ['sentəns] der Satz

sen·tence[2] ['sentəns] *von Gericht:* die Strafe

to **sen·tence** ['sentəns] **to sentence someone** jemanden verurteilen (**to** zu)

sen·ti·men·tal [ˌsentɪ'mentl]
1 empfindsam, gefühlsselig
2 **for sentimental reasons** aus Sentimentalität

sen·try ['sentrɪ] der Wachposten, die Wache

sepa·rable ['sepərəbl] trennbar

to **sepa·rate** ['sepəreɪt]
1 **to separate something** etwas aufteilen (**into** in)
2 **to separate people** Leute trennen (**from** von); *Ehepaar:* sich trennen

sepa·rate ['seprət]
1 [ab]getrennt, gesondert (**from** von)
2 *Teil:* extra, einzeln
3 *Wohnung:* separat; *Zimmer:* getrennt
4 *Rechnung:* gesondert

5 **that is a separate question** das ist eine andere Frage

sepa·rat·ed ['sepəreɪtɪd] getrennt; *Ehepaar:* getrennt lebend

Sep·tem·ber [sep'tembəʳ] der September; **in September** im September

sep·tic ['septɪk] septisch

se·quel ['si:kwəl] *von Roman, Film:* die Fortsetzung

se·quence ['si:kwəns]
1 *von Ereignissen:* die Folge
2 die Reihenfolge; *von Zahlen:* die Reihe

Serb [sɜ:b] der Serbe/die Serbin

Ser·bia ['sɜ:bɪə] Serbien

Ser·bian ['sɜ:bɪən] serbisch

Serbo-Croat [ˌsɜ:bəʊ'krəʊæt] das Serbokroatisch

ser·geant ['sɑ:dʒənt]
1 (*militärisch*) der Feldwebel
2 der Polizeimeister/die Polizeimeisterin

se·rial ['sɪərɪəl] (*im Radio, TV*) die Serie

se·ries ['sɪəri:z] <*Plural* series>
1 die Serie
2 *von Zahlen:* die Reihe
3 **TV series** die Fernsehserie

se·ri·ous ['sɪərɪəs]
1 ernst, ernsthaft; **to be serious about doing something** etwas ernsthaft beabsichtigen; **I'm serious [about it]** ich meine das ernst
2 *Interesse:* seriös
3 *Frage, Zweifel:* ernsthaft
4 *Verlust:* schwer, schlimm
5 *Gefahr:* ernstlich; *Situation:* ernst, bedenklich

Falsche Freunde
Nicht verwechseln mit *seriös (anständig)* — *respectable!*

se·ri·ous·ly ['sɪərɪəslɪ]
1 ernst, im Ernst
2 *krank:* ernstlich; *verletzt:* schwer
3 **to take someone seriously** jemanden ernst nehmen
4 **seriously now!** jetzt mal ganz im Ernst!

ser·mon ['sɜ:mən] die Predigt

serv·ant ['sɜ:vənt] der Diener/die Dienerin

serve [sɜ:v] (*beim Tennis*) der Aufschlag

to **serve** [sɜ:v]
1 **to serve someone/something** jemandem/etwas dienen
2 *Gegenstand:* sich verwenden lassen; **to serve as** [*oder* **for**] **something** als etwas dienen; **to serve its purpose** seinen Zweck erfüllen; **if my memory serves me right** wenn ich mich recht erinnere
3 (*zeitlich*) durchmachen, durchlaufen *Lehre;* verbüßen *Strafe*
4 (*im Laden, Restaurant*) bedienen *Gast, Kunden;* einschenken *Wein;* **to serve someone with something** jemandem etwas servieren; **are you being served?** werden Sie schon bedient?
5 **serves 4** für 4 Personen
6 (*beim Tennis*) aufschlagen; **to serve an ace** ein Ass schlagen
7 **it serves him right** es geschieht ihm ganz recht

serv·er ['sɜ:vəʳ]
1 (*beim Tennis*) der Aufschläger/die Aufschlägerin
2 (*Computer*) der Server

ser·vice ['sɜ:vɪs]
1 der Dienst; **to do someone a service** jemandem einen Dienst erweisen; **to be of service** nützlich sein
2 (*im Hotel usw.*) der Service, die Bedienung
3 der Betrieb; **to be out of service** außer Betrieb sein
4 **bus service** die Busverbindung
5 **services** *Plural* die Dienstleistungen, das Versorgungsnetz
6 *von Maschinen:* die Wartung; **to put one's car in for service** sein Auto zur Inspektion bringen
7 (*beim Tennis*) der Aufschlag

to **ser·vice** ['sɜ:vɪs] warten *Auto, Maschine*

ser·vice area die Tankstelle und Raststätte

ser·vice charge das Bedienungsgeld, die Bearbeitungsgebühr

ser·vice sta·tion die Tankstelle [mit Reparaturwerkstatt]

ser·vi·ette [ˌsɜ:vɪ'et] die Serviette

serv·ing ['sɜ:vɪŋ] die Portion; **serving spoon** der Vorlegelöffel

ses·sion ['seʃn]
1 *von Parlament:* die Sitzung, die Sitzungsperiode, die Legislaturperiode
2 (*beim Arzt usw.*) die Sitzung, die Behandlung

set[1] [set]
1 fertig, bereit; **to be all set for something** für etwas gerüstet sein
2 *Zeit:* festgesetzt, bestimmt
3 **set book** die Pflichtlektüre; **set menu** die Tageskarte; **set price** der Fixpreis, der festgesetzte Preis
4 **to be dead set on something/on doing something** etwas auf Biegen und Brechen haben/tun wollen

set[2] [set]
1 der Satz; **set [of two]** das Paar; **tea set** das Teeservice; **a set of teeth** ein Gebiss
2 (*Radio, Fernseher*) das Gerät, der Apparat
3 (*im Theater*) das Bühnenbild
4 die Reihe; **a whole set of questions** eine ganze Reihe Fragen
5 *von Menschen:* der Kreis
6 (*beim Tennis*) der Satz
7 **shampoo and set** Waschen und Legen

to **set** [set] <set, set>
1 **to set the tray on the table** das Tablett auf den Tisch stellen
2 einstellen *Maschine, Gerät* (**at** auf); stellen *Uhr* (**to** auf)
3 **the book is set in Paris** das Buch spielt in Paris
4 festlegen *Ziel;* festsetzen *Termin, Preis*
5 **to set the table** den Tisch decken
6 **to set a dog on someone** einen Hund auf jemanden hetzen; **to set someone free** jemanden freilassen
7 **to set a good example** ein gutes Beispiel geben
8 *Sonne:* untergehen
9 *Zement:* hart werden

> **Grammatik**
> Richtiges Konjugieren von **set**: set, set, set — *Ben set the m; The sun has set.*

◆ to **set aside**
1 beiseitelegen *Gegenstand, Geld*
2 einplanen *Zeit*

◆ to **set back**
1 zurücksetzen *Haus*
2 verzögern, behindern *Plan, Fortschritt*
3 **it's set me back £100** es hat mich 100 Pfund gekostet

◆ to **set in** *Winter:* einsetzen

◆ to **set off**
1 auslösen *Alarmanlage;* losgehen lassen *Feuerwerk*
2 führen zu *Reaktion*
3 *Person:* sich auf den Weg machen; *Bus, Zug usw.:* losfahren

◆ to **set out**
1 ausbreiten *Ware*
2 darlegen *Gedanke*
3 *Person:* aufbrechen, sich auf den Weg machen
4 **to set out to do something** sich daranmachen, etwas zu tun

◆ to **set up**
1 **to set something up** etwas aufstellen; errichten *Denkmal usw.*
2 eröffnen, gründen *Geschäft*
3 **to set something up for someone** etwas für jemanden vorbereiten
4 **to set oneself up as a therapist** sich als Therapeut niederlassen
5 **to set someone up** (*umgangsspr*) jemandem etwas anhängen

set·back ['setbæk] der Rückschlag

set·tee [se'tiː] das Sofa

set·ting ['setɪŋ]
1 *von Sonne:* der Untergang
2 (*übertragen*) der Rahmen; *von Roman usw.:* der Schauplatz

to **set·tle** ['setl]
1 sich niederlassen (**on** auf)
2 **to settle into a habit** sich etwas angewöhnen
3 besiedeln *Land*
4 **to settle something** etwas entscheiden; klären *Problem;* **to settle one's affairs** seine Angelegenheiten in Ordnung bringen; **that settles it!** damit wäre der Fall erledigt!
5 bezahlen, begleichen *Rechnung*
6 *Person:* sich beruhigen; versorgen *Baby*

◆ to **settle down**
1 **to settle down to watch TV** es sich vor dem Fernseher gemütlich machen
2 sich legen
3 *Person:* sich beruhigen
4 **to settle down at school** sich an der Schule eingewöhnen
5 **to [marry and] settle down** [heiraten und] häuslich werden

◆ to **settle in** sich einleben, sich eingewöhnen

◆ to **settle up** **to settle up [with someone]** [mit jemandem] abrechnen

set·tled ['setld] *Wetter:* beständig

set·tle·ment ['setlmənt]
1 die Regelung; **to reach a settlement** sich einigen
2 *von Streit:* die Beilegung, die Schlichtung
3 *von Leuten:* die Siedlung

set·tler ['setləʳ] der Siedler/die Siedlerin

set-up ['setʌp]
1 die Organisation, das System; **what's the set-up here?** wie läuft das hier?
2 (*slang*) das abgekartete Spiel

sev·en ['sevn] sieben

sev·en·teen [ˌsevn'tiːn] siebzehn

sev·en·teenth[1] [ˌsevn'tiːnθ] siebzehnte(r, s)

sev·en·teenth[2] [ˌsevn'tiːnθ]
1 (*Datum*) **the seventeenth** der Siebzehnte
2 (*Bruchzahl*) das Siebzehntel

sev·enth[1] ['sevnθ] siebte(r, s)

sev·enth[2] ['sevnθ]
1 (*Datum*) **the seventh** der Siebte
2 (*Bruchzahl*) das Siebtel

sev·en·ty[1] ['sevntɪ] siebzig

sev·en·ty[2] ['sevntɪ] **the seventies** die Siebzigerjahre; **he's in his seventies** er ist [so] um die Siebzig

sev·er·al ['sevrəl] einige, mehrere; **several times** mehrere Male

se·vere [sɪ'vɪəʳ]
1 *Person:* streng
2 *Kritik:* hart, sch
3 *Test:* schwer
4 *Krankheit:* schwer, schlimm

to **sew** [səʊ] <sewed, sewn *oder* sewed>
1 nähen
2 **to sew something on** etwas annähen

sew·age ['sjuːɪdʒ] das Abwasser

sew·er ['sjuːəʳ] der Abwasserkanal

sew·ing ma·chine die Nähmaschine

sewn [səʊn] *3. Form von* **sew**

sex [seks] <*Plural* sexes>
1 das Geschlecht
2 der Sex; **to have sex with someone** Geschlechtsverkehr mit jemandem haben

sex·ist ['seksɪst] sexistisch

sex·ual ['sekʃʊəl]
1 sexuell, geschlechtlich
2 **sexual intercourse** der Geschlechtsverkehr

sexy ['seksɪ] (*umgangsspr*) sexy, aufreizend

shab·by ['ʃæbɪ] schäbig

shade [ʃeɪd]
1 der Schatten; **to give shade** Schatten spenden
2 (*von Lampe*) der [Lampen]schirm
3 der Farbton
4 die Nuance
5 **shades** ⚠ *Plural* (*umgangsspr*) die Sonnenbrille

to **shade** [ʃeɪd] **to shade something from the light** etwas gegen das Licht abschirmen

shad·ow ['ʃædəʊ] (*auch übertragen*) der Schatten

shad·ow cabi·net GB (*in der Politik*) das Schattenkabinett

shady ['ʃeɪdɪ]
1 schattig, Schatten spendend
2 (*übertragen*) *Geschäft:* zweifelhaft, anrüchig

shake [ʃeɪk]
1 das Zittern, das Beben; **to give someone a good shake** jemanden kräftig schütteln
2 **milk shake** der Milchshake

to **shake** [ʃeɪk] <shook, shaken>
1 schütteln; erschüttern *Gebäude*
2 beben; **to shake with cold** vor Kälte zittern; **to shake with laughter** sich vor Lachen schütteln
3 **to shake hands with someone** jemandem die Hand geben; **to shake one's head** den Kopf schütteln; **to shake one's fist at someone** jemandem mit der Faust drohen
4 **to shake someone** *Ereignis, Nachricht:* jemanden erschüttern; **they were badly shaken by the news** die Nachricht hatte sie sehr mitgenommen

◆ to **shake off** abschütteln

◆ to **shake out** ausschütteln *Staubtuch, Teppich*

◆ to **shake up**
1 **to shake something up** etwas aufschütteln
2 **she was badly shaken up by the accident** der Unfall hat ihr einen schweren Schock versetzt
3 umkrempeln *Betrieb*

shak·en ['ʃeɪkn] *3. Form von* **shake**

shaky ['ʃeɪkɪ]
1 *Hand:* zitterig; *Position:* wackelig
2 *Beweis:* fragwürdig, unsicher
3 **in rather shaky English** in ziemlich holprigem Englisch

shall [ʃæl] <should>
1 werden; **I shall arrive tomorrow** ich werde morgen ankommen
2 sollen; **what shall we do?** was sollen wir machen?, was machen wir?

> **Grammatik**
> Die Kurzform für **I shall** heißt **I'll**; für **we shall** — **we'll**; für **shall not** — **shan't**.

shal·low ['ʃæləʊ]
1 flach; *Wasser auch:* seicht
2 *Mensch, Unterhaltung:* oberflächlich

shame [ʃeɪm]
1 (*Ungnade*) die Schande; **shame on you!** du solltest dich schämen!
2 (*Gefühl*) die Scham; **to blush with shame** vor Scham erröten
3 **what a shame!** wie schade!

shame·less ['ʃeɪmlɪs] schamlos, unverschämt

to **sham·poo** [ʃæm'pu:] schamponieren

sham·poo [ʃæm'pu:] das Shampoo

shan·dy ['ʃændɪ] GB (*Mischgetränk*) das Radler

shan't [ʃɑ:nt] *Kurzform von* **shall not**

shape [ʃeɪp]
1 die Form, die Gestalt
2 (*gesundheitlich*) der Zustand, die [gesundheitliche] Verfassung; **to be in great shape** glänzend in Form sein; **to be in bad shape** in schlechter Verfassung sein; **to be out of shape** (*körperlich*) nicht in Form sein

to **shape** [ʃeɪp]
1 bearbeiten, formen *Holz, Ton* (**into** zu)
2 (*übertragen*) formen, prägen *Charakter;* gestalten, bestimmen *Leben;* formen *Gesellschaft*

share [ʃeəʳ]
1 der Anteil, der Teil; **to do one's share of the housework** seinen Beitrag zur Hausarbeit leisten
2 (*in der Wirtschaft*) **to hold shares** Aktien haben

to **share** [ʃeəʳ] [sich] teilen
◆ to **share out** austeilen, verteilen

shark [ʃɑ:k]
1 der Hai[fisch]
2 (*übertragen*) der Hai, der Wucherer

sharp [ʃɑ:p]
1 scharf; **at 3 o'clock sharp** um Punkt 3 Uhr
2 *Nadel, Bleistift:* spitz
3 *Kurve:* scharf
4 *Abhang:* steil; **sharp rise in price** der steile Preisanstieg
5 *Bild:* scharf umrissen, deutlich
6 *Geruch:* beißend, stechend; *Geschmack:* scharf, herb
7 *Schmerz:* heftig
8 *Tonfall:* hart, streng
9 *Bemerkung:* scharfsinnig; *Kritik:* scharf

> **Falsche Freunde**
> Nicht verwechseln mit *scharf — (gewürzt) hot, (streng) severe!*

to **sharp·en** ['ʃɑ:pən] schärfen; spitzen *Bleistift;* schleifen, wetzen *Axt, Messer*

sharp·en·er ['ʃɑ:pnəʳ] **pencil sharpener** der Bleistiftspitzer

to **shat·ter** ['ʃætəʳ]
1 zerschmettern, zerbrechen
2 (*übertragen*) zerstören; **she was shattered by his death** sein Tod hat sie erschüttert
3 (*umgangsspr*) **I'm/I feel shattered** ich bin kaputt

to **shave** [ʃeɪv] <shaved, shaved *oder* shaven> [sich] rasieren; **to shave something off** etwas abrasieren

shave [ʃeɪv] die Rasur

shav·er ['ʃeɪvəʳ] der Rasierapparat

she [ʃi:]
1 sie
2 **our dog is a she** unser Hund ist eine Sie

shed [ʃed] der Schuppen

she'd [ʃi:d] *Kurzform von* **she had; she would**

sheep [ʃi:p] <*Plural* sheep> das Schaf

sheep·dog ['ʃi:pdɒg] der Schäferhund

sheer [ʃɪəʳ]
1 rein
2 (*übertragen*) bloß, rein; **by sheer chance/coincidence** rein zufällig

sheet [ʃi:t]
1 das Betttuch
2 **a sheet of paper** ein Blatt Papier
3 *Glas:* die Scheibe; **sheet of ice** die Eisfläche

shelf [ʃelf, *Plural* ʃelvz] <*Plural* shelves> das Brett; **book shelf** das Bücherregal

shell [ʃel]
1 die Schale; *eines Weichtiers:* die Muschel; *einer Schnecke:* das Haus; *einer Schildkröte:* der Panzer
2 (*Waffe*) die Granate
3 USA die Patrone

to **shell** [ʃel]
1 schälen; enthülsen *Erbsen*
2 mit Granaten beschießen *Ort, Soldaten*

she'll [ʃi:l] *Kurzform von* **she will**

shell·fish ['ʃelfɪʃ] <*Plural* shellfish> das Schaltier

shel·ter ['ʃeltəʳ]
1 der Unterschlupf; (*für Obdachlose*) das Obdach
2 (*auch übertragen*) der Schutz; **to take shelter** Schutz suchen (**from** vor)
3 **bus shelter** das Wartehäuschen

to **shel·ter** ['ʃeltəʳ]
1 **to shelter someone** jemanden beherbergen, jemandem Obdach gewähren
2 **they sheltered under the trees** sie suchten Schutz unter den Bäumen

shelves [ʃəlvz] *Pluralform von* **shelf**

shield [ʃi:ld] der Schild; (*auch übertragen*) der Schutz

to **shield** [ʃi:ld] schützen (**from** vor)

to **shift** [ʃɪft]
1 schieben, bewegen
2 (*übertragen*) [von sich] abwälzen *Schuld* (**on** auf)
3 (*am Auto*) **to shift gear** schalten

shift [ʃɪft]
1 (*übertragen*) die Veränderung, die Verlagerung
2 (*Arbeit*) die Schicht; **to work in shifts** schichtweise arbeiten

shift key die Umschalttaste, die Shifttaste

to **shine** [ʃaɪn] <shone *oder* shined, shone *oder* shined>
1 *Sonne:* scheinen
2 *Lampe:* leuchten; **shine the torch over here** leuchte [mit der Taschenlampe] hierher
3 *Mond, Stern:* glänzen, funkeln
4 (*übertragen*) glänzen, sich hervortun (**at** bei)
5 putzen, wichsen *Schuh*

shine [ʃaɪn]
1 der Schein, der Glanz
2 die Politur
3 (USA) das Schuhputzen

shiny ['ʃaɪnɪ] glänzend, [glatt] poliert

ship [ʃɪp] das Schiff; **by ship** mit dem Schiff

to **ship** [ʃɪp] <shipped, shipped> verschiffen *Waren;* (USA) [ver]senden, befördern, verladen

ship·wreck ['ʃɪprek] der Schiffbruch

to **ship·wreck** ['ʃɪprek] Schiffbruch erleiden

ship·yard ['ʃɪpjɑ:d] die [Schiffs]werft

shirt [ʃɜ:t]
1 das Hemd
2 (*für Damen*) die Hemdbluse

to **shit** [ʃɪt] <shit, shit *oder* shat> (*slang*) scheißen

shit [ʃɪt] (*umgangsspr*)
1 die Scheiße
2 (*übertragen: Blödsinn*) der Scheiß

shit·ty ['ʃɪtɪ] (*slang*) beschissen

to **shiv·er** ['ʃɪvəʳ] zittern

shiv·er ['ʃɪvəʳ]
1 das Zittern, der Schauder
2 **shivers** *Plural* der Schüttelfrost, der Fieberschauer

shock [ʃɒk]
1 der Schock; **to be in [a state of] shock** unter Schock stehen
2 der heftige Stoß, die Erschütterung
3 der [elektrische] Schlag

to **shock** [ʃɒk]
1 erschüttern, bestürzen
2 **the whole town was shocked by the scandal** über diesen Skandal war die ganze Stadt schockiert

shock·ing ['ʃɒkɪŋ]
1 erschütternd
2 schockierend
3 (*umgangsspr*) schrecklich

shoe [ʃu:]
1 der Schuh
2 **horse shoe** das Hufeisen ▶ WENDUNGEN: **I wouldn't like to be in his shoes!** ich möchte nicht in seiner Haut stecken!

shoe·lace ['ʃu:leɪs] der Schnürsenkel

shoe pol·ish das Schuhputzmittel

shone [ʃɒn] *2. und 3. Form von* **shine**

to **shoo** [ʃu:] **to shoo [away** [*oder* **off**]] verscheuchen

shook [ʃʊk] *2. Form von* **shake**

shoot[1] [ʃu:t] die Jagd

shoot[2] [ʃu:t] *von Pflanzen:* der Trieb, der Keim, der Schössling

to **shoot** [ʃu:t] <shot, shot>
1 schießen; abfeuern *Waffe*
2 (*verletzen*) anschießen *Mensch;* **he was shot in the arm** er wurde am Arm getroffen
3 (*töten*) erschießen; **he was shot dead** er

wurde erschossen
4 (*Sport*) schießen *Tor*
5 drehen *Film, Szene*

◆ to **shoot off** (*umgangsspr*) **he shot off before I could tell him** er schoss davon, bevor ich es ihm sagen konnte

◆ to **shoot past** **to shoot past** [**someone/something**] [an jemandem/etwas] vorbeischießen

◆ to **shoot up**
1 *Kind, Pflanze, Baum:* in die Höhe schießen, schnell wachsen; *Gebäude:* aus dem Boden schießen
2 *Flammen:* herausschlagen (**from** aus)
3 *Preise:* in die Höhe schnellen

shop [ʃɒp] der Laden, das Geschäft

to **shop** [ʃɒp] <shopped, shopped>
1 **to shop** [*oder* **go shopping**] einkaufen [gehen]; **to shop around** Preise und Qualität/Leistung vergleichen
2 (*slang*) verpfeifen

shop as·sis·tant der Verkäufer/die Verkäuferin

shop·keep·er ['ʃɒpkiːpəʳ] der Ladenbesitzer/die Ladenbesitzerin

shop·lift·er ['ʃɒplɪftəʳ] der Ladendieb/die Ladendiebin

shop·lift·ing ['ʃɒplɪftɪŋ] der Ladendiebstahl

shop·per ['ʃɒpəʳ] der Käufer/die Käuferin

shop·ping ['ʃɒpɪŋ] der Einkauf, das Einkaufen; **to do one's shopping** Einkäufe machen

shop·ping bag die Einkaufstasche

shop·ping cen·tre, (USA) **shop·ping cen·ter** das Einkaufszentrum

shop·ping list der Einkaufszettel

shop·ping mall (USA) das Einkaufszentrum (*überdacht*)

shop·ping trol·ley der Einkaufswagen

shop win·dow [ˌʃɒp'wɪndəʊ] (*auch übertragen*) das Schaufenster

shore [ʃɔːʳ]
1 die Küste, der Küstenstreifen; **on shore** an Land
2 *eines Flusses:* das Ufer

short[1] [ʃɔːt]
1 (*räumlich*) kurz
2 (*zeitlich*) kurz; **a short time ago** vor kurzem; **at short notice** kurzfristig; **time is getting short** es wird knapp
3 *Mensch:* klein
4 knapp (**of** an); **to be in short supply** knapp sein; **to be short of money** knapp bei Kasse sein
5 (*übertragen*) kurz angebunden, barsch (**with** gegen); **to have a short temper** unbeherrscht sein
6 **Liz is short for Elizabeth** Liz ist die Kurzform von Elizabeth
7 **in short** kurzum, kurz gesagt
8 plötzlich, unerwartet; **to stop short** plötzlich anhalten [*oder* abbrechen]; (*beim Reden*) plötzlich innehalten ▶ WENDUNGEN: **short of breath** außer Atem, kurzatmig; **to cut short** [vorzeitig] abbrechen *Rede, Reise*

short[2] [ʃɔːt]
1 (*Elektrizität*) der Kurzschluss
2 (*Getränk*) der Kurze

to **short** [ʃɔːt] (*umgangsspr*) **the lamp has shorted** die Lampe hat einen Kurzschluss

short·age ['ʃɔːtɪdʒ] der Mangel, die Knappheit (**of** an); **there is no shortage of money** es fehlt nicht an Geld

short cut ['ʃɔːtˌcʌt]
1 die Abkürzung, der Schleichweg
2 (*übertragen*) das abgekürzte Verfahren

to **short·en** ['ʃɔːtn]
1 kürzen
2 kürzer werden

short·hand ['ʃɔːthænd] die Kurzschrift, die Stenografie

short-list ['ʃɔːtlɪst] die Auswahlliste

short·ly ['ʃɔːtlɪ]
1 (*zeitlich*) in Kürze, bald
2 (*im Umgang*) scharf, barsch

shorts [ʃɔːts] *Plural* die Shorts, die kurze Hose

short-sight·ed [ˌʃɔːt'saɪtɪd] (*auch übertragen*) kurzsichtig

short-sleeved [ˌʃɔːt'sliːvd] kurzärmelig

short-staffed [ˌʃɔːt'stɑːft] unterbesetzt

short sto·ry die Kurzgeschichte

short-tem·pered [ˌʃɔːt'tempəd] reizbar, leicht aufgebracht

short-term kurzfristig; **short-term memory** das Kurzzeitgedächtnis; *von Computer:* der Kurzzeitspeicher

shot[1] [ʃɒt] *2. und 3. Form von* **shoot**

shot[2] [ʃɒt]
1 (*im Sport*) der Schuss; (*mit Ball*) der Wurf; (*beim Tennis, Golf*) der Schlag; **to put the shot** die Kugel stoßen
2 (*übertragen*) der Versuch; **to have a shot**

at something etwas probieren [*oder* versuchen]
3 **he's a good shot** er ist ein guter Schütze; **good shot!** gut getroffen!
4 (*Foto, Film*) die Aufnahme
5 (*umgangsspr*) die Spritze, die Impfung
▶ WENDUNGEN: **like a shot** sofort, wie der Blitz; **a big shot** (*umgangsspr*) ein hohes Tier

shot·gun ['ʃɒtgʌn] die Schrotflinte

shot-put das Kugelstoßen

shot-put·ter ['ʃɒt,pʊtəʳ] der Kugelstoßer/die Kugelstoßerin

should [ʃʊd]
1 (*Pflicht*) **he/we should do that** er sollte/wir sollten das tun; **I should have ...** ich hätte ... sollen; **I should think so** das will ich meinen; **how should I know?** wie soll ich das wissen?
2 (*Vermutung*) **we should arrive soon** wir müssten bald da sein; **this should be enough for you** das müsste Ihnen eigentlich reichen
3 (*Möglichkeit*) **if he should come** wenn er kommen sollte; **I don't know why it shouldn't work out** ich weiß nicht, warum das nicht klappen sollte; **I shouldn't worry about it** darüber würde ich mir keine Sorgen machen
4 (*Einschränkung*) **I shouldn't like to say** dazu möchte ich mich nicht äußern

Grammatik
Die Kurzform für **I should** heißt **I'd**; für **we should** — **we'd**; für **should not** — **shouldn't**.

shoul·der ['ʃəʊldəʳ] die Schulter

shoul·der bag die Umhängetasche

shout [ʃaʊt] der Schrei, der Ruf

to **shout** [ʃaʊt] schreien, rufen; **to shout for help** um Hilfe rufen

shove [ʃʌv] der Stoß, der Schubs; **to give someone a shove** jemanden schubsen [*oder* stoßen]

to **shove** [ʃʌv] (*umgangsspr*)
1 schubsen
2 **stop shoving!** hör auf zu drängeln!
◆ to **shove off**
1 vom Ufer abstoßen *Boot*
2 (*umgangsspr*) abhauen

show [ʃəʊ]
1 die Schau, die Darbietung; **on show** zur Besichtigung, ausgestellt
2 die Ausstellung, die Messe
3 die Schau, der falsche Schein; **for show** zum Schein, nur fürs Auge; **to make a show of doing something** Anstalten machen, etwas zu tun
4 (*im Theater*) die Aufführung, die Show
5 (*im Radio, TV*) die Sendung

to **show** [ʃəʊ] <showed, shown *oder* showed>
1 zeigen, vorzeigen; **to show someone the way** jemandem den Weg zeigen; **that showed him!** dem habe ich's aber gezeigt!
2 zur Schau stellen, ausstellen
◆ to **show around** herumführen
◆ to **show off**
1 **to show off [in front of someone]** [vor jemandem] angeben
2 **to show something off** mit etwas protzen (**to** vor)
3 zur Geltung bringen, hervorheben *Vorteilhaftes*
◆ to **show up**
1 hinaufführen, hinaufbringen
2 bloßstellen *Mensch*
3 **I was surprised he showed up** ich war überrascht, dass er sich blicken ließ

show·er ['ʃaʊəʳ]
1 der [Regen]schauer, der Schneeschauer
2 die Dusche; **to take** [*oder* **have**] **a shower** sich duschen

to **show·er** ['ʃaʊəʳ] sich duschen

show-jump·ing ['ʃəʊ,dʒʌmpɪŋ] das Springreiten

shown [ʃəʊn] *3. Form von* **show**

show-off ['ʃəʊɒf] der Angeber/die Angeberin

shrank [ʃræŋk] *2. Form von* **shrink**

to **shriek** [ʃriːk] kreischen; **to shriek with laughter** vor Lachen schreien

shriek [ʃriːk] der [schrille, kurze] Schrei

shrimp [ʃrɪmp] der Shrimp, die Krabbe

to **shrink** [ʃrɪŋk] <shrank *oder* (USA) shrunk, shrunk *oder* (USA) shrunken>
1 schrumpfen
2 (*übertragen*) abnehmen, nachlassen

shrug [ʃrʌg] das Achselzucken; **to give a shrug** mit den Achseln zucken

to **shrug** [ʃrʌg] <shrugged, shrugged> **to shrug one's shoulders** mit den Schultern zucken

shrunk [ʃrʌŋk] *2. Form von* **shrink**

to **shud·der** ['ʃʌdəʳ] [er]schaudern (**at** bei)

shud·der ['ʃʌdəʳ] der Schauder

to **shuf·fle** ['ʃʌfl]
1 (*gehen*) schlurfen
2 mischen *Karten*

shut [ʃʌt] geschlossen, zu; **we are shut** wir haben geschlossen

to **shut** [ʃʌt] <shut, shut>
1 schließen; *Fenster, Tür:* zugehen
2 verriegeln *Tür, Fenster;* **to shut one's mouth** den Mund halten

◆ to **shut down**
1 *Fabrik:* [vorübergehend] schließen, den Betrieb einstellen
2 abschalten *Kraftwerk, Computer*

◆ to **shut in**
1 einschließen, einsperren
2 **to shut one's finger in the door** sich den Finger in der Tür einklemmen

◆ to **shut off**
1 ausschließen (**from** von)
2 ausschalten, zudrehen, abdrehen; abstellen *Motor*
3 **to shut oneself off** sich absondern

◆ to **shut out**
1 ausschließen, aussperren
2 (*übertragen*) ausschalten

◆ to **shut up**
1 verschließen, zuschließen
2 zum Schweigen bringen, den Mund halten; **shut up!** halt die Klappe!

shut·ter ['ʃʌtəʳ]
1 der Fensterladen
2 *einer Kamera:* der Verschluss

shut·tle ['ʃʌtl] der Shuttle, der Pendelzug

shut·tle bus der Shuttlebus

shut·tle ser·vice der Pendelverkehr

shy [ʃaɪ] schüchtern, scheu; **don't be shy!** nur keine Hemmungen!

sick [sɪk]
1 krank (**with** vor); **to be sick** krank sein; (*bei Übelkeit*) sich erbrechen; **to fall** [*oder* **be taken**] **sick** krank werden; **I feel sick** mir ist übel
2 (*übertragen*) **to be sick** [**to death**] **of something** etwas satthaben; **it makes me sick** das macht mich ganz krank
3 (*umgangsspr*) *Witz:* geschmacklos, makaber; *Mensch:* abartig
4 **I'm worried sick about it** ich bin darüber höchst beunruhigt

Vorsicht Falle!
Im britischen Englisch verwendet man üblicherweise das Wort **ill**, wenn jemand krank ist: *She was too ill to travel.* **To be sick** bedeutet im britischen English ‚sich übergeben': *I was sick all over the floor.* Wenn es jemandem übel ist, sagt man **to feel sick:** *The smell made her feel sick.*

sick bag die Spucktüte

sick·en·ing ['sɪkənɪŋ]
1 Ekel erregend
2 (*übertragen*) entsetzlich, widerlich, ekelhaft

sick leave ['sɪkliːv] **to be on sick leave** krankgeschrieben sein

sick·ness ['sɪknɪs] <*Plural* sicknesses>
1 die Krankheit
2 die Übelkeit, das Erbrechen

side[1] [saɪd]
1 die Seite; **side by side** Seite an Seite; **this side up!** Vorsicht, nicht stürzen!; **at the side of the road** am Straßenrand; **on the side** (*umgangsspr*) nebenbei, nebenher; **to put on** [*oder* **to**] **one side** vorübergehend zurückstellen
2 (*übertragen*) die Seite, der Standpunkt; **to take sides** parteiisch sein, Partei ergreifen; **whose side are you on?** auf welcher Seite stehen Sie?
3 die Seite, die Partei, die Mannschaft ▶ WENDUNGEN: **to be on the safe side** um sicher zu gehen

side[2] [saɪd] Seiten-, Neben-

to **side** [saɪd] **to side with** Partei ergreifen für

side dish die Beilage

side ef·fect die Nebenwirkung

side sal·ad der Beilagensalat

side street die Nebenstraße

side·walk ['saɪdwɔːk] (USA) der Gehweg

side·ways ['saɪdweɪz] seitlich, seitwärts

sieve [sɪv] das Sieb

to **sigh** [saɪ] seufzen (**with** vor); **to sigh with relief** erleichtert aufatmen

sigh [saɪ] der Seufzer; **to heave a sigh of relief** einen Seufzer der Erleichterung ausstoßen

sight [saɪt]
1 der Blick, der Anblick; **at first sight** auf den ersten Blick; **within sight** in Sicht; **out of sight** außer Sicht, weit weg; (*umgangsspr*) unerschwinglich; **to know by sight** vom Sehen [her] kennen; **to lose sight of something** (*auch übertragen*) etwas aus den

Augen verlieren
2 das Sehvermögen; **he has very good sight** er sieht sehr gut
3 **sights** *Plural* die Sehenswürdigkeiten
4 **to be unable to bear the sight of someone** jemanden nicht ausstehen können

sight·see·ing ['saɪtˌsiːɪŋ] die Besichtigung von Sehenswürdigkeiten, das Sightseeing

sign [saɪn]
1 das Zeichen, das Vorzeichen; **there was no sign of it** es war keine Spur davon zu entdecken
2 das Schild; **road sign** der Wegweiser

to **sign** [saɪn]
1 unterzeichnen, unterschreiben; **to sign the register** sich eintragen
2 (*im Fußball*) verpflichten *Spieler*
◆ to **sign in** sich einschreiben
◆ to **sign off**
1 (*im Radio, TV*) das Programm beenden
2 (*im Brief*) Schluss machen
3 (*am Computer*) sich abmelden
◆ to **sign on**
1 sich verpflichten, sich melden; **to sign on** [**the dole**] sich arbeitslos melden, stempeln gehen; (*für einen Kurs*) sich einschreiben
2 (*am Computer*) sich anmelden
◆ to **sign out**
1 sich abmelden
2 [sich] austragen
◆ to **sign up**
1 **to sign someone up** jemanden anstellen, jemanden verpflichten
2 sich verpflichten; (*für einen Kurs*) [sich] einschreiben

sig·nal ['sɪgnᵊl]
1 (*auch übertragen*) das Zeichen, der Wink
2 die Ampel; (*für Züge*) das Signal
3 (*Radio, Internet*) der Empfang; **to be getting** [*oder* **to be not getting**] **a signal** ein/kein Netz haben
4 (USA) (*am Auto*) der Blinker

to **sig·nal** ['sɪgnəl] <signalled *oder* (USA) signaled, signalled *oder* (USA) signaled>
1 [ein] Zeichen geben
2 signalisieren, ankündigen

sig·na·ture ['sɪgnətʃəʳ] die Unterschrift

sig·nifi·cant [sɪg'nɪfɪkənt]
1 bedeutungsvoll, wichtig (**for** für)
2 *Blick:* viel sagend

sign lan·guage ['saɪnˌlæŋgwɪdʒ] die Zeichensprache

sign·post der Wegweiser

si·lence ['saɪləns] das Schweigen, die Stille; **in silence** schweigend; **silence!** Ruhe!

to **si·lence** ['saɪləns] zum Schweigen bringen

si·lent ['saɪlənt]
1 schweigend
2 stumm
3 schweigsam, still

si·lent·ly ['saɪləntlɪ] lautlos, schweigend

silk [sɪlk] die Seide

sil·ly ['sɪlɪ] dumm, albern

sil·ver[1] ['sɪlvəʳ]
1 das Silber
2 das Silbergeld
3 das [Tafel]silber, das Silbergeschirr

sil·ver[2] ['sɪlvəʳ] silbern, silberhaltig, versilbert

SIM ['sɪm] *Abkürzung von* **subscriber identity module: SIM** [**card**] (*für das Handy*) die SIM-Karte

simi·lar ['sɪmɪləʳ] [**in a**] **similar** [**way**] ähnlich, genauso

simi·lar·ity [ˌsɪmə'lærətɪ] die Ähnlichkeit, die Gleichartigkeit (**to** mit)

sim·ple ['sɪmpl] <simpler, simplest>
1 einfach
2 *Problem, Aufgabe:* unkompliziert, leicht
3 *Stil, Mensch:* schlicht
4 *Wahrheit:* rein, nackt
5 (*abwertend*) einfältig, dumm

sim·ply ['sɪmplɪ]
1 [ganz] einfach
2 bloß, nur
3 (*umgangsspr*) **simply wonderful/dreadful** einfach toll/grässlich

sin [sɪn] die Sünde

since [sɪns]
1 seit[dem]
2 **ever since** seither; **have you seen him since?** hast du ihn seither gesehen?
3 (*bei Begründung*) **since he's always late ...** da er immer zu spät kommt ...
4 (*mittlerweile*) inzwischen; **but they've since become vegetarian** aber sie sind inzwischen Vegetarier geworden

sin·cere [sɪn'sɪəʳ] ehrlich, aufrichtig

sin·cere·ly [sɪn'sɪəʳlɪ] aufrichtig, ehrlich; **Yours sincerely** mit freundlichen Grüßen to **sing** [sɪŋ] <sang *oder* (USA) sung, sung> singen

sing·er ['sɪŋəʳ] der Sänger/die Sängerin

sing·ing ['sɪŋɪŋ] das Singen, der Gesang

sin·gle[1] ['sɪŋgl]
1 einzig; **not a single person said 'Hello'** kein Einziger begrüßte uns; **every single one** jeder [Einzelne]
2 unverheiratet, allein stehend; **single parent** der/die Alleinerziehende
3 einfach; **single ticket to ...** eine einfache Fahrkarte nach ...
4 **single bed** das Einzelbett; **single bedroom** das Einzelzimmer

sin·gle[2] ['sɪŋgl]
1 die einfache Fahrkarte
2 (*im Hotel*) das Einzelzimmer
3 (*Schallplatte*) die Single
4 (*Alleinstehende(r)*) der Single

sin·gle-hand·ed [ˌsɪŋgl 'hændɪd] ohne Hilfe, allein

sin·gu·lar ['sɪŋgjʊləʳ] der Singular, die Einzahl

sink [sɪŋk] der Ausguss, die Spüle

to **sink** [sɪŋk] <sank, sunk>
1 sinken, untergehen
2 versenken *Schiff*

Grammatik
Richtiges Konjugieren von **sink**: sink, sank, sunk — *The ship sank in the storm; The houseboat was sunk.*

to **sip** [sɪp] <sipped, sipped> nippen

sip [sɪp] das Schlückchen

sir [sɜːʳ]
1 (*Anrede ohne Namen*) der Herr; **yes, sir** jawohl [mein Herr]; **Dear Sir or Madam** sehr geehrte Damen und Herren
2 (*Titel*) der Sir

sis·ter ['sɪstəʳ]
1 (*auch im Kloster*) die Schwester
2 (*im Krankenhaus*) die [Ober]schwester

sis·ter-in-law ['sɪstərɪnlɔː] <*Plural* sisters-in-law> die Schwägerin

to **sit** [sɪt] <sat, sat>
1 sitzen, sich setzen
2 *Parlament, Gericht:* tagen; **to sit on a committee** einem Ausschuss angehören
3 sich befinden, stehen
4 (*technisch*) aufliegen
5 *Kleidungsstück:* sitzen (**on** bei)
6 ablegen *Prüfung*
7 (*übertragen*) liegen, ruhen (**on** auf)

◆ to **sit about**, to **sit around** herumsitzen [und nichts tun]

◆ to **sit back** sich zurücklehnen; (*übertragen*) abwarten

◆ to **sit down** sich [hin]setzen, Platz nehmen

◆ to **sit on**
1 sitzen in, Mitglied sein bei *Ausschuss*
2 hinauszögern *Entscheidung*
3 unterdrücken *Nachricht*

◆ to **sit out**
1 im Freien sitzen
2 auslassen *Tanz*

◆ to **sit up**
1 aufrecht sitzen, aufrichten
2 aufbleiben

sit·com ['sɪtkɒm] (*umgangsspr*) die Situationskomödie

site [saɪt]
1 die Lage, das Gelände
2 der Standort; *einer Firma:* der Sitz
3 **building site** der Bauplatz, das Baugrundstück; **camping site** der Campingplatz

sit·ting-room das Wohnzimmer

situ·at·ed ['sɪtʃʊeɪtɪd] **to be situated** liegen, gelegen sein

situa·tion [ˌsɪtʃʊ'eɪʃn]
1 die Lage
2 (*übertragen*) die Situation, die Umstände
3 **situations vacant** die Stellenangebote

sit-up ['sɪtʌp] der Sit-up (*Bauchmuskelübung*)

six [sɪks] sechs

six·teen [sɪk'stiːn] sechzehn

six·teenth [sɪk'stiːnθ] sechzehnte(r, s)

sixth[1] [sɪksθ]
1 sechste(r, s)
2 (*Schulklasse*) **sixth form** die Abschlussklasse

sixth[2] [sɪksθ]
1 (*Datum*) **the sixth** der Sechste
2 (*Bruchzahl*) das Sechstel

six·ti·eth ['sɪkstɪəθ] sechzigste(r, s)

six·ty[1] ['sɪkstɪ] sechzig

six·ty[2] ['sɪkstɪ]
1 die Sechzig
2 **the sixties** die Sechzigerjahre; **to be in one's sixties** über sechzig sein

size [saɪz]
1 die Größe, der Umfang

2 *von Kleidung:* die Größe
3 (*übertragen*) das Ausmaß, die Bedeutung

skate [skeɪt]
1 (*ice skate*) der Schlittschuh
2 (*roller skate*) der Rollschuh

to **skate** [skeɪt] Schlittschuh/Rollschuh laufen

skate·board ['skeɪtbɔːd] das Skateboard

Land und Leute
Obwohl Kinder in den USA schon in den 30er Jahren Rollschuhräder auf Bretter festgenagelt und diese zum Fahren benutzt haben, wurde das **skateboard** zum ersten Mal in den frühen 60er Jahren in Kalifornien an Surfer verkauft, die auch noch bei flachen Wellen surfen wollten. Damals wurde **skateboarding** auch **sidewalk surfing** (Gehweg-Surfen) genannt. Fünfzehn Jahre später, nach der Erfindung von Rädern aus Polyurethan und den Kunststücken wie dem **ollie** (Springen), wurde Skateboarding zu einer beliebten Sportart.

skate·board·ing ['skeɪtbɔːdɪŋ] das Skateboarden

skat·er ['skeɪtəʳ] der Schlittschuhläufer/die Schlittschuhläuferin, der Rollschuhläufer/die Rollschuhläuferin

skat·ing rink ['skeɪtɪŋrɪŋk] die Eisbahn, die Rollschuhbahn

skel·eton ['skelɪtn] das Skelett, das Gerippe

sketch [sketʃ] <*Plural* sketches>
1 die Skizze
2 (*im Theater*) der Sketch

to **sketch** [sketʃ] skizzieren

ski [skiː] der Ski

to **ski** [skiː] Ski fahren

to **skid** [skɪd] <skidded, skidded> rutschen, schleudern

ski·er ['skiːəʳ] der Skiläufer/die Skiläuferin, der Skifahrer/die Skifahrerin

ski·ing ['skiːɪŋ] das Skifahren

ski in·struc·tor ['skiːɪnˌstrʌktəʳ] der Skilehrer/die Skilehrerin

ski jump
1 das Skispringen
2 die Sprungschanze

skil·ful, (USA) **skill·ful** ['skɪlfᵊl] geschickt, erfahren (**at** in)

skill [skɪl]
1 das Geschick, die Geschicklichkeit
2 (*im Beruf*) die Fähigkeit, die Fertigkeit (**in**/**at** in)

skill·ful ['skɪlfᵊl] (USA) →**skilful**

skimmed milk ['skɪmd'mɪlk], (USA) **skim-milk** [ˌskɪm'mɪlk] die Magermilch

skin [skɪn]
1 die Haut
2 *von einem Tier:* das Fell
3 *von Obst, Gemüse:* die Schale

skin·ny ['skɪnɪ] mager, knochig

to **skip** [skɪp] <skipped, skipped>
1 hüpfen
2 **to skip** [*oder* (USA) **skip rope**] seilspringen, seilhüpfen
3 (*übertragen*) auslassen, überspringen *Abschnitt, Frage;* ausfallen lassen *Mahlzeit*
4 schwänzen *Schule*

skip [skɪp] der Container

skip·ping-rope ['skɪpɪŋrəʊp] das Springseil

ski re·sort der Wintersportort

skirt [skɜːt] der Rock

to **skirt** [skɜːt] **to skirt** [**around**] umfahren, umschiffen

to **skive** [skaɪv] (*umgangsspr*) **to skive** [**off**] sich vor der Arbeit drücken, blaumachen; schwänzen *Schule*

skull [skʌl] der Schädel

sky [skaɪ] der Himmel; **in the sky** am Himmel

sky·scrap·er ['skaɪskreɪpəʳ] der Wolkenkratzer

slack [slæk]
1 *Seil:* schlaff, locker
2 *Zeit:* flau, ruhig; *Wirtschaft:* flau; *Geschäft:* stagnierend
3 (*übertragen*) träge, nachlässig

slack·er ['slækəʳ] der Bummelant/die Bummelantin

to **slam** [slæm] <slammed, slammed>
1 zuschlagen *Tür*
2 **to slam on the brakes** voll auf die Bremsen treten
◆ to **slam down** aufknallen *Telefonhörer*

slang [slæŋ] der Slang, der Jargon

slap [slæp] der Klaps, der Schlag

to **slap** [slæp] <slapped, slapped> schlagen, einen Klaps geben

to **slash** [slæʃ]
1 aufschlitzen, sich die Pulsadern aufschnei-

den
2 (*übertragen*) [drastisch] kürzen, zusammenstreichen

slash [slæʃ] <*Plural* slashes>
1 der Schnitt
2 der Schrägstrich
3 **to have a slash** (*slang*) pinkeln gehen

to **slaugh·ter** ['slɔːtəʳ]
1 schlachten *Vieh*
2 niedermetzeln *Menschen*
3 (*beim Spiel*) haushoch schlagen

slave [sleɪv] der Sklave/die Sklavin
◆ to **slave away** schuften, sich abplagen (**at** mit)

slav·ery ['sleɪvərɪ] die Sklaverei

sleazy ['sliːzɪ] (*umgangsspr*) schweinisch

sledge [sledʒ], **sled** [sled] der Schlitten

sleep [sliːp] der Schlaf; **to go to sleep** einschlafen; **to get** [*oder* **have**] **a good night's sleep** sich richtig ausschlafen; **to put a dog to sleep** einen Hund einschläfern [lassen]

to **sleep** [sliːp] <slept, slept> schlafen; **to sleep late** ausschlafen, lange schlafen; **to sleep rough** draußen schlafen
◆ to **sleep around** (*umgangsspr*) herumbumsen
◆ to **sleep in**
1 ausschlafen
2 verschlafen
◆ to **sleep off** **to sleep it off** einen Rausch ausschlafen
◆ to **sleep on**
1 weiterschlafen
2 **to sleep on a decision/an idea** eine Entscheidung/eine Idee überschlafen
◆ to **sleep over** *Kind:* bei einer Freundin/einem Freund übernachten

sleep·ing bag der Schlafsack

sleep·ing po·lice·man die Bodenschwelle

sleep·over ['sliːpˌəʊvə] **Mum, can I have a sleepover?** Mutti, kann ich einige Freunde zum Übernachten einladen?

sleepy ['sliːpɪ]
1 schläfrig
2 verschlafen
3 (*übertragen*) *Stadt, Dorf:* still, ruhig, tot

sleet [sliːt] der Schneeregen

sleeve [sliːv]
1 der Ärmel
2 die Schallplattenhülle

sleigh [sleɪ] der [Pferde]schlitten

slept [slept] *2. und 3. Form von* **sleep**

slice [slaɪs]
1 *von Brot, Kuchen:* die Scheibe
2 (*übertragen*) das Stück, der Anteil

to **slice** [slaɪs]
1 in Scheiben schneiden
2 anschneiden *Ball*

to **slide** [slaɪd] <slid, slid>
1 gleiten, rutschen; **he slid into the room** er schlich in das Zimmer
2 **he slid the drawer in** er schob die Schublade zu

> **Grammatik**
> Richtiges Konjugieren von **slide** — slide, slid, slid: *He slid the glass towards me; The ring has slid down the side of the armchair.*

slide [slaɪd]
1 die Rutschbahn, die Rutsche
2 das Dia[positiv]; *von Mikroskop:* der Objektträger
3 (*an einem Gerät*) der Schlitten, der Schieber
4 (GB) die Haarspange

slide rule der Rechenschieber

slid·ing [slaɪdɪŋ] gleitend; *Tür, Dach:* Schiebe-

slight [slaɪt]
1 geringfügig, belanglos; *Erkältung:* leicht; *Unterschied:* klein
2 *Eindruck:* oberflächlich
3 **I haven't got the slightest** [**idea**] ich habe überhaupt keine Ahnung
4 **not in the slightest** nicht im Geringsten

slight·ly ['slaɪtlɪ] ein wenig, leicht

slim [slɪm] <slimmer, slimmest>
1 *Mensch:* schlank
2 *Chance:* gering[fügig], schwach

to **slim** [slɪm] abnehmen

slimy ['slaɪmɪ] (*auch übertragen*) schleimig

to **sling** [slɪŋ] <slung, slung> **to sling someone out** (*umgangsspr*) jemanden rausschmeißen; **to sling something out** (*umgangsspr*) etwas wegschmeißen

> **Grammatik**
> Richtiges Konjugieren von **sling**: sling, slung, slung — *Kate slung her jacket over her shoulder; Her jacket was slung over her shoulder.*

sling [slɪŋ]
1 (*Verband*) die Schlinge
2 die Babytragetasche

slip [slɪp]
1 das Ausgleiten, das Ausrutschen
2 (*übertragen*) der Irrtum, das Versehen
3 der Unterrock
4 **to give someone the slip** jemandem entwischen
5 **slip** [**of paper**] der Zettel

Falsche Freunde
Nicht verwechseln mit *der Slip — briefs!*

to **slip** [slɪp] <slipped, slipped>
1 ausgleiten, ausrutschen
2 hineinstecken; **she quickly slipped the money into her bag** rasch steckte sie das Geld in ihre Tasche
3 (*vergessen*) **to slip someone's mind** jemandem entfallen
◆ to **slip away**
1 sich davonstehlen
2 *Zeit:* vergehen; *Chance:* schwinden
◆ to **slip off**
1 hinausschlüpfen aus *Kleidungsstück*
2 herunterrutschen
3 sich davonmachen
◆ to **slip out**
1 kurz weggehen
2 *Wort:* herausrutschen
◆ to **slip up** einen Fehler machen

slip·per ['slɪpər] der Hausschuh, der Pantoffel

slip·pery ['slɪpərɪ]
1 schlüpfrig, glatt
2 (*übertragen*) unzuverlässig

slip road ['slɪprəʊd] (*auf der Autobahn*) die Auffahrt, die Ausfahrt

to **slit** [slɪt] <slit, slit> [auf]schlitzen

slit [slɪt] der Schlitz

slog [slɒg] (*umgangsspr*) [**hard**] **slog** (*bei Arbeit*) die Schufterei; (*beim Gehen*) der Fußmarsch

slo·gan ['sləʊgən]
1 der Wahlspruch, das Schlagwort
2 der Werbespruch

slope [sləʊp]
1 *von Berg:* der Hang, der Abhang, die Böschung
2 (*Dach, Straße*) die Neigung, das Gefälle, die Schräge

to **slope** [sləʊp] sich neigen; **to slope away** [*oder* **down**] abfallen

slop·py ['slɒpɪ]
1 (*umgangssprr*) schlampig, nachlässig
2 (*umgangssprr*) sentimental

slot [slɒt]
1 der Schlitz, der [Münz]einwurf
2 (*umgangssprr: in einer Liste*) der Platz, die Lücke

slot ma·chine ['slɒtməˌʃi:n] der [Waren]automat, der Spielautomat

Slo·vak[1] ['sləʊvæk], **Slo·vak·ian** [sləʊ'vækiən]
1 der Slowake/die Slowakin
2 *kein Plural* das Slowakisch

Slo·vak[2] ['sləʊvæk], **Slo·vak·ian** [sləʊ'vækiən] slowakisch

Slo·vakia [slə(ʊ)'vækiə] *kein Plural* die Slowakei

Slo·vene[1] [slə(ʊ)'vi:n]
1 der Slowene/die Slowenin
2 *kein Plural* das Slowenisch

Slo·vene[2] [slə(ʊ)'vi:n] slowenisch

Slo·venia [slə(ʊ)'vi:niə] *kein Plural* Slowenien

Slo·ven·ian[1] [slə(ʊ)'vi:niən]
1 der Slowene/die Slowenin
2 *kein Plural* das Slowenisch

Slo·ven·ian[2] [slə(ʊ)'vi:niən] slowenisch

slow [sləʊ]
1 langsam; **it's slow work** das geht langsam [voran]
2 *Börse:* flau
3 **to be slow** *Uhr:* nachgehen
◆ to **slow down** langsamer werden, verlangsamen; **slow down!** fahr [*oder* geh] langsamer!

slow·ly ['sləʊlɪ] langsam

slow-mo·tion die Zeitlupe

slow train GB der Bummelzug

slum [slʌm] **slum**[**s**] das Elendsviertel

to **slump** [slʌmp]
1 **to slump** [**down**] zusammensinken, zusammensacken
2 (*übertragen*) *Preise, Absatz:* fallen, nachlassen

slump [slʌmp] der [Preis]sturz, der Kurssturz, der Konjunktureinbruch

to **slur** [slɜ:r] <slurred, slurred> undeutlich [aus]sprechen

slush [slʌʃ] der Schneematsch, der Matsch

sly [slaɪ]
1 schlau, verschlagen
2 falsch, hinterhältig

to **smack** [smæk] [klatschend] schlagen; **to smack someone's bottom** jemandem den Hintern versohlen

smack [smæk]
1 der Klaps, der Schlag
2 (*umgangsspr: Kuss*) der Schmatz

small[1] [smɔːl]
1 klein; **to feel small** sich klein vorkommen; (*übertragen*) sich schämen
2 *Zahl, Menge:* klein, gering; *Vermögen:* bescheiden

small[2] [smɔːl] **smalls** *Plural* (GB) die Unterwäsche

small print [das] Kleingedruckte

smart [smɑːt]
1 *Aussehen:* schick, gepflegt
2 *Mensch, Plan:* klug, gewitzt, raffiniert; (*abwertend*) neunmalklug
3 **to get smart with someone** (*umgangsspr*) jemandem frech kommen

smash [smæʃ] <*Plural* smashes>
1 der heftige Schlag
2 (*beim Tennis*) der Schmetterball
3 der Knall
4 der Zusammenstoß

to **smash** [smæʃ]
1 zerschmettern, zerschlagen; **he's smashed [up] his car** er hat sein Auto zu Schrott gefahren
2 zerbrechen
3 einschlagen *Fenster*
4 (*übertragen*) vernichtend schlagen, schwer treffen
5 (*beim Tennis*) schmettern
◆ to **smash into** **to smash into something** gegen etwas prallen

smash·ing ['smæʃɪŋ] (*umgangsspr*) toll, fantastisch

to **smear** [smɪəʳ]
1 schmieren *Farbe, Creme*
2 verschmieren *Fenster, Spiegel*

smear [smɪəʳ]
1 **smear of blood** der Blutfleck
2 **smear campaign** die Schmutzkampagne, die Verleumdungskampagne
3 **smear test** der Abstrich

smell [smel]
1 der Geruch, der Duft
2 (*abwertend*) der Gestank

to **smell** [smel] <smelled *oder* smelt, smelt *oder* smelled>
1 riechen; **the flowers smell wonderful** die Blumen duften wunderbar
2 stinken

> **Grammatik**
> Richtiges Konjugieren von **smell**: smell, smelt/ smelled, smelt/ smelled — *The red roses smelt beautiful; He smelt her perfume in the lift.*

smelly ['smelɪ] (*umgangsspr*) stinkend

smelt [smelt] *2. und 3. Form von* **smell**

to **smile** [smaɪl] lächeln; **to smile at someone** jemanden anlächeln; **to smile at something** über etwas lächeln

smile [smaɪl] das Lächeln; **to give someone a smile** jemandem zulächeln

smoke [sməʊk]
1 der Rauch
2 **to have a smoke** eine rauchen

to **smoke** [sməʊk]
1 rauchen, qualmen
2 räuchern *Schinken, Fisch*

smoked [sməʊkt] geräuchert, Räucher-

smoke de·tec·tor der Rauchmelder

smok·er ['sməʊkəʳ]
1 der Raucher/die Raucherin
2 (*im Zug*) das Raucherabteil

smoke-stained ['sməʊksteɪnd] rauchgeschwärzt

smok·ing ['sməʊkɪŋ] das Rauchen; **no smoking!** Rauchen verboten!

> **Falsche Freunde**
> Nicht verwechseln mit *der Smoking — dinner-jacket!*

smok·ing com·part·ment, (USA) **smok·ing car** das Raucherabteil

smoky ['sməʊkɪ]
1 *Feuer:* qualmend
2 *Raum:* rauchig, verräuchert

smooth [smuːð]
1 *Oberfläche:* glatt, eben; *See:* ruhig
2 *Haare:* weich
3 *Überfahrt, Flug:* ruhig; *Start, Landung:* glatt, weich
4 *Ablauf:* reibungslos, glatt
5 *Stil:* flüssig, glatt; *Ton:* sanft; *Redeweise:* flüssig; (*abwertend*) glatt, aalglatt sein
6 (*abwertend*) *Benehmen, Verkäufer:* glatt, aalglatt
7 (*umgangsspr*) gepflegt

smudge [smʌdʒ] der Schmutzfleck, der Klecks

to **smudge** [smʌdʒ] verschmieren

smudge-proof *Lippenstift:* kussecht; *Mascara:* wischfest

to **smug·gle** ['smʌgl] schmuggeln

snack [snæk] der Imbiss, der Snack, die Kleinigkeit zu essen

> **Land und Leute**
> In Großbritannien sind **fish and chips** (Backfisch mit handgeschnittenen Pommes frites) immer noch sehr beliebt. Die Briten geben auch gerne etwas **vinegar** (Essig) über die Pommes frites und über den Backfisch.

snack bar die Imbissstube

snag [snæg] (*übertragen*) die Schwierigkeit, der Haken

snail [sneɪl] die Schnecke

snake [sneɪk] die Schlange

snap[1] [snæp]
1 das Foto, der Schnappschuss
2 **cold snap** der Kälteeinbruch

snap[2] [snæp] **snap decision** der plötzliche Entschluss; **snap vote** die Blitzabstimmung

to **snap** [snæp] <snapped, snapped>
1 schnappen (**at** nach)
2 **to snap shut** *Tür, Schloss:* zuschlagen, zuschnappen
3 [zer]springen, [zer]reißen
4 **to snap at someone** jemanden anfahren
5 knipsen *Foto*
6 **to snap one's fingers** mit den Fingern schnippen
◆ to **snap off** abreißen, abbrechen ▶ WENDUNGEN: **to snap someone's head off** jemanden anfahren
◆ to **snap up** wegschnappen *Angebot*

to **snarl** [snɑ:l] (*auch übertragen*) knurren

to **snatch** [snætʃ]
1 greifen, entreißen; **she snatched it out of my hand!** sie hat es mir aus der Hand gerissen!; **don't snatch!** (*zu einem Hund*) Aus!
2 (*umgangsspr*) stehlen *Tasche usw.;* kidnappen *Mensch*
◆ to **snatch at** **to snatch at something** nach etwas greifen

sneak [sni:k] (*umgangsspr*) der Petzer, die Petzliese

to **sneak** [sni:k] <sneaked *oder* (USA) snuck, sneaked *oder* (USA) snuck>
1 schleichen; **to sneak out** sich herausschleichen (**of** aus)
2 (*slang*) petzen
◆ to **sneak up** **to sneak up on someone/something** (*auch übertragen*) sich an jemanden/etwas heranschleichen

sneak·ers ['sni:kəz] *Plural* die Turnschuhe

to **sneer** [snɪəʳ]
1 höhnisch lächeln
2 spotten (**at** über)

to **sneeze** [sni:z] niesen

sneeze [sni:z] das Niesen

to **sniff** [snɪf]
1 schniefen
2 schnüffeln, schnuppern

to **snig·ger** ['snɪgəʳ] [gemein] kichern (**at/about** über)

to **snog** [snɒg] <snogged, snogged> (*slang*) [rum]knutschen

to **snoop** ['snu:p] (*umgangsspr*) schnüffeln
◆ to **snoop about**, to **snoop around** (*umgangsspr*) herumschnüffeln, herumspionieren

snooty ['snu:tɪ] (*umgangsspr*) hochnäsig

snooze [snu:z] (*umgangsspr*) das Nickerchen

to **snooze** [snu:z] (*umgangsspr*) dösen

to **snore** [snɔ:ʳ] schnarchen

to **snort** [snɔ:t] schnauben

snot [snɒt] (*umgangsspr*) der Rotz

snow [snəʊ] der Schnee, der Schneefall

to **snow** [snəʊ] schneien; **we were snowed in** wir waren eingeschneit

snow·ball ['snəʊbɔ:l] der Schneeball

snow·board·ing ['snəʊbɔ:dɪŋ] das Snowboarden

snow·fall ['snəʊfɔ:l] der Schneefall

snow·flake ['snəʊfleɪk] die Schneeflocke

snow·man ['snəʊmæn] <*Plural* snowmen> der Schneemann

snowy ['snəʊɪ] verschneit

to **snub** [snʌb] <snubbed, snubbed> schneiden, ignorieren

snug [snʌg] behaglich, gemütlich

to **snuggle** [snʌgl] sich kuscheln (**against** an)

◆ to **snuggle up** sich zusammenkuscheln, sich anschmiegen

so [səʊ]
1 so, dermaßen; **not so ... as** nicht so ... wie
2 **I'm tired – so am I** ich bin müde – ich auch
3 **so they say** so heißt es, man sagt so; **and so on** und so weiter; **so I see** ich seh's, das sehe ich; **so to speak** sozusagen
4 **three weeks or so** drei Wochen oder so
5 **so far** bis jetzt, bisher; **so far, so good** so weit, so gut
6 **so long as** solange; **so long!** (*umgangsspr*) tschüss!
7 **I hope so** ich hoffe es; **I think so** glaube ich; **I told you so** ich sagte es doch
8 deshalb; **it's raining so take your umbrella** es regnet, also nimm deinen Regenschirm mit
9 **we left a note so** [**that**] **they'd know where we are** wir haben einen Zettel hingelegt, so dass [*oder* damit] sie wissen, wo wir sind
10 **so that's that!** (*umgangsspr*) so, das wär's!
11 **so what?** (*umgangsspr*) na und?

to **soak** [səʊk]
1 einweichen
2 **you're soaked!** du bist patschnass!
◆ to **soak up** aufsaugen; genießen *Sonne*

soak·ing ['-ɪŋ] **soaking** [**wet**] klatschnass

soap [səʊp] die Seife

to **soap** [səʊp] einseifen

soap op·era die Seifenoper

to **soar** [sɔː^r]
1 aufsteigen, sich in die Lüfte schwingen
2 *Gebäude:* hochragen
3 *Preise:* in die Höhe schnellen; *Hoffnung:* steigen; *Stimmung:* sich heben

to **sob** [sɒb] <sobbed, sobbed> schluchzen

so·ber ['səʊbə^r] nüchtern

so-called [ˌsəʊ'kɔːld] so genannt

soc·cer ['sɒkə^r] der Fußball, das Fußballspiel

so·cial ['səʊʃl]
1 gesellschaftlich
2 sozial; **social democrat** der Sozialdemokrat/die Sozialdemokratin; **social science** die Sozialwissenschaften; **social security** die Sozialhilfe; **social services** (*staatlich*) die Sozialleistungen; **social studies** die Gemeinschaftskunde; **social worker** der Sozialarbeiter/die Sozialarbeiterin

so·cial·ist[1] ['səʊʃəlɪst] der Sozialist/die Sozialistin

so·cial·ist[2] ['səʊʃəlɪst] sozialistisch

so·ci·ety [sə'saɪətɪ]
1 **society** die Gesellschaft
2 die Gesellschaft, die Vereinigung

so·ci·ol·ogy [ˌsəʊsɪ'ɒlədʒɪ] die Soziologie

sock [sɒk] die Socke, der Kniestrumpf

sock·et ['sɒkɪt] die Steckdose; (*für Birne*) die Fassung

sofa ['səʊfə] das Sofa

sofa bed die Bettcouch, das Schlafsofa

soft [sɒft]
1 weich
2 mild, sanft
3 *Farbe:* sanft
4 *Licht:* gedämpft
5 *Ton:* leise; *Stimme:* weich
6 **soft drink** das alkoholfreie Getränk
7 **you're too soft on your children!** du gehst zu nachsichtig mit den Kindern um!
8 **soft toy** das Plüschtier

soft-boiled [ˌsɒft'bɔɪld] (*auch übertragen*) weich gekocht

soft·ly ['sɒftlɪ]
1 sanft
2 leise, leicht

sog·gy ['sɒgɪ] durchweicht, durchnässt

soil [sɔɪl] der Boden, die Erde

so·lar ['səʊlə^r] Sonnen-, Solar-

so·lar eclipse die Sonnenfinsternis

so·lar en·er·gy die Sonnenenergie, die Solarenergie

so·lar heat·ing die Solarheizung

so·lar pow·er die Sonnenkraft, die Solarkraft

so·lar sys·tem das Sonnensystem

sold [səʊld] *2. und 3. Form von* **sell**

sol·dier ['səʊldʒə^r] der Soldat/die Soldatin

sole[1] [səʊl] die Sohle

sole[2] [səʊl] die Seezunge

sole·ly ['səʊlɪ] einzig und allein

so·lemn ['sɒləm]
1 *Zeremonie:* feierlich, festlich
2 *Stimmung:* ernst

A B C D E F G H I J K L M N O P Q R S T U V W X Y Z

so·lici·tor [sə'lɪsɪtəʳ]
1 der Rechtsanwalt/die Rechtsanwältin
2 (USA) der Werber/die Werberin

sol·id¹ ['sɒlɪd]
1 *Körper:* fest
2 massiv
3 *Bauweise:* solid

sol·id² ['sɒlɪd] (*in der Mathematik, Physik*) der Körper

soli·tary ['sɒlɪtrɪ]
1 einsam; **solitary confinement** die Einzelhaft
2 *Bemerkung, Fehler:* einzig

sol·uble ['sɒljʊbl] löslich

so·lu·tion [sə'luːʃn] die Lösung

to **solve** [sɒlv]
1 lösen *Rätsel, Aufgabe*
2 aufklären *Mord*

some [sʌm]
1 einige, ein paar; **try some** probieren Sie doch mal; **would you like some?** möchten Sie welche?; **some more** noch ein paar, noch etwas
2 *mit Singular* etwas, ein wenig; **would you like some cheese?** möchten Sie etwas Käse?; **some more tea?** noch etwas Tee?
3 manche(r, s); **some of them** einige von ihnen
4 (*unbestimmt*) irgendein; **some woman phoned up** da hat irgend so eine Frau angerufen; **in some way or other** irgendwie; **some time before lunch** irgendwann vor dem Mittagessen; **some other time** ein andermal; **some day** eines Tages
5 *verstärkend* ziemlich; **that was some party!** was für ein Fest!; (*abwertend*) vielleicht [ein]; **some teacher you are!** du bist vielleicht ein Lehrer!
6 **to some extent** in gewisser Weise
7 **quite some time** ganz schön lange
8 **for some time** [für] einige Zeit, eine Zeit lang; **some time ago** vor einiger Zeit

Grammatik
Die Steigerungsformen von **some** sind **more** und **most**: *Susy ate some ice-cream, Sandra ate more and Norman ate (the) most of all.*

some·body ['sʌmbədɪ] jemand; **somebody else** jemand anders; **somebody or other** irgendjemand

some·how ['sʌmhaʊ] **somehow or other** irgendwie

some·one ['sʌmwʌn] jemand; **someone else** jemand anders; **someone or other** irgendjemand

some·place ['sʌmpleɪs] (USA) irgendwo

som·er·sault ['sʌməsɔːlt] der Purzelbaum, der Salto

some·thing ['sʌmθɪŋ]
1 etwas; **something nice** etwas Nettes; **something or other** irgendetwas; **it was quite something, it was something else** (USA) das war toll
2 **or something like that** oder so

some·time ['sʌmtaɪm] irgendwann; **at sometime or other** irgendwann mal

Vorsicht Falle!
sometime (= irgendwann) wird *ohne* ein s am Ende geschrieben: *We'll go on holiday sometime in August.* — **sometimes** (= manchmal) wird *mit* einem s am Ende geschrieben: *Sometimes Helen likes to sing very loudly.*

some·times ['sʌmtaɪmz] manchmal, ab und zu

some·what ['sʌmwɒt] etwas, ein wenig

some·where ['sʌmweəʳ]
1 **somewhere** [**or other**] irgendwo; **somewhere else** anderswo, irgendwo anders
2 **to get somewhere** weiterkommen, Fortschritte machen
3 **somewhere around forty** so um [die] vierzig

son [sʌn] der Sohn

song [sɒŋ]
1 der Gesang
2 das Lied

son-in-law ['sʌnɪnlɔː] <*Plural* sons-in-law> der Schwiegersohn

soon [suːn]
1 bald; **soon after his arrival** kurz nach seiner Ankunft; **as soon as** sobald, sowie; **as soon as possible** so bald wie möglich
2 **how soon can you be here?** wann kannst du hier sein?; **it's too soon to say** es ist zu früh zu sagen

soon·er ['suːnəʳ] *Komparativ von* **soon**
1 eher, früher; **no sooner ... than** kaum ..., als
2 lieber

sore [sɔːʳ]
1 schmerzhaft; **my knee is sore** mir tut das Knie weh

2 wund, entzündet; **to have a sore throat** Halsweh haben
3 USA (*umgangsspr*) beleidigt, verärgert

sor·row ['sɒrəʊ] der Kummer (**at** über), das Leid (**for** um); (*über Tod*) die Trauer

sor·ry ['sɒrɪ]
1 **sorry!** Verzeihung!; **I'm really sorry** es tut mir wirklich leid
2 **to feel sorry for someone** jemanden bedauern; **I feel sorry for you** Sie tun mir leid
3 **do you have any brandy? – sorry!** haben Sie Weinbrand? – leider nicht!

sort[1] [sɔːt] die Sorte; **all sorts of things** alles Mögliche; **what sort of ...?** was für ein ...?

sort[2] [sɔːt] **sort of** (*umgangsspr*) gewissermaßen, irgendwie

to **sort** [sɔːt] sortieren
◆ to **sort out**
1 aussortieren
2 (*übertragen*) in Ordnung bringen; lösen *Problem;* klären *Situation;* **it'll sort itself out** das wird sich schon von selbst erledigen; **to sort oneself out** zur Ruhe kommen; **to sort someone out** (*umgangsspr*) jemandem den Kopf waschen

sought [sɔːt] *2. und 3. Form von* **seek**

soul [səʊl]
1 (*auch übertragen*) die Seele
2 (*Musik*) der Soul

sound[1] [saʊnd]
1 *Mensch, Tier:* gesund
2 *Gegenstand usw.:* einwandfrei, fehlerfrei
3 *Grund:* stichhaltig, triftig
4 *Charakterzug:* zuverlässig, vernünftig
5 **sound advice** der gute Rat
6 *Schlaf:* tief, fest; **sound asleep** fest eingeschlafen

sound[2] [saʊnd]
1 das Geräusch; **not a sound was heard** es war kein Ton zu hören; **sounds of laughter** das Gelächter
2 (*Physik*) der Schall
3 (*Musik*) der Klang; (*umgangsspr*) der Sound
4 (*TV, Radio*) der Ton
5 (*übertragen*) **I don't like the sound of it** das hört sich gar nicht gut an

to **sound** [saʊnd]
1 ertönen, erklingen; **to sound the alarm** Alarm schlagen; **to sound the horn** hupen
2 (*auch übertragen*) sich anhören, klingen; **that sounds fishy to me** das klingt nicht ganz geheuer; **she sounds angry** sie hört sich verärgert an; **he sounds like a nice person** er scheint ein netter Mensch zu sein

soup [suːp] die Suppe

sour ['saʊəʳ] sauer, säuerlich

source [sɔːs] (*auch übertragen*) die Quelle

south[1] [saʊθ] der Süden; **the South of France** Südfrankreich

south[2] [saʊθ]
1 südlich
2 nach Süden

south·east[1] [ˌsaʊθ'iːst] südöstlich

south·east[2] [ˌsaʊθ'iːst] der Südosten

south-east·er·ly [ˌsaʊθ'iːstəlɪ] südöstlich, aus Südost

south-east·ern [ˌsaʊθ'iːstən] südöstlich, aus Südost

south·er·ly ['sʌðəlɪ] südlich, nach Süden

south·ern ['sʌðən] südlich, Süd-

south·ern·er ['sʌðənəʳ] der/die Bewohner/Bewohnerin des Südens, der Südländer/die Südländerin

South Pole der Südpol

south·west[1] [ˌsaʊθ'west] der Südwesten

south·west[2] [ˌsaʊθ'west] südwestlich, nach Südwest, südwestwärts

south-west·er·ly [ˌsaʊθ'westəlɪ] südwestlich, aus Südwest

south-west·ern [ˌsaʊθ'westən] südwestlich, aus Südwest

sou·ve·nir [ˌsuːvə'nɪəʳ] das Andenken (**of** an)

to **sow** [səʊ] <sowed, sown *oder* sowed> säen

> **Grammatik**
> Richtiges Konjugieren von **sow**: sow, sowed, sown — *The gardener sowed grass in the back garden; This field has been sown with wheat.*

sow [saʊ] die Sau

sown [səʊn] *3. Form von* **sow**

space [speɪs]
1 der Raum, der Platz; **parking space** die Parklücke
2 [**outer**] **space** der Weltraum
3 **within the space of three hours** innerhalb von drei Stunden

space·craft ['speɪsˌkrɑːft] <*Plural* spacecraft> das Raumfahrzeug

space shut·tle die Raumfähre

spa·cious ['speɪʃəs] geräumig

spade [speɪd]
1 der Spaten
2 **spades** (*Kartenspiel*) das Pik; **Queen of Spades** die Pikdame

spa·ghet·ti [spə'getɪ] die Spaghetti

Spain [speɪn] Spanien

Span·iard ['spænɪəd] der Spanier/die Spanierin

Span·ish[1] ['spænɪʃ] spanisch

Span·ish[2] ['spænɪʃ]
1 (*Sprache*) Spanisch, das Spanische
2 **the Spanish** (*Menschen*) die Spanier

span·ner ['spænəʳ] der Schraubenschlüssel

spare[1] [speəʳ]
1 übrig; **if you have a spare minute** wenn du mal eine Minute Zeit hast
2 *Teil:* Ersatz-; **spare battery** die Reservebatterie; **spare tyre** (*Auto*) der Ersatzreifen; (*humorvoll: Bauch*) der Rettungsring
3 **spare time** die Freizeit
4 *Bett, Zimmer:* Gäste-
5 **spare rib** das Rippchen

spare[2] [speəʳ]
1 (*technisch*) das Ersatzteil
2 *von Auto:* der Ersatzreifen, das Ersatzteil

to **spare** [speəʳ]
1 übrig haben; **can you spare me five minutes?** hast du fünf Minuten Zeit für mich?
2 entbehren; **I can't spare her/that** ich kann auf sie/das nicht verzichten, ich brauche sie/das unbedingt
3 **they spared no expense** sie haben keine Kosten gescheut
4 verschonen

spark [spɑːk] der Funke[n]

to **spar·kle** ['spɑːkl]
1 funkeln, glitzern (**with** vor)
2 *Flüssigkeit:* sprudeln, perlen, schäumen

spar·kler ['spɑːkləʳ] die Wunderkerze

spar·kling ['spɑːklɪŋ]
1 funkelnd, glitzernd
2 *Wasser:* mit Kohlensäure; **sparkling wine** der Schaumwein
3 (*übertragen*) *Laune:* sprühend

spar·row ['spærəʊ] der Spatz, der Sperling

spat [spæt] *2. und 3. Form von* **spit**

to **speak** [spiːk] <spoke, spoken>
1 sprechen (**of** von, **on/about** über, **to** mit/zu, **for** für); **not to speak of** ganz zu schweigen von; **so to speak** sozusagen, gewissermaßen
2 reden (**of** von/über), sich äußern (**of** über)
3 **to speak to a group** vor einer Gruppe eine Rede [*oder* einen Vortrag] halten
4 (*am Telefon*) **speaking!** am Apparat!
5 sprechen *Sprache*

◆ to **speak out** **to speak out against** sich äußern gegen

◆ to **speak up**
1 lauter reden
2 **to speak up for someone/something** für jemanden/etwas eintreten

speak·er ['spiːkəʳ]
1 der Sprecher/die Sprecherin, der Redner/die Rednerin
2 der Lautsprecher

spear [spɪəʳ] der Speer, der Spieß

spe·cial ['speʃl]
1 besondere(r, s)
2 außergewöhnlich

spe·cial·ist ['speʃəlɪst]
1 der Spezialist/die Spezialistin, der Fachmann/die Fachfrau
2 der Facharzt/die Fachärztin

spe·ci·al·ity [ˌspeʃɪ'ælətɪ] die Spezialität

to **spe·cial·ize** ['speʃəlaɪz] sich spezialisieren (**in** in/auf)

spe·cial·ly ['speʃəlɪ] besonders, insbesondere

> **Vorsicht Falle!**
> **specially** bedeutet ‚extra zu diesem Zweck': *Lisa got the pink dress specially for the party;* — **especially** bedeutet ‚besonders': *I like dogs, especially labradors.*

spe·cial·ty ['speʃəltɪ] (USA) die Spezialität

spe·cif·ic [spə'sɪfɪk]
1 spezifisch
2 konkret

spe·cifi·cal·ly [spə'sɪfɪklɪ] **I specifically said not to do that!** ich habe ausdrücklich gesagt, dass ihr das nicht tun dürft!

speci·men ['spesɪmɪn]
1 das Exemplar, das Muster
2 *von Blut, Harn:* die Probe

speck [spek] der Fleck, das Fleckchen; **speck of dust** das Staubkörnchen

specs [speks] *Plural* (*umgangsspr*) die Brille

spec·ta·cle ['spektəkl] **spectacles** ⚠ *Plural*, **pair of spectacles** die Brille

Vorsicht Falle!
spectacles werden immer im Plural gebraucht: *Where are my spectacles?* — **a pair of spectacles** wird aber im Singular verwendet: *I need a pair of spectacles.*

spec·tacu·lar [spek'tækjʊləʳ] sensationell, atemberaubend

spec·ta·tor [spek'teɪtəʳ] der Zuschauer/die Zuschauerin

specu·la·tion [ˌspekjʊ'leɪʃn]
1 die Vermutung
2 (*in der Wirtschaft*) die Spekulation

sped [sped] *2. und 3. Form von* **speed**

speech [spi:tʃ] <*Plural* speeches>
1 (*wie jemand spricht*) die Sprache, die Sprechweise; **power of speech** das Sprachvermögen
2 die Rede; **to deliver** [*oder* **make**] **a speech** eine Rede halten (**on/about** über, **to** vor)

speech·less ['spi:tʃlɪs] sprachlos (**with** vor)

speed [spi:d]
1 die Geschwindigkeit, das Tempo; **at full** [*oder* **top**] **speed** mit Höchstgeschwindigkeit
2 *von Fahrrad:* der Gang
3 *von Film:* die Empfindlichkeit

to **speed** [spi:d] <speeded *oder* sped, sped, speeded>
1 zu schnell fahren
2 jagen, sausen

Grammatik
Richtiges Konjugieren von **speed**: speed, sped/speeded, sped/speeded — *Tim sped along on his bike; The car had sped out of sight.*

◆ to **speed up**
1 schneller werden; *Auto:* beschleunigen
2 antreiben *Mensch, Arbeit*

speed·boat ['spi:dbəʊt] das Rennboot

speed bump die Bodenschwelle

speed·ing ['spi:dɪŋ] das Überschreiten der zulässigen Höchstgeschwindigkeit

speed lim·it die Geschwindigkeitsbegrenzung, das Tempolimit

Land und Leute
Auf allen Landstraßen und Autobahnen in Großbritannien beträgt die **speed limit** 70 mph (etwa 110 km/h). Innerhalb von Ortschaften darf man 30 mph (etwa 50 km/h) fahren. Und, wie jeder weiß, wird links gefahren!

speedy ['spi:dɪ]
1 *Auto:* schnell
2 *Antwort:* prompt

spell [spel]
1 (*auch übertragen*) der Zauber, das Zauberwort; **to be under someone's spell** von jemandem verzaubert sein
2 die [kurze] Zeit, die [Zeit]dauer, die Periode; **for a spell** eine Weile
3 (*Wetter*) **cold spell** die Kältewelle; **hot spell** die Hitzewelle

to **spell** [spel] <spelled *oder* spelt, spelled *oder* spelt>
1 buchstabieren; **he can't spell** er kann keine Rechtschreibung
2 sich schreiben (**with** mit)
3 (*übertragen*) bedeuten

◆ to **spell out**
1 [laut] buchstabieren, entziffern
2 (*übertragen*) klarmachen

spell·check ['spelˌtʃek] die Rechtschreibprüfung

spell·ing ['spelɪŋ]
1 das Buchstabieren
2 die Rechtschreibung

spelt [spelt] *2. und 3. Form von* **spell**

to **spend** [spend] <spent, spent>
1 ausgeben *Geld*
2 verbringen *Zeit*

Falsche Freunde
Nicht verwechseln mit *spenden* — *to donate!*

spent [spent] *2. und 3. Form von* **spend**

sphere [sfɪəʳ]
1 (*mathematisch*) die Kugel
2 der Lebensbereich, der Wirkungskreis

spice [spaɪs] das Gewürz

spicy ['spaɪsɪ] [stark] gewürzt, scharf

spi·der ['spaɪdəʳ] die Spinne

spike [spaɪk]
1 die Spitze
2 der große Nagel
3 **spikes** die Rennschuhe, die Spikes

to **spill** [spɪl] <spilled *oder* spilt, spilled *oder* spilt>
1 verschütten
2 *Flüssigkeit:* überlaufen

spilt [spɪlt] *2. und 3. Form von* **spill**

to **spin** [spɪn] <span *oder* spun, spun>
1 *Mensch, Spinne:* spinnen
2 [schnell] drehen, herumwirbeln; **my head is spinning** mir dreht sich alles
3 schleudern *Wäsche*
◆ to **spin round** sich [schnell] drehen, herumwirbeln

spin·ach ['spɪnɪdʒ] der Spinat

spin-dri·er, spin-dry·er [ˌspɪn'draɪəʳ] die Trockenschleuder

spine [spaɪn]
1 *von Pflanze:* der Dorn
2 *von Mensch, Tier:* das Rückgrat
3 der [Buch]rücken

spir·it ['spɪrɪt]
1 der Geist
2 **to have a lot of spirit** viel Mut beweisen, tatkräftig sein
3 *einer Mannschaft, Party:* die Stimmung
4 **spirits** die Spirituosen

spir·itu·al ['spɪrɪtʃuəl]
1 geistig, innerlich
2 (*in der Religion*) geistlich

to **spit** [spɪt] <spat *oder* spit, spat *oder* spit> spucken (**at/on** auf)

Grammatik
Richtiges Konjugieren von **spit**: spit, spat, spat — *Tom spat out the cherry stones; The baby has spat all over it's mother.*

◆ to **spit out** ausspucken

spite [spaɪt]
1 die Bosheit (**against** gegen)
2 **in spite of** trotz

spite·ful ['spaɪtfᵊl] boshaft

splash [splæʃ] <*Plural* splashes>
1 das Spritzen
2 **to add a splash of wine** einen Schuss Wein dazu tun
3 **there are splashes of paint everywhere!** überall sind Farbspritzer!

to **splash** [splæʃ] [ver]spritzen
◆ to **splash about**, to **splash around** herumplatschen, herumplanschen ▶ WENDUNGEN: **to splash one's money about** [*oder* **around**] mit dem Geld um sich werfen

splen·did ['splendɪd]
1 großartig, glanzvoll
2 (*umgangsspr*) herrlich, ausgezeichnet

splin·ter ['splɪntəʳ] der Splitter

split [splɪt]
1 der Spalt, der Riss
2 (*übertragen*) die Entzweiung, die Spaltung
3 **splits** ⚠ *Plural* der Spagat

to **split** [splɪt] <split, split>
1 zerreißen, [sich] spalten; **to split into** aufteilen [in]; **to split open** aufplatzen
2 aufteilen *Kosten* (**among** unter)
◆ to **split up**
1 aufteilen; *Partei:* sich spalten
2 *Paar:* sich [voneinander] trennen
3 *Menge:* zerstreuen

split·ting ['splɪtɪŋ]
1 **splitting headache** die starken Kopfschmerzen
2 **ear-splitting** *Krach:* ohrenbetäubend

to **spoil** [spɔɪl] <spoiled *oder* spoilt, spoiled *oder* spoilt>
1 (*auch übertragen*) verderben
2 verwöhnen, verziehen *Kind*

Grammatik
Richtiges Konugieren von **spoil**: spoil, spoilt/ spoiled, spoilt/ spoiled — *His bad behaviour spoilt the party; Our holiday was spoilt by the accident.*

spoil·sport der Spielverderber/die Spielverderberin, der Spaßverderber/die Spaßverderberin

spoilt [spɔɪlt] *2. und 3. Form von* **spoil**

spoke [spəʊk] *2. Form von* **speak**

spok·en ['spəʊkən] *3. Form von* **speak**

spokes·per·son ['spəʊkspɜːsn] <*Plural* spokespeople> der Sprecher/die Sprecherin

sponge [spʌndʒ]
1 der Schwamm
2 GB (*Kuchen*) **sponge** [**cake**] der Biskuitkuchen

spon·ta·neous [spɒn'teɪnɪəs] spontan, von sich aus

spoon [spuːn] der Löffel

spoon·ful ['spuːnfʊl] **a spoonful of sugar** ein Löffel Zucker

sport [spɔːt]
1 der Sport, die Sportart; **to be good at sport[s]** gut im Sport sein
2 **to be a [good] sport** alles mitmachen

sport·ing ['spɔːtɪŋ]
1 sportlich, Sports-
2 fair

sports car ['spɔːtskɑːʳ] der Sportwagen, der Rennwagen

sports day das [Schul]sportfest

sports field, **sports ground** der Sportplatz

sports·man ['spɔːtsmən] <*Plural* sportsmen> der Sportler

sports·wear ['spɔːtsweəʳ] die Sportkleidung

sports·wom·an ['spɔːtswʊmən, *Plural* 'spɔːtswɪmɪn] <*Plural* sportswomen> die Sportlerin

sporty ['spɔːtɪ]
1 sportbegeistert, sportlich
2 (*übertragen*) *Kleidung, Aussehen:* flott

spot [spɒt]
1 der Tupfen, der Punkt
2 der Pickel
3 (*Standort*) der Platz, die Stelle

to **spot** [spɒt] <spotted, spotted> entdecken

Falsche Freunde
Nicht verwechseln mit *spotten — to mock!*

spot check die Stichprobe

spot·less ['spɒtlɪs]
1 tadellos
2 *Ruf:* makellos, untadelig

spot·light ['spɒtlaɪt]
1 der Scheinwerfer, das Scheinwerferlicht
2 (*Lampe*) der Strahler

spot·ty ['spɒtɪ] pickelig

to **sprain** [spreɪn] verrenken, verstauchen; **to sprain one's ankle** sich den Fuß verstauchen

sprang [spræŋ] *2. Form von* **spring**

spray [spreɪ]
1 *von Wasser:* der/die Gischt, der Sprühnebel
2 *für Haare:* der/das Spray

to **spray** [spreɪ]
1 spritzen
2 besprühen *Pflanzen*
3 sprühen *Wasser*

to **spread** [spred] <spread, spread>
1 ausbreiten; ausstrecken *Beine, Arme*
2 bestreichen *Brot*
3 verbreiten *Nachrichten, Tratsch*
4 (*auch übertragen*) verteilen *Zahlungen, Risiko*
5 sich erstrecken (**over/across** über); *Krankheit:* sich verbreiten

Grammatik
Richtiges Konjugieren von **spread**: spread, spread, spread — *Kate spread jam on her piece of toast; The books were spread out on the floor.*

spread [spred]
1 *von Krankheiten:* die Verbreitung
2 der Brotaufstrich; **cheese spread** der Streichkäse

spread·sheet ['spredʃiːt] die Tabellenkalkulation

spring [sprɪŋ]
1 der Frühling; **in spring** im Frühjahr
2 die Quelle
3 (*technisch*) die Feder

to **spring** [sprɪŋ] <sprang, sprung>
1 springen
2 **to spring to mind** einem einfallen

Grammatik
Richtiges Konjugieren von **spring**: spring, sprang, sprung — *The cat sprang onto the wall; Mushrooms have sprung up overnight.*

spring·board das Sprungbrett

to **spring-clean** gründlich putzen, Frühjahrsputz machen

to **sprin·kle** ['sprɪŋkl]
1 sprenkeln
2 bestreuen *Kuchen*
3 streuen *Salz*

to **sprint** [sprɪnt] sprinten

sprint [sprɪnt] der Lauf, der Sprint

sprout [spraʊt]
1 der Trieb
2 **[Brussels] sprouts** der Rosenkohl

sprung [sprʌŋ] *3. Form von* **spring**

spud [spʌd] (*umgangsspr*) die Kartoffel

spun [spʌn] *2. und 3. Form von* **spin**

spur [spɜːʳ] **on the spur of the moment** ganz spontan

to **spy** [spaɪ] spionieren; **to spy on someone** jemanden bespitzeln

spy [spaɪ] der Spion/die Spionin

squad [skwɒd]
1 (*der Polizei*) das Kommando, das Dezernat
2 (*im Sport*) der Kader

square[1] [skweəʳ]
1 (*in der Mathematik*) das Quadrat; **the square of 3 is 9** die Quadratzahl von 3 ist 9
2 (*Muster*) das Karo
3 (*in der Stadt*) der Platz

square[2] [skweəʳ]
1 quadratisch, viereckig
2 *Winkel:* recht
3 *Klammer:* eckig
4 (*Mathematik*) rechtwinklig, Quadrat-; **2 square metres** 2 Quadratmeter

to **square** [skweəʳ] **3 squared is 9** 3 hoch 2 ist 9, es stimmt nicht überein

squared pa·per das Millimeterpapier

square root die Quadratwurzel

to **squash** [skwɒʃ]
1 zerdrücken, zerquetschen
2 **to squash in** sich einquetschen

squash [skwɒʃ]
1 das Fruchtsaftgetränk
2 das Gedränge
3 (*Sport*) das Squash

to **squat** [skwɒt] <squatted, squatted>
1 hocken, kauern
2 sich illegal ansiedeln; **to squat in a house** ein Haus besetzen

squat·ter ['skwɒtəʳ] der Hausbesetzer/die Hausbesetzerin

to **squeak** [skwi:k]
1 *Tür usw.:* quietschen, knarren
2 *Tier:* quieken

to **squeal** [skwi:l]
1 *Tier, Kind:* schreien, quieken
2 *Bremsen:* kreischen

squeal [skwi:l]
1 der Schrei
2 *von Bremsen:* das Kreischen
3 *von Tier:* das Quieken

squeeze [skwi:z]
1 **to give something a squeeze** etwas drücken
2 das Gedränge; **it was a tight squeeze** es war fürchterlich eng

to **squeeze** [skwi:z]
1 drücken
2 auspressen *Apfelsine*
3 [sich] zwängen (**into** in)

◆ to **squeeze out**
1 auspressen *Früchte*
2 ausdrücken *Schwamm*

squid [skwɪd] der Tintenfisch

to **squint** [skwɪnt]
1 schielen (**at** nach)
2 die Augen zusammenkneifen

squir·rel ['skwɪrəl] das Eichhörnchen

to **squirt** [skwɜ:t]
1 **water squirted everywhere** das Wasser spritzte überallhin
2 bespritzen

St *Abkürzung von* **Saint** St., Sankt

St. *Abkürzung von* **street** Str., Straße

to **stab** [stæb] <stabbed, stabbed>
1 stechen
2 **to stab someone** jemanden niederstechen; **to stab someone to death** jemanden erstechen

stab [stæb] der Stich; **stab wound** die Stichwunde

stab·bing ['stæbɪŋ] *Schmerz:* stechend

sta·bil·ity [stə'bɪlətɪ] die Stabilität

to **sta·bi·lize** ['steɪbəlaɪz] [sich] stabilisieren

sta·ble[1] ['steɪbl] <stabler, stablest> stabil *auch übertragen*

sta·ble[2] ['steɪbl] der Stall

stack [stæk]
1 der Stapel, der Stoß
2 **to have stacks of time** (*umgangsspr*) jede Menge Zeit haben

to **stack** [stæk] stapeln; **to stack up** aufstapeln

sta·dium ['steɪdɪəm] <*Plural* stadiums *oder* stadia> das Stadion

staff [stɑ:f]
1 das Personal, der Mitarbeiterstab
2 *einer Schule:* der Lehrkörper

staff·room das Lehrerzimmer

stage [steɪdʒ]
1 (*im Theater*) die Bühne
2 (*in einer Halle*) das Podium
3 *einer Entwicklung:* das Stadium, die Phase
4 (*auch übertragen*) die Etappe, der Abschnitt
5 *einer Rakete:* die Stufe

to **stag·ger** ['stægəʳ]
1 staffeln *Ferien*
2 schwanken, wanken, taumeln, torkeln

stag·ger·ing ['stægərɪŋ] (*übertragen*) atemberaubend, umwerfend

stag·nant ['stægnənt]
1 *Wasser:* stehend, abgestanden
2 (*übertragen*) stagnierend

to **stain** [steɪn]
1 beflecken
2 färben; beizen *Holz*
3 Flecken hinterlassen
4 fleckig werden

stain [steɪn] der Fleck

stain·less ['steɪnlɪs] **stainless steel** der Edelstahl; **"stainless steel"** „rostfrei"

stair [steəʳ]
1 die [Treppen]stufe
2 **stairs** die Treppe

stair·case die Treppe, das Treppenhaus

stake [steɪk]
1 der Pfahl, der Pfosten
2 **to have a stake in something** einen Anteil an etwas haben
3 **to be at stake** auf dem Spiel stehen

stale [steɪl]
1 *Brot:* altbacken
2 *Wasser, Luft:* abgestanden, verbraucht

stalk [stɔːk] der Stängel, der Stiel

stall [stɔːl]
1 (*im Stall*) die Box, die Bucht
2 die Marktbude, der Verkaufsstand
3 **stalls** *Plural* GB (*im Theater*) das Parkett

to **stall** [stɔːl]
1 abwürgen *Motor*
2 Zeit schinden

to **stam·mer** ['stæməʳ]
1 stammeln
2 stottern

stamp [stæmp]
1 die Briefmarke
2 die [Stempel]marke
3 (*Gerät*) der Stempel

to **stamp** [stæmp]
1 stampfen, trampeln; **to stamp one's foot** mit dem Fuß aufstampfen
2 frankieren *Brief;* **stamped addressed envelope** der frankierte Rückumschlag
3 abstempeln *Formular, Pass*
4 [auf]prägen

stand [stænd]
1 der [Verkaufs]stand
2 Ständer
3 (*für Taxis*) der Stand
4 (*Sport*) die Tribüne
5 USA (*bei Gericht*) der Zeugenstand
6 (*übertragen*) der Standpunkt, die Einstellung; **to take** [*oder* **make**] **a stand** klar Stellung beziehen (**against** gegen)

to **stand** [stænd] <stood, stood>
1 stehen
2 aufstehen
3 **to stand the pressure** *Objekt:* dem Druck standhalten; *Mensch:* dem Druck gewachsen sein
4 ertragen, aushalten *Lärm;* **I can't stand him** ich kann ihn nicht ausstehen
5 vertragen *Klima;* verkraften *Verlust*
6 *Angebot, Versprechen:* gelten
7 *Rekord:* stehen
8 *Thermometer:* stehen (**at** auf)
9 **to stand as a candidate** kandidieren

◆ to **stand by**
1 danebenstehen, herumstehen
2 sich bereithalten
3 **to stand by a promise/someone** ein Versprechen/zu jemandem halten

◆ to **stand for**
1 stehen für
2 hinnehmen, sich gefallen lassen

◆ to **stand in** einspringen (**for** für)

◆ to **stand out**
1 [her]vorstehen, vorragen
2 (*in Kontrast*) hervorstechen, auffallen; **to stand out against something** sich von etwas abheben

◆ to **stand up**
1 aufstehen
2 stehen
3 **to stand something up** etwas hinstellen
4 **to stand someone up** (*umgangsspr*) jemanden versetzen
5 **to stand up for someone** für jemanden eintreten
6 **to stand up to someone** sich jemandem gegenüber behaupten

stand·ard ['stændəd]
1 die Norm, der Maßstab
2 das Niveau; **standard of living** der Lebensstandard

Land und Leute
Die **Standard Grades** sind ein schottischer Schulabschluss für 15- bis 16-jährige Schüler. Sie entsprechen in etwa dem *General Certificate of Secondary Education* (GCSE), einer Abschlussprüfung, die in anderen Teilen Großbritanniens

abgelegt wird. Die **Standard Grade**-Kurse besuchen Schüler im 3. und 4. Jahr ihrer weiterführenden Schulbildung und in der Regel werden zwischen 7 und 9 Fächer belegt. Prüfungen finden am Ende des 4. Schuljahres statt und sind unterteilt in *foundation level, general level* und *credit level*.

stand·by ['stændbaɪ]
1 der Ersatz, die Reserve
2 **standby ticket** das Standby-Ticket
3 **on standby** in Bereitschaft

stand·ing ['stændɪŋ]
1 stehend
2 **a standing start** ein Start aus dem Stand

stand·point ['stændpɔɪnt] der Standpunkt

stand·still ['stændstɪl] der Stillstand

stank [stæŋk] *2. Form von* **stink**

sta·ple ['steɪpl] die Heftklammer

to **sta·ple** ['steɪpl] heften

sta·pler ['steɪpləʳ] der Hefter

star [stɑːʳ]
1 der Stern
2 (*Zeichen*) das Sternchen
3 (*Person*) der Star
4 **the Stars and Stripes** das Sternenbanner

Land und Leute
Es gibt verschiedene Namen für die Amerikanische Flagge. **The Stars and Stripes** bezieht sich auf die inzwischen 50 Sterne, die die heutigen US-Staaten symbolisieren und die 13 Streifen für die ursprünglich 13 US-Staaten. Die patriotische Bezeichnung **Glory** stammt von dem Schiffskapitän William Driver. Der Titel der amerikanischen Nationalhymne, **The Star-spangled Banner**, bezieht sich auch auf die Flagge.

to **star** [stɑːʳ] <starred, starred> **the film starred Tom Hanks** die Hauptrolle spielte Tom Hanks; **starring ...** in der Hauptrolle ...

star·board ['stɑːbəd] das Steuerbord

to **stare** [steəʳ]
1 starren; **to stare at someone in horror** jemanden entsetzt anstarren
2 **the answer was staring us in the face** (*übertragen*) die Antwort lag klar auf der Hand

stark [stɑːk]
1 *Kontrast:* krass
2 *Entsetzen, Wahrheit:* nackt
3 *Licht:* grell
4 völlig, gänzlich; **stark-naked** splitter[faser]nackt

star-stud·ded [ˌstɑːˈstʌdɪd] mit zahlreichen Stars in den Hauptrollen

start [stɑːt]
1 Beginn, Anfang; **from the start** von Anfang an; **to make a start on something** mit etwas anfangen
2 (*Sport*) der Start
3 *einer Reise:* der Aufbruch; **to make an early start** frühzeitig aufbrechen

to **start** [stɑːt]
1 beginnen, anfangen; **to start something** mit etwas anfangen, etwas beginnen; **to get started** anfangen; **to start smoking** mit dem Rauchen anfangen; **to start talking** zu sprechen beginnen; **starting from ...** ab ...
2 *Maschine, Motor:* anspringen, starten
3 anlassen *Motor*
4 *Gerücht:* in Umlauf kommen; in Umlauf setzen *Gerücht*
5 antreten *Reise, neue Stelle, Strafe*
6 starten *Rennen*
7 auslösen *Reaktion*
8 anzünden *Feuer*
9 gründen *Firma*
10 **to start work** anfangen zu arbeiten

◆ to **start off**
1 anfangen, losgehen
2 *zu einer Reise:* aufbrechen
3 (*Sport*) starten

◆ to **start out**
1 sich auf den Weg machen, aufbrechen
2 anfangen, beginnen

◆ to **start up**
1 *Motor:* anspringen; anlassen *Auto*
2 *Geräusch:* anfangen
3 gründen *Firma*
4 schließen *Freundschaft*
5 beginnen *Gespräch*

start·er ['stɑːtəʳ]
1 (*im Rennen*) der Teilnehmer/die Teilnehmerin
2 *eines Rennens:* der Starter/die Starterin
3 die Vorspeise

start·ing ['stɑːtɪŋ] Start-, Anfangs-

to **star·tle** ['stɑːtl] erschrecken

star·va·tion [stɑːˈveɪʃn] das Verhungern, der Hunger; **to die of starvation** verhungern

to **starve** [stɑːv] verhungern, hungern; **to starve to death** verhungern; **to starve out** aushungern; **I'm starving!** (*umgangsspr*) ich sterbe vor Hunger!

state [steɪt]
1 der Zustand; **state of the economy** die Wirtschaftslage
2 (*politisch*) der Staat
3 **to get into a state [about something]** [wegen etwas] durchdrehen
4 **the States** die Vereinigten Staaten

to **state** [steɪt]
1 darlegen, vortragen *Fakten*
2 angeben, nennen *Einzelheiten*
3 **to state that ...** feststellen, dass ...

State De·part·ment (*in den USA*) das Außenministerium

state·ment ['steɪtmənt]
1 *von Fakten:* die Darstellung
2 die Feststellung; (*offiziell*) die Erklärung, die Stellungnahme
3 (*bei Polizei, vor Gericht*) die Aussage
4 der Kontoauszug

sta·tion ['steɪʃn]
1 Bahnhof; **at the station** auf dem Bahnhof
2 die Station
3 (*Polizei*) die Wache
4 (*TV*) der Sender, die Sendestation

sta·tion·ary ['steɪʃənrɪ] stehend; **to be stationary** [still]stehen

> **Vorsicht Falle!**
> **Stationary** oder **stationery**? **Stationary** (mit 2 ‚a') bedeutet stehend, geparkt: *a stationary car*; **stationery** dagegen bedeutet Schreibwaren: *We need to order more stationery.*

sta·tion·ery ['steɪʃənrɪ] ⚠ *kein Plural*
1 das Briefpapier
2 die Schreibwaren

sta·tion wag·on (USA) der Kombiwagen

sta·tis·tics [stə'tɪstɪks] ⚠ *Plural* die Statistik

statue ['stætʃu:] die Statue, das Standbild

sta·tus ['steɪtəs]
1 die Stellung
2 der Status; **marital status** der Familienstand

stay [steɪ] der Aufenthalt

to **stay** [steɪ]
1 bleiben; **to stay for supper** zum Abendessen bleiben
2 wohnen, übernachten; **to stay at a hotel** im Hotel wohnen; **to stay with someone** bei jemandem wohnen

> **Falsche Freunde**
> Nicht verwechseln mit *stehen — to stand!*

◆ to **stay away** wegbleiben, sich fernhalten (**from** von)

◆ to **stay behind** zurückbleiben

◆ to **stay down**
1 unten bleiben
2 (*in der Schule*) eine Klasse wiederholen
3 *Preise:* stabil bleiben

◆ to **stay in**
1 zu Hause [*oder* daheim] bleiben
2 **to stay in [after school]** nachsitzen

◆ to **stay on**
1 *Hut, Deckel:* halten
2 *Licht:* anbleiben
3 noch bleiben, noch nicht fortgehen
4 **to stay on [at school]** [mit der Schule] weitermachen

◆ to **stay out**
1 draußen bleiben
2 (*nicht nach Hause kommen/gehen*) wegbleiben
3 **to stay out [on strike]** weiterstreiken
4 **to stay out of something** sich aus etwas heraushalten

◆ to **stay up**
1 (*nicht zu Bett gehen*) aufbleiben
2 *Zelt:* stehen bleiben
3 *Bild:* hängen bleiben
4 **his socks won't stay up** seine Socken rutschen ständig

steadi·ly ['stedɪlɪ]
1 fest
2 ständig
3 *regnen:* ununterbrochen
4 *steigen:* stetig

steady ['stedɪ]
1 *Hand, Nerven:* ruhig; **to hold the ladder steady** halt die Leiter fest
2 *Blick:* fest, unverwandt
3 *Wind:* ständig
4 *Zuwachs:* stetig
5 *Job, Freund(in)*: fest; **to go steady** einen festen Freund/eine feste Freundin haben
6 *Tempo:* gleichmäßig
7 **steady!** vorsichtig!

steak [steɪk] das Steak

to **steal** [sti:l] <stole, stolen> stehlen; **to steal something from someone** jemandem etwas stehlen

steam [sti:m] der Dampf, der Dunst

to **steam** [stiːm]
1 *Essen, Schiff, Zug:* dampfen
2 dämpfen, dünsten *Essen*
◆ to **steam up** *Scheibe:* beschlagen

steel [stiːl] der Stahl

steep [stiːp]
1 steil
2 *Preisanstieg, Preissenkung:* stark
3 (*umgangsspr*) *Preis:* gesalzen, unverschämt

stee·ple·chase ['stiːpltʃeɪs]
1 (*für Pferde*) das Hindernisrennen
2 (*in der Athletik*) der Hindernislauf

to **steer** [stɪəʳ] steuern, lenken; **to steer for something** etwas ansteuern, auf etwas zusteuern; **to steer due south** Kurs nach Süden halten

steer·ing wheel das Lenkrad, das Steuerrad

step [step]
1 der Schritt, der Tritt
2 die Stufe; **steps** die Treppe; **mind the step!** Vorsicht, Stufe!
3 (*übertragen*) **to take steps to do something** Maßnahmen ergreifen, um etwas zu tun

to **step** [step] <stepped, stepped> **to step onto the bus/plane/train** in den Bus/das Flugzeug/den Zug steigen; **to step onto the boat/platform** das Schiff/den Bahnsteig betreten; **to step off the boat/scales** vom Schiff/von der Waage heruntergehen; **to step out of the bath/car** aus dem Bad/Auto steigen; **to step out in front of something** vor eine Sache treten; **to step over something** über etwas steigen; **to step over the line** über die Linie treten; **step this way, please!** bitte hier entlang!; **to step inside** hineintreten; **to step outside** hinaustreten
◆ to **step aside** Platz machen, zur Seite treten
◆ to **step down**
1 hinabsteigen
2 *von einem Amt:* zurücktreten
◆ to **step in**
1 eintreten
2 (*übertragen*) eingreifen, einschreiten
◆ to **step up**
1 **to step up on[to] the stage** die Bühne betreten
2 vortreten
3 intensivieren *Kampagne*
4 steigern *Produktion*
5 verschärfen *Sicherheitsmaßnahmen*

step- [step] Stief-; **stepsister** die Stiefschwester

ste·reo ['sterɪəʊ]
1 das Stereo
2 (*Gerät*) die Stereoanlage

ster·ile ['steraɪl] steril

to **steri·lize** ['sterəlaɪz] sterilisieren

ster·ling ['stɜːlɪŋ] **in [pounds] sterling** in Pfund Sterling

stern[1] [stɜːn]
1 streng
2 *Warnung:* ernst

stern[2] [stɜːn] *eines Bootes:* das Heck

to **stew** [stjuː] schmoren, dünsten

stew [stjuː] der Eintopf

stick [stɪk]
1 *von Baum:* der Zweig
2 der [Spazier]stock
3 (*Sport*) der Schläger
4 *von Dynamit, Rhabarber, Sellerie:* die Stange
5 *von Kreide:* das Stück

to **stick** [stɪk] <stuck, stuck>
1 kleben (**to** an)
2 stecken; **she stuck a needle into her finger** sie stach sich mit einer Nadel in den Finger
3 (*umgangsspr*) tun, stecken; **to stick one's hands in one's pockets** die Hände in die Taschen stecken; **to stick one's head out of the window** den Kopf aus dem Fenster strecken; **to stick one's head round the door** den Kopf zur Tür reinstrecken [*oder* rausstrecken]; **stick it on the table!** stell's [*oder* leg's] auf den Tisch!
4 (*umgangsspr*) aushalten, durchhalten
5 *Auto:* stecken bleiben
6 **I'm stuck!** ich stecke fest!; (*mit einer Aufgabe*) ich komme nicht weiter!
7 *Schublade, Tür:* klemmen

Grammatik
Richtiges Konjugieren von **stick**: stich, stuck, stuck — *Harry stuck the stamp on the envelope; I have stuck the photos in an album.*

◆ to **stick down**
1 ankleben; zukleben *Umschlag*
2 (*umgangsspr*) abstellen; **just stick it down anywhere** stell [*oder* leg] es einfach irgendwohin
◆ to **stick on**
1 **to stick something on** etwas aufkleben
2 (*umgangsspr*) **stick the kettle on!** kannst du das Wasser aufsetzen?
3 kleben, haften

◆ to **stick out**
1 vorstehen
2 *Ohren:* abstehen
3 **there was a pair of legs sticking out from underneath the car** zwei Beine ragten unter dem Auto hervor
4 (*übertragen*) auffallen
5 ausstrecken *Hand;* **don't stick your tongue out at me!** streck mir ja nicht die Zunge raus!
6 (*umgangsspr*) durchhalten

◆ to **stick to** bleiben bei *einer Entscheidung, Meinung;* **to stick to one's principles** an seinen Grundsätzen festhalten

◆ to **stick together**
1 zusammenkleben
2 (*übertragen*) zusammenhalten

◆ to **stick up**
1 *Kragen:* hochstehen
2 *Nagel:* heraussstehen
3 zukleben
4 **to stick one's hand up** die Hand heben; **stick 'em up!** Hände hoch!
5 (*umgangsspr*) anschlagen *Poster*
6 (*umgangsspr*) aufschlagen *Zelt*
7 (*umgangsspr*) überfallen *Bank*

◆ to **stick up for** eintreten für; **to stick up for oneself** sich behaupten

stick·er ['stɪkəʳ] der Aufkleber, der Sticker

stick·ing plaster ['stɪkɪŋˌplɑːstəʳ] das Heftpflaster

sticky ['stɪkɪ]
1 klebrig
2 *Wetter:* schwül, drückend
3 *Farbe:* feucht
4 *Haut:* verschwitzt
5 *Problem:* schwierig
6 *Situation:* heikel

stiff [stɪf]
1 steif; **the lock is stiff** das Schloss klemmt
2 *Bürste:* hart
3 *Teig:* fest
4 *Kampf:* zäh, hart
5 *Brise:* steif
6 *Drink:* stark
7 *Examen:* schwer, schwierig

still[1] [stɪl]
1 still, ruhig
2 *Mineralwasser:* ohne Kohlensäure

still[2] [stɪl]
1 [immer] noch, noch immer
2 trotzdem
3 *mit Komparativ* noch

to **sting** [stɪŋ] <stung, stung>
1 *Insekt:* stechen
2 *Nessel, Qualle:* brennen

sting [stɪŋ]
1 *eines Insekts:* der Stachel
2 (*Verletzung durch Insekt*) der Stich; *von Nessel, Qualle:* die Quaddel
3 der stechende Schmerz

to **stink** [stɪŋk] <stank, stunk> stinken

stink [stɪŋk] der Gestank (**of** nach)

stir [stɜːʳ] **to give something a stir** etwas [um]rühren ▶ WENDUNGEN: **to cause** [*oder* **create**] **a stir** Aufsehen erregen

to **stir** [stɜːʳ] <stirred, stirred>
1 **to stir something** etwas [um]rühren
2 bewegen, rühren *Glieder*
3 (*übertragen*) anregen *Phantasie*
4 sich regen, sich rühren

◆ to **stir up** (*übertragen*) **to stir up hatred** Hass schüren; **to stir up trouble** Unruhe stiften

stitch [stɪtʃ] <*Plural* stitches>
1 (*beim Nähen, auch medizinisch*) der Stich, die Wunde musste genäht werden; **she had her stitches taken out** ihr wurden die Fäden gezogen
2 (*beim Stricken*) die Masche
3 **to have a stitch** Seitenstechen haben

to **stitch** [stɪtʃ] (*auch medizinisch*) nähen

stock [stɒk]
1 der Vorrat, der Bestand (**of** an); **to have something in stock** etwas vorrätig haben
2 der Viehbestand
3 (*Essen*) die Brühe
4 **stocks and shares** die Wertpapiere

to **stock** [stɒk]
1 führen *Waren*
2 ausstatten *Laden*
3 mit einem Viehbestand versehen

◆ to **stock up** sich eindecken (**on/with** mit)

stock·bro·ker ['stɒkˌbrəʊkəʳ] der Börsenmakler/die Börsenmaklerin

stock·ing ['stɒkɪŋ] der Strumpf

stock mar·ket die Börse

stole [stəʊl] *2. Form von* **steal**

stol·en ['stəʊlən] *3. Form von* **steal**

stom·ach ['stʌmək] der Magen, der Bauch

stom·ach-ache die Magenschmerzen

stone [stəʊn] <*Plural* stone>
1 der Stein
2 GB (*Gewichtseinheit*) = *6,35 kg*

stony ['stəʊnɪ]
1 *Boden:* steinig
2 *Substanz:* steinartig
3 (*übertragen*) *Miene:* steinern; *Schweigen:* eisig

stood [stʊd] *2. und 3. Form von* **stand**

stool [stu:l]
1 der Hocker, der Schemel
2 (*medizinisch*) der Stuhl[gang]

Falsche Freunde
Nicht verwechseln mit *der Stuhl — chair!*

stop [stɒp]
1 der Halt; **to come to a stop** anhalten; **to put a stop to something** einer Sache einen Riegel vorschieben
2 die Haltestelle
3 Pause
4 der Aufenthalt
5 die Zwischenlandung

to **stop** [stɒp] <stopped, stopped>
1 anhalten, stoppen *Person, Fahrzeug;* **stop thief!** haltet den Dieb!
2 abstellen *Maschine*
3 zum Stehen bringen *Verkehr;* zum Stillstand bringen *Produktion*
4 stillen, unterbinden *Blutung*
5 beenden *Krieg, Spiel, Treffen, Versuch;* ein Ende machen *einem Gerücht*
6 aufhalten *Fortschritt, Verbrecher*
7 aufhören mit *Lärm, Unsinn;* **to stop doing something** aufhören, etwas zu tun, etwas nicht mehr tun; **to stop smoking** mit dem Rauchen aufhören
8 einstellen *Zahlung;* sperren *Scheck;* abbestellen *Zeitung*
9 verhindern *Unfall, Verbrechen*
10 abhalten; **to stop someone [from] doing something** jemanden davon abhalten, etwas zu tun
11 *Fahrzeug:* halten, stoppen
12 *Fußgänger, Uhr:* stehen bleiben; **to stop dead** plötzlich stehen bleiben
13 *Maschine:* nicht mehr laufen; *Herz:* aufhören zu schlagen
14 *Person:* Halt machen
15 *Schmerzen:* vergehen
16 (*umgangsspr*) bleiben (**at** in)

Vorsicht Falle!
To **stop to do** *something* bedeutet eine Pause machen, um etwas anderes zu tun: *We stopped to have tea; — to* **stop doing** *something* heißt mit etwas aufhören: *The pupils stopped talking when the teacher came into the classroom.*

◆ to **stop off** einen kurzen Halt machen, [unterwegs] kurz anhalten

stop·over ['stɒpəʊvə^r]
1 *einer Person:* die Zwischenstation, der Zwischenstopp
2 *eines Flugzeugs:* die Zwischenlandung

stop sign das Stoppschild

stop·watch ['stɒpwɒtʃ] die Stoppuhr

stor·age ['stɔ:rɪdʒ]
1 die [Ein]lagerung
2 *von Dokumenten:* die Aufbewahrung
3 *von Daten, Elektrizität, Wasser:* die Speicherung
4 (*im Computer*) der Speicher

store [stɔ:^r]
1 der Vorrat (**of** an)
2 das Lager
3 das Kaufhaus, das Warenhaus
4 USA der Laden
5 *im Computer:* der Speicher
6 **to be in store for someone** jemandem bevorstehen

to **store** [stɔ:^r]
1 lagern, aufbewahren
2 speichern *Wärme*
3 *im Computer:* abspeichern

store card die Kundenkarte

sto·rey ['stɔ:rɪ] das Stockwerk, die Etage; **on the second storey** im zweiten Stock; USA im ersten Stock

storm [stɔ:m] (*mit starkem Wind*) der Sturm; (*mit Regen*) das Unwetter; (*mit Donner*) das Gewitter

to **storm** [stɔ:m] stürmen

stormy ['stɔ:mɪ] stürmisch

sto·ry[1] ['stɔ:rɪ]
1 die Geschichte, die Erzählung
2 (*in der Presse*) der Artikel, die Story
3 die Handlung, die Story

sto·ry[2] ['stɔ:rɪ] USA das Stockwerk, die Etage; **on the second story** USA im ersten Stock

stove [stəʊv] der Ofen, der Herd

straight[1] [streɪt]
1 gerade; *Hosen:* gerade geschnitten; *Haar:* glatt
2 *Pass, Schuss:* direkt
3 *Denken:* klar
4 *Antwort:* offen, direkt, ehrlich; *Ablehnung:* ohne Umschweife
5 *Drink:* pur, unverdünnt
6 *Verhandlungen:* direkt
7 ununterbrochen; **to win in straight sets** ohne Satzverlust gewinnen; **to have five straight wins** fünfmal hintereinander gewinnen
8 (*umgangsspr*) *Mensch:* hetero
9 **straight A's** (*in der Schule*) glatte Einsen
10 direkt
11 sofort
12 **to look straight ahead** geradeaus sehen; **to drive straight on** geradeaus weiterfahren

straight[2] [streɪt] **the back/final straight** die Gegengerade/Zielgerade

straight·away [ˌstreɪtəˈweɪ] sofort, geradewegs

to **straight·en** [ˈstreɪtn]
1 gerade machen
2 begradigen *Fluss, Straße*
3 glatt ziehen *Tuch*
4 gerade biegen *Draht*
5 gerade hängen *Bild*
6 (*übertragen*) in Ordnung bringen *Zimmer*
7 *Pflanze, Straße:* gerade werden
8 *Haar:* glatt werden
9 *Person:* sich aufrichten

◆ to **straighten up**
1 gerade machen
2 gerade hängen *Bild*
3 (*übertragen*) in Ordnung bringen *Zimmer*
4 sich aufrichten

straight·for·ward [ˌstreɪtˈfɔːwəd]
1 *Person:* aufrichtig
2 *Blick:* offen, freimütig
3 *Problem:* einfach

to **strain** [streɪn]
1 belasten *Freundschaft;* strapazieren *Geduld, Nerven*
2 zerren *Muskel*
3 [über]anstrengen, strapazieren *Augen, Rücken;* belasten *Herz*
4 **to strain oneself** sich anstrengen
5 [durch]seihen; **to strain the vegetables** das Gemüse abgießen

strain [streɪn]
1 (*technisch*) die Belastung; **to put a strain on something** etwas belasten; **to take the strain off something** etwas entlasten
2 (*seelisch*) die Belastung (**on** für)
3 (*medizinisch*) die Zerrung

strange [streɪndʒ]
1 seltsam, sonderbar, merkwürdig
2 *Umgebung:* fremd

strang·er [ˈstreɪndʒəʳ] der/die Fremde; **I'm a stranger here** ich bin hier fremd

to **stran·gle** [ˈstræŋgl]
1 erwürgen, erdrosseln
2 (*übertragen*) abwürgen, ersticken

strap [stræp]
1 der Riemen, der Gurt
2 (*im Bus*) der Haltegriff, die Schlaufe
3 (*an Kleid*) der Träger
4 (*an Armbanduhr*) das [Arm]band

to **strap** [stræp] <strapped, strapped>
1 festschnallen (**to** an)
2 **to strap [up]** bandagieren *Bein*

straw [strɔː]
1 das Stroh
2 der Strohhalm
3 der Trinkhalm

straw·berry [ˈstrɔːbrɪ] die Erdbeere

to **stray** [streɪ]
1 sich verirren
2 (*übertragen*) *Gedanken:* abschweifen

streak [striːk]
1 der Streifen
2 *von Licht:* der Strahl
3 (*im Haar*) die Strähne
4 **a winning streak** eine Glückssträhne

stream [striːm]
1 der Bach
2 *von Flüssigkeit, Luft, Menschen:* der Strom
3 die Strömung
4 *von Licht:* die Flut
5 *von Worten:* der Schwall
6 (*in der Schule*) die Leistungsgruppe

> **Falsche Freunde**
> Nicht verwechseln mit *der Strom — current!*

to **stream** [striːm]
1 strömen
2 *Augen:* tränen
3 *Licht:* fluten
4 *Fahne:* wehen
5 in Leistungsgruppen einteilen *Schüler*

street [striːt] die Straße; **in the street, on the street** (USA) auf der Straße

> **Vorsicht Falle!**
> **street** wird für Straßen mit Häusern und Geschäften in Städten und Dörfern gebraucht: *John met his friend in the street*; — **road** wird für Verkehrsstraßen außerhalb von Ortschaften gebraucht: *we were on the road to Edinburgh*.

street·car ['stri:tkɑ:ʳ] (USA) die Straßenbahn

strength [streŋθ]
1 die Kraft, die Stärke
2 *einer Konstruktion:* die Stabilität
3 *einer Meinung:* die Überzeugtheit
4 *eines Arguments:* die Überzeugungskraft
5 *einer Farbe:* die Intensität
6 **to be at full strength** vollzählig sein

to **strength·en** ['streŋθn]
1 stärken
2 (*übertragen*) bestärken
3 *Wind:* stärker werden

strenu·ous ['strenjʊəs]
1 anstrengend
2 *Bemühungen, Versuch:* unermüdlich, energisch
3 *Ablehnung:* hartnäckig
4 *Protest:* heftig

stress [stres] <*Plural* stresses>
1 der Stress, die Belastung; **to put someone under great stress** jemanden großen Belastungen aussetzen
2 die Betonung; **to put the stress on something** etwas betonen
3 (*technisch*) die Belastung

to **stress** [stres]
1 betonen, großen Wert legen auf
2 betonen *Silbe*
3 (*technisch*) belasten

stress·ful ['stresfʊl] anstrengend, stressig

stretch [stretʃ] <*Plural* stretches>
1 **to have a stretch** sich strecken, sich dehnen; **to give something a stretch** etwas dehnen
2 *von Material:* die Elastizität, die Dehnbarkeit
3 *einer Straße, eines Flusses:* das Stück; *einer Reise:* der Abschnitt
4 (*zeitlich*) der Zeitraum; **at a stretch** ohne Unterbrechung; **for hours at a stretch** stundenlang

to **stretch** [stretʃ]
1 strecken *Arm, Hand;* **to stretch one's legs** sich die Beine vertreten
2 dehnen *Gummiband;* **to become stretched** *Jeans:* ausleiern
3 ausbreiten *Decke, Flügel*
4 spannen *Seil*
5 voll ausnutzen *Reserven*
6 es nicht so genau nehmen mit *Gesetz, Wahrheit*
7 *Person, Tier:* sich strecken, sich dehnen
8 *Ebene, Zeit:* sich erstrecken (**to** bis (zu))
9 *Essen, Geld:* reichen

◆ to **stretch out**
1 ausstrecken *Arm, Bein*
2 ausbreiten *Decke, Flügel*
3 *Person:* sich ausstrecken
4 (*räumlich*) sich ausbreiten
5 (*zeitlich*) sich erstrecken

strict [strɪkt]
1 streng, strikt
2 *Katholik:* strenggläubig
3 *Neutralität:* absolut

strict·ly ['strɪktlɪ]
1 streng
2 genau; **strictly speaking** genau genommen

to **stride** [straɪd] <strode, stridden> schreiten

stride [straɪd] der Schritt

strike [straɪk]
1 der Streik, der Ausstand; **to be on strike** streiken, im Ausstand sein; **to go on strike** in den Streik treten
2 *von Gold, Öl:* der Fund
3 (*militärisch*) der Angriff

to **strike** [straɪk] <struck, struck>
1 schlagen
2 *Geschoss, Unglück:* treffen
3 anzünden *Streichholz*
4 *Schmerz:* durchzucken
5 *Person:* stoßen gegen
6 *Auto:* fahren gegen
7 *Blitz:* einschlagen in *Baum;* treffen *Person*
8 (*übertragen*) in den Sinn kommen; **that strikes me as a good idea** das kommt mir sehr vernünftig vor
9 stoßen auf *Öl*
10 **to be struck off a list** von einer Liste gestrichen werden
11 (*militärisch*) zuschlagen, angreifen
12 *Panik:* ausbrechen
13 *Uhr:* schlagen
14 *Arbeiter:* streiken

Grammatik
Richtiges Konjugieren von **strike**: strike, struck, struck — *Fergus struck a match; The school was struck by lightning.*

◆ to **strike back**
1 zurückschlagen
2 (*übertragen*) sich wehren

strik·er ['straɪkə^r]
1 der/die Streikende
2 (*Sport*) der Stürmer/die Stürmerin

strik·ing ['straɪkɪŋ]
1 *Ähnlichkeit, Aussehen:* auffallend
2 *Unterschied:* verblüffend
3 *Schönheit:* umwerfend
4 *Arbeiter:* streikend

string [strɪŋ]
1 die Schnur, der Bindfaden
2 *einer Bohne:* der Faden
3 (*übertragen*) die Serie, die Reihe
4 (*Musik, Sport*) die Saite; **the strings** die Streichinstrumente

to **strip** [strɪp] <stripped, stripped>
1 ausziehen *Person*
2 abziehen *Bett*
3 abkratzen *Farbe*
4 abbeizen *Holzoberfläche*
5 ausräumen *Schrank*
6 (*technisch*) demontieren, auseinander nehmen *Maschine*
7 **to strip off** ausziehen *Kleidung;* entfernen *Blätter, Dekorationen*
8 *Person:* **to strip** [**off**] sich ausziehen; (*beim Arzt*) sich freimachen; **to strip to the waist** den Oberkörper freimachen

strip [strɪp]
1 der Streifen
2 (*Sport*) der Trikot, der Dress

stripe [straɪp] der Streifen

striped [straɪpt] gestreift

strode [strəʊd] *2. Form von* **stride**

stroke [strəʊk]
1 der Schlag, der Hieb
2 (*beim Kricket, Golf, Rudern, Tennis*) der Schlag; (*beim Schwimmen*) der Zug; **what's your best stroke?** in welchem Schwimmstil bist du am besten?
3 *eines Pinsels:* der Strich
4 (*medizinisch*) der Schlaganfall
5 **a stroke of luck** ein Glücksfall
6 **to give someone a stroke** jemanden streicheln

to **stroke** [strəʊk] streicheln

to **stroll** [strəʊl] spazieren, bummeln

stroll [strəʊl] der Spaziergang, der Bummel

strong [strɒŋ]
1 stark, kräftig
2 *Wand:* stabil, solide
3 *Konstitution:* robust
4 *Charakter:* fest
5 *Einfluss:* groß, stark
6 *Argument:* überzeugend
7 *Protest:* energisch
8 (*zahlenmäßig*) stark
9 *Akzent, Parfüm:* stark
10 *Geruch:* stark, streng
11 *Farbe:* kräftig
12 *Lösung:* konzentriert
13 *Währung:* stark

strong·ly ['strɒŋlɪ]
1 *vermuten:* stark
2 *scheinen, treten:* kräftig
3 *protestieren:* energisch
4 **to strongly believe that ...** fest daran glauben, dass ...
5 **I strongly advise you ...** ich möchte Ihnen dringendst raten ...
6 **strongly built** *Ding:* solide gebaut; *Person:* kräftig gebaut
7 **I feel very strongly about this** es liegt mir viel daran

struck [strʌk] *2. und 3. Form von* **strike**

struc·ture ['strʌktʃə^r]
1 die Struktur, der Aufbau
2 das Bauwerk, die Konstruktion

to **strug·gle** ['strʌgl]
1 kämpfen
2 (*finanziell*) in Schwierigkeiten sein
3 (*übertragen*) sich abmühen, sich quälen

strug·gle ['strʌgl] der Kampf (**for** um); **to put up a struggle** sich wehren; **without a struggle** kampflos; **to have a hard struggle to do something** große Mühe haben, etwas zu tun

stub·born ['stʌbən]
1 stur, störrisch
2 *Husten, Widerstand:* hartnäckig

stuck[1] [stʌk] *2. und 3. Form von* **stick**

stuck[2] [stʌk]
1 **I'm stuck!** ich stecke fest!; (*mit einer Aufgabe*) ich komme nicht weiter!
2 **the car got stuck** das Auto ist stecken geblieben
3 **the door is stuck** die Tür klemmt
4 **he was stuck at the airport without**

any money er saß ohne Geld am Flughafen fest
5 **to get stuck into something** etwas in Angriff nehmen
6 **to be stuck with something** etwas am Hals haben

stud [stʌd] (*Schmuck*) der [Ohr]stecker

stu·dent ['stjuːdnt]
1 der Student/die Studentin
2 (USA) der Schüler/die Schülerin

stu·dio ['stjuːdɪəʊ] <*Plural* studios>
1 das Studio
2 *eines Malers:* das Atelier

study ['stʌdɪ]
1 das Studium, das Lernen
2 die Studie (**of** über), die Untersuchung (**of** über)
3 das Arbeitszimmer

to **study** ['stʌdɪ]
1 studieren; (*in der Schule*) lernen
2 beobachten *Natur*

stuff [stʌf]
1 das Zeug
2 (*umgangsspr*) der Kram, die Sachen; **books and stuff** Bücher und so

to **stuff** [stʌf]
1 voll stopfen *Behälter*
2 zustopfen *Ohren*
3 füllen *Gans, Kissen*
4 **to stuff oneself** (*umgangsspr*) sich vollstopfen
5 **to stuff something away** etwas wegstecken
6 **to stuff something into an envelope** etwas in einen Umschlag stecken
7 **stuff it!** (*umgangsspr*) Scheiß drauf! *slang;* **get stuffed!** (*umgangsspr*) du kannst mich mal! *slang*

stuff·ing ['stʌfɪŋ]
1 (*Essen*) die Füllung
2 das Polstermaterial; *von Kissen:* die Füllung

stuffy ['stʌfɪ] *Raum:* stickig, dumpf

to **stum·ble** ['stʌmbl] stolpern

to **stun** [stʌn] <stunned, stunned>
1 betäuben
2 (*übertragen*) aus der Fassung bringen

stung [stʌŋ] *2. und 3. Form von* **sting**

stunk [stʌŋk] *3. Form von* **stink**

stun·ning ['stʌnɪŋ]
1 *Schlag:* wuchtig, betäubend
2 (*umgangsspr*) prächtig, toll, blendend; **stunningly beautiful** umwerfend schön

stu·pid ['stjuːpɪd] <stupider, stupidest>
1 dumm
2 blöd[e]

stu·pid·ity [stjuː'pɪdətɪ] die Dummheit

to **stut·ter** ['stʌtəʳ] stottern

stut·ter ['stʌtəʳ] das Stottern; **to have a stutter** stottern

style [staɪl]
1 der Stil
2 die Art

to **style** [staɪl]
1 entwerfen, gestalten
2 stylen *Frisur*

styl·ish ['staɪlɪʃ]
1 modisch, elegant
2 *Möbel:* stilvoll

styl·ist ['staɪlɪst] der Friseur/die Friseurin, die Friseuse

sub [sʌb] (*umgangsspr*)
1 →**submarine** das U-Boot
2 →**substitute** der Ersatzspieler/die Ersatzspielerin
3 →**subscription** der Beitrag, das Abo

sub·con·scious [ˌsʌb'kɒnʃəs] unterbewusst

sub·ject[1] ['sʌbdʒɪkt]
1 anfällig (**to** für); **prices are subject to change without notice** Preisänderungen vorbehalten
2 abhängig (**to** von); **subject to availability** solange Vorrat reicht

sub·ject[2] ['sʌbdʒɪkt]
1 das Thema
2 (*in Schule*) das Fach
3 (*grammatisch*) das Subjekt
4 der Gegenstand

sub·ject[3] ['sʌbdʒɪkt] der Staatsbürger/die Staatsbürgerin; *einer Monarchie:* der Untertan/die Untertanin

to **sub·ject** [səb'dʒekt]
1 unterwerfen
2 **to subject someone to something** jemanden einer Sache aussetzen; **to subject oneself to something** sich einer Sache unterziehen

sub·jec·tive [səb'dʒektɪv] subjektiv

sub·junc·tive [səb'dʒʌŋktɪv] der Konjunktiv

sub·ma·rine [ˌsʌbmə'riːn] das Unterseeboot, das U-Boot

to **sub·merge** [səb'mɜːdʒ]
① untertauchen; **to submerge something in water** etwas in Wasser [ein]tauchen
② *Wasser:* überschwemmen, überfluten
③ *Taucher, U-Boot:* tauchen

to **sub·mit** [səb'mɪt] <submitted, submitted>
① einreichen, einsenden *Antrag, Bewerbung*
② **to submit to someone/something** sich jemandem/etwas beugen
③ (*Sport*) aufgeben

to **sub·scribe** [səb'skraɪb] **to subscribe to a magazine** eine Zeitschrift abonnieren

sub·scrib·er [səb'skraɪbəʳ] *einer Zeitschrift:* der Abonnent/die Abonnentin

sub·scrip·tion [səb'skrɪpʃn]
① das Abonnement
② der Mitgliedsbeitrag

sub·se·quent ['sʌbsɪkwənt]
① folgend
② (*zeitlich*) später

sub·se·quent·ly ['sʌbsɪkwəntlɪ] später, anschließend

sub·sidi·ary [səb'sɪdɪərɪ]
① **subsidiary** [**company**] die Tochtergesellschaft
② **subsidiary subject** das Nebenfach

to **sub·si·dize** ['sʌbsɪdaɪz]
① subventionieren *Firma*
② finanziell unterstützen *Person*

sub·si·dy ['sʌbsədɪ] die Subvention, der Zuschuss

sub·stance ['sʌbstəns]
① (*Materie*) die Substanz, der Stoff
② (*Gehalt*) die Substanz, der Kern

sub·stan·tial [səb'stænʃl]
① *Mahlzeit, Mensch:* kräftig
② *Gebäude:* solide
③ *Beweis:* schlüssig
④ *Grund:* stichhaltig
⑤ *Einkommen:* beträchtlich, bedeutend; *Wissen:* umfangreich

sub·stan·tial·ly [səb'stænʃəlɪ]
① erheblich, beträchtlich, wesentlich
② im Wesentlichen

sub·sti·tute ['sʌbstɪtjuːt]
① der Ersatz, die Vertretung
② (*Sport*) der Ersatzspieler/die Ersatzspielerin

to **sub·sti·tute** ['sʌbstɪtjuːt]
① **to substitute something for something** etwas durch etwas ersetzen
② **to substitute for someone** jemanden vertreten
③ **to substitute for something** etwas ersetzen

sub·sti·tu·tion [ˌsʌbstɪ'tjuːʃn]
① das Ersetzen
② (*Sport*) der Austausch

sub·ti·tle ['sʌbtaɪtl] der Untertitel

sub·tle ['sʌtl] <subtler, subtlest>
① *Aroma:* fein
② *Parfüm:* zart
③ *Charme:* unaufdringlich
④ *Humor:* hintersinnig
⑤ *Bemerkung:* scharfsinnig
⑥ *Plan:* raffiniert

to **sub·tract** [səb'trækt] abziehen, subtrahieren (**from** von)

sub·trac·tion [səb'trækʃn] die Subtraktion

sub·urb ['sʌbɜːb] der Vorort; **in the suburbs** am Stadtrand

sub·way ['sʌbweɪ]
① die [Fußgänger]unterführung
② (USA) die Untergrundbahn, die U-Bahn

to **suc·ceed** [sək'siːd]
① erfolgreich sein, Erfolg haben; **I succeeded in doing it** es gelang mir, es zu tun
② *Plan:* gelingen
③ nachfolgen; **to succeed to an estate** einen Besitz erben; **to succeed to the throne** die Thronfolge antreten
④ **to succeed someone** jemandes Nachfolger/Nachfolgerin werden

suc·cess [sək'ses] <*Plural* success> der Erfolg

suc·cess·ful [sək'sesfəl] erfolgreich

suc·ces·sion [sək'seʃn]
① die Folge; **a succession of visitors** eine Reihe von Besuchern; **in succession** nacheinander, hintereinander
② **in succession to someone** als jemandes Nachfolger/Nachfolgerin; **succession to the throne** die Thronfolge

suc·ces·sor [sək'sesəʳ]
① *Person:* der Nachfolger/die Nachfolgerin (**to** für)
② *Produkt:* das Nachfolgemodell

such[1] [sʌtʃ]
① solche(r, s); **such a book** so ein Buch; **such a thing** so etwas; **no such thing** nichts

dergleichen; **in such a case** in einem solchen Fall; **men such as these** Männer wie diese
2 so, solch; **it's such a long time ago** es ist so lange her

such² [sʌtʃ] **such is life!** so ist das Leben!; **as such** an sich

to **suck** [sʌk]
1 saugen an *Brust, Trinkhalm*
2 lutschen *Bonbon;* lutschen an *einem Eis;* **to suck one's thumb** am Daumen lutschen
3 *Baby:* saugen, nuckeln

sud·den¹ ['sʌdn] plötzlich

sud·den² ['sʌdn] **all of a sudden** [ganz] plötzlich

sud·den·ly ['sʌdnlɪ] plötzlich

to **sue** [sjuː]
1 **to sue someone for damages** jemanden auf Schadenersatz verklagen
2 klagen; **to sue for divorce** die Scheidung einreichen

suede [sweɪd] das Wildleder

to **suf·fer** ['sʌfəʳ]
1 erleiden *Rückschlag, Schmerz, Verlust*
2 leiden *Hunger, Not*
3 **to suffer the consequences** die Folgen tragen

suf·fer·ing ['sʌfərɪŋ] das Leiden

suf·fi·cient [sə'fɪʃnt] genügend, ausreichend

suf·fix ['sʌfɪks] die Nachsilbe, das Suffix

to **suf·fo·cate** ['sʌfəkeɪt] ersticken

sug·ar ['ʃʊgəʳ]
1 der Zucker; **a sugar lump** ein Stück Würfelzucker
2 (*umgangsspr*) der Liebling, das Schätzchen

to **sug·gest** [sə'dʒest]
1 vorschlagen
2 vorbringen, nahelegen *Theorie;* **I suggest [to you] that ...** ich möchte [Ihnen] nahelegen, dass ...
3 andeuten, unterstellen; **what are you trying to suggest?** worauf wollen Sie hinaus?
4 *Gedicht, Musik:* denken lassen an; *Farben:* andeuten

sug·ges·tion [sə'dʒestʃən]
1 der Vorschlag; **at the suggestion of** auf Anregung von
2 die Vermutung
3 die Andeutung, die Anspielung
4 die Spur, der Anflug
5 der Eindruck, die Vorstellung

sui·cide ['sjuːɪsaɪd] der Selbstmord, der Suizid

suit [suːt]
1 (*für Männer*) der Anzug; (*für Frauen*) das Kostüm; **suit of armour** die Rüstung
2 (*juristisch*) der Prozess, das Verfahren
3 *von Karten:* die Farbe

to **suit** [suːt]
1 **to suit someone** *Termin:* jemandem passen; *Farbe, Frisur, Kleider:* jemandem gut stehen
2 **to suit someone** *Klima:* jemandem bekommen
3 **to be suited to** geeignet sein für; **they are well suited [to each other]** sie passen gut zusammen
4 **suit yourself!** wie du willst!

suit·able ['suːtəbl] passend, geeignet, angemessen; **to be suitable for someone** *Termin:* jemandem passen; *Film, Stelle:* für jemanden geeignet sein; **she's not suitable for him** sie passt nicht zu ihm

suit·case ['suːtkeɪs] der Koffer

to **sulk** [sʌlk] schmollen, eingeschnappt sein

sul·try ['sʌltrɪ] schwül

sum [sʌm]
1 die [Geld]summe, der Betrag
2 die Rechenaufgabe; **to do sums [in one's head]** [im Kopf] rechnen

◆ to **sum up**
1 zusammenfassen
2 einschätzen; **she summed me up at a glance** sie taxierte mich mit einem Blick

to **sum·ma·rize** ['sʌməraɪz] zusammenfassen

sum·mary ['sʌmərɪ] die Zusammenfassung

sum·mer ['sʌməʳ] der Sommer; **in [the] summer** im Sommer; **a summer's day** ein Sommertag

Land und Leute

Die **summer vacation** dauern in den USA drei Monate — von Mitte Juni bis Mitte September. Ursprünglich waren die Ferien so lang, damit die Kinder auf einem Bauernhof oder einer Ranch arbeiten konnten. Um die Jahrhundertwende, als immer mehr Leute in die Städte zogen, wurden **summer camps** (Ferienlager), auf denen die Stadtkinder die Natur erleben konnten, immer beliebter. Heutzutage kann man ein Ferienlager für Musik, Baseball, Pferdereiten, usw. besuchen.

sum·mit ['sʌmɪt]
① der Gipfel
② die Gipfelkonferenz

sun [sʌn] die Sonne

to **sun** [sʌn] **to sun oneself** sich sonnen

to **sun·bathe** ['sʌnbeɪð] sonnenbaden

sun·block der Sonnenblocker

sun·burn ['sʌnbɜːn] der Sonnenbrand

sun·burnt ['sʌnbɜːnt] **to be/get sunburnt** einen Sonnenbrand haben/bekommen

sun·cream die Sonnenschutzcreme

sun·dae ['sʌndeɪ] der Eisbecher mit Früchten

Sun·day ['sʌndeɪ] der Sonntag; **on Sunday** am Sonntag; **on Sundays** sonntags

sung [sʌŋ] *3. Form von* **sing**

sun·glasses ['sʌnˌglɑːsɪz] ⚠ *Plural* die Sonnenbrille

sun hat der Sonnenhut

sunk [sʌŋk] *3. Form von* **sink**

sun·light ['sʌnlaɪt] das Sonnenlicht; **in the sunlight** in der Sonne

sun·lit ['sʌnlɪt] von der Sonne beschienen

sun·ny ['sʌnɪ]
① sonnig
② (*übertragen*) heiter, freundlich

sun·rise ['sʌnraɪz] der Sonnenaufgang

sun·roof das Schiebedach

sun·room der Wintergarten

sun·set ['sʌnset] der Sonnenuntergang

sun·shade ['sʌnʃeɪd]
① der Sonnenschirm
② (USA) die Markise

sun·shine ['sʌnʃaɪn] der Sonnenschein

sun·stroke ['sʌnstrəʊk] der Sonnenstich

sun·tan ['sʌntæn] die Sonnenbräune; **suntan lotion** die Sonnenmilch

su·per ['suːpəʳ] (*umgangsspr*) super, klasse, prima

su·perb [suː'pɜːb]
① großartig, prächtig
② *Qualität:* ausgezeichnet, hervorragend

super·fi·cial [ˌsuːpə'fɪʃl]
① oberflächlich
② *Ähnlichkeit:* äußerlich

super·flu·ous [suː'pɜːflʊəs] überflüssig

super·glue ['suːpəgluː] der Sekundenkleber

su·peri·or¹ [suː'pɪərɪəʳ]
① *Qualität:* besser (**to** als)
② *Fähigkeit, Intelligenz:* überlegen; **to be superior to someone** jemandem überlegen sein
③ *Arbeit, Hotel, Technik:* großartig, hervorragend
④ (*im Rang*) höher
⑤ *Kraft:* größer
⑥ (*abwertend*) *Art:* überheblich

su·peri·or² [suː'pɪərɪəʳ]
① der/die Vorgesetzte
② der/die Überlegene

su·peri·or·ity [suːˌpɪərɪ'ɒrətɪ]
① *von Waren:* die bessere Qualität
② *von Fähigkeit:* die Überlegenheit
③ *von Rang:* die höhere Stellung
④ (*zahlenmäßig*) die Überlegenheit
⑤ (*abwertend*) die Überheblichkeit

super·la·tive [suː'pɜːlətɪv] der Superlativ

super·mar·ket ['suːpəmɑːkɪt] der Supermarkt

super·sti·tious [ˌsuːpə'stɪʃəs] abergläubisch

super·store ['suːpəstɔːʳ] der Verbrauchermarkt

to **super·vise** ['suːpəvaɪz]
① beaufsichtigen
② Aufsicht führen

super·vi·sion [ˌsuːpə'vɪʒn] die Aufsicht, die Beaufsichtigung

super·vi·sor [ˌsuːpə'vaɪzəʳ]
① der Aufseher/die Aufseherin, die Aufsicht[sperson]
② (*in der Schule*) der Fachbereichsleiter/die Fachbereichsleiterin, der Tutor/die Tutorin

sup·per ['sʌpəʳ] das Abendessen; **to have supper** zu Abend essen

sup·ple·ment ['sʌplɪmənt]
① die Ergänzung, der Zusatz (**to** zu)
② (*im Buch*) der Nachtrag, der Anhang; (*extra*) der Ergänzungsband
③ (*zu einer Zeitung*) die Beilage
④ (*zu einem Preis*) der Zuschlag

to **sup·ple·ment** ['sʌplɪment] ergänzen

sup·pli·er [sə'plaɪəʳ] der Lieferant/die Lieferantin, der Anbieter/die Anbieterin

to **sup·ply** [sə'plaɪ]
① sorgen für *Getränke, Unterkunft*
② liefern *Beweis, Elektrizität, Waren*
③ [zur Verfügung] stellen *Arbeitskleidung, Schreibmaterial*

4 beliefern *Fabrik, Kunden*
5 versorgen *Stadt, System* (**with** mit)

sup·ply [sə'plaɪ]
1 die Versorgung
2 die Lieferung (**to** an); **supply and demand** Angebot und Nachfrage
3 der Vorrat, der Proviant; **to be in short supply** knapp sein; **medical supplies** die Arzneimittel

sup·ply teach·er der Aushilfslehrer/die Aushilfslehrerin

to **sup·port** [sə'pɔːt]
1 [ab]stützen, tragen *Gewicht*
2 (*übertragen*) unterstützen
3 (*übertragen*) fördern *Kunst*
4 erhärten, untermauern *Theorie*
5 befürworten *Antrag*

sup·port [sə'pɔːt]
1 die Stütze
2 (*übertragen*) die Unterstützung; **in support of** zur Unterstützung

sup·port·er [sə'pɔːtəʳ]
1 der Anhänger/die Anhängerin; *einer Theorie auch:* der Befürworter/die Befürworterin
2 (*Sport*) der Fan

to **sup·pose** [sə'pəʊz]
1 annehmen; **let's suppose that ...** angenommen, dass ...; nehmen wir einmal an, dass...
2 annehmen, denken; **I suppose so** ich glaube schon; **I don't suppose so** ich glaube kaum; **I suppose not** wohl kaum
3 *in Passivkonstruktion* sollen; **she is supposed to be intelligent** sie soll intelligent sein; **what's that supposed to mean?** was soll das bedeuten?

sup·pos·ed·ly [sə'pəʊzɪdlɪ] angeblich

sup·pos·ing [sə'pəʊzɪŋ] angenommen

su·prema·cy [sʊ'preməsɪ] die Vormachtstellung

su·preme [suː'priːm]
1 höchste(r, s), oberste(r, s); **Supreme Court** das oberste Gericht
2 *Mut, Gleichgültigkeit:* größte(r, s), äußerste(r, s)

sure [ʃʊəʳ]
1 sicher; **are you sure you won't come?** wollen Sie wirklich nicht kommen?; **I'm not sure why/how** ich weiß nicht genau, warum/wie
2 **to be sure of something** etwas sicher wissen; **to be sure of oneself** sich seiner Sache sicher sein, selbstsicher sein
3 **to make sure** nachsehen, kontrollieren, sich vergewissern; **make sure you ...** achten Sie darauf, dass Sie ...; **be sure not to forget your book** vergessen Sie ja ihr Buch nicht
4 **for sure** sicher, gewiss; **sure thing** USA (*umgangsspr*) klar, sicher
5 sicher, klar, gewiss; **sure enough** tatsächlich

sure·ly ['ʃʊəlɪ] sicher[lich], gewiss; **he surely ought to know that** das müsste er doch wissen

surf [sɜːf] die Brandung

to **surf** [sɜːf] surfen

sur·face ['sɜːfɪs] die Oberfläche

sur·geon ['sɜːdʒən]
1 der Chirurg/die Chirurgin
2 **dental surgeon** der Zahnarzt/die Zahnärztin

sur·gery ['sɜːdʒərɪ]
1 die Chirurgie; **to have surgery** operiert werden
2 das Sprechzimmer; **dental surgery** die Zahnarztpraxis
3 die Sprechstunde; **surgery hours** die Sprechstunden

sur·name ['sɜːneɪm] der Familienname, der Nachname

to **sur·prise** [sə'praɪz]
1 überraschen; **to be surprised** überrascht sein; **to be surprised at something** sich über etwas wundern; **I'm surprised at you!** Sie überraschen mich!
2 [plötzlich] überfallen, überrumpeln *Feind*

sur·prise [sə'praɪz]
1 die Überraschung; **to catch** [*oder* **take**] **by surprise** überraschen
2 die Verwunderung (**at** über)
3 **surprise, surprise!** (*ironisch*) was du nicht sagst!

sur·pris·ing [sə'praɪzɪŋ] erstaunlich, überraschend

to **sur·ren·der** [sə'rendəʳ]
1 ausliefern; übergeben *Waffen*
2 *Soldat:* kapitulieren, sich ergeben

sur·ren·der [sə'rendəʳ] (*auch übertragen*) Kapitulation (**to** vor)

to **sur·round** [sə'raʊnd]
1 umgeben
2 (*auch militärisch*) umzingeln, umstellen

sur·round·ing [sə'raʊndɪŋ] umliegend

sur·round·ings [sə'raʊndɪŋs] *Plural* die Umgebung

sur·viv·al [sə'vaɪvl] (*auch übertragen*) das Überleben

to **sur·vive** [sə'vaɪv]
1 überleben, am Leben bleiben
2 überstehen *Katastrophe, Unfall*
3 *Artefakt, Tradition:* erhalten bleiben

sur·viv·or [sə'vaɪvə^r] der/die Überlebende

sus·pect[1] ['sʌspekt] der/die Verdächtige

sus·pect[2] ['sʌspekt] verdächtig

to **sus·pect** [sə'spekt]
1 **to suspect someone of something** jemanden einer Sache verdächtigen; **he is a suspected member** er steht im Verdacht, Mitglied zu sein
2 vermuten *Betrug, Verschwörung*
3 anzweifeln *Motiv*
4 vermuten; **I suspected as much** das habe ich mir doch gedacht

to **sus·pend** [sə'spend]
1 [frei] [auf]hängen *Lampe* (**from** an)
2 [zeitweilig] einstellen *Erscheinen, Zahlungen*
3 aussetzen *Verhandlung, Urteil, Rechte;* **to be given a suspended sentence** seine Strafe zur Bewährung ausgesetzt bekommen
4 suspendieren *Beamte*
5 [zeitweilig] ausschließen *Schüler*
6 sperren *Sportler*

sus·pense [sə'spens] die Spannung; **don't keep me in suspense any longer** spanne mich nicht länger auf die Folter

sus·pen·sion [sə'spenʃn]
1 die [zeitweilige] Einstellung
2 *von Verein:* der [zeitweilige] Ausschluss
3 *von Sportler:* die Sperre
4 *von Beamten:* die [vorläufige] Suspendierung
5 (*technisch*) die Federung, die [Rad]aufhängung

sus·pi·cion [sə'spɪʃn]
1 der Verdacht, der Argwohn (**of/about** gegen); **to be under suspicion** unter Verdacht stehen
2 (*übertragen*) die Andeutung, die Spur, der Hauch (**of** von)

sus·pi·cious [sə'spɪʃəs]
1 *Verhalten:* verdächtig
2 **to be suspicious of someone** jemandem gegenüber misstrauisch sein

to **swal·low** ['swɒləʊ] schlucken; (*aus Versehen*) verschlucken

swam [swæm] *2. Form von* **swim**

swamp [swɒmp] der Sumpf

to **swamp** [swɒmp] (*auch übertragen*) überschwemmen

swan [swɒn] der Schwan

to **swap** [swɒp] <swapped, swapped>
1 tauschen; **to swap places with someone** mit jemandem [die Plätze] tauschen
2 austauschen *Geschichten, Erinnerungen*

to **sway** [sweɪ]
1 schwanken
2 *Bäume:* sich wiegen

to **swear** [sweə^r] <swore, sworn>
1 fluchen; **to swear at someone** auf jemanden fluchen
2 schwören; **to swear on the Bible** auf die Bibel schwören
3 **I wouldn't like to swear to it** ich könnte es nicht beschwören

> **Grammatik**
> Richtiges Konjugieren von **swear**: swear, swore, sworn — *The thief swore to tell the truth; He has sworn an oath.*

swear word der Fluch

to **sweat** [swet]
1 (*auch übertragen*) schwitzen (**with** vor)
2 (*umgangsspr*) schwer arbeiten

sweat [swet]
1 der Schweiß
2 (*umgangsspr*) die Plackerei
3 **no sweat!** (*umgangsspr*) kein Problem!

sweat·er ['swetə^r] der Pullover

sweaty ['swetɪ] verschwitzt; *Hände:* schweißig; **sweaty feet** die Schweißfüße

Swede [swiːd] der Schwede/die Schwedin

Swe·den ['swiːdn] Schweden

Swe·dish[1] ['swiːdɪʃ] schwedisch

Swe·dish[2] ['swiːdɪʃ] Schwedisch, das Schwedische

sweep [swiːp]
1 **to give something a sweep** etwas kehren/fegen
2 der Schornsteinfeger/die Schornsteinfegerin

to **sweep** [swiːp] <swept, swept>
1 kehren, fegen
2 *Wind:* fegen über
3 **to sweep past someone** an jemandem vorbeirauschen

Grammatik
Richtiges Konjugieren von **sweep**: sweep, swept, swept — *Laura swept the kitchen floor; The kitchen has been swept clean.*

◆ to **sweep away**
1 wegfegen
2 *Lawine:* wegreißen
3 *Flut:* wegschwemmen
4 (*übertragen*) fortraffen, abschaffen

◆ to **sweep up** zusammenfegen, zusammenkehren *Blätter*

sweep·er ['swiːpəʳ]
1 der Straßenkehrer/die Straßenkehrerin
2 die Kehrmaschine
3 (*beim Fußball*) der Libero

sweet[1] [swiːt]
1 (*auch übertragen*) süß; **sweet dreams!** träum süß!, träum was Schönes!
2 lieb, freundlich (**to** gegenüber/zu)
3 (*umgangsspr*) reizend, goldig *Kind, Lächeln*

sweet[2] [swiːt]
1 die Süßigkeit
2 die Süßspeise, der Nachtisch
3 (*übertragen*) der Liebling

sweet·corn ['swiːtkɔːn] der Zuckermais

to **sweet·en** ['swiːtn] süßen, zuckern

sweet·en·er ['swiːtnəʳ] der Süßstoff

to **swell** [swel] <swelled, swollen *oder* swelled> *Körperteil, Fluss:* anschwellen

Grammatik
Richtiges Konjugieren von **swell**: swell, swelled, swollen — *Helen's finger swelled up; The river has swollen with rain.*

swell·ing ['swelɪŋ] die Schwellung

swept [swept] *2. und 3. Form von* **sweep**

to **swerve** [swɜːv]
1 **to swerve to the right/left** nach rechts/links ausschwenken; **to swerve round something** einen Bogen um etwas machen
2 *Ball:* **to swerve in the air** in der Luft abdrehen

swift [swɪft] schnell, rasch, flink

to **swim** [swɪm] <swam, swum>
1 schwimmen
2 **to swim the Channel** den Ärmelkanal durchschwimmen
3 **my head is swimming** es schwimmt mir alles vor den Augen

swim [swɪm] **to have a swim** schwimmen; **to go for a swim** schwimmen gehen

swim·mer ['swɪməʳ] der Schwimmer/die Schwimmerin

swim·ming ['swɪmɪŋ] das Schwimmen; **I like swimming** ich schwimme gern

swim·ming baths das Schwimmbad, das Hallenbad

swim·ming cos·tume der Badeanzug

swim·ming pool
1 das Schwimmbecken, der Swimmingpool
2 (*öffentlich*) das Schwimmbad
3 (*drinnen*) das Hallenbad
4 (*draußen*) das Freibad

swim·ming trunks *Plural* die Badehose

swim·suit der Badeanzug

swine [swaɪn] <*Plural* swine> das Schwein

swine flu *kein Plural* die Schweinegrippe

swing [swɪŋ]
1 (*für Kinder*) die Schaukel
2 der Schwung, das Schwingen; *von Zeiger:* der Ausschlag
3 (*beim Boxen*) der Schwinger; (*beim Golf*) der Schwung
4 (*übertragen*) der Meinungsumschwung
5 (*Rhythmus*) der Schwung; (*Musikart, Tanzart*) der Swing

to **swing** [swɪŋ] <swung, swung>
1 schwingen, hin- und herschwingen
2 schlenkern, baumeln, schaukeln
3 sich schwingen
4 (*übertragen*) Schwung haben, auf Zack sein
5 **to swing open** sich öffnen; **to swing shut** zuschlagen

◆ to **swing round**
1 *Person:* sich [schnell] umdrehen, herumfahren
2 *Auto, Boot, Kran:* herumschwenken
3 *Zeiger:* ausschlagen
4 **to swing someone round** jemanden herumschleudern; (*übertragen*) jemanden umstimmen

Swiss[1] [swɪs] Schweizer, schweizerisch; **Swiss franc** Schweizer Franken; **Swiss German** Schweizerdeutsch

Swiss[2] [swɪs] der Schweizer/die Schweizerin; **the Swiss** ⚠ *Plural* die Schweizer

switch [swɪtʃ]
1 der Schalter
2 (*übertragen*) der Wechsel

to **switch** [swɪtʃ]
1 wechseln, ändern
2 umschalten *Gerät* (**to** auf)
3 verlegen, umstellen *Produktion*
4 lenken *Aufmerksamkeit* (**to** auf)
5 (*umgangsspr*) tauschen, vertauschen
6 *Person:* überwechseln (**to** zu)

◆ to **switch off**
1 ausschalten *Licht*
2 abschalten *Gerät*
3 abstellen *Gas, Wasser*
4 (*übertragen*) *Person:* abschalten

◆ to **switch on**
1 anschalten, einschalten *Licht, Gerät*
2 anstellen *Gas, Wasser*
3 (*automatisch*) sich einschalten

◆ to **switch over**
1 (*beim Fernsehen*) auf ein anderes Programm umschalten
2 verlegen, umstellen *Produktion* (**to** auf)
3 (*übertragen*) *Person:* überwechseln (**to** zu)

Swit·zer·land ['swɪtsələnd] die Schweiz

swol·len ['swəʊlən] *3. Form von* **swell**

to **swoop** [swu:p]
1 *Person:* sich stürzen (**on** auf)
2 *Polizei:* eine Razzia machen (**on** in/bei)
3 **to swoop down** *Vogel:* herabstoßen (**on** auf)

sword [sɔ:d] das Schwert

swore [swɔ:] *2. Form von* **swear**

sworn [swɔ:n] *3. Form von* **swear**

to **swot** [swɒt] <swotted, swotted> GB (*umgangsspr*) ochsen, büffeln, pauken (**for** für)

swot [swɒt] GB (*abwertend*) der Streber/die Streberin

swum [swʌm] *3. Form von* **swim**

swung [swʌŋ] *2. und 3. Form von* **swing**

syl·la·ble ['sɪləbl] die Silbe

syl·la·bus ['sɪləbəs] <*Plural* syllabuses> der Lehrplan

sym·bol ['sɪmbl] das Sinnbild, das Symbol, das Zeichen (**of** für)

sym·bol·ic [sɪm'bɒlɪk] symbolisch (**of** für)

to **sym·bol·ize** ['sɪmbəlaɪz] symbolisieren

sym·met·ri·cal [sɪ'metrɪkl] symmetrisch

sym·me·try ['sɪmətrɪ] die Symmetrie

sym·pa·thet·ic [ˌsɪmpə'θetɪk]
1 mitfühlend
2 verständnisvoll
3 **to be sympathetic to new ideas** für neue Ideen empfänglich sein

> **Falsche Freunde**
> Nicht verwechseln mit *sympathisch — pleasant, nice!*

to **sym·pa·thize** ['sɪmpəθaɪz]
1 mitfühlen, Mitleid haben (**with** mit)
2 Verständnis haben (**with** für)
3 sympathisieren (**with** mit)

sym·pa·thy ['sɪmpəθɪ]
1 Mitleid, Mitgefühl (**for** mit)
2 (*im Todesfall*) das Beileid; **our deepest sympathies** unser aufrichtiges Beileid
3 die Sympathie; **to come out** [*oder* **strike**] **in sympathy** in Sympathiestreik treten

> **Falsche Freunde**
> Nicht verwechseln mit *die Sympathie — liking!*

sym·pho·ny ['sɪmfənɪ] die Sinfonie

symp·tom ['sɪmptəm] das Symptom, das Anzeichen (**of** für)

syna·gogue ['sɪnəgɒg] die Synagoge

syn·thet·ic [sɪn'θetɪk]
1 synthetisch; **synthetic material** Kunststoff
2 (*übertragen*) künstlich

sy·ringe [sɪ'rɪndʒ] die Spritze

sys·tem ['sɪstəm] das System

Tt

T <*Plural* T's *oder* Ts>, **t** [tiː] <*Plural* t's> T, t

ta [tɑː] (*umgangsspr*) danke

tab [tæb]
1 die Lasche
2 das Schildchen
3 USA (*umgangsspr*) die Rechnung; **to pick up the tab** [die Rechnung] bezahlen
4 USA der Dosenring

ta·ble ['teɪbl]
1 der Tisch; **to lay/clear the table** den Tisch decken/abräumen
2 die Tabelle; **table of contents** das Inhaltsverzeichnis; **multiplication tables** das Einmaleins

ta·ble·cloth das Tischtuch

ta·ble·spoon ['teɪblspuːn] der Esslöffel

tab·let ['tæblɪt] die Tablette

Falsche Freunde
Nicht verwechseln mit *das Tablett — tray!*

ta·ble ten·nis das Tischtennis

tab·loid ['tæblɔɪd] (*kleinformatige*) die Boulevardzeitung

Land und Leute
Der Begriff **tabloid** bezieht sich auf kleinformatige Zeitungen von ungefähr 30 x 40cm. Diese Art von Zeitungen wird traditionell mit der Regenbogenpresse in Verbindung gebracht und ist bekannt für fette Schlagzeilen, Sensationsjournalismus und kurze Artikel. Bekannte britische **tabloids** sind unter anderen *The Mirror* und *The Sun*.

tack·le ['tækl]
1 die Ausrüstung; **fishing tackle** (*umgangsspr*) das Angelzeug
2 (*Sport*) der Angriff, das Tackling

to **tack·le** ['tækl]
1 (*Sport*) angreifen
2 ergreifen, packen *Dieb*
3 anpacken, in Angriff nehmen *Problem, Arbeit*

tact·ful ['tæktf^{ə}l] taktvoll

tac·tics ['tæktɪks] ⚠ *Plural* die Taktik

tag [tæg]
1 das Etikett, das Schild[chen]
2 (*am Tier*) die Ohrmarke
3 (*Kinderspiel*) das Fangen

tail [teɪl]
1 der Schwanz
2 *eines Kometen:* der Schweif
3 **tails** *einer Münze:* die Zahlseite; **heads or tails?** Kopf oder Zahl?

tail·back ['teɪlbæk] *von Autos:* der Rückstau

tai·lor ['teɪlə^{r}] der Schneider/die Schneiderin

to **take** [teɪk] <took, taken>
1 nehmen
2 mitnehmen
3 **to take someone home** jemanden nach Hause bringen [*oder* begleiten]
4 machen *Foto, Prüfung, Reise, Spaziergang*
5 unterrichten *Klasse*
6 nehmen *Fach;* machen *Test;* ablegen *Prüfung*
7 einnehmen *Arznei*
8 messen *Temperatur*
9 **to take someone's picture** jemanden fotografieren
10 annehmen *Stelle*
11 vertragen *Alkohol*
12 (*verkraften*) fertig werden mit *Enttäuschung;* reagieren auf *Nachricht;* **I can't take it any more** ich kann nicht mehr; **I find that hard to take** es fällt mir schwer, das hinzunehmen [*oder* zu verkraften] [*oder* zu ertragen]
13 (*grammatisch*) **'mit' takes the dative** nach ‚mit' steht der Dativ
14 (*einnehmen*) **to take a seat** sich setzen, Platz nehmen; **to take a deep breath** tief Atem holen
15 **to take a look at** einen Blick werfen auf
16 (*in Anspruch nehmen*) **to take someone's advice** jemandes Rat folgen; **to take legal advice** zum Rechtsanwalt [*oder* zur Rechtsberatung] gehen
17 **to take cover** Schutz suchen, in Deckung gehen
18 **to take note of something** von etwas Notiz nehmen, etwas notieren; **to take notice of** beachten, Notiz nehmen von
19 **to take a note of something** sich etwas notieren; **to take notes** sich Notizen machen
20 **to take turns** sich abwechseln
21 **to take to pieces** auseinander nehmen

22 **to take part in** teilnehmen an
23 **to take place** stattfinden
24 **to take someone's place** an jemandes Stelle treten
25 **to take responsibility for something** die Verantwortung für etwas übernehmen
26 **to be taken ill** krank werden
27 (*benötigen*) **it takes 5 hours** man braucht 5 Stunden; **she takes a size five shoe** sie hat Schuhgröße 38; **to take long** lange dauern

Grammatik
Richtiges Konjugieren von **take**: take, took, taken — *Kate took the books back to library; Tom has taken a shower.*

◆ to **take away**
1 **to take something away from someone** jemandem etwas wegnehmen
2 (*mathematisch*) abziehen
3 mitnehmen *Essen*

◆ to **take back**
1 zurücknehmen
2 zurückbringen *Ware*

◆ to **take down**
1 herunternehmen
2 herunterlassen, herunterziehen *Hose*
3 abnehmen *Gardinen, Plakat, Weihnachtsschmuck*
4 abbauen *Gerüst, Zelt*
5 aufschreiben, notieren *Nachricht*

◆ to **take for** halten für

◆ to **take in**
1 einholen *Wäsche*
2 [bei sich] aufnehmen *Person*
3 enger machen *Kleidungsstück*
4 (*verstehen*) begreifen
5 täuschen, hereinlegen; **to be taken in by someone/something** auf jemanden/etwas hereinfallen

◆ to **take off**
1 ausziehen *Kleidung;* abnehmen *Hut*
2 abnehmen *Telefonhörer, Deckel*
3 abziehen *Bettwäsche*
4 (*mathematisch*) abziehen, subtrahieren; (*vom Preis*) nachlassen
5 **to take someone off** jemanden nachmachen, nachäffen
6 **to take someone's mind off something** jemanden von etwas ablenken
7 **to take a day off** [sich] einen Tag freinehmen
8 *Person:* sich entfernen
9 *Flugzeug:* starten
10 *Springer:* abspringen

◆ to **take on**
1 einstellen *Arbeiter*
2 annehmen *Arbeit*
3 auf sich nehmen *Verantwortung*
4 spielen [*oder* kämpfen] gegen, sich auseinander setzen mit
5 bekommen, annehmen *Farbe, Ausdruck*

◆ to **take out**
1 herausnehmen; ziehen *Zahn;* entfernen *Blinddarm*
2 hinausbringen; herausfahren *Auto*
3 abheben *Geld*
4 abschließen *Versicherung;* **to take a patent out on something** etwas patentieren lassen
5 (USA) mitnehmen *Essen*
6 **to take someone out** mit jemandem ausgehen; **to take someone out for a meal** [*oder* **to a restaurant**] jemanden zum Essen einladen; **to take the dog out for a walk** den Hund ausführen
7 **to take it out on someone** seinen Ärger an jemandem auslassen

◆ to **take over**
1 übernehmen *Geschäft, Amt*
2 hinüberbringen *Person*
3 an die Macht kommen; (*umgangsspr*) das Heft an sich reißen
4 **to take over from someone** jemanden ablösen

◆ to **take up**
1 aufnehmen, hochheben
2 hinaufbringen
3 aufnehmen *Flüssigkeit*
4 in Anspruch nehmen *Zeit;* einnehmen *Platz*
5 übernehmen *Pflicht*
6 aufnehmen *Beschäftigung*
7 sich zulegen *Hobby;* **to take up pottery** anfangen zu töpfern
8 annehmen *Einladung;* aufnehmen *Kredit*
9 kürzer machen *Rock*
10 eingehen auf *Angelegenheit*
11 wieder aufnehmen *Thema;* aufgreifen *Gedanken, Thema*
12 fördern, sich einsetzen für *Sache*

take·away ['teɪkəweɪ]
1 das Essen zum Mitnehmen
2 die Imbissstube

tak·en ['teɪkn] *3. Form von* **take**

take-off ['teɪkɒf]
1 der Start, das Abheben
2 (*Sport*) der Absprung
3 (*umgangsspr*) das Nachmachen, die Nachahmung

take-out ['teɪkaʊt] (USA) (*slang*) das Fertiggericht zum Mitnehmen

take·over ['teɪk,əʊvəʳ] die Übernahme

tale [teɪl]
1 die Erzählung, die Geschichte
2 **to tell tales** petzen

tal·ent ['tælənt] das Talent, die Begabung

talk [tɔːk]
1 das Gespräch, die Unterhaltung; **could I have a talk with you?** könnte ich Sie mal sprechen?
2 (*Diskussion*) die Aussprache, die Besprechung
3 das Gerede, das Geschwätz; **there is talk of ...** es ist die Rede von ...
4 der Vortrag

to **talk** [tɔːk]
1 sprechen, reden (**to** mit, **about** über, **of** von)
2 **talking of football** da wir gerade vom Fußball sprechen
3 **you can talk!** du hast gut reden!
4 **to talk someone into doing something** jemanden überreden, etwas zu tun; **to talk someone out of something** jemandem etwas ausreden
◆ to **talk back** [scharf] erwidern [*oder* antworten], frech sein
◆ to **talk down** **to talk down to someone** mit jemandem herablassend reden
◆ to **talk over** bereden, besprechen
◆ to **talk round** **to talk someone round** jemanden umstimmen
◆ to **talk through**
1 **to talk something through** etwas diskutieren
2 **to talk someone through something** etwas mit jemandem durchsprechen

tall [tɔːl] hoch; *Person, Tier:* groß

Vorsicht Falle!
tall wird besonders für die Größe von Personen und schmalen, aufragenden Gegenständen gebraucht: *Tim is tall; the office is that tall building on the corner*; — **high** wird für sehr hohe Objekte gebraucht: *a high shelf/wall/mountain*.

tame [teɪm]
1 zahm
2 matt, fade, schal
3 langweilig, uninteressant

to **tame** [teɪm] zähmen

tan [tæn] die [Sonnen]bräune

to **tan** [tæn] <tanned, tanned> braun werden

to **tan·gle** ['tæŋgl]
1 verwirren
2 **to get tangled** [**up**] sich verwickeln [*oder* verwirren]; (*übertragen*) verwickelt werden (**in** in)

tan·gle ['tæŋgl]
1 das Gewirr
2 (*übertragen*) der Wirrwarr, das Durcheinander

tank [tæŋk]
1 der Tank, der Behälter
2 der Tank, der Panzer

tanned [tænd]
1 *Person:* braun
2 *Tierhäute:* gegerbt

tan·trum ['tæntrəm] der Wutanfall

tap[1] [tæp] der Hahn; **cold tap** der Kaltwasserhahn; **hot tap** der Warmwasserhahn; **tap water** das Leitungswasser

tap[2] [tæp] das Klopfen; **to give someone a tap on the shoulder** jemandem auf die Schulter klopfen; **there was a tap on** [*oder* **at**] **the window** es klopfte an das Fenster

to **tap** [tæp] <tapped, tapped> klopfen; **to tap someone on the shoulder** jemandem auf die Schulter klopfen [*oder* tippen]; **to tap one's foot** [ungeduldig] mit dem Fuß auf den Boden klopfen; **to tap one's foot in time to the music** mit dem Fuß den Takt schlagen

tap-dance ['tæpdɑːns] der Stepptanz

tape [teɪp]
1 das Band
2 das Klebeband, der Klebestreifen
3 das Tonband, das Videoband
4 (*Sport*) das Zielband
5 **red tape** die Bürokratie, der Amtsschimmel *umgangsspr*

to **tape** [teɪp]
1 mit einem Band befestigen
2 mit einem Klebestreifen verkleben
3 auf Band aufnehmen

tape meas·ure das Bandmaß

tape re·cord·er ['teɪprɪ'kɔːdəʳ] das Tonbandgerät

tape re·cord·ing ['teɪprɪ'kɔːdɪŋ] die Bandaufnahme

to **tar·get** ['tɑːgɪt] <targeted, targeted> zielen [*oder* richten] auf

tar·get ['tɑːgɪt]
1 (*Sport*) die Schießscheibe, die Zielscheibe;

to be on/off target treffen/danebengehen
2 (*politisch, wirtschaftlich*) das Ziel

tart [tɑːt]
1 das Törtchen
2 (*abwertend slang*) die Schlampe

tar·tan ['tɑːtn] das Schottenmuster

task [tɑːsk] die Aufgabe

to **taste** [teɪst]
1 kosten, versuchen *Speise*
2 [ab]schmecken
3 (*übertragen*) erfahren, erleben
4 *Speise:* schmecken (**of** nach)

taste [teɪst]
1 *einer Speise:* der Geschmack
2 (*übertragen*) der Geschmack; **in good taste** geschmackvoll; **in bad** [*oder* **poor**] **taste** geschmacklos
3 **[sense of] taste** der Geschmackssinn
4 die Kostprobe; **have a taste – what do you think?** probieren Sie mal – was meinen Sie dazu?
5 (*übertragen*) der Vorgeschmack
6 **to have a taste for something** (*übertragen*) eine Vorliebe für etwas haben

Falsche Freunde
Nicht verwechseln mit *die Taste — key, button!*

taste·ful ['teɪstfᵊl] geschmackvoll

taste·less [teɪstlɪs]
1 fade, nach nichts schmeckend
2 (*übertragen*) geschmacklos

tasty ['teɪstɪ]
1 wohlschmeckend
2 (*slang*) interessant

tat·too [tə'tuː] die Tätowierung

taught [tɔːt] *2. und 3. Form von* **teach**

to **tax** [tæks]
1 besteuern
2 (*übertragen*) strapazieren *Geduld, Kräfte*

tax [tæks] <*Plural* taxes> die Steuer, die Abgabe (**on** auf)

taxi ['tæksɪ] die Taxe, das Taxi

taxi rank, **taxi stand** der Taxistand

tea [tiː] der Tee; **to have tea** Tee trinken; **a cup of tea** eine Tasse Tee; **three teas please** dreimal Tee bitte ▸ WENDUNGEN: **not my cup of tea** (*umgangsspr*) nicht mein Fall

tea bag der Teebeutel

tea break die Teepause

to **teach** [tiːtʃ] <taught, taught>
1 lehren, unterrichten
2 **to teach someone to do something** jemandem etwas beibringen
3 **this has taught him a lot** er hat viel daraus gelernt; **to teach someone a lesson** jemandem eine Lektion erteilen

Grammatik
Richtiges Konjugieren von **teach**: teach, taught, taught — *Mrs King taught history in our school; Spanish was not taught in my school.*

teach·er ['tiːtʃəʳ] der Lehrer/die Lehrerin

teach·ing ['tiːtʃɪŋ]
1 der Unterricht
2 der Lehrberuf

tea·cup ['tiːkʌp] die Teetasse

team [tiːm]
1 (*Sport*) die Mannschaft, das Team
2 die Arbeitsgruppe, das Team
3 *von Ochsen, Pferden:* das Gespann

team-mate der Mannschaftskamerad/die Mannschaftskameradin

tea·pot ['tiːpɒt] die Teekanne

tear¹ [tɪəʳ] die Träne; **in tears** in Tränen [aufgelöst]; **to burst into tears** in Tränen ausbrechen

tear² [teəʳ] der Riss

to **tear** [teəʳ] <tore, torn>
1 **to tear something** etwas zerreißen
2 **to tear to pieces** [*oder* **bits**] in Stücke reißen
3 **to tear something open** etwas aufreißen; **to tear here** hier aufreißen [*oder* abtrennen]
4 *Person:* rasen, sausen

Grammatik
Richtiges Konjugieren von **tear**: tear, tore, torn — *Dave tore the paper into small pieces; This picture was torn out of a magazine.*

◆ to **tear down**
1 abreißen *Haus*
2 herunterreißen *Plakat*
3 **to tear down the street** die Straße hinunterrasen

◆ to **tear off**
1 abreißen

2 sich vom Leib reißen *Kleider*
3 *Person:* davonrasen
◆ to **tear out** [her]ausreißen
◆ to **tear up** zerreißen *Papier*

tea·room ['ti:rʊm] die Teestube

to **tease** [ti:z]
1 hänseln, necken (**about** wegen)
2 ärgern, reizen *Tier*

tea·spoon ['ti:spu:n] der Teelöffel

tea strain·er das Teesieb

tea·time ['ti:taɪm] die Teestunde

tea tow·el das Geschirrtuch

tech·ni·cal ['teknɪkl]
1 technisch
2 fachlich, Fach-

tech·ni·cian [tek'nɪʃn] der Techniker/die Technikerin

tech·nique [tek'ni:k] die Technik, das Verfahren

tech·nol·ogy [tek'nɒlədʒɪ] die Technologie, die Technik

teen·ager ['ti:neɪdʒəʳ] der Teenager, der/die Jugendliche

teens [ti:nz] *Plural* **she is still in her teens** sie ist noch im Teenageralter

tee-shirt ['ti:ʃɜ:t] das T-Shirt

teeth [ti:θ] *Pluralform von* **tooth**

tee·to·tal [ti:'təʊtl] abstinent

tele·phone ['telɪfəʊn] das Telefon; **by telephone** telefonisch; **on the telephone** am Telefon

to **tele·phone** ['telɪfəʊn] anrufen, telefonieren

tele·phone book das Telefonverzeichnis, das Telefonbuch

tele·phone call der [Telefon]anruf, das Telefongespräch

tele·phone di·rec·tory das Telefonverzeichnis, das Telefonbuch

tele·phone num·ber die Telefonnummer, die Rufnummer

tele·scope ['telɪskəʊp] das Teleskop, das Fernrohr

to **tele·vise** ['telɪvaɪz] im Fernsehen übertragen; **televised debate** die Fernsehdebatte

tele·vi·sion ['telɪˌvɪʒn]
1 das Fernsehen; **to watch television** fernsehen; **to be on television** im Fernsehen kommen; **to see something on television** etwas im Fernsehen sehen
2 **television** [**set**] der Fernseher, der Fernsehapparat

to **tell** [tel] <told, told>
1 sagen *Adresse, Namen;* **to tell someone the time** jemandem sagen, wie spät es ist; **I told you** ich habe es Ihnen doch gesagt; **you are telling me!** wem sagen Sie das!
2 erzählen, berichten *Geschichte, Neuigkeit* (**of** von, **about** über), mitteilen; **to tell lies** lügen
3 erkennen, feststellen; **to tell the time** *Kind:* die Uhr kennen
◆ to **tell apart** auseinander halten
◆ to **tell off** ausschimpfen (**for** wegen)
◆ to **tell on** **to tell on someone** jemanden verraten [*oder* verpetzen]

tell·ing-off ['telɪŋ'ɒf] <*Plural* tellings-off> die Standpauke

tel·ly ['telɪ] (*umgangsspr*)
1 das Fernsehen
2 der Fernseher

tem·per ['tempəʳ] die Laune, die Stimmung; [**bad**] **temper** die Wut; **to be in a temper** wütend sein; **to keep** [*oder* **control**] **one's temper** sich beherrschen; **to lose one's temper** die Geduld verlieren

tem·pera·ture ['temprətʃəʳ] die Temperatur; **to have** [*oder* **run**] **a temperature** Fieber haben; **to take someone's temperature** bei jemandem Fieber messen

tem·ple¹ ['templ] (*Kultstätte*) der Tempel

tem·ple² ['templ] (*Kopfteil*) die Schläfe

tem·po·rari·ly ['temprərəlɪ] vorübergehend

tem·po·rary ['temprərɪ]
1 vorübergehend, zeitweilig; **temporary work** die Zeitarbeit
2 *Konstruktion, Maßnahme:* provisorisch

to **tempt** [tempt] versuchen, verlocken; **to tempt someone into doing something** jemanden dazu verführen, etwas zu tun

temp·ta·tion [temp'teɪʃn] die Versuchung

ten [ten] zehn; **a quarter to ten** viertel vor zehn

ten·ant ['tenənt] *von Land:* der Pächter/die Pächterin; *von Haus, Wohnung:* der Mieter/die Mieterin

to **tend** [tend] **he tends to come early** er kommt meistens früh

ten·den·cy ['tendənsɪ] (*übertragen*) der Hang, die Neigung, die Tendenz (**to/towards** zu); **to**

have a tendency to do something dazu neigen, etwas zu tun

to **ten·der** ['tendəʳ] **to tender exact fare** Fahrgeld abgezählt bereithalten

ten·der ['tendəʳ]
1 *Körperteil:* empfindlich
2 *Fleisch:* zart
3 *Blick, Zuwendung:* zärtlich, liebevoll

ten·nis ['tenɪs] das Tennis; **tennis court** der Tennisplatz; **tennis racket** der Tennisschläger

tense[1] [tens]
1 *Gesicht, Muskel, Stille:* angespannt
2 *Lage:* gespannt
3 *Person:* [über]nervös

tense[2] [tens] das Tempus, die Zeit[form]

ten·sion ['tenʃn]
1 (*technisch*) die Spannung
2 (*übertragen*) die Anspannung

tent [tent] Zelt; **tent peg** der Zeltpflock, der Hering

tenth[1] [tenθ] zehnte(r, s)

tenth[2] [tenθ]
1 (*Datum*) **the tenth** der Zehnte
2 (*Bruchzahl*) das Zehntel

tep·id ['tepɪd] lau[warm]

term [tɜːm]
1 die Dauer, der Zeitraum; *eines Vertrags:* die Laufzeit; **in the long term** auf lange Sicht, langfristig; **in the short term** auf kurze Sicht, kurzfristig
2 (*an Schule, Hochschule*) das Trimester, das Semester
3 der Ausdruck, der Fachbegriff
4 **to be on good/bad terms with someone** zu jemandem ein gutes/schlechtes Verhältnis haben; **to come to terms with a situation** sich mit einer Situation abfinden
5 **terms** *Plural* die Bedingungen

ter·mi·nal ['tɜːmɪnl]
1 (*am Flughafen, Bahnhof, Kai*) der/das Terminal
2 (*für [Reise]Busse, Züge*) die Endstation
3 (*Computer*) der/das Terminal
4 *einer Batterie:* der Pol

ter·mi·nus ['tɜːmɪnəs] <*Plural* terminuses *oder* termini> die Endstation

ter·race ['terəs]
1 die Terrasse
2 die Häuserreihe
3 **terraces** (*Sport*) die Ränge

ter·raced house ['terəst'haʊs] das Reihenhaus

ter·ri·ble ['terəbl] schrecklich, furchtbar, fürchterlich

ter·ri·bly ['terəblɪ] furchtbar, fürchterlich, schrecklich

ter·rif·ic [tə'rɪfɪk]
1 *Idee, Party:* sagenhaft, toll
2 *Kraft, Geschwindigkeit, Spaß:* unheimlich, enorm

to **ter·ri·fy** ['terɪfaɪ] **to terrify someone** jemandem schreckliche Angst einjagen; **to be terrified [of something]** fürchterliche Angst [vor etwas] haben; **a terrified look** ein angsterfüllter Blick

ter·ri·fy·ing ['terɪfaɪɪŋ] erschreckend, grauenvoll

ter·ri·tory ['terɪtrɪ]
1 das [Staats]gebiet, das Territorium
2 *eines Tiers:* das Revier

ter·ror ['terəʳ]
1 das Entsetzen, der Schreck[en]; **in terror** in panischer Angst
2 (*politisch*) der Terror
3 (*Person*) der Schrecken

ter·ror·ism ['terərɪzəm] der Terrorismus; **act of terrorism** der Terrorakt

ter·ror·ist ['terərɪst] der Terrorist/die Terroristin

ter·ror·ist at·tack der Terroranschlag

ter·ror·ist net·work das Terrornetzwerk

test [test]
1 die Prüfung, die Klassenarbeit; **to take a test** eine Prüfung ablegen; **driving test** die Fahrprüfung
2 Untersuchung; **blood test** die Blutprobe

to **test** [test]
1 testen *Augen, Gehör, Intelligenz*
2 untersuchen *Wasser*
3 erproben *Medikament*
4 prüfen *Schüler*

test tube das Reagenzglas

text [tekst] der Text

text·book ['tekstbʊk] das Lehrbuch

Thames [temz] die Themse

than [ðən, ðæn] als

to **thank** [θæŋk] **to thank someone [for something]** jemandem [für etwas] danken, sich bei jemandem [für etwas] bedanken; **thank you** danke; **thank you very much** vielen Dank

thank·ful ['θæŋkfᵊl] froh

thank·ful·ly ['θæŋkfəlɪ] glücklicherweise, zum Glück

thanks [θæŋks] *Plural*
1 der Dank; **thanks very much** [*oder* **a lot**]**!** vielen Dank!
2 **thanks to** dank; (*negativ*) wegen

thanks·giv·ing [ˌθæŋks'gɪvɪŋ] die Danksagung; **Thanksgiving Day** USA Thanksgiving Day, ≈ das Erntedankfest

Land und Leute
Einer der höchsten Feiertage in den USA ist **Thanksgiving** und wird am vierten Donnerstag im November gefeiert. Man trifft sich mit seiner Familie zu einem Festessen, bei dem es traditionell **stuffed turkey** (= gefüllten Truthahn), **cranberry sauce** (= Preiselbeersoße), **sweet potato** (= Süßkartoffeln) und **corn** (Mais) gibt. Der erste Thanksgiving Day wurde 1621 von den ‚Pilgrims' in Plymouth Colony gefeiert. Sie hatten schwere Zeiten überlebt und wollten Gott dafür danken. In Kanada wird **Thanksgiving** am zweiten Montag im Oktober gefeiert.

thank you ['θæŋkju:] das Dankeschön

that[1] [ðæt, ðət] <*Plural* those>
1 das
2 (*hinweisend*) das da, jenes
3 **to be not as stupid as that** nicht so dumm sein
4 **like that** so
5 **that's it!** das ist es!, richtig!
6 **after/before/over that** danach/davor/darüber

that[2] [ðæt, ðət] <*Plural* those> der/die/das, jene(r, s); **that poor dog** der arme Hund

that[3] [ðæt, ðət] dass; **I told you that I couldn't come** ich habe dir gesagt, dass ich nicht kommen kann

to **thatch** [θætʃ] mit Stroh decken; **thatched roof** das Strohdach

to **thaw** [θɔ:] [auf]tauen

the [ðə, *vor Vokal, betont* ði:]
1 *bestimmter Artikel* der/die/das
2 **the ... the ...** je ... desto ...
3 **all the better/worse** umso besser/schlimmer

thea·tre ['θɪətəʳ], USA **thea·ter**
1 das Theater, das Schauspielhaus
2 **operating theatre** der Operationssaal
3 (*übertragen*) der Schauplatz

theft [θeft] der Diebstahl

their [ðeəʳ] ihr

theirs [ðeəz] ihre(r, s), der/die/das Ihre [*oder* Ihrige]; **a friend of theirs** einer ihrer Freunde, ein Freund von ihnen; **it's theirs** es gehört ihnen

them [ðem, ðəm]
1 sie; **that's them** das sind sie
2 ihnen; **with their children around them** mit ihren Kindern um sich

theme [θi:m] das Thema

theme park der Themenpark

them·selves [ðəm'selvz]
1 sich
2 *betont* [sie] selbst; **to themselves** für sich [allein]
3 [**all**] **by themselves** [ganz] allein, ohne Hilfe

then[1] [ðen]
1 dann; **before then** zuvor; **by** [*oder* **until**] **then** bis dahin; [**every**] **now and then** dann und wann; **from then onwards** von da an
2 damals, da

then[2] [ðen] damalig

theo·ry ['θɪəri] die Theorie; **in theory** theoretisch

thera·pist ['θerəpɪst] der Therapeut/die Therapeutin

thera·py ['θerəpɪ] die Therapie, die Behandlung

there[1] [ðeəʳ]
1 dort, da, dorthin, dahin; **there you are!** da bist du ja!; **over there** dort drüben
2 **there is/are** es ist/sind, es gibt; **there is no one there** es ist niemand da
3 **there you are!** da hast du's!
4 **there and then** auf der Stelle

there[2] [ðeəʳ] nanu! na also! da haben wir es!; **there, that's enough** so, nun ist's aber genug!

there·fore ['ðeəfɔ:ʳ]
1 deshalb, deswegen
2 folglich, also

ther·mom·eter [θə'mɒmɪtəʳ] das Thermometer

these [ði:z] *Pluralform von* **this**

they [ðeɪ]
1 sie
2 man; **they say that ...** man sagt, dass ...

they'd [ðeɪd] *Kurzform von* **they had; they would**

they'll [ðeɪl] *Kurzform von* **they shall; they will**

they're [ðeər] *Kurzform von* **they are**

they've [ðeɪv] *Kurzform von* **they have**

thick [θɪk]
1 dick
2 *Nebel, Haar, Gestrüpp:* dicht
3 *Flüssigkeit, Sahne:* dickflüssig
4 *Luft:* schlecht
5 *Akzent:* stark, breit
6 (*umgangsspr*) dumm, stupide
7 (*umgangsspr*) dick, eng befreundet

to **thick·en** ['θɪkən]
1 eindicken *Sauce*
2 *Nebel:* sich verdichten, dichter werden

thief [θi:f] <*Plural* thieves> der Dieb/die Diebin; **stop thief!** haltet den Dieb!

thieves ['θi:vz] *Pluralform von* **thief**

thigh [θaɪ] der Oberschenkel

thin [θɪn]
1 dünn
2 mager, hager
3 *Gesicht:* schmal

thing [θɪŋ]
1 das Ding, die Sache, der Gegenstand
2 (*umgangsspr*) das Ding, der Dingsda, der Dingsbums
3 **things** die Sachen, die Kleider ▶ WENDUNGEN: **among other things** unter anderem; **to do one's own thing** (*umgangsspr*) sein Ding machen; **just the thing** genau das Richtige; **no such thing** nichts dergleichen; **the real thing** das Richtige; (*fasziniert von*) er ist verrückt auf Schlangen; **it's a funny thing, but ...** es ist seltsam, aber ...; **that was a near thing!** das ist noch mal gut gegangen; **how are things?** wie geht's?; **there is no such thing** so was gibt es nicht; **the thing is ...** die Sache ist die, ...; **the nice thing about it** das Schöne daran; **another thing** noch etwas, etwas anderes; **you poor thing!** du Arme(r)!; **I must be seeing things!** ich sehe wohl nicht richtig!

to **think** [θɪŋk] <thought, thought>
1 denken; **who would have thought it!** wer hätte das gedacht!
2 glauben, meinen; **that's what you think!** das meinst du wohl!; **what do you think?** was meinen Sie [dazu]?
3 sich vorstellen, sich einbilden; **just think** stell dir mal vor
4 halten für, ansehen als; **you must think me rude** Sie müssen mich für unhöflich halten
5 **I should think not!** das will ich auch nicht hoffen!
6 denken; **I think so** ich denke schon
7 nachdenken; **let me think** lass mich überlegen

> **Grammatik**
> Richtiges Konjugieren von **think**: think, thought, thought — *I never thought Mike would come to the party; Have you ever thought what might happen?*

◆ to **think about**
1 nachdenken über
2 sich überlegen
3 **to think about doing something** vorhaben, etwas zu tun

◆ to **think of**
1 denken an; **to think of doing something** daran denken [*oder* planen] [*oder* beabsichtigen], etwas zu tun; **I'll think of something** ich werde mir etwas einfallen lassen
2 sich vorstellen
3 sich ausdenken *Idee, Lösung*
4 **what do you think of him/it?** was halten Sie von ihm/davon?
5 **I can't think of her name** ich komme nicht auf ihren Namen, mir fällt ihr Name nicht ein

◆ to **think over** sich überlegen, nachdenken [über]

◆ to **think up** sich ausdenken

third[1] [θɜ:d] dritte(r, s)

third[2] [θɜ:d]
1 (*Datum*) **the third** der Dritte
2 (*Bruchzahl*) das Drittel

third·ly [θɜ:dlɪ] drittens

third-par·ty in·sur·ance die Haftpflichtversicherung

thirst [θɜ:st] der Durst; **to die of thirst** verdursten

thirsty ['θɜ:sti] durstig ▶ WENDUNGEN: **thirsty for knowledge** begierig nach Wissen, wissbegierig

thir·teen [ˌθɜ:'ti:n] dreizehn

thir·teenth [θɜ:'ti:nθ] dreizehnte(r, s)

thir·ti·eth ['θɜ:tiəθ] dreißigste(r, s)

thir·ty ['θɜ:tɪ] dreißig

this[1] [ðɪs] <*Plural* these>
1 diese(r, s); **this one is smaller** diese(r, s) ist kleiner
2 **this morning/evening/night** heute Morgen/Abend/Nacht; **this time** diesmal; **this time last month** letzten Monat um diese Zeit; **these days** heutzutage; **what are**

you doing these days? was machen Sie [so] in letzter Zeit?
3 **come here this minute!** komm sofort hierher!

this² [ðɪs] <*Plural* these>
1 *substantivisch* dies, das; **what/who is this?** was/wer ist das?; **these are my friends** das sind meine Freunde; **this and that** dieses und jenes; **this is Anna [speaking]** [hier ist] Anna
2 **it's like this** es ist so

this³ [ðɪs] so; **this late/much** so spät/viel

this·tle ['θɪsl] die Distel

thorn [θɔːn] der Dorn

thor·ough ['θʌrə, 'θʌrəʊ]
1 *Untersuchung:* gründlich, genau
2 *Nervensäge:* ausgemacht

thor·ough·fare ['θʌrəfeəʳ] **no thoroughfare!** keine Durchfahrt!

thor·ough·ly ['θʌrəʊlɪ]
1 *untersuchen:* gründlich
2 *durchnässt:* völlig; *erschöpft, verwöhnt:* total; *langweilig:* ausgesprochen; *beschämt:* zutiefst

those [ðəʊz] *Pluralform von* **that**

though [ðəʊ]
1 obgleich, wenn auch; **as though** als ob; **even though** obwohl
2 doch; **she did do it though** sie hat es aber doch getan

thought¹ [θɔːt] *2. und 3. Form von* **think**

thought² [θɔːt]
1 das [Nach]denken, die Überlegung; **after serious thought, on second thoughts** nach reiflicher Überlegung; **to have second thoughts about something** sich etwas noch einmal überlegen; **to give some thought to** nachdenken über; **[lost] in thought** in Gedanken [versunken]
2 der Gedanke; **I've had a sudden thought** mir ist gerade etwas eingefallen; **that's a thought** das ist eine gute Idee
3 die Rücksicht; **she has no thought for others** sie nimmt keine Rücksicht auf andere

thought·ful ['θɔːtfᵊl]
1 *Person:* nachdenklich
2 *Bemerkung:* wohl überlegt
3 aufmerksam, rücksichtsvoll

thought·less [θɔːtlɪs]
1 gedankenlos, unbesonnen
2 rücksichtslos (**of** gegen), unachtsam

thou·sand¹ ['θaʊznd] tausend; **a thousand times** tausendmal

thou·sand² ['θaʊznd] das Tausend; **thousands of birds/pounds** Tausende von Vögeln/Pfund; **one thousand** eintausend

thou·sandth ['θaʊzntθ] tausendste(r, s)

thread [θred]
1 (*auch übertragen*) der Faden
2 *einer Schraube:* das Gewinde

to **thread** [θred]
1 einfädeln *Nadel*
2 aufreihen *Perlen*
3 **to thread one's way through [something]** sich [durch etwas] durchschlängeln [*oder* durchwinden]

threat [θret]
1 die Drohung
2 die Bedrohung (**to** für), die Gefahr (**to** für)

to **threat·en** ['θretn]
1 **to threaten someone [with something]** jemandem [mit etwas] drohen, jemandem [etwas] androhen
2 **to threaten someone with a knife** jemanden mit einem Messer bedrohen
3 **the river threatened to burst its banks** der Fluss drohte, über die Ufer zu treten
4 **to be threatened with extinction** vom Aussterben bedroht sein

three [θriː] drei

three-D, 3D [θriː'diː] (*umgangsspr*) *kurz für* **three-dimensional** 3-D-, 3D-; **three-D printer** der 3-D-Drucker; **three-D film** (GB), **three-D movie** (USA) der 3-D-Film

three-quar·ter(s) [ˌθriː'kwɔːtəʳ(s)] dreiviertel; **three-quarters of an hour** eine Dreiviertelstunde

threw [θruː] *2. Form von* **throw**

to **thrill** [θrɪl] **to be thrilled about something** von etwas begeistert [*oder* hingerissen] sein

thrill [θrɪl] der Nervenkitzel; **thrill of excitement/anticipation** die prickelnde Erregung/Vorfreude

thrill·er ['θrɪləʳ] der Reißer, der Krimi

thrill·ing ['θrɪlɪŋ]
1 aufregend
2 *Buch, Film:* spannend
3 *Ereignis:* packend

throat [θrəʊt]
1 die Kehle, die Gurgel

2 der Rachen, der Schlund; **to have a sore throat** Halsschmerzen haben

throne [θrəʊn] der Thron

through[1] [θruː]
1 *räumlich* durch
2 *zeitlich* über; **through the night** die Nacht über; **all through her life** ihr ganzes Leben lang; **Monday through Friday** von Montag bis [einschließlich] Freitag
3 *kausal* durch, infolge, mit Hilfe

through[2] [θruː]
1 durch, völlig; **wet through** patschnass
2 **to get through** durchkommen
3 **to put someone through to someone** jemanden mit jemandem verbinden

through[3] [θruː]
1 fertig; **I'm through with him** der ist für mich gestorben
2 *Zug:* durchgehend; **through traffic** der Durchgangsverkehr; **no through road** Durchfahrt verboten

through·out[1] [θruːˈaʊt]
1 überall in; **throughout the world** in der ganzen Welt
2 während; **throughout his stay** seinen ganzen Aufenthalt über; **throughout his life** sein ganzes Leben lang

through·out[2] [θruːˈaʊt]
1 überall; **carpeted throughout** ganz mit Teppichboden ausgelegt
2 die ganze Zeit [über]

throw [θrəʊ] der Wurf

to **throw** [θrəʊ] <threw, thrown>
1 werfen (**at** nach); **to throw someone something** jemandem etwas zuwerfen
2 *Pferd:* abwerfen
3 **to throw dice** würfeln

> **Grammatik**
> Richtiges Konjugieren von **throw**: throw, threw, thrown — *She threw the empty carton away; Tom was thrown off the horse.*

◆ to **throw away**
1 wegwerfen
2 verschwenden *Geld*
3 verpassen *Gelegenheit*

◆ to **throw in**
1 einwerfen *Ball, Bemerkung*
2 [gratis] dazugeben; **with ... thrown in** mit ... als Zugabe

◆ to **throw out**
1 hinauswerfen *Person*
2 wegwerfen *Abfall*
3 ablehnen, verwerfen *Gesetzesvorlage*
4 äußern *Bemerkung, Gedanken*
5 abgeben *Hitze*

◆ to **throw up**
1 hochwerfen *Ball*
2 hervorbringen *Führer, Ideen*
3 aufgeben *Arbeit*
4 erbrechen *Essen*
5 sich übergeben

throw-in [ˈθrəʊɪn] (*Sport*) der Einwurf

thrown [θrəʊn] *3. Form von* **throw**

thud [θʌd] der [dumpfe] Schlag, das [dumpfe] Geräusch, der Bums

to **thud** [θʌd] <thudded, thudded> dumpf aufschlagen (**to** auf)

thug [θʌg] der Schläger[typ]

thumb [θʌm] der Daumen

thumb·tack (USA) die Heftzwecke, der Reißnagel

to **thump** [θʌmp]
1 schlagen
2 dumpf aufschlagen
3 *Herz:* heftig pochen (**with** vor)

thun·der [ˈθʌndəʳ] der Donner

to **thun·der** [ˈθʌndəʳ]
1 donnern
2 **to thunder at someone** jemanden anbrüllen

thun·der·storm [ˈθʌndəstɔːm] das Gewitter

Thurs·day [ˈθɜːzdeɪ] der Donnerstag; **on Thursday** am Donnerstag; **on Thursdays** donnerstags

thus [ðʌs]
1 so, auf diese Weise
2 folglich

tick [tɪk]
1 *einer Uhr:* das Ticken
2 (*Zeichen*) das Häkchen
3 (*umgangsspr*) der Augenblick; **in a tick** gleich, sofort
4 die Zecke

to **tick** [tɪk]
1 *Uhr:* ticken
2 abhaken *Antwort*

◆ to **tick off**
1 abhaken
2 (*umgangsspr*) abkanzeln

tick·et [ˈtɪkɪt]
1 die Karte, die Eintrittskarte
2 die Fahrkarte, der Fahrschein
3 die Flugkarte, das Ticket

4 der [Gepäck]schein, der Parkschein
5 **lottery ticket** das Lotterielos
6 das Etikett, das Schildchen, der Preiszettel
7 (USA) die Kandidatenliste, das Wahlprogramm
8 **parking ticket** der Strafzettel

tick·et col·lec·tor der Fahrkartenkontrolleur/die Fahrkartenkontrolleurin, der Schaffner/die Schaffnerin

tick·et count·er der Fahrkartenschalter

tick·et hold·er der Karteninhaber/die Karteninhaberin

tick·et ma·chine der Fahrscheinautomat

tick·et of·fice der Fahrkartenschalter

to **tick·le** [ˈtɪkl] kitzeln

tide [taɪd]
1 Ebbe und Flut, die Gezeiten; **the tide is [coming] in/[going] out** es ist Flut/Ebbe; **ebb** [*oder* **low**] **tide** die Ebbe, das Niedrigwasser; **flood** [*oder* **high**] **tide** die Flut, das Hochwasser; **at high tide** bei Flut
2 (*übertragen*) der Trend, die Strömung

tidy [ˈtaɪdɪ] ordentlich, sauber, aufgeräumt

to **tidy** [ˈtaɪdɪ] in Ordnung bringen; **to tidy up** aufräumen

tie [taɪ]
1 die Krawatte, der Schlips
2 das Band, die Schnur
3 **ties** *Plural* (*übertragen*) die Verbindungen; **family ties** die familiären Bindungen
4 (*Sport*) das Unentschieden

to **tie** [taɪ] <tied, tied>
1 binden (**to** an)
2 zusammenschnüren *Paket*
3 **to tie a knot in something** einen Knoten in etwas machen
4 (*Sport*) punktgleich sein (**with** mit), unentschieden spielen

Grammatik
Richtiges Konjugieren von **tie**: tie, tied, tied — *Lisa tied her pony to the fence; The old suitcase was tied with string.*

◆ to **tie on** anbinden
◆ to **tie up**
1 verschnüren *Paket;* binden *Schnürsenkel*
2 anbinden *Tier;* fesseln *Gefangene;* festmachen *Boot*
3 **to be tied up with something** mit etwas zusammenhängen

ti·ger [ˈtaɪgəʳ] der Tiger

tight [taɪt]
1 *Deckel, Schraube:* fest [sitzend]
2 *Kleidungsstück, Platz:* eng
3 *Kontrolle:* streng
4 *Seil, Haut:* straff
5 (*umgangsspr*) geizig
6 **airtight/watertight** luftdicht/wasserdicht
7 **to hold tight** fest halten
8 **sleep tight!** schlaf gut!

to **tight·en** [ˈtaɪtn]
1 anziehen *Schraube, Knoten*
2 straffen *Seil*
3 enger schnallen *Gürtel*
4 verschärfen *Bestimmungen*
5 *Seil:* sich straffen

tights [taɪts] ⚠ *Plural* (GB) die Strumpfhose

tile [taɪl]
1 der [Dach]ziegel
2 die Kachel, die Fliese
3 die [Kork]platte
4 die [Teppich]fliese

to **tile** [taɪl]
1 mit Fliesen belegen *Fußboden*
2 mit Ziegeln decken *Dach*
3 kacheln *Wand*

till1 [tɪl] *zeitlich* bis [zu]; **not till** nicht vor, erst

till2 [tɪl] die [Laden]kasse

till·er [ˈtɪləʳ] die [Ruder]pinne

time [taɪm]
1 die Zeit; **time is up** die Zeit ist [her]um [*oder* vorbei]; **local time** die Ortszeit; **a matter of time** eine Frage der Zeit; **spare time** die Freizeit; **waste of time** die Zeitverschwendung; **time of arrival** die Ankunftszeit; **time of departure** die Abflugzeit, die Abfahrtszeit; **the time of day** die Tageszeit; **all the time** die ganze Zeit [über]; **at the same time** zur gleichen Zeit, gleichzeitig; **at that time** damals, zu der Zeit; **by that time** bis dahin, unterdessen; **in half the time** in der halben Zeit; **in no time** im Nu; **in time** rechtzeitig; **on time** pünktlich; **to have a good time** sich gut unterhalten, sich amüsieren; **to take time** Zeit erfordern; **take your time over it** lassen Sie sich Zeit dazu
2 das Mal; **another time** ein andermal; **at times** manchmal, hin und wieder; **at all times** immer; **every time** jedes Mal; **for the time being** im Augenblick, zurzeit; **from time to time** von Zeit zu Zeit; **many times** [*oder* **a time**] oft[mals]; **next time** das nächste Mal; **once upon a time [there was]** ... es war einmal ...; **this time** diesmal; **three**

times dreimal; **three times three is** [*oder* **equals**] **nine** drei mal drei ist neun
3 **to ask someone the time** jemanden nach der Uhrzeit fragen
4 der Takt; **to beat/keep time** den Takt schlagen/halten
5 *meist Plural* die Zeiten; **in Roman times** in der Römerzeit

Vorsicht Falle!
in time heißt rechtzeitig: *Ben arrived in time for lunch*; — **on time** heißt dagegen pünktlich: *please be on time for my party.*

to **time** [taɪm]
1 **to time something well** den richtigen Zeitpunkt für etwas aussuchen
2 (*mit einer Stoppuhr*) die Zeit stoppen [*oder* nehmen]
3 **well-timed** gut getimt *Ball*

time lim·it die Zeitbeschränkung, die Frist

time·ta·ble ['taɪmˌteɪbl]
1 der Fahrplan, der Flugplan
2 der Stundenplan
3 (*auf einem Kongress*) das Programm

tin [tɪn]
1 (*Metall*) das Zinn; (*raffiniert*) das Weißblech
2 (GB) die Büchse, die Dose

tin·foil ['tɪnfɔɪl] das Stanniol, die Alufolie

tinned [tɪnd] **tinned fruit** die Obstkonserven; **tinned meat** das Büchsenfleisch

tin-open·er ['tɪnəʊpənəʳ] der Dosenöffner, der Büchsenöffner

tin·sel ['tɪnsl] Lametta

tint [tɪnt]
1 die Färbung, die Tönung
2 der Farbton

tiny ['taɪnɪ] winzig

tip [tɪp]
1 *von Eisberg, Zunge:* die Spitze
2 das Trinkgeld
3 der Tipp, der Hinweis
4 (GB) der Schuttabladeplatz, die Müllhalde; (*übertragen*) der Schweinestall

to **tip** [tɪp] <tipped, tipped>
1 **to tip someone** jemandem ein Trinkgeld geben
2 tippen [*oder* wetten] [*oder* setzen] auf *Pferd*
3 kippen, umkippen; schütten *Flüssigkeit, Sand;* **"no tipping"** „Schutt [*oder* Müll] abladen verboten"
◆ to **tip off** **to tip someone off** jemandem einen Tipp [*oder* Wink] geben

to **tip·toe** ['tɪptəʊ] auf Zehenspitzen gehen

tip·toe ['tɪptəʊ] **on tiptoe** auf Zehenspitzen

to **tire** ['taɪəʳ] ermüden, müde machen; **to tire of doing something** müde werden, etwas zu tun

tire ['taɪəʳ] (USA) der Reifen

tired ['taɪəd]
1 müde (**with** von)
2 **tired out** erschöpft
3 **to be tired of something** einer Sache überdrüssig sein; **I'm tired of it** ich habe es satt

Vorsicht Falle!
Vorsicht bei der richtigen Wahl der Präposition mit **tired**! **Tired of** verwendet man, wenn man von einer Sache genug hat, weil sie langweilig oder ärgerlich ist: *I'm tired of your excuses!* Wenn etwas müde gemacht hat, verwendet man tired **from**: *She's tired from the long train journey.*

tired·ness ['taɪədnɪs] die Müdigkeit

tir·ing ['taɪrɪŋ] anstrengend, ermüdend

tis·sue ['tɪʃuː]
1 (*Zellen*) das Gewebe
2 das Papiertaschentuch
3 **tissue paper** das Seidenpapier

tit [tɪt]
1 (*Vogel*) die Meise
2 (*slang: Brust*) die Titte

ti·tle ['taɪtl]
1 *von Buch, Person:* der Titel
2 *eines Kapitels:* die Überschrift

to[1] [tuː]
1 (*Richtung*) zu; (*bei Ländern, Städten*) nach; **to go to school** zur Schule gehen; **to go to the theatre/cinema** ins Theater/Kino gehen; **to Switzerland** in die Schweiz; **to go to bed** ins [*oder* zu] Bett gehen
2 (*Erstreckung*) bis; **children** [**up**] **to the age of 10** Kinder bis 10; [**from**] **30 to 40** 30 bis 40; **10 km to Stuttgart** 10 km nach Stuttgart
3 *als Dativobjekt* **to give something to someone** jemandem etwas geben; **to sing to oneself** vor sich hin singen; **addressed to me** an mich adressiert

4 (*Widmung*) an; (*Trinkspruch*) auf
5 (*Nähe, Berührung*) an; **close to something** dicht an etwas; **to nail something to the wall** etwas an die Wand nageln
6 (*Uhrzeit*) vor; **20 [minutes] to 3** 20 [Minuten] vor 3
7 (*Vergleich*) als; **superior to** besser als
8 (*Beziehung*) zu; **3 goals to 1** 3 zu 1 Tore

to² [tuː]
1 *zur Bildung des Infinitivs* zu; **to go** gehen
2 (*Vorhaben*) **I hope to succeed** ich hoffe, Erfolg zu haben; **I want you to do that** ich möchte, dass Sie das tun; **do you want to do that?** möchten Sie das tun?
3 **to tell the truth** um ehrlich zu sein
4 **he is not the type to do that** es ist nicht seine Art, so etwas zu tun; **you'll be the first to hear it** Sie werden der Erste sein, der es erfährt
5 *anstelle des vorangegangenen Verbs* **does he want to?** will er denn?; **I would like to but I can't** ich würde ja gerne, aber ich kann nicht

to³ [tuː]
1 *Tür:* angelehnt
2 **to and fro** hin und her, auf und ab

toad·stool ['təʊdstuːl] der [Gift]pilz

toast [təʊst]
1 (*Brot*) der Toast
2 der Trinkspruch, der Toast

to **toast** [təʊst]
1 toasten, rösten
2 **to toast someone** jemandem zutrinken

to·bog·gan [tə'bɒgən] der [Rodel]schlitten

to·day [tə'deɪ] heute; **a week today** heute in einer Woche; **a year ago today** heute vor einem Jahr; **today's paper** die Zeitung von heute

toe [təʊ] die Zehe

toe·nail der Zehennagel, der Fußnagel

tof·fee ['tɒfɪ] der/das Karamellbonbon, das Toffee

to·geth·er [tə'geðəʳ]
1 zusammen (**with** mit)
2 miteinander, gemeinsam
3 zugleich, zu gleicher Zeit
4 **close together** nahe beieinander

toi·let ['tɔɪlɪt] die Toilette

Land und Leute

Im Englischen gibt es mehrere Ausdrücke für die Toilette. Im britischen Englisch verwendet man oft das umgangssprachliche Wort **loo:** *I need to go to the loo.* In Amerika sagt man häufig **bathroom**, vor allem zu Hause: *I have to go to the bathroom.* Öffentliche Toiletten nennt man in Amerika **restrooms** (allgemein), **ladies' room** (= Damentoilette) oder **men's room** (= Herrentoilette). In Großbritannien sagt man entweder **the ladies** (= Damentoilette) oder **the gents** (= Herrentoilette).

toi·let pa·per das Toilettenpapier

toi·let roll die Rolle Toilettenpapier

to·ken ['təʊkən]
1 das Zeichen
2 (*Geschenk*) das Andenken
3 die [Wert]marke, der Gutschein, der Bon

told [təʊld] *2. und 3. Form von* **tell**

toll [təʊl]
1 die Maut, die Autobahngebühr
2 (USA) die Fernsprechgebühr
3 **the death toll** die Zahl der Opfer [*oder* Toten]

to·ma·to [tə'mɑːtəʊ] <*Plural* tomatoes> die Tomate

tomb [tuːm] das Grab[mal]

to·mor·row [tə'mɒrəʊ] morgen; **tomorrow morning/afternoon/night** morgen früh/Nachmittag/Abend; **tomorrow week** morgen in acht Tagen; **the day after tomorrow** übermorgen; **tomorrow's headlines** die Schlagzeilen von morgen [*oder* die morgigen Schlagzeilen]; **see you tomorrow!** bis morgen!

ton [tʌn] die Tonne ▸ WENDUNGEN: **tons of** eine Menge

tone [təʊn]
1 der Ton, der Klang
2 der Farbton
3 (*Stimmung*) der Ton

tongue [tʌŋ]
1 die Zunge; **to stick one's tongue out at someone** jemandem die Zunge herausstrecken
2 die Sprache

tongue-twist·er ['tʌŋˌtwɪstəʳ] der Zungenbrecher

to·night [tə'naɪt]
1 heute Abend; **see you tonight!** bis heute Abend!; **tonight's performance** die heutige Abendvorstellung
2 heute Nacht; **tonight's weather** das Wetter heute Nacht

too [tuː]
① [gar] zu, allzu; **too bad** zu schade, bedauerlich; **too much** zu viel; (*umgangsspr*) toll; **it's too much for him** es geht über seine Kräfte
② auch; **me too** ich auch
③ auch noch; **she not only passed the exam but got the top grade too** sie hat die Prüfung nicht nur bestanden, sondern auch noch die beste Note bekommen
④ besonders; **I'm not too sure** ich bin mir nicht ganz sicher

took [tʊk] *2. Form von* **take**

tool [tuːl] (*auch übertragen*) das Werkzeug

tool·box, tool-chest der Werkzeugkasten

tool shed ['tuːlʃed] der Geräteschuppen

tooth [tuːθ, *Plural* tiːθ] <*Plural* teeth> der Zahn

> **Vorsicht Falle!**
> **teeth** ist die Pluralform von **a tooth**: *the lion has sharp teeth.*

tooth·ache ['tuːθeɪk] die Zahnschmerzen

tooth·brush ['tuːθbrʌʃ] die Zahnbürste

tooth·paste ['tuːθpeɪst] die Zahnpasta

tooth·pick ['tuːθpɪk] der Zahnstocher

top[1] [tɒp]
① der obere Teil, die Spitze
② *eines Baums:* der Wipfel
③ *eines Bergs:* der Gipfel
④ *einer Welle:* der Kamm
⑤ *von Möhren:* das Kraut
⑥ *eines Tischs, Betts:* das Kopfende
⑦ *einer Straße:* das obere Ende
⑧ (*Kleidungsstück*) das Top; *eines Kleids, Bikinis:* das Oberteil
⑨ Oberfläche; *eines Schranks:* die obere Seite
⑩ der Deckel, die Kappe, die [Flaschen]kapsel
⑪ (*übertragen*) der Gipfel, der Höhepunkt, die höchste Stellung
⑫ **at the top of the list/page/table** oben auf der Liste/Seite/Tabelle; **at the top of the stairs/wall** oben auf der Treppe/an der Wand; **at the top of the hill/tree** oben auf dem Berg/Baum
⑬ **from top to bottom** von oben bis unten, von vorn bis hinten
⑭ **in top** [**gear**] mit dem höchsten Gang
⑮ **on top** oben; (*übertragen*) obenauf
⑯ **on top of** auf, über; (*übertragen*) über ... hinaus
⑰ **over the top** übertrieben

top[2] [tɒp]
① *Schicht, Stockwerk:* oberste(r, s)
② *Äste, Auszeichnung, Preis, Priorität, Ton:* höchste(r, s); **at top speed** mit Höchstgeschwindigkeit; *Maschine:* auf Hochtouren; *Person:* im Schnellverfahren
③ *Noten, Schüler, Spieler:* beste(r, s); **top quality** die Spitzenqualität

to **top** [tɒp] <topped, topped>
① bedecken; **topped with cream** mit Sahne [obendrauf]
② an der Spitze stehen; **to top the bill** Star der Show sein; **to top the table** die Tabelle anführen
③ übersteigen

top hat der Zylinder

top·ic ['tɒpɪk] das Thema

topi·cal ['tɒpɪkl] aktuell

top·less ['tɒplɪs] oben ohne, Oben-ohne-, topless

top·ping ['tɒpɪŋ] **with a topping of cream** mit Sahne [*oder* einer Sahnehaube]

torch [tɔːtʃ] <*Plural* torches>
① (GB) die Taschenlampe
② die Fackel

tore [tɔːʳ] *2. Form von* **tear**

torn [tɔːn] *3. Form von* **tear**

tor·toise ['tɔːtəs] die [Land]schildkröte

tor·ture ['tɔːtʃəʳ]
① die Folter
② (*übertragen*) die Qual

to **tor·ture** ['tɔːtʃəʳ]
① foltern
② (*übertragen*) quälen

Tory ['tɔːrɪ] (GB) (*politisch*) der/die Konservative, der Tory

toss [tɒs] <*Plural* tosses>
① der Wurf; **toss of a coin** das Hochwerfen einer Münze
② das [Aus]losen; **to win/lose the toss** beim Losen gewinnen/verlieren

to **toss** [tɒs]
① werfen *Ball*
② hochwerfen *Münze*
③ [durch Hochwerfen] wenden *Pfannkuchen*
④ *Pferd:* abwerfen *Reiter*
⑤ **to toss one's head** den Kopf zurückwerfen
⑥ (*mit einer Münze*) **to toss for something** etwas auslosen

7 **to toss and turn** sich [unruhig] hin und her wälzen

◆ to **toss up**
1 hochwerfen
2 (*mit einer Münze*) losen (**for** um)

to·tal[1] [ˈtəʊtl]
1 völlig; **total eclipse** die totale Finsternis
2 gesamt; **total amount** der Gesamtbetrag

to·tal[2] [ˈtəʊtl] der Gesamtbetrag, die Gesamtmenge, die [End]summe; **in total** insgesamt

to **to·tal** [ˈtəʊtl] <totalled *oder* (USA) totaled, totalled *oder* (USA) totaled> sich belaufen auf

to·tal·ly [ˈtəʊtəlɪ] völlig

touch [tʌtʃ]
1 die Berührung
2 **sense of touch** der Tastsinn; **to be soft to the touch** sich weich anfühlen
3 **to be/keep in touch** in Verbindung stehen/bleiben (**with** mit)
4 **a touch of irony** ein Anflug von Ironie; **a touch higher** eine Idee [*oder* ein bisschen] höher
5 **a personal touch** eine persönliche Note
6 (*beim Fußball, Rugby*) **in touch** im Aus

to **touch** [tʌtʃ]
1 [sich] berühren, streifen
2 anfassen
3 (*emotional*) rühren
4 **to not touch** nicht anrühren *Alkohol*
5 (*übertragen*) erreichen, heranreichen an

◆ to **touch down** *Flugzeug:* aufsetzen, landen

touch·ing [ˈtʌtʃɪŋ] rührend, ergreifend

touch·screen [ˈtʌtʃskriːn] (*in der Informatik*) der Touchscreen

tough [tʌf]
1 *Fleisch, Person:* zäh
2 *Haltung, Konkurrenz:* hart
3 *Material:* widerstandsfähig, robust
4 schwierig, schwer
5 **tough** [**luck**]! Pech!

tour [tʊəʳ]
1 die Tour (**of** durch), die Rundreise, die Rundfahrt; **tour guide** der Reiseleiter/die Reiseleiterin; **tour operator** der Reiseveranstalter
2 der Rundgang; **guided tour** die Führung; **tour guide** der Fremdenführer/die Fremdenführerin
3 (*Sport, Theater*) die Tournee

to **tour** [tʊəʳ]
1 bereisen, reisen durch *Gegend*
2 einen Rundgang machen durch; besichtigen *Gebäude, Stadt*
3 (*Sport, Theater*) eine Tournee machen, auf Tournee sein

tour·ism [ˈtʊərɪzəm] der Fremdenverkehr, der Tourismus

tour·ist [ˈtʊərɪst] der Tourist/die Touristin; **tourist** [**information**] **office** das Fremdenverkehrsbüro; **tourist visa** das Touristenvisum

tour·na·ment [ˈtɔːnəmənt] das Turnier

to **tow** [təʊ]
1 ziehen *Anhänger, Wasserskiläufer*
2 [ab]schleppen *Auto*

to·ward(s) [təˈwɔːd(z)]
1 auf ... zu, nach ... zu, in Richtung ...
2 gegenüber; **his attitude towards his father** seine Haltung seinem Vater gegenüber
3 *zeitlich* gegen; **towards the end of the week** gegen Ende der Woche
4 zu; **a contribution towards the costs** ein Beitrag zu den Kosten; **some coursework counts towards your final grade** ein Teil der Arbeiten geht in die Endnote ein

tow·el [ˈtaʊəl] das Handtuch, das Badetuch

tow·er [ˈtaʊəʳ] der Turm

tow·er block das Hochhaus

town [taʊn] die Stadt; **in town** in der Stadt; **to be out of town** verreist sein; **to go to town** in die Stadt gehen/fahren; (*übertragen*) sich ins Zeug legen

town cen·tre das Stadtzentrum, die Stadtmitte

town hall das Rathaus

tow truck (USA) der Abschleppwagen

toy [tɔɪ] das Spielzeug; **toys** *Plural* die Spielwaren

trace [treɪs] die Spur; **without a trace** spurlos

to **trace** [treɪs]
1 (*finden*) aufspüren, ausfindig machen
2 **trace** [**back**] zurückverfolgen, zurückführen *Ereignisse* (**to** auf)
3 (*nachzeichnen*) [durch]pausen

track [træk]
1 die Spur, die Fährte
2 der Pfad, der Weg
3 (*übertragen*) die Bahn
4 (*Sport*) die Rennbahn
5 (*für Züge*) das Gleis, der Schienenstrang
6 das Musikstück, der Track ▶ WENDUNGEN: **to keep track of someone** jemanden im Auge behalten; **to keep track of something** etwas verfolgen

to **track** [træk] verfolgen

◆ to **track down** aufspüren, ausfindig machen

track and field die Leichtathletik

track shoe der Laufschuh, der Rennschuh, der Turnschuh

track·suit der Trainingsanzug, der Jogginganzug

trade [treɪd]
1 das Gewerbe, das Handwerk; **by trade** von Beruf
2 (*kommerziell*) der Handel
3 die Branche, das Gewerbe

to **trade** [treɪd]
1 **to trade something for something** etwas für etwas eintauschen
2 **to trade in something** mit einer Sache handeln [*oder* Handel treiben]; **to trade with someone** mit jemandem Geschäfte machen

trade·mark das Warenzeichen

trade un·ion [ˌtreɪd'juːnjən] die Gewerkschaft

tra·di·tion [trə'dɪʃn] die Tradition, der Brauch

tra·di·tion·al [trə'dɪʃənl] traditionell, herkömmlich, üblich

traf·fic ['træfɪk]
1 der Verkehr, der Flugverkehr, der Luftverkehr
2 der Handel (**in** mit)

to **traf·fic** ['træfɪk] <trafficked, trafficked> handeln; **to traffic in arms** Waffenhandel betreiben

traf·fic cir·cle (USA) der Kreisverkehr

traf·fic jam der Verkehrsstau

traf·fic lights ⚠ *Plural* die Verkehrsampel

traf·fic war·den die Politesse, der Hilfspolizist/die Hilfspolizistin

trag·edy ['trædʒədɪ] die Tragödie

trag·ic ['trædʒɪk] tragisch

trail [treɪl]
1 die Spur; **trail of blood** die Blutspur; **trail of dust** die Staubwolke; **trail of smoke** die Rauchfahne
2 *eines Meteors:* der Schweif
3 die Spur; *eines Tieres:* die Fährte
4 der Pfad; **nature trail** der Naturlehrpfad

to **trail** [treɪl]
1 [ver]folgen *Mensch, Tier*
2 ziehen *Anhänger*
3 [weit] zurückliegen; **to be trailing by two goals to nil** mit zwei zu null im Rückstand liegen [*oder* sein]

trail·er ['treɪləʳ]
1 der Anhänger, der Trailer
2 (USA) der Wohnwagen
3 die [Film]vorschau, der Trailer

train [treɪn]
1 der Zug; **by train** mit dem Zug, mit der Bahn; **to board** [*oder* **get on**] **a train** in einen Zug einsteigen; **on the train** im Zug; **to change trains** umsteigen; **train driver** der Zugführer/die Zugführerin, der Lokführer/die Lokführerin
2 (*übertragen*) *von Ereignissen:* die Kette, die Folge; **train of thought** der Gedankengang
3 *eines Hochzeitskleids:* die Schleppe

to **train** [treɪn]
1 ausbilden, schulen *Menschen;* **to train someone as something** jemanden zu etwas ausbilden; **to train oneself to do something** sich dazu erziehen, etwas zu tun; **to train as a teacher** eine Lehrerausbildung machen, für das Lehramt studieren
2 einweisen, unterweisen *Auszubildende(n), Anfänger*
3 (*Sport*) trainieren
4 abrichten, dressieren *Tier*
5 richten *Gewehr Fernglas* (**on** auf)

trainee [treɪ'niː] der/die Auszubildende, der Azubi, der Praktikant/die Praktikantin; **trainee teacher** der Referendar/die Referendarin

train·er ['treɪnəʳ]
1 der Trainer/die Trainerin
2 *von Tieren:* der Dresseur/die Dresseurin, der Dompteur/die Dompteurin
3 der Turnschuh

train·ing ['treɪnɪŋ]
1 die Schulung, die Ausbildung
2 *von Tieren:* die Dressur
3 (*Sport*) das Training

trai·tor ['treɪtəʳ] der Verräter/die Verräterin (**to** an)

tram [træm] die Straßenbahn

tramp [træmp] der/die Wohnsitzlose, der Landstreicher/die Landstreicherin

Falsche Freunde
Nicht verwechseln mit *der Tramper — hitch-hiker!*

to **trans·fer** [træns'fɜː] <transferred, transferred>
1 verlegen *Betrieb, Gefangene(n)*
2 versetzen *Angestellte(n), Arbeiter, Schüler* (**to** nach)
3 (*Sport*) transferieren *Spieler*
4 übertragen *Eigentum, Recht BED....: Eigen-*

tum, Recht (**to** auf)
5 überweisen *Geld* (**to** auf)
6 *Person:* überwechseln (**to** zu); (*Sport*) wechseln (**to** zu)
7 (*auf Reisen*) umsteigen

trans·fer ['trænsfɜːʳ]
1 *eines Betriebs:* die Verlegung
2 *einer Person:* die Versetzung (**to** nach)
3 (*juristisch*) die Übertragung (**to** auf)
4 (*finanziell*) die Überweisung, der Transfer, die Umbuchung
5 (*auf Reisen*) das Umsteigen; USA (*Fahrkarte*) die Umsteigefahrkarte
6 (*Sport*) der Transfer, der Wechsel
7 das Abziehbild

tran·sit ['trænsɪt] **in transit** auf dem Transport, unterwegs; **transit lounge** der Transitraum; **transit passenger** der/die Transitreisende

to **trans·late** [trænz'leɪt] übersetzen; **to translate from English into German** aus dem Englischen ins Deutsche übersetzen

trans·la·tion [trænz'leɪʃn] die Übersetzung

trans·la·tor [trænz'leɪtəʳ] der Übersetzer/die Übersetzerin

trans·mis·sion [trænz' mɪʃn]
1 *von Nachrichten:* die Übersendung, die Übermittlung
2 (*biologisch, physikalisch*) die Übertragung
3 (*technisch*) die Transmission; (*im Auto*) das Getriebe
4 (*Radio*) die Sendung

to **trans·mit** [trænz'mɪt] <transmitted, transmitted>
1 übersenden, übermitteln *Nachricht*
2 übertragen *Krankheit, Recht*
3 leiten *Elektrizität, Wärme*
4 senden *Programm*

trans·par·ent [træns'pærənt]
1 durchsichtig
2 (*übertragen*) durchschaubar, offenkundig, offensichtlich

to **trans·port** [træn'spɔːt] befördern, transportieren

trans·port ['trænspɔːt]
1 die Beförderung, der Transport
2 **public transport** die öffentlichen Verkehrsmittel

trap [træp]
1 die Falle
2 (*slang*) die Schnauze; **shut your trap!** halt die Schnauze!

to **trap** [træp] <trapped, trapped>
1 (*in einer Falle*) fangen *Tier*
2 (*übertragen*) in die Falle locken *Menschen*
3 **the miners were trapped** die Bergleute waren eingeschlossen

trash [træʃ] USA
1 der Abfall
2 (*umgangsspr*) der Schund, der Plunder
3 (*abwertend*) das Gesindel

trash can USA der Abfalleimer

to **trav·el** ['trævl] <travelled *oder* USA traveled, travelled *oder* USA traveled>
1 reisen
2 fahren; **to travel 20 km** 20 km fahren
3 *Licht, Schall:* sich ausbreiten, sich fortpflanzen
4 bereisen *Land*
5 zurücklegen, fahren *Strecke*

trav·el ['trævl] das Reisen

trav·el agen·cy, trav·el bu·reau das Reisebüro

trav·el·card ['trævlkɑːd] die Netzkarte, die Zeitkarte; **weekly travelcard** die Wochenkarte

trav·el·er USA der/die Reisende; **traveler's check** der Reisescheck

trav·el in·sur·ance ['trævlɪn'ʃʊərens] die Reiseversicherung

trav·el·ler ['trævləʳ] der/die Reisende; **traveller's cheque** der Reisescheck, der Travellerscheck

trav·el-sick ['trævlsɪk] reisekrank

tray [treɪ]
1 das Tablett
2 (*im Büro*) der Ablagekorb

to **tread** [tred] <trod, trodden> treten (**on** auf)

Grammatik
Richtiges Konjugieren von **tread**: tread, trod, trodden — *Larry trod on Jenny's toes by mistake; The flowers had been trodden on.*

treas·ure ['treʒəʳ] (*auch übertragen*) der Schatz

to **treas·ure** ['treʒəʳ] (*übertragen*) sehr schätzen

treas·ure hunt die Schatzsuche

treas·ur·er ['treʒərəʳ]
1 *eines Vereins:* der Kassenwart/die Kassenwartin
2 *einer Partei, eines Klubs:* der Schatzmeister/die Schatzmeisterin

Treas·ury ['treʒərɪ] das Finanzministerium, das Schatzamt

to **treat** ['tri:t]
1 behandeln *Person, Tier;* umgehen mit *Bücher*
2 (*medizinisch*) behandeln (**for** wegen, **with** mit)
3 ansehen, betrachten (**as** als)
4 (*im Buch*) behandeln, sich befassen mit *Thema*
5 behandeln *Material;* klären *Abwasser*
6 freihalten; **to treat oneself to something** sich etwas gönnen; **to treat someone to something** jemandem etwas spendieren

treat ['tri:t]
1 die besondere Freude, das besondere Vergnügen; **it's a real treat** das ist ein wahrer Genuss
2 **it's my treat** das geht auf meine Rechnung

treat·ment ['tri:tmənt] die Behandlung (**for** wegen)

trea·ty ['tri:tɪ] der Vertrag; **peace treaty** der Friedensvertrag

tre·ble[1] ['trebl]
1 dreifach
2 dreimal

tre·ble[2] ['trebl]
1 das Dreifache
2 der Diskant, der Sopran; **treble clef** der Violinschlüssel

to **tre·ble** ['trebl] [sich] verdreifachen

tree [tri:] der Baum

tre·men·dous [trɪ'mendəs]
1 gewaltig, riesig
2 (*übertragen*) toll, hervorragend

trem·or ['treməʳ] das Zittern, das Beben

trench [trentʃ] <*Plural* trenches>
1 der Graben
2 (*militärisch*) der Schützengraben

trend [trend]
1 der Trend, die Tendenz
2 die Mode, der Trend

trendy ['trendɪ] modisch

to **tres·pass** ['trespəs] widerrechtlich betreten; **no trespassing!** Betreten verboten!

tri·al ['traɪəl]
1 der Versuch, die Probe; **on trial** auf [*oder* zur] Probe
2 (*juristisch*) das Gerichtsverfahren, die Gerichtsverhandlung; **to be on trial** angeklagt sein

tri·an·gle ['traɪæŋgl]
1 das Dreieck
2 (*Musikinstrument*) der Triangel

tribe [traɪb] der [Volks]stamm

trick [trɪk]
1 die List, der Trick
2 das Kunststück, der Trick
3 der Streich; **to play a trick on someone** jemandem einen Streich spielen
4 die Eigenheit; **to have a trick of doing something** die Eigenheit haben, etwas zu tun
5 (*Kartenspiel*) der Stich

to **trick** [trɪk] beschwindeln, betrügen, hereinlegen; **to trick someone into doing something** jemanden mit einem Trick [*oder* einer List] dazu bringen, etwas zu tun

tricky ['trɪkɪ]
1 *Person, Plan:* gerissen, durchtrieben
2 *Problem:* schwierig; *Situation:* kitzlig

trig·ger ['trɪgəʳ] der Abzug; **to pull the trigger** abdrücken

to **trig·ger** ['trɪgəʳ] **to trigger something** [**off**] etwas auslösen

tril·lion ['trɪlɪən] die Billion

to **trim** [trɪm]
1 beschneiden *Hecke*
2 stutzen *Bart*
3 nachschneiden *Haare*
4 (*schmücken*) besetzen *Kleid*

trim [trɪm] **to give something a trim** etwas zurechtschneiden, etwas stutzen

trip [trɪp] die Reise, der Ausflug

to **trip** [trɪp] <tripped, tripped>
1 stolpern
2 **to trip someone** [**up**] jemandem ein Bein stellen, jemanden stolpern lassen

tri·ple ['trɪpl] dreifach; **triple jump** der Dreisprung

to **tri·ple** ['trɪpl] [sich] verdreifachen

tri·umph ['traɪʌmf] der Triumph, der Sieg (**over** über)

to **tri·umph** ['traɪʌmf] triumphieren (**over** über)

triv·ial ['trɪvɪəl] belanglos, unwichtig, trivial

trod [trɒd] *2. Form von* **tread**

trod·den ['trɒdn] *3. Form von* **tread**

trol·ley ['trɒlɪ]
1 **luggage trolley** der Kofferkuli
2 **shopping** [*oder* **supermarket**] **trolley**

der Einkaufswagen
3 **tea trolley** der Teewagen

trom·bone [trɒm'bəʊn] die Posaune

troop [tru:p]
1 die Gruppe, die Schar
2 **troops** die Truppen; **1000 troops** 1000 Soldaten

tro·phy ['trəʊfɪ] die Trophäe

trop·ic ['trɒpɪk] **tropics** die Tropen

tropi·cal ['trɒpɪkl] tropisch

to **trot** [trɒt] <trotted, trotted> *Pferd:* traben

to **trou·ble** ['trʌbl]
1 beunruhigen, bedrücken, aufregen
2 belästigen, bemühen (**for** um); **I am sorry to trouble you** es tut mir leid, dass ich Sie stören muss

trou·ble ['trʌbl]
1 die Schwierigkeiten, der Ärger, die Unannehmlichkeiten; **to ask** [*oder* **look**] **for trouble** sich Ärger einhandeln; **to get into trouble** sich Unannehmlichkeiten einhandeln; **to get someone into trouble** jemanden in Schwierigkeiten bringen
2 die Mühe, die Umstände; [**it will be**] **no trouble** [**at all**] das ist nicht der Rede wert
3 (*medizinisch*) das Leiden; **heart trouble** das Herzleiden
4 **troubles** (*politisch*) die Unruhen
5 **what's the trouble?** was ist los?; **the trouble is that ...** das Problem ist, dass ...

trou·ble·mak·er ['trʌbl,meɪkəʳ] der Unruhestifter/die Unruhestifterin

trou·ble spot der Krisenherd

trou·sers ['traʊzəz] *Plural* die Hose; **an old pair of trousers** eine alte Hose

trout [traʊt] die Forelle

tru·ant ['tru:ənt] der Schulschwänzer/die Schulschwänzerin; **to play truant** [die Schule] schwänzen

truck [trʌk]
1 (USA) der Lastwagen
2 *eines Zuges:* der offene Güterwagen

true [tru:] <truer, truest>
1 wahr
2 *Bericht, Beschreibung:* wahrheitsgemäß; *Kopie:* getreu
3 *Gefühle:* wahr, echt; *Grund:* wirklich
4 *Freund:* treu
5 **to come true** Wirklichkeit werden

tru·ly ['tru:lɪ]
1 aufrichtig, wahrhaftig
2 **Yours truly** Hochachtungsvoll

trum·pet ['trʌmpɪt] die Trompete

trunk [trʌŋk]
1 der [Baum]stamm
2 *eines Menschen:* der Rumpf
3 *eines Elefanten:* der Rüssel
4 der große Koffer
5 (USA) der Kofferraum
6 **a pair of trunks** eine Badehose

trust [trʌst]
1 das Vertrauen (**in** zu), das Zutrauen (**in** zu); **to put one's trust in someone** sein Vertrauen in jemanden setzen
2 (*finanziell*) die Treuhand; **family trust** die Familienstiftung

to **trust** [trʌst]
1 **to trust someone** jemandem vertrauen; **to trust in someone/something** auf jemanden/etwas vertrauen; **to trust someone with something** jemandem etwas anvertrauen; **to trust someone to do something** sich darauf verlassen, dass jemand etwas tut
2 **to trust something** einer Sache trauen
3 **trust you!** typisch!
4 hoffen

truth [tru:θ, *Plural* tru:ðz] <*Plural* truths> die Wahrheit; **to tell the truth** ehrlich gesagt; **there is no truth in it** es ist nichts Wahres daran

truth·ful ['tru:θfəl] ehrlich

try [traɪ] der Versuch; **to give something a try** etwas versuchen

to **try** [traɪ]
1 versuchen; **I'll try** ich werde es versuchen
2 probieren; **try it and see what you think** probier mal, ob es dir schmeckt
3 (*juristisch*) vor Gericht stellen *Menschen;* verhandeln *Fall*

◆ to **try on** anprobieren *Kleidungsstück;* aufprobieren *Hut*

◆ to **try out** ausprobieren

tub [tʌb]
1 der Kübel, der Zuber
2 (*für Eiscreme, Margarine*) der Becher
3 (*umgangsspr*) die [Bade]wanne

tube [tju:b]
1 das Rohr, der Schlauch
2 (*für Zahnpasta*) die Tube
3 (*in London*) die U-Bahn

to **tuck** [tʌk] stecken

◆ to **tuck in**
① hineinstecken; **to tuck one's shirt in** das Hemd in die Hose stecken
② zudecken *Kind*
③ (*umgangsspr: beim Essen*) zulangen

Tues·day ['tju:zdeɪ] der Dienstag; **on Tuesday** am Dienstag; **on Tuesdays** dienstags

to **tug** [tʌg] <tugged, tugged> heftig ziehen; **he tugged [at] her sleeve** er zerrte an ihrem Ärmel

tui·tion [tju:'ɪʃn] der Unterricht

tu·lip ['tju:lɪp] die Tulpe

to **tum·ble** ['tʌmbl]
① stürzen, fallen (**off** von)
② *Preise:* fallen

tum·ble-drier, **tum·ble dry·er** der Wäschetrockner

tum·my ['tʌmɪ] (*umgangsspr*) der Bauch

tum·my-ache (*umgangsspr*) das Bauchweh

tune [tju:n]
① die Melodie
② **to sing in/out of tune** richtig/falsch singen; **to be in/out of tune** *Instrument:* richtig gestimmt/verstimmt sein

to **tune** [tju:n]
① stimmen *Musikinstrument*
② einstellen *Radio*
③ tunen *Motor*

Tu·ni·sia [tju:'nɪziə] Tunesien

Tu·ni·sian[1] [tju:'nɪziən] der Tunesier/die Tunesierin

Tu·ni·sian[2] [tju:'nɪziən] tunesisch

tun·nel ['tʌnl] der Tunnel, die Unterführung

tur·key ['tɜ:kɪ] der Truthahn

Tur·key ['tɜ:kɪ] die Türkei

Turk·ish[1] ['tɜ:kɪʃ] türkisch

Turk·ish[2] ['tɜ:kɪʃ] Türkisch, das Türkische

turn [tɜ:n]
① die Drehung, die Umdrehung
② die Wende; **to make a turn to the right** eine Rechtskurve machen, rechts einbiegen [*oder* abbiegen]; **the turn of the century** die Jahrhundertwende; **turn of the tide** der Gezeitenwechsel
③ **by turns** abwechselnd; **in turn** der Reihe nach, abwechselnd; **out of turn** außer der Reihe; **it's your turn** du bist an der Reihe [*oder* dran]; **to miss a turn** einmal aussetzen; **to take turns at doing something** sich bei etwas abwechseln, etwas abwechselnd tun

to **turn** [tɜ:n]
① sich drehen; *Mensch auch:* sich umdrehen
② *Fahrer, Auto:* abbiegen, wenden; **to turn left/right** rechts/links abbiegen; **to turn the corner** um die Ecke biegen
③ drehen *Lenkrad, Schlüssel;* drehen, wenden *Kopf;* umdrehen *Magen;* **to turn one's back on someone** jemandem den Rücken zeigen [*oder* zuwenden]
④ wenden *Auto*
⑤ umblättern *Seite*
⑥ werden; **she has just turned 14** sie ist gerade 14 geworden
⑦ (*in einen anderen Zustand*) sich verwandeln; **his hair turned grey** sein Haar wurde grau
⑧ *Wetter:* umschlagen

◆ to **turn against**
① **to turn someone against someone** jemanden gegen jemanden aufbringen
② **to turn against someone** sich gegen jemanden wenden

◆ to **turn away**
① **to turn someone away** jemanden wegschicken [*oder* abweisen]
② abwenden *Gesicht*
③ *Person:* sich abwenden

◆ to **turn back**
① **to turn someone back** jemanden zurückschicken [*oder* zurückweisen]
② zurückstellen *Uhr;* (*übertragen*) zurückdrehen
③ zurückschlagen *Bettdecke;* umknicken *Buchseite*
④ *Person:* umkehren, sich umdrehen
⑤ (*im Buch*) zurückblättern

◆ to **turn down**
① zurückschlagen *Bettdecke;* umlegen *Kragen*
② herunterdrehen, klein stellen *Flamme;* leiser stellen *Radio*
③ ablehnen, abschlagen *Angebot;* abweisen, zurückweisen *Person*
④ **to turn down a street** in eine Straße einbiegen

◆ to **turn into** [sich] verwandeln in

◆ to **turn off**
① abschalten *Strom;* abstellen *Wasser, Gas*
② ausschalten *Licht;* zudrehen *Wasserhahn*
③ **to turn someone off** jemanden anwidern
④ *von der Straße:* abbiegen

◆ to **turn on**
① anmachen *Licht;* einschalten *elektrisches Gerät*
② aufdrehen *Gas, Wasser(hahn)*

3 sich gegen jemanden wenden
4 **to turn someone on** (*slang*) jemanden anturnen [*oder* scharfmachen]

◆ to **turn out**
1 ausmachen *Licht*
2 ausräumen *Schrank*
3 stürzen *Kuchen*
4 **to turn out one's pockets** seine Taschen umdrehen; **to turn something inside out** etwas nach außen kehren
5 hinauswerfen *Person*
6 produzieren, herstellen *Waren*
7 *Person:* [heraus]kommen, erscheinen
8 sich erweisen, sich herausstellen
9 ausgehen, ausfallen; **the evening turned out fine** das Wetter wurde am Abend schön

◆ to **turn over**
1 umdrehen
2 umblättern *Seite*
3 **to turn someone/something over to the police** jemanden/etwas der Polizei übergeben [*oder* ausliefern]
4 umsetzen, verkaufen *Waren*
5 **to turn something over** [**in one's mind**] über etwas nachdenken
6 laufen lassen *Motor*
7 *Person:* sich umdrehen
8 *Gegenstand:* umkippen
9 *Motor:* laufen
10 (*im Buch*) umblättern; **please turn over** bitte wenden

◆ to **turn round**
1 drehen *Kopf*
2 umdrehen *Stuhl*
3 sanieren, in die Gewinnzone bringen *Unternehmen*
4 *Person:* sich umdrehen, umkehren
5 **to turn round the corner** um die Ecke biegen

◆ to **turn to** **to turn to someone** sich an jemanden wenden; **to turn to something** sich einer Sache zuwenden

◆ to **turn up**
1 hochschlagen *Kragen;* hochkrempeln *Ärmel*
2 höherstellen *Gas, Heizung;* lauter stellen *Radio;* aufdrehen *Lautstärke;* heller machen *Licht*
3 finden, entdecken, ausfindig machen
4 **to turn up one's nose at something** die Nase über etwas rümpfen
5 (*erscheinen*) auftauchen
6 sich ergeben; **something will** [*oder* **is sure to**] **turn up** irgend etwas wird sich [schon] finden
7 *Nase:* nach oben gebogen sein; **a turned-up nose** eine Himmelfahrtsnase

turn·ing ['tɜːnɪŋ] die Abzweigung

turn·ing point der Wendepunkt

turn-off ['tɜːnɒf]
1 die Abzweigung; *von der Autobahn:* die Ausfahrt
2 **it's a real turn-off** (*umgangsspr*) da vergeht einem doch alles

turn·over ['tɜːnˌəʊvəʳ] (*wirtschaftlich*) der Umsatz; *von Personal:* die Fluktuation

turn-up ['tɜːnʌp]
1 GB (*an Hosen*) der Aufschlag
2 (*umgangsspr*) die Überraschung

tur·tle ['tɜːtl] die [Wasser]schildkröte

tu·tor ['tjuːtəʳ]
1 der Privatlehrer/die Privatlehrerin
2 der Nachhilfelehrer/die Nachhilfelehrerin
3 (*an einer Universität*) der Tutor/die Tutorin

to **tu·tor** ['tjuːtəʳ]
1 unterrichten
2 Nachhilfeunterricht geben

TV [tiːˈviː] *Abkürzung von* **television**
1 das Fernsehen; **on TV** im Fernsehen; **to watch TV** fernsehen
2 (*Gerät*) der Fernseher

TV guide die Fernsehzeitschrift

tween·ager, **tween·ie** [twiːni] (*umgangsspr*) *8 bis 12 Jahre altes Kind*

twelfth [twelfθ] zwölfte(r, s)

twelve [twelv] zwölf

twen·ti·eth ['twentɪəθ] zwanzigste(r, s)

twen·ty ['twentɪ] zwanzig

twice [twaɪs] zweimal; **twice as much/many** doppelt [*oder* zweimal] so viel/so viele; **twice the amount** der doppelte Betrag

twig [twɪg] der [kleine] Zweig

twin[1] [twɪn]
1 Zwillings-
2 **twin beds** zwei Einzelbetten
3 **twin town** die Partnerstadt

twin[2] [twɪn]
1 (*Person*) der Zwilling
2 (*Gegenstand*) das Gegenstück, das Pendant

to **twin** [twɪn] <twinned, twinned> durch Partnerschaft verbinden; **Stafford is twinned with Dreieich** Dreieich und Stafford sind Partnerstädte

to **twin·kle** ['twɪŋkl] funkeln, glitzern

twist [twɪst]
1 die Drehung
2 *einer Straße:* die Kurve, die Biegung
3 (*übertragen*) *einer Geschichte:* die Wendung
4 (*Tanz*) der Twist

to **twist** [twɪst]
1 drehen, wickeln (**around** um)
2 verbiegen *Metall*
3 verrenken *Körperteil;* **to twist one's ankle** sich den Fuß vertreten; **to twist someone's arm** jemandem den Arm verdrehen
4 *Fluss, Person:* sich winden
5 (*tanzen*) twisten

to **twit·ter** ['twɪtəʳ]
1 zwitschern
2 (*im Internet*) twittern

two¹ [tuː]
1 zwei
2 **the two families** die beiden Familien

two² [tuː] die Zwei; **the two of us** wir beide; **in twos** paarweise, zu zweit [*oder* zweien]; **in two** entzwei; **to break in two** in zwei Teile brechen; **in a day or two** in ein paar Tagen

type [taɪp]
1 die Art, die Sorte; (*Menschenart auch*) der Typ; **this type of car** dieser Autotyp; **that type of behaviour** ein solches Benehmen
2 die Type; **small type** die kleinen Buchstaben; **bold type** der Fettdruck

to **type** [taɪp] tippen, [mit der] Maschine schreiben

typi·cal ['tɪpɪkl] typisch (**of** für)

tyre ['taɪəʳ] der Reifen

Uu

U <*Plural* U's *oder* Us>, **u** [juː] <*Plural* u's>
1 U, u
2 jugendfrei, der jugendfreie Film

ugly ['ʌglɪ] hässlich

UK [ˌjuː'keɪ] *Abkürzung von* **United Kingdom** das Vereinigte Königreich

Ukraine [juː'kreɪn] **the Ukraine** die Ukraine

Ukrain·ian¹ [juː'kreɪniən]
1 der Ukrainer/die Ukrainerin
2 *kein Plural* das Ukrainisch

Ukrain·ian² [juː'kreɪniən] ukrainisch

ul·ti·mate·ly ['ʌltɪmətlɪ] schließlich, letzten Endes, im Grunde

um·brel·la [ʌm'brelə] der Regenschirm, der Sonnenschirm

um·pire ['ʌmpaɪəʳ] der Schiedsrichter/die Schiedsrichterin

UN [juː'en] *Abkürzung von* **United Nations** die UNO

un·able [ʌn'eɪbl] **to be unable to do something** etwas nicht tun können, außer Stande sein, etwas zu tun; **unable to pay** zahlungsunfähig

un·ac·cep·table [ˌʌnək'septəbl] unannehmbar (**to** für)

un·ac·com·pa·nied [ˌʌnə'kʌmpənɪd] ohne Begleitung

unani·mous [juː'nænɪməs] einstimmig, einmütig

un·an·swered [ˌʌn'ɑːnsəd] unbeantwortet

un·armed [ˌʌn'ɑːmd] unbewaffnet

un·at·trac·tive [ˌʌnə'træktɪv] unschön, unattraktiv, unsympathisch

un·author·ized [ˌʌn'ɔːθəraɪzd] unbefugt, nicht ermächtigt

un·avail·able [ˌʌnə'veɪləbl]
1 *Produkt:* nicht erhältlich
2 *Person:* nicht zu erreichen

un·avoid·able [ˌʌnə'vɔɪdəbl]
1 unvermeidlich
2 *Folgerung:* unausweichlich

un·aware [ˌʌnə'weəʳ] **to be unaware of something** sich einer Sache nicht bewusst sein, etwas nicht bemerken

un·bear·able [ˌʌn'beərəbl] unerträglich, unausstehlich

un·beat·able [ˌʌn'biːtəbl] unschlagbar, unbesiegbar

un·beat·en [ˌʌn'biːtn]
1 ungeschlagen
2 *Rekord:* ungebrochen

un·be·liev·able [ˌʌnbɪ'liːvəbl] unglaublich

un·break·able [ˌʌn'breɪkəbl] unzerbrechlich

to **un·but·ton** [ˌʌn'bʌtn] aufknöpfen

un·cer·tain [ʌn'sɜːtn]
1 ungewiss
2 *Wetter:* unbeständig

un·cer·tain·ty [ʌn'sɜːtntɪ] die Ungewissheit, die Unsicherheit

un·cle ['ʌŋkl] der Onkel

un·com·fort·able [ʌn'kʌmftəbl]
1 *Gegenstand:* unbequem
2 *Person:* **to be** [*oder* **feel**] **uncomfortable** sich unbehaglich [*oder* nicht wohl] fühlen

un·con·scious [ʌn'kɒnʃəs]
1 bewusstlos, ohnmächtig
2 **to be unconscious of something** sich einer Sache nicht bewusst sein

un·con·scious·ly [ʌn'kɒnʃəslɪ] unbewusst

un·con·scious·ness [ʌn'kɒnʃəsnɪs] die Bewusstlosigkeit

un·con·trol·lable [ˌʌnkən'trəʊləbl]
1 unkontrollierbar
2 *Kind:* nicht zu bändigen
3 *Drang:* unbezwingbar

un·co·opera·tive [ˌʌnkəʊ'ɒpərətɪv] nicht entgegenkommend, wenig hilfsbereit

to **un·cork** [ˌʌn'kɔːk] entkorken

to **un·cov·er** [ʌn'kʌvəʳ]
1 aufdecken
2 (*übertragen*) enthüllen, aufdecken

un·der¹ ['ʌndəʳ]
1 *räumlich* unter
2 *zeitlich, in Mengenangaben* **under an hour/twenty pounds** weniger als eine Stunde/zwanzig Pfund
3 (*Zustand*) **under construction** im Bau [befindlich]; **under repair** in Reparatur
4 **to be under the impression that ...** den Eindruck haben, dass ...
5 **under the terms of the agreement** gemäß [*oder* nach] den Vertragsbestimmungen

un·der² ['ʌndəʳ] darunter

under·clothes ['ʌndəkləʊ(ð)z] die Unterwäsche

to **under·es·ti·mate** [ˌʌndər'estɪmeɪt] unterschätzen

to **under·go** [ˌʌndə'gəʊ] <underwent, undergone>
1 durchmachen, erleben
2 sich unterziehen [müssen] *Operation*

under·gradu·ate [ˌʌndə'grædʒʊət] der Student/die Studentin

under·ground¹ ['ʌndəgraʊnd] (GB) die Untergrundbahn, die U-Bahn

under·ground² ['ʌndəgraʊnd]
1 unterirdisch; **underground car park** die Tiefgarage
2 (*übertragen: geheim*) Untergrund-

to **under·line** [ˌʌndə'laɪn] (*auch übertragen*) unterstreichen

under·neath¹ [ˌʌndə'niːθ] unter

under·neath² [ˌʌndə'niːθ] darunter

under·neath³ [ˌʌndə'niːθ] die Unterseite

under·pants ['ʌndəpænts] *Plural* die Unterhose; **a pair of underpants** eine Unterhose

to **under·stand** [ˌʌndə'stænd] <understood, understood>
1 verstehen; **to understand one another** sich [gut] verstehen; **I cannot understand why he did that** ich begreife nicht, warum er das getan hat
2 **I understand that ...** ich habe gehört, dass ...
3 **am I to understand that ...?** soll das heißen, dass ...?
4 **to make oneself understood** sich verständlich machen; **is that understood?** ist das klar?

under·stand·able [ˌʌndə'stændəbl] verständlich

under·stand·ing¹ [ˌʌndə'stændɪŋ]
1 das Verständnis (**of** für); **to show** [**some**] **understanding for someone** Verständnis für jemanden haben
2 das Übereinkommen, die Verständigung
3 die Voraussetzung; **on the understanding that ...** unter der Voraussetzung, dass ...

under·stand·ing² [ˌʌndə'stændɪŋ] verständnisvoll

under·stood [ˌʌndə'stʊd] *2. und 3. Form von* **understand**

to **under·take** [ˌʌndə'teɪk] <undertook, undertaken>
1 unternehmen *Arbeit, Reise*
2 übernehmen *Aufgabe*
3 auf sich nehmen *Pflicht*
4 **to undertake to do something** sich verpflichten, etwas zu tun
5 (*garantieren*) sich verbürgen

under·tak·er ['ʌndəteɪkəʳ] der Beerdigungsunternehmer/die Beerdigungsunternehmerin, der

Leichenbestatter/die Leichenbestatterin; **undertakers** das Beerdigungsinstitut

> **Falsche Freunde**
> Nicht verwechseln mit *der Unternehmer* — *employer!*

under·tak·ing [ˌʌndəˈteɪkɪŋ]
1 das Unternehmen, das Projekt
2 die Zusicherung; **to give an undertaking that ...** zusichern, dass ...; **to give an undertaking to do something** sich verpflichten, etwas zu tun

under·wa·ter [ˈʌndəwɔːtəʳ] Unterwasser-

under·wear [ˈʌndəweəʳ] die Unterwäsche

under·went [ˌʌndəˈwent] *2. Form von* **undergo**

un·did [ʌnˈdɪd] *2. Form von* **undo**

to **un·do** [ʌnˈduː] <undid, undone>
1 aufmachen; lösen *Knoten;* öffnen *Paket*
2 ungeschehen machen *Tat*

un·done¹ [ˌʌnˈdʌn] *3. Form von* **undo**

un·done² [ˌʌnˈdʌn]
1 **with his shoelaces undone** mit offenen Schnürsenkeln; **to come undone** aufgehen
2 *Aufgabe:* unerledigt

un·doubt·ed [ʌnˈdaʊtɪd] unzweifelhaft, unbestritten

un·doubt·ed·ly [ʌnˈdaʊtɪdlɪ] zweifellos

to **un·dress** [ʌnˈdres] [sich] ausziehen; **to get undressed** sich ausziehen

un·easy [ʌnˈiːzɪ]
1 unbehaglich; **I feel uneasy about ...** mir ist wegen ... unbehaglich zu Mute
2 *Schlaf:* unruhig
3 *Frieden:* unsicher

un·em·ployed [ˌʌnɪmˈplɔɪd] arbeitslos, erwerbslos; **the unemployed** die Arbeitslosen

un·em·ploy·ment [ˌʌnɪmˈplɔɪmənt] die Arbeitslosigkeit; **unemployment benefit** das Arbeitslosengeld, die Arbeitslosenhilfe

un·equal [ˌʌnˈiːkwəl]
1 *Maße:* unterschiedlich
2 *Kampf:* ungleich
3 *Verteilung:* unausgeglichen

un·even [ˌʌnˈiːvn]
1 *Fläche:* uneben
2 *Linie:* ungerade
3 *Dicke:* ungleich
4 *Atmung, Pulsschlag:* unregelmäßig
5 *Verteilung:* ungleichmäßig
6 *Charakter:* unausgeglichen
7 *Zahl:* ungerade

un·ex·pect·ed [ˌʌnɪkˈspektɪd] unerwartet

un·fair [ˌʌnˈfeəʳ]
1 unfair, ungerecht[fertigt]
2 (*unsportlich*) unfair
3 *Wettbewerb:* unlauter

un·faith·ful [ˌʌnˈfeɪθfᵊl] untreu

un·fa·mil·iar [ˌʌnfəˈmɪlɪəʳ]
1 *Umgebung:* fremd, unbekannt
2 *Tätigkeit:* ungewohnt
3 **to be unfamiliar with something** etwas nicht kennen, mit etwas nicht vertraut sein

un·fit [ˌʌnˈfɪt]
1 unfähig; **unfit for work** arbeitsunfähig; **unfit to drive** fahruntüchtig
2 ungeeignet
3 (*Sport*) nicht fit [*oder* in Form]

un·for·get·table [ˌʌnfəˈgetəbl] unvergesslich

un·for·giv·able [ˌʌnfəˈgɪvəbl] unverzeihlich

un·for·tu·nate [ʌnˈfɔːtʃʊnət]
1 *Person:* glücklos, unglücklich
2 *Vorfall:* bedauerlich, unglücklich
3 *Zeit:* ungünstig
4 *Bemerkung:* unpassend

un·for·tu·nate·ly [ʌnˈfɔːtʃʊnətlɪ] leider, unglücklicherweise

to **un·friend** (*im Internet*) **to unfriend someone** jemanden von seiner Freundesliste streichen

un·friend·ly [ˌʌnˈfrendlɪ] unfreundlich (**to** zu)

un·grate·ful [ʌnˈgreɪtfᵊl] undankbar

un·hap·py [ʌnˈhæpɪ]
1 (*traurig*) unglücklich
2 nicht zufrieden (**about/with** mit)

un·healthy [ʌnˈhelθɪ]
1 ungesund
2 *Einfluss:* schädlich; *Angewohnheit:* schlecht

un·heard-of [ʌnˈhɜːdɒv] [völlig] unbekannt; **it used to be unheard-of for women to play football** es war früher unvorstellbar, dass Frauen Fußball spielten

un·hurt [ʌnˈhɜːt] unverletzt

uni·fi·ca·tion [ˌjuːnɪfɪˈkeɪʃn] Vereinigung

uni·form [ˈjuːnɪfɔːm] die Uniform

to **uni·fy** [ˈjuːnɪfaɪ]
① [ver]einigen *Länder, Volk*
② vereinheitlichen *System*

to **un·in·stall** [ˌʌnɪnˈstɔːl] (*am Computer*) **to uninstall software** Software deinstallieren

un·in·ten·tion·al [ˌʌnɪnˈtenʃənl] unabsichtlich, unbeabsichtigt

un·in·ter·est·ed [ʌnˈɪntrɪstɪd] uninteressiert (**in** an)

un·in·ter·est·ing [ʌnˈɪntrɪstɪŋ] uninteressant

un·ion [ˈjuːnɪən]
① die Vereinigung, der Zusammenschluss
② (*Staatenbund*) die Union
③ die Gewerkschaft

Un·ion Jack [ˈjuːnɪənˈdʒæk] die britische Nationalflagge

unique [juːˈniːk] einzigartig, einmalig

unit [ˈjuːnɪt]
① die Einheit, das Stück
② (*Möbelstück*) das Element
③ (*in einer Organisation*) die Abteilung
④ (*mathematisch*) der Einer

to **unite** [juːˈnaɪt]
① vereinigen, verbinden
② sich vereinigen, sich zusammenschließen

Unit·ed King·dom das Vereinigte Königreich (*Großbritannien und Nordirland*)

Unit·ed Na·tions ⚠ *mit Singular* die Vereinten Nationen

Unit·ed States, Unit·ed States of Ameri·ca die Vereinigten Staaten [von Amerika]

uni·ver·sity [ˌjuːnɪˈvɜːsətɪ] die Universität; **to be at** [*oder* **go to**] **university** die Universität besuchen, studieren

un·kind [ʌnˈkaɪnd] unfreundlich

un·known [ˌʌnˈnəʊn] unbekannt

un·lead·ed [ˌʌnˈledɪd] bleifrei, unverbleit

un·less [ənˈles] außer wenn, es sei denn

un·like [ˌʌnˈlaɪk]
① **to be unlike someone/something** jemandem/einer Sache nicht ähnlich sein; **she's very unlike her sister** sie ist ganz anders als ihre Schwester
② **it's very unlike her to lose her temper** das sieht ihr gar nicht ähnlich, dass sie ihre Beherrschung verliert
③ **unlike you, I ...** im Gegensatz zu dir, ... ich

un·like·ly [ʌnˈlaɪklɪ]
① unwahrscheinlich
② *Geschichte:* unglaubwürdig

to **un·load** [ʌnˈləʊd]
① ausladen *Gepäck*
② entladen *Fahrzeug*
③ löschen *Schiff[sladung]*
④ (*übertragen*) abladen *Kinder, Probleme*

to **un·lock** [ˌʌnˈlɒk] aufschließen

un·locked [ˌʌnˈlɒkt] unverschlossen

un·lucky [ʌnˈlʌkɪ] **to be unlucky** *Person:* Pech haben; *Umstand:* Unglück bringen

un·mar·ried [ˌʌnˈmærɪd] unverheiratet, ledig

un·natu·ral [ʌnˈnætʃrəl]
① unnatürlich
② (*abnorm*) widernatürlich

un·nec·es·sary [ʌnˈnesəsrɪ] unnötig

un·of·fi·cial [ˌʌnəˈfɪʃl] inoffiziell

to **un·pack** [ˌʌnˈpæk] auspacken

un·paid [ˌʌnˈpeɪd] unbezahlt

un·pleas·ant [ʌnˈpleznt]
① *Person:* unangenehm, unfreundlich
② *Bemerkung:* unfreundlich
③ *Nachricht:* unerfreulich

to **un·plug** [ˌʌnˈplʊg] <unplugged, unplugged> den Stecker herausziehen

un·popu·lar [ˌʌnˈpɒpjʊləʳ] unbeliebt, unpopulär

un·real [ʌnˈrɪəl]
① unwirklich
② (*slang*) unglaublich

un·rea·son·able [ʌnˈriːznəbl]
① unvernünftig
② *Ansprüche, Forderung:* übertrieben, unangemessen, unzumutbar

un·rest [ʌnˈrest] die Unruhen

un·sat·is·fac·tory [ˈʌnˌsætɪsˈfæktrɪ] unbefriedigend

un·self·ish [ˌʌnˈselfɪʃ] selbstlos, uneigennützig

un·shav·en [ˌʌnˈʃeɪvn] unrasiert

un·skilled [ˌʌnˈskɪld] ungelernt

un·suc·cess·ful [ˌʌnsəkˈsesfəl] erfolglos; *Versuch:* vergeblich; *Ergebnis:* nicht erfolgreich; **to be unsuccessful** keinen Erfolg haben

un·sure [ˌʌnˈʃʊəʳ] unsicher

un·tidy [ʌnˈtaɪdɪ] unordentlich

to **un·tie** [ˌʌn'taɪ] <untied, untied>
1 lösen *Knoten*
2 aufbinden *Schnürsenkel*
3 aufschnüren *Paket*
4 losbinden *Person, Tier*

un·til [ən'tɪl]
1 bis [zu]; **until the end** bis zum Ende
2 **not until** nicht vor, erst

un·true [ˌʌn'truː] unwahr, falsch; **that's untrue** das ist nicht wahr

un·usual [ʌn'juːʒl] ungewöhnlich

un·well [ʌn'wel] unwohl; **to feel** [*oder* **be**] **unwell** sich nicht wohl fühlen

to **un·wind** [ˌʌn'waɪnd] <unwound, unwound>
1 [sich] abwickeln
2 (*umgangsspr*) abschalten, sich entspannen

to **un·wrap** [ˌʌn'ræp] <unwrapped, unwrapped> auswickeln, auspacken

to **un·zip** [ˌʌn'zɪp] <unzipped, unzipped> **to unzip a bag** den Reißverschluss einer Tasche öffnen

up[1] [ʌp]
1 *räumlich* oben, nach oben; **up here** hier oben; **up there** da oben; **up and down** auf und ab, hin und her; **up and up** immer höher
2 *örtlich* **up in Scotland** oben in Schottland; **up to London** nach London
3 *mit Verben der Bewegung* hinauf, hoch; **to jump up** aufspringen; **to look up** hochsehen; **stand up!** steh auf!
4 (*nicht im Bett*) auf; **to get up** aufstehen
5 *Preise:* gestiegen
6 **to be up** stehen; *Gerüst:* aufgestellt sein; *Bild, Mitteilung, Tapete, Vorhänge:* hängen
7 aufwärts; **from $3 up** von $3 aufwärts, ab $3; **from the age of 18 up** ab 18 Jahren
8 bis; **up to here/now/20 pounds** bis hier/jetzt/20 Pfund
9 (*Sport*) in Führung; **England are 2-0 up** England führt zwei zu null
10 zu Ende, vorüber, um; **time's up** die Zeit ist um
11 **to be/feel up to something** einer Sache gewachsen sein/sich einer Sache gewachsen fühlen
12 **it's up to him to do that** es liegt an ihm, das zu tun
13 **I know what we're up against** ich weiß, was uns bevorsteht
14 **to lean something up against the wall** etwas an die Wand lehnen
15 **what are you up to?** was machst du?, was hast du vor?; **he is up to something** er führt irgendetwas im Schilde
16 **what's up?** (*umgangssprachl*) was ist los?
17 **to be up for sale** zu verkaufen sein, zum Verkauf stehen

up[2] [ʌp]
1 hinauf, oben auf; **to go up the hill** den Berg hinaufgehen; **to run up and down the stairs** die Treppe rauf und runter rennen; **further up the street** die Straße weiter rauf; **to row up the river** flussaufwärts rudern
2 **to travel up and down the country** durch das ganze Land [*oder* landauf, landab] reisen

up·bring·ing ['ʌpbrɪŋɪŋ] die Erziehung

up·com·ing ['ʌpˌkʌmɪŋ] (USA) bevorstehend

to **up·grade** [ˌʌp'greɪd] höher einstufen; befördern *Beschäftigte;* erweitern, nachrüsten *Computer;* aufstufen *Fluggast;* aufbessern, aufwerten *Image, Verdienst*

up·hill [ˌʌp'hɪl]
1 *Straße:* [an]steigend, bergauf führend
2 **uphill ski** der Bergski
3 (*übertragen*) mühselig
4 bergan, bergauf

upon [ə'pɒn]
1 (*gehoben*) auf
2 **once upon a time ...** es war einmal ...

up·per ['ʌpəʳ] höhe(r, s), obere(r, s); **upper deck** das Oberdeck; **upper lip** die Oberlippe; **the Upper House** das Oberhaus

up·per-class der Oberschicht

up·right[1] ['ʌpraɪt]
1 aufrecht, senkrecht
2 (*übertragen*) *Mensch:* aufrecht, ehrlich

up·right[2] ['ʌpraɪt] der Ständer, der Pfosten

to **up·set** [ˌʌp'set] <upset, upset>
1 umstoßen, umwerfen
2 **to upset someone** *Ereignis, Tod:* jemanden bestürzen, mitnehmen
3 verletzen; **now you've upset him** (*auch humorvoll*) jetzt ist er beleidigt
4 aufregen
5 durcheinanderbringen *Pläne;* umstoßen *Theorie*
6 verderben *Magen*

up·side down [ˌʌpsaɪd 'daʊn] verkehrt herum; **to turn something upside down** (*auch übertragen*) etwas auf den Kopf stellen

up·stairs[1] [ˌʌp'steəz]
1 oben, im oberen Stock

A B C D E F G H I J K L M N O P Q R S T U V W X Y Z

2 [die Treppe] hinauf, in den oberen Stock; **to go upstairs** nach oben gehen

up·stairs² [ˌʌp'steəz] das obere Stockwerk

up·stream [ˌʌp'striːm] flussaufwärts, stromaufwärts

up-to-date [ˌʌptə'deɪt]
1 auf dem neuesten Stand, hochaktuell
2 modern

up·ward ['ʌpwəd]
1 (*auch übertragen*) Aufwärts-, nach oben
2 (*auch übertragen*) **upward**[**s**] aufwärts
3 **from $3 upwards** ab $3; **upwards of $3** mehr als $3

ur·ban ['ɜːbən] städtisch

to **urge** [ɜːdʒ]
1 **to urge someone to do something** jemanden drängen, etwas zu tun
2 (*auch übertragen*) **to urge** [**on**] vorantreiben

ur·gen·cy ['ɜːdʒənsɪ] die Dringlichkeit

ur·gent ['ɜːdʒənt]
1 dringend, eilig; **to be urgent** eilen; **to be in urgent need of something** etwas dringend brauchen
2 *Ton, Bitte:* dringlich

urine ['jʊərɪn] der Urin, der Harn

us [əs, *betont* ʌs] uns; **all/both of us** wir alle/beide; **it's us** wir sind es

USB [ˌjuːes'biː] *Abkürzung von* **Universal Serial Bus** USB; **USB flash drive** der USB-Stick; **USB port** [*oder* **interface**] die USB-Schnittstelle

use [juːs]
1 die Verwendung, die Benutzung, der Gebrauch; (*juristisch*) die Nutznießung; **to be in use** in Betrieb sein; **to have no use for something** etwas nicht gebrauchen können, für etwas keine Verwendung haben
2 *einer Methode, Fähigkeit, von Gewalt:* die Anwendung
3 *eines Vorteils:* die Nutzung; *von Abfallprodukt:* die Verwertung
4 **to be of use** von Nutzen sein; **what use is it?** wofür ist das denn gut?; **it's no use doing that!** es hat keinen Zweck, das zu tun!; **what's the use?** was nützt das schon?

to **use** [juːz]
1 benutzen, verwenden, gebrauchen; anwenden *Methode, Gewalt, Fähigkeit;* **how to use something** wie man mit etwas umgeht
2 ausnutzen; nutzen *Vorteil;* verwerten *Abfall*
3 (*abwertend*) ausnutzen
4 *nur in der Vergangenheit* **he used to play tennis** früher spielte er [regelmäßig] Tennis; **he didn't use** [*oder* **used not**] **to smoke** er hat früher nicht geraucht
◆ to **use up** [ver]brauchen

used¹ [juːzd] gebraucht; *Waren, Auto:* Gebraucht-

used² [juːst] **to be used to something** an etwas gewöhnt [*oder* etwas gewohnt] sein; **to get used to something** sich an etwas gewöhnen

Grammatik
Used to, be used to — Redet man über eine Angewohnheit oder eine Situation aus der Vergangenheit, verwendet man **used to** zusammen mit einem Verb: *I used to smoke but I stopped two months ago; She used to live in Stuttgart, but now she lives in Hamburg*. Wenn es sich um etwas handelt, an das man gewöhnt ist, dann verwendet man **be used to** zusammen mit einem Substantiv oder einem Verb in der -ing form: *She's not used to the hot weather; I'm used to driving long distances.*

use·ful ['juːsfᵊl] nützlich, brauchbar

use·less ['juːslɪs]
1 nutzlos
2 *Gegenstand:* unbrauchbar

user ['juːzəʳ]
1 der Benutzer/die Benutzerin
2 (*wirtschaftlich*) der Verbraucher/die Verbraucherin
3 (*Computer*) der Anwender/die Anwenderin

user-friend·ly ['juzə'frendlɪ] benutzerfreundlich

usu·al ['juːʒl] gewöhnlich, üblich; **as usual** wie gewöhnlich

usu·al·ly ['juːʒəlɪ] gewöhnlich, im Allgemeinen

util·ity [juː'tɪlətɪ] **utility room** der Abstellraum

ut·ter ['ʌtəʳ] völlig, total

U-turn ['juːtɜːn] (*auch übertragen*) die Kehrtwendung; **no U-turns!** Wenden verboten!

Vv

V <*Plural* V's *oder* Vs>, **v** [viː] <*Plural* v's> V, v

va·can·cy ['veɪkənsɪ]
1 das freie Zimmer
2 (*Arbeit*) die offene Stelle
3 **Vacancies** (*Zeitungsrubrik*) die Stellenangebote, der Stellenmarkt

va·cant ['veɪkənt]
1 leer
2 *Raum, Wohnung, Haus:* leer stehend, unbewohnt
3 *Toilette, Zimmer, Platz:* frei
4 *Stelle:* unbesetzt, frei
5 (*übertragen*) geistesabwesend

va·ca·tion [və'keɪʃn] die Ferien, der Urlaub

to **vac·ci·nate** ['væksɪneɪt] impfen (**against** gegen)

vac·ci·na·tion [ˌvæksɪ'neɪʃn] die Impfung

to **vacuum** ['vækjʊəm] staubsaugen

vacuum clean·er der Staubsauger

vacuum flask die Thermosflasche®

vague [veɪg]
1 vage, verschwommen; **not the vaguest idea** nicht die leiseste Ahnung
2 geistesabwesend

vain [veɪn]
1 eitel, eingebildet
2 *Versuch, Hoffnung:* vergeblich; **in vain** vergeblich

val·id ['vælɪd]
1 *Pass:* gültig; *Vertrag:* rechtskräftig; *Anspruch:* berechtigt; **valid for three months** drei Monate gültig
2 *Grund:* stichhaltig, triftig; *Einwand:* berechtigt

val·ley ['vælɪ] das Tal

valu·able[1] ['væljʊəbl] wertvoll, kostbar

valu·able[2] ['væljʊəbl] **valuables** *Plural* die Wertgegenstände, die Wertsachen

value ['væljuː]
1 der Wert; **of no/little value** nichts/wenig wert; **to be good value** preiswert sein; **to the value of** im Wert von; **to get value for money** etwas für sein Geld bekommen
2 **values** die sittlichen Werte
3 (*mathematisch*) der Wert

to **value** ['væljuː]
1 [ab]schätzen, bewerten *Haus, Eigentum* (**at** auf)
2 (*übertragen*) [wert]schätzen *Arbeit, Mühe*

vam·pire ['væmpaɪəʳ] der Vampir

van [væn] (GB) der Lieferwagen, der Kleintransporter

van·dal ['vændl] (*übertragen*) der Rowdy

van·dal·ism ['vændəlɪzəm] der Vandalismus

to **van·dal·ize** ['vændəlaɪz] mutwillig zerstören

va·nil·la [və'nɪlə] die Vanille

to **van·ish** ['vænɪʃ] verschwinden; *Angst, Sorgen:* sich legen; *Hoffnung:* schwinden; *Rasse, Kultur:* untergehen

vari·able ['veərɪəbl]
1 veränderlich, variabel
2 (*technisch*) regulierbar, einstellbar
3 (*übertragen*) *Wetter, Stimmung:* unbeständig

varia·tion [ˌveərɪ'eɪʃn]
1 die Veränderung, die Variation; *von Wetter, Aktienkurs:* die Schwankung
2 (*Musik*) die Variation (**on** zu)
3 (*auch biologisch*) die Variante

var·ied ['veərɪd]
1 unterschiedlich
2 *Leben:* abwechslungsreich
3 *Arbeit, Stil:* vielseitig

va·ri·ety [və'raɪətɪ]
1 die Vielfalt; **a variety of colours** die verschiedensten Farben; **for a variety of reasons** aus verschiedenen Gründen
2 die Abwechslung
3 (*botanisch, zoologisch*) die Art, die Sorte

vari·ous ['veərɪəs]
1 verschiedene; **at various times** zu verschiedenen Zeiten; **for various reasons** aus verschiedenen Gründen
2 (*umgangsspr*) mehrere

var·nish ['vɑːnɪʃ] <*Plural* varnishes> Lack

to **vary** ['veərɪ]
1 variieren
2 **opinions vary** die Meinungen gehen auseinander
3 sich wandeln, sich [ver]ändern

vase [vɑːz] die [Blumen]vase

vast [vɑːst]
1 *Größe:* riesig; *Fläche:* weit

2 (*übertragen*) enorm; **vast amount of time/money** enorm viel Zeit/Geld

VAT [ˌviːeɪ'tiː] *Abkürzung von* **Value Added Tax** MwSt.

vault [vɔːlt] (*Sport*) der Sprung

to **vault** [vɔːlt] springen (**over** über); **to vault something** etwas überspringen

veal [viːl] das Kalbfleisch

veg [vedʒ] (*umgangsspr*) das [gekochte] Gemüse

veg·eta·ble ['vedʒtəbl] das Gemüse

veg·eta·ble oil das Pflanzenöl

veg·etar·ian[1] [ˌvedʒɪ'teərɪən] der Vegetarier/die Vegetarierin

veg·etar·ian[2] [ˌvedʒɪ'teərɪən] vegetarisch

ve·hi·cle ['viːɪkl] das Fahrzeug

veil [veɪl] der Schleier

vein [veɪn]
1 (*auch bei Pflanzen*) die Ader
2 (*medizinisch auch*) die Vene

Vel·cro® ['velkrəʊ] **Velcro fastener** der Klettverschluss®

vel·vet ['velvɪt] der Samt

veni·son ['venɪzn] das Rehfleisch

venue ['venjuː]
1 der Treffpunkt, die Begegnungsstätte
2 (*Sport*) der Austragungsort

verb [vɜːb] das Verb, das Zeitwort

ver·bal ['vɜːbl] mündlich

ver·dict ['vɜːdɪkt]
1 das Urteil; **verdict of guilty** der Schuldspruch; **verdict of not guilty** der Freispruch
2 die Meinung

verge [vɜːdʒ]
1 (*auch übertragen*) der Rand; **on the verge of** (*übertragen*) am Rande, nahe an
2 *einer Straße:* der Seitenstreifen

to **veri·fy** ['verɪfaɪ]
1 [über]prüfen *Echtheit, Richtigkeit*
2 bestätigen *Aussage*
3 beglaubigen *Zeugnis*

ver·sa·tile ['vɜːsətaɪl] vielseitig

verse [vɜːs]
1 *eines Liedes:* die Strophe
2 *eines Gedichtes:* die Dichtung
3 *der Bibel:* der Vers
4 **in verse** in Versform

ver·sion ['vɜːʃn]
1 die Version; *von Geschehnis, Text:* die Darstellung
2 *von Auto, Gerät:* das Modell, die Ausführung

ver·sus ['vɜːsəs] gegen

ver·te·bra ['vɜːtɪbrə, *Plural* 'vɜːtɪbriː] <*Plural* vertebrae> der Rückenwirbel

ver·ti·cal ['vɜːtɪkl] senkrecht

ver·ti·go ['vɜːtɪgəʊ] **to suffer from vertigo** nicht schwindelfrei sein

very ['verɪ]
1 sehr; **thank you very much** danke sehr, vielen Dank
2 äußerste(r, s); **the very best** der/die/das Allerbeste; **at the very latest** allerspätestens; **at the very end** am äußersten Ende
3 **the very same** genau derselbe; **the very next day** gleich am nächsten Tag; **the very same day** noch am selben Tag; **the very thing** genau das Richtige
4 **it's very possible** es ist gut möglich
5 **how very peculiar!** wie eigenartig!
6 **very well** na, nun gut, sehr wohl
7 **the very thought** der bloße Gedanke

ves·sel ['vesl]
1 (*anatomisch, pflanzlich*) das Gefäß
2 das Schiff

vest [vest]
1 (GB) das Unterhemd
2 (USA) die Weste

Falsche Freunde
Nicht verwechseln mit *die Weste* — *waistcoat!*

vet [vet] der Tierarzt/die Tierärztin

vet·er·an ['vetərən] der Veteran/die Veteranin

vet·eri·nar·ian [ˌvetərɪ'neərɪən] (USA) der Tierarzt/die Tierärztin

vet·eri·nary ['vetrɪnrɪ] tierärztlich, veterinär-; **veterinary surgeon** der Tierarzt/die Tierärztin

veto ['viːtəʊ] <*Plural* vetoes> das Veto, der Einspruch

to **veto** ['viːtəʊ] sein Veto einlegen gegen

via ['vaɪə]
1 über
2 per, via

to **vi·brate** [vaɪ'breɪt] vibrieren, zittern (**with** vor)

vi·bra·tion [vaɪ'breɪʃn] die Schwingung, die Vibration

vic·ar ['vɪkəʳ] der Pfarrer/die Pfarrerin, der Pastor/die Pastorin

vic·ar·age ['vɪkərɪdʒ] das Pfarrhaus

vice[1] [vaɪs]
1. das Laster
2. der Schraubstock

vice[2] [vaɪs] Vize-

vice ver·sa [ˌvaɪsɪ'vɜːsə] umgekehrt

vi·cious ['vɪʃəs]
1. *Mensch:* bösartig; *Taten:* boshaft
2. *Hund:* bissig

vic·tim ['vɪktɪm] das Opfer

vic·to·ri·ous [vɪk'tɔːrɪəs] siegreich (**over** über)

vic·tory ['vɪktərɪ] der Sieg

to **video** ['vɪdɪəʊ] auf Band aufnehmen

video ['vɪdɪəʊ] <*Plural* videos> der Videorekorder

video cam·era die Videokamera

video cas·sette die Videokassette

video game das Videospiel, das Telespiel

video·phone das Bildtelefon

video re·cord·er der Videorekorder

video tape die Videokassette

Vi·en·na [vɪ'enə] Wien

view [vjuː]
1. die Sicht; **to come into view** in Sicht kommen; **in full view of all these people** vor den Augen all dieser Leute; **hidden from view** verdeckt
2. die Aussicht; **on view** ausgestellt, zur Ansicht; **a view of the mountains** ein Blick auf die Berge
3. die Meinung, die Ansicht; **in my view** meines Erachtens, meiner Ansicht nach
4. **with a view to doing something** mit der Absicht, etwas zu tun
5. **in view of** (*übertragen*) im Hinblick auf

to **view** [vjuː]
1. ansehen, betrachten
2. besichtigen
3. (*übertragen*) sehen, beurteilen *Problem*

view·er ['vjuːəʳ] der [Fernseh]zuschauer/die [Fernseh]zuschauerin

vig·or·ous ['vɪgərəs] energisch

vile [vaɪl] (*umgangsspr*) schlecht, abscheulich

vil·lage ['vɪlɪdʒ] das Dorf

vil·lain ['vɪlən]
1. der Bösewicht
2. (*umgangsspr*) der Verbrecher

vin·egar ['vɪnɪgəʳ] der Essig

vine·yard ['vɪnjəd] der Weinberg

vin·tage[1] ['vɪntɪdʒ] (*Wein*) der Jahrgang

vin·tage[2] ['vɪntɪdʒ]
1. hervorragend; **vintage year** der gute Jahrgang
2. alt; **vintage car** der Oldtimer

vio·la [vɪ'əʊlə] die Bratsche

vio·la·tion [ˌvaɪə'leɪʃn]
1. die Verletzung; (*gegen Recht, Gesetz*) der Verstoß
2. *von Ort, Grab:* die Schändung
3. *von Frieden, Stille:* die Störung

vio·lence ['vaɪələns]
1. die Gewalt, die Gewalttätigkeit
2. *eines Sturms:* die Heftigkeit

vio·lent ['vaɪələnt]
1. gewaltsam, gewalttätig
2. heftig, stark; **to have a violent temper** jähzornig sein

vio·lin [ˌvaɪə'lɪn] die Geige, die Violine; **to play the violin** Geige spielen

vio·lin·ist ['vaɪəlɪnɪst] der Geiger/die Geigerin

vir·gin ['vɜːdʒɪn] die Jungfrau

vir·tual ['vɜːtʃʊəl]
1. **she was a virtual heroine** sie war praktisch eine Heldin
2. (*Physik*) virtuell

vir·tu·al·ly ['vɜːtʃʊəllɪ] praktisch, so gut wie

vir·tue ['vɜːtʃuː]
1. die Tugend
2. die Tugendhaftigkeit

vi·rus ['vaɪərəs] <*Plural* viruses> das Virus

visa ['viːzə] das Visum

vis·ibil·ity [ˌvɪzə'bɪlətɪ]
1. die Sichtbarkeit
2. die Sicht[weite]

vis·ible ['vɪzəbl]
1. sichtbar, wahrnehmbar
2. (*übertragen*) sichtlich

vi·sion ['vɪʒn]
1. die Sehkraft
2. (*übertragen*) die Vision; **vision of the future** die Zukunftsvision

3 **I had visions of having to do it all again** ich sah mich schon das alles noch einmal machen

to **vi·sit** ['vɪzɪt]
1 besuchen
2 besichtigen *Sehenswürdigkeit*
3 **we're just visiting** wir sind nur auf Besuch

vi·sit ['vɪzɪt] der Besuch (**to** bei); **for** [*oder* **on**] **a visit** auf Besuch

vis·it·ing ['vɪzɪtɪŋ]
1 **visiting hours** die Besuchszeit
2 **visiting professor** der Gastprofessor/die Gastprofessorin; **the visiting team** die Gäste

visi·tor ['vɪzɪtəʳ]
1 *von Sehenswürdigkeiten:* der Besucher/die Besucherin
2 der Gast; **visitors' book** das Gästebuch; **to have visitors** Besuch haben

vis·ual ['vɪʒʊəl]
1 visuell
2 Seh-
3 **visual aids** das Anschauungsmaterial

vi·tal ['vaɪtl]
1 lebenswichtig
2 (*übertragen*) wesentlich, unerlässlich (**to** für); **of vital importance** äußerst wichtig; **it is vital that ...** es ist unbedingt notwendig, dass ...

vita·min ['vɪtəmɪn] das Vitamin

viv·id ['vɪvɪd]
1 lebhaft, lebendig
2 *Farbe:* kräftig, leuchtend
3 *Erinnerung:* frisch, lebhaft

vo·cabu·lary [və'kæbjʊlərɪ]
1 das Wörterverzeichnis, das Vokabular
2 der Wortschatz

vo·cal ['vəʊkl]
1 Stimm-
2 (*übertragen*) lautstark

vo·cal·ist ['vəʊkəlɪst] der Sänger/die Sängerin

vo·ca·tion [vəʊ'keɪʃn]
1 die Berufung
2 die Eignung (**for** für)
3 der Beruf

vo·ca·tion·al [vəʊ'keɪʃənl] beruflich, Berufs-

voice [vɔɪs]
1 die Stimme; **in a loud voice** mit lauter Stimme
2 das Mitspracherecht

to **voice** [vɔɪs] äußern, zum Ausdruck bringen

void [vɔɪd]
1 leer
2 (*juristisch*) ungültig, nichtig
3 **void of** ohne

vol·can·ic [vɒl'kænɪk] vulkanisch

vol·ca·no [vɒl'keɪnəʊ] <*Plural* volcanos *oder* volcanoes> der Vulkan

vol·ley ['vɒlɪ]
1 die Salve
2 (*übertragen*) *von Fragen, Bemerkungen:* der Hagel
3 (*Sport*) der Flugball, der Volley

to **vol·ley** ['vɒlɪ] (*Sport*) **to volley** [**the ball**] einen Volley spielen

volt [vəʊlt] das Volt

volt·age ['vəʊltɪdʒ] die Spannung

vol·ume ['vɒljuːm]
1 die Lautstärke
2 der Rauminhalt, das Volumen
3 der Band, das Buch

vol·ume con·trol der Lautstärkeregler

vol·un·tary ['vɒləntrɪ]
1 freiwillig
2 **voluntary work** die ehrenamtliche Arbeit

vol·un·tary or·gani·za·tion die Wohltätigkeitsorganisation

vol·un·teer [ˌvɒlən'tɪəʳ] der/die Freiwillige

to **vol·un·teer** [ˌvɒlən'tɪəʳ]
1 anbieten *Hilfe*
2 machen *Vorschlag;* geben *Auskunft*
3 sich freiwillig melden, etwas freiwillig tun

vom·it ['vɒmɪt] das Erbrochene

to **vom·it** ['vɒmɪt] [sich] erbrechen

vote [vəʊt]
1 die Abstimmung; **to put to the vote** zur Abstimmung bringen; **to take a vote on** abstimmen über
2 die Stimme; **to cast one's vote** seine Stimme abgeben; **by 5 votes to 3** mit 5 gegen 3 Stimmen
3 das Wahlrecht, das Stimmrecht; **to have a/the vote** ein/das Stimmrecht haben
4 **vote of confidence** das Vertrauensvotum; **vote of no confidence** das Misstrauensvotum

to **vote** [vəʊt]
1 abstimmen

2 wählen, seine Stimme abgeben (**for** für, **against** gegen)

vot·er ['vəʊtəʳ] der Wähler/die Wählerin

vot·ing ['vəʊtɪŋ]
1 die Wahlbeteiligung
2 **voting right** das Stimmrecht

vouch·er ['vaʊtʃəʳ] der Gutschein; **luncheon voucher** die Essensmarke, der Essensbon; **credit voucher** die Gutschrift

vow [vaʊ] das Gelöbnis; **to take** [*oder* **make**] **a vow** ein Gelöbnis ablegen

to **vow** [vaʊ] geloben, feierlich erklären

vow·el ['vaʊəl] der Vokal, der Selbstlaut

voy·age ['vɔɪɪdʒ] die Reise

vul·gar ['vʌlgəʳ] vulgär, ordinär

vul·ner·able ['vʌlnərəbl]
1 verwundbar, verletzlich
2 anfällig
3 angreifbar

Ww

W <*Plural* W's *oder* Ws>, **w** ['dʌblju:] <*Plural* w's> W, w

to **wade** [weɪd]
1 waten (**through** durch)
2 (*übertragen*) **to wade through work/a report** sich [mühsam] durch die Arbeit/einen Bericht (hin)durcharbeiten
3 **to wade into someone** (*umgangssprachlich*) auf jemanden losgehen

waf·fle ['wɒfl]
1 die Waffel
2 GB (*abwertend*) das Gequassel, das Geschwafel

to **waf·fle** ['wɒfl] GB (*umgangssprachlich*) quasseln, schwafeln

to **wag** [wæg] <wagged, wagged>
1 **to wag its tail** *Hund:* mit dem Schwanz wedeln
2 **to wag one's finger at someone** jemandem mit dem Finger drohen

wage [weɪdʒ] *oft Plural* der [Arbeits]lohn

to **wage** [weɪdʒ] **to wage war** Krieg führen

wag·(g)on ['wægən] der Wagen

waist [weɪst] die Taille

waist·coat ['weɪstkəʊt] GB die Weste

wait [weɪt]
1 die Wartezeit; **to have a long wait** lange warten müssen
2 **to lie in wait for someone** jemandem auflauern

to **wait** [weɪt]
1 warten (**for** auf, **until** bis); **wait a minute!** Augenblick!; **I can't wait** ich kann's kaum erwarten, ich bin gespannt; **to keep someone waiting** jemanden warten lassen; **what are you waiting for?** worauf wartest du?
2 **to wait** [**at table**] [bei Tisch] bedienen
3 **to wait one's turn** abwarten, bis man an der Reihe ist

◆ to **wait behind** zurückbleiben [und warten]
◆ to **wait up** aufbleiben (**for** wegen)

wait·er ['weɪtəʳ] der Kellner; (*Anrede*) Herr Ober!

wait·ing ['weɪtɪŋ] **no waiting** (*Schild*) Halteverbot

wait·ing list die Warteliste

wait·ing room (*beim Arzt, Zahnarzt*) das Wartezimmer

wait·ress ['weɪtrɪs] <*Plural* waitresses> die Kellnerin; (*Anrede*) Fräulein!

to **wake** [weɪk] <woke, woken> **to wake** [**up**] aufwachen; **I woke up at 6** ich wurde um 6 wach; **to wake someone** [**up**] jemanden [auf]wecken

> **Grammatik**
> Richtiges Konjugieren von **wake**: wake, woke, woken — *on her first day at her new school Lisa woke up early; Peter was woken by a loud clap of thunder.*

Wales ['weɪlz] Wales

walk [wɔ:k]
1 der Spaziergang, die Wanderung; **to go for** [*oder* **take**] **a walk** einen Spaziergang ma-

chen
2 (*Sport*) das Gehen, der Geherwettkampf
3 der Gang, die Gangart
4 der Weg; **it's a 5 minute walk** es sind 5 Minuten zu Fuß

to **walk** [wɔːk]
1 [zu Fuß] gehen
2 wandern, spazieren gehen
3 **to walk the dog** mit dem Hund spazieren gehen, den Hund spazieren führen
4 gehen, laufen *Strecke*
5 **to walk someone home** jemanden [zu Fuß] nach Hause bringen [*oder* begleiten]

◆ to **walk away**
1 weggehen; **he walked away unhurt** er ist unverletzt davongekommen
2 **to walk away with something** etwas mitnehmen [*oder* leicht gewinnen]

◆ to **walk into**
1 hineingehen in
2 laufen gegen
3 (*übertragen*) zufällig treffen *Freund, Bekannten*

◆ to **walk off**
1 weggehen
2 **to walk off with** mitgehen lassen; kassieren *Preis*

◆ to **walk out** **to walk out on someone** jemanden im Stich lassen

◆ to **walk up**
1 [zu Fuß] hinaufgehen
2 **to walk up to someone** auf jemanden zugehen

walk·er ['wɔːkəʳ]
1 der Spaziergänger/die Spaziergängerin
2 (*Sport*) der Geher/die Geherin

walk·ing ['wɔːkɪŋ] das Gehen, das Spazierengehen, das Wandern; **within walking distance** zu Fuß erreichbar

walk·ing shoes *Plural* die Wanderschuhe

walk·ing stick der Spazierstock

wall [wɔːl] die Wand, die Mauer

wal·let ['wɒlɪt]
1 (GB) die Brieftasche
2 (USA) der Geldbeutel

wall·pa·per ['wɔːlpeɪpəʳ] die Tapete

to **wall·pa·per** ['wɔːlpeɪpəʳ] tapezieren

wal·nut ['wɔːlnʌt]
1 die Walnuss
2 der Walnussbaum

wal·rus ['wɔːlrəs] das Walross

waltz [wɔːls] <*Plural* waltzes> der Walzer

to **waltz** [wɔːls] Walzer tanzen [mit]

wand [wɒnd] der Zauberstab

to **wan·der** ['wɒndəʳ]
1 umherwandern
2 **to wander off the topic** vom Thema abschweifen
3 **to wander [away]** sich verlaufen, sich verirren

to **want** [wɒnt]
1 wollen, mögen; **to want to do something** etwas tun wollen; **I want you to do it** ich möchte, dass du das machst; **if you want [to]** wenn Sie möchten
2 nötig haben, brauchen
3 sollen, müssen; **you want to get professional advice** Sie sollten einen Fachmann befragen; **your hair wants cutting** du solltest dir die Haare schneiden lassen
4 **wanted by the police** polizeilich gesucht
5 **you are wanted on the telephone** Sie werden am Telefon verlangt

war [wɔːʳ]
1 der Krieg; **at war** im Kriegszustand
2 (*übertragen*) der Kampf

ward [wɔːd]
1 (*Mensch*) das Mündel
2 (*im Krankenhaus*) die Station

war·den ['wɔːdn]
1 der Herbergsvater/die Herbergsmutter
2 (*im Museum*) der Aufseher/die Aufseherin
3 (USA) der Gefängnisdirektor/die Gefängnisdirektorin

war·der ['wɔːdəʳ] der Gefängniswärter/die Gefängniswärterin

ward·robe ['wɔːdrəʊb]
1 die Garderobe
2 (*Möbel*) der Kleiderschrank

ware·house ['weəhaʊs] das Lagerhaus

war·fare ['wɔːfeəʳ] die Kriegführung

warm [wɔːm] warm; **I feel [*oder* am] warm** mir ist warm

to **warm** [wɔːm] wärmen, erwärmen

◆ to **warm up**
1 [er]wärmen; **the room's warmed up now** das Zimmer ist jetzt wärmer
2 aufwärmen *Speise*
3 (*übertragen*) *Stimmung:* in Schwung kommen
4 (*beim Sport*) sich warm laufen [*oder* machen]

warmth [wɔːmθ] die Wärme

warm-up ['wɔːmʌp] das Aufwärmen

to **warn** [wɔːn]
1 warnen (**of/about/against** vor); **to warn someone not to do something** jemanden davor warnen, etwas zu tun
2 **to warn someone that ...** jemanden darauf hinweisen, dass ...; **you might have warned us** du hättest uns vorher Bescheid sagen können
3 (*juristisch*) verwarnen

warn·ing[1] [wɔːnɪŋ]
1 die Warnung; **without** [**any**] **warning** überraschend, unerwartet
2 **give me some days' warning** sagen Sie mir einige Tage vorher Bescheid
3 (*juristisch*) die Verwarnung

warn·ing[2] [wɔːnɪŋ] **warning light** das Warnlicht; **warning sign** das Warnzeichen; (*übertragen*) das erste Anzeichen

war·rant ['wɒrənt] der Haftbefehl; **search warrant** der Durchsuchungsbefehl

war·ran·ty ['wɒrəntɪ] die Garantie

war·ship ['wɔːʃɪp] das Kriegsschiff

wart [wɔːt] die Warze

wary ['weərɪ] vorsichtig; *Blick:* misstrauisch; **to be wary of something** sich vor etwas vorsehen

was [wɒz] *2. Form von* **be**

wash [wɒʃ] <*Plural* washes> die Wäsche; **to have a wash** sich waschen; **to give something a wash** etwas waschen

to **wash** [wɒʃ]
1 waschen; abwaschen, spülen *Geschirr;* aufwischen *Boden;* sich waschen *Körperteil;* **wash your hands!** wasch dir die Hände!
2 *Fluss, See:* [weg]spülen; **the body was washed ashore** die Leiche wurde an Land gespült [*oder* geschwemmt]

◆ to **wash out**
1 **it'll wash out** es wird sich auswaschen lassen
2 **to be washed out** *Grillfest, Spiel:* wegen schlechten Wetters abgesagt [*oder* abgebrochen] werden
3 (*übertragen*) **he's washed out** er ist todmüde

◆ to **wash up**
1 abwaschen, spülen *Geschirr*
2 *Meer:* anspülen

wash·ba·sin ['wɒʃˌbeɪsn] das Waschbecken

wash·cloth (USA) der Waschlappen

wash·er ['wɒʃəʳ]
1 (USA) die Waschmaschine
2 (*technisch*) der Dichtungsring

wash·ing ['wɒʃɪŋ] die Wäsche; **to do the washing** die Wäsche waschen

wash·ing ma·chine die Waschmaschine

wash·ing pow·der das Waschpulver

wash·ing-up [ˌwɒʃɪŋ'ʌp] das Abwaschen, das Geschirrspülen; **to do the washing-up** [das] Geschirr spülen

wash·ing-up bowl die Spülschüssel

wash·ing-up liq·uid das [Geschirr]spülmittel

wash·room ['wɒʃrʊm] der Waschraum

wasn't [wɒznt] *Kurzform von* **was not**

wasp [wɒsp] die Wespe

waste[1] [weɪst]
1 überschüssig, ungenutzt
2 Abfall-

waste[2] [weɪst]
1 der Abfall; **nuclear waste** der Atommüll
2 die Verschwendung; **to go** [*oder* **run**] **to waste** umkommen, verkommen; **waste of energy/money/time** die Kraft-/Geld-/Zeitverschwendung

to **waste** [weɪst] verschwenden, vergeuden; **all our efforts were wasted** alle Mühe war umsonst [*oder* vergeblich]

waste·bas·ket der Papierkorb

waste·ful ['weɪstfᵊl] verschwenderisch (**of** mit)

waste·pa·per bas·ket der Papierkorb

watch [wɒtʃ]
1 die [Armband]uhr
2 die Wache
3 die Wache, die Wachmannschaft

to **watch** [wɒtʃ]
1 aufpassen (**over** auf); **watch your health** achte auf deine Gesundheit; **watch it** [*oder* **yourself**]**!** sei vorsichtig!
2 zusehen, beobachten
3 Wache halten
4 **watch your language!** drück dich bitte etwas gepflegter aus!

◆ to **watch for** **to watch for someone/something** nach jemandem/etwas Ausschau halten

◆ to **watch out**
1 aufpassen
2 **to watch out for someone** sich vor jemandem hüten

watch·strap das Uhrarmband

wa·ter ['wɔːtəʳ]
1 das Wasser
2 **waters** das Gewässer

to **wa·ter** ['wɔːtəʳ]
1 bewässern, begießen
2 tränken *Vieh*
3 *Augen:* tränen
4 **my mouth is watering** mir läuft das Wasser im Munde zusammen
◆ to **water down** [mit Wasser] verdünnen; (*übertragen*) abschwächen, mildern

wa·ter bot·tle die Wasserflasche

wa·ter·col·our, USA **wa·ter·col·or**
1 die Wasserfarbe, die Aquarellfarbe
2 das Aquarell

wa·ter·fall ['wɔːtəfɔːl] der Wasserfall

wa·ter·ing can die Gießkanne

wa·ter·mel·on ['wɔːtəmelən] die Wassermelone

wa·ter·proof[1] ['wɔːtəpruːf] wasserdicht, wasserfest

wa·ter·proof[2] ['wɔːtəpruːf] der Regenmantel

wa·ter-ski·ing ['wɔːtəˌskiːɪŋ] das Wasserskilaufen

wa·ter·tight ['wɔːtətaɪt]
1 wasserdicht
2 (*übertragen*) stichhaltig

wa·tery ['wɔːtərɪ]
1 wässerig
2 *Licht, Sonne:* fahl

watt [wɒt] das Watt

wave ['weɪv]
1 die Welle
2 **to give someone a wave** jemandem zuwinken

to **wave** ['weɪv]
1 winken; **to wave to someone** jemandem winken; **to wave someone goodbye** jemandem zum Abschied winken
2 *Fahne:* flattern; *Korn:* wogen; *Äste:* sich hin und her bewegen; **to wave the flag** die Fahne schwenken
3 *Haare:* sich wellen
◆ to **wave through**
1 durchwinken
2 (*übertragen*) ohne Einwände annehmen *Antrag*

wavy ['weɪvɪ] wellenförmig, wellig; **wavy line** die Schlangenlinie

wax [wæks]
1 **beeswax** das [Bienen]wachs
2 **earwax** das Ohrenschmalz

to **wax** [wæks] [ein]wachsen, bohnern

wax·works ['wækswɜːks] *Plural* das Wachsfigurenkabinett

way[1] [weɪ]
1 der Weg; **to ask the way** nach dem Weg fragen; **to lose one's way** sich verlaufen; *Autofahrer:* sich verfahren; **on the way** auf dem Weg, unterwegs (**to** nach); **way in** der Eingang; **way out** der Ausgang; **way home** der Heimweg
2 die Entfernung; **a long way from** weit entfernt von; **a long way off** weit weg; **to be out of the way** *Haus, Ort:* abgelegen sein; *Problem:* erledigt sein
3 die Richtung; **which way is it?** in welcher Richtung ist es?; **this way** hierher, hier entlang; **"this way up"** „hier oben"; **to lead the way** vorangehen; (*übertragen*) ein Beispiel geben
4 **to give way** nachgeben, Platz machen; *Auto:* die Vorfahrt beachten; **to have right of way** Vorfahrt haben; **to make way** Platz machen (**for** für)
5 (*übertragen*) die Art, die Weise, die Art und Weise; **way of thinking** die Denkweise; **way of life** die Lebensweise; **in a way** in gewisser Weise, gewissermaßen; **one way or another** irgendwie; **this/that way** so, auf diese Weise; **to have a way with children/animals/machines** mit Kindern/Tieren/Geräten umzugehen verstehen; **that's the way he wants it** so will er es haben
6 **ways** *Plural* die Sitten; **ways and means** die Mittel und Wege
7 (*Wille*) **to get** [*oder* **have**] **one's** [**own**] **way** seinen Willen durchsetzen; **have it your own way!** wie du willst!; **if I had my way** wenn es nach mir ginge; **no way!** (*slang*) ich denke nicht daran! ▶ WENDUNGEN: **by the way** übrigens; **to be under way** vorankommen, Fortschritte machen; **to go out of one's way** sich große Mühe geben (**for** wegen)

way[2] [weɪ] (*umgangsspr*)
1 **way back** weit zurück; (*zeitlich*) vor langer Zeit
2 **way behind/down/up** ganz hinten/unten/oben; **way out/over** weit draußen/drüben
3 **way to go!** USA (*umgangsspr*) gut gemacht! super!

way out [ˌweɪˈaʊt] der Ausgang; (*für Fahrzeuge*) die Ausfahrt

way-out [ˌweɪˈaʊt] (*slang*) irre

we [wiː] wir

weak [wiːk]
1 schwach
2 *Spieler:* schlecht
3 *Flüssigkeit:* dünn
4 *Charakter:* labil
5 *Argument:* nicht überzeugend

to **weak·en** [ˈwiːkən]
1 schwächen
2 schwächer werden
3 (*übertragen*) *Mensch:* nachgeben

weak·ly [ˈwiːklɪ] schwach

weak·ness [ˈwiːknɪs] <*Plural* weaknesses> (*auch übertragen*) die Schwäche (**for** für)

wealth [welθ]
1 der Reichtum, das Vermögen
2 (*übertragen*) die Fülle (**of** von)

wealthy [ˈwelθɪ] vermögend, wohlhabend

weap·on [ˈwepən] die Waffe

wear [weə^{r}]
1 **wear [and tear]** die Abnutzung, der Verschleiß
2 **suit for everyday wear** der Alltagsanzug

to **wear** [weə^{r}] <wore, worn>
1 tragen *Kleidung, Brille, Schmuck;* **what did she wear?** was hatte sie an?; **what shall I wear?** was soll ich anziehen?
2 *Kleidung, Reifen:* sich abnutzen
3 **to wear a hole in one's trousers** seine Hose durchwetzen

◆ to **wear away**
1 *Stein, Fels:* abtragen; austreten *Stufen; Inschrift:* verwischen, verwittern
2 (*übertragen*) schwinden

◆ to **wear down**
1 abnutzen *Gegenstand*
2 ermüden *Mensch*
3 zermürben *Widerstand*

◆ to **wear off** *Kopfschmerzen:* vergehen; *Aufregung:* sich legen

◆ to **wear out**
1 abtragen, abnutzen *Gegenstand*
2 erschöpfen, ermüden *Mensch*

weary [ˈwɪərɪ]
1 abgespannt, erschöpft (**with** von)
2 ermüdend, lästig, unangenehm

weath·er [ˈweðə^{r}] das Wetter ▶ WENDUNGEN: **under the weather** (*umgangsspr*) nicht auf dem Posten

weath·er fore·cast die Wettervorhersage

to **weave** [wiːv] <wove, woven>
1 weben
2 [ein]flechten (**into** in)
3 *Auto:* ständig die Spur wechseln; **to weave one's way** *Mensch, Auto:* sich durchlavieren (**through** durch)

> **Grammatik**
> Richtiges Konjugieren von **weave**: weave, wove, woven — *Paul wove a small basket; Have you ever woven a piece of cloth?*

Web [web] →**World Wide Web: the Web** das [World Wide] Web; **on the Web** im Netz

web [web] das Spinnennetz

web·cam [ˈwebkæm] die Webcam

web·log das Weblog

web·site die Website

we'd [wiːd] *Kurzform von* **we had; we would**

wed·ding [ˈwedɪŋ] die Hochzeit

wed·ding an·ni·ver·sa·ry der Hochzeitstag

wed·ding ring der Trauring, der Ehering

wedge [wedʒ]
1 der Keil
2 *von Torte, Kuchen:* das keilförmige Stück

Wednes·day [ˈwenzdeɪ] der Mittwoch; **on Wednesday** am Mittwoch; **on Wednesdays** mittwochs

wee [wiː] winzig [klein]; **a wee bit** ein kleines bisschen, ein wenig

weed [wiːd] das Unkraut

to **weed** [wiːd] (*im Garten*) [Unkraut] jäten

◆ to **weed out** (*übertragen*) aussondern (**from** aus)

week [wiːk] die Woche; **for weeks** wochenlang; **tomorrow/Sunday week** morgen/Sonntag in 8 Tagen; **once a week** [einmal] wöchentlich; **week in, week out, week after week** Woche für Woche; **a week or two** ein paar Wochen

week·day [ˈwiːkdeɪ] der Wochentag; **on weekdays** werktags

week·end [ˌwiːkˈend] das Wochenende; **long weekend** das verlängerte Wochenende

week·ly ['wi:klɪ] wöchentlich; **weekly travelcard** die Wochenkarte

to **weep** [wi:p] <wept, wept> weinen (**for** um, **at/over** über)

to **weigh** [weɪ]
1 wiegen
2 (*übertragen*) abwägen (**against** gegen)
◆ to **weigh down** (*auch übertragen*) niederdrücken
◆ to **weigh out** abwiegen
◆ to **weigh up** abwägen; einschätzen *Mensch, Situation*

weight [weɪt]
1 das Gewicht; **to lose/put on weight** *Mensch:* abnehmen/zunehmen
2 (*übertragen*) die [schwere] Last [*oder* Bürde]

weird [wɪəd]
1 unheimlich, übernatürlich
2 (*umgangsspr*) seltsam

wel·come[1] ['welkəm]
1 *Pause:* willkommen
2 *Besuch:* gern gesehen
3 *Nachricht:* erfreulich
4 **you're welcome to use my car** mein Wagen steht zu Ihrer Verfügung; **you're welcome!** bitte sehr!, gern geschehen!

wel·come[2] ['welkəm]
1 das Willkommen, der Willkommensgruß; **to give someone a warm welcome** jemandem einen herzlichen Empfang bereiten
2 **welcome!** herzlich willkommen!

to **wel·come** ['welkəm]
1 willkommen heißen
2 (*übertragen*) begrüßen, gern sehen

wel·com·ing ['welkəmɪŋ] *Drink, Komitee:* Begrüßungs-; *Stimmung:* freundlich

wel·fare ['welfeəʳ]
1 das Wohlergehen
2 die Wohlfahrt
3 (USA) die Sozialhilfe; **to be on welfare** Sozialhilfe beziehen

wel·fare state der Wohlfahrtsstaat

we'll [wi:l] *Kurzform von* **we shall; we will**

well[1] [wel]
1 der Brunnen[schacht]
2 (*Bergbau*) das Bohrloch, die Ölquelle

well[2] [wel] <better, best>
1 gut; **to do well** seine Sache gut machen, gut vorankommen; **the patient is doing well** der Patient ist wohlauf; **business is doing well** die Geschäfte gehen gut
2 **I can well understand it** ich kann es durchaus verstehen; **it was well worth it** es hat sich sehr gelohnt; **he may well have said that** es kann gut sein, dass er das gesagt hat; **you may well ask!** das kann man wohl fragen!
3 **well past/over/under** weit nach/über/unter
4 **well done!** bravo!; **well played!** gut gespielt!
5 **as well** auch; **to go as well** mitgehen; **as well as** ebenso wie; **I might as well not be there** ich könnte ebenso gut nicht da sein
6 gesund; **get well soon!** gute Besserung!; **she is not well** es geht ihr nicht gut
7 **that's all very well but ...** das ist ja gut und schön, aber ...; **it's all very well for you to talk** Sie haben gut reden; **just as well you asked** nur gut, dass Sie gefragt haben
8 **you're well out of it** sei froh, dass du damit nichts zu tun hast
9 **to wish someone well** jemandem alles Gute wünschen
10 **well!** also, tja!; **well, I think so** naja, glaube ich zumindest; **well, well!** na so etwas!; **very well** [**then**] na schön

well-be·haved [ˌwelbɪ'heɪvd] wohlerzogen, artig

well-done [ˌwel'dʌn] *Fleisch:* gar, gut durch

well-earned [ˌwel'ɜ:nd] wohlverdient

wel·ling·ton boot (GB) der Gummistiefel

well-known [ˌwel'nəʊn] [wohl] bekannt

well-off [ˌwel'ɒf] <better-off, best-off>
1 reich, wohlhabend
2 **to be well-off** gut dran sein

well-worn [ˌwel'wɔ:n]
1 *Kleidung:* abgetragen; *Teppich:* abgelaufen; *Weg:* ausgetreten
2 (*übertragen*) *Spruch:* abgedroschen

wel·ly ['welɪ] (GB) (*umgangsspr*) der Gummistiefel

Welsh[1] [welʃ] walisisch

Welsh[2] [welʃ]
1 (*Sprache*) Walisisch, das Walisische
2 **the Welsh** (*Volk*) die Waliser

Welsh·man ['welʃmən, *Plural* 'welʃmen] <Welshmen> *Plural* der Waliser

Welsh·wom·an ['welʃwʊmən, *Plural* 'welʃwɪmɪn] <Welshwomen> *Plural* die Waliserin

went [went] *2. Form von* **go**

wept [wept] *2. und 3. Form von* **weep**

were [wɜːʳ]
1 *2. Form von* **be: you were** du warst, Sie waren, ihr wart; **we were** wir waren; **they were** sie waren
2 *zur Bildung des Konditionals* **if I were to do that** wenn ich das tun würde

we're [wɪəʳ] *Kurzform von* **we are**

weren't [wɜːnt] *Kurzform von* **were not**

west[1] [west]
1 der Westen
2 (*in den USA*) **the West** die Weststaaten

west[2] [west]
1 nach Westen
2 **west of London** westlich von London

west·er·ly ['westəlɪ] westlich

west·ern[1] ['westən] westlich; **western Germany** der westliche Teil Deutschlands, die alten Bundesländer

west·ern[2] ['westən] der Western

West In·dies [west'ɪndiːz] die Westindischen Inseln

wet [wet] <wetter, wettest>
1 nass, feucht (**with** von)
2 *Wetter:* regnerisch
3 **wet paint!** frisch gestrichen!
4 (GB) (*umgangsspr*) weichlich

to **wet** [wet] <wet *oder* wetted, wet *oder* wetted> nass machen

> **Grammatik**
> Richtiges Konjugieren von **wet**: wet, wet/wetted, wet/wetted — *Jenny wet/wetted her hair and put shampoo on it; The puppy has wet the floor.*

we've [wiːv] *Kurzform von* **we have**

whale [weɪl] der Wal[fisch]

what[1] [wɒt]
1 *fragend und ausrufend* was, wie; **what are you doing?** was tust du?; **what's your name?** wie heißt du?; **what about ...?** (*Vorschlag*) wie wäre es mit ...?; (*nachfragend*) was ist mit ...?; **what for?** wozu?, warum?; **what's this for?** wozu ist das gut?; **what if ...?** was ist, wenn ...?; **what next?** was nun?; **what's that to you?** was geht Sie das an?; **so what?** na und?
2 *relativ* [das,] was ▶ WENDUNGEN: **and what is more** und außerdem

what[2] [wɒt]
1 *fragend* welche(r, s); **what good would that be?** wozu sollte das gut sein?; **what time is it?** wie viel Uhr ist es?; **what sort of ...?** was für ein(e) ...?; **what else?** was noch?
2 *relativ* der/die/das
3 *ausrufend* **what glorious weather!** was für ein fantastisches Wetter!; **what an idiot I have been!** was war ich doch für ein Idiot!

what·ever[1] [wɒt'evəʳ] was [auch immer], egal was; **whatever does he want?** was will er wohl?; (*ungeduldig*) was will er denn?; **whatever does he mean?** was meint er bloß?

what·ever[2] [wɒt'evəʳ]
1 egal welche(r, s); **for whatever reason** warum auch immer
2 *verneint* überhaupt; **nothing whatever** überhaupt nichts
3 *fragend* was denn [*oder* wohl]; **whatever good can that be?** was kann das schon helfen?

what·so·ever[1] [ˌwɒtsəʊ'evəʳ] was [auch immer], egal was

what·so·ever[2] [ˌwɒtsəʊ'evəʳ]
1 egal welche(r, s)
2 *verneint* überhaupt; **none whatsoever** überhaupt keine

wheat [wiːt] der Weizen

wheel [wiːl]
1 das Rad
2 **at the wheel** am Steuer

wheel·bar·row ['wiːlˌbærəʊ] der Schubkarren

wheel·chair der Rollstuhl

wheel clamp die Parkkralle

when[1] [wen]
1 *fragend* wann; **since/until when?** seit/bis wann?
2 *relativ* als, wo, da

when[2] [wen]
1 wenn, als
2 *mit Verlaufsform* beim; **when using the equipment, ...** beim Benutzen des Gerätes ...
3 **say when!** (*beim Einschenken*) sag, wenn es genug ist!

when·ever [wen'evəʳ]
1 wann auch immer
2 jedes Mal wenn

where[1] [weəʳ] wo; **where [to]** wohin; **where shall I put it?** wohin damit?; **where from** woher

where[2] [weəʳ] [da,] wo; **this is where we were** da waren wir; **where this is concerned** was das betrifft

where·abouts[1] [ˌweərəˈbaʊts] wo, wohin

where·abouts[2] [ˈweərəbaʊts] ⚠ *Plural* der Aufenthalt[sort]

where·as [weərˈæz] während, wohingegen

wher·ever [ˌweərˈevəʳ]
1 (*Ort*) egal wo, wo auch immer
2 (*Richtung*) wohin [auch immer]
3 (*allgemein*) überall, wo

wheth·er [ˈweðəʳ] ob; **I don't know whether to go or not** ich weiß nicht, ob ich gehen soll oder nicht

which[1] [wɪtʃ]
1 *relativ* der/die/das, welche(r, s), was
2 *fragend* welche(r, s), wer; **which is mine?** welches gehört mir?

Vorsicht Falle!
Which oder **who**? Für ein Objekt verwendet man **which:** *The car which is parked outside is mine.* In Bezug auf Personen verwendet man **who:** *The girl who sat next to me was Jenny.* Es ist auch möglich sowohl **which** als auch **who** durch **that** zu ersetzen, oder sie ganz wegzulassen: *Jenny's the girl (that) I sat next to; This is the car (that) I borrowed from my friend.*

which[2] [wɪtʃ] welche(r, s)

which·ever [wɪtʃˈevəʳ] welche(r, s) auch immer

while[1] [waɪl] die Weile; **a long while ago** vor langer Zeit; **all this while** die ganze Zeit; **for a while** eine Zeit lang; **in a little while** bald, in Kürze; **once in a while** gelegentlich

while[2] [waɪl]
1 während, solange
2 zwar, obwohl
3 *gegenüberstellend* während

to **whine** [waɪn]
1 *Hund:* winseln
2 jammern (**about** über)

to **whinge** [wɪndʒ] (*umgangsspr*) meckern

whip [wɪp]
1 die Peitsche
2 (*Süßspeise*) die Creme

to **whip** [wɪp] <whipped, whipped>
1 peitschen, schlagen
2 [steif] schlagen *Sahne, Eiweiß*
3 (*übertragen umgangsspr*) vernichtend schlagen
◆ to **whip out** herausholen
◆ to **whip up**
1 (*beim Kochen*) schlagen, verrühren; (*umgangsspr*) hinzaubern *Essen*
2 (*übertragen*) entfachen *Interesse;* mitreißen *Publikum*

whipped cream, whip·ping cream die Schlagsahne

to **whirl** [wɜːl] wirbeln

whisk [wɪsk] der Schneebesen

to **whisk** [wɪsk] schlagen *Sahne, Eiweiß*
◆ to **whisk away** rasch [weg]nehmen

whisk·ers [ˈwɪskəz] *Plural einer Katze:* die Schnurrhaare

to **whis·per** [ˈwɪspəʳ] flüstern; **to whisper something to someone** jemandem etwas zuflüstern

whis·per [ˈwɪspəʳ]
1 das Geflüster; **to talk in a whisper** im Flüsterton reden
2 das Gerücht

to **whis·tle** [ˈwɪsl] pfeifen *Melodie, Lied*

whis·tle [ˈwɪsl]
1 die Pfeife
2 der Pfiff

white[1] [waɪt]
1 weiß; **a white person** ein Weißer/eine Weiße
2 (*übertragen*) *Mensch:* bleich
3 **black or white?** *Kaffee:* mit oder ohne Milch?

white[2] [waɪt]
1 (*Farbe*) das Weiß; **dressed in white** weiß gekleidet
2 **white of the** [*oder* **an**] **egg** das Eiweiß

White·hall [waɪtˈhɔːl] (*übertragen*) die britische Exekutive

white wine der Weißwein

Whit·sun [ˈwɪtsn] Pfingsten

to **whiz(z)** [(h)wɪz] **the holidays just whizzed past** die Ferien vergingen im Nu

who [huː]
1 *fragend* wer, wem, wen; **who would have thought it?** wer hätte das gedacht?; **who are you thinking of?** an wen denkst

du?
2 *relativ* der/die/das, welche(r, s)

who·ever [huːˈevəʳ]
1 wer/wem/wen auch immer
2 *fragend* **whoever's calling at this time of night?** wer ruft denn zu dieser Zeit an?
3 (*ärgerlich*) **whoever did such a stupid thing?** wer zum Kuckuck hat so was Blödes getan?
4 egal wer/wen/wem

whole[1] [həʊl] ganz

whole[2] [həʊl] das Ganze; **the whole of** der/die/das Ganze, alle(s); **on the whole** im Ganzen gesehen, alles in allem

whole·sale [ˈhəʊlseɪl] der Großhandel

who'll [huːl] *Kurzform von* **who will; who shall**

whol·ly [ˈhəʊlɪ] ganz, vollständig, völlig

whom [huːm]
1 *fragend* wen; **to whom** wem
2 *relativ* den, dem

whoops [wuːps] hoppla!

who's [huːz] *Kurzform von* **who is; who has**

whose [huːz]
1 *fragend* wessen; **whose is this?** wem gehört das?
2 *relativ* dessen, deren

why [waɪ]
1 warum, weshalb, wofür
2 wieso, aus welchem Grunde

wick·ed [ˈwɪkɪd]
1 böse
2 *Sache:* gemein, übel
3 (*slang*) geil

wide [waɪd]
1 breit, groß
2 (*übertragen*) umfangreich, umfassend; *Interessen:* vielseitig
3 (*Sport*) **to shoot wide** danebenschießen

wide·ly [ˈwaɪdlɪ]
1 weit
2 in hohem Maße, sehr

to **wid·en** [ˈwaɪdn]
1 verbreitern
2 breiter werden, sich ausbreiten

wide·spread [ˈwaɪdspred] weit verbreitet

wid·ow [ˈwɪdəʊ] die Witwe

wid·owed [ˈwɪdəʊd] verwitwet

wid·ow·er [ˈwɪdəʊəʳ] der Witwer

width [wɪdθ] die Weite, die Breite; **to be 10 metres in width** 10 Meter breit sein

wife [waɪf, *Plural* waɪvz] <*Plural* wives> die Frau, die Ehefrau, die Gattin

Vorsicht Falle!
wives ist die Pluralform von **wife**: *King Henry VIII had six wives.*

wig [wɪg] die Perücke

wild[1] [waɪld]
1 wild; *Gebiet:* unbewohnt
2 *Kind:* unbändig, zügellos
3 **to go wild** *Mensch:* kein Maß mehr kennen, ausflippen
4 **to run wild** *Tier:* frei herumlaufen; *Kind:* herumtoben; *Garten:* verwildern
5 *Applaus, Wetter:* stürmisch

wild[2] [waɪld] die Wildnis, die [freie] Natur; **in the wild** in der Wildnis

wild·life [ˈwaɪldlaɪf] die Tierwelt

wild·ly [ˈwaɪldlɪ] *Benehmen:* wütend, stürmisch

will[1] [wɪl] <would, would>
1 *zur Bildung des Futurs* werden; **I will go there tomorrow** ich werde morgen dort hingehen; **will you come with me?** wirst du mit mir [mit]kommen?
2 (*Bereitschaft*) **he won't let me in** er lässt mich nicht hinein; **I won't be a minute** ich bin gleich wieder da
3 *betonend* **he will keep interrupting me** er muss mich dauernd unterbrechen
4 *mahnend* **will you be quiet!** sei gefälligst ruhig!
5 *bittend* **open the door, will you?** mach bitte die Tür auf

Grammatik
Die Kurzform für **I will** heißt **I'll**; für **you will — you'll ... they will — they'll**; für **will not - won't**.

will[2] [wɪl]
1 der Wille; **against someone's will** gegen jemandes Willen; **of one's own free will** aus freiem Willen; **will to live** Lebenswille
2 **at will** nach Wunsch [*oder* Belieben]
3 **last will and testament** der Letzte Wille, das Testament

will·ing [ˈwɪlɪŋ]
1 willig, geneigt
2 bereitwillig

wil·low [ˈwɪləʊ] (*Baum*) die Weide

will·pow·er ['wɪlˌpaʊəʳ] die Willenskraft

win [wɪn] der Sieg

to **win** [wɪn] <won, won>
1 gewinnen, siegen; erringen *Sieg*
2 bekommen *Vertrag, Stipendium*
◆ to **win over**, to **win round** für sich gewinnen, bekehren

wind [wɪnd]
1 der Wind
2 der Atem
3 die Blähungen

to **wind** [waɪnd] <wound, wound>
1 drehen, kurbeln
2 wickeln (**round** um)
3 aufziehen *Uhr*
4 *Weg, Straße:* sich winden (**about/around** um), sich schlängeln

Grammatik
Richtiges Konjugieren von **wind**: wind, wound, wound — *Mr Brown wound the wool into a ball; Have you wound the old clock?*

◆ to **wind back** zurückspulen *Film*
◆ to **wind down**
1 herunterkurbeln *Scheibe*
2 reduzieren *Produktion*
3 *Uhr:* ablaufen
4 (*übertragen*) *Mensch:* sich beruhigen
◆ to **wind on** weiterspulen *Film*
◆ to **wind up**
1 aufwickeln, hochwinden
2 aufziehen *Uhr*
3 auflösen *Geschäft*
4 zu Ende bringen *Diskussion;* abschließen *Rede*
5 (*umgangsspr*) enden, landen ▶ WENDUNGEN: **to wind someone up** jemanden aufziehen; **he got wound up about it** er regte sich darüber auf

wind in·stru·ment ['wɪnd 'ɪnstrʊmənt] das Blasinstrument

wind·mill ['wɪndmɪl] die Windmühle

win·dow ['wɪndəʊ]
1 das Fenster
2 **shop window** das Schaufenster

win·dow clean·er der Fensterputzer/die Fensterputzerin

win·dow pane die Fensterscheibe

win·dow shop·ping *kein Plural* der Schaufensterbummel; **to go window shopping** einen Schaufensterbummel machen

win·dow sill die Fensterbank, das Fenstersims

wind·screen ['wɪndskriːn] die Windschutzscheibe

wind·screen wip·er der Scheibenwischer

wind·shield (USA) die Windschutzscheibe

windy ['wɪndɪ] windig

wine [waɪn] der Wein

wine list die Weinkarte

wine tast·ing die Weinprobe

wing [wɪŋ]
1 der Flügel
2 *Flugzeug:* die Tragfläche
3 *Auto:* der Kotflügel

wing·er ['wɪŋəʳ] der Außenstürmer/die Außenstürmerin

to **wink** [wɪŋk] [mit den Augen] zwinkern; **to wink at someone** jemandem zuzwinkern [*oder* zublinzeln]

wink [wɪŋk] das Blinzeln, das Zwinkern ▶ WENDUNGEN: **to not sleep a wink** [*oder* **not get a wink of sleep**] kein Auge zutun

win·ner ['wɪnəʳ] der Gewinner/die Gewinnerin, der Sieger/die Siegerin

win·ning ['wɪnɪŋ]
1 siegreich; **winning ticket** das Gewinnlos
2 (*übertragen*) *Lächeln:* gewinnend

win·ter ['wɪntəʳ] der Winter

to **win·ter** ['wɪntəʳ] überwintern (**in/at** in)

win·ter sports *Plural* der Wintersport

wipe [waɪp] das [Ab]wischen; **to give something a wipe** etwas abwischen [*oder* putzen]

to **wipe** [waɪp]
1 [ab]wischen
2 **wipe your nose** putz dir die Nase
◆ to **wipe down** [nass] abwischen
◆ to **wipe off** wegwischen
◆ to **wipe out**
1 auslöschen, völlig vernichten *Volk*
2 wegwischen *Schrift*
◆ to **wipe up** abtrocknen *Geschirr*

wip·er ['waɪpəʳ] der Scheibenwischer

wire ['waɪəʳ]
1 der Draht
2 (USA) das Telegramm

wis·dom ['wɪzdəm] die Weisheit, die Klugheit

wis·dom tooth <*Plural* wisdom teeth> der Weisheitszahn

wise [waɪz] weise, klug, vernünftig; **to be none the wiser for something** durch etwas nicht schlauer geworden sein

to **wish** [wɪʃ]
1 [sich] wünschen, wollen
2 **to wish someone [good] luck** jemandem Glück wünschen; **to wish someone happy birthday** jemandem zum Geburtstag gratulieren

wish [wɪʃ] <*Plural* wishes> der Wunsch; **with best wishes** mit herzlichen Glückwünschen

wish·ful ['wɪʃfᵊl] **wishful thinking** das Wunschdenken

wit [wɪt]
1 **wits** *Plural* der Verstand, die geistigen Fähigkeiten; **scared out of one's wits** verrückt vor Angst
2 der Geist, der Witz

witch [wɪtʃ] <*Plural* witches> die Hexe

witch·craft ['wɪtʃkrɑːft] die Hexerei, die Zauberei

with [wɪð, wɪθ]
1 mit; **his hat doesn't go with his coat** sein Hut passt nicht zu seinem Mantel; **are you still with me?** sind Sie mitgekommen?; **with that, he left** und damit ging er weg
2 bei; **with the window open** bei offenem Fenster; **with all his faults** bei all seinen Fehlern; **have you got a pen with you?** hast du einen Stift dabei?
3 vor; **with anger/love** vor Ärger/Liebe
4 **to be with it** (*umgangsspr*) auf Draht sein
5 **to part with** sich trennen von
6 **to handle with care** vorsichtig behandeln

to **with·draw** [wɪð'drɔː] <withdrew, withdrawn>
1 zurückziehen, zurücknehmen *Angebot*
2 abheben *Geld*
3 sich zurückziehen
4 zurücktreten

with·draw·al [wɪð'drɔːəl]
1 *von Angebot:* die Zurücknahme
2 *von Geld:* die Abhebung, die Entnahme
3 der Rücktritt (**from** von)
4 (*militärisch*) der Rückzug

with·draw·al symp·toms *Plural* die Entzugserscheinungen

with·in [wɪð'ɪn]
1 in
2 *zeitlich* binnen
3 **to be within walking distance** zu Fuß erreichbar sein

with·out [wɪð'aʊt] ohne

to **with·stand** [wɪð'stænd] <withstood, withstood> sich widersetzen, widerstehen

wit·ness ['wɪtnɪs] <*Plural* witness> der Zeuge/die Zeugin (**to** für)

to **wit·ness** ['wɪtnɪs]
1 bezeugen
2 beglaubigen *Urkunde*
3 Augenzeuge sein

wit·ty ['wɪtɪ] geistreich, witzig

wiz·ard ['wɪzəd]
1 der Zauberer, der Hexenmeister
2 das Genie

wob·bly ['wɒblɪ] schwankend, wack[e]lig

woke ['wəʊk] *2. Form von* **wake**

wok·en ['wəʊkn] *3. Form von* **wake**

wolf [wʊlf, *Plural* wʊlvz] <*Plural* wolves> der Wolf

wom·an ['wʊmən, *Plural* 'wɪmɪn] <*Plural* women> die Frau

Vorsicht Falle!
women ist die Pluralform von **a woman**: *There were four women working in the office.*

womb [wuːm] die Gebärmutter

wom·en ['wɪmɪn] *Pluralform von* **woman**

won [wʌn] *2. und 3. Form von* **win**

won·der ['wʌndəʳ]
1 die Verwunderung, das Erstaunen; **in wonder** voller Staunen
2 das Wunder

to **won·der** ['wʌndəʳ]
1 sich fragen; **to wonder what/how** gespannt sein, was/wie; **I wonder!** na ja, mal sehen!
2 sich wundern; **to wonder at something** sich über etwas wundern
3 **I was just wondering** das war nur so ein Gedanke; **to wonder about something** sich über etwas Gedanken machen
4 **I was wondering if you would like one** möchten Sie vielleicht eins?

won·der·ful ['wʌndəfᵊl] wundervoll, wunderbar

won't [wəʊnt] *Kurzform von* **will not**

wood [wʊd]
1 das Holz
2 der Wald ▶ WENDUNGEN: **touch wood!** auf Holz geklopft!

wood·ed ['wʊdɪd] bewaldet

wood·en ['wʊdn] hölzern; **wooden floor** der Holzfußboden

wood·wind ['wʊdwɪnd] das Holzblasinstrument

wood·work ['wʊdwɜːk] die Holzarbeit

wool [wʊl] die Wolle

wool·len ['wʊlən], USA **wool·en** wollen

wool·ly ['wʊlɪ]
1 wollen
2 wollig
3 (*übertragen*) nebelhaft; *Gedanke, Äußerung:* verworren

word [wɜːd]
1 das Wort; **in a** [*oder* **one**] **word** mit einem Wort; **in other words** mit anderen Worten
2 **to have a word with someone** kurz mit jemandem sprechen
3 (*Versprechen*) **to break/give/keep one's word** sein Wort brechen/geben/halten
4 **to have words with someone** sich mit jemandem streiten
5 **words** *eines Lieds, Gedichts:* der Text

to **word** [wɜːd] in Worte kleiden, formulieren

word·ing [wɜːdɪŋ] die Formulierung, der Wortlaut

word or·der die Wortstellung

word pro·ces·sor das Textverarbeitungssystem

wore [wɔː^{r}] *2. Form von* **wear**

work [wɜːk]
1 die Arbeit; **at work** bei der Arbeit; **to be out of work** arbeitslos sein
2 die [Arbeits]leistung
3 (*geistlich*) das Werk; **works of Shakespeare** die Werke von Shakespeare; **work of art** das Kunstwerk

to **work** [wɜːk]
1 arbeiten; **who does he work for?** wo ist er beschäftigt?, bei wem arbeitet er?; **she works at Smith's** sie arbeitet bei Smith's; **to work towards something** auf etwas hinarbeiten; **to work oneself hard** hart arbeiten, sich viel abverlangen; **to work one's way through something** sich durch etwas durcharbeiten
2 *Gerät, Plan:* funktionieren; **it won't work** das klappt nicht
3 *Pläne:* glücken, gelingen
4 **to work loose** lose werden, abgehen
5 bedienen *Maschine*
6 bewirtschaften *Gut*

◆ to **work away** **to work away [at something]** [an etwas] vor sich hinarbeiten

◆ to **work out**
1 ausrechnen
2 ausarbeiten, entwickeln *Plan, Idee*
3 (*übertragen*) sich zusammenreimen
4 (*mathematisch*) lösen
5 (*umgangsspr*) *Aufgabe, Rätsel:* aufgehen
6 **to work someone out** jemanden verstehen, aus jemandem schlau werden
7 funktionieren, klappen
8 (*sportlich*) trainieren

◆ to **work up**
1 aufpeitschen; **to get worked up about something** sich über etwas aufregen; **to work up to a climax** sich zu einem Höhepunkt steigern
2 entwickeln *Appetit*
3 **to work one's way up** sich hocharbeiten

work·bench ['wɜːkbentʃ] die Werkbank

work·book ['wɜːkbʊk] das Arbeitsheft

work·day ['wɜːkdeɪ] der Arbeitstag, der Werktag

work·er ['wɜːkə^{r}] der Arbeiter/die Arbeiterin, der Arbeitnehmer/die Arbeitnehmerin

work·force ['wɜːkfɔːs] *eines Werks:* die Belegschaft; *eines Landes:* die Arbeitskräfte

work·ing ['wɜːkɪŋ]
1 arbeitend, werktätig, berufstätig
2 *Bedingungen, Kleidung:* Arbeits-; **working hours** die Arbeitszeit; *Mehrheit:* arbeitsfähig
3 **a working knowledge of computers** die Grundkenntnisse am Computer

work·ing-class der Arbeiterklasse, Arbeiter-

work·ing class die Arbeiterklasse

work·man ['wɜːkmən] <*Plural* **workmen**> der Handwerker

work·out ['wɜːkaʊt] das Training

work per·mit die Arbeitserlaubnis

work·place ['wɜːkpleɪs] der Arbeitsplatz

works [wɜːks] *Plural*
1 (*technisch*) das Getriebe, das Uhrwerk
2 ⚠ *mit Singular* die Anlage, das Werk, die Fabrik

works com·mit·tee, works coun·cil der Betriebsrat

work·shop ['wɜːkʃɒp]
1 die Werkstatt, die Werkstätte
2 die Arbeitsgruppe, der Workshop

works out·ing der Betriebsausflug

work·sta·tion ['wɜːksteɪʃᵊn] der Arbeitsplatz, die Fertigungsstation; (*in der Informatik*) die Workstation

work·top die Arbeitsplatte

world [wɜːld] die Welt; **in the world** auf der Welt; **all over the world** auf der ganzen Welt; **it's not the end of the world** deshalb geht die Welt nicht unter; **to come** [*oder* **go**] **down in the world** herunterkommen; **to go round the world** eine Weltreise machen ▸ WENDUNGEN: **out of this world** (*umgangsspr*) sagenhaft

World Cup die Fußballweltmeisterschaft

world-fa·mous weltberühmt

world rec·ord der Weltrekord

world war der Weltkrieg

world·wide [ˌwɜːld'waɪd] weltweit

world·wide web ['wɜːldˌwaɪd'web] (*in der Informatik*) **the World Wide Web** das World Wide Web, das Internet

worm [wɜːm] der Wurm

worn [wɔːn] *3. Form von* **wear**

worn-out [ˌwɔːn'aʊt]
① *Gegenstand:* verbraucht, abgenutzt
② *Kleidung:* abgetragen
③ *Mensch:* erschöpft
④ (*übertragen*) *Phrase:* abgedroschen

wor·ried ['wʌrɪd] besorgt, beunruhigt (**about** über)

to **wor·ry** ['wʌrɪ]
① **to worry someone** jemanden beunruhigen, jemandem Sorgen machen
② besorgt sein, sich Sorgen machen (**about** um); **don't worry!** machen Sie sich keine Sorgen!
③ **to worry someone with something** jemanden wegen etwas stören [*oder* belästigen]

wor·ry ['wʌrɪ] die Sorge

wor·ry·ing ['wʌrɪɪŋ] beunruhigend

worse[1] [wɜːs] *Komparativ von* **bad, badly**
① schlechter, übler; **you're worse than I am!** du bist noch schlimmer als ich!; **to go from bad to worse** immer schlimmer werden
② **to be worse off** schlechter dran sein

worse[2] [wɜːs] das Schlimmere; **he's none the worse for it** es hat ihm nichts geschadet

to **wors·en** ['wɜːsn] [sich] verschlimmern, [sich] verschlechtern

wor·ship ['wɜːʃɪp]
① die Verehrung, die Anbetung
② der Gottesdienst

to **wor·ship** ['wɜːʃɪp] <worshipped *oder* (USA) worshiped, worshipped *oder* (USA) worshiped>
① verehren, anbeten
② vergöttern
③ den Gottesdienst abhalten

worst[1] [wɜːst] *Superlativ von* **bad, badly** schlechteste(r, s), übelste(r, s), schlimmste(r, s), am schlimmsten

worst[2] [wɜːst] das Schlechteste, das Schlimmste; **at** [**the**] **worst** schlimmstenfalls; **if the worst comes to the worst** im allerschlimmsten Fall; **the worst is yet to come** das dicke Ende kommt noch

worth[1] [wɜːθ] der Wert; **a dollar's worth of apples** für einen Dollar Äpfel; **did you get your money's worth?** sind Sie auf Ihre Kosten gekommen?

worth[2] [wɜːθ] wert; **it's worth a lot of money** es ist viel Geld wert; **it's not worth it!** es lohnt sich nicht!; **it's worth the trouble** die Mühe lohnt sich; **it's worth a lot to me** es ist mir viel wert; (*übertragen*) es bedeutet mir sehr viel; **worth reading/seeing/mentioning** lesenswert/sehenswert/der Rede wert

worth·less [wɜːθlɪs] wertlos

worth·while [ˌwɜːθ'waɪl] lohnend; **to be worthwhile** sich lohnen, der Mühe wert sein

worthy ['wɜːðɪ] würdig, wert

would [wʊd]
① *zur Bildung des Konditionals* **she would prefer tea** sie hätte lieber Tee; **they said they would leave early** sie sagten, sie würden früh losfahren; **we would have eaten it if ...** wir hätten es gegessen, wenn ...; **would he do it?** würde er es vielleicht tun?; **would he have done it?** hätte er es getan?; **how would she know?** wie will sie das wissen?; **I wouldn't know** was weiß ich
② *betont* **but he would do it** aber er musste es unbedingt machen; **you would be the one who ...** typisch, dass ausgerechnet du ...; **he would, wouldn't he?** das sieht ihm ähnlich
③ *vergangene Gewohnheit* **he would go there every year** er fuhr jedes Jahr dahin
④ *Bereitschaft* **the car wouldn't start** das Auto wollte nicht anspringen; **they would rather not speak to him** sie würden lieber nicht mit ihm sprechen
⑤ **who would have thought it?** wer hätte

das gedacht?; **you would think ...** man sollte meinen ...

Grammatik
Die Kurzform für *I would* heißt *I'd*; für *you would* — *you'd*; für *they would* — *they'd*; für *would not* — *wouldn't*.

wouldn't [wʊdnt] *Kurzform von* **would not**

to **wound** [wu:nd] verwunden, verletzen

wound[1] [wu:nd] die Wunde

wound[2] [waʊnd] *2. und 3. Form von* **wind**

wove ['wəʊv] *2. Form von* **weave**

wov·en ['wəʊvn] *3. Form von* **weave**

to **wrap** [ræp] <wrapped, wrapped>
1 **to wrap something [up]** etwas einwickeln [*oder* verpacken] (**in** in)
2 wickeln (**round** um)
◆ to **wrap up**
1 einpacken
2 (*umgangsspr*) unter Dach und Fach bringen
3 **to wrap up [warm]** sich warm anziehen

wrap·per ['ræpəʳ]
1 die Verpackung, das Papier
2 *von Buch:* der Schutzumschlag

wrap·ping pa·per
1 das Packpapier
2 das Geschenkpapier

wreath [ri:θ ⚠ *Plural* ri:ðz] der Kranz

wreck [rek]
1 (*Schiff*) das Wrack
2 (*übertragen: Mensch*) das [elende] Wrack

to **wreck** [rek]
1 zerstören, zertrümmern
2 (*übertragen*) ruinieren, zu Grunde richten

wreck·age ['rekɪdʒ] die Trümmer

to **wres·tle** ['resl]
1 (*Sport*) wrestle
2 (*übertragen*) sich herumschlagen, sich abquälen (**with** mit)

wres·tler ['resləʳ] der Ringkämpfer/die Ringkämpferin

wres·tling ['reslɪŋ] das Ringen

to **wrig·gle** ['rɪgl] sich unruhig hin- und herbewegen
◆ to **wriggle out** ▶ WENDUNGEN: **to wriggle out of something** sich bei etwas drücken

wrin·kle ['rɪŋkl] (*auf der Haut*) die Falte, die Runzel

to **wrin·kle** ['rɪŋkl]
1 *Stoff:* [zer]knittern
2 runzeln *Stirn;* rümpfen *Nase*

wrin·kled ['rɪŋkld, 'rɪŋklɪ]
1 *Haut:* runz[e]lig, faltig
2 *Stoff:* zerknittert

wrist [rɪst] das Handgelenk

wrist·watch ['rɪstwɒtʃ] die Armbanduhr

to **write** [raɪt] <wrote, written>
1 schreiben
2 verfassen
3 ausstellen *Scheck, Bescheinigung*
4 aufsetzen *Vertrag*
◆ to **write down** niederschreiben, aufschreiben
◆ to **write in**
1 eintragen
2 **to write in for something** etwas anfordern
3 (USA) ausfüllen *Wahlschein*
◆ to **write off**
1 **to write off for something** etwas anfordern
2 abschreiben *Schulden*
3 zu Schrott fahren; als Totalschaden abschreiben *Auto*
◆ to **write out**
1 [voll] ausschreiben *Namen*
2 ausstellen *Scheck, Quittung*
◆ to **write up**
1 *Journalist:* berichten über
2 ausarbeiten *Notizen*

write-off ['raɪtɒf] (*Auto*) der Totalschaden

writ·er ['raɪtəʳ]
1 *von Brief usw.:* der Schreiber/die Schreiberin, der Verfasser/die Verfasserin
2 der Schriftsteller/die Schriftstellerin

writ·ing ['raɪtɪŋ]
1 das Schreiben, das Schriftstück; **in writing** schriftlich
2 die Handschrift
3 die Schriftstellerei

writ·ing desk der Schreibtisch

writ·ing pa·per das Schreibpapier

writ·ten[1] ['rɪtn] *3. Form von* **write**

writ·ten[2] ['rɪtn] schriftlich

wrong[1] [rɒŋ]
1 falsch, nicht richtig; **to do something wrong** etwas falsch [*oder* verkehrt] machen; **to get something/someone wrong** etwas/

jemanden falsch verstehen
2 unrecht, unangebracht; **to be wrong** Unrecht haben, sich irren
3 **there's something wrong with the copier** mit dem Kopierer stimmt etwas nicht; **what's wrong?** stimmt etwas nicht?; **to go wrong** schiefgehen, scheitern, nicht richtig funktionieren
4 **sorry, wrong number!** Sie haben sich verwählt!, Entschuldigung, ich habe mich verwählt!

wrong² [rɒŋ] das Unrecht, die Ungerechtigkeit; **to be in the wrong** im Unrecht sein

wrong·ly ['rɒŋlɪ] falsch, zu Unrecht, fälschlicherweise

wrote [rəʊt] *2. Form von* **write**

WWW *Abkürzung von* **World Wide Web** WWW

Xx

X <*Plural* X's *oder* Xs>, **x** [eks] <*Plural* x's>
1 X, x; **x marks the spot where ...** die Stelle, an der ..., ist angekreuzt
2 (*Mathematik*) x, die unbekannte Größe
3 (*unbekannt*) **x number of people** x Leute; **Mrs. X** Frau X
4 (*umgangsspr: in Briefen nach Namen*) Küsschen

Xmas ['eksməs, 'krɪsməs] <*Plural* xmases> (*umgangsspr*) Weihnachten

X-ray ['eksreɪ] die Röntgenaufnahme; **to have an X-ray** geröntgt werden

to **X-ray** ['eksreɪ] röntgen

Yy

Y <*Plural* Y's *oder* Ys>, **y** [waɪ] <*Plural* y's>
1 Y, y
2 (*Mathematik*) y, die zweite Unbekannte; **y-axis** die y-Achse

yacht [jɒt] die [Segel]jacht, die Motorjacht, die Yacht

yacht·ing [jɒtɪŋ] das Segeln

Yank [jæŋk] (*meist abwertend*) der Ami

to **yap** [jæp] <yapped, yapped>
1 *Hund:* kläffen
2 (*umgangsspr*) quatschen

yard [jɑːd]
1 (*Maßeinheit*) das Yard (= *0,914 m*)
2 der Hof
3 (USA) der Garten (*ohne Gemüse*)

to **yawn** [jɔːn] gähnen

yawn [jɔːn] das Gähnen

yeah [jeə] (*umgangsspr*) ja

year [jɜːʳ, jɪəʳ]
1 das Jahr; **all the year round** das ganze Jahr über; **for years** seit Jahren, jahrelang; **last/this/next year** letztes/dieses/nächstes Jahr; **years ago** vor Jahren; **year in, year out** jahraus, jahrein
2 der Jahrgang; **what year were you born?** welcher Jahrgang bist du?

year·ly ['jɜːlɪ, 'jɪəlɪ] jährlich

yell [jel] der Schrei; **give me a yell when you're ready** sag Bescheid, wenn du fertig bist

to **yell** [jel] **to yell [out]** schreien; **to yell at someone** jemanden anbrüllen

yel·low¹ ['jeləʊ] gelb; **parking on the yellow lines** Parken im Parkverbot

yel·low² ['jeləʊ]
1 das Gelb
2 das Eigelb

to **yel·low** ['jeləʊ] gelb werden, vergilben

Yel·low Pages® *Plural* **the Yellow Pages®** die Gelben Seiten®

yes [jes] ja, jawohl, doch

yes·ter·day ['jestədɪ, 'jestədeɪ] gestern; **the day before yesterday** vorgestern; **yesterday**

morning/afternoon/night gestern Morgen/Nachmittag/Nacht; **yesterday week** vor acht Tagen

yet [jet]
1 *zeitlich* **not yet** noch nicht; **haven't you finished yet?** bist du immer noch nicht fertig?
2 *zeitlich* schon; **has she gone yet?** ist sie schon weg?
3 *zeitlich* bisher; **it's her best book yet** es ist ihr bestes Buch bisher
4 *vor Komparativ* **it's yet more expensive** es ist sogar noch teurer
5 dennoch, trotzdem

yob [jɒb], **yob·bo** ['jɒbəʊ] der Lümmel

yoga ['jəʊgə] der Yoga

yo·g(h)urt ['jɒgət] der Joghurt

yolk [jəʊk] der/das Dotter, das Eigelb

you [juː]
1 du/Sie/ihr; **do you children want an ice cream?** wollt ihr Kinder ein Eis?; **all of you** ihr/Sie alle; **if I were you** ich an deiner/Ihrer/eurer Stelle; **it's you!** du bist es!, ihr seid's!, Sie sind es!
2 *Akkusativ* dich/Sie/euch
3 *Dativ* dir/Ihnen/euch; **that hairstyle just isn't you** die Frisur passt einfach nicht zu dir
4 *unbestimmt* man, einen, einem

you'll [juːl] *Kurzform von* **you will, you shall** →**will, shall**

young[1] [jʌŋ] jung

young[2] [jʌŋ] **the young** die Jungen, die jungen Leute

your [jɔːʳ, jʊəʳ]
1 dein/euer; *Höflichkeitsform* Ihr; **one of your friends** einer deiner/Ihrer Freunde
2 *unbestimmt* sein; **you register and then you get your form** man meldet sich an, und dann bekommt man sein Formular
3 **your average German** (*umgangsspr*) der Durchschnittsdeutsche

you're [jʊəʳ] *Kurzform von* **you are**

yours [jɔːz, jʊəz]
1 deine(r, s), der/die/das Deine; *Plural* eure(r, s), der/die/das Eure; *Höflichkeitsform* Ihre(r, s), der/die/das Ihre; **a friend of yours** einer deiner/eurer/Ihrer Freunde; **it's yours!** es gehört dir/euch/Ihnen!; **this book is yours** dies Buch gehört dir/euch/Ihnen
2 **yours sincerely** [*oder* **faithfully**] mit freundlichen Grüßen

your·self [jɔː'self, jə'self] <*Plural* yourselves>
1 *Akkusativ* **you can see yourself in the mirror** du kannst dich im Spiegel sehen
2 *Dativ* **did you hurt yourself?** hast du dir wehgetan?
3 *betont* du/ihr/Sie selbst; **will you do it yourself?** machst du/machen Sie das selbst?; **you said it yourself** das hast du/habt ihr/haben Sie selbst gesagt
4 **[all] by yourself** [ganz] allein, ohne Hilfe
5 **you don't seem to be yourself today** Sie sind heute wohl nicht ganz auf der Höhe

youth [juːθ, *Plural* juːðz] <*Plural* youths>
1 die Jugend
2 die Jugendlichkeit
3 *mit Singular oder Plural* die Jugend, die jungen Leute
4 der junge Mann, der Jugendliche; **youths** (*meist abwertend*) die Jugendlichen

youth cen·tre, youth club der Jugendklub, das Jugendzentrum

youth hos·tel die Jugendherberge

you've [juːv] *Kurzform von* **you have**

Yu·go·sla·via ['juːgəʊ'slɑːvɪə] (*historisch*) Jugoslawien

Zz

Z <*Plural* Z's *oder* Zs>, **z** [zed] <*Plural* z's> Z, z

to **zap** [zæp] <zapped, zapped> (*umgangsspr*)
1 löschen; (*beim Computerspiel*) killen
2 (*beim Fernsehen*) zappen

zeb·ra ['ziːbrə] das Zebra

zeb·ra cross·ing der Zebrastreifen

zero[1] ['zɪərəʊ] <*Plural* zero(e)s>
1 die Null; **to be at zero** auf Null stehen
2 *einer Skala:* der Nullpunkt
3 **to fall to zero** auf null Grad fallen

zero[2] ['zɪərəʊ] null, Null-; **zero degrees** null Grad; **zero hour** die Stunde Null

zig·zag ['zɪgzæg] der Zickzack, die Zickzacklinie

to **zig·zag** ['zɪgzæg] <zigzagged, zigzagged> im Zickzack [ver]laufen

zip [zɪp]
1 **zip** [**fastener**] der Reißverschluss
2 (*umgangsspr*) die Dynamik, der Schwung
◆ to **zip up** **zip your jeans up!** mach den Reißverschluss [von deiner Jeans] zu!

zip code, **ZIP code** (USA) die Postleitzahl

zip·per ['zɪpə^r] (USA) der Reißverschluss

zo·di·ac ['zəʊdɪæk] **sign of the zodiac** das Tierkreiszeichen

zone [zəʊn] die Zone; **danger zone** die Gefahrenzone

zoo [zuː] der Zoo

zoo·logi·cal [ˌzəʊə'lɒdʒɪkl] **zoological gardens** der zoologische Garten, der Tierpark

zo·olo·gist [zəʊ'ɒlədʒɪst] der Zoologe/die Zoologin

zo·ol·ogy [zəʊ'ɒlədʒɪ] die Zoologie

zoom [zuːm] das Zoom; **zoom lens** das Zoomobjektiv

to **zoom** [zuːm]
1 (*umgangsspr*) sausen, rasen
2 (*umgangsspr*) **he just zoomed through the work** er hatte die Arbeit im Nu fertig
◆ to **zoom in**
1 (*beim Fotografieren*) nah herangehen
2 (*umgangsspr*) hereinsausen

Deutsch
Englisch

Aa

A, a
① A, a [eɪ]
② **von A bis Z lesen** to read from A to Z; to read from cover to cover *Buch* ▶ WENDUNGEN: **wer A sagt, muss auch B sagen** in for a penny, in for a pound; **von A bis Z** everything

ab
① from; **London ab 8.35 Uhr** leaving London 8:35
② (*räumlich*) **auf und ab gehen** to walk up and down
③ (*zeitlich*) **von nun ab, von jetzt ab** from now on; **ab heute** from today; **ab sofort** as of now; **ab und zu** now and again
④ (*entfernt*) off; **der Knopf ist ab** the button has come off

abartig
① abnormal [æb'nɔːməl]
② (*umgangsspr*) kinky

abbauen
① to mine [maɪn] *Kohle;* (*über Tage*) to quarry ['kwɒri]
② (*demontieren*) to dismantle [dɪs'mæntl]
③ (*chemisch*) to decompose [diːkəmpəʊz]

abbestellen to cancel; **jemanden abbestellen** to tell someone not to come

abbezahlen to pay off

abbiegen
① to bend off *Gegenstand*
② to turn off (**in** into)
③ *Straße:* to bend; **nach links abbiegen** to turn [to the] left

abbilden to portray

die **Abbildung** (*Illustration*) illustration [ɪlə'streɪʃən]; **mit Abbildungen versehen** to illustrate [ɪlə'streɪtɪd]

abblasen (*umgangsspr*) to call off

abblitzen **jemanden abblitzen lassen** (*umgangsspr*) to give someone the brush-off ['brʌʃɒf]

abbrechen
① to break off *Gegenstand*
② to tear down, to demolish *Häuser*
③ (*aufhören mit*) to stop; to break off *Aktivität;* **die Schule abbrechen** to drop out of school

abbringen to get off; **jemanden von etwas abbringen** to make someone change his [*oder* her] mind about something

der **Abbruch** *von Gebäude:* demolition [demə'lɪʃən]

abbuchen to debit *Konto*

abdanken *Herrscher:* to abdicate ['æbdɪkeɪt]

die **Abdankung**
① resignation
② (CH) funeral ['fjuːnərəl] service

abdecken
① **ein Haus abdecken** to lift the roof off a house
② to clear *Tisch*

der **Abdeckstift** concealer [kən'siːləʳ] stick

abdrehen
① to turn off *Gas, Wasser*
② *Flugzeug:* to veer off [vɪəʳ ɑf]

der **Abdruck** imprint; *von Finger, Fuß:* print

abdrucken to print

abdrücken to fire, to pull the trigger

der **Abend**
① evening; **am Abend** in the evening; **am nächsten Abend** the next evening; **gegen Abend** towards evening; **heute Abend** this evening
② (*später*) tonight; **gestern Abend** last night
③ **zu Abend essen** to have supper ['sʌpəʳ] [*oder* dinner]

das **Abendbrot** supper ['sʌpəʳ]

das **Abendessen** dinner

abends in the evening

das **Abenteuer** adventure

abenteuerlich adventurous [əd'ventʃərəs]

aber
① but; **oder aber** or else; **aber trotzdem** but still
② (*jedoch*) although [ɔːl'ðəʊ], though [ðəʊ]; **schönes Wetter — aber ziemlich kalt** nice weather — rather cold, though
③ (*verstärkend*) **aber, aber!** come, come!; **aber ja!** oh, yes!; **bist du aber braun!** aren't you brown!; **nun ist aber Schluss!** now that's enough!

4 **ohne Wenn und Aber** without any ifs and buts

der **Aberglaube** superstition [suːəˈstɪʃᵊn]

abergläubisch superstitious [suːəˈstɪʃəs]

abfahren to leave (**nach** for)

die **Abfahrt**
1 departure
2 (*beim Skifahren*) descent [ˈdɪsent]

der **Abfall**
1 (*allgemein*) waste; (*Hausmüll*) rubbish GB, garbage USA
2 (*Abfalleimer*) rubbish bin GB, trashcan USA; **in den Abfall kommen** go into the bin [*oder* USA trashcan]
3 (*auf den Straßen*) litter

der **Abfalleimer** rubbish bin GB, trashcan USA

abfällig disparaging [dɪsˈpærɪdʒɪŋ], derogatory [dɪˈrɒgətᵊri]; **von jemandem abfällig sprechen** to speak disparagingly [dɪsˈpærɪdʒɪŋli] of someone

abfärben
1 *Wäschestück:* to run
2 **auf jemanden abfärben** (*übertragen*) to rub off on someone

abfertigen
1 to check [in] *Gepäck*
2 (*an Grenze*) to clear
3 to deal with, to attend to *Kundschaft*

abfinden
1 to pay off *Person*
2 **sich mit etwas schwer abfinden** to find it hard to accept something

die **Abfindung**
1 (*Entschädigung*) compensation
2 *von Mitarbeiter:* redundancy [rɪˈdʌndəntsi] payment

abflauen
1 *Wind:* to die down [daɪ ˈdaʊn], to subside [səbˈsaɪd]
2 *Nachfrage, Geschäft:* to fall off

die **Abflughalle** departure lounge [dɪˈpɑːtʃəʳ ˌlaʊndʒ]

der **Abfluss** (*Rohr*) drainpipe

abfragen
1 to question (**über** on)
2 (*in der Schule*) to test [orally]

die **Abfuhr** (*Rüge*) rebuff [rɪˈbʌf], snub [snʌb]; **jemandem eine Abfuhr erteilen** to snub someone

abführen to lead away *Mensch*

abfüllen (*in Flaschen*) to bottle

abgängig Ⓐ missing

das **Abgangszeugnis** leaving certificate; (*für Mitarbeiter*) reference

die **Abgase** (*Auto*) exhaust fumes

abgeben
1 to hand in *Heft, Arbeit, Fundsachen*
2 (*fortgeben*) to give away
3 (*im Sport*) to concede [kənˈsiːd] *Punkte;* to pass *Ball*
4 to give *Erklärung, Urteil*
5 **sich mit etwas abgeben** to bother oneself with something; **sich mit jemandem abgeben** to associate [əˈsəʊʃiət] with someone

abgehen
1 *von Schule:* to leave
2 *Knopf:* to come off
3 **es ist alles gut abgegangen** everything went off well

abgelaufen *Zeit:* expired [ɪkˈspaɪəʳd]

abgelegen remote

abgenutzt worn; *Reifen:* worn-down

der/die **Abgeordnete** representative; (*im Parlament*) member of parliament

abgeschieden (*abgelegen*) remote, solitary

abgesehen **abgesehen von ...** apart from ...

abgestanden stale; *Bier:* flat

abgewöhnen **sich etwas abgewöhnen** to give up doing something; **jemandem etwas abgewöhnen** to cure someone of something

der **Abgrund** precipice [ˈpresɪpɪs]; (*übertragen*) abyss [əˈbɪs]

abhaken (*von Liste*) to tick [*oder* USA check] off

abhalten (*verhindern*) to stop; **jemanden davon abhalten, etwas zu tun** to keep someone from doing something; **lass dich nicht abhalten!** don't let me stop you!

abhandenkommen to get lost, to go missing

der **Abhang** slope

abhängen
1 (*nach dem Überholen*) to shake off *Auto*
2 (*übertragen*) **abhängen von** to depend on; **das hängt davon ab!** that depends!

abhängig *Person:* dependent (**von** on)

abhärten **sich abhärten** (*übertragen*) to harden oneself (**gegen** to)

abhauen (*slang: weggehen*) to push off; **hau ab!** get lost!

abheben
1 to withdraw *Geld*
2 to lift *Hörer*
3 *Flugzeug:* to take off; *Rakete:* to lift off

abholen
1 to call for *Person;* **jemanden am Bahnhof abholen** to meet someone at the station
2 to collect, to fetch *Gegenstand;* **etwas abholen lassen** to send for something

abhören
1 **einen Schüler abhören** to test a pupil [orally]
2 to bug *Gespräch*

das **Abitur** ≈ A Levels ⚠ *Plural;* (*in Schottland*) ≈ Highers ⚠ *Plural;* (*in USA*) ≈ Highschool Diploma

abklingen
1 *Krankheit:* to ease off
2 *Effekt, Wirkung:* to wear off

das **Abkommen** agreement; **ein Abkommen treffen** to come to an agreement

abkommen
1 to get away; **vom Weg abkommen** to lose one's way
2 **von einem Thema abkommen** to get off a subject

abkratzen
1 to scrape off
2 (*slang: sterben*) to kick the bucket

abkühlen (*auch übertragen*) to cool down

abkürzen
1 to abbreviate [ə'bri:vieɪt] *Wort*
2 (*verkürzen*) to cut short

die **Abkürzung**
1 (*Grammatik*) abbreviation [əbrivi'eɪʃᵊn]
2 (*Weg*) short cut

abladen to unload *Last;* to dump *Müll*

die **Ablage** storage place; (*im Büro*) filing ['faɪlɪŋ]

die **Ablagerung** deposit

ablassen to let off *Dampf*

der **Ablauf** *einer Frist:* expiry [ɪk'spaɪəri]; **nach Ablauf von ...** at the end of ...

ablaufen *Frist:* to run out

ablegen
1 to take off *Kleidung, Hut*
2 to give up *Gewohnheiten*
3 to file *Akten;* **eine Prüfung ablegen** to take an examination

ablehnen to decline, to reject *Angebot, Stelle*

ablenken
1 (*zerstreuen*) to distract
2 **vom Thema ablenken** to change the subject

die **Ablenkung** (*Zerstreuung*) diversion [daɪ'vɜːʃᵊn]

ablesen to read

abliefern
1 (*übergeben*) to hand over (**bei** to)
2 to deliver *Waren*

ablösen
1 (*entfernen*) to take off
2 **jemanden ablösen** to take over from someone
3 **sich ablösen** to come off; *Haut:* to peel off; *Kollegen:* to take turns

die **ABM** *Abkürzung von* **Arbeitsbeschaffungsmaßnahme** job creation scheme

abmachen to agree on

die **Abmachung** agreement

abmehren (CH) (*abstimmen*) to take a vote [vəʊt]

abmelden to cancel [kæntsᵊl] *Abonnement;* **sein Telefon abmelden** to have one's telephone disconnected; **sich bei jemandem abmelden** to tell someone that one is leaving/not coming

die **Abnahme**
1 (*Verringerung*) decrease [dɪ'kri:s]
2 (*wirtschaftlich*) decline [dɪ'klaɪn]

abnehmen
1 to take off; **den Hörer abnehmen** to lift the receiver [rɪ'si:vəʳ]
2 (*an Zahl*) to decrease [dɪ'kri:s]
3 (*an Gewicht*) to lose weight
4 **das nehme ich dir nicht ab!** (*umgangsspr*) I don't buy that!

die **Abneigung** dislike (**gegen** of), aversion [ə'vɜːʃᵊn] (**gegen** to)

abnutzen to wear out

das **Abonnement** [abɔnə'mɑ̃:] subscription [səb'skrɪpʃᵊn]

abonnieren to subscribe [səb'skraɪb tu] to

abordnen to delegate

A B C D E F G H I J K L M N O P Q R S T U V W X Y Z

die **Abordnung** delegation [delɪˈgeɪʃᵊn]

abprallen (*auch übertragen*) to bounce off

abraten to warn (**von** against)

abräumen to clear away; **den Tisch abräumen** to clear the table

abreagieren to work off

abrechnen
1 (*abziehen*) to deduct
2 (*wirtschaftlich*) to cash up; **mit jemandem abrechnen** to settle up with someone *auch übertragen*

die **Abreise** departure (**nach** for)

abreisen to depart, to leave (**nach** for)

abreißen
1 to tear off
2 to pull down *Haus*

abrufen
1 to withdraw *Geld*
2 to retrieve *Daten*

abrunden
1 (*auch übertragen*) to round off
2 to round down *Summe*

die **Abrüstung** (*militärisch*) disarmament

die **Absage** refusal; **jemandem eine Absage erteilen** to reject someone

absagen
1 to cancel *Veranstaltung;* to decline *Einladung*
2 **jemandem absagen** to tell someone that one cannot come

der **Absatz**
1 (*Abschnitt*) paragraph
2 *vom Schuh:* heel
3 *von Waren:* sales ⚠ *Plural*
4 *einer Treppe:* landing

abschaffen to abolish, to do away with

abschalten to switch off *auch übertragen*

abschätzen to assess; **ein abschätzender Blick** an appraising look

abschauen
1 to copy (**bei** from)
2 (*umgangsspr: in der Schule*) **jemandem etwas abschauen** to copy something from someone

der **Abschaum** (*auch übertragen*) scum

abscheulich (*widerlich*) abominable; (*heimtückisch*) heinous [ˈheɪnəs]

abschieben
1 (*deportieren*) to deport
2 (*loswerden*) to get rid of
3 (*umgangsspr*) to push off

der **Abschied** farewell, parting; **von jemandem Abschied nehmen** to say goodbye to someone

abschirmen to shield

abschlagen
1 to cut off *Gegenstand*
2 (*verweigern*) to turn down *Bitte*

abschleppen
1 to tow *Auto*
2 (*umgangsspr*) to pick up *Person*

abschließen
1 to lock up *Tür*
2 (*beenden*) to complete
3 **eine Versicherung abschließen** to take out an insurance [ɪnˈʃʊərəns] policy; **einen Vertrag abschließen** to conclude a contract

abschließend *Bemerkung:* final

der **Abschluss**
1 (*Ende*) end
2 **kurz vor dem Abschluss stehen** to be in the final stages ⚠ *Plural*

die **Abschlussprüfung** (*in der Schule*) final examination

das **Abschlusszeugnis** (*in der Schule*) leaving certificate, diploma (USA)

abschminken **sich abschminken** to take off one's make up

abschneiden
1 to cut off; to cut *Haar*
2 **jemandem das Wort abschneiden** to cut someone short
3 (*übertragen*) **bei etwas gut/schlecht abschneiden** to do [*oder* come off] well/badly in something

der **Abschnitt**
1 (*Sektion*) section
2 (*in Buch*) passage
3 (*zeitlich*) period

abschrauben to unscrew [ʌnˈskruː]

abschrecken to deter [dɪˈtɜːʳ]

abschreiben
1 to copy out *Text*
2 (*bei einer Klassenarbeit*) to copy, to crib *umgangsspr* (**bei** off)

die **Abschrift** copy

abschütteln (*auch übertragen*) to shake off

abschweifen to digress [daɪ'gres]; **vom Thema abschweifen** to deviate ['diːvieɪt] from the subject

absehbar foreseeable

absehen
1 **ein Ende ist noch nicht abzusehen** the end is not yet in sight
2 **ich will [einmal] davon absehen** I'm going to dispense with it

das **Abseits** (*im Sport*) offside

abseits
1 (*im Sport*) offside
2 **abseits der Straße** away from the road

absenden
1 to send, to post (GB) *Brief;* to mail (USA) *Brief*
2 to dispatch *Waren*

der **Absender**, die **Absenderin** sender

absetzen
1 (*entlassen*) to dismiss; to depose *Herrscher*
2 to drop [off] *Fahrgast*
3 (*von der Steuer*) to deduct

die **Absicht** intention; **die Absicht haben, etwas zu tun** to intend to do something

absichtlich intentional [ɪn'tentʃᵊnᵊl]; **etwas absichtlich tun** to do something on purpose

absolut absolute

absondern
1 to separate *Personen;* (*isolieren*) to isolate
2 **sich absondern** to cut oneself off

abspeichern (*in der Informatik*) to save, to file

absperren
1 to block *Straße*
2 (*technisch*) to turn off *Wasser, Gas*
3 to lock *Tür*

abspielen
1 to play *Tonmedien*
2 **sich irgendwo abspielen** to happen somewhere

die **Absprache** arrangement

absprechen
1 to arrange *Termin*
2 **sich mit jemandem absprechen** to arrange things with someone

abspülen
1 to rinse *Geschirr*
2 (*Geschirr spülen*) to do the dishes

abstammen *Mensch:* to be descended (**von** from)

der **Abstand**
1 (*räumlich*) distance; **kurzer Abstand** short gap; **Abstand halten** to keep one's distance
2 (*zeitlich*) interval
3 **mit Abstand** by far

abstechen (*sich abheben*) **von etwas abstechen** to stand out against something

der **Abstecher** (*Reise*) excursion [ɪk'skɜːʃᵊn]

abstehen to stick out

absteigen
1 to get off, to dismount; **vom Fahrrad absteigen** to get off the bike
2 **in einem Hotel absteigen** to put up at a hotel

abstellen
1 to put down *Gegenstand*
2 (*technisch*) to stop *Maschine;* (*abdrehen*) to turn off *Wasser, Gas*
3 to park *Fahrzeug*

abstempeln
1 to stamp
2 (*übertragen*) to brand (**zu** as)

absterben (*auch übertragen*) to die

der **Abstieg**
1 descent [dɪ'sent]
2 (*übertragen*) decline

abstimmen
1 (*in Einklang bringen*) to match (**auf** with); to coordinate *Termine* (**auf** with)
2 (*in der Politik*) to take a vote (**über** on); **über etwas abstimmen lassen** to put something to the vote
3 **sich mit jemandem abstimmen** to come to an agreement with someone

die **Abstimmung** vote

abstoßen
1 (*beim Fußball*) to take a goal kick
2 (*übertragen*) to repel; to reject *Organ*
3 (*übertragen*) to be repulsive

abstoßend repulsive

abstrakt abstract

abstreiten (*leugnen*) to deny

der **Absturz**
1 fall
2 *von Flugzeug:* crash

abstürzen
1 *Mensch:* to fall
2 *Flugzeug:* to crash

absuchen
1 to search *Gelände*
2 (*mit Scheinwerfern*) to sweep

absurd absurd

der **Abt** abbot

abtasten
1 to feel; (*medizinisch*) to palpate
2 (*elektrisch*) to scan

abtauen
1 to defrost *Gefrierfach*
2 *Schnee:* to thaw [θɔː]

die **Abtei** abbey

das **Abteil** *von Zug:* compartment

die **Abteilung**
1 department
2 (*militärisch*) unit

der **Abteilungsleiter**, die **Abteilungsleiterin** head of department

die **Äbtissin** abbess

abtreiben
1 *Schiff, Flugzeug:* to be driven off course
2 (*medizinisch*) **abtreiben lassen** to have an abortion

die **Abtreibung** (*medizinisch*) abortion

abtrennen
1 to take off; to detach *Abschnitt*
2 (*räumlich*) to divide off

abtreten
1 to cede *Ansprüche, Gebiet*
2 (*vom Amt*) to resign [rɪˈzaɪn]

abtrocknen to dry *Geschirr, Haare*

> **Grammatik**
> Richtiges Konjugieren von **dry**: dry, dried, dried — *Helen dried the dishes; I haven't dried my hair yet.*

der **Abverkauf** Ⓐ (*Ausverkauf*) [clearance] sale

abwägen (*übertragen*) to weigh up

abwälzen (*übertragen*) to shift (**auf** onto)

abwandern to migrate (**aus** from)

der **Abwart**, die **Abwärtin** Ⓒⓗ caretaker, janitor

abwarten
1 to wait; **warte nur ab!** just you wait!
2 **etwas abwarten** to wait something out

abwärts down; **es geht mit ihm abwärts** he is on the decline

der **Abwasch**
1 (*Geschirr*) dishes ⚠ *Plural*
2 Ⓐ (*Spülstein*) sink

abwaschen
1 to wash off *Schmutz*
2 to do the washing up

die **Abwaschmaschine** Ⓒⓗ dishwasher

das **Abwasser** sewage [ˈsuːɪdʒ]

der **Abwasserkanal** sewer [sʊəʳ]

abwechseln
1 **sich abwechseln** to alternate, to change, to vary
2 **sich miteinander abwechseln** *Personen:* to take turns

abwechselnd alternately

die **Abwechslung** change; **zur Abwechslung** for a change

abwehren
1 to ward off, to repulse *Angriff*
2 (*im Sport*) to clear *Ball*

abweichen
1 (*von Kurs*) to deviate
2 *Meinungen:* to differ

abweisen
1 to turn away *Person*
2 to reject, to turn down *Antrag*

abweisend *Haltung:* cold

abwenden
1 to avert *Unglück*
2 **sich abwenden** to turn away *auch übertragen*

abwerfen (*aus der Luft*) to drop

abwerten
1 (*im Finanzwesen*) to devaluate [diˈvæljueɪt]
2 (*übertragen*) to cheapen

abwesend
1 absent
2 (*übertragen*) far-away

die **Abwesenheit** absence

abwickeln
1 (*übertragen*) to deal with *Angelegenheit*
2 (*wirtschaftlich*) to conclude *Geschäft*

abwischen to wipe off *Schmutz;* to wipe *Gesicht;* to dry *Tränen*

abwürgen
1 (*umgangsspr*) to squash, to stifle [staɪfl]
2 to stall *Motor*

abzahlen to pay off

abzeichnen **sich abzeichnen** to stand out, to become apparent

abziehen
1 to take out *Schlüssel*
2 to strip *Bett*
3 to take away, to subtract *Zahl;* to take off *Betrag*
4 *Truppen:* to withdraw

abzielen (*übertragen*) **abzielen auf** to be aimed at

der **Abzug**
1 (*wirtschaftlich*) discount; *vom Lohn:* deduction; **nach Abzug der Kosten** after deducting costs
2 *von Fotos:* print
3 *von Truppen:* withdrawal

die **Abzweigung** junction

ach **ach!** oh!; **ach so!** I see!

die **Achse**
1 (*Auto*) axle
2 (*Mathematik*) axis ['æksɪs]; **auf Achse sein** (*umgangsspr*) to be on the road

die **Achsel** armpit; **die Achseln zucken** to shrug one's shoulders

die **Achselhöhle** armpit

die **Acht**[1] **außer Acht lassen** disregard; **sich in Acht nehmen** to watch out

die **Acht**[2]
1 (*Zahl*) [number] eight
2 **die Acht** (*Straßenbahn, Bus*) the number eight [tram/bus]

acht eight [eɪt]; **viertel vor acht** a quarter to eight

das **Achtel** eighth [eɪtθ]

achtel eighth [eɪtθ]

achten
1 (*schätzen*) to respect
2 **auf etwas achten** to pay attention to something; **achte auf deine neuen Schuhe!** mind your new shoes!; **achte darauf, dass ...** be careful [*oder* take care] that ...

die **Achterbahn** roller coaster

achtlos careless

achttägig lasting a week

die **Achtung**
1 respect (**vor** for); **sich Achtung verschaffen** to gain respect for oneself; **alle Achtung!** good for you!
2 **Achtung!** attention!

achtzehn eighteen [ˌeɪ'tiːn]

achtzehnte(r, s) eighteenth [ˌeɪ'tiːnθ]

achtzig eighty ['eɪtɪ]

achtzigste(r, s) eightieth ['eɪtɪəθ]

ächzen to groan (**vor** with)

der **Acker** field

das **Ackerland** arable land

der **Adapter** adaptor

adaptieren Ⓐ (*herrichten*) to fix up

addieren to add

die **Addition** addition [ə'dɪʃn]

der **Adel** nobility

ad(e)lig noble

der/die **Ad(e)lige** nobleman *maskulin,* noblewoman *feminin*

die **Ader**
1 (*anatomisch*) blood vessel
2 *von Pflanze, von Gestein:* vein

das **Adjektiv** adjective ['ædʒɪktɪv]

der **Adler** eagle

adoptieren to adopt

die **Adoption** adoption [ə'dɒpʃn]

die **Adoptiveltern** adoptive parents

das **Adoptivkind** adopted child

das **Adressbuch** directory

die **Adresse** address

> **Vorsicht Falle!**
> Address wird mit 2 d und 2 s geschrieben: *Tim's address is ...*

adressieren to address (**an** to)

der **Advent** Advent

das **Adverb** adverb

der **Advokat**, die **Advokatin** Ⓐ, Ⓒⓗ (*Rechtsanwalt*) lawyer

die **Advokatur** Ⓒⓗ
1 (*Büro*) lawyer's office
2 (*Amt*) legal profession

der **Affe** monkey; (*Menschenaffe*) ape

der **Affekt** **im Affekt handeln** to act in the heat of the moment

affektiert affect

die **Affiche** CH (*Plakat*) poster

die **Agenda** CH
1 notebook
2 (*Tagesordnung*) agenda

der **Agent**, die **Agentin** agent

die **Agentur** agency

die **Agglomeration** CH (*Ballungsraum*) conurbation

ähneln to be like, to resemble; **sie ähneln sich sehr** they are very alike

ahnen to foresee, to know; **das konnte ich doch nicht ahnen!** I couldn't be expected to know that!

ähnlich similar; **jemandem ähnlich sehen** to resemble someone; **das sieht ihm ähnlich** (*umgangsspr*) that is just like him

die **Ähnlichkeit** similarity; **mit etwas Ähnlichkeit haben** to resemble something

die **Ahnung**
1 (*Vorgefühl*) presentiment
2 (*Wissen*) idea; **hast du eine Ahnung!** [a] fat lot you know about it!; **keine Ahnung!** no idea!

ahnungslos unsuspecting

der **Ahorn** (*Laubbaum*) maple [tree]

Aids [e:ts], **AIDS** *Abkürzung von* **Acquired Immune Deficiency Syndrome** aids, AIDS

die **Akademie** academy

der **Akademiker**, die **Akademikerin** (*Hochschulabsolvent*) university graduate

akademisch academic

der **Akkord**
1 (*Musik*) chord
2 (*Stücklohn*) piece rate; **im Akkord arbeiten** to do piecework

das **Akkordeon** (*Musik*) accordion

akkurat precise

der **Akkusativ** (*Grammatik*) accusative

die **Akne** acne

der **Akrobat**, die **Akrobatin** acrobat

akrobatisch acrobatic

der **Akt**
1 (*Tat*) act, action
2 (*im Theater*) act
3 (*Malerei*) nude
4 A (*Akte*) file, record

die **Akten** files, records; **zu den Akten legen** to file away

die **Aktentasche** briefcase

die **Aktie** share

die **Aktiengesellschaft** public limited company

die **Aktion**
1 action; (*Einsatz*) operation; **in Aktion treten** to go into action
2 **das war eine geniale Aktion!** (*umgangsspr*) that was a great campaign [kæm'peɪn]!

aktiv active

aktivieren
1 (*chemisch*) to activate
2 (*in Bewegung setzen*) to get moving

die **Aktivität** activity

aktualisieren to update

die **Aktualität** topicality

der **Aktuar**, die **Aktuarin** CH (*Schriftführer*) secretary

aktuell
1 relevant; *Frage, Thema:* topical; **das ist nicht mehr aktuell** that's no longer relevant
2 (*gegenwärtig*) *Problem, Thema:* current

Vorsicht Falle!
Das englische Wort **actual** bedeutet ‚wirklich, tatsächlich': *We call her J-J, but her actual name is Julie-Jane.* Das deutsche ‚aktuell' heißt im Englischen dagegen **current**: *his current girlfriend is called Rachel; the current political situation in Afghanistan is unstable.*

die **Akustik** acoustics ⚠ *Plural*

akustisch acoustic; **ich habe Sie akustisch nicht verstanden** I didn't catch what you said

akut
1 (*medizinisch*) acute
2 (*vordringlich*) urgent

der **Akzent** (*sprachlich*) accent

akzeptieren to accept

der **Alarm** alarm; **Alarm schlagen** to sound the alarm

die **Alarmanlage** alarm system

alarmieren to alert

albern (*kindisch*) silly

der **Albtraum** nightmare

das **Album** album

die **Alge** alga ['ælgə], ⚠ *Plural* algae ['ældʒiː]

die **Algebra** (*Mathematik*) algebra ['ældʒɪbrə]

das **Alibi** alibi ['ælɪbaɪ]

der **Alkohol** alcohol

alkoholfrei non-alcoholic; **alkoholfreie Getränke** soft drinks

der **Alkoholiker**, die **Alkoholikerin** alcoholic

der **Alkoholismus** alcoholism

das **All** space; (*in der Philosophie*) universe

alle **alle werden** to run out

die **Allee** avenue

allein(e)
1 alone; (*einsam*) lonely
2 **eine allein erziehende Mutter** a single mother; **allein stehend** single
3 (*selbstständig*) **das habe ich alleine gemacht** I did that by myself; **von allein** by oneself; **das Gerät ist von alleine ausgegangen** the machine switched off by itself; **das weiß ich von allein!** you don't have to tell me that!

allerdings
1 (*aber*) but
2 **allerdings!** certainly!

die **Allergie** (*medizinisch*) allergy

allergisch allergic (**gegen** to)

allerlei all sorts of [things]

allerletzte(r, s) very last

allermeiste(r, s) by far the most; **am allermeisten** most of all

allerneueste(r, s) very latest

allerwenigste(r, s) least of all; **in den allerwenigsten Fällen** in only a very few cases

allfällig (CH)
1 (*eventuell*) possible
2 (*gegebenenfalls*) possibly

allgemein general; **im Allgemeinen** generally, in general

die **Allgemeinbildung** general education

die **Allgemeinheit** general public

allmählich gradual

der **Alltag** everyday life

alltäglich (*gewöhnlich*) everyday

allzu **allzu oft** much too often; **allzu sehr** too much; **allzu viel** too much

die **Alpen** **die Alpen** the Alps

das **Alphabet** alphabet

alphabetisch alphabetical

der **Alptraum** nightmare

als
1 (*nach Komparativen*) than; **sie ist schöner/größer als Hannah** she is prettier/taller than Hannah
2 (*bei Vergleich*) as ... as; **so weit als möglich** as far as possible
3 (*in Modalsätzen*) as if [*oder* though]; **es sieht so aus, als würde es regnen** it looks as though it might rain
4 (*temporal*) when; **gerade, als ...** just as ...
5 (*in der Eigenschaft*) **als Beweis** as proof; **als Kind** as a child
6 **alles andere als ...** anything but ...

also
1 so; **dir geht es also besser** so you are feeling better; **also doch** so ... after all; **du gehst also doch?** so you are going after all?
2 (*als Füllwort*) well; **also gut!** well all right then!; **also nein!** oh no!; **also so eine Frechheit!** what a cheek!
3 (*daher*) so, therefore; **sie bat mich darum, also bin ich gegangen** she asked me to, [and] so I left

alt
1 *Person:* old; **wie alt bist du?** how old are you?; **ich bin siebzehn Jahre alt** I'm seventeen years old
2 (*historisch*) ancient

Grammatik
Man kann **senior to** oder **older than** für „älter als" sagen: *Tom is five years senior to me* oder *Tom is five years older than me.*

der **Altar** altar

das **Altenheim**, das **Altenpflegeheim** old people's home

das **Alter** age; **im Alter von ...** at the age of ...; **das ist doch kein Alter!** that's no age at all!

altern *Mensch:* to get older

A B C D E F G H I J K L M N O P Q R S T U V W X Y Z

alternativ
1 alternative; (*in der Politik*) unconventional
2 (*umweltbewusst*) ecologically minded

Alternativ- (*in Zusammensetzungen*) alternative

die **Alternative** alternative

das **Altersasyl** (CH) (*Altersheim*) old people's home

die **Altersgruppe** age group

das **Altersheim** old people's home

die **Altersversorgung** provision for old age

der **Altglascontainer** bottle bank

der **Altjahresabend** (CH) (*Silvester*) New Year's Eve

altmodisch old-fashioned

das **Altpapier** waste paper

das **Aluminium** aluminium, aluminum (USA)

am
1 (*Zeitangabe*) **am 1. November** on November 1st; **Frankfurt am Main** Frankfurt on the Main; **am Abend** in the evening; **am Anfang** at the beginning; **am Tag darauf** on the following day
2 (*räumlich, örtlich*) on the; **am Fluss/Meer** by the river/sea; **am Eingang** at the entrance; **am Lager** in stock
3 (*zur Bildung des Superlativs*) **am besten** best; **er war am tapfersten** he was [the] bravest; **am liebsten gehe ich inlineskaten** I like going rollerblading best
4 (*umgangsspr: Verlauf*) **ich war am Arbeiten, als er anrief** I was working when he called; **sie war gerade am Weggehen** she was just about to leave
5 (*Zustand*) **am Leben** alive

der **Amateur**, die **Amateurin** [ama'tøːɐ̯] amateur

die **Ameise** ant

Amerika America; **die Vereinigten Staaten von Amerika** the United States of America

der **Amerikaner**, die **Amerikanerin** American

der **Ammann** (CH)
1 mayor
2 (*Beamter des Gerichts*) local magistrate

die **Amnestie** (*in der Politik*) amnesty

die **Ampel** traffic lights ⚠ *Plural*

amputieren to amputate

die **Amsel** blackbird

das **Amt**
1 (*öffentliches*) office
2 (*Behörde*) department

amtlich official; **amtliches Kennzeichen** registration [*oder* (USA) license] number

die **Amtsentsetzung** (A) dismissal from office

die **Amtszeit** period of office

amüsant amusing

amüsieren
1 to amuse
2 **sich amüsieren** to enjoy oneself
3 **sich über etwas amüsieren** to find something funny

an
1 (*räumlich*) to; **sie ging ans Fenster** she went to the window; **ans Telefon gehen** to answer the phone
2 (*auf*) on; **sie hatte etwas an ihrer Jacke** she had something on her jacket
3 (*zeitlich*) on; **an einem Dienstag** on a Tuesday; **an diesem Abend** that evening; **es ist an der Zeit** the time has come
4 (*Grund*) **jemanden an etwas erkennen** to recognize someone by something; **an etwas schuld sein** to be to blame for something
5 (*etwa*) **an die 500 Schüler** about five hundred pupils
6 **von nun an** from now on
7 (*Ankunft*) **Heidelberg an 16.25** arriving Heidelberg 16:25

der **Analphabet**, die **Analphabetin** illiterate [ɪ'lɪtᵊrət]

die **Analyse** analysis [ə'næləsɪs]

analysieren to analyze [ænᵊlaɪz]

die **Ananas** pineapple ['paɪnæpl]

die **Anatomie** anatomy [ənætəmi]

anatomisch anatomical [ænə'tɒmɪkl]

der **Anbau**
1 (*Gebäude*) extension
2 (*landwirtschaftlich*) cultivation

anbauen
1 to add, to build on *Gebäude*
2 (*landwirtschaftlich*) to cultivate, to grow

anbelangen to concern; **was mich/das anbelangt ...** as far as I am/that's concerned ...

anbeten
1 (*religiös*) to worship
2 (*übertragen*) to adore

anbieten
1 **jemandem etwas anbieten** to offer someone something, to offer something to someone
2 *Mensch:* to offer one's services
3 *Gelegenheit:* to present itself

anbinden
1 to tie [up]
2 **kurz angebunden sein** to be curt

der **Anblick** sight

das **Anbot** Ⓐ offer

anbrennen *Essen:* to get burnt; **anbrennen lassen** to burn

anbringen
1 (*installieren*) to install
2 to make *Bitte, Beschwerde* (**bei** to)

andauern to continue

andauernd (*ständig*) continuous; (*anhaltend*) continual; **jemanden andauernd unterbrechen** to keep on interrupting someone; **sie erhielt andauernd Anrufe** she kept getting phone calls

das **Andenken**
1 memory; **zum Andenken an ...** in memory of ...
2 (*Gegenstand*) keepsake (**an** from); (*von einer Reise*) souvenir

andere(r, s)
1 (*verschieden*) different; **ein anderer Mann/eine andere Bluse** a different man/blouse; (*noch eine(r)*) another man/blouse; **das ist etwas Anderes** that is different; **ein anderes Mal** another time
2 (*folgend*) **am anderen Morgen** the next morning
3 (*substantivisch: Person*) **ein anderer/eine andere** a different person; **jeder andere/kein anderer** anyone/no-one else; (*Sache*) a different one
4 **nichts anderes** nothing else; **nichts anderes als** nothing but; **alles andere als** anything but
5 **unter anderem** among other things *Plural*
6 **einer nach dem anderen** one at a time

andererseits on the other hand

ändern
1 (*wechseln*) to change; **ich kann es nicht ändern** I can't do anything about it
2 **sich ändern** to change

andernfalls otherwise

anders
1 differently; **ich hätte es anders gemacht** I would have done it differently
2 **jemand anders** someone else
3 **es sich anders überlegen** to change one's mind
4 **es geht nicht anders** there's no other way

andersherum the other way round

anderswo elsewhere

anderthalb one and a half

die **Änderung** alteration, change

andeuten **etwas andeuten** (*erkennen lassen*) to indicate something; (*zu verstehen geben*) to hint at something

die **Andeutung** **eine Andeutung über etwas machen** to hint at something

der **Andrang** *von Menschen:* crowd, rush

andrehen
1 (*einschalten*) to turn on
2 **jemandem etwas andrehen** to palm something off on someone

aneignen **sich etwas aneignen** to acquire something; (*widerrechtlich*) to appropriate something

aneinander each other; **sich aneinander gewöhnen** to get used to each other

anekeln to disgust

anerkennen
1 to recognize, to acknowledge
2 (*lobend*) to appreciate; **ein anerkennender Blick** an appreciative look

anfahren
1 *Fahrzeug:* to start, to pull away
2 (*zusammenstoßen*) to run into
3 **jemanden anfahren** (*übertragen*) to shout at someone

die **Anfahrt** (*Reise*) journey

der **Anfall** (*medizinisch*) attack; (*epileptisch*) fit; **in einem Anfall von ...** in a fit of ...

anfallen
1 **jemanden anfallen** to attack someone
2 *Kosten:* to arise

anfällig
1 (*gesundheitlich*) delicate
2 **für etwas anfällig sein** to be susceptible to something

der **Anfang** beginning; **Anfang Mai** at the beginning of May; **für den Anfang** for the present;

von Anfang an right from the beginning; **den Anfang machen** to begin, to start, to make a start

anfangen to begin, to start; **von vorn anfangen** to begin [*oder* start] again; **fang nicht wieder damit an!** don't start all that again!; **ich weiß nicht, was ich damit anfangen soll** I don't know what to do with it

> **Grammatik**
> Richtiges Konjugieren von **begin**: begin, began, begun — *Suzy began to dance; I have begun my homework.*

der **Anfänger**, die **Anfängerin** beginner

anfänglich
1 *Schwierigkeiten:* initial
2 (*zunächst*) at first

anfangs at first

der **Anfangsbuchstabe** first letter; **großer Anfangsbuchstabe** capital initial

anfassen to touch

anfechten to contest; to appeal against *Urteil*

anfertigen to make

anflehen to implore (**um** for)

der **Anflug** *eines Flugzeugs:* approach

anfordern to request

die **Anforderung** demand; **hohe Anforderungen an jemanden stellen** to demand a lot of someone; **den Anforderungen genügen** to be able to meet the demands

die **Anfrage**
1 inquiry
2 (*im Parlament*) question
3 (*in der Informatik*) query

anfragen to inquire (**bei** of)

anfreunden **sich mit jemandem anfreunden** to make friends with someone; **sich mit etwas anfreunden** to get to like something

anführen to lead

der **Anführer**, die **Anführerin** leader; (*Anstifter*) ringleader

die **Anführungszeichen** inverted commas, quotation marks

die **Angabe**
1 (*Aussage*) statement
2 (*Auskunft*) information ⚠ *kein Plural*
3 **nähere** [*oder* **genauere**] **Angaben** details, particulars
4 **Angaben zur Person** personal details

angeben[1]
1 (*nennen*) to give; **Gründe angeben** to state reasons
2 (*behaupten*) to maintain

angeben[2] (*prahlen*) to boast, to show off

der **Angeber**, die **Angeberin** show-off

angeblich
1 so-called
2 **er hat angeblich Geld gestohlen** he allegedly stole money

das **Angebot** offer; *von Waren:* supply; **Angebot und Nachfrage** supply and demand

angebracht (*sinnvoll*) reasonable

angebrannt burnt

angehen (*betreffen*) to concern; **das geht Sie nichts an!** that's none of your business!; **was geht das mich an?** what's that got to do with me?; **was mich angeht ...** for my part ...

angehören to be a member of

die **Angel** (*Fischangel*) rod and line (GB), fishing pole (USA)

die **Angelegenheit** matter; **kümmere dich um deine eigenen Angelegenheiten!** mind your own business!

angeln **angeln gehen** to go fishing; **nach etwas angeln** to fish for something

angeloben (A) to swear in

die **Angelobung** (A) swearing in

die **Angelrute** fishing rod

angemessen appropriate; *Preis:* reasonable

angenehm agreeable, pleasant; **angenehme Reise!** have a pleasant journey!

angenommen **angenommen, dass ...** assuming that ...

angesehen respected

angesichts in view of, considering

angetan **von jemandem/etwas angetan sein** to be impressed by someone/something; **es jemandem angetan haben** to appeal to someone

angewiesen **angewiesen sein auf** to be dependent on

angewöhnen to get accustomed to

die **Angewohnheit** habit; **die Angewohnheit haben, etwas zu tun** to be in the habit of doing something

der **Angler**, die **Anglerin** angler

die **Anglistik** (*Studienfach*) English studies ⚠ *Plural*

angreifen
1 (*feindlich*) to attack
2 (*schwächen*) to weaken; (*beeinträchtigen*) to affect

der **Angriff** attack (**auf** to); **etwas in Angriff nehmen** to tackle something

die **Angst** anxiety (**um** about); (*Furcht*) fear (**vor** of); **vor etwas Angst haben** to be afraid of something; **um jemanden Angst haben** to be anxious about someone; **keine Angst!** don't worry!

ängstlich anxious

angurten to fasten one's seat belt

anhaben
1 *Kleidungsstücke:* to have on, to be wearing
2 (*beeinträchtigen*) **sie können mir nichts anhaben** they can't touch me

anhalten
1 to stop; **die Luft anhalten** to hold one's breath; **jemanden zu etwas anhalten** to encourage someone to do something
2 (*stehen bleiben*) to stop
3 (*andauern*) to last

anhaltend incessant

der **Anhalter**, die **Anhalterin** hitch-hiker; **per Anhalter fahren** to hitch-hike

der **Anhang** appendix

anhängen
1 (*hinzufügen*) to add
2 (*in der Informatik*) to attach
3 **jemandem etwas anhängen** (*umgangsspr*) to blame something on someone

der **Anhänger**
1 (*Person*) follower, supporter
2 (*Schmuckstück*) pendant
3 (*Auto*) trailer

anhänglich clinging

anheben
1 to raise *Gehalt*
2 (*hochheben*) to lift up

der **Anhieb** **auf Anhieb** (*umgangsspr*) straight away [*oder* off]

anhören
1 to listen to
2 (*erhören*) **jemanden/jemandes Bitte anhören** to hear someone/someone's request
3 **das hört sich ja gut an!** that sounds good!

animieren to encourage

der **Ankauf** purchase

der **Anker** anchor

anketten to chain up (**an** to)

die **Anklage** (*juristisch*) charge; **gegen jemanden Anklage erheben** to bring charges against someone

anklagen to charge (**wegen** with); **jemanden anklagen, etwas getan zu haben** to accuse someone of having done something

der **Anklang** **[bei jemandem] Anklang finden** to be well received [by someone], to meet with approval [from someone]

anklopfen to knock (**an** at)

anknüpfen
1 to tie on (**an** to)
2 (*übertragen*) to start up; **an etwas anknüpfen** to take something up

ankommen[1]
1 to arrive; **ich komme um 8:30 an** I arrive at 8:30
2 (*Anklang finden*) to go down (**bei** with); **bei jemandem ankommen** (*umgangsspr*) to have success with someone

ankommen[2]
1 (*wichtig sein*) **es kommt darauf an, wie schnell man ist** it depends on how fast you are
2 **es darauf ankommen lassen** to chance it

ankündigen to announce

die **Ankündigung** announcement

die **Ankunft** arrival

ankurbeln (*übertragen*) to boost

anlächeln to smile at; **jemanden nett anlächeln** to give someone a nice smile

die **Anlage**
1 (*Fabrik*) plant
2 (*Park*) public park, gardens ⚠ *Plural*
3 (*Stereoanlage*) system
4 (*im Finanzwesen*) investment

5 **als Anlage erhalten Sie ...** enclosed please find ...

der **Anlass**
1 (*Ursache*) cause (**zu** for); **es besteht kein Anlass** there is no reason; **beim geringsten Anlass** for the slightest reason
2 (*Gelegenheit*) occasion; **etwas zum Anlass nehmen zu ...** to use something as an opportunity to ...

anlassen
1 (*in Gang setzen*) to start *Auto*
2 (*nicht ausziehen*) to keep on *Kleidung, Hut*
3 to leave on *Gerät*

anlässlich on the occasion of

der **Anlauf** **einen Anlauf nehmen** to take a run-up; **erst beim zweiten Anlauf** only at the second go

anlaufen
1 *Film:* to open
2 (*beschlagen*) *Glas:* to steam up; *Metall:* to tarnish

anlegen
1 (*daranlegen*) to lay (**an** next to)
2 (*anziehen*) to don
3 (*im Finanzwesen*) to invest
4 to start *Kartei* ▶ WENDUNGEN: **sich mit jemandem anlegen** to pick a quarrel with someone

anlehnen
1 to lean (**an** against); **die Tür anlehnen** to leave the door ajar
2 **sich an etwas anlehnen** to follow something

anleiten to instruct

die **Anleitung** (*auch technisch*) instructions ⚠ *Plural;* **unter Anleitung von ...** under the guidance of ...

anlocken to attract *auch Kunden;* to lure *Tiere*

anmachen
1 (*befestigen*) to put up (**an** on)
2 to dress *Salat*
3 to turn on *Licht, Radio*
4 (*ansprechen*) to chat up
5 (*umgangsspr: erregen*) to turn on
6 to light *Feuer*

anmailen **jemanden anmailen** to [e-]mail someone

anmaßend presumptuous

anmelden
1 **sich anmelden** to announce one's arrival
2 (*für einen Kurs*) **sich/jemanden anmelden** to enrol oneself/someone (**für** for); **jemanden bei einer Schule anmelden** to enrol someone at a school

die **Anmeldung**
1 (*Ankündigung*) announcement
2 (*zu einem Kurs*) enrolment

anmerken
1 (*bemerken*) to say
2 (*schriftlich*) to note
3 **sich nichts anmerken lassen** to keep a straight face

die **Anmerkung**
1 (*schriftlich*) note
2 (*Bemerkung*) remark

anmutig graceful

annähen to sew on (**an** to)

annähernd
1 approximate
2 (*etwa*) about, approximately; **nicht annähernd so viel ...** not nearly as much ...

die **Annäherung** approach (**an** towards)

die **Annahme** acceptance; (*Vermutung*) assumption

annehmbar acceptable (**für** to); *Preis:* reasonable

annehmen
1 to accept *Angebot*
2 (*vermuten*) to presume, to assume; **ich nehme an, er wollte ins Kino** I presume he wanted to go to the cinema; **etwas von jemandem annehmen** to expect something of someone
3 **sich einer Sache annehmen** to see to a matter

die **Annonce** [a'nõːsə] advertisement

anonym anonymous

der **Anorak** anorak

anordnen
1 (*aufstellen*) to arrange
2 (*befehlen*) to order

anpacken
1 (*anfassen*) to grab
2 (*übertragen*) to tackle; **kannst du mal mit anpacken?** can you lend me a hand?

anpassen
1 (*technisch*) to fit [to]
2 **sich an etwas anpassen** to adapt oneself to something

anpassungsfähig adaptable

anpflanzen to grow

anprangern to denounce

anprobieren to try on

der **Anrainer**, die **Anrainerin** Ⓐ [local] resident

anrechnen
1 (*berechnen*) to charge
2 (*gutschreiben*) to take into account
3 **jemandem etwas hoch anrechnen** to think highly of someone for something

anregen
1 (*stimulieren*) to stimulate
2 (*ermuntern*) to prompt (**zu** to)

anregend stimulating; (*körperlich*) invigorating

die **Anregung** (*Vorschlag*) idea; **auf Anregung von** on the suggestion of

anreichern (*auch übertragen*) to enrich

der **Anreiz** incentive

anrichten
1 to prepare *Mahlzeit*
2 (*verursachen*) to bring about

anrüchig notorious

der **Anruf** call

der **Anrufbeantworter** answering machine, answerphone

anrufen to phone, to call, to ring Ⓖⓑ

anrühren to mix *Farbe;* to blend *Sauce*

ansagen
1 to announce
2 **angesagt sein** (*modisch*) to be in fashion; *Lokal, Disco:* to be the place to go; (*erforderlich*) to be the thing to do

der **Ansager**, die **Ansagerin** (*Radio*) announcer

ansammeln to accumulate; *Vorräte:* to build up

der **Ansatz** (*Philosophie*) approach

anschaffen (*kaufen*) to buy, to purchase

Grammatik
Richtiges Konjugieren von **buy**: buy, bought, bought — *Mike bought a new car; I have just bought a new washing machine*

die **Anschaffung** acquisition

anschalten to switch on *Gerät, Fernseher*

anschauen to look at

anschaulich (*klar*) clear, graphic; (*lebendig*) vivid; *Beispiel:* concrete

der **Anschein** appearance; **allem Anschein nach** to all appearances ⚠ *Plural*

anscheinend apparently

der **Anschlag** (*Mordversuch*) murderous attempt

anschließen
1 (*technisch*) to connect
2 **sich jemandem anschließen** to join someone
3 **ich schließe mich Ihnen/Ihrer Meinung an** I share your opinion, I'm of the same opinion as you

der **Anschluss**
1 (*Bahn*) connection; **Anschluss haben nach ...** to have a connection to ...
2 (*Telefonanschluss*) telephone
3 **im Anschluss an** following

anschnallen
1 to fasten *Sicherheitsgurt;* to clip on *Skier*
2 **sich anschnallen** to fasten one's seat belt

anschneiden
1 to cut
2 to touch on *Thema*

anschreiben
1 (*an Tafel*) to write up
2 (*zu jemandes Lasten aufschreiben*) to chalk up to someone's account; **anschreiben lassen** (*umgangsspr*) to buy on tick

anschreien to shout at

die **Anschrift** address

das **Ansehen** (*Achtung*) reputation; **an Ansehen verlieren** to lose face

ansehen
1 to look at
2 (*besichtigen*) to have a look at; **sich etwas genau ansehen** to take a close look at something
3 **das sieht man ihr nicht an** she doesn't look it
4 to watch *Fernsehprogramm, Film* ▶ WENDUNGEN: **sieh mal [einer] an!** well, I never!

ansehnlich (*beträchtlich*) considerable; **ein ansehnlicher Betrag** a tidy sum

ansetzen (*übertragen: bestimmen*) to fix; (*veranschlagen*) to estimate *Betrag;* to put on *Fett*

die **Ansicht** (*übertragen*) opinion; **meiner Ansicht nach** in my opinion

die **Ansichtskarte** picture [post]card

ansiedeln **sich irgendwo ansiedeln** to settle somewhere; *Firma:* to establish itself somewhere die **Anspannung** strain

anspielen
1 (*Fußball*) to kick off
2 **auf etwas anspielen** to allude to something

die **Anspielung** allusion (**auf** to)

die **Ansprache** address

ansprechen
1 to speak to (**auf** about); **ein Mann hat mich auf der Straße angesprochen** a man approached me in the street
2 (*gefallen*) to appeal to; **das spricht mich nicht so an** that doesn't appeal to me much
3 (*reagieren*) to respond (**auf** to)

ansprechend attractive

anspringen *Auto:* to start

der **Anspruch**
1 (*Recht*) claim (**auf** to); **auf etwas Anspruch haben** to have a right to something
2 **jemanden völlig in Anspruch nehmen** to take up all of someone's time

anspruchsvoll (*viel verlangend*) demanding; (*hohe Anforderungen stellend*) ambitious

die **Anstalt** institution

der **Anstand** **keinen Anstand haben** to have no manners ⚠ *Plural*

anständig (*auch übertragen*) decent

anstarren to stare at

anstatt instead of

anstecken
1 **sie hat mich mit ihrer Erkältung angesteckt** she's given me her cold
2 **ich habe mich bei James angesteckt** I got it from James

ansteckend contagious, infectious *auch übertragen*

anstehen
1 (*Schlange stehen*) to queue [up] (**nach** for), to line up (USA) (**nach** for)
2 **was steht noch an?** what's left on the agenda?

ansteigen to rise, to go up

anstelle instead (**von** of)

anstellen
1 to turn on *Radio, Gerät*
2 (*einstellen*) to employ
3 (*machen*) to manage; **wie stellt sie das nur an?** how does she manage it?
4 **sich anstellen** (*in Schlange*) to queue up (**für** for)
5 **sich anstellen** (*sich verhalten*) to act up; **stell dich nicht so an!** don't make such a fuss!

die **Anstellung** employment; **eine feste Anstellung** a permanent position

anstiften to incite

der **Anstoß**
1 (*im Sport*) kick-off
2 **Anstoß erregen** to cause offence

anstoßen (*mit Gläsern*) to touch glasses; **auf etwas anstoßen** to drink to something

der **Anstößer**, die **Anstößerin** (CH) [local] resident

anstößig offensive

anstreichen
1 (*markieren*) to mark
2 (*mit Farbe*) to paint

der **Anstreicher**, die **Anstreicherin** painter

anstrengen
1 to strain; **sein Gedächtnis anstrengen** to rack one's brains ⚠ *Plural*
2 **sich anstrengen** to make an effort

anstrengend
1 strenuous; **das ist anstrengend für die Augen** it's a strain on the eyes
2 *Mensch:* difficult

die **Anstrengung** effort; (*groß*) strain; **große Anstrengungen machen** to make every effort ⚠ *Singular*

der **Ansturm** rush

ansuchen (A) **bei jemandem um etwas ansuchen** to ask someone for something, to apply to someone for something

die **Antarktis** Antarctic

antarktisch Antarctic

antasten to infringe *Rechte*

der **Anteil**
1 share (**an** of)
2 **an etwas Anteil nehmen** take [*oder* show] an interest in something; (*mitfühlend sein*) be sympathetic over something

die **Anteilnahme** interest (**an** in); (*Mitgefühl*) sympathy (**an** with)

die **Antenne** (*Radio*) aerial

die **Antibabypille** contraceptive [ˌkɒntrəˈseptɪv] pill

das **Antibiotikum** (*medizinisch*) antibiotic

antik
1 *Möbel:* antique
2 (*aus der Antike*) ancient

die **Antiquitäten** antiques *Plural*

antönen (A) (*andeuten*) to hint

der **Antrag** application; **einen Antrag auf etwas stellen** to make an application for something; (*juristisch*) to file a petition for something; (*im Parlament*) to propose a motion for something; **auf Antrag von** at the request of

antreffen
1 to find; (*zufällig*) to come across
2 **jemanden irgendwo antreffen** to meet someone somewhere

antreiben (*drängen*) to urge

antreten
1 to begin *Reise;* to take up *neue Stelle*
2 (*im Sport*) **gegen jemanden antreten** to compete against someone

der **Antrieb**
1 (*übertragen*) drive; (*plötzlicher*) impetus
2 *von Auto, Maschine:* drive
3 **aus eigenem Antrieb** on one's own initiative

antun
1 to do; **warum tust du dir/mir das an?** why are you doing this to yourself/me?
2 **tun Sie sich keinen Zwang an!** don't stand on ceremony!

die **Antwort** answer, reply; **jemandem eine Antwort geben** to reply to someone; **als Antwort auf etwas** in response to something

antworten to answer, to reply; **auf etwas antworten** to answer something

anvertrauen jemandem etwas anvertrauen to entrust someone with something; (*übertragen*) to confide something to someone

der **Anwalt**, die **Anwältin** lawyer

anweisen (*anleiten*) to instruct

die **Anweisung**
1 (*Anleitung*) instructions ⚠ *Plural*
2 (*Anordnung*) instruction; **auf Anweisung von ...** on the instructions of ...

anwenden to use (**auf** on)

die **Anwendung**
1 use
2 (*in der Informatik*) application

anwesend present

die **Anwesenheit** presence; **in Anwesenheit von ...** in the presence of ...

anwidern to disgust; **es widert mich an** it makes me feel sick

die **Anzahl** number; **die Anzahl der Leute** the number of people

die **Anzahlung** deposit; **eine Anzahlung auf etwas machen** to pay a deposit on something

die **Anzeige**
1 (*bei der Polizei*) report (**wegen** of)
2 (*in der Zeitung*) advertisement
3 (*Bildschirmanzeige*) display

anzeigen
1 **jemanden anzeigen** to report someone to the police
2 **etwas anzeigen** (*auf Skala*) to indicate something

anziehen
1 to put on *Kleidung*
2 (*technisch*) to tighten *Schraube*
3 to attract *Staub*
4 **sich anziehen** to get dressed

die **Anziehungskraft**
1 (*physisch*) force of attraction
2 (*übertragen*) appeal

der **Anzug** suit

anzünden to light *Feuer, Streichholz;* to set on fire *Gebäude*

> **Grammatik**
> Richtiges Konjugieren von **light**: light, lit/lighted, lit/lighted — *Vivian lit the candles; The room was lit only by candles.*

aper (CH) (*schneefrei*) snowless

der **Apfel** apple

die **Apfelsine** orange

der **Apostroph** apostrophe [ə'pɒstrəfi]

die **Apotheke** chemist's [kemɪsts] [shop] (GB), pharmacy ['fɑːməsi] (USA)

der **Apotheker**, die **Apothekerin** chemist ['kemɪst], pharmacist ['fɑːməsɪst], druggist ['drʌgɪst] (USA)

die **App** [æp] *kurz für* **Application** (*Computer*) app

der **Apparat**
1 (*auch übertragen*) apparatus [æpə'reɪtəs]
2 (*Vorrichtung*) appliance [əp'laɪəns]

A B C D E F G H I J K L M N O P Q R S T U V W X Y Z

3 (*Gerät*) set
4 (*Telefon*) telephone; **am Apparat!** speaking!; **bleiben Sie am Apparat!** hold the line, please!

das **Appartement** [apartə'mã:] flat (GB), apartment (USA)

die **Appellation** (CH) **in die Appellation gehen** to appeal [ə'pi:l]

appellieren to appeal (**an** to)

der **Appetit** appetite (**auf** for); **Appetit bekommen** to get an appetite; **Appetit auf etwas haben** to feel like something

Land und Leute
Im Englischen gibt es keinen entsprechenden Ausdruck für *„Guten Appetit"* oder *„Mahlzeit"*. Den Wunsch *„Enjoy your meal"* bekommt man nur in einem Restaurant zu hören. Zu Hause sagt man allenfalls *„Bon appétit!"*

appetitlich appetizing

applaudieren to applaud

der **Applaus** applause

die **Aprikose** apricot

der **April** April; **der 1. April** April Fools' Day; **April, April!** April fool!

das **Aquarell** watercolour [painting]

der **Äquator** equator

die **Ära** era

der **Araber** Arab

die **Araberin** Arabian woman

arabisch Arabic

die **Arbeit**
1 work; **an die Arbeit gehen** to get down to work
2 (*Stellung, Job*) job; **ohne Arbeit sein** to be out of work
3 (*Klassenarbeit*) test; (*Aufsatz*) Essay; **eine Arbeit schreiben** (*Klassenarbeit*) to do [*oder* sit] a test; **eine Arbeit über etwas schreiben** (*Aufsatz*) to write an essay on something

Grammatik
Im Englischen gibt es mehrere Begriffe für die berufliche Arbeit. **Work** bedeutet die Arbeit, die man ausübt, um Geld zu verdienen: *I enjoy my work as a technician*. **Work** bedeutet auch der Ort, wo man beruflich arbeitet: *you can call me at work*. Das Wort **work** wird im Übrigen nie mit **a** verwendet! Wenn man über eine Stelle spricht, verwendet man **job:** *he lost his job last week; I'm looking for a job in marketing*. Auf Formularen und Ämtern wird für die Berufsbezeichnung oft das Wort **occupation** benutzt.

arbeiten to work (**an** on)

der **Arbeiter**, die **Arbeiterin** worker; (*ungelernter*) labourer

der **Arbeitgeber**, die **Arbeitgeberin** employer

der **Arbeitnehmer**, die **Arbeitnehmerin** employee

das **Arbeitsamt** job centre (GB)

die **Arbeitsbedingungen** working conditions

die **Arbeitsbeschaffungsmaßnahme** job-creation scheme, job scheme

die **Arbeitskleidung** working clothes [kləʊ(ð)z] ⚠ *Plural*

die **Arbeitskräfte** labour ⚠ *Singular*

arbeitslos out of work, unemployed

die **Arbeitslosigkeit** unemployment

der **Arbeitsplatz**
1 (*im Betrieb*) workplace
2 (*Stelle*) job

der **Arbeitstag** working day, workday

die **Arbeitszeit** working hours ⚠ *Plural*; **gleitende Arbeitszeit** flexible working hours ⚠ *Plural*, flexitime *umgangsspr*

das **Arbeitszimmer** study

der **Archäologe**, die **Archäologin** archaeologist

die **Archäologie** archaeology

der **Architekt**, die **Architektin** architect

die **Architektur** architecture

das **Archiv** archives ⚠ *Plural*

die **Arena** arena; (*Zirkusarena*) ring

arg
1 (*böse*) wicked
2 (*stark, schlimm*) terrible; **mein ärgster Feind** my worst enemy
3 (*sehr*) awfully, very

der **Ärger**
1 (*Wut*) anger
2 (*Unannehmlichkeit*) trouble; **jemandem viel Ärger machen** to cause someone a lot of trouble; **Ärger kriegen** to get into trouble; **mach keinen Ärger!** (*umgangsspr*) cool it!; **so ein Ärger!** what a nuisance!

ärgerlich
① (*verärgert*) annoyed, cross
② (*Ärger erregend*) annoying; **das ist ärgerlich** that is a nuisance

ärgern
① to annoy, to irritate
② (*belästigen*) to pester
③ **sich über etwas ärgern** to get annoyed about something; **sich über jemanden ärgern** to get angry with someone

das **Argument** argument

argumentieren to argue

der **Aristokrat**, die **Aristokratin** aristocrat

aristokratisch aristocratic

die **Arktis** Arctic

arktisch arctic; (*Kaltluft*) polar

der **Arm** (*anatomisch*) arm; **jemanden in den Arm nehmen** to take someone in one's arms ⚠ *Plural,* to give someone a hug *umgangsspr*
▶ WENDUNGEN: **jemanden auf den Arm nehmen** to pull someone's leg *umgangsspr,* to take someone for a ride *umgangsspr*

arm
① poor; **die Armen** the poor
② **arm dran sein** (*umgangsspr*) to have a hard time of it

das **Armband**
① *von Uhr:* strap
② (*Schmuckstück*) bracelet

die **Armbanduhr** wristwatch

die **Armee** army; **bei der Armee sein** to be in the army

der **Ärmel** sleeve

der **Ärmelkanal** [English] Channel

die **Armlehne** armrest

ärmlich
① poor
② *Kleidung:* shabby
③ *Verhältnisse:* humble

armselig
① (*elend*) miserable
② *Ausrede:* pathetic

die **Armut** poverty

das **Aroma**
① (*Duft*) aroma
② (*Geschmack*) flavour

arrogant arrogant ['ærəgənt]

die **Arroganz** arrogance ['ærəgəns]

die **Art**
① (*Sorte*) kind, sort, type
② (*Gattung*) species, *Plural* species
③ (*Benehmen*) behaviour
④ (*Wesen*) nature; **das ist eigentlich nicht seine Art** he's not usually like this; **es ist eigentlich nicht seine Art, ...** it's not like him to ...
⑤ (*Methode*) way; **auf diese Art** [in] this way; **auf die eine oder andere Art** some way or other

artig *Kinder:* good, well-behaved

der **Artikel**
① (*Grammatik*) article
② (*Ware*) article
③ (*in der Zeitung*) article, feature

die **Arznei** medicine ['medsᵊn]

das **Arzneimittel** drug [drʌg]

der **Arzt** doctor

die **Ärztin** [female] doctor

ärztlich medical; **in ärztlicher Behandlung sein** be under medical care

die **Asche** ash, ashes *Plural*

der **Aschenbecher** ashtray

der **Aschermittwoch** Ash Wednesday

der **Asiat**, der **Asiate**, die **Asiatin** Asian

asiatisch Asian

asozial *Verhalten:* antisocial

der **Asphalt** asphalt

das **Ass** ace *auch übertragen*

der **Assistent**, die **Assistentin** assistant

assistieren **bei etwas assistieren** to assist in doing something

der **Ast** branch

das **Asthma** asthma

der **Astrologe**, die **Astrologin** astrologer

die **Astrologie** astrology

astrologisch astrologic[al]

der **Astronom**, die **Astronomin** astronomer

die **Astronomie** astronomy

astronomisch astronomic[al]

das **Asyl**
① (*in der Politik*) asylum [ə'saɪləm]

2 (*übertragen: Schutzort*) sanctuary ['sæŋtʃʊəri]

der **Asylant**, die **Asylantin** asylum seeker [ə'saɪləm siːkəʳ]

der **Atem** breath [breθ]; **wieder zu Atem kommen** to regain [*oder* catch] one's breath; **den Atem anhalten** to hold one's breath; **außer Atem sein** to be out of breath

atemberaubend breathtaking ['breθteɪkɪŋ]

atemlos breathless ['breθləs]

der **Atemzug** breath [breθ]

der **Athlet**, die **Athletin** athlete ['æθliːt]

athletisch athletic [əθ'letɪk]

der **Atlas**
1 (*geologisch*) Atlas ['ætləs]
2 (*Kartenwerk*) atlas ['ætləs]

atmen to breathe [briːð], to respire [rɪ'spaɪəʳ]; **wieder atmen können** to recover one's breath [breθ]

die **Atmosphäre** atmosphere ['ætməsfɪəʳ]

die **Atmung** breathing ['briːðɪŋ]

das **Atom** atom ['ætəm]

die **Atombombe** atomic bomb [æ'tɒmɪk bɒm], A-bomb ['eɪbɒm]

die **Atomenergie** atomic [*oder* nuclear] energy

der **Atomreaktor** atomic [*oder* nuclear] reactor

atomwaffenfrei nuclear-free

das **Attentat** attempt on someone's life

der **Attentäter**, die **Attentäterin** assassin, assailant

das **Attest** certificate; **ein Attest ausstellen** to grant a certificate; **sie bekam ein ärztliches Attest** she received a medical certificate

die **Attrappe** dummy; (*leere Packung*) show piece

au(a) ouch!

die **Aubergine** [obɛr'ʒiːnə] aubergine [əʊbəʒiːn], egg-plant (USA)

auch
1 too [tuː], as well; **ich auch!** me too!
2 (*verneint*) **auch nicht** not ... either ['aɪðəʳ]; **sie mag auch keinen Fisch** she doesn't like fish either; **das ist auch nicht besser** that's not better either; **sie möchte kein Eis — [und] ich auch nicht** she doesn't want an ice-cream [and] neither ['niːðəʳ] do I
3 (*zudem*) also; **es ist auch sehr kalt** it's also very cold
4 (*sogar*) even; **auch du kannst das** even you can do it
5 **auch wenn** even if
6 **sie ist nicht nur schön, sondern auch sehr begabt** not only is she pretty, but she's also very talented
7 **was auch kommen mag** whatever happens; **wo auch immer** wherever; **was auch immer** whatever
8 (*fragend*) **wozu auch?** what is the good of it?

> **Grammatik**
> **also** klingt im Englischen ziemlich gespreizt und sollte besser durch **as well** oder **too** ersetzt werden: *Susan plays tennis and her sister does as well/too.*

die **Audienz** audience (**bei** with)

die **Audiodatei** audio file

auf
1 (*örtlich*) at, in; **auf der Post** at the post office; **auf dem Land** in the country; **auf der Straße** in [*oder* (USA) on] the street; **auf der Welt** in the world
2 (*räumlich*) on; **auf dem Tisch** on the table; **auf der Insel Wight** on the Isle of Wight
3 (*bei*) **auf Anfrage** on inquiry; **auf Befehl von** by order of
4 **auf Deutsch** in German
5 **auf keinen Fall** on no account
6 **auf diese Weise** in this manner
7 (*offen*) open; **auf haben** to have open *Augen, Mund; Laden:* to be open
8 (*tragen*) **auf haben** to have on, to wear *Hut, Brille*
9 (*wach*) **noch auf sein** to be still up
10 **auf und davon** up and away
11 **auf und ab** up and down
12 **auf!** come along!

der **Aufbau**
1 *einer Organisation:* set-up
2 (*Struktur*) structure

aufbauen
1 (*errichten*) to put up *Zelt*
2 (*übertragen*) to build up; to structure *Aufsatz, Organisation*
3 **aufbauen auf** to be based on *Idee, Theorie, Tatsache*
4 (*übertragen*) **das baut mich jetzt wieder auf** that's making me feel better

aufbereiten to process, to condition; to treat *Wasser*

aufbewahren to keep; to store *Lebensmittel*

die **Aufbewahrung** storage ['stɔːrɪdʒ]

aufblasbar inflatable

aufblasen (*mit Luft füllen*) to blow up *Ballon;* to inflate *Reifen*

aufbleiben
1 (*offen bleiben*) to stay open
2 (*nicht schlafen gehen*) to stay up

aufbrauchen to use up

aufbrechen
1 to break [*oder* force] open *Tür;* to pick *Schloss*
2 (*fortgehen*) to leave, to set off (**nach** for)

aufbringen
1 (*umgangsspr*) to get open *Tür*
2 to summon up *Mut*
3 to raise *Geld*
4 (*reizen*) to irritate; **jemanden gegen jemanden aufbringen** to set someone against someone

aufdecken (*übertragen*) to uncover *Geheimnis;* to show *Karten*

aufdrängen
1 **jemandem etwas aufdrängen** to force something on someone
2 **sich jemandem aufdrängen** to impose on someone

aufdrehen
1 to turn on *Hahn*
2 (*lauter machen*) to turn up *Radio*

aufdringlich obtrusive; *Person:* pushy

aufeinander
1 (*folgend*) one after another
2 (*räumlich*) one on top of each other

der **Aufenthalt** stay (**bei** with); **wie lange haben wir hier Aufenthalt?** how long are we stopping here?

der **Aufenthalter**, die **Aufenthalterin** (CH) foreign resident

die **Aufenthaltsgenehmigung** residence permit

aufessen to eat up

auffallend
1 conspicuous, striking
2 **auffallend schön** strikingly beautiful
3 **auffallend gekleidet** showily dressed

auffällig striking

auffangen
1 to catch [up]
2 to cushion *Stöße*
3 to collect *Regenwasser*

auffassen
1 (*auslegen*) to understand, to interpret (**als** as); **wie soll ich das auffassen?** how am I to understand that?
2 (*begreifen*) to grasp; to understand *Zusammenhänge*

die **Auffassung** (*Meinung*) opinion, view

auffordern
1 (*bitten*) to ask
2 **Ärzte fordern zur Blutspende auf** doctors are appealing for blood [donations]

die **Aufforderung**
1 (*Bitte*) request
2 (*nachdrücklich*) demand

auffrischen
1 *Wind:* to freshen
2 to replenish *Vorräte*
3 to brush up [on] *Kenntnisse;* to refresh *Erinnerungen*

aufführen
1 (*im Theater*) to perform
2 (*auflisten*) to list
3 **sich unmöglich/schlecht aufführen** to behave abominably/badly; **sich aufführen wie ...** to behave like ...

die **Aufführung** (*im Theater*) performance

die **Aufgabe**
1 task, job
2 (*in der Schule*) exercise; **Aufgaben** (*Hausaufgaben*) homework
3 (*Pflicht*) duty

aufgeben
1 to give up
2 **Hausaufgaben aufgeben** to give homework
3 **Gepäck aufgeben** to register ['redʒɪstəʳ] luggage
4 **einen Brief aufgeben** to post [*oder* (USA) mail] a letter
5 **eine Anzeige aufgeben** to place an advert
6 **ich hab's satt, ich geb auf!** I've had enough, I give up!

aufgehen
1 *Sonne, Mond:* to rise
2 *Knopf, Schnürsenkel:* to come undone
3 *Teig:* to rise
4 *Saat:* to come up
5 **in Flammen aufgehen** to go up in flames; **jetzt geht mir ein Licht auf!** now it dawns on me!, now the penny's dropped!

A B C D E F G H I J K L M N O P Q R S T U V W X Y Z

aufgelegt
① **gut/schlecht aufgelegt sein** to be in a good/bad mood
② **ich bin heute nicht zum Spaßen aufgelegt** I'm not in the mood for jokes today

aufgeregt
① excited
② (*nervös*) nervous; (*durcheinander*) flustered

aufgeweckt (*übertragen*) bright [braɪt], quick-witted

aufgreifen
① **jemanden aufgreifen** to apprehend someone
② (*übertragen*) to take up *Thema, Gedanke*

aufgrund because [bɪ'kɒz] of

aufhalten
① **die Tür aufhalten** to keep the door open
② to stop *Unglück, Person, Auto*
③ to delay, to hold up; **ich will Sie nicht länger aufhalten** don't let me keep you
④ **sich irgendwo aufhalten** to stay somewhere

aufhängen
① **etwas aufhängen** to hang up something
② **jemanden aufhängen** to hang someone

> **Grammatik**
> Richtiges Konjugieren von **hang**: hang, hung, hung — *Paul hung up his jacket; I have just hung up the washing.*

aufheben
① (*vom Boden*) to pick up
② to keep *als Souvenir*
③ **ein Gesetz aufheben** to abolish [ə'bɒlɪʃ] a law; **ein Exportverbot aufheben** to lift an embargo

aufheitern
① to brighten ['braɪtᵊn] *Zimmer, Leben*
② **jemanden aufheitern** to cheer someone up
③ *Wetter:* to clear up

aufhellen
① **ein Zimmer aufhellen** to brighten ['braɪtᵊn] a room; **sich die Haare aufhellen lassen** to have one's hair lightened
② **sich aufhellen** *Wetter, Miene:* to brighten up

aufhetzen to stir [stɜːʳ] up

aufholen
① **Zeit aufholen** to make up time
② **eine Verspätung aufholen** *Zug:* to make up lost time
③ (*in einem Fach*) to catch up
④ (*im Sport*) to make up ground

aufhorchen to prick up one's ears

aufhören to stop; **sie hörte nicht auf zu singen** she kept on singing; **hör doch endlich auf!** will you stop it!

aufklären
① to clear up *Irrtum, Missverständnis*
② to solve *Verbrechen*
③ **jemanden über etwas aufklären** to inform someone about something
④ **jemanden aufklären** (*sexualkundlich*) to explain the facts of life to someone
⑤ **sich aufklären** *Irrtum:* to be resolved

der **Aufkleber** sticker

aufkommen
① **für den Schaden aufkommen** to pay for the damage
② (*entstehen*) to arise; **es kam starker Wind auf** a strong wind sprang up
③ **Zweifel aufkommen lassen** to give rise to doubts

aufkrempeln to roll up

aufladen
① to load
② **jemandem eine Bürde aufladen** to burden [bɜːdᵊn] someone with something; **sich etwas aufladen** to burden oneself with something
③ **eine Batterie aufladen** to [re-]charge a battery

die **Auflage** *von Buch:* edition [ɪ'dɪʃᵊn]; *von Zeitung:* circulation [ˌsɜːkjə'leɪʃᵊn]

auflassen
① **die Tür auflassen** to leave the door open
② **den Hut auflassen** to leave on one's hat

aufleben to liven up

auflegen
① to replace; to put down *Hörer*
② to put on *Schallplatte*

auflehnen **sich auflehnen** to revolt (**gegen** against)

auflesen to pick up [from the ground]

aufleuchten to light [laɪt] up

auflockern
① **den Boden auflockern** to break [breɪk] up the soil

2 **den Unterricht [durch etwas] auflockern** to liven up the lesson [with something]

auflösen
1 **etwas [in Wasser] auflösen** to dissolve [dɪˈzɒlv] something [in water]
2 (*schließen*) **ein Geschäft auflösen** to wind [waɪnd] up a shop/business; **ein Konto auflösen** to close an account
3 (*sich aufklären*) **das Missverständnis hat sich aufgelöst** the misunderstanding has been resolved; **Zweifel lösen sich auf** doubts [daʊts] are being dispersed

die **Auflösung** *von Aufgabe, Rätsel:* solution [səˈluːʃᵊn]; *von Problem:* resolution [ˌrezᵊlˈuːʃᵊn]

aufmachen
1 (*öffnen*) to open
2 (*sich auf den Weg machen*) **sich aufmachen** to set out (**nach** for)

die **Aufmachung**
1 *einer Person:* rig-out
2 *eines Buches:* presentation

aufmerksam attentive; **jemanden auf etwas aufmerksam machen** to draw someone's attention to something

die **Aufmerksamkeit** attention; **das ist nur eine kleine Aufmerksamkeit** that's just a little something

aufmuntern to cheer up

die **Aufnahme**
1 reception [rɪˈsepʃᵊn]; **jemandem eine freundliche Aufnahme bereiten** to give someone a warm reception
2 admission [ədˈmɪʃᵊn] (**in** to)
3 (*Foto*) photo
4 (*auf Tonband*) recording

die **Aufnahmeprüfung** entrance examination

aufnehmen
1 (*zulassen*) **jemanden aufnehmen** to admit someone
2 (*auf etwas reagieren*) **jemanden/etwas [gut/kritisch] aufnehmen** to receive [rɪˈsiːv] someone/something [well/critically]; **seine Kritik wurde nicht gut aufgenommen** his criticism [ˈkrɪtɪsɪzᵊm] was not well received
3 (*in der Tontechnik*) **etwas [auf Band] aufnehmen** to record something
4 (*finanziell*) **Geld aufnehmen** to borrow money; **eine Hypothek aufnehmen** to take out a mortgage [ˈmɔːgɪdʒ]

aufpassen to watch out; **pass auf!** watch out!; **pass bloß auf, was du sagst!** watch your language!; **auf jemanden aufpassen** to keep an eye on someone, to watch out for someone

aufpoppen [ˈau̯fpɔpn̩] (*in der Informatik*) *Fenster:* to pop up

der **Aufprall** impact

aufprallen
1 **auf den Boden aufprallen** to hit the floor/ground
2 **aufprallen auf** *Fahrzeug:* to collide [kəˈlaɪd] with, to run into, to hit

aufpumpen to inflate *Luftballon;* to pump up *Reifen, Ball*

aufraffen (*übertragen umgangsspr*) **sich zu etwas aufraffen** to rouse [raʊz] oneself to do something

aufräumen
1 (*Ordnung schaffen*) **[sein Zimmer] aufräumen** to tidy up [one's room]
2 (*übertragen: durchgreifen*) **mit etwas aufräumen** to do away with something

aufrecht erect [ɪˈrekt], upright; **aufrecht sitzen** to sit up

aufrechterhalten to maintain *Behauptung;* to keep up *Kontakt*

aufregen
1 **jemanden [tierisch** *slang*] **aufregen** to annoy someone [terribly]
2 **sich [tierisch** *slang*] **aufregen** to get [over]excited (**über** about)

die **Aufregung** excitement

aufreißen
1 **eine Tüte/ein Geschenk aufreißen** to tear [teəʳ] open a bag/a present
2 **eine Tür/ein Fenster aufreißen** to fling open a door/ a window
3 (*slang*) **jemanden aufreißen** to pull someone

aufrichten
1 **etwas aufrichten** to set something upright
2 **sich aufrichten** to straighten [ˈstreɪtᵊn] up

aufrichtig sincere [sɪnsɪəʳ] (**zu** towards); **mein aufrichtiges Beileid** my sincere condolences ⚠ *Plural*

der **Aufruf**
1 appeal [əˈpiːl] (**an** to); **einen Aufruf an**

A B C D E F G H I J K L M N O P Q R S T U V W X Y Z

jemanden richten to appeal to someone
② (*für Passagiere*) call [kɔːl]

aufrufen
① **einen Namen aufrufen** to call a name; **einen Schüler/eine Schülerin aufrufen** to ask a pupil a question
② **eine Datei aufrufen** to call up a file

der **Aufruhr**
① rebellion [rɪ'beliən]
② (*übertragen*) turmoil ['tɜːmɔɪl]

aufrunden **einen Betrag aufrunden** to round up a figure

aufsagen **ein Gedicht aufsagen** to recite [rɪ'saɪt] a poem

aufsammeln **die Blätter/Teile aufsammeln** to pick up the leaves/the pieces

der **Aufsatz** essay; (*in der Schule*) composition

aufschieben (*übertragen*) **eine Entscheidung/eine Begegnung aufschieben** to put off a decision/an encounter

der **Aufschlag**
① (*Aufprall*) impact
② (*beim Ballsport*) service
③ (*Preisaufschlag*) surcharge ['sɜːtʃɑːdʒ]

aufschlagen
① (*beim Sport*) **wer schlägt auf?** whose serve is it?; **der Ball schlug hart [auf dem Boden] auf** the ball hit the ground hard
② **ein Zelt aufschlagen** to pitch a tent
③ **ein Buch [auf Seite 10] aufschlagen** to open a book [on page 10]
④ **sich den Kopf/das Knie aufschlagen** to cut open one's head/one's knee

aufschließen
① **die Tür aufschließen** to unlock the door
② **der Fahrer schloss zum Hauptfeld auf** the rider caught [kɔːt] up with the main bunch

aufschnappen **ein Wort/eine Information aufschnappen** to pick up a word/a piece of information

aufschneiden to cut open

der **Aufschnitt** sliced cold meat

aufschrauben to unscrew

aufschrecken
① to startle [stɑːtl]; **aus dem Schlaf aufschrecken** to wake up with a start
② **jemanden aufschrecken** to give someone a start

der **Aufschrei** outcry

aufschreiben **[sich] einen Namen aufschreiben** to put [*oder* write [raɪt]] down someone's name

der **Aufschub** delay, postponement

der **Aufschwung**
① (*Auftrieb*) **etwas gibt jemandem neuen Aufschwung** something gives someone fresh impetus
② (*Aufwärtstrend*) upswing, upturn

das **Aufsehen** **Aufsehen erregen** to cause a sensation; **ohne großes Aufsehen** without any fuss

aufsetzen
① **den Hut/die Brille aufsetzen** to put on one's hat/one's glasses
② **einen Brief aufsetzen** to draft a letter
③ *Flugzeug:* to touch down

die **Aufsicht**
① supervision; **unter ärztlicher/polizeilicher Aufsicht stehen** to be under medical/police supervision; **über jemanden/etwas Aufsicht führen** to be in charge of someone/something; **ein Kind ohne Aufsicht lassen** to leave a child unsupervised
② (*Person*) person in charge

der **Aufsichtsrat** board of directors

aufspringen
① **er sprang auf** he jumped to his feet
② *Haut, Lippen:* to chap

aufspüren to track down *Verdächtigen*

der **Aufstand** rebellion [rɪ'beliən], insurrection

aufstehen
① **die Tür steht auf** the door is open
② (*sich erheben*) to get up

aufstellen
① to put up; **eine Falle aufstellen** to set a trap; **eine Maschine aufstellen** to install a machine
② **eine Mannschaft aufstellen** to draw up a team; **einen Rekord aufstellen** to set a record
③ **eine Kandidatin aufstellen** to nominate a candidate
④ **sich aufstellen** to stand; **sich hintereinander aufstellen** to line up; **sich im Kreis aufstellen** to form a circle ['sɜːkl]

die **Aufstellung**
① (*einer Mannschaft*) line-up
② *eines Rekords:* setting
③ (*Liste*) list
④ *von Kandidaten:* nominating

der **Aufstieg**
① ascent [əˈsent]
② (*beruflich*) advancement [ədˈvɑːnsmənt], promotion

auftauchen
① to appear [əˈpɪəʳ]; (*aus dem Wasser*) to surface [ˈsɜːfɪs]; (*aus dem Nebel*) to emerge [ɪˈmɜːdʒ]
② (*übertragen*) *Probleme, Konflikte, Zweifel:* to arise [əˈraɪz]

auftauen
① **ein Hähnchen auftauen** to defrost a chicken
② *Gefriergut:* to thaw

aufteilen
① (*an Personen*) to share [ʃeəʳ] out (**an** between); **einen Kuchen unter zehn Leuten aufteilen** to share a cake between ten people
② (*einteilen*) to split up (**in** into); **einen Kuchen in zehn Stücke aufteilen** to divide a cake into ten pieces

der **Auftrag**
① (*Anweisung*) instructions ⚠ *Plural,* orders ⚠ *Plural;* **jemandem den Auftrag geben, etwas zu tun** to instruct someone to do something
② (*Bestellung*) order; **etwas [bei einer Firma] in Auftrag geben** to order something [from a company]

auftragen
① **Speisen auftragen** to serve [sɜːv] food [*oder* the meal]
② **Farbe auftragen** to put on paint
③ **jemandem etwas auftragen** to instruct someone to do something

auftreiben to find, to get hold of

das **Auftreten**
① appearance [əˈpɪərᵊns]
② (*Benehmen*) behaviour [bɪˈheɪvjəʳ]; **ein sicheres Auftreten haben** to have a self-assured manner

auftreten
① *Symptome, Schwierigkeiten:* to arise [əˈraɪz]
② (*im Theater*) to make an [*oder* a stage [steɪdʒ]] appearance; (*im Fernsehen*) to appear on television
③ (*sich verhalten*) to behave [bɪˈheɪv]; **sicher/bescheiden/arrogant auftreten** to behave in a self-assured/modest/an arrogant manner

der **Auftritt**
① appearance [əˈpɪərᵊns]
② (*im Theater*) **er hat seinen Auftritt im dritten Akt** he comes on in the third act

Grammatik
Richtiges Konjugieren von **wake**: wake, woke, woken — *on her first day at her new school Lisa woke up early; Peter was woken by a loud clap of thunder.*

aufwachen to wake up

Grammatik
Im Deutschen gibt es den Unterschied zwischen **aufwecken** und **aufwachen**, im Englischen wird beides mit **wake up** übersetzt.

aufwachsen to grow up

der **Aufwand**
① expenditure [ɪkˈspendɪtʃəʳ] (**an** of); (*Kosten*) expense (**an** of)
② (*Mühe*) effort; **der Aufwand lohnt sich nicht** it's not worth the effort

aufwärmen
① to heat up *Speisen*
② (*übertragen*) to bring up *Thema*
③ **sich aufwärmen** to warm oneself up

aufwärts up, upward[s]

aufwenden to use [juːz]; **Geld aufwenden** to spend money; **Zeit/Energie aufwenden** to expend time/energy; **Mühe aufwenden** to take trouble [ˈtrʌbl]

aufwerfen **eine Frage aufwerfen** to raise a question; **das wirft viele Fragen auf** this gives rise to a lot of questions

aufzählen to list, to enumerate [ɪˈnjuːmᵊreɪt]

die **Aufzeichnung** recording

aufziehen
① **die Uhr aufziehen** to wind up the clock
② **den Vorhang aufziehen** to draw back the curtain[s]
③ (*übertragen*) **jemanden aufziehen** to make fun of someone (**mit** about)
④ *Wolken, Gewitter:* to gather

der **Aufzug** (*Fahrstuhl*) lift (GB), elevator (USA)

das **Auge** eye; **mit den Augen zwinkern** to wink
▶ WENDUNGEN: **ein Auge zudrücken** (*umgangsspr*) to turn a blind eye [to]; **das kann leicht ins Auge gehen!** (*umgangsspr*) it might easily go wrong!; **unter vier Augen** in private; **jemanden aus den Augen verlieren** to lose sight of some-

A B C D E F G H I J K L M N O P Q R S T U V W X Y Z

one; **aus den Augen, aus dem Sinn** out of sight, out of mind

der **Augenblick** moment; **Augenblick mal!** just a second!; **im letzten Augenblick** at the last moment

augenblicklich
1 (*umgehend*) at once [wʌns]
2 (*zurzeit*) at present, presently (USA)

die **Augenbraue** eyebrow ['aɪbraʊ]

die **Augengläser** (A) glasses ⚠ *Plural*

das **Augenlid** eyelid

der **Augenzeuge**, die **Augenzeugin** eyewitness (**bei** to)

der **August** August

Vorsicht Falle!
Im Deutschen wird bei **Monaten** ‚der' verwendet: *im August; der August ist ein heißer Monat*, im Englischen dagegen nicht: *in August; August is a hot month.*

die **Auktion** auction ['ɔːkʃᵊn]

die **Aula** hall

das **Aus**
1 (*im Sport*) touch, out of play
2 (*übertragen: Ende*) end, finish
3 **vor dem beruflichen Aus stehen** to be at the end of one's career

aus
1 (*örtlich, zeitlich*) from; **ich komme aus Deutschland** I'm from Germany; (*von innen*) out of
2 (*begründend*) **aus Versehen** by mistake; **aus Spaß** out of fun, for a laugh *umgangsspr;* **aus Liebe** [**zu jemandem/etwas**] for love [of someone/something]; **aus Erfahrung** from experience [ɪk'spɪəriəns]; **aus Mitleid** out of sympathy
3 (*beschaffen*) **aus Stein/Metall** [made out] of stone/metal
4 (*ausgeschaltet*) off; **das Licht ist aus** the light [laɪt] is off ▸ WENDUNGEN: **was ist aus ihr geworden?** what has become of her?; **von mir aus!** I don't care!; **aus sein** to be over; **aus und vorbei** over and done with

ausatmen to breathe [briːð] out

der **Ausbau**
1 *von Motor, Gerät:* removal
2 (*Erweiterung*) extension [ɪk'stenʃᵊn]

ausbauen
1 to remove *Motor, Gerät* (**aus** from)
2 (*erweitern*) to extend

ausbessern to mend *Kleidung;* to repair *Schaden*

ausbeuten to exploit

die **Ausbeutung** exploitation

ausbilden
1 (*beruflich*) to train (**zu** as); **sich als Kfz-Mechaniker ausbilden lassen** to train as a car mechanic; (*mit abschließender Qualifikation*) to qualify as a car mechanic
2 (*geistig, akademisch*) to educate

die **Ausbildung** training; (*mit Qualifikation*) qualification [ˌkwɒlɪfɪ'keɪʃᵊn]; (*geistige Ausbildung*) education

der **Ausblick** view [vjuː] (**auf** of)

ausbrechen
1 **aus dem Gefängnis ausbrechen** to escape from prison
2 *Vulkan:* to erupt
3 **in Tränen ausbrechen** to burst into tears; **in Schweiß ausbrechen** to break [breɪk] into a sweat

ausbreiten
1 **ein Handtuch/eine Karte ausbreiten** to spread out a towel/a map
2 **sich ausbreiten** *Feuer, Nachricht, Klatsch:* to spread [spred]; **sich wie ein Lauffeuer ausbreiten** to spread like wildfire
3 **sich ausbreiten** *Person:* to spread out

Grammatik
Richtiges Konjugieren von **spread**: spread, spread, spread — *Kate spread out on the sofa; The news was spread all over town.*

der **Ausbruch**
1 **Ausbruch aus dem Gefängnis** escape from prison
2 **der Ausbruch des Kriegs** the outbreak of war
3 **der Ausbruch eines Vulkans** the eruption [ɪ'rʌpʃᵊn] of a volcano

die **Ausdauer**
1 (*körperlich*) endurance [ɪn'djʊərᵊns]
2 (*Beharrlichkeit*) perseverance [ˌpɜːsɪ'vɪərᵊns]

ausdehnen
1 (*räumlich*) to expand; (*zeitlich*) to extend
2 (*übertragen*) to extend *Macht, Einfluss* (**auf** to)
3 **sich ausdehnen** *Material:* to stretch

ausdenken **sich etwas ausdenken** to think something up; (*in der Fantasie*) to imagine something

der **Ausdruck**
1 (*Begriff*) term
2 **etwas zum Ausdruck bringen** to express [ɪk'spres] something
3 (*Computerausdruck*) print-out

ausdrucken to print [out]

ausdrücken **sich ausdrücken** to express [ɪk'spres] oneself

ausdrücklich expressly [ɪk'spresli]; (*besonders*) particularly

ausdruckslos expressionless, inexpressive [ˌɪnɪk'spresɪv]

ausdrucksvoll expressive [ɪk'spresɪv]

auseinander apart

auseinanderliegen **weit auseinanderliegen** to be [*oder* lie] far apart

auseinanderschreiben **etwas auseinanderschreiben** to write something as two words

die **Auseinandersetzung** (*Streit*) argument

die **Ausfahrt** (*für Fahrzeuge*) exit

ausfallen
1 (*nicht stattfinden*) to be cancelled; **die Schule fällt morgen aus** there's no school tomorrow
2 (*nicht funktionieren*) to fail; **der Anlasser fiel aus** the ignition failed

ausfindig **jemanden/etwas ausfindig machen** to find someone/something; (*aufspüren*) to trace someone/something

der **Ausflug** trip; **einen Ausflug machen** go on a trip

ausfragen **jemanden [nach etwas] ausfragen** to question someone [about something]

die **Ausfuhr** export, exportation

ausführen
1 (*exportieren*) to export
2 to carry out *Bestellung, Auftrag*

ausführlich
1 **ein ausführlicher Bericht** a detailed report
2 **etwas ausführlich[er] beschreiben** to go into something in [greater] detail

ausfüllen to fill in [*oder* out] *Formular*

die **Ausgabe**
1 (*Buch*) edition
2 **Ausgaben** costs

der **Ausgang**
1 exit
2 (*Ergebnis*) outcome

die **Ausgangssperre** curfew ['kɜːfjuː]

ausgeben
1 to spend *Geld*
2 (*aushändigen*) to issue ['ɪʃuː] *Aktien, Banknoten, Fahrkarten*
3 to deal *Spielkarten*
4 (*verteilen*) to give out, to distribute [dɪ'strɪbjuːt]
5 **einen ausgeben** (*umgangsspr*) to stand a round; **ich gebe einen aus** this one's on me, it's my round
6 **sich für etwas/als jemand ausgeben** to pass oneself off as something/someone

ausgedehnt
1 *Bericht, Recherche:* extensive
2 *Spaziergang:* long

ausgefallen extravagant

ausgenommen except

ausgeprägt distinct

ausgerechnet (*übertragen*) **ausgerechnet du/er/sie!** you/he/she of all people!; **ausgerechnet Bananen!** bananas, of all things!; **ausgerechnet ich musste darauf reinfallen** of all people, I had to fall for it; **ausgerechnet im Juni war das Schwimmbad geschlossen** in June, of all times, the swimming pool was shut

ausgeschlossen
1 (*nicht möglich*) impossible
2 **er fühlte sich ausgeschlossen** he felt excluded

ausgesprochen really; **es war ein ausgesprochen kalter Winter** it was an extremely [ɪk'striːmli] cold winter

ausgestorben
1 *Tiergattung, Pflanzengattung:* extinct
2 (*übertragen*) *Straßen, Dorf:* deserted

ausgewogen balanced

ausgezeichnet excellent; **es geht mir ausgezeichnet!** I'm feeling marvellous!

ausgiebig substantial [səb'stænʃᵊl]; **ausgiebig frühstücken** to have a substantial breakfast

ausgießen to pour out

A

der **Ausgleich** *von Schulden:* settling; *von Verlust:* compensation; **zum Ausgleich für etwas** [in order] to compensate for something

ausgleichen
① to level out *Fläche*
② **das Konto ausgleichen** to balance the account
③ **Schulden ausgleichen** to settle the debts
④ (*im Sport*) **Manchester United hat ausgeglichen!** Man United have equalized!

ausgraben to dig up

die **Ausgrabungen** excavations

aushalten (*ertragen*) to bear; to stand *Schmerz;* **es ist nicht zum Aushalten!** it's unbearable!, I can't stand it any more!; **hier lässt es sich aushalten!** (*humorvoll umgangsspr*) it's not bad here!

der **Aushang** notice

aushelfen **jemandem aushelfen** to help someone out (**mit** with, **bei** in)

die **Aushilfe** temporary ['temp^{ə}r^{ə}ri] worker; (*im Büro*) temp; **als Aushilfe arbeiten** to temp

aushöhlen (*übertragen*) to undermine

auskennen **sich** [**gut**] **auskennen** to know a lot (**in** about)

das **Auskommen** livelihood; **sein Auskommen haben** to get by, to make a living

auskommen
① **ohne etwas auskommen** to do without something; **mit sehr wenig auskommen** to manage on very little
② **mit jemandem gut auskommen** to get along well with someone

die **Auskunft**
① information ⚠ *kein Plural;* **könnten Sie mir bitte eine Auskunft geben?** could you give me some information, please?
② (*Telefonauskunft*) directory inquiries [də'rektəri ɪnˌkwaɪərɪz] ⚠ *Plural*
③ (*Auskunftsschalter*) information desk

auslachen **jemanden** [**wegen etwas**] **auslachen** to laugh [lɑːf] at someone [because of something]

ausladen to unload *Ladung*

die **Auslage** *von Waren:* display

das **Ausland** **das Ausland** foreign ['fɒrən] countries ⚠ *Plural;* **aus dem Ausland** from abroad; **ins Ausland gehen/reisen** to go/travel abroad; **im Ausland sein** to be abroad

der **Ausländer**, die **Ausländerin** foreigner ['fɒrɪnə^{r}]

ausländerfeindlich hostile to foreigners, xenophobic [ˌzenə'fəʊbɪk]

ausländisch foreign ['fɒrən]

der **Auslandsaufenthalt** stay abroad [ə'brɔːd]

die **Auslandsreise** trip abroad

auslassen
① (*weglassen*) to leave out
② **sich über etwas auslassen** to go on about something

auslaufen
① (*Flüssigkeit*) to run out; *Farbe, Stoff:* to run; (*lecken*) to leak
② *Schiff:* to sail
③ (*zum Ende kommen*) **der Vertrag läuft bald aus** the contract expires soon; **die Saison läuft bald aus** the season is coming to an end

ausleeren to empty

auslegen
① **Waren auslegen** to display [*oder* lay out] merchandise
② (*interpretieren*) **einen Text/eine Stelle/ein Zitat auslegen** to explain a text/a passage/a quotation; **etwas falsch auslegen** to misinterpret something
③ (*bedecken*) to cover; **einen Raum mit Teppich auslegen** to carpet a room

> **Grammatik**
> Richtiges Konjugieren von **lend**: lend, lent, lent — *Kate lent him two dollars; Jane has never lent him anything.*

ausleihen **jemandem etwas ausleihen** to lend someone something; [**sich**] **etwas von jemandem ausleihen** to borrow something from someone

> **Grammatik**
> Im Englischen wird ein Unterschied gemacht zwischen *jemandem* etwas ausleihen = **lend**, und *sich* etwas ausleihen = **borrow**!

ausliefern
① **Waren ausliefern** to deliver goods
② **jemanden an die Behörden ausliefern** to hand someone over to the authorities; **einen Verdächtigen ausliefern** to extradite a suspect
③ (*übertragen*) **jemandem ausgeliefert**

sein to be at someone's mercy, to be at the mercy of someone

die **Auslieferung** *von Waren:* delivery

auslöschen (*ein Ende bereiten*) to extinguish [ɪk'stɪŋgwɪʃ]

auslosen **es wurde ausgelost, wer als erste gehen sollte** they drew lots to see who should go first; **den Gewinner auslosen** to draw the winner

ausmachen
1 to put out *Feuer, Zigarette, Kerze*
2 to turn off *Radio, Fernseher;* to switch off *Licht, Motor*
3 (*vereinbaren*) **einen Termin ausmachen** to arrange a time
4 (*bedeuten*) **das macht viel aus** it matters a lot; **das macht nichts aus** that doesn't matter
5 **macht es Ihnen etwas aus, wenn ich rauche?** do you mind if I smoke?

ausmalen **sich [etwas] ausmalen** to imagine [something]; **sich ausmalen, wie es wohl wird** to imagine how it will be

das **Ausmaß**
1 (*von räumlicher Größe*) size
2 (*übertragen: Tragweite*) extent; **das Ausmaß des Schadens/seiner Liebe** the extent of the damage/his love; **das Ausmaß der Veränderungen/seines Verlusts** the scale of the changes/his loss

ausmessen to measure ['meʒəʳ] out

die **Ausnahme** exception; **mit Ausnahme von** with the exception of; **Ausnahmen bestätigen die Regel** the exception proves the rule

der **Ausnahmezustand** state of emergency; **den Ausnahmezustand verhängen** to declare a state of emergency

ausnahmslos without exception

ausnahmsweise as an exception; **„darf ich mitgehen?" — "ausnahmsweise"** "may I go too?" — "just this once!"

ausnutzen **eine Situation ausnutzen** to exploit a situation; **jemanden ausnutzen** to take advantage of someone

auspacken
1 **ein Geschenk auspacken** to unwrap a present
2 to unpack *Koffer;* **hast du schon ausgepackt?** have you unpacked yet?
3 (*slang: alles sagen*) to talk; **los, pack aus!** come on, out with it!

ausplaudern **ein Geheimnis ausplaudern** to let out a secret

ausprobieren to try out

der **Auspuff** exhaust [ɪg'zɔːst]

ausradieren (*mit Radiergummi*) to erase

ausrauben **jemanden ausrauben** to mug someone; **eine Bank ausrauben** to rob a bank

ausräumen
1 **einen Schrank/eine Wohnung ausräumen** to clear out a cupboard/a flat; **die Möbel ausräumen** to move out the furniture
2 (*übertragen*) **Missverständnisse ausräumen** to clear up any misunderstandings; **Zweifel ausräumen** to dispel doubts

ausrechnen to work out; (*berechnen*) to calculate

die **Ausrede** excuse

ausreichen to be enough [ɪ'nʌf]; **keine Sorge, mein Geld reicht aus** don't worry, I've got enough money [to pay for this]

ausreißen
1 **einen Faden ausreißen** to pull out a thread [θred]; **sich/jemandem die Haare ausreißen** to tear out one's/someone's hair
2 (*umgangsspr: weglaufen*) to run away

der **Ausreißer**, die **Ausreißerin** runaway

ausrichten
1 (*übermitteln*) to tell; **jemandem etwas ausrichten** to give someone a message; **richten Sie ihr [meine] Grüße aus** give her my regards
2 **ein Fest/eine Hochzeit ausrichten** to organise a party/a wedding

ausrotten
1 to exterminate *Ungeziefer*
2 (*übertragen*) to stamp out *Vorurteile, Ideen*

ausrufen to exclaim; **jemanden ausrufen lassen** to have a call put out for someone

das **Ausrufezeichen** exclamation mark

ausruhen **sich ausruhen** to have a rest

die **Ausrüstung** equipment

ausrutschen to slip

der **Ausrutscher** (*umgangsspr*) gaffe, slip [of the tongue]

die **Aussage**
1 statement; **nach Aussage von** according

to
② (*Zeugenaussage*) evidence ⚠ *kein Plural*

aussagen to say; (*in der Rechtssprache*) to state; **gegen jemanden aussagen** to testify against someone

ausschaffen (CH) **jemanden ausschaffen** to expel [ɪk'spel] someone

ausschalten das Gas ausschalten to turn off the gas; **das Licht/den Fernseher/das Radio ausschalten** to switch off the light/the television/the radio

die **Ausschau nach jemandem Ausschau halten** to be on the lookout for someone

ausscheiden
① (*weggehen*) **aus einem Verein/einer Firma ausscheiden** to leave a club/a company; **aus einem Amt ausscheiden** to retire from a post
② (*im Sport*) to be disqualified, to drop out
③ (*nicht in Betracht kommen*) to be ruled out

der **Ausscheidungskampf** qualifying ['kwɒlɪfaɪɪŋ] contest

ausschlafen (*lange schlafen*) to have a good [night's] sleep

der **Ausschlag**
① (*Hautausschlag*) rash
② (*übertragen: entscheidend sein*) **den Ausschlag geben** to be the decisive factor

ausschlagen
① **ein Angebot ausschlagen** to turn down an offer
② **jemandem die Zähne ausschlagen** to knock someone's teeth out

ausschlaggebend decisive

ausschließen
① **eine Möglichkeit/einen Irrtum ausschließen** to rule out a possibility/an error
② (*übertragen: ausstoßen*) to expel; **er wurde aus dem Unterricht ausgeschlossen** he was excluded from class

ausschließlich exclusively; **ich sag das ausschließlich dir** I am telling you, and you only

der **Ausschluss unter Ausschluss der Öffentlichkeit stattfinden** to be closed to the public

ausschneiden to cut out

der **Ausschnitt**
① (*Teil*) part, section
② *eines Buches, Films:* excerpt [ek'sɜːpt]
③ *eines Kleidungsstücks:* neckline; **V-Ausschnitt** V-neck [ˌviː'nek]

ausschöpfen to exhaust [ɪg'zɔːst] *Thema, Ressourcen*

die **Ausschreitung** riot [raɪət]

der **Ausschuss**
① (*Komitee*) committee
② (*minderwertige Ware*) rejects ⚠ *Plural*

ausschütten
① to empty *Behälter;* to tip out *Flüssigkeit*
② to distribute *Dividenden*
③ (*übertragen*) **jemandem sein Herz ausschütten** to pour one's heart out to someone

das **Aussehen** appearance [ə'pɪərᵊns]

aussehen chic/schön aussehen to look smart/lovely; **gut siehst du aus** you're looking well; **du siehst aber schlecht aus** you're not looking well at all

außen
① (*räumlich*) outside; **von außen** from the outside
② **etwas außen vor lassen** to ignore something

der **Außenbezirk** outlying district, outskirts ⚠ *Plural*

der **Außendienst im Außendienst arbeiten** to work away from the office, work in sales

der **Außenhandel** foreign ['fɒrən] trade

der **Außenminister**, die **Außenministerin** foreign ['fɒrən] minister, Foreign Secretary (GB), Secretary of State (USA)

die **Außenpolitik** foreign policy

das **Außenquartier** (CH) suburb

der **Außenseiter**, die **Außenseiterin** outsider

außer
① (*ausgenommen*) except; **außer montags** except Mondays
② (*abgesehen von*) apart from; **ich kenne keinen außer ihm** I don't know anybody apart from him
③ **außer Atem sein** to be out of breath; **außer sich sein vor Wut/Freude** to be beside oneself with rage/joy
④ (*räumlich*) **außer Haus sein** to be out

außerdem besides

das **Äußere** exterior; *von Personen:* outward appearance [ə'pɪərᵊns]

äußere(r, s)
1 (*außen liegend*) outer; **der äußere Durchmesser** the external diameter
2 (*übertragen*) **der äußere Eindruck** the outward appearance [ə'pɪərᵊns]

außergewöhnlich
1 (*besondere(r, s)*) **ein außergewöhnlicher Mensch** a remarkable person
2 (*ungewöhnlich*) **eine außergewöhnliche Erscheinung** an unusual appearance [ə'pɪərᵊns]
3 (*sehr*) extremely [ɪk'striːmli]

außerhalb
1 (*zeitlich*) outside; **außerhalb der Geschäftszeiten** out of office hours
2 (*räumlich*) outside; **außerhalb wohnen** to live out of town; **von außerhalb kommen** to be from out of town

äußerlich
1 (*die Außenseite betreffend*) external
2 (*nach außen hin*) **äußerlich blieb er ganz ruhig, aber innerlich kochte er vor Wut** outwardly he remained completely calm, but inwardly he was seething [with rage]

äußern
1 (*sagen*) **etwas äußern** to say something; **Kritik äußern** to voice criticism ['krɪtɪsɪzᵊm]; **seine Wünsche äußern** to express one's wishes; **seine Meinung äußern** to give one's opinion
2 **ich will mich dazu nicht äußern** I don't want to say anything about that

> **Grammatik**
> Richtiges Konjugieren von **say**: say, said, said — *Jane just said nothing; I haven't said anything.*

außerordentlich
1 (*ungewöhnlich*) unusual; (*bemerkenswert*) extraordinary [ɪk'strɔːdᵊnᵊri]
2 (*sehr*) exceptionally, extraordinarily [ɪk'strɔːdᵊnᵊrɪli]; **außerordentlich schön** of exceptional beauty; **der Sommer ist dieses Jahr außerordentlich heiß** this summer has been exceptionally hot

äußerst exceedingly [ɪk'siːdɪŋli], extremely [ɪk'striːmli]

äußerste(r, s)
1 *Planet, Schicht:* outermost; **der äußerste Norden des Landes** the extreme [*oder* far] north of the country
2 (*zeitlich*) latest possible
3 (*extrem*) utmost; **im äußersten Falle** if the worst [wɜːst] comes to the worst

die **Äußerung** comment, remark

aussetzen
1 to abandon *Kind, Haustier*
2 **eine Belohnung aussetzen** to offer a reward
3 (*kritisieren*) **an jemandem etwas auszusetzen haben** to find fault [fɔːlt] with someone; **daran ist doch [nun wirklich] nichts auszusetzen!** there's nothing wrong [rɔŋ] with it [at all]!
4 (*aufhören*) to stop; **setz mal aus** (*beim Spiel oder Sport*) you'd better sit this one out
5 *Motor:* to fail

die **Aussicht**
1 (*Blick*) view [vjuː] (**auf** of)
2 (*übertragen: Verheißung*) prospect (**auf** of); **jemandem etwas in Aussicht stellen** to promise someone something; **etwas in Aussicht haben** to have good prospects of something; **[das sind ja] schöne Aussichten!** (*umgangsspr: ironisch gemeint*) what a prospect!

aussichtslos (*zwecklos*) pointless; (*hoffnungslos*) hopeless

aussöhnen to reconcile ['rekᵊnsaɪl]; **sich mit jemandem aussöhnen** to become reconciled with someone; **sie haben sich endlich ausgesöhnt** they have finally made it up [again]

ausspannen
1 (*sich erholen*) to have a break, to relax; **spann mal aus!** have a break!, relax!
2 **jemandem den Freund/die Freundin ausspannen** to pinch someone's boyfriend/girlfriend *umgangsspr*

aussperren to lock out

die **Aussprache**
1 (*Art des Sprechens*) pronunciation [prəˌnʌnsi'eɪʃᵊn]; (*Artikulation*) articulation
2 (*Akzent*) accent
3 (*Gespräch*) talk; **wir hatten eine Aussprache** we had a talk

aussprechen
1 **ein Urteil/ein Wort aussprechen** to pronounce [prə'naʊns] [a] sentence/a word; **eine Warnung aussprechen** to give a warning
2 **sich [mit jemandem] aussprechen** (*ein Problem klären*) to have it out [with someone]
3 **sich für/gegen etwas aussprechen** to

declare oneself in favour of/against something

ausstatten to equip

ausstehen
1 (*ertragen*) to bear [beəʳ]; **ich kann sie nicht ausstehen** I can't stand her
2 (*nicht eingetroffen sein*) *Geld:* to be due; **eine Antwort steht noch aus** an answer is still to come

aussteigen
1 **aus dem Auto aussteigen** to get out of the car; **aus dem Bus/dem Zug/dem Schiff steigen** to get off the bus/train/boat
2 (*umgangsspr: sich absetzen*) to drop out

der **Aussteiger**, die **Aussteigerin** (*umgangsspr*) dropout

ausstellen
1 to exhibit; to show *Bilder;* to display *Waren*
2 to issue *Pass, Zeugnis;* to write *Rezept;* to make out *Rechnung, Quittung*

die **Ausstellung** exhibition [ˌeksɪ'bɪʃᵊn]

aussterben *Tiere, Pflanzen:* to become extinct

der **Ausstieg**
1 exit
2 (*aus einer Verpflichtung*) withdrawal [wɪð'drɔːᵊl] (**aus** from)

ausstoßen to eject; to emit *Gas, Dampf*

die **Ausstrahlung**
1 *von Wärme:* radiation [ˌreɪdi'eɪʃᵊn]
2 (*im Radio oder Fernsehen*) broadcasting [brɔːdkɑːstɪŋ]
3 (*übertragen*) charisma [kə'rɪzmə]

ausstrecken
1 (*räumlich*) to extend (**nach** towards); **er streckte seine Hand nach dem Glas aus** he reached out for the glass
2 (*sich dehnen*) **sich ausstrecken** to stretch oneself out

aussuchen to choose, to pick; **darf ich mir etwas aussuchen?** can I pick what I want?

der **Austausch** exchange; *von Ideen:* interchange

austauschen
1 to exchange (**gegen** for)
2 (*ersetzen*) to replace (**durch** with)

austeilen to distribute (**an** among); **Spielkarten austeilen** to deal out cards; **Essen austeilen** to serve food

austragen
1 to deliver *Briefe, Waren*
2 to argue out *Meinungsverschiedenheit*
3 (*im Sport*) **einen Wettkampf austragen** to hold a competition

der **Austragungsort** (*im Sport*) venue ['venjuː]

Australien Australia [ɒ'streɪlɪə]

der **Australier**, die **Australierin** Australian [ɒ'streɪlɪən]

austreten
1 *Flüssigkeit:* to come out (**aus** of); *Gas:* to escape (**aus** from)
2 **aus der Kirche austreten** to leave the Church

austricksen (*umgangsspr*) to outwit

ausüben
1 **einen Beruf ausüben** to practise a profession [prə'feʃᵊn]; **ein Amt ausüben** to perform an office
2 **Druck** [**auf jemanden/etwas**] **ausüben** to put pressure [on someone/something]

der **Ausverkauf** [clearance] sale; (*wegen Geschäftsaufgabe*) closing-down sale; **im Ausverkauf** in the sales

ausverkauft sold out

die **Auswahl** selection (**an** of); **viel Auswahl haben** to have a large selection; (*Vielfalt*) variety; **eine große Auswahl an Waren** a wide range of goods

auswählen to choose, to select (**unter** from among)

> **Grammatik**
> Richtiges Konjugieren von **choose**: choose, chose, chosen — *Laura chose a chocolate and vanilla ice-cream; What have you chosen?*

der **Auswanderer**, die **Auswanderin** emigrant

auswandern *Einzelne:* to emigrate (**nach** to); *Volk:* to migrate

auswärtig
1 non-local; **die auswärtigen Schüler** the pupils from out of town
2 **der auswärtige Dienst** the foreign service; **das Auswärtige Amt** the Foreign Office (GB), the State Department (USA)

auswärts
1 (*nach außen*) outwards
2 (*außerhalb des Wohnsitzes*) away from home; **auswärts essen** to dine [*oder* eat] out

das **Auswärtsspiel** (*im Sport*) away game

auswechseln
1 to change *Reifen* (**gegen** for)
2 (*austauschen*) to exchange (**gegen** for)
3 (*ersetzen*) to replace (**gegen** by)
4 (*im Sport*) to substitute ['sʌbstɪtju:t] (**gegen** for)

der **Ausweg** (*übertragen*) way out (**aus** of); **ich weiß** [**mir**] **keinen Ausweg mehr** I don't know any way out

ausweichen
1 **einem Auto/einem Radfahrer ausweichen** to make way for a car/a cyclist
2 **jemandem ausweichen** to avoid someone

der **Ausweis** (*Personalausweis, Mitgliedsausweis*) [identity/membership] card, ID *umgangsspr*

ausweisen
1 (*verweisen*) **jemanden ausweisen** to expel someone; (*aus dem Land*) to deport someone
2 **sich ausweisen** to identify oneself; **können Sie sich ausweisen?** have you got any ID on you?

die **Ausweispapiere** identity papers

die **Ausweisung** expulsion [ɪk'spʌlʃᵊn]

auswendig by heart [hɑ:t]; **das kenne ich schon auswendig!** I know that inside out!

auswirken **sich auswirken** to have an effect (**auf** on); **sich günstig auswirken** to have a favourable ['feɪvᵊrəbl] effect

die **Auswirkung**
1 (*Wirkung*) effect
2 (*Folge*) consequence ['kɒnsɪkwəns]

auswischen
1 (*wegwischen*) to wipe out
2 **jemandem eins auswischen** (*umgangsspr*) to get one over on someone

auszahlen
1 **den Lohn auszahlen** to pay out the wages [weɪdʒɪz]; **sie bekommt 1.500 Euro ausgezahlt** her net pay is 1,500 euros
2 (*sich bezahlt machen*) **etwas zahlt sich aus** something pays

auszeichnen
1 **Waren auszeichnen** to label merchandise ['mɜ:tʃᵊndaɪs]
2 **jemanden auszeichnen** to honour ['ɒnəʳ] someone
3 **sich auszeichnen** to distinguish oneself

die **Auszeichnung** (*Ehrung*) distinction; **eine Prüfung mit Auszeichnung bestehen** to pass an examination with distinction

ausziehen
1 **eine Schublade ausziehen** to pull out a drawer [drɔ:ʳ]; **den Tisch ausziehen** to extend the table
2 **den Pulli ausziehen** to take off one's jumper
3 **sich ausziehen** to undress, to get undressed
4 **von zu Hause ausziehen** to leave home for good

der **Auszug** (*in der Literatur*) *eines Werkes:* excerpt [ek'sɜ:pt]; *des Inhalts:* summary

authentisch authentic [ɔ:'θentɪk]

das **Auto** car; **Auto fahren** [**lernen**] to [learn to] drive; **mit dem Auto fahren** to go by car

die **Autobahn** motorway

das **Autobahndreieck** motorway merging point

die **Autobahngebühr** motorway toll

das **Autobahnkreuz** motorway intersection

die **Autobahnraststätte** motorway service area

die **Autobiografie**, die **Autobiographie** autobiography [ˌɔ:təbaɪ'ɒgrəfi]

der **Autobus** bus

der **Autofahrer**, die **Autofahrerin** driver

das **Autogramm** autograph

der **Autolenker**, die **Autolenkerin** (CH) driver

der **Automat** (*für Getränke*) vending machine; (*Spielautomat*) slot-machine

die **Automatik**
1 *eines Fahrzeugs:* automatic transmission
2 *eines Systems:* automatic system

automatisch automatic

der **Automobilist**, die **Automobilistin** (CH) driver

der **Autor**, die **Autorin** author ['ɔ:θəʳ]

das **Autorennen** car race

die **Autorität** authority [ɔ:'θɒrəti]

die **Autovermietung** car hire [*oder* rental] firm

die **Axt** axe (GB), ax (USA)

der **Azubi** *kurz für* **Auszubildende**(**r**) trainee

A B C D E F G H I J K L M N O P Q R S T U V W X Y Z

Bb

B, b
1 B, b [biː]
2 (*in der Musik*) B flat

das **Baby** ['beːbi] baby; **meine Frau bekommt ein Baby** my wife is expecting a baby

der **Babysitter**, die **Babysitterin** babysitter

der **Bach** brook

die **Backe** cheek

backen to bake

der **Bäcker**, die **Bäckerin** baker

die **Bäckerei** bakery

der **Backofen** oven

das **Bad**
1 (*in der Wanne*) bath; [**sich**] **ein Bad einlaufen lassen** to run a bath; **ein Bad nehmen** to have a bath
2 (*Badezimmer*) bathroom
3 (*Badeort*) spa

der **Badeanzug** swimsuit ['swɪmsuːt]

die **Badehose** trunks ⚠ *Plural*

die **Badekappe** bathing cap

der **Bademantel** beach robe; (*Morgenmantel*) bathrobe

der **Bademeister**, die **Bademeisterin** pool attendant

baden
1 (*in der Wanne*) [**warm/kalt**] **baden** to have a [hot/cold] bath; **hast du schon gebadet?** have you had your bath yet?
2 (*im Meer oder Schwimmbad*) to have a swim; **baden gehen** to go swimming
3 **jemanden baden** to bathe someone

der **Badeort**
1 (*Heilbad*) spa
2 (*Seebad*) resort

das **Badetuch** bath towel

die **Badewanne** bathtub

das **Badezimmer** bathroom

der **Bagger** excavator

baggern
1 to excavate *Graben*
2 (*slang: flirten*) to pull

die **Bahn**
1 (*Eisenbahn*) railway (GB), railroad (USA); **mit der Bahn fahren/reisen** to go/travel by train
2 (*Weg, Kurs*) path, track
3 *eines Satelliten:* orbit; *eines Kometen:* path

bahnbrechend pioneering [ˌpaɪəˈnɪəʳɪŋ]

der **Bahnhof** railway station (GB), railroad station (USA)

der **Bahnsteig** platform

der **Bahnübergang** level crossing (GB), grade crossing (USA)

die **Bahre** stretcher; (*Totenbahre*) bier [bɪəʳ]

die **Bakterien** bacteria [bækˈtɪərɪə] *Plural*

balancieren [balãˈsiːrən] to balance [ˈbæləns]

bald
1 (*gleich*) soon; **möglichst bald** as soon as possible; **bis bald!** see you soon!
2 (*fast*) almost, nearly; **ich hab's bald geschafft!** I'm almost done!

Falsche Freunde
Das englische Wort **bald** bedeutet ‚mit wenig oder ohne Haare': *He started to go bald at the age of 46.*

der **Balken** (*Holzbalken*) beam; (*Stützbalken*) prop

der **Balkenkode** bar code

der **Balkon** balcony

der **Ball**[1] (*zum Spielen*) ball

der **Ball**[2] (*Tanz*) ball

die **Ballaststoffe** roughage ⚠ *kein Plural*, fibre [ˈfaɪbəʳ] ⚠ *kein Plural*

das **Ballett** ballet

der **Balletttänzer**, die **Balletttänzerin** ballet dancer

der **Ballon** balloon

Vorsicht Falle!
Das Englische **balloon** wird mit 2 l und 2 o geschrieben.

das **Ballungsgebiet**, der **Ballungsraum** conurbation [ˌkɒnɜːˈbeɪʃᵊn]

die **Banane** banana

das **Band**
1 (*Stoffband*) ribbon; (*Maßband*) tape
2 (*Tonband*) tape
3 (*Fließband*) conveyor [kən'veɪəʳ] belt
4 **am laufenden Band** (*umgangsspr*) continuously [kən'tɪnjuəsli]

der **Band** (*Buch*) volume

die **Band** [bænt] (*Musikband*) band

die **Bande** (*Verbrecherbande*) gang

bändigen
1 to tame *Tier*
2 (*unter Kontrolle bringen*) to control *Kinder, Leidenschaft, Wut*

das **Bandmaß** tape measure ['meʒəʳ]

die **Bank**[1]
1 (*Sitz- oder Gartenbank*) bench
2 (*Untiefe*) sandbank ▸ WENDUNGEN: **etwas auf die lange Bank schieben** to put something off

die **Bank**[2] (*Geldinstitut*) bank

der **Bankier** [baŋ'ki̯e:] banker; **er ist Bankier [von Beruf]** he is a banker [by profession]

das **Bankkonto** bank account

die **Bankleitzahl** bank sorting code

der **Bankrott** bankruptcy ['bæŋkrʌp(t)sɪ]; **Bankrott machen** to go bankrupt

bankrott (*wirtschaftlich*) bankrupt; (*gesellschaftlich, moralisch, politisch*) discredited

bar
1 (*Geld*) cash; **bar zahlen** to pay cash [down]
2 (*völlig*) pure; **barer Unsinn** utter nonsense

der **Bär**, die **Bärin** bear

die **Baracke** shack

barfuß barefoot[ed]

das **Bargeld** cash

der **Barren**
1 (*Edelmetallbarren*) ingot
2 (*im Sport*) parallel bars ⚠ *Plural*

die **Barriere** [ba'ri̯e:rə] (*Hindernis*) barrier ['bæriəʳ]

die **Barrikade** barricade

der **Bart** beard [bɪəd]

der **Basar** bazaar [bə'zɑ:ʳ]

basieren auf etwas basieren to be based on something

die **Basis** (*Grundlage*) basis

der **Bass** bass [beɪs]

basteln to do handicrafts; **ich bastele gern** I love doing handicrafts

die **Batterie** battery

der **Bau**
1 (*das Bauen*) construction; **im Bau** under construction
2 (*Gebäude*) building
3 (*Baustelle*) building site; **ich arbeite auf dem Bau** (*umgangsspr*) I'm a construction worker
4 (*Kaninchenbau*) burrow

der **Bauarbeiter**, die **Bauarbeiterin** construction worker

der **Bauch** (*Körperteil*) stomach ['stʌmək], tummy *umgangsspr;* (*Dickbauch*) paunch [pɔ:nʃ]; **einen Bauch haben** to have a potbelly *umgangsspr*

die **Bauchschmerzen** stomach ache ⚠ *Singular*

bauen
1 to build, to construct [kən'strʌkt] *Haus, Modellauto*
2 **wir wollen bauen** we're going to build a house

der **Bauer**
1 (*in der Landwirtschaft*) farmer
2 (*Schachfigur*) pawn
3 (*Kartenfigur*) jack

die **Bäuerin** farmer; (*Frau des Bauern*) farmer's wife

das **Bauernhaus** farmhouse

der **Bauernhof** farm

baufällig dilapidated

die **Baufirma** building contractor

das **Baugerüst** scaffolding

das **Baujahr** *eines Autos:* year of construction, model

der **Baukasten** building kit

der **Baum** tree

baumeln to dangle (**an** from); **mit den Beinen baumeln** to dangle one's legs

die **Baumnuss** (*Walnuss*) walnut ['wɔ:lnʌt]

der **Baumstamm** tree trunk

die **Baumwolle** cotton

die **Bausparkasse** building society (GB), building and loan association (USA)

die **Baustelle** (*Hausbaustelle*) building site; (*Straßenbaustelle*) roadworks ⚠ *Plural* (GB), construction work (USA)

der **Bauunternehmer**, die **Bauunternehmerin** building contractor

das **Bauwerk** building

beabsichtigen to intend

beachten
1 (*Aufmerksamkeit schenken*) to pay attention to
2 to observe *Vorschrift*

beachtlich considerable

die **Beachtung** **Beachtung finden** to receive attention; **jemandem/etwas keine Beachtung schenken** to take no notice of someone/something

beängstigend alarming

beanspruchen
1 **ein Recht** [**zu etwas**] **beanspruchen** to claim a right [to something]
2 [**jemandes**] **Aufmerksamkeit beanspruchen** to demand [someone's] attention
3 [**viel**] **Zeit beanspruchen** to take [a lot of] time; [**wenig/viel**] **Platz beanspruchen** to take up [little/a lot of] space
4 (*abnutzen*) **etwas stark beanspruchen** to use something heavily

beanstanden to complain about

beantragen (*um Erlaubnis bitten*) to apply for (**bei** to)

beantworten to answer

bearbeiten
1 (*arbeiten an*) to work on
2 to edit *Buch*
3 to process *Daten, Datei*
4 **einen Fall bearbeiten** to work on a case
5 (*umgangsspr*) **jemanden bearbeiten** to work on someone

beaufsichtigen to supervise

beauftragen
1 **jemanden/eine Firma** [**mit etwas**] **beauftragen** to engage someone/a company [to do something]
2 **jemanden beauftragen**[**, etwas zu tun**] to instruct someone [to do something]

bebauen
1 to build on *Baugrundstück*
2 to cultivate *Land*

das **Beben** earthquake

beben to tremble

bebildern to illustrate

der **Becher** cup; (*aus Glas*) tumbler; (*aus Ton*) mug

das **Becken**
1 basin; (*Küchenbecken*) sink; (*Schwimmbecken*) pool
2 (*Körperteil*) pelvis
3 (*Musikinstrument*) cymbal

bedanken **sich** [**bei jemandem für etwas**] **bedanken** to thank someone [for something]

der **Bedarf**
1 (*Bedürfnis*) need (**an** for); **bei Bedarf** when required; **je nach Bedarf** according to demand
2 (*an Waren*) requirements ⚠ *immer Plural*

bedauerlich unfortunate

bedauerlicherweise unfortunately, regrettably

bedauern **etwas bedauern** to regret something; **jemanden bedauern** to feel sorry for someone

bedauernswert, **bedauernswürdig** *Mensch:* pitiful

bedeckt *Himmel:* clouded, overcast

das **Bedenken** doubts [daʊts] ⚠ *Plural;* **ohne Bedenken** without a doubt

bedenken to consider

bedenkenlos unhesitating

bedenklich *Lage:* alarming, serious ['sɪəriəs]

bedeuten to mean; **was hat das zu bedeuten?** what does this mean?

bedeutend
1 (*gewichtig*) **ein bedeutender Mensch/eine bedeutende Entscheidung** an important person/an important decision
2 (*groß*) **eine bedeutende Menge** a considerable amount
3 (*sehr, erheblich*) **bedeutend größer/kleiner sein** to be considerably larger/smaller

die **Bedeutung**
1 (*Wortsinn*) meaning
2 (*Wichtigkeit*) importance; **von Bedeutung sein** to be important

bedeutungslos (*unwichtig*) insignificant

bedienen
① (*in einem Geschäft*) **jemanden bedienen** to attend to someone; **werden Sie schon bedient?** are you being served?
② (*in der Gastronomie*) **jemanden bedienen** to wait on someone
③ **sich bedienen** to help oneself (**mit** to)
④ **eine Maschine bedienen** to operate a machine

die **Bedienerin** Ⓐ (*Putzfrau*) cleaning lady, cleaner

die **Bedienung**
① (*im Geschäft*) service; **die Bedienung ist hier ausgezeichnet** the service here is excellent
② (*Kellnerin*) waitress
③ *von Geräten:* operation

die **Bedienungsanleitung** operating instructions ⚠ *Plural*

bedingt partially ['pɑːʃəlɪ]

die **Bedingung** condition; **unter der Bedingung, dass du auch mithilfst** on condition that you help out as well; **unter keiner Bedingung** under no circumstances

bedingungslos unconditional

bedrohen to threaten ['θretᵊn]

bedrohlich threatening

bedrücken **jemanden bedrücken** to depress someone

bedrückt depressed

das **Bedürfnis** need

bedürftig needy

beeilen **sich beeilen** to hurry up

beeindrucken to impress

beeinflussen **jemanden/eine Entscheidung beeinflussen** to influence someone/a decision; **jemanden beeinflussen** to persuade [pə'sweɪd] someone

beeinträchtigen **den Wert/den Absatz beeinträchtigen** to reduce the value/the sales; **den Spaß beeinträchtigen** to spoil the fun

beenden
① (*zu Ende führen*) to finish; **etwas vorzeitig beenden** to cut something short
② (*ein Ende setzen*) **einen Streit/eine Beziehung beenden** to end a quarrel/a relationship
③ (*in der Informatik*) to exit, to quit

beerdigen to bury ['beri]

die **Beerdigung**
① (*Bestattung*) burial ['beriəl]
② (*Feier*) funeral

die **Beere** berry

das **Beet** bed

befähigen to enable

befahren to drive on; **diese Straße ist viel befahren** this road is very busy

befallen
① *Krankheit, Fieber:* to attack, to strike
② **von etwas befallen sein** to be affected by something; **von Schädlingen befallen sein** to be infested with pests

befangen
① (*scheu*) bashful
② (*voreingenommen*) prejudiced

befassen **sich mit etwas befassen** to deal with something

der **Befehl** command, order; (*in der Informatik*) instruction, command

befehlen to order

befestigen
① to fix, to fasten (**an** to)
② (*mit Kleber*) to stick (**an** on/onto)

befinden (*sein*) **sich** [**an einem bestimmten Ort**] **befinden** to be [at a certain place]

befolgen
① **einen Ratschlag befolgen** to follow a piece of advice
② **die Vorschriften befolgen** to comply with regulations

befördern
① (*transportieren*) to carry; **Waren befördern** to transport goods
② **jemanden befördern** to promote someone; **jemand wird befördert** someone is being promoted

die **Beförderung**
① (*Warentransport*) transport
② (*im Job*) promotion

befragen (*ausfragen*) to question

befreien to free (**von** from); (*freistellen*) to exempt (**von** from)

die **Befreiung** liberation; (*Erleichterung*) relief; (*Freistellung*) exemption

befreundet **miteinander befreundet sein** to be friends

A B C D E F G H I J K L M N O P Q R S T U V W X Y Z

befriedigen to satisfy; **Ansprüche/Forderungen befriedigen** to meet expectations/demands

befriedigend
1 *Ergebnis:* satisfactory; *Gefühl:* satisfying; *Antwort:* adequate ['ædɪkwət]; *Lösung, Vorschlag:* acceptable
2 *Schulzensur:* fair, satisfactory

befristet restricted; **befristet sein** to be valid for a limited time; **ein befristetes Arbeitsverhältnis** a temporary ['temprərɪ] appointment

befugt **befugt sein, etwas zu tun** to be authorized to do something

der **Befund** (*Ergebnisse*) findings ⚠ *Plural;* (*in der Medizin*) diagnosis [ˌdaɪəg'nəʊsɪs]

befürchten to fear

befürworten to approve [ə'pruːv]

begabt talented (**für** at); (*geistig, musisch*) gifted (**für** at)

die **Begabung** talent

begeben **sich begeben** (*aufbrechen nach*) to go [to], to set out [for]

begegnen to meet

Grammatik
Richtiges Konjugieren von **meet**: meet, met, met — *He met an old friend in town; I have never met her before.*

die **Begegnung** meeting; (*im Sport*) encounter

begehren to desire

begehrenswert desirable

begehrt in demand; *Person:* popular

begeistern
1 **jemanden begeistern** to fill someone with enthusiasm [ɪn'θjuːzi'æzəm]; **ich bin begeistert!** I am over the moon!
2 **sich [für etwas] begeistern** to be enthusiastic [about something]

begeistert enthusiastic [ɪnˌθjuːzi'æstɪk] (**von** about)

die **Begeisterung** enthusiasm [ɪn'θjuːzi'æzəm]

die **Begier(de)** desire (**nach** for)

der **Beginn** beginning; **bei Beginn** at the beginning

beginnen to begin, to start

Grammatik
Richtiges Konjugieren von **begin**: begin, began, begun — *Suzy began to dance; I have begun my homework.*

beglaubigen (*durch Gutachten*) to attest; **etwas beglaubigen lassen** to have something attested; **ein Schriftstück beglaubigen** to witness a document; **eine Kopie beglaubigen** to authenticate [ɔː'θentɪkeɪt] a copy

begleichen (*bezahlen*) to settle

begleiten (*auch übertragen*) to accompany

der **Begleiter**, die **Begleiterin** companion

die **Begleitung**
1 (*Gesellschaft*) company; **in Begleitung seiner Mitarbeiter** in the company of his employees
2 (*Begleiter(in)*) companion; **in Begleitung ihres Mannes** accompanied by her husband

beglückwünschen to congratulate (**zu** on)

begnadigen to reprieve [rɪ'priːv]

begnügen
1 **sich mit etwas begnügen** (*zufrieden sein*) to be satisfied with something
2 **sich mit etwas begnügen** (*auskommen*) to make do with something

begraben
1 **die Toten begraben** to bury ['beri] the dead
2 (*übertragen*) **die Hoffnung begraben** to abandon all hope

das **Begräbnis**
1 (*das Begraben*) burial ['beriəl]
2 (*Feier*) funeral

begreifen to understand; **begreifen, dass/wie etwas geschah** to realize that/how something happened

begreiflich understandable; **jemandem etwas begreiflich machen** to make something clear to someone

begrenzen
1 (*räumlich*) to mark the boundary ['baʊndəri] of
2 (*übertragen*) to restrict (**auf** to)

der **Begriff**
1 (*Vorstellung*) idea; **sein Begriff von Freiheit/Liebe** his idea [*oder* notion] of freedom/love; **für meine Begriffe** in my opinion
2 (*Ausdruck*) term; **was verstehst du**

unter dem Begriff ‚Gleichheit'? what do you think the term 'equality' means?
3 **schwer von Begriff sein** (*abwertend*) to be slow on the uptake; **im Begriff sein, etwas zu tun** to be about to do something

begründen (*Gründe geben*) **eine Entscheidung begründen** to give reasons for a decision

begründet justified; **wohl begründet** well-founded; **nicht begründet** unfounded; **ein begründeter Vorwurf** a justified reproach

die **Begründung** reason; *einer Anklage, einer Behauptung:* grounds ⚠ *Plural*

begrüßen
1 **jemanden begrüßen** to greet [*oder* welcome] someone
2 (*übertragen*) **eine Entscheidung begrüßen** to welcome a decision

> **Land und Leute**
> Im Englischen ist **hello** oder in den USA **hi** als Begrüßung für jede Tageszeit durchaus akzeptiert. Obwohl **hello** oder **hi** in sehr vielen Situationen verwendet wird, hast du auch die Möglichkeit, formeller zu sein. Vormittags kannst du **good morning**, nachmittags **good afternoon** und abends **good evening** sagen. Zum Abschied kann man außerdem **goodbye** bzw. **[bye-]bye** (= auf Wiedersehen) sagen; unter Freunden ist die Floskel **see you!** bzw. **see you soon!** (= bis bald!) durchaus üblich.

die **Begrüßung** welcome

begutachten **etwas begutachten lassen** to get expert advice about something

behäbig (CH)
1 (*reich*) rich, wealthy
2 (*stattlich*) splendid, magnificent

behaglich
1 (*gemütlich*) comfortable, cosy
2 (*zufrieden*) contented

behalten
1 (*aufbewahren*) to keep
2 **etwas [im Gedächtnis/in Erinnerung] behalten** to remember something
3 (*nicht loswerden*) **eine Narbe behalten** to be left with a scar
4 (*übertragen*) **etwas für sich behalten** to keep something to oneself

> **Grammatik**
> Richtiges Konjugieren von **keep**: keep, kept, kept — *Jenny kept her new perfume in its box; Mr Green has kept rabbits for the last twenty years.*

der **Behälter** container

behandeln **eine Krankheit/einen Patienten behandeln** to treat an illness/a patient; **der behandelnde Arzt** the doctor in attendance; **ein Problem/ein Thema behandeln** to deal with a problem/a subject

die **Behandlung** treatment

beharren **auf seiner Meinung/seinem Standpunkt beharren** to insist on one's opinion/one's point of view [vju:]

beharrlich insistent

behaupten
1 (*aussagen*) to claim
2 **seine Stellung behaupten** to maintain one's position
3 **sich behaupten** to assert oneself

die **Behauptung** claim; (*unbewiesen*) assertion

beheben
1 **den Schaden beheben** to repair the damage
2 (CH) **Geld beheben** to withdraw money

beherbergen to house [haʊz], to accommodate *Gäste*

beherrschen
1 to control; to govern, to rule *Volk;* **den Markt beherrschen** to dominate the market
2 to master *Fremdsprache, Instrument*
3 **sich beherrschen** to control oneself

behindern to hinder (**bei** in)

behindert disabled

der/die **Behinderte** disabled person

die **Behinderung**
1 (*Störung*) hindrance
2 (*im Sport oder Verkehr*) obstruction
3 (*Körperbehinderung*) disability
4 (*Nachteil*) handicap

die **Behörde** authority

behutsam careful, cautious ['kɔːʃəs]

bei
1 (*räumlich, örtlich*) at, near, with; **bei mir/uns zu Hause** at home; **ich war bei meinen Eltern** I was at my parents' [home]; **beim Bäcker/Friseur** at the baker's/the hairdresser's
2 (*an der Person*) **hast du Geld bei dir?**

have you any money on you?
3 (*an*) **jemanden bei der Hand fassen** to take someone by the hand
4 (*zeitlich*) at, during, on; **bei Tag/bei Nacht** by day/at night
5 (*als Bedingung*) **bei zwanzig Grad unter Null** when it's twenty degrees below zero; **bei offenem Fenster schlafen** to sleep with the window open; **bei Feuer/Gefahr den Alarmknopf drücken** in case of fire/an emergency press the alarm
6 (*als Grund*) **bei ihrem Talent/seinem Aussehen** with her talent/his looks

beibringen
1 (*lehren*) **jemandem etwas beibringen** to teach [tiːtʃ] someone something
2 (*mitteilen*) **jemandem etwas [schonend] beibringen** to break the news [gently] to someone

die **Beichte** confession; **die Beichte ablegen** to go to confession; **jemandem die Beichte abnehmen** to hear someone's confession

beichten (*auch übertragen*) to confess; **ich muss dir etwas beichten** I have to make a confession

beide both, the two; **alle beide** both of them; **keiner von beiden** neither of them

beidseits (CH) on both sides

beieinander together

der **Beifahrer**, die **Beifahrerin**
1 [front-seat] passenger
2 (*auf einem Motorrad*) pillion ['pɪliən] rider

der **Beifall**
1 (*Applaus*) applause [ə'plɔːz]; **Beifall spenden** [*oder* **klatschen**] to applaud [ə'plɔːd]
2 (*übertragen: Billigung*) approval; **Beifall finden** to meet with approval

beifügen to enclose

beige [beːʃ] beige [beɪʒ]

die **Beihilfe** **Beihilfe zum Mord** accessory [ək'sesərɪ] to murder

die **Beilage**
1 (*in der Zeitung*) insert [ɪn'sɜːt]; (*in einem Buch*) insertion
2 (*Essensbeilage*) side-dish, side order

beiläufig casual ['kæʒjuəl]; **etwas beiläufig erwähnen** to mention something in passing

beilegen
1 **einem Brief etwas beilegen** to enclose something in a letter
2 (*schlichten*) **einen Streit beilegen** to settle a dispute [dɪ'spjuːt]

das **Beileid** **mein aufrichtiges Beileid** my heartfelt condolences ⚠ *Plural*

beiliegend enclosed

das **Bein** leg; **jemandem ein Bein stellen** to trip someone up; **die Beine übereinanderschlagen** to cross one's legs ▶ WENDUNGEN: **jemandem Beine machen** (*umgangsspr*) to make someone get a move on; **etwas auf die Beine stellen** (*umgangsspr*) to get something going [*oder* moving]; **wieder auf den Beinen sein** (*nach Krankheit*) to be back on one's feet again

beinahe almost, nearly

das/die **Beiried** (A) beef

beiseite aside; **Spaß beiseite** seriously ['sɪəriəsli], joking apart

beiseitelegen **etwas beiseitelegen** to put something aside; to put down *Brille, Buch*

beiseiteschaffen **jemanden/etwas beiseiteschaffen** to get rid of someone/something

das **Beis(e)l** (A) pub (GB), bar (USA)

beisetzen (*beerdigen*) to bury ['beri]

die **Beisetzung** funeral

das **Beispiel**
1 example (**für** of); **zum Beispiel** for instance; **wie zum Beispiel** such as
2 **sich ein Beispiel an jemandem nehmen** to take someone as an example; **mit gutem Beispiel vorangehen** to set a good example

beispiellos
1 (*nie dagewesen*) unprecedented [ʌn'presɪdentɪd]
2 (*unerhört*) outrageous [ˌaʊt'reɪdʒəs]

beißen
1 to bite (**in** into); **der Hund hat mir ins Bein gebissen** the dog's bitten my leg; **ich habe mir auf die Zunge gebissen** I bit my tongue [tʌŋ]
2 **sich beißen** *Farben:* to clash

Grammatik
Richtiges Konjugieren von **bite**: bite, bit, bitten — *The dog bit Tom's leg; I was bitten by a mosquito.*

beißend **beißende Kälte** biting cold; **beißender Rauch/beißende Dämpfe** stinging smoke/fumes; **ein beißender Geschmack/Geruch** a pungent [*oder* sharp] taste/smell

beistehen **jemandem beistehen** to stand by someone

beistellen Ⓐ to make available

der **Beitrag**
① (*Geldsumme*) contribution [ˌkɒn-trɪˈbjuːʃᵊn]; (*Mitgliedsbeitrag*) [member's] fee; (*Versicherungsbeitrag*) premium
② (*Anteil*) contribution [ˌkɒntrɪˈbjuːʃᵊn]; **einen Beitrag [zu etwas] leisten** to make a contribution [to something]

beitreten to join *Partei, Verein*

bekämpfen to fight; **Schädlinge bekämpfen** to control pests

bekannt well-known (**für/wegen** for); **das ist mir bekannt** I know about that; **es ist [allgemein] bekannt, dass Rauchen krank macht** it is a well-known fact that smoking causes disease; **bekannt geben** to announce; **jemanden mit jemandem bekannt machen** to introduce someone to someone; **etwas bekannt machen** to announce something

der/die **Bekannte** acquaintance [əˈkweɪntᵊns]

bekanntlich as is [well] known

die **Bekanntschaft** **seine/ihre Bekanntschaft machen** to make his/her acquaintance; **eine nette Bekanntschaft machen** to meet a nice person; **mit etwas Bekanntschaft machen** to come into closer contact with something

bekennen to confess; **sich schuldig bekennen** to admit one's guilt

beklagen
① **einen Verlust beklagen** to lament someone's loss
② **sich [über jemanden/etwas] beklagen** to complain [about someone/something]

die **Bekleidung** clothes [kləʊ(ð)z] ⚠ *Plural*

Grammatik
Richtiges Konjugieren von **get**: get, got, got — *Lena got a bike for her birthday; He has got all wet in the rain.*

bekommen
① (*erhalten*) **ein Geschenk/eine Nachricht bekommen** to get [*oder* receive [rɪˈsiːv]] a present/message
② (*gut tun*) **jemandem gut bekommen** to do someone good

Vorsicht Falle!
Das deutsche *bekommen* ist nicht dasselbe wie das englische **become**: *bekommen* wird mit **get** übersetzt, **become** bedeutet *werden*!

bekümmert worried [ˈwʌrid]

beladen
① (*voll machen*) **ein Auto/einen Einkaufswagen [mit etwas] beladen** to load a car/a trolley [with something]
② **ein [voll] beladenes Auto/ein [voll] beladener Einkaufswagen** a loaded car/trolley

der **Belag**
① (*Überzug*) coating
② (*Straßenbelag*) surface
③ (*Zahnbelag*) plaque [plɑːk]

belasten
① (*mit einem Gewicht*) to put weight [weɪt] on; **ein Fahrzeug belasten** to load a vehicle [ˈviːɪkl]
② (*übertragen: seelisch, geistig*) **jemanden [mit Verantwortung/Problemen] belasten** to burden someone [with responsibility/problems]; **diese Situation belastet mich** I'm finding the situation a real strain

belästigen
① (*lästig sein*) **etwas belästigt jemanden** something bothers someone
② (*zudringlich werden*) **jemanden belästigen** to pester someone

die **Belästigung**
① (*Ärgernis*) annoyance
② (*Zudringlichkeit*) molesting; **sexuelle Belästigung** sexual harassment

die **Belastung**
① (*seelisch, geistig*) burdening; (*körperlich*) strain
② *eines Fahrzeugs:* load

belaufen **sich belaufen auf** to amount to

beleben
① (*anregen*) to liven up *Unterhaltung*, to stimulate
② **sich beleben** to liven up

belebt **eine belebte Straße** a crowded [*oder* busy] street

der **Beleg** receipt [rɪˈsiːt]

belegen
1 (*nachweisen*) to verify
2 (*reservieren*) to reserve

die **Belegschaft** staff

belegt
1 *Leitung:* busy ['bɪzi]; *Sitz:* occupied
2 **ein belegtes Brot mit Käse** a cheese sandwich
3 *Stimme:* hoarse [hɔːs]
4 *Zunge:* furred

belehren to instruct, to teach

beleidigen to insult; *Verhalten:* to offend

die **Beleidigung** insult

beleuchten (*erhellen*) to light [up]; (*festlich auch*) to illuminate

die **Beleuchtung**
1 (*Lichtanlage*) lights ⚠ *Plural*
2 (*übertragen: Untersuchung*) examination

beliebig any; **jeder x-beliebige ...** any old ...

beliebt popular

die **Beliebtheit** popularity

beliefern to supply

bellen to bark

belohnen to reward

die **Belohnung** reward; **zur Belohnung** as a reward

bemängeln **etwas bemängeln** to find fault [fɔːlt] with something

bemerkbar noticeable ['nəʊtɪsəbl], perceptible

bemerken
1 (*merken*) to notice
2 (*sagen*) to remark; **nebenbei bemerkt** by the way

bemerkenswert remarkable

die **Bemerkung** comment, remark

bemitleiden to pity

bemühen **sich bemühen** to try; **er bemüht sich sehr** he's trying hard; **sich um eine Stelle bemühen** to try for a position

benachbart neighbouring ['neɪbᵊrɪŋ]

benachrichtigen to inform (**von** of)

die **Benachrichtigung** notification

benachteiligen **jemanden benachteiligen** to discriminate against someone

die **Benachteiligung** (*Chancenungleichheit*) discrimination

das **Benehmen** behaviour [bɪ'heɪvjəʳ]

benehmen **sich benehmen** to behave

beneiden **jemanden um etwas beneiden** to envy someone something

benennen to name

benommen dazed [deɪzd]

benötigen to need, to require [rɪ'kwaɪəʳ]

benutzen to use

der **Benutzer**, die **Benutzerin** user

die **Benutzung** use; **etwas in Benutzung haben** to be using something

das **Benzin** petrol (GB), gasoline (USA)

der **Benzintank** fuel ['fjuːəl] tank (GB), gasoline tank (USA)

beobachten to observe, to watch

der **Beobachter**, die **Beobachterin** observer

die **Beobachtung** observation

bequem
1 (*angenehm*) **ein bequemer Stuhl** a comfortable ['kʌmftəbl] chair; **es sich bequem machen** to make oneself comfortable; **machen Sie es sich bequem** do make yourself feel at home
2 (*träge*) **ein bequemer Mensch** an idle ['aɪdl] person
3 (*übertragen: leicht*) easy; **eine bequeme Ausrede/eine bequeme Methode** a convenient excuse/method

die **Bequemlichkeit**
1 (*Annehmlichkeit*) comfort ['kʌmfət]
2 (*Faulheit*) idleness ['aɪdlnəs]

beraten
1 (*Rat geben*) **jemanden beraten** to advise someone; **sich von jemandem/einem Anwalt beraten lassen** to consult someone/a lawyer
2 (*beratschlagen*) **etwas beraten** to discuss something
3 **sich beraten** to discuss; **da müssen wir uns erst einmal noch beraten** we'll have to discuss things first

der **Berater**, die **Beraterin** adviser

die **Beratung**
1 (*Konsultation*) consultation
2 (*Besprechung*) discussion

berechenbar (*vorauszusehen*) predictable

A B C D E F G H I J K L M N O P Q R S T U V W X Y Z

berechnen
1 (*auch übertragen*) to calculate
2 (*in Rechnung stellen*) to charge

die **Berechnung** calculation

berechtigen to entitle

berechtigt legitimate [lɪˈdʒɪtəmət]; **zu etwas berechtigt sein** to be entitled to something; **berechtigt sein, etwas zu tun** to be entitled to do something

der **Bereich**
1 (*Gebiet*) area
2 (*Sachgebiet*) field [fiːld], area

bereichern
1 (*übertragen: schöner machen*) to enrich
2 **sich an etwas bereichern** to make a lot of money out of something

bereit ready; (*bereitwillig*) prepared, willing

bereiten
1 (*zubereiten*) to prepare
2 (*verursachen*) to cause [kɔːz]; **[jemandem] Schwierigkeiten bereiten** to cause difficulties [for someone]; **jemandem Ärger/Kummer bereiten** to cause someone trouble/grief; **es bereitet mir großes Vergnügen[, etwas zu tun]** it gives me great pleasure [to do something]

bereithalten to have ready [ˈredi]; (*übertragen*) to have in store

bereits already [ɔːlˈredi]

der **Bereitschaftsdienst** emergency service

bereitstellen to get ready; (*zur Lieferung*) to provide, to supply

bereitwillig eager

bereuen to regret

der **Berg**
1 mountain; (*Hügel*) hill
2 (*übertragen: Haufen*) heap, pile; **ich hab einen Berg Wäsche [zu waschen]** I've got heaps of washing [to do]

bergab
1 (*den Berg hinunter*) downhill; **Achtung, es geht bergab!** we're going downhill!
2 (*übertragen*) **mit mir/der Firma geht's bergab** I am going/the company is going downhill

der **Bergarbeiter** miner

bergauf
1 (*den Berg hoch*) uphill
2 (*übertragen*) **es geht mit ihm bergauf** things are looking up for him

der **Bergbau** mining

bergen
1 (*retten*) **jemanden bergen** to rescue [*oder* save] someone
2 **eine Leiche bergen** to recover [rɪˈkʌvəʳ] a body; **ein Schiff/eine Ladung bergen** to salvage a ship/a cargo

der **Bergmann** miner

das **Bergsteigen** mountaineering

der **Bergsteiger**, die **Bergsteigerin** mountain climber, mountaineer

das **Bergwerk** mine

der **Bericht** report

berichten to report

berichtigen to correct

berüchtigt infamous [ɪnfəməs], notorious [nəˈtɔːriəs]

berücksichtigen
1 (*in Betracht ziehen*) to consider [kənˈsɪdəʳ]
2 (*bedenken*) to take into consideration

der **Beruf**
1 (*Tätigkeit*) occupation; **was sind Sie von Beruf?** what do you do for a living?; **ich bin von Beruf Ärztin** I'm a doctor by profession
2 (*Handwerk*) trade; **ich bin Klempner von Beruf** I'm a plumber by trade

beruflich professional [prəˈfeʃnəl]

die **Berufsausbildung** training

der **Berufsberater**, die **Berufsberaterin** careers adviser

die **Berufsschule** vocational college; **sie besucht die technische Berufsschule** she goes to technical college

berufstätig working

der **Berufsverkehr** commuter traffic

die **Berufung**
1 (*starke Neigung*) vocation; (*spirituell*) calling
2 **in die Berufung gehen** (*im Rechtswesen*) to appeal

beruhen
1 (*gründen*) **auf Tatsachen beruhen** to be based on facts
2 **etwas auf sich beruhen lassen** to let something rest

A
B
C D E F G H I J K L M N O P Q R S T U V W X Y Z

beruhigen
① **jemanden beruhigen** to calm [kɑːm] someone [down]; **ich kann Sie** [**da**] **beruhigen!** I can reassure you!
② **sich beruhigen** to calm down; *Verkehr:* to subside [səb'saɪd]; **so beruhigen Sie sich doch!** do calm down!

das **Beruhigungsmittel** tranquillizer ['træŋ-kwɪlaɪzəʳ]

berühmt famous ['feɪməs]

die **Berühmtheit** celebrity

berühren
① (*anfassen*) to touch [tʌtʃ]; **bitte nicht berühren!** don't touch!
② (*übertragen: nahe*) to move; **deine Anteilnahme berührt mich sehr** I am very touched by your compassion

besammeln CH
① to assemble, to gather
② **sich besammeln** to assemble

die **Besammlung** CH assembly [ə'sembli]

die **Besatzung** (*Mannschaft*) crew

beschädigen to damage ['dæmɪdʒ]

die **Beschädigung** damage (**von** to)

beschaffen to get hold of; to obtain *Genehmigung*

beschäftigen
① **sich beschäftigen mit** to be busy with *Aktivität;* to play with *Kinder;* to deal with *Thema*
② **jemanden beschäftigen** to employ someone
③ (*im Sinne sein*) **jemanden sehr beschäftigen** to weigh [weɪ] heavily on someone's mind

beschäftigt busy, occupied; **ich bin ein viel beschäftigter Mann** I'm a very busy man

die **Beschäftigung**
① (*Tätigkeit*) occupation
② (*Beruf*) job, employment

beschatten (*übertragen: überwachen*) **jemanden beschatten** to shadow someone; **jemanden beschatten lassen** to have someone followed; **ich werde beschattet!** I am being followed!

der **Bescheid** (*Antwort*) answer ['ɑːnsəʳ], reply; (*Auskunft*) information; **jemandem über etwas Bescheid geben** to let someone know about something

bescheiden
① (*genügsam*) modest
② (*mittelmäßig*) mediocre [ˌmiːdi'əʊkəʳ]

bescheinigen to certify; **den Empfang eines Schreibens bescheinigen** to acknowledge [ək'nɒlɪdʒ] receipt [rɪ'siːt] of a letter; **hiermit wird bescheinigt, dass ...** this is to certify that ...; **können Sie mir das bescheinigen?** can you confirm that in writing?

die **Bescheinigung** certificate; (*Quittung*) receipt [rɪ'siːt]

beschenken jemanden beschenken to give someone presents

die **Bescherung**
① (*zu Weihnachten*) distribution of Christmas presents; **wir machen die Bescherung an Heiligabend** we open our presents on Christmas Eve
② (*ironisch*) [**das ist ja**] **eine schöne Bescherung!** this is a nice mess!; **da haben wir die Bescherung!** what did I tell you!

beschimpfen to abuse [ə'bjuːz], to swear [sweəʳ] at

der **Beschlag** (*übertragen: in Anspruch nehmen*) **etwas mit Beschlag belegen** to monopolize something; **jemanden in Beschlag nehmen** to monopolize someone

beschlagnahmen (*im Rechtswesen*) to confiscate

beschleunigen to accelerate [ək'seləreɪt], to speed [up]

die **Beschleunigung** acceleration [əkˌseləreɪʃᵊn], speeding up

beschließen to pass *Gesetz;* to decide on *Resolution*

der **Beschluss** decision, resolution

beschönigen to gloss over

beschränken
① to limit, to restrict (**auf** to)
② **sich** [**auf etwas**] **beschränken** to confine oneself [to something]

beschränkt
① (*eingeschränkt*) limited, restricted
② (*geistig*) limited, narrow

die **Beschränkung** limitation, restriction

beschreiben (*schildern*) to describe

die **Beschreibung** description; (*Anleitung*) instructions ⚠ *Plural*

beschriften to write [raɪt] on; (*etikettieren*) to label

beschuldigen **jemanden [einer Sache] beschuldigen** to accuse [əˈkjuːz] someone [of something]

die **Beschuldigung** accusation

beschützen to protect, shelter (**vor** from)

die **Beschwerde**
1 **Beschwerden** (*körperlich*) aches [eɪks] and pains, trouble [ˈtrʌbl] ⚠ *Singular* (**mit** with)
2 (*Klage*) complaint [kəmˈpleɪnt]; **eine Beschwerde einlegen** to lodge a complaint

beschweren **sich [über jemanden/etwas] beschweren** to complain [about someone/something]

beschwerlich arduous [ˈɑːdjuəs]

beseitigen (*entfernen*) **etwas beseitigen** to get rid of [*oder* remove] something

der **Besen** broom

besessen obsessed (**von** with)

besetzen
1 (*einnehmen*) to occupy, to take; **ein Haus besetzen** to squat [skwɒt] [in a house]
2 to fill *Stelle;* to cast *Rolle*

besetzt
1 *Sitzplatz:* taken; **ist dieser Platz besetzt?** is this seat taken?
2 *Toilette:* occupied
3 *Telefonleitung:* engaged (GB), busy (USA)

das **Besetztzeichen** engaged tone (GB), busy tone (USA)

besichtigen to have a look at; to visit *Stadt*

die **Besichtigung** visit [to]; *von Sehenswürdigkeiten:* sight-seeing tour

die **Besinnung**
1 (*Bewusstsein*) consciousness [ˈkɒnʃəsnəs]; **die Besinnung verlieren** to lose consciousness; **wieder zur Besinnung kommen** to regain consciousness
2 (*Reflexion*) reflection, contemplation
3 (*übertragen*) **die Besinnung verlieren** to lose one's senses; **wieder zur Besinnung kommen** to come to one's senses

der **Besitz**
1 (*Eigentum*) possession [pəˈzeʃᵊn]; **etwas in Besitz nehmen** take possession of something
2 (*Grundbesitz*) property, [real] estate

besitzanzeigend (*in der Grammatik*) possessive [pəˈzesɪv]

besitzen (*haben*) to have; (*gehoben*) to own, to possess

der **Besitzer**, die **Besitzerin** owner, proprietor

besondere(r, s) special [ˈspeʃəl]; (*außergewöhnlich*) exceptional [ɪkˈsepʃᵊnᵊl]

die **Besonderheit** peculiarity [pɪˌkjuːliˈærəti]

besonders
1 (*hauptsächlich*) especially [ɪˈspeʃəlɪ], particularly; **die Show war sehr gut, besonders die Tänzer** the show was excellent, especially the dancers
2 (*sehr*) **besonders schön/groß** particularly beautiful/big; **sie hat besonders hart gearbeitet** she worked particularly hard
3 **nicht besonders lustig/gut** not very funny/good; **der Film war nicht besonders** the film was nothing special

besorgen
1 (*beschaffen*) to get
2 (*erledigen*) to see to

besorgt anxious [ˈæŋʃəs], worried [ˈwʌrid] (**wegen** about)

besprechen
1 **etwas besprechen** to discuss something, to talk something over
2 (*rezensieren*) to review [rɪˈvjuː] *Buch, Film, Theaterstück*

die **Besprechung**
1 (*Unterredung*) discussion
2 (*Sitzung*) conference

besser better; **umso besser!** so much the better!

bessern **sich bessern** *Zustand:* to get better, to improve [ɪmˈpruːv]; *Person:* to mend one's ways; **sie hat sich nicht gebessert** she hasn't changed

die **Besserung** improvement [ɪmˈpruːvmənt]; **[ich wünsche dir] gute Besserung!** [I hope you] get well soon!

der **Bestand**
1 (*Fortdauer*) continued existence
2 (*Lagerbestand*) stock (**an** of)

beständig
1 (*ständig*) constant [ˈkɒnstənt], continual [kənˈtɪnjuəl]
2 (*gleich bleibend*) constant; *Wetter:* settled
3 (*dauerhaft*) resistant (**gegen** to)

der **Bestandteil**
1 *eines Ganzen:* component [kəmˈpəʊnənt],

part
2 (*übertragen: etwas Dazugehöriges*) integral part

bestätigen
1 to confirm *Buchung, Flug, Antwort;* **den Empfang bestätigen** to acknowledge [əkˈnɒlɪdʒ] receipt
2 **sich bestätigen** *Verdacht:* to prove true

die **Bestätigung**
1 confirmation
2 (*Empfangsbestätigung*) acknowledg[e]ment [əkˈnɒlɪdʒmənt] of receipt

die **Bestattung** burial [ˈberiəl]

beste(r, s) best; **besten Dank!** many thanks!; **der erste Beste** the first that comes along

bestechen to bribe, to corrupt; **sich bestechen lassen** to take bribes

das **Besteck** cutlery, flatware (USA)

bestehen
1 (*existieren*) **es besteht der Verdacht/die Gefahr, dass ...** there's the suspicion/a risk that ...; **es besteht kein Zweifel, dass ...** there's no doubt that ...; **der Unterschied besteht darin, dass ...** the difference is, that ...; **bestehen bleiben** to remain [rɪˈmeɪn]
2 (*zusammengesetzt sein*) **aus etwas bestehen** to consist of something
3 (*erfolgreich beenden*) **eine Prüfung bestehen** to pass a test
4 (*fordern*) **bestehen auf** to insist on

besteigen
1 **einen Berg besteigen** to climb a mountain
2 **ein Pferd besteigen** to mount a horse

bestellen
1 **Waren bestellen** to order goods
2 (*ausrichten*) [**jemandem**] **etwas bestellen** to leave a message [for someone]
3 (*eine Verabredung treffen*) **jemanden für zehn Uhr bestellen** to make an appointment for someone for ten o'clock; **ich bin für zehn Uhr bestellt** I have an appointment for ten o'clock

die **Bestellung** (*Auftrag*) order

bestenfalls at best

die **Bestie**
1 (*Tier*) beast
2 (*Mensch*) brute

bestimmen
1 to determine; **eine Zeit/einen Ort bestimmen** to fix a time/a place
2 **über etwas bestimmen** to decide on something
3 (*prägen*) to characterize [ˈkærəktᵊraɪz]

bestimmt
1 (*festgelegt*) fixed, set
2 (*gewiss*) **eine** [**ganz**] **bestimmte Art** a certain way
3 (*entschieden*) *Stimme:* firm
4 (*sicher*) certainly, definitely; **ich komme ganz bestimmt** I'm definitely coming; **ich weiß bestimmt, dass ...** I know for certain that ...
5 (*wahrscheinlich*) **ganz bestimmt kommt er noch** he's bound [baʊnd] to come; **das ist bestimmt für dich!** (*bei Anruf oder Besuch*) it's bound to be for you!; **bestimmt hat sie mein Buch vergessen** she's probably [*oder* bound to have] forgotten my book
6 **der bestimmte Artikel** the definite article

die **Bestimmung**
1 (*Vorschrift*) regulation
2 (*Schicksal*) destiny [ˈdestɪni]

bestrafen to punish (**für/wegen** for)

die **Bestrafung** punishment

bestreiken **dieser Betrieb wird bestreikt** this factory is on strike

bestreiten (*leugnen*) to deny [dɪˈnaɪ]

bestsituiert (A) (*gut situiert*) well-off

bestürzt dismayed (**über** at)

der **Besuch**
1 visit; **ist das dein erster Besuch in Stuttgart?** is this your first trip to Stuttgart?
2 (*Teilnahme*) attendance (**bei** at)
3 **Besuch haben** to have visitors ⚠ *Plural*
4 **bei jemandem zu Besuch sein** to be visiting someone; **meine Tante kommt zu Besuch** my aunt is coming to see me/us

besuchen
1 to visit
2 (*kurz*) **jemanden besuchen** to go and see someone, to call on someone
3 (*teilnehmen*) to attend [əˈtend] *Kurs;* to go to *Schule, Konzert*

der **Besucher**, die **Besucherin** visitor

die **Besuchszeit** visiting time

betätigen
1 to operate *Maschine*
2 **sich betätigen** to busy [ˈbɪzi] oneself

betäuben
1 (*narkotisieren*) to anaesthetize [ə'ni:sθətaɪz]
2 (*benommen machen*) to stun

beteilen Ⓐ, ⒸⒽ (*beschenken*) to give presents ['prezənts] to

beteiligen
1 **sich beteiligen** to participate, to take part (**an** in)
2 **sich an den Kosten beteiligen** to contribute to the expenses
3 **jemanden beteiligen** to give someone a share

beteiligt an etwas beteiligt sein to be involved in something

die **Beteiligung**
1 (*an Wettbewerb*) participation (**an** in)
2 (*an Wahlen*) turnout (**an** in)
3 (*Anteil*) share (**an** in)

beten to pray, to say a prayer (**zu** to, **für** for)

beteuern to declare

der **Beton** [be'tɔŋ] concrete ['kɒŋkri:t]

betonen
1 to stress *Wort*
2 (*nachdrücklich sagen*) to emphasize ['emfəsaɪz]

die **Betonung**
1 *von Wort:* stress
2 (*Nachdruck*) emphasis ['emfəsɪs]

der **Betracht nicht in Betracht kommen** to be out of the question; **in Betracht ziehen** to take into consideration; **etwas außer Betracht lassen** to disregard something

betrachten
1 (*anschauen*) to look at
2 (*ansehen als*) to consider, to regard

beträchtlich
1 *Summe, Vorsprung:* considerable
2 **beträchtlich höher/niedriger/mehr** considerably higher/lower/more

der **Betrag** amount, sum

das **Betragen**
1 (*Verhalten*) behaviour [bɪ'heɪvjər], behavior ⓊⓈⒶ
2 (*Führung, auch im Zeugnis*) conduct ['kɒndʌkt]

betragen
1 *Kosten, Rechnung:* to amount to
2 **sich betragen** to behave [bɪ'heɪv]

betreffen (*angehen*) to concern, to relate to; **was das betrifft** as far as that goes

betreffend
1 (*erwähnt*) concerned, in question; **die betreffenden Personen** those [people] concerned
2 (*gemeint*) referred to

betreiben (*ausüben*) to pursue [pə'sju:] *Studien;* to carry on *Geschäft*

die **Betreibung** ⒸⒽ collection [kə'lekʃən]

betreten
1 (*hineingehen*) to enter; to go into *Raum*
2 (*gehen auf*) to walk on [to] *Boden;* **Betreten verboten!** keep off!

betreuen to look after

der **Betrieb**
1 (*Geschäft*) business, concern [kən'sɜ:n]; **jemand ist im Betrieb/nicht im Betrieb** someone is at work/not at work
2 **außer Betrieb** out of order
3 (*Betriebsamkeit*) bustle ['bʌsl]; **in der Stadt war viel Betrieb** the town was very busy

die **Betriebsanleitung** operating instructions
⚠ *Plural*

die **Betriebsferien** annual holiday

die **Betriebskosten**
1 *einer Maschine:* running costs *Plural*
2 *einer Firma:* overheads *Plural*

der **Betriebsrat** (*Institution*) works committee

der **Betriebsrat**, die **Betriebsrätin** (*Angehörige(r) des Betriebsrates*) works committee member

das **Betriebssystem** operating system

die **Betriebswirtschaft** business management

betrinken sich betrinken to get drunk

betroffen
1 (*bestürzt*) full of consternation (**von** by)
2 (*in Mitleidenschaft gezogen*) affected (**von** by)

betrübt distressed; **tief betrübt** deeply distressed

der **Betrug** deceit [dɪ'si:t], deception

betrügen
1 (*beim Spiel*) to cheat, to deceive [dɪ'si:v]
2 (*in einer Beziehung*) to be unfaithful to

der **Betrüger**, die **Betrügerin**
1 (*beim Spiel*) cheat; **du Betrüger!** you're a cheat!

2 (*geschäftlich*) swindler; (*Hochstapler*) con-man

betrunken drunk

das **Bett** bed

der **Bettbezug** quilt-cover

die **Bettdecke**
1 (*aus Wolle*) blanket ['blæŋkɪt]
2 (*Steppdecke*) quilt

betteln to beg (**um** for)

der **Bettler**, die **Bettlerin** beggar

das **Betttuch** sheet

das **Bettzeug** bedding

beugen
1 to bend; to bow *Kopf*
2 **sich [nach vorne/über etwas] beugen** to bend [forward/over something]

die **Beule**
1 (*am Kopf*) bump; (*Schwellung*) swelling; (*aus Eiter*) boil
2 (*im Blech*) dent

beunruhigen to worry; (*stärker*) to alarm

beurteilen to judge (**nach** by)

die **Beute** loot

der **Beutel** bag

bevor before; **ich gehe nicht, bevor du dich entschuldigt hast** I'm not leaving until you apologise

bevorstehen
1 *Schwierigkeiten:* to lie ahead
2 *Gefahr, Unwetter:* to be imminent

bevorzugen to prefer; (*begünstigen*) to favour *Mitbewerber, Mitschüler*

bewachen to guard [gɑːd]

bewaffnet armed; **schwer bewaffnet** heavily armed

bewahren
1 (*erhalten*) to keep
2 (*beschützen*) to protect (**vor** from)

bewähren
1 **sie hat sich als Lehrerin bewährt** she's proved [pruːvd] to be a good teacher
2 *Gerät:* to prove [pruːv] worthwhile

die **Bewährung** probation; **eine Strafe zur Bewährung aussetzen** to impose a suspended sentence

bewältigen
1 (*meistern*) to manage
2 (*überwinden*) to get over

bewandert expert, knowledgeable ['nɒlɪdʒəbl]; **auf einem Gebiet bewandert sein** to be an expert in a subject

bewässern to irrigate

bewegen
1 to move, to set in motion
2 **jemanden zu etwas bewegen** to induce someone to do something
3 **sich bewegen** to move; (*sich Bewegung verschaffen*) to get some exercise
4 **es bewegt sich etwas** things are starting to move

beweglich
1 (*bewegbar*) movable ['muːvəbl], mobile ['məʊbaɪl]
2 (*leicht manövrierbar*) manoeuvrable [mə'nuːvᵊrəbᵊl]
3 *Person, Tier:* agile ['ædʒaɪl]

bewegt
1 (*ergriffen*) moved; **tief bewegt** deeply moved
2 *Vergangenheit:* eventful

die **Bewegung**
1 movement, motion
2 (*körperlich*) exercise
3 (*politisch*) movement

der **Beweis**
1 proof (**für** of)
2 (*Rechtssprache*) evidence ['evɪdəns]; **den Beweis erbringen** to provide evidence (**für** of)

beweisen to prove [pruːv]; **jemandem etwas beweisen** to prove something to someone

bewerben **sich [um etwas] bewerben** to apply [for something]

der **Bewerber**, die **Bewerberin** applicant

die **Bewerbung** application

das **Bewerbungsgespräch** [job] interview

bewerten
1 to assess [ə'ses] *Aufsatz;* to judge *sportliche Leistung*
2 (*schätzen auf*) to value; **etwas zu hoch/niedrig bewerten** to overvalue/undervalue something

die **Bewertung** *eines Aufsatzes:* assessment [ə'sesmənt]; *einer sportlichen Leistung:* judg[e]ment

bewilligen
1 (*zugestehen*) to allow [ə'laʊ]
2 to grant *Kredit*

bewirken to bring about, to cause

bewohnen to live in; **bewohnt sein** to be inhabited

der **Bewohner**, die **Bewohnerin** *eines Hauses:* occupant; *eines Gebiets:* inhabitant

bewundern to admire [əd'maɪəʳ] (**wegen** for)

bewundernswert, **bewundernswürdig** admirable ['ædmᵊrəbl̩]

die **Bewunderung** admiration [ˌædmə'reɪʃᵊn]

bewusst
1 (*überlegt*) conscious ['kɒnʃəs]; **jemandem etwas bewusst machen** to make someone aware of something
2 (*absichtlich*) *Beleidigung:* deliberate [dɪ'lɪbᵊrət]
3 (*mit Absicht*) deliberately [dɪ'lɪbᵊrətli]; **das hast du bewusst getan!** you did that deliberately [dɪ'lɪbᵊrətli]! [*oder* on purpose]

bewusstlos unconscious [ʌn'kɒnʃəs]; **bewusstlos werden** to lose consciousness ['kɒnʃəsnəs]

das **Bewusstsein** consciousness ['kɒnʃəsnəs]; **das Bewusstsein verlieren** to lose consciousness; **wieder zu Bewusstsein kommen** to regain consciousness

bezahlen to pay

> **Grammatik**
> Richtiges Konjugieren von **pay**: pay, paid, paid — *David paid $5 for the book; Have you paid for the tickets?*

die **Bezahlung** pay

bezaubern to charm, to fascinate ['fæsɪneɪt]

bezaubernd charming

bezeichnen
1 (*beschreiben*) to describe
2 (*benennen*) to call

beziehen
1 to cover *Sessel;* **die Betten beziehen** to change the beds
2 to move into *Haus*
3 (*bekommen*) to get; to obtain [əb'teɪn] *Gelder, Waren*
4 **etwas auf sich beziehen** to take something personally
5 **sich beziehen auf ...** to refer to ...

die **Beziehung**
1 (*Verhältnis*) relationship; **die Beziehung zu meiner Mutter** the relationship with my mother
2 **diplomatische Beziehungen/intime Beziehungen** diplomatic/intimate relations
3 (*Verbindung*) connections; **er hat Beziehungen** he knows the right people
4 **in jeder Beziehung** in every respect

beziehungsweise
1 respectively; **zwei Briefmarken zu einem, beziehungsweise zwei Euro bitte** two stamps please — one for one euro, and one for two euros
2 (*genauer gesagt*) or rather
3 (*oder*) or

der **Bezirk** district

die **Bezirksschule** (CH) secondary [*oder* (USA) high] school

das **Bezirksspital** (CH) district hospital

der **Bezug**
1 (*Überzug*) cover
2 **Bezug nehmen auf ...** to refer to ...

der **Bezüger**, die **Bezügerin** (CH)
1 (*Abonnent*) subscriber
2 (*von Rente*) drawer
3 (*von Steuern*) collector

bezüglich regarding, with regard to

bezweifeln to doubt [daʊt]

der **BH** bra

die **Bibel** Bible ['baɪbl]

die **Bibliografie**, die **Bibliographie** bibliography [ˌbɪbli'ɒgrəfi]

die **Bibliothek** library ['laɪbrᵊri]

der **Bibliothekar**, die **Bibliothekarin** librarian [laɪ'breəriən]

biegen
1 [**sich**] **biegen** to bend
2 **um die Ecke biegen** to turn the corner
3 **gerade biegen** to straighten ▶ WENDUNGEN: **das biegen wir schon wieder hin** we'll sort things out

biegsam
1 *Material:* flexible
2 *Körper:* supple

die **Biegung** bend

die **Biene** bee

der **Bienenstock** beehive

das **Bier** beer

bieten
1 (*anbieten*) to offer; **hier ist was geboten!** this place rocks! *umgangsspr*
2 (*bei Versteigerung*) to bid; **wer bietet mehr?** any more bids?
3 **das lasse ich mir nicht bieten!** I won't stand for that!
4 **so eine Gelegenheit bietet sich nicht wieder** an opportunity like that won't turn up again soon

der **Bikini** bikini

das **Bild** picture; **sich von etwas ein Bild machen** to get an idea of something

bilden
1 (*gestalten*) to form
2 (*schaffen*) to create [kriːˈeɪt]
3 to constitute [ˈkɒnstɪtjuːt] *Bestandteil*
4 to form *Regierung*
5 **sich bilden** (*wachsen*) to develop, to form; (*intellektuell*) to improve one's mind
6 **sich ein Urteil/eine Meinung bilden** to form a judgment/an opinion

Falsche Freunde
Das englische Wort **build** bedeutet ‚bauen'!

der **Bildhauer**, die **Bildhauerin** sculptor *maskulin und feminin*, sculptress *feminin*

die **Bildhauerei** sculpture

bildlich **bildlich gesprochen** figuratively [ˈfɪgjᵊrətɪvli] speaking; **sich etwas bildlich vorstellen** to picture something in one's mind

der **Bildschirm** screen

das **Bildschirmgerät** visual display unit, VDU

der **Bildschirmtext** viewdata

die **Bildung**
1 (*geistig, schulisch*) education
2 (*Formung*) formation

das **Billard** [ˈbɪljart] billiards ⚠ *Singular*

billig cheap; *Ausrede:* feeble

billigen to approve [of] [əˈpruːv]

die **Billion** trillion

die **Binde**
1 bandage
2 (*Damenbinde*) sanitary towel [*oder* (USA) napkin]

binden to tie *Knoten, Schlips*

Grammatik
Richtiges Konjugieren von **tie**: tie, tied, tied — *Lisa tied a knot; The rope was tied.*

der **Bindestrich** hyphen

der **Bindfaden** piece of string

die **Bindung**
1 relationship
2 (*Skibindung*) binding

binnen within; **binnen kurzem** before long

die **Biochemie** biochemistry

biodynamisch biodynamic

die **Biografie**, die **Biographie** biography [baɪˈɒgrəfi]

der **Biologe**, die **Biologin** biologist [baɪˈɒlədʒɪst]

die **Biologie** biology [baɪˈɒlədʒi]

biologisch biological [ˌbaɪəˈlɒdʒɪkᵊl]; **biologisch abbaubar** biodegradable

die **Birne**
1 (*Frucht*) pear [peəʳ]
2 (*Glühbirne*) bulb
3 (*umgangsspr: Kopf*) nut

bis
1 (*räumlich*) to; **bis hierher** [to] here; **bis hierher und nicht weiter** this far and no further
2 (*zeitlich*) till, until; (*spätestens*) by; **bis einschließlich 2. Oktober** up to and including 2nd October
3 **bis dann/bald/Montag!** see you then/soon/on Monday!
4 **alle bis auf einen** all except for one
5 **bis auf die Haut nass** soaked to the skin

der **Bischof** bishop

bisher until now; **bisher noch nicht** not as yet

der **Biss** bite

bisschen
1 **ein bisschen** a little bit; **kein bisschen** not a bit
2 **ein bisschen Brot** a bit of bread; **ein bisschen länger** a little longer; **ein bisschen mehr** a little bit more

der **Bissen** mouthful

bissig
1 *Hund:* snappy
2 *Bemerkung:* biting

das **Bit** bit

die **Bitte** request; **ich habe eine Bitte an Sie** I have a favour to ask [of] you

bitte
1 (*bittend, auffordernd*) please!; **gibst du mir bitte die Zeitung?** could you pass me the paper, please?
2 **wie bitte?** sorry?
3 (*nach „danke"*) not at all, you're welcome
4 (*nach „Entschuldigung"*) it's okay
5 (*beim Anbieten*) there you go [*oder* are]
6 (*was möchten Sie?*) **bitte** [**schön**]? can I help you?
7 **na bitte!** there you are!

bitten
1 to ask; **jemanden um etwas bitten** to ask someone for something
2 **aber ich bitte Sie!** not at all!

bitter bitter; *Wahrheit:* sad

bizarr bizarre [bɪˈzɑːʳ]

die **Blamage** [blaˈmaːʒə] disgrace

blamieren
1 **jemanden blamieren** to disgrace someone
2 **sich blamieren** to make a fool of oneself

blank
1 (*glänzend*) shining
2 (*blank gescheuert*) shiny
3 *Unsinn:* sheer
4 **ich bin blank** I am dead broke

die **Blase**
1 bubble
2 (*Hautblase*) blister
3 (*Harnblase*) bladder

blasen to blow

das **Blasinstrument** wind instrument

die **Blaskapelle** brass band

blass pale

das **Blatt**
1 *einer Pflanze:* leaf
2 (*Blatt Papier*) sheet

blättern to browse [braʊz]

blau
1 (*Farbe*) blue
2 (*umgangsspr: betrunken*) blotto, canned
3 **ein blaues Auge** a black eye; **blaue Flecken** bruises

das **Blaulicht** flashing blue light

blaumachen (*von der Arbeit*) to skip work; (*von der Schule*) to skive off school/college

das **Blech** metal, tin

der **Blechschaden** damage to the bodywork

das **Blei** lead [led]

die **Bleibe** place to stay

bleiben
1 to remain, to stay
2 (*übrig bleiben*) to be left
3 **bleibt's dabei?** so we'll stick to this?

bleibend lasting

bleich pale

das **Bleichmittel** bleaching agent

bleifrei unleaded [ʌnˈledɪd]

der **Bleistift** pencil

der **Bleistiftspitzer** pencil sharpener

blenden
1 **jemanden blenden** to dazzle someone
2 (*faszinieren*) to dazzle
3 **das Licht blendet** the light is dazzling

blendend (*wunderbar*) splendid

der **Blick**
1 look; **Liebe auf den ersten Blick** love at first sight
2 (*Aussicht*) view

blicken
1 to look
2 **sich blicken lassen** to drop in

blind
1 blind
2 **blind** [**sein**] **für die Gefahr** [to be] oblivious to the danger; **blind** [**sein**] **vor Wut** [to be] blind with rage

der **Blinddarm** appendix

der/die **Blinde** blind man, blind woman

die **Blindheit** blindness

blindlings blindly

blinken
1 *Sterne:* to glitter, to sparkle
2 (*beim Fahren*) to indicate

der **Blinker**, das **Blinklicht** indicator

blinzeln
1 (*vor Helligkeit*) to squint [skwɪnt]
2 (*Augenzeichen geben*) to wink

der **Blitz**
1 lightning
2 *einer Kamera:* flash

Vorsicht Falle!
Das Wort **lightning** wird nie in der Mehrzahl gebraucht: *there were flashes of lightning; a tree was struck by lightning.*

blitzen **es hat gestern Nacht geblitzt** there was lightning last night

das **Blitzgerät** flash gun

das **Blitzlicht** flash

der **Block**
1 (*auch Häuserblock*) block
2 (*Holzblock*) log
3 (*Schreibblock*) pad

die **Blockade** blockade

die **Blockflöte** recorder

blockieren
1 to block *Straße*
2 **eine Entscheidung/jemanden blockieren** to block a decision/someone

blöd silly, stupid

der **Blödsinn** nonsense; **mach keinen Blödsinn!** don't mess about!

das/der **Blog** *kurz für* **Weblog** blog

blond blond[e], fair

Vorsicht Falle!
Bei blonden Jungen und Männern gebraucht man **blond**: *he is blond* oder *he has blond hair*; bei blonden Mädchen und Frauen gebraucht man aber **blonde**: *she is blonde; she is a blonde; she has blonde hair.*

bloß
1 (*nackt*) bare; **mit bloßen Füßen** barefoot[ed]; **mit bloßem Auge** with the naked eye
2 (*nichts als*) **bloßes Gerede** empty talk
3 (*nur*) only; **ich hab bloß Spaß gemacht** I was only joking
4 **bloß nicht!** God forbid!

bloßlegen
1 to uncover
2 (*übertragen*) to reveal *Geheimnis*

bloßstellen **jemanden/sich bloßstellen** to show someone/oneself up

bluffen ['blʊfn̩] (*umgangsspr*) to bluff

blühen
1 *Blumen:* to bloom; *Bäume:* to blossom
2 *Wirtschaft, Geschäfte:* to flourish ['flʌrɪʃ], to prosper, to thrive

die **Blume** flower

das **Blumenbeet** flower bed

der **Blumenkohl** cauliflower ['kɒlɪˌflaʊəʳ]

der **Blumentopf** flowerpot

die **Bluse** blouse

das **Blut** blood [blʌd]

der **Blutdruck** blood pressure

die **Blüte**
1 (*Blumenblüte*) bloom; (*Baumblüte*) blossom
2 (*umgangsspr: falsche Banknote*) dud

bluten to bleed (**aus** from)

Grammatik
Richtiges Konjugieren von **bleed**: bleed, bled, bled — *His nose bled for ages.*

das **Blütenblatt** petal

der **Blütenstaub** pollen

der **Bluter**, die **Bluterin** haemophiliac [ˌhiːmə'fɪliæk]

blutig bloody; *Anfänger:* absolute

die **Blutprobe** blood test

blutrünstig bloodthirsty

der **Blutspender**, die **Blutspenderin** blood donor

der **Bock**
1 (*männlicher Nager, Rotwild*) buck; (*männliches Schaf*) ram; (*männliche Ziege*) he-goat
2 **ich hab keinen Bock!** I can't be bothered!

der **Boden**
1 (*Erdboden*) ground
2 (*Ackerboden*) soil
3 (*Fußboden*) floor
4 *von Gefäß, Meeresboden:* bottom

der **Bogen**
1 (*Kurve*) curve
2 (*Waffe*) bow
3 (*Papierbogen*) sheet

die **Bohne** bean; **dicke Bohnen** broad beans

der **Bohnenkaffee** real coffee

bohren
1 to bore *Tunnel;* (*mit Bohrer*) to drill; **in**

der Nase bohren to pick one's nose
2 (*nachfragen*) to keep on

der **Bohrer** (*Kraftbohrmaschine*) drill

die **Bohrinsel** oil rig

der **Boiler** boiler

bombardieren
1 to bomb
2 (*mit Fragen, Wünschen*) to bombard

die **Bombe** bomb [bɒm]

der/das **Bonbon** [bɔŋ'bɔŋ] sweet (GB), candy (USA)

der **Bonus** bonus

das **Boot** boat

das **Bord** (*Regal*) shelf

der **Bord**
1 *von Schiff, Flugzeug:* board; **an Bord gehen** to board the plane/ship; **von Bord gehen** to disembark
2 **über Bord werfen** to throw overboard

der **Bordstein** kerb[stone]

borgen to borrow (**von** from)

die **Börse**
1 stock market
2 (*Gebäude*) stock exchange

bösartig
1 *Mensch:* malicious [mə'lɪʃəs]
2 *Tier:* vicious ['vɪʃəs]
3 *Tumor:* malignant

die **Böschung**
1 *einer Straße:* embankment
2 *von Fluss:* bank

böse
1 *Verletzung:* bad
2 (*moralisch*) evil
3 *Bemerkung, Beleidigung:* nasty
4 **böse sein** [**auf jemanden**] to be angry [with someone]
5 **er meinte es nicht böse** he meant no harm

boshaft malicious [mə'lɪʃəs], spiteful

die **Bosheit** nastiness

der **Boss** boss

böswillig malevolent; **in böswilliger Absicht** with malicious intent

botanisch botanical [bə'tænɪkəl]; **botanischer Garten** botanic [bə'tænɪk] gardens ⚠ *Plural*

der **Bote**, die **Botin** messenger

die **Botschaft**
1 (*Nachricht*) message
2 (*Botschaftsgebäude*) embassy

der **Botschafter**, die **Botschafterin** ambassador

die **Boulevardpresse** popular press

die **Boutique** boutique

das **Bowling** [ten-pin] bowling

die **Box** (*Lautsprecher*) speaker

boxen to box

der **Boxer** (*auch Hunderasse*) boxer

der **Boxhandschuh** boxing glove [glʌv]

der **Boxkampf** boxing match

boykottieren to boycott

die **Branche** ['brãːʃə]
1 (*Wirtschaftszweig*) branch [brɑːnʃ]
2 (*Fach*) department, field

der **Brand** (*Feuer*) fire; **in Brand geraten** to catch fire; **etwas in Brand setzen** to set fire to something

brandneu brand new

der **Brandstifter**, die **Brandstifterin** arsonist, fire-raiser (GB)

die **Brandstiftung** arson

die **Brandung** surf

die **Brandwache** (CH) fire service

die **Brandwunde**
1 (*durch Verbrennen*) burn
2 (*durch Verbrühen*) scald

der **Braten** roast [meat]

braten
1 (*im Ofen*) to roast
2 (*in der Pfanne*) to fry

Grammatik
Richtiges Konjugieren von **fry**: fry, fried, fried — *I first fried some onions, then I added the meat; The potatoes have been fried in oil.*

das **Brathähnchen** roast chicken

der **Brathering** fried herring

die **Bratkartoffeln** fried potatoes

die **Bratpfanne** frying pan

die **Bratsche** viola

die **Bratwurst**
1 (*gebraten*) fried sausage
2 (*zum Braten*) frying sausage

der **Brauch** custom; **das ist bei uns so Brauch** that's traditional with us

brauchbar
1 (*nützlich*) useful
2 (*verwendungsfähig*) usable
3 (*gut, vernünftig*) decent

brauchen
1 (*nötig haben*) to need, to require; **Zeit brauchen** to take time
2 (*gebrauchen*) to use

brauen to brew [bru:]

die **Brauerei** brewery ['bru:ᵊri]

braun
1 brown
2 *Haut:* tanned; **braun werden** to get a tan, to tan; **braun sein** to have a tan, to be tanned

bräunen
1 (*in Fett*) to brown
2 **sich bräunen** to tan

brausen
1 *Brandung, Wasser:* to foam
2 *Beifall:* to thunder
3 *Auto:* to race

die **Braut** bride

der **Bräutigam** [bride]groom

die **Brautjungfer** bridesmaid

das **Brautkleid** wedding dress

das **Brautpaar** bride and [bride]groom

brav (*artig*) good, well-behaved

brechen
1 (*auch übertragen*) to break *Willen, Menschen, Rekord;* to cut *Steine*
2 (*erbrechen*) to bring up, to vomit; **ich musste brechen** I had to be sick

der **Brei** mash

breit
1 (*weit*) wide, broad; **20 Meter breit** 20 metres wide
2 **breiter machen** to widen
3 *Angebot, Auswahl:* wide
4 **die breite Masse** the masses ⚠ *Plural*

das **Breitband** broadband

der **Breitbandanschluss** broadband connection

die **Breite** breadth [bretθ]; (*bei Maßen*) width; **eine Breite von 10 Metern haben** to be 10 metres in width

der **Breitengrad** latitude

breitschlagen (*umgangsspr*) **jemanden breitschlagen** to talk someone round; **sich breitschlagen lassen** to let oneself be talked round

die **Bremse**[1] (*Insekt*) horsefly

die **Bremse**[2] (*an Fahrzeug*) brake

bremsen
1 to brake
2 (*übertragen*) to slow down

brennbar combustible; (*entzündlich*) inflammable

brennen
1 *Feuer:* to burn; *Gegenstand, Haus:* to be on fire; **es brennt!** fire! fire!
2 *Verletzung:* to sting
3 to bake *Ziegel*
4 to distil *Schnaps*

brennend
1 *Kerze:* burning; *Pfeife, Zigarette:* lighted
2 *Hitze:* scorching
3 *Schmerz:* smarting
4 *Frage:* urgent

die **Brennnessel** stinging nettle

der **Brennpunkt** focus

brenzlig (*umgangsspr: gefährlich*) dicey, precarious; **die Sache wird für mich zu brenzlig** the matter is getting too hot for me

das **Brett**
1 board; (*dicker*) plank
2 (*Spielbrett*) board
3 **die Liste hängt am schwarzen Brett** the list is pinned on the notice board

das **Brettspiel** board game

der **Brief** letter

der **Brieffreund**, die **Brieffreundin** pen-friend

der **Briefkasten**
1 (*am Haus*) letter box (GB), mail box (USA)
2 (*in Säule*) pillar box, post box (GB), mail box (USA)

die **Briefmarke** stamp

das **Briefpapier** writing-paper

die **Brieftasche** wallet (GB), billfold (USA)

der **Briefträger**, die **Briefträgerin** postman *maskulin* (GB), postwoman *feminin* (GB), mailman *maskulin* (USA), mailwoman *feminin* (USA)

der **Briefumschlag** envelope

die **Brigade** brigade

die **Brille**
1 (*Lesebrille*) glasses ⚠ *Plural;* **eine Brille tragen** to wear glasses
2 (*Schutzbrille*) goggles ⚠ *Plural*
3 *von Toilettensitz:* [toilet] seat

Vorsicht Falle!
Das Wort **glasses** (= Brille) wird nur in der Mehrzahl gebraucht: *where* ***are*** *my glasses?*

das **Brillenetui** spectacle [*oder* glasses ⚠ *Plural*] case

Grammatik
Richtiges Konjugieren von **bring**: bring, brought, brought — *Who brought this present?; Have you brought my umbrella back?*

bringen
1 (*herbringen*) to bring; (*wegbringen*) to take
2 (*veröffentlichen*) to publish
3 **jemanden dazu bringen, etwas zu tun** to get someone to do something, to make someone do something
4 **Gewinn bringen** to yield [jiːld] a profit
5 **in Erfahrung bringen** to get to know, to learn
6 **jemanden wieder zu sich bringen** to bring someone round; **jemanden zur Vernunft bringen** to bring someone to reason
7 **fertig bringen** (*vollenden*) to get done; (*imstande sein*) to manage
8 **das bringt nichts!** that's pointless!; **es zu etwas/nichts bringen** to get somewhere/nowhere

Vorsicht Falle!
bring oder **take**? Das Verb **to bring** bedeutet ‚etwas herbringen': *Tom, bring me some tea, please;* — **to take** bedeutet dagegen ‚etwas weg- oder hinbringen': *Bill, take your comics to your bedroom, please;* — **to fetch** bedeutet ‚etwas holen': *Jack, fetch me my glasses from the kitchen, please.*

die **Brise** breeze

der **Brite**, die **Britin** Briton; **die Briten** the British

britisch British; **die Britischen Inseln** the British Isles

bröckeln to crumble

der **Brocken**
1 (*aus Stein*) chunk
2 (*Klumpen*) lump

der **Brokkoli** broccoli

die **Brombeere** blackberry, bramble

die **Bronze** bronze [brɒnz]

die **Bronzemedaille** bronze medal

die **Brosche** brooch [brəʊtʃ]

die **Broschüre** booklet

der **Brösel** crumb [krʌm]

das **Brot**
1 bread
2 (*Brotlaib*) loaf of bread; **zwei Brote** two loaves of bread

das **Brötchen** [bread] roll [rəʊl]

der **Bruch**
1 (*auch übertragen*) break
2 (*Knochenbruch*) fracture
3 (*mathematisch*) fraction
4 **in die Brüche gehen** *Beziehung:* to break up

die **Bruchbude** tumbledown shanty

brüchig
1 (*spröde*) brittle [ˈbrɪtl]
2 (*rissig*) cracked

das **Bruchstück** fragment

der **Bruchteil** fraction; **im Bruchteil einer Sekunde** in a split second

die **Brücke**
1 bridge
2 (*Zahnbrücke*) bridge
3 (*Teppich*) rug

der **Bruder** brother

die **Brühe**
1 broth
2 (*trübe Flüssigkeit*) sludge

brüllen to roar; *Mensch:* to shout; *Stier:* to bellow; *Kind:* to bawl

brummen
1 (*summen*) to hum
2 *Käfer, Fliege:* to buzz
3 *Motor:* to drone, to purr

der **Brunnen**
① (*Schöpfbrunnen*) well
② (*Springbrunnen*) fountain

die **Brust**
① (*Busen*) breast [brest]
② (*Brustkorb*) chest

brüsten **sich [mit etwas] brüsten** to boast [about something]

das **Brustschwimmen** breaststroke

brutal brutal ['bruːtᵊl]

die **Brutalität** brutality

brutto gross

das **Bruttoeinkommen** gross income

der **Bub(e)**
① (*Junge*) boy, lad
② (*bei Kartenspiel*) jack, knave [neɪv]

das **Buch**
① book
② **über etwas Buch führen** to keep a record of something

die **Bücherei** library ['laɪbrᵊri]

das **Bücherregal** bookshelf

der **Bücherschrank** bookcase

der **Bücherwurm** bookworm

die **Buchführung** accounting, bookkeeping

der **Buchhalter**, die **Buchhalterin** bookkeeper

die **Buchhaltung**
① (*Sparte*) accounting, bookkeeping
② (*Abteilung*) accounts department

die **Buchhandlung** bookshop

die **Büchse**
① (*Dose*) can
② (*Konservenbüchse*) tin

der **Buchstabe** character, letter

buchstabieren to spell; **falsch buchstabieren** to misspell

> **Grammatik**
> Richtiges Konjugieren von **spell**: spell, spelt/spelled, spelt/ spelled — *Jenny spelt 'hippopotamus' correctly; My name has been spelt wrong again!*

buchstäblich literal

die **Bucht** bay; (*kleiner*) cove

die **Buchung** (*Reservierung*) booking, reservation

der **Buckel** (*buckliger Rücken*) hump, humpback

bücken **sich bücken** to bend, to stoop

die **Bude**
① (*Bretterbude*) hut
② (*Verkaufsstand*) booth, stall [stɒːl], stand
③ (*umgangsspr: Zimmer*) room, bedsit[ter]

das **Büfett** [bʏ'feː]
① (*Möbel*) sideboard
② **ein kaltes Büfett** a cold buffet ['bʊfeɪ]

der **Büffel** buffalo

büffeln
① to swot up [on] *Lernstoff*
② **[für eine Mathe-/Chemiearbeit] büffeln** to cram [*oder* swot] [for a maths/chemistry test]

das **Bügelbrett** ironing ['aɪənɪŋ] board

das **Bügeleisen** iron ['aɪən]

bügeln to iron *Wäsche;* to press *Hose;* **glatt bügeln** to iron smooth

die **Bühne**
① (*im Theater*) stage
② (*das Theater*) theatre

das **Bühnenbild** stage set

das **Bühnenstück** play

der **Buhruf** boo; **es gab viele Buhrufe** there was a lot of booing

der **Bulle**
① (*männliches Rind*) bull
② (*slang: Polizist*) cop

der **Bummel** stroll [strəʊl]

bummeln
① (*umherschlendern*) to stroll
② (*trödeln*) to dawdle ['dɔːdl]

das **Bund** **ein Bund Karotten/Petersilie** a bunch of carrots/parsley

der **Bund**
① (*Vereinigung*) association
② (*Staatenbund*) alliance [ə'laɪəns]
③ (*umgangsspr: Bundeswehr*) services
⚠ *Plural;* **beim Bund** in the army
④ (*Bundesrepublik*) Federal Government; **Bund, Länder und Gemeinden** Federal Government, federal states and municipal authorities

das **Bündel** *von Kleidern:* bundle; (*Bund*) bunch

bündeln
① to bundle up *Reisig*
② to focus *Strahlen*

der **Bundesbürger**, die **Bundesbürgerin** citizen of the Federal Republic [of Germany]

das **Bundesgericht** (CH) Federal Appeals Court

die **Bundeshauptstadt** capital of the Federal Republic [of Germany]

das **Bundeshaus** (CH) Federal House of Parliament ['pɑːləmənt]

das **Bundesheer** (A) [Austrian] Federal Armed Forces ⚠ *Plural*

der **Bundeskanzler**, die **Bundeskanzlerin** German Chancellor ['tʃɑːnsələ]

das **Bundesland** federal state, Land

der **Bundespräsident**, die **Bundespräsidentin**
1 (*in Deutschland*) Federal President
2 (*in der Schweiz*) President of the Federal Council

der **Bundesrat**
1 (*in Deutschland*) Bundesrat (*Upper House of Parliament*)
2 (*in der Schweiz*) Federal Government [ˌgʌvᵊn'mənt] (*executive body*)

der **Bundesrat**, die **Bundesrätin** (CH), (A) Minister of State

die **Bundesregierung** Federal Government [ˌgʌvᵊn'mənt]

die **Bundesrepublik** Federal Republic; (*Deutschland*) Federal Republic of Germany

der **Bundesstaat** federal state

die **Bundesstraße** federal highway

der **Bundestag** Bundestag

der **Bundestagspräsident**, die **Bundestagspräsidentin** President of the Bundestag

die **Bundestagswahl** Bundestag election

die **Bundeswehr** Federal Armed Forces ⚠ *Plural*

das **Bündnis** alliance [ə'laɪəns]

der **Bunker** bunker; (*Schutzbunker*) air-raid shelter

bunt
1 (*vielfarbig*) colourful
2 (*farbig*) coloured
3 (*verschiedenartig*) varied; **ein buntes Durcheinander** a jumble

der **Buntstift** coloured pencil, crayon ['kreɪɒn]

die **Burg** castle

bürgen
1 **für etwas bürgen** to guarantee something
2 **für jemanden bürgen** to vouch [vaʊtʃ] for someone

der **Bürger**, die **Bürgerin** citizen

die **Bürgerinitiative** citizens' action group

der **Bürgerkrieg** civil war

bürgerlich civil; **das bürgerliche Gesetzbuch** the Civil Code

der **Bürgermeister**, die **Bürgermeisterin** mayor [meəʳ]; (*Frau*) mayoress [ˌmeə'res]

der **Bürgersteig** pavement (GB), sidewalk (USA)

das **Büro** office

die **Büroklammer** paper clip

die **Bürokratie** bureaucracy [bjʊ'rɒkrəsi]

bürokratisch bureaucratic [ˌbjʊərə'krætɪk]

die **Bürste** brush

bürsten to brush; **sich die Haare bürsten** to brush one's hair ⚠ *Singular*

der **Bus** bus [bʌs]

der **Busbahnhof** bus [*oder* coach [kəʊtʃ]] station

der **Busch**
1 bush
2 (*einzelner Strauch*) shrub
3 (*Urwald*) jungle ▸ WENDUNGEN: **da ist [et]was im Busch** there's something up

der **Busen** breast

der **Busfahrer**, die **Busfahrerin** bus driver

die **Bushaltestelle** bus stop

büßen
1 **das wirst du mir [noch] büßen!** I'll make you pay for that!
2 (CH) **jemanden büßen** to fine someone

das **Bußgeld** fine

die **Büste** bust

die **Butter** butter ▸ WENDUNGEN: **alles in Butter!** everything's OK!

das **Butterbrot** bread and butter

das **Byte** [baɪt] byte

Cc

C, c
1 C, c [siː]
2 **das hohe C** (*in der Musik*) top C

C *Abkürzung von* **Celsius** C, Celsius, centigrade

das **Café** [ka'feː] café

der **Camion** [ka'mjɔ̃] (CH) heavy goods vehicle ['viːɪkl]

der **Campingplatz** camping site

der **Car** [kaːɐ̯] (CH) coach (GB), bus

die **CD** *Abkürzung von* **Compact Disc** CD [ˌsiː'diː], compact disc

der **CD-Spieler** compact disc player, CD player

das **Cello** ['tʃɛlo] cello ['tʃeləʊ]

Celsius centigrade

der **Cent** eurocent

der **Champignon** ['ʃampɪnjɔŋ] mushroom

die **Chance** ['ʃãːsə] chance [tʃɑːns]; **eine Chance haben** to stand a chance (**bei** with); **bei der hast du keine Chancen** you don't stand a chance with her

die **Chancengleichheit** equal opportunities ⚠ *Plural*

das **Chaos** ['kaːɔs] chaos ['keɪɒs]

chaotisch [ka'oːtɪʃ] chaotic

der **Charakter**
1 (*Wesenszüge eines Menschen*) character ['kærəktəʳ]
2 (*Persönlichkeit*) personality
3 *einer Sache:* nature

der **Charakterzug** characteristic trait

charmant [ʃar'mant] charming

der **Charme** [ʃarm] charm [tʃɑːm]

der **Charterflug** ['tʃartɐ-] charter flight

der **Chauffeur**, die **Chauffeurin** [ʃɔ'føːɐ̯] chauffeur ['ʃəʊfəʳ]

checken
1 (*überprüfen*) to check
2 (*umgangsspr: begreifen*) to get it; **ich check das nicht!** I just don't get it!

der **Chef**, die **Chefin** boss

Falsche Freunde
Das englische Wort **chef** bedeutet ‚der Küchenchef'!

die **Chemie** chemistry ['kemɪstri]

die **Chemikalien** chemicals ['kemɪkᵊlz]

der **Chemiker**, die **Chemikerin** chemist

chemisch
1 chemical
2 **etwas chemisch reinigen** to dry-clean something

der **Chip** [tʃip]
1 (*Kartoffelchip*) crisp (GB), potato chip (USA)
2 (*Spielmarke, auch in der Informatik*) chip

Falsche Freunde
Das Wort **chips** im britischen Englisch sind Pommes frites!

der **Chirurg**, die **Chirurgin** surgeon ['sɜːdʒᵊn]

die **Chirurgie** surgery

chirurgisch surgical; **einen chirurgischen Eingriff vornehmen** to carry out surgery

das **Chlor** chlorine

der **Chor**[1] (*Musikchor*) choir [kwaɪəʳ]

der **Chor**[2] (*Gestühl*) chancel, choir [kwaɪəʳ]

der **Christ**, die **Christin** Christian

der **Christbaum** Christmas tree

das **Christentum** Christianity

das **Christkind** Christ Child

christlich Christian

der **Christus**
1 Christ
2 **vor Christi Geburt** before Christ, B.C.; **nach Christi Geburt** A.D.; **700 nach Christus** in the year 700 of our Lord [*oder* [in] 700 A.D.]

das **Chromosom** chromosome

chronisch chronic

chronologisch chronological

das **Citro** (CH) lemonade [ˌlemə'neɪd]

die **Clique** ['klɪkə] group, set

der **Clown** [kla͜un] clown

der **Code** code

das **Comicheft** comic

der **Computer** [kɔm'pju:tɐ] computer

computeranimiert computer-animated

das **Computerspiel** computer game

der **Container** [kɔn'te:nɐ]
1 (*zum Transport*) container
2 (*für Bauschutt*) skip

der **Cord** cord, corduroy

die **Couch** [ka͜utʃ] couch

der **Couchtisch** coffee table

der **Cousin**, die **Cousine** [ku'zɛ̃:, ku'zi:nə] cousin ['kʌzᵊn]

die **Creme** [kre:m] cream

cremig creamy

der **Curry** ['kœri] curry

Dd

D, d
1 (*Buchstabe*) D, d [di:]
2 (*in der Musik*) D, d

da
1 (*dort*) there; **das Haus da** the house over there
2 (*hier*) here
3 (*mit dabei*) **hast du deinen Geldbeutel da?** have you got your purse at hand?
4 (*im Anschluss*) **und da sagte er ...** and then he said ...
5 (*anwesend*) **da sein** to be there; **ist da jemand?** anybody there?
6 **ist die Post schon da?** has the post come yet?
7 (*weil*) as, since
8 **he, du da!** hey, you there!
9 **die da ist es gewesen** it was her who did it
10 **da haben wir den Salat!** now we're in for it!
11 **siehe da!** lo and behold!
12 **sie hatten den Hund gerade eingefangen, da lief er auch schon wieder weg** they had only just caught the dog, when he ran away again
13 **ich weiß nicht, ob ich da Zeit habe** I'm not sure, whether I'll have time then
14 **was soll man da noch sagen?** what else can you say?
15 **nichts da!** nothing doing!

dabei
1 (*beigefügt*) **ist die Beschreibung dabei?** are the instructions attached?
2 **dabei darf man [allerdings] nicht vergessen, dass...** it shouldn't be forgotten here that ...
3 **... und dabei bleibt's!** ... and that's that!; **lassen wir es dabei!** let's leave it at that!
4 **was ist schon dabei?** so what of it?; **ich finde nichts dabei** I can't see any harm in it
5 **er aß und rauchte dabei** he ate and smoked at the same time
6 **dabei fühle ich mich nicht wohl** it doesn't feel right [to me]
7 **dabei kommt doch nichts raus!** but that's completely pointless!
8 **sie bleibt dabei** (*Aussage, Meinung*) she sticks with it
9 **sie ist nicht gekommen, dabei hat sie's versprochen** she didn't come, although she promised to

dableiben to stay; **bleib doch noch was da!** do stay a little longer!

das **Dach** roof

der **Dachboden** attic

der **Dachgepäckträger** roof rack

die **Dachgleiche** Ⓐ (*Richtfest*) topping-out ceremony

der **Dachkännel** ⒸⒽ (*Dachrinne*) gutter

der **Dachziegel** roofing tile

dadurch
1 (*örtlich*) that way, through there
2 (*als Grund*) by that, in that way
3 **dadurch, dass er krank ist, kann er seine neue Stelle nicht antreten** as he's ill, he can't start his new job
4 **dadurch, dass ich ihren Computer benutzen durfte, bekam ich den Aufsatz**

A B C D E F G H I J K L M N O P Q R S T U V W X Y Z

rechtzeitig fertig thanks to her letting me use her computer, I managed to finish the essay in time

dafür
1 (*für diese Sache*) for it, for that; (*für diesen Zweck*) for that; **der Kuchen ist dafür da, gegessen zu werden** the cake is there to be eaten
2 **ich werde dafür sorgen, dass ...** I'll see to it that ...
3 **dafür sein** to be [all] for it
4 (*andererseits*) but then; **er ist zwar erfolgreich, dafür aber auch arrogant** he's successful alright, but arrogant with it
5 **dafür habe ich kein Verständnis** that's beyond me
6 **er ist dafür bekannt, dass er stiehlt** he's known for thieving ['θiːvɪŋ]

dagegen
1 (*gegen etwas*) against that, against it; **ich habe nichts dagegen** I don't object, I've no objections; **haben Sie etwas dagegen, wenn ich gehe?** do you mind if I leave?; **dagegen kann man nichts machen** nothing can be done about it
2 (*verglichen mit*) compared with
3 (*andererseits*) on the other hand

daher
1 (*örtlich*) from there
2 **das kommt daher, dass ...** that is because ...
3 (*deshalb*) **mein Auto ist kaputt, daher meine Verspätung** there's something wrong with my car, hence the delay

daherbringen Ⓐ
1 to bring along
2 (*abwertend*) to say without thinking

dahin
1 (*örtlich*) there
2 (*zeitlich*) by that time, by then, until then

dahinter
1 behind that [*oder* it]
2 **es steckt etwas dahinter** there is something in it; **sich dahinter klemmen** to put one's back into it; **dahinter kommen** to find out

die **Dame**
1 (*Frau*) lady; **meine Damen und Herren!** Ladies and Gentlemen!
2 (*im Damespiel*) king
3 (*im Kartenspiel*) queen
4 (*Spiel*) draughts [drɑːfts] ⚠ *mit Singular oder Plural* (GB), checkers ⚠ *Singular* (USA)

damit
1 (*mit dieser Sache*) **was willst du damit?** what do you want with that?; **was ist damit?** what about it?; **hör auf damit!** stop it!; **sind Sie damit einverstanden?** do you agree to that?; **damit kann ich nichts anfangen** I don't know what to do with it; **warum fängst du schon wieder damit an?** why do you have to drag that up again?; **heraus damit!** out with it!
2 (*als Begründung*) so that; **ich hab dir nichts davon gesagt, damit du nicht böse wirst** I didn't tell you about it so that you wouldn't get angry

dämlich dumb [dʌm], stupid

der **Damm**
1 (*Uferdamm*) embankment
2 (*Deich*) dyke [daɪk]

dämmern
1 **es dämmert** (*morgens*) dawn is breaking; (*abends*) dusk is falling
2 (*übertragen*) **es dämmerte ihr** it dawned upon her

die **Dämmerung** twilight

der **Dampf** (*Wasserdampf*) steam; (*Dunst*) vapour

dampfen to steam

dämpfen
1 to muffle *Geräusch;* to lower *Stimme*
2 to dampen *Freude*

danach
1 (*zeitlich*) after, after that
2 (*demgemäß*) accordingly
3 **mir ist nicht danach zumute** I don't feel like it

der **Däne** Dane

Dänemark Denmark

die **Dänin** Dane

der **Dank** (*Dankbarkeit*) gratitude; **vielen Dank!** thanks a lot!

dank **dank deiner Bemühungen ...** thanks to your efforts ...

dankbar grateful; **jemandem für etwas dankbar sein** to be grateful to someone for something

die **Dankbarkeit** gratitude

danke thanks!; **danke schön!** thank you!

danken
1 **jemandem [für etwas] danken** to thank someone [for something]; **nichts zu danken!**

don't mention it!
2 **dankend ablehnen** to decline with thanks

dann
1 (*danach, also*) then; **und was geschah dann?** and what happened next?
2 **dann und wann** now and then; **selbst dann nicht, wenn ...** not even if ...
3 **dann eben nicht!** well, suit yourself!

daran
1 (*an etwas festmachen*) to
2 (*zeitlich*) **im Anschluss daran** following it
3 **nahe daran sein, etwas zu tun** very nearly do something
4 **da ist was dran** there's something to it
5 **lass mich mal daran riechen** let me smell it
6 **daran kann ich nichts ändern** I can't do anything about it
7 **es liegt mir viel daran** it is very important to me
8 **sie ist daran gestorben** she died of it

daranmachen **sich daranmachen, etwas zu tun** (*umgangsspr*) to get down to doing something

darauf
1 (*räumlich*) on it; **es lag ein Buch darauf** a book was lying on it
2 (*zeitlich*) after that; **am Tag darauf** the next day
3 to that; **was hat er darauf gesagt?** what did he say to that?

daraus
1 (*heraus*) out of
2 (*aus Material*) from
3 (*aus etwas folgend*) **daraus ergibt sich, ...** from that it follows that ...
4 **daraus wird nichts!** forget it!
5 **daraus mache ich mir nichts** I'm not very keen on that

darbieten to perform *Aufführung*

die **Darbietung** performance

darin
1 (*räumlich*) in
2 (*übertragen*) in that respect; **der Unterschied liegt darin, dass ...** the difference is that ...

darlegen **jemandem etwas darlegen** to explain something to someone

der **Darm** (*Körperteil*) bowel, intestines [ɪn'testɪnz] ⚠ *Plural*

darstellen
1 (*schildern*) to describe *Tatsachen, Ereignis*
2 (*bedeuten*) to constitute, to represent; **was stellt dieses Zeichen dar?** what does this symbol mean?

die **Darstellung**
1 (*bildlich*) portrayal
2 (*Beschreibung*) description

darüber
1 (*räumlich*) over something; (*quer darüber*) across something
2 **darüber spreche ich nicht gern** I don't like to talk about it
3 **darüber hinweg sein** to have got over it; **darüber hinaus** over and above that

darum
1 (*deshalb*) that's why
2 **also, es geht darum, dass ich morgen nicht kann** the thing is that I can't make it tomorrow; **darum geht es gar nicht** that isn't the point
3 (*örtlich*) round something; **darum herumfahren** to drive round it

darunter
1 (*räumlich*) under [*oder* beneath] it, underneath
2 (*mit dabei*) among them; **es gab zehn Verletzte, darunter 3 Kinder** there were ten people injured, among them three children
3 (*weniger*) less; **alles was darunter ist ...** anything less than that ...; **Schüler im Alter von 15 und darunter** pupils aged 15 and under
4 **was verstehen Sie darunter?** what do you mean by that?

das
1 the
2 **das ist genau das, was ich meine** this is exactly what I mean
3 **siehst du das Haus, das ich meine?** do you see the house [which] I'm talking about?

das **Dasein** (*Existenz*) existence

dass that; **so dass** so that

dasselbe, dasselbige the same

die **Datei** file

die **Daten** (*Angaben*) the facts

die **Datenbank** data bank

datieren to date

der **Dativ** dative

das **Datum** date

die **Dauer**
1 duration
2 (*Zeitspanne*) length
3 **für die Dauer von ...** for a period of ...; **auf die Dauer** in the long term; **von kurzer Dauer sein** to be short-lived

dauerhaft
1 durable, lasting
2 (*ständig*) permanent

der **Dauerlauf** jogging

dauern
1 (*lang sein*) to go on, to last; **die Vorstellung dauert zwei Stunden** the performance lasts two hours
2 (*Zeitaufwand*) to take; **dauert das noch lange?** will it take much longer?; **das dauert mir zu lange** it takes too long; **das dauert!** this is taking ages!; **es hat zwei Stunden gedauert bis die Feuerwehr kam** it took two hours for the fire brigade to arrive

dauernd
1 (*andauernd*) lasting; **etwas dauernd tun** to keep doing something
2 (*ständig*) permanent

der **Daumen**
1 thumb
2 **drücken Sie mir die Daumen!** keep your fingers crossed for me!

davon
1 (*räumlich*) from [something]; **Stuttgart liegt nicht weit davon** Stuttgart isn't far from it
2 (*dadurch*) from [something]; **davon kriegst du Pickel** you'll get spots from that
3 **das hängt davon ab, ob ...** that depends on whether ...
4 **das kommt davon!** I told you so!
5 **davon werde ich nicht satt** I'll still be hungry after that

davonkommen to escape, to get away

davonlaufen to run away (**vor** from)

davonmachen **sich davonmachen** to make off

davor
1 (*örtlich*) in front of
2 (*zeitlich*) before
3 **hast du Angst davor?** are you afraid of it?

dazu
1 (*räumlich*) there; **wozu gehört das? — das gehört dazu!** what does this belong to? — it belongs to that!
2 (*Zweck*) for that; **wozu dient das? — dazu!** what's this good for? — that!
3 **wie komme ich dazu!** why on earth should I!
4 **ich habe keine Lust dazu** I don't feel like it
5 **dazu fällt dir wohl nichts mehr ein?** don't know what to say now? *umgangsspr*

dazwischen
1 (*räumlich: zwischen*) between; **es ist kaum noch Platz dazwischen** there's hardly any room left in between
2 (*mittendrin*) amongst them

dazwischenkommen **wenn nichts dazwischenkommt** if nothing crops [*oder* comes] up; **mir ist etwas dazwischen gekommen** something came up

die **Debatte**
1 debate
2 **das steht nicht zur Debatte** that's not the issue

die **Decke**
1 (*Wolldecke*) blanket; (*Steppdecke*) quilt
2 (*Zimmerdecke*) ceiling

der **Deckel**
1 *von Topf:* cover ['kʌvəʳ], lid
2 *von Buch:* cover

decken
1 to lay; to set *Tisch*
2 (*übertragen*) **jemanden decken** to cover ['kʌvəʳ] for someone

die **Deckung** (*Schutz*) cover ['kʌvəʳ]; **in Deckung gehen** to take cover

der **Defekt** defect [dɪ'fekt], fault [fɒlt]

defekt defective, faulty

definieren to define

die **Definition** definition [ˌdefɪ'nɪʃᵊn]

definitiv
1 (*eindeutig*) definite
2 (*endgültig*) definitive [də'fɪnətɪv]

dehnen to stretch

der **Deich** dyke (GB), dike (USA)

dein(e) your

deine(r, s) **das ist deine(r, s)** this is yours [*oder* your one]

deinerseits on your part

deinetwegen
1 (*wegen dir*) because of you
2 (*dir zuliebe*) for your sake

deinstallieren (*in der Informatik*) to uninstall

die **Dekoration** decoration, set

dekorativ decorative ['dekᵊrətɪv]

der **Delfin** dolphin

delikat
1 (*köstlich*) delicious
2 (*heikel*) delicate ['delɪkət]

die **Delikatesse** delicacy

das **Delikt** (*Vergehen*) offence; (*Verbrechen*) crime

die **Delle** dent

delogieren CH, A (*raussetzen*) to evict *Mieter*

der **Delphin** dolphin

dem **wie dem auch sei** be that as it may

dementieren to deny *Meldung, Aussage*

demnächst soon

der **Demokrat**, die **Demokratin** democrat

die **Demokratie** democracy [dɪmɒkrəsi]

demokratisch democratic

der **Demonstrant**, die **Demonstrantin** demonstrator ['demənstreɪtəʳ]

die **Demonstration** demonstration [ˌdemən'streɪʃᵊn]

demonstrieren to demonstrate; [**für/gegen etwas**] **demonstrieren** to demonstrate [in support of/against something]

demütig humble

demütigen to humiliate

denken to think; **an etwas denken** to think of something; **denk nach!** think!; **sie denkt praktisch** she's practically minded; **ich kann schon nicht mehr klar denken** I can't even think straight anymore; **dabei muss man ganz schön denken** it requires quite a lot of brainpower ▶ WENDUNGEN: **das habe ich mir gleich gedacht** I thought that all along; **dachte ich's mir doch!** I knew it!; **das kann ich mir denken** I can imagine; **laut denken** to think aloud; **den Laden gibt es schon, solange ich denken kann** the shop has been there as long as I can remember; **ich denke schon** I think so; **er denkt nur Gutes über sie** he only thinks the best of her; **ich denke mir die Sache so: ...** that's how I imagine it: ...; **ich denke gar nicht daran, das zu tun!** I wouldn't dream of doing that!

Grammatik
Richtiges Konjugieren von **think**: think, thought, thought — *I never thought Mike would come to the party; Have you ever thought what might happen?*

das **Denkmal**
1 (*Monument*) monument
2 (*Statue*) statue

denkwürdig memorable ['memᵊrəbl]

denn
1 (*weil*) for
2 **es sei denn** unless ▶ WENDUNGEN: **wen meinst du denn?** who do you mean?; **wieso denn?** how come?; **warum denn nicht?** why not?; **was soll das denn?** what's all this then?

dennoch nevertheless [ˌnevəðə'les], still

das **Deo**, das **Deodorant** deodorant

die **Deponie** dump

deponieren to deposit

die **Depression** depression [dɪ'preʃᵊn]

depressiv depressive

deprimieren to depress

der
1 the
2 **der arme Philip!** poor Philip!
3 (*derjenige*) the one; **das ist der** [**Typ**], **von dem ich dir erzählt habe** this is the guy I told you about; **der mit dem Hut** the one with the hat
4 (*als Relativpronomen*) who; **jeder, der ein Eis möchte ...** anyone who wants an ice-cream ...

derb
1 (*kräftig*) *Stoff:* strong; *Leder:* tough [tʌf]
2 (*grob*) *Witz, Sprache:* coarse, crude

dergleichen of that kind, such; **und dergleichen** and the like

derjenige **derjenige, welcher ...** he who ...

derselbe
1 *Sache, Gegenstand:* the same
2 *Person:* the same person; **das ist derselbe, der mich geschlagen hat** it's the same guy, who hit me

derzeit at present

desertieren to desert

deshalb
1 therefore
2 **deshalb also!** so that's why!

das **Desinfektionsmittel** disinfectant [ˌdɪsɪnˈfektənt]

desinfizieren to disinfect

dessen
1 *einer Person:* of whom, whose [huːz]
2 *einer Sache, eines Tieres:* of which

das **Dessert** [dɛˈseːɐ] dessert

desto all the

das **Detail** [deˈtaj] detail [ˈdiːteɪl]; **ins Detail gehen** to go into details ⚠ *Plural*

detailliert detailed

der **Detaillist** (CH) retailer, retail trader

der **Detektiv**, die **Detektivin** private investigator

deuten
1 **ein Zeichen/die Zukunft deuten** to interpret a sign/predict the future
2 (*mit dem Finger zeigen*) **auf etwas deuten** to point something out
3 **alles deutet auf einen Wirtschaftsaufschwung hin** everything seems to indicate an economic upswing

deutlich clear; **muss ich deutlicher werden?** have I not made myself plain enough?

deutsch
1 German; **auf Deutsch heißt das ...** in German it means ...
2 **auf gut Deutsch** (*umgangsspr: genau gesagt*) in plain English

das **Deutsche** (*Sprache*) German

der/die **Deutsche** (*Person*) German

die **Devise**
1 (*Wahlspruch*) motto
2 (*Währung*) foreign currency

der **Dezember** December

das **Dia** slide

der **Diabetes** diabetes

der **Diabetiker**, die **Diabetikerin** diabetic

die **Diagnose** diagnosis

diagnostizieren to diagnose

diagonal diagonal [daɪˈægᵊnᵊl]

das **Diagramm** diagram

der **Dialekt** dialect [ˈdaɪəlekt]

der **Dialog** dialogue, dialog [ˈdaɪəlɒg]

der **Diamant** diamond

die **Diät** diet [ˈdaɪət]; **Diät halten** to be on a diet

dich
1 **ich mag dich** I like you
2 **magst du dich?** do you like yourself?

dicht
1 *Haar, Hecke:* thick; *Laub:* dense
2 **dicht gefolgt von** closely followed by
3 **dicht besiedelt** densely populated ▶ WENDUNGEN: **du bist wohl nicht ganz dicht!** you must be daft!

der **Dichter**, die **Dichterin** poet[ess]

die **Dichtung** (*Technik*) seal

dick
1 *Nebel, Baumstamm:* thick
2 *Mensch, Brieftasche:* fat
3 *Gehalt, Belohnung:* hefty
4 **dicke Freunde** (*umgangsspr*) close friends

dickköpfig (*übertragen*) obstinate, stubborn

die
1 the
2 **die arme Conny!** poor Conny!
3 (*diejenige*) the one; **die mit der gelben Tasche** the one with the yellow bag
4 (*als Relativpronomen*) **das ist die, <u>die</u> ich gestern gesehen habe** that's the one, <u>who</u> I saw yesterday

der **Dieb**, die **Diebin** thief

der **Diebstahl** theft

die **Diele**[1] (*Brett*) floorboard

die **Diele**[2] (*Hausflur*) hall, hallway

dienen
1 (*bedienen, ergeben sein*) **jemandem/einer Sache/seinem Land dienen** to serve someone/a cause/one's country
2 **zu etwas dienen** to serve for something; **wozu dient das?** what's the use of this?
3 **womit kann ich dienen?** can I help you?

der **Diener**
1 servant
2 (*Verbeugung*) bow

die **Dienerin** maid

der **Dienst**
1 service; **der öffentliche Dienst** the civil service
2 (*Berufsausübung*) duty; **Dienst haben** *Arzt:* to be on duty; *Apotheke:* to be open; **die**

Dienst habende Ärztin/der Dienst habende Beamte the doctor/officer on duty

der **Dienstag** Tuesday

der **Dienstgrad** rank

die **Dienstleistung** service

die **Dienstreise** business trip

diesbezüglich regarding this

diese
1 this
2 this one; **welche von diesen Hosen steht mir besser? — diese** which one of these trousers suits me better? — this one [*oder* that one]; **ich möchte aber diese** but I want this one

der **Diesel**
1 (*Kraftstoff*) diesel
2 **ich fahre einen Diesel** I drive a diesel

dieselbe
1 *Gegenstand:* the same
2 *Person:* the same person; **das ist dieselbe, die ich im Park gesehen habe** it's the same girl/woman, who I saw in the park

dieser
1 this
2 **dieser ist es** this is the one

dieses
1 (*einzeln*) this; **dieses Pferd möchte ich reiten** I want to ride this horse
2 (*mehrere*) these; **diese Schuhe passen** these shoes fit
3 **dieses hier** this one here ▶ WENDUNGEN: **dies und das** this and that

diesig *Wetter:* hazy, misty

differenzieren to make distinctions

digital digital ['dɪdʒɪtᵊl]

die **Digitaluhr**
1 digital clock
2 (*Armbanduhr*) digital watch

das **Diktat** (*in der Schule*) dictation; **wir schreiben heute ein Diktat** we've got a dictation today

der **Diktator** dictator [dɪk'teɪtəʳ]

die **Diktatur** dictatorship

diktieren to dictate

die **Dimension** dimension [ˌdaɪ'menʃᵊn]

das **Ding** thing

der **Dinosaurier** dinosaur ['daɪnəsɔːʳ]

das **Diplom** diploma

die **Diplomarbeit** diploma thesis, dissertation

der **Diplomat**, die **Diplomatin** diplomat

diplomatisch diplomatic

der **Diplomingenieur**, die **Diplomingenieurin** academically qualified engineer

dir [to] you ▶ WENDUNGEN: **mir nichts dir nichts** just like that

direkt
1 *Weg:* direct
2 *Antwort:* straight
3 **direkt gegenüber** directly [*oder* right] opposite
4 (*unverzüglich*) directly (GB), right [away], straight (USA); **direkt nach Hause kommen** to come home right away

die **Direktion** (CH) cantonal department

der **Direktor**, die **Direktorin**
1 *einer Firma:* director
2 *einer Schule:* headteacher (GB), principal (USA)

die **Direktübertragung** live broadcast

der **Dirigent**, die **Dirigentin** conductor

dirigieren
1 to conduct
2 to direct *Verkehr*

die **Diskette** [floppy] disk, diskette

das **Diskettenlaufwerk** disk drive

die **Diskothek** discotheque

diskret
1 (*unauffällig*) discreet
2 (*zurückhaltend*) reserved

diskriminieren to discriminate

die **Diskriminierung** discrimination

der **Diskus** discus

die **Diskussion** discussion [ˌdɪ'skʌʃᵊn]

diskutieren to discuss; **über etwas diskutieren** to discuss something

disqualifizieren to disqualify (**von** from)

die **Dissertation** (*Doktorarbeit*) thesis

die **Distanz**
1 distance
2 (*übertragen*) **auf Distanz gehen** to become distant

distanzieren **sich von etwas distanzieren** to dissociate oneself from something die **Distel** thistle

die **Disziplin** discipline

diszipliniert disciplined

dividieren to divide

doch
1 (*dennoch*) nevertheless; **sie ist doch gekommen** she came after all
2 (*aber*) but, and yet; **er wollte gehen, doch er konnte nicht** he wanted to leave, and yet he couldn't
3 **nicht doch!** don't do that!, stop it!; **komm doch!** oh, come-on!; **hör doch auf!** stop it now!
4 **du kommst nicht mit? — doch!** you're not coming? — yes, I am!; **möchtest du nicht mitkommen? — doch schon, aber ...** don't you want to come? — I do, but ...
5 **sie hat doch Recht** she's right after all

das **Dock** dock

der **Doktor**, die **Doktorin** doctor; **seinen Doktor machen** to do a doctorate

die **Doktorarbeit** thesis

das **Dokument** document

der **Dokumentarfilm** documentary

dokumentieren to document

der **Dolch** dagger

der **Dollar** dollar, buck *umgangsspr*

dolmetschen to interpret

der **Dolmetscher**, die **Dolmetscherin** interpreter

der **Dom** cathedral

dominieren
1 *Eigenschaft:* to be predominant
2 *Mensch:* to dominate

der **Donner** thunder

donnern to thunder; **es hat gedonnert und geblitzt** there was thunder und lightning

der **Donnerstag** Thursday

doof daft, thick

das **Doppel**
1 (*Duplikat*) duplicate
2 (*beim Tennis*) doubles ⚠ *Plural*

das **Doppelbett** double bed

der **Doppeldecker**
1 (*Flugzeug*) biplane
2 (*Bus*) double-decker

der **Doppelgänger**, die **Doppelgängerin** double

der **Doppelpunkt** colon ['kəʊlɒn]

doppelt
1 double; **die doppelte Menge** twice [*oder* double] the amount; **doppelt so viel** twice as much
2 **etwas doppelt zählen** to count something twice

das **Doppelzimmer** double room

das **Dorf** village ['vɪlɪdʒ]

die **Dorfschaft** (CH) hamlet ['hæmlət]

der **Dorn** thorn [θɔːn]

dort there

dorthin there

die **Dose** (*Konservenbüchse*) tin (GB), can

dösen to doze

der **Dosenöffner** tin opener (GB), can opener

die **Dosis** dose

der/das **Dotter** yolk [jəʊk]

das **Double** ['duːbl] substitute

der **Dozent**, die **Dozentin** lecturer (GB), assistant professor (USA)

der **Drache** (*Fabeltier*) dragon

der **Drachen**
1 (*Papierdrachen*) kite; **einen Drachen steigen lassen** to fly a kite
2 (*Sportgerät*) hang-glider

der **Draht** wire

das **Drama** drama

dramatisch dramatic

dramatisieren to dramatize; (*hochspielen*) to make a to-do about

dran du bist dran! it's your turn! ▸ WENDUNGEN: **sie ist arm dran** she's badly off; **drauf und dran sein, etwas zu tun** to be on the verge of doing something

der **Drang** urge

drängen
1 (*sich vordrängen*) to push; **jemanden zur Seite drängen** to push someone aside
2 **jemanden [zu etwas] drängen** to pressure someone [into doing something]
3 **die Zeit drängt** time's running out
4 **er drängte darauf, den besten Platz zu bekommen** he insisted on getting the best seat

drastisch drastic

drauf (*umgangsspr*) **der hat schwer was drauf!** he knows his trade!

draußen
1 outside; **Kinder, geht draußen spielen** go and play outside kids
2 (*im Freien*) in the open air, out of doors
3 (*irgendwo*) **da draußen** out there

der **Dreck** dirt, muck

dreckig
1 dirty
2 **es geht ihm dreckig** (*umgangsspr*) he's badly off

der **Dreh** (*umgangsspr: Trick*) trick; **den Dreh heraushaben** to have got the hang of it

das **Drehbuch** script

drehen
1 to turn *Schraube, Knauf*
2 (*rotieren*) to rotate
3 to roll [rəʊl] *Zigarette*
4 to shoot *Film, Szene*
5 **ein Ding drehen** (*umgangsspr: Streich*) to pull a prank; (*Verbrechen*) to pull a job
6 **sich drehen** (*sich wenden*) to turn (**um** about)
7 **mir dreht sich alles** my head is spinning
8 **sich im Kreise drehen** to turn round and round; (*übertragen: nicht weiterkommen*) to be going round in circles ['sɜːklz]
9 **es dreht sich um meinen Sohn** it's about my son; **es dreht sich darum, ob ...** the point is whether ['weðəʳ] ...

die **Drei**
1 (*Zahl*) [number] three
2 (*Schulnote*) ≈ C; **eine Drei schreiben** ≈ to get a C

drei three

der **3-D-Drucker**, der **3D-Drucker** (*Computer*) three-D [*oder* 3D] printer

der **3-D-Film**, der **3D-Film** three-D [*oder* 3D] film (GB), three-D [*oder* 3D] movie (USA)

das **Dreieck** triangle ['traɪæŋgl]

dreifach
1 threefold, triple
2 **die dreifache Menge** three times the amount; **Groß, der dreifache Olympiameister** three-times [*oder* triple] Olympic champion Gross

dreißig thirty ['θɜːti]

dreist
1 (*kühn*) bold
2 (*frech*) cheeky, impudent

dreizehn thirteen [θɜː'tiːn]

dressieren to train

die **Drillinge** triplets

drin (*umgangsspr*)
1 (*in etwas*) in it
2 (*im Haus*) inside ► WENDUNGEN: **das ist nicht drin!** that's not on!

dringend, **dringlich** pressing, urgent ['ɜːdʒənt]

drinnen inside

dritt **wir waren zu dritt** there were three of us; **wir sind zu dritt hingegangen** three of us went there

dritte(**r, s**)
1 third [θɜːd], 3rd
2 **die Dritte Welt** the Third World
3 **sie war Dritte** she came in third
4 **wir haben heute den dritten Dezember** today is the third of December

das **Drittel** third

drittel third

drittens thirdly

die **Droge** drug

die **Drogerie** chemist's ['kemɪsts] [shop] (GB), drugstore (USA)

der **Drogist**, die **Drogistin** chemist ['kemɪst] (GB), druggist (USA)

drohen
1 **jemandem drohen** to threaten someone
2 *Gewitter, Krieg, Streit:* to be imminent
3 **der Firma droht der Ruin** the company is on the brink of financial [faɪ'nænʃəl] ruin; **sie drohte zu erfrieren** she was in danger of freezing to death

drohend
1 *Katastrophe:* imminent
2 *Gebärde:* threatening, menacing ['menəsɪŋ]

dröhnen
1 *Triebwerk:* to roar [rɔːʳ]
2 *Lautsprecher:* to boom
3 (*widerhallen*) to resound [rɪ'zaʊnd]

die **Drohung** threat [θret]; **eine Drohung aussprechen/wahr machen** to make/carry out a threat

drüben over there

der **Druck**[1]
1 (*auch übertragen*) pressure

2 **jemanden unter Druck setzen** to put pressure on someone

der **Druck**[2]
1 (*Buchdruck*) printing
2 (*Druckerzeugnis*) copy
3 (*Schriftart*) print

drucken to print

drücken
1 to press *Türklinke, Hand*
2 to force down; to lower *Preise*
3 *Schuhe:* to pinch
4 **sich** [**vor etwas**] **drücken** to shirk [something], to get out of something

der **Drucker** printer

der **Druckfehler** misprint, printer's error

die **Druckschrift** block capitals

drunter underneath

der **Dschungel** jungle

du you; **bist du's?** is that you?; **ich geh jetzt, und du?** I'm off now, what about you?

ducken **sich** [**vor etwas**] **ducken** to duck [something]

der **Dudelsack** bagpipes ⚠ *Plural;* **Dudelsack spielen** to play the bagpipes

das **Duell** duel [dju:əl]

das **Duett** duet [dju'et]; **im Duett singen** to sing a duet

der **Duft**
1 (*angenehm*) scent [sent]
2 *von Kaffee:* smell
3 *von Blume:* fragrance ['freɪgrəns]
4 *von Parfüm:* perfume

duften to smell (**nach** of)

dumm
1 stupid ['stju:pɪd] (GB), dumb [dʌm] (USA)
2 **das ist gar nicht so dumm** that's not such a bad idea [aɪ'dɪə]
3 (*unangenehm*) annoying [ə'nɔɪɪŋ]; **so was Dummes!** what a nuisance ['nju:səns]!
▶ WENDUNGEN: **dummes Zeug reden** to talk nonsense ['nɒnsəns]

dummerweise
1 (*aus Dummheit*) foolishly; **ich habe dummerweise abgesagt** I was foolish enough to decline [dɪ'klaɪn]
2 (*unglücklicherweise*) unfortunately [ʌn'fɔ:tʃənətli]

die **Dummheit**
1 (*geistig*) stupidity [stju:'pɪdəti]
2 (*dummer Fehler*) stupid thing; **mach keine Dummheiten!** don't do anything stupid!

der **Dummkopf** (*umgangsspr*) blockhead

dumpf
1 *Ton:* hollow; *Geräusch:* muffled
2 *Gefühl:* vague [veɪg]

die **Düne** dune [dʒu:n]

düngen
1 (*natürlich*) to dung
2 (*künstlich*) to fertilize

der **Dünger**
1 (*natürlicher*) dung
2 (*künstlicher*) fertilizer

dunkel
1 *Farbe, Helligkeit:* dark; **es wird dunkel** it's getting dark
2 (*tief*) *Ton:* deep

die **Dunkelheit** darkness; **bei Eintritt der Dunkelheit** at nightfall

dünn
1 *Figur:* thin
2 *Haar:* fine
3 **dünn besiedelt** sparsely ['spɑ:sli] settled

der **Dunst**
1 (*Dampf*) steam
2 (*diesige Luft*) haze

dünsten to steam

dunstig hazy, misty

durch
1 (*räumlich*) through [θru:]
2 (*mit Hilfe von*) through
3 (*mittels*) by means of; **sie machte ein Vermögen durch den Verkauf ihrer Firma** she made a fortune [by] selling her business
4 (*wegen*) due to, owing to; **die Narbe habe ich durch einen Unfall bekommen** I got the scar [skɑ:ʳ] from an accident
5 **durch Zufall** by chance
6 **die ganze Nacht durch** all night [long]

durcharbeiten to work through

durchaus
1 **es ist durchaus möglich** it's perfectly possible
2 **er ist durchaus nicht dumm** he is by no means stupid

durchblicken
1 to look through [θru:]

2 (*übertragen: verstehen*) to understand; **ich blicke [da] nicht durch** I don't get it

durchbrennen (*umgangsspr: abhauen*) to run away

durchbringen
1 (*umgangsspr: verschwenden*) to blow *Geld*
2 to pull through *einen Kranken, Verletzten*

der **Durchbruch** (*übertragen*) breakthrough ['breɪkθruː]

durchdenken to think through

durchdrehen (*umgangsspr*) to go berserk [bə'zɜːk]

durchdringen to penetrate ['penɪtreɪt]

das **Durcheinander** mess, muddle

die **Durchfahrt**
1 (*das Durchfahren*) thoroughfare ['θʌrəfeəʳ]; **Durchfahrt verboten!** no thoroughfare!
2 (*Tor*) gateway
3 (*Durchreise*) way through

der **Durchfall** diarrhoea [ˌdaɪə'rɪə] (GB), diarrhea (USA)

durchfallen
1 (*durch Öffnung*) to fall through
2 (*im Examen*) to fail

der **Durchgang**
1 (*Verbindungsgang*) gateway
2 (*Weg*) way; **Durchgang verboten!** no entry!

durchgeben **eine Meldung durchgeben** to make an announcement

durchgehen
1 (*hindurch*) to go [*oder* walk] through
2 *Pferd:* to bolt

durchgehend **durchgehend geöffnet** open 24 hours

durchgreifen
1 (*durchfassen*) to reach through
2 (*übertragen: sich durchsetzen*) to take vigorous action

durchhalten
1 to survive [sə'vaɪv] *Kampf*
2 to hold out *Streik*
3 to stand *Belastung*
4 **er hat durchgehalten** he held out

durchkommen
1 (*hindurch*) to come through
2 (*übertragen: Erfolg haben*) to succeed (**mit** with); **damit kommst du mir nicht durch!** I won't let you get away with that!
3 (*genesen*) to pull through [θruː]
4 (*in Prüfung*) to get through, to pass

durchlesen to read through [θruː]

durchmachen
1 (*erleben*) to go through [θruː]; **sie hat viel durchgemacht** she's been through a lot
2 **eine Entwicklung/Wandlung durchmachen** to undergo a development/change
3 (*durcharbeiten*) to work through
4 (*feiern*) **wir haben gestern Nacht durchgemacht** we had [*oder* did] an all-nighter last night *umgangsspr*

der **Durchmesser** diameter [daɪ'æmɪtəʳ]

durchnehmen (*in der Schule*) to go through [θruː]

die **Durchsage** announcement [ə'naʊnsmənt]

durchsagen to announce

durchschauen **jemanden durchschauen** to see through [θruː] someone

durchschneiden to cut in two, to cut through [θruː]

der **Durchschnitt** average ['ævərɪdʒ]; **im Durchschnitt** on average

durchschnittlich
1 (*mittelmäßig*) average
2 (*im Durchschnitt*) on average; **er verdient durchschnittlich 2000 Euro im Monat** he earns an average of 2000 euros a month

durchsehen
1 to look through [θruː]
2 (*prüfen*) to check through [θruː]

durchsetzen
1 (*erzwingen*) to push through; **seinen Willen [bei jemandem] durchsetzen** to impose one's will [on someone]
2 **sich [bei jemandem] durchsetzen** to assert [ə'sɜːt] oneself [with someone]

durchsichtig
1 *Material, Argument:* transparent [træn'spærənt]
2 *Kleidungsstück:* see-through

durchstehen to stand, to bear [beəʳ]

durchstreichen to cross out, to delete [dɪ'liːt]

durchsuchen to search [sɜːtʃ] (**nach** for)

durchweg(s) without exception [ɪk'sepʃən]

durchziehen
1 (*umgangsspr*) to get on with; to go ahead [ə'hed] with *Plan, Hochzeit;* **das musst du jetzt einfach durchziehen!** you just have to get on with it!
2 *Truppen:* to go through

dürfen
1 (*Erlaubnis haben*) **darf ich mitgehen?** can I go along?; (*höflicher*) may I go along?; **ich darf nicht auf die Party** I'm not allowed to go to the party; **darf man hier rauchen?** are you allowed to smoke here?; **darf ich rauchen?** may I smoke?, do you mind if I smoke?
2 (*sollen*) **du darfst es nicht kaputt machen** you mustn't break [breɪk] it; **wir dürfen den Flug nicht verpassen** we mustn't [*oder* can't] miss the flight [flaɪt]
3 **das dürfte reichen** that should [ʃʊd] be enough

dürftig
1 (*armselig*) *Behausung:* wretched ['retʃɪd]
2 (*unzulänglich*) *Kenntnisse:* scanty

dürr
1 (*trocken*) dry
2 (*abwertend: mager*) scrawny

die **Dürre** (*Trockenzeit*) drought [draʊt]

der **Durst** thirst [θɜːst] (**nach** for); **Durst haben** to be thirsty; **seinen Durst löschen** to quench [kwentʃ] one's thirst

durstig thirsty ['θɜːsti]

die **Dusche** shower ['ʃaʊəʳ]

duschen to take a shower

die **Düse**
1 nozzle
2 (*Kraftstoffdüse*) jet

das **Düsenflugzeug** jet [plane]

düster
1 *Miene, Stimmung:* dark, gloomy
2 (*drohend*) *Wetter:* dismal [dɪzməl], sinister ['sɪnɪstəʳ]

das **Dutzend** dozen ['dʌzən]

das **Dynamit** dynamite ['daɪnəmaɪt]

die **Dynastie** dynasty ['dɪnəsti]

Ee

E, e
1 (*Buchstabe*) E, e [iː]
2 (*in der Musik*) E, e

das **E-Auto** *Abkürzung von* **Elektroauto** e-car, electric car

die **Ebbe**
1 (*sinkender Wasserspiegel*) ebb [tide]; **Ebbe und Flut** ebb and flow, the tides *Plural*
2 (*gesunkener Wasserspiegel*) low tide

eben
1 (*flach*) flat; **auf ebener Strecke** on the flat
2 (*gerade noch*) just; **er hat es eben noch geschafft** he just made it
3 (*genau*) exactly [ɪg'zæktli], precisely [prɪ'saɪsli]; **eben!** exactly!; **das ist es ja eben!** that's precisely the point!
4 (*einfach, nun einmal*) just, simply; **so ist das eben** that's just the way it is
5 (*kurz*) **ich geh eben mal raus** I'm just going to go out for a little while

ebenbürtig **jemandem ebenbürtig sein** to be someone's equal; **einander ebenbürtig sein** to be equals *Plural*

die **Ebene**
1 (*Tiefland*) plain; (*Hochland*) plateau ['plætəʊ]
2 (*übertragen*) level; **auf höchster/gleicher Ebene** at the highest/same level

ebenfalls
1 (*bei Bejahung*) too, as well *nachgestellt;* **ich mag das ebenfalls** I like it as well
2 (*bei Verneinung*) not ... either ['aɪðəʳ]; **ich mag das ebenfalls nicht** I don't like it either
3 **guten Appetit — ebenfalls!** enjoy your meal — you too!

ebenso
1 (*genauso*) just as
2 (*ebenfalls*) as well; **ebenso sehr** [*oder* **viel**] just as much

das **E-Bike** *Abkürzung von* **Elektrofahrrad** e-bike, electric bike

das **Echo** (*Widerhall*) echo ['ekəʊ]

echt
① (*nicht gefälscht*) genuine ['dʒenjuɪn]; *Urkunde, Unterschrift:* authentic [ɔː'θentɪk]; *Gold, Marke:* real
② **du hast echt Glück gehabt** you were really lucky
③ (*typisch*) typical ['tɪpɪkᵊl]; **das ist echt Edgar!** that's typical of Edgar!
④ (*umgangsspr*) **das ist echt geil!** (*slang*) that's really wicked! *umgangsspr*

das **Eck** (*im Sport*) **das kurze/lange Eck** the near/far corner [of the goal] ▶ WENDUNGEN: **über Eck** diagonally

die **Ecke**
① (*auch im Sport*) corner
② (*Kante, Rand*) edge

eckig
① angular ['æŋgjʊləʳ]; *Klammer:* square [skweəʳ]
② (*übertragen*) *Gesicht, Bewegung:* jerky ['dʒɜːki]

edel
① (*adlig, vornehm*) noble ['nəʊbl]
② (*hochwertig*) precious ['preʃᵊs]

der **Edelstein** precious stone; (*geschliffen*) gem [dʒem], jewel ['dʒuːəl]

EDV *Abkürzung von* **elektronische Datenverarbeitung** EDP, electronic data processing

der **Effekt** effect [ɪ'fekt]

effektiv
① (*wirkungsvoll*) effective
② (*tatsächlich*) actual ['æktʃuəl]

egal (*umgangsspr*) **das ist mir ganz egal** it's all the same to me, I couldn't care [keəʳ] less

die **E-Gitarre** *Abkürzung von* **Elektrogitarre** electric guitar

der **Egoist**, die **Egoistin** egotist ['iːgətɪst]

egoistisch egotistical [ˌiːgə'tɪstɪkᵊl]

ehe
① (*bevor*) before; **eh[e] ich es vergesse ...** before I forget ...
② (*bis*) until; (*bei Verneinungen auch*) before; **ich kann nichts tun, ehe er zurückkommt** I can't do anything before he comes back

die **Ehe** marriage ['mærɪdʒ]

der **Ehebruch** adultery [ə'dʌltᵊri]

die **Ehefrau** wife

> **Grammatik**
> Die Mehrzahl von **wife** ist **wives**: *King Henry VIII had six wives.*

ehelich *Kind:* legitimate [lɪ'dʒɪtəmət]

ehemalig
① *Chef, Schüler:* former, one-time
② **mein ehemaliger Freund** my ex-boyfriend

der **Ehemann** husband

das **Ehepaar** married couple

eher
① (*früher*) earlier ['ɜːliəʳ], sooner; **je eher, desto besser** the sooner the better
② (*lieber*) rather; **eher würde ich ins Kino gehen** I'd rather go to the cinema
③ (*vielmehr*) more; **er ist eher ein Bekannter als ein Freund** he's more an acquaintance [ə'kweɪntᵊns] than a friend
④ (*wahrscheinlicher*) more likely; **das wird eher der Grund sein** that's more likely to be the reason
⑤ **umso eher** the more so

der **Ehering** wedding ring

die **Eheverkündung** (CH) marriage announcement

die **Ehre** honour ['ɒnəʳ]; **zu Ehren von ...** in honour of ...

ehren to honour ['ɒnəʳ]

ehrenamtlich
① *Mitglied:* honorary ['ɒnᵊrəri]
② **etwas ehrenamtlich tun** to do something in an honorary capacity

der **Ehrengast** guest [gest] of honour

das **Ehrenmitglied** honorary member

der **Ehrenplatz**
① (*auf Tribüne*) place of honour
② (*für Geschenk, Medaille*) special place

die **Ehrensache** point of honour

ehrenvoll, **ehrenwert** honourable

das **Ehrenwort** word of honour; **ich gebe mein Ehrenwort** I give you my word

der **Ehrgeiz** ambition

ehrgeizig ambitious [æm'bɪʃəs]

ehrlich
① honest ['ɒnɪst]; **sei mal ehrlich!** be honest!

E

2 **ehrlich!** honestly!, really!; **ehrlich gesagt ...** to be honest ...

die **Ehrlichkeit** honesty

das **Ei** egg

die **Eiche** oak [əʊk]

die **Eichel** (*Frucht der Eiche*) acorn ['eɪkɔːn]

das **Eichhörnchen** squirrel ['skwɪrəl]

der **Eid** oath; **einen Eid leisten/schwören** to take/swear an oath (**auf** on)

die **Eidechse** lizard

der **Eierbecher** eggcup

die **Eierschale** eggshell

der **Eifer**
1 (*Eifrigkeit*) eagerness, zeal
2 (*Begeisterung*) enthusiasm

die **Eifersucht** jealousy ['dʒeləsi] (**auf** of)

eifersüchtig jealous ['dʒeləs] (**auf** of)

eifrig eager

das **Eigelb** egg yolk

eigen
1 **meine eigene Wohnung** my own flat
2 **ich brauche mein eigenes Zimmer** I need a room to myself
3 **eine eigene Meinung** an opinion of one's own
4 *Eingang:* separate ['sepəret]

die **Eigenart**
1 (*Besonderheit*) peculiarity [pɪˌkjuːli'ærəti]
2 (*charakteristische Eigenschaft*) characteristic

eigenartig
1 (*sonderbar*) odd, strange
2 (*eigentümlich*) peculiar

das **Eigenheim** house of one's own

die **Eigenschaft**
1 (*positiv*) quality ['kwɒlɪti]
2 (*Merkmal*) characteristic; **gute und schlechte Eigenschaften** good and bad points
3 (*Funktion*) capacity; **in meiner Eigenschaft als ...** in my capacity as ...

das **Eigenschaftswort** adjective

eigensinnig obstinate, stubborn

eigentlich
1 (*wirklich*) actually, really; **was ist eigentlich los?** what's actually going on?
2 **eigentlich wollte ich nicht lange bleiben** I wasn't really going to stay long; **eigentlich nicht** not really
3 (*überhaupt*) anyway; **was willst du eigentlich hier?** what do you want here anyway?

das **Eigentor** own goal; **ein Eigentor schießen** score an own goal

das **Eigentum** property

der **Eigentümer**, die **Eigentümerin** owner

eigentümlich (*sonderbar*) odd, peculiar

die **Eigentumswohnung** owner-occupied flat

eigenwillig
1 (*eigensinnig*) self-willed
2 (*unkonventionell*) unconventional

eignen
1 **sich eignen für/als** [*oder* **zu**] to be suitable ['suːtəbl] for/as
2 **er würde sich als Kindergärtner eignen** he'd make a good nursery school teacher

das **Eiklar** Ⓐ egg white

die **Eile** hurry; **in Eile** in a hurry

eilen es eilt! it's urgent!; **es eilt nicht** there's no hurry

eilig
1 (*rasch, hastig*) hasty ['heɪsti], hurried; **ein eiliger Abgang** a hasty retreat
2 **es eilig haben** to be in a hurry [*oder* rush]
3 (*dringend*) **es ist eilig!** this is urgent!

der **Eimer** bucket, pail; **ein Eimer Wasser** a bucket[ful] of water

ein[1] (*auf Elektrogeräten*) **ein/aus** on/off

ein[2], **eine**(**r, s**)
1 (*bei Mengenangaben*) one; **das kostet einen Euro** it costs one euro; **es ist ein Uhr** it is one o'clock
2 (*unbestimmter Artikel*) a *vor Konsonant,* an *vor gesprochenem Vokal;* **ein Auto** a car; **eine Stunde/ein Ei** an hour/an egg
3 **ein gewisser Herr ...** a certain ['sɜːtən] Mr ...
4 (*Person*) **einer von uns** one of us; **einer nach dem anderen** one after the other; **du bist mir eine**[**r**]! (*umgangsspr*) you're a one!
5 **das ist ein und dasselbe** it is one and the same thing; **das ist ein und derselbe** this is one and the same person

Grammatik
an wird vor Wörter, die mit den Vokalen a, e, i, o, u beginnen, gesetzt: *an apple, an egg, an ice-*

cream, an oyster, an umbrella; und auch vor h, wenn man das h nicht hört: *an hour, an honest man*. Wird aber ein u als [ju] ausgesprochen, dann wird vor das Wort ein **a** gesetzt: *a unit, a university*.

einander each other, one another

einatmen to breathe in

die **Einbahnstraße** one-way street

einbauen (*installieren*) to install

einberufen
1 to convene *Versammlung;* to summon *Parlament*
2 (*zum Militär*) to call up (GB), to draft (USA)

einbeziehen to include (**in** in)

einbiegen **in eine Straße einbiegen** to turn off into a street; **nach links einbiegen** to turn off to the left

einbilden
1 (*fantasieren*) to imagine; **das bildest du dir alles nur ein!** you're just imagining things!
2 **er bildet sich viel auf sein Aussehen ein** he is conceited [kən'siːtɪd] about his looks
3 **bilden Sie sich nur nicht ein, dass ...!** don't imagine that ...!, don't go thinking that ...!
4 **was bildest du dir eigentlich ein?** who do you think you are?

die **Einbildung**
1 (*Fantasie*) imagination
2 (*Illusion*) illusion [ɪ'luːʒᵊn]; **das ist pure Einbildung!** it's just your imagination!

der **Einblick** (*übertragen*) insight ['ɪnsaɪt] (**in** into); **sich [einen] Einblick in etwas verschaffen** to gain an insight into something

einbrechen
1 (*Einbruch begehen*) break [breɪk] in, burgle, burglarize (USA); **man hat bei mir eingebrochen** I've been burgled; **in der Schule wurde eingebrochen** the school has been burgled [*oder* broken into]
2 **auf dem Eis einbrechen** to fall through [θruː] the ice

der **Einbrecher**, die **Einbrecherin** burglar

einbringen
1 to gather in *Ernte*
2 to earn [ɜːn] *Zinsen,* to yield [jiːld]

der **Einbruch**
1 burglary
2 **bei Einbruch der Dunkelheit/Nacht** at dusk/nightfall

einbürgern
1 **jemanden einbürgern** to naturalize someone; **sie ist in Kanada eingebürgert worden** she has become a naturalized Canadian
2 (*übertragen*) *Wort, Sitte:* to become a habit

eindecken **sich eindecken** to stock up (**mit** on)

eindeutig
1 (*nicht mehrdeutig*) unambiguous [ˌʌnæm'bɪgjuəs]
2 (*offensichtlich*) clear
3 **das war eindeutig deine Schuld** it was clearly your fault

eindringen to penetrate (**in** into)

der **Eindringling** intruder

der **Eindruck**
1 impression; **den Eindruck haben, dass ...** to be under the impression that ...
2 **er macht mir einen netten Eindruck** he seems quite nice to me

eindrücklich (CH) impressive

eindrucksvoll impressive

eineiig *Zwillinge:* identical

einerseits on the one hand

einfach
1 (*nicht schwierig*) simple, easy
2 (*schlicht*) *Kleidung, Feier:* plain
3 *Essen:* plain
4 *Fahrt, Fahrkarte:* single
5 (*geradezu*) simply; **das ist einfach spitze!** that's so excellent!
6 **so etwas tut man einfach nicht** that simply isn't done

einfädeln
1 (*umgangsspr*) to set up *Komplott, Intrige*
2 to thread [θred] *Nadel, Faden*

die **Einfahrt** entrance

der **Einfall** (*Idee*) [sudden] idea

einfallen
1 **jemandem einfallen** to occur to someone; **mir fällt einfach nichts ein** I just can't think of anything
2 **dabei fällt mir ein, wie ich ...** that reminds me of how I ...; **jetzt fällt mir ein, wie ...** I just thought of how ...
3 **da musst du dir was/eine Ausrede einfallen lassen** you'll have to think of something/an excuse

4 **was fällt Ihnen ein!** how dare you!
5 *Licht:* to come in

einfältig
1 (*naiv*) simple
2 (*dumm*) simple-minded

einfangen (*auch übertragen*) to catch

einfarbig *Stoff:* self-coloured, all one colour

der **Einfluss** influence ['ɪnfluəns]; **Einfluss auf jemanden haben/ausüben** to have/exert an influence on someone; **sie hat einen schlechten Einfluss auf ihn** she is a bad influence on him

einflussreich influential [ˌɪnflu'enʃᵊl]

einfrieren
1 to freeze *Lebensmittel*
2 *Rohr:* to freeze up

einfügen
1 (*einpassen*) to fit (**in** into)
2 (*nachträglich hinzufügen*) to insert (**in** in)
3 **sich einfügen** (*sich anpassen*) to adapt (**in** to)

die **Einfuhr** import

einführen
1 (*importieren*) to import
2 to introduce *neue Produkte, Ideen* (**in** to)

die **Einführung** (*Einleitung*) introduction (**in** to)

die **Eingabe** *von Daten:* input

die **Eingabetaste** return [*oder* enter] key

der **Eingang**
1 (*Tür*) entrance (**in** to)
2 (*auch übertragen: Zutritt*) entry (**in** into, **zu** to); **Eingang verboten!** no entry!

eingeben to enter, to feed, to key in *Daten*

eingebildet conceited [kən'siːtɪd]; **sie ist total eingebildet** she is full of herself

die **Eingebung** inspiration

eingehen
1 *Kleidungsstück, Wäsche:* to shrink
2 *Pflanzen:* to die (**an** of)
3 (*umgangsspr*) *Betrieb:* to fold up
4 **auf eine Frage eingehen** to go into a question; **auf etwas näher eingehen** to go into the particulars of something; **auf jemanden eingehen** to devote one's time and attention to someone
5 to take *Risiko*

eingeschnappt (*umgangsspr*) cross, in a huff; **er ist immer gleich eingeschnappt** he goes into a huff easily

das **Eingeständnis** admission

eingestehen to admit to, to confess to *Schuld, Diebstahl*

eingestellt
1 **auf etwas eingestellt sein** to be prepared for something
2 **sozial eingestellt** socially minded ['səʊʃᵊli]

eingewöhnen **sich eingewöhnen** to settle down [*oder* in]

eingreifen to intervene [ˌɪntə'viːn]

der **Eingriff**
1 (*operativer*) operation
2 (*übertragen: Einmischung*) intervention

der **Einhalt** **Einhalt gebieten** to put a stop to

einhalten
1 to keep *Versprechen*
2 to keep to *Vereinbarung*
3 to follow *Regeln*
4 **eine Frist/einen Termin einhalten** to meet a deadline ['dedlaɪn]

einheimisch
1 *Tiere, Pflanzen:* native
2 *Industrie, Produkt:* local
3 (*Mensch*) **die Einheimischen** the locals

die **Einheit**
1 (*staatlich, national*) unity ['juːnəti]
2 (*Ganzes*) whole [həʊl]
3 (*Truppe, Maßeinheit, Telefoneinheit*) unit

einheitlich
1 (*genormt*) standard[ized]
2 (*gleichförmig*) uniform

einholen
1 **jemanden einholen** to catch up with someone
2 **verlorene Zeit einholen** to make up for lost time

einig
1 in agreement, agreed (**in/über** on)
2 **sich nicht einig sein** to disagree (**über** about)
3 **sich [über etwas] einig werden** to agree [on something]

einige(r, s)
1 (*ein paar*) a few; **in einigen Tagen** in a few [*oder* couple of] days
2 (*mehrere*) several; **ich hab's einige Male probiert** I tried several times
3 (*ein paar Leute*) some [people]; **einige sind schon vorgegangen** some have gone ahead [ə'hed] already; **einige andere** sever-

al others
4 **in einiger Entfernung** some distance away
5 **das wird dich einiges kosten** it's going to cost you

einigen **sich einigen** to agree, to come to an agreement (**über** on/about)

einigermaßen
1 quite [kwaɪt]; **ein einigermaßen gutes Hotel** a fairly good hotel
2 (*nicht schlecht*) so-so

die **Einigkeit**
1 (*Eintracht*) unity ['ju:nɪti]
2 (*Übereinstimmung*) agreement (**in/über** on)

die **Einigung**
1 (*Übereinstimmung*) agreement
2 (*politisch*) unification [ˌju:nɪfɪ'keɪʃᵊn]

der **Einkauf**
1 (*das Kaufen*) buying ['baɪɪŋ]
2 **Einkäufe machen** to go [*oder* do some] shopping

einkaufen
1 **etwas einkaufen** to buy something
2 **einkaufen gehen** to go shopping

die **Einkaufspassage** shopping arcade

der **Einkaufswagen** shopping cart, trolley

das **Einkaufszentrum** shopping centre

der **Einklang** (*Harmonie*) harmony ['hɑ:məni]; **in Einklang bringen** to bring into accord, to harmonize

einklemmen to jam, to trap

das **Einkommen** income

die **Einkünfte** income ⚠ *Singular*, revenue ['revᵊnju:] *Singular*

einladen
1 to load *Waren* (**in** into)
2 to invite *Gast* (**zu** to)
3 (*bezahlen*) **ich lade Sie ein** I'm treating you, this is my treat

die **Einladung** invitation

einlangen Ⓐ (*eintreffen*) to arrive

einlassen
1 (*hereinlassen*) to let in
2 **ein Bad einlassen** to run a bath
3 **sich auf etwas einlassen** to let oneself in for something; **sich auf einen Streit einlassen** to get into [*oder* involved in] an argument
4 **sich mit jemandem einlassen** to get mixed up with someone

einlaufen
1 *Wasser:* to run in
2 *Kleidungsstück, Stoff:* to shrink

einleben **sich einleben** to settle down

einlegen
1 **eine Pause einlegen** to have a break [breɪk]
2 **ein gutes Wort für jemanden/bei jemandem einlegen** to put in a word for/with someone
3 **den ersten Gang einlegen** to engage first [gear]
4 **einen Film einlegen** to load the camera

einleiten
1 (*beginnen*) to start
2 (*in Gang setzen*) to initiate [ɪ'nɪʃieɪt]

einleitend introductory

die **Einleitung** *eines Buches:* introduction

einliefern (*bringen*) to deliver; **jemanden ins Krankenhaus einliefern** to admit someone to hospital

einloggen to log in

einlösen
1 to cash [in] *Wechsel, Scheck*
2 to keep *Versprechen, Wort*

einmachen
1 to preserve [prɪ'zɜ:v] *Obst*
2 (*in Gläser*) to bottle

einmal
1 (*nicht zweimal*) once
2 (*ehemals*) once [upon a time]; **es war einmal ein Prinz ...** once upon a time there was a prince ...
3 (*in Zukunft*) one day, some time
4 (*jemals*) ever
5 **auf einmal** all of a sudden
6 **noch einmal** (*wieder*) again, once more; (*ein letztes Mal*) one last time
7 **nicht einmal** not even ...

einmalig
1 (*einzigartig*) unique [ju:'nik]
2 **eine einmalige Zahlung/Gelegenheit** a one-off payment/opportunity

die **Einmischung** interference [ˌɪntə'fɪərᵊns], meddling (**in** in)

einmütig unanimous [ju:'nænɪməs]

die **Einnahme** **Einnahmen** income ⚠ *Singular*; *beim Geschäft:* takings *Plural*

einnehmen
1 to take *Arznei, Mittel*
2 (*verdienen*) to earn *Geld;* to collect *Steuern;* to take *Geschäftseinnahmen*
3 (*auch übertragen*) to occupy *Platz*

einnicken (*umgangsspr*) to drop [*oder* nod] off

einordnen
1 to file *Karteikarten*
2 (*klassifizieren*) to classify
3 **sich [rechts/links] einordnen** *Auto:* to get in[to the right/left] lane
4 **ich kann ihn nicht einordnen** I can't place him

einpacken
1 (*als Geschenk, Paket*) to wrap [ræp] up (**in** in)
2 (*in Koffer*) to pack (**in** in)

einplanen
1 (*planen*) to include in one's plans
2 (*berücksichtigen*) to allow for

einprägen **jemandem prägt sich etwas ein** something makes an impression on someone

einräumen
1 (*verstauen*) to put away
2 to fill *Schrank, Regal*
3 to put [the] furniture in *Zimmer, Wohnung*

einrechnen to include

einreden
1 **jemandem etwas einreden** to talk someone into believing something
2 **jemandem/sich einreden, dass ...** to persuade [pə'sweɪd] someone/oneself that ...
3 **auf jemanden einreden** to keep on and on at someone

einreichen
1 to submit *Unterlagen* (**bei** to)
2 to apply for *Pensionierung, Versetzungsgesuch* (**bei** to)

einreihen
1 (*einordnen*) to put in
2 **sich [in etwas] einreihen** to join [something]

die **Einreise** entry (**in** to); **bei der Einreise** on entry

einreisen to enter [the country] ['kʌntri]

einrichten
1 (*möblieren*) to furnish
2 (*hinkriegen*) to arrange [ə'reɪndʒ]; **können Sie es irgendwie einrichten, dass ...?** could you possibly arrange things so that ...?
3 **sich einrichten** (*Wohnung möblieren*) to furnish one's flat

die **Einrichtung**
1 (*Möbel*) furnishings ⚠ *Plural*
2 (*Ausstattung*) fittings ⚠ *Plural*
3 (*Institution*) institution [ˌɪnstɪ'tjuːʃᵊn]; **kulturelle/öffentliche Einrichtungen** cultural/public facilities

die **Eins**
1 (*Zahl*) [number] one
2 (*Schulnote*) A; **eine Eins schreiben** to get an A

eins
1 (*Zahl*) one; **viertel vor eins** a quarter to one
2 **eins a** (*umgangsspr: erstklassig*) A1

einsam
1 *Mensch, Leben:* lonely
2 (*vereinzelt*) **ein einsamer Wanderer** a solitary hiker
3 (*abgelegen*) *Haus, Insel:* secluded
4 (*leer*) *Strand:* empty

einsammeln to collect [in] *Geld*

der **Einsatz**
1 (*eingesetztes Stück*) inset
2 (*beim Glücksspiel*) stake
3 (*militärisch, polizeilich*) action
4 *von Arbeitskräften:* employment [ɪm'plɔɪmənt]
5 **unter Einsatz ihres Lebens** at the risk of her life

einsatzbereit
1 *Gerät:* ready [redi] for use
2 *Einsatztruppe:* ready for action

einschalten
1 to switch on *Maschine, Licht*
2 **jemanden [in etwas] einschalten** to bring someone in [on something]

einschätzen
1 (*beurteilen*) to assess *Situation, Aufsatz;* to judge [dʒʌdʒ] *Person*
2 **etwas falsch einschätzen** to misjudge something; **etwas richtig einschätzen** to be right [raɪt] about something
3 **wie schätzen Sie die Lage ein?** how do you judge the situation?
4 **das ist schwer einzuschätzen** that's difficult to say

einschenken to pour [out]

einschiffen **sich einschiffen** to embark

einschlafen
1 *Person, Tier:* to fall asleep

2 *Fuß, Arm:* to go to sleep
3 (*übertragen*) *Freundschaft:* to peter out, to cool off

einschläfern to put to sleep *Tier*

einschlagen
1 to smash *Scheibe, Tür*
2 to knock out *Zähne*
3 to hammer in *Nagel*
4 *Geschoss:* to hit
5 *Blitz:* to strike
6 (*gut ankommen*) to be a big hit

einschleichen **sich einschleichen** *Fehler:* to creep in

einschließen
1 (*in Zimmer, Schrank*) to lock up; **sich einschließen** to lock oneself in
2 (*übertragen*) to include

einschließlich
1 including, inclusive of; **einschließlich Mehrwertsteuer/Porto** V.A.T./postage included
2 **von Mittwoch bis einschließlich Freitag** from Wednesday to Friday inclusively [*oder* (USA) thru Friday]

einschnappen
1 *Türschloss:* to click shut
2 (*umgangsspr: beleidigt sein*) **sie schnappt immer gleich ein** she goes into a huff easily

einschränken
1 (*reduzieren*) to reduce *Ausgaben*
2 (*begrenzen*) to limit *Rechte, Freiheit*
3 **sich einschränken** to economize

die **Einschränkung**
1 (*Reduzierung*) reduction
2 **ohne Einschränkung** without reservations ⚠ *Plural*

der **Einschreib(e)brief**, das **Einschreiben** registered ['redʒɪstəd] letter (GB), certified ['sɜːtɪfaɪd] letter (USA)

einschreiben **sich einschreiben** (*an Universität*) to register (**an** at); (*in Verein*) to enrol[l]

einschreiten
1 (*Maßnahmen ergreifen*) to take action (**gegen** against)
2 (*eingreifen*) to intervene [ˌɪntəˈviːn]

einschüchtern to intimidate

einsehen
1 (*begreifen*) to see
2 **das sehe ich nicht ein** I don't see why
3 **seine Schuld einsehen** to admit to being guilty [gɪlti]; **einen Fehler einsehen** to realize a mistake

einseitig
1 (*auch übertragen: von einer Seite*) one-sided
2 *Nahrung:* unbalanced
3 *Abmachung, Kündigung:* unilateral [ˌjuːnɪˈlætᵊrᵊl]

einsenden to send in

einsetzen
1 (*einfügen*) to put [*oder* fit] in
2 (*beim Spiel, Wetten*) to stake *Geld*
3 (*gebrauchen*) to use *Mittel*
4 to bring into action *Truppen*
5 *Regen:* to start
6 **sich [für etwas] einsetzen** to commit oneself [to something]
7 **sich [für jemanden] einsetzen** to give one's support [to someone]

einspannen
1 to harness *Pferd*
2 (*umgangsspr: zu Arbeiten heranziehen*) to rope in; **jemanden [für etwas] einspannen** to rope someone in [for something]

der **Einspänner** (*Kaffee mit Sahnehaube*) black coffee with whipped [wɪpt] cream

einsparen
1 to save *Geld*
2 to reduce *Kosten, Ausgaben*

einsperren
1 (*in Zimmer*) to lock in
2 (*umgangsspr: ins Gefängnis*) to put away

einspielen **aufeinander eingespielt sein** to be a good team

die **Einsprache** (A), (CH) (*Einspruch*) objection [əbˈdʒekʃᵊn]; **Einsprache einlegen** to file an objection

einspringen (*helfen*) to stand in (**für** for)

der **Einspruch** objection [əbˈdʒekʃᵊn]; **gegen etwas Einspruch erheben** to object to something; (*Rechtssprache*) to file an objection to something

einst (*früher*) once [wʌns]

einstecken
1 (*hineinstecken*) to put in
2 (*auch übertragen: in Tasche*) to pocket
3 **er muss viel einstecken** he has to put up with a lot

einsteigen
1 (*ins Auto*) to get in; **einsteigen in** to get into

2 (*in Zug, Bus*) to get on; **in den Zug einsteigen** to climb aboard [*oder* get on] the train
3 **in die Politik einsteigen** to go into politics

einstellen
1 to hire *Arbeiter;* to take on *Angestellte*
2 (*beenden*) to stop; (*zeitweilig*) to suspend
3 to cease [siːs] *Feuer, Gefecht*
4 to adjust [əˈdʒʌst] *Gerät* (**auf** to)
5 to tune in to *Sender*
6 to focus [ˈfəʊkəs] *Kamera* (**auf** on)
7 **sich einstellen** (*sich anpassen*) to adapt oneself (**auf** to)

die **Einstellung**
1 (*Haltung, Ansicht*) attitude
2 (*Gesinnung*) views [vjuːz] ⚠ *Plural*
3 *von Arbeitskräften:* employment

einstufen to classify

der **Einsturz** collapse [kəˈlæps]; *einer Höhle, eines Stollens:* cave-in

einstürzen
1 (*zusammenfallen*) to collapse
2 *Decke, Stollen:* to cave in

eintauchen
1 (*in Wasser*) to immerse [ɪˈmɜːs] (**in** to)
2 *Schwimmer:* to dive

einteilen
1 (*aufteilen*) to divide (**in** into)
2 to organize *Zeit, Arbeit*
3 to budget [ˈbʌdʒɪt] *Gelder, Mittel;* **du musst dein Geld besser einteilen** you must learn to budget
4 **jemanden [zu etwas] einteilen** to assign someone [to something]

eintönig monotonous [məˈnɒtᵊnəs]

der **Eintopf**, das **Eintopfgericht** stew [stjuː]

der **Eintrag** (*in Buch*) entry (**in** in)

eintragen
1 (*in Liste, Buch*) to enter
2 (*amtlich*) to register [ˈredʒɪstəʳ]
3 **sich [in eine Liste] eintragen** to put one's name down [on a list]

eintreffen
1 (*ankommen*) to arrive
2 (*sich bestätigen*) *Voraussage, Ahnung:* to come true
3 (*geschehen*) to happen

eintreten
1 to kick in *Tür*
2 **in ein Zimmer eintreten** to enter a room
3 **in einen Club/eine Partei eintreten** to join a club/party
4 **für jemanden/eine Sache eintreten** to stand up for someone/a cause
5 (*geschehen*) to happen; *Tod:* to occur

der **Eintritt**
1 (*Zutritt*) admittance
2 (*Eintrittsgeld*) admission (**in** to)

die **Eintrittskarte** ticket

die **Einvernahme** Ⓐ, Ⓒⓗ
1 *von Zeugen, Angeklagten:* examination
2 *durch die Polizei:* questioning

einverstanden **einverstanden sein** to agree (**mit** with); **einverstanden!** agreed!

der **Einwand** objection

der **Einwanderer**, die **Einwanderin** immigrant

einwandfrei
1 (*fehlerfrei*) perfect
2 (*unanfechtbar*) indisputable
3 **einwandfrei!** brilliant!

einweisen
1 (*in eine Arbeit*) to introduce
2 (*in eine Klinik*) to admit (**in** to)

einwenden to object [əbˈdʒekt] (**gegen** to)

einwerfen
1 to post (GB), to mail (USA) *Brief*
2 to throw in *Ball*
3 (*einwenden*) to throw in *Bemerkung*

einwickeln
1 to wrap [ræp] up *Geschenk*
2 **jemanden einwickeln** (*umgangsspr*) to take someone in

einwilligen to agree, to consent (**in** to)

der **Einwohner**, die **Einwohnerin** inhabitant

die **Einzahl** singular

einzahlen **Geld auf ein Konto einzahlen** to pay money [ˈmʌni] into an account

der **Einzahlungsschein** (CH) giro transfer form

der **Einzelhandel** retail trade

der **Einzelhändler**, die **Einzelhändlerin** retailer

die **Einzelheit** detail; **in allen Einzelheiten** in great detail

das **Einzelkind** only child; **als Einzelkind aufwachsen** to be brought [brɔːt] up an only child

einzeln
1 (*individuell*) individual [ˌɪndɪˈvɪdʒuəl]

A B C D E F G H I J K L M N O P Q R S T U V W X Y Z

2 (*abgetrennt*) separate ['sepᵊret]
3 **einzelne** (*einige, wenige*) some
4 **der/die Einzelne** the individual; **jeder Einzelne** each and every one
5 **im Einzelnen aufführen** to list in detail; **einzeln aufführen** to list separately ['sepᵊretli]

das **Einzelteil**
1 (*Bestandteil*) component [part]
2 (*einzelnes Teil*) separate ['sepᵊret] part

das **Einzelzimmer** single room

einziehen
1 to retract *Fahrgestell*
2 to draw in *Bauch*
3 to lower *Segel, Flagge*
4 to confiscate ['kɒnfɪskeɪt] *Führerschein*
5 to call up GB, to draft USA *Wehrpflichtige*
6 **in eine Wohnung einziehen** to move in to an apartment; **bei jemandem einziehen** to move in with someone

einzig
1 **meine einzige Freundin** my only [*oder* sole] friend
2 **ich habe keinen einzigen Anruf bekommen** I haven't had a single phone call
3 **ein/kein einziges Mal** just once/not once

einzigartig unique [juː'niːk]

das **Eis**
1 ice
2 (*Speiseeis*) ice-cream
3 **etwas auf Eis legen** (*übertragen*) to put something on ice, to shelve something

die **Eisbahn** ice rink ['aɪsrɪŋk]

der **Eisbär** polar bear

der **Eisberg** iceberg ['aɪsbɜːg]

die **Eiscreme** ice-cream

das **Eisen** iron [aɪən]

die **Eisenbahn** railway GB, railroad USA ▶ WENDUNGEN: **es ist höchste Eisenbahn** (*umgangsspr*) it's high time

das **Eishockey** ice hockey, hockey USA

eisig icy

eiskalt
1 (*kalt wie Eis*) icy-cold
2 (*kaltblütig*) cold-blooded
3 *Blick:* icy
4 **jemanden eiskalt umbringen** to kill someone in cold blood

der **Eiskasten** Ⓐ refrigerator [rɪ'frɪdʒᵊreɪtəʳ], fridge, icebox USA

der **Eiskunstlauf** figure ['fɪgəʳ] skating

der **Eisläufer**, die **Eisläuferin** ice-skater

eitel vain

das **Eiweiß**
1 (*beim Kochen*) egg-white
2 (*in Biochemie*) protein ['prəʊtiːn]

der **Ekel** disgust, loathing

das **Ekel** (*umgangsspr: Scheusal*) creep

ekelhaft, **ekelig**
1 (*widerlich*) disgusting, revolting
2 (*gemein*) *Chef:* horrid

ekeln **das ekelt mich** it gives me the creeps; **sie ekelt sich vor ihr** she finds her disgusting

elastisch elastic

der **Elefant** elephant ['elɪfənt]

elegant elegant

der **Elektriker**, die **Elektrikerin** electrician [ˌelɪk'trɪʃᵊn]

elektrisch *Strom, Licht, Heizung:* electric; *Gerät, System:* electrical

die **Elektrizität** electricity

das **Elektroauto** electric car

das **Elektrofahrrad** electric bike

der **Elektroherd** electric cooker

die **Elektronik** electronics ⚠ *Singular*

elektronisch electronic

das **Element** element

elementar elementary

das **Elend**
1 (*Unglück*) distress, misery
2 (*Armut*) poverty
3 **es ist ein Elend mit dir** you're hopeless

elend
1 (*krank, übel*) awful, ill; **mir ist elend [zumute]** I feel really awful
2 (*niederträchtig*) wretched ['retʃɪd]

das **Elendsviertel** slums ⚠ *Plural*

die **Elf** (*Zahl*) [number] eleven

elf eleven

das **Elfenbein** ivory ['aɪvᵊri]; **eine Statue aus Elfenbein** an ivory statue der **Elfmeter** penalty kick; **einen Elfmeter schießen** to take a penalty

elfte(r, s) eleventh, 11th

der **Ellbogen** elbow

die **Eltern** parents

der **Elternabend** parents' evening

die **E-Mail** ['i:me:l] e-mail, email

die **Emanzipation** emancipation [ɪˌmænsɪ'peɪʃᵊn]

emanzipieren sich emanzipieren to emancipate oneself

das **Embargo** embargo

der/das **Embryo** embryo ['embriəʊ]

der **Emigrant**, die **Emigrantin** emigrant

emigrieren to emigrate

die **Emission** *von Schadstoffen:* emission

die **Emotion** emotion [ɪ'məʊʃᵊn]

emotional emotional

der **Empfang**
1 *von Personen:* reception [rɪ'sepʃᵊn]
2 *von Sachen:* receipt [rɪ'si:t]
3 **in Empfang nehmen** to receive [rɪ'si:v]

empfangen
1 (*erhalten*) to receive
2 (*begrüßen*) to greet

der **Empfänger**, die **Empfängerin**
1 *von Brief:* addressee
2 *von Waren:* consignee [ˌkɒnsaɪ'ni:]

empfänglich susceptible [sə'septəbl] (**für** to)

die **Empfängnis** conception

die **Empfängnisverhütung** contraception

die **Empfangsdame** receptionist

empfehlen to recommend; **es ist nicht zu empfehlen** it's not to be recommended

die **Empfehlung**
1 (*Rat*) recommendation
2 **auf Empfehlung von ...** on the recommendation of ...

empfinden to feel

empfindlich
1 (*empfindungsvoll*) sensitive
2 (*leicht gekränkt*) touchy ['tʌtʃi]

empören
1 to outrage ['aʊtreɪdʒ]
2 **sich empören** to be indignant (**über** at)

empört indignant (**über** at)

das **Ende**
1 (*räumlich*) end
2 (*zeitlich*) end; **gegen Ende Mai** towards the end of May; **sie ist Ende dreißig** she is in her late thirties
3 **zu Ende sein** to be at an end; **zu Ende gehen** to come to an end; **etwas zu Ende bringen** to finish off something

enden
1 (*zu Ende gehen*) to end, to finish
2 **sie endete im Gefängnis** she ended up in prison

endgültig definite ['defɪnət]; **jetzt ist endgültig Schluss!** that's it!

endlich
1 **hör endlich auf!** will you stop that!; **komm jetzt endlich!** get a move on!
2 **na endlich!** at last!

endlos endless

die **Energie** energy

energisch
1 (*tatkräftig*) energetic
2 **energisch durchgreifen** to take vigorous ['vɪgᵊrəs] action

eng
1 (*schmal*) narrow
2 *Kleidungsstück, Schuhe:* tight [taɪt]; **enger machen** to take in
3 *Freundschaft:* close
4 **in der engeren Wahl sein** to be on the short list

das **Engagement** [ãgaʒə'mã:] engagement [ɪn'geɪdʒmənt]

engagieren [ãga'ʒi:rən]
1 to engage *Mitarbeiter, Schauspieler*
2 **sich engagieren** to become committed (**für** to)

engagiert committed

der **Engel** angel

England England ['ɪŋlənd]

der **Engländer**, die **Engländerin** Englishman ['ɪŋglɪʃmən] *maskulin*, Englishwoman *feminin*

englisch English ['ɪŋglɪʃ]

Grammatik
Es gibt im **American English** ein paar Unterschiede in der Schreibweise zum **British English**: Die meisten Wörter, die im britischen Englisch

mit — -*our* aufhören, hören im amerikanischen Englisch mit **-or** auf: *colour — color; humour — humor*; Einige Verben, besonders die, die mit l oder p enden, werden im britischen Englisch in den Formen mit -ed und -ing verdoppelt, im amerikanischen Englisch jedoch nicht: *kidnapped — kidnaped; travelling — traveling.* Viele Wörter, die im britischen Englisch mit **-re** aufhören, werden im amerikanischen Englisch mit **-er** geschrieben: *centre — center; metre — meter; theatre — theater.* Im amerikanischen Englisch werden einige Wörter verkürzt: *axe — ax; catalogue — catalog; cheque — check; programme — program; doughnut — donut.*

der **Engpass**
1 (*in Natur*) defile [dɪ'faɪl], narrow pass
2 (*auch übertragen*) bottleneck

engstirnig narrow-minded

der **Enkel**, die **Enkelin** grandson *maskulin*, granddaughter *feminin;* (*Enkelkind*) grandchild

enorm enormous [ɪ'nɔːməs]

das **Ensemble** [ã'sãbl] cast

entbehren to do without

die **Entbindung** delivery

entdecken
1 to discover [dɪs'kʌvəʳ] *Kontinent*
2 (*herausfinden*) to find out
3 (*sehen*) to spot

Grammatik
Richtiges Konjugieren von **find**: find, found, found — *Bill found out the answer; I have just found out, how it works.*

der **Entdecker**, die **Entdeckerin** discoverer [dɪs'kʌvᵊrəʳ]

die **Entdeckung** discovery [dɪs'kʌvᵊri]

die **Ente** duck

entfalten **sich entfalten** to develop [dɪ'veləp]

entfernen
1 to remove [rɪ'muːv] (**aus/von** from)
2 **sich entfernen** (*fortgehen*) to go away (**von** from)

entfernt
1 (*räumlich, zeitlich*) distant
2 (*übertragen*) *Verdacht:* remote [rɪ'məʊt], vague [veɪg]
3 **entfernt verwandt sein** to be distantly related; **ein entfernter Verwandter** a distant relative

die **Entfernung**
1 (*Distanz*) distance; **auf eine Entfernung von** at a range of
2 (*das Entfernen*) removal [rɪ'muːvᵊl]

entführen
1 to kidnap *Person*
2 to hijack ['haɪdʒæk] *Flugzeug*

der **Entführer**, die **Entführerin**
1 *einer Person:* kidnapper
2 *eines Flugzeugs:* hijacker

die **Entführung**
1 *einer Person:* kidnapping
2 *eines Flugzeugs:* hijacking

entgegengesetzt
1 *Richtung:* opposite
2 (*übertragen*) *Meinung:* opposing

entgegenkommen
1 to come to meet, to meet halfway [ˌhɑːf'weɪ]
2 **jemandem entgegenkommen** to oblige someone [ə'blaɪdʒ]

entgehen
1 **das ist mir entgangen** I missed that; **mir ist nicht entgangen, dass ...** it didn't escape me that ...
2 **lass dir das nicht entgehen!** don't miss your chance!, don't miss out on that!
3 **einer Gefahr entgehen** to escape danger

entgleisen *Zug:* to be derailed, to jump the rails

entgleiten to slip away

enthalten
1 (*beinhalten*) to contain
2 (*fassen*) to hold
3 **sich enthalten** to abstain

die **Enthüllung** (*übertragen*) disclosure [dɪs'kləʊʒəʳ], revelation

entkommen escape [ɪ'skeɪp]; **mit knapper Not entkommen** to have a narrow escape

entladen **sich entladen** *Batterie:* to discharge [dɪs'tʃɑːdʒ]

entlang along

entlassen
1 (*aus Stellung*) to dismiss
2 (*aus einer Klinik*) to discharge [dɪs'tʃɑːdʒ]

entlaufen to run away

entlegen remote [rɪ'məʊt]

entlöhnen (CH) **jemanden für eine Sache entlöhnen** to pay someone for something

die **Entlöhnung** (CH) pay[ment]

entmutigen to discourage [dɪ'skʌrɪdʒ]

entnehmen (*wegnehmen*) to take out (**aus** of)

entpuppen **sich entpuppen als ...** to turn out to be ...

entreißen to snatch away from

entrüstet indignant, outraged

die **Entschädigung** compensation, recompense ['rekəmpəns]

entschärfen to defuse [ˌdiː'fjuːz] *Bombe, Situation*

der **Entscheid** CH
1 decision
2 (*richterlich oder amtlich*) ruling

entscheiden to decide [dɪ'saɪd]; **jetzt wird es sich entscheiden** now we'll see

entscheidend decisive [dɪ'saɪsɪv]

die **Entscheidung** decision [dɪ'sɪʒᵊn]; **eine Entscheidung treffen** to make a decision

das **Entscheidungsspiel** decider [dɪ'saɪdəʳ]

entschließen **sich entschließen[, etwas zu tun]** to decide [to do something]

entschlossen
1 determined, resolute ['rezᵊluːt]; **fest entschlossen sein** to be absolutely determined
2 **kurz entschlossen** without further ado

der **Entschluss** decision [dɪ'sɪʒᵊn]; **einen Entschluss fassen** to make a decision

entschuldigen
1 **jemanden entschuldigen** to excuse [ɪk'skjuːz] someone
2 **entschuldigen Sie bitte!** (*vor Frage oder Bitte; beim Eintreten*) excuse me!; (*als Entschuldigung*) [I am] sorry!
3 **sich [bei jemandem für etwas] entschuldigen** to apologize [to someone for something]
4 **würdest du mich entschuldigen?** would you excuse me please?

die **Entschuldigung**
1 **eine Entschuldigung haben** to have an excuse [ɪk'skjuːs]
2 (*Brief*) excuse note
3 **Entschuldigung!** (*vor Frage oder Bitte; beim Eintreten*) excuse me!; (*als Entschuldigung*) [I'm] sorry!

entsenden to dispatch, to send off

das **Entsetzen** horror ['hɒrəʳ]

entsetzen **sich entsetzen** to be horrified (**über** at)

entsetzlich
1 (*furchtbar*) appalling, dreadful ['dredfəl]
2 **entsetzlich kalt** awfully cold

entsetzt horrified (**über** at)

die **Entsorgung** sewage [suːɪdʒ] and refuse disposal, waste management

entspannen
1 to relax *Muskeln, Nerven*
2 **sich entspannen** to relax; *Lage:* to ease

entsprechen
1 (*übereinstimmen mit*) to correspond to
2 to comply with, to conform to *Anforderung, Vorstellung*

entsprechend
1 (*angemessen*) appropriate [ə'prəʊpriət]
2 (*notwendig*) necessary ['nesəsᵊri]
3 **dem Alter entsprechend** according to age; **den Erwartungen entsprechend** as was [*oder* as we etc.] expected
4 (*jeweilig*) respective; **das entsprechende englische Wort dafür** the English equivalent [ɪ'kwɪvᵊlənt]

entstehen
1 (*seinen Ursprung haben*) to originate [ə'rɪdʒᵊneɪt] (**aus** from); **diese Burg entstand im 15. Jahrhundert** this castle was built in the 15th century
2 *Schwierigkeiten:* to arise (**aus** from)
3 **durch das Unwetter entstand großer Schaden** the bad weather has caused a great deal of damage
4 **den Eindruck entstehen lassen, dass ...** to give the impression that ...

entstellen (*verunstalten*) to disfigure [dɪs'fɪgəʳ] *Gesicht*

enttäuschen to disappoint

enttäuscht disappointed; **von jemandem enttäuscht sein** to be disappointed in someone

die **Enttäuschung** disappointment

entweder **entweder ... oder ...** either ['aɪðəʳ] ... or ...

entwerfen
1 to sketch *Zeichnung*
2 to design [dɪ'zaɪn] *Modell*
3 to draft; to draw up *Schriftstück*

entwickeln
1 to develop *Methode, Film*
2 **sich entwickeln** to develop (**zu** into); **das Projekt entwickelt sich gut** the project is coming along

die **Entwicklung** development

A B C D E F G H I J K L M N O P Q R S T U V W X Y Z

die **Entwicklungshilfe** foreign ['fɒrən] aid

das **Entwicklungsland** developing country

der **Entwurf**
1 (*Zeichnung, Plan*) outline, sketch
2 (*Modell*) design [dɪ'zaɪn]
3 (*schriftlich*) draft

entziehen
1 to take away *Führerschein, Sorgerecht*
2 **sich einer Sache entziehen** to evade something

entziffern to decipher [dɪ'saɪfəʳ] *Geheimschrift*

entzücken **entzückt sein über** to be in raptures over [*oder* about]

entzückend charming

der **Entzug** withdrawal [wɪð'drɔːəl]

die **Entzugserscheinung** withdrawal symptom

entzündbar inflammable; **leicht entzündbar** highly inflammable

entzünden
1 to light [laɪt] *Feuer*
2 **sich entzünden** (*Feuer fangen*) to catch fire [faɪəʳ]
3 **sich entzünden** *Wunde:* to become inflamed

entzündet *Wunde:* inflamed

die **Entzündung** inflammation

entzweien **sich entzweien** to fall out with each other

die **Enzyklopädie** encyclop[a]edia

die **Epidemie** epidemic [ˌepɪ'demɪk]

die **Epilepsie** epilepsy ['epɪlepsi]

der **Epileptiker**, die **Epileptikerin** epileptic [ˌepɪ'leptɪk]

die **Epoche** epoch ['iːpɒk]

er
1 he
2 **ich bin größer als er** I am taller than him
3 **er ist es** it is him

die **Erbanlage** hereditary [hɪ'redɪtəri] disposition

das **Erbarmen**
1 (*Mitleid*) pity, compassion; **mit jemandem Erbarmen haben** to feel pity for someone
2 (*Gnade*) mercy ['mɜːsi] (**mit** on); **kein Erbarmen mit jemandem kennen** to be merciless ['mɜːsɪləs] with someone

erbärmlich
1 (*übertragen: niederträchtig*) *Lügner, Lüge:* miserable ['mɪzərəbl]
2 (*Mitleid erregend*) wretched ['retʃɪd]; **in erbärmlichem Zustand** in a wretched state

erbauen to build [bɪld]

der **Erbe** heir [eəʳ]

das **Erbe**
1 (*Erbteil*) inheritance
2 **kulturelles Erbe** cultural heritage

erben to inherit (**von** from)

die **Erbin** heiress ['eəres]

erbittert bitter

erblich hereditary [hɪ'redɪtəri]

erblinden to go blind

erbrechen
1 to throw up *Mageninhalt*
2 **sich erbrechen** to vomit

die **Erbschaft** inheritance [ɪn'herɪtəns]; **eine Erbschaft machen** to come into an inheritance

die **Erbse** pea

der **Erdapfel** Ⓐ potato [pə'teɪtəʊ]

das **Erdbeben** earthquake ['ɜːθkweɪk]

die **Erdbeere** strawberry

die **Erde**
1 (*Planet*) earth [ɜːθ]; (*Welt*) world [wɜːld]; **auf der Erde** on earth
2 (*Boden*) ground; **über/unter der Erde** above/below ground
3 (*Bodenart*) soil

das **Erdgeschoss** ground floor (GB), first floor (USA); **im Erdgeschoss** on the ground [*oder* (USA) first] floor

die **Erdkugel** globe

die **Erdkunde** geography [dʒi'ɒgrəfi]

die **Erdnuss** peanut

das **Erdöl** oil, petroleum [pə'trəʊliəm]

erdrücken (*übertragen*) to overwhelm [ˌəʊvə'welm]

der **Erdrutsch** (*auch übertragen*) landslide

der **Erdstoß** seismic ['saɪzmɪk] shock

die **Erdstrahlen** field [fiːld] lines

der **Erdteil** continent ['kɒntɪnənt]

ereignen **sich ereignen** to happen, to occur [ə'kɜːʳ]

das **Ereignis** event, occurrence [əˈkʌrəns]

erfahren[1]
1 (*hören*) to hear [hɪəʳ], to learn [lɜːn] (**von** from)
2 (*herausfinden*) to find out
3 (*erleben*) to experience [ɪkˈspɪəriəns]

Grammatik
Richtiges Konjugieren von **hear**: hear, heard, heard — *I heard about it this morning; Have you heard the good news yet?*

erfahren[2] *Person:* experienced [ɪkˈspɪəriənst]

die **Erfahrung** experience; **etwas aus Erfahrung wissen** to know something from experience

erfassen
1 (*begreifen*) to grasp
2 (*statistisch*) to record, to register
3 to gather *Daten, Information*

erfinden
1 (*eine Erfindung machen*) to invent
2 (*sich etwas ausdenken*) to fabricate

der **Erfinder**, die **Erfinderin** inventor

erfinderisch inventive

die **Erfindung** invention

der **Erfolg**
1 (*Gelingen*) success [səkˈses]
2 **viel Erfolg!** good luck!; **Erfolg haben** to be successful; **ein voller Erfolg sein** to be a complete success; **Erfolg versprechend** promising
3 **mit Erfolg** successfully, with success; **ohne Erfolg** without success, unsuccessfully
4 (*Ergebnis*) result; **mit dem Erfolg, dass ...** with the result that ...

erfolgreich successful

erforderlich necessary [ˈnesəsᵊri]; **falls erforderlich** if required; **das Erforderliche tun** to do what is necessary

erfordern to call for, to require [rɪˈkwaɪəʳ]

erforschen
1 (*erkunden*) to explore
2 (*untersuchen*) to research [rɪˈsɜːtʃ]; **ein Gebiet erforschen** to do some research into an area

erfreuen
1 to delight [dɪˈlaɪt], to please
2 **sich [an etwas] erfreuen** to delight [in something]

erfreulich pleasant [ˈplezᵊnt]

erfreut
1 **sehr erfreut!** pleased to meet you!
2 **über etwas erfreut sein** to be delighted [dɪˈlaɪtɪd] about something

erfrieren
1 *Mensch:* to freeze to death
2 *Finger:* to get frostbitten
3 *Pflanze:* to be killed by frost

erfrischen to refresh

erfrischend (*auch übertragen*) refreshing

die **Erfrischung** refreshment

erfüllen
1 (*ausführen*) to fulfil *Aufgabe, Erwartungen*
2 to comply with; to meet *Bedingungen*
3 **jemandem einen Wunsch erfüllen** to grant someone a wish

ergänzen to complete, to supplement

die **Ergänzung** (*Zusatz*) addition

ergattern (*umgangsspr*) to get hold of

ergeben
1 to amount [*oder* come] to *Betrag, Summe*
2 *Untersuchung:* to show, to prove [pruːv]
3 **sich ergeben** (*aufgeben*) to surrender, to yield [jiːld]
4 (*resultieren*) to result [rɪˈzʌlt] (**aus** from); **hieraus ergibt sich, dass ...** it follows from this that ...

das **Ergebnis** result [rɪˈzʌlt]; **zu keinem Ergebnis führen** to lead nowhere

ergreifen
1 to grasp, to seize [siːz]
2 (*übertragen*) to take *Initiative, Maßnahmen;* to take up *Beruf*
3 (*übertragen*) **das hat mich sehr ergriffen** I was deeply moved by that

ergreifend (*übertragen*) moving [ˈmuːvɪŋ]

der **Erhalt** receipt [rɪˈsiːt]

erhalten
1 (*bekommen*) to get, to receive [rɪˈsiːv]; **dankend erhalten** received with thanks
2 (*bewahren*) to preserve; **gut/schlecht erhalten** well/poorly preserved

erhältlich available [əˈveɪləbl], obtainable

erheben
1 to levy *Steuern*
2 **[gegen jemanden] Anklage erheben** to bring a charge [against someone]

erheblich
① (*beträchtlich*) considerable
② (*ernstlich*) serious ['sɪərəs]

erhellen (*durch Licht*) to illuminate [ɪ'lu:mɪneɪt], to light [laɪt] up

erhitzen to heat up (**auf** to)

erhöhen to increase [ɪn'kri:s]

erholen **sich erholen** (*sich entspannen*) to relax; **ich hab mich im Urlaub so gut erholt** I had such a relaxing holiday; (*von Krankheit, Krise*) to recover [rɪ'kʌvəʳ]

erholsam restful

die **Erholung**
① (*Ruhe*) rest
② (*Entspannung, Genesung*) recovery

erinnern
① **jemanden an etwas erinnern** to remind someone of something; **erinnere mich daran, sie anzurufen** remind me to phone her
② **sich an jemanden/etwas erinnern** to remember someone/something

Vorsicht Falle!
remember oder **remind**? Wenn man sich an etwas aus der Vergangenheit oder an eine wichtige Sache erinnert, verwendet man **remember:** *I remember the time we went camping in the woods and how scared I was.* Auch wenn man jemanden an etwas erinnern möchte: *Did you remember to water the plants while I was away?* Wenn man dagegen an etwas erinnert werden will oder soll, das man auf keinen Fall vergessen sollte, verwendet man **remind:** *Remind me to water Lucy's plants.* (und nicht: Remember me to water Lucy's plants.) *I have to remind you to keep silent during the exam.* (und nicht: I have to remember you to keep silent during the exam.)

die **Erinnerung**
① memory; **zur Erinnerung an ...** in memory of ...
② (*Andenken*) souvenir [ˌsu:vᵊn'ɪəʳ]; (*an eine Person*) keepsake

erkälten **sich erkälten** to catch a cold; **erkältet sein** to have a cold

die **Erkältung** cold; **sich eine Erkältung holen** to catch a cold

erkämpfen to win; **sich etwas hart erkämpfen** to fight [faɪt] hard for something

erkennen
① (*wiedererkennen*) to recognize ['rekəgnaɪz] (**an** by)
② (*deutlich sehen*) to see
③ (*einsehen*) to realize ['rɪəlaɪz] *Fehler*

die **Erkenntnis**
① (*Wissen*) knowledge ['nɒlɪdʒ]
② (*Einsicht*) realization

erklären
① [**jemandem etwas**] **erklären** to explain [something to someone]
② to declare *Unabhängigkeit, Bekanntmachung*
③ (*sagen*) to tell; **erklär mir mal, was du dir dabei gedacht hast** tell me what you thought [θɔ:t] you were doing
④ **das erklärt sich von selbst** that's self-explanatory; **ich kann mir nicht erklären, warum ...** I just don't understand why ...

die **Erklärung**
① (*Begründung*) explanation; **als Erklärung ...** by way of explanation ...
② (*Aussage*) statement; **eine Erklärung abgeben** to make a statement

erkranken to be taken sick, to fall ill

erkunden (*ausfindig machen*) to find out

erkundigen
① **sich nach jemandem erkundigen** to enquire [ɪn'kwaɪəʳ] after someone; **sich über etwas erkundigen** to enquire about something
② **erkundige dich mal** try and find out

erlauben
① (*gestatten*) to allow [ə'laʊ], to permit; **erlauben Sie mir, ...** allow me to ...
② **was erlauben Sie sich!** how dare [deəʳ] you!

die **Erlaubnis** permission [pə'mɪʃᵊn]; **jemanden um Erlaubnis bitten** to ask permission of someone

erläutern
① (*erklären*) to explain
② (*veranschaulichen*) to illustrate

die **Erläuterung**
① (*Erklärung*) explanation
② (*Veranschaulichung*) illustration

erleben
① (*durchmachen*) to experience [ɪk'spɪəriəns] *schwere Zeiten, Krise*
② to have *Abenteuer, schöne Tage, Urlaub*
③ (*lebend sehen*) to live to see
④ **ich möchte mal erleben, dass ...** I'd like to see the day ...

5 **du kannst was erleben!** you're going to be in for it!

das **Erlebnis** experience [ɪk'spɪəriəns]

erledigen
1 (*ausführen*) to settle
2 **er ist erledigt** he's done for; **sie ist für mich erledigt** I'm finished with her
3 **die Sache hat sich erledigt** it's all been taken care of, it's all sorted now

erleichtern
1 (*leichter machen*) to make easier ['i:ziəʳ]
2 (*übertragen: lindern*) to relieve [rɪ'li:v]; **erleichtert sein** to feel relieved

erleiden to suffer

erlernen to learn [lɜ:n]

erleuchten to illuminate [ɪ'lu:mɪneɪt], to light [laɪt] up

erliegen to succumb [sə'kʌm] to

das **Erliegen** **zum Erliegen kommen** to come to a standstill

der **Erlös** proceeds ⚠ *Plural*

ermahnen to reprove [rɪ'pru:v] (**wegen** for)

ermäßigen to reduce [rɪ'dju:s]

die **Ermäßigung** reduction [rɪ'dʌkʃᵊn]

das **Ermessen** **das liegt in Ihrem Ermessen** that's within your discretion [dɪ'skreʃᵊn]; **nach menschlichem Ermessen** as far as anyone can judge

ermitteln
1 (*feststellen*) to establish *Tatsache, Identität*
2 (*polizeilich*) to investigate; **in einem Fall ermitteln** to investigate a case

die **Ermittlung** **Ermittlungen anstellen** to make enquiries [ɪn'kwaɪəriz] (**über** about)

ermöglichen to facilitate [fə'sɪlɪteɪt], to make possible

ermorden to murder

ermüden to tire

ermutigen to encourage [ɪn'kʌrɪdʒ]

ernähren
1 to feed *Kinder, Familie*
2 **sich ernähren** to live (**von** on)

die **Ernährung** (*Nahrung*) food, nourishment ['nʌrɪʃmənt]

ernennen to appoint; **sie wurde zur Rektorin ernannt** she was appointed headmistress

die **Ernennung** appointment (**zu** as)

erneuern
1 to replace [rɪ'pleɪs] *Reifen*
2 (*übertragen*) to renew *Freundschaft*

erniedrigen to humiliate [hju:'mɪliəɪt]; **erniedrigend** humiliating

der **Ernst**
1 (*Charakterzug*) seriousness ['sɪəriəsnəs]
2 **im Ernst** seriously; **ganz im Ernst** in all seriousness ['sɪəriəsnəs]; **das ist mein Ernst** I'm serious about it

ernst
1 *Mensch, Gesichtsausdruck:* earnest, serious ['sɪəriəs]
2 (*bedrohlich*) *Situation:* serious
3 **das meinst du doch nicht ernst!** you can't be serious!; **es wird ernst** it's getting serious; **etwas/jemanden ernst nehmen** to take something/someone seriously

ernsthaft earnest, serious

die **Ernte**
1 (*auch übertragen*) harvest
2 (*Ertrag*) crop

ernten
1 to harvest; to reap *Getreide*
2 (*übertragen*) to get *Applaus, Spott, Undank*

ernüchtern (*zur Vernunft bringen*) to sober ['səʊbəʳ] up

erobern (*auch übertragen*) to conquer ['kɒŋkəʳ]

die **Eroberung** (*auch übertragen*) conquest ['kɒŋkwest]

die **Eröffnung**
1 (*Beginn*) opening
2 (*feierlich*) inauguration [ɪ'nɔ:gjə'reɪʃᵊn]

erörtern to discuss [dɪ'skʌs]

erotisch erotic

erpicht **auf etwas erpicht sein** to be keen on something

erpressen
1 to blackmail *Person*
2 **von jemandem ein Geständnis/Geld erpressen** to extort a confession/money from someone

die **Erpressung** blackmail

erraten to guess [ges]

erregen
1 (*bewirken*) to cause [kɔ:z], to create [kri'eɪt]
2 to provoke *Mitleid*

3 to attract *Aufsehen, Neugier*
4 (*aufregen*) to excite
5 (*sexuell*) to arouse

erreichen
1 (*zustande bringen*) to manage ['mænɪdʒ]
2 to achieve [ə'tʃi:v] *Ziel, Absicht*
3 to reach *Alter, Gegenstand, Geschwindigkeit*

errichten
1 (*bauen*) to erect
2 (*gründen*) to establish

erringen to achieve [ə'tʃi:v], to gain

erröten to blush (**vor** with)

die **Errungenschaft** (*Leistung*) achievement [ə'tʃi:vmənt]

der **Ersatz** replacement, substitute; **als Ersatz** as a substitute

der **Ersatzmann** substitute

der **Ersatzreifen** spare tyre ['taɪəʳ]

das **Ersatzteil** spare [speəʳ] [part]

erschaffen to create [kri'eɪt]

erscheinen
1 (*veröffentlicht werden*) to be published, to come out
2 (*sichtbar werden*) to appear [ə'pɪəʳ]

die **Erscheinung**
1 (*Naturerscheinung*) phenomenon [fɪ'nɒmɪnən]
2 (*Äußeres*) appearance [ə'pɪərəns]
3 *eines Geistes:* apparition [,æpər'ɪʃən]

erschießen **jemanden/sich erschießen** to shoot someone/oneself

erschlagen[1] to kill; **vom Blitz erschlagen werden** to be struck by lightning

erschlagen[2] (*umgangsspr*) worn out

erschließen
1 to tap *Rohstoffquelle*
2 to develop; to open up *Gelände, Markt*

erschöpfen to exhaust [ɪg'zɔ:st]

die **Erschöpfung** exhaustion

erschrecken
1 **jemanden erschrecken** to frighten ['fraɪtən] [*oder* startle] someone; **hast du mich erschreckt!** you gave me such a fright [*oder* start]!
2 **erschrick nicht** don't get a fright [fraɪt]; **bin ich erschrocken!** what a fright that gave me!
3 **es war erschreckend** [*oder* **ich war erschrocken**]**, ihn so zu sehen** it was frightening to see him like that

erschüttern
1 (*erzittern lassen*) to shake
2 (*übertragen: aus der Fassung bringen*) to upset; (*umgangsspr*) to shatter

erschweren
1 (*schwieriger machen*) to make more difficult
2 (*verschlimmern*) to aggravate ['ægrəveɪt]

erschwinglich within one's means

ersetzen
1 to replace [rɪ'pleɪs] *Ding*
2 **jemandem den Schaden ersetzen** to compensate someone for the damage
3 **jemanden ersetzen** to take the place of someone

ersichtlich obvious ['ɒbviəs]; **ohne ersichtlichen Grund** for no apparent reason

ersparen
1 to save *Geld*
2 **erspar mir deine Belehrungen** spare me your lectures
3 **mir bleibt auch nichts erspart!** why does everything have to happen to me!

die **Ersparnisse** savings

erst
1 (*zuerst*) at first
2 **ich muss das erst fertig machen** I must finish this first
3 (*nicht eher als*) not until; **sie fingen erst an, als wir da waren** they didn't start until we came
4 **erst gestern** only yesterday; **es ist erst elf Uhr** it's only eleven o'clock
5 **das ist fürs Erste genug** that's enough to begin with

erstatten **jemandem seine/ihre Auslagen erstatten** to refund someone for his/her expenses

die **Erstaufführung** first-night [performance]

das **Erstaunen** astonishment [ə'stɒnɪʃmənt], amazement; **in Erstaunen setzen** to amaze

erstaunen
1 to amaze; to astonish *jemanden, Publikum*
2 **erstaunt sein** to be astonished (**über** at)

erstaunlich amazing, astonishing

erste(**r, s**)
1 first, 1st
2 **erste Hilfe** first aid

3 **er war der Erste, der das gemacht hat** he was the first to do that; **er war als Erster zu Hause** he was the first home

ersticken
1 **jemanden ersticken** to suffocate someone
2 **sie erstickte** she suffocated; (*an einer Gräte*) she choked to death

erstklassig first-class, first-rate

erstrecken
1 **sich erstrecken** (*räumlich*) to extend, to stretch, to reach (**bis** to/as far as, **auf/über** over)
2 **sich über Jahre erstrecken** to carry on [*oder* last] for years

ertappen to catch; **auf frischer Tat ertappt** caught [kɔːt] in the act [*oder* red-handed]

erteilen to give; to grant *Erlaubnis*

ertragen to bear [beəʳ], to endure

erträglich bearable ['beərəbl], endurable [ɪn'djʊərebl]

ertrinken to drown

erübrigen **sich erübrigen** *Worte, Gesten:* to be superfluous [suː'pɜːfluəs]; **alles Weitere erübrigt sich** there's no more to be said

erwachen to awake, to wake [up]

erwachsen¹ (*übertragen: entstehen*) to arise, to develop

erwachsen² adult, grown-up

der/die **Erwachsene** grown-up [person], adult

erwägen to consider [kən'sɪdəʳ]

erwähnen to mention ['menʃᵊn]

erwärmen
1 to heat, to warm [wɔːm]
2 **sich erwärmen** to heat up
3 (*übertragen*) **sich für etwas erwärmen** to take to something

erwarten
1 (*annehmen*) to expect
2 (*entgegensehen*) to await [ə'weɪt]; **ich weiß, was mich erwartet** I know what to expect

die **Erwartung** expectation; **das entspricht ganz meinen Erwartungen** this comes up to my expectations

erwartungsvoll expectant

erweisen
1 (*beweisen*) to prove [pruːv]
2 **jemandem einen Gefallen erweisen** to do someone a favour
3 **er erwies sich als fähig** he proved to be competent; **sich als nützlich erweisen** to prove useful; **sich als falsch erweisen** to prove to be wrong
4 **es hat sich erwiesen, dass ...** it turned out that ...

erweitern
1 (*vergrößern*) to enlarge
2 (*verbreitern*) to widen

erwerben to acquire [ə'kwaɪəʳ]

erwidern
1 (*antworten*) to answer ['ɑːnsəʳ], to reply [rɪ'plaɪ]; (*scharf*) to retort
2 to return *Gefallen, Gruß, Kompliment*

erwischen
1 (*fangen*) to catch
2 (*zufällig bekommen*) to get hold of

das **Erz** ore

erzählen to tell; **gut Geschichten erzählen können** to be a good storyteller ► WENDUNGEN: **wem erzählst du das!** you're telling me!

der **Erzähler**, die **Erzählerin** narrator [nə'reɪtəʳ]

die **Erzählung** story; (*formeller*) tale

der **Erzbischof** archbishop [ˌɑːtʃ'bɪʃəp]

erzeugen to produce [prə'djuːs]; to generate ['dʒenᵊreɪt] *Energie*

das **Erzeugnis** produce

erziehen
1 (*aufziehen*) **Kinder erziehen** to bring up children; **er ist gut erzogen** he is well brought-up
2 (*ausbilden*) to educate ['edʒʊkeɪt]

die **Erziehung**
1 (*Erziehungszeit*) upbringing
2 (*Bildung*) education [ˌedʒʊ'keɪʃᵊn]

erzielen
1 to reach [riːtʃ] *Einigung*
2 to achieve [ə'tʃiːv] *Erfolg*
3 to obtain [əb'teɪn] *Ergebnis*

erzwingen to force [fɔːs]

es
1 it; (*für Haustiere*) he/she
2 **es gibt** there is/are; **es gibt keine Milch/Erdbeeren** there is no milk/are no strawberries ['strɔːbᵊriz]
3 **es war niemand da** there was nobody
4 **es ist kalt** it's cold; **mir ist es kalt** I am

cold
5 **es sei denn, dass ...** unless ...
6 **ich bin es** it's me
7 **es regnet** it is raining
8 **es wurde getanzt** there was dancing

der **Esel**
1 (*Tier*) donkey
2 (*als Schimpfwort*) ass, fool

eskalieren to escalate ['eskəleɪt]

der **Eskimo** Eskimo

essbar *Pilz:* edible ['edɪbl]

das **Essen**
1 (*Nahrung*) food
2 (*Mahlzeit*) meal
3 **komm[t] zum Essen!** lunch/dinner is ready!; **gerade beim Essen sein** to be having lunch/dinner

essen
1 eat; **essen gehen** to eat out
2 **zu Mittag/Abend essen** to have lunch/dinner

der **Essig** vinegar; **Essig und Öl** oil and vinegar
▶ WENDUNGEN: **damit ist jetzt Essig** (*umgangsspr*) it's all off!

der **Esslöffel** soup [*oder* dessert] spoon

der **Esstisch** dining table

das **Esszimmer** dining room

die **Etage** [e'ta:ʒə] floor [flɔ:ʳ]

die **Etappe** stage

der **Etat** [e'ta:] budget ['bʌdʒɪt]

die **Ethik** ethics ['eθɪks] ⚠ *Plural*

ethisch ethical ['eθɪkᵊl]

das **Etikett** label ['leɪbᵊl]

etliche(r, s) **etliche Male** quite a few times; **etliche tausend Tote** several thousand casualties ['kæʒjuəltiz]

das **Etui** case

etwa
1 (*ungefähr*) about, approximately [ə'prɒksɪmətli]; **wann etwa?** roughly ['rʌfli] when?
2 **sind Sie etwa nicht einverstanden?** do you mean to say that you don't agree?

etwas
1 **etwas tun** to do something
2 (*mit Frage, Bedingung, Verneinung*) anything
3 **etwas Brot/Geld** some bread/money; **hast du etwas Brot/Geld?** have you got any bread/money?
4 **etwas Nettes** something nice
5 **kaum etwas** hardly anything
6 **noch etwas Tee?** some more tea?
7 **etwas mehr/weniger** a little more/less; **etwas Zeit** a little bit of time

euch
1 **sie hat euch gesagt ...** she told you ...
2 **er hat es euch gegeben** he gave it to you
3 **für/mit euch** for/with you
4 **wohnt sie jetzt bei euch?** is she staying with you now?

euere(r, s)
1 your
2 **sind das eure?** are these yours?

die **Eule** owl

der **Euro** euro; **5 Euro** 5 euro[s]

europäisch European

evangelisch Protestant ['prɒtɪstənt]

eventuell
1 (*etwaig*) possible; **die eventuellen Nachteile** the possible disadvantages
2 (*nötigenfalls*) if need be; **eventuell könnte ich auch für ihn einspringen** I could cover for him if necessary
3 (*vielleicht*) perhaps; **eventuell [schon]** (*als Antwort*) possibly; **ich werde eventuell später dazukommen** I'll perhaps join you later

die **Evolution** evolution [ˌi:və'lu:ʃn]

ewig
1 eternal [ɪ'tɜ:nl], everlasting [ˌevə'lɑ:stɪŋ]
2 forever; **das dauert ja ewig!** (*umgangsspr*) it's taking ages!

die **Ewigkeit** eternity [ɪ'tɜ:nətɪ]

exakt exact; **exakt arbeiten** to work accurately ['ækjərətli]

das **Examen** examination [ɪgˌzæmɪ'neɪʃn]; (*umgangsspr*) exam; **Examen machen** to take one's exams ⚠ *Plural*

das **Exemplar**
1 (*Buch*) copy
2 (*Muster*) sample
3 (*Pflanze*) specimen ['spesəmɪn]

das **Exil** exile ['eksaɪl]; **im Exil** in exile

die **Existenz** existence [ɪg'zɪstəns]; **sich eine Existenz aufbauen** to make a life for oneself

existieren
1 (*bestehen*) to exist; **davon existiert nur**

ein Exemplar there is only one copy of this
② (*leben können*) to live, to subsist [səb'sɪst] (**von** on)

exklusiv exclusive [ɪk'sklu:sɪv]

die **Exkursion** excursion [ɪk'skɜ:ʃn]

exotisch exotic [ɪg'zɒtɪk]

das **Experiment** experiment [ɪk'sperɪmənt]

experimentieren to experiment [ɪk'sperɪment]

der **Experte**, die **Expertin** expert ['ekspɜ:t] (**für** in)

explodieren to explode [ɪk'spləʊd]

die **Explosion** explosion [ɪk'spləʊʒn]

explosiv explosive [ɪk'spləʊsɪv]

der **Export** export [ɪk'spɔ:t]

der **Exporteur** exporter

exportieren to export

extern external

extra
① **das kostet extra** there's an extra [*oder* additional] charge for this
② **das hat er extra gemacht** he's done that on purpose ['pɜ:pəs]
③ **ich hätte gerne eine extra Rechnung** I'd like a separate bill, please
④ **das habe ich extra für meine Schwester gebastelt** I made that specially for my sister

die **Extrafahrt** (CH) special excursion [*oder* trip]

der **Extrakt** extract ['ekstrækt]

der **Extrazug** (CH) special train

das **Extrem** extreme; **von einem Extrem ins andere fallen** to go from one extreme to the other

extrem extreme

der **Extremist**, die **Extremistin** extremist [ɪk'stri:mɪst]

exzentrisch eccentric

Ff

F, f
① (*Buchstabe*) F, f [ef]
② (*in der Musik*) F, f

die **Fabel** fable

fabelhaft (*wunderbar*) fabulous

das **Fabelwesen** mythical creature

die **Fabrik** factory ['fæktri]; (*Werk*) works ⚠ *Singular oder Plural;* (*Anlage*) plant

der **Fabrikant**, die **Fabrikantin** (*Besitzer*) factory-owner

das **Fach**
① (*Abteil*) compartment, division
② (*Unterrichtsfach*) subject [sʌbdʒekt]
③ (*Zweig*) branch; **er versteht sein Fach** he knows his business

der **Facharbeiter**, die **Facharbeiterin** skilled worker

der **Fachausdruck** technical ['teknɪkl] term

der **Fächer** fan

die **Fachfrau** expert ['ekspɜ:t]

die **Fachhochschule** college, polytechnic

fachlich technical ['teknɪkl]

der **Fachmann** expert ['ekspɜ:t]

die **Fackel** torch [tɔ:tʃ]

fade
① *Essen:* tasteless; **fade schmecken** to have no taste, to not taste of anything
② (*langweilig*) dull, flat

der **Faden** thread [θred] ► WENDUNGEN: **den Faden verlieren** to lose the thread

fadenscheinig threadbare

das **Fagott** bassoon

fähig
① (*begabt*) able, capable
② **er ist zu allem fähig** he is capable of anything

die **Fähigkeit** ability, capability

fahl fallow; *Gesicht:* pale

fahnden to search [sɜ:tʃ] (**nach** for)

die **Fahne** flag

der **Fahrausweis**
1 ticket
2 (CH) driving licence (GB), driver's license (USA)

die **Fahrbahn** lane

fahrbar (*beweglich*) mobile ['məʊbaɪl]

die **Fähre** ferry

Grammatik
Richtiges Konjugieren von **drive**: drive, drove, driven — *Mr Lee drove to Bath; Mrs Lee had driven for many miles.*

fahren
1 to go (**mit** by); (*mit dem Rad*) to ride; (*mit einem Schiff*) to sail; **mit dem Bus fahren** to go by bus; **Auto/Motorrad fahren** to drive a car/ride a motorcycle; **per Anhalter fahren** to hitch[hike]; **rechts fahren!** keep right!
2 **dieses Auto fährt mit Diesel** this car runs on diesel
3 (*befördern*) to take, to drive; **ich fahre dich zum Flughafen** I'll take [*oder* drive] you to the airport
4 **Peter fährt gut** Peter is a good driver

Vorsicht Falle!
drive oder **ride**? Fährt man ein Auto, LKW oder Bus, benutzt man das Wort **drive:** *What car do you drive? I drive to work every day by car.* Fährt man mit dem Fahrrad oder Motorrad oder reitet man auf einem Pferd, so benutzt man **ride:** *I learned to ride a bike at the age of 5.*

der **Fahrer**, die **Fahrerin** driver

der **Fahrgast** passenger

das **Fahrgeld** fare [feəʳ]

die **Fahrkarte** ticket

fahrlässig negligent ['neglɪdʒənt], careless

der **Fahrlehrer**, die **Fahrlehrerin** driving instructor

der **Fahrplan** timetable (GB), schedule ['ʃedju:l] (USA)

der **Fahrpreis** fare [feəʳ]

das **Fahrrad** bicycle ['baɪsɪkl], cycle; (*umgangsspr*) bike

der **Fahrschein** ticket

die **Fahrschule** driving school

der **Fahrschüler**, die **Fahrschülerin** learner [*oder* (USA) student] driver

die **Fahrspur** lane

der **Fahrstuhl** lift (GB), elevator ['elɪveɪtə] (USA)

die **Fahrt**
1 (*im Wagen*) drive, ride
2 (*Reise*) journey ['dʒɜ:ni], trip

die **Fährte** track, trail

das **Fahrzeug** vehicle ['vɪəkl]

die **Fakultät** faculty

der **Fall**
1 (*Sturz*) fall
2 (*Sachverhalt*) case, instance
3 *eines Anwalts, Arztes:* case
4 **gesetzt den Fall, dass ...** supposing that ...; **in diesem Fall** in this case [*oder* instance]; **auf jeden/keinen Fall** at any rate/on no account; **für den Fall, dass er ...** in case he ...; **auf alle Fälle** anyway; **im besten/schlimmsten Fall** at best/worst
5 **klarer Fall!** (*umgangsspr*) sure thing!
6 **das ist nicht mein Fall** (*umgangsspr*) that's not my cup of tea

die **Falle**
1 trap
2 **jemandem eine Falle stellen** to set a trap for someone

fallen
1 to fall
2 *Preise, Temperatur:* to drop
3 *Schuss:* to be fired
4 to be made *Entscheidung*
5 **im Krieg fallen** to be killed in action
6 **über etwas fallen** to trip over something
▸ WENDUNGEN: **jemandem in den Rücken fallen** to stab someone in the back

Grammatik
Richtiges Konjugieren von **fall**: fall, fell, fallen — *Steven fell on the stairs; Most of the apples have fallen from the tree.*

fällen
1 to fell *Bäume*
2 to make *Entscheidung;* **ein Urteil fällen** to pass sentence ['sentəns]

fällig due [dju:]; **fällig zum Ende des Jahres** due by the end of the year; **fällig werden** to fall due

falls
1 (*wenn*) if; **falls du nicht kommen kannst** if you're not able to come
2 (*für den Fall, dass ...*) in case ...

der **Fallschirm** parachute ['pærəʃu:t]; **mit dem Fallschirm abspringen** to parachute die **Fallstudie** case study

falsch

1 (*verkehrt*) wrong [rɒŋ]; **etwas falsch aussprechen** to mispronounce something
2 (*unecht*) *Name, Zähne:* false [fɔːls]
3 *Pass, Alibi:* fake, forged; *Geld:* counterfeit ['kaʊntəfɪt]
4 (*unehrlich*) false
5 **etwas falsch verstehen** to misunderstand something
6 **falsch spielen** (*beim Musizieren*) to play the wrong note[s]
7 **falscher Alarm** false alarm

fälschen

1 to fake, to forge; *Geld:* to counterfeit ['kaʊntəfɪt]
2 *Rechnung, Bilanz:* to falsify ['fɔːlsɪfaɪ]

falschgehen *Uhr:* to be wrong

das **Falschgeld** counterfeit ['kaʊntəfɪt] money

falschspielen (*beim Kartenspiel*) to cheat

die **Fälschung** fake, forgery

die **Falte**

1 fold
2 (*Bügelfalte*) crease; *von Rock:* pleat
3 (*im Gesicht*) wrinkle ['rɪŋkl]; **Falten werfen** to crease [kriːs], to pucker

falten to fold; **die Hände falten** to fold one's hands

familiär (*zwanglos*) informal

die **Familie** family; **Familie Clark** the Clark family; **es liegt in der Familie** it runs in the family; **eine vierköpfige Familie** a family of four

> **Vorsicht Falle!**
> **family** kann sowohl in der Einzahl als auch in der Mehrzahl stehen: *Maria's family comes from Italy; are your family all well?*

der **Familienname** surname ['sɜːneɪm] GB, last name USA

der **Familienstand** marital status

der **Fan** [fɛn] (*umgangsspr*) fan [fæn]

der **Fanatiker**, die **Fanatikerin** fanatic

fanatisch fanatical

fangen

1 to catch *auch übertragen;* (*mit einer Falle*) to trap
2 **sich fangen** to steady oneself

> **Grammatik**
> Richtiges Konjugieren von **catch**: catch, caught, caught — *The cat caught two rats; The burglars were caught and arrested; I have caught a bad cold.*

die **Fantasie** fantasy ['fæntəsi], imagination

fantasievoll imaginative

fantastisch

1 fantastic
2 (*großartig*) excellent, swell USA
3 (*unglaublich*) incredible

die **Farbe**

1 colour GB, color USA; (*zum Malen*) paint; (*zum Färben*) dye [daɪ]; *von Gesicht:* complexion; **Farbe bekommen** to get a bit of colour
2 *von Kartenspiel:* suit

färben to colour, to dye [daɪ] *Stoff, Haare;* **sich gelb färben** to turn yellow

> **Grammatik**
> Richtiges Konjugieren von **dye**: dye, dyeing, dyed, dyed — *I want to dye my hair red; The hairdresser is dyeing my hair black; Harry dyed his hair blue.*

farbenblind colour-blind

farbenfroh colourful

der **Farbfernseher** colour TV

farbig coloured

> **Land und Leute**
> Die Bezeichnung **coloured** für eine(n) Farbige(n) gilt allgemein als abwertend. In Großbritannien ist **black** die korrekte Form. Als *politically correct* gilt in den USA zudem die Bezeichnung **African American**, wenn man über Farbige im Allgemeinen spricht.

der **Farbstoff** colouring

der **Farbton** hue [hjuː], shade

das **Faschierte(s)** A mince[d meat] GB, ground meat USA

der **Fasching** carnival ['kɑːnɪvl]

der **Faschingsdienstag** Shrove Tuesday

der **Faschismus** fascism ['fæʃɪzm]

der **Faschist**, die **Faschistin** fascist ['fæʃɪst]

die **Faser** fibre ['faɪbə] (GB), fiber (USA)

das **Fass** barrel ['bærəl]; **Bier vom Fass** draught [drɑːft] beer

fassen

1 (*ergreifen*) to take hold of; (*packen*) to grab; (*festnehmen*) to apprehend
2 to set *Edelsteine*
3 (*enthalten*) to hold
4 (*begreifen*) to grasp, to understand; **es ist nicht zu fassen** it's unbelievable
5 to take *Entschluss, Mut;* **etwas ins Auge fassen** to contemplate something
6 **etwas in Worte fassen** to express something in words
7 (*sich sammeln*) to compose oneself
8 **sich kurz fassen** to be brief

die **Fassung**

1 *von Juwelen:* setting; *einer Glühbirne:* socket
2 *von Mensch:* composure; **jemanden aus der Fassung bringen** to disconcert someone; **die Fassung verlieren** to lose one's composure; **etwas mit Fassung tragen** to take something calmly
3 (*Version, Bearbeitung*) version

fassungslos aghast [ə'gɑːst], stunned

das **Fassungsvermögen** capacity

fast

1 almost, nearly
2 **fast dasselbe** much the same
3 **fast nichts** hardly anything
4 **fast nie** hardly ever

fasten to fast

die **Fastenzeit** Lent ⚠ *ohne Artikel*

die **Fastnacht** Shrovetide, carnival

der **Fastnachtsdienstag** Shrove Tuesday ⚠ *ohne Artikel*

faszinieren to fascinate ['fæsɪneɪt]; **fasziniert sein** to be fascinated (**von** by)

faszinierend fascinating

fatal

1 (*verhängnisvoll*) disastrous; **fatale Folgen haben** to have fatal repercussions [ˌriːpə'kʌʃᵊns]
2 (*peinlich*) embarrassing [ɪm'bærəsɪŋ]

Falsche Freunde
Das englische Wort **fatal** bedeutet ‚tödlich'!

fauchen to hiss

faul

1 (*träge*) idle, lazy ['leɪzi]
2 (*verdorben*) rotten *auch übertragen; Zahn:* decayed
3 (*umgangsspr: verdächtig*) fishy; **an der Sache ist etwas faul** there's something fishy about the whole business

faulenzen to laze [*oder* loaf] about

die **Faulheit** idleness, laziness [leɪzɪnəs]

die **Faust**

1 fist
2 **auf eigene Faust** (*umgangsspr*) off one's own bat

der **Fausthandschuh** mitt[en]

das **Fax** fax

faxen to fax

der **Feber** Ⓐ February ['februᵊri]

der **Februar** February ['februᵊri]

fechten to fence, to fight

die **Feder**

1 feather ['feðə]; (*Hutfeder*) plume
2 (*in Polsterung*) spring

der **Federball**

1 (*Ball*) shuttlecock
2 (*Federballspiel*) badminton

das **Federbett** quilt (GB), feather comforter ['kʌmfətə] (USA)

die **Fee** fairy ['feəri]

fegen

1 (*mit Besen*) to sweep clean
2 (CH) (*feucht wischen*) to wipe clean

Grammatik
Richtiges Konjugieren von **sweep**: sweep, swept, swept — *Laura swept the kitchen floor; The kitchen has been swept clean.*

fehlen

1 (*nicht da sein*) to be missing; (*in der Schule*) to be away (**in** from)
2 (*mangeln*) to be lacking; **du fehlst mir** I miss you ▶ WENDUNGEN: **das hat uns gerade noch gefehlt!** that was all we needed!; **wo fehlt es?** what's the trouble?

der **Fehler**

1 mistake; (*Irrtum*) error ['erə]; **das war nicht mein Fehler** that was not my fault
2 (*Defekt*) defect ['diːfekt], fault [fɔːlt]
3 (*im Sport*) **Fehler!** fault!

fehlerfrei perfect ['pɜːfɪkt]; (*makellos*) faultless ['fɔːltləs], flawless

fehlerhaft defective [dɪ'fektɪv], faulty [fɔːlti]

der **Fehlschlag** failure ['feɪljə]

die **Feier**
1 celebration
2 (*zeremonielle Feier*) ceremony
3 (*Party*) party
4 **zur Feier des Tages** in honour of the occasion

der **Feierabend** (*Arbeitsschluss*) end of work; (*Geschäftsschluss*) closing time GB, quitting time USA; **Feierabend machen** to finish work; **machen wir Feierabend für heute!** let's call it a day!

feierlich
1 (*erhebend*) solemn ['sɒləm]
2 (*festlich*) festive; **eine feierliche Angelegenheit** a festive occasion
3 (*förmlich*) ceremonious [ˌserə'məʊnɪəs]

die **Feierlichkeiten** celebrations

feiern to celebrate ['seləbreɪt]

der **Feiertag**
1 holiday; (*kirchlich*) feast
2 **der 1. Januar ist ein gesetzlicher Feiertag** the 1st January is a bank [*oder* USA legal ['liːgl]] holiday

Land und Leute
In England, Irland, Schottland und Wales gibt es jeweils einen Feiertag für den **patron saint** (Schutzpatron). St George (in England) wird am 23. April gefeiert; St Patrick (in Irland) am 17. März, St David (in Wales) am 1. März und St Andrew (in Schottland) am 30. November. Da der Apostel Andreas an ein X-förmiges Kreuz genagelt wurde, zeigt die schottische Flagge ein weißes **St Andrew's cross** auf blauem Grund.

feig(e) cowardly ['kaʊədli]; (*umgangsspr*) gutless

die **Feigheit** cowardice ['kaʊədɪs]

der **Feigling** coward ['kaʊəd]

die **Feile** file

feilen to file; **an etwas feilen** to file away at something

fein
1 (*nicht grob*) fine
2 (*vornehm*) refined, posh *umgangsspr*
3 (*einfühlsam*) sensitive; *Gehör, Geruchssinn:* acute [ə'kjuːt]
4 **fein säuberlich** nice and neat
5 **du hast dich heute aber fein gemacht!** you're dressed up today!

der **Feind**, die **Feindin** enemy ['enəmi], foe [fəʊ]

feindlich
1 hostile ['hɒstaɪl] (**gegen** to)
2 (*gegnerisch*) enemy

die **Feindschaft** enmity ['enməti]

feindselig hostile

die **Feindseligkeit** hostility [hɒ'stɪlətɪ]

feinfühlend sensitive ['sensətɪv]; (*taktvoll*) tactful

das **Feinkostgeschäft** delicatessen [ˌdelɪkə'tesn]

das **Feld**
1 field
2 *eines Schachbretts:* square
3 (*Arbeitsbereich*) area, field
4 **auf freiem Feld** in the open country

der **Feldweg** path [*oder* track] [across the fields]

der **Feldzug** campaign [kæm'peɪn]

das **Fell**
1 coat
2 (*Pelz*) fur [fɜː]
3 **ein dickes Fell haben** to have a thick skin

der **Felsblock** boulder ['bəʊldəʳ]

der **Fels(en)** rock

feminin feminine ['femənɪn]

der **Feminismus** feminism ['femənɪzm]

der **Feminist**, die **Feministin** feminist ['femənɪst]

das **Fenster** window

die **Fensterbank** window-sill

der **Fensterladen** shutter

die **Fensterscheibe** [window] pane

die **Ferien** holidays GB, vacation USA; **die großen Ferien** the summer holidays GB, the long vacation USA; **Ferien haben** to be on holiday [*oder* USA vacation]; **in die Ferien fahren** to go on holiday [*oder* USA vacation]

das **Ferienhaus** holiday cottage ['kɒtɪdʒ]

das **Ferienlager** holiday camp

fern
1 (*räumlich*) distant, faraway
2 (*zeitlich*) far-off
3 **von fern** from a distance ['dɪstəns], from afar
4 **fern von** far [away] from

die **Fernbedienung** remote control

fernbleiben to stay away; **jemandem/etwas fernbleiben** to stay away from someone/something

das **Ferngespräch** long-distance call

das **Fernglas** binoculars ⚠ *Plural*

das **Fernrohr** telescope ['telɪskəʊp]

das **Fernsehen** television ['telɪˌvɪʒn]; **im Fernsehen** on television

fernsehen to watch television [*oder* TV]

der **Fernseher** television ['telɪˌvɪʒn], TV

das **Fernsehgerät** television [*oder* TV] set

das **Fernsehprogramm**
1 (*Kanal*) channel (GB), station (USA)
2 (*Sendefolge*) programme (GB), program (USA)

die **Fernsehsendung** television program[me]

der **Fernsprecher** telephone

die **Fernsteuerung** remote control; (*drahtlos*) radio control

der **Fernverkehr** long-distance traffic

die **Ferse** heel

fertig
1 (*bereit*) ready
2 (*vollendet*) finished; (*mit der Ausbildung*) qualified
3 (*erschöpft*) *Mensch:* done in, shattered
4 **das Essen ist fertig** dinner is ready; **bist du mit deiner Arbeit fertig?** have you finished your work?
5 **mit dir bin ich fertig** I am through [*oder* finished] with you
6 **mit jemandem/etwas fertig werden** to cope with someone/something
7 (*vollenden*) **etwas fertig bringen** to get something done
8 (*imstande sein*) **etwas fertig bringen** to manage something; **der bringt es glatt fertig und ...** he's quite capable of ...
9 **etwas fertig machen** (*vollenden*) to finish something; (*bereitmachen*) to get something ready

fertigbringen
1 (*vollenden*) **etwas fertigbringen** to get something done
2 (*imstande sein*) to manage; **der bringt es glatt fertig und ...** he's quite capable of ...

die **Fertigkeit** skill

fertigmachen
1 (*umgangsspr: schlagen*) **jemanden fertig machen** to lay into someone
2 (*erledigen*) **jemanden fertig machen** to do for someone
3 (*ermüden*) **jemanden fertig machen** *Arbeit, Probleme:* to take it out of someone

fesseln
1 (*binden*) to bind; (*mit Fesseln*) to fetter, to shackle
2 *Film, Buch:* to grip

fesselnd (*packend*) gripping

das **Fest** celebration; (*Party*) party

fest
1 (*hart, stabil*) solid ['sɒlɪd]
2 (*nicht nachgebend*) firm; *Schlag:* hard; *Schuhe:* sturdy
3 (*nicht locker*) tight; *Schlaf:* sound
4 (*ständig*) regular; *Lohn, Gehalt, Preise:* fixed; *Stellung, Beruf, Wohnsitz:* permanent ['pɜːmənənt]
5 **fest angestellt** permanently employed
6 **fest versprechen** to promise faithfully; **ich bin fest entschlossen** I am absolutely determined
7 **Anne und Paul sind fest befreundet** Anne and Paul are going steady; **sie hat einen festen Freund** she has a steady boyfriend

festen (CH) (*feiern*) to celebrate [seləbreɪt]

das **Festessen** banquet ['bæŋkwɪt]

festhalten
1 to hold [tightly]
2 **an etwas festhalten** *Meinung:* to stick to something
3 **sich festhalten** to hold on [*oder* tight]

festigen to strengthen ['streŋθn]

festklammern **sich festklammern** to cling on (**an** to)

das **Festland**
1 **das europäische Festland** the Continent
2 (*keine Insel*) mainland

festlegen
1 (*festsetzen*) to fix
2 **sich festlegen** (*sich verpflichten*) to commit oneself (**auf** to); (*sich verbindlich entscheiden*) to tie oneself down (**auf** to)

festlich
1 festive
2 (*feierlich*) solemn ['sɒləm]

festmachen
1 (*festbinden*) to fasten (**an** onto)
2 (*befestigen*) to fix (**an** onto)

die **Festnahme** arrest

festnehmen to [put under] arrest

die **Festplatte** hard disk

festsetzen (*bestimmen*) to fix (**auf** at)

festsitzen (*nicht weiterkönnen*) to be stuck

feststellen
1 (*herausfinden*) to ascertain, to find [out]
2 (*entdecken*) to discover; (*einsehen*) to realize
3 (*betonend äußern*) to emphasize

die **Festung** fort[ress]

das **Fett**
1 fat
2 (*Schmiere*) grease

fett
1 fat
2 *Gewinn, Beute:* rich
3 *Essen:* fatty
4 **fett gedruckt** printed in bold [face [*oder* type]]

fettarm with a low fat content

fettig greasy; *Haut:* oily

das **Fettnäpfchen** ▶ WENDUNGEN: **ins Fettnäpfchen treten** to put one's foot in it

der **Fetzen** shred; (*Lumpen*) rag; *von Papier, Gespräch:* scrap

feucht damp, moist; *Klima:* humid ['hju:mɪd]; *Hände:* sweaty

die **Feuchtigkeit** (*Zustand*) dampness, moistness; *von Klima:* humidity [hju:'mɪdəti]

das **Feuer**
1 fire
2 (*für Zigarette*) light; **können Sie mir Feuer geben?** could you give me a light?
3 **am Feuer** by the fire
4 **Feuer [an]machen** to light a fire; **Feuer fangen** to catch fire; (*übertragen*) to be really taken

der **Feueralarm** fire alarm

die **Feuerleiter** fire escape

der **Feuerlöscher** fire extinguisher [ɪk'stɪŋgwɪʃə]

feuern (*umgangsspr: entlassen*) to fire, to sack

die **Feuerwache** fire station

die **Feuerwehr** fire brigade (GB), fire department (USA)

das **Feuerwehrauto** fire engine (GB), fire truck (USA)

die **Feuerwehrfrau** firewoman

der **Feuerwehrmann** fireman

das **Feuerwerk** fireworks ⚠ *immer Plural*

der **Feuerwerkskörper** firework

das **Feuerzeug** [cigarette] lighter

feurig fiery ['faɪri]

der **Fiaker** (A) (*Kutsche*) cab; (*Kutscher*) coachman ['kəʊtʃmən]

die **Fiche** (CH) file, record

das **Fieber**
1 fever ['fi:və]
2 (*bei Krankheit*) temperature; **jemandem das Fieber messen** take someone's temperature; [**39 °C**] **Fieber haben** to have a temperature [of 39 °C]

fieberhaft feverish ['fi:vərɪʃ]

das **Fieberthermometer** [clinical] thermometer [θə'mɒmɪtə]

fiebrig feverish, febrile

fies (*umgangsspr*) nasty ['nɑ:sti]

die **Figur** figure ['fɪgə]

die **Filiale** branch [brɑ:ntʃ]

der **Filialleiter**, die **Filialleiterin** branch manager

der **Film**
1 film; **einen Film [in eine Kamera] einlegen** to load [a film into] a camera
2 (*Kinofilm*) film (GB), movie ['mu:vi] (USA), motion picture; **in einen Film gehen** to go and see a film [*oder* (USA) movie]
3 (*Filmbranche*) films (GB), movies (USA); **einen Film drehen** to shoot a film [*oder* (USA) movie]

filmen to film

der/das **Filter** filter

filtern to filter

der **Filz** (*Stoff*) felt

der **Filzschreiber**, der **Filzstift** felt-tip pen

das **Finale**
1 finals ['faɪnlz] ⚠ *Plural*
2 *von Musikstück:* finale [fɪnɑ:li]

das **Finanzamt** tax [*oder* fiscal] office

die **Finanzen** finances ['faɪnænsɪz]

finanziell financial [faɪ'nænʃl]

finanzieren to finance ['faɪnæns]

der **Finanzminister**, die **Finanzministerin** (*in GB*) Chancellor of the Exchequer; (*in den USA*)

Secretary of the Treasury ['treʒəri]; (*in anderen Ländern*) minister ['mɪnɪstə] of finance ['faɪnæns]

das **Finanzministerium** (*in GB*) the Exchequer; (*in den USA*) Treasury Department; (*in anderen Ländern*) ministry of finance

finden
1 to find
2 (*meinen*) to think; **ich finde nichts dabei** I think nothing of it; **etwas gut finden** to think something is good
3 **sich finden** to be found; (*in Ordnung kommen*) to sort itself out; **es wird sich schon alles finden** it will all sort itself out

Grammatik
Richtiges Konjugieren von **find**: find, found, found — *Bill found a snake in the park; I have just found what I was looking for.*

der **Finger** finger ['fɪŋgə]

der **Fingerabdruck** fingerprint

der **Fingernagel** fingernail ['fɪŋgəneɪl]

finster
1 (*dunkel*) dark
2 (*unheimlich*) sinister
3 (*mürrisch, verdrossen*) grim, sullen

die **Firma** company, firm

der **Fisch**
1 fish
2 (*Sternbild*) Pisces ['paɪsi:z] ⚠ *Singular;* **ich bin Fisch** I'm [a] Pisces

Vorsicht Falle!
Die Mehrzahl von **fish** bleibt in den meisten Fällen unverändert **fish**: *the fishermen caught hundreds of fish*; wenn man jedoch von verschiedenen Fischarten spricht, verwendet man **fishes**: *cod, haddock, herring and other fishes.*

fischen to fish

der **Fischer** fisherman ['fɪʃəmən]

das **Fischstäbchen** fish finger

die **Fisole** Ⓐ French bean, green bean

fit fit, in good shape

die **Fitness** fitness

fix
1 (*feststehend*) fixed
2 (*umgangsspr: flink*) quick
3 **fix und fertig sein** (*umgangsspr*) to be finished

fixieren ⒸⒽ to fix

flach
1 (*niedrig*) flat; *Haus:* low
2 (*nicht tief*) shallow
3 (*seicht*) shallow

der **Flachbildfernseher** flat screen TV

der **Flachbildschirm** flat screen

die **Fläche** area; (*Oberfläche*) surface ['sɜ:fɪs]

flackern to flicker

das **Fladenbrot** round, flat loaf [of bread], ≈ Turkish bread

die **Flagge** flag

die **Flamme**
1 flame
2 **etwas auf kleiner Flamme kochen** to cook something on a low flame

die **Flanke**
1 (*beim Fußball*) cross; (*Position*) wing
2 (*beim Turnen*) side-vault

die **Flasche**
1 bottle
2 (*umgangsspr: Versager*) dead loss
3 **in Flaschen füllen** to bottle

der **Flaschenöffner** bottle-opener

der **Flashmob** ['flæʃmɒb] flashmob

flattern
1 *Vogel, Herz:* to flutter
2 *Fahne:* to stream, to wave

die **Flatrate** [flɛt'reɪt] flat rate

flau
1 (*schwach*) weak
2 *Wind:* slack
3 **mir ist ganz flau** I feel queasy ['kwi:zi]

der **Flaum** down, fluff

flauschig fluffy

die **Flaute**
1 (*Windstille*) calm
2 *der Konjunktur:* slack period

flechten to plait [plæt] *Haar;* to weave [wi:v] *Korb, Matte*

der **Fleck**
1 (*Stelle*) spot
2 (*Schmutzfleck*) blot, stain
3 **nicht vom Fleck kommen** (*auch übertragen*) to not make any headway

4 **Flecken machen** to stain
5 **ein blauer Fleck** a bruise; **er hatte überall blaue Flecken** he was bruised all over

der **Fleckerlteppich** Ⓐ rag rug

fleckig stained

die **Fledermaus** bat

der **Flegel** lout [laʊt]

das **Fleisch**
1 (*Nahrung*) meat
2 (*lebendig*) flesh
3 **Fleisch fressend** carnivorous [kɑː'nɪvərəs]

der **Fleischer**, die **Fleischerin** butcher ['bʊtʃə]

fleischlos meatless

der **Fleischvogel** ⒸⒽ (*Roulade*) beef olive

fleißig diligent ['dɪlɪdʒənt], industrious; (*arbeitsam*) hard-working

flexibel flexible ['fleksəbl]

der **Flicken** patch

flicken to mend; (*mit Flicken*) to patch

die **Fliege**
1 (*Insekt*) fly
2 (*Krawatte*) bow tie

Grammatik
Richtiges Konjugieren von **fly**: fly, flew, flown — *The sparrow flew away; The pilot had never flown a jumbo before.*

fliegen
1 to fly; *Raumschiff:* to travel
2 (*slang: entlassen werden*) to be kicked out (**aus/von** of) ▶ WENDUNGEN: **durch eine Prüfung fliegen** to flunk one's exam *umgangsspr*

der **Flieger**
1 (*Flugzeug*) plane
2 (*Person*) pilot

fliehen to flee (**vor** from); **zu jemandem fliehen** to take refuge with someone

die **Fliese** tile

das **Fließband** assembly line

fließen to flow

fließend
1 flowing
2 *Grenze, Übergang:* fluid
3 **fließendes Wasser** running water
4 **fließend Englisch sprechen** to speak English fluently [*oder* fluent English]

flimmern *Bildschirm:* to flicker; *Hitze:* to shimmer; *Licht:* to glimmer

flink (*schnell*) quick

die **Flinte** rifle; (*Schrotflinte*) shot gun

flirten ['fløɐ̯tn̩] to flirt [flɜːt]

die **Flitterwochen** honeymoon ⚠ *kein Plural;* **sie fahren in die Flitterwochen** they are going on their honeymoon

die **Flocke** flake; (*Staubflocke*) ball of fluff

flockig fluffy

der **Floh** flea [fliː]

der **Flohmarkt** flea market

florieren to bloom, to flourish

das **Floß** raft

die **Flosse**
1 *eines Tauchers:* flipper
2 (*slang: Hand*) paw

die **Flöte** flute

flott
1 (*schnell*) quick
2 *Kleidung:* smart; *Stil, Artikel:* racy

die **Flotte** fleet

der **Fluch**
1 (*Verfluchung*) curse [kɜːs]
2 (*Kraftausdruck*) swear word ['sweə wɜːd]

fluchen to swear [sweəʳ] (**über** about)

die **Flucht** flight; (*erfolgreiche Flucht*) escape; **in die Flucht schlagen** to put to flight; **die Flucht ergreifen** to flee, to take flight; **auf der Flucht sein** *Flüchtling:* to be fleeing; (*vor der Polizei*) to be on the run

flüchtig
1 (*auf der Flucht*) fugitive
2 (*oberflächlich*) cursory ['kɜːsri]; **ich habe es nur flüchtig gelesen** I only skimmed through it; **jemanden flüchtig kennen** to know someone slightly; **ein flüchtiger Bekannter** a passing [*oder* nodding] acquaintance

der **Flüchtigkeitsfehler** careless mistake

der **Flüchtling** refugee [ˌrefjʊ'dʒiː]

die **Flüchtlingskrise** refugee [*oder* migrant] crisis

der **Flug**
1 flight
2 **im Flug** in flight; (*schnell*) in a flash

der **Flügel**
1 *von Vogel, Haus, Tragfläche:* wing
2 *von Ventilator, Hubschrauber:* blade; *von Windmühle:* vane
3 (*Piano*) grand piano [pi'ænəʊ]

der **Fluggast** [airline] passenger ['pæsɪndʒə]

die **Fluggesellschaft** airline

der **Flughafen** airport; (*Militärflughafen*) aerodrome (GB), airdrome (USA)

der **Fluglotse**, die **Fluglotsin** air traffic controller

der **Flugplatz** airfield

der **Flugverkehr** air traffic

die **Flugwaffe** (CH) air force

der **Flugzettel** (A) (*Flugblatt*) leaflet

das **Flugzeug** aircraft, plane

der **Flugzeugträger** aircraft carrier

der **Flur** hall; (*Korridor*) corridor

der **Fluss** river

flussabwärts downstream

flussaufwärts upstream

flüssig (*nicht fest*) liquid; *Metall, Glas:* molten ['məʊltən]

die **Flüssigkeit** (*flüssiger Stoff*) liquid

das **Flusspferd** hippopotamus [ˌhɪpə'pɒtəməs]

flüstern to whisper

die **Flut**
1 flood [*oder* high] tide; **es ist Flut** the tide is coming in
2 (*Menge*) floods [flʌdz] ⚠ *Plural*

der **Föhn**[1] (*Wind*) foehn, föhn

der **Föhn**[2] (*Haartrockner*) hair-dryer

föhnen to blow-dry

die **Folge**
1 (*Aufeinanderfolge*) succession [sək'seʃn]; (*Reihenfolge*) order; (*Serie*) series ⚠ *Singular*
2 (*im Radio, TV*) episode
3 (*Konsequenz*) consequence ['kɒnsɪkwəns]; (*Ergebnis*) result; **als Folge davon** in consequence [*oder* as a result]; **dies hatte zur Folge, dass ...** the consequence [*oder* result] of this was that ...; **die Folgen tragen** to take the consequences

folgen
1 (*verstehen*) to follow
2 (*resultieren*) to follow (**aus** from); **es folgt daraus, dass ...** hence it follows that ...
3 (*gehorchen*) to do as one is told
4 **Fortsetzung folgt** to be continued

folgend following; **am folgenden Tag** the following day; **Folgendes** the following; **ich möchte noch Folgendes sagen ...** I would like to say the following ...

folgendermaßen as follows

folgern to conclude (**aus** from)

folglich consequently ['kɒnsɪkwəntlɪ]

die **Folie** (*Metallfolie, Schicht*) foil; (*Plastikfolie*) film

die **Folklore** folklore

die **Folter** torture ['tɔːtʃə]

foltern to torture

der **Fonds** (*Geldreserve*) funds ⚠ *Plural*

fordern
1 (*verlangen*) to demand [dɪ'mɑːnd] (**von** of); (*Anspruch erheben*) to claim
2 **richtig** [*oder* **wirklich**] **gefordert werden** to be faced with a real challenge
3 **etwas fordert Anstrengung** something demands an effort
4 **der Unfall forderte viele Leben** the accident claimed many lives

fördern
1 (*unterstützen*) to support; (*finanziell*) to sponsor
2 to extract *Bodenschätze;* to mine *Erz, Kohle*
3 **zu Tage fördern** to bring to light

die **Forderung** (*Verlangen*) demand (**nach** for); *von Lohn:* claim (**nach** for)

die **Förderung**
1 (*Unterstützung*) support; (*finanzielle*) sponsorship
2 (*Voranbringen*) promotion
3 (*Bergbau*) extraction; *von Kohle, Erz:* mining

die **Forelle** trout [traʊt]

die **Form**
1 form; (*Umriss, Gestalt*) shape
2 (*Gießform*) mould [məʊld]; (*Backform*) baking tin (GB), baking pan (USA)
3 (*Kondition*) condition, form

die **Formalität** formality

das **Format**
① format
② (*Niveau*) quality; (*Rang*) stature; **ein Staatsmann von Format** a statesman of high calibre [*oder* USA caliber]

formatieren to format

die **Formel**
① formula
② **Formel-1-Rennen** Formula-One race

formell formal

formen to form, to shape

förmlich
① (*formell*) formal
② (*regelrecht*) positive, real

die **Förmlichkeit** formality

formlos
① (*gestaltlos*) formless
② *Antrag:* unaccompanied by any forms

das **Formular** form GB, blank USA; **ein Formular ausfüllen** to fill in a form GB, to fill out a blank USA

forschen
① (*suchen*) to search [sɜːtʃ] (**nach** for)
② (*wissenschaftlich*) to research [rɪ'sɜːtʃ]

der **Forscher**, die **Forscherin** (*Wissenschaftler*) research scientist

die **Forschung** research [rɪ'sɜːtʃ] ⚠ *ohne Artikel;* **Forschung betreiben** to do research ['riːsɜːtʃ]

der **Forst** forest

der **Förster**, die **Försterin** forester ['fɒrɪstə] GB, forest ranger

fort
① (*verschwunden*) gone; (*weg*) away; **ich muss fort** I must be off
② (*weiter*) on; **in einem fort** without a break; **und so fort** and so on, and so forth

fortbewegen to move [muːv]

fortbilden **jemanden/sich fortbilden** to continue someone's/one's education

die **Fortbildung** further education

fortfahren
① (*wegfahren*) to go [*oder* drive] away
② **mit etwas fortfahren** to continue [kən'tɪnjuː] with something; **fortfahren, etwas zu tun** to continue doing [*oder* to do] something

fortführen (*fortsetzen*) to continue [kən'tɪnjuː], to go on with *Beschäftigung;* to carry on *Geschäft, Krieg*

fortgeschritten advanced [əd'vɑːnst]; (*Stunde*) late

fortkommen
① (*wegkommen*) to get away
② (*vorankommen*) to get on well
③ (*abhandenkommen*) to disappear [ˌdɪsə'pieʳ]

fortlaufend ongoing; (*andauernd*) continual [kən'tɪnjuəl]

fortpflanzen to reproduce [ˌriːprə'djuːs]

die **Fortpflanzung** reproduction [ˌriːprə'dʌkʃn]; *von Pflanzen:* propagation [ˌprɒpə'geɪʃn]

der **Fortschritt**
① progress ['prəʊgres]
② (*wissenschaftlich*) advance [əd'vɑns]
③ **Fortschritte machen** [*oder* **erzielen**] to make progress

fortschrittlich progressive [prə'gresɪv]

fortsetzen (*fortführen*) to continue [kən'tɪnjuː]; **wird fortgesetzt** to be continued

die **Fortsetzung** instal[l]ment; **Fortsetzung folgt** to be continued

das **Foto** photo ['fəʊtəʊ]; **ein Foto [von jemandem/etwas] machen** to take a photo [of someone/something]

der **Fotoapparat** camera [kæmərə]

der **Fotograf**, die **Fotografin** photographer [fə'tɒgəfə]

die **Fotografie**
① (*Technik*) photography [fə'tɒgrəfi]
② (*Foto*) photograph ['fəʊtəgrɑːf]

fotografieren
① to take pictures
② **jemanden fotografieren** to take a photograph of someone; **sich fotografieren lassen** to have one's photo[graph] taken

die **Fotokopie** photocopy ['fəʊtəˌkɒpi]

fotokopieren to photocopy

das **Fotokopiergerät** photocopying machine

der **Fötus** fetus

der **Fötzel** CH (*Taugenichts*) good-for-nothing

foulen ['fa͜ulən] to foul

die **Fracht** (*Ladung*) freight [freɪt]; (*Schiffsfracht*) cargo

die **Frage**
1 question
2 (*Problem*) problem
3 **in Frage kommen** to be considered; **nicht in Frage kommen** to be out of the question
4 **ohne Frage** without doubt

Vorsicht Falle!
Denke daran, mit dem Wort **question** das Verb **ask** zu verwenden — also: *can I ask a question?* (und nicht: can I make a question?)

der **Fragebogen** questionnaire [ˌkwestʃəˈneə]

fragen
1 to ask; **etwas fragen** to ask a question; **nach jemandem/etwas fragen** to ask after someone/about something
2 **sich etwas fragen** to wonder [ˈwʌndə]; **da fragt man sich doch wirklich, ob ...** one can't help wondering if ...

das **Fragewort** interrogative

das **Fragezeichen** question mark

fraglich
1 (*in Frage stehend*) in question; (*attributiv*) questionable [ˈkwestʃənəbl]
2 (*zweifelhaft*) doubtful [ˈdaʊtfl]
3 (*ungewiss*) uncertain

fragwürdig
1 doubtful [ˈdaʊtfl]
2 (*dubios*) dubious [ˈdjuːbiəs]

die **Fraktion** parliamentary party (GB), congressional party (USA)

frankieren (*manuell*) to stamp; (*maschinell*) to frank

Frankreich France

die **Franse**
1 *von Stoff:* fringe
2 *von Haar:* strand of hair

der **Franzose** Frenchman; **die Franzosen** the French

die **Französin** Frenchwoman

französisch French

Grammatik
Die Mehrzahl von **woman** (= Frau) ist **women**: *there were four women working in the office.*

die **Frau** woman; (*Ehefrau*) wife; (*Anrede*) Mrs[.] [ˈmɪsɪz]; (*Familienstand unbekannt*) Ms[.] [məz]

Land und Leute
Die Anrede **Ms** zeigt nicht, ob eine Frau verheiratet ist oder nicht. Viele Frauen bevorzugen daher diese Anrede gegenüber **Miss** oder **Mrs**, wenn sie ihren Familienstand nicht unbedingt nennen wollen.

die **Frauenbewegung** feminist movement

das **Fräulein** (*Anrede*) Miss; (*Kellnerin*) waitress

frech cheeky (GB), fresh (USA); **sei nicht so frech!** don't be [so] cheeky!

die **Frechheit**
1 (*Verhalten*) cheek[iness]
2 **so eine Frechheit!** what a cheek!

frei
1 (*unabhängig*) free; (*privat, nicht staatlich*) private
2 *Posten, Amt, Wohnung:* vacant; *Taxi:* for hire
3 (*kostenlos*) free; **Eintritt frei!** admission free!
4 **frei verfügbar** available
5 **einen Tag frei haben** to have a day off; **einen Tag frei nehmen** to take a day off; **sie hat heute Abend frei** she is off tonight
6 **unter freiem Himmel** in the open air; **auf freier Strecke** (*bei einer Bahnfahrt*) between stations ⚠ *Plural*
7 **eine freie Marktwirtschaft** a free-market economy

das **Freibad** open-air [swimming] pool

freiberuflich self-employed; *Journalist, Autor:* freelance

freigeben
1 to release (**für** to)
2 (*eröffnen*) to open; **für die Öffentlichkeit freigeben** to open to the public
3 to pass *Film*

die **Freiheit** freedom

die **Freiheitsstrafe** prison [ˈprɪzn] sentence; **eine Freiheitsstrafe von vier Jahren** four years' imprisonment [ɪmˈprɪzənmənt]

freilassen to set free; (*Häftling*) to release [rɪˈliːs] (**aus** from); **gegen Kaution freilassen** to release on bail

freilegen (*auch übertragen*) to expose

freilich
1 (*natürlich*) certainly, of course, sure (USA)
2 (*allerdings*) admittedly
3 **ja freilich!** to be sure!, yes, of course!

die **Freilichtbühne** open-air theatre

freimachen
1 (*frankieren*) to stamp
2 (*nicht arbeiten*) to take time off
3 **sich freimachen** to take one's clothes [kləʊ(ð)z] off

freimütig candid, frank, open

freisprechen **jemanden von etwas freisprechen** to acquit [ə'kwɪt] someone of something

der **Freispruch** acquittal [ə'kwɪtl]; **die Verteidigung plädierte auf Freispruch** the defence pleaded not guilty

freistehen
1 *Wohnung:* to be empty
2 **etwas steht jemandem frei** something is up to someone

der **Freistoß** (*Fußball*) free kick

der **Freitag** Friday ['fraɪdeɪ]

freiwillig voluntary ['vɒləntri]; *Schulbesuch, Krankenversicherung:* optional

der/die **Freiwillige** volunteer [ˌvɒlən'tɪə]

die **Freizeit** leisure ['leʒə] [*oder* free] time

die **Freizeitkleidung**
1 casual clothes [kləʊ(ð)z] ⚠ *Plural*
2 (*Warengattung*) leisure wear ['leʒəweə]

der **Freizeitpark** amusement park

fremd
1 (*anders, unvertraut*) strange; (*ausländisch*) foreign
2 **jemandem** [*oder* **für jemanden**] **fremd sein** to be unknown to someone
3 (*jemand anderem gehörend*) someone else's
4 **ich bin hier fremd** I am a stranger here

der/die **Fremde**
1 (*unbekannte Person*) stranger
2 (*Ausländer*) foreigner ['fɒrɪnəʳ]

der **Fremdenführer**, die **Fremdenführerin** guide

der **Fremdenverkehr** tourism

das **Fremdenverkehrszentrum** tourist centre [*oder* (USA) center]

die **Fremdsprache** foreign ['fɒrən] language

der **Fremdsprachensekretär**, die **Fremdsprachensekretärin** bilingual [baɪ'lɪŋgwəl] secretary

das **Fremdwort** foreign ['fɒrən] word

die **Frequenz** (*Häufigkeit*) frequency ['fri:kwənsi]

das **Fressen** (*für Tiere*) food ▸ WENDUNGEN: **ein gefundenes Fressen** a heaven-sent opportunity

fressen
1 *Tiere:* to eat; (*slang*) *Menschen:* to eat, to nosh *slang*
2 **etwas fressen** *Tiere:* to feed on something; (*slang*) *Menschen:* to scoff [*oder* guzzle] something *slang*
3 (*verbrauchen*) to gobble up *umgangsspr*

die **Freude**
1 joy (**über** at)
2 (*Entzücken*) delight (**über** at)
3 (*Vergnügen*) pleasure ['pleʒəʳ]
4 **vor Freude außer sich sein** to be mad with joy
5 **jemandem eine Freude machen** to do something to please someone

freudig
1 (*froh*) joyful
2 **ein freudiges Ereignis** (*Geburt*) a happy event

freuen
1 **das freut mich** I'm really pleased; **es freut mich, dass ...** I'm pleased [*oder* glad] that ...
2 **sich über etwas freuen** to be pleased [*oder* glad] about something
3 **sich auf etwas freuen** to look forward to something; **sich auf jemanden freuen** to look forward to seeing [*oder* meeting] someone

der **Freund**
1 friend [frend]; **jemanden zum Freund haben** to have someone for a friend, to be friends with someone
2 *in Liebesbeziehung:* boyfriend

die **Freundin**
1 friend [frend]
2 *in Liebesbeziehung:* girlfriend

freundlich
1 (*wohlgesonnen*) friendly
2 (*gütig, nett*) kind (**zu** to)
3 **wären Sie wohl so freundlich zu ...?** would you be so kind as to ...?

die **Freundlichkeit**
1 friendliness ['frendlɪnəs]
2 (*nette Art*) kindliness

die **Freundschaft** friendship [frenʃɪp]; **mit jemandem Freundschaft schließen** to make friends with someone

der **Frieden**
1 peace
2 **Frieden schließen** to make peace ▶ WENDUNGEN: **lass mich in Frieden!** leave me alone!

die **Friedensbewegung** peace movement

die **Friedensverhandlungen** peace negotiations [nɪˌgəʊʃi'eɪʃnz]

der **Friedensvertrag** peace treaty

der **Friedhof** cemetery ['semətri]

friedlich
1 peaceful ['pi:sfl]
2 **nun sei doch endlich friedlich!** (*umgangsspr*) now, give it a rest!

frieren to freeze; **ich friere** I am [*oder* feel] cold

die **Frikadelle** meatball

frisch
1 fresh; *Obst:* fresh-picked; (*noch feucht*) wet
2 (*kühl*) chilly ['tʃɪli], cool; **ein frischer Wind** a fresh wind; (*übertragen*) a wind of change
3 (*munter*) bright, cheery
4 **frisch gestrichen!** wet [*oder* USA fresh] paint!
5 **frisch verheiratet** newly married

die **Frischhaltefolie** cling film

der **Friseur**, die **Friseurin** [fri'zø:ɐ̯] hairdresser; (*für Herren auch*) barber ['bɑ:bə]

frisieren
1 **jemanden frisieren** to do someone's hair; (*kämmen*) to comb [kəʊm] someone's hair
2 (*umgangsspr: manipulieren*) to fiddle; **die Bilanz frisieren** (*umgangsspr*) to cook the books
3 to hot [*oder* soup] up *Auto*
4 **sich frisieren** to do one's hair

die **Frist**
1 (*Zeitraum*) period ['pɪəriəd]; **jemandem mit einer Frist von einer Woche kündigen** to give someone a week's notice
2 (*Zeitpunkt*) deadline ['dedlaɪn] (**für** for); **eine Frist einhalten/versäumen** to meet/miss a deadline

die **Frisur** hairstyle

froh
1 glad; (*erfreut*) pleased; **über etwas froh sein** to be glad about [*oder* pleased with] something
2 **frohe Ostern/Weihnachten!** Happy Easter/Merry Christmas ['krɪsməs]!

fröhlich cheerful ['tʃɪəfl]

fromm (*gläubig*) religious [rɪ'lɪdʒəs]; **ein frommer Christ/Jude** a devout Christian/Jew

die **Fronarbeit** CH voluntary work

die **Front** front [frʌnt]

frontal frontal [frʌntl]; **frontal zusammenstoßen** *Auto:* to crash head-on

der **Frosch** frog

der **Frost** frost; **es herrscht strenger Frost** there's a heavy frost; **bei eisigem Frost** in heavy frost

frostig frosty

die **Frucht** fruit [fru:t]

fruchtbar
1 fertile ['fɜ:taɪl]; (*übertragen auch*) prolific
2 (*nutzbringend*) productive

das **Fruchtfleisch** flesh [of a fruit]

der **Fruchtsaft** fruit [fru:t] juice

früh early ['ɜ:li]; **früh aufstehen** to rise early; **heute/morgen früh** this/tomorrow morning; **es ist noch früh am Tag** it's still early in the day; **von früh bis spät** from morning till night

früher
1 earlier ['ɜ:liəʳ]
2 (*ehemalig*) former; (*vorherig*) previous ['pri:vɪəs]
3 **ich habe ihn früher einmal gekannt** I used to know him; **es ist alles genau wie früher** everything's just as it used to be
4 **früher oder später** sooner or later

frühestens at the earliest; **wann kannst du frühestens kommen?** what is the earliest you can come?; **das Kleid ist frühestens in zwei Wochen fertig** it will take at least two weeks to make the dress

die **Frühgeburt**
1 (*zu frühe Geburt*) premature birth [ˌpremətʃə'bɜ:θ]
2 (*zu früh geborenes Kind*) premature baby

das **Frühjahr** spring

der **Frühling** spring

das **Frühstück** breakfast ['brekfəst]; **zum Frühstück** for breakfast; **Übernachtung und Frühstück** bed and breakfast

frühstücken to have breakfast

frühzeitig (*früh*) early

der **Frust** (*umgangsspr*) frustration

frustrieren to frustrate

der **Fuchs** (*auch Pelz*) fox

fühlen to feel; (*Puls*) to take

> **Grammatik**
> Richtiges Konjugieren von **feel**: feel, felt, felt — *She felt better; I have never felt so tired before.*

der **Fühler** *von Insekten, Schnecken:* antenna, feeler

führen
1 (*anführen, vorangehen*) to lead
2 (*bringen, geleiten*) to take; to guide *Touristen, Blinde*
3 (*im Sortiment haben*) to carry, to keep
4 to drive *Fahrzeug;* to sail *Schiff;* to fly *Flugzeug;* to operate *Fahrstuhl, Bagger*
5 to run *Unternehmen;* to command *Armee, Kompanie*
6 (*tragen, transportieren*) to carry
7 **was führt Sie zu mir?** what brings you here?
8 (*bewirken*) **zu etwas führen** to lead to something; **zu nichts führen** to come to nothing
9 (*an der Spitze, in Führung sein*) to lead; (*im Sport*) to be in the lead; **mit zwei Punkten führen** to lead by two points
10 *Weg, Straße, Fahrstuhl:* to go; *Leitung, Kabel:* to run
11 **wohin soll das bloß führen?** where is this leading us?
12 **sich gut/schlecht führen** to conduct oneself well/badly

> **Grammatik**
> Richtiges Konjugieren von **lead**: lead, led, led — *Anna led her pony into the stable; The old cat has led a pleasant life.*

der **Führer**, die **Führerin**
1 leader; (*Oberhaupt, Anführer*) head
2 (*Fremdenführer*) guide
3 (*Buch*) guide

der **Führerausweis** (CH) driving licence (GB), driver's license (USA)

die **Führerflucht** (CH) hit-and-run [driving]

der **Führerschein** driving licence (GB), driver's license (USA); **er macht gerade den Führerschein** he is learning to drive

die **Führung**
1 (*Vorsprung*) lead; **in Führung liegen** to be in the lead
2 (*Verantwortung*) direction, guidance; (*Armee*) command [kə'mɑːnd]; (*Unternehmensführung*) management; (*Parteiführung*) leadership
3 (*Verhalten*) conduct
4 (*Besichtigung*) guided tour (**durch** of)

die **Fülle** (*Überfülle*) abundance [ə'bʌndəns]; **in Hülle und Fülle** in abundance; **eine Fülle von Problemen/Fragen** a whole host of problems/questions

füllen
1 to fill; to stuff *Gans, Huhn*
2 **eine Lücke füllen** to stop a gap; **etwas voll füllen** to fill something up, to fill up something
3 **sich füllen** to fill up

der **Füller**, der **Füllfederhalter** fountain pen

die **Füllung** filling; *von Essen auch:* stuffing; *von Praline:* centre (GB), center (USA)

fummeln (*umgangsspr*) to fumble (**an** with)

das **Fundament** foundation; **das Fundament für etwas schaffen** to lay the foundations for something

das **Fundbüro** lost-property office (GB), lost and found office [*oder* (USA) department]

die **Fundsachen** lost property ⚠ *nur im Singular*

die **Fünf**
1 (*Zahl*) [number] five
2 (*Schulnote*) ≈ E; **eine Fünf schreiben** ≈ to get an E

fünf five

das **Fünfeck** pentagon

das **Fünftel** fifth

fünftel fifth

fünfzehn fifteen

fünfzig fifty

der **Funk** radio

funkeln to sparkle; *Edelstein:* to glitter; *Augen:* to gleam; (*vor Zorn*) to flash; *Stern:* to twinkle der **Funken** spark

funken
1 **SOS funken** to radio an SOS
2 (*senden*) to radio

das **Funkgerät** radio set; (*umgangsspr*) walkie-talkie

das **Funkloch** [signal] shadow, dead spot

die **Funktion** (*Amt*) office; **eine Funktion übernehmen** to take up a position

funktionieren to function, to work

für
1 for
2 (*anstatt*) instead of, for
3 (*zugunsten von*) in favour of, for
4 (*als Gegenleistung*) [in exchange] for
5 **was für ein Mann ist er?** what kind of a man is he?
6 **Schritt für Schritt** step by step; **Tag für Tag** day after day; **Wort für Wort** word for word
7 **an und für sich** actually

die **Furcht** fear; **Furcht erregend** fearful, terrifying

furchtbar awful ['ɔ:fl], dreadful ['dredfl], terrible ['terəbl]

fürchten
1 **etwas fürchten** to be afraid of something, to fear something
2 to fear (**um/für** for)
3 **sich vor etwas fürchten** to be afraid of something

fürchterlich dreadful ['dredfl], terrible ['terəbl]

die **Fürsorge**
1 (*Betreuung*) care
2 (*Sozialfürsorge*) welfare ['welfeə]

das **Fürsorgeamt** (CH) social security office

fürsorglich careful

der **Fürsprecher**, die **Fürsprecherin** (CH) barrister

der **Fürst** prince

die **Fürstin** princess [ˌprɪn'ses]

die **Fusion**
1 fusion
2 (*in der Wirtschaft*) merger

der **Fuß**
1 (*auch Längenmaß*) foot
2 *von Stuhl, Tisch:* leg
3 **zu Fuß** on foot ▸ WENDUNGEN: **kalte Füße bekommen** to get cold feet; **auf eigenen Füßen stehen** to stand on one's own two feet

der **Fußabdruck** footprint

der **Fußball**
1 [association] football (GB), soccer (USA)
2 (*der Ball*) football (GB), soccer ball (USA)

der **Fußballer**, die **Fußballerin** (*umgangsspr*) footballer

der **Fußballplatz** football pitch (GB), soccer ground (USA)

der **Fußboden** floor

die/der **Fussel** (*umgangsspr*) fluff

der **Fußgänger**, die **Fußgängerin** pedestrian [pə'destrɪən]

der **Fußgängerstreifen** (CH) pedestrian crossing

der **Fußgängerüberweg** pedestrian crossing

die **Fußgängerzone** pedestrian precinct ['pri:sɪŋkt]

das **Fußgelenk** ankle ['æŋkl] joint

der **Fußnagel** toenail

die **Fußnote** footnote

der **Fußstapfen** footprints ▸ WENDUNGEN: **in jemandes Fußstapfen treten** to follow in someone's footsteps

der **Fußweg** (*für Fußgänger*) footpath

das **Futter**[1] (*für Tiere*) food; (*Viehfutter*) fodder

das **Futter**[2] *von Kleidungsstück:* lining

füttern[1] to feed *Mensch, Tier*

Grammatik
Richtiges Konjugieren von **feed**: feed, fed, fed — *Penny fed her baby with a spoon; Have you fed the dog yet?*

füttern[2] to line *Jacke, Rock*

das **Futur** (*Grammatik*) future ['fju:tʃə] [tense]

Gg

G, g
1 (*Buchstabe*) G, g [dʒiː]
2 (*in der Musik*) G, g

die **Gabe** (*Begabung*) gift, talent ['tælənt]

Falsche Freunde
Das deutsche Wort **Gift** heißt im Englischen **poison**!

die **Gabel** fork

gabeln to fork

die **Gabelung** fork

gähnen to yawn

die **Galerie** gallery

galoppieren to gallop (**auf** at)

die **Gams** Ⓐ chamois

der **Gang**
1 (*Besorgung*) errand
2 *von Personen:* gait
3 (*Flur*) hallway; (*in Eisenbahnwagen*) corridor
4 (*beim Essen*) course [kɔːs]
5 (*von Auto*) gear [gɪə]; **in den zweiten Gang schalten** to change [*oder* USA shift] into second [gear] ▶ WENDUNGEN: **etwas in Gang halten** to keep something moving; **etwas in Gang setzen** to set something going

die **Gangart** gait, walk

gängig
1 (*viel verlangt*) in demand
2 (*gebräuchlich*) current ['kʌrənt]

der **Gangster** ['gɛŋstɐ] gangster

die **Gans** goose

Grammatik
geese ist die Mehrzahl von **a goose** = eine Gans: the geese are making a lot of noise.

das **Gänseblümchen** daisy ['deɪzi]

die **Gänsefüßchen** (*umgangsspr*) inverted commas, quotation marks

die **Gänsehaut** goose-pimples; **eine Gänsehaut bekommen** to get goose-pimples ⚠ *Plural*

der **Gänsemarsch** **im Gänsemarsch** in single file

ganz
1 (*vollständig*) entire, whole
2 (*umgangsspr: heil*) intact
3 **die ganze Zeit** all the time
4 **ich bin ganz deiner Meinung** I quite agree
5 (*völlig*) quite
6 (*umgangsspr: wirklich*) really
7 **ganz und gar nicht** by no means, not at all
8 **im Großen und Ganzen** on the whole
9 **ganz wie Sie meinen** just as you think

das **Ganze** whole

gänzlich completely, totally

gar[1] *Essen:* cooked, done

gar[2] (*sogar*) even; **gar nicht/nichts** not/nothing at all

die **Garage** [ga'raːʒə] garage ['gærɪdʒ]

garagieren Ⓐ, CH (*parken*) to park *Auto*

die **Garantie** guarantee

garantieren to guarantee [ˌgærn'tiː]

die **Garderobe**
1 (*Kleiderablage*) hall stand; (*Raum*) cloakroom GB, checkroom USA
2 (*Kleidung*) wardrobe

die **Gardine** curtain GB, drape USA; **die Gardinen zuziehen** to draw the curtains

gären to ferment [fə'ment]

die **Garette** CH (*Schubkarren*) barrow

das **Garn** thread; (*Wollgarn*) yarn

die **Garnele** prawn

die **Garnitur** (*Satz*) set

der **Garten** garden

die **Gartenarbeit** gardening

der **Gartensitzplatz** CH (*Terrasse*) patio

der **Gärtner**, die **Gärtnerin** gardener

die **Gärtnerei** market garden

das **Gas**
1 gas
2 **Gas geben** to accelerate [ək'seləreɪt]; (*im Leerlauf*) to rev up

der **Gasherd** gas cooker [*oder* stove]

das **Gaspedal** accelerator (GB), gas pedal (USA)

die **Gasse** lane

der **Gast** guest; **bei jemandem zu Gast sein** to be someone's guest

der **Gastarbeiter**, die **Gastarbeiterin** foreign ['fɒrən] worker

das **Gästezimmer** guest room

die **Gastfreundschaft** hospitality [ˌhɒspɪ'tælətɪ]

der **Gastgeber**, die **Gastgeberin** host [həʊst] *maskulin*, hostess *feminin*

das **Gasthaus** inn

die **Gastronomie** gastronomy [gæs'trɒnəmi]

gastronomisch gastronomic[al] [ˌgæstrə'nɒmɪk]

der **Gatte** husband ['hʌzbənd]

das **Gatter** trellis

die **Gattin** wife

die **Gattung** (*Art*) kind, sort; *von Pflanzen:* genus ['dʒi:nəs]

der **Gauner** (*Schwindler*) crook, spiv

das **Gebäck** pastries ⚠ *Plural*

gebären to give birth to

die **Gebärmutter** uterus ['ju:tərəs], womb [wu:m]

das **Gebäude** building

geben
1 to give
2 to deal *Karten*
3 **das gibt's doch nicht!** that can't be true!
4 **das wird sich geben** it'll all work out

Grammatik
Richtiges Konjugieren von **give**: give, gave, given — *Dave gave Jenny his phone number; Have you given him the car key?*

das **Gebet** prayer [preəʳ]

das **Gebiet**
1 area, region
2 (*Arbeitsgebiet*) field

gebildet educated ['edjʊkeɪtɪd]

das **Gebirge** mountains ['maʊntɪnz] ⚠ *Plural*, mountain range

gebirgig mountainous ['maʊntɪnəs]

das **Gebiss**
1 (*Zähne*) teeth
2 (*künstliches*) dentures ['dentʃəz] ⚠ *Plural*; **ein Gebiss tragen** to have false [fɔ:ls] teeth

geblümt flowered; *Tapete:* floral ['flɔ:rəl]

geboren
1 born; **sie ist in Schottland geboren** she was born in Scotland; **tot geboren** still-born
2 **Maria Braun, geborene** [*oder* **geb.**] **Schmidt** Maria Braun, née Schmidt
3 (*übertragen*) **sie ist eine geborene Schauspielerin** she's a born actress

das **Gebot**
1 **das Gebot der Stunde** the order of the day; **etwas ist oberstes Gebot** something is of the utmost importance [*oder* top [praɪ'ɒrəti] priority]
2 (*Auktionsangebot*) bid[ding]
3 **die Zehn Gebote** the Ten Commandments

der **Gebrauch**
1 (*Benutzung*) use [ju:s]; **von etwas Gebrauch machen** to make use of something; **in Gebrauch sein** to be used; **vor Gebrauch schütteln** shake before use
2 *eines Wortes:* usage ['ju:sɪdʒ]

gebrauchen
1 (*benutzen*) to use [ju:z]
2 (*anwenden*) to apply
3 **ich könnte jetzt einen Kaffee gebrauchen** I could do with a cup of coffee now
4 **er ist zu nichts zu gebrauchen!** he is hopeless [*oder* useless]!

die **Gebrauchsanweisung**
1 (*für Arznei*) directions ⚠ *Plural* for use [ju:s]
2 (*für Geräte*) instructions ⚠ *Plural*

gebraucht
1 *Papier, Verpackung:* used
2 *Auto, Kleidung:* second-hand; **etwas gebraucht kaufen** to buy something second-hand

der **Gebrauchtwagen** second-hand car

gebrechlich infirm

gebrochen broken *auch übertragen*

die **Gebühr**
1 (*für Benutzung*) charge
2 (*Beitrag, Honorar*) fee

die **Geburt**
1 birth; **von Geburt an** from birth

2 **das war eine schwere Geburt!** (*übertragen*) that was a tough job!

gebürtig
1 **aus München gebürtig sein** to be born in Munich
2 **er ist gebürtiger Ire** he is Irish by birth

das **Geburtsdatum** date of birth

der **Geburtstag**
1 birthday; **wann hast du Geburtstag?** when's your birthday?; **ich habe am 28. März Geburtstag** my birthday is on the 28th of March; **ich habe heute Geburtstag** it's my birthday today; **herzlichen Glückwunsch zum Geburtstag!** happy birthday!; **was wünschst du dir zum Geburtstag?** what would you like for your birthday?; **jemandem etwas zum Geburtstag schenken** to give someone something for his/her birthday
2 (*auf Formular*) date of birth

die **Geburtsurkunde** birth certificate [sə'tɪfɪkət]

das **Gebüsch** bushes ['bʊʃɪz] ⚠ *Plural*

das **Gedächtnis**
1 memory; **zum Gedächtnis an ...** in memory of ...
2 **das ist mir im Gedächtnis geblieben** it stuck in my mind

gedämpft
1 *Schall:* muffled
2 *Stimmung:* subdued [səb'djuːd]; *Farben auch:* muted

der **Gedanke**
1 thought ['θɔːt]; **ich kann doch nicht Gedanken lesen!** I'm not a mind-reader!; **der Gedanke an Milch macht mich ganz krank** the thought of [*oder* thinking of] milk makes me ill
2 (*Idee*) idea [aɪ'dɪə]; **da kommt mir ein Gedanke** I've got an idea; **wer hat dich auf den Gedanken gebracht?** who gave you that idea?
3 **sich Gedanken [zu etwas] machen** (*nachdenken*) to think [about something]; (*sich sorgen*) to worry [about something]; **mach dir keine Gedanken [darüber]** don't worry [about it]
4 **auf andere Gedanken kommen** to be distracted [dɪ'stræktɪd]
5 **mit dem Gedanken spielen, etwas zu tun** to toy with the idea of doing something

gedankenlos
1 (*rücksichtslos*) thoughtless
2 (*zerstreut*) absent-minded

der **Gedankenstrich** dash

das **Gedeck** cover; **ein Gedeck auflegen** to lay a place

gedeihen to prosper, to thrive

gedenken (*beabsichtigen*) **gedenken, etwas zu tun** to propose to do something; **und wann gedenkst du heimzukommen?** and when do you mean to come home?

die **Gedenktafel** commemorative [kə'memᵊrətɪv] plaque

das **Gedicht** poem; **ein Gedicht aufsagen** to say [*oder* recite] a poem ['pəʊɪm]

das **Gedränge**
1 (*Menschenmenge*) crowd
2 (*Drängelei*) jostling ['dʒɒslɪŋ]

gedrückt *Stimmung:* depressed

die **Geduld** patience ['peɪʃᵊns]; **Geduld haben** to be patient ['peɪʃᵊnt]; **keine Geduld haben** to be impatient; **die Geduld verlieren** to lose one's patience

geduldig patient ['peɪʃᵊnt]

geehrt
1 (*geschätzt*) esteemed
2 (*in Rede*) **Sehr geehrte Damen und Herren!** Ladies and Gentlemen!
3 (*im Brief*) **Sehr geehrter Herr ...,** Dear Mr ...,; **Sehr geehrte Frau ...,** Dear Mrs/Ms ...,

geeignet
1 (*passend*) suitable ['suːtəbl]
2 **er ist für diesen Posten nicht geeignet** he is not the right person for the job
3 *Maßnahmen:* appropriate

die **Gefahr**
1 danger ['deɪndʒə]; **es besteht die Gefahr, dass ...** there's the danger that ...; **außer/in Gefahr sein** to be out of/in danger
2 (*Risiko*) risk; **es besteht die Gefahr, dass ...** there's a risk that ...; **Gefahr laufen, etwas zu tun** to run the risk of doing something; **auf eigene Gefahr** at one's own risk

gefährden to endanger [ɪn'deɪndʒə]

gefährlich dangerous ['deɪndʒərəs]; (*gewagt*) risky

gefallen
1 **es gefällt mir [nicht]** I [don't] like it; **hat dir der Film gefallen?** did you enjoy the film?
2 **wie gefällt dir meine Wohnung?** how

do you like my flat?
3 **was mir an ihr gefällt, ist ihr Lächeln** what I like about her is the way she smiles
4 **sich etwas gefallen lassen** to put up with something; **ich lass mir das nicht länger gefallen!** I won't put up with it any longer!

gefallen *Krieger, Soldat:* killed in action

der **Gefallen** favour ['feɪvə]; **jemandem einen Gefallen tun** to do someone a favour; **jemanden um einen Gefallen bitten** to ask someone a favour

das **Gefallen** **an etwas Gefallen finden** to get pleasure from something

gefangen
1 *Flüchtender, Tier:* **gefangen nehmen** to capture; **gefangen genommen** captured
2 **ich war [wie] gefangen von seiner Stimme** I was captivated by his voice

der/die **Gefangene** prisoner ['prɪznə]

die **Gefangenschaft**
1 captivity [kæp'tɪvəti]; **in Gefangenschaft geboren** born in captivity
2 **in Gefangenschaft geraten** to be taken prisoner

das **Gefängnis**
1 jail [dʒeɪl], prison ['prɪzᵊn]; **ins Gefängnis kommen** to be sent to prison
2 (*Strafe*) imprisonment; **fünf Jahre Gefängnis bekommen** to get five years' imprisonment [*oder* years in prison]

das **Gefäß**
1 (*Behälter*) container, receptacle [rɪ'septəkl]
2 (*Blutbahn*) vessel

gefasst
1 (*ruhig*) calm [kɑːm], composed
2 **du kannst dich auf was gefasst machen!** I'll give you something to think about!

das **Gefecht** (*Schlacht*) battle; **außer Gefecht setzen** to put out of action *auch übertragen*

gefinkelt Ⓐ (*durchtrieben*) cunning, crafty

das **Geflügel** poultry ['pəʊltri]

gefräßig gluttonous ['glʌtᵊnəs]

der/die **Gefreite** lance corporal GB, private ['praɪvət] first class USA

gefrieren to freeze

der **Gefrierpunkt** freezing point; **unter dem Gefrierpunkt** below zero

der **Gefrierschrank** [upright] freezer

die **Gefriertruhe** deep freeze, freezer

das **Gefühl**
1 (*seelische, körperliche Empfindung*) feeling; **mit gemischten Gefühlen** with mixed feelings; **ich habe kein Gefühl in den Fingern** my fingers are numb
2 (*Ahnung*) **ein ungutes Gefühl [bei etwas] haben** to have a funny feeling [about something]; **ich habe das Gefühl, dass ...** I have a feeling that ...; **etwas im Gefühl haben** to have a feel for something

gefühllos
1 (*herzlos*) unfeeling
2 *Körperteil:* numb

gefühlvoll sensitive

gegen
1 (*Gegenteil von: für*) against [ə'genst]; **gegen etwas sein** to be against something; **ich habe nichts gegen sie** I've got nothing against her
2 **eine Leiter gegen eine Wand lehnen** to prop a ladder against a wall
3 **gegen einen Baum fahren** to crash into a tree
4 **gegen ein Uhr** towards one o'clock
5 **gut gegen Kopfschmerzen** good for headaches

die **Gegend** area ['eəriə]; **hier in der Gegend** in this area, around here; **eine schöne Gegend Schottlands** a beautiful part of Scotland

gegeneinander against one another

die **Gegenleistung** **als Gegenleistung für ...** in return for ...

das **Gegenmehr** CH vote against

der **Gegensatz**
1 contrast; **im Gegensatz zu ...** in contrast to ...
2 **Gegensätze ziehen sich an** opposites attract
3 **Gegensätze** (*Meinungsverschiedenheiten*) differences

gegensätzlich contrasting; *Meinung:* different

gegenseitig
1 mutual ['mjuːtʃuəl], reciprocal [rɪ'sɪprəkᵊl]; **in gegenseitigem Einverständnis** by mutual agreement
2 **sich gegenseitig helfen/kaputtmachen** to help/destroy one another

der **Gegenstand**
1 object ['ɒbdʒekt], thing
2 (*als Thema*) subject ['sʌbdʒekt], topic

das **Gegenteil** opposite ['ɒpəsɪt]; **im Gegenteil** on the contrary ['kɒntrəri]; **ganz im Gegenteil!** quite the reverse!; **das Gegenteil bewirken** to have the opposite effect

das **Gegenüber** **mein Gegenüber** [**am Tisch/im Zug**] the person opposite ['ɒpəsɪt] me [at the table/in the train]

gegenüber
1 opposite; **sie wohnt gegenüber von mir** she lives opposite me [*oder* across from me]; **die Nachbarn von gegenüber** the neighbours opposite
2 **sie saß mir gegenüber** she sat facing me [*oder* opposite me]
3 (*auf der anderen Straßenseite*) across the street
4 **mir gegenüber hat er nichts gesagt** he didn't say anything to me
5 (*im Vergleich zu*) in comparison with, compared to

gegenüberliegend opposite

gegenüberstehen to stand opposite

gegenüberstellen
1 to confront [kən'frʌnt]; **man hat ihn seinem Angreifer gegenübergestellt** he was confronted with his attacker
2 (*vergleichen*) to compare

die **Gegenwart**
1 (*Anwesenheit*) presence ['prezᵊns]
2 (*Jetztzeit*) present ['prezᵊnt]

gegenwärtig
1 *Minister, Trainer:* present ['prezᵊnt]
2 (*in diesem Moment*) at present

der **Gegner**, die **Gegnerin** opponent [ə'pəʊnənt]

gegnerisch (*im Sport*) opposing [ə'pəʊzɪŋ]

das **Gehalt** salary

der **Gehalt** content

die **Gehaltserhöhung** rise in salary

gehässig spiteful

geheim
1 secret ['si:krət]; **streng geheim** top secret
2 *Gedanken, Wünsche:* innermost, most private
3 **vor jemandem etwas geheim halten** to keep something secret from someone

der **Geheimagent**, die **Geheimagentin** secret agent

der **Geheimdienst** secret service

das **Geheimnis**
1 secret ['si:krət]; **ein Geheimnis verraten** to disclose a secret; **ein Geheimnis aus etwas machen** to make a big secret about something; **kein Geheimnis aus etwas machen** to make no secret of something
2 (*Rätselhaftes*) mystery ['mɪstᵊri]

geheimnisvoll mysterious [mɪ'stɪəriəs]; **tu nicht so geheimnisvoll!** don't be so mysterious!

das **Gehen** (*auch als Sport*) walking

gehen
1 to go; (*zu Fuß*) to walk; **gehen wir!** let's go!; **schwimmen gehen** to go swimming
2 (*funktionieren*) to work; *Uhr:* to go, to run
3 *Waren:* to be selling well; **gut gehend** *Geschäft:* flourishing ['flʌrɪʃɪŋ], thriving
4 **was geht hier vor?** what's going on here?; **das geht zu weit** that's going too far
5 **worum geht's?** what's the problem?; (*stärker*) what's all this about?; **es geht darum, dass ...** it's about ...; **darum geht es nicht** that's not the point
6 **das geht doch nicht!** you can't do that!
7 **geht es morgen?** will tomorrow be all right?
8 **solange es geht** as long as possible
9 **wie geht's?** how are you?; **es geht** so-so
10 **sich gehen lassen** to let oneself go

Grammatik
Richtiges Konjugieren von **go**: go, went, gone — *Mr Lee went to the same school as his son; my pen has gone; Lucy has been gone for an hour.*

geheuer **er/es ist mir nicht ganz geheuer** I feel uneasy about him/it

das **Gehirn** brain

die **Gehirnwäsche** brainwashing; **jemanden einer Gehirnwäsche unterziehen** to brainwash someone

das **Gehör** hearing

gehorchen to obey [ə'beɪ]

gehören
1 to belong; **das gehört mir** this belongs to me, this is mine; **wem gehört der Computer?** whose computer is it?; **gehört er dir?** is it yours?
2 **dazu gehört viel/viel Mut** it takes a lot/a lot of courage
3 (*Teil sein von*) to be part of; **das gehört zu meiner Arbeit** it's part of my job

4 (*räumlich*) **das gehört hierhin** this goes here; **der Hund gehört nicht ins Haus!** the house is no place for a dog!
5 **das gehört sich einfach nicht!** that's just not done!

gehörig
1 (*gebührend*) *Respekt:* proper
2 **eine gehörige Tracht Prügel** a good [*oder* sound] thrashing
3 **jemandem gehörig die Meinung sagen** to give someone a piece of one's mind

gehorsam obedient [ə'bi:dɪənt]

die **Geige** violin [ˌvaɪə'lɪn]

die **Geisel** hostage ['hɒstɪdʒ]; **jemanden als Geisel nehmen** to take someone hostage

der **Geist**
1 (*Gemüt, Verstand*) mind
2 (*Gespenst*) ghost
3 (*Gesinnung*) spirit; **der Geist der Zeit** the spirit of the times ⚠ *Plural*
4 (*Seele*) spirit
5 **von allen guten Geistern verlassen sein** to have taken leave of one's senses

geistesabwesend absent-minded

der **Geistesblitz** brainwave

geistesgestört mentally deranged

geisteskrank mentally ill [ˌmentᵊli'ɪl]

die **Geisteskrankheit** mental illness

die **Geisteswissenschaften** arts; (*als Studium*) humanities

geistig
1 (*intellektuell*) intellectual [ˌɪntə'lektʃʊəl]
2 **geistig behindert** mentally disabled
3 (*seelisch*) spiritual ['spɪrɪtʃʊəl]

geistlich
1 *Angelegenheit, Führer:* spiritual ['spɪrɪtʃʊəl]
2 (*kirchlich*) ecclesiastical [ɪˌkli:zi'æstɪkᵊl]

der/die **Geistliche** clergyman *maskulin,* clergywoman *feminin*

geistlos
1 (*langweilig*) dull
2 (*dumm*) stupid

geistreich witty

geizig
1 mean
2 (*sparsam, knauserig*) stingy ['stɪndʒi]

das **Gel** gel [dʒel]

das **Gelaber** rabbiting on

das **Gelächter** laughter ['la:ftə]

gelähmt
1 paralyzed ['pærəlaɪzd]
2 **ich war wie gelähmt vor Angst** I was paralyzed with fear

das **Gelände**
1 (*Grundstück*) grounds ⚠ *Plural*
2 (*freies Land*) open country

das **Geländer**
1 *von Treppe:* banisters ['bænɪstərs] ⚠ *Plural*
2 (*als Begrenzung*) railing

gelassen calm [ka:m]

gelaunt **gut gelaunt** good-tempered, in a good mood; **schlecht gelaunt** bad-tempered, in a bad mood

gelb
1 yellow; *Verkehrsampel:* amber ['æmbə]
2 **die Gelben Seiten®** the Yellow Pages®

das **Geld**
1 money
2 **ins Geld gehen** to cost a pretty penny; **Geld wie Heu haben** to have money to burn; **sein Geld wert sein** to be good value; **das ist rausgeschmissenes Geld!** that's money down the drain!

der **Geldautomat** (*zum Geldabheben*) cashpoint, cash dispenser, automatic teller (USA)

der **Geldbeutel** purse (GB), wallet (USA)

der **Geldschein** banknote (GB), bill (USA)

die **Geldstrafe** fine

das **Gelee** [ʒe'le:] jelly ['dʒeli]

gelegen
1 (*örtlich*) situated (GB), located (USA)
2 (*günstig*) opportune ['ɒpətju:n]
3 **Sie kommen mir sehr gelegen** you are just the person I want to see; **das kommt mir gelegen** that suits me [fine]

die **Gelegenheit**
1 (*Anlass*) occasion [ə'keɪʒᵊn]
2 (*günstiger Umstand*) opportunity; **die Gelegenheit ergreifen[, etwas zu tun]** to take the opportunity [to do something]; **sobald sich die Gelegenheit ergibt** as soon as I get the opportunity
3 **bei erster Gelegenheit** at the first opportunity

der **Gelegenheitsarbeiter**, die **Gelegenheitsarbeiterin** casual worker

gelegentlich now and again, occasionally [ə'keɪʒᵊnᵊli]; **er raucht gelegentlich ganz gern eine Zigarre** he likes an occasional cigar

der/die **Gelehrte** scholar ['skɒlə]

das **Gelenk** joint

der/die **Geliebte** lover

das **Gelingen** success; **gutes Gelingen!** good luck!

gelingen to succeed; **es ist mir gelungen!** I succeeded!, I did it!; **es gelang mir, ihn umzustimmen** I succeeded in changing his mind, I managed to change his mind

geloben to vow [vaʊ]; **ich habe mir gelobt, das Rauchen aufzugeben** I've sworn to give up smoking

die **Gelse** Ⓐ (*Stechmücke*) gnat [næt], mosquito

gelten
1 (*Gültigkeit haben*) *Münze:* to be legal tender; *Pass:* to be valid; *Regel:* to apply
2 (*eingeschätzt werden*) to go for; **sie gilt als Expertin** she's considered to be an expert
3 *Angebot:* to accept; **das lasse ich gelten!** I accept that!
4 (*im Sport, beim Spiel*) *Tor, Zug:* to count

geltend
1 **[Ansprüche] geltend machen** to assert [claims]
2 **die geltende Meinung** the prevailing opinion

die **Geltung** **etwas zur Geltung bringen** to show something to advantage

das **Gelübde** vow [vaʊ]; **ein Gelübde ablegen** to take a vow

gelungen
1 *Scherz:* capital; *Essen:* excellent
2 **das war ein gelungener Abend** the evening was a success

gemächlich
1 *Tempo:* unhurried; (*langsam*) slow
2 **etwas gemächlich tun** to do something at a leisurely ['leʒəli] pace

das **Gemälde** painting

gemäß in accordance with; **gemäß den Bestimmungen** under the regulations

gemäßigt
1 *Worte:* moderate ['mɒdərət]
2 *Klima:* temperate ['tempərət]

gemein
1 (*bösartig*) mean, wicked; *Lüge:* dirty
2 **das gemeine Volk** the common people
3 **sie haben nichts miteinander gemein** they have nothing in common

die **Gemeinde**
1 (*städtische*) community, municipality [mjuːˌnɪsɪ'pæləti]
2 (*Kirchengemeinde*) parish

der **Gemeindeammann** Ⓒⓗ head of the district council

der **Gemeindepräsident**, die **Gemeindepräsidentin** Ⓒⓗ mayor [meəʳ]

die **Gemeindeversammlung** Ⓒⓗ district council

das **Gemeindezentrum** community centre

gemeinsam
1 *Eigenschaft, Interesse:* common
2 *Freund:* mutual ['mjuːtʃʊəl]
3 *Anstrengung, Ausflug, Erklärung, Konto:* joint
4 **mit jemandem gemeinsame Sache machen** to join up with someone
5 **etwas gemeinsam tun** to do something together

die **Gemeinschaft**
1 (*Gemeinde*) community
2 (*Zusammengehörigkeitsgefühl*) sense of community

gemischt mixed

das **Gemüse** vegetables ['vedʒtəblz] ⚠ *Plural;* **ein Gemüse** a vegetable

gemustert patterned ['pætᵊnd]

gemütlich
1 (*bequem*) comfortable ['kʌmftəbl], cosy; **es sich gemütlich machen** to make oneself comfortable; **sich [zuhause] einen gemütlichen Abend machen** to have a nice night in
2 (*gemächlich*) leisurely
3 (*gelassen*) easy-going

das **Gen** gene [dʒiːn]

genau
1 (*exakt*) exact [ɪg'zækt]
2 (*detailliert*) detailed
3 (*sorgfältig*) careful ['keəfᵊl]
4 **genau das meine ich!** that's exactly what I mean!; **[stimmt] genau!** exactly!; **passt genau!** fits perfectly!, it's a perfect fit!
5 **etwas genau machen** to do something accurately ['ækjərətli]; **meine Uhr geht genau** my watch keeps accurate time
6 **genau genommen** strictly speaking

die **Genauigkeit** exactness [ɪg'zæktnəs]

genauso
1 exactly the same; **mir geht es ganz genauso** I feel exactly the same
2 **genauso gut/viel/wenig wie** just as well/much/little as

genehmigen
1 (*amtlich*) to approve [ə'pru:v] *Antrag, Bauplan*
2 (*zugestehen*) to grant

die **Genehmigung**
1 (*amtlich*) *von Antrag, Bauplan:* approval [ə'pru:vəl]
2 (*Ermächtigung*) authorization

der **General**, die **Generalin** general

der **Generaldirektor**, die **Generaldirektorin** chairperson, chairman *maskulin,* chairwoman *feminin,* president ['prezɪdənt] (USA)

die **Generalprobe** dress-rehearsal [rɪ'hɜ:səl]

die **Generation** generation

die **Genesung** recovery; **ich wünsche [Ihnen] baldige Genesung** I wish you a speedy recovery

die **Genetik** genetics ⚠ *Plural*

genetisch genetic

die **Genforschung** genetic research

genial
1 (*einfallsreich*) ingenious [ɪn'dʒi:nɪəs]
2 **[einfach] genial!** [just] brilliant!

das **Genick** neck; **sich das Genick brechen** to break one's neck

das **Genie** [ʒe'ni:] genius

genießen
1 to enjoy *Leben, Ruf, Vorteil, Wein;* **ich genoss jeden Augenblick** I savoured every moment
2 **sie genießt es, berühmt zu sein** she enjoys being famous

der **Genitiv** genitive ['dʒenɪtɪv]

der **Genosse**, die **Genossin** comrade ['kɒmreɪd]

die **Genossenschaft** co-operative [kəʊ'ɒpərətɪv]

die **Gentechnik** genetic engineering

genug
1 enough [ɪ'nʌf]; **danke, das ist genug** enough, thank you
2 **ich hab genug!** I've had enough!

genügen
1 (*ausreichen*) to be enough [ɪ'nʌf], to suffice; **das genügt [mir]** that'll do [me]
2 to fulfil *Erwartungen, Wünsche*

genügend (*ausreichend*) sufficient

die **Genugtuung** satisfaction

das **Genus** gender ['dʒendə]

der **Genuss**
1 (*Vergnügen*) pleasure ['pleʒə]; **in den Genuss von etwas kommen** to enjoy something
2 (*Verbrauch*) consumption

die **Geographie** geography [dʒɪ'ɒgrəfi]

geographisch geographical

geologisch geological

die **Geometrie** geometry

geometrisch geometric

das **Gepäck** luggage ['lʌgɪdʒ], baggage ['bægɪdʒ] (USA)

die **Gepäckabfertigung** luggage [*oder* (USA) baggage] check-in

die **Gepäckausgabe** luggage [*oder* (USA) baggage] reclaim

der **Gepäckträger** (*am Fahrrad*) carrier ['kæriəʳ]

gepflegt
1 *Haus, Rasen:* well cared-for
2 *Erscheinung, Person:* well-groomed

die **Gerade**
1 (*in Mathematik*) straight [streɪt] line
2 (*im Sport*) straight

gerade
1 *Gelände, Zahl:* even
2 (*geradlinig*) straight
3 (*soeben*) **ich wollte gerade gehen** I was just about to leave; **sie war gerade hier** she was here a moment ago
4 **er war nicht gerade freundlich** he wasn't exactly friendly; **das ist es ja gerade!** that's just it!
5 (*ausgerechnet*) **gerade heute** today of all days; **warum gerade ich?** why me of all people?
6 **gerade sitzen** to sit up [straight]
7 **etwas gerade biegen** to straighten something; (*wieder gutmachen*) to sort something out

geradeaus straight ahead

geradeheraus frankly

geradezu
1 (*beinahe*) almost
2 (*wirklich*) really

das **Gerät**
1 (*Apparat*) gadget
2 (*Elektro-, Haushaltsgerät*) appliance
3 (*Fernseher, Radio*) set
4 (*Ausrüstung*) equipment

geraten
1 (*gelangen*) to get, to fall (**in** into)
2 (*ausfallen*) to turn out; **nach jemandem geraten** to take after someone
3 (*zufällig*) **an etwas geraten** to come by something; **an jemanden geraten** to find someone
4 **an den Falschen/die Falsche geraten** to pick the wrong man/woman
5 **in Vergessenheit geraten** to fall into oblivion [ə'blɪviən]

das **Geratewohl** **aufs Geratewohl** at random, on the off-chance

geräumig roomy, spacious ['speɪʃəs]

das **Geräusch** noise

geräuschlos silent

gerecht
1 just; *Lohn, Strafe:* fair
2 **jemandem/einer Sache gerecht werden** to do justice ['dʒʌstɪs] to someone/something

die **Gerechtigkeit** justice ['dʒʌstɪs]

das **Gerede**
1 talk
2 (*Geschwätz*) gossip

gereizt
1 (*wütend*) irritated
2 (*reizbar*) irritable
3 *Atmosphäre:* strained

das **Gericht**[1] (*Essen*) dish

das **Gericht**[2]
1 (*Behörde*) court [kɔːt]; **jemanden vor Gericht bringen** to take someone to court; **mit etwas vor Gericht gehen** to take legal action about something
2 **das Jüngste Gericht** the Last Judgment

der **Gerichtssaal** courtroom

der **Gerichtsschreiber**, die **Gerichtsschreiberin** (CH) clerk [klɑːk] of the court

das **Gerichtsverfahren** court [*oder* legal] proceedings ⚠ *Plural;* **gegen jemanden ein Gerichtsverfahren einleiten** to institute legal proceedings ⚠ *Plural* against someone

die **Gerichtsverhandlung**
1 (*zivilrechtlich*) hearing
2 (*strafrechtlich*) trial

gering
1 (*niedrig*) low
2 (*wenig*) little
3 **eine geringe Chance** a slim chance; **nicht das Geringste** nothing at all

geringfügig
1 (*klein*) minor
2 (*unwichtig*) insignificant

das **Gerippe** skeleton ['skelɪtən]

gern(e)
1 gladly, with pleasure ['pleʒə]
2 **aber gern!** of course!
3 **gern geschehen!** you're welcome!
4 **das glaube ich gern** I can well believe it

gernhaben to like

der **Geruch** smell

der **Geruchssinn** sense of smell

das **Gerücht** rumour

das **Gerümpel** junk

das **Gerüst** (*für Gebäude*) scaffolding ['skæfəʊldɪŋ]

gesamt entire, whole

die **Gesamtschule** comprehensive school [ˌkɒmprɪ'hensɪv skuːl]

der **Gesang**
1 (*das Singen*) singing
2 (*Choral*) chant

das **Geschäft**
1 (*Laden*) shop (GB), store (USA)
2 (*Gewerbe*) business; **mit jemandem Geschäfte machen** to do business with someone; **mit etwas Geschäfte machen** to deal in something
3 **ein gutes Geschäft machen** to make a good deal; **das Geschäft geht gut** business is good
4 **ins Geschäft gehen** to go to work [*oder* the office]

geschäftlich
1 **eine geschäftliche Angelegenheit** a business matter
2 **ich muss ihn geschäftlich sprechen** I must see him on business; **geschäftlich unterwegs** [*oder* **verreist**] away on business

die **Geschäftsfrau** businesswoman

der **Geschäftsführer**, die **Geschäftsführerin**
1 (*einer Firma*) managing director
2 (*eines Vereins*) secretary ['sekrətri]

die **Geschäftsliste** CH agenda [ə'dʒendə], order of the day

der **Geschäftsmann** businessman

die **Geschäftsreise** business trip

der **Geschäftsschluss** closing time; **nach Geschäftsschluss** *eines Ladens:* after closing time

das **Geschehen** events *Plural*

geschehen
1 (*passieren*) to happen; **es muss etwas geschehen** something must be done; **was soll damit/mit ihm/mit ihr geschehen?** what's supposed to be done about it/with him/with her?
2 (*stattfinden*) to take place
3 **es wird dir nichts geschehen** nothing will happen to you, you'll be all right; **das geschieht dir recht** that serves you right
4 **gern geschehen!** you're welcome!

gescheit clever

das **Geschenk** gift, present ['prezᵊnt]; **jemandem ein Geschenk machen** to give someone a present

das **Geschenkpapier** wrapping ['ræpɪŋ] paper, gift wrap

die **Geschichte**
1 (*Erzählung*) story
2 history ['hɪstri]; **die Geschichte der Menschheit** the history of mankind; **die Geschichte zeigt uns, ...** history tells us ...; **in die Geschichte eingehen** to go down in history
3 (*Angelegenheit*) affair; **eine schöne Geschichte!** a fine mess!; **eine böse Geschichte** a nasty business; **die Geschichte mit seiner Frau** the trouble [*oder* business] with his wife

geschichtlich historical; **von großer geschichtlicher Bedeutung** of great historic importance

das **Geschick**[1] (*Schicksal*) fate

das **Geschick**[2] (*Fertigkeit*) skill

geschickt **geschickt sein** to be skilful

geschieden divorced [dɪ'vɔːst]

das **Geschirr**
1 (*zum Kochen*) kitchenware, pots and pans ⚠ *Plural*
2 (*schmutziges*) dishes ⚠ *Plural;* **Geschirr spülen** to do the dishes [*oder* the washing-up]
3 (*Tafelgedeck*) service, crockery

der **Geschirrspüler**, die **Geschirrspülmaschine** dishwasher

das **Geschirrtuch** tea towel

die **Geschirrwaschmaschine** CH dishwasher

das **Geschlecht**
1 sex; **Kinder beiderlei Geschlechts** children of both sexes ⚠ *Plural*
2 *eines Wortes:* gender [dʒendəʳ]

der **Geschlechtsverkehr** sexual intercourse

geschlossen
1 (*zu*) closed
2 **geschlossene Ortschaft** built-up area
3 **geschlossen für etwas stimmen** to vote unanimously [juː'nænɪməslɪ] in favour of something; **geschlossen hinter jemandem stehen** to stand solidly behind someone

der **Geschmack** taste *auch übertragen*

geschmacklos tasteless *auch übertragen*

geschmackvoll tasteful; **geschmackvoll eingerichtet** tastefully furnished

das **Geschöpf** creature

das **Geschoss**
1 (*Kugel*) bullet
2 (*Stockwerk*) floor, storey, story USA; **im zweiten Geschoss** on the second [*oder* USA third] floor

das **Geschrei** (*Rufen*) shouting; (*stärker*) screaming

das **Geschwätz**
1 (*abwertend: Unsinn*) nonsense
2 (*Klatsch*) gossip

geschweige **geschweige denn ...** let alone ...

die **Geschwindigkeit** speed; **mit einer Geschwindigkeit von ...** at a speed of ...

die **Geschwindigkeitsbeschränkung** speed limit

die **Geschwister** brother[s] and sister[s]; **hast du Geschwister?** have you got any brothers or sisters?; **wir sind vier Geschwister** there are four of us in our family

geschwollen
1 *Knöchel:* swollen ['swəʊlən]
2 *Stil:* pompous, bombastic

die **Geschwulst** (*Krebs*) tumour ['tjuːmə]

das **Geselchte** Ⓐ smoked meat

gesellig *Mensch:* sociable ['səʊʃəbl]; **ein geselliges Beisammensein** a friendly get-together

die **Gesellschaft**
1 (*Gesamtheit*) society ⚠ *ohne Artikel*
2 (*Kreis von Menschen*) group of people; (*geladene Gäste*) party
3 (*Begleitung*) company ['kʌmpəni]; **jemandem Gesellschaft leisten** to keep someone company
4 (*Firma*) company GB, corporation USA; **Gesellschaft mit beschränkter Haftung** private limited company GB, Ltd, incorporated company USA, Inc

gesellschaftlich social ['səʊʃᵊl]

das **Gesetz**
1 law (**über** on); **nach dem Gesetz** under the law
2 **ein ungeschriebenes Gesetz** an unwritten rule

der **Gesetzentwurf** bill

die **Gesetzgebung** legislation [ˌledʒɪ'sleɪʃᵊn]

gesetzlich legal ['li:gᵊl]

gesichert
1 (*finanziell*) safe
2 (*technisch*) secured; *Schraube:* locked

das **Gesicht** face; **ein [langes] Gesicht machen** to pull [*oder* make] a [long] face; **was machst du für ein Gesicht?** what's up with you? ▶ WENDUNGEN: **jemanden zu Gesicht bekommen** to see someone; **jemandem ins Gesicht schauen** to look someone in the eye; **ich hab es ihm ins Gesicht gesagt** I told him to his face; **sein wahres Gesicht zeigen** to show one's true nature; **den Tatsachen ins Gesicht sehen** to face the facts

der **Gesichtsausdruck** [facial] expression

die **Gesichtsfarbe** complexion

der **Gesichtspunkt** point of view

die **Gesichtszüge** features

gespannt
1 (*straff*) taut
2 (*belastet*) *Atmosphäre:* strained
3 (*erwartungsvoll*) eager; (*neugierig*) curious ['kjʊəriəs]; **da bin ich aber gespannt!** that I'd like to see!

das **Gespenst**
1 ghost [gəʊst], spectre ['spektəʳ] *auch übertragen*
2 **du siehst Gespenster!** you're imagining things!

das **Gespräch**
1 conversation, talk; **ein Gespräch mit jemandem führen** to have a talk with someone; **[mit jemandem] ins Gespräch kommen** to get talking [to someone]
2 (*Telefongespräch*) call; **ein Gespräch für Sie!** there's a call for you!

gesprächig talkative ['tɔ:kətɪv]

gespreizt *Wortwahl, Stil:* affected [ə'fektɪd]

die **Gestalt**
1 (*äußere Form*) form; **Gestalt annehmen** to take shape
2 (*Körperbau*) build
3 (*im Film, Roman*) character

gestalten
1 (*formen*) to form, to shape
2 **einen Abend gestalten** to arrange an evening; **seine Freizeit gestalten** to organize one's leisure time

das **Geständnis** confession; **ein Geständnis ablegen** to make a confession

der **Gestank** stench [stentʃ], stink

gestatten to allow, to permit [pə'mɪt]

die **Geste** gesture ['dʒestʃe]

gestehen
1 to confess
2 **offen gestanden** frankly speaking

das **Gestein** rock

das **Gestell**
1 (*Regal*) shelf
2 (*Ablage*) rack
3 (*Rahmen*) frame

gestern yesterday; **die Zeitung/Nachrichten von gestern** yesterday's [news]paper/news; **gestern früh** yesterday morning; **gestern Abend** last night; **gestern vor acht Tagen** a week ago yesterday

Vorsicht Falle!
Für gestern Abend sagt man **last night**: *what did you do last night?*

gestreift striped; **quer gestreift** cross-striped

gestrichen
1 painted; **frisch gestrichen!** wet paint!
2 **gestrichen voll** full to the brim
3 **ein gestrichener Esslöffel** a level tablespoon

A B C D E F G H I J K L M N O P Q R S T U V W X Y Z

4 **ich hab die Nase gestrichen voll!** I've had it up to here!

gesund
1 *Appetit, Klima, Mensch:* healthy ['helθi]; **Milch ist gesund** milk is good for you
2 **sich gesund fühlen** to feel well; **gesund werden** to get well; **werd bald wieder gesund!** get well soon!

die **Gesundheit**
1 health; **kalt duschen ist gut für die Gesundheit** cold showers are good for your health
2 **Gesundheit!** [God] bless you!
3 *einer Firma, Wirtschaft:* health

das **Gesundheitsamt** public health department

das **Getöse** din

das **Getränk** drink

das **Getreide** grain, cereals ⚠ *Plural*

getrennt
1 *Zimmer:* separate ['sepᵊrət]
2 **getrennt leben** to live apart; **getrennt bezahlen** to pay separately, to go Dutch

das **Getriebe** gears ⚠ *Plural;* (*im Auto*) gearbox

das **Getto** ghetto

geübt versed; *Fahrer, Reiter, Segler:* proficient [prəˈfɪʃᵊnt]; **geübt im Reden/Schreiben sein** to be a proficient speaker/writer

das **Gewächshaus** hothouse, greenhouse

gewagt risky

die **Gewalt**
1 (*Gewaltanwendung*) force; (*stärker*) violence; **Gewalt anwenden** to use force
2 (*Macht*) power; **jemanden in seiner Gewalt haben** to have someone in one's power
3 (*Kontrolle*) control (**über** of/over); **sich in der Gewalt haben** to have oneself under control; **keine Gewalt über etwas haben** to have no control over something
4 *eines Aufpralls, Knalls, Sturms:* force
5 **mit Gewalt** by force; **mit aller Gewalt** (*umgangsspr*) for all one is worth

gewaltig
1 *Leistung:* tremendous
2 (*heftig*) violent
3 (*riesig*) huge; *Fehler, Irrtum:* big
4 **da täuschst du dich aber gewaltig!** you're way out! *umgangsspr*

gewaltsam
1 *Auseinandersetzung, Tod:* violent; **das gewaltsame Vorgehen** the use of force
2 **gewaltsam eindringen** to enter by force

gewalttätig violent

die **Gewalttätigkeit**
1 (*Eigenschaft*) violence
2 (*Tat*) act of violence

gewandt (*geschickt*) skilful

das **Gewässer** waters ⚠ *Plural,* stretch of water

das **Gewebe**
1 (*biologisch*) tissue
2 (*Stoff*) fabric

das **Gewehr** rifle

das **Gewerbe** trade; **ein Gewerbe ausüben** to carry out a trade

die **Gewerkschaft** trade union (GB), labor union (USA)

das **Gewicht**
1 weight [weɪt]
2 **nicht ins Gewicht fallen** to be of no consequence

die **Gewichtszunahme** increase in weight

der **Gewinn**
1 (*Erlös*) profit; **Gewinn abwerfen** to make a profit; **Gewinn bringend** profitable ['prɒfɪtəbl]
2 (*Preis*) prize
3 (*im Glücksspiel*) winnings ⚠ *Plural;* **einen großen Gewinn machen** to win a lot

gewinnen
1 (*siegen*) to win (**bei** at)
2 (*profitieren*) to gain
3 (*erzeugen*) to produce; (*aus Altware*) to reclaim, to recover
4 to gain *Einfluss, Vorteil, Zeit*
5 **lieb gewinnen** to grow fond of

Grammatik
Richtiges Konjugieren von **win**: win, won, won — *Who won the match?; Emma has won first prize in the drawing competition.*

der **Gewinner**, die **Gewinnerin** winner

gewiss
1 (*bestimmt*) certain
2 **ein gewisser Herr Thum** a certain Mr. Thum; **in gewissem Maß** to some extent; **sie hat das gewisse Etwas** she's got that certain something
3 (*sicher*) certainly; **aber gewiss doch!** but of course!, why, certainly!

das **Gewissen** conscience ['kɒnʃəns]

gewissenhaft conscientious [ˌkɒnʃi'enʃəs]

gewissenlos unscrupulous [ʌn'skru:pjələs]

gewissermaßen as it were, so to speak

die **Gewissheit** certainty; **ich muss mir darüber Gewissheit verschaffen** I must be certain about it

das **Gewitter** thunderstorm; **es ist ein Gewitter im Anzug** a storm is brewing *auch übertragen*

gewöhnen
1 **etwas gewöhnt sein** to be used to something; **gewöhnt sein, etwas zu tun** to be used to doing something; **jemanden an etwas gewöhnen** to make someone get used to something
2 **sich an etwas gewöhnen** to get used to something

die **Gewohnheit** habit; **aus Gewohnheit** by habit; **zur Gewohnheit werden** to grow into a habit

gewöhnlich
1 (*üblich*) usual
2 (*normal*) ordinary
3 (*unfein*) common

gewohnt
1 *Arbeit, Gang:* usual
2 **etwas gewohnt sein** to be used to something

das **Gewürz** spice

die **Gezeiten** tides

gezielt
1 *Schuss:* well-aimed
2 *Kritik:* pointed
3 **etwas gezielt tun** to do something with a particular aim in mind

gezwungen
1 forced
2 (*unnatürlich*) stiff

die **Gier** greed (**nach** for)

gierig greedy (**nach** for)

gießen
1 (*in Gefäß*) to pour
2 to water *Blumen*
3 (*regnen*) to pour; **es goss** [**in Strömen**] it was pouring [with rain]

die **Gießkanne** watering can

das **Gift**
1 poison ['pɔɪzən]; *eines Tieres:* venom
2 **darauf kannst du Gift nehmen** you can bet your life [*oder* bottom dollar] on it

giftig *Pflanze:* poisonous; *Schlange:* venomous; *Substanz:* toxic

der **Giftmüll** toxic waste

der **Giftstoff** toxic substance

gigantisch enormous, gigantic [dʒaɪ'gæntɪk]

der **Gipfel**
1 (*Bergspitze*) peak, summit
2 (*Höhepunkt*) height [haɪt]

das **Gipfeltreffen** summit [meeting]

der **Gips** plaster

das **Gipsbein** leg in plaster

die **Giraffe** giraffe [dʒɪ'rɑ:f]

das **Girokonto** ['ʒi:rokɔnto] current account

die **Gitarre** guitar [gɪ'tɑ:ʳ]; **Gitarre spielen** to play the guitar

das **Gitter**
1 (*Eisenstangen*) bars ⚠ *Plural;* **hinter Gittern** behind bars
2 (*vor Türen, Fenstern*) grating, grid
3 (*aus Holz*) lattice, trellis

der **Glanz** gleam; (*von Oberfläche*) shine; (*von Farben*) brilliance

glänzen
1 to shine; *Augen:* to sparkle
2 (*übertragen*) to be brilliant

glänzend
1 shining; *Augen:* sparkling; (*vor Fett*) shining
2 **glänzend aussehen** to look brilliant; **mir geht es glänzend** I'm doing great

das **Glas**
1 glass; **zwei Glas Bier** two glasses of beer
2 (*Brillenglas*) lens
3 (*Marmeladenglas*) jar; **ein Glas Marmelade/Gurken** a jar of jam/gherkins

das **Glasfaserkabel** fibre optic cable

die **Glasscheibe** sheet of glass; (*Fenster*) pane of glass

die **Glasscherbe** piece of broken glass

die **Glasur**
1 (*auf Keramik*) glaze
2 (*auf Kuchen*) icing

glatt
1 (*eben*) smooth [smu:ð]; *Fahrbahn:* slippery; *Haar:* straight [streɪt]; *Stoff:* without

creases *nachgestellt*
2 *Ablauf, Landung:* smooth; *Absage:* flat; **eine glatte Eins** a straight A
3 (*ausgesprochen*) downright; **eine glatte Lüge** an outright lie
4 **glatt ablehnen/leugnen** to flatly refuse/deny; **das habe ich doch glatt vergessen** I clean forgot about it
5 **glatt rasiert** clean shaven; *Beine:* shaved

das **Glatteis** [black] ice

glattgehen to go smoothly; **es wird schon glattgehen!** it'll be all right!

die **Glatze** bald [bɔːld] head; **eine Glatze bekommen** to be going bald; **eine Glatze haben** to be bald

glatzköpfig bald

der **Glaube**
1 (*Vertrauen, religiös*) faith (**an** in); **in gutem Glauben** in good faith; **jemandem Glauben schenken** to believe someone; **den Glauben** [**an jemanden/etwas**] **verlieren** to lose faith [in someone/something]
2 (*Meinung, Überzeugung*) belief

glauben
1 (*meinen*) to think; **glaubst du?** do you think so?; **ich glaube, ja** [*oder* **schon**] I think so; **ich glaube, nein** I don't think so
2 (*für wahr halten*) **jemandem glauben** to believe someone; **ich glaube ihr kein Wort!** I don't believe a word she's saying!; **an etwas glauben** to believe in something
3 **es ist kaum zu glauben** I can hardly believe it; **ob du es glaubst oder nicht** believe it or not
4 **wer's glaubt, wird selig!** a likely story!; **das glaubst du wohl selbst nicht!** you can't be serious ['sɪəriəs]!

das **Glaubensbekenntnis** creed

glaubwürdig
1 *Beweis, Geschichte, Person:* credible
2 *Hinweis:* reliable [rɪ'laɪəbl]

gleich
1 (*identisch*) same
2 (*ähnlich*) similar
3 (*rechnerisch*) equal; **zur gleichen Zeit** at the same time; **in gleichem Abstand** at an equal distance; **zwei mal zwei ist gleich vier** two times two is four
4 **das ist mir gleich** it's all the same to me; (*negativer*) I don't care at all
5 (*sofort*) at once; **ich komme gleich** I'll be right there; **bis gleich!** see you [in a minute [*oder* moment]]!
6 (*direkt*) **gleich gegenüber/hier** right opposite/here
7 (*fast*) **es ist gleich zehn** it is nearly ten o'clock; **wir sind gleich da** we're nearly there
8 (*in gleicher Weise*) equally
9 **das bleibt sich gleich** it doesn't matter
10 **gleich gesinnt sein wie** to hold the same views as; **gleich lautend** identical
11 **gleich aussehen** to look the same; **gleich alt/groß sein wie ...** to be the same age/height as ...

die **Gleichberechtigung** equal rights ⚠ *Plural*

gleichen
1 to be like
2 **sich gleichen** to be alike

gleichentags (CH) [on] the same day

gleichfalls (*auch*) also; **danke, gleichfalls!** thanks, the same to you!

das **Gleichgewicht** balance ['bæləns] *auch übertragen;* **das Gleichgewicht verlieren, aus dem Gleichgewicht kommen** to lose one's balance; **jemanden aus dem Gleichgewicht bringen** to throw someone off balance

gleichgültig
1 indifferent (**gegenüber** towards)
2 **das ist mir völlig gleichgültig!** I don't give a damn!

die **Gleichgültigkeit** indifference (**gegenüber** towards)

gleichmäßig
1 (*zu gleichen Teilen*) equal
2 (*ebenmäßig*) even
3 (*regelmäßig*) *Abstand, Puls:* regular; **in gleichmäßigem Abstand** at regular intervals ⚠ *Plural*
4 **gleichmäßig atmen** to breathe regularly; **etwas gleichmäßig auftragen/verteilen** to apply/distribute something evenly

die **Gleichung** equation [ɪ'kweɪʒən]

gleichzeitig at the same time

das **Gleis** line, track, rails ⚠ *Plural*

gleiten
1 to glide
2 *Arbeitnehmer:* to be on flexitime

der **Gletscher** glacier ['glæsɪə]

das **Glied**
1 (*Arm, Bein*) limb [lɪm]
2 **an allen Gliedern zittern** to be shaking all over
3 (*einer Kette*) link *auch übertragen*

gliedern
1 to subdivide (**in** into)
2 **sich gliedern** to be composed, to consist (**in** of)

die **Gliederung** (*Struktur*) structure

glimpflich **glimpflich davonkommen** to get off lightly

glitschig slippery

glitzern to glitter; *Stern:* to twinkle

global global ['gləʊbᵊl], worldwide

der **Globus** globe

die **Glocke** bell

die **Glotze** (*Fernseher*) goggle-box

das **Glück**
1 luck; **viel Glück!** good luck!; **was für ein Glück!** what a stroke of luck!
2 **Glück haben** to be lucky; **kein Glück haben** to be out of luck [*oder* unlucky]; **Glück gehabt!** that was lucky!; **da hast du aber Glück gehabt!** you were lucky there!; **ein Glück, dass ...** it's a good thing that ...; **zum Glück** fortunately ['fɔːtʃᵊnətli]
3 **auf gut Glück** on the off-chance
4 **jemandem [zu etwas] Glück wünschen** to congratulate someone [on something]

glücklich
1 happy; **glücklich machen** to make happy; **sich glücklich schätzen** to consider oneself lucky
2 *Gewinner, Zufall:* lucky; **eine glückliche Hand bei etwas haben** to have a knack when it comes to something

glücklicherweise fortunately ['fɔːtʃᵊnətli], luckily

der **Glücksfall** stroke of luck (GB), lucky break (USA)

der **Glückwunsch** congratulations ⚠ *Plural;* **herzlichen Glückwunsch zum Geburtstag!** happy birthday!

Vorsicht Falle!
congratulations = „Herzlichen Glückwunsch" wird im Plural gebraucht: *Congratulations on passing the exam!*

die **Glühbirne** light bulb

glühen
1 to glow
2 **vor Zorn glühen** to burn with anger

glühend
1 (*intensiv*) *Berge, Farben, Gesicht:* glowing
2 *Hitze:* blazing; **glühend heiß** burning hot; *Metall:* red-hot; **rot glühend** red-hot
3 *Leidenschaft, Wunsch:* ardent; *Hass:* burning

die **GmbH** *Abkürzung von* **Gesellschaft mit beschränkter Haftung** Ltd (GB), Inc (USA)

die **Gnade** mercy; **um Gnade bitten** to beg for mercy

gnädig
1 (*erbarmend*) merciful
2 (*herablassend*) condescending

der **Gnom** gnome [nəʊm]

das **Gold** gold

golden
1 *Hochzeit:* golden ['gəʊldᵊn]
2 *Armband, Uhr:* gold

der **Goldfisch** goldfish

goldgelb golden

die **Goldmedaille** gold medal ['medᵊl]

der **Golf** gulf; **der Golf** the Gulf

das **Golf** golf

der **Golfplatz** golf course

der **Golfschläger** golf club

der **Golfspieler**, die **Golfspielerin** golfer

gönnen
1 **sich etwas gönnen** to allow oneself something; **gönn dir was!** spoil yourself!
2 **ich gönne es ihm** I am happy [*oder* pleased] for him; **sie gönnt mir den Erfolg nicht** she begrudges me [*oder* is jealous ['dʒeləs] of] my success

googeln ['guːgl̩n] to google (**nach** for)

der **Gorilla** gorilla

der **Gott**
1 God; **der liebe Gott** the good Lord; **an Gott glauben** to believe in God
2 **Gott sei Dank!** thank God!; **um Gottes willen!** for heaven's sake!; (*betroffen*) oh no!

die **Götterspeise** fruit jelly

der **Gottesdienst** service

die **Göttin** goddess

göttlich divine

das **GPS** *Abkürzung von* **Global Positioning System** gps das **Grab** grave

der **Graben**
1 (*am Straßenrand*) ditch
2 (*Schützengraben*) trench

graben (*mit Spaten*) to dig (**nach** for)

das **Grabmal** monument

der **Grabstein** gravestone

der **Grad**
1 degree
2 **im höchsten Grade** extremely

der **Graf**
1 (*außerhalb Großbritanniens*) count
2 (*innerhalb Großbritanniens*) earl [ɜːl]

die **Grafik**
1 (*Gewerbe*) graphic arts ⚠ *Plural*
2 (*Diagramm*) diagram ['daɪəgræm]

die **Gräfin** countess ['kaʊntɪs]

der **Grafit** graphite ['græfaɪt]

die **Grafschaft** county

das **Gramm** gram[me]

die **Grammatik** grammar

grammatisch grammatical

die **Granate** shell

grandios magnificent [mæg'nɪfɪsənt], terrific

die **Graphik**
1 (*Gewerbe*) graphic arts ⚠ *Plural*
2 (*Diagramm*) diagram

der **Graphit** graphite

das **Gras** grass

grässlich
1 (*grauenvoll*) hideous, horrible
2 (*widerlich*) awful, dreadful

die **Gräte** fish-bone

gratis free [of charge]

gratulieren to congratulate (**zu** on); [**ich**] **gratuliere!** [my] congratulations! ⚠ *Plural;* **jemandem zum Geburtstag gratulieren** to wish someone a happy birthday

das **Grau** grey

grau grey; **graue Haare bekommen** to go grey; **grau meliert** *Haare:* greying

der **Gräuel**
1 (*Grauen*) horror
2 (*Schandtat*) outrage

die **Gräueltat** atrocity

das **Grauen** (*Entsetzen*) horror; **Grauen erregend** gruesome ['gruːsəm], horrid

grauen mir graut es davor I dread it

grauenhaft, **grauenvoll** gruesome ['gruːsəm], horrid

der **Graupelschauer** sleet

grausam cruel ['kruːəl] (**zu** to)

die **Grausamkeit** cruelty ['kruːəlti]

grausig horrible

grauslich Ⓐ (*unangenehm, ekelhaft*) terrible

graziös graceful

greifbar
1 (*zur Verfügung*) available
2 **in greifbarer Nähe** within reach

greifen
1 (*ergreifen*) to grasp; **hinter sich/nach etwas greifen** to reach behind/for something
2 (*einrasten*) to grip
3 *Maßnahmen, Strategie:* to have an effect (**bei** on)
4 **zum Greifen nahe liegen** to be within one's grasp
5 **zur Flasche greifen** to take to the bottle
6 **zum Äußersten greifen** to go to extremes ⚠ *Plural*
7 **um sich greifen** *Krankheit, Unsitte:* to spread [spred]

grell
1 *Farbe:* loud
2 *Sonne:* dazzling

das **Gremium** body, committee

die **Grenze**
1 (*von Staat*) border; **die Grenze zu Dänemark** the border with Denmark
2 (*privat*) boundary
3 (*übertragen*) limits ⚠ *Plural;* **sich** [**noch**] **in Grenzen halten** to keep within limits; **sein Mut kennt keine Grenzen** there's no limit to his courage; **alles hat seine Grenzen** there's a limit to everything
4 **seine Grenzen kennen** to know one's limitations

grenzen to border *auch übertragen* (**an** on)

der **Grenzübergang** border crossing

der **Griff**
1 (*Stiel*) handle
2 *von Tür:* knob
3 (*Halten von Hand*) grasp, grip
4 **etwas im Griff haben** to have got the

hang of something; **etwas in den Griff bekommen** to get to grips with something

griffbereit handy

der **Grill** (*zum Grillen*) grill

grillen
1 (*in der Küche*) to grill
2 (*im Garten*) to barbecue ['bɑːbɪkjuː]

die **Grimasse** grimace ['grɪməs]; **Grimassen schneiden** to pull faces

grimmig
1 (*zornig*) grim
2 *Kälte:* severe [sɪ'vɪə]

das **Grinsen** grin

grinsen to grin

die **Grippe** influenza [ˌɪnflʊ'enzə], flu [fluː] *umgangsspr*

grob
1 (*nicht fein*) coarse [kɔːs]; **grob gemahlen** coarse-ground
2 (*verletzend*) rude
3 *Fehler:* serious; **grobe Fahrlässigkeit** gross negligence ['neglɪdʒəns]
4 **grob geschätzt** at a rough estimate
5 **aus dem Gröbsten heraus sein** to be over the worst

grölen to bawl

der **Groll** resentment

grollen *Donner:* to roll

groß
1 (*bedeutend*) great
2 (*räumlich*) large; (*umfangreich*) big *auch übertragen;* (*riesig*) huge; *Fläche:* extensive, vast
3 (*hoch gewachsen*) tall
4 *Hitze:* intense; *Fehler:* bad
5 **die großen Ferien** the summer holidays [*oder* (USA) vacation ⚠ *Singular*]
6 **[ganz] groß rauskommen** to make the big time
7 **meine große Schwester** my big sister
8 **er ist mal wieder in großer Eile** he's in a terrible rush again
9 **die Maschine verursachte großen Lärm** the machine [mə'ʃiːn] made a lot of noise
10 **großen Hunger haben** to be very hungry; **große Schmerzen haben** to be in a lot of pain ⚠ *Singular*
11 **sich große Mühe geben** to make a big effort

großartig
1 (*wunderbar*) wonderful ['wʌndəfᵊl]
2 (*hervorragend*) splendid, great

Großbritannien Great Britain

der **Großbuchstabe** capital

die **Größe**
1 (*Format, Umfang, von Kleidung, von Schuhen*) size; **welche Größe hast du?** what size are you? [*oder* do you take?]
2 (*Höhe*) height [haɪt]; **er hat deine Größe** he is your height
3 (*Ausdehnung*) dimensions [ˌdaɪ'menʃᵊnz] ⚠ *Plural*

die **Großeltern** grandparents

der **Großhandel** wholesale trade

die **Großmutter** grandmother

der **Großonkel** great-uncle

der **Großrat**, die **Großrätin** (CH) member of a cantonal parliament ['pɑːləmənt]

die **Großtante** great-aunt

der **Großteil** large part; **zum Großteil** for the most part

größtenteils for the most part

der **Großvater** grandfather

großziehen to raise [reɪz]

großzügig
1 (*freigebig*) generous ['dʒenᵊrəs]
2 (*weiträumig*) spacious ['speɪʃᵊs]

die **Großzügigkeit** generosity [ˌdʒenᵊrɒsəti]

grotesk grotesque

die **Grube**
1 hole, hollow
2 (*Bergbau*) mine, pit

grüezi (CH) hello

grün
1 green; **ein grüner Salat** a lettuce
2 (*unreif*) *Tomaten, Pflaumen:* green ► WENDUNGEN: **grüne Welle** phased traffic lights ⚠ *Plural;* **das ist dasselbe in Grün** (*umgangsspr*) that's one and the same thing

der **Grund**[1]
1 (*Ursache*) reason; **aus welchem Grund?** for what reason?; **auf Grund von ...** due to ..., because of ...; **aus gesundheitlichen Gründen** for reasons of health; **ohne jeden Grund** for no apparent reason
2 (*Anlass*) reason; **einen Grund zum Feiern haben** to have good cause for celebra-

tion; **ich habe keinen Grund zum Klagen** I have no reason to complain

der **Grund**[2]
1 *von Gefäß, Grube:* bottom
2 (*Grundstück*) land
3 (*Erdboden*) ground
4 **von Grund auf** completely
5 **im Grunde** basically
6 **einer Sache auf den Grund gehen** to get to the bottom of something
7 **zu Grunde richten** to ruin, to destroy

der **Grundbegriff** basic principle

gründen
1 to found
2 **sich gründen auf** to be based on

der **Gründer**, die **Gründerin** founder

das **Grundgesetz** (*bundesdeutsche Verfassung*) **das Grundgesetz** the German Constitution

die **Grundlage** basis, foundation

grundlegend
1 fundamental, basic (**für** to)
2 **grundlegend falsch** fundamentally wrong

gründlich thorough

der **Gründonnerstag** Maundy Thursday [ˌmɔːndiˈθɜːzdi]

der **Grundsatz** principle

grundsätzlich
1 (*im Allgemeinen*) in principle; **grundsätzlich schon** basically yes; **grundsätzlich nicht** absolutely not
2 (*stets*) always; **grundsätzlich nein sagen** to say no on principle
3 *Frage, Unterschied:* fundamental

die **Grundschule** elementary [*oder* primary] school

das **Grundstück** (*Parzelle*) plot

die **Gründung** foundation

der/die **Grüne** Green [party member]; **die Grünen** the Green Party

die **Grünfläche** green space

grunzen to grunt

die **Gruppe** group

die **Gruppenarbeit** teamwork

gruppieren
1 to group
2 **die Häuser gruppieren sich um den Marktplatz** the houses are grouped around the market square

der **Gruß**
1 greeting; **viele Grüße** best wishes
2 **jemandem herzliche Grüße bestellen** to give one's kindest regards to someone; **jemandem einen Gruß ausrichten** to give one's regards ⚠ *Plural* to someone, to say hello to someone *umgangsspr*

grüßen
1 to greet; **grüß dich!** hi!
2 (*beim Militär*) to salute

gucken to look; **guck mal!** look!

gültig
1 *Pass:* valid
2 *Bestimmungen, Preise:* current

der **Gummi** rubber

das **Gummiband** rubber band

der **Gummiknüppel** [rubber] truncheon [ˈtrʌnʃᵊn]

die **Gunst** favour [ˈfeɪvə]; **zu deinen Gunsten** in your favour ⚠ *Singular;* **zu Gunsten von ...** in favour ⚠ *Singular* of ...

günstig
1 (*vorteilhaft*) favourable [ˈfeɪvᵊrəbl]; *Moment:* right; **im günstigsten Falle** at best; **bei günstiger Witterung** weather permitting; **günstig gelegen** [**für**] well situated [for]
2 (*preiswert*) cheap; **etwas günstig erstehen/verkaufen** to buy/sell something for a good price

die **Gurke**
1 (*Salatgurke*) cucumber
2 (*Essiggurke*) gherkin [ˈgɜːkɪn]

der **Gurt**
1 (*Riemen*) strap
2 (*Gürtel*) belt

der **Gürtel** belt

das **Gut**
1 (*Landgut*) estate [ɪˈsteɪt]
2 **Güter** goods

gut
1 good; *Wetter:* nice; **ein guter Mensch** a good person; **kein guter Tänzer** not much of a dancer
2 **wie geht's? — gut!** how are you? — fine!; **ganz gut** not bad; **so gut es geht** as best as possible
3 **gut so!** that's it!; **gut gemacht!** well done!; **mach's gut!** take care!
4 **das ist schön und gut, aber ...** it's all very well but ...
5 **schon gut!** all right!, OK!; **nun gut!** all right then!

6 **wozu ist das gut?** what's that for?; **das ist gut gegen Grippe** that's good for flu
7 **du siehst gut aus** (*allgemein*) you're good-looking; (*heute*) you're looking good [*oder* great]; (*gesundheitlich*) you're looking well
8 **mir ist nicht gut** I'm not feeling [too] well; **das wird dir gut tun** that will do you good
9 **du hast gut lachen/reden!** it's easy for you to laugh/say!; **das kann gut sein** that may well be
10 **jemanden gut finden** to like someone; **das gefällt mir gut** I like it very much
11 **gut bezahlt** highly-paid, well-paid; **gut gehend** flourishing ['flʌrɪʃɪŋ]; **gut gelaunt** cheerful; **gut gemeint** well-meaning, well-meant
12 **das schmeckt gut** that tastes nice
13 **etwas gut können** to be good at something
14 **seid ihr gut angekommen?** did you get back alright?
15 **jemandem alles Gute wünschen** to wish someone well; (*für Prüfung*) to wish someone luck
16 **dabei kann nichts Gutes rauskommen** nothing good can possibly come of it
17 **das ist nochmal gut ausgegangen** that was a close shave
18 **etwas wendet sich zum Guten** something comes right in the end
19 **bis London sind es noch gut 5 Kilometer** it's still a good 5 kilometres to London

Grammatik
well — better — best: *Dave knows me well, my brother knows me better, but my mum knows me (the) best.* — Vorsicht: *he plays the guitar* **well**, aber: *he is a* **good** guitarist.

das **Gutachten** expert ['ekspɜːt] opinion

gutbürgerlich *Küche:* good plain, home[-style]

die **Güte**
1 (*Freundlichkeit*) kindness
2 [ach] **du meine Güte!** goodness me!

der **Güterzug** goods train (GB), freight train [freɪt] (USA)

das **Guthaben** credit

gutheißen **etwas gutheißen** to approve [ə'pruːv] of something

gutmütig good-natured

der **Gutschein**
1 (*als Zahlung*) coupon ['kuːpɒn], voucher ['vaʊtʃəʳ]
2 (*für umgetauschte Waren*) credit note

das **Gymnasium** grammar school (GB), high school (USA); **aufs Gymnasium gehen** to go to grammar [*oder* (USA) high] school

die **Gymnastik** gymnastics ⚠ *Singular*, keep fit; **Gymnastik machen** to do keep-fit exercises ⚠ *Plural*

Hh

H, h
1 H, h [eitʃ]
2 (*Note*) B
3 **H-Dur** B major; **H-Moll** B minor

das **Haar**
1 hair; **lange/kurze Haare** long/short hair ⚠ *Singular;* **blonde/schwarze Haare** blonde/black hair ⚠ *Singular*
2 **sich die Haare schneiden lassen** to have one's hair cut; **sich die Haare kämmen** to comb [kəʊm] one's hair; **ich muss [mir] noch die Haare waschen** I've got to wash my hair ▸ WENDUNGEN: **mir standen die Haare zu Berge** my hair stood on end; **kein gutes Haar an jemandem lassen** to pick someone to pieces ⚠ *Plural;* **sich in die Haare geraten** to pick a quarrel [with each other]; **sich ständig in den Haaren liegen** to be constantly quarrel[l]ing; **um ein Haar** (*beinahe*) within a hair's breadth

die **Haarbürste** hairbrush

die **Haarfarbe** colour of hair; **was für eine Haarfarbe hat sie?** what's the colour of her hair?

der **Haarfestiger** [hair] setting lotion

haarig hairy *auch übertragen*

der **Haarschnitt** haircut

der/das **Haarspray** hair spray

haarsträubend hair-raising

das **Haben** (*Kontostand*) credit [side] ['kredɪt]

haben
1 to have, to have got *umgangsspr*
2 **Durst/Hunger haben** to be thirsty/hungry; **Ferien haben** to be on holiday; **wann hast du Geburtstag?** when is your birthday?; **ich habe am 22. Februar Geburtstag** my birthday is on the 22nd of February; **ich habe [heute] Geburtstag!** it's my birthday [today]!
3 **den wievielten haben wir heute?** what date is it today?; **heute haben wir den ...** today is the ...
4 **für etwas zu haben sein** to be keen on something; **das haben Sie davon!** that'll teach you!
5 **ich kann das eben nicht [ab]haben** (*leiden*) I just can't stand it
6 **ich hab's!** I've got it!; **etwas fertig haben** to have finished something
7 **jemanden lieb haben** to love someone
8 **es gut haben** to be lucky; **lieber haben** to prefer; **nötig haben** to need
9 **Recht haben** to be right; **Unrecht haben** to be wrong
10 **etwas haben wollen** (*verlangen*) to ask for something; (*wünschen*) to want something
11 **zu tun haben** (*beschäftigt sein*) to be busy; **was haben Sie?** what's the matter with you?; **hab dich nicht so** don't make such a fuss
12 **da haben Sie's!** there you are!; **das haben wir gleich!** we'll have that fixed in a jiffy!
13 **und damit hat sich's!** and that's that!

> **Grammatik**
> Im Englischen benötigt man zwei Wörter für *haben* [besitzen]: **have got** — Jenny **has got** an apartment; she **hasn't got** a garden. In den USA wird nur **have** benutzt. Man sagt z. B.: **I have a cat.** Fragen lauten in Großbritannien **have you got ...?** und in den USA **do you have ...?** Die Verneinung lautet: **I don't have ...** oder **I haven't got ...**

hacken
1 to chop *Holz*
2 (*mit Spitzhacke*) to hack; **klein hacken** to chop up small
3 (*picken*) *Vogel:* to peck (**nach** at)
4 (*in der Informatik*) to hack (**in** into)

der **Hacker**, die **Hackerin** hacker

das **Hackfleisch** mince[d meat] (GB), ground meat (USA)

der **Hafen** harbour, port; **in einen Hafen einlaufen** to enter a harbour

der **Hafer** oats ⚠ *Plural*

die **Haferflocken** porridge oats; **grobe Haferflocken** rolled oats

die **Haft**
1 (*Haftstrafe*) imprisonment; **zu zehn Jahren Haft verurteilt werden** to be sentenced to ten years' imprisonment; **in Haft** in prison
2 (*vor dem Prozess*) custody ['kʌstədi]; **in Haft** in custody; **in Haft nehmen** to take into custody

der **Haftbefehl** arrest warrant [wɒrənt]

haften
1 (*kleben*) to adhere, to stick (**an** to)
2 (*haftbar sein*) to be liable (**für** for)

der **Häftling** prisoner

die **Haftpflichtversicherung**
1 (*für Personen*) personal [*oder* USA public] liability insurance [ɪnˈʃʊərəns]
2 (*für KFZ*) third-party insurance

die **Haftung**
1 (*Schadenersatz*) liability
2 (*Verantwortung für Personen*) responsibility
3 *von Reifen:* adhesion, grip

der **Hag** CH (*Hecke*) hedge

der **Hagel** hail

hageln to hail *auch übertragen;* **es hagelt** it's hailing; **es hagelte Kritik** there was a storm of criticism

der **Hahn**[1] (*Wasserhahn*) tap GB, faucet [ˈfɔːsɪt] USA

der **Hahn**[2] (*Gockel*) cock GB, rooster USA

der **Hai** shark *auch übertragen*

häkeln to crochet [ˈkrəʊʃeɪ]

der **Haken**
1 (*aus Metall; auch beim Boxen*) hook; (*aus Holz*) peg
2 (*Zeichen: Häkchen*) tick GB, check USA
3 **die Sache hat einen Haken** there's a catch; **der Haken daran ist, ...** the thing is, ...

halb
1 half *auch übertragen;* **eine halbe Stunde** half an hour; **ein halbes Jahr** six months ⚠ *Plural;* **zum halben Preis** [at] half price
2 **es ist halb eins** it is half past twelve
3 **das ist doch halb so schlimm** it's not that bad
4 **machen wir halbe-halbe!** let's go halves!; **nichts Halbes und nichts Ganzes** neither [ˈnaɪðəʳ] one thing nor the other; **wir machen keine halben Sachen** we don't do things by halves
5 (*in Zusammensetzungen: zur Hälfte*) half-; (*technisch*) semi-; **halb nackt** half-naked; **halb offen** half-open; **halb tot** half-dead; **halb voll** half-full
6 (*beinahe*) almost; **halb so viel** [**wie**] half as much [as]; **noch ein halbes Kind sein** to be scarcely [ˈskeəsli] more than a child

der **Halbbruder** half-brother

halbieren to halve [hɑːv]; (*zerschneiden*) to cut in halves *Plural*

die **Halbinsel** peninsula [pəˈnɪnsjʊlə]

halbjährlich
1 *Bericht:* half-yearly GB, semi-annual USA
2 (*alle halbe Jahr*) every six months *Plural*

der **Halbkanton** CH sub-canton

der **Halbkreis** semicircle [ˈsemɪˌsɜːkl]

die **Halbkugel** hemisphere [ˈhemɪsfɪə]

der **Halbmond**
1 (*Himmelskörper*) half-moon
2 (*im Wappen*) crescent [ˈkrezᵊnt]

die **Halbpension** half-board

die **Halbschwester** half-sister

halbtags **halbtags arbeiten** to work part-time

die **Halbzeit**
1 (*Spielhälfte*) half [hɑːf]
2 (*Pause*) half-time

die **Hälfte**
1 half [hɑːf]
2 [**bis**] **zur Hälfte** halfway; **um die Hälfte** by half; **um die Hälfte mehr** half as much again; **mehr als die Hälfte** more than half

die **Halle**
1 (*großer Raum*) hall
2 (*Hotelhalle*) lobby, lounge
3 (*Sporthalle*) gym[nasium]; **in der Halle** [**spielen**] [to play] indoors

hallen to echo [ˈekəʊ]; (*widerhallen*) to reverberate *auch übertragen*

das **Hallenbad** indoor swimming pool

hallo hello, hallo [ˈhæləʊ]

der **Halm**
1 (*Grashalm*) blade
2 (*Strohhalm*) straw

der **Hals**
1 (*Nacken*) neck; **sich den Hals brechen** to break one's neck
2 (*Kehle*) throat ▸ WENDUNGEN: **Hals über Kopf** in a rush; **das hängt mir zum Hals heraus** I am sick and tired of that; **Hals- und Beinbruch!** break a leg!

das **Halsband** (*für Tier*) collar [ˈkɒləʳ]

die **Halskette** (*Schmuck*) necklace [ˈnekləs]

die **Halsschmerzen** sore throat ⚠ *Singular;* **Halsschmerzen haben** to have a sore throat ⚠ *Singular* das **Halstuch** scarf

der **Halt**
1 (*Festigkeit*) hold; (*Stütze*) support; (*innerer Halt*) stability
2 (*Anhalten, Aufenthalt*) halt, stop; **ohne Halt** non-stop; **Halt machen** to [make a] stop
3 **vor nichts Halt machen** to stop at nothing

halt[1] stop!, hold on! *umgangsspr*

halt[2] (*umgangsspr: nun einmal*) just, simply; **das ist halt so** that's just the way it is

haltbar
1 *Zustand:* tolerable
2 **haltbar sein** *Lebensmittel:* to keep [well]; **nur begrenzt haltbar** perishable

das **Haltbarkeitsdatum** best-before date

halten
1 (*festhalten*) to hold
2 (*aufrechterhalten*) to maintain *Niveau, Tempo*
3 (*behalten*) to hold *Position, Rekord*
4 (*beschäftigen, besitzen*) to keep *Chauffeur, Gärtner, Haustier*
5 (*tragen, stützen*) to hold up, to support
6 (*veranstalten*) to hold *Bazar, Gottesdienst;* to give *Rede, Vorlesung*
7 to save *Torschuss; Torwart:* to make a save
8 (*erfüllen*) to keep *Versprechen*
9 **halt den Mund!** shut up!
10 (*haften bleiben*) to hold
11 (*anhalten*) to stop
12 (*bestehen bleiben*) *Frisur, Preise, Wetter:* to last; *Lebensmittel:* to keep; *Stoffe:* to wear well
13 **sich halten** *Blumen, Nahrungsmittel:* to keep; *Wetter:* to last; (*im Kampf*) to hold out
14 **er hat sich gut gehalten** (*er sieht jung aus*) he's aged [*oder umgangsspr* kept] well
15 **sich links/rechts halten** to keep to the left/right
16 **Schwimmen hält fit** swimming keeps you fit
17 **zu jemandem halten** to stand by someone
18 (*erachten, einschätzen*) **jemanden für einen Freund halten** to regard someone as a friend; **wofür halten Sie mich eigentlich?** really, what do you take me for?; **was halten Sie von ihm?** what do you think of him?; **sich für klug/etwas Besonderes halten** to think oneself very clever/special
19 **jemanden auf dem Laufenden halten** to keep someone posted
20 **sich an jemanden halten** to turn to someone
21 **sich an eine Abmachung halten** to stick to an agreement; **sich an die Spielregeln halten** to play the game

> **Grammatik**
> Richtiges Konjugieren von **hold**: hold, held, held *— Jane held the puppy in her arms; The assemply was held in the sports hall.*

die **Haltestelle** (*Bushaltestelle*) stop

die **Haltung**
1 (*Körperhaltung*) posture ['pɒstʃə]
2 (*Einstellung*) attitude

hämisch
1 spiteful; *Lächeln:* sardonic
2 **sich hämisch über etwas freuen** to gloat over something

das **Hammelfleisch** mutton

der **Hammer** hammer

hämmern
1 to hammer *auch übertragen*
2 *Herz, Puls:* to pound

der **Hamster** hamster

die **Hand**
1 hand; **in die Hände klatschen** to clap one's hands; **Hände hoch!** hands up!; **von Hand** by hand; (*in Zusammensetzungen*) manual ['mænjuəl]
2 **Hand aufs Herz!** cross your heart!; **das liegt doch wohl auf der Hand** that's obvious, isn't it?; **es lag in ihrer Hand** it was in her hands ⚠ *Plural*
3 **weder Hand noch Fuß haben** to not make sense
4 **etwas in die Hand nehmen** (*anfassen*) to pick something up; (*in Angriff nehmen*) to take something in hand
5 **alle Hände voll zu tun haben** to have one's hands full
6 **etwas bei der** [*oder* **zur**] **Hand haben** to have something to hand *Gegenstand;* to have something ready *Ausrede, Erklärung*
7 **Hand in Hand** hand in hand
8 **eine Hand voll** a handful ▶ WENDUNGEN: **etwas aus erster Hand wissen** to know something first hand; **die Situation fest in der Hand haben** to have the situation well in hand; **sich mit Händen und Füßen gegen etwas wehren** to fight something tooth and nail

die **Handarbeit**
1 (*nicht Maschinenarbeit*) handiwork; **dieser Tisch ist Handarbeit** this table is hand-

H

made
2 (*Nähen, Stricken, Häkeln*) needlework

der **Handball** (*Sportart*) [European] handball

die **Handbewegung**
1 movement [*oder* sweep] of the hand
2 (*Geste*) gesture ['dʒestʃə]

die **Handbremse** handbrake

das **Handbuch**
1 (*mit Anweisungen*) handbook, manual ['mænjuəl]
2 (*Führer*) guide

das **Händchen**
1 little hand
2 **Händchen halten** to hold hands

der **Händedruck** handshake

der **Handel**
1 (*das Handeln*) trade (**mit** in)
2 **im Handel** on the market; **Handel treiben** to trade; **etwas in den Handel bringen** to put something on the market
3 (*Abmachung*) deal
4 (*Wirtschaftszweig*) commerce ['kɒmɜːs]

das **Handeln**
1 (*Handeltreiben*) trading
2 (*Feilschen*) haggling
3 (*Agieren*) action

handeln
1 (*agieren*) to act
2 **von etwas handeln** *Buch, Film:* to deal with
3 (*feilschen*) to haggle (**um** about/over)
4 (*Handel treiben*) to trade (**mit** in)
5 **worum handelt es sich?** what's it about?; **es handelt sich um ...** it is a matter of ..., it concerns ...; **darum handelt es sich nicht** that is not the issue

die **Handelsakademie** Ⓐ commercial college

die **Handelsschule** commercial college Ⓖⓑ, business school ⓊⓈⒶ

die **Handfläche** palm [pɑːm]

das **Handgelenk** wrist [rɪst]

das **Handgemenge** (*Schlägerei*) scuffle; **in ein Handgemenge verwickelt werden** to get into a scuffle

handgeschrieben handwritten

handgreiflich **handgreiflich werden** to get violent

handhaben (*auch übertragen*) to handle *Waffe, Werkzeug, Situation*

handicapiert ⒸⒽ (*im Sport*) handicapped

händisch Ⓐ (*manuell*) manual ['mænjuəl]

der **Händler**, die **Händlerin**
1 (*Handeltreibende*) trader, dealer
2 (*Ladeninhaber*) shopkeeper Ⓖⓑ, storekeeper ⓊⓈⒶ

handlich handy

die **Handlung**
1 action; (*Tat*) act
2 (*im Buch, Film*) plot

das **Handmehr** ⒸⒽ (*Abstimmung durch Handheben*) show of hands ⚠ *Plural*

die **Handorgel** ⒸⒽ (*Handharmonika*) accordion

der **Handrücken** back of the hand

die **Handschellen** handcuff

die **Handschrift**
1 handwriting ['hænd,raɪtɪŋ]; **eine leserliche/unleserliche Handschrift haben** to have a legible/an illegible hand
2 (*Text*) manuscript ['mænjʊskrɪpt]

der **Handschuh** glove [glʌv]

das **Handschuhfach**, der **Handschuhkasten** glove compartment

die **Handtasche** [hand]bag Ⓖⓑ, purse ⓊⓈⒶ

der **Handteller** palm [pɑːm] [of the hand]

das **Handtuch** towel ['taʊəl]

das **Handwerk**
1 (*handgefertigte Arbeit*) [handi]craft
2 (*Berufsstand*) trade; **sein Handwerk verstehen** to know one's job [*oder* trade]

der **Handwerker**, die **Handwerkerin**
1 [skilled] manual worker
2 (*Kunsthandwerker[in]*) craftsperson, craftsman *maskulin*, craftswoman *feminin*

das **Handy** ['hɛndi] mobile [phone] Ⓖⓑ, cell [sel] phone ⓊⓈⒶ

die **Handyhülle** (*feste Hülle*) mobile [phone] cover; (*Tasche*) mobile [phone] pouch; (*Verstärkung*) mobile [phone] case

der **Hang**
1 (*Abhang*) slope
2 **einen Hang zum Übertreiben haben** to have a tendency to exaggerate

hängen
1 to hang *Gegenstand, Verbrecher*
2 **an etwas hängen** to be fond of something
3 **an jemandem hängen** (*gernhaben*) to be fond of someone; (*wie eine Klette*) to cling

to someone
4 **mit Hängen und Würgen** by the skin of one's teeth
5 **im Gedächtnis hängen bleiben** to stick in one's memory
6 **hängen bleiben** (*in der Schule*) to repeat a year
7 **an mir bleibt ja doch wieder alles hängen!** I'll get stuck with all that again anyway!
8 **sich an etwas hängen** to hang on to something
9 **sich an jemanden hängen** to latch on to someone

hängend
1 (*baumelnd*) hanging
2 *Schultern:* sagging

die **Harfe** harp

harmlos
1 *Mensch, Tier:* harmless
2 *Vergnügen:* innocent ['ɪnəsᵊnt]
3 *Unfall, Verletzung:* minor

die **Harmonie** harmony *auch übertragen*

hart
1 hard *auch übertragen*
2 *Gesichtszüge, Umrisse:* sharp
3 (*widerstandsfähig*) tough [tʌf]
4 *Winter:* rough [rʌf]
5 (*solide, stabil*) stable
6 (*streng*) severe [sɪ'vɪə]; *Worte:* harsh
7 **hart zu jemandem sein** to be hard on someone; **jemanden hart anpacken** to be hard on someone; **hart [gegenüber jemandem] bleiben** to remain adamant [towards someone]; **hart werden** to harden *auch übertragen*
8 **hart arbeiten** to work hard
9 **hart an der Grenze** close to the limit
10 **ein hart gekochtes Ei** a hard-boiled egg

härten to harden *auch übertragen;* to temper *Stahl*

hartnäckig
1 (*eigensinnig*) obstinate ['ɒbstɪnət], stubborn
2 (*beharrlich*) persistent [pə'sɪstᵊnt]
3 *Krankheit:* refractory [rɪ'fræktᵊri]

der **Hase** hare

der **Hass** hate, hatred; **einen Hass auf jemanden kriegen** to become angry with someone

hassen
1 to hate (**wegen** for)
2 (*verabscheuen*) to detest (**wegen** for)

hässlich
1 (*unschön*) ugly
2 (*scheußlich*) hideous ['hɪdiəs]
3 (*gemein*) mean, nasty

die **Hässlichkeit** ugliness

die **Hast**
1 (*Eile*) haste, hurry; **in aller Hast** in a great hurry
2 (*Überstürzung*) precipitation

hasten to hasten ['heɪsᵊn], to hurry

hastig
1 (*eilig*) hasty ['heɪsti], hurried
2 (*überstürzt*) precipitate [prɪ'sɪpɪtət]

die **Haube**
1 cap, hood
2 (*Motorhaube*) bonnet (GB), hood (USA)

der **Hauch**
1 (*Lufthauch*) breeze
2 (*übertragen*) **ein Hauch von ...** a hint [*oder* touch] of ...

hauchdünn
1 *Kleidung:* filmy
2 wafer-thin

hauen
1 to chop *Fleisch, Holz*
2 (*schlagen*) to hit
3 **sich hauen** to scrap, to fight [feɪt]

der **Haufen**
1 heap; (*gleichmäßig*) pile
2 (*große Menge*) great number; **ein Haufen Arbeit** a pile of work; **ein Haufen Geld** stacks ⚠ *Plural* of cash, loads ⚠ *Plural* of money *umgangsspr;* **ein Haufen Freunde** lots of friends
3 (*Ansammlung*) accumulation [əˌkjuːmjə'leɪʃᵊn]
4 (*abwertend: Leute*) bunch

häufig
1 (*oft vorkommend*) frequent
2 (*weit verbreitet*) common, widespread
3 **etwas häufig tun** to do something frequently [*oder* often]

die **Häufigkeit** frequency

das **Haupt**
1 head
2 (*in Zusammensetzungen*) chief, main, principal

der **Hauptbahnhof** central [*oder* main] station

das **Hauptfach** main subject

das **Hauptgericht** (*Essen*) main course; **als Hauptgericht** as a main course

der **Hauptgewinn** first prize

die **Hauptquartier** headquarters ⚠ *Plural,* HQ

die **Hauptrolle**
1 (*Theater, Film*) leading role [*oder* part]; **mit ... in der Hauptrolle** starring ...
2 **die Hauptrolle spielen** (*Film*) to star; (*übertragen*) to be all-important

die **Hauptsache** main point; **das ist die Hauptsache** that's all that matters

hauptsächlich
1 chief, main, principal
2 **ich beschäftige mich hauptsächlich mit Kindern** I mainly deal with children

die **Hauptschule** secondary modern school (GB) (⚠ *in GB gibt es diese Art von Schule nicht mehr*), ≈ junior high school (USA)

die **Hauptstadt** capital; **die Hauptstadt von Schottland ist Edinburgh** the capital of Scotland is Edinburgh

die **Hauptstraße**
1 (*in der Stadt*) high street (GB), main street (USA)
2 (*für Fernverkehr*) arterial road (GB), highway (USA)

die **Hauptverkehrszeit** rush hour

das **Haus**
1 house; (*Gebäude*) building
2 (*Heim*) home; **nach Hause** home; **ich möchte nach Hause** I want to go home; **zu Hause** at home; **wenn wir wieder zu Hause sind** when we're back [at] home; **er ist in London zu Hause** his home town is London; **fühlen Sie sich wie zu Hause!** make yourself at home!

die **Hausarbeit**
1 (*Haushalt*) chores ⚠ *Plural,* housework
2 (*in der Schule*) homework

der **Hausarzt**, die **Hausärztin** family doctor

die **Hausaufgabe** (*in der Schule*) homework ⚠ *kein Plural;* **seine Hausaufgaben machen** to do one's homework ⚠ *Singular*

der **Hausbesetzer**, die **Hausbesetzerin** squatter

der **Häuserblock**, der **Häuserkomplex** block [of buildings]

die **Hausfrau** housewife

der **Haushalt**
1 (*Hausgemeinschaft*) household
2 (*Etat*) budget
3 **jemandem den Haushalt führen** to keep house for someone

häuslich (*das Zuhause liebend*) home-loving

der **Hausmann** house-husband

der **Hausmeister**, die **Hausmeisterin** caretaker (GB), janitor (USA)

die **Hausschuhe** slippers

das **Haustier** pet

die **Haustür** front door

der **Hauswart** (A) caretaker, janitor

die **Haut**
1 skin
2 *einer Frucht:* peel
3 *von Flüssigkeit:* film; *von Milch:* skin ▶ WENDUNGEN: **nass bis auf die Haut** soaked to the skin; **ich möchte nicht in seiner Haut stecken** (*umgangsspr*) I wouldn't like to be in his shoes

die **Havarie** accident; (*Schaden*) damage

die **Hebamme** midwife

der **Hebel** lever

heben
1 (*hochheben*) to lift, to raise
2 (*übertragen: verbessern*) to improve, to raise *Leistung, Niveau*
3 **sich heben** *Nebel:* to lift; *Vorhang:* to rise

das **Heck** *von Schiff:* stern; *von Auto:* rear; *von Flugzeug:* tail

die **Hecke** hedge

die **Heckscheibe** (*Auto*) rear window

das **Heer**
1 (*militärisch*) army
2 (*übertragen: Schwarm*) swarm

die **Hefe** yeast

das **Heft**
1 (*Übungsheft*) exercise book
2 (*Broschüre*) booklet
3 *einer Zeitschrift:* issue, number

heften
1 (*mit Heftklammer*) to staple (**an** to)
2 to baste, to tack *Saum, Naht*

der **Hefter**
1 (*Mappe*) folder
2 (*Bürogerät*) stapler

heftig
1 (*stark, gewaltig*) violent
2 (*Intensität*) intense
3 *Regen:* lashing, heavy

die **Heftklammer** staple

das **Heftpflaster** (*medizinisch*) adhesive plaster [*oder* USA tape]

die **Heftzwecke** drawing-pin GB, thumbtack USA

der **Heide**, die **Heidin** heathen, pagan

die **Heide** (*Landschaft*) heath

das **Heidekraut** heather

heikel *Sache, Thema:* delicate, tricky; *Person:* fussy, particular

heilen
1 (*auch übertragen*) to cure *Krankheit*
2 *Wunde:* to heal

heilig
1 holy
2 (*vor Namen*) **der Heilige Petrus** Saint Peter
3 **das ist mir heilig** that is sacred to me

der **Heiligabend** Christmas Eve

Land und Leute
Christmas Eve ist in Großbritannien und Irland ein normaler Arbeitstag. Vor dem Schlafengehen hängen die Kinder **Christmas stockings** (große Socken) oder auch Kopfkissenbezüge auf, die in der Nacht mit Geschenken gefüllt werden. Gefeiert wird am **Christmas Day** (25. Dezember). Traditionell isst man einen mit Brät gefüllten Truthahn mit Röstkartoffeln und Preiselbeersoße. Danach gibt es den **Christmas pudding** oder **plum pudding**, einen gedämpften Kuchen mit Korinthen, Rosinen und Sultaninen. **Christmas crackers** sind eine britische Erfindung aus der Mitte des 19. Jhs.: verzierte Papprollen mit einem kleinen Geschenk in der Mitte, einem witzigen Spruch und einer Papierkrone. Sie werden meistens während des Mittagessens von jeweils zwei Personen auseinandergerissen. Ebenfalls seit Mitte des 19. Jhs. ist es in Großbritannien üblich, ab Anfang Dezember **Christmas cards** (Weihnachtskarten) an alle Verwandte, Freunde und Bekannte zu verschicken.

der/die **Heilige** saint

das **Heilmittel** remedy

die **Heilung**
1 *einer Wunde:* healing; *eines Kranken:* curing
2 (*Gesundung*) cure

das **Heim** home

heim home

die **Heimat**
1 (*allgemein*) home; **in der Heimat** back home; **aus der Heimat** from back home
2 (*Heimatland*) native [*oder* home] country

der **Heimatschein** CH certificate of origin

heimisch
1 **sich heimisch fühlen in ...** to feel at home in ...
2 *Pflanzen, Tiere:* native

heimlich
1 (*geheim*) secret
2 (*verstohlen*) furtive

das **Heimweh** homesickness; **Heimweh haben** to be homesick

heimzahlen (*übertragen*) **jemandem etwas heimzahlen** to pay someone back for something

die **Heirat** marriage; (*Hochzeitsfeier*) wedding

heiraten to get married; **jemanden heiraten** to marry someone

der **Heiratsantrag** proposal [of marriage]; **jemandem einen Heiratsantrag machen** to propose to someone

heiser hoarse; (*belegt*) husky

heiß
1 hot; **drückend heiß** oppressively hot; **mir ist heiß** I am hot
2 **etwas heiß machen** (*erhitzen*) to heat something up
3 (*leidenschaftlich*) hot; **etwas heiß ersehnen** to long for something ardently; **heiß geliebt** ardently beloved
4 (*slang*) **echt heiß** really cool; **der Typ ist echt heiß** that guy is so gorgeous [*oder* USA cute]
5 **das macht mich nicht heiß** that doesn't really tickle my fancy *umgangsspr;* (*erotisch*) that doesn't turn me on
6 **heißer Draht** hot line; **heißer Tipp** hot tip

heißen
1 to be called; **wie heißen Sie?** what's your name?; **ich heiße Tim** my name's Tim; **wie heißt das?** what do you call this?; **was heißt ... auf Englisch?** what's ... in English?, what's the English [word] for ...?
2 (*bedeuten*) mean; **was heißt das für uns?** what does that mean for us?; **das soll nicht heißen, dass ...** that's not to say that ...
3 **es heißt ...** (*man sagt*) it is said ..., they say ...; (*es steht geschrieben*) it says ...
4 **das heißt** that is; **d. h.** i.e.; (*mit anderen Worten*) that is to say

H

5 **jemanden willkommen heißen** to bid someone welcome

heiter
1 (*sonnig, hell*) bright, fair
2 (*fröhlich*) cheerful
3 (*erheiternd*) amusing, funny ▶ WENDUNGEN: **aus heiterem Himmel** out of the blue; **das kann ja noch heiter werden!** that'll be a bunch of laughs!

heizen
1 to heat *Wohnung*
2 to fire *Ofen*
3 (*die Heizung in Betrieb haben*) to have the heating on
4 **mit Öl heizen** to use fuel oil for heating

der **Heizkörper** radiator

die **Heizung** (*technisch*) heating

das/der **Hektar** hectare

die **Hektik** hectic pace; **nur keine Hektik!** take it easy!

hektisch hectic

der **Held**, die **Heldin** hero *maskulin,* heroine *feminin*

heldenhaft heroic

helfen
1 to help (**bei** with); **kann ich irgendwie helfen?** is there anything I can do?; **du kannst mir beim Spülen helfen** you can help me do the washing-up
2 **jemandem aus der Patsche helfen** (*umgangsspr*) to help someone out of a jam
3 **sich zu helfen wissen** to be able to take care of oneself
4 **ich kann mir nicht helfen, ich liebe ihn** I can't help myself, I love him
5 **es hilft nichts** it's no good

der **Helfer**, die **Helferin**
1 (*Helfende*) helper
2 (*Gehilfe*) assistant

hell
1 (*nicht dunkel*) light; **es wird langsam hell** it's slowly getting light; **es ist schon hell** it's light already
2 *Farbe:* light, pale
3 *Haut:* fair
4 *Klang:* clear
5 (*auch übertragen: leuchtend*) bright
6 **ein helles Bier** ≈ a lager
7 (*völlig*) *Wahnsinn, Freude:* sheer

hellblau light blue

hellblond light blond

die **Helligkeit** brightness

der **Hellraumprojektor** (CH) overhead projector [prəˈdʒektəʳ]

hellwach wide-awake

der **Helm** helmet

das **Hemd**
1 (*Oberhemd*) shirt
2 (*Unterhemd*) vest (GB), undershirt (USA)

die **Hemmungen**
1 inhibitions
2 (*Bedenken*) scruples

hemmungslos
1 (*ungezügelt*) unrestrained
2 (*skrupellos*) unscrupulous

das **Hendl** (A) chicken

der **Henkel** handle

die **Henne** hen

her
1 (*örtlich*) here; **von hier her** from here; **von oben her** from above; **kommen Sie her!** come here [to me]!
2 **her damit!** give it here! *umgangsspr*
3 (*zeitlich*) ago; **wie lange ist das her?** how long ago was that?
4 **vom Geld her** as far as money goes
5 **hinter jemandem her sein** (*umgangsspr*) to be after someone
6 **mit ihm ist es nicht weit her** (*umgangsspr*) he's no great shakes

herab down, downward[s]; **von oben herab** from above; (*herablassend*) condescendingly

herabsetzen
1 to cut [down], to reduce *Preise, Steuern*
2 (*schlechtmachen*) to belittle, to disparage

herankommen
1 (*näher kommen*) to come near
2 (*übertragen*) *Zeit:* to approach, to draw near
3 (*erreichen*) to reach; **an jemanden/etwas herankommen** to reach someone/something
4 **die Dinge an sich herankommen lassen** to wait and see what happens
5 **man kann nur schwer an ihn herankommen** (*menschlich*) it is difficult to get anywhere near him

heranziehen
1 (*näher bringen*) to pull up (**an** to, **zu** toward[s])
2 to call in *Arzt*

A B C D E F G H I J K L M N O P Q R S T U V W X Y Z

3 **jemanden zu etwas heranziehen** to call [up]on someone for something

herauf up, upwards; **hier herauf** up here; **von unten herauf** from below

heraus
1 out; **zum Fenster heraus** out of the window
2 (*übertragen*) **aus ... heraus** out of ...
3 **von innen heraus** from within
4 **heraus damit!** (*umgangsspr: mit der Sprache*) out with it!; (*her damit!*) hand it over!
5 **aus dem Alter bin ich heraus** that's all behind me

herausbekommen
1 to get back *Wechselgeld;* **Sie bekommen einen Euro zwanzig heraus** you get one euro twenty [cents] change
2 to get out *Nagel, Flecken*
3 (*herausfinden*) to find out; (*lösen*) to solve; **sie werden nicht viel aus ihm herausbekommen** they won't get much out of him

herausbringen
1 to bring out *auch Produkt;* to release *CD, Album*
2 to get out *Nagel, Flecken*
3 (*übertragen: lösen*) to solve; (*herausfinden*) to find out
4 (*übertragen: hervorbringen, sagen*) to get out; **jemanden/etwas groß herausbringen** to give someone/something a big build-up

herausfinden
1 (*auch übertragen*) to find out
2 **ich finde selber heraus, danke** I'll find my own way out, thanks

Grammatik
Richtiges Konjugieren von **find**: find, found, found — *Suzy found out; Have you found out what time it starts?*

herausfordern
1 (*auch im Sport*) to challenge (**zu** to)
2 (*provozieren*) to provoke

die **Herausforderung**
1 (*auch im Sport*) challenge
2 (*Provokation*) provocation

herausgeben
1 **Wechselgeld herausgeben** to give change (**auf** for); **Sie haben mir zu wenig herausgegeben** you gave me too little change; **können Sie mir herausgeben?** can you give me change?
2 (*herausreichen*) to pass out
3 to edit *Buch*
4 *Verleger:* to publish

der **Herausgeber**, die **Herausgeberin**
1 (*Verfasser*) editor
2 (*Verleger*) publisher

herauskommen
1 (*auch übertragen*) to come out
2 *Buch:* to be published, to come out
3 (*als Ergebnis*) to come (**bei** of); (*bei Rechenaufgaben*) to be the answer
4 **groß herauskommen** to be a big hit
5 **dabei kommt nichts heraus** that doesn't get us anywhere

herausnehmen
1 (*auch medizinisch*) to take out
2 **sich etwas herausnehmen** (*übertragen*) to take liberties ⚠ *Plural*

herausstellen
1 to put out *Gegenstände*
2 **sich herausstellen** to turn out; **wie es sich herausstellte ...** as it turned out ...; **die Aufgabe stellte sich als äußerst schwierig heraus** the exercise turned out to be extremely difficult

herb
1 (*bitter*) bitter
2 *Kritik:* harsh
3 *Parfüm:* tangy
4 *Wein:* dry

herbeieilen to come running [up]

herbeiführen (*bewirken*) to bring about; (*verursachen*) to cause

die **Herbergsmutter**, der **Herbergsvater** warden

der **Herbst** (*auch übertragen*) autumn (GB), fall (USA); **im Herbst** in the autumn [*oder* (USA) fall]

herbstlich autumnal; (*attributiv*) autumn

der **Herd** (*Küchenherd*) stove, cooker

die **Herde** herd; *von Schafen:* flock

herein in, into; **herein!** come in!; **immer nur herein!** roll up!

hereinfallen (*betrogen werden*) to be taken in (**auf** by)

hereinkommen to come in [*oder* inside]

hereinlassen to let in

hereinlegen (*umgangsspr*) **jemanden hereinlegen** to take someone for a ride

hereinplatzen to burst in

herfallen **über jemanden herfallen** (*angreifen*) to set upon someone; (*mit Fragen*) to pitch into someone; (*kritisieren*) to pull someone to pieces; **über etwas herfallen** to pounce upon something

herkommen
1 to come here; (*sich nähern*) to approach
2 (*abstammen*) to come (**von** from); **von wo kommst du her?** where do you come from?

die **Herkunft**
1 (*Abstammung*) descent; **britischer Herkunft** of British descent
2 (*soziale*) background
3 (*Ursprung*) origin

das **Herkunftsland** country of origin; **sicheres Herkunftsland** (*Politik*) safe country of origin

das **Heroin** heroine

der **Herr**
1 (*Mann*) gentleman
2 (*Gebieter*) lord, master
3 (*Anrede ohne Namen*) sir; **Sehr geehrte Herren** Dear Sirs
4 (*Anrede mit Namen*) Mr; **Herr Professor Maier** Professor Maier; **Sehr geehrter Herr Beck** Dear Mr Beck
5 **meine Damen und Herren!** ladies and gentlemen!

die **Herrentoilette** gentlemen's [*oder* men's] toilet, gents *umgangsspr*

herrlich
1 (*großartig*) magnificent
2 (*wunderbar*) marvel[l]ous
3 (*prächtig*) splendid

die **Herrschaft**
1 (*Staatsgewalt*) rule; (*eines Monarchen*) reign
2 (*Macht*) power; (*Kontrolle*) control
3 **meine Herrschaften!** (*Anrede*) ladies and gentlemen!

herrschen
1 (*die Macht haben*) to rule
2 (*regieren*) to govern; *König:* to reign

der **Herrscher**, die **Herrscherin** ruler (**über** of); (*Fürst*) sovereign

herstellen (*erzeugen*) to make, to produce

der **Hersteller**, die **Herstellerin** (*Produzent*) producer

die **Herstellung** production

herüber over [here]; (*über Grenze*) across

herum
1 about, [a]round; **um die Taille herum** around the waist; **um das Dorf herum** round about the village; **oben herum** round the top; **falsch herum** the wrong way round
2 (*ungefähr*) **um sechs Uhr herum** round [*oder* at] about six o'clock; **um Weihnachten herum** round about Christmas; **es kostet so um die 10 Euro herum** (*umgangsspr*) it costs somewhere round 10 euros

herumdrehen
1 to turn round
2 (*wenden*) to turn over

herumführen
1 **jemanden [um etwas] herumführen** to lead someone around [something]
2 (*bei Besichtigung*) **jemanden [in etwas] herumführen** to show someone around something
3 **um etwas herumführen** *Straße, Weg:* to go around something

herumgehen
1 (*umhergehen*) **sie gingen in der Stadt herum** they walked around town
2 (*um Grundstück, Raum*) to go around
3 (*zirkulieren*) *Gerücht, Foto:* to be passed around

herumkommen
1 (*reisen*) to get around; **er ist weit herumgekommen** he has seen a lot of the world
2 **um etwas herumkommen** (*nicht tun müssen*) to get out of something

herumlaufen
1 (*umgangsspr*) to run around
2 **frei herumlaufen** *Verbrecher:* to be at large; *Hund:* to run free

herumliegen (*umgangsspr*) to lie around; (*verstreut*) to be scattered about; (*faul*) to laze around

herumreichen to pass [*oder* hand] round

herumsitzen to sit around

herumsprechen **sich herumsprechen** *Gerücht:* to get around

herumstehen (*umgangsspr*) to stand around

herunten Ⓐ (*hier unten*) down here

herunter
1 down; **von oben herunter** from above

2 **die Treppe herunter** down the stairs; **hier herunter** down here

herunterfallen to fall down

> **Grammatik**
> Richtiges Konjugieren von **fall**: fall, fell, fallen — *Sara fell down the stairs; Most of the apples have fallen from the tree.*

heruntergekommen
1 down-and-out
2 (*verfallen*) dilapidated

herunterlassen to let down; to lower *Jalousie*

hervorgehen
1 (*als Sieger*) to come out
2 (*entstehen*) to develop, to spring (**aus** from)
3 (*folgen, sich ergeben*) to follow (**aus** from); (*herrühren*) to result (**aus** from)

hervorragend (*ausgezeichnet*) excellent, outstanding

hervorrufen
1 (*verursachen*) to cause, to give rise to
2 to arouse *Bewunderung*

das **Herz**
1 heart
2 (*Farbe beim Kartenspiel*) hearts ⚠ *Plural;* (*einzelne Spielkarte*) heart
3 (*als Kosewort*) sweetheart ▶ WENDUNGEN: **ein gutes Herz haben** to be good-hearted; **jemandem das Herz brechen** to break someone's heart; **das liegt mir [sehr] am Herzen** I am [very] concerned about that; **jemanden ins Herz schließen** to take someone to one's heart; **schweren Herzens** with a heavy heart; **mit ganzem Herz** wholeheartedly; **sich etwas zu Herzen nehmen** to take something to heart; **ein Herz und eine Seele sein** to be bosom friends

der **Herzanfall** heart attack

herzhaft (*kräftig*) hearty

herzlich
1 *Empfang:* warm
2 *Lachen:* hearty; *Grüße:* kind
3 **herzlichen Dank!** thank you very much indeed!; **herzliches Beileid!** you have my heartfelt sympathy!; **herzliche Grüße** best regards; (*vertrauter*) love (**an** to)
4 utterly; **herzlich wenig** precious little

herzlos heartless

der **Herzog** duke

die **Herzogin** duchess

der **Herzschlag** heartbeat

heterosexuell heterosexual

hetzen (*eilen, antreiben*) to hurry, to rush

das **Heu** hay ▶ WENDUNGEN: **Geld wie Heu haben** to be rolling in money *umgangsspr,* to have pots of money *umgangsspr*

die **Heuchelei** hypocrisy

heuer Ⓐ this year

heulen
1 to howl; (*laut*) to yell
2 *Tiere:* to howl, to yelp
3 *Sirene:* to wail

heurig Ⓐ, (CH) this year's

der **Heuschnupfen** hay fever

heute today, this day; **heute Abend** this evening, tonight; **heute früh, heute Morgen** this morning; **heute Mittag** today at twelve o'clock (GB), today noon (USA); **heute vor 8 Tagen** a week ago today; **den Wievielten haben wir heute?** what date is it today?; **von heute an** from this day on; **bis heute** until today; **es ist bis heute nicht gekommen** it hasn't arrived to date

heutig
1 of this day, today's
2 (*gegenwärtig*) contemporary; (*neuzeitlich*) modern; **vom heutigen Tag** *Brief:* of today['s date]

heutzutage nowadays, these days

die **Hexe** witch; **die alte Hexe** (*abwertend*) the old hag

die **Hexerei** sorcery, witchcraft; **das ist doch keine Hexerei** (*umgangsspr*) that's no magic

der **Hieb** (*Schlag*) blow; (*Streich*) stroke

hier
1 (*räumlich*) here; **dieses Buch hier** this book here; **hier im Garten ist es schön** it's lovely here in the garden
2 (*hierzulande*) in this country; **ich bin nicht von hier** I'm not from here
3 (*in dem Fall*) in this case
4 **hier und da** (*örtlich*) here and there; (*zeitlich*) now and then

die **Hierarchie** hierarchy

hierbleiben to stay here

hierher
1 [over] here; **hierher!** come here!; **das gehört hierher** it goes [*oder* belongs] here
2 **bis hierher und nicht weiter** this far and no further

die **Hilfe**
1 help; **erste Hilfe** first aid; **zu Hilfe!** help! help!; **jemandem zu Hilfe kommen** to come to someone's aid; **Hilfe suchend** imploring, seeking help
2 (*finanziell*) aid; (*Beistand*) assistance
3 (*für Notleidende*) relief
4 (*Hilfskraft*) help
5 **etwas zu Hilfe nehmen** to make use of something

der **Hilferuf**
1 cry for help
2 (*übertragen*) urgent appeal

hilflos helpless

die **Hilfsaktion** relief action

der **Hilfsarbeiter**, die **Hilfsarbeiterin** unskilled worker

hilfsbereit
1 (*helfend, hilfreich*) helpful
2 (*entgegenkommend*) obliging; **er ist stets hilfsbereit** he is always ready to help

das **Hilfsmittel**
1 (*Hilfe*) aid
2 (*Maßnahme*) means, measure ['meʒəʳ]

das **Hilfswerk** relief organization

das **Hilfszeitwort** auxiliary verb

die **Himbeere** raspberry ['rɑ:zbᵊri]

der **Himmel**
1 sky; **am Himmel** in the sky; **unter freiem Himmel schlafen** to sleep in the open air
2 (*religiös*) heaven; (*Paradies*) paradise
▸ WENDUNGEN: **aus heiterem Himmel** out of the blue; **um Himmels willen!** for Heaven's sake!; **dem Himmel sei Dank!** thank Heaven!; **du lieber Himmel!** great Heavens!

die **Himmelfahrt** Ascension; (*Feiertag*) Ascension Day; **Mariä Himmelfahrt** the Assumption of the Virgin Mary

himmlisch
1 heavenly
2 (*wunderbar*) divine; *Wetter:* gorgeous

hin
1 (*dorthin*) there; **schau dort hin** look over there; (*zu*) towards; **schieb es zu mir hin** push it towards me
2 **hin und her** (*auf und ab*) to and fro; (*hin und zurück*) there and back; **das Hin und Her** the comings and goings ⚠ *Plural;* **hin und zurück** there and back
3 **auf seinen Rat hin** on his advice
4 **hin und wieder** [every] now and again
5 (*umgangsspr*) *Ruf:* ruined; (*kaputt*) broken
6 **sie war ganz hin** [**und weg**] (*umgangsspr: hingerissen*) she was really carried away

hinab down, downward[s]

hinauf up; **da hinauf** up there

hinaufsteigen to climb up

hinaus
1 (*auswärts*) out; **hinaus mit euch!** out you go!
2 **ein Zimmer zum Meer hinaus** a room overlooking the sea
3 (*zeitlich*) **auf Jahre hinaus** for years to come
4 (*übertragen*) **über etwas hinaus** on top of something; (*jenseits*) beyond something; **darüber hinaus ...** on top of this ..., in addition [to this] ...

hinauslaufen
1 (*hinausrennen*) to run out
2 **auf etwas hinauslaufen** (*übertragen*) to come to something

hinauswerfen
1 (*aus Fenster*) to throw out
2 (*umgangsspr: entfernen*) to chuck out
3 (*umgangsspr: entlassen*) to fire *umgangsspr,* to sack *slang*

hinauswollen (*beabsichtigen*) to be driving at; **hoch hinauswollen** to aim high

der **Hinblick** **im Hinblick auf ...** (*in Bezug auf*) with regard to ...; (*angesichts*) in view of ...

hinbringen to take there; **ich bringe dich hin** I'll take you there

hindern
1 (*aufhalten*) to hinder; (*hemmen*) to hamper, to impede
2 **jemanden daran hindern, etwas zu tun** to prevent someone from doing something; **es hindert dich doch niemand** no one's stopping you

Vorsicht Falle!
Das Verb **prevent** wird zusammen mit **from** gebraucht: *Jack prevented her from leaving.*

das **Hindernis**
1 (*auch übertragen*) obstacle
2 (*Erschwernis*) hindrance

das **Hindernisrennen** obstacle race; (*auf Pferden*) steeplechase

hindeuten **hindeuten auf** to indicate

hindurch
1 (*räumlich*) through; **mitten hindurch** right through
2 (*zeitlich*) throughout; **die ganze Nacht hindurch** the whole night through; **die ganze Woche hindurch** throughout the whole week

hinein
1 (*räumlich*) in, inside, into; **hinein mit euch!** in you go!
2 (*zeitlich*) into; **bis in den April hinein** well into April; **bis in die Nacht hinein** well into the night

hineingehen
1 to go in[to]
2 **in mein Auto gehen fünf Leute hinein** my car holds five people

die **Hinfahrt**
1 (*mit Zug, Flugzeug*) outward journey; (*mit dem Schiff*) voyage out
2 **auf der Hinfahrt** on the way there

hinfallen to fall [down]

die **Hingabe**
1 (*Ergebenheit*) devotion
2 (*Begeisterung*) dedication

hinhalten
1 **jemandem etwas hinhalten** to hold something out to someone
2 **jemanden hinhalten** to put someone off

hinken to limp

hinknien to kneel down

hinkommen
1 to get there; **wie kommst du hin?** how are you getting there?
2 **wo kommen die Teller hin?** where do the plates go?
3 **das dürfte so hinkommen** (*ausreichen*) that should be enough; (*stimmen*) that should be right

hinkriegen (*umgangsspr*)
1 **etwas gut hinkriegen** to do a good job of something
2 **ich kriege das schon wieder hin** (*repariert*) I'll have that fixed again, no problem
3 **wir kriegen das schon wieder hin** (*Problem gelöst*) we'll sort it out, don't worry

hinlegen
1 (*niederlegen*) to put down; (*flach*) to lay down
2 (*umgangsspr*) **dafür habe ich 200 Euro hingelegt!** I had to fork out 200 euros for that!
3 **sich hinlegen** to lie down

hinnehmen to accept, to take

die **Hinreise**
1 (*mit dem Zug, Flugzeug*) outward journey; (*mit dem Schiff*) voyage out
2 **auf der Hinreise** on the way there

hinreißend (*bezaubernd*) enchanting

hinrichten to execute *Verbrecher*

die **Hinrichtung** execution

der **Hinschied** (CH) death

hinschmeißen
1 (*umgangsspr: hinwerfen*) to fling down
2 (*umgangsspr: aufgeben*) to chuck in

hinsetzen to sit down

die **Hinsicht** **in jeder Hinsicht** in every respect; **in dieser Hinsicht** in this regard

hinsichtlich (*bezüglich*) with regard to

hinstellen
1 (*absetzen*) to put [down] (**auf** onto)
2 **jemanden als jemanden/etwas hinstellen** to make someone out to be someone/something
3 **sich irgendwo hinstellen** to stand somewhere; (*mit dem Auto*) to park somewhere

> **Grammatik**
> Richtiges Konjugieren von **put**: put, put, put — *Sally put her bag down; Where have you put my mug?*

hinten
1 (*weiter zurück*) behind; **hinten bleiben** to stay behind; (*übertragen*) to lag behind; **weit hinten** far behind [*oder* back]
2 (*auf der Rückseite*) at the back; **hinten im Auto** in the back of the car; **nach hinten** to[wards] the back; **von hinten** from behind
3 **das stimmt hinten und vorne nicht** that's totally wrong

hinter
1 (*räumlich*) behind; **hinter meinem Rücken** behind my back; **hinter dem Haus**

behind [*oder* at the back of] the house
2 (*zeitlich*) **ich habe eine Grippe hinter mir** I've just got over a bout of flu
3 **sich hinter jemanden stellen** to stand behind [*oder* support] someone
4 (*übertragen*) **hinter etwas stecken** to be at the bottom of something; **hinter etwas kommen** (*herausfinden*) to get to the bottom of something

hintere(r, s)
1 back, rear; **das hintere Ende** the back end
2 **die hinteren Zimmer** the rooms at the back

hintereinander
1 (*zeitlich*) one after the other [*oder* another]; **drei Tage hintereinander** three days running
2 (*räumlich*) one behind the other

der **Hintergrund** background; **vor diesem Hintergrund** (*auch übertragen*) against this background

der **Hinterhalt** (*auch übertragen*) ambush; **jemanden aus dem Hinterhalt angreifen** to ambush someone

hinterher
1 (*räumlich*) behind; **dem Kind hinterher** after the child
2 (*zeitlich*) afterward[s]; **hinterher sind wir ins Kino gegangen** afterwards we went to the cinema

hinterlassen
1 **jemandem eine Nachricht hinterlassen** to leave a message for someone
2 (*testamentarisch*) **jemandem etwas hinterlassen** to bequeath something to someone
3 **er hinterlässt eine Frau und zwei Kinder** he leaves behind a wife and two children

der **Hintern**
1 (*umgangsspr*) bottom, bum (GB), butt (USA)
2 **sich auf den Hintern setzen** (*umgangsspr: hinfallen*) to fall on one's bottom; (*energisch arbeiten*) to pull [*oder* get] one's finger out

hintersinnen (CH) to brood

die **Hintertür**
1 back door
2 (*übertragen: Ausweg*) loophole

hinüber over; **die Straße hinüber** across the road

hinunter down; **bis hinunter nach Spanien** down to Spain

hinwegkommen über etwas hinwegkommen (*übertragen*) to get over something

der **Hinweis**
1 (*Anhaltspunkt*) indication (**auf** to); (*für Polizei*) clue
2 (*Rat*) tip
3 (*Verweisung*) reference (**auf** to)

hinweisen
1 (*zeigen*) to point (**auf** to)
2 **jemanden auf etwas hinweisen** to point something out to someone
3 (*verweisen*) to refer (**auf** to)

hinziehen
1 (*anziehen*) to attract (**zu** to)
2 **sich hinziehen** (*zeitlich*) to drag on

der **Hirsch** deer; (*männliches Tier*) stag

Vorsicht Falle!
Die Mehrzahl von **deer** bleibt unverändert deer: *we saw ten deer in Richmond Park.*

der **Hirte** herdsman; (*Schafshirte*) shepherd

historisch
1 (*geschichtlich*) historical
2 (*übertragen: sehr bedeutsam*) historic

die **Hitze**
1 heat; (*Wetter*) hot weather; **ist das eine Hitze heute** it's so hot today
2 **in der Hitze des Gefechts** in the heat of the moment

die **Hitzewelle** heat wave

hitzig
1 (*aufbrausend*) hot-headed
2 *Debatte:* heated

HIV *Abkürzung von* **Human Immunodeficiency Virus** HIV [eɪtʃaɪ'viː]

das **Hobby** hobby

das **Hoch**
1 (*Ruf*) cheer (**auf/für** for)
2 (*Höhepunkt, Wetterlage*) high

hoch
1 high; (*groß, hoch gewachsen*) tall
2 *Preise:* high
3 *Ehre:* great
4 **ein hohes Tier** (*umgangsspr*) a big fish
5 **im hohen Norden** in the far North
6 **auf hoher See** on the high seas ⚠ *Plural*
7 **in hohem Maße** to a high degree
8 (*nach oben*) up; **etwas hoch halten** to hold something up; **Hände hoch!** hands up!; **Kopf hoch!** chin up!

9 (*Qualität*) highly; **hoch begabt** highly talented; **hoch bezahlt** highly paid
10 (*Mathematik*) **2 hoch 3, 2^3** 2 to the power of 3
11 **es geht hoch her** things are pretty lively

die **Hochachtung** deep respect

die **Hochebene** plateau

das **Hochgebirge** high mountains ⚠ *Plural*

hochgehen
1 (*steigen*) to rise, to go up
2 (*umgangsspr: zornig werden*) to hit the ceiling
3 (*umgangsspr: explodieren*) to blow up; **etwas hochgehen lassen** to blow something up

das **Hochhaus** high-rise building; (*Wolkenkratzer*) skyscraper

hochheben to lift, to raise, to hold up *Hand, Arm;* to lift up *Kind, Last*

hochkommen to come up; **das Abendessen ist mir hochgekommen** I threw up my dinner *umgangsspr*

die **Hochkonjunktur** (*in der Wirtschaft*) boom

hochmütig haughty, arrogant

hochnäsig (*abwertend*) stuck-up, snooty

die **Hochschule** college; (*Universität*) university

Vorsicht Falle!
Eine **High School** ist eine Oberschule wie Gymnasium oder Realschule *siehe* **Schule**

der **Hochsommer** midsummer

der **Hochsprung** (*im Sport*) high jump

höchst highly, most

höchste(r, s)
1 highest; (*größte*) tallest; **der höchste Berg** the highest mountain; **das höchste Gebäude** the tallest building; **am höchsten** highest; (*am größten*) tallest
2 (*äußerste*) utmost; (*extrem*) extreme; **im höchsten Maße** to the highest degree; **im höchsten Fall** at the most
3 (*maximal*) maximum; **höchste Geschwindigkeit** maximum [*oder* top] speed
4 (*schwerste*) heaviest
5 **höchste Zeit** high time

höchstens
1 (*bestenfalls*) at best, at [the] most
2 (*nicht mehr als*) not more than ...

die **Höchstgeschwindigkeit** top speed; **zulässige Höchstgeschwindigkeit** speed limit

das **Hochwasser**
1 (*Wasserstand*) high water; (*Überschwemmung*) flood
2 (*Flut*) high tide

hochwertig of high quality, high-quality

die **Hochzeit** wedding

die **Hochzeitsreise** honeymoon

der **Hochzeitstag**
1 (*Tag der Hochzeit*) wedding day
2 (*Jahrestag*) wedding anniversary

hochziehen to pull up

die **Hocke** (*beim Turnen*) squat; **in die Hocke gehen** to squat

hocken
1 to squat
2 (*umgangsspr: sitzen*) to sit [around]

der **Hocker** stool ▶ WENDUNGEN: **das reißt mich nicht vom Hocker** (*umgangsspr*) that doesn't bowl me over

der **Höcker** *vom Kamel, auch Buckel:* hump

der **Hof**
1 (*Platz*) yard; (*Innenhof*) courtyard; (*Hinterhof*) backyard
2 (*Bauernhof*) farm
3 (*Fürstenhof*) court; **bei Hofe** at court

hoffen to hope; **auf etwas hoffen** to hope for something, to set one's hopes on something; **auf jemanden hoffen** to set one's hopes on someone; **ich hoffe es** I hope so

hoffentlich hopefully, I hope so; **hoffentlich nicht** I hope not, hopefully not

die **Hoffnung** hope (**auf** in); **jemandem keine Hoffnungen machen** to not hold out any hopes for someone; **sich Hoffnung machen** to have hopes; **er machte sich Hoffnungen auf den ersten Preis** he had hopes of getting the first prize

hoffnungslos hopeless

höflich polite

die **Höhe**
1 height
2 (*Ausmaß, Größenordnung, Niveau*) level
3 **die Preise in die Höhe treiben** to force up the prices; **in die Höhe gehen** *Preise:* to

go up
4 *von Umfang, Wert, Betrag:* amount; **ein Betrag in Höhe von ...** an amount of ...
5 (*Mathematik, Flughöhe*) altitude

die **Hoheit** (*Titel*) Highness; **Seine/Ihre Königliche Hoheit** His/Her Royal Highness

der **Höhepunkt**
1 high point
2 *einer Entwicklung:* apex, summit; *des Tages, einer Veranstaltung:* highlight; *der Karriere, der Macht:* peak, pinnacle; *eines Dramas:* climax
3 (*auch übertragen*) zenith

höher
1 higher
2 *Macht:* superior; *Klasse:* upper
3 **eine höhere Gewalt** an act of God; **eine höhere Instanz** (*juristisch*) a higher court; (*Behörde*) a higher authority; **eine höhere Schule** a secondary school (GB), a high school (USA)

hohl hollow

die **Höhle** cave; (*eines Tiers*) den, hole

holen
1 to fetch, to [go and] get; **ich hole mir ein Bier** I'll [go and] get myself a beer
2 (*abholen*) to pick up; **ich hole dich um acht ab** I'll pick you up at eight; **jemanden holen lassen** to send for someone
3 **die Polizei/einen Arzt holen** to call the police/a doctor
4 (*erringen, gewinnen*) **sie holte den ersten Preis** she won first prize

Holland Holland

der **Holländer** Dutchman

die **Holländerin** Dutchwoman

holländisch Dutch

die **Hölle** hell ▶ WENDUNGEN: **jemandem die Hölle heiß machen** (*umgangsspr*) to give someone hell; **jemandem das Leben zur Hölle machen** (*umgangsspr*) to make someone's life hell

holp(e)rig *Straße, Weg:* bumpy

das **Holz** wood; (*zum Bauen*) timber (GB), lumber (USA); **aus Holz** made of wood

hölzern (*auch übertragen*) wooden

homosexuell homosexual

der/die **Homosexuelle** homosexual

der **Honig** honey

das **Honorar** fee

hoppla [wh]oops!; **hoppla, jetzt komm ich!** look out, here I come!

hopsen (*umgangsspr*) to hop, to skip

horchen
1 (*hören*) to listen (**auf** to)
2 (*an der Tür*) to eavesdrop ['i:vzdrɒp]

Vorsicht Falle!
hear, **listen to** — *to hear something* heißt etwas hören = mit den Ohren wahrnehmen; *to listen to something* heißt etwas zuhören = aufmerksam hören: *Sorry, I can't* **hear** *you; Peter is* **listening to** *the radio.*

hören
1 to hear; **hast du das gehört?** did you hear that?; **schlecht hören** to be hard of hearing
2 (*zuhören*) to listen (**auf** to); **Radio hören** to listen to the radio; **Musik hören** to listen to music; **hör mal!** listen!
3 (*mitbekommen*) **ich habe gehört, Sie sind aus Schottland?** I hear you're from Scotland; **ich habe zufällig gehört, wie sie sagte, dass ihr schlecht ist** I overheard her saying that she felt sick
4 **auf jemanden hören** (*gehorchen*) to obey someone; (*einen Rat befolgen*) to listen to someone; **wenn du nur auf mich gehört hättest!** if only you'd listened to me!
5 **du gehst jetzt ins Bett, hörst du!** off to bed with you, do you hear!
6 **also hör mal, was soll das eigentlich?** hang on a minute, what's all this about anyway?
7 **das hört sich gut an!** that doesn't sound bad, that sounds good
8 **von sich hören lassen** to keep in touch; **Sie werden noch von mir hören!** (*als Drohung*) you'll be hearing from me!

Grammatik
Richtiges Konjugieren von **hear**: hear, heard, heard — *Yes, I heard what you said; have you heard the good news yet?*

der **Hörer**, die **Hörerin** (*Radio*) listener

der **Hörer** (*Telefonhörer*) receiver

das **Hörgerät** hearing aid

der **Horizont** (*auch übertragen*) horizon; **am Horizont** on the horizon

horizontal horizontal

das **Hormon** hormone

das **Horn** horn

das **Horoskop** horoscope

der **Hörsaal** lecture theatre [*oder* (USA) theater]

das **Hörspiel** (*Radio*) radio play

das **Höschen** (*Damenslip*) panties ⚠ *Plural,* pair of panties

die **Hose** trousers ⚠ *Plural* (GB), pants ⚠ *Plural* (USA); **eine Hose** a pair of trousers [*oder* (USA) pants]; **eine kurze Hose** shorts ⚠ *Plural,* a pair of shorts; **diese Hose ist zu eng** these trousers are too tight

Vorsicht Falle!
trousers wird im Plural gebraucht: *Where are my new trousers?* — **a pair of trousers** wird dagegen im Singular gebraucht: *Here is your new pair of trousers.*

der **Hosensack** (CH) trouser pocket

die **Hosenträger** braces *Plural* (GB), suspenders *Plural* (USA)

das **Hotel** hotel; **in welchem Hotel bist du?** which hotel are you staying in?

hübsch
1. (*gut aussehend*) pretty; **ganz hübsch!** rather pretty!
2. (*umgangsspr: ironisch*) fine, nice, pretty; **eine hübsche Summe Geld** a tidy sum of money
3. (*umgangsspr: beträchtlich, ziemlich*) pretty

der **Hubschrauber** helicopter

hudeln (A) to do something sloppily, to do slipshod work

der **Huf** hoof

die **Hüfte** hip

der **Hügel** hill; (*kleiner*) hillock

hüg(e)lig hilly

das **Huhn** chicken; (*Henne*) hen

die **Hülle** cover; **in Hülle und Fülle** in abundance

human
1. humane
2. (*verständnisvoll*) considerate (**gegenüber** to/towards)

der **Humor** [sense of] humour; [**Sinn für**] **Humor haben** to have a sense of humour

humorvoll humorous

humpeln
1. to hobble
2. (*umgangsspr: hinken*) to limp

der **Hund** dog; (*Jagdhund*) hound

hundert a hundred; (*betont*) one hundred

die **Hundert** (*Zahl*) hundred

das **Hundert** hundred; **Hunderte** [**von Menschen**] hundreds [of people]

hundertste(r, s) hundredth

das **Hundertstel** hundredth

der **Hunger** hunger (**nach** for); [**großen**] **Hunger haben** to be [very] hungry; **Hunger bekommen** to get hungry; **ich sterbe vor Hunger!** I'm starving!

Vorsicht Falle!
Im Englischen verwendet man das Adjektiv **hungry**, wenn jemand Hunger hat: *I'm hungry.* (und nicht: I have hunger.) Mit dem Substantiv **hunger** beschreibt man hingegen das Gefühl oder die Tatsache, dass jemand an Hunger leidet: *thousands of people die of hunger every day in Africa.*

hungern
1. (*Hunger leiden*) to go hungry, to starve
2. (*fasten*) to go without food

die **Hungersnot** famine

hungrig (*auch übertragen*) hungry (**nach** for)

die **Hupe** (*Auto*) horn

hupen to hoot, to sound one's horn

hüpfen to hop; (*springen*) to jump, to skip; *Ball:* to bounce

die **Hürde** (*auch übertragen*) hurdle

der **Hürdenlauf** hurdles ⚠ *mit Singular*

der **Husten** cough [kɒf]; **Husten haben** to have a cough

husten to cough; **stark husten** to have a bad cough

der **Hustensaft** cough mixture

der **Hut** hat

hüten
1. to look after, to tend
2. to keep *Geheimnisse*
3. **das Bett hüten** to stay in bed
4. **sich vor etwas/jemandem hüten** to be

on one's guard against something/someone ⑤ **sich hüten, etwas zu tun** to take care not to do something

die **Hutsche** Ⓐ (*Schaukel*) swing

die **Hütte** hut; (*kleines Häuschen*) cottage

die **Hygiene** hygiene ['haɪdʒiːn]

hygienisch hygienic [haɪ'dʒiːnɪk]

die **Hymne** hymn [hɪm]

hypnotisieren to hypnotize ['hɪpnətaɪz]

die **Hypothek** (*finanziell*) mortgage ['mɔːɡɪdʒ]

die **Hysterie** hysteria [hɪ'stɪəriə]

hysterisch hysteric [hɪ'stərɪk]

I i

I, i I, i [aɪ]

das **Ich** self; (*psychologisch*) ego

ich I; **ich selbst** I myself; **ich bin es** it's me; **hier bin ich!** here I am!; **du und ich** you and me [*oder* I]; **„wer hat meinen Bleistift?" — „ich nicht!"** "who's got my pencil?" — "not me [*oder* I haven't]!"

Grammatik
I oder **me**? **Me** wird nach den Wörtern **than, as** oder **be** verwendet — hier würde es sehr förmlich klingen, wenn man **I** gebrauchen würde: *James is taller than me; Emma is not as tall as me; who took my pen? — It was me!* Wenn man über sich und einer anderen Person spricht, kann man umgangssprachlich auch **me** statt **I** sagen: *Wendy and I are going to the cinema tonight* oder umgangssprachlicher: *Wendy and me are going to the cinema tonight.*

das **Ideal** ideal ['aɪdɪəl]

ideal ideal [aɪ'dɪəl], perfect

idealistisch idealistic [aɪˌdɪə'lɪstɪk]

die **Idee**
① (*Einfall*) idea (**zu** for)
② **eine Idee zu kurz** (*umgangsspr*) a trifle too short

ideenreich (*einfallsreich*) full of ideas

identifizieren
① to identify
② **sich identifizieren** to identify (**mit** with)

identisch identical (**mit** with)

der **Identitätsbetrug** identity fraud *kein Plural*

der **Identitätsdiebstahl** identity theft

die **Identitätskarte** Ⓒⓗ identity card

idiomatisch idiomatic

der **Idiot** (*abwertend*) idiot

das **Idol** idol

idyllisch idyllic

der **Igel** hedgehog

ignorieren to ignore, to take no notice of

ihm
① (*für Person*) him; **ich habe es ihm gesagt** I told him; **er hat es ihm gegeben** he gave it to him; **ein Buch von ihm** a book of his
② (*für Sache*) it

ihn
① (*für Person*) him; **ich mag ihn nicht** I don't like him
② (*für Sache*) it

Ihnen (*Anrede*) you; **ich wünsche Ihnen eine gute Fahrt** I wish you a pleasant journey; **wie geht es Ihnen?** how are you?

ihnen them; **ein Freund von ihnen** a friend of theirs; **ich gab ihnen Essen** I gave them food

Ihr
① (*Anrede*) your; **ist das Ihres?** is this yours?
② (*Briefschluss*) **Ihr Robert Schuster** Yours, Robert Schuster ⚠ *immer großgeschrieben und mit Komma*

ihr
① (*für Person*) her; **gib es ihr zurück** give it back to her; **ich habe es ihr gesagt** I told her
② (*für Sache*) it
③ (*bezogen auf Plural*) you; **ihr seid zu spät** you're too late
④ (*einer Person gehörend*) her; **ihr Buch** her book

5 (*eines Tiers, eines Gegenstands*) its
6 (*bezogen auf Plural*) their

illegal illegal [ɪ'liːgᵊl]

die **Illusion** illusion [ɪ'luːʒᵊn]; **sich Illusionen machen** to have illusions

die **Illustration** illustration [ɪlə'streɪʃᵊn]

illustrieren to illustrate ['ɪləstreɪt]

die **Illustrierte** magazine [mægə'ziːn]

der **Imbiss** (*kleine Mahlzeit*) snack

die **Imbissstube** snack bar

imitieren to imitate

immatrikulieren to register (**an** at)

immer
1 (*häufig*) always; **ich nehme immer ein Käsebrot** I always have a cheese sandwich; (*jedes Mal*) constantly; **er will sich immer vordrängeln** he always wants to push in; **immer unterbricht sie einen** she constantly interrupts people; **immer wenn** every time, whenever; **immer wieder** time [*oder* again] and again
2 **für immer** for ever
3 **wie immer** as usual
4 **schon immer** always
5 **immer noch** still; **immer noch nicht** still not [yet]; **sie war immer noch nicht fertig** she still hadn't finished
6 (*in Mengen*) **immer mehr** more and more; **immer größer** bigger and bigger
7 (*bei Wegangaben*) **immer geradeaus!** keep straight ahead!; **immer weiter, immer zu!** keep on! keep going!
8 **immer schön langsam!** (*umgangsspr*) take your time!
9 **was auch immer** what[so]ever; **wie auch immer** how[so]ever

immerhin
1 (*wenigstens*) at least
2 (*schließlich*) after all

immun immune (**gegen** to)

der **Imperativ** (*Grammatik*) imperative

das **Imperfekt** (*Grammatik*) imperfect [*oder* past] tense

der **Imperialismus** (*Politik*) imperialism

impfen to vaccinate (**gegen** against)

der **Impfstoff** vaccine

die **Impfung** vaccination

imponieren jemandem imponieren to impress someone

imponierend impressive

der **Import** (*Einfuhr*) import

importieren to import

improvisieren to improvise; (*in der Musik auch*) to extemporize

der **Impuls** impulse

impulsiv impulsive

in
1 (*räumlich*) in, at; **in der Schule** at school; **er wohnt in Berlin** he lives in Berlin; **warst du schon in Schottland?** have you ever been to Scotland?
2 (*hinein in*) into; **er stieg in das Auto** he got into the car
3 (*zu, nach*) to; **sie geht in die Schule** she goes to school; **gehen wir in die Stadt?** shall we go into town?
4 (*zeitlich*) in; **in der Nacht** at night, during the night; **im vorigen Jahr** last year; **im Alter von ...** at the age of ...; (*innerhalb*) within; **in den nächsten zwei Tagen** within the next two days; **noch in dieser Woche** by the end of the week
5 (*Fach, Thema*) **in Englisch ist er ziemlich schwach** he's rather weak at English
6 (*umgangsspr*) **in sein** to be in, to be the in thing

Vorsicht Falle!
at im örtlichen Sinn wird gebraucht, um zu sagen, wo sich jemand/etwas genau befindet: *Sam lives at 248 Main Street; Vera works at Winther's chemist's shop;* — **in** wird dagegen gebraucht, um zu sagen, in welcher Gegend sich jemand/etwas befindet: *Douglas lives in Edinburgh/in Scotland; Steve works in Kensington.*

inbegriffen Service inbegriffen service included, including service

indem
1 (*während*) while; (*in dem Augenblick*) as
2 (*dadurch, dass*) **er kühlte den Knöchel, indem er Eis drauf legte** he cooled his ankle by putting ice on it

der **Inder**, die **Inderin** Indian

der **Indianer**, die **Indianerin** American Indian, Native American

Indien India

indirekt indirect

indisch Indian

individuell individual; *Note:* personal; **individuell verschieden sein** to differ from person to person

das **Individuum** individual

das **Indiz**
1 (*juristisches Beweismittel*) piece of circumstantial evidence
2 (*Hinweis*) indication (**für** of)

die **Industrie** industry

das **Industriegebiet** industrial area

industriell industrial

ineinander into one another, into each other; **sie haben sich ineinander verliebt** they've fallen in love with one another

ineinandergreifen (*sich überschneiden*) to overlap

die **Infektion** (*medizinisch*) infection

der **Infinitiv** (*Grammatik*) infinitive

die **Inflation** (*finanziell*) inflation

die **Inflationsrate** (*finanziell*) rate of inflation

die **Informatik** computer science

die **Information** information (**über** on/about); **die neuesten Informationen** the latest information ⚠ *Singular*

Vorsicht Falle!
Das englische **information** ist ein Sammelbegriff; eine einzelne Auskunft wird mit **a piece of information** übersetzt. Das Verb steht im Englischen nach **information** immer im *Singular*!

informieren
1 to inform (**über** about, **von** of); **jemanden informieren** to let someone know
2 **sich informieren** to find out (**über** about)

infrage
1 **infrage kommen** (*möglich sein*) to be possible; (*in Betracht kommen*) to be considered
2 **für jemanden nicht infrage kommen** to be out of the question for someone; **das kommt nicht infrage** that's out of the question
3 **etwas infrage stellen** to question something

der **Ingenieur**, die **Ingenieurin** engineer

der **Inhaber**, die **Inhaberin**
1 *eines Geschäfts, einer Firma:* owner, proprietor *maskulin,* proprietress *feminin*
2 *von Konto, Rekord, Patent:* holder

der **Inhalt**
1 *einer Packung:* contents ⚠ *Plural*
2 *von Buch, Film:* content
3 (*Sinn, Bedeutung*) *des Lebens:* meaning

das **Inhaltsverzeichnis** table of contents

die **Initiative**
1 initiative [ɪˈnɪʃətɪv]; **aus eigener Initiative** on one's own initiative
2 (CH) (*in der Politik*) petition for a referendum

inklusive
1 **inklusive Frühstück** including breakfast, breakfast included
2 **bis zum 3. August inklusive** up to and including August 3rd

inkonsequent inconsistent

das **Inland**
1 (*das Landesinnere*) inland; **weiter im Inland** further inland
2 (*im Gegensatz zum Ausland*) home

inländisch domestic, home; *Ware:* home-made

die **Inlineskates** in-line skates

innen
1 inside; (*im Haus*) indoors
2 (*auf Innenseite*) on the inside
3 **nach innen** inward[s]
4 **von innen** from within

der **Innenminister**, die **Innenministerin** minister of the interior; (*in GB*) Home Secretary; (*in den USA*) Secretary of the Interior

das **Innenministerium** ministry of the interior, Home Office (GB), Department of the Interior (USA)

die **Innenpolitik** home affairs ⚠ *Plural;* (*bestimmte*) domestic policy

die **Innenseite** inside

die **Innenstadt** centre [*oder* (USA) center] of town; (*einer Großstadt*) centre [*oder* (USA) center] of the city

das **Innere**
1 inside; *eines Gebäudes auch:* interior
2 **im tiefsten Inneren** (*übertragen*) in one's heart of hearts

innere(r, s)
1 inner
2 *Angelegenheit, Verletzungen:* internal

innerhalb
1 **innerhalb dieser Räume** within these rooms; **innerhalb des Hauses** inside the house
2 **innerhalb einer Woche** within a week

innerlich
1 (*körperlich*) internal
2 (*übertragen: nach innen*) inwardly
3 (*übertragen: von innen heraus*) inner

innert Ⓐ, Ⓒⓗ (*binnen*) within

der **Insasse**, die **Insassin** *einer Anstalt:* inmate; (*Fahrgast*) passenger

insbesondere [e]specially, in particular, particularly

das **Insekt** insect

die **Insel** island, isle; **die Britischen Inseln** the British Isles

das **Inserat** advertisement

inserieren to advertise (**in** in)

insgeheim secretly

insgesamt altogether; **insgesamt kamen 20 Leute** 20 people came altogether; **es beläuft sich auf insgesamt ...** it amounts to a total of ...; **es war insgesamt eine gelungene Veranstaltung** it was all in all a successful event

die **Inspektion** inspection; *von Auto:* service

der **Installateur**, die **Installateurin** (*Klempner*) plumber; (*Monteur*) fitter; (*für Gas*) gas-fitter

installieren (*auch übertragen*) to install

instand, **in Stand** **etwas in Stand halten** (*in Ordnung*) to maintain something; (*funktionsfähig*) to keep something in working order; **etwas in Stand setzen** (*funktionstüchtig machen*) to get something into working order; (*reparieren*) to repair something

die **Instanz**
1 (*juristisch*) court
2 (*Behörde*) authority
3 **in erster/letzter Instanz** in the first/last instance

der **Instinkt** instinct

instinktiv instinctive

das **Institut** institute

die **Institution** institution

das **Instrument** instrument; (*Werkzeug*) tool

inszenieren
1 (*im Theater*) to stage, to put on
2 to produce *Film;* (*Regie führen*) to direct
3 to stage *Streit*

intakt intact

intellektuell intellectual

der/die **Intellektuelle** intellectual

intelligent intelligent

die **Intelligenz** intelligence

die **Intensität** intensity

intensiv
1 *Gefühl, Farbe:* intense
2 *Arbeit:* intensive

die **Intensivstation** (*medizinisch*) intensive care unit

interaktiv (*auch Informatik*) interactive

interessant interesting

das **Interesse** interest (**für/an** in); **Interesse haben an ...** to be interested in ...; **Interesse verlieren an ...** to lose interest in ...; **von allgemeinem Interesse** of general interest

interessieren
1 **jemanden für etwas interessieren** to interest someone in something; **das interessiert doch niemanden** nobody's interested
2 **sich für etwas interessieren** to be interested in something

das **Internat** boarding school

international international

das **Internet** internet; **im Internet** on the internet; **im Internet surfen** to surf the internet

die **Internetadresse** uniform resource locator, URL [juːɑːˈel]

der **Interpret**, die **Interpretin** (*Musik*) interpreter, singer

interpretieren to interpret; **etwas falsch interpretieren** to misinterpret something

die **Interpunktion** punctuation

das **Interview** [ˈɪntɐvjuː] interview

interviewen [ɪntɐˈvjuːən] to interview

intim
1 intimate
2 **mit jemandem intim sein** to be intimate with someone

intolerant **intolerant gegenüber jemandem/einer Sache** intolerant toward[s] someone/of something

A B C D E F G H I J K L M N O P Q R S T U V W X Y Z

intransitiv (*Grammatik*) intransitive

die **Intrige** intrigue

investieren (*auch übertragen*) to invest (**in** in)

die **Investition** investment

inzwischen
1 [in the] meantime, meanwhile; **er hatte inzwischen davon erfahren** he found out about it in the meantime
2 **es ist inzwischen drei Uhr** it's now three o'clock
3 **sie hat inzwischen 30 Paar Schuhe** she's got 30 pairs of shoes by now; **inzwischen hätte er da sein müssen** he should have arrived by now

der **Ire** Irishman

irgendein
1 some; **irgendein Mensch hat behauptet, Cola macht dumm** some person claims that cola makes you stupid
2 **gib mir irgendein Blatt Papier** give me any old piece of paper
3 **gibt es irgendein Problem?** is there any problem?
4 **irgendein anderer** someone else; (*in verneinten oder Fragesätzen*) anyone else

irgendeine(r) (*substantivisch*)
1 (*bei Personen*) someone, somebody; (*in verneinten oder Fragesätzen*) anyone, anybody; **kann dir irgendeiner helfen?** can anyone help you?
2 (*bei Sachen*) something; (*in verneinten oder Fragesätzen*) any of them; **welche Schüssel soll ich nehmen? — irgendeine!** which bowl should I use? — any one will do!

irgendein(e)s any of them; (*von zweien*) either of them; **welches Bett möchtest du? — irgendeines** which bed do you want? — any of them [*oder* it doesn't matter]; (*von zweien auch*) ... — either of them

irgendetwas something; (*in verneinten oder Fragesätzen*) anything

irgendjemand someone, somebody; (*in verneinten oder Fragesätzen*) anyone, anybody, somebody; **ich bin nicht irgendjemand** I'm not just anybody

irgendwann
1 sometime
2 (*fragend oder bedingend*) ever; **schau doch kurz vorbei, wenn du irgendwann mal in München bist** pop in for a visit if you're ever in Munich
3 **wirst du mit dem Studium irgendwann weitermachen?** are you going to continue your studies some day?
4 **irgendwann werden sie dich erwischen!** they'll catch you sooner or later

irgendwas anything, something; **irgendwas stimmt da nicht** there's something wrong there

irgendwie
1 at all, possibly; **kannst du dir das irgendwie vorstellen?** can you imagine it at all?, can you possibly imagine it?
2 somehow [or other]; **ich finde ihn irgendwie komisch** I find him a bit odd somehow; **du tust mir irgendwie leid** I can't help feeling sorry for you

irgendwo somewhere; (*fragend, verneinend oder bedingend*) anywhere; **gibt es irgendwo einen Supermarkt?** is there a supermarket anywhere?

irgendwohin somewhere; (*fragend, verneinend oder bedingend*) anywhere

die **Irin** Irishwoman

irisch Irish

die **Ironie** irony

ironisch ironic

irrational (*auch Mathematik*) irrational

irre
1 (*verrückt*) crazy, insane, mad
2 (*umgangsspr*) **ein irres Erlebnis** an incredible experience; **ein irrer Typ** (*slang*) a really cool guy; **das ist ja echt irr[e]!** (*slang*) that's wicked! *slang*, far out! (USA) *slang*
3 (*slang: sehr*) incredibly; **das hat irre viel gekostet** it was incredibly expensive; **irre gut** (*slang*) way-out

der/die **Irre** (*abwertend*) lunatic

irreführen
1 (*falschen Weg zeigen*) to mislead
2 (*täuschen*) to deceive

irreführend misleading

irren
1 (*herumirren*) to roam, to wander; **er irrte durch das Kaufhaus** he wandered about in the department store
2 **sich irren** to be mistaken; **sich in etwas irren** to be mistaken about something; **ich kann mich auch geirrt haben** I may have been mistaken; **er hat sich in der Nummer geirrt** he got the wrong number; **jeder kann sich mal irren** anyone can make a mistake

irritieren (*ärgern*) to irritate

der **Irrtum** error; (*Fehler, Versehen*) mistake; **im Irrtum sein, sich im Irrtum befinden** to be in error; **da muss ein Irrtum vorliegen** there must be some mistake

irrtümlich
1 wrong, mistaken
2 (*aus Versehen*) by mistake

der **Islam** Islam

islamisch Islamic

isolieren
1 (*absondern*) to isolate
2 (*Elektronik*) to insulate *auch Häuser, Fenster*
3 **sich isolieren** to isolate oneself [from the world]

Israel Israel ['ɪzreɪl]

der/die **Israeli** Israeli [ɪz'reɪlɪ]

israelisch Israeli [ɪz'reɪlɪ]

der **Israelit**, die **Israelitin** (*historisch*) Israelite ['ɪzrɪəlaɪt]

israelitisch (*historisch*) Israelite ['ɪzrɪəlaɪt]

Italien Italy ['ɪtəlɪ]

der **Italiener**, die **Italienerin** Italian [ɪ'tæljən]

italienisch Italian [ɪ'tæljən]

Jj

J, j J, j [dʒeɪ]

ja
1 (*zustimmend*) yes; **ja, ich bin es** yes, it's me
2 **ja?** (*wirklich?*) really?
3 **ja?** (*beim Abheben vom Telefon*) hello?
4 (*bestätigend*) **ich sehe Sie also morgen, ja?** I'll see you tomorrow, right?; **aber ja!** of course!
5 **das ist ja schrecklich!** that's just terrible!; **das ist ja unglaublich!** that's absolutely incredible
6 **da bist du ja!** there you are!
7 (*schließlich*) after all; **er ist ja nicht mehr der Jüngste** he's no longer the youngest after all
8 **ihr wisst ja gar nicht, was für ein Glück ihr habt** you have no idea how lucky you are
9 **ich habe es Ihnen ja gesagt!** I told you, didn't I!; **aber du wolltest ja nicht auf mich hören** but you didn't want to listen to me, did you
10 **ja und?** so?
11 **wage es ja nicht!** don't you dare [do that]!; **geh ja nicht ans Telefon!** don't answer the phone!

das **Ja** yes; **mit Ja antworten** to answer yes

die **Jacht** yacht

die **Jacke** jacket, USA AUCH coat

die **Jagd**
1 hunt (**nach** for); (*nach Verbrecher auch*) pursuit
2 (*das Jagen*) hunting; (*übertragen*) chase (**nach** after); **auf die Jagd gehen** to go hunting
3 **Jagd machen auf ...** to hunt for ...

jagen
1 to hunt *auch Menschen;* to pursue *Verbrecher*
2 (*verfolgen, hetzen*) to chase
3 (*auf die Jagd gehen*) to go hunting ▶ WENDUNGEN: **damit kann man mich jagen** (*umgangsspr*) I wouldn't touch that with a barge pole (GB)

das **Jahr** year; **ein halbes Jahr** six months; **alle zwei Jahre** every two years; **Jahr für Jahr** year after year; **im Jahre 2010** in [the year] 2010; **pro Jahr** a year, per annum; **von Jahr zu Jahr** from year to year

jahrelang
1 **jahrelanges Warten** years of waiting; **jahrelange Forschung** years of research
2 **wir haben jahrelang gewartet** we waited for years

Jahres- annual

der **Jahrestag** anniversary

die **Jahreszahl** date, year

die **Jahreszeit** season

der **Jahrgang** (*Altersklasse*) age-group, year

das **Jahrhundert** century

die **Jahrhundertwende** turn of the century

jährlich
1 annual, yearly; **ein jährliches Einkommen von ...** an annual salary of ...
2 annually; **einmal jährlich** once a year

der **Jahrmarkt** fair

das **Jahrzehnt** decade

jähzornig irascible, violent-tempered

die **Jalousie** [ʒalu'zi:] [Venetian] blind [[və,ni:ʃn]'blaɪnd] (GB), shades ⚠ *Plural* (USA)

jämmerlich
1 (*elend, erbärmlich*) wretched
2 (*Mitleid erregend*) pitiful
3 *Bezahlung:* pathetic, paltry
4 (*umgangsspr*) *Ausrede:* pathetic
5 (*umgangsspr*) **sie hat jämmerlich gelitten** she suffered terribly

jammern
1 (*weinen*) to wail (**über** over)
2 (*umgangsspr*) to whinge [wɪndʒ], to whine *abwertend;* **hör auf zu jammern!** stop whingeing ['wɪndʒɪŋ]!

der **Janker** (A) cardigan

der **Jänner** (A) January ['dʒænjuəri]

der **Januar** January ['dʒænjuəri]

jäten to weed; **Unkraut jäten** to do the weeding

jaulen (*auch übertragen*) to howl

der **Jazz** jazz

je
1 (*jeweils*) each, every; **sie kosten je drei Euro** they cost three euros each
2 (*jemals*) ever; **schlimmer denn je** worse than ever
3 (*mit Steigerungsformen*) **je eher, desto besser** the sooner the better
4 **je nach ...** depending on ...; **sortiere sie je nach Größe** sort them according to size
5 **je nachdem** that depends

die **Jeans** [dʒi:ns] jeans ⚠ *Plural*

jede(r, s)
1 (*alle*) every; **jeden Tag** every day; **jeden Tag einmal/zweimal** once/twice a day; **jeden zweiten Tag** every other day; **jeder Mensch** every person
2 (*einzeln*) **jeder neue Kunde erhält eine Gratisprobe** every new customer receives a free sample; **wir haben 5 Zimmer — jedes hat ein eigenes Bad** we have 5 rooms [to let] — each one has its own bathroom
3 **jedes Mal** each time, every time; **jedes Mal, wenn ich da bin** whenever [*oder* each time] I'm there
4 (*beliebig*) any; **du kannst jedes nehmen** you can take any, any one will do; **jeden Augenblick** any minute; **in jedem Fall** in any case; **bei jedem Wetter** in any kind of weather
5 (*alle Personen*) everyone, everybody; **jeder möchte das Hühnchen — keiner nimmt das Steak** everyone wants [the] chicken — no one's having [the] steak; **so was hat doch jeder!** everyone's got one of those!
6 (*beliebige Person*) **du kannst jeden fragen** you can ask anybody
7 **jeder wird dir das sagen** anyone will tell you that

Vorsicht Falle!
everybody und **everyone** sind immer in der Einzahl.

jedenfalls
1 (*auf jeden Fall*) in any case; **ich komme jedenfalls mit** I'm coming anyhow
2 (*zumindest*) at least; **er war's jedenfalls nicht** it wasn't him, that's for sure
3 (*beim Erzählen*) **jedenfalls wollte er mir das Geld nicht geben** well [*oder* so] anyhow, he didn't want to give me the money

jederzeit [at] any time; **Sie können mich jederzeit anrufen** you can call me any time

jedoch however ⚠ *meist nachgestellt,* though ⚠ *immer nachgestellt;* **ich habe jedoch sehr wenig Zeit** I have very little time however; **er möchte es jedoch versuchen** he'd like to try though

jemals ever

jemand
1 somebody, someone; **jemand hat das Licht angelassen** someone has left the light on
2 (*in fragenden und verneinenden Sätzen*) anybody, anyone; **hat jemand Lust auf ein Eis?** does anyone fancy an ice cream?; **sonst noch jemand?** anyone else?; **ist jemand da?** is there anyone here?

jene(r, s)
1 (*substantivisch*) that one, those ones *Plural*
2 **dies und jenes** this and that
3 (*adjektivisch*) that; (*bezogen auf Plural*) those; **in jenem Sommer** that summer

das **Jenseits** hereafter

jenseits
1 (*räumlich*) on the other side of
2 **er ist jenseits von Gut und Böse** (*umgangsspr*) he's past it

Jesus Jesus ['dʒiːzəs]

jetzig (*im Augenblick*) present; (*laufend*) current

jetzt
1 now; **ich möchte jetzt gehen** I'd like to leave now; **jetzt nicht** not now; **erst jetzt** only now
2 **gerade jetzt** this very moment
3 **bis jetzt** so far, up to now
4 **von jetzt an** from now on

jeweilig
1 (*derzeitig*) of the day; (*vorherrschend*) prevailing
2 (*betreffend*) respective

jeweils
1 (*zur gleichen Zeit*) at a time
2 (*jedes Mal*) each time; (*jeder einzelne*) each

jobben ['dʒɔbn̩] (*umgangsspr*) to work, to do casual work

der **Jockey** jockey

joggen ['dʒɔgn̩] to jog

der **Jogger**, die **Joggerin** jogger

der/das **Joghurt**, der/das **Jogurt** yog[h]urt

die **Johannisbeere** **rote/schwarze Johannisbeere** redcurrant/blackcurrant

das **Jo-Jo** yo-yo

der **Journalist**, die **Journalistin** [ʒʊrna'lɪst] journalist

das **Jubiläum**
1 (*einer bedeutenden Person*) jubilee ['dʒuːbɪliː]
2 (*sonstiger Jahrestag*) anniversary

jucken
1 to itch; **es juckt überall** I'm itching all over
2 **sich jucken** (*kratzen*) to scratch

der **Juckreiz** itch

der **Jude** Jew; **er ist Jude** he's Jewish

die **Jüdin** Jewess; **sie ist Jüdin** she's Jewish

jüdisch Jewish

das **Judo** judo ['dʒuːdəʊ]

die **Jugend**
1 (*Jugendzeit*) youth; **von Jugend an** [*oder* **auf**] from one's youth; **in meiner Jugend** when I was young
2 (*Jugendlichkeit*) youthfulness
3 (*junge Menschen*) young people ⚠ *Plural*

die **Jugendherberge** youth hostel

jugendlich
1 (*jung*) young
2 (*jung wirkend*) youthful

der/die **Jugendliche** young person, teenager; (*Minderjähriger*) minor

jung (*auch übertragen*) young

der **Junge** boy

das **Junge** *generell von Tieren:* young one; *von Hund:* puppy; *von Katze:* kitten; *von Raubtier:* cub; *von Vogel:* nestling; **die Jungen** the young

der **Jünger** (*auch übertragen*) disciple [dɪ'saɪpl]

jünger
1 (*Komparativ von jung*) younger; **sie ist fünf Jahre jünger als ich** she is five years younger than me; **er sieht jünger aus, als er ist** he looks younger than he is
2 *Entwicklung, Geschichte:* recent

die **Jungfrau** virgin; (*Sternzeichen*) Virgo

der **Junggeselle** bachelor; **ein eingefleischter Junggeselle** a confirmed bachelor

die **Junggesellin** unmarried woman

jüngste(r, s)
1 (*Superlativ von jung*) youngest; **sie ist nicht mehr die Jüngste** (*umgangsspr*) she's no [spring] chicken any more
2 (*letzte*) latest; *Zeit, Vergangenheit:* [most] recent; **in der jüngsten Zeit** recently; **die jüngsten Ereignisse** the latest events
3 **das Jüngste Gericht** the Last Judg[e]ment

der **Juni** June [dʒuːn]

junior (*unveränderlich*) junior, jun., jr.

der **Junior** junior

der **Jupe** (CH) skirt

der **Jurist**, die **Juristin** jurist

juristisch legal; **die juristische Fakultät** the faculty of law (GB), the law school (USA); **ein juristisches Problem** a juridical problem

die **Jury** [ʒy'riː] jury

das **Jus** (A) law

die **Justiz** justice

das **Juwel** (*auch übertragen*) gem, jewel ['dʒuːəl]

das **Juweliergeschäft** jeweller's [*oder* (USA) jeweler's] shop

Kk

K, k K, k [keɪ]

das **Kabel**
1 wire ['waɪəʳ]; (*Telefonkabel*) flex
2 (*Drahtseil*) cable

das **Kabelfernsehen** cable television

die **Kabine**
1 (*Umkleidekabine, Duschkabine*) cubicle
2 *von Schiff, Flugzeug:* cabin
3 *von Drahtseilbahn:* car

das **Kabinett** (*Politik*) cabinet

der **Kabis** (CH) cabbage ['kæbɪdʒ]

das **Kabriolett** (*Auto*) convertible

die **Kachel** [glazed] tile [taɪl]

der **Käfer** beetle

der **Kaffee**
1 coffee; **Kaffee mit Milch** white coffee (GB), coffee with milk (USA); **zwei Kaffee, bitte!** two coffees, please!; **Kaffee kochen** to make coffee
2 **jemanden zum Kaffee einladen** to invite someone for [afternoon] coffee; **ich bin zum Kaffee eingeladen** I've been invited for coffee

das **Kaffeehaus** (A) café ['kæfeɪ]

die **Kaffeekanne** coffeepot

die **Kaffeemaschine** coffee machine

der **Käfig** cage [keɪdʒ]

kahl
1 (*glatzköpfig*) bald [bɔːld]; **kahl geschoren** *Mensch:* shaven; *Schaf:* shorn; **sich kahl rasieren lassen** to have one's head shaved
2 *Berg, Landschaft:* barren, bleak
3 *Baum, Felsen, Raum, Wand:* bare

der **Kahn**
1 (*kleines Boot*) boat
2 (*Lastschiff*) barge [bɑːdʒ]

der **Kai** quay [kiː]

der **Kaiser**, die **Kaiserin** emperor ['empərə] *maskulin*, empress ['emprəs] *feminin*

kaiserlich imperial

der **Kakao**
1 (*Bohnen, Pulver*) cocoa ['kəʊkəʊ]
2 (*Getränk*) hot chocolate ['tʃɒklət]

die **Kaktee**, der **Kaktus** cactus ['kæktəs]

das **Kalb** calf [kɑːf]

das **Kalbfleisch** veal [viːl]

der **Kalender**
1 (*Wandkalender*) calendar ['kæləndə]
2 (*Taschenkalender*) diary

Vorsicht Falle!
calendar wird hinten mit einem a geschrieben: a calendar of Heidelberg for 2018.

die **Kalkulation** (*Berechnung*) calculation

die **Kalorie** calorie

kalorienarm
1 **das Getränk ist kalorienarm** the drink is low in calories
2 **ein kalorienarmes Getränk** a low-calorie drink

kalt
1 (*auch übertragen*) cold
2 **mir ist kalt** I am cold; **mir wird kalt** I'm getting cold
3 **eine Flasche Wein/den Kaviar kalt stellen** to chill a bottle of wine/the caviar
4 (*übertragen: unbewegt*) **kalt bleiben** to remain unmoved

kaltblütig
1 (*gnadenlos*) *Mensch, Mord:* cold-blooded
2 (*gelassen*) cool
3 **jemanden kaltblütig umbringen** to kill someone in cold blood

die **Kälte**
1 *von Wetter:* cold
2 (*übertragen*) coldness

das **Kamel** camel ['kæməl]

die **Kamera** camera

der **Kamerad**, die **Kameradin**
1 (*beim Militär*) comrade ['kɒmreɪd]
2 (*Gefährte*) companion [kəm'pænjən]
3 (*umgangsspr: Freund*) chum (GB), buddy (USA)

der **Kamin**
1 (*Schornstein, auch von Berg*) chimney
2 (*im Zimmer*) fireplace, fireside

der **Kamm**
1 *für Haare:* comb [kəʊm]
2 *von Vögeln, Wellen:* crest
3 *von Berg:* crest, ridge [rɪdʒ]

kämmen
1 to comb [kəʊm] *Haare*
2 **sich kämmen** to comb one's hair

die **Kammer**
1 (*kleines Zimmer*) small room
2 *von Parlament:* chamber ['tʃeɪmbəʳ]

die **Kampagne** campaign [kæm'peɪn]; **eine Kampagne starten** to launch a campaign

der **Kampf**
1 (*auch übertragen*) fight [faɪt] (**um** for)
2 (*Schlacht*) battle (**um** for)
3 (*Wettkampf, Wettstreit*) contest ['kɒntest] (**um** for)

kämpfen
1 to fight (**um/für** for); **gegen jemanden/etwas kämpfen** to fight someone/something
2 **mit den Tränen kämpfen** to fight back one's tears

> **Grammatik**
> Richtiges Konjugieren von **fight**: fight, fought, fought — *She fought for equal pay for women; He had fought against slavery all his life.*

kämpferisch aggressive

der **Kampfhund** fighting dog

der **Kampfsport** martial ['mɑːʃəl] art

der **Kanal**
1 (*natürlicher*) channel; (*künstlicher*) canal [kə'næl]
2 **der Ärmelkanal** the [English] Channel ['tʃænəl]
3 (*Abwasserkanal*) sewer [sʊəʳ]
4 (*Radio, TV*) channel

die **Kanalisation** *für Abwässer:* sewerage ['suːərɪdʒ] system

der **Kandidat**, die **Kandidatin**
1 (*Anwärter*) candidate ['kændɪdeɪt]
2 (*Bewerber*) applicant ['æplɪkənt]

kandidieren to run, to stand (**für** for)

das **Känguru** kangaroo [ˌkæŋgə'ruː]

das **Kaninchen** rabbit

der **Kanister** can

das **Kännchen**
1 *für Milch:* jug
2 *für Kaffee:* pot; **ein Kännchen Kaffee, bitte!** a pot of coffee please!

die **Kanne**
1 *für Öl:* can
2 *für Kaffee/Tee:* pot

der **Kannibale**, die **Kannibalin** cannibal

die **Kanone**
1 gun; (*altertümliches Modell*) cannon ['kænən]
2 (*umgangsspr: Ass, Könner*) ace [eɪs]
3 (*slang: Revolver*) piece, rod

die **Kante**
1 *bei Fläche/Gegenstand:* edge
2 (*Rand*) border

die **Kantine** canteen [kæn'tiːn]

der **Kanton** canton

die **Kantonsschule** (CH) ≈ grammar school (GB), ≈ high school (USA)

das **Kanu** canoe [kə'nuː]; **Kanu fahren** to canoe, to go canoeing

der **Kanzler**, die **Kanzlerin** chancellor ['tʃɑːnsələ]

das **Kap** cape

die **Kapelle**
1 (*Kirchlein*) chapel ['tʃæpəl]
2 (*Musikgruppe*) band

das **Kapital** (*Geld*) capital ['kæpɪtəl]; **aus etwas Kapital schlagen** (*auch übertragen*) to capitalize on something

der **Kapitalismus** capitalism ['kæpɪtəlɪzəm]

das **Kapitalverbrechen** serious crime; (*mit Todesstrafe*) capital crime

der **Kapitän** captain ['kæptɪn]

das **Kapitel** (*auch übertragen*) chapter [tʃæptə]
▶ WENDUNGEN: **das ist ein Kapitel für sich** that's another story

die **Kapitulation** surrender; (*auch übertragen*) capitulation [kəˌpɪtjʊ'leɪʃən] (**vor** to)

die **Kappe**
1 *für Kopf:* cap
2 *von Flasche:* top

die **Kapsel** capsule ['kæpsjuːl]

kaputt (*umgangsspr*)
1 (*funktionsunfähig, zerbrochen*) broken
2 *Beziehung, Ehe:* broken
3 *Nerven:* shattered
4 *Gesundheit, Leber:* ruined
5 (*übermüdet*) done in, shattered, knackered ['nækəd]
6 **mach dich doch nicht kaputt!** don't wear yourself out!

7 **ein kaputter Typ** (*umgangsspr*) a wreck [rek]

kaputtgehen (*umgangsspr*)
1 (*entzweigehen*) to break [breɪk]
2 *Auto, Gerät, Maschine:* to break down
3 *Beziehung, Ehe:* to break up (**an** because of)
4 **an dem Job geh ich noch kaputt!** this job will be the death of me!

Grammatik
Richtiges Konjugieren von **break**: break, broke, broken — *The ball broke the window; The car has broken down.*

kaputtmachen
1 to break *Gegenstand*
2 to ruin *Kleidungsstück*
3 (*übertragen: erschöpfen*) to wear [weəʳ] out; **deine Geldsorgen machen dich noch ganz kaputt** your money worries will be the death of you

die **Kapuze**
1 *von Jacke, Mantel:* hood
2 *von Mönchskutte:* cowl

das **Kapuzenshirt** hoodie, hoody

der **Karamell** caramel

das **Karat** carat

das **Karate** karate [kə'rɑ:ti]

der **Karfiol** Ⓐ cauliflower ['kɒlɪˌflaʊə]

der **Karfreitag** Good Friday

karg
1 (*mager, spärlich*) meagre ['mi:gəʳ], sparse
2 (*unfruchtbar*) barren

kariert
1 *Stoff:* checked, chequered, checkered (USA)
2 *Papier:* squared

die **Karies** tooth decay *kein Plural*

die **Karikatur** caricature ['kærɪkətʃʊə]

der **Karneval** carnival ['kɑ:nɪvᵊl]

Kärnten Carinthia [kə'rɪnθɪə]

das **Karo**
1 (*Quadrat*) square; (*Raute*) diamond
2 (*quadratisches Stoffmuster*) check
3 (*Kartenfarbe*) diamonds ⚠ *Plural*

die **Karosse** [state] coach

die **Karosserie** bodywork

die **Karotte** carrot ['kærət]

die **Karre**, der **Karren**
1 (*Wagen*) cart
2 (*abwertend: altes Auto*) crate

die **Karriere** career; **Karriere machen** to make a career for oneself

die **Karte**
1 (*Landkarte*) map; (*Seekarte*) chart
2 (*Eintrittskarte, Fahrkarte*) ticket
3 (*Postkarte, Spielkarte, Visitenkarte*) card
4 (*Speisekarte*) menu ['menju:]
5 **Karten mischen** to give the cards a shuffle; **Karten spielen** to play cards ▶ WENDUNGEN: **alles auf eine Karte setzen** to put all one's eggs in one basket

die **Kartei** card file [faɪl]

das **Kartenspiel**
1 card game
2 (*die Spielkarten*) pack [*oder* (USA) deck] of cards

der **Kartenvorverkauf** advance sale of tickets

die **Kartoffel** potato [pə'teɪtəʊ] ▶ WENDUNGEN: **jemanden wie eine heiße Kartoffel fallen lassen** to drop someone like a hot potato

Grammatik
Die Mehrzahl von **potato** ist **potatoes**: *Norman ate six potatoes.*

der **Kartoffelbrei** mashed potatoes ⚠ *Plural*

die **Kartoffelchips** [potato] crisps (GB), [potato] chips (USA)

Vorsicht Falle!
In Großbritannien sind ‚chips' Pommes-Frittes!

der **Karton**
1 (*Pappe*) cardboard
2 (*Schachtel*) cardboard box

das **Karussell** car[r]ousel [ˌkærə'sel], merry-go-round, roundabout (GB); **Karussell fahren** to go on the merry-go-round

der **Käse**
1 cheese
2 (*umgangsspr: Quatsch*) rubbish

die **Kasse**
1 *im Laden:* cash desk, till; *in der Bank:* cash desk; *im Supermarkt:* check-out
2 *im Theater:* box office ▶ WENDUNGEN: **knapp bei Kasse sein** (*umgangsspr*) to be short of cash; **jemanden zur Kasse bitten** to ask someone to pay up

die **Kassette**
1 (*Kästchen*) case
2 (*Verkaufspackung*) pack, set
3 *Musik, Video:* cassette [kə'set]

kassieren
1 **[bei jemandem] kassieren** to collect [from someone] *Geld, Miete*
2 (*im Lokal*) **darf ich kassieren?** would you mind settling the bill now?
3 (*umgangsspr: Profit machen*) to make money; **er hat dabei ganz hübsch kassiert** he really cashed in on it
4 (*umgangsspr: wegnehmen*) to take away *Führerschein*
5 (*umgangsspr: schnappen, einlochen*) to nab *Person*

der **Kassierer**, die **Kassiererin** *in Bank, Geschäft:* cashier [kæ'ʃɪə]

die **Kastanie** chestnut ['tʃesnʌt]

der **Kasten** (*Schachtel*) box; (*Kiste*) case; (*Truhe*) chest

der **Katalog** catalogue ['kætəlɒg] (GB), catalog (USA)

der **Katalysator**
1 (*auch übertragen*) catalyst ['kætəlɪst]
2 *von Auto:* catalytic converter

katastrophal catastrophic

die **Katastrophe** catastrophe [kə'tæstrəfi]; **so eine Katastrophe!** what a disaster!

die **Kategorie** category

der **Kater**
1 (*männliche Katze*) tomcat
2 (*übertragen: Alkoholnachwirkung*) hangover

die **Kathedrale** cathedral [kəθi:drəl]

der **Katholik**, die **Katholikin** [Roman] Catholic ['kæθlɪk]

katholisch [Roman] Catholic

das **Kätzchen** kitten

die **Katze** cat ▶ WENDUNGEN: **die Katze aus dem Sack lassen** let the cat out of the bag; **es war alles für die Katz** it was a sheer waste of time

kauen to chew

kauern to crouch

der **Kauf**
1 (*Einkaufen*) buying ['baɪɪŋ], purchase [pɜ:tʃəs]
2 (*das Eingekaufte*) buy [baɪ]; **ein guter Kauf** a good buy

kaufen (*erwerben*) to buy [baɪ]

> **Grammatik**
> Richtiges Konjugieren von **buy**: buy, bought, bought — *Mike bought a new bike; Have you bought some bread?*

der **Käufer**, die **Käuferin** buyer, purchaser

die **Kauffrau** businesswoman

das **Kaufhaus** department store

der **Kaufmann**
1 (*Einzelhändler*) small shopkeeper; (*Lebensmittelhändler*) grocer ['grəʊsəʳ]
2 (*Händler*) trader
3 (*Geschäftsmann*) businessman

kaufmännisch commercial [kə'mɜ:ʃəl], business ['bɪznɪs]; **der kaufmännische Leiter ist für den Vertrieb zuständig** the commercial director is responsible for sales

der **Kaugummi** chewing gum ['tʃu:ɪŋ gʌm]

kaum hardly, scarcely ['skeəsli]; **das wird wohl kaum passieren** that's scarcely likely to happen

die **Kaution**
1 (*für Gefangenen*) bail; **gegen Kaution** on bail
2 (*für Miete*) deposit [dɪ'pɒzɪt]; **eine Kaution hinterlegen** to leave a deposit

die **Kefe** (CH) (*Zuckererbse*) mange-tout [ˌmɑ̃(n)ʒ'tu:] [pea]

der **Kegel**
1 (*geometrische Figur*) cone
2 (*Figur beim Kegeln*) ninepin, skittle; (*beim Bowling*) pin

kegeln to play skittles; (*beim Bowling*) to go bowling

die **Kehle** throat

kehren[1]
1 (*drehen, wenden*) to turn
2 **jemandem/einer Sache den Rücken kehren** to turn one's back on someone/something

kehren[2] (*fegen*) to sweep

der/das **Kehricht** (CH) rubbish, trash (USA)

die **Kehrseite**
1 *von Münze:* reverse [rɪ'vɜ:s]
2 (*übertragen: Nachteil*) drawback; **die Kehrseite der Medaille** the other side of the coin

kehrtmachen (*umkehren*) to turn back

der **Keil** (*auch übertragen*) wedge [wedʒ]

der **Keim**
1 (*Krankheitserreger*) germ [dʒɜːm]
2 (*Schössling*) shoot, sprout
3 (*übertragen*) seed; **etwas im Keim ersticken** to nip something in the bud

keimfrei sterile ['steraɪl]

kein(e) (*vor Substantiv*)
1 no, not any; **kein Geld/keine Zeit** no money/no time; **ich habe kein Geld** I've got no money, I haven't got any money; **kein Mensch** nobody, not anybody; **kein einziges Mal** not a single time
2 (*kaum, nicht einmal*) less than; **es hat keine zehn Minuten gedauert** it took less than ten minutes

keine(r, s) (*allein stehend*)
1 *von Menschen: als Subjekt:* no-one, nobody; **keiner war da** no-one [*oder* nobody] was there; **ich sah keinen** I saw no-one [*oder* nobody]
2 *von Menschen: als Subjekt oder Objekt nach Verneinung:* not anyone, not anybody; **keiner war da** there wasn't anyone [*oder* anybody] there; **ich sah keinen** I didn't see anybody [*oder* anyone]
3 *von Gegenständen: als Subjekt:* not one, none
4 *von Gegenständen: als Subjekt oder Objekt:* not any, none; **ich hab keins** I haven't got any, I have none
5 **keiner von uns** none of us; **keiner von uns beiden** neither ['naɪðəʳ] of us

keinesfalls on no account, under no circumstances ['sɜːkəmstənsɪz]

keineswegs
1 (*keinesfalls*) by no means, not at all
2 (*nicht im Geringsten*) not in the least

der/das **Keks** biscuit ['bɪskɪt] (GB), cookie (USA)

der **Keller** cellar

das **Kellergeschoss** basement

die **Kellerwohnung** basement flat

der **Kellner**, die **Kellnerin** waiter *maskulin,* waitress *feminin*

kennen
1 to know [nəʊ]; (*bekannt sein mit*) to be acquainted [ə'kweɪntɪd] with
2 **jemanden kennen lernen, sich kennen lernen** to meet someone
3 **jemanden näher kennen lernen** to get to know someone better
4 **kennst du mich noch?** do you remember me?
5 **da kennst du mich aber schlecht!** that just shows how little you know me!

Grammatik
Richtiges Konjugieren von **know**: know, knew, known — *Lisa knew the correct answer; I have known Peter for three years.*

der **Kenner**, die **Kennerin**
1 (*Weinkenner*) connoisseur [ˌkɒnə'sɜː]
2 (*Experte*) expert ['ekspɜːt] (**von** in/on)

die **Kenntnis**
1 (*Wissen*) knowledge ['nɒlɪdʒ]
2 **etwas zur Kenntnis nehmen** to take note of something

die **Kenntnisse** (*Wissen*) knowledge ⚠ *Singular;* **gute Kenntnisse in Mathe haben** to have a good knowledge of maths

das **Kennwort**
1 (*Chiffre*) code name
2 (*Losungswort*) password

das **Kennzeichen**
1 (*Charakteristikum*) characteristic [ˌkærəktə'rɪstɪk] (**für/von** of)
2 *von KFZ:* number plate (GB), license plate (USA)

kennzeichnen
1 (*markieren*) to mark; **etwas als zerbrechlich kennzeichnen** to mark something fragile
2 (*charakterisieren*) to characterize ['kærəktᵊraɪz]

kentern to capsize [kæp'saɪz]

die **Keramik** ceramics ⚠ *Plural*

der **Kerl** (*umgangsspr*) chap, fellow, bloke (GB), guy [gaɪ] (USA)

der **Kern**
1 *von Obst:* pip; *von Kirsche:* stone
2 *von Atom, Zelle:* nucleus ['njuːklɪəs]
3 (*übertragen: Hauptsache*) core, heart

die **Kernkraft** nuclear power

das **Kernkraftwerk** nuclear power station

die **Kerze** (*Wachskerze*) candle

der **Kessel** (*Teekessel*) kettle

der/das **Ketchup** ['ketʃap] ketchup

die **Kette**
1 chain; **an die Kette legen** to chain up
2 (*Halskette*) necklace ['nekləs]
3 **eine Kette von Unfällen** a series [*oder* string] of accidents

keuchen to pant [pænt]

die **Keule**
1 (*Schlagwerkzeug*) club, cudgel ['kʌdʒᵊl]
2 (*Fleischstück*) leg

kichern to giggle

der **Kicker** table football (GB), foosball table (USA)

kidnappen ['kɪtnɛpn̩] to kidnap

die **Kiefer** (*Nadelbaum*) pine

der **Kiefer** (*Körperteil*) jaw [dʒɔː]

der **Kies** gravel ['grævᵊl]

der **Kieselstein** pebble

das **Kilo** kilo, kilogram[me] ['kɪləgræm] (GB), kilogram (USA); **ein Kilo Bananen** a kilo ['kiːləʊ] of bananas

das **Kilogramm** kilogram[me] (GB), kilogram (USA)

der **Kilometer** kilometre [kɪ'lɒmɪtəʳ] (GB), kilometer (USA)

das **Kind** child [tʃaɪld]; **als Kind** as a child; **sie erwartet/bekommt ein Kind** she's expecting/going to have a baby

Grammatik
Die Mehrzahl von **child** ist **children**: *the three children are playing in the garden.*

der **Kindergarten** kindergarten, nursery school

das **Kindergeld** child benefit

kinderleicht dead easy

das **Kindermädchen** nanny

der **Kinderspielplatz** children's playground

die **Kindertagesstätte** day nursery

der **Kinderwagen** pram (GB), [baby-]carriage (USA)

die **Kindheit** childhood

kindisch childish

kindlich
1 *Verhalten:* childlike
2 **sich kindlich verhalten** to act like a child; **kindlich wirken** to be childlike

das **Kinn** chin

das **Kino** cinema ['sɪnəmə]; **ins Kino gehen** to go to the cinema [*oder* (USA) movies] ['muːviz]

der **Kiosk** kiosk ['kiːɒsk]

das **Kipferl** (A) croissant ['krwæsɑ̃(ŋ)]

kippen
1 (*umkippen*) to tilt *Behälter, Fenster, Tisch*
2 *Mensch:* to tip over; *Fahrzeug:* to topple, to overturn

die **Kirche** church [tʃɜːtʃ]; **in der Kirche** at church; **in die Kirche gehen** to go to church

die **Kirsche** cherry

das **Kissen**
1 (*Sofakissen*) cushion [kʊʃᵊn]
2 (*Kopfkissen*) pillow

der **Kissenbezug**
1 (*für Sofakissen*) cushion cover
2 (*für Kopfkissen*) pillow case

die **Kiste**
1 (*Behälter*) box; (*Truhe*) chest
2 *von Bier, Sprudel:* crate; *von Wein:* case
3 (*umgangsspr: Fernseher*) box

der **Kittel**
1 (*Arbeitskittel*) overall
2 (*Arztkittel*) coat

kitzeln (*auch übertragen*) to tickle ['tɪkl̩]

die **Kiwi** (*Frucht*) kiwi

klaffen to gape

die **Klage**
1 (*zivilrechtlich*) action, suit [suːt]; (*strafrechtlich*) charge
2 (*Beschwerde*) complaint (**über** about); **keinen Grund zur Klage haben** to have no reason to complain

klagen
1 (*sich beklagen*) to complain (**über** about); **jemandem sein Leid klagen** to pour out one's sorrows to someone
2 (*trauern*) **um jemanden/etwas klagen** to mourn someone/something
3 (*gerichtlich*) to sue [suː] (**auf** for)

der **Kläger**, die **Klägerin** plaintiff

klamm (*feuchtkalt*) clammy

die **Klammer**
1 (*Haarklammer*) [hair]grip
2 (*Büroklammer, Wundklammer*) clip; (*Heftklammer*) staple
3 (*Wäscheklammer*) peg
4 (*Rechenzeichen, Satzzeichen*) bracket; **in Klammern setzen** to put in brackets

die **Klamotten** (*slang*) gear ⚠ *Singular*

der **Klang**
① (*Geräusch*) sound
② (*Tonqualität*) tone

die **Klappe**
① flap; (*Deckel*) lid
② (*slang: Mund*) trap; **eine große Klappe haben** to have a big mouth; **die Klappe halten** to pipe down; **halt die Klappe!** shut up!

klappen
① to fold; **nach oben/unten klappen** *Bett, Sitz:* to fold up/down; *Kragen:* to turn up/down; **nach vorn/hinten klappen** to tip forward/back
② (*umgangsspr: in Ordnung sein*) to work [wɜːk]
③ (*übertragen: gut gehen*) to work out; **es hat alles geklappt** everything worked out fine; **alles klappte wie am Schnürchen** everything went like clockwork

klappern
① *Fenster, Geschirr:* to clatter, to rattle
② *mit den Zähnen:* to chatter
③ *Absatz, Mühle:* to clack

der **Klaps** (*leichter Schlag*) slap, smack; **jemandem einen Klaps versetzen** to slap [*oder* smack] someone

klar
① (*deutlich, offensichtlich*) clear; **klar und deutlich** distinctly, plainly; **es ist klar, dass ...** it is obvious that ...; **ist das klar?** do I make myself plain?
② **klar sehen** to see clearly
③ **sich darüber im Klaren sein, dass ...** to realize that ...
④ **klar wie Kloßbrühe!** (*umgangsspr*) clear as mud!
⑤ (*fertig*) ready [redi]
⑥ **klarer Fall!** (*umgangsspr*) sure thing!
⑦ **alles klar?** (*umgangsspr*) everything OK?

klären
① to purify *Luft, Wasser*
② to clarify *Sachlage*
③ to settle *Angelegenheit, Problem*

die **Klarinette** clarinet [ˌklærəˈnet]; **Klarinette spielen** to play the clarinet

klarkommen (*umgangsspr*)
① (*sein Auskommen haben*) to get by; **ich komm schon klar** I'll get by [*oder* manage]
② **mit jemandem/etwas klarkommen** to cope with [*oder* get on with] someone/something

klarmachen
① (*erklären*) to make clear
② **sich etwas klarmachen** to realize something

die **Klasse**
① (*Kategorie*) class
② *beim Sport:* league [liːg]
③ (*Güteklasse*) grade
④ (*Schulklasse*) class; **die Klasse ist laut** the class is [*oder* are] noisy; (*Klassenstufe*) form
⑤ (*Klassenzimmer*) classroom

die **Klassenarbeit** [class] test

der **Klassenlehrer**, die **Klassenlehrerin** class [*oder* form] teacher

der **Klassensprecher**, die **Klassensprecherin** class [*oder* course] representative

das **Klassenzimmer** classroom

klassifizieren to classify

klassisch
① (*die Klassik betreffend*) classical
② (*typisch*) classic

der **Klatsch** (*abwertend: Gerede*) gossip

klatschen
① to clap *Takt*
② **in die Hände klatschen** to clap one's hands
③ (*umgangsspr: tratschen*) to gossip (**über** about)

die **Klaue** *von Raubtier:* claw; *von Raubvogel:* talon

klauen (*slang*)
① **jemandem etwas klauen** to nick [*oder* pinch] something from someone
② **sie klaut** she pinches things

die **Klausel**
① (*Zusatz*) clause
② (*Bedingung*) stipulation

die **Klausur** exam, paper; **eine Klausur schreiben** to sit an exam

das **Klavier** piano [pɪˈænəʊ]; **Klavier spielen** to play the piano

kleben
① (*mit Klebstoff*) to glue, to paste; (*anhaften*) to stick (**an** to); **es klebt nicht** it won't stick
② (*übertragen: festhalten*) to cling (**an** to)
③ **jemandem eine kleben** (*umgangsspr*) to give someone a belting

Grammatik
Richtiges Konjugieren von **stick**: stich, stuck, stuck — *Harry stuck the stamp on the envelope; I have stuck the photos in an album.*

der **Kleber**
1 glue
2 (CH) sticker

der **Kleb(e)streifen** adhesive [əd'hiːsɪv] tape

klebrig sticky

der **Klebstoff** adhesive [əd'hiːsɪv], glue

kleckern (*beim Essen*) to make a mess

der **Klecks** *Tinte:* blot; *Farbe:* blob

das **Kleid**
1 dress
2 (*Kleidung*) **Kleider** clothes [kləʊ(ð)z]

Vorsicht Falle!
Zu **clothes** (= Kleider) gibt es keine Einzahl: *Susan's clothes are always smart.*

kleiden (*auch übertragen*) to clothe [kləʊð], to dress; **sich gut kleiden** to dress well

der **Kleiderbügel** coat hanger

die **Kleiderbürste** clothes [kləʊ(ð)z] brush

der **Kleiderkasten** (A), (CH) wardrobe ['wɔːdrəʊb]

der **Kleiderschrank** wardrobe

die **Kleidung** clothes [kləʊ(ð)z] ⚠ *Plural,* clothing ['kləʊðɪŋ] ⚠ *kein Plural*

Vorsicht Falle!
clothing wird nie in der Mehrzahl gebraucht: *in winter we wear warm clothing.*

das **Kleidungsstück** garment

klein
1 (*kurz*) *Finger, Zeh:* little; **einen kleinen Moment bitte!** just one moment please!
2 (*gering*) **das kleinere Übel** the lesser evil
3 (*unbedeutend*) small; **er ist nur ein kleiner Fisch** he is just small fry; **der kleine Mann** (*übertragen*) the man in the street
4 (*an Anzahl, Umfang, Wert*) small; **ein klein wenig** a little bit
5 *Mensch, Schritt:* short
6 (*nicht gravierend*) *Fehler, Vergehen:* minor
7 **bis ins Kleinste** in minute detail
8 **klein hacken** to chop up small
9 **klein anfangen** to start off in a small way
10 **meine kleine Schwester** my little sister; **er ist noch klein** he's still young

Vorsicht Falle!
Small oder **little**? **Small** bezieht sich auf die Größe einer Sache. Das Gegenteil hiervon ist **big** oder **large:** *I'd like a small diet Coke please*; their house is very small. Das Wort **little** bezieht sich zwar auch auf die Größe, vermittelt jedoch auch ein Gefühl über diese Größe oder eine Bewertung der Größe: *Guildford is a lovely little town; she's too little to reach that cupboard.*

die **Kleinanzeige** classified ad

das **Kleingeld** small change

die **Kleinigkeit**
1 (*kleines Ding*) little thing
2 (*Bagatelle*) trifling matter; **das ist doch eine Kleinigkeit** that isn't [asking] much
3 (*Detail*) minor detail
4 (*ein bisschen*) **eine Kleinigkeit zu essen** a little something to eat, a bite to eat
5 (*Geschenk*) **ich hab dir eine Kleinigkeit mitgebracht!** I've got you a little something!

kleinkariert (*abwertend*) small-time; **sei doch nicht so kleinkariert!** don't be so small-minded!

das **Kleinkind** infant; **als Kleinkind** as an infant

kleinlich
1 (*pedantisch*) petty
2 (*engstirnig*) small-minded

der **Kleister** paste

die **Klemme**
1 (*Klammer*) clip
2 (*übertragen*) fix, jam, tight spot; **in der Klemme sitzen** to be in a fix; **in die Klemme geraten** to get into a jam

klemmen
1 *Tür:* to jam, to stick
2 **die Bücher unter den Arm klemmen** to tuck the books under one's arm

der **Klempner**, die **Klempnerin** plumber ['plʌmə]

klettern to climb

das **Klima**
1 climate ['klaɪmət]; **in Süditalien herrscht warmes Klima** the climate is warm in Southern Italy
2 (*übertragen*) atmosphere ['ætməsfɪə]; **im Büro herrscht ein schlechtes Klima** there's a bad atmosphere in the office

die **Klimaanlage** air-conditioning [system]

K

klimatisiert air-conditioned

klimpern
1 (*mit Münzen usw.*) to jingle
2 (*abwertend: Klavier spielen*) to plonk away

die **Klinge** blade

die **Klingel** bell

klingeln (*läuten*) to ring (**nach** for)

der **Klingelton** ring tone

klingen to sound (**nach** like)

die **Klinik** clinic

die **Klinke** (*Türklinke*) handle

die **Klippe**
1 *am Steilufer:* cliff
2 *im Meer:* rock

klirren to clink

das **Klo** (*umgangsspr*) loo GB, john USA

klobig bulky

klonen to clone

klopfen
1 (*an der Tür*) to knock [nɒk] (**an** at); **es klopft** there is a knock at [*oder* on] the door; (*sanft*) to tap (**an** at, **auf** on)
2 *Herz:* to beat; (*stärker*) to pound
3 to beat *Fleisch, Teppich*

das **Kloster**
1 *von Mönchen:* monastery ['mɒnəstəri]; **ins Kloster gehen** to enter a monastery
2 (*von Nonnen*) convent ['kɒnvənt]; **ins Kloster gehen** to enter a convent

der **Klotz** *aus Holz:* block [of wood]

der **Klub** club

die **Kluft**
1 (*auch übertragen: Lücke*) gap
2 **eine Kluft überbrücken** to bridge a gulf

klug
1 (*intelligent*) clever
2 (*verständig*) sensible, wise

der **Klumpen**
1 lump
2 *Erde:* clod
3 *Gold:* nugget

knabbern to nibble

knacken
1 (*brechen*) to crack
2 to crack *Nuss, Rätsel*
3 (*slang*) to break into *Auto, Tresor*

der **Knacks**
1 (*Riss, Sprung*) crack
2 (*umgangsspr*) **einen Knacks haben** *Gerät:* to be playing up; *Ehe:* to be in trouble

das **Knallbonbon** cracker

knallen
1 *Tür:* to bang, to slam
2 *Sektkorken:* to [go] pop
3 *Peitsche:* to crack
4 (*umgangsspr*) *Sonne:* to blaze down

knapp
1 (*spärlich*) scarce [skeəs]; (*dürftig*) meagre GB, meager USA
2 *Kleidung:* scanty
3 (*kurz, präzise*) *Stil, Worte:* concise
4 *Geld:* tight; **knapp bei Kasse sein** (*umgangsspr*) to be short of money
5 (*kaum ausreichend*) *Geld, Miete, Zeit:* barely sufficient
6 *Sieg:* narrow
7 (*gerade noch, so eben*) just; **mit knapper Not** only just; **es knapp schaffen** to just about manage
8 **mit knapper Mehrheit** with a narrow majority

knarren to creak

knattern
1 (*rattern*) to rattle
2 *Motor:* to roar

der **Knauf** *einer Tür:* knob [nɒb]

der **Knebel** gag

knebeln (*auch übertragen*) to gag

kneifen
1 **jemanden kneifen** to pinch someone
2 (*umgangsspr: sich drücken*) to chicken out (**vor** of)

die **Kneipe** (*umgangsspr*) pub GB, bar USA; **in die Kneipe gehen** to go to the pub

knicken
1 (*brechen*) to snap
2 (*falten*) to fold

der **Knicks** curts[e]y

das **Knie** knee [niː]

knien to kneel [niːl] (**vor** before)

Grammatik
Richtiges Konjugieren von **kneel**: kneel, knelt, knelt — *Steve knelt down to look for his pen under his desk; Have you ever knelt on a chair?*

knifflig
1 (*schwierig*) fiddly
2 (*heikel*) tricky

knipsen (*umgangsspr*)
1 (*fotografieren*) to snap, to take pictures
2 (*lochen*) to punch

knirschen
1 *Schnee:* to crunch
2 *Getriebe, Zähne:* to grind

knistern
1 *Feuer:* to crackle
2 *Papier, Seide:* to rustle

knittern to crease ['kriːs]

der **Knoblauch** garlic ['gɑːlɪk]

der **Knöchel**
1 *von Fuß:* ankle ['æŋkl]
2 *von Finger:* knuckle ['nʌkl]

der **Knochen** bone; **mir tun alle Knochen weh** (*umgangsspr*) every bone in my body is aching ['eɪkɪŋ]

der **Knochenbruch** fracture

knochig bony

der **Knopf**
1 *an Kleidern:* button
2 *an Geräten:* [push-]button

die **Knospe** bud

der **Knoten**
1 knot [nɒt]
2 (*Geschwulst*) lump

der **Knüller** (*umgangsspr*)
1 (*Sensation*) big hit
2 (*sensationelle Zeitungsmeldung*) scoop

knüpfen to knot [nɒt], to tie *Band, Knoten*

der **Knüppel**
1 (*Waffe*) cudgel; (*Polizeiknüppel*) truncheon ['trʌnʃ^ən]
2 (*Steuerknüppel*) control stick

knurren
1 *Hund:* to growl; (*wütend knurren*) to snarl
2 *Magen:* to rumble

knusprig *Brötchen:* crisp

die **Koalition** coalition [ˌkəʊə'lɪʃ^ən]

der **Koch**, die **Köchin** cook

das **Kochbuch** cookbook, cookery book

kochen
1 *Wasser:* to boil
2 *Essen:* to cook; **er kocht gut** he is a good cook
3 **vor Wut kochen** (*umgangsspr*) to be boiling with rage
4 to cook *Essen*
5 to boil *Suppe, Wasser*
6 to make *Kaffee*

der **Kochtopf** pot; (*mit Stiel*) saucepan

der **Köder** (*auch übertragen*) bait

das **Koffein** caffeine

koffeinfrei decaffeinated [dɪ'kæfɪneɪtɪd]

der **Koffer** case, bag; **seine Koffer packen** to pack one's bags *auch übertragen*

der **Kofferraum** boot (GB), trunk (USA)

der **Kohl** cabbage ['kæbɪdʒ]

die **Kohle**
1 (*Steinkohle*) coal
2 (*slang: Geld*) dough [dəʊ], dosh

das **Kohlendioxid** carbon dioxide [ˌkɑːbən daɪ'ɒksaɪd]

das **Kohlenhydrat** carbohydrate [ˌkɑːbə'haɪdreɪt]

die **Kohlensäure** carbonic acid

die **Kohlsprosse** (A) (*Rosenkohl*) Brussel[s] sprout

die **Koje** berth, bunk

das **Kokain** cocaine

die **Kokosnuss** coconut

der **Kollaps** collapse

der **Kollege**, die **Kollegin** colleague ['kɒliːg]

das **Kollegium** *von Lehrern:* staff

die **Kolonie** colony ['kɒləni]

kolonisieren to colonize

die **Kolonne**
1 (*Reihe an Wörtern oder Zahlen*) column ['kɒləm]
2 *von Militärfahrzeugen:* convoy
3 (*Autoschlange*) line
4 (*Arbeiterkolonne*) gang

kolossal
1 (*riesig*) colossal
2 (*umgangsspr*) *Fehler:* huge
3 **sich kolossal irren/verschätzen** (*umgangsspr*) to make a huge mistake/miscalculation

die **Kolumne** column ['kɒləm]

das **Koma** coma; **im Koma** in a coma

der **Kombi** (*Auto*) estate [car] (GB), station wagon (USA)

die **Kombination**
1 (*Zusammenstellung*) combination
2 (*Schlussfolgerung*) deduction
3 *von Kleidung:* ensemble, suit [suːt]

kombinieren
1 (*verbinden*) to combine
2 (*folgern*) to deduce [dɪ'djuːs]
3 (*vermuten*) to suppose

der **Kombiwagen** estate car (GB), station wagon (USA)

der **Komet** comet

der **Komfort** [kɔm'foːɐ̯]
1 (*Luxus*) luxury ['lʌkʃəri]; **eine Wohnung mit allem Komfort** a flat with all mod cons
2 (*Bequemlichkeiten*) comfort

der **Komiker**, die **Komikerin** comedian [kə'miːdɪən]

komisch
1 (*spaßig*) comic[al], funny; **das Komische daran ist, ...** the funny thing about it is ...
2 (*merkwürdig*) strange, funny; **komisch, dass er noch nicht da ist** strange [*oder* funny], that he's not here yet

das **Komitee** committee [kə'mɪti]

Vorsicht Falle!
committee wird mit 2 ‚m', 2 ‚t' und 2 ‚e' geschrieben: *the committee meets every Wednesday.*

das **Komma**
1 *als Satzzeichen:* comma
2 (*Dezimalkomma*) decimal point; **drei Komma zwei** [**3,2**] three point two [3.2]; **null Komma vier** [**0,4**] [nought] point 4 [0.4]

der **Kommandant**, die **Kommandantin** commanding officer

das **Kommando**
1 (*Befehl*) command, order; **auf Kommando** on [the] command
2 (*Befehlsgewalt*) command (**über** of); **das Kommando führen** to be in command

die **Kommandobrücke** bridge

kommen
1 to come; **ich komme!** [I'm] coming!; **er wird gleich kommen** he won't be long; **es kommt jemand** someone's coming, there's somebody coming; **los, komm!** come on!
2 (*herüberkommen*) to come over
3 (*ankommen, hinkommen*) to arrive; **wann kommt der Zug?** when's the train coming in [*oder* due]?; [**zu etwas**] **zu früh/spät/rechtzeitig kommen** to be early/late/on time [for something]
4 (*gelangen, hinkommen*) to get (**nach/zu** to); **wie komme ich zu dir?** how do I get to your place?
5 (*stammen*) **woher kommst du?** where are you from?; **ich komme aus Edinburgh** I'm from Edinburgh
6 (*Aufenthalt beginnen*) **ins Gefängnis kommen** to be sent to prison; **ins Krankenhaus kommen** to go into hospital; **bald in die Schule kommen** to be starting school soon
7 (*aufkommen*) *Gewitter:* to come [up]; *Regen:* to start
8 (*als Ursache*) **woher kommt es, dass ...?** why [*oder* how] is it that ...?; **das kommt daher, dass ...** it is because ...; **das kommt davon, dass du so dickköpfig bist!** that's what you get for being so pig-headed!
9 **zu sich kommen** (*aus Ohnmacht erwachen*) to come to one's senses
10 (*erledigen*) **ich komme einfach nicht dazu** I just don't get round to it
11 (*geraten*) **in Schwierigkeiten kommen** to get into trouble ▶ WENDUNGEN: **zu kurz kommen** to come off badly; **hinter etwas kommen** to find out something; **ich hab es kommen sehen** I could see it coming; **so musste es ja kommen** this was bound to happen

Grammatik
Richtiges Konjugieren von **come**: come, came, come — *Kevin came home late last night; Have any letters come for me?*

der **Kommentar**
1 *bei Sportveranstaltung:* commentary ['kɒməntəri]
2 (*Bemerkung, Presseerklärung*) comment ['kɒment]
3 **einen Kommentar abgeben** to make a comment

kommentieren to comment on

der **Kommilitone**, die **Kommilitonin** fellow student

der **Kommissar**, die **Kommissarin**
1 *in Politik, Verwaltung:* commissioner [kə'mɪʃᵊnəʳ]
2 *bei der Polizei:* inspector

der **Kommissär**, die **Kommissärin**
1 inspector
2 Ⓐ, ⒸⒽ commissioner

die **Kommission** commission [kə'mɪʃən]

die **Kommode** chest of drawers

kommunal
1 (*örtlich*) local
2 (*städtisch*) municipal

die **Kommunalpolitik** local [government] politics ⚠ *Plural*

die **Kommunikation** communication

die **Kommunion** Communion

der **Kommunismus** communism ['kɒmjʊnɪzəm]

der **Kommunist**, die **Kommunistin** Communist ['kɒmjʊnɪst]

kommunistisch communist

die **Komödie** comedy ['kɒmədi]

kompakt compact [kəm'pækt]

der **Komparativ** comparative

der **Kompass** compass ['kʌmpəs]

kompatibel compatible [kəm'pætəbl]

kompetent
1 (*zuständig*) competent
2 (*fähig*) able

komplett complete

der **Komplex** complex ['kɒmpleks]

komplex complex

die **Komplikation** complication

das **Kompliment** compliment ['kɒmplɪmənt]; **jemandem ein Kompliment machen** to pay someone a compliment

der **Komplize**, die **Komplizin** accomplice [ə'kʌmplɪs]

kompliziert complicated

der/das **Komplott** conspiracy [kən'spɪrəsi], plot

komponieren to compose [kəm'pəʊz], to write [raɪt] *Lied*

der **Komponist**, die **Komponistin** composer [kəm'pəʊzə]

der/das **Kompromiss** compromise ['kɒmprəmaɪz]; **einen Kompromiss schließen** to reach a compromise

kondensieren (*auch übertragen*) to condense [kən'dens]

das **Kondom** condom ['kɒndɒm]

der **Kondukteur** ⒸⒽ conductor

die **Konferenz**
1 (*Veranstaltung*) conference ['kɒnfrəns]
2 (*Besprechung*) meeting

die **Konfession** denomination; **welcher Konfession gehören Sie an?** what is your denomination?

konfessionell denominational

die **Konfirmation** confirmation ['kɒnfəmeɪʃən]

die **Konfiserie**
1 cake shop, confectionary [kən'fekʃənəri]
2 (*Konditoreiwaren*) confectionery

die **Konfitüre** jam

der **Konflikt** conflict ['kɒnflɪkt]

konfrontieren to confront [kən'frʌnt] (**mit** with)

konfus
1 *Gedanken, Gerede:* confused, muddled
2 **du machst mich ganz konfus!** you're confusing me!

der **Kongress**
1 (*politischer*) congress ['kɒŋgres]; (*Fachkongress*) convention
2 (*Parlamentskammer in den USA*) Congress

der **König** king; **die Heiligen Drei Könige** the Three Wise Men

die **Königin** queen

königlich royal

das **Königreich** kingdom

die **Konjunktion** conjunction

der **Konjunktiv** subjunctive [səb'dʒʌŋktɪv]

die **Konjunktur**
1 (*Wirtschaftslage*) economic situation
2 (*Hochkonjunktur*) boom; **die Wirtschaft hat Konjunktur** the economy is booming

konkav concave

konkret concrete ['kɒŋkriːt]

der **Konkurrent**, die **Konkurrentin** competitor

die **Konkurrenz**
1 (*Wettbewerb*) competition [ˌkɒmpə'tɪʃən]
2 **Konkurrenz haben** to have competition; **jemandem Konkurrenz machen** to compete with someone
3 (*die Konkurrenten*) competitors, competition

konkurrieren to compete (**mit** with)

der **Konkurs** bankruptcy ['bæŋkrʌptsi]; **Konkurs anmelden** to declare oneself bankrupt; **in Konkurs gehen** to go bankrupt

das **Können** (*Fähigkeit*) ability

können
① (*beherrschen, verstehen*) to know [nəʊ]; **Klavier spielen können** to know how to play the piano; [**gut**] **Englisch können** to speak English [well]; **kein Englisch können** to speak no English
② (*vermögen*) can, to be able to; **kannst du morgen kommen? — ich kann leider nicht** can [*oder* will you be able to] you come tomorrow? — unfortunately I won't be able to; **ich konnte gerade noch bremsen** I just about managed to brake; **ich kann nicht mehr** (*mehr essen*) I can't eat any more; (*körperlich erschöpft*) I've had it; (*seelisch erschöpft*) I can't go on, I can't take any more
③ (*dürfen: im Präsens*) may; **kann ich mal?** may I?; (*in allen anderen Zeiten*) to be allowed to; **ich konnte bei ihnen nicht rauchen** I wasn't allowed to smoke at their place
④ (*wahrscheinlich oder möglich sein*) to be likely to, may; **du könntest Recht haben** you could [*oder* may] [*oder* might] be right; **kann schon sein** could be, maybe; **keine Sorge, er kann noch rechtzeitig kommen** don't worry, he could [*oder* may] [*oder* might] still be on time; **das kann** [**einfach**] **nicht sein** that [simply] can't be true
⑤ **ich kann nichts dafür** [*oder* **dazu**] (*umgangsspr*) it's not my fault; **du kannst mich mal!** (*umgangsspr*) get lost [*oder* stuffed]!; **man kann nie wissen** you never know; **das kannst du mir glauben** [you can] take my word for it; **kannst du gerne machen!** go right ahead!, suit yourself!

konsequent consistent

die **Konsequenz**
① (*Folgerichtigkeit*) consistency
② (*Folge*) consequence ['kɒnsɪkwəns], result
③ **Konsequenzen ziehen** to take the appropriate steps

konservativ
① *Einstellung, Kleidung:* conservative
② (*politisch konservativ in GB*) Conservative, Tory

die **Konserve** preserved food; (*in Büchse*) tinned food (GB), canned food

konservieren to conserve, to preserve [prɪ'zɜːv]

das **Konservierungsmittel** preservative

der **Konsonant** consonant ['kɒnsənənt]

konstant
① *Geschwindigkeit, Größe:* constant ['kɒnstənt]
② *Leistung, Wachstum:* steady [stedi]

konstruieren
① (*auch übertragen*) to construct
② (*entwerfen*) to design

die **Konstruktion**
① (*auch übertragen*) construction
② (*Bauweise, Entwurf*) design

konstruktiv constructive

der **Konsul**, die **Konsulin** consul

das **Konsulat** consulate ['kɒnsjʊlət]

konsultieren to consult

der **Konsum** (*Verbrauch*) consumption

die **Konsumgüter** consumer goods

konsumieren to consume

der **Kontakt** contact ['kɒntækt]; **mit jemandem Kontakt aufnehmen** to contact someone; **in Kontakt mit jemandem stehen** to be in contact with someone

kontaktfreudig sociable ['səʊʃəbl]

die **Kontaktlinse** contact lens

der **Kontext** context

der **Kontinent** continent ['kɒntɪnənt]

kontinuierlich continuous

das **Konto**
① account; **auf ein Konto einzahlen** [*oder* **überweisen**] to pay into an account
② **das geht auf mein Konto** (*ich bezahle*) this [one] is on me; (*übertragen: ich bin verantwortlich*) this is my doing

der **Kontoauszug** [bank] statement

der **Kontostand** [bank] balance ['bælən(t)s]; **den Kontostand abfragen** to check one's [bank] balance

der **Kontrast** contrast ['kɒntrɑːst]

die **Kontrolle**
① (*Überprüfung*) check; **jemanden/etwas einer Kontrolle unterziehen** to do a check on someone/something
② (*Kontrollpunkt*) checkpoint
③ (*Aufsicht*) inspection; (*Kontrolleur*) inspector
④ (*Beherrschung, Gewalt*) **Kontrolle über**

jemanden control of someone; **unter Kontrolle bringen** to get under control

kontrollieren
1 (*nachprüfen*) to check (**auf/nach** for)
2 (*beherrschen, lenken*) to control

die **Kontroverse** controversy

die **Kontur** contour, outline

die **Konvention** convention [kən'venʃᵊn]

konventionell conventional [kən'venʃᵊnᵊl]

die **Konversation** conversation

konvertieren to convert (**in** into)

konvex convex

der **Konvoi** convoy

die **Konzentration** concentration (**auf** on)

konzentrieren
1 **seine Aufmerksamkeit/Bemühungen/Gedanken auf etwas konzentrieren** to concentrate one's attention/efforts/thoughts on something
2 **sich auf etwas konzentrieren** to concentrate on something; **er kann sich nur schwer konzentrieren** he has difficulty concentrating

das **Konzept**
1 (*Rohentwurf*) draft [dra:ft]
2 (*Plan*) plan, programme
3 (*Begriff, Vorstellung*) concept ▶ WENDUNGEN: **jemanden aus dem Konzept bringen** to put someone off; (*bestürzen*) to upset someone; **das passt mir nicht ins Konzept!** it doesn't fit in with my plans!; (*gefällt mir nicht*) I don't like the idea!

der **Konzern** group

das **Konzert**
1 (*Vorstellung*) concert; **ins Konzert gehen** to go to a concert
2 (*Musikstück*) concerto [kən'tʃeətəʊ]

die **Koordination** coordination

koordinieren to coordinate

der **Kopf**
1 (*Körperteil*) head; **Kopf hoch!** (*umgangsspr*) chin up!; **Kopf und Kragen riskieren** (*umgangsspr*) to risk one's neck; **von Kopf bis Fuß** from top to toe
2 (*übertragen: Verstand*) brain; **er ist ein kluger Kopf** he's an intelligent person
3 (*übertragen: Geist, Sinn*) mind; **er geht mir nicht mehr aus dem Kopf** I can't get him out of my mind; **sich etwas durch den Kopf gehen lassen** to think something over; **sich etwas aus dem Kopf schlagen** to get something out of one's head; **ich habe andere Dinge im Kopf** I have other things on my mind; **sich etwas in den Kopf setzen** to take something into one's head; **sich über etwas den Kopf zerbrechen** to rack one's brains over something
4 **pro Kopf** [**Einkommen**] per capita [income]; **ein Stück Kuchen pro Kopf** one piece of cake each
5 (*oberster Teil eines Objekts*) top
6 (*leitende Persönlichkeit*) leader ▶ WENDUNGEN: **ich weiß nicht, wo mir der Kopf steht** I don't know whether I'm coming or going; **etwas auf den Kopf stellen** to turn something upside down; **auf dem Kopf stehen** to be upside down; **jemandem den Kopf verdrehen** (*umgangsspr*) to turn someone's head

köpfen
1 (*hinrichten*) to behead [bɪ'hed]
2 (*umgangsspr*) to crack *Flasche Wein, Sekt*
3 (*beim Fußball*) **ins Tor köpfen** to head a goal, to head the ball in

der **Kopfhörer** headphones ⚠ *Plural*

das **Kopfkissen** pillow

das **Kopfrechnen** mental arithmetic

der **Kopfsalat** lettuce ['letɪs]

der **Kopfschmerz** headache ['hedeɪk]; [**leichte/rasende**] **Kopfschmerzen haben** to have a [slight/splitting] headache ⚠ *Singular*

der **Kopfsprung** header ['hedə]; **einen Kopfsprung machen** to take a header, to dive headfirst

das **Kopftuch** [head]scarf

kopfüber (*auch übertragen*) headlong

die **Kopie**
1 (*Fotokopie*) copy
2 (*Durchschlag*) carbon copy
3 (*Imitation*) imitation

kopieren
1 (*fotokopieren*) to copy
2 (*übertragen*) to copy, to imitate
3 (*durchpausen*) to trace

der **Kopierer**, das **Kopiergerät** [photo]copier

die **Koralle** coral

der **Koran** Koran; **im Koran steht, dass ...** it says [*oder* is written] in the Koran that ...

der **Korb**
1 basket
2 (*Korbgeflecht*) wicker

der **Korbball** netball

die **Korinthe** currant ['kʌrᵊnt]

der **Kork** cork

der **Korken**
1 *aus Kork:* cork
2 *aus Plastik:* stopper

der **Korkenzieher** corkscrew

das **Korn**
1 *Samen:* seed
2 *im Bild:* grain
3 *Pfeffer:* corn
4 *Getreide:* grain

der **Korn** (*umgangsspr: Kornbranntwein*) corn schnapps

der **Körper** body

der **Körperbau** build [bɪld], physique [fɪ'zi:k]

körperbehindert physically disabled

die **Körpergröße** height [haɪt]

körperlich *Anstrengung, Arbeit, Schmerzen:* physical ['fɪzɪkl]

die **Körperpflege** personal hygiene ['haɪdʒi:n]

der **Körperteil** part of the body

die **Körperverletzung** physical injury; **schwere Körperverletzung** (*Straftat*) grievous ['gri:vəs] bodily harm

korpulent corpulent

korrekt
1 (*richtig*) correct [kə'rekt]; **korrekt antworten** to answer correctly, to give the correct answer
2 (*angemessen*) proper; **sich korrekt kleiden/verhalten** to dress/behave properly [*oder* decently]

die **Korrektur**
1 (*Berichtigung*) correction
2 *von Schularbeiten:* marking

der **Korrespondent**, die **Korrespondentin** correspondent [ˌkɒrə'spɒndənt]

die **Korrespondenz** correspondence

korrespondieren
1 **mit jemandem korrespondieren** to correspond with someone
2 **mit etwas korrespondieren** to correspond to [*oder* with] something

der **Korridor** corridor; (*Hausflur*) hall

korrigieren
1 (*berichtigen*) to correct
2 to mark *Schularbeiten*

korrupt corrupt [kə'rʌpt]

die **Korruption** corruption

der **Kosename** pet name

die **Kosmetik**
1 (*Körperpflege*) beauty treatment
2 (*kosmetisches Mittel*) cosmetic
3 (*übertragen: Tünche*) cosmetics [kɒz'metɪks] ⚠ *Plural*

die **Kosmetika** cosmetics

kosmetisch (*auch übertragen*) cosmetic

kosmisch cosmic

der **Kosmos** cosmos

die **Kost**
1 fare, food; **leichte Kost** light food ['daɪət]
2 **Kost und Logis** board and lodging

kostbar precious ['preʃəs], valuable ['væljʊbl]

die **Kosten**
1 (*Preis*) cost ⚠ *Singular*
2 (*Ausgaben*) expenses; (*Auslagen*) outlay ⚠ *Singular*
3 **auf jemandes Kosten** at someone's expense *auch übertragen;* **auf seine Kosten kommen** to get one's money's worth *auch übertragen*

kosten[1]
1 (*preislich*) to cost; **was** [*oder* **wie viel**] **kostet das?** what [*oder* how much] does it cost?
2 **koste es, was es wolle** (*auch übertragen*) whatever the cost
3 (*erfordern*) to take *Mühe, Zeit*
4 **das hat sie den Sieg/das Leben gekostet** it cost her the victory/her life

Grammatik
Richtiges Konjugieren von **cost**: cost, cost, cost — *The CD cost £10; in the end the house has cost us more than £500,000.*

kosten[2] (*probieren*) to taste; [**von**] **etwas kosten** to taste something

kostenlos
1 free
2 **etwas kostenlos tun** to do something for free

der **Kostenvoranschlag** estimate

köstlich
1 (*wohlschmeckend*) delicious [dɪˈlɪʃəs]
2 (*übertragen: erlesen*) choice, exquisite
3 (*übertragen: amüsant*) priceless; **sich köstlich amüsieren** to have a ball

die **Kostprobe**
1 (*Geschmacksprobe*) taste
2 (*übertragen: Beispiel*) sample

kostspielig costly, expensive

das **Kostüm**
1 (*Zweiteiler*) suit [suːt]
2 (*Verkleidung*) costume, fancy dress

das **Kostümfest** fancy-dress ball

das **Kotelett** chop

die **Koteletten** sideburns

der **Kotflügel** wing (GB), fender (USA)

kotzen
1 (*slang*) to puke *umgangsspr;* **sich die Seele aus dem Leib kotzen** to puke one's guts out *umgangsspr*
2 **das ist ja zum Kotzen!** (*slang*) it really makes you sick! *umgangsspr;* **du kotzt mich an!** (*slang*) you make me sick! *umgangsspr*

die **Krabbe**
1 (*Taschenkrebs*) crab
2 (*Garnele*) shrimp; (*größer*) prawn

krabbeln to crawl

der **Krach**
1 (*Lärm*) din, noise; **Krach machen** to make a noise; **mach nicht so 'nen Krach!** stop making such a racket!
2 (*Schlag*) bang, crash
3 (*umgangsspr: Streit*) quarrel, row [raʊ]; **mit jemandem Krach kriegen** to have a row with someone; **sie haben Krach** they're not on speaking terms
4 (*Aufruhr, Krawall*) racket; **Krach machen** to make a racket

krachen
1 (*Lärm machen*) to crash
2 *Donner:* to crash; *Holz:* to creak; *Schuss:* to ring out
3 (*umgangsspr: zusammenstoßen*) to crash; **es hat gekracht** there's been a crash
4 (*umgangsspr*) **..., sonst kracht's!** ... or there'll be trouble!; **..., dass es nur so krachte** ... with a vengeance [ˈvendʒən(t)s]

krächzen to croak; **mit krächzender Stimme** in a croaking voice

die **Kraft**
1 (*Körperkraft*) strength; **viel Kraft haben** to be very strong; **mit aller Kraft** with all one's strength; **mit [aller]letzter Kraft** with one's [very] last ounce of strength; **nach [besten] Kräften** to the best of one's ability; **er war am Ende seiner Kräfte** he couldn't take any more; **wieder zu Kräften kommen** to regain one's strength
2 (*Wirksamkeit*) power
3 **treibende Kraft** (*übertragen*) driving force
4 (*Gültigkeit, Rechtmäßigkeit*) force; **in Kraft sein/setzen/treten** to be in/bring into/come into force; **außer Kraft setzen** to annul

kraft by virtue of, on the strength of

kräftig
1 (*stark*) strong; *Händedruck:* firm
2 (*intensiv, kraftvoll*) *Geschmack, Stimme:* powerful; *Farbe:* rich
3 (*nahrhaft*) nourishing [ˈnʌrɪʃɪŋ]
4 **kräftig gebaut** strongly built; **kräftig drücken/treten/zuschlagen** to press/kick/hit hard; **kräftig schütteln** to shake well; **jemanden kräftig verprügeln** to give someone a good beating
5 (*als Verstärkung: viel, stark, sehr*) really; **die Preise sind kräftig gestiegen** prices really went up; **es hat kräftig geregnet** it rained heavily; **sich kräftig täuschen** to be really [*oder* very much] mistaken

kraftlos (*schwach*) feeble [ˈfiːbl̩], weak

die **Kraftprobe** (*auch übertragen*) trial of strength

der **Kraftstoff** fuel [ˈfjuːəl]

kraftvoll
1 *Stimme:* powerful
2 (*tatkräftig*) energetic

das **Kraftwerk** power station

der **Kragen** collar; **jemanden am Kragen packen** to grab someone by the collar

die **Krähe** crow

die **Kralle** claw; (*eines Raubvogels*) talon

der **Kram** (*umgangsspr*) (*Zeug*) stuff; (*Plunder*) junk ▶ WENDUNGEN: **das passt mir gar nicht in den Kram** that doesn't suit me at all

der **Krampen** pick[axe]

der **Krampf**
1 *von Muskeln:* cramp
2 **so ein Krampf!** what nonsense!

krampfhaft
1 (*umgangsspr*) *Versuch:* desperate, frantic
2 (*übertragen*) *Lachen:* forced [fɔːst]

der **Kran** crane

krank
1 *Mensch, Tier:* ill, sick; **krank werden** to fall ill; **schwer krank sein** to be seriously ill; **sich krank stellen** to pretend to be ill
2 *Organ, Pflanze:* diseased [dɪˈziːzd]; *Bein, Zahn:* bad
3 (*übertragen*) **das macht mich ganz krank!** this is getting on my nerves!

der/die **Kranke** sick person; **die Kranken** the sick ⚠ *Plural*

kränken **jemanden kränken** to hurt someone, to hurt someone's feelings

das **Krankenhaus** hospital; **im Krankenhaus liegen** to be in hospital

die **Krankenkasse** health insurance [ɪnˈʃʊərəns] company

die **Krankenpflege** nursing

der **Krankenpfleger** male nurse

die **Krankenschwester** nurse

die **Krankenversicherung** health insurance [ɪnˈʃʊərəns]

der **Krankenwagen** ambulance [ˈæmbjələns]

krankhaft
1 *Wucherung, Zelle:* diseased
2 (*seelisch, zwanghaft*) pathological [ˌpæθəˈlɒdʒɪkl]
3 *Eifersucht:* chronic, pathological

die **Krankheit**
1 (*allgemein*) illness, sickness; **wegen Krankheit** due to illness
2 (*bestimmte*) disease [dɪˈziːz]

kränklich sickly, in poor health *nachgestellt*

krankmelden **sich krankmelden** to report sick; (*telefonisch*) to phone in sick

krankschreiben to file a medical certificate

die **Kränkung** insult, offence; **jemandem eine Kränkung zufügen** to hurt [*oder* offend] someone

der **Kranz** *auf Grab:* wreath [riːθ]

krass
1 *Beispiel:* glaring; *Unterschied:* extreme
2 *Fall, Vorfall:* blatant [ˈbleɪtᵊnt]
3 *Gegensatz:* stark
4 **krass gesagt** to put it bluntly
5 (*slang*) [**das war**] **voll krass!** [that was] unreal!

der **Krater** crater [ˈkreɪtə]

kratzen **jemanden/sich kratzen** to scratch someone/oneself ▸ WENDUNGEN: **das kratzt mich nicht** (*umgangsspr*) I don't give a damn [about that]

der **Kratzer** (*Schramme*) scratch

kraulen[1] *im Schwimmen:* to do the crawl

kraulen[2] (*liebkosen*) to fondle; **jemandem den Bart/in den Haaren kraulen** to run one's fingers through someone's beard/hair

kraus
1 *Papier:* crinkly
2 *Haar:* frizzy
3 *Stirn:* wrinkled; **die Stirn kraus ziehen** to knit one's brow, to frown

das **Kraut**
1 (*Heilkraut, Würzkraut*) herb
2 (*Kohlgemüse*) cabbage [ˈkæbɪdʒ]

der **Kräutertee** herb tea

der **Krautkopf** Ⓐ cabbage [ˈkæbɪdʒ]

der **Krawall**
1 (*Aufruhr*) riot
2 (*Krach, Lärm*) racket; **Krawall machen** to make a racket

die **Krawatte** tie; **eine Krawatte binden** to knot a tie

kreativ creative [kriːˈeɪtɪv]

der **Krebs**
1 (*Flusskrebs*) crayfish (GB), crawfish (USA); (*Taschenkrebs*) crab
2 (*Sternzeichen*) Cancer
3 (*Krankheit*) cancer [ˈkænsə]; **Krebs erregend** carcinogenic

der **Kredit** credit [ˈkredɪt], loan; **auf Kredit** on credit; **einen Kredit aufnehmen** to raise a loan

die **Kreditkarte** credit card

die **Kreide** chalk [tʃɔːk]

der **Kreis**
1 circle [ˈsɜːkl̩]; **im Kreis gehen/sitzen** to walk/sit in a circle; **sich im Kreis[e] drehen** to turn round in a circle; (*übertragen*) to go round in circles ⚠ *Plural*
2 (*Sphäre, Wirkungskreis*) sphere [sfɪəʳ]
3 (*Landkreis, Stadtkreis*) district
4 (*übertragen*) *von Menschen:* circle

kreischen to shriek, to screech

kreisen
① (*um eine Achse*) to revolve (**um** around)
② *Planet, Satellit:* to orbit; **der Satellit kreist um den Mond** the satellite is orbiting the moon
③ *Blut:* to circulate (**in** through)
④ (*übertragen*) *Aufmerksamkeit, Gedanken, Gespräch:* to revolve (**um** around)

kreisförmig
① *Bahn:* circular
② **kreisförmig angeordnet** arranged in a circle

der **Kreislauf**
① *von Blut, Geld:* circulation
② *der Natur:* cycle ['saɪkl̩]

der **Kreisverkehr** roundabout [traffic] (GB), rotary ['rəʊtərɪ] [traffic] (USA)

der **Kren** (A) (*Meerrettich*) horseradish ['hɔːsˌrædɪʃ]

das **Kreuz**
① cross; (*als Anhänger*) crucifix ['kruːsəfɪks]
② **das/ein Kreuz machen** [*oder* **schlagen**] to make the sign [saɪn] of the cross
③ (*Kartenfarbe*) clubs ⚠ *Plural*
④ (*Rücken*) small of the back; **das Kreuz tut mir weh** my back is aching ▶ WENDUNGEN: **jemanden aufs Kreuz legen** (*umgangsspr*) to take someone for a ride

die **Kreuzfahrt** cruise [kruːz]; **eine Kreuzfahrt machen** to go on a cruise

kreuzigen to crucify ['kruːsɪfaɪ]

die **Kreuzigung** crucifixion [ˌkruːsə'fɪkʃᵊn]

die **Kreuzung**
① (*Straßenkreuzung*) crossroads ⚠ *Singular* (GB), intersection (USA)
② (*in Biologie*) cross-breeding; (*Geschöpf*) cross-breed, hybrid ['haɪbrɪd]

das **Kreuzverhör** cross-examination; **jemanden ins Kreuzverhör nehmen** to cross-examine someone

das **Kreuzworträtsel** crossword puzzle

der **Kreuzzug** (*auch übertragen*) crusade

kriechen
① to creep, to crawl
② (*umgangsspr: unterwürfig sein*) to grovel *umgangsspr* (**vor** before)

der **Krieg**
① war; **in den Krieg ziehen** to go to war (**gegen** against); **Krieg führen** to wage war (**mit/gegen** on)
② **Krieg führend** belligerent [bə'lɪdʒᵊrənt]

kriegen (*umgangsspr*)
① (*bekommen*) to get; **den Zug kriegen** to catch the train
② **die Wut kriegen** to get angry

der **Krieger** warrior

kriegerisch warlike; *Haltung:* belligerent [bə'lɪdʒᵊrənt]

der **Kriegsdienstverweigerer** conscientious objector [kɒnʃɪˌenʃᵊs əb'dʒektə]

der/die **Kriegsgefangene** prisoner ['prɪznə] of war

das **Kriegsgericht** court-martial [ˌkɔːt'mɑːʃᵊl]; **jemanden vor ein Kriegsgericht stellen** to court-martial someone

das **Kriegsschiff** warship

der **Krimi** (*umgangsspr*) [crime] thriller

der/die **Kriminalbeamte**, die **Kriminalbeamtin** detective

die **Kriminalität**
① (*Verbrechertum*) crime
② (*Kriminalitätsrate*) crime rate

der **Kriminalroman** [crime] thriller, detective novel

kriminell criminal ['krɪmɪnᵊl]

der/die **Kriminelle** criminal

der **Krimskrams** (*umgangsspr: Zeug*) odds and ends ⚠ *Plural*

der **Kringel** (*umgangsspr*) squiggle

die **Krippe**
① (*Weihnachtskrippe*) crib; (*in der Bibel*) manger ['meɪndʒəʳ]
② (*Kinderhort*) crèche [kreʃ]

die **Krise** crisis ['kraɪsɪs]

der **Kristall** crystal ['krɪstl]

das **Kriterium** criterion; **die Kriterien** the criteria

die **Kritik**
① criticism ['krɪtɪsɪzᵊm]; **Kritik an jemandem/etwas üben** criticize someone/something
② *von Film, Buch, Theaterstück:* review; **der Film hat eine gute Kritik** the film got good reviews ⚠ *Plural*

der **Kritiker**, die **Kritikerin** critic ['krɪtɪk]

kritisch critical

kritisieren to criticize ['krɪtɪsaɪz]

kritzeln to scribble

der **Kroate**, die **Kroatin** Croat ['krəʊæt]

Kroatien Croatia ['krəʊ'eɪʃə]

kroatisch Croatian ['krəʊ'eɪʃən]

das **Krokodil** crocodile ['krɒkədaɪl]

die **Krone** crown

krönen to crown; **jemanden zum König krönen** to crown someone king

die **Krönung**
1 coronation [ˌkɒrə'neɪʃᵊn]
2 (*übertragen*) culmination

die **Krücke**
1 (*Gehhilfe*) crutch
2 (*übertragen*) prop

der **Krug**
1 jug; **ein Krug Wasser** a jug[ful] of water
2 (*Trinkgefäß*) tankard, mug

der **Krümel** crumb [krʌm]

krumm
1 crooked ['krʊkɪd]; (*verbogen*) bent
2 *Beine:* bandy; *Nase auch:* hooked; *Rücken:* hunched
3 (*umgangsspr: unehrlich*) crooked; **ein krummes Ding drehen** to do something crooked

krümmen
1 to bend *Gegenstand, Körperteil*
2 **sich krümmen** *Fluss, Straße:* to wind; *Wurm:* to writhe [raɪð]; **sich vor Schmerzen krümmen** to writhe with pain

krummmachen **keinen Finger krumm machen** to not lift a finger

krummnehmen **etwas krummnehmen** (*umgangsspr*) to take offence at something

die **Kruste**
1 *von Erde:* crust
2 *von Wunde:* scab
3 *von Braten:* crackling

der **Kübel** (*Eimer*) bucket, pail ▸ WENDUNGEN: **es gießt wie aus Kübeln** it's raining cats and dogs, it's bucketing down

das **Kubikmeter** cubic ['kju:bɪk] metre

die **Küche**
1 (*Raum*) kitchen ['kɪtʃᵊn]
2 (*Kochkunst*) cooking, cuisine [kwɪ'zi:n]; **die schwäbische Küche** Swabian cuisine

der **Kuchen** cake

die **Küchenabfälle** kitchen slops [*oder* waste]

der **Küchenchef**, die **Küchenchefin** chef

der **Kuckuck** cuckoo ['kʊku:]

die **Kugel**
1 (*runder Körper*) ball
2 (*geometrische Figur*) sphere [sfɪə]
3 (*Geschoss*) bullet ['bʊlɪt]

der **Kugelschreiber** ballpoint pen, biro®

das **Kugelstoßen** shot put [pʌt]

die **Kuh** cow

kühl
1 *Temperatur, Wetter:* chilly, cool; **kühl lagern** to keep in a cool place; **mir wird etwas kühl** I'm getting rather chilly
2 (*übertragen: besonnen*) cool; (*abweisend*) cold

kühlen
1 to cool *Luft, Motor, Stirn*
2 (*im Kühlschrank*) to refrigerate [rɪ'frɪdʒəreɪt]; (*auf Eis*) to chill
3 **Tee kühlt** tea has a cooling effect

der **Kühlschrank** refrigerator [rɪ'frɪdʒᵊreɪtəʳ], fridge (GB), icebox (USA)

kühn (*auch übertragen*) bold; **das übertrifft meine kühnsten Erwartungen/Träume** this is beyond my wildest hopes/dreams

das **Küken** chick

der **Kuli** (*umgangsspr: Kugelschreiber*) ballpoint, biro®

kulinarisch culinary ['kʌlɪnᵊri]

die **Kulisse**
1 scenery ['si:nərɪ]
2 (*übertragen: Hintergrund*) background
▸ WENDUNGEN: **hinter den Kulissen** behind the scenes

der **Kult** cult [kʌlt]

kultivieren to cultivate

kultiviert
1 (*auch übertragen*) cultivated
2 (*anspruchsvoll, verfeinert*) sophisticated

die **Kultur**
1 (*Gesamtheit von Kunst und Wissenschaft*) culture ['kʌltʃə]
2 (*Gesellschaftsform, Lebensform*) civilization

der **Kulturbeutel** toilet bag, sponge bag (GB)

kulturell cultural

der **Kummer**
1 (*Betrübtheit*) grief, sorrow
2 (*Probleme, Sorgen*) worry ['wʌri]; **Kummer haben** to have problems ⚠ *Plural;*

jemandem Kummer bereiten to cause someone worry [*oder* trouble]

kümmern
1 (*betreffen*) to concern; **das kümmert niemanden** nobody cares about this; **was kümmert das mich?** what do I care?
2 **sich kümmern um** to look after, to take care of; **kannst du dich um den Einkauf/die Karten kümmern?** would you see to the shopping/the tickets?

der **Kumpel** (*umgangsspr: Freund*) mate (GB), pal, buddy (USA)

der **Kunde**, die **Kundin**
1 *im Geschäft:* customer ['kʌstəmə]
2 *einer Bank, Versicherung:* client ['klaɪənt]

der **Kundendienst**
1 (*Serviceleistung*) after-sales service
2 (*Kundendienstabteilung*) service department
3 **das Auto muss zum Kundendienst** the car needs a service

der **Kundenstock** (A) customers ⚠ *Plural*

die **Kundgebung** (*politisch*) rally

kündigen
1 **dem Arbeitgeber** [*oder* **den Arbeitsplatz**] **kündigen** to hand in one's notice [to one's employer]; **die Wohnung zum 1. Januar kündigen** to give in one's notice for January 1st
2 to cancel *Kredit, Mitgliedschaft;* to terminate *Vertrag*
3 [**dem Arbeitnehmer/Mieter**] **zum 1. Juli kündigen** to give [the employee/tenant] notice for July 1st [*oder* as of July 1st]; **man hat uns die Wohnung gekündigt** we were given notice to quit
4 [**die Mitgliedschaft**] **kündigen** to cancel one's membership

die **Kündigung**
1 *von Arbeitsplatz, Wohnung:* notice; **die Kündigung erhalten** *des Arbeitsplatzes:* to be given notice; *der Wohnung:* to be given notice to quit; **mit der Kündigung drohen** to threaten to give in one's notice
2 (*Entlassung*) dismissal
3 *von Mitgliedschaft, Vertrag:* cancellation [ˌkænsə'leɪʃən]

künftig
1 *Leben, Mann:* future ['fju:tʃə]
2 *von jetzt an:* in future

die **Kunst**
1 (*Malerei, Bildhauerei*) art; **die** [**griechische**] **Kunst** [Greek] art
2 (*Geschicklichkeit*) skill
3 (*Kniff*) trick
4 **die bildenden Künste** the plastic arts; **die schönen Künste** the fine arts
5 (*übertragen*) **das ist keine Kunst!** that's easy!

die **Kunstfaser** synthetic fibre [sɪnˌθetɪk'faɪbə]

kunstfertig skilful (GB), skillful (USA)

das **Kunstleder** artificial [*oder* imitation] leather

der **Künstler**, die **Künstlerin** artist ['ɑ:tɪst]

künstlerisch artistic; **künstlerisch wertvoll** of artistic value

künstlich
1 *Blume, Licht:* artificial
2 *Faser:* synthetic [sɪn'θetɪk]
3 *Haar, Fingernägel, Zähne:* false

der **Kunststoff** plastic ['plæstɪk]; **aus Kunststoff** [made of] plastic

das **Kunststück**
1 stunt, trick
2 (*übertragen*) **das ist kein großes Kunststück!** it's no big deal!

das **Kunstwerk** work of art

das **Kupfer** copper

die **Kuppe**
1 *von Berg:* rounded hilltop
2 *von Finger:* tip

die **Kuppel** cupola ['kju:pələ], dome

die **Kupplung** clutch

die **Kur** cure; (*einzelne Behandlung*) treatment; **in Kur fahren** to go for a cure

der **Kürbis** pumpkin

der **Kurs**
1 (*auch übertragen*) course [kɔ:s]; **Kurs nehmen** to set course (**auf** for)
2 *von Partei:* line; **ein harter Kurs** a hard line
3 *von Währungen:* rate of exchange
4 (*Lehrgang*) course (**für/in** in)

kursieren *Gerücht:* to circulate

kursiv
1 *Schrift:* italic
2 **etwas kursiv drucken** to print something in italics

die **Kurve** (*auch in Mathematik*) curve; (*Biegung*) bend

kurz
1 (*räumlich*) short; **kurze Hose** shorts

⚠ *Plural;* **kürzer machen** to shorten
2 (*zeitlich*) short; **über kurz oder lang** sooner or later; [**bis**] **vor kurzem** [until] recently ['riːsᵊntli]; **vor kurzer Zeit** lately
3 (*für kurze Zeit*) [**bei jemandem**] **kurz vorbeischauen** to drop in [on someone]; **jemandem kurz schreiben** to drop someone a line; **jemanden kurz anrufen** to give someone a ring
4 (*bündig*) *Besuch, Brief, Rede, Zusammenfassung:* brief
5 **kurz vorher/nachher** just [*oder* shortly] before/after; **kurz vor Stuttgart/Weihnachten** just [*oder* shortly] before Stuttgart/Christmas
6 **für kurze Zeit** briefly; **kurz auf Toilette gehen** to go quickly to the toilet
7 **kurz und gut, kurz gesagt** in a word, in a nutshell, in short; **kurz und bündig** concisely [kənˈsaɪsli]; **um es kurz zu machen** to cut a long story short; **sich kurz fassen** to make it brief ▸ WENDUNGEN: **zu kurz kommen** to come off badly; **den Kürzeren ziehen** (*umgangsspr*) to get the worst of it

die **Kürze**
1 (*geringe Länge*) shortness
2 *von Aufsatz, Bericht, Besuch:* brevity
3 **in aller Kürze** very briefly

kürzen
1 (*kürzer machen*) to shorten
2 to abridge *Buch;* to cut *Film, Rolle, Theaterstück*
3 to cut [back] *Gelder, Subventionen;* to reduce *Arbeitszeit, Gehalt*

die **Kurzform** abbreviated form

kurzfristig
1 *Lösung, Planung:* short-term
2 (*ohne große Ankündigung*) at short notice; **etwas kurzfristig absagen** to call something off at short notice

die **Kurzgeschichte** short story

kurzlebig short-lived

kürzlich lately, recently ['riːsᵊntli]; **erst kürzlich** just recently, just the other day

die **Kurznachrichten** news summary ⚠ *Singular,* the news headlines

der **Kurzschluss** short-circuit

kurzsichtig (*auch übertragen*) short-sighted

die **Kürzung**
1 shortening
2 *von Buch:* abridgement
3 *von Gehältern:* cut, reduction

kuscheln
1 to cuddle; **lass uns kuscheln** let's have a cuddle
2 **sich an jemanden/etwas kuscheln** to snuggle up to someone/something

die **Kusine** cousin ['kʌzᵊn]

der **Kuss** kiss

küssen to kiss; **sie küssten sich** they were kissing

die **Küste** coast; (*unmittelbares Ufer*) shore

die **Kutsche** carriage ['kærɪdʒ], coach

L

L, l L, l [el]

labil delicate ['delɪkət]; (*psychisch*) weak

das **Labor** laboratory [lə'bɒrətᵊri], lab

der **Laborant**, die **Laborantin** lab[oratory] technician [tek'nɪʃᵊn]

die **Lache** (*Pfütze*) puddle, pool

lächeln to smile (**über** at)

das **Lachen** laughter ['lɑ:ftəʳ]; **das ist nicht zum Lachen** that's not funny; **Ihnen wird das Lachen noch vergehen!** you'll soon be laughing on the other side of your face! *umgangsspr*

lachen
1 to laugh [lɑ:f] (**über** at)
2 **vor Freude lachen** to laugh with joy; **Tränen lachen** to cry with laughter ▶ WENDUNGEN: **dass ich nicht lache!** don't make me laugh!; **wer zuletzt lacht, lacht am besten** he who laughs last, laughs longest

lächerlich
1 (*zum Lachen*) ridiculous [rɪ'dɪkjələs]
2 (*unbedeutend*) petty
3 **jemanden lächerlich machen** to make someone look silly [*oder* ridiculous]; **damit machst du dich nur lächerlich** you're just making a fool of yourself with that
4 **etwas ins Lächerliche ziehen** to make a joke out of something

der **Lachs** salmon ['sæmᵊn]

der **Lack** lacquer ['lækəʳ], varnish; (*Autolack*) paint

Vorsicht Falle!
a lack of bedeutet im Englischen ‚ein Mangel an', und **to lack something** bedeutet ‚an etwas mangeln'.

der **Lackel** Ⓐ (*Tölpel*) oaf [əʊf] *abwertend*

das **Ladekabel** (*für Handy- und Computerakkus*) charging cable; (*für Autobatterien*) [battery] charger lead

der **Laden**[1] (*Fensterladen*) shutter

der **Laden**[2] (*Geschäft*) shop (GB), store (USA); **der Laden öffnet um 9 Uhr** the shop opens at 9 o'clock

laden
1 to load *Fracht* (**auf** onto, **in** into)
2 to charge *Batterie*
3 to load *Feuerwaffe, Kamera*
4 **etwas auf sich laden** to burden oneself with something

der **Ladenbesitzer**, die **Ladenbesitzerin** shopkeeper

der **Ladendieb**, die **Ladendiebin** shoplifter

der **Ladenschluss** closing time

die **Ladestation** charging station

die **Ladung** cargo, load *auch übertragen*

die **Lage**
1 (*Situation*) situation [sɪtʃu'eɪʃᵊn]; **ich bin da in einer peinlichen Lage** I'm in a somewhat awkward situation; **lass uns erst mal die Lage peilen** let's check this out first *umgangsspr*
2 position [pə'zɪʃᵊn]; **dazu bin ich nicht in der Lage** I'm not in a position to do that
3 (*örtliche Lage*) location; **in günstiger Lage** well-situated
4 (*Schicht*) layer

das **Lager**
1 camp *auch übertragen;* **das Lager abbrechen** to break camp
2 (*Warenlager*) store; (*Lagerhaus*) warehouse ['weəʳhaʊs]; (*Vorrat*) stocks ⚠ *Plural*
▶ WENDUNGEN: **etwas auf Lager haben** to have something in store; **hast du noch mehr Witze auf Lager?** do you have any more jokes on tap?

Vorsicht Falle!
Im Englischen bedeutet **Lager** = Bier!

das **Lagerfeuer** campfire

das **Lagerhaus** warehouse ['weəʳhaʊs], store

lagern
1 to store *Waren*
2 *Truppen:* to camp

der **Lagerraum** storeroom

die **Lagerung** storage ['stɔ:rɪdʒ]

lahm
1 (*gelähmt*) lame
2 *Fete, Typ:* dreary, dull; **du lahme Ente!** you slowcoach!; **das ist eine lahme Ausrede!** that's a lame excuse!

lähmen to paralyse ['pærəlaɪz] *auch übertragen*

lahmlegen **etwas lahmlegen** to paralyse something, to bring something to a standstill

das **Laken** sheet

das **Lamm** lamb [læm]

die **Lampe** lamp

das **Lampenfieber** stage fright [fraɪt]

der **Lampenschirm** lampshade

der **Lampion** Chinese [tʃaɪ'ni:z] lantern

das **Land**
1 (*Festland, Gelände*) land; **an Land gehen** to go ashore; **an Land gespült werden** to be washed ashore
2 (*im Gegensatz zur Stadt*) country ['kʌntri]; **auf dem Land**[**e**] in the country; **wir ziehen aufs Land** we're moving to the countryside
3 (*Staat*) country; **hier zu Lande** here, in this country
4 (*Bundesland der BRD*) Land; (*in Österreich*) province

der **Landammann** (CH) highest official in a Swiss canton

der **Landarbeiter**, die **Landarbeiterin** farm worker

die **Landebahn** runway, landing-strip

landen
1 to land; **weich landen** to make a soft landing
2 (*enden*) to end up *umgangsspr;* **im Gefängnis landen** to end up in jail

das **Länderspiel** international [ˌɪntə'næʃənəl]

das **Landesinnere** interior

das **Landgut** estate

das **Landhaus** country house

die **Landkarte** map

der **Ländler** (A) country dance

ländlich rural

die **Landschaft**
1 (*ländliche Gegend*) countryside ['kʌntrɪsaɪd]
2 (*auf Bildern*) landscape

landschaftlich scenic ['si:nɪk]; (*regional*) regional ['ri:dʒənəl]

die **Landstraße** road; (*im Gegensatz zur Autobahn*) ordinary road

der **Landstreicher**, die **Landstreicherin** tramp, hobo (USA)

die **Landung** landing

der **Landwirt**, die **Landwirtin** farmer

die **Landwirtschaft** agriculture ['ægrɪkʌltʃəʳ], farming

landwirtschaftlich agricultural [ˌægrɪ'kʌltʃərəl]

lang
1 long; (*groß*) *Mensch:* tall
2 **seit langem** for a long time; **das ist schon lange her** that's a long time ago
3 **den ganzen Tag lang** the whole day long; **sein ganzes Leben lang** all his life
4 **lang ersehnt** longed-for
5 **etwas lang und breit erzählen** to tell something at great length ['leŋ(k)θ]
6 **lang gestreckt** long

langatmig long-winded

die **Länge**
1 (*zeitlich, räumlich*) length ['leŋ(k)θ]; **der Länge nach** lengthwise; **sich in die Länge ziehen** to go on and on
2 (*Längengrad*) longitude ['lɒndʒɪtju:d]

langen
1 (*geben*) to give, to hand, to pass
2 (*genügen*) to be enough [ɪ'nʌf]; **das langt** it'll [*oder* that'll] do; **es langt!** that's enough!; **mir langt's!** I've had enough!
3 (*sich* [*er*]*strecken*) to reach (**nach** for)

das **Längenmaß** linear measure ['meʒəʳ]

die **Langeweile** boredom ['bɔ:dəm]; **Langeweile haben** to be bored; **vor lauter Langeweile** out of sheer boredom

langfädig (CH) long-winded

langfristig
1 *Planung:* long-term
2 in the long term; **langfristig planen** to plan for the long term

langjährig *Freundschaft, Mitarbeiter:* long-standing, of many years' standing

der **Langlauf** (*Skilanglauf*) cross-country skiing ['ski:ɪŋ]

längs
1 **längs der Linie** along the line
2 (*der Länge nach*) lengthwise; **etwas längs aufschneiden** to cut something open lengthways

langsam
1 slow
2 slowly

3 (*allmählich*) just about; **langsam reicht es mir** I'm just about fed up with it
4 **das geht mir viel zu langsam** that's way too slow for me

längst
1 (*schon lange*) for a long time
2 (*vor langer Zeit*) long ago
3 **noch längst nicht** not by any means
4 **der Zug war längst weg** the train had long since gone

langweilen
1 to bore
2 **sich langweilen** to be [*oder* get] bored; **sich zu Tode langweilen** to be bored to death

langweilig
1 boring, tedious ['tiːdiəs]
2 (*langsam, lahm*) slow

Langzeit- long-term

der **Lappen** (*Stück Stoff*) cloth, rag ▶ WENDUNGEN: **jemandem durch die Lappen gehen** to slip through someone's fingers *umgangsspr*

der **Lärm** noise

lasch
1 (*schlaff*) limp
2 (*zu nachgiebig*) lax

die **Lasche** (*Schlaufe*) loop

der **Laser** ['leɪzeɐ] laser

lassen
1 (*erlauben*) to let
2 (*veranlassen*) **etwas machen lassen** to have something done; **ich lasse meinen Anzug reinigen** I have my suit [suːt] cleaned
3 (*belassen*) **lass es doch einfach so, wie es ist** just leave it the way it is
4 (*unterlassen*) to omit; **lassen Sie das!** stop it!; **lass mich in Ruhe!** leave me alone!; **tu, was du nicht lassen kannst!** do what you think you must!; **sie kann's einfach nicht lassen** she just can't help it
5 **jemandem etwas lassen** to let someone have something
6 **er lässt sich nicht überreden** he will not be persuaded
7 **sich einen Bart/die Haare wachsen lassen** to grow a beard/one's hair ⚠ *Singular*
8 **jemanden rufen** [*oder* **kommen**] **lassen** to send for someone
9 **ich habe mir sagen lassen, ...** I've been told ...
10 **das lässt sich machen!** that's possible!; **lass mich nur machen!** leave it to me!
11 **etwas offen lassen** to leave something open *auch übertragen*

> **Grammatik**
> Richtiges Konjugieren von **let**: let, let, let — *Susan let me in; Has Peter let the dog out?*

lässig (*ungezwungen*) casual ['kæʒjuəl]

die **Last**
1 burden, load; **jemandem zur Last fallen** to be a burden on someone; (*jemandem lästig sein*) to trouble ['trʌbl̩] someone
2 (*Fracht*) cargo

lasten to weigh [weɪ] [heavily] (**auf** on); **alle Verantwortung lastet auf mir** all the responsibility rests on me

der **Laster** lorry (GB), truck (USA)

das **Laster** vice

lästig
1 (*belästigend*) troublesome ['trʌbᵊlsəm]
2 (*ärgerlich*) annoying; **du kannst wirklich lästig sein** you can be a real nuisance ['njuːsᵊns]; **er wird langsam lästig** he's becoming a nuisance

der **Lastwagen** lorry (GB), truck (USA)

Latein Latin

lateinisch Latin; **auf Lateinisch** in Latin

die **Laterne** lantern ['læntən]; (*Straßenlaterne*) streetlight

der **Laternenpfahl** lamppost

die **Latte**
1 (*Brett*) slat
2 (*beim Hochsprung*) bar; (*beim Fußball*) crossbar ▶ WENDUNGEN: **eine ganze Latte von ...** a whole string of ...

lau
1 *Wasser:* lukewarm
2 (*mild*) mild [maɪld]

das **Laub** leaves ⚠ *Plural*

der **Lauch** leek

der **Lauf**
1 (*schneller Schritt*) run
2 *von Maschine:* operation [ɒpə'reɪʃᵊn], running
3 (*Wettlauf*) race
4 (*Verlauf*) course [kɔːs]; **der Lauf der Dinge** the way things go; **im Laufe der Jahre** over the years; **den Dingen ihren**

[*oder* **freien**] **Lauf lassen** to let things take their course; **seinen Gefühlen freien Lauf lassen** to give way to one's feelings

die **Laufbahn** (*Beruf*) career [kə'rɪəʳ]; **eine Laufbahn einschlagen** to embark on a career

laufen
1 (*rennen*) to run; (*zu Fuß gehen*) to walk [wɔːk]
2 (*funktionieren*) to work; *Maschine, Uhr:* to go
3 (*undicht sein*) to leak; *Nase:* to run
4 (*im Gange sein*) to go on; *Film:* to be on; **was läuft im Kino?** what's on at the cinema?
5 **die Sache ist gelaufen** it's all wrapped up
6 **wie laufen die Geschäfte?** how's business ['bɪznɪs]?
7 **die Versicherung läuft auf meinen Namen** the insurance [ɪn'ʃʊərᵊn(t)s] is in my name
8 **Ski laufen** to ski; **Rollschuh laufen** to roller-skate; **Schlittschuh laufen** to skate
9 **sich warm laufen** to warm up
10 **laufen lassen** to let go

Grammatik
Richtiges Konjugieren von **run**: run, ran, run — *Rupert ran to the door; She has run too far.*

laufend
1 *Monat, Jahr:* current
2 (*ständig*) regular ['regjələʳ]; (*regelmäßig*) routine [rəʊ'tiːn]
3 **am laufenden Band** continuously [kən'tɪnjuəsli]
4 **auf dem Laufenden bleiben** to keep oneself up-to-date
5 **laufend etwas tun** to do something continually; **das passiert laufend** it happens all the time

der **Läufer**, die **Läuferin** runner

der **Läufer**
1 *beim Schach:* bishop
2 *auf der Treppe:* runner; *in der Wohnung:* rug

die **Laufmasche** ladder (GB), run (USA)

das **Laufwerk** *eines Computers:* drive

die **Laune**
1 (*Grille, Einfall*) whim; **aus einer Laune heraus** on a whim
2 (*Stimmung*) mood; (*schlechte Laune*) [bad] temper; **guter/schlechter Laune sein** to be in a good/bad mood

launisch
1 (*launenhaft*) moody
2 (*unberechenbar*) capricious [kə'prɪʃəs]

lauschen
1 (*zuhören*) to listen ['lɪsᵊn]; **auf etwas lauschen** to listen for something
2 (*heimlich horchen*) to eavesdrop ['iːvzdrɒp]

der **Laut** sound [saʊnd]; **keinen Laut von sich geben** to not make a sound

laut[1]
1 loud [laʊd]; *Farben:* loud, shrill
2 (*lärmend*) noisy; **ist es dir hier zu laut?** is it too noisy for you here?
3 **lauter!** (*Aufforderung an Redner*) speak up! (GB), louder! (USA)
4 **laut vorlesen** to read out loud
5 **das Radio lauter stellen** to turn the radio up
6 **er wird immer gleich laut** he always immediately raises his voice
7 **laut und deutlich sprechen** to speak loud and clearly

laut[2] **laut meinen Anweisungen** according to my instructions; **laut Gesetz** according to the law

lauten *Befehl:* to say; *Inhalt eines Schreibens:* to go, to read; *Name:* to be; *These, Rede:* to go

läuten to ring; **bei jemandem läuten** to ring someone's bell; **es hat eben geläutet** the doorbell just rang

Grammatik
Richtiges Konjugieren von **ring**: ring, rang, rung — *Peter rang the doorbell; Has the bell just rung?*

lautlos silent, soundless ['saʊndləs]

die **Lautschrift** phonetic script

der **Lautsprecher** [loud]speaker

die **Lautstärke** volume ['vɒljuːm]

lauwarm slightly warm, lukewarm [ˌluːk'wɔːm] *auch übertragen*

die **Lava** lava

das **Lavabo** (CH) wash-basin

die **Lawine** avalanche ['ævᵊlɑːnʃ]

das **Leben**
1 life, *Plural* lives [laɪvz]; **am Leben bleiben** to stay alive; **am Leben sein** to be alive; **er hat mir das Leben gerettet** he saved my life; **wir fürchten um sein Leben** we fear

for his life; **ums Leben kommen** to lose one's life
2 **ein Kampf auf Leben und Tod** a fight to the death; (*übertragen*) a life-and-death struggle
3 (*Betriebsamkeit*) activity, life; **Leben in die Bude bringen** to liven the place up
4 **so ist das Leben** such is life
5 **etwas ins Leben rufen** to bring something into being
6 **etwas für sein Leben gernhaben/gern tun** to be mad about something/about doing something
7 **nie im Leben** never ever
8 **jemandem das Leben zur Hölle machen** to make someone's life hell

leben
1 to live [lɪv] (**für** for)
2 **lebt er noch?** is he still alive?
3 **man lebt nur einmal!** you only live once [wʌn(t)s]!
4 **von etwas leben** to live on something

lebend live [laɪv], alive; **er ist der lebende Beweis für ...** he is living proof of ...

lebendig
1 live [laɪv], alive
2 (*lebhaft*) lively ['laɪvli]; *Erinnerung:* vivid

die **Lebensbedingungen** living conditions

die **Lebensgefahr**
1 [mortal] danger
2 **unter Lebensgefahr** at the risk of one's life
3 **Vorsicht! Lebensgefahr!** Caution! Danger!
4 **in Lebensgefahr sein** to be in danger of one's life; **außer Lebensgefahr sein** to be out of danger

der **Lebensgefährte**, die **Lebensgefährtin** partner

die **Lebenshaltungskosten** cost of living ⚠ *Singular*

lebenslänglich
1 *Kampf:* lifelong
2 **er hat lebenslänglich bekommen** he got life

der **Lebenslauf** (*geschriebener*) curriculum vitae [kəˌrɪkjələm'vi:teɪ], CV (GB), résumé ['rezʊmeɪ] (USA)

die **Lebensmittel** food ⚠ *Singular*

das **Lebensmittelgeschäft** grocery ['grəʊsəri] shop [*oder* (USA) store]; **im Lebensmittelgeschäft** at the grocer's [*oder* (USA) grocery store]

die **Lebensmittelvergiftung** food poisoning

der **Lebensstandard** standard of living, living standards ⚠ *Plural*

der **Lebensunterhalt** living, livelihood ['laɪvlihʊd]; **sich seinen Lebensunterhalt verdienen** to earn [*oder* make] a living

die **Lebensweise** way of life, habits ⚠ *Plural*

lebenswichtig essential, vital ['vaɪtəl]

das **Lebenszeichen** sign of life; **er gab kein Lebenszeichen mehr von sich** he showed no signs of life any more

die **Lebenszeit**
1 lifetime
2 **auf Lebenszeit** for life; **Beamter auf Lebenszeit** permanent civil servant

die **Leber** liver ['lɪvər]

die **Leberwurst** liver sausage ['sɒsɪdʒ] (GB), liverwurst ['lɪvəwɜ:st] (USA)

das **Lebewesen** living being [*oder* creature ['kri:tʃər]]

lebhaft
1 lively ['laɪvli]; (*temperamentvoll*) vivacious [vɪ'veɪʃəs]
2 *Interesse:* keen
3 *Verkehr:* heavy, busy ['bɪzi]
4 *Phantasie:* vivid

der **Lebkuchen** gingerbread ['dʒɪndʒərbred]

leblos
1 (*ohne Leben*) lifeless
2 (*unbeseelt*) inanimate [ɪ'nænɪmət]

das **Leck** leak

leck leaky

lecken[1] (*undicht sein*) to leak

lecken[2]
1 (*schlecken*) to lick
2 **seine Wunden lecken** to lick one's wounds [wu:ndz]
3 **leck mich!** (*slang*) piss off!

lecker delicious [dɪ'lɪʃəs]

der **Leckerbissen** titbit

das **Leder** leather ['leðər]; **zäh wie Leder** as tough as old boots *umgangsspr*

ledig single

lediglich merely ['mɪəli]

leer
1 empty
2 *Wohnung, Haus:* vacant; (*unmöbliert*) unfurnished

3 (*unbeschrieben*) blank
4 **leeres Gerede** idle ['aɪdḷ] talk; **leere Versprechungen** vain promises
5 **mit leeren Händen** empty-handed
6 **leer ausgehen** to come away empty-handed
7 **die Straßen waren wie leer gefegt** the streets were deserted

leeren to empty

die **Leertaste** space bar

legal legal ['li:gᵊl], lawful

legalisieren to legalize ['li:gᵊlaɪz]

Vorsicht Falle!
Lay oder **lie**? Das Verb **to lay** heißt ‚legen': *the dog laid back its ears*; **to lie** hingegen bedeutet ‚liegen': *the dog is lying on the couch.*

legen
1 to lay, to put; (*an einen bestimmten Platz*) to place
2 to lay *Teppich, Kabel*
3 **Wert auf etwas legen** to set great store by something
4 **Eier legen** to lay eggs
5 **jemandem das Handwerk legen** to put a stop to someone's game
6 **die Katze legte sich auf das Sofa** the cat lay down on the sofa
7 **sich legen** *Staub:* to settle (**auf** on)
8 **sich legen** (*aufhören, abklingen*) to abate, to die down, to subside; *Zorn, Begeisterung:* to wear off; **das legt sich** that'll sort itself out *umgangsspr*

Grammatik
Richtiges Konjugieren von **lay**: lay, laid, laid — *The hen laid two eggs yesterday; Have you laid the table yet?*

legendär legendary ['ledʒəndᵊri]

die **Legende** legend ['ledʒənd]

leger [le'ʒe:ɐ] casual ['kæʒjuəl]

legitim legitimate [lə'dʒɪtəmət]

der **Lehm** loam; (*Ton*) clay

lehnen
1 to lean (**an** against)
2 **sich aus dem Fenster lehnen** to lean out of the window
3 **sich an etwas lehnen** to lean against something

Grammatik
Richtiges Konjugieren von **lean**: lean, leant/leaned leant/leaned — *Mr Smith leant the ladder against the tree; You seem to have leant against some wet paint.*

die **Lehre** apprenticeship [ə'prentɪʃɪp]; **in die Lehre gehen** to serve one's apprenticeship (**bei** with)

lehren to teach; *an Universität:* to lecture ['lektʃəʳ]

Grammatik
Richtiges Konjugieren von **teach**: teach, taught, taught — *Mrs King taught history in our school; Spanish was not taught in my school.*

der **Lehrer**, die **Lehrerin** teacher; (*Privat-, Nachhilfelehrer*) tutor ['tʃu:təʳ]

der **Lehrgang** course [kɔ:s] (**für** in); **einen Lehrgang besuchen** to take a course

der **Lehrkörper** teaching staff

der **Lehrling** apprentice [ə'prentɪs]

der **Lehrplan** [teaching] curriculum [kə'rɪkjələm]; *einer Klassenstufe:* syllabus ['sɪləbəs]

lehrreich (*informativ*) instructive [ɪn'strʌktɪv]

der **Lehrstuhl** chair (**für** of)

das **Leibgericht** favourite ['feɪvərət] dish

leiblich
1 *Mutter, Vater:* natural ['nætʃᵊrᵊl]
2 **jemandes leibliches Wohl** someone's well-being

der **Leibwächter**, die **Leibwächterin** bodyguard ['bɒdiga:d]

die **Leiche** body, corpse ▶ WENDUNGEN: **über Leichen gehen** to stop at nothing; **nur über meine Leiche!** over my dead body!

leicht
1 light
2 (*einfach*) easy; **leichter gesagt als getan** easier said than done
3 (*geringfügig*) slight; **eine leichte Erkältung** a slight cold
4 **leichte Musik** easy listening; **leichte Unterhaltung** light entertainment
5 **man hat's nicht leicht** life isn't easy
6 **leicht gekleidet sein** to be lightly [*oder* thinly] dressed; **leicht bekleidet** scantily dressed
7 (*schnell*) easily
8 **es sich leicht machen** to make things

easy for oneself
9 **leicht verdaulich** easily digestible [dɪ'dʒestəbl]; **leicht verderblich** perishable
10 **leicht verwundet** slightly wounded ['wu:ndɪd]

der **Leichtathlet**, die **Leichtathletin** athlete ['æθli:t]

die **Leichtathletik** athletics [æθ'letɪks] ⚠ *kein Plural*

leichtfallen **jemandem leichtfallen** to be easy for someone

die **Leichtigkeit** (*Mühelosigkeit*) ease; **mit Leichtigkeit** with no trouble at all

der **Leichtsinn** carelessness, foolishness

leichtsinnig careless, foolish

das **Leid**
1 (*Sorge, Betrübnis*) grief, sorrow ['sɒrəʊ]
2 (*Schaden*) harm
3 **jemandem sein Leid klagen** to tell someone one's troubles
4 **Freud und Leid mit jemandem teilen** to share one's joys and sorrows with someone
5 **jemandem etwas zu Leide tun** to do someone harm, to harm someone; **er tut keiner Fliege etwas zu Leide** he wouldn't hurt a fly

leid **ich bin** [*oder* **habe**] **es leid** I'm tired of it

das **Leiden** suffering; (*Krankheit*) illness; (*Beschwerden*) complaint [kəm'pleɪnt]

leiden
1 to suffer (**an/unter** from); **Not leiden** to suffer hardship
2 **leiden können** to like; **ich kann ihn nicht leiden** I don't like him; (*stärker*) I can't stand him

die **Leidenschaft** passion ['pæʃᵊn]

leidenschaftlich passionate ['pæʃᵊnət]; **etwas leidenschaftlich gern tun** be passionately fond of doing something

leider unfortunately [ʌn'fɔ:tʃᵊnətli]; **leider muss ich gehen** I'm afraid I have to go; **leider ja!** I'm afraid so!; **leider lässt sich das nicht machen** unfortunately that can't be done

leidtun **es tut mir leid, dass ...** I'm sorry that ...; [**das**] **tut mir leid** I'm sorry about that

leihen
1 (*ausleihen*) to lend
2 (*borgen*) to borrow; **ich habe es mir geliehen** I've borrowed it

Vorsicht Falle!
Wenn man etwas von jemandem ausleiht, heißt es **to borrow from someone**: *Kim borrowed £20 from her friend.* — Wenn man aber etwas jemandem verleiht, heißt es **to lend to someone**: *Jane lent her mobile phone to Jenny; Dad often lends me money.*

die **Leihmutter** surrogate ['sʌrəgət] mother

der **Leim** glue

leimen to glue [together]

die **Leine**
1 rope; *für Wäsche:* line
2 *für Hund:* leash, lead [li:d]

das **Leinen** linen ['lɪnɪn]; **ein Kleid aus Leinen** a linen dress

die **Leinwand**
1 canvas
2 *im Kino, für Dias:* screen

leise
1 (*still*) quiet ['kwaɪət]; **sei doch leise!** don't make such a noise!; **sprechen Sie doch bitte etwas leiser!** please keep your voice down a bit!
2 *Stimme:* soft; *Brise:* gentle ▶ WENDUNGEN: **ich habe nicht die leiseste Ahnung** I haven't got the slightest [*oder* faintest] idea

leisten
1 (*vollbringen*) to achieve [ə'tʃi:v]; **gute Arbeit leisten** to do a good job
2 **sich etwas leisten** (*erlauben*) to allow oneself something; (*gönnen*) to treat oneself to something; **sich etwas leisten können** to be able to afford something; **das kann ich mir nicht leisten** I can't afford that
3 **jemandem Hilfe leisten** to help someone

die **Leistung**
1 performance [pə'fɔ:məns]; (*geleistete Arbeit*) work; **nach Leistung bezahlt werden** to be paid on results ⚠ *Plural;* **die Leistungen sind besser geworden** the levels of performance have improved; **schwache Leistung!** poor show!
2 *von Versicherung, Krankenkasse:* benefit

leistungsfähig
1 (*tüchtig*) efficient [ɪ'fɪʃᵊnt]
2 (*produktiv*) productive [prə'dʌktɪv]
3 *Motor:* powerful ['paʊəfᵊl]

leiten
1 (*führen*) to lead [li:d]

2 (*verantwortlich sein*) to be in charge of; (*als Manager*) to direct [daɪ'rekt], to manage
3 *in der Technik:* to conduct [kən'dʌkt]

Grammatik
Richtiges Konjugieren von **lead**: lead, led, led — *She led the way; He has led the company for twenty years.*

leitend
1 (*führend*) leading
2 *Stellung:* managerial [mænə'dʒɪəriəl]
3 *in der Technik:* conductive; **nicht leitend** non-conductive

der **Leiter**, die **Leiterin**
1 leader
2 (*Chef*) head [hed]; (*Geschäftsführer*) manager *maskulin und feminin,* manageress *feminin*
3 (*Schulleiter*) head teacher (GB), headmaster *maskulin* (GB), headmistress *feminin* (GB), principal (USA)

der **Leiter** (*elektrisch*) conductor

die **Leiter** ladder

die **Leitplanke** crash barrier

die **Leitung**
1 (*das Führen*) leading
2 (*Vorsitz*) leadership; (*Management*) management
3 (*Telefon-, Stromleitung*) wire; (*Gas-, Wasserleitung im Haus*) pipe; (*Zuführungsleitung für Gas und Wasser*) main
4 (*Verbindung*) line
5 (*Dirigent*) **unter der Leitung von ...** conducted by ... ► WENDUNGEN: **er hat eine ziemlich lange Leitung** he's rather slow on the uptake

das **Leitungswasser** tap water

die **Lektion** lesson; **das wird ihm eine Lektion sein** that'll teach him a lesson

die **Lektüre** (*Lesestoff*) reading matter

lenken
1 to steer [stɪər] *Fahrzeug*
2 to direct *Aufmerksamkeit, Schritte, Gespräch* (**auf** to)

das **Lenkrad** steering wheel

die **Lenkstange** handlebars ⚠ *Plural*

der **Leopard** leopard ['lepəd]

Grammatik
Richtiges Konjugieren von **learn**: learn, learnt/learned, learnt/learned — *Tom learnt German at school; I have learnt the new rules by heart.*

lernen
1 to learn; **schwimmen lernen** to learn to swim; **von ihr kannst du nur lernen!** she could really teach you a thing or two!; **er lernt gut/schlecht** he learns quickly/slowly, he's a good/bad learner
2 (*in Lehrberuf*) to train
3 (*studieren*) to study; *für eine Prüfung:* to revise

Vorsicht Falle!
Eine Sprache oder z. B. das Schwimmen lernen wird mit **to learn** übersetzt: *Did you learn German at school?; Steve learnt to swim when he was four.* Etwas intensiv lernen, studieren, heißt dagegen **to study**: *Fred is studying geography; Jane is studying for her German exam.*

der **Lernfahrausweis** (CH) provisional licence (GB), learners' permit (USA)

lesbar (*leserlich*) legible ['ledʒəbəl]

die **Lesbe** (*umgangsspr*), die **Lesbierin** lesbian ['lezbiən]

lesbisch (*umgangsspr*) lesbian

das **Lesebuch** reader

lesen
1 to read; **ein Gedicht laut lesen** to read a poem out loud
2 **das Buch liest sich gut** the book is a good read; **bei dem Licht liest es sich nicht gut** this light is not very good for reading

Grammatik
Richtiges Konjugieren von **read**: read, read, read — *Paul read a story to his little brother; Have you read her new novel?*

der **Leser**, die **Leserin** reader

die **Leseratte** bookworm

leserlich legible ['ledʒəbəl]

letzte(r, s)
1 (*zeitlich, räumlich*) last; **er ging als Letzter** he was the last to go; (*abschließend, endgültig*) final; **der letzte Wille** the last will and testament
2 (*äußerste*) extreme [ɪk'stri:m]

3 (*neueste*) latest; **die letzten Meldungen** [*oder* **Nachrichten**] the latest news
4 **in letzter Zeit** recently ▶ WENDUNGEN: **das ist das Letzte!** that's the limit!

letztere the latter

letztlich in the end

leuchten
1 (*scheinen*) to shine; (*glühen*) to glow
2 **jemandem mit einer Lampe leuchten** to shine a lamp for someone (**in** into, **auf** onto)

leuchtend shining

der **Leuchtturm** lighthouse

leugnen to deny [dɪˈnaɪ]; **es ist nicht zu leugnen, dass ...** it cannot be denied that ...

die **Leute** people [ˈpiːpᵊl]

Vorsicht Falle!
people = Leute, ist ein Plural: *most people like watching TV;* — **a people** = ein Volk, ist Singular. Der Plural heißt peoples: *the peoples of Europe.*

das **Lexikon** encyclop[a]edia [ɪnˌsaɪkləˈpiːdiə]

liberal liberal [ˈlɪbᵊrᵊl]

das **Licht**
1 light; **etwas ans Licht bringen** to bring something out into the open; **Licht in eine Situation bringen** to clarify a situation
2 **etwas ins rechte Licht rücken** (*richtig stellen*) to show something in its true colours; **etwas in rosigem Licht sehen** to look at something through rose-tinted spectacles
3 **grünes Licht für etwas geben** to give permission [pəˈmɪʃᵊn] for something ▶ WENDUNGEN: **jemanden hinters Licht führen** to pull the wool over someone's eyes; **ihm ging ihm ein Licht auf** it began to dawn on him

licht
1 (*hell*) light
2 *Haar:* thin; *Wald:* sparse [spɑːs]

das **Lid** eyelid

lieb
1 (*geschätzt*) dear; (*geliebt*) beloved [bɪˈləʊvɪd]
2 (*nett*) nice; (*liebenswürdig*) kind
3 (*artig, brav*) good
4 **ich würde lieber nach Hause gehen** I'd rather go home; **am liebsten würde ich ...** what I'd like most would be to ...
5 **ach, du liebe Zeit!** goodness me!
6 **lieb gewinnen** to grow fond of; **lieb haben** to be fond of, to love

die **Liebe** love; **Liebe auf den ersten Blick** love at first sight; **sie ist meine große Liebe** she's the love of my life

lieben to love; **etwas nicht lieben** to not like something; **das würde ich liebend gern tun** I'd love to do so

lieber
1 **er mag Techno lieber als Hip-Hop** he prefers techno to hip hop; **nichts lieber als das** there's nothing I'd rather do
2 (*eher*) rather; **ich möchte lieber nach Hause gehen** I'd [*oder* I would] rather go home

das **Liebespaar** lovers ⚠ *Plural*

liebevoll loving

der **Liebhaber**, die **Liebhaberin**
1 (*Geliebte*) lover
2 (*Kenner*) connoisseur [ˌkɒnəˈsɜːʳ]

der **Liebling**
1 (*Günstling*) favourite [ˈfeɪvᵊrət]
2 (*Geliebte*) darling

das **Lied** song ▶ WENDUNGEN: **es ist immer das alte Lied** it's always the same old story

der **Lieferant**, die **Lieferantin** supplier

lieferbar (*vorrätig*) available [əˈveɪləbᵊl]; **die Ware ist sofort lieferbar** the article can be supplied at once

liefern
1 (*versorgen mit*) to supply [səˈplaɪ]; (*ausliefern*) to deliver [dɪˈlɪvəʳ]
2 (*zur Verfügung stellen*) to furnish [ˈfɜːnɪʃ], to provide; to produce *Beweis;* to yield *Ertrag, Ernte*
3 **ein spannendes Spiel liefern** to put on an exciting game

die **Lieferung**
1 (*Versorgung*) supply [səˈlaɪ]
2 (*Auslieferung*) delivery [dɪˈlɪvᵊri]; **zahlbar bei Lieferung** payable on delivery; **Lieferung frei Haus** free delivery

der **Lieferwagen** van (GB), panel truck (USA); (*offener*) pick-up

die **Liege** couch [kaʊtʃ]

Vorsicht Falle!
lay nicht mit **lie** verwechseln! Das Verb **lay** bedeutet etwas vorsichtig irgendwo hinlegen, und steht immer zusammen mit einem direkten Objekt: *she layed her coat on the bed.* Das Verb

A B C D E F G H I J K L M N O P Q R S T U V W X Y Z

lie wird dagegen verwendet, wenn etwas bereits an einem bestimmten Ort liegt, oder bereits in einer horizontalen Position liegt. **Lie** steht nie mit einem direkten Objekt zusammen: *her coat was lying on the bed* (und nicht: her coat was laying on the bed!)

liegen
1 to lie; **sich wund liegen** to get bedsores; **im Bett liegen bleiben** to stay in bed
2 (*gelegen sein*) to be situated ['sɪtjueɪtɪd]; **wo liegt Leeds?** where is Leeds situated?; (*sein, sich befinden*) to be
3 (*passen*) to suit [su:t]; **er liegt mir nicht** he's not my type; **das liegt mir absolut nicht** that's absolutely not my line [*oder* thing]
4 **mir liegt viel daran** it means a lot to me; **daran liegt mir wenig/nichts** that doesn't matter much/at all to me
5 **an mir soll's nicht liegen** it's all right by [*oder* with] me; **es liegt bei Ihnen, ob ...** it rests with you whether ...
6 **es liegt mir fern, ihn zu verurteilen** it is not my job to judge him
7 **liegen bleiben** to remain lying; (*nicht verkauft werden*) to not sell; (*vergessen werden*) to be left behind
8 **meine Arbeit ist liegen geblieben** my work was left undone
9 **liegen lassen** (*vergessen*) to leave behind; to leave *Arbeit;* **jemanden links liegen lassen** (*umgangsspr*) to ignore someone
10 **alles liegen und stehen lassen** to leave everything behind

Grammatik
Richtiges Konjugieren von **lie**: lie, lay, lain — *Paul lay in the shade on the beach; John got a sunstroke because he had lain in the sun all day.*

der **Liegestuhl** deckchair

der **Lift** lift (GB), elevator ['elɪveɪtəʳ] (USA)

die **Liga** league [li:g]

lila purple ['pɜ:pəl], lilac ['laɪlək]

die **Limonade** lemonade [ˌlemən'neɪd]

lindern
1 (*erleichtern*) to ease, to alleviate [ə'li:vieɪt], to relieve [rɪ'li:v]
2 (*mildern*) to soothe [su:θ]

das **Lineal** ruler

die **Linie**
1 line
2 (*Straßenbahnlinie*) number; (*Eisenbahn-, Buslinie*) line
3 **in erster Linie** first of all
4 **auf die schlanke Linie achten** to watch one's waistline ▸ WENDUNGEN: **eine klare Linie** a clear line

die **Linke**
1 (*Hand*) left hand; *beim Boxen:* left
2 (*Seite*) left side
3 *in der Politik:* **die Linke** the left

linke(r, s)
1 left
2 *Politiker(in)*: left-wing; **der linke Flügel von Labour** Labour's left wing
3 **auf der linken Seite** on the left-hand side

links
1 left; (*auf der Linken*) on the left; (*nach, zur Linken*) to the left; **sich links einordnen** to move into the left-hand lane
2 *in der Politik:* **links sein** to be left-wing
▸ WENDUNGEN: **jemanden links liegen lassen** to ignore [ɪg'nɔ:] someone; **das mach ich mit links** that's kid's stuff for me

der **Linkshänder**, die **Linkshänderin** left-hander, left-handed person

linkshändig left-handed

der **Linksverkehr** driving on the left

die **Linse**
1 (*Hülsenfrucht*) lentil ['lentəl]
2 (*aus Glas, Kontaktlinse*) lens

die **Lippe** lip

der **Lippenstift** lipstick

lispeln to lisp

die **List**
1 (*Verschlagenheit*) artfulness, cunning
2 (*Trick*) ruse [ru:z], trick; **mit etwas List und Tücke** with a little deception

die **Liste** (*Aufstellung*) list; **eine Liste aufstellen** to draw up a list; **etwas in eine Liste eintragen** to put something down on a list

listig cunning

Litauen Lithuania [ˌlɪθju'eɪniə]

der **Litauer**, die **Litauerin** Lithuanian [ˌlɪθju'eɪniən]

litauisch Lithuanian

der **Liter** litre [li:təʳ] (GB), liter (USA)

die **Literatur** literature ['lɪtrətʃəʳ]

live [lajf] live [laɪv]

die **Lizenz** licence ['laɪsəns] (GB), license (USA)

das **Lob** praise

loben to praise

das **Loch**
1 hole; *im Reifen:* puncture; (*Lücke*) gap; *beim Billard:* pocket
2 (*schlechte Wohnung*) dump *umgangsspr*

lochen **etwas lochen** to punch a hole into something

der **Locher** punch

die **Locke** curl [kɜːl], lock; **Locken haben** to have curly hair ⚠ *Singular*

der **Lockenwickler** curler [kɜːləʳ]

locker
1 (*lose*) loose [luːs]; *Seil:* slack
2 (*gelöst, entspannt*) relaxed
3 (*lässig, cool*) cool [kuːl]

lockern
1 (*locker machen*) to loosen ['luːsᵊn], to slacken
2 (*entspannen*) to relax
3 **sich lockern** (*im Sport*) to loosen up; (*entspannter werden*) to get more relaxed

lockig curly ['kɜːli]

lodern to blaze

der **Löffel**
1 spoon
2 (*Löffelvoll*) spoonful

die **Loge** ['loːʒə]
1 *im Theater:* box
2 *eines Pförtners:* lodge

die **Logik** logic

logisch
1 logical
2 (*selbstverständlich*) naturally ['nætʃᵊrᵊli]; (*natürlich*) of course
3 **logisch denken** think logically

der **Lohn**
1 pay, wage, wages ⚠ *Plural*
2 (*Belohnung*) reward

die **Lohnabrechnung** pay slip

lohnen **sich lohnen** to be worth it, to be worthwhile [wɜːθwaɪl]; **das lohnt sich doch nicht für dich** it's not really worth your while

lohnend
1 (*einträglich*) profitable ['prɒfɪtəbᵊl]
2 (*nutzbringend*) worthwhile [wɜːθwaɪl]

die **Lohnerhöhung** wage increase ['ɪnkriːs]

die **Lohnsteuer** income tax

das **Lokal**
1 (*Kneipe*) pub (GB), bar (USA)
2 (*Restaurant*) restaurant ['restᵊrɒnt]

die **Lokomotive** engine ['endʒɪn], locomotive [ˌləʊkə'məʊtɪv]

das **Los**
1 (*Schicksal*) lot; **sie hat ein schweres Los** her lot is hard
2 (*Lotterielos*) lottery ticket
3 **etwas durch das Los entscheiden** to decide something by casting lots; **das große Los [ziehen]** to [hit] the jackpot

los
1 (*locker*) loose [luːs]
2 **jemanden/etwas los sein** to be rid of someone/something
3 **was ist los?** what's up?
4 **hier ist nichts los** there's nothing going on here; **mit ihm ist aber auch gar nichts los!** he's a dead loss, he is! *umgangsspr*
5 **los!** (*vorwärts*) come on!; (*weiter, geh*) go on!; (*beweg dich*) get going!
6 **nun aber los!** off we go!

losbrechen
1 to break [breɪk] off
2 to break out; **gleich bricht ein Gewitter los** a thunderstorm is about to break

löschen[1]
1 to extinguish [ɪk'stɪŋgwɪʃ] *Feuer*
2 to quench *Durst*
3 to erase [ɪ'reɪz] *Daten, Tonband;* to clear [klɪəʳ] *Speicher, Bildschirm;* to cancel ['kænsᵊl] *Information*
4 *Feuerwehr:* to put out a [*oder* the] fire

löschen[2] (*entladen*) to unload

lose loose [luːs]; (*locker*) slack; **etwas lose verkaufen** to sell something loose

das **Lösegeld** ransom ['rænsᵊm]

losen to draw [*oder* cast] lots (**um** for)

lösen
1 (*entfernen, losmachen*) to remove (**von** from)
2 (*lockern*) to loosen [luːsᵊn]
3 to solve [sɒlv] *Problem*
4 to buy [baɪ] *Fahrkarte*
5 to cancel ['kænsᵊl] *Vertrag*
6 **sich lösen** to come loose (**von** from); **sich von jemandem lösen** to break away from someone; **der Umschlag hat sich gelöst** the cover has come off
7 **sich lösen** *Schuss:* go off

A B C D E F G H I J K L M N O P Q R S T U V W X Y Z

losfahren to drive off

losgehen
1 (*sich lösen, abgehen*) to come off
2 (*aufbrechen*) to set off
3 *Gewehr, Bombe:* to go off
4 (*anfangen*) to start; **gleich geht's los!** it's just about to start!
5 **auf jemanden losgehen** to go for someone

loslassen
1 (*nicht mehr festhalten*) to let go of; **lass mich los! loslassen!** let me go! let go!
2 **die Hunde auf jemanden loslassen** to set the dogs on someone
3 **jemanden auf jemanden loslassen** (*übertragen*) to let someone loose on someone

löslich soluble ['sɒljəbᵊl]; *Kaffee:* instant

losreißen
1 to tear [teəʳ] off
2 **sich losreißen** *Hund:* to break [breɪk] free
3 (*sich trennen können*) to tear oneself away (**von** from)

die **Lösung** solution [sə'lu:ʃᵊn]

loswerden (*sich befreien von*) to get rid of

die **Lotion** lotion ['ləʊʃᵊn]

der **Lotse** (*Fluglotse*) flight controller; (*Schiffslotse*) pilot ['paɪlət]

die **Lotterie** lottery

das **Lotto** lottery; **Lotto spielen** to play the lottery; **im Lotto gewinnen** to win the lottery

der **Löwe**
1 lion [laɪən]
2 (*Sternzeichen*) Leo ['li:əʊ]

die **Löwin** lioness ['laɪənes]

die **Lücke** gap

lückenhaft (*unvollständig*) defective, incomplete; (*fragmentarisch*) fragmentary ['frægməntᵊri]

die **Luft**
1 air [eəʳ]
2 (*Atem*) breath [breθ]; **tief Luft holen** to take a deep breath
3 **dicke Luft!** a pretty bad atmosphere!
4 **die Luft ist rein!** the coast is clear! *umgangsspr*
5 **für mich ist er Luft** he doesn't exist as far as I am concerned
6 **jetzt halt aber mal die Luft an!** now, come off it! *umgangsspr*
7 **in die Luft gehen** to hit the roof, to explode *übertragen*
8 **etwas in die Luft jagen** to blow [bləʊ] something up
9 **sich in Luft auflösen** to disappear [ˌdɪsə'pɪəʳ] into thin air
10 **etwas liegt in der Luft** something is in the air ▸ WENDUNGEN: **das ist völlig aus der Luft gegriffen** that's pure invention

der **Luftangriff** air raid ['eəˌreɪd] (**auf** on)

der **Luftballon** balloon [bə'lu:n]

luftdicht airtight ['eətaɪt]

die **Luftfahrt** aviation [ˌeɪvi'eɪʃᵊn]

das **Luftkissenboot** hovercraft ['hɒvəkrɑ:ft]

die **Luftmatratze** airbed, lilo® ['laɪləʊ]

die **Luftpost** **mit Luftpost** by airmail

die **Luftpumpe** air pump, [bicycle] pump

die **Luftwaffe** air force

der **Luftzug** draught [drɑ:ft] (GB), draft (USA)

die **Lüge** lie; **das ist eine glatte Lüge** that's an outright lie; **nur Lügen erzählen** to lie through one's teeth *umgangsspr* ▸ WENDUNGEN: **Lügen haben kurze Beine** truth will out

lügen to lie; **lügen wie gedruckt** to lie like mad *umgangsspr*, to lie through one's teeth *umgangsspr*; **ich müsste lügen, wenn ...** I would be lying if ...

> **Grammatik**
> Richtiges Konjugieren von **lie**: lie, lied, lied — *He lied about his age, has he lied about his job too?*

der **Lügner**, die **Lügnerin** liar ['laɪəʳ]

der **Lumpen** rag

lumpen ▸ WENDUNGEN: **sich nicht lumpen lassen** to splash out *umgangsspr*

die **Lunge** lungs ⚠ *Plural;* (*einzelner Lungenflügel*) lung

der **Lungenbraten** (A) loin roast ['lɔɪnˌrəʊst]

die **Lungenentzündung** pneumonia [nju:'məʊnia]

die **Lupe** magnifying ['mægnɪfaɪɪŋ] glass ▸ WENDUNGEN: **jemanden/etwas unter die Lupe nehmen** to scrutinize ['skru:tɪnaɪz] someone/something closely

die **Lust**
1 (*Freude*) joy, pleasure
2 (*sinnliche Begierde*) desire; (*Sinneslust*) lust [lʌst]
3 **wenig Lust haben zu etwas** to not be keen on something; **die Lust [an etwas] verlieren** to lose interest [in something]; **ich habe keine Lust dazu** I don't feel like it; **hast du Lust, ins Kino zu gehen?** do you feel like going to the cinema?; **mir ist die Lust vergangen** I no longer feel like it; **bleib, so lange du Lust hast** stay as long as you like

der **Luster** Ⓐ (*Kronleuchter*) chandelier [ˌʃændəˈlɪəʳ]

lustig
1 funny; **es wurde später noch ganz lustig** later on things got quite merry
2 **sich über jemanden lustig machen** to make fun of someone

lutschen to suck; **an etwas lutschen** to suck something

luxuriös luxurious [lʌgˈʒʊəriəs]

der **Luxus** luxury [ˈlʌkʃəri]; (*abwertend*) extravagance [ɪkˈstrævəgəns]

die **Lyrik** lyric poetry [ˌlɪrɪkˈpəʊɪtri]

Mm

M, m M, m [em]

m *kurz für* **Meter** m

machbar possible, feasible [ˈfiːzəbl̩]

Grammatik
Richtiges Konjugieren von **do**: do, did, done — *Bill did the washing-up; What have you done to your hair?*

machen
1 (*tun*) to do; **wie macht man das?** how do you do it?; **ich mache das schon** I'll see to that; **was macht sie?** what is she doing?; (*beruflich*) what does she do for a living?; **was macht dein Bruder?** how is your brother?
2 (*verursachen*) to make
3 (*ausmachen*) to matter; **das macht nichts!** that doesn't matter!
4 **mach's gut!** see you!, take care!
5 **jemanden zum Klassensprecher machen** to make someone class representative
6 **eine Erfahrung machen** to have an experience; **sich an die Arbeit machen** to get down to work; **wir müssen uns auf den Weg machen** we must be going [*oder* setting off]

Vorsicht Falle!
do oder **make**? Wenn man eine Tätigkeit ausführt, verwendet man im Englischen das Wort **do**: *I have to do my homework*. Wenn etwas hergestellt oder produziert wird, verwendet man hingegen **make:** *she makes her own clothes.*

die **Macht** power [paʊəʳ]; **an die Macht kommen** to come [in]to power; **Macht über jemanden haben** to have a hold on someone

mächtig
1 powerful
2 **sich mächtig anstrengen** to make a tremendous effort

machtlos powerless

die **Macke**
1 *eines Menschen:* quirk [kwɜːk]
2 (*Fehler*) fault [fɔːlt], defect

das **Mädchen** girl

der **Mädchenname**
1 girl's name
2 *einer verheirateten Frau:* maiden name

das **Magazin**
1 (*Zeitschrift*) magazine [ˌmægəˈziːn]
2 (*Lager*) storeroom

der **Magaziner**, die **Magazinerin** Ⓒⓗ (*Lagerist*) storekeeper

der **Magen** stomach [ˈstʌmək]

die **Magenschmerzen** stomach-ache [ˈstʌməkeɪk] ⚠ *Singular*

die **Magenverstimmung** stomach upset

mager
① (*dünn*) lean [liːn], thin
② (*dürftig*) meagre ['miːgəʳ], poor [pɔːʳ]

die **Magie** magic

der **Magier**, die **Magierin** magician [mə'dʒɪʃᵊn]

magisch magic[al]

der **Magistrat** (CH) federal councillor ['kaʊn(t)sᵊləʳ]

der **Magnet** magnet ['mægnət]

mähen to mow [məʊ] *Rasen;* to cut *Gras*

> **Grammatik**
> Richtiges Konjugieren von **mow**: mow, mowed, mown — *The gardener mowed the lawn; The grass has been mown.*

das **Mahl** meal

mahlen to grind

> **Grammatik**
> Richtiges Konjugieren von **grind**: grind, ground, ground — *She ground the pepper in a pepper mill; The coffee has been finely ground.*

die **Mahlzeit** meal

die **Mähne** mane

mahnen
① (*ermahnen*) to admonish [əd'mɒnɪʃ]
② (*an fällige Zahlung erinnern*) **jemanden mahnen** to demand payment from someone; (*schriftlich*) to send a reminder to someone

die **Mahnung** reminder

der **Mai** May

der **Mais** maize [meɪz] (GB), corn (USA)

die **Majestät** majesty ['mædʒəsti]

majestätisch majestic [mə'dʒestɪk]

der **Major**, die **Majorin** major ['meɪdʒəʳ]

der **Majorz** (CH) majority [mə'dʒɒrəti] vote

makellos
① spotless
② (*ohne Fehler*) faultless ['fɔːltləs]

das **Make-up** [meːk'ʔap] make-up ['meɪkʌp]

mal
① **komm mal her!** come here a minute!; **ich bin nun mal so** that's just the way I am
② **eine Zahl mal zwei nehmen** to multiply ['mʌltɪplaɪ] a number by two; **das Bild ist 50 mal 20 Zentimeter groß** the picture is 50 centimetres by 20

das **Mal**[1]
① **ein einziges Mal** once [wʌn(t)s]; **das letzte Mal** [the] last time; **beim ersten Mal** the first time; **nächstes Mal** next time
② **ein für alle Mal** once and for all; **er wird von Mal zu Mal schlechter** he's getting worse every time

das **Mal**[2] (*Zeichen*) mark

malen to paint; (*zeichnen*) to draw [drɔː]

der **Maler**, die **Malerin** painter

die **Malerei** painting

malerisch picturesque [ˌpɪktʃᵊr'esk]

die **Mama** mum[my] (GB), mom [mɑːm] (USA)

man one; **wie sagt man das auf Englisch?** how do you say that in English?; **man hat mir gesagt** I was told

der **Manager**, die **Managerin** ['mɛnɪdʒɐ] manager ['mænɪdʒəʳ]

manche(r, s) some, several; **manch einer** many a person

manchmal sometimes

die **Mandel**
① almond ['ɑːmənd]
② (*Drüse*) tonsil ['tɒnsᵊl]

die **Manege** arena [ə'riːnə], ring

der **Mangel**
① (*Fehlen*) lack; (*Knappheit*) shortage ['ʃɔːtɪdʒ] (**an** of)
② (*Fehler*) fault [fɔːlt]; (*technisch*) defect ['diːfekt]

mangelhaft
① (*Schulnote*) unsatisfactory [ʌnˌsætɪs'fæktᵊri]
② (*fehlerhaft*) defective [dɪ'fektɪv], faulty ['fɔːlti]

mangeln (*fehlen*) to want; **es mangelt ihr an nichts** she lacks for nothing

der **Manifestant**, die **Manifestantin** (A) demonstrator

manipulieren to manipulate [mə'nɪpjəleɪt]

der **Mann** man; (*Ehemann*) husband ['hʌzbənd]

Grammatik
Die Mehrzahl von **man** ist **men**: *there were two men sitting in the car.*

das **Mannequin** ['manəkɛ̃] fashion model ['mɒdᵊl]

männlich
1 male
2 (*in der Grammatik*) masculine ['mæskjəlɪn]

das **Mannsbild** Ⓐ male

die **Mannschaft** team, crew

das **Manöver** manoeuvre [mə'nu:vəʳ] GB, maneuver USA

der **Mantel** coat [kəʊt]

das **Manuskript** manuscript ['mænjəskrɪpt]

das **Mäppchen** (*für Stifte*) pencil case

die **Mappe**
1 (*Aktentasche*) briefcase ['bri:fkeɪs]
2 (*Hefter*) folder

der **Marathon** marathon ['mærəθᵊn]

das **Märchen** fairytale

die **Margarine** margarine [ˌmɑ:dʒə'ri:n]

die **Marille** Ⓐ apricot ['eɪprɪkɒt]

die **Marine** navy

die **Marionette** marionette [ˌmæriə'net]

die **Mark** (*Währung*) [Deutsch]mark

die **Marke**
1 (*Warensorte*) brand [brænd]
2 (*Briefmarke*) stamp

markieren to mark

die **Markierung** mark

das **Markstück** one-mark piece

der **Markt**
1 (*in der Wirtschaft*) market
2 (*Marktplatz*) marketplace; **auf dem Markt** at the market

die **Marktforschung** market research [rɪ'sɜ:tʃ]

die **Marktlücke** gap in the market, opening

der **Marktplatz** marketplace

die **Marktwirtschaft** market economy

die **Marmelade** jam [dʒæm]

der **Marmor** marble ['mɑ:bᵊl]

der **Marsch** march

marschieren to march

der **Märtyrer**, die **Märtyrerin** martyr ['mɑ:təʳ]

der **März** March

die **Masche** (*Strickmasche*) stitch

die **Maschine**
1 (*Gerät*) machine [mə'ʃi:n]
2 (*Flugzeug*) plane
3 **etwas mit der Maschine schreiben** to type something

maschinell mechanical [mɪ'kænɪkᵊl]

das **Maschinengewehr** machine [mə'ʃi:n] gun

die **Masern** measles ['mi:zlz] ⚠ *mit Singular*

die **Maske**
1 mask [mɑ:sk]
2 (*im Theater*) make-up ['meɪkʌp]

maskieren
1 to disguise [dɪs'gaɪz]
2 **sich maskieren** to disguise oneself

das **Maskulinum** masculine ['mæskjəlɪn]

das **Maß**
1 (*Maßeinheit*) measure ['meʒəʳ] (**für** of)
2 (*gemessene Größe*) measurement ['meʒəmənt]
3 (*Ausmaß*) degree [dɪ'gri:], extent [ɪk'stent]; **ein gewisses Maß an ...** a certain degree of ...
4 **in höchstem Maße** extremely [ɪk'stri:mli]
5 **in Maßen** in moderation [ˌmɒdᵊr'eɪʃᵊn]

die **Massage** [ma'sa:ʒə] massage ['mæsɑ:ʒ]

das **Massaker** massacre ['mæsəkəʳ]

die **Masse**
1 (*ungeformter Stoff*) mass [mæs]
2 (*Menschenmenge*) crowd [kraʊd]

massenhaft
1 on a massive scale
2 (*sehr viel*) masses of

die **Massenmedien** mass media [ˌmæs'mi:diə] ⚠ *Plural*

maßgebend, **maßgeblich** authoritative [ɔ:'θɒrɪtətɪv]; **eine maßgebende Persönlichkeit** a person in authority [ɔ:'θɒrəti]

massieren to massage ['mæsɑ:ʒ]

mäßig
1 (*gemäßigt*) moderate ['mɒdᵊrət], temperate ['tempᵊrət]
2 (*gering*) moderate

massiv
1 (*fest, pur*) solid ['sɒlɪd]
2 *Beleidigung:* gross [grəʊs]

maßlos
1 (*unmäßig*) immoderate [ɪ'mɒdᵊrət]
2 (*gewaltig*) extreme [ɪk'stri:m]

die **Maßnahme** measure ['meʒəʳ]; **Maßnahmen ergreifen, um etwas zu tun** to take measures to do something

der **Maßstab**
1 (*Richtlinie*) standard ['stændəd]; **Maßstäbe setzen** to set standards
2 (*maßstäbliches Verhältnis*) scale

maßvoll moderate ['mɒdᵊrət]

der **Mast**
1 (*Strommast*) pylon ['paɪlɒn]
2 (*Schiffs-, Antennenmast*) mast [mɑ:st]

das **Material** material [mə'tɪəriəl]

der **Materialismus** materialism [mə'tɪəriəlɪzᵊm]

die **Materie**
1 matter
2 (*Thema*) subject matter

die **Mathematik** mathematics [mæθᵊm'ætɪks] ⚠ *mit Singular,* maths [mæθ] ⚠ *mit Singular*

der **Mathematiker**, die **Mathematikerin** mathematician [mæθᵊmə'tɪʃᵊn]

mathematisch mathematical [ˌmæθᵊm'ætɪkᵊl]

die **Matratze** mattress ['mætrəs]

der **Matrose** sailor

der **Matsch** (*Schlamm*) mud; (*Schneematsch*) slush

matschig
1 (*breiig*) mushy
2 (*schlammig*) muddy; (*mit Schneematsch*) slushy

matt
1 (*glanzlos*) dull
2 (*schwach*) weak

die **Matte** mat

die **Maturität** Ⓒⓗ (*Hochschulreife*) ≈ A Levels *Plural* Ⓖⓑ, scholastic aptitude test, S.A.T. Ⓤⓢⓐ

die **Mauer** wall

mauern to build [bɪld], to lay bricks

das **Maul**
1 mouth; *eines Tieres:* jaws [dʒɔ:z] ⚠ *Plural*
2 **halts Maul!** shut your gob! *umgangsspr*

der **Maulesel** mule [mju:l]

das **Maultier** mule [mju:l]

der **Maulwurf** mole [məʊl]

der **Maurer**, die **Maurerin** bricklayer

die **Maus** (*auch für Computer*) mouse [maʊs], [*Plural* mice]

> **Grammatik**
> Die Mehrzahl von **mouse** ist **mice**: *there were five tiny mice in the attic.*

maximal
1 **maximale Geschwindigkeit** maximum ['mæksɪməm] speed
2 **zwanzig, maximal dreißig Leute** twenty, at most thirty people

das **Maximum** maximum ['mæksɪməm]

die **Mayonnaise** mayonnaise ['meɪə'neɪz]

die **Mechanik** mechanics [mɪ'kænɪks] ⚠ *mit Singular*

der **Mechaniker**, die **Mechanikerin** mechanic [mɪ'kænɪk]

mechanisch mechanical [mɪ'kænɪkᵊl]

der **Mechanismus** mechanism ['mekənɪzᵊm]

meckern
1 *Ziege:* to bleat [bli:t]
2 (*nörgeln*) to bleat *umgangsspr,* to grouse [graʊs] *umgangsspr* (**über** at)

die **Medaille** [me'daljə] medal ['medᵊl]

die **Medien** media ['mi:diə] ⚠ *mit Singular oder Plural*

das **Medikament** medicine ['medsᵊn]

die **Meditation** meditation [ˌmedɪ'teɪʃᵊn]

meditieren meditate ['medɪteɪt]

die **Medizin** medicine ['medsᵊn]; **Medizin einnehmen** to take medicine

das **Meer** sea [si:]; **die Meere** the oceans ['əʊʃᵊnz]; **eine Stadt am Meer** a town by the sea

die **Meerenge** straits [streɪts] ⚠ *Plural*

die **Meeresfrüchte** seafood ['si:fu:d] ⚠ *Singular*

der **Meeresspiegel** sea level; **über/unter dem Meeresspiegel** above/below sea level

das **Meerschweinchen** guinea pig ['gɪniˌpɪg]

das **Mehl** flour ['flaʊəʳ]

mehr
1 more; **immer mehr** more and more; **etwas mehr** a little more; **viel[e] mehr** much [many] more; **nichts mehr** no more
2 **reden wir nicht mehr darüber!** let's say no more about it!; **es war niemand mehr da** everyone had gone; **nicht mehr lange** not much longer

das **Mehr** (CH) majority [mə'dʒɒrəti] ⚠ *mit Singular oder Plural*

mehrere several ['sevᵊrᵊl]

mehrfach
1 (*vielfach*) multiple ['mʌltɪpᵊl]
2 (*mehrere Male*) several times

die **Mehrheit** majority [mə'dʒɒrɪti]; **in der Mehrheit sein** to be in the majority; **mit knapper Mehrheit** by a small majority

mehrmals several times

die **Mehrwegflasche** deposit [*oder* returnable] bottle

die **Mehrwertsteuer** value added tax, VAT [ˌviːeɪ'tiː]

die **Mehrzahl**
1 (*Plural*) plural
2 (*Mehrheit*) majority [mə'dʒɒrɪti]

meiden to avoid

die **Meile** mile

der **Meilenstein** milestone

mein my; **ich habe meine eigene Wohnung** I've got a flat of my own

meine, meiner, meines mine; **seine Freunde sind nicht meine** his friends are not mine

meinen
1 (*glauben*) to think; **was meinen Sie?** what do you think?
2 (*sagen wollen*) to mean
3 **gut gemeint** well-meant

> **Grammatik**
> Richtiges Konjugieren von **mean**: mean, meant, meant — *I meant it as a joke; It was meant to be a present.*

die **Meinung** opinion [ə'pɪnjən]; **der Meinung sein, dass ...** to be of the opinion that ...; **meiner Meinung nach** in my opinion; **seine Meinung äußern** to express an opinion; **seine Meinung ändern** to change one's opinion

die **Meinungsumfrage** opinion poll

die **Meinungsverschiedenheit** disagreement [ˌdɪsə'griːmᵊnt]

meist mostly, most of the time

meiste(r, s) **die meisten** most people; **die meiste Zeit** most of the time

meisten **am meisten** most of all

meistens mostly, most of the time

der **Meister**, die **Meisterin**
1 *im Handwerk:* master
2 *im Sport:* champion

meistern to master

die **Meisterschaft** championship

die **Melancholie** melancholy ['melənkᵊli]

melancholisch melancholy ['melənkᵊli]

die **Melanzani** (A) aubergine ['əʊbəʒiːn] (GB), eggplant (USA)

melden
1 (*ankündigen*) to announce [ə'naʊns]
2 (*benachrichtigen*) to report
3 **sich melden** (*in der Schule*) to put one's hand up
4 **sich zu etwas melden** to put oneself forward for something
5 (*am Telefon*) to answer ['ɑːnsəʳ]; **er hat sich nicht gemeldet** he didn't answer the phone
6 **sich bei jemandem melden** to get in touch with someone

die **Meldung**
1 *in den Medien:* report (**über** on)
2 *im Sport:* entry
3 (*dienstlich*) report

melken to milk

die **Melodie** melody ['melədi]

melodisch melodic [mə'lɒdɪk], tuneful

die **Melone**
1 (*Frucht*) melon ['melən]
2 (*Hut*) bowler ['bəʊləʳ] hat (GB), derby ['dɜːbi] (USA)

die **Memoiren** [me'mo̯aːrən] memoirs ['memwɑːʳz]

die **Menge**
1 (*bestimmte Anzahl*) quantity ['kwɒntɪti]
2 **eine Menge** (*viele*) a great many, lots of; **jede Menge** lots and lots
3 (*Menschenmenge*) crowd [kraʊd]
4 (*in der Mathematik*) set

der **Mensch**
① man, person; **ich bin auch nur ein Mensch** I'm only human after all; **er ist ein guter Mensch** he's a good soul [səʊl]; **kein Mensch war da** nobody was there
② **Menschen** (*Leute*) people ['piːpəl]
⚠ *Plural;* **die Menschen** mankind [mæn'kaɪnd]
③ **Mensch!** (*bewundernd*) wow!

der **Menschenaffe** ape [eɪp]

der **Menschenfresser** cannibal ['kænɪbəl]

die **Menschenmenge** crowd [kraʊd] [of people]

die **Menschenrechte** human rights

der **Menschenverstand** **gesunder Menschenverstand** common sense

die **Menschenwürde** human dignity

die **Menschheit** **die Menschheit** humanity [hjuː'mænɪti], mankind [mæn'kaɪnd]

menschlich
① human ['hjuːmən]; **die menschliche Gesellschaft** the society of man
② (*human*) humane [hjuː'meɪn]

die **Menschlichkeit** humanity [hjuː'mænɪti]

die **Menstruation** menstruation [ˌmenstru'eɪʃən]

die **Mentalität** mentality

das **Menü** (*auch in der Informatik*) menu ['menjuː]

merci (CH) thanks

merken
① (*wahrnehmen*) to notice
② (*spüren*) to feel; **ich hab nichts gemerkt** I didn't feel a thing
③ **sich etwas merken** to remember something

das **Merkmal** characteristic [ˌkærəktə'rɪstɪk]

merkwürdig (*seltsam*) curious ['kjʊəriəs], strange

die **Messe**[1] (*Gottesdienst*) mass [mæs]

die **Messe**[2] (*Ausstellung*) [trade] fair

messen
① to measure ['meʒəʳ]; **können Sie mir den Blutdruck messen?** could you take my blood pressure?
② **er misst 1,70 m** he measures 1.70 metres
③ **sich mit jemandem messen** to compete with someone

das **Messer** knife [naɪf]

Grammatik
Die Mehrzahl von **knife** (= Messer) ist **knives**: *Jenny put four knives and forks on the table.*

das **Messing** brass [brɑːs]

der **Messwert** measurement ['meʒəmənt]

das **Metall** metal ['metəl]

metallisch *Klang:* metallic [me'tælɪk]

die **Metapher** metaphor ['metəfɔːʳ]

der/das **Meter** metre (GB), meter (USA)

die **Methode** method ['meθəd]

der **Metzger**, die **Metzgerin** butcher ['bʊtʃəʳ]

die **Meute**
① (*Jagdhunde*) pack of hounds [haʊndz]
② (*Pöbel*) mob

die **Meuterei** mutiny ['mjuːtɪni]

meutern to mutiny ['mjuːtɪni]

miauen to miaow [miː'aʊ]

mich me; (*reflexiv*) myself

die **Miene**
① expression, face
② **ohne eine Miene zu verziehen** without turning a hair

mies lousy [laʊzi] *umgangsspr*

miesmachen **jemanden/etwas mies machen** to run someone/something down

die **Miete** rent; **zur Miete wohnen** to live in rented accommodation

mieten to rent *Wohnung;* to rent, to hire *Auto, Fahrrad*

Vorsicht Falle!
Im britischen Englischen verwendet man verschiedene Wörter für das deutsche ‚mieten': je nachdem, was wie lange gemietet wird. Wenn man etwas für längere Zeit mietet, wie z. B. eine Wohnung, verwendet man **rent:** *I rent a flat in London.* Wenn man dagegen etwas kurzfristiger mietet, wie z. B. ein Auto oder ein Fahrrad, verwendet man **hire:** *We're going to hire a car on holiday.*

der **Mieter**, die **Mieterin** tenant ['tenənt]

die **Mietwohnung** rented flat, (USA) apartment

der **Mikrochip** microchip

das **Mikrofon** microphone ['maɪkrəfəʊn]

das **Mikroskop** microscope ['maɪkrəskəʊp]

die **Mikrowelle** microwave ['maɪkrəweɪv]

die **Milch** milk

die **Milchflasche** milk bottle

der **Milchkaffee** milky coffee

die **Milchprodukte** dairy [*oder* milk] products

mild
1 (*sanft*) mild [maɪld]
2 (*nachsichtig*) lenient ['liːniənt]

mildern to ease, to soothe [suːð] *Schmerz*

das **Milieu** [mi'li̯øː]
1 (*gesellschaftlich*) background
2 (*Umwelt*) environment [ɪn'vaɪrᵊnmənt]

das **Militär** armed forces ⚠ *Plural*

militärisch military ['mɪlɪtri]

die **Milliarde** billion [bɪliən]

das **Millimeter** millimetre (GB), millimeter (USA)

die **Million** million ['mɪliən]

Vorsicht Falle!
million wird nach einer Zahl nicht im Plural gebraucht: *fifty million people watched the World Cup Final.*

der **Millionär**, die **Millionärin** millionaire [mɪljə'neəʳ]

die **Minderheit** minority [maɪ'nɒrəti]

minderjährig **minderjährig sein** to be a minor

mindern
1 (*vermindern*) to lessen
2 to reduce *Wert*

minderwertig inferior [ɪn'fɪəriəʳ], low-quality

die **Minderwertigkeit** inferiority [ɪnˌfɪəri'ɒrɪti]; *von Gütern:* low quality

die **Minderzahl** **in der Minderzahl sein** to be in the minority [maɪ'nɒrəti]

das **Mindestalter** minimum age

mindeste(r, s) least, slightest

mindestens at least

die **Mine**
1 *im Krieg:* mine [maɪn]
2 *eines Bleistiftes:* lead [led]; *eines Kugelschreibers:* refill
3 *im Bergbau:* mine

das **Mineral** mineral ['mɪnᵊrᵊl]

das **Mineralwasser** mineral water

minimal minimal ['mɪnɪmᵊl]

das **Minimum** minimum ['mɪnɪməm]

der **Minister**, die **Ministerin** minister ['mɪnɪstəʳ], secretary

das **Ministerium** ministry ['mɪnɪstri] (GB), department (USA)

der **Ministerpräsident**, die **Ministerpräsidentin** prime minister

minus
1 **zehn minus vier ist sechs** ten minus ['maɪnəs] four is six
2 **bei 20 Grad minus** at 20 degrees below zero

die **Minute**
1 minute ['mɪnɪt]; **zehn Minuten vor sechs** ten minutes to six
2 **in letzter Minute** at the last moment

die **Minze** mint

Falsche Freunde
Minze nicht mit dem englischen Wort **mince** (= Gehacktes) verwechseln!

mir
1 to me
2 **ich habe mir den Arm verletzt** I've hurt my arm
3 **diese Jacke gehört mir** this jacket is mine
4 **ein Freund von mir** a friend of mine
5 **von mir aus!** I don't mind!
6 **mir nichts, dir nichts** just like that

mischen
1 to mix
2 to shuffle *Karten*
3 **sich mischen** to mix

die **Mischung**
1 (*Mixtur*) mixture; *von Kaffee, Tee, Tabak:* blend
2 (*Kombination*) combination ['kɒmbɪ'neɪʃᵊn] (**aus** of)

miserabel (*mies*) lousy ['laʊzi]

die **Misere** plight [plaɪt]

missachten
1 (*verachten*) to despise
2 (*ignorieren*) to disregard, to ignore

die **Missachtung**
1 (*Verachtung*) disdain [of]
2 (*Nichtbeachtung*) disregard

missbilligen to disapprove of

die **Missbilligung** disapproval

der **Missbrauch**
1 *von Macht, Menschen:* abuse [ə'bju:s]
2 *von Notbremse:* improper use

missbrauchen
1 to abuse [ə'bju:z]
2 **jemanden zu** [*oder* **für**] **etwas missbrauchen** to use someone for something

missen ich möchte das nicht missen I wouldn't [like to] do without it

der **Misserfolg** failure ['feɪljəʳ]

das **Missfallen jemandes Missfallen erregen** to incur [ɪn'kɜ:ʳ] someone's displeasure

missfallen to displease [dɪ'spli:z]

die **Missgeburt**
1 deformed child
2 (*Schimpfwort*) freak

das **Missgeschick** mishap ['mɪshæp]; **ihr ist ein kleines Missgeschick passiert** she's had a slight mishap

missglücken to fail [feɪl]

misshandeln to ill-treat, to maltreat ['mæl'tri:t]

die **Misshandlung** maltreatment

die **Mission** mission ['mɪʃᵊn]

der **Missionar**, die **Missionarin** missionary ['mɪʃᵊnᵊri]

das **Misslingen** failure ['feɪljəʳ]

misslingen to fail

missraten to go wrong [rɒŋ]

das **Misstrauen** distrust [dɪ'strʌst], mistrust [mɪ'strʌst] (**gegenüber** of)

misstrauen to mistrust

misstrauisch distrustful

missverständlich unclear

das **Missverständnis** misunderstanding [ˌmɪsʌndə'stændɪŋ]

missverstehen to misunderstand

der **Mist**
1 (*Dünger*) manure [mə'njʊəʳ]
2 (*Blödsinn*) rubbish *umgangsspr;* **was soll der Mist!** oh, for crying out loud! *umgangsspr*
3 **Mist!** blast! [blɑ:st]
4 **da hast du Mist gemacht!** you've screwed up there! *umgangsspr*

die **Mistel** mistletoe ['mɪsᵊltəʊ]

mit
1 with; **was ist mit dir los?** what's the matter with you?
2 **bring ein Buch mit** bring a book with you; **ich hab mein Scheckheft nicht mit** I haven't got my cheque book with me; **komm mit!** come along [*oder* as well]!
3 **mit dem Auto** by car
4 **er liegt mit Kopfschmerzen im Bett** he's in bed with a headache

mitarbeiten
1 (*bei Projekt*) to collaborate [kə'læbᵊreɪt] (**an** on); (*mithelfen*) to cooperate [kəʊ'ɒpᵊreɪt] (**bei** on)
2 **im Unterricht mitarbeiten** to take an active part in lessons

der **Mitarbeiter**, die **Mitarbeiterin**
1 (*Angestellte*) employee [ɪm'plɔɪi:]
2 (*Kollege*) colleague ['kɒli:g]

mitbekommen
1 (*verstehen*) to get; **ich hab nichts mitbekommen** I didn't get a thing *umgangsspr*
2 (*als Gabe*) to get to take with one

mitbestimmen
1 to have a say (**bei** in)
2 **etwas mitbestimmen** (*beeinflussen*) to have an influence on something

der **Mitbewohner**, die **Mitbewohnerin** flatmate

mitbringen
1 to bring *Geschenk*
2 to bring along *Person*
3 **kannst du mir etwas mitbringen?** can you bring something back for me?

> **Grammatik**
> Richtiges Konjugieren von **bring**: bring, brought, brought — *I brought my friend, Jake; Kate has brought an apple cake.*

der **Mitbürger**, die **Mitbürgerin** fellow citizen [ˌfeləʊ'sɪtɪzᵊn]

miteinander
1 with each other
2 (*gemeinsam*) together

miterleben to see, to witness

mitfahren to go with; **kann ich mitfahren?** can you give me a lift?

mitfühlend sympathetic [ˌsɪmpə'θetɪk]

das **Mitgefühl** sympathy ['sɪmpəθi]

mitgehen
① to go along
② **etwas mitgehen lassen** to walk off with something *umgangsspr*

mitgenommen run-down, worn-out [ˌwɔːnˈaʊt]

das **Mitglied** member (**bei** of)

mithelfen to help

mithören
① (*belauschen*) to listen in on
② (*zufällig*) to overhear [ˌəʊvəˈhɪəʳ]

mitkommen
① (*begleiten*) to come along (**mit** with); **kommst du mit?** are you coming too?
② (*geistig folgen*) to keep up

das **Mitleid** sympathy [ˈsɪmpəθi], pity (**mit** for); **mit jemandem Mitleid haben** to have pity on someone

mitmachen
① **etwas** [*oder* **bei etwas**] **mitmachen** to join in [*oder* to take part in] something; **einen Kurs mitmachen** to do a course
② (*erleiden*) to go through

mitnehmen
① to take along; **kannst du mich mitnehmen?** can you give me a lift?
② (*erschöpfen*) to exhaust [ɪɡˈzɔːst], to wear [weəʳ] out
③ (*in Mitleidenschaft ziehen*) to affect

Grammatik
Richtiges Konjugieren von **take**: take, took, taken — *Tom took some books from the library; Haley has taken my coat.*

mitreißen (*begeistern*) to carry away

der **Mitschüler**, die **Mitschülerin**
① (*Klassenkamerad*) classmate [ˈklɑːsmeɪt]
② (*Schulkamerad*) schoolmate

mitspielen
① (*mitmachen*) to join in
② (*im Sport*) to play (**bei** in)
③ (*so tun als ob*) to play along

der **Mittag**
① midday, noon, lunchtime; **gegen Mittag** at noon
② **zu Mittag essen** to have lunch

das **Mittagessen** lunch

mittags at lunchtime

die **Mittagspause** lunch hour, lunch break

die **Mittagszeit** lunch time

die **Mitte**
① middle
② **Mitte Mai** in the middle of May
③ **sie ist Mitte zwanzig** she is in her mid-twenties
④ **Mitte des Jahres** halfway through the year

mitteilen
① to tell
② **sich jemandem mitteilen** to communicate [kəˈmjuːnɪkeɪt] with someone

die **Mitteilung** notification [ˌnəʊtɪfɪˈkeɪʃᵊn]; (*Notiz*) memo [ˈmeməʊ]

das **Mittel**
① (*Medizin*) medicine [ˈmedsᵊn]
② (*Hilfsmittel*) means ⚠ *mit Singular;* (*Maßnahme, Methode*) method [ˈmeθəd]; **ein Mittel zum Zweck** a means to an end

das **Mittelalter** Middle Ages ⚠ *Plural*

mittelalterlich medieval [ˌmediˈiːvᵊl]

Mitteleuropa Central Europe [ˈjʊərəp]

mittelmäßig mediocre [ˌmiːdiˈəʊkəʳ]

das **Mittelmeer** Mediterranean [ˌmedɪtᵊrˈeɪniən]

der **Mittelpunkt** centre (GB), center (USA); **im Mittelpunkt stehen** to be the centre of attention

die **Mittelschule** (CH) secondary school (GB), high school (USA)

mitten
① **mitten auf/in/unter …** in the midst of …
② **mitten durch …** right across [*oder* through] …
③ **mitten in der Nacht** in the middle of the night

die **Mitternacht** midnight

mittlere(r, s)
① middle; **die mittlere Entfernung** the middle distance
② (*durchschnittlich*) average [ˈævᵊrɪdʒ]
③ **mittleren Alters** middle-aged

der **Mittwoch** Wednesday [ˈwenzdeɪ]

mitwirken
① (*mitarbeiten*) to collaborate [kəˈlæbᵊreɪt] (**an/bei** on)
② (*mit im Spiel sein*) to play a part (**an/bei** in)
③ (*auftreten bei Aufführung*) to perform [pəˈfɔːm] (**an/bei** in)

der **Mixer** blender; *zum Rühren:* mixer

M

die **Möbel** furniture ['fɜːnɪtʃəʳ] ⚠ *mit Singular*

Vorsicht Falle!
furniture wird nie in der Mehrzahl gebraucht: *their furniture was rather old.*

mobil mobile ['məʊbaɪl]

möblieren to furnish ['fɜːnɪʃ]; **ein möbliertes Zimmer** a furnished room

das **Mobilgerät** mobile device

die **Mode** fashion ['fæʃᵊn]; **in Mode** in fashion; **aus der Mode kommen** to go out of fashion; **die neue[ste] Mode** all the latest style

das **Modell** model ['mɒdᵊl]

das **Modem** modem ['məʊdem]

die **Modenschau** fashion parade [pə'reɪd]

der **Moderator**, die **Moderatorin** presenter [prɪ'zentəʳ]

modern
1 (*zeitgemäß*) modern ['mɒdᵊn], up-to-date
2 (*modisch*) fashionable ['fæʃᵊnəbᵊl]

modernisieren to modernize

modisch fashionable ['fæʃᵊnəbᵊl], stylish ['staɪlɪʃ]

mogeln to cheat

mögen
1 (*gernhaben*) to like; **ich mag ihn nicht** I don't like him; **sie mögen sich** they like each other
2 **was möchten Sie trinken?** what would you like to drink?

möglich
1 possible ['pɒsəbᵊl]; (*eventuell*) potential [pə'tenʃᵊl]; **möglich ist alles** anything is possible
2 **nicht möglich!** never!; **schon möglich** maybe

möglicherweise possibly ['pɒsəbli]

die **Möglichkeit**
1 (*das Möglichsein*) possibility [ˌpɒsə'bɪləti]
2 (*Aussicht*) chance [tʃɑːns]

möglichst **möglichst ...** as ... as possible

der **Mohn** (*Samen*) poppy seed

die **Möhre** carrot ['kærət]

das **Molekül** molecule ['mɒlɪkjuːl]

die **Molkerei** dairy ['deəri]

das **Moll** minor ['maɪnəʳ]

mollig
1 (*warm*) cosy ['kəʊzi]
2 (*dick*) plump

der **Moment**
1 moment ['məʊmənt]
2 **einen Moment!** just a moment!
3 **im Moment** at the moment

der **Monarch**, die **Monarchin** monarch ['mɒnək]

die **Monarchie** monarchy ['mɒnəki]

der **Monat** month [mʌnθ]; **im Monat Mai** in the month of May

monatlich monthly

der **Mönch** monk [mʌŋk]

der **Mond** moon

die **Mondfinsternis** eclipse [ɪ'klɪps] of the moon

der **Mondschein** moonlight

der **Monitor** monitor ['mɒnɪtəʳ]

der **Monolog** monologue ['mɒnᵊlɒg]

das **Monopol** monopoly [mə'nɒpᵊli] (**auf/für** on)

monoton monotonous [mə'nɒtᵊnəs]

der **Montag** Monday

die **Montage** [mɔn'taːʒə]
1 (*Aufbau*) installation [ˌɪnstə'leɪʃᵊn]
2 (*Zusammenbau*) assembly [ə'sembli]

montieren
1 (*aufbauen*) to install [ɪn'stɔːl]
2 (*zusammenbauen*) to assemble

das **Moor** bog; (*Hochmoor*) moor [mɔːʳ]

das **Moos** moss

das **Moped** moped ['məʊped]

die **Moral**
1 moral ['mɒrᵊl] standards ⚠ *Plural*
2 *einer Geschichte:* moral ['mɒrᵊl]
3 **eine doppelte Moral** double standards ⚠ *Plural*

der **Mord** murder; **[einen] Mord begehen** to commit [a] murder

der **Mordanschlag** **einen Mordanschlag auf jemanden verüben** to carry out an assassination [əˌsæsɪ'neɪʃᵊn] attempt on someone

der **Mörder**, die **Mörderin** murderer; (*Frau auch*) murderess

der **Mordfall** murder case (GB), homicide ['hɒmɪsaɪd] [case] (USA)

morgen
1. tomorrow [tə'mɒrəʊ]; **morgen früh** tomorrow morning
2. **morgen in einer Woche** a week tomorrow
3. **bis morgen!** see you tomorrow!

der **Morgen** morning; **am Morgen** in the morning; **am nächsten Morgen** the next morning; **heute/gestern Morgen** this/yesterday morning

das **Morgenessen** (CH) breakfast [ˌbrekfəst]

das **Morgengrauen** daybreak; **im Morgengrauen** at first light

morgens in the morning

das **Mosaik** mosaic [mə'zeɪɪk]

die **Moschee** mosque [mɒsk]

der **Moskito** mosquito [mɒs'kiːtəʊ]

der **Moslem** Muslim ['mʊzlɪm]

moslemisch Muslim

das **Motiv**
1. (*Beweggrund*) motive ['məʊtɪv]
2. *in der Malerei:* motif [məʊ'tiːf]; *in der Musik:* theme

die **Motivation** motivation [ˌməʊtɪ'veɪʃᵊn]

motivieren to motivate ['məʊtɪveɪt]

der **Motor** motor; (*Verbrennungsmotor*) engine ['endʒɪn]

das **Motorboot** motorboat

die **Motorfahrzeugsteuer** (CH) motor vehicle tax, road tax (GB)

die **Motorhaube** bonnet (GB), hood (USA)

das **Motorrad** motorbike

der **Motorradfahrer**, die **Motorradfahrerin** motorcyclist ['məʊtəˌsaɪklɪst]

der **Motorroller** [motor] scooter

die **Motte** moth

das **Motto** motto

das **Mountainbike** ['mauntn̩bajk] mountain bike

die **Möwe** seagull

die **Mücke** gnat [næt], midge, mosquito [mɒs'kiːtəʊ]

der **Mückenstich** gnat bite, mosquito bite

müde
1. (*schläfrig*) tired [taɪəd]; **ich bin müde** I'm tired
2. (*überdrüssig*) tired, weary ['wɪəri]

die **Müdigkeit** tiredness ['taɪədnəs]

die **Mühe** trouble ['trʌbl]; **sich Mühe geben, etwas zu tun** to make an effort to do something; **mit Müh und Not** with great difficulty

mühelos effortless

die **Mühle**
1. mill
2. *für Kaffee usw.:* grinder

mühsam with difficulty

der **Müll** refuse ['refjuːs], rubbish (GB), garbage ['gɑːbɪdʒ] (USA)

die **Müllabfuhr** refuse [*oder* (USA) garbage] collection

der **Mülleimer** rubbish bin (GB), garbage can (USA)

die **Müllverbrennungsanlage** incineration [ɪn'sɪnᵊreɪʃᵊn] plant

multiplizieren **etwas mit etwas multiplizieren** to multiply something by something

der **Mumm** (*umgangsspr*) **die hat Mumm [in den Knochen]** she's got guts ⚠ *Plural*

der **Mumps** mumps

der **Mund** mouth [maʊθ] ▶ WENDUNGEN: **halt den Mund!** shut up!; **da läuft einem ja das Wasser im Munde zusammen!** that looks really mouth-watering!

die **Mundharmonika** mouth organ

mündig (*verantwortungsbewusst*) responsible [rɪ'spɒnsəbl]

mündlich verbal ['vɜːbᵊl]; **die mündliche Prüfung** the oral ['ɔːrᵊl] examination

die **Mündung** mouth [maʊθ]

die **Munition** ammunition [ˌæmjə'nɪʃᵊn]

munter
1. (*lebhaft*) lively ['laɪvli]; (*lustig*) cheerful
2. (*wach*) awake

die **Münze** coin

> **Land und Leute**
> Die Münzen in den USA haben besondere Namen. Ein US Dollar sind 100 **cents** und eine Ein-Cent-Münze heißt **penny**. Die Fünf-Cent-Münze nennt man **nickel**, die Zehn-Cent-Münze **dime**. Die 25-Cent-Münze ist ein **quarter** (Vierteldollar). Und schließlich gibt es noch **half dollars** und **dollar coins**.

murmeln to murmur; (*unverständlich*) to mumble, to mutter

mürrisch
1 (*übel gelaunt*) grumpy
2 (*abweisend*) morose, sullen ['sʌl^{ə}n]

die **Muschel**
1 mussel
2 (*Muschelschale*) shell

das **Museum** museum [mju:'zi:əm]

die **Musik** music ['mju:zɪk]

musikalisch musical ['mju:zɪk^{ə}l]

der **Musiker**, die **Musikerin** musician [mju:'zɪʃ^{ə}n]

das **Musikinstrument** musical instrument

der **Muskel** muscle ['mʌsl]

müssen
1 (*gezwungen sein*) to have to, must; **ich muss es nicht tun** I don't have to do it; **ich hätte es tun müssen** I should have done it; **musst du jetzt unbedingt gehen?** do you really have to go now?
2 (*eigentlich sollen*) ought [ɔ:t] to, should; **sein Gesicht hätten Sie sehen müssen** you ought to have seen his face
3 (*Vermutung*) **ich muss es wohl verloren haben** I must have lost it; **das müsste eigentlich reichen** this should be enough [ɪ'nʌf]

das **Muster**
1 (*Probestück*) sample
2 *eines Stoffes:* pattern

der **Mut** (*Tapferkeit*) courage ['kʌrɪdʒ]; **den Mut verlieren** to lose heart [hɑ:t]; **nur Mut!** take courage!

mutig brave, courageous [kə'reɪdʒəs]

die **Mutter** mother ['mʌðə^{r}]

mütterlich maternal, motherly

das **Muttermal** birthmark

die **Muttersprache** mother tongue [tʌŋ]

die **Mutti** (*umgangsspr*) mummy (GB), mommy (USA)

die **Mütze** cap

mysteriös mysterious [mɪ'stɪəriəs]

der **Mythos** myth [mɪθ]

Nn

N, n N, n [en]

N *Abkürzung von* **Norden** N

na (*umgangsspr*) well; **na also** [*oder* **bitte**]**!** there you are!; **na und?** so what?

der **Nabel** navel, umbilicus [ʌm'bɪlɪkəs]

nach
1 (*zeitlich*) after; **nach zwanzig Minuten** after twenty minutes; **zwei Minuten nach eins** two minutes past [*oder* (USA) after] one; **einer nach dem anderen** one after the other
2 (*die Richtung angebend*) to; **gehen Sie bitte nach hinten/vorn** please go [*oder* move] to the back/front; **der Zug nach Manchester** the train for [*oder* to] Manchester; **nach Hause** home
3 (*gemäß*) according [ə'kɔ:dɪŋ] to; (*in Anlehnung an*) after; **nach dem Gesetz** according to the law
4 **nach und nach** little by little

nachahmen to imitate ['ɪmɪteɪt]

der **Nachbar**, die **Nachbarin** neighbour ['neɪbə^{r}]

das **Nachbarhaus** neighbouring house, house next door

nachdem after

nachdenken to think (**über** about)

nachdenklich pensive, thoughtful ['θɔ:tfəl]

der **Nachdruck** (*Betonung*) emphasis ['emfəsɪs], stress

nachdrücklich emphatic [ɪm'fætɪk]

nacheinander
1 (*räumlich*) one after another
2 (*zeitlich*) in succession [sək'seʃ^{ə}n]

die **Nachfolge** succession [sək'seʃ^{ə}n]; **jemandes Nachfolge antreten** to succeed [sək'si:d] someone

der **Nachfolger**, die **Nachfolgerin** successor

die **Nachfrage** (*Verlangen*) demand (**nach** for)

nachfragen to ask, to enquire [ɪn'kwaɪə^{r}] (GB), to inquire (USA)

nachfüllen to refill

nachgeben
1 (*federn*) to give
2 (*übertragen*) **jemandem/einer Sache nachgeben** to give way to someone/something

nachgehen
1 (*folgen*) to follow
2 (*ausüben*) to practise; *Studium, Interessen:* to pursue [pə'sjuː]
3 (*erforschen*) to investigate, to look into
4 *Uhr:* to be slow

nachgiebig soft

nachhaltig lasting, sustained [sə'steɪnd]

nachher
1 (*später*) later
2 **bis nachher!** so long!, see you later!

die **Nachhilfe** extra [*oder* private] tuition [tju'ɪʃᵊn]

nachholen (*Versäumtes aufholen*) to make up [for]

der **Nachkomme** descendant [dɪ'sendənt]

nachkommen
1 (*später kommen*) to come later; (*folgen*) to follow
2 (*Schritt halten*) to keep up (**mit** with)

die **Nachkriegszeit** post-war period

der **Nachlass**
1 (*Preisnachlass*) discount, reduction (**auf** on)
2 (*Erbschaft*) estate

nachlassen
1 to reduce *Preis*
2 (*abnehmen*) to decrease [dɪ'kriːs]
3 (*sich abschwächen*) to ease off; *Sturm:* to abate

nachlässig careless, negligent ['neglɪdʒənt]

nachmachen (*nachahmen*) to copy, to imitate [ɪmɪteɪt]

der **Nachmittag** afternoon; **am Nachmittag** in the afternoon; **am Nachmittag des 10. März** on the afternoon of March 10th; **heute Nachmittag** this afternoon; **gestern Nachmittag** yesterday afternoon

nachmittags in the afternoon

die **Nachnahme** cash [*oder* (USA) collect] on delivery

der **Nachname** last name, surname ['sɜːneɪm]

nachprüfen to check

die **Nachricht**
1 (*Mitteilung*) message ['mesɪdʒ]
2 (*Meldung*) news
3 **die Nachrichten** the news

Vorsicht Falle!
news wird meist in der Einzahl gebraucht: *the news is good; is there any news of Norman?; here is today's news*

nachschauen
1 (*prüfen*) to have a look
2 **jemandem/einer Sache nachschauen** to gaze after someone/something
3 to look up *Wort*

nachschlagen
1 to look up *Wort*
2 (*ähneln*) **jemandem nachschlagen** to take after someone

der **Nachschub** supplies ⚠ *Plural* (**an** of)

nachschwätzen (A) to parrot

nachsehen
1 to look up *Information*
2 (*überprüfen*) to check
3 **jemandem/einer Sache nachsehen** to gaze after someone/something
4 (*prüfen*) to have a look

nachsichtig (*mild*) lenient ['liːniənt] (**mit** towards)

nachsitzen to be kept in, to get detention

die **Nachspeise** dessert [dɪ'zɜːt]

nachsprechen **jemandem etwas nachsprechen** to repeat [rɪ'piːt] something after someone

nächst **nächst zu jemandem** beside someone

nächste
1 nearest
2 (*zeitlich oder räumlich folgend*) next; **nächsten Mittwoch** next Wednesday

die **Nacht** (*auch übertragen*) night [naɪt]; **bei** [*oder* **in der**] **Nacht** at night; **bei Nacht und Nebel** (*umgangsspr*) at dead of night; **die ganze Nacht hindurch** all night [long]; **über Nacht** (*auch übertragen*) overnight; **diese Nacht** tonight [tə'naɪt]

der **Nachteil** disadvantage [ˌdɪsəd'vɑːntɪdʒ]

nachten (CH) to grow dark

das **Nachtessen** (CH) supper, evening meal

das **Nachthemd** (*für Damen*) nightdress ['naɪtdres]; (*umgangsspr*) nightie ['naɪti]

der **Nachtisch** dessert [dɪ'zɜːt]

nachträglich
1 (*später*) later
2 (*verspätet*) belated [bɪ'leɪtɪd]; **nachträglich herzlichen Glückwunsch** belated best wishes ⚠ *Plural*

nachtrauern jemandem/einer Sache nachtrauern to mourn [mɔːn] the loss of someone/something

nachts at night [naɪt] (GB), nights (USA); **bis 2 Uhr nachts** till two in the morning

nachweisen (*beweisen*) to prove [pruːv]

der **Nacken** neck

nackt
1 *Person:* naked ['neɪkɪd], nude [njuːd]
2 *Körperteil:* bare [beəʳ]

die **Nadel** needle; (*Anstecknadel*) pin

der **Nadelbaum** conifer

der **Nagel** nail

die **Nagelfeile** nail file

der **Nagellack** nail varnish

nageln to nail (**an** to)

nagelneu (*umgangsspr*) brand-new

nagen to gnaw [nɔː] (**an** at)

nah
1 (*räumlich*) close, near (**an/bei** to), nearby
2 (*zeitlich*) approaching [ə'prəʊtʃɪŋ], near; **die nahe Zukunft** the near future
3 **ich war den Tränen nahe** I was on the verge [vɜːdʒ] of tears ▶ WENDUNGEN: **der Nahe Osten** the Middle East

die **Nähe es ist ganz in der Nähe** it is quite near; **in unmittelbarer Nähe** in close proximity; **in der/unserer Nähe** close by [us]; **aus der Nähe** from close up

nahelegen jemandem etwas nahelegen to suggest [sə'dʒest] something to someone

naheliegend obvious ['ɒbviəs]

nähen to sew [səʊ]

> **Grammatik**
> Richtiges Konjugieren von **sew**: sew, sewed, sewn — *Jenny sewed the badge on to her jeans; I have sewn the button back on.*

näher
1 (*räumlich*) nearer [nɪərəʳ]
2 (*zeitlich*) closer
3 (*eingehender*) more detailed; **können Sie das näher beschreiben?** could you describe that in more detail?
4 (*enger*) closer; **die nähere Umgebung** the immediate vicinity [və'sɪnəti]
5 (*räumlich, zeitlich*) closer, nearer; **näher kommen** to come nearer
6 (*genauer*) more closely; **näher kennen lernen** to get to know better

nähern sich jemandem/einer Sache nähern to approach [ə'prəʊtʃ] someone/something

nahetreten jemandem nahetreten to offend someone

das **Nähgarn** [sewing] thread [θred]

die **Nähmaschine** sewing machine ['səʊɪŋməˌʃiːn]

die **Nahrung** food

das **Nahrungsmittel** foodstuff

die **Naht** seam

der **Nahverkehr** local traffic

naiv naive [naɪ'iːv]

der **Name** name; **unter dem Namen xy** under the name of xy; **seinen Namen nennen** to give one's name; **dem Namen nach** by name

nämlich
1 (*und zwar*) namely
2 (*umgangsspr: weil*) because; **ich kann nicht kommen, ich habe nämlich noch zu tun** I can't come because I've still got some work to do

der **Napf** bowl

die **Narbe** scar [skɑːʳ]

die **Narkose** an[a]esthesia [ˌænəs'θiːziə]

der **Narr** fool ▶ WENDUNGEN: **jemanden zum Narren halten** to make a fool of someone

die **Närrin** fool

naschen
1 (*Süßigkeiten essen*) to eat sweet things [secretly]
2 **etwas naschen** to nibble something

die **Nase** nose ▶ WENDUNGEN: **jemanden an der Nase herumführen** to lead someone by the nose; **die Nase voll haben von ...** (*umgangsspr*) to be fed up with ...

das **Nashorn** rhinoceros [raɪ'nɒsᵊrəs]

nass wet

das **Nastuch** (CH) handkerchief ['hæŋkətʃi:f]

das **Natel** (CH)
1 mobile ['məʊbaɪl] phone, cellphone (USA)
2 (*Mobilfunknetz*) cellular network

die **Nation** nation ['neɪʃᵊn]

national national ['næʃᵊnᵊl]

die **Nationalhymne** national anthem

die **Nationalität** nationality [ˌnæʃᵊn'æləti]

die **Nationalmannschaft** national team

der **Nationalsozialismus** National Socialism ['səʊʃᵊlɪzᵊm]

die **Natur**
1 nature ['neɪtʃəʳ]
2 **von Natur aus schüchtern** shy by nature

die **Naturkunde** natural history

natürlich
1 natural
2 (*selbstverständlich*) of course; **natürlich!** of course!, sure!

der **Naturschutz** nature conservation

das **Naturschutzgebiet** nature reserve [rɪ'zɜ:v]

die **Naturwissenschaften** natural sciences ['saɪənsɪz] *Plural*

der **Naturwissenschaftler**, die **Naturwissenschaftlerin** natural scientist ['saɪəntɪst]

naturwissenschaftlich scientific [ˌsaɪən'tɪfɪk]

die **Navigation** navigation [nævɪ'geɪʃᵊn]

das **Navisystem** (*umgangsspr*) satnav

der **Nebel** fog; (*dünn*) mist

neben beside, next to

nebenan next door

nebenbei
1 (*zu gleicher Zeit*) at the same time
2 (*beiläufig*) incidentally [ˌɪnsɪ'dentᵊli]; **nebenbei bemerkt** by the way

nebeneinander
1 (*räumlich*) side by side
2 (*zeitlich*) at the same time

der **Nebenfluss** tributary ['trɪbjətᵊri]

die **Nebensache** minor matter, trifle ['traɪfl]

nebensächlich minor, unimportant

die **Nebenstraße** side street

die **Nebenwirkung** side effect

necken **jemanden mit etwas necken** to tease someone about something

der **Neffe** nephew ['nefju:]

das **Negativ** negative

negativ negative

nehmen
1 to take
2 (*wegnehmen*) to take; to take away *Schmerz*
3 **man nehme ...** take ...
4 **etwas zu sich nehmen** to take [*oder* have] something
5 **die Dinge nehmen, wie sie kommen** to take things as they come

Grammatik
Richtiges Konjugieren von **take**: take, took, taken — *Kate took a seat; I have taken some English lessons.*

der **Neid** envy (**auf** of)

neidisch envious, jealous ['dʒeləs] (**auf** of)

neigen
1 (*beugen*) to bend
2 **zu etwas neigen** to tend [*oder* to have a tendency] to something
3 **sich neigen** *Ebene:* to slope; *Person:* to bend

die **Neigung**
1 (*Gefälle*) incline ['ɪnklaɪn]
2 (*Tendenz*) tendency; (*Hang*) inclination [ˌɪnklɪ'neɪʃᵊn]

nein no

nennen
1 to call
2 (*aufzählen, angeben*) to name
3 (*erwähnen*) to mention
4 **jemanden/etwas nach jemandem nennen** to name someone/something after [*oder* (USA) for] someone
5 **und der nennt sich Musiker!** and he calls himself a musician!

der **Nenner** denominator [dɪ'nɒmɪneɪtəʳ]

der **Nerv** nerve [nɜ:v]; **jemandem auf die Nerven gehen** (*umgangsspr*) to get on someone's nerves; **die Nerven verlieren** to lose control, to lose one's cool *umgangsspr*

nerven (*umgangsspr*) to irritate; **jemanden nerven** to get on someone's nerves das **Nervenbündel** (*umgangsspr*) bundle of nerves

nervös nervous ['nɜːvəs]

die **Nervosität** nervousness ['nɜːvəsnəs]

der **Nerz** mink

das **Nest** nest

nett
1 (*freundlich*) nice
2 (*hübsch*) cute [kjuːt], pretty

netto net

das **Netz**
1 net; *einer Spinne:* web
2 *Telefon, Computer:* network; (*elektrisch*) grid
3 *für Gepäck:* rack

das **Netzwerk** network; **soziales Netzwerk** social network

netzwerken (*umgangsspr*) to network

der **Netzwerker**, die **Netzwerkerin** networker

neu
1 new; **neueste Nachrichten** latest news; **das ist mir neu** that's new[s] to me
2 (*frisch*) fresh, recent ['riːs(ə)nt]

die **Neuerung**
1 innovation
2 (*Reform*) reform

die **Neugier(de)** curiosity [ˌkjʊəri'ɒsəti]

neugierig curious ['kjʊəriəs] (**auf** about)

die **Neuheit** novelty

die **Neuigkeit** [piece of] news ⚠ *Plural*

das **Neujahr** New Year

neulich recently ['riːs(ə)ntli], the other day

der **Neuling** newcomer ['njuːˌkʌmə(r)]

neun nine

das **Neuntel** ninth

neuntel ninth

neunzehn nineteen

neunzehnte(r, s) nineteenth

neunzig ninety

neurotisch neurotic [njʊə'rɒtɪk]

neutral neutral ['njuːtr(ə)l]

die **Neutralität** neutrality [njuː'træləti]

nicht
1 (*Verneinung*) not; **er tanzt nicht** he's not dancing; (*nie*) he doesn't dance; **sie wohnt nicht mehr hier** she no longer lives here, she doesn't live here anymore; **noch nicht** not yet
2 **du kommst nicht? — ich auch nicht!** you're not coming? — me neither!; **ich rauche auch nicht** I don't smoke either
3 (*rhetorisch*) **schön, nicht?** nice, isn't it?; **du kommst/liebst mich doch, nicht wahr?** you're coming, aren't you?/you love me, don't you?

die **Nichte** niece [niːs]

der **Nichtraucher**, die **Nichtraucherin** non-smoker

nichts
1 nothing; **überhaupt nichts** nothing at all
2 (*in fragenden oder bedingenden Sätzen*) **nichts als ...** nothing [*oder* not anything] but ...; **haben Sie nichts anderes?** don't you have anything else? ▶ WENDUNGEN: **es macht nichts** it doesn't matter; **nichts sagend** meaningless

der **Nichtschwimmer**, die **Nichtschwimmerin** non-swimmer

nichtsdestoweniger nevertheless

nicken to nod

das **Nickerchen** (*umgangsspr*) nap, snooze; **ein Nickerchen machen** to have a nap

nie never; **fast nie** hardly ever; **nie und nimmer** never ever; **nie wieder** never again

der **Niedergang** decline

der/die **Niedergelassene** (CH) official resident

niedergeschlagen dejected, depressed

die **Niederlage** (*auch übertragen*) defeat [dɪ'fiːt]; **eine Niederlage erleiden** to suffer a defeat

die **Niederlande** **die Niederlande** the Netherlands ['neðələnds] ⚠ *Singular oder Plural*

der **Niederländer**, die **Niederländerin** Dutchman/Dutchwoman; **die Niederländer** the Dutch *Plural*

niederländisch Dutch

niederlassen
1 (*seinen Wohnsitz nehmen*) **sich irgendwo niederlassen** to settle down somewhere
2 *Arzt, Anwalt:* **sich niederlassen** to set up a practice

die **Niederlassungsbewilligung** (CH) residence permit [pɜːmɪt]

der **Niederschlag** (*Regen, Schnee*) precipitation [prɪˌsɪpɪˈteɪʃᵊn]

niedlich sweet (GB), cute [kjuːt] (USA)

niedrig (*auch übertragen*) low

niemals never

niemand nobody, no one; **ich sehe niemanden** I don't see anybody; **niemand anders** nobody else

die **Niere** kidney [ˈkɪdni]

nieseln to drizzle

niesen to sneeze

die **Niete**
1 (*Los*) blank
2 (*umgangsspr: Versager*) dead loss, failure [ˈfeɪljəʳ]
3 (*Stift*) rivet; (*an Hosen*) stud

das **Nikotin** nicotine

das **Nilpferd** hippopotamus [ˌhɪpəˈpɒtəməs]

nirgends nowhere; **es ist nirgends zu finden** we can't find it anywhere

nirgendwo nowhere; **es ist nirgendwo zu finden** we can't find it anywhere

das **Nitrat** nitrate [ˈnaɪtreɪt]

das **Niveau**
1 (*auch übertragen*) level
2 **das Theaterstück hat Niveau** the play is of a high standard; **das ist unter meinem Niveau** that's beneath me

nobel
1 (*edelmütig*) noble [ˈnəʊbl]
2 *Geste:* generous [ˈdʒenᵊrəs]
3 (*elegant, kostspielig*) posh

noch
1 **weder A noch B** neither A nor B
2 (*weiterhin*) still; **bist du noch da?** are you still there?; **noch immer, immer noch** still; **noch nicht** not yet; **er ist noch nicht da** he's not here yet
3 **ich möchte gerne noch bleiben** I'd like to stay on longer
4 **noch am selben Tag** on the very same day; **noch heute** this very day
5 **noch nie** never [before]
6 (*außerdem, sonst*) [**wünschen Sie**] **noch etwas?** [do you wish] anything else?
7 **noch einen Kaffee bitte** another cup of coffee, please
8 (*bei Steigerungsformen*) **noch besser** even better; **noch mehr** even more
9 **gerade noch** [only] just

der **Nominativ** nominative

nominieren to nominate

die **Nonne** nun

der **Norden** north; **aus dem** [*oder* **von**] **Norden** from the north; **nach Norden** north

nördlich
1 northern; **der nördliche Polarkreis** the Arctic Circle [ˈsɜːkl]
2 north (**von** of)
3 **nördlich der Stadt** to the north of the town

der **Nordosten** north-east

nordöstlich
1 north-eastern
2 north-east (**von** of)
3 **nordöstlich der Kirche** to the north-east of the church

der **Nordpol** North Pole

der **Nordwesten** north-west

nordwestlich
1 north-western
2 north-west (**von** of)
3 **nordwestlich der Straße** to the north-west of the street

die **Norm** standard

normal normal; *Maß, Gewicht:* standard

Norwegen Norway [ˈnɔːweɪ]

der **Norweger**, die **Norwegerin** Norwegian [nɔːˈwiːdʒᵊn]

norwegisch Norwegian

die **Nostalgie** nostalgia [nɒsˈtældʒə]

die **Not**
1 (*Mangel*) want; **aus Not** out of poverty
2 (*Bedrängnis*) distress; **ich bin in großer Not** I'm in dire straits
3 **zur Not** (*falls nötig*) if necessary [ˈnesəsᵊri]

der **Notarzt**, die **Notärztin** emergency [ɪˈmɜːdʒᵊnsi] doctor

die **Notaufnahme** casualty

der **Notausgang** emergency exit

der **Notdienst** **Notdienst haben** (*Arzt*) to be on call

die **Note**
1 mark
2 *in der Musik:* note; **nach Noten singen/spielen** to sing/play from music

Land und Leute
Das übliche Notensystem der USA, das **grading system**, verwendet die Buchstaben A, B, C, D, E und F, wobei das E oft fehlt. A ist die beste Note und F (= **Fail**) bedeutet durchgefallen. Großbritannien verwendet die Buchstaben A bis E; hier bedeutet ein E durchgefallen. Die Buchstaben können auch mit einem Plus oder Minus versehen werden. Wer eine A+ erhält, hat wirklich eine Superleistung erbracht.

das **Notepad** ['nəʊtpæd] (*Computer*) notepad

der **Notfall** emergency [ɪ'mɜːdʒᵊnsi]; **bei einem Notfall** in case of emergency

die **Notfallstation** CH casualty ['kæʒjuəlti]

notieren (*Notizen machen*) to make a note of, to note [down]

nötig necessary ['nesəsᵊri]; **etwas [bitter] nötig haben** to need something [badly]

die **Notiz**
1 (*Vermerk*) note
2 **[keine] Notiz nehmen von** to take [no] notice of

der **Notizblock** notepad, memo pad

die **Notlage** (*Elend*) plight; **in einer Notlage sein** to be in serious ['sɪəriəs] difficulties ⚠ *Plural*

die **Notlandung** forced [*oder* emergency] landing

die **Notlösung** temporary ['tempᵊrᵊri] solution

notorisch notorious [nə'tɔːriəs]

der **Notruf** emergency call

die **Notwehr** self-defence GB, self-defense USA

notwendig necessary ['nesəsᵊri]

die **Notwendigkeit** necessity [nə'sesəti]

der **November** November

nüchtern
1 (*nicht betrunken*) sober
2 (*vernünftig*) down-to-earth, rational
3 **auf nüchternen Magen** on an empty stomach ['stʌmək]

die **Nudel**
1 noodle
2 **Nudeln** pasta ⚠ *Singular;* (*in einer Suppe*) noodles

nuklear nuclear

die **Null** (*Ziffer*) nought [nɔːt]; *auf Skalen, Thermometer:* zero

null
1 zero
2 *im Sport:* nil; *beim Tennis:* love [lʌv]
3 **es ist null Uhr zwanzig** it's twenty past [*oder* USA after] midnight

die **Nummer**
1 number
2 (*Größe*) size

das **Nummernschild** number plate GB, license ['laɪsəns] plate USA

nun
1 (*jetzt*) now; **was nun?** what now?; **von nun an** from now on
2 (*dann*) then; **nun gut** all right then
3 (*also*) well

nur
1 (*einschränkend*) only; **wenn nur ...** if only ...; **nicht nur ..., sondern auch ...** not only ...[,] but also ...
2 (*nichts außer*) nothing but; **immer nur Ärger** nothing but trouble ['trʌbl]
3 (*mit Verneinung*) **alle kommen, nur er nicht** everyone's coming except for him
4 (*bloß*) just; **nur einmal** just once
5 (*fragend*) **warum tut er das nur?** why on earth [ɜːθ] does he do that?; **was hat er nur?** I wonder ['wʌndəʳ] what's wrong with him?

Vorsicht Falle!
only steht meistens vor dem Verb: *I only wanted to help; I've only got three pills left.* **Only** kann auch direkt vor dem Wort, auf das es sich bezieht, stehen: *only Emma saw the dog* = nur Emma sah den Hund — sonst sah ihn niemand; *Emma only saw the dog* = Emma hat den Hund nur gesehen — sie hat ihn nicht gestreichelt; *Emma saw only the dog* = Emma sah nur den Hund — sonst nichts.

nuscheln (*umgangsspr*) to mumble ['mʌmbl]

die **Nuss** nut

nütze zu etwas/nichts nütze sein to be useful for something/to be of no use for anything

der **Nutzen**
1 (*Vorteil*) advantage [əd'vɑːntɪdʒ], benefit; (*Gewinn*) profit
2 (*Nützlichkeit*) usefulness ['juːsfəlnəs]; **jemandem von Nutzen sein** to be useful ['juːsfəl] to someone

nutzen, nützen
1 (*gebrauchen*) to make use [ju:s] of, to use
2 **jemandem nützen** to be of use to someone; **zu etwas nützen** to be of use for something
3 **es nützt nichts** it's no use

nützlich useful ['ju:sfəl]

nutzlos useless ['ju:sləs]

das **Nylon** nylon

Oo

O[1], **o** O, o [əʊ]

o[2] oh!

die **Oase** (*auch übertragen*) oasis [əʊ'eɪsɪs]

ob
1 (*Frage einleitend*) if, whether ['weðəʳ]; **frage sie einfach, ob sie Lust hat** just ask her whether [*oder* if] she feels like it
2 (*vergleichend*) **als ob** as if
3 **ob sie mich wohl liebt?** I wonder ['wʌndəʳ] if she loves me
4 **ich weiß nicht, ob sie kommen** I don't know whether [or not] they're coming
5 (*umgangsspr*) **und ob!** you bet!

obdachlos homeless

der/die **Obdachlose** homeless person

oben
1 (*in der Höhe*) up; **hier/dort oben** up here/there
2 (*hoch oben, am oberen Ende*) at the top; **ganz oben** (*auch übertragen*) right [raɪt] at the top
3 (*im oberen Stock*) upstairs; **nach oben** upwards; (*im Haus*) upstairs
4 (*an der Oberfläche*) on the surface ['sɜ:fɪs]
5 (*vorher: in Brief*) above [ə'bʌv]; **siehe oben** see above
6 **von oben bis unten** from top to bottom; (*bei Person*) from head [hed] to toe

der **Ober** waiter; **Herr Ober!** waiter!

obere(r, s) upper

die **Oberfläche** surface ['sɜ:fɪs]

oberflächlich (*auch übertragen*) superficial [ˌsu:pə'fɪʃəl]

oberhalb above [ə'bʌv]

das **Oberhaupt** head [hed]

der **Oberkörper** upper part of the body

die **Oberlippe** upper lip

das **Obers** Ⓐ cream

der **Oberschenkel** thigh [θaɪ]

die **Oberseite** top side

oberste(r, s)
1 topmost, uppermost
2 (*übertragen*) supreme [su:'pri:m]

die **Oberstufe** ≈ sixth [sɪksθ] form

das **Objekt** object ['ɒbdʒekt]

das **Objektiv** lens [lenz], objective

objektiv objective [əb'dʒektɪv]

obligatorisch obligatory [ə'blɪgətəri]; *Schulfächer:* compulsory [kəm'pʌlsəri]

das **Obst** fruit [fru:t]

> **Vorsicht Falle!**
> **fruit** wird in der Einzahl gebraucht: *I like fresh fruit with my muesli; the old pear tree still produces fruit* — **fruits** wird für verschiedene Obstsorten gebraucht: *Kate likes apples, bananas, cherries and other fruits.*

der **Obstkuchen** fruit tart [*oder* cake]

obszön obscene [əb'si:n]

obwohl although

der **Ochse** bullock ['bʊlək], ox

öde
1 (*unbewohnt*) bleak, desolate ['desələt]; (*unbebaut*) waste
2 (*langweilig*) dreary ['drɪəri], dull

oder
1 or; **entweder ... oder** either ... or; **oder aber** or else
2 **Sie kommen doch, oder?** you're coming, aren't you?; **sie kommt nicht, oder doch?** she won't come, or will she?

der **Ofen**
1 (*Herd*) stove [stəʊv]; (*Backofen*) oven

['ʌvən]
2 (*Heizofen*) heater

offen
1 open
2 **offen halten** (*auch übertragen*) to keep open; **offen lassen** (*auch übertragen*) to leave open
3 **offen stehen** *Tür, Fenster:* to be open
4 (*frei*) vacant ['veɪkənt]; **eine offene Stelle** a vacant post, a vacancy ['veɪkᵊnsi]
5 (*unentschieden*) **es ist noch alles offen** nothing's been decided as yet
6 (*aufrichtig*) **zu jemandem offen sein** to be open with someone; **ein offenes Wort mit jemandem reden** to have a frank talk [tɔ:k] with someone

offenbar obvious ['ɒbviəs]

offenlassen (*übertragen*) **etwas offenlassen** to leave something open *Entscheidung*

offensichtlich obvious ['ɒbviəs]

offenstehen *Rechnung:* to be outstanding; **jemandem offenstehen** (*zugänglich sein*) to be open to someone

öffentlich public; **etwas öffentlich bekannt machen** to make something public; **die öffentliche Meinung** public opinion

die **Öffentlichkeit** public; **in aller Öffentlichkeit** in public; **an die Öffentlichkeit gelangen** to become known

offiziell official [ə'fɪʃᵊl]

der **Offizier** officer ['ɒfɪsəʳ]

öffnen to open

die **Öffnung** opening

die **Öffnungszeiten** hours [aʊəz] of business

oft frequently ['fri:kwəntli], often

öfter(s) (*gelegentlich*) [every] once in a while

ohne
1 without [wɪ'ðaʊt]; **sei ohne Sorge** don't worry; **ohne mich!** count me out!
2 **ohne etwas zu tun** without doing anything; **ohne dass ich es bemerkte, ...** without my noticing it ...

die **Ohnmacht** (*Bewusstlosigkeit*) faint; **in Ohnmacht fallen** to faint (**vor** from)

ohnmächtig (*bewusstlos*) unconscious [ʌn'kɒnʃəs]; **ohnmächtig werden** to faint (**vor** from)

das **Ohr** ear [ɪəʳ] ▸ WENDUNGEN: **jemanden übers Ohr hauen** to pull a fast one on someone; **bis über beide Ohren in jemanden verliebt sein** to be head over heels in love with someone

die **Ohrfeige** box on the ears; **jemandem eine Ohrfeige geben** to slap someone's face

der **Ohrring** earring ['ɪərɪŋ]

ökologisch ecological [ˌi:kə'lɒdʒɪkᵊl]

das **Ökosystem** ecosystem

der **Oktober** October

das **Öl** oil

der **Oldtimer** ['o:lttaɪmɐ] classic [*oder* vintage] car

ölen to oil

die **Olive** olive

olivgrün olive green

die **Ölleitung** pipeline

die **Ölpest** oil pollution

die **Olympiade** Olympics [ə'lɪmpɪks] ⚠ *Plural*

olympisch die Olympischen Spiele the Olympic Games

die **Oma** (*umgangsspr*) grandma, granny

die **Omelette** omelette ['ɒmlət]

der **Onkel** uncle ['ʌnkl]

online ['ɔnlaɪn] (*in der Informatik*) online; **online gehen** to go online

die **Onlinebank** internet bank, online bank

das **Onlinebanking** ['ɔnlaɪnbæŋkɪŋ] online banking

die **Onlinebestellung** online order

der **Onlinebetrieb** online mode

der **Onlinechat** ['ɔnlaɪntʃæt] online chat

der **Onlinedienst** online service

der **Onlinehandel** e-commerce

das **Onlinelernen** cyberstudy

das **Onlineportal** web portal; **im Onlineportal** in [*oder* at] the web portal

das **Onlineshopping** ['ɔnlaɪn'ʃopɪŋ] online shopping

das **Onlineticket** online ticket

der **Onlinezugang** internet [*oder* online] access ['ækses]

der **Opa** (*umgangsspr*) grandad, grandpa

die **Oper**
1 opera ['ɒpᵊrə]
2 (*Opernhaus*) opera house

die **Operation** operation [ˌɒpᵊrˈeɪʃᵊn]

der **Operationssaal** operating theatre [ˈθiːətəʳ] (GB), operating room (USA)

operieren (*auch übertragen*) to operate; **jemanden am Magen operieren** to operate on someone's stomach

das **Opfer**
① (*auch übertragen*) sacrifice [ˈsækrɪfaɪs]; **ein Opfer [für jemanden] bringen** to make a sacrifice [for someone]
② (*Geschädigter*) victim

opfern (*auch übertragen*) to sacrifice

die **Opposition** opposition [ˌɒpəˈzɪʃᵊn]

der **Optiker**, die **Optikerin** optician [ɒpˈtɪʃᵊn]

der **Optimismus** optimism [ˈɒptɪmɪzᵊm]

der **Optimist**, die **Optimistin** optimist [ˈɒptɪmɪst]

optimistisch optimistic [ˌɒptɪˈmɪstɪk]

optisch visual [ˈvɪʒuəl]; *Täuschung:* optical

die **Orange** [oˈrãːʒə] (*Frucht*) orange [ˈɒrɪndʒ]

das **Orange** (*Farbe*) orange

orangefarben, **orangefarbig** orange

der **Orangensaft** orange juice [dʒuːs]

das **Orchester** orchestra [ˈɔːkɪstrə]

der **Orden** (*Auszeichnung*) decoration [ˌdekᵊˈreɪʃᵊn]; **jemandem einen Orden für etwas verleihen** to decorate someone for something

ordentlich (*aufgeräumt*) orderly, tidy

ordinär vulgar [ˈɔːdᵊnᵊri]

ordnen
① (*organisieren*) to order, to organize
② (*in Ordnung bringen*) to put in order

der **Ordner** file

die **Ordnung**
① order; **Ordnung halten** to keep things in order
② **in Ordnung** all right, OK; **das bringen Sie wieder in Ordnung!** you'll sort this out!; **können Sie diese Maschine wieder in Ordnung bringen?** can you fix this machine? [məˈʃiːn]; **die Maschine ist [wieder] in Ordnung** the machine is fixed [again]; **mit meinem CD-Spieler ist etwas nicht in Ordnung** there's something wrong with my CD-player

das **Organ** organ

die **Organisation** organization [ˌɔːgᵊnaɪˈzeɪʃᵊn]

organisch organic

organisieren to organize [ˈɔːgᵊnaɪz]

der **Organismus** organism [ˈɔːgᵊnɪzᵊm]

die **Orgel** organ

orientieren
① **sich orientieren** to orientate [ˈɔːriənteɪt] oneself (**an/nach** by)
② (*auch übertragen*) to orientate (**auf/nach** towards)

die **Orientierung** orientation [ˌɔːriənˈteɪʃᵊn]; **die Orientierung verlieren** to lose one's bearings ⚠ *Plural*

das **Original**
① original [əˈrɪdʒᵊnᵊl]
② (*origineller Mensch*) character, original

original original

originell (*geistvoll*) witty

der **Orkan** hurricane

der **Ort**
① (*Platz, Stelle*) place; **am Ort des Verbrechens** at the scene of the crime
② (*Ortschaft*) place ▸ WENDUNGEN: **an Ort und Stelle** on the spot; **an Ort und Stelle ankommen** to arrive at one's destination

örtlich local

die **Ortschaft** (*Stadt*) town; (*Dorf*) village

das **Ortsgespräch** local call

die **Ortszeit** local time

Ostdeutschland (*Region*) Eastern Germany

der **Osten**
① (*Himmelsrichtung*) east; **im Osten von ...** in the east of ...
② **der Nahe Osten** the Near East; **der Mittlere Osten** the Middle East; **der Ferne Osten** the Far East

das **Osterei** Easter egg

die **Osterglocke** daffodil [ˈdæfədɪl]

der **Osterhase** Easter bunny

das **Ostern** Easter; **frohe Ostern!** Happy Easter!

Österreich Austria [ˈɒstriə]

der **Österreicher**, die **Österreicherin** Austrian [ˈɒstriən]

österreichisch Austrian

östlich
① easterly
② **östlich von ...** [to the] east of ...; **östlich des Turms** [to the] east of the tower

die **Ostsee** **die Ostsee** the Baltic [Sea]

oval oval

der **Ozean** ocean ['əʊʃᵊn]

das **Ozon** ozone ['əʊzəʊn]

das **Ozonloch** hole in the ozone layer

Pp

P, p P, p [piː]

das **Paar**
① pair; **ein Paar Schuhe** a pair of shoes
② (*zwei Menschen*) couple ['kʌpl]

paar **ein paar** a few; (*zwei, drei*) a couple of; **vor ein paar Tagen** a few days ago

paaren *Tiere:* to mate

paarweise in pairs *Plural*

die **Pacht**
① (*Pachtverhältnis*) lease [liːs]
② (*Entgelt*) rent

pachten to lease

der **Pächter**, die **Pächterin** tenant

das **Päckchen** package; (*Postpäckchen*) small parcel

packeln Ⓐ (*paktieren*) to make a deal

packen
① (*festhalten*) to grab, to seize [siːz]; **jemanden am Kragen packen** to grab someone by the collar
② (*einpacken*) to pack; to make up *Paket*
③ (*umgangsspr: hinkriegen*) to manage; **der Zug geht in zehn Minuten, packen wir das noch?** the train leaves in ten minutes, can we still make it?

packend gripping, thrilling

die **Packung** (*Schachtel*) packet; **eine Packung Zigaretten** a pack[et] of cigarettes

das **Paddel** paddle

das **Paddelboot** canoe [kə'nuː]

paddeln to canoe, to paddle

das **Paket**
① parcel
② (*Packung*) packet

der **Pakt** agreement, pact

der **Palast** palace

die **Palatschinke** Ⓐ stuffed pancake

die **Palme** palm [pɑːm] [tree]

die **Panik** panic; **in Panik geraten** to get into a panic

die **Panne**
① breakdown; (*Reifenpanne*) puncture; **er hatte eine Panne** his car broke down; (*eine Reifenpanne*) he had a puncture
② (*umgangsspr: Schnitzer*) blunder Ⓖⓑ, goof Ⓤⓢⓐ

der **Pantoffel** slipper

der **Panzer**
① tank
② *einer Schildkröte:* shell

der **Papa** (*umgangsspr*) dad, daddy

der **Papagei** parrot

der **Papi** (*umgangsspr*) daddy

das **Papier**
① (*auch Schriftstück*) paper ['peɪpəʳ]; **ein Blatt Papier** a sheet of paper
② **Papiere** (*Ausweise*) [identity] papers

der **Papierkorb** wastepaper [ˌweɪst'pəɪpəʳ] basket Ⓖⓑ, wastebasket Ⓤⓢⓐ

die **Pappe** cardboard

der **Pappkarton** cardboard box

der **Paprika** (*Gewürz*) paprika ['pæprɪkə]

die **Paprika** (*Gemüse*) **eine rote/grüne Paprika** a red/green pepper

der **Papst** pope

der **Paradeiser** Ⓐ tomato [tə'mɑːtəʊ]

das **Paradies** paradise ['pærədaɪs]

der **Paragraph** paragraph; *eines Gesetzes:* section

parallel parallel (**zu** to)

die **Parallele** parallel (**zu** to)

parat ready ['redi]; **etwas parat haben/halten** to have/keep something ready

das **Parfum**, das **Parfüm** perfume, scent [sent]

der **Park** park

parken
1 to park
2 **„Parken verboten!"** "No Parking!"

das **Parkett**
1 parquet ['pɑːkeɪ] [flooring]
2 (*im Theater*) stalls (GB), parquet (USA)

das **Parkhaus** multi-storey [*oder* (USA) multi-story] car park

parkieren (CH) to park

der **Parkplatz** car park (GB), parking lot (USA)

die **Parkuhr** parking meter

das **Parkverbot** parking ban

das **Parlament** parliament ['pɑːləmənt]

das **Parlamentsmitglied** member of parliament

die **Partei**
1 party
2 **für jemanden Partei ergreifen** to take someone's side

der **Parteitag** party convention [*oder* conference]

das **Parterre** ground [*oder* (USA) first] floor

das **Partizip** participle [pɑː'tɪsɪpl]; **Partizip Präsens/Perfekt** present/past participle

der **Partner**, die **Partnerin** partner

die **Partnerschaft** partnership

die **Partymeile** (*umgangsspr*) party mecca

der **Pass**
1 passport
2 (*Gebirgspass*) pass

die **Passage** [pa'saːʒə] (*Einkaufspassage*) arcade

der **Passagier** [pasa'ʒiːɐ̯] passenger ['pæsəndʒəʳ]; **blinder Passagier** stowaway

der **Passant**, die **Passantin** passer-by

passen
1 (*einpassen*) to fit (**in** in/into)
2 (*von der Größe her*) to fit; **das Kleid passt wie angegossen** the dress fits like a glove [glʌv]
3 **zu etwas passen** to go with something; **diese Farben passen nicht gut zueinander** these colours don't go together well; **sie passen gut zueinander** they are well suited to each other
4 (*angenehm sein*) to suit; **wann passt es Ihnen?** what time would suit you?

passend
1 *Größe:* fitting
2 *Farbe, Stil:* matching
3 *Bemerkung, Worte:* appropriate [ə'prəʊpriət], fitting
4 **haben Sie es passend?** *Geldbetrag:* have you got the right money?

passieren
1 (*vorbeifahren*) to pass
2 (*sich ereignen*) to happen; **was ist mit ihr passiert?** what happened to her?

das **Passiv** passive [voice]

passiv passive

die **Passkontrolle** passport control

die **Paste** paste

die **Pastete** pie

der **Pastor** (*anglikanisch*) vicar; (*freikirchlich*) minister

der **Pate** godfather

das **Patenkind** godchild

das **Patent**
1 patent; **ein Patent anmelden** to apply for a patent (**auf** on)
2 (CH) permit ['pɜːmɪt], licence ['laɪsəns] (GB), license (USA)

der **Patient**, die **Patientin** patient ['peɪʃənt]

die **Patin** godmother ['gɒdmʌðəʳ]

der **Patriot**, die **Patriotin** patriot

die **Patrone** cartridge

die **Patsche** (*umgangsspr*) **in der Patsche sitzen** to be in a fix; **jemandem aus der Patsche helfen** to get someone out of a jam

patschnass (*umgangsspr*) soaking wet

pauken (*umgangsspr: büffeln*) to swot

der **Pauker** (*umgangsspr: Lehrer*) teacher

die **Pause** break [breɪk]; (*kurzes Innehalten*) pause [pɔːz]; (*Unterbrechung*) interval; (*Rast*) rest; **eine Pause machen** (*zur Erholung, Entspannung*) to make [*oder* take] a break; (*rasten*) to have a rest; (*innehalten*) to pause

pausenlos incessant [ɪn'sesənt], non-stop; **pausenlos arbeiten** to work incessantly [*oder* non-stop]

das **Pech**
1 (*Material*) pitch
2 (*umgangsspr: Missgeschick*) bad luck; **vom Pech verfolgt sein** to be dogged by bad luck

der **Pechvogel** (*umgangsspr*) unlucky person

das **Pedal** pedal

der **Pegel** (*Wasserstand*) water level gauge [geɪdʒ]

peinlich (*unangenehm*) embarrassing [ɪm'bærəsɪŋ]

die **Peitsche** whip [wɪp]

der **Pelz** fur

pendeln
1 **hin und her pendeln** to swing to and fro, to oscillate ['ɒsɪleɪt]
2 *Personen:* to commute

der **Pendler**, die **Pendlerin** commuter

peng **Peng!** bang

der **Penis** penis ['pi:nɪs]

der **Penner**, die **Pennerin** (*abwertend*) tramp

die **Pension** [pã'zi̯o:n]
1 (*Ruhegehalt*) pension ['penʃᵊn]
2 (*Ruhestand*) retirement [rɪ'taɪəmənt]; **in Pension gehen** to retire
3 (*Gästehaus*) guesthouse ['gesthaʊs]

pensioniert retired

das **Pensum** workload; **sein tägliches Pensum erledigen** to do one's daily stint

per (*bis, am, mittels*) by; **per Post** by post

das **Perfekt** perfect [tense]

perfekt (*vollkommen*) perfect

die **Perfektion** perfection [pə'fekʃᵊn]

die **Periode** period ['pɪəriəd]

die **Perle** pearl [pɜ:l]; (*aus Holz, Glas*) bead

die **Person**
1 (*Mensch*) person ['pɜ:sən]
2 (*im Film*) character
3 (*Grammatik*) person

das **Personal** (*die Angestellten*) personnel, staff

der **Personalausweis** identity card

das **Personalpronomen** personal pronoun

persönlich
1 personal
2 personally; **nehmen Sie doch nicht immer alles persönlich!** don't always take everything personally!
3 **ich persönlich meine ...** I for my part think ...

die **Persönlichkeit**
1 personality
2 **eine Persönlichkeit des öffentlichen Lebens** a public figure

die **Perspektive**
1 (*optisch*) perspective [pə'spektɪv]
2 (*Aussichten*) prospects ⚠ *Plural*

die **Perücke** wig

pervers perverted [pə'vɜ:tɪd]

der **Pessimismus** pessimism

der **Pessimist**, die **Pessimistin** pessimist

pessimistisch pessimistic

die **Pest** plague [pleɪg]

die **Petersilie** parsley ['pɑ:sli]

das **Petroleum** paraffin (GB), kerosene (USA)

der **Pfad** path

der **Pfadfinder** boy scout

die **Pfadfinderin** girl guide [gaɪd] (GB), girl scout (USA)

der **Pfahl** (*Zaunpfahl*) stake; (*Pfosten*) post

das **Pfand** (*Flaschenpfand*) deposit; **auf dieser Flasche sind 50 Cent Pfand** there's a deposit of 50 cents on this bottle

die **Pfanne** pan

der **Pfannkuchen** pancake

der **Pfarrer** (*anglikanisch*) vicar; (*von Freikirchen*) minister; (*katholisch*) parish priest

der **Pfeffer** pepper

die **Pfefferminze** peppermint

pfeffern (*mit Pfeffer würzen*) to add pepper [to]

die **Pfeife**
1 whistle ['wɪsl]
2 (*Tabakspfeife*) pipe; **Pfeife rauchen** to smoke a pipe

pfeifen
1 to whistle ['wɪsl]
2 *Wind:* to howl

der **Pfeil** arrow; **Pfeil und Bogen** bow and arrow

der **Pfeiler** pillar

der **Pfennig** penny

das **Pferd** horse; **zu Pferde** on horseback

der **Pferdeschwanz** horse's tail; (*Frisur*) ponytail

der **Pferdestall** stable ['steɪbl]

der **Pfiff**
1 (*Pfeifen*) whistle ['wɪsl]
2 (*Flair*) flair ['fleəʳ]

das **Pfingsten** Whitsun ['wɪtsən]

der **Pfirsich** peach

die **Pflanze** plant

pflanzen to plant

pflanzlich vegetable ['vedʒtebl] ⚠ *nur vor dem Substantiv*

das **Pflaster**
1 (*Straßenpflaster*) pavement
2 (*Heftpflaster*) sticking plaster

die **Pflaume** plum

die **Pflege**
1 care; **jemanden/etwas in Pflege geben** to have someone/something looked after
2 (*Krankenpflege*) nursing
3 *von Kunst, Garten:* cultivation

pflegen
1 to care for, to look after; to tend *Garten;* to nurse *Kranke*
2 (*in Stand halten*) to maintain

die **Pflicht** duty; **seine Pflicht [gegenüber jemandem] erfüllen** to do one's duty [by someone]

pflichtbewusst conscious ['kɒnʃəs] of one's duties *Plural*

das **Pflichtfach** compulsory subject [kəm'pʌlsəri]

pflücken to pick *Obst, Blumen*

der **Pflug** plough [plaʊ] (GB), plow (USA)

pflügen to plough [plaʊ] (GB), to plow (USA)

die **Pforte** gate

der **Pförtner**, die **Pförtnerin** porter

der **Pfosten** post

die **Pfote** paw

das **Pfund**
1 pound; (*geschrieben nach Zahl*) lbs [paʊndz]
2 **Pfund [Sterling]** pound [sterling]

pfuschen (*umgangssprachlich*)
1 (*in der Schule, beim Spiel*) to cheat
2 (*schlampen*) **bei etwas pfuschen** to bungle something

die **Pfütze** puddle

das **Phänomen** phenomenon [fɪ'nɒmɪnən]

phänomenal phenomenal [fɪ'nɒmɪnəl]

die **Phantasie** imagination; **sie hat Phantasie** she's got imagination

phantasielos unimaginative, lacking in imagination

phantasievoll highly imaginative

phantastisch fantastic

der **Philosoph**, die **Philosophin** philosopher [fɪ'lɒsəfəʳ]

die **Philosophie** philosophy [fɪ'lɒsəfi]

philosophisch philosophical [ˌfɪlə'sɒfɪkəl]

die **Physik** physics ['fɪzɪks] ⚠ *Singular*

physikalisch physical ['fɪzɪkəl]

der **Physiker**, die **Physikerin** physicist ['fɪzɪsɪst]

physisch physical ['fɪzɪkəl]

der **Pickel** (*im Gesicht*) spot (GB), pimple Gemüse!

pickelig spotty, pimply

picken to peck (**nach** at)

das **Picknick** picnic; **Picknick machen** to have a picnic

> **Vorsicht Falle!**
> **picnicking** und **picnicked** werden mit einem ‚k' geschrieben.

piepen
1 *Vögel:* to cheep; *Mäuse, Kinder:* to squeak [skwiːk]
2 **bei dir piept's doch!** you must be off your head! *umgangssprachlich*

das **Pik** (*Kartenfarbe*) spades ⚠ *Plural;* **Pik-Ass** ace of spades

pikant piquant ['piːkənt], spicy ['spaɪsi]

piksen (*umgangssprachlich*) to prick

der **Pilger**, die **Pilgerin** pilgrim

die **Pille** pill; **ich nehme die Pille** I'm on the pill

der **Pilot**, die **Pilotin** pilot

der **Pilz**
1 mushroom
2 (*biologisch*) fungus

der **Pinguin** penguin ['peŋgwɪn]

pinkeln (*umgangssprachlich*) to pee

der **Pinsel** brush; (*zum Malen auch*) paint brush

der **Pionier** pioneer [ˌpaɪəˈnɪəʳ]

der **Pirat** pirate

die **Piste**
1 runway
2 (*Skipiste*) piste [piːst]

die **Pistole** pistol

plädieren to plead (**auf/für** for)

die **Plage**
1 (*Seuche*) plague [pleɪg]
2 (*übertragen*) **es ist wirklich eine Plage mit ihm** he's a real nuisance

plagen
1 (*quälen*) to harass, to plague [pleɪg]; (*belästigen*) to bother
2 (*heimsuchen*) to haunt [hɔːnt]

das **Plakat** bill, poster

die **Plakette**
1 (*Ansteckknopf*) badge
2 (*amtliche Plakette*) plaque [plæk]

der **Plan**
1 (*Vorhaben*) plan
2 (*Fahr-, Stundenplan*) schedule [ˈʃedjuːl], timetable
3 (*Stadtplan*) map

planen to plan

der **Planet** planet

die **Planke** plank; (*Leitplanke*) crash barrier [ˈbæriəʳ]

planmäßig
1 (*wie geplant*) according to plan
2 (*fahrplanmäßig*) on schedule [ˈʃedjuːl]

die **Plantage** [planˈtaːʒə] plantation

plan(t)schen to splash around

die **Planung** planning; [**noch**] **in Planung sein** to be [still] being planned

plappern to blab

plärren (*umgangsspr*)
1 (*heulen, weinen*) to howl
2 *Radio:* to blare

das **Plastik** plastic

die **Plastiktüte** plastic bag; (*Tragetasche*) carrier [ˈkæriəʳ] bag

das **Platin** platinum

plätschern *Bach, Quelle:* to ripple, to splash

platt
1 (*eben, flach*) flat
2 (*umgangsspr: überrascht*) flabbergasted

die **Platte**
1 (*aus Metall, Glas*) sheet; (*Tischplatte*) [table]top; (*Steinplatte*) flag[stone]; (*aus Holz*) board [bɔːd]
2 (*Schallplatte*) record, disc GB, disk USA
3 (*Essen*) dish; (*Servierteller*) platter

der **Plattenspieler** record player

die **Plattform**
1 platform
2 (*Basis*) basis [ˈbeɪsɪs]

der **Platz**
1 place; **etwas** [**wieder**] **an seinen Platz stellen** to put something [back] in its place
2 (*freier Raum*) room, space; **Platz machen** to make room (**für** for); (*aus dem Weg gehen*) to get out of the way
3 (*öffentlicher Platz*) square [skweəʳ]
4 (*Sitzplatz*) seat; **Platz nehmen** to take a seat; **ist hier noch ein Platz frei?** is there a free seat here?; **dieser Platz ist besetzt** this seat's taken
5 (*Spielfeld*) playing field; (*Tennis-, Handballplatz*) court [kɔːt]; (*Fußballplatz*) field [fiːld], pitch ▸ WENDUNGEN: **fehl am Platze sein** to be out of place; **auf die Plätze, fertig, los!** ready [ˈredi], steady, go!

das **Plätzchen** [Christmas] biscuit GB, cookie [ˈkʊki] USA

platzen
1 (*bersten*) to burst [bɜːst]
2 (*aufreißen*) to split
3 (*umgangsspr: fehlschlagen*) to fall through; **die Party ist geplatzt** the party is off

plaudern
1 (*plauschen*) to chat (**über/von** about)
2 (*ausplaudern*) to talk

die **Pleite** (*umgangsspr*)
1 bankruptcy [ˈbæŋkrəpsi]; **Pleite machen** to go bust
2 (*übertragen*) flop

pleitegehen to go bust

plötzlich
1 *Tod, Entschluss:* sudden
2 all of a sudden, suddenly

plump
1 (*ungeschickt*) awkward [ˈɔːkwəd]; (*unbeholfen*) clumsy
2 (*taktlos, roh*) crude

plündern to loot

der **Plural** plural

das **Plus**
1 plus
2 (*Überschuss*) surplus
3 (*Pluspunkt*) advantage [əd'vɑːntɪdʒ]

plus plus; **wir haben plus 15 Grad** it's 15 degrees plus

das **Plusquamperfekt** past perfect, pluperfect

der **Pneu** (CH) tyre ['taɪəʳ]

pochen
1 (*klopfen*) to knock (**an** at)
2 *Herz:* to pound; *Blut, Schläfen:* to throb

die **Poesie** poetry ['pəʊɪtri]

poetisch poetic [pəʊ'etɪk]

die **Pointe** ['po̯ɛ̃ːtə] *von Witz:* punchline

der **Pokal** (*im Sport*) cup

der **Polarkreis** polar circle ['sɜːkl]; **der nördliche Polarkreis** the Arctic Circle; **der südliche Polarkreis** the Antarctic Circle

der **Pole**, die **Polin** Pole [pəʊl]

Polen Poland ['pəʊlənd]

polieren to polish ['pɒlɪʃ]

die **Politesse** [female] traffic warden (GB), meter maid (USA)

die **Politik**
1 politics ⚠ *Singular*
2 (*bestimmte Richtung*) policy

der **Politiker**, die **Politikerin** politician [pɒlɪ'tɪʃᵊn]

politisch political

die **Polizei** police [pə'liːs] ⚠ *Plural*

> **Vorsicht Falle!**
> **police** wird in der Mehrzahl gebraucht: *the police are coming.*

die **Polizeibuße** (CH) fine

der **Polizeiposten** (CH), das **Polizeirevier** (*Wache*) police station (GB), station house (USA)

der **Polizist** policeman

die **Polizistin** police woman

die **Polizze** (A) [insurance [ɪn'ʃʊərəns]] policy

der **Pollen** pollen

polnisch Polish ['pəʊlɪʃ]

das **Polster**
1 upholstery
2 (*Wattierung bei Kleidung*) pad[ding]
3 (*Kissen*) cushion ['kʊʃᵊn]

die **Polstergarnitur** living room suite

poltern (*laut sein*) to bang [about]

die **Pommes frites** [pɔm'frɪt] chips (GB), French fries (USA)

das **Pony** pony

populär popular ['pɒpjələʳ] (**bei** with)

der **Porno** porn

die **Pornografie**, die **Pornographie** pornography [pɔː'nɒgrəfi]

das **Portemonnaie** purse

der **Portier** [pɔr'ti̯eː] porter

die **Portion** (*beim Essen*) portion ['pɔːʃᵊn]

das **Portmonee** purse

das **Porto** postage ['pəʊstɪdʒ] (**für** on)

das **Porträt** [pɔr'trɛː] portrait ['pɔːtreɪt]

das **Porzellan** china ['tʃaɪnə]

die **Posaune** trombone [trɒm'bəʊn]

die **Position** position [pə'zɪʃᵊn]

positiv positive

die **Post**
1 post [pəʊst], mail; **ist die Post schon da?** has the post [*oder* mail] come yet?
2 (*Postgebäude*) post office; **zur Post gehen** to go to the post office

das **Postamt** post office

der/die **Postbeamte**, die **Postbeamtin** post office official

der **Postbote**, die **Postbotin** postman ['pəʊstmən] *maskulin* (GB), postwoman ['pəʊst,wʊmən] *feminin* (GB), mailman *maskulin* (USA), mail-woman *feminin* (USA)

der **Posten**
1 (*Anstellung*) job, position
2 (*Wachtposten*) guard [gɑːd]

das **Postfach** post office box, PO box

die **Postkarte** postcard (GB), postal card (USA)

die **Postleitzahl** post code (GB), zip code (USA)

der **Poststempel** postmark

das **Poulet** (CH) chicken

das **Powidl** (A) (*Pflaumenmus*) plum jam

A B C D E F G H I J K L M N O P Q R S T U V W X Y Z

die **Pracht** splendour; **in seiner ganzen Pracht** in all its splendour

prächtig (*auch als Ausruf*) splendid

das **Prädikat** predicate ['predɪkət]

der **Präfix** prefix ['pri:fɪks]

prägen
1 to stamp (**auf** on)
2 to mint *Münze*
3 (*übertragen: formen*) to shape *Charakter*

prahlen to boast, to brag

der **Praktikant**, die **Praktikantin** trainee [ˌtreɪ'ni:]

das **Praktikum** work placement, internship (USA); **ein Praktikum machen** to do a work placement

praktisch
1 *Erfahrung, Rat:* practical; (*nützlich*) handy
2 **praktischer Arzt** general practitioner, GP
3 (*fast, so gut wie*) virtually; **ich bin praktisch fertig** I'm as good as ready

die **Praline**, das **Praliné** chocolate (GB), chocolate candy (USA)

prall **prall gefüllt mit** bulging [*oder* bursting] with

prallen
1 *Ball:* to bounce (**gegen** against)
2 (*zusammenstoßen*) *Auto:* to collide (**gegen** with)

die **Prämie**
1 (*Belohnung*) bonus
2 (*Versicherungsprämie*) premium ['pri:miəm]

die **Pranke** *von Tier:* paw

die **Präposition** preposition [ˌprepə'zɪʃᵊn]

die **Prärie** prairie ['preəri]

der **Präsens** present ['prezᵊnt] [tense]

der **Präsenzdiener** (A) (*Soldat im Grundwehrdienst*) military service recruit

der **Präsenzdienst** (A) (*Grundwehrdienst*) military service

das **Präservativ** condom

> **Falsche Freunde**
> Das englische Wort **preservative** bedeutet ‚Konservierungsstoff'.

der **Präsident**, die **Präsidentin**
1 *eines Staates:* president ['prezɪdᵊnt]
2 (*Vorsitzende(r)*) chairperson, chairman ['tʃeəmən] *maskulin,* chairwoman ['tʃeəwʊmən] *feminin*

prasseln *Regen:* to drum

die **Praxis**
1 **in der Praxis** in practice ['præktɪs]; **etwas in die Praxis umsetzen** to put something into practice
2 *eines Arztes:* practice
3 (*Sprechzimmer eines Arztes*) surgery (GB), doctor's office (USA)

präzis(e) precise [prɪ'saɪs]

predigen to preach

die **Predigt** sermon ['sɜ:mən]

der **Preis**
1 (*Kaufpreis*) price (**für** of); **zum halben Preis** at half-price
2 (*bei Wettbewerb*) prize [praɪz]; (*Auszeichnung*) award ▶ WENDUNGEN: **um jeden Preis** at any price

> **Vorsicht Falle!**
> **price** nicht verwechseln mit **prize** — diese Begriffe hören sich ähnlich an, haben jedoch sehr verschiedene Bedeutungen. **Price** bedeuted den Verkaufspreis, den man für ein Produkt zahlt: *prices have gone up lately. What's the price for this bicycle?* **Prize** hingegen ist der Preis, den man als Anerkennung für eine besondere Leistung oder als Gewinner eines Wettbewerbes erhält: *she won first prize in a competition.*

das **Preisausschreiben** competition

die **Preiselbeere** cranberry

preisen to praise [preɪz]

die **Preiserhöhung** price increase

der **Preisnachlass** price reduction

das **Preisschild** price tag

preiswert
1 inexpensive, good value [for money]
2 **hier kann man preiswert übernachten** they have rooms [*oder* accommodation] at reasonable prices

die **Prellung** bruise [bru:z]

die **Premiere** première ['premieəʳ], opening night

der **Premierminister**, die **Premierministerin** prime minister

die **Presse** press

die **Pressefreiheit** freedom of the press

die **Pressekonferenz** press conference

pressen to press, to squeeze

pressieren (CH), (A) **es pressiert** it's urgent; **mir pressierts** I'm in a hurry

prickeln (*kribbeln*) to tingle

prickelnd (*erregend*) thrilling

der **Priester** priest

die **Priesterin** priestess

prima great, swell (USA)

der **Primararzt**, die **Primarärztin** (A) (*Chefarzt*) [senior] consultant, medical director (USA)

der **Primarius**, die **Primaria** (A) (*Chefarzt*) [senior] consultant, medical director (USA)

die **Primarschule** (CH) primary school (GB), elementary school (USA)

primitiv primitive ['prɪmɪtɪv]

der **Prinz** prince

die **Prinzessin** princess [prɪn'ses]

das **Prinzip**
1 principle ['prɪnsəpᵊl]
2 **im Prinzip** in principle; **aus Prinzip** on principle

die **Prise** **eine Prise Salz** a pinch of salt

privat private ['praɪvət]

die **Privatangelegenheit** private ['praɪvət] matter; **das ist meine Privatangelegenheit** that's my business

die **Privatschule** private school

das **Privileg** privilege ['prɪvᵊlɪdʒ]

pro per; **pro Jahr** a year; (*formeller*) per annum; **pro Kopf** [*oder* **Person**] per capita [*oder* person]; **drei Euro pro Stück** three euros each

die **Probe**
1 (*Prüfung, Versuch*) test; **eine Probe machen** to do a test; **die Probe bestehen** to pass the test
2 (*Beispiel, Kostprobe, Warenprobe*) sample
3 (*Theaterprobe*) rehearsal [rɪ'hɜːsᵊl]

proben to rehearse [rɪ'hɜːs]

die **Probezeit** probationary period

probieren to try *auch Essen*

das **Problem** problem ['prɒbləm]; **kein Problem!** no problem!

problemlos unproblematic

das **Produkt** product ['prɒdʌkt]

die **Produktion** production [prə'dʌkʃᵊn]

produktiv productive [prə'dʌktɪv]

der **Produzent**, die **Produzentin** producer [prə'djuːsəʳ]

professionell professional [prə'feʃᵊnᵊl]

der **Professor**, die **Professorin** professor [prə'fesəʳ]

der **Profi**
1 (*Experte*) pro *umgangsspr*
2 (*im Sport*) professional

das **Profil**
1 *vom Gesicht:* profile ['prəʊfaɪl]
2 *von Reifen, Schuhsohle:* tread

der **Profit** profit ['prɒfɪt]; **Profit machen** to make a profit

profitieren to profit ['prɒfɪt] (**von** from/by)

das **Programm**
1 programme ['prəʊgræm] (GB), program (USA)
2 (*Computerprogramm*) program
3 (*Sendekanal*) channel; **was kommt im anderen Programm?** what's on the other channel?

programmieren to program ['prəʊgræm] *Computer*

der **Programmierer**, die **Programmiererin** programmer ['prəʊgræməʳ]

das **Projekt** project ['prɒdʒekt]

der **Projektor** projector [prə'dʒektəʳ]

die **Promille** (*Blutalkohol*) alcohol level

prompt
1 *Antwort:* prompt
2 **prompt antworten** to reply promptly

das **Pronomen** pronoun ['prəʊnaʊn]

die **Propaganda** propaganda [ˌprɒpə'gændə]

die **Prosa** prose [prəʊz]

pros(i)t cheers!

der **Prospekt**
1 (*Werbeprospekt*) brochure ['brəʊʃəʳ]
2 (*einzelner Zettel*) leaflet

die **Prostituierte** prostitute ['prɒstɪtjuːt]

die **Prostitution** prostitution [ˌprɒstɪ'tjuːʃᵊn]

der **Protest** protest ['prəʊtest]; **aus Protest** in protest

der **Protestant**, die **Protestantin** Protestant ['prɒtɪstᵊnt]

protestieren to protest [prəʊ'test] (**gegen** against)

das **Protokoll**
1 (*Niederschrift*) record
2 (*Sitzungsprotokoll*) minutes ['mɪnɪts]
⚠ *Plural;* **wer schreibt Protokoll?** who's taking the minutes?

protzig showy, swanky *umgangsspr*

der **Proviant** provisions ⚠ *Plural*

die **Provinz**
1 (*Teil eines Landes*) province ['prɒvɪns]
2 (*kulturell zweitrangige Gebiete*) **die Provinz** the provinces ⚠ *Plural*

die **Provision** *von Verkäufer, Makler:* commission

Falsche Freunde
Das englische Wort **provision** bedeutet ‚Vorkehrung, Bereitstellung'!

provisorisch provisional [prə'vɪʒənəl], temporary

die **Provokation** provocation [,prɒvə'keɪʃən]

provozieren to provoke [prə'vəʊk]

das **Prozent** per cent [pə'sent]

der **Prozess**
1 (*Gerichtsverfahren*) trial; (*Rechtsfall*) case; **seinen Prozess gewinnen/verlieren** to win/lose one's case
2 (*Vorgang, Verfahren*) process ['prəʊses]

die **Prozession** procession [prə'seʃən]

der **Prozessor** processor

prüfen
1 (*Kenntnisse abfragen*) to examine [ɪg'zæmɪn]
2 (*proben, ausprobieren*) to test
3 (*nachprüfen, überprüfen*) to check *Ölstand* (**auf** for); **prüfen, ob ...** to check whether ...

die **Prüfung** exam [ɪg'zæm], examination; **eine Prüfung bestehen/machen** to pass/take an exam[ination]

prügeln
1 to beat *Mensch, Tier*
2 **sich [mit jemandem] prügeln** to fight [someone] (**um** for)

prusten to snort

das **PS** *Abkürzung von* **Pferdestärke** hp, horse power

der **Psychiater**, die **Psychiaterin** psychiatrist [,saɪ'kaɪətrɪst], shrink *umgangsspr*

psychiatrisch psychiatric [,saɪki'ætrɪk]

psychisch
1 (*psychologisch*) psychological [,saɪkə'lɒdʒɪkəl]
2 (*übersinnlich*) *Erscheinung, Phänomen:* psychic ['saɪkɪk]

der **Psychologe**, die **Psychologin** psychologist [saɪ'kɒlədʒɪst]

psychologisch psychological [,saɪkə'lɒdʒɪkəl]

die **Pubertät** puberty ['pju:bəti]

das **Publikum** (*Zuhörerschaft, Zuschauer*) audience ['ɔ:diəns]

der **Pudding** blancmange [blə'mɒnʒ]

der **Puder** powder ['paʊdər]

der **Pulli**, der **Pullover** jersey, GB AUCH jumper, pullover ['pʊləʊvər], sweater

der **Puls** pulse [pʌls]; **jemandem den Puls fühlen** to feel someone's pulse

das **Pult** desk

das **Pulver** powder ['paʊdər]

der **Pulverkaffee** instant coffee

pummelig chubby

die **Pumpe** pump [pʌmp]

pumpen
1 to pump [pʌmp] *Wasser*
2 **kann ich mir 10 Euro von dir pumpen?** can I borrow 10 euros off you? *umgangsspr*

der **Punker**, die **Punkerin** punk

der **Punkt**
1 (*zur Bewertung, auch im Sport*) point; **einen Punkt machen** to win a point
2 (*Satzzeichen*) full stop (GB), period ['pɪəriəd] (USA)
3 (*Ort, Zeitpunkt*) point, spot; **an diesem Punkt** at this point
4 (*bei Bericht, Diskussion, Liste*) item, point; **Punkt für Punkt** point by point
5 **Punkt 10 Uhr** at ten sharp

pünktlich
1 *Person:* punctual
2 **pünktlich sein** to be on time; **nicht pünktlich sein** to be late

die **Punktzahl** score

die **Pupille** pupil ['pju:pəl]

die **Puppe** doll

pur
1 (*rein*) pure [pjʊəʳ]
2 (*völlig*) sheer; **die pure Wahrheit** the plain truth

purpurn, purpurrot crimson

der **Purzelbaum** somersault; **einen Purzelbaum machen** to [do a] somersault

pusten to blow, to puff

Grammatik
Richtiges Konjugieren von **blow**: blow, blew, blown — *She blew out the match; The wind has blown out the candle.*

die **Pute** turkey [hen]

der **Puter** turkey [cock]

der **Putsch** coup d'état [ˌkuːdeɪ'tɑː]

putzen
1 (*reinigen*) to clean; (*abwischen*) to wipe
2 to blow, to wipe *Nase;* **sich die Nase putzen** to blow one's nose
3 to brush *Zähne;* **sich die Zähne putzen** to brush one's teeth

die **Putzfrau** cleaning lady (GB), cleaner, scrubwoman (USA)

das **Putzmittel** cleanser

das **Puzzle** ['pʊzl̩] jigsaw ['dʒɪgsɔː] puzzle

der **Pyjama** [py'dʒaːma] pyjamas [pɪ'dʒɑːməz] ⚠ *Plural* (GB), pajamas [pə'dʒɑːməz] ⚠ *Plural* (USA)

die **Pyramide** pyramid ['pɪrəmɪd]

Qq

Q, q Q, q [kjuː]

das **Quadrat** square

quadratisch square

der **Quadratmeter** square metre [*oder* (USA) meter]

quaken *Ente:* to quack; *Frosch:* to croak

die **Qual**
1 (*körperlich*) pain
2 (*seelisch*) anguish

quälen
1 (*peinigen*) to torment [tɔː'ment], to torture ['tɔːtʃəʳ]
2 (*jemandem zusetzen*) to pester
3 **sich quälen** (*sich abmühen*) to struggle (**mit** with); (*seelisch*) to torture oneself (**mit** over)

die **Qualifikation** qualification [ˌkwɒlɪfɪ'keɪʃᵊn]

qualifizieren (*auch im Sport*) to qualify ['kwɒlɪfaɪ] (**für** for)

die **Qualität** (*Güte*) quality ['kwɒləti]; **hervorragende/schlechte Qualität** excellent [*oder* top]/poor quality

der **Qualm** dense smoke

qualmen (*Zigaretten rauchen*) to puff away *umgangsspr*

die **Quarantäne** [karan'tɛːnə] quarantine ['kwɒrᵊntiːn]

der **Quark**
1 soft curd cheese
2 (*Quatsch*) rubbish *umgangsspr*

das **Quartal** quarter ['kwɔːtəʳ]

das **Quartett** quartet[te]

das **Quartier**
1 (*Unterkunft*) accommodation
2 (CH) (*Stadtteil*) district, quarter

der **Quarz** quartz [kwɔːts]

der **Quatsch**
1 (*Unsinn, dummes Geschwätz*) rubbish *umgangsspr;* **red keinen Quatsch!** stop talking such rubbish!
2 (*Unüberlegtheiten, Dummheiten*) nonsense; **mach keinen Quatsch!** don't be silly!

quatschen
1 **Blödsinn quatschen** to talk twaddle *umgangsspr*
2 (*sich unterhalten*) to have a chat (**über** about)

das **Quecksilber** mercury, quicksilver ['kwɪkˌsɪlvəʳ]

die **Quelle**
1 *eines Flusses:* spring
2 (*Ursprung*) source [sɔːs]

quer crossways, crosswise; **kreuz und quer** [**durchs Land**] all over [the country]

die **Querflöte** flute

der **Querschnitt** cross section

querstellen **sich querstellen** to be awkward

quetschen
1 (*drücken*) to squeeze
2 (*einklemmen*) to crush; **sich den Finger quetschen** to squash one's finger

quietschen
1 (*knarren*) to creak, to squeak
2 *Mensch, Reifen:* to squeal

quitt **jetzt sind wir quitt** now we're even [*oder* quits]

die **Quittung** (*Beleg*) receipt [rɪ'siːt]; **eine Quittung ausstellen** to give a receipt (**über** for)

das **Quiz** quiz [kwɪz]

Grammatik
Die Mehrzahl von **quiz** ist **quizzes**: *I like to do quizzes.*

die **Quote** proportion

Rr

R, r R, r [ɑːʳ]; **das R rollen** to roll the r

der **Rabatt** (*Preisnachlass*) discount ['dɪskaʊnt]

der **Rabbi**, der **Rabbiner** rabbi ['ræbaɪ]

der **Rabe** (*Vogel*) raven

die **Rache** revenge [rɪ'vendʒ]; **aus Rache** out of revenge

der **Rachen**
1 *von Mensch:* throat
2 *von Tier:* jaws ⚠ *Plural*

rächen
1 to avenge [ə'vendʒ] *Toten, Unrecht*
2 **sich** [**an jemandem**] **rächen** to take revenge [on someone] (**für** for)

das **Rad**
1 wheel
2 (*Fahrrad*) bicycle, bike *umgangsspr;* **Rad fahren** to ride a bicycle [*oder* bike]

der **Radar** radar ['reɪdɑːʳ]

der **Radfahrer**, die **Radfahrerin** cyclist

radieren to erase, to rub out

der **Radiergummi** rubber (GB), eraser (USA)

radikal
1 *Gegner:* radical ['rædɪkəl]
2 **etwas radikal ablehnen** to reject something categorically

das **Radio** radio ['reɪdiəʊ]; **Radio hören** to listen to the radio

radioaktiv radioactive [ˌreɪdiəʊ'æktɪv]; **radioaktive Strahlung** radiation

die **Radioaktivität** radioactivity [ˌreɪdiəʊæk'tɪvəti]

der **Radius** radius ['reɪdiəs]

der **Radl** (A) radish ['rædɪʃ]

raffiniert (*schlau*) cunning

der **Rahm** cream

der **Rahmen**
1 (*für Bild*) frame
2 (*übertragen: Bereich*) framework; **im Rahmen des Möglichen** within the bounds of possibility

rahmen to frame *Bild*

die **Rakete**
1 (*in Raumfahrt*) rocket
2 (*beim Militär*) missile

rammen
1 to ram *Pfahl*
2 to hit *Schiff;* **ein Auto rammen** to bump into [*oder* to hit] a car

die **Rampe** (*Verladerampe*) ramp

das **Rampenlicht** ► WENDUNGEN: **im Rampenlicht stehen** to be in the limelight

der **Ramsch** junk, rubbish

der **Rand**
1 *eines Abgrundes:* brink
2 *von Straße:* side, verge; *von Stadt:* outskirts ⚠ *Plural;* **am Rande des Waldes** at the edge of the forest
3 *von Tasse:* brim; **voll bis zum Rand** full to the brim
4 *von Buchseite:* margin; **etwas an den**

Rand schreiben to write something in the margin

randalieren to go on the rampage

die **Rande** (CH) beetroot

der **Rang**
1 (*Rangstufe*) rank; **ein Offizier höchsten Ranges** an officer of the highest rank
2 (*Stellung*) position; **von hohem Rang** of high standing
3 (*im Theater*) circle ['sɜːkᵊl]; **auf dem obersten Rang** in the gallery
4 (*im Stadion*) **auf den Rängen** in the stands

der **Rappen** (CH) [Swiss] centime, rappen

rasch speedy, swift

rascheln to rustle ['rʌsᵊl]

der **Rasen**
1 (*Grasfläche*) grass, lawn
2 (*Sportfeld*) field

rasen (*sich schnell bewegen*) to race, to tear [teəʳ]

der **Rasenmäher** lawnmower

der **Rasierapparat** razor

rasieren
1 to shave; **jemanden rasieren** to give someone a shave
2 **sich rasieren** to shave

die **Rasierklinge** razorblade

raspeln to grate

die **Rasse**
1 (*Menschenrasse*) race
2 (*Tierrasse*) breed

rasseln [**mit** [*oder* **an**] **etwas**] **rasseln** to rattle [something]

der **Rassismus** racism ['reɪsɪsᵊm]

der **Rassist**, die **Rassistin** racist

rassistisch racist

die **Rast** rest; **Rast machen** to stop

rasten to rest; **ohne zu rasten** without a rest

die **Raststätte** (*an Autobahn*) service area; (*mit Restaurant*) motorway restaurant

der **Rat**
1 (*Ratschlag*) advice [əd'vaɪs]; **jemandem einen Rat geben** to give someone a piece of advice; **jemandem Ratschläge geben** to give someone advice; **jemanden/etwas zu Rate ziehen** to consult someone/something
2 (*Versammlung*) council
3 (CH) cantonal parliament ['pɑːləmənt]

die **Rate** (*Teilzahlung*) instalment (GB), installment (USA); **auf Raten kaufen** to buy on instalment terms

raten
1 (*einen Rat geben*) to advise [əd'vaɪz], to give advice [əd'vaɪs]; **jemandem raten, etwas zu tun** to advise someone to do something
2 (*erraten*) to guess; **rate mal!** have a guess!

das **Ratespiel** guessing game, quiz

das **Rathaus** town hall; *von größerer Stadt:* city hall

die **Ration** ration ['ræʃᵊn]

rational rational ['ræʃᵊnᵊl]

rationell *Arbeitsweise:* efficient [ɪ'fɪʃᵊnt]

rationieren to ration

ratlos
1 helpless; **ein ratloses Gesicht machen** to look helpless
2 **ratlos sein** to be at a loss

der **Ratschlag** piece of advice

> **Grammatik**
> **advice** mit ‚c' ist ein Substantiv und wird nie im Plural gebraucht: *a piece of advice, some advice.* **advise** mit ‚s' ist ein Verb: *Jane advised him to go to Oxford.*

das **Rätsel**
1 (*Denkaufgabe*) riddle
2 (*Kreuzworträtsel*) puzzle
3 (*Geheimnis*) mystery ['mɪstri], riddle

rätselhaft (*geheimnisvoll*) mysterious [mɪ'stɪəriəs]

rätseln to speculate (**über** about/on)

die **Ratte** rat

rau
1 (*uneben*) rough [rʌf]
2 (*wund*) *Hals:* sore; *Hände, Lippen:* chapped; *Haut:* raw
3 *Stimme:* hoarse [hɔːs]
4 *Klima, Wetter:* harsh, raw

der **Raub** robbery

rauben to steal *Geld;* **jemandem etwas rauben** to rob someone of something

der **Räuber**, die **Räuberin** robber

die **Raubkatze** big cat

A B C D E F G H I J K L M N O P Q R S T U V W X Y Z

das **Raubtier** predator

der **Raubüberfall** robbery (GB), hold-up (USA)

der **Raubvogel** bird of prey [preɪ]

der **Rauch** smoke

das **Rauchen** smoking; **Rauchen verboten!** no smoking!

rauchen
1. to smoke *Pfeife, Zigarre*
2. (*dampfen*) *Kamin, Lok:* to [give off] smoke

der **Raucher**, die **Raucherin** smoker

räuchern to smoke

der **Raum**
1. (*Platz*) space
2. (*Zimmer*) room
3. (*Gebiet*) area; **im Raum München** in the Munich area

räumen
1. to clear *Gebäude, Lager, Straße*
2. to move out of *Wohnung*
3. **etwas vom Tisch räumen** to clear something off the table; **etwas in den Schrank räumen** to put something away into the wardrobe

die **Raumfahrt** **die** [**bemannte**] **Raumfahrt** [manned] space travel

das **Raumschiff** spaceship

raunen to whisper

die **Raupe** caterpillar

der **Rausch** (*Trunkenheit*) intoxication; **sie hat einen Rausch** she is drunk

rauschen
1. *Brandung, Wasser:* to roar
2. *Wind:* to murmur ['mɜːməʳ]
3. *Blätter, Stoff:* to rustle ['rʌsᵊl]

das **Rauschgift** drugs ⚠ *Plural;* **Rauschgift nehmen** to take drugs

räuspern **sich räuspern** to clear one's throat

rausschmeißen (*umgangsspr: entlassen*) **jemanden rausschmeißen** to give someone the boot

die **Raute** (*in Geometrie*) rhombus

die **Razzia** bust, raid; **eine Razzia durchführen** [*oder* **machen**] to carry out a raid

das **Reagenzglas** test tube

reagieren to react (**auf** to)

die **Reaktion** reaction [ri'ækʃᵊn] (**auf** to)

der **Reaktor** reactor [ri'æktəʳ]

realistisch realistic

die **Realität** reality

die **Realschule** ≈ secondary modern school (GB)

der **Rebell**, die **Rebellin** rebel ['rebᵊl]

rebellieren to rebel [rɪ'bel], to revolt

die **Rebellion** rebellion [rɪ'beliən]

der **Rechen** rake

die **Rechenaufgabe** sum, [arithmetical] problem ['prɒbləm]

der **Rechenfehler** arithmetical error, miscalculation [mɪskælkjə'leɪʃᵊn]

das **Rechnen**
1. arithmetic, sums ⚠ *Plural*
2. (*als Schulfach*) arithmetic

rechnen
1. (*berechnen*) to calculate, to work out
2. (*erwarten*) **ich rechne mit zehn Gästen** I'm expecting ten people; **damit/mit dir hatte ich nicht gerechnet** I wasn't expecting that/you

die **Rechnung**
1. (*im Restaurant*) bill (GB), check (USA); **die Rechnung bitte!** can I have the bill, please?; **das geht auf meine Rechnung** this one's on me
2. *von Firma:* invoice ['ɪnvɔɪs]

das **Recht**
1. (*Anspruch*) right (**auf** to); **das Recht haben, etwas zu tun** to have the right to do something
2. (*Gesetz*) law; **von Rechts wegen** by rights ⚠ *Plural*
3. **im Recht sein** to be in the right
4. (*Übereinstimmung*) **da gebe ich dir Recht** I agree with you there

recht
1. (*richtig*) properly; **wenn ich Sie recht verstehe ...** if I get you right ...
2. (*ziemlich*) quite; **es war recht nett, aber ...** it was quite nice but ...
3. **jetzt erst recht** now more than ever; **jetzt erst recht nicht** now I really won't [do it]
4. **geschieht dir recht!** serves you right!
5. **mir wäre es recht, wenn ihr morgen kommen würdet** I'd rather you came tomorrow

rechte(r, s)
1. (*Richtung*) right; **das rechte Gebäude**

the building on the right; **auf der rechten Straßenseite** on the right-hand side of the street
2 (*korrekt, moralisch richtig*) right; **du bist auf dem rechten Weg** you're on the right track; **es ist nur recht und billig, dass ...** it's only right that ...
3 **die rechte Hand des Direktors** the director's right-hand man

die **Rechte**
1 (*Hand*) right hand; (*beim Boxen*) right
2 (*politisch*) **die Rechte** the right

der/die **Rechte** (*politisch*) right-winger

das **Rechteck** rectangle ['rektæŋgᵊl]

rechteckig rectangular [rek'tæŋgjələʳ]

rechtfertigen
1 to justify *Entscheidung, Handlung*
2 **sich rechtfertigen** to justify oneself

rechtlich legal

rechts
1 on the right; **nach/von rechts** to/from the right; **zweite Straße rechts** second road on your right
2 **rechts abbiegen** to turn right

der **Rechtsanwalt**, die **Rechtsanwältin** lawyer (GB), attorney [ə'tɜːni] (USA)

der **Rechtschreibfehler** spelling mistake

die **Rechtschreibung** spelling

der **Rechtshänder**, die **Rechtshänderin** right-handed person; **ich bin Rechtshänderin** I am right-handed

der **Rechtsverkehr** driving on the right

rechtswidrig illegal [ɪ'liːgᵊl]

rechtwinklig right-angled

rechtzeitig
1 (*früh genug*) timely; (*pünktlich*) punctual
2 **rechtzeitig da sein/ankommen** (*früh genug*) to be there/to arrive in due [*oder* good] time

das **Reck** horizontal bar

recken **die Glieder recken** to stretch one's limbs

recyceln [ri'sa͜ikl̩n] to recycle [ˌriː'saɪkᵊl]

das **Recycling** [ri'sa͜iklɪŋ] recycling [ˌriː'saɪklɪŋ]

der **Redakteur**, die **Redakteurin** [redak'tøːɐ] editor ['edɪtəʳ]

die **Rede**
1 (*Vortrag*) speech; (*Ansprache*) address [ə'dres]; **eine Rede halten** to make a speech
2 **davon kann keine Rede sein** that's out of the question
3 **jemanden zur Rede stellen** to take someone to task
4 **nicht der Rede wert!** don't mention it!
5 **direkte Rede** direct ['daɪrekt] speech; **indirekte Rede** indirect ['ɪndɪrekt] speech

reden
1 to speak, to talk (**mit** with/to, **über** about); **miteinander reden** to talk to each other [*oder* one another]
2 **reden wir nicht mehr davon!** let's drop it!

> **Grammatik**
> Richtiges Konjugieren von **speak**: speak, spoke, spoken — *The teacher spoke to Mrs Brown yesterday; Have you spoken to Bill about that?*

die **Redensart** saying

die **Redewendung** idiomatic expression

der **Redner**, die **Rednerin** speaker

reduzieren to reduce (**auf** to)

das **Referat** (*in der Schule*) project; **ein Referat halten** to present a project (**über** on)

der **Referendar**, die **Referendarin** (*Lehranwärter*) trainee teacher

reflektieren to reflect (**über** upon)

der **Reflex** reflex ['riːfleks]

das **Reflexivpronomen** reflexive pronoun

die **Reform** reform [rɪ'fɔːm]

reformieren to reform [rɪ'fɔːm]

der **Refrain** [re'frɛ̃ː] chorus ['kɔːrəs]

das **Regal** (*für Bücher*) shelf; **etwas ins Regal stellen** [*oder* **räumen**] to put something on the shelf

> **Grammatik**
> Die Mehrzahl von **shelf** ist **shelves**: *there are two book shelves in my bedroom.*

die **Regel**
1 (*Vorschrift*) rule
2 **in der Regel** as a rule
3 (*Menstruation*) period ['pɪəriəd]

regelmäßig
1 regular

2 **sich regelmäßig treffen** to meet regularly

regeln
1 (*einstellen*) to regulate
2 (*in Ordnung bringen*) to settle

die **Regelung**
1 (*Abmachung*) arrangement [ə'reɪndʒmənt]
2 (*Vorschrift*) regulation, rule

der **Regen** rain; **im Regen** in the rain; **es sieht nach Regen aus** it looks like rain

der **Regenbogen** rainbow ['reɪnbəʊ]

der **Regenmantel** raincoat, mac *umgangsspr*

der **Regenschirm** umbrella

der **Regentropfen** raindrop

der **Regenwald** rainforest

der **Regenwurm** earthworm ['ɜ:θwɜ:m]

die **Regenzeit** rainy season

die **Regie** [re'ʒi:] (*im Theater, beim Film*) direction, production; [**bei einem Film/Theaterstück**] **Regie führen** to direct [a film/play]

regieren
1 *Herrscher:* to reign [reɪn] (**über** over)
2 (*beherrschen*) to govern, to rule; **einen Staat regieren** to rule over [*oder* to govern] a state

die **Regierung**
1 (*Kabinett*) government ['gʌvᵊnmənt] *Singular oder Plural*
2 **an der Regierung sein** to be in office

das **Regiment** regiment

die **Region** region ['ri:dʒᵊn]

regional regional ['ri:dʒᵊnᵊl]; **regional verschieden** varying from region to region

der **Regisseur**, die **Regisseurin** [reʒɪ'sø:ɐ̯] director

das **Register**
1 (*Stichwortverzeichnis*) index
2 (*amtliche Liste*) register ['redʒɪstəʳ]

registrieren
1 (*verzeichnen*) to register ['redʒɪstəʳ]
2 (*wahrnehmen*) to note [nəʊt]

das **Reglement** (CH) statute ['stætju:t], rules ⚠ *Plural*

regnen to rain; **es regnet** it's raining

regnerisch rainy

regulär (*normal*) normal ['nɔ:mᵊl]

regulieren (*technisch einstellen*) to adjust

das **Reh** deer

die **Reibe** grater

reiben
1 to rub
2 to grate *Käse, Obst*
3 **sich reiben** to rub oneself (**an** on/against); **sich die Augen/Nase reiben** to rub one's eyes/nose

die **Reibereien** friction ⚠ *Singular;* **es gab Reibereien zwischen ...** there was friction between ...

die **Reibung** (*in Physik*) friction

reibungslos das ging ja reibungslos that went off smoothly ['smu:ðli]

das **Reich** (*Kaiserreich*) empire; (*Königreich*) kingdom

reich
1 (*wohlhabend, üppig*) rich, wealthy (**an** in)
2 (*umfassend*) large; *Auswahl, Kenntnisse:* wide (**an** of)

reichen
1 (*geben*) to hand; (*herüberreichen*) to pass
2 (*genügen*) to be enough [ɪ'nʌf], to do, to suffice [sə'faɪs]
3 (*sich erstrecken*) to stretch (**bis** to)
4 (*es satthaben*) **jetzt reicht's mir aber!** that's the last straw!

reichlich
1 (*groß, umfangreich*) *Vorrat:* ample; *Portion, Trinkgeld:* generous
2 (*sehr viel*) amply; (*reichlich vorhanden*) plentiful; **reichlich Zeit haben** to have plenty of time; **es gab reichlich zu Essen** there was plenty of food
3 (*ziemlich*) pretty; **er kam reichlich spät** he was rather late

der **Reichtum**
1 (*Wohlstand*) wealth [welθ], riches ⚠ *Plural*
2 (*übertragen: Überfluss*) abundance [ə'bʌndəns] (**an** of)

die **Reichweite**
1 *eines Geschosses, Radios:* range
2 (*nächste Nähe*) **in/außer Reichweite** within/out of reach

reif
1 *Alter, Früchte:* ripe
2 (*gereift*) *auch Mensch:* mature [mə'tʃʊəʳ]
3 **ich bin reif für die Insel!** I am ready for a holiday!

der **Reifen**
1 (*Gummireifen*) tyre (GB), tire (USA)
2 (*Armreifen*) bangle

reifen
1 *Obst:* to ripen
2 (*übertragen*) to mature [məˈtʃʊəʳ]

die **Reifenpanne** flat, puncture

die **Reihe**
1 (*Aufreihung, Reihenfolge*) line, row [rəʊ]; **in einer Reihe** in a line; **sich der Reihe nach aufstellen** to line up; **immer der Reihe nach!** one after the other!; **du bist an der Reihe!** it's your turn!
2 (*Sitzreihe*) tier [tɪəʳ]; **in der ersten/letzten Reihe** in the front/back row
3 (*Anzahl*) number (**von** of); (*Serie*) series [ˈsɪəriːz] (**von** of)

die **Reihenfolge** order

das **Reihenhaus** terraced house (GB), row [rəʊ] house (USA)

der **Reim** rhyme [raɪm]

reimen [**sich**] **reimen** to rhyme [raɪm] (**auf/mit** with)

rein[1] →**herein**, **hinein**

rein[2]
1 (*sauber*) clean
2 (*unschuldig*) pure; **reines Gewissen** clear conscience [ˈkɒnʃəns]
3 (*völlig*) pure; **der reinste Blödsinn!** sheer nonsense!
4 (*verstärkend*) **die reine Wahrheit** the plain truth

das **Rein** (A) (*Topf*) casserole [ˈkæsəˈrəʊl]

das **Reindl** (A) (*kleiner Topf*) small casserole [ˈkæsəˈrəʊl]

der **Reinfall** disaster [dɪˈzɑːstəʳ], flop *umgangsspr*

reinfallen **auf etwas reinfallen** to be taken in by something; **auf jemanden reinfallen** to fall for someone's line

reinigen
1 to clean
2 (*chemisch reinigen*) to dry-clean

die **Reinigung**
1 (*Vorgang*) cleaning
2 (*Anstalt*) dry cleaner's; **etwas in die Reinigung bringen** to take something to the dry cleaner's

der **Reis** rice

die **Reise**
1 (*mit festem Ziel*) journey [ˈdʒɜːni]; **eine Reise machen** to go on a journey
2 (*Schiffsreise*) voyage [ˈvɔɪɪdʒ]
3 (*kurze Reise*) trip; **gute Reise!** have a nice trip!

das **Reisebüro** travel agency

der **Reiseführer** (*Buch*) guidebook [ˈgaɪdbʊk]

der **Reiseleiter**, die **Reiseleiterin** courier [ˈkʊriəʳ]

reisen to travel; **ins Ausland reisen** to go abroad [əˈbrɔːd]

der/die **Reisende** traveller (GB), traveler (USA)

der **Reisepass** passport [ˈpɑːspɔːt]

der **Reisescheck** traveller's cheque [tʃek] (GB), traveler's check (USA)

die **Reisetasche** holdall, travel bag

das **Reiseziel** destination

reißen
1 (*zerren*) [**an etwas**] **reißen** to drag [something]
2 (*fortreißen*) to pull, to tear [teəʳ]; **er riss das Blatt vom Kalender** he ripped the page off the calendar
3 (*zerreißen*) to tear [teəʳ]
4 **an sich reißen** to seize [siːz] hold of, to usurp; to seize *Macht*
5 to break, to tear [teəʳ]; **Seide reißt leicht** silk is easily torn

> **Grammatik**
> Richtiges Konjugieren von **tear**: tear, tore, torn — *Dave tore the paper into small pieces; This picture was torn out of a magazine.*

der **Reißer**
1 (*Verkaufsschlager*) [top] seller
2 (*Film*) cheap thriller

der **Reißverschluss** zip (GB), zipper (USA)

die **Reißzwecke** drawing pin

reiten to ride; **auf einem Pferd reiten** to ride a horse

> **Grammatik**
> Richtiges Konjugieren von **ride**: ride, rode, ridden — *Have you ever ridden a pony?; Tessa rode ten miles on her bicycle.*

der **Reiter**, die **Reiterin** rider

die **Reitschule** riding school

der **Reiz** (*Anziehung*) attraction

reizbar sensitive, touchy ['tʌtʃi]

reizen
1 to irritate *Haut*
2 (*verlocken*) to appeal to; **reizt es dich nicht, mal was ganz anderes zu tun?** aren't you tempted to do something completely different?
3 (*provozieren*) to provoke

reizend charming, delightful [dɪ'laɪtfəl]

reizlos dull

die **Reizung** (*leichte Entzündung*) irritation

reizvoll attractive, charming

die **Reklame**
1 (*Reklamewesen, Werbung*) advertising ['ædvətaɪzɪŋ]
2 **Reklame machen für** to advertise ['ædvətaɪz]
3 (*Anzeige*) advertisement [əd'vɜːtɪsmənt]

reklamieren
1 (*bemängeln*) to query *Fehler*
2 (*sich beschweren*) [**etwas**] **reklamieren** to make a complaint [about something]

der **Rekord** record ['rekɔːd]; **einen Rekord aufstellen/brechen** to establish/break a record

der **Rekrut** recruit [rɪ'kruːt]

der **Rektor**, die **Rektorin**
1 (*an Universität*) vice-chancellor (GB), rector (USA)
2 (*an Schule*) head teacher, principal (USA)

relevant relevant ['reləvənt]

die **Religion**
1 religion [rɪ'lɪdʒən]
2 (*Glaube*) faith
3 (*Schulfach*) religious instruction [*oder* education]

der **Religionsunterricht** religious instruction

religiös religious [rɪ'lɪdʒəs]

das **Rendezvous** rendezvous ['rɒndeɪvuː]

die **Rennbahn** racetrack

das **Rennboot** speedboat

das **Rennen** race

rennen
1 (*laufen*) to run; **um die Wette rennen** to have a race
2 **gegen jemanden rennen** (*anrempeln*) to bump into someone

> **Grammatik**
> Richtiges Konjugieren von **run**: run, ran, run — *Rupert ran to the door; I have never run that fast before.*

der **Rennfahrer**, die **Rennfahrerin** (*Auto*) racing driver

das **Rennpferd** racehorse

das **Rennrad** racing bike

der **Rennsport** racing

der **Rennwagen** racing car

renovieren
1 to renovate ['renəveɪt]
2 (*streichen, tapezieren*) to redecorate [ˌriː'dekəreɪt]

die **Renovierung**
1 renovation [ˌrenə'veɪʃən]
2 (*Streichen, Tapezieren*) redecorating [ˌriː'dekəreɪtɪŋ]

rentabel profitable ['prɒfɪtəbəl]

die **Rente** [old age] pension ['penʃən]; **in Rente gehen** to retire

> **Falsche Freunde**
> Das englische Wort **rent** bedeutet ‚Miete'!

das **Rentier** reindeer ['reɪndɪər]

der **Rentner**, die **Rentnerin** [old age] pensioner, OAP

die **Reparatur** repair; **etwas in Reparatur geben** to have something repaired

reparieren to repair; (*ausbessern*) to mend

die **Reportage** [repɔr'taːʒə] report

der **Reporter**, die **Reporterin** reporter [rɪ'pɔːtər]

der **Repräsentant**, die **Repräsentantin** representative

das **Repräsentantenhaus** House of Representatives (USA)

das **Reptil** reptile ['reptaɪl]

die **Republik** republic [rɪ'pʌblɪk]

der **Republikaner**, die **Republikanerin** republican

resch (A) (*knusprig*) crisp, crunchy

das **Reservat** (*für Tiere und Pflanzen*) [nature] reserve

die **Reserve** reserve [rɪ'zɜːv] (**an** of)

der **Reservespieler**, die **Reservespielerin** substitute

reservieren to reserve [rɪ'zɜːv]

resignieren to give up

Falsche Freunde
Das englische Verb **resign** bedeutet kündigen!

der **Respekt** respect [rɪ'spekt] (**vor** for); **vor jemandem/etwas Respekt haben** to respect someone/something

respektieren to respect [rɪ'spekt]

respektlos disrespectful [ˌdɪsrɪ'spektfᵊl]

respektvoll respectful [rɪ'spektfᵊl]

der **Rest**
1 (*Überbleibsel*) rest; **der letzte Rest** the last bit
2 *eines Gebäudes:* remains [rɪ'meɪnz]
⚠ *Plural*
3 **die Reste** (*vom Essen*) the leftovers
⚠ *Plural*
4 *einer Gleichung:* remainder [rɪ'meɪndəʳ]

das **Restaurant** restaurant ['restᵊrɒnt]

restaurieren to restore

restlich remaining; **die restlichen ...** the rest of the ...

restlos **restlos ausverkauft** completely sold out

das **Resultat** (*Ergebnis*) result

das **Retourbillett** ['rətuːɐ̯bɪljɛt] CH (*Rückfahrkarte*) return ticket, round-trip ticket USA

das **Retourgeld** CH (*Wechselgeld*) change

retournieren CH to return, to give back

retten
1 (*erretten*) to save (**vor** from); **jemandem das Leben retten** to save someone's life; **jemanden vor dem Ersticken retten** to save someone from suffocating
2 (*befreien*) to rescue ['reskjuː]
3 **sich retten** to escape

die **Rettung**
1 rescue ['reskjuː]
2 **du bist meine letzte Rettung** you're my last hope

das **Rettungsboot** lifeboat

rettungslos
1 *Lage:* hopeless
2 **rettungslos verliebt sein** to be hopelessly in love (**in** with)

der **Rettungsring** lifebelt

der **Rettungsschwimmer**, die **Rettungsschwimmerin** lifeguard

der **Rettungswagen** ambulance

die **Reue** remorse (**über** of)

revanchieren [revã'ʃiːrən]
1 **sich [bei jemandem] revanchieren** to take one's revenge [on someone] (**für** for)
2 **ich werde mich bei Gelegenheit revanchieren** (*sich erkenntlich zeigen*) I'll make it up to you another time

das **Revier**
1 *eines Tiers:* territory
2 (*Polizeiwache*) beat GB, precinct ['priːsɪŋt] USA
3 (*Polizeistation*) police station GB, station house USA

die **Revolution** revolution [revᵊ'luːʃᵊn]

der **Revolver** gun, revolver [rɪ'vɒlvəʳ] GB

das **Rezept**
1 (*für Arznei*) prescription (**für** for); **etwas auf Rezept bekommen** to get something on prescription
2 (*Kochrezept*) recipe ['resɪpi] (**für** for)
3 (*übertragen*) cure (**für/gegen** for)

rezeptfrei *Medikament:* non-prescription, available without prescription *nachgestellt*

rezeptpflichtig available on prescription *nachgestellt*

das **Rhinozeros** rhinoceros [raɪ'nɒsᵊrəs]

der **Rhythmus** rhythm ['rɪðᵊm]

das **Ribisel** A (*Johannisbeere*) **rote/schwarze Ribisel** redcurrant/blackcurrant

richten
1 (*lenken*) to direct [daɪ'rekt] (**auf** towards)
2 to turn *Augen, Aufmerksamkeit, Blicke, Lichtstrahl* (**auf** on)
3 (*in Ordnung bringen*) to fix; **ich richte das schon wieder** I'll fix it
4 **sich richten** (*sich wenden*) *Aufmerksamkeit:* to be turned (**auf** towards); *Kritik, Protest:* to be directed [*oder* aimed] (**gegen** at/against)
5 **sich richten** (*sich herrichten*) to get ready
6 **sich nach den Regeln richten** to comply with the rules
7 **diese Frage richtet sich an Sie** this question is aimed at you
8 **ich richte mich ganz nach dir** I'll fit in with you

der **Richter**, die **Richterin** judge [dʒʌdʒ]

richtig
① (*nicht falsch*) correct, right; **sehe ich das richtig?** am I right?
② **richtig!** (*stimmt!*) that's right!
③ (*wirklich*) proper, real
④ (*auf korrekte Weise*) right, correctly; **etwas richtig machen** to do something the right way; **geht deine Uhr richtig?** is your watch right?
⑤ (*geradezu*) really; **das ist richtig lecker!** this is really tasty!

Vorsicht Falle!
right oder **true**? Wenn etwas richtig ist oder man mit dem zustimmt, was jemand gerade gesagt hat, verwendet man **right:** *I have the right answer; that's right, I'm going to visit my pen friend.* Wenn etwas stimmt und auf Fakten basiert, verwendet man hingegen **true:** *Is it true that you're going to London next week?; it's true what she said — I am leaving the company.*

die **Richtlinien** guidelines ['gaɪdlaɪnz]

die **Richtung**
① direction [dɪ'rekʃən]; **in Richtung Norden** towards the north; **in alle/allen Richtungen** in all directions
② *einer Ansicht, Meinung, Tendenz:* trend

riechen to smell; **an/nach etwas riechen** to smell at/of something; **gut/schlecht riechen** to smell good/bad

Grammatik
Richtiges Konjugieren von **smell**: smell, smelt/smelled, smelt/smelled — *The red roses smelt beautiful; He smelt her perfume in the lift.*

der **Riegel**
① (*an Türschloss*) bolt
② (*Stück*) bar; **ein Riegel Schokolade** a bar of chocolate

der **Riemen**
① (*Gürtelriemen*) strap
② (*Treibriemen*) belt

der **Riese** giant [dʒaɪənt]

riesig gigantic [dʒaɪ'gæntɪk], enormous

das **Riff** reef [ri:f]

das **Rind**
① (*Tier*) cow [kaʊ]; **Rinder** cattle ⚠ *Plural*
② (*Rindfleisch*) beef

die **Rinde**
① *von Käse:* rind [raɪnd]
② (*Baumrinde*) bark
③ (*Brotrinde*) crust

der **Ring** ring

das **Ringelspiel** Ⓐ (*Karussell*) roundabout ['raʊndə,baʊt] ⒼⒷ, merry-go-round

das **Ringen** wrestling ['reslɪŋ]

ringen
① (*Ringkampf machen*) to wrestle ['resəl] (**mit** with)
② (*kämpfen*) to struggle (**um** for)

der **Ringer**, die **Ringerin** wrestler ['resləʳ]

der **Ringkampf** wrestling ['reslɪŋ] match

die **Rinne** channel

rinnen (*fließen*) to run

die **Rippe** rib

das **Risiko** risk; **ein Risiko eingehen** to take a risk; **auf eigenes Risiko** at one's own risk

riskant risky

riskieren to risk; **du musst schon was riskieren** you'll have to take a risk

der **Riss**
① (*in Stoff*) rip, tear [teəʳ]
② (*Sprung*) crack

der **Ritt** ride

der **Ritter** knight [naɪt]

das **Ritual** ritual ['rɪtʃuəl]

die **Ritze** (*Spalte*) crack

ritzen to scratch

der **Rivale**, die **Rivalin** rival ['raɪvəl]

die **Robbe** seal

die **Robe**
① (*Amtsrobe*) robe [rəʊb]
② (*Abendkleid*) gown

der **Roboter** robot ['rəʊbɒt]

robust
① (*widerstandsfähig*) tough [tʌf]
② (*kräftig gebaut*) robust [rəʊ'bʌst]

der **Rock**
① (*Kleidungsstück*) skirt [skɜ:t]
② (*Musik*) rock

der **Rodel** sleigh [sleɪ], toboggan [tə'bɒgən]

rodeln to sledge, to toboggan [tə'bɒgən]

der **Roggen** rye [raɪ]

roh
1 (*ungebraten*) raw
2 (*grob*) *Mensch:* rough

der **Rohfassung** rough [rʌf] draft

das **Rohr**
1 (*Röhre*) pipe
2 (*Schilf*) reed

das **Röhrchen** **ich musste ins Röhrchen blasen** I was breathalysed ['breθəlaɪzd]

die **Röhre**
1 (*Rohr*) tube [tʃu:b]
2 (*Backofen*) oven ['ʌvən]

der **Rohstoff** raw material

die **Rolle**
1 (*Zusammengerolltes*) roll [rəʊl]
2 (*Garnrolle*) reel
3 (*im Sport*) forward roll; **eine Rolle rückwärts machen** to do a backward roll
4 (*im Film, Theater*) part, role [rəʊl]
5 **[das] spielt keine Rolle!** never mind!; **Geld spielt keine Rolle!** money is no object!

rollen
1 (*kugeln*) to roll [rəʊl]
2 (*aufrollen*) to roll up

der **Roller** scooter; **Roller fahren** to ride a scooter

das **Rollfeld** runway

der **Rollladen** shutter

der **Rollschuh** roller skate; **Rollschuh laufen** to roller-skate

der **Rollschuhläufer**, die **Rollschuhläuferin** roller skater

der **Rollstuhl** wheelchair

der **Rollstuhlfahrer**, die **Rollstuhlfahrerin** wheelchair user

die **Rolltreppe** escalator

der **Roman** novel ['nɒvəl]

romantisch romantic [rəʊ'mæntɪk]

der **Römer**, die **Römerin** Roman ['rəʊmən]

römisch Roman ['rəʊmən]

röntgen to X-ray ['eksreɪ]

das **Röntgenbild** X-ray

die **Röntgenstrahlen** X-rays

rosa pink

die **Rose** rose [rəʊz]

der **Rosenkohl** Brussels sprouts ⚠ *Plural*

rosig rosy

die **Rosine** raisin ['reɪzən]

der **Rost**
1 (*auf Metall*) rust
2 (*Bratrost*) grill

rosten to get rusty, to rust

rösten
1 to toast *Brot*
2 to roast *Fleisch, Kaffee*
3 to fry *Kartoffeln*

rostfrei stainless

das **Rösti** (CH) (*Bratkartoffeln nach Schweizer Art*) ≈ hash browns ⚠ *Plural*, rosti

rostig rusty

das **Rot**
1 red
2 **die Ampel stand auf Rot** the lights were red

rot
1 red
2 **rot werden** to blush

rotblond strawberry blonde

rotbraun reddish brown

die **Röteln** German measles ['mi:zəlz] ⚠ *Singular*

röten **sich röten** to turn red

rothaarig red-haired

rotieren to rotate

der **Rotstift** red pencil

der **Rotwein** red wine

die **Route** ['ru:tə] route [ru:t]

die **Routine** [ru'ti:nə] routine [ru:'ti:n]

der **Rubin** ruby ['ru:bi]

der **Ruck**
1 (*Stoß*) jerk, start
2 *von Fahrzeugen:* jolt

ruckartig jerky

der **Rücken** back; **mir tut der Rücken weh** I have a sore back, my back is aching

rücken
1 (*Platz machen*) to move [over]; **könnten Sie ein bisschen rücken?** could you move over a bit?
2 **an etwas rücken** to move something

das **Rückenschwimmen** backstroke

der **Rückenwind** tail wind

die **Rückfahrkarte** return ticket (GB), round-trip ticket (USA)

die **Rückfahrt** return journey

der **Rückfall** (*bei Krankheit*) relapse ['ri:læps]

der **Rückflug** return flight [flaɪt]

der **Rückgang** drop, fall (**an** in)

rückgängig **rückgängig machen** to cancel *Auftrag, Termin;* to call off *Verlobung*

das **Rückgrat** backbone, spine

die **Rückhand** (*beim Tennis*) backhand

die **Rückkehr** return

das **Rücklicht** rear light

die **Rückreise** return journey

der **Rucksack** backpack, rucksack ['rʌksæk] (GB)

der **Rückschlag** (*Rückfall*) relapse ['ri:læps]

die **Rückseite**
1 *von Blatt, Zeitung:* back page
2 *von Gebäude:* rear [rɪəʳ]

die **Rücksicht** consideration; **keine Rücksicht auf jemanden nehmen** to show no consideration for someone

rücksichtslos
1 (*unüberlegt*) inconsiderate [ˌɪnkən'sɪdᵊrət]; *Verhalten:* reckless
2 (*skrupellos*) ruthless

rücksichtsvoll considerate [kən'sɪdᵊrət], thoughtful ['θɔ:tfᵊl] (**gegenüber** towards)

der **Rücksitz** (*im Auto*) backseat

der **Rückstand**
1 (*Verzug*) delay; **er ist mit der Miete 3 Monate im Rückstand** his rent is 3 months in arrears
2 (*im Sport*) **mit drei Punkten im Rückstand sein** to be three points down

rückständig
1 (*überfällig*) overdue [ˌəʊvə'dju:]
2 (*zurückgeblieben*) backward

der **Rücktritt**
1 (*vom Amt*) resignation [rezɪg'neɪʃᵊn]
2 (*vom Vertrag*) withdrawal [wɪð'drɔ:ᵊl]

rückwärts backwards

rückwärtsfahren to reverse

der **Rückwärtsgang** reverse gear

der **Rückweg** way back

der **Rückzug** retreat [rɪ'tri:t]

das **Rudel**
1 (*Hunde, Wölfe*) pack
2 (*Wild*) herd [hɜ:d]

das **Ruder**
1 (*Bootsruder*) oar [ɔ:ʳ]
2 (*Steuerruder*) rudder ['rʌdəʳ]

das **Ruderboot** rowing boat ['rəʊɪŋbəʊt], rowboat (USA)

rudern to row [rəʊ]

das **Rüebli** (CH) (*Karotte*) carrot ['kærət]

der **Ruf**
1 call, shout [ʃaʊt]; (*Schrei*) cry
2 (*Ansehen*) reputation [repju:'teɪʃᵊn]

rufen
1 (*herbeirufen*) to call
2 **rufen lassen** to send for *Arzt*
3 (*schreien*) to cry, to shout [ʃaʊt]; **um Hilfe rufen** to cry [*oder* call] for help

das **Rufzeichen** (A) (*Ausrufezeichen*) exclamation [ˌeksklə'meɪʃᵊn] mark

rügen to reprimand ['reprɪma:nd] (**wegen** for)

die **Ruhe**
1 (*Schweigen*) quiet ['kwaɪət]; **Ruhe bitte!** quiet please!
2 (*Stille*) silence
3 (*innere Ruhe*) calm [ka:m], calmness; **immer mit der Ruhe!** keep calm!
4 (*Erholung*) rest; **viel Ruhe brauchen** to need a lot of rest
5 (*Frieden*) **in Ruhe lassen** to leave alone; **lass mich in Ruhe!** stop bothering me!

ruhen to rest

die **Ruhepause** **eine Ruhepause einlegen** to take [*oder* have] a break

der **Ruhestand** retirement; **im Ruhestand [sein]** [to be] retired

ruhig
1 *auch Meer:* calm [ka:m]; **bleib ruhig!** keep calm!
2 (*geräuscharm*) quiet ['kwaɪət]
3 (*als Verstärkung*) **ihr könnt ruhig dableiben** feel free to stay here; **komm ruhig rein** do come in

der **Ruhm** glory; **Ruhm erlangen** to come to fame

rühmen (*loben*) to praise [preɪz]

das **Rührei** scrambled eggs ⚠ *Plural*

rühren
1 (*umrühren*) to stir
2 (*innerlich*) to move, to touch [tʌtʃ]
3 **sich rühren** (*sich bewegen*) to stir; **sich nicht vom Fleck rühren** to not budge

rührend *Film:* touching ['tʌtʃɪŋ]

die **Rührung** emotion [ɪ'məʊʃᵊn]

der **Ruin** ruin ['ru:ɪn]; **vor dem Ruin stehen** to be on the brink [*oder* verge] of ruin

die **Ruine** ruin ['ru:ɪn]

ruinieren
1 to ruin ['ru:ɪn] *Firma, Menschen*
2 to spoil *Kleider*

rülpsen to belch [beltʃ] *umgangsspr,* to burp *umgangsspr*

der **Rülpser** burp *umgangsspr*

der **Rum** rum [rʌm]

der **Rumpf** (*Körper, Leib*) trunk

rümpfen ▶ WENDUNGEN: **die Nase rümpfen** to turn up one's nose (**über** at)

rund
1 *Form, Summe:* round [raʊnd]
2 (*rundherum*) [a]round; **rund um die Welt** [a]round the world; **rund um die Uhr** [a]round the clock
3 (*etwa*) about

die **Runde**
1 (*im Rennsport*) lap
2 (*beim Boxen*) round

die **Rundfahrt** tour

der **Rundfunk** broadcasting; **im Rundfunk** on the radio

der **Rundgang**
1 (*Besichtigung*) tour (**durch** of); **einen Rundgang machen** to do a tour
2 (*zur Inspektion*) rounds ⚠ *Plural;* **einen Rundgang machen** to do one's rounds

rundlich plump

die **Rundreise** tour (**durch** of)

die **Rundung** curve [kɜ:v]

runzelig wrinkled ['rɪŋkᵊld]

runzeln **die Stirn runzeln** to frown [fraʊn]

rupfen
1 to pull up *Unkraut*
2 to pluck *Huhn*

die **Rüsche** (*an Kleidung*) frill, ruche [ru:ʃ]

der **Ruß** soot

der **Russe**, die **Russin** Russian ['rʌʃᵊn]

der **Rüssel** *von Elefant:* trunk

russisch Russian ['rʌʃᵊn]

Russland Russia ['rʌʃə]

die **Rüstung**
1 (*Ritterrüstung*) armour ['ɑ:məʳ]
2 (*Aufrüstung*) armament

die **Rutschbahn** (*für Kinder*) slide

rutschen
1 (*gleiten*) to slide
2 (*nicht gut sitzen*) *Hose, Rock, Strumpf:* to slip down
3 (*ausrutschen*) *Mensch:* to slip; *Auto:* to skid
4 **rutsch mal!** move up a bit!

Grammatik
Richtiges Konjugieren von **slide**: slide, slid, slid — *He slid down the slide; The ring has slid down the side of the armchair.*

der **Rutscher** Ⓐ
1 (*Ausflug*) short trip; **ich mache mal einen Rutscher zur Maria** I'm just going to pop over to Maria's [house]
2 (*kurze Distanz*) a stone's throw away; **es ist doch nur ein Rutscher bis zur Bushaltestelle** the bus stop is just a stone's throw away

rütteln **an etwas rütteln** to shake something

Ss

S, s
1 S, s [es]
2 (*Mehrzahl*) S[']s, s's

S *Abkürzung von* **Süden** S

der **Saal** hall

sabbern to dribble

die **Sabotage** sabotage ['sæbətɑːʒ]

das **Sachbuch** non-fiction book

die **Sache**
1 (*Ding*) thing; (*Gegenstand*) object
2 **Sachen** (*Besitz*) things; (*Kleider*) clothes [kləʊ(ð)z]; **seine Sachen packen** to pack one's bags
3 (*Angelegenheit*) matter; **das ist meine Sache** that's my business

das **Sachgebiet** [specialized] field

die **Sachkenntnis** expert knowledge ['nɒlɪdʒ]

sachkundig
1 well-informed, knowledgeable ['nɒlɪdʒəbᵊl]
2 **sich sachkundig machen** to inform oneself

sachlich
1 (*sachbezogen*) relevant ['reləvənt]
2 (*objektiv*) objective [əb'dʒektɪv]; **bleiben Sie mal sachlich!** don't get personal!
3 (*schmucklos*) functional ['fʌnkʃᵊnᵊl]

sächlich neuter ['njuːtəʳ]

der **Sachschaden** damage to property; **am Haus entstand großer Sachschaden** there was significant damage to the property

der **Sachverhalt** circumstances ['sɜːkəmstænsɪz] ⚠ *Plural*, facts ⚠ *Plural*

der/die **Sachverständige** expert ['ekspɜːt], specialist ['speʃᵊlɪst]

der **Sack** (*aus Jute*) sack [sæk]; (*aus Papier*) bag

die **Sackgasse** blind alley, dead end

sadistisch sadistic [sə'dɪstɪk]

säen to sow [səʊ] *Saat*

> **Grammatik**
> Richtiges Konjugieren von **sow**: sow, sowed, sown — *The gardener sowed grass in the back garden; This field has been sown with wheat.*

die **Safari** safari [sə'fɑːri]

der **Saft** (*Obstsaft*) juice [dʒuːs]

saftig
1 (*voll von Saft*) juicy ['dʒuːsi]
2 (*übertragen*) *Farbe, Wiese:* lush
3 (*übertragen*) *Preise, Rechnung, Strafe:* steep, hefty

die **Sage** legend ['ledʒənd]

die **Säge** saw

> **Vorsicht Falle!**
> **say** oder **tell**? **Say** verwendet man wie das deutsche ‚sagen' zur Wiedergabe von direkter oder indirekter Rede: *"Hello, I'm Stan", he said; no matter what I say, she won't listen; she said that she was not very happy about it.* **Tell** wird hingegen verwendet, wenn man von etwas Bestimmtem erzählt: *he told the police what had happened* oder um eine Anweisung auszudrücken: *I told you to tidy up your room; she told me to go and see a doctor.*

sagen
1 (*äußern*) to say; **sag mal ...** say, ...; **was sagst du dazu?** what do you say to that?
2 (*mitteilen*) to tell; **das hab ich dir doch gleich gesagt** I told you so
3 (*bedeuten*) to mean; **das hat nichts zu sagen** it's of no account

> **Grammatik**
> Richtiges Konjugieren von **say**: say, said, said — *Jane said "Yes"; I haven't said anything.*

sägen to saw

sagenhaft
1 legendary ['ledʒəndri]
2 (*enorm*) fabulous
3 (*sehr*) **sagenhaft schön** incredibly beautiful

die **Sahne** cream

die **Saison** [zɛ'zõː] season ['siːzᵊn]

die **Saite** string

der **Salat**
1 (*Gericht*) salad ['sæləd]
2 (*Pflanze*) lettuce ['letɪs]

die **Salatsoße** salad dressing

die **Salbe** ointment

der **Salon** (*Friseursalon*) salon ['sælɒn]

salü CH
1 (*zur Begrüßung*) hi, hello
2 (*zum Abschied*) bye[-bye]

das **Salz** salt [sɒlt]

salzen to salt [sɒlt]

salzig salty ['sɒlti]

das **Salzwasser** saltwater

der **Samen** *von Pflanze:* seed

sammeln
1 (*auflesen, ernten*) to gather
2 to collect *Briefmarken usw.*

die **Sammlung** collection

der **Samstag** Saturday ['sætədeɪ]

der **Samt** velvet

der **Sand** sand [sænd]

die **Sandale** sandal ['sændᵊl]

sandig sandy

sanft
1 (*weich*) soft; **mit sanfter Stimme** softly, in a soft voice
2 (*leicht*) gentle

der **Sänger**, die **Sängerin** singer; (*Jazz, Pop auch*) vocalist

sanieren
1 to redevelop [ˌriːdɪ'veləp] *Stadtgebiet*
2 to rescue, to turn round *Firma*

die **Sanierung**
1 *von Stadtgebiet:* redevelopment [ˌriːdɪ'veləpmənt]
2 *von Firma:* rescue operation, turnround

sanitär die sanitären Anlagen the sanitation [*oder* sanitary] facilities

die **Sanität** CH, A (*Krankenwagen*) ambulance ['æmbjələns]

die **Sardine** sardine [sɑː'diːn]

der **Sarg** coffin, casket USA

der **Satellit** satellite ['sætᵊlaɪt]

das **Satellitenfernsehen** satellite television

die **Satellitenschüssel** satellite dish

die **Satire** satire ['sætaɪəʳ] (**auf** on)

satt
1 (*gesättigt*) full; **bist du satt [geworden]**? have you had enough to eat?
2 (*kräftig*) *Farbe:* rich

der **Sattel** saddle

satthaben etwas satthaben to be fed up with something, to be sick and tired of something *umgangsspr*

der **Satz**
1 (*Sprache*) sentence
2 (*beim Tennis*) set
3 **ein Satz Briefmarken** a set of stamps
4 (*Sprung*) jump, leap; **einen Satz machen** to jump, to leap

der **Satzbau** syntax ['sɪntæks]

das **Satzzeichen** punctuation mark

sauber
1 (*rein*) clean
2 (*gut gearbeitet*) accurate ['ækjərət]
3 **etwas sauber halten** to keep something clean

die **Sauberkeit** (*Reinheit*) cleanness

säubern (*reinigen*) to clean

sauer
1 sour ['saʊəʳ]
2 (*chemisch*) acidic; **saurer Regen** acid rain
3 (*übertragen: ärgerlich*) cross (**auf** with); **sauer werden** to get annoyed

der **Sauerstoff** oxygen ['ɒksɪdʒən]

saufen
1 (*slang: Alkohol trinken*) to booze *umgangsspr*
2 *Tier:* to drink

saugen
1 (*einsaugen*) to suck
2 (*mit Staubsauger*) to vacuum ['vækjuːm], to hoover *umgangsspr*
3 **an etwas saugen** to suck something

das **Säugetier** mammal

der **Säugling** baby

die **Säule** column ['kɒləm]

die **Sauna** sauna ['sɔːnə]

die **Säure** (*chemische*) acid

sausen
1 *Fahrzeug:* to roar [rɔːʳ]
2 *Wind:* to whistle ['wɪsᵊl]

schaben to scrape

schäbig
1 (*unansehnlich*) shabby, tacky (USA)
2 (*gemein*) mean (GB)

das **Schach**
1 (*Spiel*) chess
2 (*Spielstellung: Schach bieten*) check!; **Schach und matt!** checkmate!

das **Schachbrett** chessboard

die **Schachfigur** chessman

schachmatt
1 (*im Spiel*) **schachmatt!** checkmate!
2 (*übertragen: erledigt*) knackered ['nækəd] *umgangsspr*

die **Schachtel**
1 box
2 **eine Schachtel Zigaretten** a packet of cigarettes
3 (*abwertend*) **alte Schachtel!** old bag!

schade **wie schade!** that's a shame!; **schade, dass du nicht bleiben kannst** what [*oder* it's] a pity you can't stay

der **Schädel** *von Skelett:* skull

der **Schaden**
1 damage (**an** to)
2 **großen Schaden anrichten** to do a lot of damage (**an** to); **jemandem Schaden zufügen** to do someone harm

schaden
1 (*Schaden zufügen*) to damage
2 (*schädlich sein*) to harm

der **Schadenersatz** compensation

schädlich damaging, harmful (**für** to)

der **Schädling** pest

der **Schadstoff** pollutant

das **Schaf** (*Tier*) sheep

> **Grammatik**
> Die Mehrzahl von **sheep** ist ebenfalls **sheep**: *a flock of a hundred sheep.*

schaffen
1 (*erzeugen*) to create
2 (*erreichen*) to manage; to pass *Prüfung;* **ich hab's geschafft!** I did it!
3 **schaff mir den Hund fort!** get that dog out!
4 **sich an etwas zu schaffen machen** to fiddle about with something ▶ WENDUNGEN: **jemandem zu schaffen machen** to give someone trouble

der **Schaffner**, die **Schaffnerin**
1 (*im Bus*) conductor
2 (*im Zug*) conductor, guard [gɑːd] (GB)

der **Schal** scarf

> **Grammatik**
> Die Mehrzahl von **scarf** ist **scarves**: *I have four knitted scarves.*

schal *Getränk:* flat; *Geschmack:* stale

die **Schale**
1 (*Gefäß*) bowl [bəʊl]
2 (*äußere Hülle von Obst*) skin; (*geschälte Hülle von Obst*) peel
3 *von Schalentieren:* shell

schälen
1 to pare *Apfel*
2 to shell *Ei*
3 to peel *Orange*
4 **sich schälen** *Haut, Lack:* to peel

der **Schall** sound

die **Schallplatte** record ['rekɔːd]

schalten
1 (*im KFZ*) to change gear; **in den dritten [Gang] schalten** to change [*oder* (USA) shift] into third [gear]
2 (*per Schalter*) to switch (**auf** to)

der **Schalter**
1 (*Hebel*) switch
2 (*in Bank, Post*) counter
3 (*Fahrkartenschalter*) ticket window

der **Schalthebel** gear lever ['gɪəˌliːvəʳ]

das **Schaltjahr** leap year

der **Schaltknüppel** gear stick

die **Scham** shame [ʃeɪm]

schämen **sich schämen** to be ashamed (**wegen** of)

die **Schande**
1 disgrace; **so eine Schande!** this is a disgrace!
2 **mach uns keine Schande!** don't disgrace us!

schändlich disgraceful

die **Schar**
1 (*Menge*) crowd [kraʊd]; **in Scharen** in droves
2 (*Vögel*) flock
3 (*Gruppe*) band

scharf
1 (*schneidend*) *auch Zunge, Bemerkung:* sharp
2 *Essen:* hot
3 *Hund:* fierce [fɪəs]
4 (*streng*) severe [sə'vɪəʳ], tough [tʌf]
5 (*klar*) sharp; *Auge:* keen
6 **scharfer Verstand** keen intellect
7 **scharf nachdenken** to think hard
8 **scharf nach links abbiegen** to turn a sharp left
9 **scharf schießen** to shoot with live ammunition
10 **scharf auf jemanden/etwas sein** to be very keen on someone/something

schärfen to sharpen

das **Scharnier** hinge [hɪndʒ]

der **Schatten**
1 shade; **30° im Schatten** 30 degrees in the shade
2 *eines Menschen oder Gegenstandes:* shadow ['ʃædəʊ]

Vorsicht Falle!
shade oder **shadow? Shade** ist der Schatten, in den man geht, wenn es in der Sonne zu heiß ist: *I prefer to sit in the shade rather than in the sun; the tree provided some shade from the sun.* **Shadow** dagegen ist der Schatten, den jemand oder ein Gegenstand wirft: *Just before the sun sets our shadows are very long.*

schattig shady

der **Schatz**
1 treasure ['treʒəʳ]
2 **Schätze** (*Reichtümer*) riches
3 (*Kosewort*) sweetheart (GB), cutie (USA)

schätzen
1 (*hoch achten*) to think highly of; **etwas zu schätzen wissen** to appreciate [ə'pri:ʃieɪt] something
2 (*veranschlagen*) to assess, to estimate ['estɪmeɪt] (**auf** at); **grob geschätzt** at a rough estimate; **wie alt schätzt du ihn?** how old would you say he is?
3 (*meinen*) to think

die **Schätzung**
1 (*Werteinschätzung*) valuation
2 (*Veranschlagung*) estimate ['estɪmət]

schätzungsweise approximately [ə'prɒksɪmətli], roughly ['rʌfli]

die **Schau**
1 (*Vorführung*) show; **etwas zur Schau stellen** to exhibit ['egzɪbɪt] something
2 (*übertragen*) **es war alles nur Schau** it was all show

das **Schaubild** diagram ['daɪəgræm]

der **Schauder** shiver, shudder

schauen
1 (*blicken*) to look (**auf** at)
2 (*nachsehen*) to have a look; **ich schau mal nach** I'll [go and] have a look

der **Schauer** shower ['ʃaʊəʳ]

die **Schaufel** shovel ['ʃʌvᵊl]

schaufeln to shovel ['ʃʌvᵊl]

das **Schaufenster** shop window

der **Schaufensterbummel** ▶ WENDUNGEN: **einen Schaufensterbummel machen** to go window-shopping

die **Schaukel** swing

schaukeln
1 (*auf Schaukel*) to swing
2 (*auf Stuhl*) to rock

der **Schaum**
1 foam
2 (*Seifenschaum*) lather
3 (*Bierschaum*) froth

schäumen
1 to foam, to froth
2 *Seife:* to lather

der **Schaumstoff** foam material

schaurig
1 (*entsetzlich*) gruesome ['gru:səm]
2 (*schlimm*) dreadful

das **Schauspiel**
1 (*Theateraufführung*) drama, play
2 (*Anblick*) sight, spectacle ['spektəkᵊl]

der **Schauspieler** actor

die **Schauspielerin** actress

schauspielern to act

der **Scheck** cheque [tʃek] (GB), check (USA) (**über** for); **einen Scheck ausstellen** to write a cheque; **einen Scheck einlösen** to cash a cheque

das **Scheckheft** chequebook ['tʃekbʊk] (GB), checkbook (USA) die **Scheckkarte** cheque [guarantee] card GB, check cashing card USA

die **Scheibe**
1 disc
2 (*Schießscheibe*) target
3 (*Glasscheibe*) pane
4 (*Brotscheibe*) slice

der **Scheibenwischer** windscreen [*oder* USA windshield] wiper

die **Scheide**
1 *von Messer:* sheath
2 (*Körperteil*) vagina [vəˈdʒaɪnə]

scheiden **sich scheiden lassen** to get divorced [dɪˈvɔːsd]; **sich von jemandem scheiden lassen** to get a divorce from someone, to divorce someone

die **Scheidung** divorce [dɪˈvɔːs]; **die Scheidung einreichen** to file a petition for divorce

der **Schein**
1 (*Bescheinigung*) certificate [səˈtɪfɪkət]
2 (*Geldschein*) note [nəʊt] GB, bill USA
3 (*Anschein*) appearances [əˈpɪərənsɪz] ⚠ *Plural;* **der Schein trügt** appearances are deceptive
4 (*Lichtschein*) light; (*Schimmer*) gleam

scheinbar
1 (*anscheinend*) *Widerspruch:* apparent, seeming
2 (*allem Anschein nach*) seemingly, apparently; **es macht dir scheinbar nichts aus** you don't seem to mind

scheinen
1 (*leuchten*) to shine
2 (*den Anschein haben*) to appear, to seem; **mir scheint ...** it seems to me ...; **es scheint mir, dass ...** it appears to me that ...

Grammatik
Richtiges Konjugieren von **shine**: shine, shone, shone —*The sun shone all morning.*

scheinheilig hypocritical [ˌhɪpəˈkrɪtɪkəl]

der **Scheinwerfer**
1 (*am Auto*) headlamp, headlight
2 (*zur Beleuchtung im Stadion*) floodlight [ˈflʌdlaɪt]

die **Scheiße**
1 (*Kot*) shit *slang*
2 (*als Ausruf*) shit! *slang*

scheißen to shit *slang*

der **Scheitel** parting GB, part USA

scheitern
1 (*fehlschlagen*) to fail (**an** because of); **sein Versuch scheiterte** he failed in his attempt
2 (*im Sport*) to be defeated (**an** by)

schellen CH (*läuten*) **bei jemandem schellen** to ring at someone's door; **es hat geschellt** there was a ring at the door

das **Schema**
1 (*Muster*) pattern [ˈpætən]
2 (*Diagramm*) diagram [ˈdaɪəgræm]

der **Schenkel** (*Oberschenkel*) thigh [θaɪ]

schenken to give, to get; **was schenkst du ihm zum Geburtstag?** what will you get him for his birthday?; **das habe ich geschenkt bekommen** I got it as a present ▶ WENDUNGEN: **das Museum können wir uns schenken** we can give the museum a miss

Grammatik
Richtiges Konjugieren von **give**: give, gave, given — *James gave Lucy a neclace for her birthday; I have given him a new jumper.*

die **Scherbe** fragment; **eine Glasscherbe** a splinter of glass; **eine Porzellanscherbe** a broken piece of china

die **Schere** scissors [ˈsɪzəz] ⚠ *Plural;* **eine Schere** a pair (*Singular*) of scissors; **wo ist meine Schere?** where are my scissors?

Vorsicht Falle!
Das Wort **scissors** wird immer in der Mehrzahl gebraucht: *where* **are** *the scissors?* **a pair of scissors** wird jedoch in der Einzahl verwendet: *this* **is** *my pair of scissors.*

der **Scherz** joke; **zum Scherz** for a joke

scherzen to joke; **Sie scherzen!** you can't be serious!; **ich scherze nicht** I'm not joking; **mit ihr ist nicht zu scherzen** she is not to be trifled with

scheu shy; (*zaghaft*) timid [ˈtɪmɪd]

scheuern
1 (*putzen*) to scour [skaʊəʳ]; (*schrubben*) to scrub
2 (*reiben*) to chafe [tʃeɪf] (**an** at)

die **Scheune** barn

scheußlich
1 (*schlimm*) dreadful
2 (*ekelhaft*) hideous [ˈhɪdiəs]
3 *Wetter, Geschmack:* ghastly

A B C D E F G H I J K L M N O P Q R S T U V W X Y Z

die **Schicht**
1 (*Lage, Staubschicht*) layer
2 (*auf Flüssigkeiten*) film
3 (*Farbschicht*) coat
4 (*Gesellschaftsschicht*) [social] class
5 (*Arbeitsabschnitt*) shift

schick (*elegant*) elegant ['elɪg^{ə}nt]; **ein schickes Kleid** a smart dress

schicken
1 to send
2 **jemanden einkaufen schicken** to send someone to do the shopping

> **Grammatik**
> Richtiges Konjugieren von **send**: send, sent, sent — *My aunt sent me a parcel for my birthday; She has sent him a letter.*

das **Schicksal** fate

schieben to push; (*mit mehr Kraft*) to shove [ʃʌv]

der **Schiedsrichter**, die **Schiedsrichterin** referee; (*bei Ballspielen, Hockey*) umpire ['ʌmpaɪə^{r}]

schief
1 (*krumm*) crooked ['krʊkɪd]
2 (*geneigt*) tilted; **das Bild hängt schief** the picture isn't straight [streɪt]

schiefgehen to go wrong [rɒŋ]; **irgendwas muss schiefgegangen sein!** something must have gone wrong! ▶ WENDUNGEN: **keine Sorge, wird schon schiefgehen!** don't worry, it'll be OK!

schielen to squint

die **Schiene** (*Bahnschiene*) rail

schier pure ▶ WENDUNGEN: **das ist der schiere Wahnsinn!** that's sheer madness! *umgangsspr*

schießen
1 to shoot; to fire *Kugel;* to kick *Ball;* to score *Tor*
2 to shoot (**auf** at); (*mit Schusswaffe*) to fire (**auf** at)

> **Grammatik**
> Richtiges Konjugieren von **shoot**: shoot, shot, shot — *The gangster shot the sheriff; He has been shot in the arm.*

die **Schießerei** shoot-out

das **Schiff** ship

der **Schiffbruch** shipwreck ['ʃɪprek]; **Schiffbruch erleiden** to be shipwrecked

die **Schifffahrt** (*das Schifffahren*) shipping

die **Schikane** harassment ['hærəsmənt]

schikanieren to harass ['hærəs]; (*tyrannisieren*) to bully ['bʊli]

der **Schild** (*Schutzschild*) shield

das **Schild**
1 (*Zeichen*) sign; (*an Tür*) nameplate
2 (*Preisschild*) ticket

schildern to describe; (*umreißen*) to sketch

die **Schilderung**
1 (*Beschreibung*) description
2 (*Bericht*) account

die **Schildkröte** (*Seeschildkröte*) turtle; (*Landschildkröte*) tortoise ['tɔːtəs]

der **Schimmel**
1 (*Pferd*) white horse
2 (*Schimmelpilz*) mould [məʊld]

schimmelig (*verschimmelt*) mouldy ['məʊldi]

der **Schimmer** gleam, glimmer

der **Schimpanse** chimpanzee [ˌtʃɪmp^{ə}n'ziː]

schimpfen to curse (**auf** at); **mit jemandem schimpfen** to tell someone off

das **Schimpfwort** swearword

der **Schinken** ham

der **Schirm** umbrella; (*Sonnenschirm*) parasol, sunshade

die **Schlacht** battle

schlachten to slaughter ['slɔːtə^{r}]

das **Schlachtfeld** battlefield

der **Schlaf** sleep; **einen festen/leichten Schlaf haben** to be a sound/light sleeper

der **Schlafanzug** pyjamas [pɪ'dʒɑːməz] ⚠ *Plural* GB, pajamas [pə'dʒɑːməz] ⚠ *Plural* USA

> **Vorsicht Falle!**
> **pyjamas** wird im Plural gebraucht: *where are my pyjamas?* — Aber **a pair of pyjamas** (= Schlafanzug) wird im Singular gebraucht: *is this my pair of pyjamas?*

schlafen
1 to sleep
2 **bei jemandem schlafen** to stay overnight with someone

3 **mit jemandem schlafen** to sleep with someone

Grammatik
Richtiges Konjugieren von **sleep**: sleep, slept, slept — *I slept very well last night; I have never slept in a bunk bed.*

schlaff
1 (*herabhängend*) slack
2 (*welk, matt*) flabby
3 (*kraftlos*) limp

die **Schlaflosigkeit** sleeplessness, insomnia [ɪnˈsɒmniə]

schläfrig drowsy [ˈdraʊzi], sleepy

der **Schlafsaal** dormitory [ˈdɔːmɪtəri]

der **Schlafsack** sleeping bag

der **Schlafwagen** sleeping car, sleeper

das **Schlafzimmer** bedroom

der **Schlag**
1 blow [bləʊ]
2 (*übertragen*) **das ist ein harter Schlag** that's a hard blow
3 (*Herzschlag*) beat
4 (*elektrischer Schlag*) shock
5 **ein Schlag ins Gesicht** a slap in the face

der **Schlaganfall** stroke

schlagen
1 to strike
2 (*prügeln*) to beat
3 (*treffen*) to hit
4 (*mit Werkzeug*) to knock
5 (*besiegen*) to beat, to defeat; **jemanden im Tennis schlagen** to beat someone at tennis
6 **gegen die Tür schlagen** to beat on the door
7 *Herz:* to beat
8 *Turmuhr:* to strike
9 **sich mit jemandem schlagen** to have a fight with someone

Grammatik
Richtiges Konjugieren von **beat**: beat, beat, beaten — *I beat John at badminton yesterday; Our team was beaten.*

der **Schlager**
1 (*Lied*) pop song
2 (*Hit*) hit

der **Schläger** racquet [ˈrækɪt] (GB), racket (USA); (*für Hockey*) stick; (*für Tischtennis*) bat

die **Schlägerei** brawl [brɔːl], fight

das **Schlagobers** (A) whipped cream

der **Schlagrahm** (CH) whipped cream

die **Schlagsahne** whipped cream

die **Schlagzeile** headline

das **Schlagzeug** drums ⚠ *Plural*

der **Schlagzeuger**, die **Schlagzeugerin**, der **Schlagzeugspieler**, die **Schlagzeugspielerin** drummer

der **Schlamm** mud

schlampig
1 (*unordentlich*) untidy
2 *Arbeit, Tätigkeit:* slipshod

die **Schlange**
1 snake
2 (*Menschenschlange*) queue [kjuː] (GB), line (USA); **Schlange stehen** to queue up (GB), to stand in line (USA)

schlank slim

schlapp shattered, worn out

schlau
1 (*verschlagen*) cunning, wily
2 (*klug*) clever, smart

der **Schlauch**
1 (*Wasserschlauch*) hose
2 (*im Reifen*) tube

das **Schlauchboot** rubber dinghy [ˈdɪŋgi]

schlecht
1 (*nicht gut*) bad; (*ungenügend*) poor
2 (*verdorben: Milch*) off; **die Milch ist schlecht** the milk is [*oder* has gone] off
3 **mir ist schlecht** I feel sick
4 **er spielt schlecht Tennis** he's bad at tennis; **sie war immer schlecht in Sprachen** she was always poor at languages
5 **schlecht über jemanden reden** to speak ill of someone
6 **das geht schlecht** that's not really possible
7 **schlecht gelaunt** bad-tempered

schlechtmachen to run down, to disparage

schleichen (*langsam gehen*) to creep

der **Schleier** veil [veɪl]

die **Schleife** bow [bəʊ]; (*Schlaufe*) loop

schleifen[1] (*ziehen*) to drag

schleifen[2]
1 (*zuschleifen*) to cut
2 (*schärfen*) to sharpen

der **Schleim** slime

schleimig slimy

schlendern to saunter ['sɔːntəʳ], to stroll

schleppen
1 (*schwer tragen*) to lug
2 (*hinter sich herschleppen*) to drag along; (*abschleppen*) to tow [təʊ]
3 **sich schleppen** to drag oneself

schleudern
1 (*werfen, stoßen*) to hurl; (*mit Schleuder*) to sling
2 *Auto:* to skid

die **Schleuse** (*Kanalschleuse*) lock

schlicht simple; **das ist schlicht und einfach falsch** that is just simply wrong

schließen
1 (*zumachen*) to close, to shut
2 (*beenden*) to close
3 to conclude; **Frieden schließen** to make peace
4 **eine Lücke schließen** to close a gap
5 (*zumachen*) to close [*oder* shut] down
6 (*schlussfolgern*) to infer [ɪn'fɜːʳ]
7 **die Tür schließt nicht richtig** the door doesn't close properly
8 **die Hunde wurden in den Zwinger geschlossen** the dogs were locked into the kennel

Grammatik
Richtiges Konjugieren von **shut**: shut, shut, shut — *Paul shut the window; Have you shut the front door?*

das **Schließfach** (*Gepäckschließfach*) left-luggage locker

schließlich
1 (*endlich*) eventually, finally
2 (*immerhin*) after all

schlimm
1 (*auch übertragen*) bad
2 **es hätte schlimmer kommen können** it could have been worse
3 **ist doch halb so schlimm** it's not as bad as all that
4 **das Schlimmste daran ist ...** the worst of it is ...

die **Schlinge**
1 (*Schleife, Öse*) loop
2 (*zum Fangen*) snare
3 (*Binde*) sling

schlingen
1 (*binden*) to tie [taɪ]
2 **sich um etwas schlingen** *Pflanze:* to coil [kɔɪl] around something

der **Schlips** tie, necktie ['nektaɪ] (USA)

der **Schlitten** sledge (GB), sled (USA); **Schlitten fahren** to go tobogganing [tə'bɒgᵊnɪŋ]

der **Schlittschuh** [ice] skate

der **Schlittschuhläufer**, die **Schlittschuhläuferin** skater

der **Schlitz** slit; (*Einwurfschlitz*) slot

der **Schlögel** (A) leg; (*vom Wild*) haunch [hɔːn(t)ʃ]

das **Schloss**
1 (*Burg*) castle ['kɑːsl]; (*Palast*) palace ['pælɪs]
2 (*Verschluss*) lock

der **Schlosser**, die **Schlosserin** locksmith; (*Bauschlosser*) fitter

schluchzen to sob

der **Schluck** gulp; **ein Schluck Wasser** a mouthful of water; **ein kleiner Schluck** a sip

der **Schluckauf** hiccups ['hɪkʌpz] ⚠ *Plural*

schlucken
1 (*auch übertragen*) to swallow ['swɒləʊ]; (*herunterwürgen*) to gulp down
2 to swallow; **das schluckt meine ganzen Ersparnisse** that swallows up all my savings

schlüpfen
1 to slip
2 *Küken:* to hatch out

schlürfen to slurp

der **Schluss**
1 (*Ende, Halt*) end
2 (*Abschluss*) ending
3 **jetzt ist aber Schluss!** that's enough now!
4 **Schluss für heute!** that's it for today!
5 **Schluss machen** (*mit der Arbeit*) to call it a day; (*Selbstmord begehen*) to end it all; **mit jemandem Schluss machen** to finish with someone
6 **zum Schluss** in the end
7 **welchen Schluss ziehen Sie daraus?** what conclusion do you draw from this?

der **Schlüssel**
1 (*auch übertragen*) key (**zu** to)
2 (*Schraubenschlüssel*) spanner ['spænəʳ] GB, wrench [renʃ] USA
3 (*Notenschlüssel*) clef [klef]

der **Schlüsselbund** bunch of keys

das **Schlüsselloch** keyhole

die **Schlussfolgerung** conclusion

schmackhaft tasty; **jemandem etwas schmackhaft machen** to make something tempting to someone

schmal
1 (*eng*) narrow ['nærəʊ]; **er hat schmale Lippen** he has thin lips
2 (*schlank*) slender, slim

der **Schmarotzer**
1 (*Mensch*) sponger ['spʌndʒəʳ] GB, freeloader USA
2 (*Tiere, Pflanzen*) parasite ['pærəsaɪt]

der **Schmarren** A *pancake broken up with a fork* ▶ WENDUNGEN: **erzähl mir keinen Schmarren** don't give me that [old] rubbish

schmecken
1 (*Geschmack haben*) to taste (**nach** of); **gut schmecken** to taste good [*oder* nice]
2 **das schmeckt mir nicht** I don't like the taste of it; **wie schmeckt's?** how do you like it?

schmeicheln to flatter

schmeißen to throw [θrəʊ] *Ball*

schmelzen to melt; *Schnee auch:* to thaw [θɔː]

der **Schmerz**
1 pain
2 **Schmerzen haben** to be in pain
3 **er schrie vor Schmerzen** he screamed in pain

schmerzen (*wehtun*) to hurt

schmerzhaft painful

schmerzlich painful

schmerzlos painless

der **Schmetterling** butterfly

schmieren
1 to smear [smɪəʳ]
2 to lubricate *Maschinen*
3 (*schlecht schreiben*) to scrawl [skrɔːl]

das **Schmiergeld** bribe

die **Schmiergelder** bribe ⚠ *Singular*

das **Schmierpapier** scrap paper

die **Schminke** make-up ['meɪkʌp]

schminken sich schminken to put on make-up

schmollen to sulk

schmoren to braise [breɪs]

der **Schmuck**
1 (*Juwelen*) jewellery ['dʒuːəlri] GB, jewelry USA
2 (*Dekoration*) decoration [ˌdekᵊ'reɪʃᵊn]

> **Falsche Freunde**
> Das Wort **schmuck** bedeutet im amerikanischen Englisch ‚Idiot'!

schmücken to decorate ['dekᵊreɪt]

schmuddelig messy, dirty

schmuggeln to smuggle ['smʌgᵊl]

der **Schmuggler**, die **Schmugglerin** smuggler ['smʌgləʳ]

schmunzeln to grin

schmusen to have a cuddle; **mit jemandem schmusen** to cuddle someone

der **Schmutz** dirt

schmutzig dirty

der **Schnabel** beak, bill

die **Schnalle** buckle

schnallen to strap (**an** to)

schnappen
1 (*etwas ergreifen, erwischen*) to grab, to snatch
2 (*fangen*) to nab *umgangsspr;* **die Polizei hat ihn dabei geschnappt, wie er ...** the police nabbed him when [*oder* as] he ...
3 **nach Luft schnappen** to gasp for breath

schnarchen to snore

schnauben *Pferd:* to snort ▶ WENDUNGEN: **vor Wut schnauben** to snort with rage

schnaufen to puff

der **Schnauz** CH, der **Schnauzbart** moustache [mə'stɑːʃ]

die **Schnauze**
1 muzzle
2 (*Mund*) trap *umgangsspr*

schnäuzen sich schnäuzen to blow [bləʊ] one's nose

die **Schnecke** snail

das **Schneckentempo** ▶ WENDUNGEN: **im Schneckentempo** at a snail's pace

der **Schnee** snow [snəʊ]

der **Schneeball** snowball

der **Schneebesen** whisk

die **Schneeflocke** snowflake

der **Schneemann** snowman

der **Schneeregen** sleet

der **Schneesturm** snowstorm

schneiden
1 to cut
2 **sich die Nägel schneiden** to cut one's nails
3 **sich schneiden** to cut oneself; **sich am Finger schneiden** to cut one's finger
4 **sich die Haare schneiden lassen** to have one's hair cut

Grammatik
Richtiges Konjugieren von **cut**: cut, cut, cut — *Kate cut the cake into eight pieces; Tom has cut himself.*

schneidend
1 (*beißend*) biting
2 (*durchdringend*) piercing

der **Schneider**, die **Schneiderin** tailor; (*Damenschneider*) dressmaker

schneien to snow [snəʊ]

schnell
1 fast [fɑːst]; (*rasch*) quick
2 quickly, fast; **er arbeitet schnell** he is a fast worker

der **Schnellimbiss** snack bar

der **Schnitt**
1 cut
2 (*Längs-, Querschnitt*) section ['sekʃᵊn]
3 **im Schnitt** on average ['ævᵊrɪdʒ]

die **Schnitte** **eine Schnitte Brot** a slice of bread

die **Schnittmenge** intersection

der **Schnittpunkt** point of intersection

die **Schnittwunde** cut

schnitzen to carve

der **Schnorchel** snorkel ['snɔːkᵊl]

schnüffeln
1 (*schnuppern*) to sniff (**an** at)
2 *Detektiv:* to snoop around

der **Schnuller** dummy (GB), pacifier (USA)

der **Schnupfen** cold; **Schnupfen haben** to have a cold

schnuppern to sniff (**an** at)

die **Schnur** string; (*Kordel*) cord; (*Leitungsschnur*) flex

schnurlos cordless

der **Schnurrbart** moustache [mə'stɑːʃ] (GB), mustache [mə'stɑːʃ] (USA)

schnurren *Katze:* to purr [pɜːʳ]

der **Schnürsenkel** shoelace

der **Schober** (A) (*Scheune*) barn

der **Schock** shock

schockieren to shock

die **Schokolade** chocolate ['tʃɒkᵊlət]

schon
1 (*bereits*) already; **ich lebe schon seit 2 Jahren in Berlin** I have been living in Berlin for 2 years; **wartest du schon lange?** have you been waiting long?
2 (*jemals*) ever; **sind Sie schon mal in Spanien gewesen?** have you ever been to Spain?
3 **das ist schon möglich** that's quite possible
4 **mach schon!** get a move on!

schön
1 (*hübsch*) beautiful, lovely
2 (*angenehm*) nice; **hier ist es schön warm** it's nice and warm here
3 (*gut*) well; **schlaf schön!** sleep well!
4 (*ziemlich*) pretty; **ganz schön lange** quite a while

schonen
1 (*verschonen*) to spare
2 (*sorgfältig behandeln*) to look after, to take care of
3 **sich schonen** to take care of oneself

die **Schönheit** beauty

schonungslos
1 (*ohne Gnade*) merciless
2 bluntly

der **Schöpfer**, die **Schöpferin** creator [kri'eɪtəʳ]

die **Schöpfung** creation [kri'eɪʃᵊn]

der **Schöps** (A) (*Hammel*) wether ['weðəʳ]

der **Schornstein** chimney; (*von Schiff*) funnel; (*Fabrikschornstein*) smokestack

der **Schornsteinfeger**, die **Schornsteinfegerin** [chimney]sweep

der **Schoß** lap; **auf jemandes Schoß sitzen** to sit on someone's lap

der **Schotte** Scot, Scotsman

die **Schottin** Scotswoman

schottisch Scottish

Schottland Scotland

schräg
1 (*ungerade*) oblique [ə'bli:k]
2 (*geneigt*) sloping
3 (*quer laufend*) diagonal [daɪ'æɡᵊnᵊl]
4 (*nicht parallel*) obliquely
5 (*diagonal*) diagonally

der **Schrägstrich** slash

die **Schramme** scratch

der **Schrank** cupboard (GB), closet ['klɒzɪt] (USA); (*Kleiderschrank*) wardrobe ['wɔ:drəʊb]

die **Schranke** barrier

die **Schraube** screw

schrauben to screw

der **Schraubenschlüssel** spanner

der **Schraubenzieher** screwdriver

der **Schrebergarten** allotment [ə'lɒtmənt]

der **Schreck** fright [fraɪt], scare; **einen Schreck bekommen** to get a fright; **jemandem einen Schreck[en] einjagen** to give someone a fright

schrecklich
1 (*furchtbar*) terrible
2 (*sehr*) **er ist schrecklich eingebildet** he's awfully conceited

der **Schrei** cry; (*lauter*) shout; (*gellend*) yell [jel]; (*kreischend*) scream [skri:m], shriek [ʃri:k]

schreiben
1 to write [raɪt]; **wie schreibt man das?** how do you spell that?
2 **jemandem schreiben** to write to someone

> **Grammatik**
> Richtiges Konjugieren von **write**: write, wrote, written — *Helen wrote her friend a long letter; This book was written by Charles Dickens.*

die **Schreibmaschine** typewriter ['taɪpraɪtəʳ]

der **Schreibtisch** desk

schreien to shout; (*laut schreien*) to scream [skri:m]

die **Schrift**
1 (*Handschrift*) handwriting
2 (*in der Typografie*) type [taɪp]

schriftlich
1 written [rɪtᵊn]; **die schriftliche Prüfung** the written exam
2 **jemandem etwas schriftlich geben** to give someone something in writing

der **Schriftsteller** author ['ɔ:θəʳ], writer ['raɪtəʳ]

die **Schriftstellerin** author ['ɔ:θəʳ], writer ['raɪtəʳ]

schrill shrill [ʃrɪl]

der **Schritt**
1 (*auch übertragen*) step; **es sind nur ein paar Schritte** it's only a few steps
2 **mit jemandem Schritt halten** to keep up with someone
3 **Schritt für Schritt** step by step

das **Schritttempo** **im Schritttempo fahren** to crawl [krɔ:l] along

schrittweise gradually ['ɡrædʒuəli]

schroff
1 (*steil abfallend*) steep
2 (*zerklüftet*) rugged
3 (*barsch*) curt [kɜ:t]

der **Schrott** scrap metal

schrubben (*putzen*) to scrub

schrumpfen to shrink

> **Grammatik**
> Richtiges Konjugieren von **shrink**: shrink, shrank, shrunk — *Bob's pullover shrank in the wash; These socks are so small — they must have shrunk.*

die **Schubkarre**, der **Schubkarren** wheelbarrow ['wi:lˌbærəʊ]

die **Schublade** drawer ['drɔ:ʳ]

der **Schubs** **jemandem einen Schubs geben** to give someone a shove [ʃʌv]

schubsen to push [pʊʃ], to shove [ʃʌv]

schüchtern shy, timid ['tɪmɪd]

die **Schüchternheit** shyness

der **Schuh** shoe

die **Schuhcreme** shoe polish

die **Schuhgröße** shoe size

die **Schuhsohle** sole

die **Schularbeit**
1 (*Hausaufgaben*) homework ⚠ *kein Plural*
2 Ⓐ (*Klassenarbeit*) [class] test

das **Schulbuch** school book ['sku:lˌbʊk]

der **Schulbus** school bus

die **Schuld**
1 (*moralische Schuld*) guilt [gɪlt]
2 **jemandem die Schuld an etwas geben** to blame someone for something; **die Schuld auf sich nehmen** to take the blame
3 (*finanziell*) **eine Schuld begleichen** (*auch übertragen*) to pay off a debt [det]

schuld **daran bin ich schuld** I'm to blame for this; **du bist schuld, wenn wir den Zug verpassen** it's your fault if we miss the train

die **Schulden**
1 debts [dets]
2 **Schulden machen** to get [*oder* run] into debt

schulden
1 (*auch übertragen*) to owe [əʊ]
2 **jemandem etwas schulden** to owe someone something

schuldig
1 (*auch moralisch*) guilty ['gɪlti]
2 **was bin ich [Ihnen] schuldig?** what do I owe [əʊ] you?

die **Schule** school [sku:l]; **in der Schule** at school; **in die Schule gehen** to go to school; **die Schule wechseln** to change schools

Land und Leute
Im amerikanischen Schulsystem beginnen die Schüler mit der **elementary school** (1.-6./8. Klasse). In manchen Gegenden geht man nach der **sixth grade** (6. Klasse) schon in eine andere Schule, die **junior high school** (7.-9. Klasse) heißt. Danach besuchen die Schüler 3 Jahre lang die **high school**. In Gegenden ohne **junior high school** geht man nach 8 Jahren **elementary school** direkt zur **high school**, die dann mit der **ninth grade** (9. Klasse) anfängt. Die Schule endet für alle Schüler nach der **twelfth grade** (12. Klasse). (Zu den verschiedenen Arten von Schulen Großbritanniens und der USA siehe → **school, boarding school, comprehensive school, elementary school, high school, junior school.**)

der **Schüler** schoolboy

der **Schülerausweis** student ['stju:dənt] card

die **Schülerin** schoolgirl

der **Schulfreund**, die **Schulfreundin** school friend

der **Schulhof** school playground, schoolyard

das **Schuljahr** school year [jɪəʳ]

das **Schulkind** schoolchild

der **Schulleiter**, die **Schulleiterin** head teacher, principal ['prɪnsəpəl] USA

die **Schulter**
1 shoulder ['ʃəʊldəʳ]
2 **mit den Schultern zucken** to shrug one's shoulders

die **Schulzeit** **während meiner Schulzeit** when I was in school

das **Schulzeugnis** school report

schummeln to cheat [tʃi:t]

die **Schuppe**
1 *von Fisch:* scale
2 (*auf der Kopfhaut*) **Schuppen haben** to have dandruff ['dændrʌf]

der **Schuppen** (*Verschlag*) shed GB, shack USA

die **Schürze** apron ['eɪprən]

der **Schuss**
1 (*mit einer Waffe*) shot; **einen Schuss abfeuern** to fire a shot
2 (*Torschuss*) shot
3 (*kleine Menge einer Flüssigkeit*) dash; **ein Schuss Whisky** a shot of whisky

die **Schüssel**
1 bowl [bəʊl]
2 (*Toilettenschüssel*) pan

die **Schusswunde** bullet wound ['bʊlɪtˌwu:nd]

der **Schutt** rubble

schütteln
1 to shake
2 **jemandem die Hand schütteln** to shake hands with someone

schütten
1 (*gießen*) to pour [pɔ:ʳ]
2 **es schüttet** it is pouring with rain

der **Schüttstein** CH sink

der **Schutz**
1 protection (**gegen** from)
2 (*Obdach, Zuflucht*) shelter (**gegen/vor** from)

das **Schutzblech** mudguard

der **Schütze**
1 marksman
2 (*Sternzeichen*) Sagittarius [ˌsædʒɪˈteəriəs]

schützen
1 to protect (**gegen** against)
2 **sich schützen** to protect oneself

schutzlos
1 (*ungeschützt*) unprotected
2 (*wehrlos*) defenceless; **einer Sache schutzlos ausgeliefert sein** to be defenceless against something

der **Schutzweg** Ⓐ (*Fußgängerüberweg*) pedestrian [pɪˈdestriən] crossing

schwach
1 (*körperlich*) weak [wiːk]
2 (*gering, schlecht*) poor [pɔːʳ]
3 **ich fühl mich ganz schwach vor Hunger** I feel faint with hunger
4 **mit schwacher Stimme** in a feeble voice
5 **eine schwache Ausrede** a lame excuse
6 **sie ist schwach in Mathematik** her maths is weak

die **Schwäche** weakness

schwächen to weaken

der **Schwachsinn** mental deficiency ▶ WENDUNGEN: **das ist doch Schwachsinn!** that's a mug's game! *umgangsspr*

schwafeln to blether [ˈbleðəʳ] on *umgangsspr*

der **Schwager** brother-in-law

die **Schwägerin** sister-in-law

der **Schwamm** sponge [spʌndʒ]

der **Schwan** swan [swɒn]

schwanger pregnant

schwanken
1 (*wanken*) to stagger
2 (*zögern*) to hesitate [ˈhezɪteɪt]
3 (*fluktuieren*) to fluctuate [ˈflʌktʃueɪt]

der **Schwanz** *von Tier, Flugzeug:* tail

schwänzen to skip; **die Schule schwänzen** to play truant [ˈtruːənt] ⒼⒷ *umgangsspr*, to play hooky [ˈhʊki] ⓊⓈⒶ *umgangsspr*

der **Schwarm** swarm [swɔːm]

schwärmen
1 **für jemanden schwärmen** to be crazy about someone
2 **ins Schwärmen geraten** to go into raptures

schwarz
1 (*Farbe*) black
2 (*illegal*) illegal [ɪˈliːgəl], illicit [ɪˈlɪsɪt]; **etwas schwarzverdienen** to earn something on the side
3 **ich habe es schwarz auf weiß** I've got it in black and white

schwarzarbeiten to work illegally, to moonlight *umgangsspr*

schwarzfahren to dodge paying one's fare

schwatzen
1 (*sich unterhalten*) to talk
2 (*plappern*) to prattle *umgangsspr*

der **Schwebebalken** balance beam

schweben
1 (*an etwas schweben*) to be suspended; (*hängen*) to hang [hæŋ]
2 (*in der Luft*) to float [fləʊt]; (*auf der Stelle in der Luft*) to hover [ˈhɒvəʳ]

der **Schwede** Swede [swiːd]

Schweden Sweden

die **Schwedin** Swede, Swedish woman

schwedisch Swedish

der **Schwefel** sulphur [ˈsʌlfəʳ] ⒼⒷ, sulfur [ˈsʌlfəʳ] ⓊⓈⒶ

das **Schweigen** silence [ˈsaɪləns]

schweigen (*still sein*) to be silent

schweigsam
1 (*still*) quiet
2 (*wortkarg*) taciturn [ˈtæsɪtɜːn]

das **Schwein** (*Tier*) pig ⒼⒷ, hog ⓊⓈⒶ

der **Schweinebraten** roast pork

das **Schweinefleisch** pork

die **Schweinegrippe** swine flu

der **Schweiß** sweat [swet], perspiration [ˌpɜːspəʳˈeɪʃən]

die **Schweiz** **die Schweiz** Switzerland ⚠ *ohne Artikel*

der **Schweizer**
1 Swiss
2 **Schweizer Käse** Swiss cheese

das **Schweizerdeutsch** Swiss German

die **Schweizerin** Swiss woman [*oder* girl]

schweizerisch Swiss

die **Schwellung** swelling

schwenken
1 to wave *Fahne*
2 **die Kamera schwenkte auf das Haus** the camera panned in to the house

schwer
1 (*von Gewicht*) heavy ['hevi]
2 *Situation:* difficult, hard
3 (*schwerwiegend*) serious
4 **es ist schwer, mit ihm auszukommen** he is hard to get on with; **es war nicht allzu schwer, ihn zu finden** there was not much difficulty in finding him
5 **schwer zu sagen** difficult to say
6 **schwer krank** seriously ill; **schwer verletzt** seriously injured; **schwer verständlich** hard to understand

schwerfallen to be difficult; **das dürfte dir doch nicht schwerfallen** you shouldn't find that too difficult; **es fällt mir schwer, das zu glauben** I find it difficult to believe that

schwerfällig
1 (*körperlich*) heavy
2 (*geistig*) dull, slow [sləʊ]

das **Schwergewicht** (*im Boxen*) heavyweight

schwerhörig hard of hearing

die **Schwerkraft** gravity

schwermütig melancholy ['melənkəli]

der **Schwerpunkt**
1 (*in Physik*) centre [*oder* USA center] of gravity
2 (*übertragen*) main emphasis ['emfəsɪs], stress

das **Schwert** sword [sɔːd]

die **Schwester**
1 sister
2 (*Nonne*) nun
3 (*Krankenschwester*) nurse

die **Schwiegereltern** parents-in-law

die **Schwiegermutter** mother-in-law

der **Schwiegersohn** son-in-law

die **Schwiegertochter** daughter-in-law

der **Schwiegervater** father-in-law

schwierig difficult; **es ist schwierig, mit ihm auszukommen** he is difficult to get on with; **das ist nicht schwierig** there's nothing difficult about it

die **Schwierigkeit**
1 difficulty
2 **in Schwierigkeiten geraten** to get into difficulties; **jemandem Schwierigkeiten machen** to make things difficult for someone

das **Schwimmbad** swimming pool

das **Schwimmbecken** pool

schwimmen
1 to swim; **schwimmen gehen** to go swimming [*oder* for a swim]
2 *Dinge:* to drift, to float [fləʊt]

> **Grammatik**
> Richtiges Konjugieren von **swim**: swim, swam, swum — *Mike swam across the river; Have you ever swum in the sea?*

der **Schwimmer**, die **Schwimmerin** swimmer

die **Schwimmflosse** *von Fisch:* fin; *von Taucher, Wal, Robben:* flipper

die **Schwimmweste** life jacket

der **Schwindel**
1 (*Gefühl*) dizziness
2 (*Täuschung*) swindle; (*Betrug, Schwindelei*) fraud [frɔːd]; **das ist ja alles Schwindel!** it's all lies!

schwind(e)lig dizzy, giddy; **mir ist schwindelig** I feel dizzy

schwingen
1 to swing
2 (*vibrieren*) to vibrate [vaɪ'breɪt]

> **Grammatik**
> Richtiges Konjugieren von **swing**: swing, swung, swung — *Suddenly the door swung open; Have you ever swung on a rope?*

schwitzen to sweat [swet], to perspire [pə'spaɪəʳ]

schwören
1 to swear [sweəʳ]
2 **ich könnte schwören, dass ...** I could swear to it that ...

> **Grammatik**
> Richtiges Konjugieren von **swear**: swear, swore, sworn — *The thief swore to tell the truth; He has sworn an oath.*

schwul (*auch abwertend, umgangsspr*) gay *umgangsspr*

schwül close, sultry [sʌltri]

der **Schwule** (*auch abwertend, umgangsspr*) gay *umgangsspr*

der **Schwung**
① (*Elan*) zest
② **etwas in Schwung bringen** to get something going
③ (*Bewegung*) swing

schwungvoll (*mit Bewegung*) sweeping

der **Schwur** oath [əʊθ]

sechs six

das **Sechseck** hexagon ['heksəgən]

sechshundert six hundred

sechsjährig six-year-old

sechstausend six thousand

sechste(r, s)
① sixth, 6th
② **wir haben heute den sechsten Dezember** today is the sixth of December
③ **ich bin in der sechsten Klasse** I'm in Year 6

sechste(r, s)
① sixth, 6th
② **wir haben heute den sechsten Dezember** today is the sixth of December

sechstel sixth

sechstens sixthly

sechzehn sixteen

sechzehnte(r, s) sixteenth

sechzig sixty

sechzigste(r, s) sixtieth

der **See** (*Binnensee*) lake

die **See** (*Weltmeer*) sea [siː]

der **Seehund** seal [siːl]

seekrank seasick; **ich werde immer seekrank** I always get seasick

die **Seele**
① soul [səʊl]
② **von ganzer Seele** with all one's heart

der **Seelöwe** sea lion

der **Seemann** sailor ['seɪləʳ], seaman ['siːmən]

der **Seeräuber** pirate ['paɪrət]

der **Seetang** seaweed

das **Segel** sail [seɪl]

das **Segelboot** sailing boat, sailboat (USA)

das **Segelflugzeug** glider

segeln to sail [seɪl]

das **Segelschiff** sailing ship [*oder* vessel]

der **Segen** blessing; **das war ein wahrer Segen** that was a real godsend

segnen to bless

sehen
① to see
② **ich sehe mich nicht in der Lage, das zu tun** I can't see my way to doing that
③ **mal sehen, ob wir helfen können** we'll see if we can help; **wollen wir mal sehen, was passiert** let's just see what happens
④ **er sah kurz auf die Uhr** he took a quick look at his watch
⑤ **darf ich mal sehen?** can I have a look?; **lass mal sehen!** let's have a look!
⑥ **sieh mal!** just look!
⑦ **sich sehen lassen** to appear [ə'pɪəʳ]

Grammatik
Richtiges Konjugieren von **see**: see, saw, seen — *I saw you in the park yesterday; Emma has seen this film before.*

die **Sehenswürdigkeit** sight

sehnen **sich nach etwas/jemandem sehnen** to long for something/someone

die **Sehnsucht**
① longing; (*stärker*) yearning [jɜːnɪŋ] (**nach** for)
② **Sehnsucht haben** to have a longing [*oder* yearning]

sehnsüchtig
① longing; (*stärker*) yearning [jɜːnɪŋ]
② **sehnsüchtig auf jemanden warten** to long for someone

sehr
① very; **ich mag ihn sehr** I like him very much
② **ihr Haus ist sehr viel größer als unseres** their house is very much bigger than ours
③ **sie war sehr verlegen** she was very embarrassed
④ **danke sehr!** thank you very much!
⑤ **das ist wirklich sehr nett von dir** that's really very kind of you

die **Seide** silk

die **Seife** soap [səʊp]

das **Seil** rope; (*Kabel*) cable

sein[1]
① to be; **ich bin ja so müde!** I'm so tired!; **er ist Deutscher** he is German
② **wer ist das?** who is that?; **ich bin's** it's me

3 **das kann schon sein** that may well be
4 **wie wär's mit einem Spaziergang?** how about going for a walk?
5 **wie lange bist du schon da?** how long have you been here?

sein² (*männlich*) his; **er liegt in seinem Bett** he's lying in his bed; (*bei Mädchen*) her; **das Mädchen sucht seinen Schirm** the girl is looking for her umbrella; (*bei Tieren*) its, his/her; **der Hund kaut auf seinem Knochen** the dog is chewing on his [*oder* its] bone; (*bei Sachen*) its; **der Baum hat seine Blätter verloren** the tree has lost its leaves; (*allgemeines ‚man'*) one's/his/their

seinetwegen
1 (*wegen ihm*) on account of him, on his account
2 (*für ihn*) on his behalf [bɪ'hɑːf]

seit
1 (*Zeitpunkt*) since; **ich bin seit 3 Uhr hier** I've been here since 3 o'clock
2 (*Zeitraum*) for; **wir leben seit 5 Jahren in Bonn** we've been living in Bonn for 5 years now
3 **ich jogge erst seit kurzem** I only recently started jogging; **sie kennen sich schon seit langem** they've known each other for a long while
4 **seit wann?** (*von wann an?*) since when?; (*wie lange?*) how long?

Vorsicht Falle!
since oder **for**? **Since** wird bei genauen Zeitangaben gebraucht: *Vivian has been waiting since two o'clock; We have lived here since 1998.* **For** wird dagegen für Zeiträume verwendet: *Vivian has been waiting for two hours; we have lived here for three years.*

seitdem **seitdem war sie nicht mehr im Kino** she hasn't gone to the cinema since

die **Seite**
1 side
2 (*Richtung*) direction; **er kam von dieser Seite** he came from that direction [dɪ'rekʃᵊn]
3 *von Buch usw.:* page; **auf Seite 17** on page 17
4 **er trat zur Seite** he moved [*oder* stood] aside
5 **jemandem zur Seite stehen** to stand by someone
6 **er ist auf unserer Seite** he's on our side

die **Seitenstraße** side street [*oder* road]

der **Sekretär** [male] secretary ['sekrətᵊri]

das **Sekretariat** office

die **Sekretärin** secretary ['sekrətᵊri]

der **Sekt** sparkling wine

die **Sekte** sect

der **Sekundarlehrer**, die **Sekundarlehrerin** (CH) secondary [*oder* (USA) high] school teacher

die **Sekundarschule** (CH) secondary [*oder* (USA) high] school

die **Sekunde** second ['sekᵊnd]

selbst
1 **ich selbst habe es gesehen!** I saw it myself!; **ich selbst habe nicht mit ihr gesprochen** I haven't spoken to her personally
2 (*statt jemand anders*) **okay, ich mache es selbst** OK, I'll do it myself
3 (*Handarbeit*) **das habe ich selbst gemacht** I made it myself; **selbst gemachte Marmelade** home-made jam
4 **das muss sie selbst entscheiden** she's got to decide that by herself
5 (*sogar*) **selbst Peter war da** even Peter was there
6 **das versteht sich von selbst** that goes without saying

die **Selbstbedienung** self-service

die **Selbstbeherrschung** **die Selbstbeherrschung verlieren/wahren** to lose/keep one's self-control

selbstbewusst self-assured [ˌselfə'ʃʊəd], self-confident [ˌself'kɒnfɪdᵊnt]

das **Selbstbewusstsein** self-confidence [ˌself'kɒnfɪdᵊns]

der **Selbstlaut** vowel [vaʊəl]

das **Selbstmitleid** self-pity

der **Selbstmord** suicide ['suːɪsaɪd]; **Selbstmord begehen** to commit suicide

selbstsicher self-confident

selbstständig
1 independent
2 (*nicht angestellt*) **sich selbstständig machen** to start up one's own business, to set up on one's own

selbstverständlich
1 **jemandem zu helfen, das ist doch selbstverständlich** it's perfectly natural to help other people
2 **es ist doch selbstverständlich!** it goes without saying
3 **etwas für selbstverständlich halten** to

take something for granted
4 **kommst du? — selbstverständlich!** are you coming? — of course!

die **Selbstverteidigung** self-defence

das **Selbstvertrauen** self-confidence

das **Selfie** selfie

der **Selfiestick**, die **Selfie-Stange** selfie stick

der/die **Sellerie**
1 (*Sellerieknolle*) celeriac [sə'leriæk]
2 (*Stangensellerie*) celery ['selᵊri]

selten
1 *Tiere, Pflanzen, Vorkommnisse:* rare [reəʳ]
2 (*nicht oft*) rarely, seldom; **ich gehe selten ins Theater** I rarely go to the theatre

seltsam strange; (*sonderbar*) odd, queer [kwɪəʳ]

das **Semester** term (GB), semester [sə'mestəʳ] (USA)

die **Semesterferien** vacation [və'keɪʃᵊn] ⚠ *Singular*

das **Seminar**
1 (*Fakultätsabteilung*) department
2 (*Kurs*) seminar ['semɪnɑːʳ]

die **Semmel** roll [rəʊl]

der **Senat** senate ['senɪt]

der **Senator**, die **Senatorin** senator ['senətəʳ]

senden[1] (*schicken*) to send (**an** to)

Grammatik
Richtiges Konjugieren von **send**: send, sent, sent — *my aunt sent me a parcel for my birthday; The parcel was sent by airmail.*

senden[2] (*Radio, TV*) to broadcast ['brɔːdkɑːst]; (*Funksignal*) to transmit

der **Sender** (*Fernsehen*) channel ['tʃænᵊl] (GB), station ['steɪʃᵊn] (USA)

die **Sendung**
1 (*von Gütern*) consignment
2 (*im Fernsehen*) programme ['prəʊgræm]

der **Senf** mustard ['mʌstəd]

senil senile ['siːnaɪl]

der **Senior**
1 **der Senior einer Gruppe** the eldest of a group
2 (*älterer Mitbürger*) senior citizen

das **Seniorenheim** old people's home

die **Seniorin** senior citizen

senken
1 to lower [ləʊəʳ] *Stimme, Preise*
2 **sich senken** (*sinken*) to sink; (*absacken*) to sag

senkrecht vertical ['vɜːtɪkᵊl], perpendicular [ˌpɜːpᵊn'dɪkjʊləʳ]

die **Sensation** sensation [sen'seɪʃᵊn]

sensationell sensational [sen'seɪʃᵊnᵊl]

sensibel sensitive ['sensɪtɪv]

sentimental sentimental [ˌsentɪ'mentᵊl]

der **September** September [sep'tembəʳ]

der **Serbe**, die **Serbin** Serbian ['sɜːbiən]

Serbien Serbia ['sɜːbiə]

serbisch Serbian ['sɜːbiən]

die **Serie**
1 (*im Fernsehen, Radio*) series ['sɪəriːz]
2 (*von Briefmarken usw.*) set
3 **in Serie hergestellt werden** to be mass-produced

Vorsicht Falle!
Zusammen mit einem Verb wird **series** in der Einzahl gebraucht: *a new television series begins today.*

seriös
1 *Angebot:* serious ['sɪəriəs]
2 (*anständig*) **er ist sehr seriös** he's very respectable

der **Service**[1] ['zøːɐ̯vɪs] (*Dienstleistung*) service

das **Service**[2] [zɛr'viːs] (*Geschirr*) dinner service; (*Gläserservice*) set

servieren to serve

die **Serviertochter** (CH) waitress

die **Serviette** napkin, serviette [ˌsɜːvi'et]

Servus (A) (*zur Begrüßung*) hello!; (*beim Abschied*) [good]bye!

der **Sessel** easy chair; (*Lehnstuhl*) armchair

setzen
1 **sich setzen** to sit down; *Vogel:* to perch [pɜːtʃ]; *Schwebestoffe:* to settle
2 **setz dich zu mir/neben mich** sit by/with me!; **sich auf einen Stuhl setzen** to sit down in a chair
3 **Geld auf etwas setzen** to bet on something
4 **sich den Hut auf den Kopf setzen** to put one's hat on one's head

5 **etwas in die Zeitung setzen** to put something in the paper

die **Seuche** epidemic [ˌepɪ'demɪk]

seufzen to sigh [saɪ] (**vor** with)

der **Seufzer** groan, sigh [saɪ]

der **Sex** sex

die **Sexualität** sexuality [ˌsekʃu'æləti]

sexuell sexual

das **Shampoo** ['ʃampu] shampoo [ʃæm'puː]

der **Shootingstar** ['ʃuːtɪŋstaːɐ̯] (*umgangsspr*) overnight success, whizz-kid ['(h)wɪzkɪd]

die **Shorts** [ʃoːɐ̯ts] shorts *Plural,* pair of shorts

Vorsicht Falle!
shorts werden im Englischen immer in der Mehrzahl gebraucht: *Where are my blue shorts?* — **a pair of shorts** wird aber im Singular verwendet: *This is Peter's pair of shorts.*

das **Showbusiness** ['ʃoː'bɪznɪs] show business [-ˌbɪznɪs]

sich
1 (*im Akkusativ: männlich*) himself; (*weiblich*) herself; (*sächlich*) itself; (*in Mehrzahl*) themselves; **sie hat sich geschnitten** she's cut herself; **er hat sich das Bein gebrochen** he has broken his leg
2 (*im Dativ*) himself/herself/itself/themselves; **er hatte kein Geld bei sich** he had no money on him; **mit sich reden** to talk to oneself ▶ WENDUNGEN: **an und für sich** on the whole

sicher
1 (*vor Gefahr*) safe; (*geborgen*) secure
2 (*gewiss*) certain, sure; **sie sind sicher bald wieder zurück** I'm sure they'll be back soon
3 **ich bin mir nicht ganz sicher, aber ...** I don't know for certain, but ...; **es ist absolut sicher, dass ...** it's an absolute certainty that ...
4 **sich seiner Sache sicher sein** to be sure of what one is doing/saying
5 **aber sicher!** take it from me!
6 **vor etwas sicher sein** to be safe from something; **etwas sicher aufbewahren** to keep something safe
7 **ich weiß aus sicherer Quelle, dass ...** I'm reliably informed that ...

die **Sicherheit**
1 (*vor Gefahr*) safety; **sich in Sicherheit bringen** to get oneself to safety
2 (*Gewissheit*) certainty ['sɜːtᵊnti]; **mit Sicherheit wissen, dass ...** to know for certain that ...; **das ist mit Sicherheit richtig** that's definitely right

Vorsicht Falle!
Im Englischen gibt es zwei Begriffe für das deutsche Wort ‚Sicherheit'. Wenn es sich um Menschen oder Aktivitäten handelt, die einem Sicherheit verschaffen, verwendet man **security:** *airport security is very tight nowadays. The security officers searched his bag.* Für den Zustand selbst — wenn man in Sicherheit ist oder um zu beschreiben, wie sicher etwas ist — verwendet man das Wort **safety:** *the safety and comfort of home; remember to fasten your safety belt.*

der **Sicherheitsgurt** safety [*oder* seat] belt

die **Sicherheitsnadel** safety pin

sicherlich certainly, sure

sichern
1 (*sicher machen*) to secure [sɪ'kjʊəʳ]
2 **sich etwas sichern** to secure something for oneself

sicherstellen (*garantieren*) to guarantee [ˌgærᵊn'tiː]

die **Sicherung** fuse [fjuːz]; **die Sicherung ist durchgebrannt** I've fused the lights

die **Sicherungskopie** (*beim Computer*) backup [copy]

die **Sicht**
1 (*Aussicht*) view [vjuː]
2 (*Sichtverhältnisse*) visibility [ˌvɪzə'bɪləti]; **gute/schlechte Sicht** good/poor visibility
3 **in Sicht sein** to be within sight [saɪt]

sichtbar visible ['vɪzəbᵊl]

sichten (*durchsehen*) to examine [ɪg'zæmɪn]

sichtlich obvious ['ɒbviəs]; **sie war sichtlich beeindruckt** she was visibly impressed

die **Sichtweite** **außer Sichtweite** out of sight [saɪt]

sickern to seep

Sie you

sie
1 (*als Subjekt*) she; **sie mag gerne Schokolade** she loves chocolate; **sie war's nicht, ich war's** it wasn't her, it was me
2 (*als Objekt*) her; **ich mag sie** I like her; **kann ich sie bitte sprechen?** can I talk to

her please?
3 **ich bin größer als sie** I'm taller than her
4 (*für Objekte*) it; **wo ist die Vase? — sie ist auf dem Tisch** where's the vase [vɑːz]? — it's on the table
5 (*im Plural*) they; **sie sind im Urlaub** they are on holiday; **ich kann sie nicht sehen** I can't see them

das **Sieb** sieve [sɪv]

sieben seven ['sevᵊn]

siebenhundert seven hundred

siebenjährig seven-year-old

siebte(r, s) seventh, 7th

siebtel seventh

siebzehn seventeen [ˌsevᵊn'tiːn]

siebzehnte(r, s) seventeenth

siebzig seventy ['sevᵊnti]

siebzigste(r, s) seventieth ['sevᵊntiəθ]

die **Siedlung**
1 (*Ansiedlung*) settlement
2 (*Wohnsiedlung*) housing estate [ɪ'steɪt]

der **Sieg** victory (**über** over)

das **Siegel** seal [siːl]

siegen to win; (*im Krieg*) to be victorious [vɪk'tɔːriəs]

der **Sieger**, die **Siegerin** winner

siegreich victorious [vɪk'tɔːriəs]

das **Signal** signal ['sɪgnᵊl]

die **Silbe** syllable ['sɪləbᵊl]

das **Silber** silver

die **Silhouette** [zi'lu̯ɛtə] silhouette [ˌsɪlu'et]

der/das **Silvester** New Year's Eve

die **SIM-Karte** (*in der Telekommunikation*) SIM card

der/das **Sims** (*Fenstersims*) sill; (*vorspringender Rand*) ledge

die **Sinfonie** symphony ['sɪmfəni]

singen to sing

> **Grammatik**
> Richtiges Konjugieren von **sing**: sing, sang, sung — *Tom sang an old Welsh song; She has never sung on stage before*

die **Single** ['zɪŋl̩] (*CD, Schallplatte*) single

der **Single** ['zɪŋl̩] (*Lediger*) single person

die **Singlebörse** [online] dating site

der **Singular** singular ['sɪŋgjələʳ]

der **Singvogel** songbird

sinken to sink; *Preise:* to drop, to fall

der **Sinn**
1 (*Sinnesorgan*) sense; **die fünf Sinne** the five senses
2 (*Verstand*) mind; **das geht mir nicht aus dem Sinn** I can't get it out of my mind; **was hast du im Sinn?** what do you have in mind?
3 (*Bedeutung*) meaning; **im übertragenen Sinn** in the figurative sense
4 **das hat keinen Sinn** that's pointless

sinnlos
1 (*zwecklos*) useless
2 (*ohne Bedeutung*) meaningless
3 **es ist einfach sinnlos** (*unverständlich*) it just doesn't make sense; (*zwecklos*) it's totally pointless

sinnvoll
1 (*zweckmäßig*) convenient [kən'viːniənt]
2 **es wäre sinnvoll, jetzt darüber zu reden** it would be a good idea to talk about it now

die **Sirene** siren ['saɪrən]

der **Sirup** syrup ['sɪrəp]

die **Sitte** custom ['kʌstəm]

die **Situation** situation [ˌsɪtju'eɪʃᵊn]

der **Sitz**
1 seat
2 (*Wohnsitz*) residence ['rezɪdᵊns]; **mit Sitz in Berlin** with headquarters [ˌhed'kwɔːtəz] in Berlin

sitzen
1 to sit; **sitzen bleiben** to remain seated
2 *Kleider:* to fit; **das Kleid sitzt nicht** the dress doesn't fit properly
3 **im Gefängnis sitzen** to be in prison
4 (*in der Schule*) **sitzen bleiben** to repeat a year

> **Grammatik**
> Richtiges Konjugieren von **sit**: sit, sat, sat — *David sat on a wall; I have sat here for two hours.*

der **Sitzplatz** seat

die **Sitzung** (*Konferenz*) meeting

die **Skala** scale [skeɪl]

die **Skandal**
1 scandal ['skændᵊl]
2 (*Lärm*) fuss, row [raʊ]

skandalös scandalous ['skændᵊləs]

das **Skateboard** ['ske:tbo:ɐ̯t] skateboard

skateboarden ['skeɪtbo:dn̩] to skateboard

der **Skateboarder**, die **Skateboarderin** skateboarder

das **Skelett** skeleton ['skelɪtᵊn]

skeptisch sceptical ['skeptɪkᵊl]

der **Ski** ski [ski:]; **Ski fahren** [*oder* **laufen**] to ski

der **Skifahrer**, die **Skifahrerin** skier

das **Skilaufen** skiing

der **Skiläufer**, die **Skiläuferin** skier

der **Skilehrer**, die **Skilehrerin** skiing instructor

der **Skilift** ski lift

der **Skinhead** ['skɪnhɛt] skinhead

die **Skizze**
1 (*Abriss*) sketch
2 (*Entwurf*) draft

skizzieren (*umreißen*) to sketch

der **Sklave** slave

die **Sklaverei** slavery

die **Sklavin** slave

der **Skorpion**
1 scorpion ['skɔ:piən]
2 (*Sternzeichen*) Scorpio ['skɔ:piəʊ]

der **Skrupel** scruple ['skru:pᵊl]

skrupellos unscrupulous [ʌn'skru:pjələs]

die **Skulptur** sculpture ['skʌlptʃəʳ]

der **Slip**
1 briefs ⚠ *Plural*
2 (*für Frauen*) panties ⚠ *Plural*

der **Slowake**, die **Slowakin** Slovak ['sləʊvæk]

die **Slowakei** Slovakia [slə'vækɪə]

slowakisch Slovak, Slovakian [slə'vækiən]

Slowenien Slovenia [slə'vi:niə]

der **Slowene**, die **Slowenin** Slovene [slə'vi:n]

slowenisch Slovene [slə'vi:n], Slovenian [slə'vi:niən]

der **Slum** [slam] slum

der **Smog** smog [smɒg]

der **Smoking** dinner jacket (GB), tuxedo [tʌk'si:dəʊ] (USA)

das **Snowboard** ['sno:bo:ɐ̯t] snowboard

snowboarden ['sno:bo:dn̩] to snowboard

der **Snowboarder**, die **Snowboarderin** snowboarder

so
1 so
2 (*auf diese Art*) like this, thus
3 **so!** (*da!*) there you are!
4 **ach so!** oh, I see!
5 **so oder so** one way or another
6 **heute ist es nicht mehr so warm wie gestern** it's colder than yesterday; **er ist so alt wie mein Bruder** he's the same age as my brother
7 **na so was!** well I never! *umgangsspr*
8 **er war so dumm und hat es ihnen gesagt** he was so stupid as to tell them
9 **ich bin ja so müde** I'm so very tired; **ich wünsche es mir so sehr** I want it so much
10 **so kam es, dass ...** so it was that ...
11 **so dass ...** so that ...

sobald as soon as

die **Socke** sock

das **Sofa** sofa ['səʊfə]; (*kleines Sofa*) settee [set'i:]

sofort at once, immediately [ɪ'mi:diətli]; **sofort!** (*komme sofort!*) coming!

sogar even; **sie ist sogar allein gekommen** she even came on her own

die **Sohle** sole [səʊl]

der **Sohn** son [sʌn]

solang(e) so long as; **solange du hier bist, ist alles gut** as long as you're here, everything is fine

die **Solarenergie** solar ['səʊləʳ] energy

solch such; **solch ein Glück** such luck

der **Soldat**, die **Soldatin** soldier ['səʊldʒəʳ]

solid(e)
1 (*fest gebaut*) solid ['sɒlɪd]
2 **er hat solide Kenntnisse in Geschichte** he's got a sound knowledge of history

der **Solist**, die **Solistin** soloist ['səʊləʊɪst]

sollen
1 **was soll ich mit ihm machen?** what shall I do with him?
2 (*bei Ratschlägen*) **du solltest das nicht tun!** you shouldn't do that!
3 (*bei Anweisungen*) **ich soll hier aufräumen** I'm supposed to clean up here

A B C D E F G H I J K L M N O P Q R S T U V W X Y Z

4 **was soll [denn] das?** what do you think you're doing?
5 **was soll ich hier?** what am I here for?; **was soll ich dazu sagen?** what am I supposed to say?
6 **was soll's?** so what?, what the heck! *umgangsspr*
7 **was soll das heißen?** what does that mean?
8 **was soll ich tun?** what am I to do?
9 **das hätten Sie nicht glauben sollen** you shouldn't have believed it
10 **sie weiß nicht, was sie tun soll** she doesn't know what to do

das **Solo** solo ['səʊləʊ]

der **Sommer** summer; **im Sommer** in [the] summer; **im nächsten Sommer** next summer

die **Sommersprossen** freckles

das **Sonderangebot** special offer

sonderbar odd, strange

sondern
1 **das ist nicht schwarz, sondern blau** it's not black but blue
2 **das ist nicht nur dumm, sondern auch gefährlich** it's not only stupid but also dangerous

der **Sonnabend** Saturday

sonnabends on Saturdays

die **Sonne** sun

die **Sonnenallergie** sun allergy

der **Sonnenaufgang** sunrise; **bei Sonnenaufgang** at sunrise

die **Sonnenblume** sunflower

der **Sonnenbrand** sunburn; **ich habe mir einen Sonnenbrand geholt** I've got sunburn

die **Sonnenbrille** sunglasses ⚠ *Plural*

die **Sonnenenergie** solar ['səʊləʳ] energy

das **Sonnenlicht** sunlight

der **Sonnenschein** sunshine

der **Sonnenschirm** (*für Garten*) sunshade; (*für Straße*) parasol ['pærəsɒl]

der **Sonnenstich** sunstroke

der **Sonnenstrahl** sunbeam

das **Sonnensystem** solar ['səʊlə] system

der **Sonnenuntergang** sunset, sundown (USA); **bei Sonnenuntergang** at sunset

sonnig sunny

der **Sonntag** Sunday

sonntags on Sundays

sonst
1 (*im Übrigen*) otherwise; **mach schon, sonst kommen wir zu spät!** hurry up or we'll be late!
2 (*außerdem*) else; **sonst noch Fragen?** any other questions?; **sonst noch etwas?** anything else?; **sonst nichts** nothing else
3 (*gewöhnlich, üblicherweise*) usually ['juːʒəli]; **sonst essen wir immer um zwölf** we usually have lunch at twelve

die **Sorge**
1 (*quälende Sorge*) worry ['wʌri]
2 **keine Sorge!** don't worry!
3 **Sorgen haben** to have problems
4 **sich um jemanden Sorgen machen** to worry about someone; **sich über etwas keine Sorgen machen** to not bother ['bɒðəʳ] about something

sorgen
1 (*sich kümmern um*) **für jemanden sorgen** to look after someone; **ich sorge fürs Essen** I'll take care of the food
2 **sich sorgen** to worry ['wʌri]; **sich um jemanden sorgen** to be worried about someone

das **Sorgerecht** custody ['kʌstədi]

die **Sorgfalt** care

sorgfältig careful

sorglos
1 (*unachtsam*) careless
2 (*unbekümmert*) carefree

die **Sorte**
1 (*Art*) kind [kaɪnd], sort; (*Klasse*) grade
2 (*Marke*) brand [brænd]

sortieren to sort

die **Soße** sauce [sɔːs]

das **Souvenir** [zuvə'niːɐ̯] souvenir [ˌsuːvən'ɪəʳ]

souverän [zuvə'rɛːn]
1 (*selbstständig*) sovereign ['sɒvərɪn]
2 (*überlegen*) superior [suː'pɪəriəʳ]

der **Souverän** (CH) voting public

soviel **soviel ich weiß, ...** as far as I know ...

soweit as [*oder* so] far as; **soweit ich weiß** as far as I know

sowie
1 (*sobald als*) as soon as; **sowie er gegan-**

gen war, ... as soon as he had left, ...
② (*und auch*) as well as

sowieso in any case, anyway

sowohl ich mag sowohl Peter als auch Ralf I like Peter as well as Ralf [*oder* both Peter and Ralf]

sozial social ['səʊʃəl]

das **Sozialamt** social welfare office

der **Sozialarbeiter**, die **Sozialarbeiterin** social worker

der **Sozialdemokrat**, die **Sozialdemokratin** social democrat ['deməkræt]

die **Sozialhilfe** income support (GB), welfare [aid] (USA)

der **Sozialismus** socialism ['səʊʃəlɪzəm]

der **Sozialist**, die **Sozialistin** socialist

sozialistisch socialist

die **Sozialleistungen** social security benefits

die **Sozialwohnung** council flat [*oder* house]

sozusagen so to speak

die **Spaghetti**, die **Spagetti** spaghetti [spə'geti]
⚠ *Singular oder Plural*

der **Spalt die Tür einen Spalt öffnen** to open the door slightly

die **Spalte**
① (*in Zeitung*) column ['kɒləm]
② (*in Holz, Wand*) crack

spalten to split, to chop, to cleave *Holz*

die **Spaltung**
① splitting
② (*von Partei*) split

Spanien Spain [speɪn]

der **Spanier**, die **Spanierin** Spaniard ['spænjəd]; **die Spanier** the Spanish

spanisch Spanish ['spænɪʃ]

spannen
① (*strecken*) to stretch
② to tighten ['taɪtən] *Saiten*
③ *Kleider:* to be too tight, to be a tight fit

spannend exciting [ɪk'saɪtɪŋ]; (*aufregend*) thrilling

die **Spannung**
① tension
② (*elektrische Spannung*) tension voltage ['vəʊltɪdʒ]
③ (*Erregung*) excitement [ɪk'saɪtmənt];
④ (*Ungewissheit*) suspense [sə'spens]; **voller Spannung warten** to wait in suspense

das **Sparbuch** savings book

sparen
① to save *Geld*
② **an etwas sparen** to be sparing with something

der **Spargel** asparagus [ə'spærəgəs]

spärlich
① *Haarwuchs, Vegetation:* sparse [spɑːs]
② **spärlich bevölkert** sparsely populated

sparsam
① *Mensch:* thrifty [θrɪfti]
② (*haushaltend*) economical [ˌiːkə'nɒmɪkəl]
③ **sparsam mit etwas umgehen** to use something sparingly

die **Sparsamkeit**
① *von Mensch:* thrift [θrɪft]
② (*sparsame Lebensführung*) economizing [ɪ'kɒnəmaɪzɪŋ]

das **Sparschwein** piggy bank *umgangsspr*

der **Spaß**
① (*Scherz*) joke; **ich hab doch nur Spaß gemacht** [I was] only joking; **er versteht keinen Spaß** he can't take a joke
② (*Vergnügen*) fun; **Schwimmen macht mir Spaß** I enjoy swimming; **viel Spaß!** enjoy yourself!

der **Spaßvogel** joker

spät
① late
② **zu spät kommen** to be late; **ich kam zu spät fürs Kino** I was late for the cinema
③ **er bezahlt seine Miete immer zu spät** he is always late with his rent
④ **es ist schon spät** it's getting late

der **Spaten** spade

später
① later
② **bis später!** see you later!

spätestens at the latest

der **Spatz** sparrow

spazieren
① to stroll [strəʊl]
② **spazieren gehen** to go for a walk

der **Spaziergang** stroll [strəʊl], walk [wɔːk]; **einen Spaziergang machen** to go for a stroll [*oder* walk]

der **Spaziergänger**, die **Spaziergängerin** stroller ['strəʊər]

der **Speck** (*Schweinespeck*) bacon ['beɪkən]

speditiv CH swift, speedy

das **Speerwerfen** javelin ['dʒævəlɪn] [throwing]

der **Speichel** spittle, saliva ['sælviə]

der **Speicher**
1 (*Lager*) storehouse; (*Boden*) attic ['ætɪk], loft; **auf dem Speicher** in the loft
2 (*Computer*) memory ['meməri]

speichern
1 to store *Waren*
2 (*beim Computer*) to save (**auf** onto)

die **Speise**
1 (*Nahrung*) food [fuːd]
2 (*Gericht*) dish

die **Speisekarte** menu ['menjuː]

speisen (*essen*) to eat

der **Speisewagen** dining ['daɪnɪŋ] car GB, diner ['daɪnər] USA

spektakulär spectacular [spek'tækjələr]

die **Spekulation** speculation [ˌspekjə'leɪʃən]

die **Spende** donation [də'neɪʃən]

spenden to donate

der **Spender**, die **Spenderin**
1 donator
2 (*Blut-, Organspender*) donor ['dəʊnər]

spendieren **jemandem etwas spendieren** to buy something for someone

das **Sperma** sperm [spɜːm]

die **Sperre**
1 (*Straßensperre*) roadblock
2 (*Bahnhofssperre*) barrier ['bæriər] GB, gate USA

sperren
1 to cut off *Licht, Gas*
2 to close *Straße*
3 to disqualify [dɪ'skwɒlɪfaɪ] *Sportler*

sperrig bulky

die **Spesen** expenses [ɪk'spensɪz]

spezialisieren **sich auf etwas spezialisieren** to specialize ['speʃəlaɪz] in something

der **Spezialist**, die **Spezialistin** specialist ['speʃəlɪst]

die **Spezialität** speciality [ˌspeʃi'æləti], specialty ['speʃəlti] USA

speziell special

der **Spiegel** mirror ['mɪrər]

das **Spiegelbild** reflection [rɪ'flekʃən]

das **Spiegelei** fried egg

spiegeln
1 to reflect [rɪ'flekt]
2 **sich spiegeln** to be reflected

das **Spiel**
1 (*das Spielen*) play
2 (*Karten, Billard, Sport*) game; (*sportlicher Wettkampf*) match ► WENDUNGEN: **auf dem Spiel stehen** to be at stake; **etwas aufs Spiel setzen** to risk something

der **Spielautomat** slot machine

die **Spielbank** casino [kə'siːnəʊ]

spielen
1 to play
2 *Schauspieler:* to act, to play
3 **der Film spielt in Amerika** the film is set in America
4 **sie spielte mit dem Gedanken, ins Ausland zu gehen** she toyed [tɔɪd] with the idea of going abroad
5 **seine Freude war nur gespielt** he was only pretending to be happy
6 **um Geld spielen** to play for money

der **Spieler**, die **Spielerin**
1 player
2 (*Glücksspieler*) gambler

das **Spielfeld** field, court [kɔːt]

der **Spielfilm** feature film

der **Spielplatz** playground

die **Spielregel** rule [of a game]

die **Spielsachen** playthings, toys [tɔɪz]

das **Spielzeug** toy [tɔɪ]

der **Spieß** (*Waffe*) spear [spɪər]

spießig narrow-minded *abwertend*

der **Spinat** spinach ['spɪnɪtʃ]

die **Spinne** spider

spinnen
1 to spin *Garn*
2 **du spinnst wohl!** you must be kidding!

der **Spion** spy

die **Spionage** espionage ['espiənɑːʒ]

spionieren to spy

die **Spirale** spiral ['spaɪərəl]

die **Spirituosen** spirits

das **Spital** (CH) hospital ['hɒspɪtəl]

spitz pointed; *Winkel:* acute

die **Spitze**
1 (*von Gegenständen*) point; (*von Finger*) tip; (*von Gebäuden*) top
2 (*an Geweben*) lace [leɪs]
3 **das ist ja Spitze!** that's great!

spitzen to sharpen *Bleistift* ▶ WENDUNGEN: **die Ohren spitzen** to prick up one's ears

der **Spitzname** nickname

der **Splitter** (*aus Holz, Metall*) splinter

der **Sponsor**, die **Sponsorin** sponsor ['spɒnsər]

spontan spontaneous [spɒn'teɪniəs]

der **Sport** sport [spɔːt]; **sie treibt sehr viel Sport** she does a lot of sport

die **Sportart** kind of sport

die **Sporthalle** sports hall

der **Sportlehrer**, die **Sportlehrerin** PE [*oder* physical ['fɪzɪkəl] education] teacher

der **Sportler** sportsman

die **Sportlerin** sportswoman

sportlich
1 (*trainiert*) athletic [æθ'letɪk]
2 *Erfolg:* sporting

der **Sportplatz** sports field (GB), sporting ground (USA); (*in der Schule*) playing field

der **Sportverein** sports club

der **Sportwagen** sports car

der **Spott**
1 mockery
2 (*Verachtung ausdrückend*) derision [dɪ'rɪʒən]

spotten to mock

spöttisch (*spottend*) mocking

sprachbegabt sprachbegabt sein to be good at languages

die **Sprache**
1 language ['læŋgwɪdʒ]
2 (*Sprechweise*) speech
3 **etwas zur Sprache bringen** to mention something

der **Sprachfehler** speech defect

der **Sprachkurs** language course

die **Sprachlehre** grammar

sprachlos einfach sprachlos sein to be simply speechless

die **Sprachwissenschaft** linguistics [lɪŋ'gwɪstɪks] ⚠ *mit Singular*

sprechen
1 to speak [spiːk] (**mit** to/with, **über** of/about); **sprichst du Deutsch?** do you speak German?; **kann ich bitte Herrn X. sprechen?** could I talk to Mr X please?
2 (*sich unterhalten*) to talk [tɔːk] (**mit** with/to, **von** about/of)
3 **was spricht dagegen?** what's there to be said against it?; **das spricht für sich** that speaks for itself
4 **er hat davon gesprochen, dass er ins Ausland fahren will** he's been talking of going abroad

Grammatik
Richtiges Konjugieren von **speak**: speak, spoke, spoken — *The teacher spoke to Mrs Brown yesterday; Have you spoken to Bill about that?*

der **Sprecher**, die **Sprecherin**
1 (*Redner*) speaker
2 *einer Firma:* spokesperson
3 (*Ansager*) announcer [ə'naʊnsər]

die **Sprechstunde** consulting hours [aʊəz] ⚠ *Plural*

die **Sprechstundenhilfe** doctor's receptionist [rɪ'sepʃənɪst]

das **Sprechzimmer** consulting room (GB), doctor's office (USA)

sprengen[1] (*mit Sprengstoff*) to blow [bləʊ] up

sprengen[2] (*besprengen*) to sprinkle; to water *Rasen*

der **Sprengstoff** explosive [ɪk'spləʊsɪv]

das **Sprichwort** proverb ['prɒvɜːb]

der **Springbrunnen** fountain ['faʊntɪn]

springen
1 to jump
2 (*mit einem Satz*) to leap [liːp]
3 *Ball:* to bounce [baʊns]
4 (*platzen*) to burst [bɜːst]; (*Risse bekommen*) to crack; **dünnes Glas springt leicht** thin glass cracks easily

der **Springer** (*beim Schach*) knight [naɪt]

die **Spritze**
1 (*Instrument*) syringe [sɪ'rɪnʒ]
2 **jemandem eine Spritze geben** to give

someone an injection [ɪn'dʒekʃᵊn]; **eine Spritze bekommen** to get [*oder* have] an injection

spritzen
1 to inject [ɪn'dʒekt] *Medikament*
2 **jemanden spritzen** to give someone an injection
3 to splash *Wasser*
4 (*herausspritzen*) to spurt [spɜːt]

der **Spritzer** splash

spröde
1 (*brüchig*) brittle
2 *Haut:* rough [rʌf]

der **Spruch**
1 (*Ausspruch*) saying
2 **das sind doch alles nur Sprüche!** that's just talk!

der **Sprudel**
1 (*Mineralwasser*) sparkling mineral water
2 (*süß*) fizzy drink

sprudeln
1 *Wasser:* to bubble
2 (*durch Kohlensäure*) to fizz

sprühen (*auch lackieren*) to spray

der **Sprung**
1 jump
2 (*Riss*) crack

das **Sprungbrett** springboard

die **Spucke** spittle

spucken to spit

> **Grammatik**
> Richtiges Konjugieren von **spit**: spit, spat, spat — *Tom spat out the cherry stones; The baby has spat all over it's mother.*

spuken
1 to haunt [hɔːnt]
2 **hier spukt's** this place is haunted

die **Spüle** sink unit

spülen
1 to flush *WC*
2 to wash up *Geschirr*

die **Spülmaschine** dishwasher

das **Spülmittel** washing-up liquid ['lɪkwɪd]

die **Spur**
1 (*Bodenabdruck*) trace; (*Fährte*) track; **jemandem auf der Spur sein** to be on someone's track
2 (*winzige Menge*) trace; *von Gewürz:* touch [tʌtʃ]
3 (*Fahrbahnspur*) lane; **die Spur wechseln** to change lanes ▶ WENDUNGEN: **auf der falschen Spur sein** to be on the wrong track; **nicht die Spur!** not at all!

spüren (*fühlen*) to feel

spurlos **spurlos verschwinden** to disappear [ˌdɪsə'pɪəʳ] without a trace

der **Spurt** spurt

spurten *Sportler:* to spurt [spɜːʳt]

der **Staat** (*Staatswesen*) state

staatlich
1 (*staatsbezüglich*) state; (*national*) national ['næʃᵊnᵊl]
2 **staatlich anerkannt** state-approved [ə'pruːvd]

der/die **Staatsangehörige** **ein deutscher Staatsangehöriger sein** to be a German national ['næʃᵊnᵊl]

die **Staatsangehörigkeit** nationality [ˌnæʃᵊn'æləti]

der **Staatsanwalt** public prosecutor [ˌpʌblɪk'prɒsɪkjuːtəʳ] (GB), district attorney [ə'tɜːrni] (USA)

der **Staatsbürger**, die **Staatsbürgerin** citizen ['sɪtɪzᵊn]

das **Staatsexamen** state exam[ination]

das **Staatsoberhaupt** head [hed] of state

der **Stab** (*Stange*) rod; (*Stock*) stick

das **Stäbchen** **mit Stäbchen essen** to eat with chopsticks ['tʃɒpstɪks]

der **Stabhochsprung** pole vault ['pəʊlvɔːlt]

stabil
1 (*nicht schwankend*) stable
2 (*fest*) firm
3 *Mensch:* sturdy

stabilisieren to stabilize ['steɪbᵊlaɪz]

die **Stabilität** stability [stə'bɪləti]

der **Stachel**
1 *von Pflanzen:* prickle
2 (*Dorn*) thorn [θɔːn]
3 *von Insekten:* sting
4 *von Igel:* spine

die **Stachelbeere** gooseberry ['gʊzbᵊri]

der **Stacheldraht** barbed wire [ˌbɑːbd'waɪəʳ]

stachelig *Pflanzen:* prickly, thorny [θɔːni]

der **Stadel** (CH), (A) (*Scheune*) barn; (CH), (A) (*Schuppen*) shed

das **Stadion** stadium ['steɪdiəm]

das **Stadium** stage; **in diesem Stadium** at this stage

die **Stadt** (*kleinere*) town; (*Großstadt*) city; **in die Stadt gehen** to go into town; **die Stadt München** the city of Munich

der **Stadtammann** (CH) mayor [meəʳ]

die **Stadtbibliothek** city library ['laɪbrəri]

die **Städtepartnerschaft** town twinning

städtisch
1 town *vor Substantiv*, city *vor Substantiv*
2 **die städtische Bevölkerung** the urban population; **die städtische Lebensweise** the urban way of life

der **Stadtplan** [street] map

der **Stadtrand** outskirts ⚠ *Plural* of a town/city

der **Stadtrat** (*Gremium*) town/city council

der **Stadtrat**, die **Stadträtin** town/city councillor ['kaʊnsələʳ]

der **Stadtstreicher**, die **Stadtstreicherin** town/city vagrant, tramp

der **Stadtteil**
1 part of town/the city
2 (*Verwaltungsbezirk*) district

die **Stadtverwaltung** municipal authority [mju:ˌnɪsɪpəlɔ:'θɒrəti], town council

das **Stadtviertel**
1 part of town
2 (*Verwaltungsbezirk*) district

die **Stadtwerke** municipal [*oder* council] services *Plural*

das **Stadtzentrum** town/city centre

die **Staffel**
1 (*Flugstaffel*) squadron ['skwɒdrən]
2 (*im Sport*) relay

der **Staffellauf** relay race ['ri:leɪˌreɪs]

der **Stahl** steel

der **Stall**
1 (*für Pferde*) stable
2 (*für Kühe*) cowshed ['kaʊʃed] (GB), cow barn (USA)
3 (*für Schweine*) pigsty ['pɪgstaɪ] (GB), [pig]pen (USA)

der **Stamm**
1 (*Baumstamm*) trunk
2 (*Kundschaft*) regulars ['regjələz] ⚠ *Plural*
3 (*Volksstamm*) tribe

der **Stammbaum** (*Abstammung*) family [*oder* genealogical] tree [ˌdʒi:niəlɒdʒɪkəl]

stammeln to stammer

stammen
1 (*abstammen*) to come [kʌm], to stem (**aus/von** from); **woher stammen Sie?** where do you come from?
2 (*zeitlich*) to date (**aus/von** from); **das Bild stammt aus den frühen 70er Jahren** the picture goes [*oder* dates] back to the early seventies

stämmig (*kräftig*) sturdy, husky

die **Stammkneipe** local

der **Stammkunde**, die **Stammkundin** regular customer

stampfen
1 (*mit dem Fuß*) to stamp
2 (*feststampfen*) to stamp; **Kartoffeln stampfen** to mash potatoes

der **Stand**
1 (*Bude, Marktstand*) booth [bu:ð], stand
2 (*Wasserstand*) level
3 (*im Sport*) score; (*Tabellenstand*) standings ⚠ *Plural*
4 (*Entwicklungsstufe*) stage; **beim jetzigen Stand der Dinge** the way things stand at the moment

der **Standard** standard ['stændəd]

der **Ständer** (*Gestell*) stand

das **Standesamt** registry office ['redʒɪstriˌɒfɪs]

standesamtlich **standesamtlich heiraten** to get married in a registry office

standhaft steadfast; **sich standhaft weigern** to staunchly ['stɔ:nʃli] refuse

standhalten (*widerstehen*) to stand firm; **der Versuchung standhalten** to resist temptation

ständig
1 (*laufend*) constant, continual [kən'tɪnjuəl]
2 (*immer*) constantly

der **Standl** (A) stand

der **Standort**
1 (*Aufenthalt*) location, site
2 (*Position*) position [pə'zɪʃən]

der **Standpunkt** standpoint, point of view [vju:]

die Stange
① (*Stab*) pole
② (*Gardinenstange, Gitterstange*) bar, rod

der Stängel stalk [stɔːk], stem

stanzen (*ausstanzen*) to punch

der Stapel
① (*Haufen*) pile, stack
② **vom Stapel laufen** *Schiff:* to be launched [lɔːnʃt]

stapeln to stack up; **sich stapeln** to pile up

der Star [staːɐ̯] (*im Showgeschäft*) star

stark
① *Mensch, Kaffee, Tabak:* strong
② *Staat, Stimme:* powerful ['paʊəfᵊl]
③ *Raucher, Regen:* heavy ['hevi]
④ (*mit Verb*) a lot; **stark rauchen** to smoke a lot [*oder* heavily] ['hevɪli]
⑤ (*mit Adjektiv*) very; **stark gesalzen** very salty
⑥ (*slang: hervorragend*) **stark singen** to be a great singer

die Stärke
① (*Speisestärke*) starch
② (*Kraft*) strength [streŋθ]
③ **Englisch gehört nicht [gerade] zu meinen Stärken** English is not [exactly] one of my strong points

stärken
① (*kräftigen*) to strengthen ['streŋθᵊn]
② **sich stärken** (*zu Kräften kommen*) to fortify oneself; **komm, stärk dich erst mal** come and have a bite [*oder* something] to eat

starr
① (*steif*) stiff (**vor** with)
② (*unbeweglich*) rigid ['rɪdʒɪd] (**vor** with)
③ (*bewegungslos*) motionless ['məʊʃᵊnləs] (**vor** with); *Blick:* fixed
④ (*unbeugsam*) *Haltung:* intransigent

starren (*starr blicken*) to stare (**auf** at)

der Start
① (*auch beim Sport*) start
② *von Flugzeug:* take-off
③ *von Rakete:* launch [lɔːnʃ]

starten
① (*auch beim Sport*) to start; (*teilnehmen*) to take part
② *Auto, Motor, Unternehmen:* to start
③ *Flugzeug:* to take off
④ *Rakete:* to lift off

die Startlinie starting line

der Startschuss starting signal

die Station
① (*Haltestelle*) stop
② (*im Krankenhaus*) ward [wɔːd]

stationär **stationär behandeln** to treat in hospital

der Statist
① (*beim Theater*) supernumerary [ˌsuːpəˈnjuːmᵊrᵊri]
② (*beim Film*) extra

die Statistik statistics ⚠ *Plural*

statistisch statistical

statt instead of; **statt zur Schule zu gehen** instead of going to school

die Stätte place

stattfinden *Spiel, Treffen:* to take place

stattlich
① (*ansehnlich*) *Gebäude:* stately
② *Erscheinung, Frau, Mann:* imposing
③ (*beträchtlich*) *Summe:* considerable [kənˈsɪdᵊrebl]

die Statue statue ['stætʃuː]

der Status status ['steɪtəs]

der Stau (*Verkehrsstau*) traffic jam

der Staub dust

staubig dusty

staubsaugen to vacuum ['vækjuːm], to hoover *umgangsspr*

der Staubsauger vacuum cleaner, Hoover *umgangsspr*

der Staudamm dam

stauen
① to dam up *Wasser*
② **sich stauen** *Verkehr:* to become congested; *Wasser:* to build [bɪld] up; **der Verkehr staut sich an der Ampel** there is a tailback at the traffic lights

das Staunen astonishment [əˈstɒnɪʃmənt], amazement; **jemanden in Staunen versetzen** to amaze [*oder* astonish] someone

staunen to be astonished [*oder* amazed] (**über** at)

das Stechen (*Schmerz*) sharp [*oder* stabbing] pain

stechen
① *Dorn:* to prick
② *Biene:* to sting; *Mücke:* to bite
③ **sich stechen** to prick oneself (**an** on); **ich hab mich in den Daumen gestochen!** I've pricked my thumb!

Grammatik
Richtiges Konjugieren von **sting**: sting, stung, stung — *The bee stung Kate; David was stung by a wasp.*

die **Stechmücke** gnat [næt], mosquito [məs'ki:təʊ]

die **Stechpalme** holly

der **Steckbrief** (*Poster*) 'wanted' poster

die **Steckdose** socket

stecken
1 (*hineintun*) to put
2 (*befestigen*) to pin (**an** onto)
3 (*feststecken*) to be stuck; **steckt der Schlüssel?** is the key in the lock?
4 **stecken bleiben** to get stuck, to stick fast

Grammatik
Richtiges Konjugieren von **put**: put, put, put — *Sam put his hands in his pocket; I have put the key in the letterbox.*

der **Stecker** plug

die **Stecknadel** pin

der **Steg**
1 (*Fußgängerbrücke*) footbridge
2 (*Landesteg*) jetty ['dʒeti]

der **Stegreif** **aus dem Stegreif spielen** to improvise ['ɪmprəvaɪz]

stehen

Grammatik
Richtiges Konjugieren von **stand**: stand, stood, stood — *A big dog stood at the door; I have stood here for over an hour*

stehen
1 to stand; (*sich befinden*) *Buch im Regal:* to be
2 *von Kleidern:* to suit [su:t]; **das steht dir** that suits you
3 **wie steht's?** how's things?
4 **wo steht das?** where does it say that?; **was steht im Brief?** what does the letter say?
5 **stehen bleiben** *Fahrzeuge, Kolonne:* to come to a standstill; *Person:* to stop; *Motor:* to cut out
6 **stehen lassen** (*dalassen*) to leave; (*vergessen*) to leave behind; **er ließ die Suppe stehen** he left the soup untouched

stehlen
1 to steal
2 **sich in das/aus dem Haus stehlen** to sneak into/out of the house

Grammatik
Richtiges Konjugieren von **steal**: steal, stole, stolen — *The thief stole all their money from their hotel room; Somebody must have stolen my wallet.*

steif
1 (*unbeweglich*) stiff; (*erstarrt*) numb [nʌm]
2 (*förmlich*) formal

steigen
1 (*hinaufklettern*) to climb (**auf** onto); **Treppen steigen** to climb stairs; **auf einen Baum/Berg/eine Leiter steigen** to climb [up] a tree/mountain/ladder
2 **aufs Pferd steigen** to mount the [*oder* one's] horse; **aufs Fahrrad/Motorrad steigen** to get on[to] the [*oder* one's] bicycle/motorbike
3 *Preise, Temperatur:* to rise
4 *Chancen, Gehalt, Ungeduld:* to increase [ɪn'kri:s]
5 *Flugzeug:* to climb [klaɪm]
6 **die Spannung steigt** the tension is mounting

steigern
1 to increase [ɪn'kri:s]
2 **sich steigern** to increase; (*sich verbessern*) to improve [ɪm'pru:v]

die **Steigerung**
1 increase ['ɪnkri:s] (**um** of)
2 (*Verbesserung*) improvement

steil steep; **steil abfallen** to plunge

der **Stein** stone ▶ WENDUNGEN: **da fällt mir ein Stein vom Herzen!** that's a load off my mind!

der **Steinbock**
1 (*Tier*) ibex ['aɪbeks]
2 (*Sternzeichen*) Capricorn

steinig stony ['stəʊni]

die **Stellage** Ⓐ shelves [ʃelvz] ⚠ *Plural,* shelving

die **Stelle**
1 (*Ort*) place
2 (*Fleck*) spot
3 (*Anstellung*) job; **sich um eine Stelle bewerben** to apply for a vacancy ['veɪkənsi]
4 (*in Mathematik*) digit

⑤ **an erster Stelle** in the first place; **an meiner Stelle** in my place; **an dieser Stelle** in this place; **wenn ich an Ihrer Stelle wäre** if I were you
⑥ **zur Stelle sein** to be at hand, to be present
⑦ **auf der Stelle** at once

stellen
① (*setzen, hinstellen*) to put
② (*regulieren, einstellen*) to set (**auf** at); **das Radio leiser/lauter stellen** to turn the radio down/up; **eine Uhr stellen** to set a watch/clock (**auf** for)
③ **eine Frage stellen** to ask a question
④ **sich schlafend stellen** to pretend to be asleep
⑤ **sich der Polizei stellen** to give oneself up to the police

> **Grammatik**
> Richtiges Konjugieren von **set**: set, set, set — *Ben set the machine; Have you set the alarm?*

das **Stellenangebot** job offer

die **Stellenanzeige** job advertisement, job ad *umgangsspr*

die **Stellenvermittlung** employment [ɪm'plɔɪmənt] agency

stellenweise in places *Plural;* **stellenweise Regen** rain in places, scattered rain

die **Stellung**
① (*Körperstellung*) position [pə'zɪʃᵊn]
② (*Posten*) job, position
③ **möchten Sie dazu Stellung nehmen?** would you like to comment on that?

stellvertretend
① **stellvertretend für** in place of, on behalf [bɪ'hɑːf] of
② *von Amts wegen:* deputy ['depjəti]; **stellvertretende Geschäftsführerin** deputy managing director

der **Stellvertreter**, die **Stellvertreterin** (*amtlicher*) deputy

der **Stempel** stamp

stempeln
① to stamp
② (*postalisch*) to postmark

die **Stenographie** shorthand

stenographieren
① to do shorthand
② **etwas stenographieren** to take something down in shorthand

die **Steppdecke** quilt [kwɪlt], comforter (USA)

das **Sterben** death

sterben to die [daɪ] (**an** of)

sterblich mortal

die **Sterblichkeit** mortality

das **Stereo** stereo ['steriəʊ]

die **Stereoanlage** stereo [system]

stereotyp (*übertragen*) *Antwort, Bild:* stereotypical, stereotyped

steril sterile ['steraɪl]

sterilisieren to sterilize ['sterᵊlaɪz]

der **Stern** (*Himmelskörper*) star

das **Sternchen** (*im Text*) asterisk ['æstᵊrɪsk]

das **Sternenbanner** Star-Spangled Banner, Stars and Stripes *Plural*

die **Sternschnuppe** shooting star

das **Sternzeichen** star sign, sign of the zodiac ['zəʊdiæk]

stetig steady [stedi]

stets (*immer*) always ['ɔːlweɪz]

das **Steuer** *von Auto:* steering wheel; **am Steuer sitzen** to be at [*oder* behind] the wheel

die **Steuer** tax

steuern
① to drive *Auto*
② to steer *Schiff*

das **Steuerrad** [steering] wheel

die **Steuerung** (*im Flugzeug*) controls [kən'trəʊlz] ⚠ *Plural*

der **Steward** ['stjuːɐt] steward

die **Stewardess** ['stjuːɐdɛs] stewardess

stibitzen to nick, to pinch

der **Stich**
① (*Nadelstich*) prick; (*Messerstich*) stab
② *einer Mücke:* bite; *einer Biene:* sting
③ (*Nähstich*) stitch ▸ WENDUNGEN: **jemanden im Stich lassen** to let someone down

stichhaltig, **stichhältig** Ⓐ *Argument, Grund:* sound, valid

die **Stichprobe** spot check

das **Stichwort**
① (*im Wörterbuch*) headword ['hedwɜːd]
② (*im Theater*) cue [kjuː]

sticken to embroider [ɪm'brɔɪdəʳ]

stickig (*muffig*) close, stuffy

der **Stickstoff** nitrogen ['naɪtrədʒən]

der **Stiefbruder** stepbrother

der **Stiefel** boot

die **Stiefeltern** step-parents

das **Stiefkind** stepchild

die **Stiefmutter** stepmother

die **Stiefschwester** stepsister

der **Stiefsohn** stepson

die **Stieftochter** stepdaughter ['stepˌdɔːtəʳ]

der **Stiefvater** stepfather

das **Stiegenhaus** Ⓐ staircase

der **Stiel**
① (*Griff*) handle
② *von Glas:* stem
③ *von Pflanze:* stalk [stɔːk]; (*Stängel*) stem

der **Stier**
① (*Rind*) bull
② (*Sternzeichen*) Taurus ['tɔːrəs]

der **Stift**
① (*Bleistift*) pencil; (*Kugelschreiber*) pen; (*Malstift*) crayon ['kreɪɒn]
② (*Holzstift*) peg; (*Nagel*) tack

stiften
① (*geben, schenken*) to donate [də'neɪt]
② (*gründen*) to found
③ (*verursachen*) to bring about, to cause [kɔːz]; **Frieden stiften** to make peace; **Unfrieden stiften** to sow discord

der **Stifter**, die **Stifterin**
① (*Schenkender*) donator
② (*Gründer*) founder

die **Stiftung**
① (*Schenkung*) donation [də'neɪʃᵊn]
② (*Gründung*) foundation

der **Stil** style [staɪl]; **alles in großem Stil tun** to do everything on a grand scale

still
① (*ruhig*) quiet, silent; **sei still!** be quiet!; **still werden** to go quiet, to fall silent
② (*unbewegt*) still [stɪl]; **bleib/halt still!** keep still!, don't move!

die **Stille**
① (*Ruhe*) quietness ['kwaɪətnəs]
② (*Schweigen*) silence

stillen
① to quench [kwenʃ] *Durst*
② to satisfy *Hunger, Neugierde, Verlangen*
③ to breast-feed *Baby*

stillhalten
① to keep still
② (*schweigen*) to keep quiet [kwaɪət]

stilllegen
① to close [*oder* shut] down *Betrieb*
② to lay up *Fahrzeug*

stillschweigend **stillschweigendes Einvernehmen** tacit ['tæsɪt] understanding; **stillschweigendes Übereinkommen** tacit agreement

stillsitzen to sit still

der **Stillstand**
① (*Halt*) standstill
② **zum Stillstand kommen** *Verkehr, Wirtschaft:* to come to a standstill; *Blutung, Maschine, Motor:* to come to a stop

stillstehen
① to be at a standstill
② (*stehen bleiben*) to stop; **die Zeit schien stillzustehen** time seemed to be standing still

der **Stimmbruch** **er ist im Stimmbruch** his voice is breaking

der **Stimmbürger**, die **Stimmbürgerin** Ⓒⓗ person entitled to vote

die **Stimme**
① voice; **mit tiefer Stimme** in a deep voice
② (*Wahlstimme*) vote; **jemandem seine Stimme geben** to give one's vote to a person

stimmen
① (*richtig sein*) to be right; (*wahr sein*) to be true; **stimmt das?** is that true [*oder* right] [*oder* correct]?; **stimmt!** right!
② **das stimmt nicht** that's wrong
③ (*abstimmen*) to vote (**für** for, **gegen** against)
④ **ein Instrument** [**höher/niedriger**] **stimmen** to tune an instrument [up/down]

die **Stimmung**
① (*Gemütsstimmung*) mood; **in guter/schlechter Stimmung sein** to be in a good/bad mood
② (*Atmosphäre*) atmosphere ['ætməsfɪəʳ]

stinken to stink (**nach** of) ▶ WENDUNGEN: **die ganze Sache stinkt!** the whole business stinks!

Grammatik
Richtiges Konjugieren von **stink**: stink, stank, stunk — *He tank because he hadn't washed for days; The harbour area has always stunk of fish.*

das **Stipendium**
1 (*als Auszeichnung*) scholarship ['skɒləʃɪp]
2 (*Studienbeihilfe*) grant

die **Stirn** forehead ['fɔ:hed], brow; **die Stirn runzeln** to frown ▶ WENDUNGEN: **jemandem/etwas die Stirn bieten** to defy someone/something

stochern
1 to poke (**in** at)
2 **im Essen stochern** to pick at one's food
3 **im Feuer stochern** to poke the fire

der **Stock**
1 stick
2 (*Stockwerk*) floor [flɔ:ʳ], storey (GB), story (USA); **im ersten Stock** on the first [*oder* (USA) second] floor

stocken
1 (*zögern*) to hesitate ['hezɪteɪt]
2 (*innehalten*) to break off, to stop short; **mir stockte das Herz** my heart skipped a beat

das **Stockerl** (A) (*Hocker*) stool

das **Stockwerk** floor [flɔ:ʳ], storey (GB), story (USA); **im oberen Stockwerk** upstairs; **ein Stockwerk höher/tiefer** one floor up/down

der **Stoff**
1 (*Gewebe*) fabric, material [mə'tɪəriəl]; **aus was für einem Stoff ist das Kleid?** what material is the dress [made of]?
2 (*Materie, Unterrichtsstoff*) [subject] matter

stöhnen to groan

stolpern to stumble, to trip (**über** over)

der **Stolz** pride; **ihr ganzer Stolz** her pride and joy

stolz
1 proud (**auf** of)
2 *Preis, Summe:* princely

stopfen
1 (*hineinstopfen*) to stuff
2 to darn; to mend *Strümpfe*

stoppen
1 (*anhalten*) to stop
2 (*mit der Stoppuhr*) **jemanden stoppen** to time someone

die **Stoppuhr** stopwatch

der **Stöpsel** plug

der **Storch** stork

stören
1 to disturb *Frieden, Schlaf*
2 (*unangenehm berühren*) to disturb
3 (*lästig sein*) to bother; **störe ich?** am I intruding?; **ich hoffe, ich störe [Sie] nicht** I hope I'm not bothering you; **stört es dich, wenn ich rauche?** do you mind if I smoke?
4 (*unterbrechen*) to interrupt; (*stärker*) *Schüler:* to disrupt

stornieren **einen Auftrag stornieren** to cancel an order

die **Stornierung** *eines Auftrags:* cancellation

störrisch obstinate ['ɒbstɪnət], stubborn

die **Störung**
1 (*Beeinträchtigung*) disturbance [dɪ'stɜ:bᵊns]
2 (*Unterbrechung*) disruption [dɪs'rʌpʃᵊn]; **entschuldigen Sie bitte die Störung!** pardon the intrusion!
3 (*im Radio*) interference [ˌɪntə'fɪərᵊns]
4 (*in Gerät, Maschine*) trouble ['trʌbl]; (*Fehler*) fault [fɔ:lt]

der **Stoß**
1 push, shove [ʃʌv]; **jemandem einen Stoß versetzen** to give someone a push
2 (*Haufen*) pile; (*größerer Haufen*) stack

stoßen
1 *einen Stoß geben:* to push
2 (*Stich versetzen*) to stab
3 **sich stoßen** (*anstoßen*) to bump [*oder* knock] oneself [nɒk]; **sich den Kopf stoßen** to hit one's head; **sich an etwas stoßen** to bump against something

die **Stoßstange** bumper

die **Stoßzeit** (*im Verkehr*) rush hour

stottern
1 *Mensch:* to stutter
2 *Auto:* to splutter

die **Strafanstalt** penal ['pi:nᵊl] institution

strafbar punishable ['pʌnɪʃəbl]; **eine strafbare Handlung** an offence [*oder* (USA) offense]; **sich strafbar machen** to commit an offence

die **Strafe**
① (*Bestrafung*) punishment ['pʌnɪʃmənt]; **zur Strafe** as a punishment
② (*Geldstrafe*) fine; **sie musste 50 Dollar Strafe dafür zahlen** she had to pay a 50 dollar fine for it

strafen to punish (**für** for)

straff
① *Seil:* taut [tɔːt]
② (*eng sitzend*) close-fitting, tight [taɪt]

straffällig straffällig werden to commit a criminal offence

straffen
① (*enger machen*) to tighten [taɪtᵊn]
② **sich straffen** (*sich spannen*) to become taut

der **Strafraum** penalty area

strafrechtlich criminal

der **Strafstoß** penalty kick

die **Straftat** criminal offence [*oder* USA offense]

der **Strafzettel** ticket

der **Strahl**
① (*Lichtstrahl*) ray
② (*Wasserstrahl*) jet

strahlen
① *Sonne:* to shine
② *Uran:* to be radioactive [ˌreɪdiəʊ'æktɪv]
③ *Gesicht:* to beam; **sie strahlte übers ganze Gesicht** her face was beaming with joy

strahlend
① *Gesicht:* beaming; *Lächeln:* bright [braɪt], radiant
② *Tag:* bright [*oder* glorious ['glɔːriəs]]

strahlenverseucht contaminated [kən'tæmɪneɪtɪd] [with radiation]

die **Strahlung** radiation [ˌreɪdi'eɪʃᵊn]

die **Strähne**
① (*Haarsträhne*) strand
② (*gefärbte Haarsträhne*) streak, highlights ['haɪlaɪts] ⚠ *Plural*

strampeln
① *Baby:* to thrash about
② (*auf dem Fahrrad*) to pedal

der **Strand** beach; **am Strand** on the beach

strapazierfähig
① *Kleidung, Teppich:* hard-wearing
② *Schuhe:* sturdy

strapaziert
① *Kleidung, Schuhe, Teppich:* worn
② *Beziehung, Nerven:* strained
③ *Haare, Haut:* damaged

strapaziös tiring ['taɪərɪŋ], wearing ['weərɪŋ]

die **Straße**
① street; **auf der Straße spielen** to play in the streets ⚠ *Plural;* **über die Straße gehen** to cross the street
② (*Verkehrsstraße*) road; **auf der Straße** on the road; **die Straße zur Post** the road to the post office; **eine stark befahrene Straße** a busy ['bɪzi] road
③ (*Meerenge*) straits ⚠ *Plural;* **die Straße von Dover/Gibraltar** the Straits ⚠ *Plural* of Dover/Gibraltar

Vorsicht Falle!
street wird für Straßen mit Häusern und Geschäften in Städten und Dörfern gebraucht: *John met his friend in the street;* — **road** wird für Verkehrsstraßen außerhalb der Städte und Dörfer gebraucht: *we were on the road to Edinburgh.*

die **Straßenbahn** tram GB, streetcar USA

der **Straßengraben** [road] ditch

der **Straßenkampf** street fight

die **Straßenkarte** road map

die **Straßenkreuzung** crossroads ⚠ *Singular oder Plural;* **an einer Straßenkreuzung** at a crossroads

der **Straßenmusikant**, die **Straßenmusikantin** street musician [mjuː'zɪʃᵊn], busker

der **Straßenrand** kerb [kɜːb], curb USA

das **Straßenschild** street sign

die **Straßenverkehrsordnung** Highway Code

die **Strategie** strategy ['strætədʒi]

strategisch strategic [strə'tiːdʒɪk]

der **Strauch** shrub; (*Busch*) bush

der **Strauß**[1] (*Blumenstrauß*) bunch of flowers

der **Strauß**[2] (*Laufvogel*) ostrich

strawanzen Ⓐ (*sich herumtreiben*) to hang around

streben (*sich mühen um*) to strive (**nach** for/after)

der **Streber**, die **Streberin** swot GB, grind USA

die **Strecke**
① (*Distanz*) distance; **eine Strecke zurück-**

legen to cover a distance
② (*Route*) route [ru:t]; **die Strecke Stuttgart-Hamburg** the Stuttgart-Hamburg route
▶ WENDUNGEN: **auf der Strecke bleiben** to fall by the wayside

strecken
① (*dehnen*) to stretch
② **sich strecken** to have a stretch

der **Streich** trick; **jemandem einen Streich spielen** to play a trick on someone

streicheln
① (*liebkosen*) to caress [kə'res]
② (*streichen*) to stroke

streichen
① (*mit Hand, Gegenstand*) to stroke; **sich die Haare aus der Stirn streichen** to brush one's hair out of one's face
② (*mit Farbe*) to paint
③ to spread [spred] *Butter usw.*
④ (*löschen*) to delete; **von einer Liste streichen** to cross [*oder* scratch] off a list

das **Streichholz** match

die **Streichholzschachtel** matchbox

das **Streichinstrument** string[ed] instrument

der **Streifen**
① stripe; (*breiter*) streak [stri:k]
② (*Stück*) strip

streifen
① (*leicht berühren*) to brush, to touch [tʌtʃ]; (*mit Auto, Flugzeug*) to scrape
② **den Ring vom Finger streifen** to slip the ring off one's finger

der **Streik** strike; **in den Streik treten** to go on strike

streiken to be on strike, to strike

der **Streit**
① (*Wortstreit*) dispute [dɪ'spju:t], argument ['ɑ:gjəmənt]; **Streit haben** to have an argument [*oder* a row]
② (*heftiger, auch handgreiflich*) fight [faɪt]

streiten
① (*zanken*) to quarrel ['kwɒrᵊl]; (*mit Worten*) to argue (**über** about, **wegen** over); **mit jemandem über etwas streiten** to have an argument with someone over something
② **sich streiten** to quarrel; (*mit Worten*) to argue; **sie streiten sich ständig** they're constantly arguing

die **Streitkräfte** forces ['fɔ:sɪz]

streng
① (*unnachsichtig*) severe [sɪ'vɪəʳ]; **jemanden streng bestrafen** to punish someone severely
② (*unnachgiebig, ernst*) stern; **mit strenger Miene** with a stern face
③ *Kälte:* intense
④ (*bestimmt*) strict; **es wird streng auf Pünktlichkeit geachtet** they are very strict about punctuality
⑤ *Regeln:* stringent ['strɪndʒənt]
⑥ *Geschmack:* sharp
⑦ **streng geheim** top secret; **streng verboten!** strictly forbidden!
⑧ (CH), (A) (*anstrengend*) strenuous, exhausting

die **Strenge**
① (*Unnachsichtigkeit*) severity [sɪ'verɪti]
② (*Ernst*) sternness
③ (*von Sitten, Charakter*) austerity [ɒs'terəti]
④ (*Bestimmtheit*) strictness

der **Stress** stress [stres]; **Stress haben** to be under [a lot of] stress

stressig stressful

streuen
① (*verstreuen*) to scatter
② (*bestreuen*) to sprinkle *Salz, Zucker*
③ to grit *Straße;* (*mit Salz*) to salt [sɒlt]

streunen
① *Mensch:* to roam
② *Tier:* to stray; **ein streunender Hund** a stray dog

der **Strich**
① (*Pinselstrich*) stroke
② (*Linie*) line
③ (*kurzer Strich, Gedankenstrich*) dash

der **Strichpunkt** semicolon [ˌsemɪ'kəʊlən]

der **Strick** cord; (*dicker*) rope

stricken to knit [nɪt]

die **Strickjacke** cardigan

die **Stricknadel** knitting needle

striegeln to curry *Pferd*

strikt strict [strɪkt]

strittig controversial [ˌkɒntrə'vɜ:ʃᵊl], debatable [dɪ'beɪtəbl]

das **Stroh** straw [strɔ:]

das **Strohdach** thatched roof

der **Strohhalm** straw

die **Strolchenfahrt** (CH) joyride ['dʒɔɪraɪd]

der **Strom**[1]
① (*Fluss*) large river
② (*Strömung*) current; **mit/gegen den Strom** with/against the current

der **Strom**[2] (*Elektrizität*) current

der **Stromausfall** power failure ['feɪljəʳ]

strömen
① to stream
② **strömender Regen** pouring rain

der **Stromkreis** circuit ['sɜːkɪt]

die **Stromtankstelle** (*für Elektrofahrzeuge*) charging station

die **Strömung**
① (*in Wasser, Luft*) current
② (*Tendenz, Richtung*) trend

der **Stromverbrauch** power consumption [kən'sʌmʃᵊn]

die **Strophe**
① (*in Lied*) verse [vɜːs]
② (*in Gedicht*) stanza

strotzen to abound (**vor** with); **vor Gesundheit/Kraft strotzen** to be bursting with health/strength

die **Struktur**
① structure ['strʌktʃəʳ]
② *von Gewebe:* texture ['tekstʃəʳ]

der **Strumpf**
① (*Herrenstrumpf*) sock
② (*Damenstrumpf*) stocking

die **Strumpfhose** tights [taɪts] ⚠ *Plural* (GB), pantyhose (USA); **eine Strumpfhose** a pair of tights (GB), a pantyhose (USA)

das **Stück**
① piece [piːs]; **ein Stück Brot** a piece of bread; **zwei Stück Kuchen** two pieces of cake; **ein Stück Seife** a bar of soap
② (*Streckenabschnitt*) part; **er kam ein Stück mit** he came along part of the way
③ (*Bruchstück*) fragment; **in Stücke gehen** to break into pieces; **in Stücke schlagen** to smash to pieces
④ (*Theaterstück*) play
⑤ (*musikalisch*) piece
⑥ **2 Euro das Stück** 2 euros each

das **Stückchen**
① little piece [*oder* bit]
② (*des Weges*) part of the way

der **Student**, die **Studentin** student

das **Studentenheim** student hostel; (*auf dem Campus*) hall of residence

das **Studentenwohnheim** hall of residence (GB), dormitory ['dɔːmɪtᵊri] (USA)

die **Studie**
① (*Abhandlung*) essay (**über** on)
② (*Untersuchung*) report (**über/zu** on)

die **Studienbeihilfe** educational grant

der **Studienplatz** place at university

studieren to study; **Medizin studieren** to study medicine; **sie studiert noch** she's still a student

das **Studio** studio ['stjuːdiəʊ]

das **Studium** study ['stʌdi]; **ein Studium aufnehmen** to begin one's studies ⚠ *Plural;* **sein Studium abschließen** to finish one's degree

die **Stufe**
① (*Treppenstufe*) step
② (*Stadium*) stage
③ (*Rang*) grade

der **Stuhl** chair ['tʃeəʳ]; **ist der Stuhl noch frei?** is this chair taken?

stumm
① (*sprechunfähig*) dumb [dʌm]
② (*schweigend*) silent ['saɪlənt]

der **Stummel** stub

der **Stumpf** stump

stumpf
① *Bleistift, Messer:* blunt
② *Winkel:* obtuse [əb'tjuːs]

die **Stunde**
① hour [aʊəʳ]; **eine halbe Stunde** half an hour; **eine Dreiviertelstunde** three quarters ⚠ *Plural* of an hour; **jede volle Stunde** every hour on the hour
② (*Unterrichtsstunde*) lesson; **in der ersten Stunde habe ich Mathe** my first lesson is maths ⚠ *Singular*

die **Stundenkilometer** kilometres [*oder* (USA) kilometers] per hour

der **Stundenlohn** hourly wage

der **Stundenplan** timetable (GB), schedule ['ʃedjuːl] (USA)

stundenweise
① (*pro Stunde*) **stundenweise bezahlt werden** to be paid by the hour
② **eine stundenweise Beschäftigung** a casual ['kæʒjuəl] job

stündlich
1 *Bus, Zug:* hourly ['aʊəli]
2 **stündlich fahren** to run every hour

stupide (*geistlos*) mindless

stupsen to nudge

stur
1 (*eigensinnig*) stubborn
2 (*unnachgiebig*) obdurate ['ɒbdjᵊrət]

der **Sturm** (*Unwetter*) storm; **die Ruhe vor dem Sturm** (*auch übertragen*) the calm before the storm *auch übertragen*

stürmen
1 *Wind:* to blow; *Orkan:* to rage; **es stürmt!** it's blowing a gale!
2 (*eilen*) to storm
3 to invade *Geschäft, Museum*
4 to storm *Bühne, Feindesstellung, Feld*

der **Stürmer**, die **Stürmerin** forward

stürmisch
1 *Überfahrt, Wetter:* stormy; **stürmische See** rough [rʌf] sea
2 (*ungestüm*) impetuous [ɪm'petʃuəs]; *Liebhaber:* ardent, passionate ['pæʃᵊnət]; **nicht so stürmisch!** take it easy!

der **Sturz**
1 (*Hinfallen*) fall
2 *einer Regierung:* overthrow; *eines Politikers:* downfall

stürzen
1 (*kippen*) to turn upside down
2 to overthrow *Regierung*
3 (*fallen*) to fall [down], to tumble; **sie ist gestürzt** she fell [*oder* had a fall]
4 (*rennen*) **er kam ins Zimmer gestürzt** he came bursting into the room

der **Sturzflug** nosedive

der **Sturzhelm** crash helmet

die **Stute** mare [meəʳ]

die **Stütze** support; (*Pfeiler*) pillar

stutzen[1] (*beschneiden*) to trim; to clip *Flügel, Hecke*

stutzen[2]
1 (*zögern*) to hesitate ['hezɪteɪt]
2 (*stehen bleiben*) to stop short

stützen
1 to support; (*abstützen*) to shore up
2 (*finanziell*) to back
3 (*übertragen*) to back up
4 **sich stützen** to lean (**auf** on)
5 **sich stützen** *Verdacht:* to be based (**auf** on)

der **Stützpunkt** base

das **Styropor®** polystyrene [ˌpɒlɪ'staɪriːn]

das **Subjekt** subject ['sʌbdʒekt]

subjektiv subjective [səb'dʒektɪv]

das **Substantiv** noun

die **Substanz** (*Stoff*) substance ['sʌbstəns]

subtrahieren to subtract

die **Subtraktion** subtraction [səb'trækʃᵊn]

die **Subvention** (*vom Staat*) subsidy ['sʌbsɪdi]

subventionieren to subsidize ['sʌbsɪdaɪz]

die **Suche** search (**nach** for); **auf der Suche sein** to be looking (**nach** for)

suchen
1 to look; (*intensiver*) to search (**nach** for)
2 **Schutz/Zuflucht suchen** to seek shelter/refuge
3 **was suchst du hier?** what are you doing here?; **du hast hier nichts zu suchen** you've got no business being here

die **Sucht**
1 (*medizinisch*) addiction [ə'dɪkʃᵊn] (**nach** to)
2 (*übertragen*) obsession [əb'seʃᵊn] (**nach** with); **es wird bei ihm zur Sucht** it is becoming an obsession with him

süchtig
1 addicted (**nach** to)
2 **etwas macht süchtig** something is addictive

der **Süden**
1 (*Himmelsrichtung*) south; **im Süden von ...** in the south of ...; **aus dem** [*oder* **von**] **Süden** from the south; **nach Süden** south; *Verkehr:* southbound
2 (*Landesteil*) South; **im Süden Deutschlands** in the South of [*oder* in Southern] Germany

südlich
1 southern ['sʌðən] *vorangestellt;* **Wind aus südlicher Richtung** southerly wind; **in südlicher Richtung** southwards; *Verkehr:* southbound
2 **südlich von** to the south of; **weiter südlich sein** to be further south

der **Südosten** southeast

südöstlich
1 south-eastern
2 south-east (**von** of)

der **Südpol** South Pole

der **Südwesten** south-west; **aus Südwesten** from the south-west

südwestlich
1 south-western
2 south-west (**von** of)

die **Summe**
1 (*beim Rechnen*) sum
2 (*Gesamtsumme*) total
3 (*Betrag*) amount

summen
1 to hum; **vor sich hin summen** to be humming away to oneself
2 *Insekt, Motor:* to buzz

der **Sumpf** marsh; (*in den Tropen*) swamp [swɒmp]

die **Sünde** sin

der **Sündenbock** scapegoat ['skeɪpgəʊt]

der **Sünder**, die **Sünderin** sinner

super great [greɪt], super

der **Superlativ** superlative [suː'pɜːlətɪv]

die **Suppe** (*dünne Suppe*) soup [suːp]; (*dicke Suppe*) broth

der **Suppenteller** soup plate

das **Surfbrett** ['søːɐfbrɛt] surfboard

surfen ['zøːɐ̯fn̩] to surf

der **Surfer**, die **Surferin** ['søɐ̯fɐ] (*auch im Internet*) surfer

surren to buzz

suspekt suspicious [sə'spɪʃᵊs], dodgy *umgangsspr;* **das ist mir suspekt** that seems suspicious to me

suspendieren to suspend

süß
1 (*im Geschmack*) sweet
2 (*goldig*) sweet, cute [kjuːt]; **süß aussehen** to look sweet [*oder* cute]

die **Süßigkeiten** sweets (GB), candy ⚠ *Singular* (USA)

süßsauer *Gericht:* sweet-and-sour

der **Süßstoff** sweetener

das **Süßwasser** freshwater

der **Swimmingpool** [swimming] pool

das **Symbol** symbol ['sɪmbᵊl]

symbolisch symbolic [sɪm'bɒlɪk] (**für** of)

symbolisieren to symbolize ['sɪmbᵊlaɪz]

die **Symmetrie** symmetry ['sɪmətri]

symmetrisch symmetrical [sɪ'metrɪkᵊl]

die **Sympathie** (*Zuneigung*) liking ['sɪmpəθi]

der **Sympathisant**, die **Sympathisantin** sympathizer [ˌsɪmpə'θaɪzəʳ]

sympathisch
1 *Lächeln:* pleasant ['plezᵊnt], lovely ['lʌvli]; *Mensch:* nice
2 **er ist mir sympathisch** I think he's nice, I like him; **sie ist mir nicht sehr sympathisch** I don't really like her

Falsche Freunde
‚sympathetic' bedeutet im Englischen mitfühlend!

das **Symptom** symptom ['sɪmtəm]

die **Synagoge** synagogue ['sɪnəgɒg]

synchronisieren
1 to synchronize ['sɪŋkrənaɪz] *auch übertragen*
2 to dub *Film;* **synchronisiert** dubbed

das **Synonym** synonym ['sɪnənɪm]

synthetisch synthetic [sɪn'θetɪk]

das **System** system ['sɪstəm]

systematisch systematic

die **Szene**
1 (*Bühne*) stage
2 (*auch übertragen: Auftritt*) scene [siːn]

Tt

T, t T, t [ti:]

der **Tabak** tobacco [tə'bækəʊ]

die **Tabelle** table; (*als Grafik*) chart

das **Tablar** (CH) shelf

das **Tablett** tray

die **Tablette** pill, tablet

tabu taboo

das **Tabuwort** taboo word

der **Tacho**, der **Tachometer** speedo, speedometer

der **Tadel**
1 (*Vorwurf*) reproach [rɪ'prəʊtʃ]
2 (*Verweis*) reprimand ['reprɪmɑ:nd]

tadellos
1 *Deutsch:* faultless ['fɔ:ltləs]; *Manieren:* impeccable [ɪm'pekəbl]
2 (*vollkommen*) perfect

tadeln
1 (*zurechtweisen*) to rebuke, to reprimand
2 (*kritisieren*) to criticize ['krɪtɪsaɪz]

die **Tafel**
1 (*Schultafel*) blackboard
2 **eine Tafel Schokolade** a bar of chocolate
3 (*festlicher Tisch*) [dinner] table

der **Tag**
1 day; **Tag für Tag** day after day; **er kommt in 3 Tagen** he's coming in 3 days; **welcher Tag ist heute?** what day is it today?; **zweimal am Tag** twice a day; **von dem Tag an** from that day on; **den ganzen Tag** all day; **am folgenden Tag** the next day; **eines Tages** one day
2 (*als Gruß*) **guten Tag!** (*morgens*) good morning!; (*nachmittags*) good afternoon!; (*beim Vorstellen*) how do you do?; **jemandem guten Tag sagen** to say hello to someone
3 (*Tageslicht*) daylight ['deɪlaɪt]; **es ist Tag** it is light; **bei Tage** in the daytime
4 **Tag der offenen Tür** open day

tagaus **tagaus, tagein** day in, day out

das **Tagebuch** diary ['daɪəri]; **Tagebuch führen** to keep a diary

tagelang lasting for days [on end] *nachgestellt*

tagen *Gericht, Parlament:* to sit

der **Tagesanbruch** **bei Tagesanbruch** at daybreak

das **Tageslicht** daylight ['deɪlaɪt]; **bei Tageslicht** in [the] daylight

die **Tagesmutter** child minder

die **Tageszeit** time of day

die **Tageszeitung** daily paper

täglich
1 *Arbeit, Brot, Pflichten:* daily
2 **etwas täglich tun** to do something every day; **einmal/zweimal/dreimal täglich** once/twice/three times a day

tagsüber during the day

die **Tagung** conference

der **Taifun** typhoon [taɪ'fu:n]

die **Taille** ['taljə] waist [weɪst]

der **Takt**
1 (*Rhythmus*) time
2 (*Takteinheit*) bar
3 (*Taktgefühl*) tact

die **Taktik** tactics ⚠ *Plural;* **eine gute Taktik** good tactics ⚠ *Plural*

taktisch tactical; **taktisch vorgehen** to use tactics

taktlos tactless

taktvoll tactful

das **Tal** valley

das **Talent** gift, talent ['tælənt] (**zu** for); **großes** [*oder* **viel**] **Talent haben** to be very talented

der **Talisman** [lucky] charm

die **Talkshow** ['tɔ:kʃəʊ] chat [*oder* talk] show

die **Talsperre** (*Staumauer*) river dam

der **Tampon** tampon ['tæmpɒn]

der **Tandler**, die **Tandlerin** (A) (*Trödler*) junk dealer

der **Tank** (*Behälter, auch Panzer*) tank [tæŋk]

tanken to tank [*oder* fill] up *Benzin;* **voll tanken** to fill up with petrol

der **Tanker** tanker ['tæŋkə^r]

die **Tankstelle** service [*oder* filling] [*oder* petrol] station (GB), gas station (USA)

die **Tanne** fir [fɜ:^r], pine

der **Tannenbaum**
1 fir [*oder* pine] tree
2 (*Weihnachtsbaum*) Christmas tree

die **Tante** aunt [ɑːnt], auntie [ɑːnti] *umgangsspr*

der **Tanz** dance

tanzen to dance; **tanzen gehen** to go dancing

der **Tänzer**, die **Tänzerin** dancer

die **Tanzfläche** dance floor

der **Tanzkurs** dancing course

die **Tanzmusik** dance music

die **Tanzschule** dancing school

die **Tanzstunde** dancing lesson

die **Tapete** wallpaper ['wɔːlˌpeɪpəʳ]

der **Tapetenwechsel** change of scenery ['siːnəri]

tapezieren to paper

tapfer
1 (*beherrscht*) brave; **etwas tapfer ertragen** to put on a brave front
2 (*mutig*) bold, courageous [kə'reɪdʒəs]

die **Tapferkeit** (*Mut*) boldness, courage ['kʌrɪdʒ]

der **Tarif**
1 (*Lohntarif*) rate
2 (*Zolltarif*) tariff ['tærɪf]

tarnen
1 to camouflage ['kæməflɑːʒ]
2 to disguise [dɪs'gaɪz] *Absichten*

die **Tarnung**
1 (*militärisch*) camouflage ['kæməflɑːʒ]
2 *von Agenten:* disguise [dɪs'gaɪz]

die **Tasche**
1 (*bei Kleidungsstücken*) pocket; [**sich**] **etwas in die Tasche stecken** to pocket something, to put something into one's pocket
2 (*Beutel*) pouch [paʊtʃ]
3 (*Handtasche*) bag (GB), purse [pɜːs] (USA)
4 (*übertragen*) **etwas aus eigener Tasche bezahlen** to pay for something out of one's own pocket; **tief in die Tasche greifen** to dig deep into one's pockets

das **Taschenbuch** paperback

der **Taschendieb** pickpocket

das **Taschengeld** pocket money

die **Taschenlampe** torch (GB), flashlight (USA)

das **Taschenmesser** pocket knife (GB), jackknife (USA); (*kleines*) penknife

der **Taschenrechner** pocket calculator ['kælkjəleɪtəʳ]

das **Taschentuch** handkerchief ['hæŋkətʃiːf]

die **Tasse** cup; **eine Tasse Tee** a cup of tea

die **Tastatur** keyboard ['kiːbɔːd]

die **Taste**
1 *von Klavier, Computer:* key; **eine Taste drücken** to press a key
2 *von Telefon, Radio:* button

tasten to feel; **nach etwas tasten** to grope for something

der **Tastsinn** sense of touch

die **Tat**
1 (*das Handeln*) action; **in die Tat umsetzen** to put into action
2 (*Heldentat, Untat*) act, deed
3 **eine gute Tat** a good deed
4 (*Leistung*) feat
5 **auf frischer Tat ertappen** to catch in the act

tatenlos **ich konnte nur tatenlos zusehen** I could only stand and watch

der **Täter**, die **Täterin** perpetrator ['pɜːpɪtreɪtəʳ]; **unbekannte Täter** persons unknown

tätig
1 active; **in einer Sache tätig werden** to take action in a matter
2 **sie ist an der Börse tätig** she's in stockbroking

die **Tätigkeit**
1 (*Aktivität*) activity
2 (*Arbeit*) work; (*Beruf*) job

tätowieren to tattoo

die **Tätowierung** tattooing

die **Tatsache** fact

tatsächlich
1 *Wert:* actual, real
2 (*in Wirklichkeit*) actually, really; **er ist es tatsächlich** it really is him

tätscheln to pat

die **Tatze** paw [pɔː]

das **Tau** (*Seil*) rope

der **Tau** (*Niederschlag*) dew [djuː]

taub
1 (*ohne Gehör*) deaf [def]; **auf einem/dem rechten Ohr taub** deaf in one/the right ear
2 (*gefühllos*) numb [nʌm]; **meine Hände**

waren taub vor Kälte my hands were numb with cold

die **Taube** dove [dʌv], pigeon ['pɪdʒən]

taubstumm deaf and dumb

der/die **Taubstumme** deaf mute

tauchen
1 to dive (**nach** for)
2 **die Hand ins Wasser tauchen** to dip one's hand into the water

der **Taucher**, die **Taucherin** diver

der **Taucheranzug** diving suit

tauen to melt; *Schnee auch:* to thaw [θɔː]; **es taut** it is thawing

die **Taufe**
1 (*das Sakrament*) baptism
2 (*Vorgang*) christening

taufen
1 to baptize *Gläubigen*
2 (*nennen*) to christen *Kind, Schiff, Hund*

taugen
1 (*wert sein*) to be good; **es taugt nichts** it's no good
2 (*geeignet sein*) to be suitable (**zu/für** for)

taumeln to stagger

der **Tausch** exchange [ɪks'tʃeɪndʒ]; **im Tausch gegen** in exchange for

tauschen
1 (*umtauschen*) to exchange [ɪks'tʃeɪndʒ] (**gegen** for)
2 to exchange *Blicke, Worte*
3 **mit jemandem tauschen** to do a swop with someone

täuschen
1 (*hintergehen*) to deceive [dɪ'siːv]
2 (*irreführend sein*) to be deceptive [dɪ'septɪv]; **es täuscht** it's deceptive
3 **sich täuschen** to be wrong [rɒŋ], to be mistaken (**über** about)

täuschend
1 *Ähnlichkeit:* striking
2 **jemandem täuschend ähnlich sehen** to bear a striking resemblance to someone, to look just like someone

die **Täuschung**
1 (*das Täuschen*) deception [dɪ'sepʃən]
2 (*Irrtum*) mistake

tausend a [*oder* one] thousand; **viele Tausende** thousands of

Vorsicht Falle!
Nach Zahlen verwendet man **thousand** ohne ein s am Ende: *five thousand inhabitants.*

tausendmal a thousand times *Plural*

das **Tausendstel** thousandth

die **Taxcard** (CH) phonecard

das **Taxi** cab, taxi[cab] ['tæksi]; **mit dem Taxi fahren** to come/go by taxi

der **Taxifahrer**, die **Taxifahrerin** taxi [*oder* cab] driver

der **Taxistand** taxi rank

das **Team** [tiːm] team

die **Technik**
1 (*Technologie*) technology [tek'nɒlədʒi]
2 (*Funktionsweise eines Geräts*) mechanics [mɪ'kænɪks] ⚠ *Plural*
3 (*Verfahren, auch in Kunst oder im Sport*) technique [tek'niːk]

der **Techniker**, die **Technikerin** [technical] engineer [ˌendʒɪ'nɪəʳ]

technisch
1 (*technologisch*) technological [ˌteknə'lɒdʒɪkəl]
2 (*die Ausführung betreffend*) technical; **die technischen Daten** the specifications

die **Technologie** technology [tek'nɒlədʒi]

der **Tee** tea; **eine Tasse Tee** a cup of tea

der **Teebeutel** tea bag

die **Teekanne** teapot

der **Teelöffel** teaspoon; **zwei Teelöffel Milch** two teaspoons of milk

der **Teenager** ['tiːneːdʒɐ] teenager

der **Teenie** ['tiːni] young teenager

der **Teer** tar

der **Teich** pond

der **Teig**
1 (*Brot- oder Nudelteig*) dough [dəʊ]
2 (*Blätter- oder Mürbeteig*) pastry ['peɪstri]

der **Teil**
1 (*Bruchteil, Teil von etwas*) part; **in zwei Teile zerschneiden** to cut in two
2 (*Anteil*) share
3 **ein Teil der Leute** some of the people
4 **zum Teil** partly; **zum größten Teil** for the most part

das **Teilchen** (*auch in Physik*) particle ['pɑːtɪkl]

teilen
① (*in Teile zerlegen*) to divide [dɪ'vaɪd] (**in** into)
② **10 durch 5 teilen** to divide 10 by 5
③ (*aufteilen*) to share [ʃeəʳ] (**unter** amongst, **mit** with)
④ (*teilhaben*) to share *Erfahrung, Freude*
⑤ **sich teilen** *Fluss, Straße:* to fork; *Vorhang:* to part

der **Teilhaber**, die **Teilhaberin** partner, associate

die **Teilnahme**
① (*Beteiligung*) participation [pɑːˌtɪsɪ'peɪʃᵊn] (**an** in)
② (*Anwesenheit*) attendance (**an** at)
③ (*Mitgefühl*) sympathy ['sɪmpəθi]

teilnahmslos (*gleichgültig*) apathetic, indifferent (**gegenüber** towards)

teilnahmsvoll sympathetic (**gegenüber** towards)

teilnehmen
① (*sich beteiligen*) to participate [pɑː'tɪsɪpeɪt], to take part (**an** in)
② **an einem Wettbewerb teilnehmen** to take part in a competition, to enter a competition
③ (*anwesend sein*) to attend; **am Unterricht teilnehmen** to attend class[es]

der **Teilnehmer**, die **Teilnehmerin**
① (*Beteiligte*) participant [pɑː'tɪsɪpənt]
② (*im Sport*) competitor

teils partly; **wie geht's dir? — teils, teils** how are you? — so-so

die **Teilung** division [dɪ'vɪʒᵊn]

teilweise
① partly; (*manchmal*) sometimes; **der Roman ist teilweise gut** the novel is good in parts
② *Besserung:* partial ['pɑːʃᵊl]

der **Teint** complexion [kəm'plekʃᵊn]

das **Telefon** telephone, phone *umgangsspr;* **ans Telefon gehen** to answer the phone; **am Telefon sein** to be on the phone

der **Telefonanruf** phone call

das **Telefonbuch** phone book

das **Telefongespräch** (*Anruf*) [telephone] call; **ein Telefongespräch führen** to make a call

telefonieren to make a telephone call; **mit jemandem telefonieren** to speak to someone on the phone

telefonisch **telefonisch anfragen** to inquire [ɪn'kwaɪəʳ] by telephone; **er ist telefonisch erreichbar** he can be contacted by phone

der **Telefonist**, die **Telefonistin** (*in Firma*) switchboard operator

die **Telefonkarte** phonecard

die **Telefonnummer** telephone [*oder umgangsspr* phone] number; **eine Telefonnummer wählen** to dial a number

die **Telefonzelle** telephone box [*oder* (USA) booth]

die **Telefonzentrale** switchboard

das **Telegramm** telegram ['telɪgræm] (GB), wire [waɪəʳ] (USA)

die **Telenovela** *long-running drama series, similar in format to a soap opera, but with a set number of episodes*

das **Teleskop** telescope ['telɪskəʊp]

der **Teller** plate; **ein Teller/zwei Teller Suppe** a plate of/two plates of soup

der **Tempel** temple

das **Temperament**
① (*Wesensart*) temper, temperament ['tempᵊrəmənt]
② (*Lebhaftigkeit*) vivacity [vɪ'væsəti]; **Temperament haben** to be very vivacious [vɪ'veɪʃᵊs]

temperamentvoll lively, vivacious

die **Temperatur** temperature ['temprətʃəʳ]

das **Tempo**
① speed
② **Tempo!** hurry up!

das **Tempo®** paper handkerchief

die **Tendenz**
① (*in Wirtschaft*) trend
② (*Neigung*) tendency; **die Tendenz haben[,] zu ...** to tend [*oder* have a tendency] to ...

tendieren to tend (**zu** towards)

das **Tennis** tennis

der **Tenor** tenor ['tenəʳ]

der **Teppich** carpet

der **Teppichboden** fitted carpet

der **Termin**
① (*für Fertigstellung*) date, deadline ['dedlaɪn]; **einen Termin einhalten** to meet a deadline
② (*bei Arzt, Besprechung*) appointment

das **Terminal** ['tøːɐ̯minl̩] terminal

der **Terminkalender** [appointments] diary

die **Terrasse** terrace ['terɪs]

das **Territorium** territory

der **Terror** terror ['terəʳ]

der **Terroranschlag** terrorist attack

terrorisieren to terrorize ['terəraɪz]

der **Terrorismus** terrorism ['terərɪzəm]

der **Terrorist**, die **Terroristin** terrorist ['terərɪst]

das **Terrornetzwerk** terrorist network

der **Tesafilm**® Sellotape® (GB), Scotch tape® (USA)

der **Test** test

das **Testament**
1 (*Nachlass*) will
2 **das Alte/Neue Testament** the Old/New Testament

testen to test (**auf** for)

teuer
1 (*kostspielig*) expensive; **wie teuer ist es?** how much is it?; **das Heizöl ist schon wieder teurer geworden!** fuel oil has gone up again!
2 (*lieb*) dear

der **Teufel**
1 devil
2 (*zur negativen Verstärkung*) **wer/wo/was zum Teufel ...?** who/where/what the devil ...?; **weiß der Teufel!** God knows!

der **Teufelskreis** vicious [ˌvɪʃəs'sɜːkl] circle

der **Text**
1 *von Buch usw.:* text
2 *von Lied:* words ⚠ *Plural; von Schlager:* lyrics ['lɪrɪks] ⚠ *Plural*

die **Textilien** textiles ['tekstaɪlz]

das **Theater**
1 theatre ['θɪətəʳ] (GB), theater (USA); **im Theater** at the theatre; **ins Theater gehen** to go to the theatre
2 (*übertragen*) fuss; **mach kein Theater!** don't make a fuss!

das **Theaterstück** [stage] play

theatralisch theatrical [θiː'ætrɪkəl]

die **Theke**
1 (*im Lokal*) bar
2 (*im Laden*) counter

das **Thema**
1 *eines Gesprächs:* subject, topic; **kommen wir zum Thema!** let's get to the point!; **kein Thema sein** to be no subject for discussion; **das Thema wechseln** to change the subject
2 (*Leitgedanke*) theme
3 (*in Schule*) **das Thema verfehlen** to not answer the question

der **Theologe**, die **Theologin** theologian [ˌθiːə'ləʊdʒən]

die **Theologie** theology [θi'ɒlədʒi]

theoretisch
1 theoretical [θɪə'retɪkəl]
2 **theoretisch stimmt das** that's right in theory

die **Theorie** theory ['θɪəri]; **in der Theorie** in theory

der **Therapeut**, die **Therapeutin** therapist

die **Therapie** therapy

das **Thermometer** thermometer [θə'mɒmɪtəʳ]

die **Thermosflasche** thermos ['θɜːməs] [*oder* vacuum] flask

der **Thermostat** thermostat ['θɜːməstæt]

die **These** thesis ['θiːsɪs]

der **Thon** (CH) tuna ['tjuːnə]

der **Thron** throne; **den Thron besteigen** to ascend to the throne

der **Thunfisch** tuna ['tjuːnə]

ticken *Uhr:* to tick ► WENDUNGEN: **du tickst wohl nicht richtig!** you're off your rocker [*oder* head]!

das **Tief**
1 (*Wettertief*) depression [dɪ'preʃən]
2 (*Stimmungstief*) low

tief
1 deep; **der Teich war 3 Meter tief** the pond was 3 metres deep; **einen Stock tiefer** one floor down
2 (*tiefgründig*) profound [prə'faʊnd]
3 (*niedrig*) low; **die tief stehende Sonne** the sun low down on the horizon
4 (*dunkel*) deep
5 *Schlaf:* deep, sound
6 **im tiefsten Winter** in the depths *Plural* of winter
7 **tief [durch]atmen** to draw a deep breath
8 (*sehr*) **tief betrübt/bewegt** deeply distressed/moved

die **Tiefe**
① depth; **in hundert Metern Tiefe** at a depth of a hundred meters
② (*Tiefgründigkeit*) deepness, profundity [prəˈfʌndɪti]

die **Tiefgarage** underground car park

tiefgekühlt frozen [ˈfrəʊzᵊn]

tiefgründig deep, profound

die **Tiefkühltruhe** freezer

der **Tiefpunkt** low point; **ich bin auf einem Tiefpunkt** I've reached [*oder* hit] a low

das **Tier** animal; (*großes Tier*) beast

der **Tierarzt**, die **Tierärztin** veterinary surgeon [ˌvetᵊrɪnᵊriˈsɜːdʒən], veterinarian [ˌvetᵊrɪˈneəriən] (USA), vet (GB) *umgangsspr*

das **Tierheim** animal shelter

tierisch
① *Fett:* animal
② (*slang: unerträglich*) beastly; **es tut tierisch weh** it hurts like mad
③ (*slang: sehr, riesig*) **ich hab mich tierisch gefreut** I was dead pleased

das **Tierkreiszeichen** sign of the zodiac

die **Tierkunde** zoology [zuˈɒlədʒi]

tierlieb(end) fond of animals *nachgestellt*

die **Tierquälerei** cruelty [ˈkruːəlti] to animals

der **Tierschutz** protection of animals

der **Tierschützer**, die **Tierschützerin** animal conservationist

der **Tiger**, die **Tigerin** tiger [ˈtaɪgəʳ]; (*weiblich auch*) tigress [ˈtaɪgres]

die **Tinte** ink

der **Tipp**
① (*Rat*) tip
② (*Andeutung*) hint

tippen
① (*auf Schreibmaschine*) to type [taɪp]
② (*leicht berühren*) to tap, to touch [tʌtʃ] lightly; **jemandem auf die Schulter tippen** to tap someone on the shoulder
③ (*raten*) to bet, to guess; **auf jemanden/eine Mannschaft tippen** to put one's money on someone/a team

der **Tisch** table; **am Tisch** at the table; **den Tisch decken** to set [*oder* lay] the table

die **Tischdecke** tablecloth

der **Tischler**, die **Tischlerin** joiner

das **Tischtennis** table tennis

das **Tischtuch** tablecloth

der **Titel** title; **einen Titel führen** to have a title

der **Toast** [toːst] (*Toastbrot*) toast

der **Toaster** [ˈtoːstɐ] toaster

toben
① (*wüten*) to rage
② *Kind:* to rollick about

die **Tochter** daughter [ˈdɔːtəʳ]

der **Tod**
① death [deθ]
② **zu Tode** to death *auch übertragen;* **sich zu Tode schämen** to be utterly ashamed of oneself

todernst **mit todernster Mine** looking dead[ly] serious [ˈsɪəriəs]

der **Todesfall** death [deθ]

das **Todesopfer** casualty [ˈkæʒjuəlti], death [deθ]

die **Todesstrafe** (*als Urteil*) death penalty

das **Todesurteil** death sentence

tödlich
① *Gefahr:* deadly [ˈdedli], mortal; *Dosis, Gift, Waffe:* lethal [ˈliːθᵊl]; *Unfall:* fatal [ˈfeɪtᵊl]
② **tödlich verunglücken** to be killed in an accident

das **Töff** (CH) (*Motorrad*) motorbike, motorcycle

die **Toilette** (*WC*) lavatory, toilet [ˈtɔɪlət], loo *umgangsspr;* **auf die Toilette gehen** to go to the toilet

das **Toilettenpapier** toilet paper

tolerant tolerant [ˈtɒlərənt] (**gegen** of)

die **Toleranz** tolerance [ˈtɒlərəns] (**gegen** of)

tolerieren to tolerate

toll
① (*super*) groovy, terrific
② (*verrückt*) crazy, mad

der **Tollpatsch** clumsy creature [ˈkriːtʃəʳ]

tollpatschig clumsy

die **Tollwut** rabies [ˈreɪbiːz]

die **Tomate** tomato [təˈmɑːtəʊ]

> **Grammatik**
> Die Mehrzahl von **tomato** ist **tomatoes**: *I like tomatoes and potatoes.*

die **Tombola** tombola

der **Ton**[1] (*Erdart*) clay

der **Ton**[2]
① (*Laut*) sound; **sie hat keinen Ton herausgebracht** she couldn't say a word; **keinen Ton von sich geben** to not utter a sound
② (*Umgangston*) tone; **das gehört zum guten Ton** that's how the best people do it; **sich im Ton vergreifen** to hit the wrong note
③ (*Farbton*) tone

die **Tonart** (*in Musik*) key [kiː]

das **Tonband**
① (*Magnetband*) tape
② (*Tonbandgerät*) tape recorder

tönen
① (*erklingen*) to sound
② (*großspurig reden*) to hold forth, to sound off
③ to tint *Haare;* **sich die Haare tönen** to tint one's hair ⚠ *Singular*

der **Tonfall** tone of voice

die **Tonne**
① (*Behälter*) cask, barrel
② (*Mülleimer*) bin

das **Tonstudio** recording [rɪˈkɔːdɪŋ] studio

der **Topf** pot; (*Kochtopf*) saucepan [ˈsɔːspən]

der **Topfen** Ⓐ (*Quark*) curd cheese, quark [kwaːk]

die **Töpferei** pottery

die **Töpferwaren** earthenware [ˈɜːðᵊnweəʳ] ⚠ *Singular*

die **Topfpflanze** potted plant

das **Tor**
① gate *auch übertragen*
② (*Durchfahrt*) gateway
③ (*beim Fußball*) goal; **ein Tor erzielen** to score a goal; **im Tor stehen** to keep goal

torkeln to reel, to stagger

der **Tornado** tornado [tɔːˈneɪdəʊ]

die **Torte**
① (*Sahnetorte*) gateau [ˈgætəʊ]
② (*Obsttorte*) flan

der **Torwart**, die **Torwartin** goalkeeper

tosen
① *Meer:* to roar
② *Sturm:* to rage

tot *Mensch, auch Leitung usw.:* dead [ded]

total (*völlig*) total [ˈtəʊtᵊl]; **ich war total überrascht** it came [to me] as a complete surprise; **total falsch** all wrong; **ich hab alles total falsch gemacht** I did it all wrong; **total betrunken** plastered; **total pleite** flat broke

der **Totalschaden** write-off [ˈraɪtɒf]; **Totalschaden haben** to be a [complete] write-off

töten to kill

totlachen **ich hab mich fast totgelacht** I nearly killed [*oder* wet] myself laughing

der **Toto** (*Fußballtoto*) football pools ⚠ *Plural;* **Toto spielen** to play the [football] pools ⚠ *Plural*

der **Totschlag** manslaughter [ˈmænˌslɔːtəʳ] (GB), homicide [ˈhɒmɪsaɪd] (USA)

totschlagen to kill *auch übertragen*

das **Touchpad** [ˈtatʃpæd] touchpad

die **Tour** [tuːɐ̯] (*Ausflug*) tour [tʊəʳ]; (*Fahrt*) trip

der **Tourismus** tourism [ˈtɔːrɪzᵊm]

der **Tourist**, die **Touristin** tourist [ˈtɔːrɪst]

die **Tournee** tour [tʊəʳ]; **auf Tournee gehen/sein** to go/be on tour

der **Trab** (*Gangart*) trot; **im Trab** at a trot

die **Tradition** tradition [trəˈdɪʃᵊn]

traditionell traditional

der **Trafik** Ⓐ tobacconist's [təˈbækənɪsts] shop

der **Trafikant**, die **Trafikantin** Ⓐ tobacconist [təˈbækənɪst]

die **Tragbahre** stretcher

tragbar
① *Gerät:* portable
② (*erträglich*) bearable [ˈbeərəbl] (**für** to)

träge sluggish

tragen
① to carry *Kind, Last, Rucksack;* **in der Hand tragen** to carry in one's hand; **auf dem Rücken tragen** to carry on one's back; **etwas bei sich tragen** to carry something with one
② to bear *Kosten, Namen, Schulden*
③ to produce [prəˈdjuːs] *Ernte;* to bear [beəʳ] *Früchte*
④ (*anhaben*) to have on; to wear [weəʳ] *Kleidung*
⑤ **die Haare kurz/lang tragen** to wear one's hair short/long; **einen/keinen Bart**

tragen to have/not have a beard
6 **die Verantwortung tragen** to bear the responsibility
7 (*erdulden*) to endure [ɪnˈdjʊəʳ]
8 (*stützen*) to support

Grammatik
Richtiges Konjugieren von **wear**: wear, wore, worn — *Susy wore a red dress at the party; She has worn that dress before.*

der **Träger**
1 (*Gepäckträger*) porter
2 *von Kleidung:* wearer [ˈweərəʳ]
3 (*Balken*) beam
4 (*an Kleidung*) strap

die **Tragetasche** carrier [ˈkæriəʳ] bag

die **Tragfläche** wing

die **Tragik** tragedy [ˈtrædʒədi]

tragisch tragic [ˈtrædʒɪk]

die **Tragödie** tragedy [ˈtrædʒədi]

der **Trainer**, die **Trainerin** [ˈtrɛːnɐ] coach, trainer

trainieren [trɛˈniːrən]
1 (*üben*) to train, to practise (**zu** for); **Hochsprung trainieren** to practise the high jump
2 to coach *Mannschaft* (**zu** for)

das **Training** [ˈtrɛːnɪŋ] (*im Sport*) training

der **Trainingsanzug** tracksuit [træksuːt]

der **Traktor** tractor [ˈtræktəʳ]

die **Tram** (CH) tram[way] [træm]

trampen [trɛmpn̩] to hitchhike

das **Trampolin** trampoline [ˌtræmpəˈliːn]

tranchieren to carve

die **Träne** tear [ˈtɪəʳ]; **in Tränen ausbrechen** to burst into tears

tränen mir tränen die Augen my eyes are watering

der **Transfer** transfer [ˈtrænsfəʳ]

die **Transfusion** transfusion [ˌtrænsˈfjuːʒən]

transitiv transitive

transparent transparent [ˌtrænˈspærənt]

transpirieren to perspire [pəˈspaɪəʳ]

der **Transport** transport [ˈtrænspɔːt]

der **Transporter**
1 (*Schiff*) cargo ship
2 (*Flugzeug*) transport plane
3 (*Fahrzeug*) van

transportieren to transport *Güter*

das **Transportmittel** means of transport

das **Trapez**
1 (*im Zirkus*) trapeze [trəˈpiːz]
2 (*in Geometrie*) trapezium [trəˈpiːziəm]

tratschen to gossip

die **Traube** (*Fruchtstand*) bunch of grapes; *einzelne Beere:* grape

trauen
1 (*verheiraten*) to marry; **sich trauen lassen** to get married
2 (*vertrauen*) to trust
3 **sich trauen** (*wagen*) to dare; **du traust dich ja sowieso nicht!** you wouldn't dare anyway!

die **Trauer**
1 (*Gram*) grief [griːf], sorrow
2 (*um einen Verstorbenen*) mourning [ˈmɔːnɪŋ] (**um** over)

trauern to mourn [mɔːn] (**um** for)

der **Traum** dream; **mein Traum ging in Erfüllung** my dream came true

das **Trauma** trauma [ˈtrɔːmə]

traumatisch traumatic *auch übertragen*

träumen
1 to dream *auch übertragen;* **von etwas träumen** to dream about something; **etwas Schönes/Schlimmes träumen** to have a pleasant/nasty dream
2 **ich träume davon, Schriftstellerin zu werden** it is my dream to be a writer
3 (*nicht aufpassen*) to daydream; **träum nicht!** wake up!

Grammatik
Richtiges Konjugieren von **dream**: dream, dreamt/dreamed, dreamt — *Lisa dreamt about a red dragon; I have never dreamt about a dragon.*

der **Träumer**, die **Träumerin** [day]dreamer

traumhaft
1 (*wunderbar*) fantastic
2 **traumhaft schön** absolutely beautiful

traurig
1 sad (**über** at)
2 (*beklagenswert*) sorry

die **Traurigkeit** sadness

die **Trauung** marriage ['mærɪdʒ] ceremony, wedding

der **Trauzeuge**, die **Trauzeugin** witness

das **Treffen** meeting; **ein Treffen ausmachen** to arrange to meet

treffen
1 (*schlagen*) to hit, to strike
2 (*begegnen*) to meet; (*stoßen auf*) to hit upon, to run into
3 (*kränken*) to hurt; **das hat dich sehr getroffen, nicht?** you took it very hard, didn't you?
4 to take *Maßnahmen*
5 **das Richtige treffen** to choose just the right thing
6 *Schlag:* to hit; **nicht treffen** to miss
7 **sich [mit jemandem] treffen** to meet [up with someone]; **wir trafen uns zufällig** we met [*oder* ran into each other] by chance

Grammatik
Richtiges Konjugieren von **meet**: meet, met, met — *Paul met Fred in the cinema; I have never met him before.*

treffend (*passend*) apt

der **Treffer**
1 hit; **einen Treffer erzielen** to score a hit
2 (*Tor*) goal; **einen Treffer erzielen** to shoot a goal

der **Treffpunkt** meeting place; (*auf Flughafen, Bahnhof*) meeting point

treiben
1 (*in Bewegung setzen*) to drive
2 to do *Geschäfte, Handel, Sport*
3 to sprout [spraʊt] *Blüten, Knospen*
4 **du treibst mich noch zum Wahnsinn!** you're driving me mad!; **etwas auf die Spitze treiben** to carry something too far; **es zu weit treiben** to go too far; **jemanden zur Verzweiflung treiben** to drive someone to despair
5 (*im Wasser*) to drift
6 **sich treiben lassen** to drift; **die Dinge treiben lassen** to allow things to drift, to let things drift
7 *Baum, Pflanze:* to sprout
8 (*harntreibend sein*) to have a diuretic [ˌdaɪjʊ'retɪk] effect
9 **na, was treibt er denn so?** well, what's he been up to lately?

das **Treibhaus** hothouse

der **Treibhauseffekt** greenhouse effect

der **Treibstoff** fuel ['fju:əl]

der **Trend** trend (**zu** toward[s])

trennbar separable ['sepᵊrəbl]

trennen
1 to separate ['sepᵊreɪt] (**von** from)
2 to disconnect; to interrupt *Leitung*
3 (*auseinanderbringen*) to come between; **uns kann nichts trennen** nothing can come between us
4 **sich von jemandem trennen** (*Abschied nehmen*) to part with [*oder* from] someone; **sich von etwas trennen** to part with something, to give something up
5 **sich [von jemandem] trennen** (*für immer auseinandergehen*) to split up [with someone]

die **Trennung**
1 *auch von Paar:* separation [ˌsepᵊr'eɪʃᵊn]
2 (*Abschied*) parting

der **Trennungsstrich** hyphen ['haɪfən]

die **Trennwand** partition wall

die **Treppe** staircase ['steəkeɪs] (GB), stairs ⚠ *Plural,* stairway (USA); **eine Treppe** a flight [flaɪt] of stairs; **die Treppe hinaufgehen** to go upstairs, to go up the stairs ⚠ *Plural;* **die Treppe hinuntergehen** to go downstairs, to go down the stairs ⚠ *Plural*

das **Treppenhaus** stairwell ['steəwel], staircase ['steəkeɪs]

die **Treppenstufe** stair [steəʳ], step

der **Tresor** safe

treten
1 (*in Kuhfladen, Pfütze*) to step, to tread [tred]
2 (*mit Fuß anstoßen*) to kick; **gegen etwas treten** to kick something; **nach etwas treten** to kick [out] at something; (*Fußtritt geben*) to kick

Grammatik
Richtiges Konjugieren von **tread**: tread, trod, trodden — *Larry trod on Jenny's toes by mistake; People have trodden all over the flowers.*

treu
1 *Ehepartner:* faithful ['feɪθfəl]
2 (*loyal*) *Freund, Kunde:* loyal [lɔɪəl]
3 (*ergeben*) *Diener:* devoted [dɪ'vəʊtɪd]
4 **seinen Grundsätzen treu bleiben** to stick to one's principles

die **Treue**
① (*eheliche Treue*) fidelity, faithfulness ['feɪθfəlnəs]
② (*Ergebenheit*) loyalty ['lɔɪəlti]

die **Tribüne** (*Zuschauertribüne*) gallery, stand

der **Trichter** funnel

der **Trick** (*Kniff*) trick

der **Trickfilm** (*Zeichentrickfilm*) cartoon

der **Trieb**
① (*Naturtrieb*) drive
② (*Drang, Verlangen*) desire [dɪ'zaɪəʳ], urge [ɜːdʒ]
③ *einer Pflanze:* shoot

das **Triebwerk** engine ['endʒɪn]

triefen
① **vor Nässe triefen** to be soaking wet
② (*rinnen*) to drip; **meine Nase trieft** I've got a runny nose

triftig
① *Argument:* convincing [kən'vɪnsɪŋ]
② *Grund:* good

das **Trikot** [tri'koː]
① (*Sporthemd*) jersey ['dʒɜːzi]
② *eines Fußballspielers:* shirt

trillern
① to trill
② *Vögel:* to warble ['wɔːbl]

trimmen
① to trim *auch Hund*
② **sich trimmen** to do keep-fit exercises
③ **sich auf alt/jung trimmen** to do oneself up to look old/young

trinken
① to drink; **jemandem etwas zu trinken geben** to give someone a drink; **möchtest du etwas zu trinken?** would you like something to drink?
② **Kaffee/Tee trinken** to have a cup of [*oder* some] coffee/tea

> **Grammatik**
> Richtiges Konjugieren von **drink**: drink, drank, drunk — *Peter drank five glasses of water; He has never drunk alcohol before.*

der **Trinker**, die **Trinkerin** drinker

das **Trinkgeld** tip; **jemandem ein Trinkgeld geben** to tip someone

der **Trinkspruch** toast

das **Trinkwasser** drinking water

der **Tritt**
① (*Schritt*) step
② (*Fußtritt*) kick; **jemandem einen Tritt geben** [*oder* **versetzen**] to give someone a kick

der **Triumph** triumph ['traɪəmf]

triumphieren (*frohlocken*) to exult [ɪg'zʌlt]

triumphierend triumphant

trivial trivial ['trɪviəl]

die **Trivialliteratur** light [laɪt] fiction

trocken
① dry [draɪ]
② (*dürr*) arid

das **Trockenobst** dried fruit

die **Trockenzeit** (*Jahreszeit*) dry season

trocknen to dry

> **Grammatik**
> Richtiges Konjugieren von **dry**: dry, dried, dried — *The washing dried in the sun; The mud on my shoes has dried.*

der **Trockner** [tumble] drier ['draɪəʳ]

der **Trödel** (*umgangsspr*) junk

der **Trödelmarkt** flea [fliː] market

trödeln to dawdle [dɔːdl]

die **Trommel** drum

das **Trommelfell** eardrum ['ɪədrʌm]

trommeln to drum

der **Trommler**, die **Trommlerin** drummer

die **Trompete** trumpet ['trʌmpɪt]; **Trompete spielen** to play the trumpet

die **Tropen** tropics

der **Tropf** (*Infusion*) drip; **am Tropf hängen** to be on a drip

der **Tropfen**
① (*auch als Medikament*) drop; **ein Tropfen Wasser** a drop of water
② (*Schweißtropfen*) bead

tropfen to drip; **deine Nase tropft!** your nose is running!

tropfnass dripping wet

die **Trophäe** trophy ['trəʊfi]

tropisch tropical

der **Trost**
① comfort ['kʌmfət]
② (*Entschädigung*) consolation [ˌkɒnsə'leɪʃᵊn]; **zum Trost** as a consolation

trösten
① to comfort ['kʌmfət], to console [kən'səʊl]
② (*aufmuntern*) to cheer up; **sich trösten** to cheer up, to console oneself (**mit** with)

trostlos
① (*hoffnungslos*) hopeless
② (*freudlos*) cheerless
③ (*elend*) wretched ['retʃɪd]

der **Trottel** fool, idiot ['ɪdiət]

das **Trottinett** (CH) (*Roller*) scooter

der **Trotz**
① defiance [dɪ'faɪəns]; **aus Trotz** out of spite
② (*Trotzköpfigkeit*) contrariness [kən'treərinəs]

trotz despite [dɪ'spaɪt], in spite of

trotzdem nevertheless [ˌnevəðə'les]; **sie tat es trotzdem** she did it anyway

trotzen **jemandem trotzen** to defy [dɪ'faɪ] someone

trotzig
① (*die Stirne bietend*) defiant [dɪ'faɪənt]
② *Kind:* awkward ['ɔ:kwəd]

trübe
① (*glanzlos*) dim, dull
② *Flüssigkeit:* muddy
③ *Himmel:* cloudy ['klaʊdi], overcast
④ *Stimmung:* gloomy, pretty bleak

der **Trubel** hurly-burly

trübselig
① (*betrübt*) gloomy
② (*trostlos*) bleak, depressing [dɪ'presɪŋ]

trübsinnig gloomy, melancholy ['melənkᵊli]

trügen
① **wenn mich nicht alles trügt** unless I am very much mistaken
② **der Schein trügt** appearances are deceptive [dɪ'septɪv]

die **Truhe** chest, trunk

die **Trümmer**
① *von Gebäude:* ruins ['ru:ɪnz]; **in Trümmern liegen** to be in ruins
② *von Flugzeug usw.:* wreckage ['rekɪdʒ] ⚠ *Singular*

das **Trümmerfeld** (*übertragen*) scene of devastation [ˌdevə'steɪʃᵊn]

der **Trumpf** trump [card]

die **Truppe**
① (*beim Theater*) company ['kʌmpᵊni], troupe
② (*Armee*) troops ⚠ *Plural;* (*Einheit*) unit ['ju:nɪt]

die **Trute** (CH) turkey ['tɜ:ki]

der **Truthahn** turkey [cock]

der **Tscheche**, die **Tschechin** Czech [tʃek]

Tschechien the Czech Republic

tschechisch Czech

die **Tschechische Republik** Czech Republic

die **Tschechoslowakei** (*ehemalige*) Czechoslovakia [ˌtʃekəslə'vækiə]

die **Tube** tube [tju:b]; **eine Tube Zahnpasta/Tomatenmark** a tube of toothpaste/tomato purée

das **Tuch** cloth

tüchtig (*fähig*) capable ['keɪpəbl]; (*leistungsfähig*) efficient [ɪ'fɪʃᵊnt]

die **Tugend** virtue ['vɜ:tju:]

tugendhaft virtuous ['vɜ:tʃuəs]

die **Tulpe** tulip

der **Tumor** tumour [tju:məʳ]

der **Tümpel** pool

der **Tumult** (*Bewegung in Menschenmenge*) commotion [kə'məʊʃᵊn]

tun
① (*machen*) to do; **es gibt** [**noch**] **viel zu tun** there's a lot [still] to be done; **sie tut es gern** she loves doing it
② **zu tun haben** to have things to do; **alle Hände voll zu tun haben** to have one's hands full (**mit** with)
③ **jemandem etwas tun** to touch [tʌtʃ] someone; (*stärker*) to hurt someone; **ich tu dir nichts** I won't hurt [*oder* touch] you
④ (*legen, stellen*) to put [pʊt]; **tu's da hin** put it over there
⑤ **das hat damit nichts zu tun** it's got nothing to do with it
⑥ **es tut mir sehr Leid** I am very sorry; **er tut mir Leid** I am sorry for him; **tut mir Leid!** sorry!
⑦ **tut das weh?** does it hurt?; **es tut** [**mir**] **weh** it hurts

8 **so tun als ob** to pretend [prɪ'tend]; **sie tut nur so** she's only pretending; **tu doch nicht so!** stop pretending!

Grammatik
Richtiges Konjugieren von **do**: do, did, done — *Who did that?; I have done nothing today.*

Tunesien Tunisia [tju:'nɪziə]

der **Tunesier**, die **Tunesierin** Tunisian [tju:'nɪziən]

tunesisch Tunisian [tju:'nɪziən]

der **Tunfisch** tuna ['tju:nə]

der **Tunnel** tunnel ['tʌnəl]

das **Tüpfelchen** dot

der **Tupfen** spot; (*kleiner Tupfen*) dot

tupfen to dab

der **Tupfer** swab [swɒb]

die **Tür** door [dɔ:ʳ]; **es ist jemand an der Tür** there's someone at the door; **gehst du bitte an die Tür?** would you answer the door?

der **Türke**, die **Türkin** Turk

die **Türkei** Turkey ['tɜ:ki]

der **Türkis** turquoise ['tɜ:kwɔɪz]

türkisch Turkish ['tɜ:kɪʃ]

Türkisch Turkish; **das Türkische** Turkish

die **Türklinke** door handle

der **Turm**
1 tower ['taʊəʳ]
2 (*Kirchturm*) steeple
3 (*Schachfigur*) castle ['kæsl]

das **Turnen**
1 (*Sportart*) gymnastics [dʒɪm'næstɪks] ⚠ *Plural*
2 (*Schulfach*) physical ['fɪzɪkl] education, PE, PT

turnen to do gymnastics ⚠ *Plural*

der **Turner**, die **Turnerin** gymnast ['dʒɪmnæst]

die **Turnhalle** gymnasium [dʒɪm'neɪziəm]

die **Turnhose** gym shorts ⚠ *Plural*

das **Turnier** (*Sportturnier*) tournament ['tɔ:nəmənt]

der **Turnlehrer**, die **Turnlehrerin** gym [*oder* PE] [*oder* PT] teacher

der **Turnschuh** trainer (GB), sneaker (USA)

die **Türschnalle** (A) (*Türgriff*) door handle

tuscheln to whisper ['wɪspəʳ]

die **Tüte** bag; **in Tüten verpacken** to put in bags

der **TÜV** *Abkürzung von* **Technischer Überwachungsverein** MOT

twittern ['twɪtɐn] (*im Internet*) to twitter

der **Typ**
1 (*Modell*) model
2 (*Menschenart*) type; **sie sind vom Typ her völlig verschieden** they are totally different types of people
3 **nicht mein Typ** not my type
4 (*Kerl*) bloke

typisch typical ['tɪpɪkᵊl] (**für** of); **typisch deutsch** typically German

der **Tyrann**, die **Tyrannin** tyrant ['taɪrənt]

tyrannisch tyrannical [taɪ'rænɪkᵊl]

tyrannisieren to tyrannize ['tɪrənaɪz]

Uu

U, u U, u [juː]

die **U-Bahn** underground, tube [tjuːb] GB *umgangsspr,* subway USA; **mit der U-Bahn fahren** to go by underground [*oder* subway]

das **Übel** (*Missstand*) evil [ˈiːvᵊl]; **zu allem Übel** to make matters ⚠ *Plural* worse

übel
1 bad; *Krankheit, Wunde, Trick:* nasty; **das schmeckt gar nicht so übel** it doesn't taste bad at all
2 (*Befinden*) **mir ist übel** I feel sick
3 *Person, Charakter:* wicked; **ein übler Bursche** a bad lot
4 **nicht übel** not bad ▸ WENDUNGEN: **nehmen Sie es mir nicht übel, aber ...** don't take it the wrong way but ...; **ich nehme es Ihnen nicht übel** I do not blame you for it

die **Übelkeit** nausea [nɔːʒə]

üben
1 to practise [*oder* USA practice]
2 **Kritik an etwas/jemandem üben** to criticize [ˈkrɪtɪsaɪz] something/someone

über
1 (*räumlich*) over; (*oberhalb*) above [əˈbʌv], on top of; (*darüber hinaus*) across, beyond; (*auf*) on, upon
2 (*zeitlich*) over; **über Mittag bleiben** to stay over lunch; **über Nacht** during the night
3 (*betreffend*) about, on; **ein Buch über ...** a book on ...
4 (*bei Zahlenangaben*) for; **ein Scheck über 2.000 Euro** a cheque for 2,000 euros
5 (*mehr als*) over; **über fünfzig Jahre alt** over [*oder* past] fifty
6 via; **über München fliegen** to fly via Munich

überall everywhere GB, all over USA

überanstrengen to overexert, to overstrain

überarbeiten
1 to go over; to revise *Buch*
2 **sich überarbeiten** to overwork [oneself]

überaus exceedingly [ɪkˈsiːdɪŋli], extremely

überbieten
1 (*übertragen*) to outdo [ˌaʊtˈduː]
2 **sich überbieten** to surpass oneself

das **Überbleibsel** (*Rest*) remnant [ˈremnənt]; (*Speiserest*) leftover

der **Überblick**
1 (*freie Sicht*) view [vjuː]
2 **sich einen Überblick über etwas verschaffen** to get a general idea of something; **den Überblick verlieren** to lose track

überbrücken die Zeit mit Lesen überbrücken to fill the time by reading

überdenken to consider [kənˈsɪdəʳ], to think over; **etwas noch einmal überdenken** to reconsider [ˌriːkᵊnˈsɪdəʳ] something

die **Überdosis** overdose

überdurchschnittlich above-average

übereifrig overzealous [ˌəʊvəˈzeləs], overenthusiastic

übereinander (*räumlich*) on top of each other

übereinanderlegen etwas übereinanderlegen to lay [*oder* put] something one on top of the other

übereinanderschlagen die Beine übereinanderschlagen to cross one's legs

übereinstimmen
1 *Personen:* to agree; **mit jemandem in etwas übereinstimmen** to agree with someone on something
2 *Messdaten, Rechnungen:* to correspond; (*zusammenpassen*) to match

überfahren
1 to run over *Tier*
2 to go through *Ampel*

die **Überfahrt** crossing

der **Überfall** (*Angriff*) attack (**auf** on); *auf eine Bank:* hold-up; *auf eine Person:* mugging

überfallen (*angreifen*) to attack; to hold up *Bank;* to mug *Person*

überfliegen
1 to fly over
2 (*übertragen*) to glance over

der **Überfluss**
1 abundance, plenty (**an** of)
2 **zu allem Überfluss** superfluously [suːˈpɜːfluəsli]; (*obendrein*) into the bargain

überflüssig superfluous [suːˈpɜːfluəs]; (*unnötig*) unnecessary [ʌnˈnesəsᵊri]

überfordern to overtax; **damit ist er überfordert** that's asking too much of him

A B C D E F G H I J K L M N O P Q R S T U V W X Y Z

überführen **jemanden einer Sache überführen** to convict someone of something

überfüllt *Zug:* overcrowded; *Schublade:* crammed; *Kurs:* oversubscribed

übergeben
1 (*abliefern*) to hand over
2 to hand over *Amt, Würde* (**an** to)
3 **sich übergeben** to vomit

übergehen
1 (*zu einer Partei*) to go over
2 (*sich verändern*) to change, to turn (**in** into); *Farben:* to merge [mɜːdʒ] (**in** into)
3 **zum nächsten Punkt übergehen** to go on to the next point

das **Übergepäck** excess [ɪk'ses] baggage

das **Übergewicht** overweight [ˌəʊvə'weɪt]

überglücklich overjoyed [ˌəʊvə'dʒɔɪd]

überhaupt
1 (*sowieso*) in general
2 **woher weißt du das überhaupt?** where did you get that from anyway?
3 **überhaupt nicht** not at all
4 **hast du dir darüber überhaupt Gedanken gemacht?** did you actually think it through?
5 **weißt du überhaupt, ob sie kommt?** do you even know if she's coming?

überholen to overtake, to pass (USA)

die **Überholspur** overtaking lane (GB), passing lane (USA)

überkochen to boil over

überladen
1 *Fahrzeug:* overloaded
2 *Stil:* ornate

überlassen
1 **jemandem etwas überlassen** to let someone have something; (*übertragen*) to leave it up to someone
2 **jemanden sich selbst überlassen** to leave someone to his/her own devices

die **Überlastung** *eines Menschen:* overtaxing; (*zu großer Stress*) overstress

überlaufen[1] (*überfüllt*) overcrowded

überlaufen[2] *Wasser:* to overflow; *kochende Milch:* to boil over; **zum Überlaufen voll** full to overflowing

überleben
1 (*länger leben als*) to outlive, to survive (**um** by)
2 (*durchstehen*) to live through

der/die **Überlebende** survivor

überlegen[1]
1 (*nachdenken*) to think
2 (*durchdenken*) to think over [*oder* about]; **das werde ich mir überlegen** I'll give it some thought
3 **sie hat es sich anders überlegt** she's changed her mind

überlegen[2] **jemandem überlegen sein** to be superior [suː'pɪəriəʳ] to someone (**an** in)

die **Überlegung** consideration, reflection

übermorgen the day after tomorrow

übernächste(r, s) next ... but one; **übernächste Woche** the next week but one, the week after next; **am übernächsten Tag** two days later

übernachten to sleep; **bei jemandem übernachten** to stay at someone's place

die **Übernachtung** overnight stay; **vier Übernachtungen mit Frühstück** for nights with breakfast; **was berechnen Sie für die Übernachtung?** what do you charge for the night?

übernehmen
1 (*fortführen*) to take over
2 (*annehmen*) to take on; to undertake *Arbeit;* to assume *Amt, Verantwortung*
3 **sich mit Arbeit übernehmen** to take on too much work

überprüfen to check (**auf** for); to screen *Person;* to inspect *Maschine*

überqueren to cross

überraschen to surprise

überraschend surprising; (*unerwartet*) unexpected

die **Überraschung** surprise

überreden to persuade [pə'sweɪd]

überreichen to hand over; (*feierlich*) to present

überrumpeln **jemanden überrumpeln** to take someone by surprise

überschätzen to overestimate *Entfernung*

überschlagen
1 (*berechnen*) to estimate roughly
2 **sich überschlagen** *Person:* to do a somersault ['sʌməsɔːlt]; *Fahrzeug:* to turn over

überschneiden **sich überschneiden** *Linien:* to intersect; (*übertragen*) to overlap

überschreiten
① (*überqueren*) to cross
② to exceed *Maß;* to transgress *Grenze*
③ **er hat die Sechzig schon überschritten** he's past sixty already

die **Überschrift** heading; *einer Zeitung:* headline

überschwemmen (*auch übertragen*) to flood [flʌd]

die **Überschwemmung** flood

übersehen
① to look over *Gegend;* **die Lage übersehen** to be in full command of the situation
② (*ignorieren*) to overlook; (*nicht bemerken*) to fail to notice

übersetzen to translate; **aus dem Englischen ins Deutsche übersetzen** to translate from English into German ⚠ *ohne Artikel*

der **Übersetzer**, die **Übersetzerin** translator

die **Übersetzung** translation

die **Übersicht** (*Überblick*) overall view; **die Übersicht verlieren** to lose track of things

übersichtlich clear

überspringen
① to jump *Hindernis*
② (*auslassen*) to skip

überstehen
① (*durchstehen*) to get through; **ich habe das Schlimmste jetzt überstanden** I'm over the worst now
② (*überwinden*) to overcome
③ (*überleben*) to survive [sə'vaɪv] *auch übertragen*

übersteigen
① to exceed [ɪk'siːd] *Erwartungen*
② **das Projekt übersteigt seine Fähigkeiten** the project is beyond him [*oder* his abilities]

überstimmen to outvote

die **Überstunden** overtime ⚠ *Singular;* **Überstunden machen** to work overtime

überstürzen
① to rush into
② **sich überstürzen** *Ereignisse:* to happen in a rush

überstürzt overhasty [ˌəʊvə'heɪsti], rash

übertragen
① to transfer (**auf** to)
② **das kann man auch auf andere Situationen übertragen** you can equally apply that to other situations
③ *Radio, TV:* to broadcast
④ **das Virus überträgt sich durch Blut** the virus is passed on [*oder* transmitted] through blood

übertreffen
① to surpass [sə'pɑːs] (**an** in)
② **alle Erwartungen bei weitem übertreffen** to exceed all expectations by far

übertreiben
① to exaggerate [ɪg'zædʒᵊreɪt]
② (*zu weit treiben*) to overdo; **man kann's auch übertreiben** you can overdo things

die **Übertreibung** exaggeration [ɪgˌzædʒᵊr'eɪʃᵊn]

überwachen
① (*kontrollieren*) to supervise
② (*beobachten*) to keep under surveillance
③ *auf Monitor:* to monitor ['mɒnɪtəʳ]

überwältigen
① to overpower
② to overcome *Angst*
③ **von Hass überwältigt werden** to be overwhelmed [ˌəʊvə'welmd] by hate

überwältigend overwhelming [ˌəʊvə'welmɪŋ]; *Schönheit:* stunning

überweisen
① to transfer *Geld*
② to refer *Patienten* (**an** to)

der **Überweisungsauftrag** transfer order

überwiegend
① predominant; **die überwiegende Mehrheit** the vast majority
② **es waren überwiegend Rentner** it was mainly pensioners

überwinden
① to overcome; to get over *Schwierigkeiten*
② (*hinter sich lassen*) to outgrow
③ **sich überwinden, etwas zu tun** to bring oneself to do something

überzeugen
① to convince [kən'vɪns]
② (*überreden*) to persuade [pə'sweɪd]
③ **überzeugen können** to be convincing [kən'vɪnsɪŋ]

überzeugend convincing

die **Überzeugung** conviction [kən'vɪkʃᵊn]

überziehen[1]
① (*bedecken*) to cover; (*mit Belag*) to coat
② to overdraw *Konto* (**um** by)

überziehen[2] (*anziehen*) to put on

üblich
1 usual; **wie üblich** as usual
2 (*herkömmlich*) customary; **allgemein üblich sein** to be common practice
3 (*normal*) normal; **nicht üblich** unusual

das **U-Boot** submarine

übrig
1 left, remaining; **übrig bleiben** to be left [over]; **jemandem etwas übrig lassen** to leave something for someone
2 **hast du eine Zigarette übrig?** could you spare me a cigarette?

übrigbleiben **es bleibt ihm nichts anderes übrig** he has no other choice

übrigens by the way, incidentally

übrighaben **für jemanden nichts übrighaben** (*umgangsspr*) to have no time for someone; **für jemanden etwas übrighaben** (*umgangsspr*) to have a soft spot for someone

die **Übung**
1 exercise
2 (*praktische Ausübung*) practice ['præktɪs]; **aus der Übung** out of practice
⚠ *ohne Artikel*

das **Ufer** *eines Flusses:* bank; *am Meer:* shore [ʃɔːʳ]

die **Uhr**
1 (*Wand-, Standuhr*) clock; (*Armband-, Taschenuhr*) watch [wɒtʃ]; **meine Uhr geht vor/nach** my watch is fast/slow
2 (*bei Zeitangaben*) **wie viel Uhr ist es?** what time is it?; **es ist zehn Uhr** it's ten o'clock

Vorsicht Falle!
Im Englischen unterscheidet man zwischen **clock** — *there's a clock above the sideboard* und **watch** — *let me have a look at your watch;* und **time** — *what time is it?*.

der **Uhrzeigersinn** **im Uhrzeigersinn** clockwise; **im entgegengesetzten Uhrzeigersinn** anticlockwise, counterclockwise (USA)

die **Uhrzeit** time

die **Ukraine** [the] Ukraine [juːˈkreɪn]

der **Ukrainer**, die **Ukrainerin** Ukrainian [juːˈkreɪniən]

ukrainisch Ukrainian [juːˈkreɪniən]

der **Ultraschall** ultrasound

um
1 (*räumlich*) [a]round; **um die Ecke** [a]round the corner; **um die Welt** [a]round the world
2 (*ungefähr*) about, around
3 (*Maße*) **um 6 Uhr** at six [o'clock]; **um einen Kopf größer** taller by a head
4 **um zu** [in order] to
5 (*ungefähr*) about; **so um Ostern** about Easter; **so um acht [Uhr]?** around about eight [o'clock]?
6 **deine Zeit ist um** your time is up

umarmen to embrace [ɪmˈbreɪs]; (*fester*) to hug

umbauen to rebuild [ˌriːˈbɪld] *Gebäude;* to change *Kulissen*

umblättern to turn [over] the page

umbringen to kill

umdrehen
1 (*auf andere Seite*) to turn over; **sich im Bett umdrehen** to turn over in bed; (*auf den Kopf stellen*) to turn upside down
2 (*um die Achse*) to turn round; to turn *Schlüssel*

umfahren (*niederfahren*) to run down

die **Umfahrung** (CH), (A) bypass, beltway (USA)

umfallen to fall down, to fall over

der **Umfang**
1 (*Größe*) size; *der Erde:* circumference [səˈkʌmfᵊrᵊns]
2 (*Ausmaß*) extent; *von Arbeit:* scope; **in großem Umfang** on a large scale

umfassen
1 to clasp, to grasp
2 (*enthalten*) to contain; to cover *Zeitperiode*

umfassend
1 *Lexikon:* comprehensive [ˌkɒmprɪˈhensɪv]
2 *Suche:* extensive [ɪkˈstensɪv]
3 (*vollständig*) complete, full

die **Umfrage** survey [ˈsɜːveɪ], poll; **eine Umfrage machen** to conduct [*oder* carry out] a survey

der **Umgang**
1 company
2 (*Bekanntenkreis*) acquaintances [əˈkweɪntᵊnsɪz] ⚠ *Plural*

die **Umgangssprache** colloquial [kəˈləʊkwiəl] speech

umgeben to surround

die **Umgebung**
1 surroundings ⚠ *Plural;* **London und Umgebung** London and surroundings

2 (*Nachbarschaft*) neighbourhood ['neɪbəhʊd]

umgehen[1]
1 *Gerücht:* to circulate ['sɜːkjəleɪt]
2 *Gespenst:* to walk [wɔːk]
3 **mit jemandem umgehen** to handle someone
4 **mit etwas umgehen** to use something

umgehen[2] to go round *Hindernis*

die **Umgehungsstraße** bypass

umgekehrt
1 reversed; *Reihenfolge:* reverse
2 (*anders herum*) the other way round; **gerade umgekehrt!** quite the contrary!

umher about, around

umkehren to turn back

umkippen to tip over; to knock over *Vase*

umklammern to clasp; **sie umklammerte ihre Tasche fest mit den Fingern** she clutched her bag tightly

der **Umkleideraum** changing room

umkommen to be killed, to die

der **Umkreis** (*Umgebung*) surroundings ⚠ *Plural;* **im Umkreis von** within a radius of

umkreisen to circle ['sɜːkl] *Tier, Mensch;* to orbit *Planet*

der **Umlaut** umlaut, vowel mutation

umleiten to divert [daɪ'vɜːt] *Verkehr*

die **Umleitung** detour, diversion

umräumen
1 (*anders anordnen*) to rearrange; (*an anderen Platz bringen*) to shift
2 *Möbel:* to rearrange

der **Umriss** outline; (*Kontur*) contour ['kɒntʊəʳ]

umrühren to stir [stɜːʳ]

umschalten
1 to switch over
2 *Radio, TV:* to change over (**auf** to)

die **Umschalttaste** *am Computer:* shift key

der **Umschlag**
1 envelope; (*Hülle*) cover ['kʌvə]
2 *eines Buches:* jacket ['dʒækɪt]

umschlagen
1 to turn over *Seite;* to turn down *Kragen*
2 *Wetter:* to change; *Wind:* to veer round

umschulen
1 (*auf andere Schule*) to transfer to another school
2 (*auf etwas Neues*) to retrain

der **Umschwung**
1 (*ins Gegenteil*) reversal [rɪ'vɜːsᵊl]
2 (CH) estate

umsehen to look around (**nach** for); (*zurück*) to look back; **sich in der Stadt umsehen** to have a look around the town

umsetzen
1 to turn over *Waren*
2 **etwas in die Tat umsetzen** to translate something into action
3 **sich umsetzen** to change seats

umso
1 **umso besser** all the better, so much the better
2 **je mehr ..., umso weniger ...** the more ... the less ...

umsonst
1 (*vergeblich*) in vain
2 (*erfolglos*) without success
3 (*ohne Bezahlung*) for nothing, free of charge

die **Umstände**
1 (*Situation*) circumstances ['sɜːkəmstænsɪz]; **es geht ihr den Umständen entsprechend gut** she is as well as can be expected under the circumstances
2 **unter Umständen** under certain circumstances; **unter keinen Umständen** under no circumstances
3 (*Förmlichkeiten*) fuss ⚠ *Singular;* **ohne große Umstände** without much fuss; **machen Sie sich meinetwegen keine Umstände!** don't trouble ['trʌbl] yourself on my account!

umständlich awkward ['ɔːkwəd] and involved

umsteigen *Bahn, Bus:* to change (**nach** for)

umstellen
1 to rearrange [ˌriːə'reɪndʒ] *Möbel*
2 to switch over *Betrieb, Hebel*
3 **sich auf etwas umstellen** to adjust to something

die **Umstellung**
1 rearrangement [ˌriːə'reɪndʒmənt]
2 (*Anpassung*) adjustment [ə'dʒʌstmənt] (**auf** to)
3 **das wird eine große Umstellung für ihn sein** it will be a big change for him

umstoßen to knock over [*oder* down]; to upset *Pläne*

umstritten (*fraglich*) controversial [ˌkɒntrəˈvɜːʃəl]

der **Umsturz** overthrow

umstürzen
1 to overthrow *Regierung*
2 (*umfallen*) to fall over; *Fahrzeug:* to overturn

umtauschen
1 to exchange; **kann ich das umtauschen?** is it possible to exchange this?
2 to change *Geld* (**in** into)

umwandeln to change, to convert (**in** into)

der **Umweg** detour [ˈdiːtʊəʳ]; **einen Umweg machen** (*unabsichtlich*) to go the long way round

die **Umwelt** environment [ɪnˈvaɪrənmənt]

umweltfreundlich non-polluting, ecologically friendly

die **Umweltkatastrophe** ecological disaster

der **Umweltschutz** environmental conservation

der **Umweltschützer**, die **Umweltschützerin** environmentalist [ɪnˌvaɪrənˈmentəlɪst], conservationist

die **Umweltverschmutzung** pollution of the environment

umwerfen
1 to overturn
2 (*ändern*) to upset

umziehen
1 to move (**nach** to)
2 **sich umziehen** to change one's clothes [kləʊ(ð)z]

der **Umzug**
1 (*Festzug*) procession
2 (*Wohnungswechsel*) move, removal

unabhängig
1 independent (**von** of)
2 **unabhängig davon, was Sie meinen** irrespective [ˌɪrɪˈspektɪv] of what you think

die **Unabhängigkeit** independence

unabsichtlich unintentional

unangenehm
1 unpleasant [ʌnˈplezənt]
2 **es wäre mir unangenehm zu fragen** I'd feel awkward [ˈɔːkwəd] about asking

die **Unannehmlichkeit** trouble [ˈtrʌbl]; **Unannehmlichkeiten haben/bekommen** to be in/get into trouble ⚠ *Singular*

unanständig
1 *Kleidung:* indecent [ɪnˈdiːsənt]
2 (*obszön*) dirty

unartig naughty [ˈnɔːti]

unauffällig
1 inconspicuous [ˌɪnkənˈspɪkjuəs]
2 (*unscheinbar*) unobtrusive

unaufhörlich incessant [ɪnˈsesənt]

unaufmerksam
1 inattentive
2 **das war wirklich unaufmerksam von dir!** that was really thoughtless of you!

unbedeutend (*unwichtig*) insignificant, unimportant

unbedingt
1 (*erforderlich*) absolutely; **das ist nicht unbedingt nötig** that's not absolutely necessary [ˈnesəsəri]
2 **Sie müssen unbedingt kommen!** you really must come!

unbefangen uninhibited [ˌʌnɪnˈhɪbɪtɪd]

unbegreiflich
1 (*unverständlich*) incomprehensible [ɪnˌkɒmprɪˈhensəbl]
2 **das ist mir unbegreiflich** I can't understand that

unbegrenzt unlimited

unbegründet groundless, unfounded

unbehaglich
1 (*körperlich*) uncomfortable [ʌnˈkʌmftəbl]
2 (*gefühlsmäßig*) uneasy

unbeholfen awkward [ˈɔːkwəd], clumsy

unbekannt unknown; *Gegend:* unfamiliar [ˌʌnfəˈmɪljəʳ]

unbeliebt unpopular (**bei** with)

unbemerkt unnoticed

unbequem (*ungemütlich*) uncomfortable [ʌnˈkʌmftəbl]

unberechenbar unpredictable [ˌʌnprɪˈdɪktəbl]

unberührt
1 untouched [ʌnˈtʌtʃt]
2 **die unberührte Natur** unspoilt [ʌnˈspɔɪlt] nature ⚠ *ohne Artikel*

unbeschreiblich indescribable [ˌɪndɪˈskraɪbəbl]

unbeschwert (*sorglos*) carefree ['keəfri:]

unbesorgt
1 unconcerned
2 **seien Sie unbesorgt!** don't worry!

unbeständig *Wetter:* changeable ['tʃeɪndʒəbl]

unbestimmt
1 (*ungewiss*) uncertain
2 *Artikel:* indefinite
3 **auf unbestimmte Zeit** for an indefinite period

unbeteiligt
1 (*gleichgültig*) indifferent, unconcerned
2 (*nicht teilnehmend*) uninvolved (**an**/**bei** in)

unbetont unstressed

unbeweglich
1 (*nicht bewegbar*) immovable [ɪ'mu:vəbl]
2 (*still stehend*) motionless

unbewusst unconscious [ʌn'kɒnʃəs]

unbezahlbar
1 (*zu teuer*) unaffordable
2 (*sehr nützlich*) invaluable [ɪn'væljuəbl]

unbrauchbar useless

und
1 and
2 **und so weiter** and so forth [*oder* so on]
3 **und wenn ...** even if ...
4 **und?** so what?
5 **und dann?** and then?

undankbar *Mensch:* ungrateful (**gegen** to)

undenkbar unthinkable

undeutlich
1 indistinct
2 **er spricht undeutlich** he mumbles

undicht
1 (*gegen Luft*) not airtight; (*gegen Wasser*) not watertight
2 **undicht sein** to leak

undurchsichtig
1 opaque [ə'peɪk]
2 (*obskur*) obscure [əb'skjʊəʳ]

uneben uneven; (*rau*) rough [rʌf]

unecht
1 *Diamanten:* fake; *Haare:* artificial [ˌɑ:tɪ'fɪʃəl]
2 (*unaufrichtig*) false; *Freundlichkeit:* insincere

unehelich illegitimate

unehrlich dishonest

die **Uneinigkeit** disagreement

unempfindlich
1 insensitive (**gegen** to)
2 (*strapazierfähig*) hard-wearing

unendlich
1 infinite
2 (*zeitlich*) endless, never-ending
3 **unendlich viele Blumen** countless flowers
4 **unendlich traurig** incredibly sad

die **Unendlichkeit** **die Unendlichkeit** infinity
⚠ *ohne Artikel*

unentbehrlich
1 indispensable (**für** to)
2 *Wissen:* essential

unentschieden
1 undecided; *Frage:* open
2 *Spiel:* drawn; **unentschieden enden** to end in a draw

unerfahren inexperienced

unerhört (*empörend*) outrageous [ˌaʊt'reɪdʒəs]

unerklärlich inexplicable

unerreichbar
1 (*übertragen*) unattainable
2 (*unzugänglich*) inaccessible

unerträglich unbearable [ʌn'beərəbl]

unerwartet unexpected

unfähig
1 (*untüchtig*) incompetent
2 (*nicht fähig*) incapable (**zu** of)

unfair unfair

der **Unfall** accident; **er hat seinen Finger bei einem Unfall verloren** he lost his finger in an accident

unfreiwillig
1 (*unbeabsichtigt*) unintentional
2 (*gezwungen*) compulsory [kəm'pʌlsəri]

unfreundlich
1 *Person:* unfriendly
2 *Wetter:* inclement

unfruchtbar infertile

der **Unfug** nonsense; **Unfug treiben** to get up to mischief ['mɪstʃɪf]; **lass den Unfug!** stop that nonsense!

ungebildet uneducated

ungeboren unborn

die **Ungeduld** impatience [ɪm'peɪʃəns]

ungeduldig impatient

ungefähr
1 approximately [ə'prɒksɪmətli], roughly [rʌfli]
2 **ungefähr um zehn** around ten
3 approximate [ə'prɒksɪmət]; **nach ungefähren Schätzungen** at a rough [rʌf] guess ⚠ *Singular*

ungefährlich
1 (*sicher*) safe
2 (*harmlos*) harmless

das **Ungeheuer** monster

ungeheuer
1 (*riesig*) enormous, immense
2 (*vermessen*) outrageous [ˌaʊtreɪdʒəs]
3 (*sehr*) enormously
4 (*negativ*) terribly

ungehorsam disobedient (**gegenüber** to)

der **Ungehorsam** disobedience (**gegenüber** to)

ungelegen inconvenient [ˌɪnkən'viːniənt]; **das kommt mir ungelegen** that's inconvenient for me

ungelernt unskilled

ungemütlich
1 uncomfortable [ʌn'kʌmftəbl]
2 *Person:* uncomfortable to be with
3 *Wetter:* unpleasant [ʌn'plezᵊnt]

ungenau imprecise; (*nicht fehlerlos*) inaccurate

ungenießbar
1 (*nicht essbar*) inedible [ɪ'nedɪbl]; (*nicht trinkbar*) undrinkable
2 (*umgangsspr*) *Mensch:* unbearable [ʌn'beərəbl]

ungenügend insufficient [ˌɪnsə'fɪʃᵊnt]; *Schulnote:* unsatisfactory

ungepflegt *Rasen:* neglected; *Mensch:* untidy

ungerade *Zahl:* odd *vor Substantiv*

ungerecht unfair, unjust

die **Ungerechtigkeit** injustice

ungern unwillingly, reluctantly; **das tue ich nur höchst ungern** I really dislike doing it

ungeschickt *Person:* clumsy; *Bemerkung:* tactless

ungesetzlich illegal, unlawful

ungesund unhealthy [ʌn'helθi]

ungewiss uncertain

die **Ungewissheit** uncertainty

ungewöhnlich unusual

ungewohnt
1 (*fremd*) unfamiliar; **das ist ungewohnt für mich** I am not used to it
2 (*unüblich*) unusual

das **Ungeziefer** pests *Plural*, vermin ⚠ *Plural*

ungezogen naughty ['nɔːti]

ungezwungen relaxed; **sich ungezwungen bewegen** to feel quite free

unglaublich incredible

unglaubwürdig
1 *Sache:* implausible [ɪm'plɔːzəbl]
2 *Zeuge:* unreliable

ungleich
1 (*nicht gleichwertig*) unequal
2 (*unähnlich*) dissimilar, unlike; **ungleiches Paar** odd couple
3 (*verschieden*) different; *Strümpfe:* odd

das **Unglück**
1 (*Unheil*) misfortune
2 (*Unfall*) accident; (*Missgeschick*) mishap
3 (*Schicksalsschlag*) disaster; **so ein Unglück!** what a disaster!
4 (*Pech*) bad luck

unglücklich
1 (*bedauerlich*) unfortunate
2 (*glücklos*) unlucky
3 (*traurig*) unhappy

unglücklicherweise unfortunately [ʌn'fɔːtʃᵊnətli]

ungültig
1 (*nichtig*) void
2 (*nicht gültig*) invalid; *Tor:* disallowed

ungünstig
1 *Situation:* unfavourable [ʌn'feɪvᵊrəbl]
2 *Termin:* inconvenient [ˌɪnkən'viːniənt]

ungut **ein ungutes Gefühl haben** to have an uneasy feeling

unheilbar incurable; **unheilbar krank sein** to have a terminal illness

unheimlich
1 (*beängstigend*) frightening ['fraɪtᵊnɪŋ]; (*nicht geheuer*) uncanny
2 (*umgangsspr: hervorragend*) tremendous
3 **mir ist unheimlich** I have an uncanny feeling
4 **mir ist unheimlich kalt** I'm incredibly cold

unhöflich impolite

die **Uniform** uniform

uninteressant uninteresting

uninteressiert
1 (*nicht interessiert*) uninterested (**an** in)
2 (*gleichgültig*) disinterested

die **Universität** university

das **Universum** universe

unklar
1 (*unverständlich*) unclear [ʌn'klɪəʳ]
2 **über etwas im Unklaren sein** to be in the dark about something

unklug unwise

unkompliziert straightforward, uncomplicated

die **Unkosten** costs, expenses

das **Unkraut** weed *meist Plural*

unleserlich unreadable [ʌn'riːdəbl]

unlogisch illogical

unmenschlich inhuman

unmittelbar
1 (*direkt*) direct
2 *Nachbarschaft:* immediate [ɪ'miːdiət]

unmöglich
1 *Mensch, Benehmen:* impossible
2 **jemanden/sich unmöglich machen** to make someone/oneself look ridiculous

unmoralisch immoral

unnatürlich unnatural

unnötig unnecessary

unordentlich
1 *Lebenswandel:* disorderly
2 *Zimmer:* untidy

die **Unordnung** disorder; (*Durcheinander*) mess

unparteiisch impartial

unpassend inappropriate [ˌɪnə'prəʊpriət], unsuitable [ʌn'suːtəbl]; *Zeitpunkt auch:* inopportune

unpersönlich impersonal

unpraktisch
1 *Mensch:* unpractical
2 *Maschine:* impractical

das **Unrecht**
1 injustice, wrong [rɒŋ]; **zu Unrecht** unjustly; **ihr ist viel Unrecht geschehen** she has been deeply wronged [rɒŋd]
2 **im Unrecht sein** to be wrong

unregelmäßig irregular

unreif
1 unripe
2 *Mensch:* immature

unrichtig incorrect

die **Unruhe**
1 (*innere Unruhe*) restlessness
2 (*Krach*) noise
3 **Unruhe stiften** to make trouble ['trʌbl] *übertragen,* to create [kri'eɪt] unrest
4 **politische Unruhen** political unrest
⚠ *Singular*

unruhig
1 restless
2 (*laut*) noisy
3 *Meer, Schlaf, Zeit:* troubled [trʌbld]

uns
1 (*im Akkusativ*) us; **lass uns da raus!** leave us out of it!
2 (*im Dativ*) [to] us; **sie haben es uns geschenkt** they gave it [to] us
3 (*in Verbindung mit reflexivem Verb*) [to] ourselves; **wir haben uns einen Urlaub geleistet** we have treated ourselves to a holiday

unschädlich harmless

unscharf *Foto:* blurred

unscheinbar inconspicuous [ˌɪnkən'spɪkjuəs]; (*unattraktiv*) unprepossessing

unschlagbar unbeatable

unschlüssig undecided; **sich über etwas unschlüssig sein** to be undecided about something

die **Unschuld** innocence

unschuldig
1 innocent
2 **an etwas unschuldig sein** to be not guilty ['gɪlti] of something

unser
1 our
2 (*1. Person Plural*) of us

unsertwegen
1 for our sake
2 **unsertwegen haben sie jetzt das Konzert verpasst** because of us they've missed the concert now

unsicher
1 (*gefährlich*) unsafe
2 (*verunsichert*) shaky, unsure
3 (*zweifelhaft*) uncertain [ʌn'sɜːtᵊn]
4 **er ist sich unsicher, ob er kommen**

kann he's not sure whether he'll be able to come

die **Unsicherheit**
1 (*Ungeübtheit*) unsureness
2 (*Ungewissheit*) uncertainty

der **Unsinn** nonsense, rubbish

unsterblich immortal

unsympathisch disagreeable [ˌdɪsəˈgriːəbl], unpleasant [ʌnˈplezᵊnt]; **der ist mir unsympathisch** I don't like him

unten
1 (*unterhalb*) below, underneath
2 **von oben bis unten** from top to bottom
3 **hier unten** down here
4 (*am unteren Ende, im unteren Teil*) at the bottom

unter
1 under; (*unterhalb*) below, underneath
2 (*zwischen*) among, amongst, between; **unter Freunden** among friends [frendz]
3 **wir sind unter uns** we are by ourselves [ˌaʊəˈselvz]
4 (*weniger als*) below, under; **unter dem Durchschnitt** below average
5 **unter anderem** among other things

das **Unterbewusstsein** subconscious [sʌbˈkɒnʃəs]; **im Unterbewusstsein** subconsciously

unterbrechen
1 to interrupt
2 **wir sind unterbrochen worden** we've been cut off

unterbringen
1 (*verstauen*) to put
2 (*beherbergen*) to accommodate; (*bei sich zu Hause*) to put up

der **Unterbruch** (CH) interruption

unterdrücken
1 (*beherrschen*) to oppress; to suppress *Aufstand, Freiheit*
2 to hold back *Bemerkung, Gefühl, Tränen;* to suppress *Lachen, Neugierde*

untereinander
1 (*räumlich*) one below the other
2 (*gegenseitig*) each other; (*miteinander*) among one another

unterernährt malnourished [ˌmælˈnʌrɪʃt]

die **Unterführung** underpass

der **Untergang**
1 *der Sonne:* setting
2 *eines Schiffs:* sinking
3 (*Zugrundegehen*) decline, ruin

untergehen
1 *Sonne:* to set
2 *Schiff:* to sink
3 (*zugrunde gehen*) to decline; *Menschen:* to perish

das **Untergeschoss** basement

der **Untergrund**
1 (*Farbschicht*) undercoat
2 (*politisch*) underground

unterhalb below

unterhalten
1 to entertain *Gäste*
2 (*ein Gespräch führen*) **sich mit jemandem über etwas unterhalten** to talk with [*oder* to] someone about something
3 **sich unterhalten** (*sich vergnügen*) to amuse oneself, to enjoy oneself; **ich hoffe, dass Sie sich gut unterhalten** I hope you're having a good time

unterhaltsam entertaining

die **Unterhaltung**
1 (*Amüsement*) entertainment
2 (*Gespräch*) conversation

das **Unterhemd** vest (GB), undershirt (USA)

die **Unterhose**
1 underpants ⚠ *Plural,* briefs [briːfs] ⚠ *Plural*
2 *für Damen:* pants ⚠ *Plural,* panties ⚠ *Plural* (USA)

unterirdisch underground, subterranean [ˌsʌbtᵊrˈeɪniən]

die **Unterkunft** accommodation

die **Unterlage**
1 *zum Schreiben:* pad
2 (*Schriftstück*) document

unterlassen
1 (*versäumen*) to omit
2 (*nicht durchführen*) to not carry out; (*nicht tun*) to refrain from
3 **unterlassen Sie das!** stop that!

unterlegen
1 (*schwächer*) inferior [ɪnˈfɪəriəʳ]; **jemandem unterlegen sein** to be inferior to someone
2 (*im Kampf*) defeated

der **Unterleib** abdomen

die **Unterlippe** lower lip

die **Untermiete** **zur Untermiete wohnen** to be a subtenant [*oder* lodger]

der **Untermieter**, die **Untermieterin** lodger (GB), roomer (USA)

das **Unternehmen**
1 (*Firma*) company
2 (*Vorhaben*) enterprise

unternehmen
1 (*tun*) to do; (*durchführen*) to undertake
2 **dagegen müssen wir etwas unternehmen** we must take some action against that

der **Unternehmer**, die **Unternehmerin** entrepreneur [ˌɒntrəprəˈnɜːʳ]; (*Arbeitgeber*) employer

die **Unternehmung** (CH) company

unternehmungslustig enterprising; **sie ist ziemlich unternehmenslustig** she's pretty adventurous

der **Unterricht**
1 classes ⚠ *Plural*, lessons ⚠ *Plural*; **am Unterricht teilnehmen** to attend classes; **Unterricht geben** to teach
2 (*Lehren*) teaching

unterrichten
1 **jemanden in etwas unterrichten** to teach someone something; **er unterrichtet in einer Grundschule** he teaches in a primary school
2 (*informieren*) to inform (**von/über** about)

die **Unterrichtsstunde** lesson (GB), period [ˈpɪəriəd] (USA)

der **Unterrock** slip, petticoat

unterschätzen to underestimate

unterscheiden
1 to distinguish (**zwischen** between)
2 (*auseinanderhalten*) to tell apart; **können Sie die beiden unterscheiden?** can you tell which is which?
3 **sich unterscheiden** to differ (**von** from)

der **Unterschied**
1 difference; **das ist kein großer Unterschied** that makes no difference
2 (*Unterscheidung*) distinction; **einen Unterschied zwischen ... und ... machen** to make a distinction between ... and ...
3 **im Unterschied zu jemandem/etwas** unlike someone/something

unterschiedlich
1 different
2 (*veränderlich*) variable [ˈveəriəbl]; **das ist sehr unterschiedlich** it varies a lot

unterschreiben to sign

die **Unterschrift** signature

die **Unterseite** underside

unterste(r, s) lowest; **die unterste Schublade** the bottom drawer

unterstellen[1]
1 (*unterbringen*) to keep
2 **sich unterstellen** to take shelter

unterstellen[2]
1 (*unterschieben*) to insinuate [ɪnˈsɪnjueɪt]; **wollen Sie mir Fahrlässigkeit unterstellen?** are you insinuating that I was negligent?
2 **14 Mitarbeiter sind mir unterstellt** I'm in charge of 14 employees

unterstreichen (*auch übertragen*) to underline

unterstützen (*auch übertragen*) to support (**bei/in** in); (*finanziell*) to subsidize

die **Unterstützung**
1 (*Tätigkeit*) support
2 (*Zuschuss*) aid, assistance; (*Beihilfe*) benefit payment

der **Untersuch** (CH) examination [ɪɡˌzæmɪˈneɪʃᵊn]

untersuchen
1 to examine (**auf** for); (*genau prüfen*) to scrutinize [ˈskruːtɪnaɪz]
2 to investigate *Verbrechen*
3 to test *Blut* (**auf** for)
4 (*überprüfen*) to check; to verify *Angaben*

die **Untersuchung**
1 examination
2 *eines Verbrechens:* investigation (**über** into)
3 *einer Substanz:* test
4 **eine ärztliche Untersuchung** a medical examination

die **Untertasse** saucer [ˈsɔːsə]

untertauchen
1 to immerse [ɪˈmɜːs] *Gegenstand;* to duck *Person*
2 to dive; *U-Boot auch:* to submerge [səbˈmɜːdʒ]
3 (*verschwinden*) to disappear

der **Untertitel**
1 subtitle
2 *eines Films:* caption

die **Untertreibung** understatement

die **Unterwäsche** underwear [ˈʌndəweəʳ]

unterwegs
1 on the way
2 (*außer Haus*) out

untrennbar inseparable

untreu unfaithful; **bin ich dir jemals untreu gewesen?** have I ever been unfaithful to you?; **sich selbst untreu werden** to be untrue to oneself

untröstlich inconsolable (**über** about)

unübersichtlich
1 *Kurve:* blind
2 *Organisation:* confused

ununterbrochen
1 (*nicht unterbrochen*) uninterrupted
2 (*unaufhörlich*) continuous [kənˈtɪnjuəs], incessant; **sie kichert ununterbrochen** she never stops giggling

unverantwortlich irresponsible [ˌɪrɪˈspɒnsəbl]

unverbesserlich incorrigible

unvereinbar incompatible

unvergesslich unforgettable

unvergleichlich incomparable [ɪnˈkɒmpərəbl]

unverheiratet unmarried

unvermutet unexpected

unvernünftig
1 unreasonable
2 (*töricht*) stupid

unverschämt
1 impertinent; *Benehmen:* impudent
2 *Lüge:* blatant [ˈbleɪtənt]
3 *Preis:* exorbitant [ɪgˈzɔːbɪtənt]

die **Unverschämtheit**
1 (*Benehmen*) impertinence [ɪmˈpɜːtɪnəns], impudence [ˈɪmpjədəns]
2 **so eine Unverschämtheit!** it's outrageous [aʊtˈreɪdʒəs]!

unverschuldet
1 (*ohne Schulden*) free from debt [det]; *Grundstück:* unencumbered
2 (*ohne Schuld*) through no fault of one's own

unverständlich
1 (*unbegreifbar*) incomprehensible [ɪnˌkɒmprɪˈhensəbl]
2 (*kaum zu hören*) inaudible [ɪˈnɔːdəbl]

unverzeihlich unpardonable

unvollständig incomplete

unvorhergesehen unforeseen [ˌʌnfɔːˈsiːn]; *Besuch:* unexpected

unvorsichtig careless [ˈkeələs]

unvorstellbar inconceivable [ˌɪnkənˈsiːvəbl]

unwahrscheinlich
1 improbable, unlikely
2 **unwahrscheinliches Glück** incredible luck
3 **unwahrscheinlich kalt** incredibly cold

das **Unwetter** storm

unwichtig unimportant; (*unbedeutend*) insignificant; (*ohne Belang*) irrelevant

unwiderstehlich irresistible

unwirklich unreal [ʌnˈrɪəl]

unwirksam ineffective

unwirtschaftlich uneconomical

die **Unwissenheit** ignorance

unwohl (*unpässlich*) indisposed, unwell

unzählig countless, innumerable [ɪˈnjuːmərəbl]

unzertrennlich inseparable

unzufrieden discontented, dissatisfied; (*unglücklich*) unhappy

die **Unzufriedenheit** discontent, dissatisfaction

unzugänglich
1 *Gebäude:* inaccessible [ˌɪnəkˈsesəbl]
2 *Person:* unapproachable [ˌʌnəˈprəʊtʃəbl]

unzumutbar unreasonable

unzuverlässig unreliable

unzweifelhaft
1 undoubted [ʌnˈdaʊtɪd]
2 undoubtedly, without doubt

uralt ancient [ˈeɪnʃənt], very old

das **Uran** uranium

die **Uraufführung** first night [*oder* performance], premiere [ˈpremieər]

der **Ureinwohner**, die **Ureinwohnerin** native, original inhabitant

der **Urenkel** great-grandson

die **Urenkelin** great-granddaughter

die **Urgroßeltern** great-grandparents

die **Urgroßmutter** great-grandmother

der **Urgroßvater** great-grandfather

der **Urin** urine [ˈjʊərɪn]

die **Urkunde** certificate

der **Urlaub** holiday (GB), vacation (USA); **drei Wochen Urlaub** three weeks' holiday [*oder* (USA) vacation]; **im Urlaub** on holiday [*oder* (USA) vacation]; **in Urlaub fahren** to go on holiday [*oder* (USA) vacation]; **Urlaub nehmen** to take a holiday [*oder* (USA) vacation]; **einen Tag Urlaub nehmen** to take a day off

der **Urlauber**, die **Urlauberin** holidaymaker (GB), vacationer (USA)

die **Ursache**
1 cause [kɔːz]
2 (*Grund*) reason
3 **keine Ursache!** (*nach Dank*) you're welcome!; (*nach Entschuldigung*) that's all right!

der **Ursprung** origin

ursprünglich
1 original
2 (*anfänglich*) initial [ɪ'nɪʃᵊl]
3 originally
4 (*anfänglich*) at first

das **Urteil**
1 judgement ['dʒʌdʒmənt]; **ein Urteil fällen** to pass judgement (**über** on)
2 (*Ansicht*) opinion [ə'pɪnjən]; **sich ein Urteil bilden** to form an opinion (**über** about)
3 (*Strafmaß*) sentence

urteilen über etwas/jemanden urteilen to judge something/someone

der **Urwald** jungle ['dʒʌŋgl]

der **USB-Stick** (*in der Informatik*) USB flash drive

V v

V, **v** V, v [viː]

vage vague [veɪg]

der **Vampir** vampire

die **Vanille** vanilla

variieren to vary

die **Vase** vase [vɑːz]

der **Vater** father

das **Vaterland** fatherland, native [*oder* mother ['mʌðəʳ]] country

väterlicherseits on one's father's side; **meine Großmutter väterlicherseits** my paternal grandmother

der **Vati** (*umgangsspr*) dad[dy], USA AUCH pop

der **Vegetarier**, die **Vegetarierin** vegetarian [ˌvedʒɪ'teəriən]

vegetarisch vegetarian

die **Vegetation** vegetation [ˌvedʒɪ'teɪʃᵊn]

das **Veilchen** violet ['vaɪələt]

das **Velo** (CH) bicycle ['baɪsɪkl], bike *umgangsspr*

die **Vene** vein [veɪn]

das **Ventil** valve

der **Ventilator** fan, ventilator

verabreden
1 (*arrangieren*) to arrange [ə'reɪndʒ]; to fix *Zeitpunkt;* **verabredet sein** to have a date
2 **sich mit jemandem verabreden** to arrange to meet someone

die **Verabredung**
1 appointment
2 (*Vereinbarung*) arrangement [ə'reɪndʒmənt]
3 (*Treffen*) engagement; *mit Freund, Freundin:* date

verabschieden
1 **sich von jemandem verabschieden** to say goodbye to someone
2 to pass *Gesetz*

verachten to despise [dɪ'spaɪz]

verächtlich contemptuous [kən'temtʃuəs]; *Blick:* scornful

die **Verachtung** contempt [kən'temt], scorn; **sie strafen ihn mit Verachtung** they treat him with contempt

verallgemeinern to generalize

veraltet (*aus der Mode*) out-of-date *vor Substantiv*

die **Veranda** porch, veranda

verändern
1 to change
2 **sich beruflich verändern** to change one's job

die **Veranlagung**
1 *charakterlich:* disposition

2 *körperlich:* predisposition
3 (*Hang*) tendency

veranlassen **jemanden dazu veranlassen, etwas zu tun** to cause [kɔːz] someone to do something

veranschaulichen to illustrate

veranstalten to arrange [əˈreɪndʒ], to organize

der **Veranstalter**, die **Veranstalterin** organizer; *von Konzerten, Shows:* promoter

die **Veranstaltung** event

verantworten
1 to accept the responsibility [rɪˌspɒnsəˈbɪləti] for
2 **etwas vor jemandem verantworten** to answer [ˈɑːnsəʳ] for something to someone

verantwortlich
1 responsible
2 **jemanden für etwas verantwortlich machen** to hold someone responsible for something

die **Verantwortung** responsibility (**für** for)

verantwortungsbewusst responsible [rɪˈspɒnsəbl]

verantwortungslos irresponsible [ˌɪrɪˈspɒnsəbl]

verarbeiten
1 **Leder zu Schuhen verarbeiten** to make leather into shoes
2 to process *Rohstoffe, Daten* (**zu** into)
3 (*geistig verarbeiten*) to assimilate, to digest [daɪˈdʒest]

verärgern to annoy, to vex

das **Verb** verb [vɜːb]

der **Verband**
1 (*für Verletzung*) dressing; *mit Binden:* bandage [ˈbændɪdʒ]
2 (*Vereinigung*) association [əˌsəʊʃiˈeɪʃᵊn]

die **Verbannung** exile

verbergen
1 to conceal [kənˈsiːl], to hide (**vor** from)
2 **sich verbergen** to conceal [*oder* hide] oneself (**vor** from)

verbessern
1 to improve [ɪmˈpruːv] *Lage*
2 to correct *Fehler*

die **Verbesserung**
1 improvement
2 *eines Fehlers:* correction

verbeugen to bow [baʊ] (**vor** to)

verbiegen to bend

verbieten
1 to forbid [fəˈbɪd]
2 (*besonders amtlicherseits*) to prohibit

> **Grammatik**
> Richtiges Konjugieren von **forbid**: forbid, forbade, forbidden — *Mrs Lee forbade her son to play with matches; John's mother has forbidden him to go to the game.*

verbinden
1 (*auch übertragen: verknüpfen*) to connect, to link
2 (*gefühlsmäßig*) to join together, to unite [juːˈnaɪt]
3 (*am Telefon*) **jemanden mit jemandem verbinden** to put someone through to someone
4 to dress *Wunde;* (*mit Binden*) to bandage [ˈbændɪdʒ]
5 (*kombinieren*) to combine [kəmˈbaɪn]

die **Verbindung**
1 (*Kombination*) combination
2 (*Beziehung, Kontakt*) contact (**zu/mit** with)
3 **sich mit jemandem in Verbindung setzen** to get in touch with someone, to contact someone; **mit jemandem/etwas in Verbindung stehen** to be in touch with someone/something
4 *Telefon:* connection (**nach** to)
5 *chemisch:* compound (**aus** of)
6 **Ihr Name wird mit dem Skandal in Verbindung gebracht** your name is mentioned in connection with the scandal

verblüffen
1 (*erstaunen*) to amaze, to stun
2 (*verwirren*) to baffle, to stupefy [ˈstjuːpɪfaɪ]

verblühen (*auch übertragen*) to fade, to wither [wɪðəʳ]

verbluten to bleed to death

verborgen hidden

das **Verbot** ban, prohibition [ˌprəʊɪˈbɪʃᵊn]

verboten
1 forbidden [fəˈbɪdᵊn]; **das ist hier verboten** you're not allowed to do that here
2 (*amtlich*) prohibited [prəˈhɪbɪtɪd]; (*ungesetzlich*) illegal [ɪˈliːgᵊl]
3 **Rauchen verboten** no smoking

der **Verbrauch** consumption (**von/an** of)

verbrauchen to consume [kən'sjuːm]; (*aufbrauchen*) to use up

der **Verbraucher**, die **Verbraucherin** consumer [kən'sjuːməʳ]

das **Verbrechen** (*auch übertragen*) crime (**gegen/an** against)

der **Verbrecher**, die **Verbrecherin** criminal

verbreiten
1 to spread [spred]
2 **sich verbreiten** to spread

verbreitet common ['kɒmən], widespread ['waɪdspred]

verbrennen
1 to burn [bɜːn]; **ich habe mir die Finger verbrannt** I've burnt my fingers
2 (*versengen*) to scorch
3 **sich verbrennen** to burn oneself

Grammatik
Richtiges Konjugieren von **burn**: burn, burnt, burnt/ burned — *John burnt the toast; Liz has burnt her fingers on the hot iron.*

die **Verbrennung** (*Verletzung*) burn

verbrühen
1 to scald [skɔːld]
2 **sich verbrühen** to scald oneself

verbunden
1 (*verknüpft*) connected
2 **damit sind Gefahren/Kosten verbunden** that involves dangers/costs
3 **falsch verbunden!** sorry, wrong number!

der/die **Verbündete** ally ['ælaɪ]

der **Verdacht** suspicion [sə'spɪʃᵊn]; **ich habe den Verdacht, dass ...** I have a suspicion that ...; **unter Verdacht stehen** to be under suspicion

verdächtig
1 suspicious [sə'spɪʃəs]
2 **sich verdächtig machen** to lay oneself open to suspicion

verdächtigen to suspect [sə'spekt]; **der Schiedsrichter wird verdächtigt, Bestechungsgelder angenommen zu haben** the referee is suspected of having taken bribes

verdammt
1 **verdammt [nochmal]!** damn [dæm] [it all]!, blast!
2 **die verdammte Tür geht nicht auf** the bloody ['blʌdi] door won't open *umgangsspr*

verdanken
1 **jemandem etwas zu verdanken haben, jemandem etwas verdanken** to owe [əʊ] something to someone
2 **das hat er sich selbst zu verdanken** he's only got himself to blame

die **Verdankung** (CH), (A) thanks ⚠ *Plural* (**an** to)

verdauen (*auch übertragen*) to digest [daɪ'dʒest]

die **Verdauung** digestion

verdecken to cover ['kʌvə] up *Absichten*

verderben
1 to spoil *Geschäft, Spaß;* **jemandem die Freude an etwas verderben** to spoil someone's enjoyment of something
2 (*ruinieren*) to ruin ['ruːɪn]
3 **sich den Magen verderben** to upset one's stomach
4 *Nahrungsmittel:* to go off

verdienen
1 (*einnehmen*) to earn [ɜːn]; *Gewinn:* to make
2 (*wert sein*) to deserve [dɪ'zɜːv]; **er verdient es, bestraft zu werden** he deserves to be punished

verdoppeln
1 to double ['dʌbl]; to redouble *Anstrengungen*
2 **sich verdoppeln** to double

verdorben
1 *Laune, Freude, Party:* spoilt
2 **der Fisch ist verdorben** the fish has gone off
3 *Magen:* upset

verdrängen
1 (*vertreiben*) to drive out; **jemanden aus dem Amt verdrängen** to oust [aʊst] someone from office
2 to drive away *Sorgen;* (*ins Unterbewusstsein*) to suppress

verdrehen
1 to twist
2 to roll *Augen;* to contort *Glieder*
3 to distort *Tatsache*

verdreifachen to triple

verdunkeln
1 to darken
2 **sich verdunkeln** to get dark

verdünnen
1 to dilute; **mit Wasser verdünnen** to water down
2 to thin down *Farbe*

verdunsten to evaporate [ɪ'væpᵊreɪt]

verdursten to die of thirst

verdutzt (*umgangsspr*)
1 (*erstaunt*) taken aback
2 (*verwirrt*) baffled

der **Verein**
1 association [ə,səʊʃi'eɪʃᵊn]
2 *Sport:* club

vereinbaren
1 (*absprechen*) to agree
2 to arrange [ə'reɪndʒ] *Termin, Treffen*

die **Vereinbarung** agreement, arrangement [ə'reɪndʒmənt]

vereinfachen to simplify

vereinheitlichen to standardize

vereinigen
1 to unite [ju:'naɪt]
2 (*verbinden*) to combine [kəm'baɪn]
3 (*fusionieren*) to merge [mɜ:dʒ] (**zu** into, **mit** with)

vereinigt united [ju:'naɪtɪd]; **die Vereinigten Staaten [von Amerika]** the United States [of America]

vereint united [ju:'naɪtɪd]; **die Vereinten Nationen** the United Nations

vereinzelt occasional [ə'keɪʒᵊnᵊl] ⚠ *vor Substantiv,* sporadic

vereisen
1 to freeze
2 *Straße:* to freeze over
3 *Scheibe:* to ice over

vererben
1 **jemandem etwas vererben** to leave [*oder* bequeath [bɪ'kwi:ð]] something to someone
2 to transmit *Krankheit*
3 to pass on *Eigenschaften*

das **Verfahren**
1 (*Methode*) method
2 (*Gericht*) proceedings
3 (*technisch*) process, technique [tek'ni:k]

verfahren
1 (*vorgehen*) to proceed
2 **sich verfahren** to lose [lu:z] one's way

verfallen[1]
1 (*zerfallen*) to decay [dɪ'keɪ], to go to ruin [ru:ɪn]; (*körperlich, geistig, kulturell*) to decline
2 *Scheck, Fahrkarte:* to expire
3 **dem Alkohol verfallen** to become addicted to alcohol

verfallen[2]
1 *Häuser:* dilapidated
2 *Scheck:* expired [ɪk'spaɪəd]

das **Verfallsdatum** best-before date

verfärben to change colour

der **Verfasser**, die **Verfasserin** author [ɔ:θəʳ], writer

die **Verfassung**
1 *eines Staates:* constitution
2 (*Zustand*) state

verfaulen to decay, to rot

verfehlen
1 to miss *Ziel*
2 **sich verfehlen** to miss each other

verfeinden **sich mit jemandem verfeinden** to make an enemy of someone

verfeinern to refine; (*verbessern*) to improve [ɪm'pru:v]

die **Verfilmung** film version

verfluchen to curse [kɜ:s]

verfolgen
1 to pursue [pə'sju:] *Person, Ziel, Idee*
2 to follow *Entwicklung, Spur, Unterricht*
3 (*politisch*) to persecute; (*gerichtlich*) to prosecute

verfügbar available

die **Verfügung** **jemandem zur Verfügung stehen** to be at someone's disposal; **jemandem etwas zur Verfügung stellen** to put something at someone's disposal

verführen
1 (*in Versuchung führen*) to tempt; **jemanden zu etwas verführen** to encourage someone to do something
2 (*sexuell*) to seduce [sɪ'dju:s]

verführerisch
1 enticing
2 *Person:* seductive

vergammelt (*abwertend umgangsspr*) scruffy

vergangen last; **vergangenes Jahr** last year

die **Vergangenheit**
1 past
2 *in der Grammatik:* past tense

vergeben
1 to award [ə'wɔ:d] *Auftrag, Preis* (**an** to); **ist die Stelle schon vergeben?** has the vacan-

cy been filled already?
2 **jemandem etwas vergeben** to forgive someone for something

> **Grammatik**
> Richtiges Konjugieren von **forgive**: forgive, forgave, forgiven — *Mrs Lee forgave her son for telling lies; Our teacher has forgiven us for being naughty.*

vergebens in vain, vainly

vergeblich
1 futile
2 in vain

vergehen (*vorbeigehen*) to pass; *Liebe:* to die; **wie die Zeit vergeht!** how time flies!

vergessen
1 to forget
2 (*liegen lassen*) to leave [behind]

> **Grammatik**
> Richtiges Konjugieren von **forget**: forget, forgot, forgotten — *Anna forgot to ring me yesterday; Mandy has forgotten her homework.*

vergesslich forgetful

vergewaltigen to rape

die **Vergewaltigung** rape

vergewissern sich vergewissern, ob ... to make sure that ...

vergiften to poison

die **Vergiftung** poisoning

der **Vergleich**
1 comparison
2 **im Vergleich zu** compared with, in comparison with

vergleichbar comparable ['kɒmpərəbl] (**mit** to/with)

vergleichen to compare (**mit** to/with)

vergleichsweise comparatively

das **Vergnügen**
1 (*Genuss*) pleasure ['pleʒəʳ]; **mit Vergnügen** with pleasure
2 (*Amüsement*) amusement; **viel Vergnügen!** enjoy yourself!, have a good time!
3 (*Spaß*) fun; [**nur**] **zum Vergnügen** [just] for fun

vergnügen sich vergnügen to amuse oneself, to enjoy oneself; **sich mit jemandem/etwas/einer Tätigkeit vergnügen** to amuse oneself with someone/something/by doing something

vergnügt cheerful

vergraben
1 to bury ['beri]
2 **sie vergräbt sich in ihren Büchern** she buries herself in her books

vergrößern
1 to enlarge
2 to increase [ɪn'kri:s] *Anzahl, Umfang*
3 (*ausdehnen*) to extend; to expand *Unternehmen*
4 **sich vergrößern** to grow; (*anwachsen*) to increase

die **Vergrößerung**
1 (*auch Foto*) enlargement
2 (*zahlenmäßig*) increase ['ɪnkri:s]

das **Vergrößerungsglas** magnifying glass

verhaften to arrest [ə'rest]; **Sie sind verhaftet!** you are under arrest!

das **Verhalten** (*Benehmen*) behaviour [bɪ'heɪvjəʳ]

verhalten
1 **sich verhalten** (*sich benehmen*) to behave [bɪ'heɪv]; (*handeln*) to act
2 **sich ruhig verhalten** to keep quiet [kwaɪət]

verhaltensgestört disturbed, maladjusted [ˌmælə'dʒʌstɪd]

das **Verhältnis**
1 proportion [prə'pɔ:ʃən], relation
2 [love] affair [ə'feəʳ]; **mit jemandem ein Verhältnis haben** to have an affair with someone
3 **Verhältnisse** (*Lage*) conditions *Plural,* situation ⚠ *Singular;* **bei den derzeitigen Verhältnissen** under present conditions
4 (*menschliche Beziehung*) relationship [rɪ'leɪʃənʃɪp] (**zu** with)

verhältnismäßig
1 (*proportional*) proportionally [prə'pɔ:ʃənəli]
2 (*ziemlich*) relatively

verhandeln to negotiate [nɪ'gəʊʃieɪt] (**über** about)

die **Verhandlungen** negotiations [nɪˌgəʊʃi'eɪʃənz]; **Verhandlungen aufnehmen** to enter into negotiations (**mit** with)

verhängnisvoll fatal, fateful

verharmlosen to belittle, to play down

verhauen (*umgangsspr*)
1 (*prügeln*) to beat up
2 **ich hab den Aufsatz [gründlich] verhauen** I've made a [complete] mess [*oder* hash] of the essay

verheddern sich verheddern to get into a tangle

verheerend devastating ['devəsteɪt]

verheimlichen to conceal [kən'si:l]; **sie hat es ihr verheimlicht** she kept it a secret from her

verheiratet married (**mit** to)

verhindern to prevent [prɪ'vent]

das **Verhör** (*Befragung*) interrogation, questioning

verhungern to die of starvation, to starve to death

verhüten
1 to prevent [prɪ'vent]
2 (*beim Geschlechtsverkehr*) to use contraception

das **Verhütungsmittel** contraceptive [ˌkɒntrə'septɪv]

verirren sich verirren to lose [lu:z] one's way, to get lost

der **Verkauf** sale; **etwas zum Verkauf anbieten** to put something up for sale

verkaufen
1 (*auch übertragen*) to sell (**für** for)
2 **zu verkaufen** for sale
3 **sich verkaufen** *Ware:* to sell; *Person:* to sell oneself

> **Grammatik**
> Richtiges Konjugieren von **sell**: sell, sold, sold — *Harry sold his motorbike; Paul has sold all his computer games.*

der **Verkäufer**, die **Verkäuferin**
1 seller
2 *im Laden:* shop assistant (GB), salesclerk (USA)

der **Verkehr**
1 traffic
2 (*Umlauf*) circulation [ˌsɜ:kjə'leɪʃᵊn]; **etwas aus dem Verkehr ziehen** to withdraw something from circulation
3 (*Geschlechtsverkehr*) intercourse

das **Verkehrsmittel**
1 means of transport [*oder* (USA) transportation]
2 **öffentliche Verkehrsmittel** public transport [*oder* (USA) transportation] ⚠ *Singular*

das **Verkehrsschild** road sign

der **Verkehrsunfall** road accident

das **Verkehrszeichen** road sign, traffic sign

verkehrt
1 (*falsch*) wrong [rɒŋ]
2 wrongly [rɒŋli]
3 **etwas verkehrt herum anhaben** (*umgangsspr*) to have something on back to front; (*innen nach außen*) to have something on inside out

verklagen to sue [su:] (**wegen** for); **jemanden auf etwas verklagen** to take someone to court for something

verkleiden sich verkleiden to disguise [dɪs'gaɪz] oneself, to dress up

die **Verkleidung** disguise

verkleinern
1 to make smaller
2 to scale down *Maßstab;* to reduce *Foto*

verklemmt *Person:* inhibited

verkommen
1 (*zugrunde gehen*) to go to the dogs; (*sittlich*) to become dissolute
2 *Gebäude:* to become dilapidated
3 *Lebensmittel:* to go off

verkraften to come to terms with, to cope with

verkrampft
1 *Sitzhaltung:* cramped; *Lächeln:* forced [fɔ:st]
2 (*übertragen*) tense

verkürzen
1 to shorten
2 (*beschränken, herabsetzen*) to cut down, to reduce
3 **sich die Zeit mit Lesen verkürzen** to pass the time reading

der **Verlag** publishing house, publisher's ⚠ *Plural*

das **Verlangen**
1 (*Forderung*) demand
2 (*Wunsch*) desire [dɪ'zaɪəʳ]; **ich habe kein Verlangen, ihn zu sehen** I have no desire to see him
3 request; **auf Verlangen der Lehrer** at the request of the teachers

verlangen
1 (*fordern*) to demand, to insist on; **er verlangte nach einer Erklärung** he demanded [*oder* insisted on] an explanation
2 (*haben wollen*) to ask for, to want
3 (*erfordern*) to require [rɪ'kwaɪəʳ]
4 (*beanspruchen*) to claim [kleɪm]
5 **am Telefon verlangt werden** to be

wanted ['wɒntɪd] on the phone
6 **das ist zu viel verlangt** that's asking too much

verlängern
1 (*länger machen*) to lengthen
2 to extend, to prolong *Frist*

die **Verlängerung**
1 *einer Frist:* prolongation
2 *von Spielzeit:* extra time GB, overtime USA

verlassen[1]
1 to leave
2 (*im Stich lassen*) to abandon, to forsake [fə'seɪk]
3 **sich auf etwas/jemanden verlassen** to count [*oder* rely [rɪ'laɪ]] on something/someone; **Sie können sich darauf verlassen** you can count on it

Grammatik
Richtiges Konjugieren von **leave**: leave, left, left — *I left school last summer; Amanda has left her husband.*

verlassen[2]
1 (*im Stich gelassen*) deserted, forsaken [fə'seɪkᵊn]
2 (*einsam*) lonely
3 (*öde*) desolate

verlässlich reliable [rɪ'laɪəbl]

verlaufen
1 (*vor sich gehen*) to proceed, to run; **alles ist gut verlaufen** everything went well
2 (*sich erstrecken*) to run
3 **im Sande verlaufen** to peter out
4 **sich verlaufen** to get lost, to lose one's way

verlegen[1]
1 (*an falschen Platz legen*) to mislay, to misplace
2 to move [muːv]; **sie haben ihre Firmenzentrale nach Paris verlegt** they have moved their company headquarters to Paris
3 (*zeitlich*) to postpone (**auf** until)
4 to publish *Buch*
5 to lay *Kabel, Fliesen*

verlegen[2] embarrassed

die **Verlegenheit**
1 embarrassment
2 **jemanden in Verlegenheit bringen** to embarrass someone

verleiden **jemandem etwas verleiden** to put someone off something

verleihen
1 (*verborgen*) to lend [out] GB, to loan USA; (*gegen Entgelt*) to rent [out]
2 to award [ə'wɔːd] *Auszeichnung*

verleiten
1 (*verlocken*) to tempt [tempt]
2 **du hast sie dazu verleitet mitzugehen** you've talked her into coming along

verlernen to forget, to unlearn [ʌn'lɜːn]

verletzen
1 **sich verletzen** to get hurt [hɜːt]
2 to hurt, to injure ['ɪndʒəʳ]; **sich am** [*oder* **das**] **Bein verletzen** to injure one's leg
3 (*übertragen*) **jemanden verletzen** to hurt someone's feelings

Grammatik
Richtiges Konjugieren von **hurt**: hurt, hurt, hurt — *Mike hurt his knee; Two people were hurt in the accident.*

die **Verletzung**
1 (*Wunde*) injury
2 (*übertragen*) hurting, wounding

verleugnen to deny [dɪ'naɪ]; **sich verleugnen lassen** to pretend not to be there

die **Verleumdung**
1 (*das Verleumden*) slandering
2 (*Wort, Bemerkung*) slander; (*in Schriftform*) libel

verlieben **sich verlieben** to fall in love (**in** with)

verliebt **in jemanden verliebt sein** to be in love with someone

verlieren
1 to lose [luːz]
2 **wir wollen kein Wort mehr darüber verlieren** let's not waste [weɪst] another word on it
3 **du kannst nichts verlieren** you can't lose

Grammatik
Richtiges Konjugieren von **lose**: lose, lost, lost — *Tim lost his key; I have lost your address.*

der **Verlierer**, die **Verliererin** loser ['luːzəʳ]

verloben **sich mit jemandem verloben** to become engaged to someone

die **Verlobte** fiancée [fi'ɑ̃ː(n)seɪ]

der **Verlobter** fiancé [fi'ɑ̃ː(n)seɪ]

die **Verlobung** engagement

verloren
1 lost
2 (*hilflos*) forlorn
3 **verloren gehen** to get lost

die **Verlosung** draw, raffle

der **Verlust** loss; **mit Verlust verkaufen** to sell at a loss

vermarkten to market

vermasseln (*umgangsspr*) to mess up

vermehren to increase [ɪnˈkriːs]; (*fortpflanzen*) to breed

vermeiden to avoid

vermessen
1 to measure [ˈmeʒəʳ]
2 to survey *Land*

vermieten
1 to let (GB), to rent (USA)
2 **Zimmer zu vermieten** rooms to let (GB), rooms for rent (USA)

der **Vermieter** landlord

die **Vermieterin** landlady

vermischen
1 to mix; to blend *Whisky, Tee, Tabak*
2 **sich vermischen** to mix; (*übertragen*) to mingle

vermissen
1 to miss; **vermisst werden** to be missing
2 **jemanden als vermisst melden** to report someone missing

das **Vermögen** fortune; **ein Vermögen kosten** to cost a fortune

vermuten
1 (*annehmen*) to presume [prɪˈzjuːm], to suppose, to reckon
2 (*mutmaßen*) to suspect [səˈspekt], to guess [ges]

vermutlich
1 presumed; *Täter:* suspected; **es war vermutlich ein Tumor** presumably it was a tumour
2 **vermutlich ist er zu Tisch** I presume [*oder* presumably] he's gone to lunch

die **Vermutung** (*Annahme*) assumption, supposition [ˌsʌpəˈzɪʃᵊn]

vernachlässigen
1 to neglect
2 (*nicht berücksichtigen*) to ignore

vernehmen
1 (*vor Gericht*) to examine
2 (*verhören*) to question

die **Vernehmung**
1 *vor Gericht:* examination
2 (*Verhör*) questioning

verneigen **sich verneigen** to bow (**vor** to)

verneinen
1 (*leugnen*) to deny [dɪˈnaɪ]
2 **etwas verneinen** to answer in the negative

die **Verneinung** **die Verneinung einer Frage** answering a question in the negative

vernetzen
1 to connect (**mit** up to)
2 (*in der Informatik*) to network, to integrate into a network

vernichten
1 (*ausrotten*) to exterminate
2 (*zerstören*) to destroy

vernichtend
1 *Blick:* withering
2 *Kritik:* scathing [ˈskeɪðɪŋ]
3 *Niederlage, Schlag:* crushing

die **Vernunft** good sense, reason

vernünftig
1 (*einsichtig*) sensible; **sei doch vernünftig!** be reasonable [*oder* sensible]!
2 (*rational*) rational

veröffentlichen to publish

die **Veröffentlichung** publication

verordnen **jemandem ein Medikament verordnen** to prescribe medication for someone

verpacken
1 (*in Karton, Paket*) to pack
2 (*einwickeln*) to wrap

die **Verpackung**
1 packing; (*aus Papier*) wrapping
2 (*übertragen*) packaging

verpassen
1 to miss *Bus, Gelegenheit*
2 **jemandem eine verpassen** to clout someone

verpflanzen to transplant

verpflegen to feed; **sich selbst verpflegen** to cook for oneself

verpflichten
1 **sich verpflichtet fühlen, etwas zu tun** to feel obliged to do something

2 **sich verpflichten** (*vertraglich*) to commit oneself

die **Verpflichtung**
1 (*moralische*) obligation
2 **seinen Verpflichtungen nachkommen** to fulfil one's obligations

verpfuschen to make a mess of, to bungle

verprügeln to thrash

der **Verputz** plaster[work]

der **Verrat**
1 betrayal (**an** of); **an jemandem Verrat begehen** to betray someone
2 *in Rechtssprache:* treason (**an** against)

verraten
1 to betray *Geheimnis, Freund, Land*
2 (*ausplaudern*) to tell; **nichts verraten!** don't say a word!; **hast du das etwa verraten?** have you given it away?

der **Verräter**, die **Verräterin** traitor (**an** to)

verrechnen
1 (*gegeneinander aufrechnen*) to set off against
2 (*Scheck einziehen*) to clear
3 **sich verrechnen** to miscalculate

verregnet *Tag, Wochenende:* rainy

verreisen to go out of town, to go away [*oder* on a journey]; **verreist sein** to be away

verrenken **sich die Schulter verrenken** to dislocate one's shoulder

verrichten to perform

verriegeln to bolt

verringern
1 to reduce [rɪˈdjuːs]
2 **sich verringern** (*abnehmen*) to decrease

die **Verringerung**
1 reduction
2 (*Abnahme*) decrease

verrotten
1 (*verfaulen*) to rot
2 (*zu Kompost werden*) to decompose

verrottet rotten

verrücken (*verschieben*) to shift

verrückt
1 (*geisteskrank*) insane, mad
2 (*umgangsspr*) **wie verrückt** like mad; **jemanden verrückt machen** to drive someone mad

der **Verruf** **in Verruf geraten/bringen** to fall/bring into disrepute

verrufen disreputable

der **Vers**
1 (*Lied, Strophe*) verse
2 (*Zeile*) line

das **Versagen**
1 (*Fehlschlag*) failure
2 *von Maschine:* breakdown (GB), slip-up (USA)
3 **menschliches Versagen** human error

versagen
1 *Person:* to fail; **ich habe versagt** I failed
2 *Bremse:* to fail; *Gewehr:* to fail to go off; *Maschine:* to break down

der **Versager**, die **Versagerin** failure

versammeln **sich versammeln** *Klasse:* to assemble; *Parlament:* to sit; *Mitglieder:* to meet

die **Versammlung** (*Veranstaltung*) meeting

der **Versand** dispatch

das **Versandhaus** mail order company

versauen to mess up; **jemandem den Tag versauen** to ruin someone's day

versäumen
1 [**es**] **versäumen, etwas zu tun** to fail to do something
2 to miss *Unterricht*
3 **da hast du nichts versäumt!** you didn't miss much!

verschaffen
1 **jemandem etwas verschaffen** to procure something for someone, to provide someone with something
2 **sich etwas verschaffen** to get [*oder* obtain] something

verschärfen
1 (*erhöhen*) to increase
2 to tighten up *Vorschriften*
3 **sich verschärfen** (*sich steigern*) to increase; (*sich verschlimmern*) to become aggravated

verschenken to give away

verscherzen **sich etwas verscherzen** to forfeit [*oder* lose] something

verscheuchen to frighten [*oder* scare] away

verschicken (*versenden*) to dispatch

verschieben
1 (*verrücken*) to move, to shift
2 (*aufschieben*) to defer, to postpone, to put off (**um** for)

verschieden
1 (*unterschiedlich*) different (**von** from); **verschieden sein** to differ, to vary; **verschieden groß sein** to differ in size; *von Kleidern, Schuhen:* to be a different size
2 (*auseinandergehend*) differing; **wir waren verschiedener Meinung** we disagreed (**über** on/about)
3 (*mehrere, einige*) several, various

verschiedenartig
1 (*unterschiedlich*) different
2 (*mannigfaltig*) various

verschiffen to ship

verschimmeln to get mouldy

verschlafen[1]
1 to miss by oversleeping *Termin*
2 to sleep through *Tag*
3 **ich hab verschlafen** I overslept

verschlafen[2] (*beim Aufwachen*) drowsy, sleepy

verschlagen sly, wily ['waɪli]

verschlechtern
1 to make worse *Lage, Zustand*
2 **sich verschlechtern** *Lage, Zustand:* to deteriorate, to get worse

die **Verschlechterung** deterioration

verschleiern
1 (*mit Schleier*) to veil
2 to cover up *Absichten*

der **Verschleiß** (*Abnutzung*) wear and tear

verschleißen to wear out

verschließen
1 (*abschließen*) to lock
2 (*wegschließen*) to lock away
3 (*zumachen*) to close

verschlimmern
1 to aggravate; to make worse *Situation usw.*
2 **sich verschlimmern** to get worse, to worsen

verschlingen (*herunter schlucken*) to devour, to swallow; (*gierig*) to gobble up

verschlucken
1 to swallow
2 **sich verschlucken** to swallow the wrong way, to choke on one's food

der **Verschluss**
1 (*Schloss*) lock
2 (*Deckel*) top; *von Flasche:* stopper

verschmieren
1 (*verstreichen*) to spread (**in** over)
2 (*schmierig machen*) to smear

verschmutzen
1 to dirty, to soil
2 *Gegenstand, Person:* to get dirty

verschneit snow-covered

verschollen *Flugzeug, Mensch:* missing

verschonen **jemanden von etwas verschonen** to spare someone something; **von etwas verschont bleiben** to be spared something

verschränken
1 to fold *Arme*
2 to cross *Beine*

verschreiben (*verordnen*) to prescribe

verschrotten to scrap

verschulden **sich verschulden** to get into debt [det]

verschuldet **bei jemandem verschuldet sein** to be indebted to someone

verschütten
1 to spill *Flüssigkeit*
2 **er war drei Tage lang verschüttet** he had been trapped for three days

Grammatik
Richtiges Konjugieren von **spill**: spill, spilt/ spilled, spilt/ spilled — *Steve spilt milk over his jacket; Daisy has just spilt all the orange juice on the floor.*

verschwägert related by marriage (**mit** to)

verschweigen **jemandem etwas verschweigen** to conceal [*oder* hide] something from someone

verschwenden
1 to waste
2 to squander *Geld* (**an/für** on)

verschwenderisch
1 spendthrift, wasteful
2 (*extravagant*) extravagant

die **Verschwendung** wastefulness; **so eine Verschwendung!** what a waste!

verschwiegen *Person:* discreet

die **Verschwiegenheit** *von Person:* discretion

verschwimmen (*undeutlich werden*) to become blurred

das **Verschwinden** disappearance

verschwinden
① to disappear, to vanish
② **verschwinde!** clear off!

verschwommen
① (*vage*) vague [veɪg]
② *Sicht:* blurred; **ich sehe alles nur verschwommen** everything looks hazy to me

verschwören **sich verschwören** to conspire, to plot (**mit** with, **gegen** against)

die **Verschwörung** conspiracy, plot

das **Versehen**
① (*unabsichtlich*) mistake, slip; **aus Versehen** by mistake
② (*Irrtum*) error

versehen
① (*ausstatten*) to provide, to supply (**mit** with)
② **sich versehen** to be mistaken

versehentlich
① (*unabsichtlich*) inadvertent; (*irrtümlich*) erroneous [ɪˈrəʊniəs]
② (*irrtümlicherweise*) by mistake, inadvertently

versenken to send to the bottom; to sink *Schiff*

Grammatik
Richtiges Konjugieren von **sink**: sink, sank, sunk — *The ship sank in the storm; The houseboat was sunk.*

versetzen
① *von einer Stelle zu einer andern:* to move, to shift
② to transplant *Pflanze*
③ to transfer *Mitarbeiter*
④ (*in höhere Schulklasse*) to move up; **Bernhard wird nicht versetzt** Bernhard won't be moved up
⑤ **jemandem einen Schlag versetzen** to deal someone a blow
⑥ **jemanden versetzen** (*nicht erscheinen*) to stand someone up; **ihr Freund hat sie versetzt** her friend stood her up
⑦ **versetzen Sie sich in meine Lage!** put yourself in my place!

die **Versetzung**
① *im Beruf:* transfer
② *in der Schule:* moving up

verseuchen
① (*infizieren*) to infect
② (*vergiften*) to contaminate

die **Verseuchung**
① (*Infektion*) infection
② (*mit Giftstoff*) contamination

versichern
① (*beteuern*) to affirm; (*bestätigen*) to assure; **ich versichere dir, dass ...** I can assure you that ...
② to assure *Leben;* to insure *Eigentum;* **sich versichern** to insure oneself

die **Versicherung** *von Eigentum:* insurance [ɪnˈʃʊərəns]; *von Leben:* assurance

versinken (*untergehen*) to sink; *Schiff:* to founder

versöhnen
① to reconcile (**mit** to)
② **sich versöhnen** to become reconciled (**mit** to)

die **Versöhnung** reconciliation

versorgen
① (*sich kümmern um*) to look after, to take care of
② (*finanziell oder materiell unterhalten*) to provide for
③ (*beliefern*) to provide, to supply (**mit** with)
④ **sich mit Proviant versorgen** to provide oneself with food

die **Versorgung**
① (*Pflege*) care
② (*Belieferung*) supply; **Versorgung mit Energie** power supply

verspäten **sich verspäten** (*zu spät kommen*) to be late; (*aufgehalten werden*) to be delayed

verspätet
① belated, late
② *Zug, Flug:* delayed

die **Verspätung**
① delay; **alle Züge haben Verspätung** there are delays ⚠ *Plural* to all trains; [**15 Minuten**] **Verspätung haben** to be [15 minutes] late
② *von Person:* late arrival

versperren (*blockieren*) to bar, to block; **Sie versperren mir die Sicht!** you're obstructing my view!

verspielen to gamble away *auch übertragen*

verspotten to mock

versprechen
① to promise
② (*sich verplappern*) to make a slip of the tongue

das **Versprechen** promise

der **Verstand**
1 (*Intellekt*) intellect, mind; **ein scharfer Verstand** a keen mind
2 (*Denkfähigkeit*) reason
3 **den Verstand verlieren** to go out of one's mind

verständig
1 (*einsichtig*) understanding
2 (*vernünftig*) reasonable, sensible

verständigen
1 (*informieren*) to inform, to notify (**von** of)
2 **sich [mit jemandem] verständigen** (*kommunizieren*) to communicate [with someone]

die **Verständigung**
1 (*Informieren*) information, notification
2 (*Kommunikation*) communication

verständlich
1 (*einsichtig, deutlich*) *Aussprache:* intelligible
2 (*begreiflich*) understandable; **schwer verständlich** difficult to understand
3 (*begreifbar*) comprehensible
4 (*hörbar*) audible ['ɔːdəbl̩]; **kaum verständlich** barely audible
5 **sich verständlich machen** to make oneself heard

verständlicherweise understandably

das **Verständnis**
1 (*Begreifen*) comprehension, understanding (**für** of)
2 (*Mitgefühl*) sympathy (**für** for)

verständnislos
1 (*nicht verstehend*) uncomprehending
2 (*ohne Einfühlungsvermögen*) unsympathetic (**für** towards)

verständnisvoll
1 (*verstehend*) understanding
2 (*mitfühlend*) sympathetic (**für** towards)

verstärken
1 to reinforce *auch übertragen,* to strengthen *auch übertragen*
2 (*durch Lautsprecher*) to amplify
3 (*steigern*) to intensify
4 (*vermehren*) to increase
5 **sich verstärken** (*sich vermehren*) to increase

der **Verstärker** amplifier

verstauchen to sprain; **ich habe mir die Hand/den Knöchel verstaucht** I've sprained my hand/my ankle ['æŋkl̩]

das **Versteck** hiding ['haɪdɪŋ] place

verstecken
1 to conceal, to hide (**vor** from)
2 **sich verstecken** to conceal oneself, to hide (**vor** from)

> **Grammatik**
> Richtiges Konjugieren von **hide**: hide, hid, hidden — *Sandra hid in the loft; Where have you hidden your report?*

verstehen
1 (*begreifen*) to understand; **verstanden?** do you understand me?, got the idea?, OK?
2 (*einsehen*) to see
3 **ich verstehe nichts!** (*vor Lärm*) I can't hear a word!
4 **falsch verstehen** to misunderstand
5 **sie verstehen sich** they understand each other; (*kommen miteinander aus*) they get along with each other
6 **das versteht sich von selbst** that goes without saying

> **Grammatik**
> Richtiges Konjugieren von **understand**: understand, understood, understood — *Did you understand everything the teacher said? Tim understood the French tourists; I haven't understood your question.*

versteigern to auction [off]; **etwas versteigern lassen** to put something up for auction

die **Versteigerung** auction

verstellbar adjustable

verstellen
1 (*in Unordnung bringen*) to misplace, to put in the wrong place
2 to shift *Möbel*
3 (*versperren*) to block; **das Sofa verstellt mir den Weg** the settee is in [*oder* is blocking] my way
4 **wer hat den Fernseher verstellt?** who's been fiddling with the television?
5 to disguise *Handschrift, Stimme*
6 **sich verstellen** (*vorgeben*) to dissemble, to hide one's true feelings

verstimmt
1 *Klavier:* out of tune
2 *Mensch:* put out
3 *Magen:* upset

verstopfen
1 to stop up *Loch*
2 to block

die **Verstopfung**
1 (*Blockierung*) blockage
2 *von Darm:* constipation; **Verstopfung haben** to be constipated

verstorben deceased, late *vorangestellt*

der **Verstoß** offence (**gegen** against), violation (**gegen** of)

verstoßen
1 (*vertreiben*) to expel (**aus** from)
2 (*sich vergehen*) to offend (**gegen** against); **das verstößt gegen die Regel** this is against the rule

verstreuen to scatter

die **Verstümmelung** mutilation

verstummen to fall silent

der **Versuch**
1 attempt; **es ist einen Versuch wert** it's worth a try; **beim ersten Versuch** at the first try
2 (*Experiment*) experiment; (*Test*) test

versuchen
1 to attempt, to try; **es versuchen** to have a try; **versuch es doch mal!** have a go!; **versuch es mal mit Geduld** try a little patience; **versuchen, etwas zu tun** to attempt [*oder* try] to do something; **ich werd es mal versuchen** I'll give it a try
2 (*kosten, probieren*) to taste; **versuch mal!** have a taste!

> **Grammatik**
> Richtiges Konjugieren von **try**: try, tried, tried — *Florence tried to answer all the questions; I have tried windsurfing but I wasn't very good at it.*

das **Versuchskaninchen** guinea ['gɪni] pig *übertragen*

die **Versuchsperson** test person

die **Versuchung** temptation

versunken
1 *Schiff:* sunken
2 (*vertieft*) absorbed, immersed; **in Gedanken versunken** lost in thought

vertauschen (*verwechseln*) to mix up; **man hat unsere Jacken vertauscht!** they got our jackets mixed up!

verteidigen to defend; **sich verteidigen** to defend oneself

der **Verteidiger**, die **Verteidigerin**
1 (*auch beim Sport*) defender
2 (*Befürworter*) advocate
3 (*Anwalt*) counsel [*oder* USA attorney] for the defence

die **Verteidigung** (*auch im Fußball*) defence GB, defense USA

der **Verteidigungsminister**, die **Verteidigungsministerin** Minister of Defence

das **Verteidigungsministerium** Ministry of Defence

verteilen
1 to distribute (**an** to, **unter** among)
2 (*ausstreuen*) to spread (**über** over)
3 **sich verteilen** *Personen:* to spread out

die **Verteilung**
1 (*Austeilung*) distribution
2 (*Zuteilung*) allocation

vertiefen
1 to deepen *auch übertragen*
2 **sich in etwas vertiefen** to become absorbed in something

vertikal vertical ['vɜːtɪkᵊl]

der **Vertrag**
1 (*Arbeitsvertrag*) contract
2 (*Abkommen*) agreement; (*politisch*) treaty

vertragen
1 (*aushalten*) to endure, to stand, to tolerate
2 (*bekömmlich sein*) **er kann keinen Fisch vertragen** fish does not agree with him; **ich kann keine Sonne vertragen** I can't take the sun
3 **sich [mit jemandem] vertragen** to get along [with someone]; **wir vertragen uns wieder** we've made up, we're friends again

das **Vertrauen**
1 confidence, trust (**zu/in/auf** in)
2 **im Vertrauen [gesagt]** strictly in confidence; **zu jemandem Vertrauen haben** to be confident in someone, to trust someone

vertrauen jemandem [*oder* **auf jemanden**] **vertrauen** to trust [*oder* have confidence] in someone

vertraulich
1 (*geheim*) confidential
2 (*freundschaftlich*) familiar

vertraut
1 (*intim*) intimate
2 *Freund:* close
3 *Gesicht:* familiar
4 **sich mit etwas vertraut machen** to acquaint oneself with something

vertreiben
1 to drive away; (*aus Land*) to expel (**aus** from); **Menschen aus ihrer Heimat vertreiben** to drive people out of their native land
2 (*handeln mit*) to sell

vertreten
1 (*als Bevollmächtigter*) to represent
2 (*zeitweilig ersetzen*) to replace
3 **jemanden [vor Gericht] vertreten** to plead someone's case
4 **ich vertrete die Ansicht ...** I take the view ...

der **Vertreter**, die **Vertreterin**
1 (*Repräsentant*) representative
2 (*Fürsprecher*) advocate
3 (*Handelsvertreter*) sales representative, sales rep *umgangsspr*

die **Vertretung**
1 *in der Schule:* supply teacher
2 (*Ersatz*) replacement; **für jemanden die Vertretung übernehmen** to take the place of someone

der **Vertrieb** sales, marketing

vertrocknen
1 *Quelle:* to dry up
2 *Pflanze:* to wither
3 *Lebensmittel:* to go dry

vertrösten **jemanden von einem Tag auf den nächsten vertrösten** to put someone off from day to day

vertun **ich hab mich [schwer] vertan** I've made a [big] mistake

verübeln **jemandem etwas verübeln** to take something amiss

verunfallen (CH) to have an accident

verunglücken *Auto, Person:* to have an accident; *Flugzeug:* to crash; **tödlich verunglücken** to be killed in an accident

verunmöglichen (CH) to make impossible

verunsichern to make uncertain (**in** of)

verunstalten to disfigure

verursachen to cause; **Beschwerden verursachen** to give rise to trouble ⚠ *Singular*

der **Verursacher**, die **Verursacherin** culprit

verurteilen
1 to condemn
2 **jemanden zu drei Jahren Gefängnis verurteilen** to sentence someone to three years imprisonment

die **Verurteilung**
1 condemnation *auch übertragen*
2 (*Schuldspruch*) conviction

vervielfältigen to duplicate

vervollständigen to complete

verwählen **sich verwählen** to dial the wrong number; **Verzeihung, ich habe mich verwählt!** sorry, [I've dialled the] wrong number!

verwalten
1 to administer *Erbe, Vermögen*
2 to manage; to run *Firma*
3 to govern *Gebiet, Staat*

die **Verwaltung**
1 administration
2 *einer Firma:* management

verwandeln
1 to change
2 **sich verwandeln** to turn (**in** into)

die **Verwandlung** change, transformation

verwandt related (**mit** to)

> **Vorsicht Falle!**
> **related** wird zusammen mit **to** gebraucht: *Peter is not related to Paul; they are just friends.*

der/die **Verwandte** relation, relative

die **Verwandtschaft**
1 (*das Verwandtsein*) relationship
2 (*die Verwandten*) relations ⚠ *Plural*

die **Verwarnung** caution, warning

verwechseln to mix up; **ich hab eure Mäntel verwechselt** I got your coats mixed up; **jemanden mit jemand anderem verwechseln** to take someone for someone else

die **Verwechslung**
1 confusion; **es gab eine Verwechslung** there's been a mix-up
2 (*Irrtum*) mistake

die **Verwehung** *von Schnee, Sand:* drift

verweigern
1 **jemandem etwas verweigern** to deny [*oder* refuse] someone something
2 **den Wehrdienst verweigern** to refuse to do one's military service

die **Verweigerung** denial, refusal

der **Verweis**
1 (*Rüge*) rebuke, reprimand; **jemandem einen Verweis erteilen** to reprimand [*oder*

rebuke] someone
2 (*Hinweis in Buch usw.*) reference (**auf** to)

verweisen
1 (*hinweisen*) to refer; **auf etwas verweisen** to refer to something; **jemanden auf etwas/an jemanden verweisen** to refer someone to something/someone
2 **jemanden des Landes/von der Schule verweisen** to expel someone from the country/from school

verwenden to use; (*benutzen*) to employ

die **Verwendung** employment, use

verwerten
1 to make use of, to utilize
2 to exploit *Rohstoff*

verwesen
1 *Blätter, Leichnam:* to decay
2 *Fleisch:* to rot

die **Verwesung** decomposition

verwickeln
1 to tangle up *Fäden*
2 **jemanden in etwas verwickeln** to involve someone in something

verwickelt (*übertragen*) complicated, intricate

verwirklichen
1 to realize
2 **sich verwirklichen** (*in Erfüllung gehen*) *Traum, Wunsch:* to be realized, to come true
3 **sich [selbst] verwirklichen** to fulfil oneself

verwirren to confuse

verwirrt
1 (*durcheinander*) confused
2 (*verlegen*) embarrassed

die **Verwirrung** confusion; **Verwirrung stiften** to cause confusion

verwittert weathered

verwitwet widowed

verwöhnen
1 to spoil
2 (*verzärteln*) to pamper

verworren
1 *Lage:* complicated, intricate
2 *Gedanken:* confused

verwundbar vulnerable *auch übertragen*

verwunden to injure, to wound [wu:nd]

verwunderlich
1 (*erstaunlich*) amazing, surprising; **es ist nicht verwunderlich, dass ...** it is no wonder that ...
2 (*sonderbar*) strange

verwundet wounded ['wu:ndɪd]

verwüsten to devastate, to ravage

verzählen **sich verzählen** to miscount

verzaubern
1 to put a spell on; **jemanden in etwas verzaubern** to turn someone into something
2 (*bezaubern*) to enchant

der **Verzehr** consumption

verzehren to consume

das **Verzeichnis**
1 (*Liste*) list
2 (*Register*) register ['redʒɪstəʳ]
3 (*Telefonverzeichnis*) directory

verzeigen CH **jemanden verzeigen** to report someone to the police

verzeihen
1 (*vergeben*) to forgive
2 (*entschuldigen*) to excuse, to pardon
3 (*vor Frage, Störung*) **verzeihen Sie!** excuse me!, I beg your pardon!

die **Verzeihung**
1 (*Vergebung*) forgiveness; **jemanden um Verzeihung bitten** to apologize to someone
2 (*wie bitte?*) pardon?; *vor Frage, Störung:* excuse me!; *bei Anrempelung:* sorry!

verzerren
1 (*auch übertragen*) to distort *Klang, Tatsachen*
2 to contort *Gesicht*
3 **sich verzerren** to become contorted [*oder* distorted] (**zu** in)

verzichten (*auskommen ohne*) to do without

verziehen
1 to spoil *Kind*
2 **den Mund verziehen** to twist one's mouth (**zu** into); **das Gesicht verziehen** to pull a face
3 **sich verziehen** *Holz:* to warp
4 **sich verziehen** (*verschwinden*) to disappear; *Gewitter:* to pass; *Wolken:* to disperse

verzieren to decorate

die **Verzierung** decoration

verzögern
1 to delay; (*verlangsamen*) to slow down
2 **sich verzögern** to be delayed

die **Verzögerung**
1 delay
2 (*das Verzögern*) delaying

verzollen **etwas verzollen** to pay duty on something; **haben Sie etwas zu verzollen?** have you anything to declare?

der **Verzug** (*Aufschub*) delay; **ohne Verzug** without delay; **in Verzug geraten** to fall behind (**mit** with)

verzweifeln to despair (**an** of)

verzweifelt
1 *Situation:* despairing
2 *Lage:* desperate
3 **er ist verzweifelt** he is in despair

die **Verzweiflung**
1 (*als Gemütszustand*) despair; **in Verzweiflung geraten** to despair
2 (*Ratlosigkeit*) desperation

die **Verzweigung** (CH)
1 (*Autobahndreieck*) motorway junction
2 *einer Straße:* branching [off]

verzwickt knotty, tricky, complicated

der **Veteran** veteran ['vetᵊrᵊn]

das **Veto** veto ['vi:təʊ]; **sein Veto gegen etwas einlegen** to veto something

das **Vetorecht** power of veto

der **Vetter** cousin

die **Vibration** vibration [vaɪ'breɪʃᵊn]

vibrieren to vibrate

die **Videokamera** video camera

die **Videokassette** video cassette

der **Videorekorder** video [recorder]

das **Vieh** livestock ⚠ *Singular oder Plural;* (*Rinder*) cattle ⚠ *Plural*

Vorsicht Falle!
cattle ist im Englischen eine Mehrzahlform: *the cattle are in the field.*

viel
1 a great deal, a lot of, much; **so viel** so much; **so viel wie gestern** as much as yesterday; **wie viel** how much; **zu viel** too much; **viel besser** much better
2 **viel Vergnügen!** have a good time!; **viel Glück!** good luck!; **vielen Dank!** thanks a lot!
3 **viele** a lot of, many; **so viele** so many; **wie viele** how many; **sehr viel**[**e**] very much, a great many
4 **die Straße ist viel befahren** this street is very busy; **ein viel sagender Blick** a meaningful look; **viel versprechend** [very] promising

Vorsicht Falle!
many oder **much**? **many** wird für zählbare Dinge, Tiere und Personen gebraucht: *many people make that mistake.* — **much** wird für nicht zählbare Dinge und Mengen gebraucht: *Norman has eaten too much ice-cream.*

vielfach
1 **vielfacher Millionär** multimillionaire
2 **auf vielfachen Wunsch** at the request of many people

die **Vielfalt** great variety

vielleicht
1 (*möglicherweise*) maybe, perhaps
2 (*ungefähr*) **er war vielleicht um die 30** he may have been about 30
3 (*wirklich*) really; **der ist vielleicht ein Idiot!** he really is an idiot!

vielmehr **er ist, vielmehr war, Soldat** he is, or rather was, a soldier

vielseitig
1 *Bildung, Können:* all-round
2 *Interessen:* varied
3 *Mensch:* versatile

die **Vier** (*Schulnote*) ≈ D; **eine Vier schreiben** ≈ to get a D

vier
1 four; **viertel vor vier** a quarter to four
2 **unter vier Augen** face to face

viereckig quadrangular, square

vierhundert four hundred

vierjährig
1 (*vier Jahre alt*) four-year-old
2 (*vier Jahre lang*) four-year

vierte(**r, s**)
1 fourth, 4th
2 **wir haben heute den vierten Dezember** today is the fourth of December

viertel quarter; **ein viertel Pfund** a quarter of a pound

das **Viertel**
1 (*Maß*) fourth [part]
2 **Viertel nach elf** [a] quarter past eleven;

Viertel vor zwölf [a] quarter to twelve
3 (*Stadtteil*) district, quarter

das **Vierteljahr** quarter [of a year], three months

vierteljährlich *Rechnung usw.:* quarterly

die **Viertelstunde** quarter of an hour (GB), quarter hour (USA); **in einer Viertelstunde** in quarter of an hour

vierzehn fourteen; **vierzehn Tage** a fortnight; **in vierzehn Tagen** in a fortnight's time (GB), in two weeks (USA)

vierzig forty

vierzigste(r, s) fortieth

violett violet ['vaɪələt]

die **Violine** violin; **Violine spielen** to play the violin

virtuell virtual; **virtuelle Realität** virtual reality

das **Virus** virus ['vaɪrəs]

visieren (CH) (*abzeichnen*) to certify

die **Vision** vision ['vɪʒᵊn]

das **Visum** visa

vital vigorous

das **Vitamin** vitamin ['vɪtəmɪn]

die **Vitrine**
1 (*Schaukasten*) showcase
2 (*Glasschrank*) glass cabinet

der **Vizepräsident**, die **Vizepräsidentin**
1 *in der Politik:* vice-president
2 *einer Firma:* deputy chair, deputy chairman *maskulin,* deputy chairwoman *feminin*

der **Vogel** bird ▸ WENDUNGEN: **ein seltsamer Vogel** a strange customer

die **Vogelgrippe** bird flu *umgangsspr,* avian influenza

die **Vogelscheuche** (*auch übertragen umgangsspr*) scarecrow

der **Vogerlsalat** (A) lamb's lettuce

die **Vokabel** word

Falsche Freunde
Das englische Wort **vocabulary** bedeutet ‚Wortschatz'

das **Vokabular** vocabulary

der **Vokal** vowel [vaʊəl]

das **Volk** (*Nation*) people, nation; **das litauische Volk** the Lithuanian people; **ein Mann aus dem Volk** a man of the people

die **Volksabstimmung** plebiscite ['plebɪsaɪt]

das **Volksfest** funfair

die **Volkskunde** folklore

das **Volkslied** folk song

volkstümlich
1 traditional
2 (*beim Volk beliebt*) popular

die **Volkszählung** census

voll
1 (*angefüllt*) full (**von** of); **der Saal ist voll[er Leute]** the hall is full of people
2 (*gedrängt*) crowded
3 (*ganz*) complete, entire, whole; **die volle Summe** the entire sum; **die volle Wahrheit** the whole truth
4 (*gefüllt*) filled; **mit vollem Mund sprechen** to speak with one's mouth full
5 **etwas voll verstehen** to understand something completely
6 **voll machen** *Gefäß:* to fill up; (*vervollständigen*) to complete
7 **voll tanken** to fill up
8 **voll gepfropft/gestopft** crammed, packed

der **Vollbart** [full] beard

vollenden
1 (*abschließen*) to complete
2 (*vervollkommnen*) to make complete

der **Volleyball** ['vɔlibal] volleyball

völlig complete; **völliger Blödsinn!** utter nonsense!

volljährig of age; **volljährig werden** to come of age

vollkommen
1 (*perfekt*) perfect
2 (*völlig*) complete

die **Vollkommenheit** perfection

die **Vollmacht**
1 power, authority
2 *juristisch:* power of attorney; **jemandem eine Vollmacht ausstellen** [*oder* **erteilen**] to give someone power of attorney

die **Vollpension** full board

vollständig
1 complete, entire

2 **etwas vollständig machen** to complete something

der **Volltreffer** bull's eye *auch übertragen*

die **Vollwertkost** wholefood

vollzählig
1 *Versammlung:* complete
2 **wir sind vollzählig erschienen** everyone of us came

das **Volt** volt

das **Volumen** volume

von
1 of; **das ist lieb von dir** that's kind of you; **eine Freundin von mir** a friend of mine
2 (*durch*) by
3 (*räumlich*) from; **von rechts/links** from the right/left; **von oben/unten** from the top/bottom; **von hinten/vorne** from behind/the front
4 (*zeitlich*) **von ... an** from ... on; **von ... bis** from ... until; **von morgen an** from tomorrow; **von Zeit zu Zeit** from time to time
5 **von klein auf** from childhood
6 **dieses Gedicht ist von Milton** this poem is by Milton
7 **das hängt vom Wetter ab** that depends on the weather
8 **grüßen Sie ihn von mir** my best regards to him

vor
1 (*örtlich*) before; **vor dem Hause** in front of the house
2 (*zeitlich*) **vor ihrer Ankunft** before [*oder* prior to] her arrival; **vor zwei Jahren** two years ago
3 (*bei Uhrzeit*) **fünf [Minuten] vor zehn** five [minutes] to ten (GB), five minutes of ten; **nicht vor** not till
4 **vor allem** above all, first of all
5 (*ursächlich*) **vor Angst** with fear; **vor lauter Arbeit** with all this work; **vor Lachen** for laughing
6 **vor sich hin** to oneself
7 **vor und zurück** backwards and forwards
8 **nach wie vor** still

der **Vorabend** (*der vorhergehende Abend*) the evening before

vorangehen
1 to go in front; **jemandem vorangehen** to go ahead of someone
2 **es geht gut voran mit der Arbeit** work is coming along well

vorankommen
1 **im Beruf vorankommen** to get on in one's career; **im Leben vorankommen** to get on in life; **wie kommst du voran?** how are you getting on?
2 (*Fortschritte erzielen*) to make progress

voraus
1 (*voran*) in front; **jemandem [weit] voraus sein** to be [streets] ahead of someone; **Joyce war seiner Zeit voraus** Joyce was ahead of his time
2 **im Voraus** in advance

vorausgehen to go in front

vorausgesetzt **vorausgesetzt, dass ...** provided [that] ...

die **Voraussage** prediction; *für Wetter:* forecast

voraussagen **jemandem etwas voraussagen** to predict something for someone

voraussehbar foreseeable

voraussetzen to presuppose; **als selbstverständlich voraussetzen** to take for granted

die **Voraussetzung**
1 (*Vorbedingung*) prerequisite; **unter der Voraussetzung, dass ...** on condition that ...
2 (*Annahme*) premise

voraussichtlich
1 *Ankunft usw.:* expected
2 (*wahrscheinlich*) probably

der **Vorbehalt** reservation; **unter dem Vorbehalt, dass ...** with the reservation that ...

vorbei
1 (*räumlich*) past; **kommst du vorbei?** can you get past?; (*zum Besuch*) will you drop by?
2 (*zeitlich*) gone, over; **es ist vier [Uhr] vorbei** it's past [*oder* gone] four [o'clock]

vorbeifahren **an jemandem/etwas vorbeifahren** to drive past someone/something

vorbeigehen
1 **an jemandem vorbeigehen** (*auch übertragen*) to go past [*oder* pass by] someone
2 (*kurz besuchen*) **ich gehe nachher mal bei ihm vorbei** I'll look in on him later in the day

vorbeikommen (*besuchen*) **bei jemandem vorbeikommen** to drop in on someone; **komm doch mal vorbei** why don't you drop in [*oder* come round] some time

vorbereiten
1 to prepare
2 **sich vorbereiten** to prepare [oneself] (**auf/für** for)

3 **vorbereitet sein** to be ready [*oder* prepared] (**auf** for)

die **Vorbereitung** preparation

vorbestellen
1 to order in advance *Ware*
2 to book *Tisch, Zimmer*

vorbestraft previously convicted; **vorbestraft sein** to have a criminal record

vorbeugen
1 (*vermeiden*) to prevent; **vorbeugen ist besser als heilen** prevention is better than cure
2 **sich vorbeugen** to bend forward

das **Vorbild** model; **sich jemanden zum Vorbild nehmen** to model oneself on someone

vorbringen
1 (*sagen*) to say; to express *Forderung, Meinung*
2 to bring forward *Beweise*

der **Vordergrund** foreground; **im Vordergrund** in the foreground

der **Vordermann** person in front

die **Vorderseite** front

vordränge(l)n sich vordrängen to push to the front; **sich in einer Schlange vordrängen** to jump a queue (GB), to push to the front of a line (USA)

vordringen to advance; **in den Weltraum vordringen** to penetrate into space

voreilig rash; **voreilige Schlüsse ziehen** to jump to conclusions

voreingenommen prejudiced (**gegen** against)

der **Vorfahr** ancestor, forefather

die **Vorfahrt** right of way; **die Vorfahrt beachten/nicht beachten** to observe/ignore the right of way

der **Vorfall** (*Geschehnis*) incident, occurrence

vorfallen (*geschehen*) to happen, to occur; **es ist etwas vorgefallen** something has happened

die **Vorfreude** anticipation (**auf** of)

vorführen
1 to show; **jemandem etwas vorführen** to show something to someone *auch Film*
2 (*präsentieren*) to present
3 to model *Kleidung*
4 to demonstrate *Gerät*

die **Vorführung**
1 *von Film:* show
2 *von Theaterstück, Show:* performance
3 *von Mode:* presentation

der **Vorgang**
1 (*Ereignis*) event
2 (*Prozess*) process

der **Vorgänger**, die **Vorgängerin** predecessor

der **Vorgarten** front garden (GB), dooryard (USA)

vorgeben
1 *im Sport:* to give
2 (*vortäuschen*) to pretend

das **Vorgehen**
1 (*Verfahren*) procedure
2 **ein gemeinsames Vorgehen** a concerted action

vorgehen
1 (*früher gehen*) to go on ahead; (*als Erster gehen*) to go first; **wir gehen schon vor und treffen euch dann am Bahnhof** we'll leave now and we'll see you at the station
2 (*handeln*) to act, to proceed
3 (*juristisch*) to take legal proceedings (**gegen** against)
4 (*wichtiger sein*) to have priority; **die Arbeit geht vor** work comes first
5 (*sich ereignen*) to go on, to happen; **was geht hier vor?** what's going on here?
6 **meine Uhr geht [drei Minuten] vor** my watch is [three minutes] fast

die **Vorgeschichte**
1 (*Urgeschichte*) prehistory
2 (*vorausgegangener Verlauf*) [past] history

vorgestern the day before yesterday

vorhaben
1 (*beabsichtigen*) to have in mind, to intend; **ich habe vor, mit ihr zu sprechen** I intend to speak to her
2 (*geplant haben*) to have planned; **was hast du heute vor?** what do you have planned for today?, what are you up to today? *umgangsspr*

vorhalten (*vorwerfen*) **jemandem etwas vorhalten** to reproach someone with something

die **Vorhand** *im Tennis:* forehand

vorhanden
1 (*verfügbar*) available
2 (*existierend*) existing; **ein Bad war nicht vorhanden** there was no bathroom

der **Vorhang** curtain (GB), shade (USA)

das **Vorhängeschloss** padlock

A B C D E F G H I J K L M N O P Q R S T U V W X Y Z

vorher (*früher*) before now; **am Tag vorher** the day before, the previous day

vorherbestimmt predestined

vorhergehen (*übertragen*) to precede [priːˈsiːd]

vorherig
1 (*früher*) previous
2 (*ehemalig*) former

vorherrschend
1 (*tonangebend*) predominant
2 (*weit verbreitet*) prevailing

die **Vorhersage**
1 prediction
2 *von Wetter:* forecast

vorhersagen
1 to foretell, to predict
2 to forecast *Wetter*

> **Grammatik**
> Richtiges Konjugieren von **forecast**: forecast, forecast/forecasted, forecast/forecasted — *I forcasted that this would happen; The weatherman have forecast thunderstorms.*

vorhersehen to foresee

> **Grammatik**
> Richtiges Konjugieren von **foresee**: foresee, foresaw, foreseen — *She foresaw the accident; The problems had been foreseen.*

vorhin just now

vorig
1 (*früher*) previous
2 (*vergangen*) last

die **Vorkehr** (CH) precaution [prɪˈkɔːʃᵊn]

die **Vorkehrung** precaution [prɪˈkɔːʃᵊn]; **die nötigen Vorkehrungen treffen** to take the necessary precautions

vorkommen
1 (*geschehen*) to happen; **das kann schon mal vorkommen** that can happen to anybody
2 (*auftreten*) to be found; **Bären kommen nur in Wäldern vor** bears are only to be found in woodlands ⚠ *Plural*
3 (*den Anschein haben*) to seem; **es kommt mir so vor** so it seems to me; **mir kommt es so vor, als ob ...** it seems to me as though ...

die **Vorlage**
1 (*das Vorlegen*) presentation
2 (*Muster*) model, pattern; **etwas als Vorlage nehmen** to copy from something

vorläufig
1 *Regelung usw.:* temporary
2 (*provisorisch*) provisional
3 (*vorerst*) temporarily; (*fürs Erste*) for the time being

vorlegen
1 (*zeigen*) to produce, to show
2 to present *Vorschlag*

vorlesen to read aloud [*oder* out loud]; **jemandem etwas vorlesen** to read something to someone

die **Vorlesung** lecture

vorletzte(r, s) last but one, penultimate; **vorletztes Jahr** the year before last

die **Vorliebe** preference; **ich habe eine Vorliebe für Gorgonzola** I like Gorgonzola a lot; **sie redet mit Vorliebe über Politik** she loves talking politics

vorliegen
1 (*eingereicht sein*) to be in
2 (*vorhanden sein*) to be, to exist; **da muss ein Irrtum vorliegen** there must be some mistake

vormachen
1 **jemandem etwas vormachen** (*zeigen*) to show someone how to do something
2 **jemandem etwas vormachen** (*täuschen*) to fool someone; **machen Sie sich nichts vor!** don't fool [*oder* kid] yourself!

die **Vormachtstellung** supremacy (**gegenüber** over)

der **Vormarsch** advance

der **Vormittag** morning

vormittags in the morning; [**um**] **11 Uhr vormittags** [at] 11 am

der **Vormund** guardian

die **Vormundschaft** guardianship

vorn
1 in front; (*am Vorderende*) at the front; **vorn liegen** to be ahead; (*im Rennen*) to lead, to be in the lead
2 (*am Anfang*) at the beginning; **von vorn** from the beginning; **noch einmal von vorn** all over again

der **Vorname** Christian name (GB), first name (USA)

vornehm
1 (*kultiviert*) distinguished

2 (*edel*) noble
3 (*sozial hochgestellt*) high-ranking; (*adlig*) aristocratic
4 (*elegant*) fashionable

vornehmen
1 (*durchführen*) to carry out; to make *Änderungen*
2 **sich etwas vornehmen** (*planen*) to intend to do something

der **Vorort** suburb

der **Vorrang**
1 (*Vordringlichkeit*) priority (**vor** over)
2 (*Reihenfolge*) precedence (**gegenüber** over)

der **Vorrat** stock, supply; **einen Vorrat anlegen** to lay in stocks ⚠ *Plural*

das **Vorrecht** prerogative

die **Vorrichtung** device, gadget ['gædʒɪt]

vorrücken
1 to move forward; to move on *Schachfigur*
2 *Armee:* to advance

die **Vorrunde** preliminary round

der **Vorsatz** intention..; **den Vorsatz fassen, etwas zu tun** to resolve to do something

vorsätzlich deliberate, intentional; (*willentlich*) wilful

der **Vorschlag**
1 proposal (GB), proposition (USA); **[jemandem] einen Vorschlag machen** to propose something [to someone]
2 (*Anregung*) suggestion; **auf meinen Vorschlag** at my suggestion

vorschlagen
1 to propose, to suggest [sə'dʒest]; **was schlagen Sie vor?** what do you suggest we do?
2 (*nominieren*) **jemanden für etwas vorschlagen** to nominate someone for something

vorschreiben
1 (*anordnen*) to stipulate
2 (*diktieren*) to dictate; **ich lasse mir nichts vorschreiben!** I won't be told what to do!
3 to prescribe *Dosis*

die **Vorschrift**
1 (*Bestimmung*) regulation; **das verstößt gegen die Vorschriften** that is contrary to the regulations
2 (*Anweisung*) instruction, order

die **Vorschule** nursery school

der **Vorschuss** advance (**auf** on)

vorsehen
1 **der Vertrag sieht vor, dass ...** the contract [*oder* treaty] stipulates that ...
2 **wie vorgesehen** according to plan
3 **sich vorsehen** to beware (**vor** of), to take care

die **Vorsicht**
1 care
2 (*bei Gefahr*) caution; **Vorsicht!** beware!, take care!, watch out!; **Vorsicht Stufe!** mind the step!

vorsichtig careful; (*besonnen*) cautious

vorsichtshalber as a precaution; **etwas vorsichtshalber tun** to take the precaution of doing something

die **Vorsichtsmaßnahme** precaution; **es ist eine reine Vorsichtsmaßnahme** it's purely precautionary; **Vorsichtsmaßnahmen treffen** to take precautions

die **Vorsilbe** prefix

vorsingen
1 **jemandem etwas vorsingen** to sing something to someone
2 *beim Theater:* to audition

der/die **Vorsitzende**
1 chairperson, chairman *maskulin,* chairwoman *feminin;* **der Vorsitzende Deng** Chairman Deng
2 *von Verein:* president

die **Vorsorge** **Vorsorge treffen** to take precautions ⚠ *Plural; fürs Alter:* to make provisions ⚠ *Plural*

die **Vorspeise** starter

vorspielen
1 (*musikalisch*) **jemandem etwas vorspielen** to play something for someone
2 (*beim Theater*) **jemandem etwas vorspielen** to act something for someone
3 (*übertragen*) **spiel mir doch nichts vor!** don't bother putting on an act for me!
4 *von Musik:* to play

der **Vorsprung**
1 (*Vorteil*) advantage (**über** of)
2 *im Sport:* lead (**vor** over); **er hat 10 m Vorsprung** he is in the lead by ten meters

der **Vorstand**
1 (*Gremium*) board
2 *von Verein:* committee

3 (*Person*) chief executive, managing director

vorstellen
1 **die Uhr [um eine Stunde] vorstellen** to put one's watch/the clock forward [an hour]
2 **jemandem etwas vorstellen** to present [*oder* show] someone something
3 **darf ich Ihnen Herrn X vorstellen?** allow me to introduce Mr X, I'd like you to meet Mr X
4 **sich jemanden/etwas vorstellen** (*in der Phantasie*) to imagine someone/something
5 **was stellst du dir darunter vor?** what do you mean by that?; **ich kann mir nicht viel darunter vorstellen** it doesn't mean much to me
6 **sich vorstellen** (*bei Bewerbung*) to go for an interview

die **Vorstellung**
1 *Theaterstück:* performance; *Film:* showing
2 (*Gedanke*) idea, notion; **sich eine Vorstellung von etwas machen** to form an idea of something
3 (*Vorstellungskraft*) imagination
4 *von Person:* introduction; *von Produkt:* presentation

das **Vorstellungsgespräch** interview

die **Vorstellungskraft**, das **Vorstellungsvermögen** imagination

der **Vortag** day before

vortäuschen to feign [feɪn]

der **Vorteil**
1 advantage; **für jemanden von Vorteil sein** to be advantageous to someone
2 **die Vor- und Nachteile** the pros and cons
3 **jemandem gegenüber im Vorteil sein** to have the advantage over someone

vorteilhaft advantageous; **es ist [nicht] vorteilhaft für mich ...** it is [not] to my advantage to ...

der **Vortrag** (*Lesung*) lecture; **einen Vortrag halten** to give a lecture

vortragen
1 (*berichten*) to report
2 (*darlegen*) to present
3 **ein Gedicht vortragen** to recite a poem

vortreten
1 to step forward
2 (*hervorragen*) *Klippe, Kinn, Nase:* to jut out, to project

der **Vortritt**
1 precedence; **jemandem den Vortritt lassen** to let someone go first
2 (CH) (*Vorfahrt*) right of way

vorüber over, past

vorübergehen
1 (*vorbeigehen*) **an jemandem/etwas vorübergehen** to go past [*oder* pass by] someone/something
2 (*zeitlich*) to pass
3 (*zu Ende gehen*) to be over; **das geht vorüber** it'll pass

vorübergehend
1 (*momentan*) momentary
2 (*zeitweilig*) temporary

das **Vorurteil** bias, prejudice; **ein Vorurteil haben** to be prejudiced, to have a prejudice (**gegen** against)

vorverlegen
1 to bring forward *Termin*
2 to push forward *Front*

die **Vorwahl**
1 *politisch:* preliminary election (GB), primary (USA)
2 *Telefon:* dialling code (GB), area code (USA)

der **Vorwand** pretext; **unter dem Vorwand, dass ...** under the pretext that ...

vorwärts forward, onward

vorwärtsgehen to progress; **geht es vorwärts mit deinem Projekt/deiner Arbeit?** how is your project/work coming on?

vorwärtskommen **in/mit etwas vorwärtskommen** to make progress in/with something

vorwerfen
1 (*beschuldigen*) **jemandem etwas vorwerfen** to accuse someone of something; **er hat mir vorgeworfen, dass ich unehrlich sei** he accused me of being dishonest
2 **sich nichts vorzuwerfen haben** to have nothing to reproach oneself with

vorwiegend
1 *Meinung:* predominant
2 (*vor allem*) chiefly, mainly, predominantly

das **Vorwort** foreword, preface

der **Vorwurf**
1 (*Vorhaltung*) reproach
2 (*Beschuldigung*) accusation; **jemandem etwas zum Vorwurf machen** to accuse someone of something

vorzeigen to produce, to show

vorzeitig
① (*zu früh*) early
② *Altern, Tod:* premature

vorziehen
① (*lieber mögen*) to prefer; **was ziehen Sie vor?** which do you prefer?; **ich ziehe das Leben auf dem Land vor** my preference is for country life
② (*bevorzugen*) to favour; **sie wird immer vorgezogen** she's always the favourite

der **Vorzug**
① (*Vorteil*) advantage
② **einer Sache den Vorzug geben** to prefer something; (*Vorrang geben*) to give precedence (**über** over)

vorzüglich excellent, superb

vulgär vulgar

der **Vulkan** volcano

vulkanisch volcanic

Ww

W, w W, w ['dʌblju:]

die **Waage**
① (*Gerät*) balance, scales ⚠ *Plural,* pair of scales *Singular*
② (*Sternbild*) Libra

waagerecht horizontal

wach awake; **wach werden** to wake up

die **Wache**
① (*Polizeiwache*) police station
② (*Wachdienst*) guard
③ (*Posten*) sentinel, sentry
④ **Wache haben** to be on watch [*oder* guard duty]

das **Wachs** wax

wachsam
① vigilant, watchful
② (*vorsichtig*) on one's guard

wachsen
① (*größer werden*) to grow
② (*zunehmen*) to increase, to mount
③ **sich einen Bart wachsen lassen** to grow a beard
④ (*übertragen*) **jemandem gewachsen sein** to be a match for someone

Grammatik
Richtiges Konjugieren von **grow**: grow, grew, grown — *She grew roses in her garden; You have grown tall since I last saw you.*

das **Wachstum** growth

der **Wächter**, die **Wächterin** (*Aufseher*) attendant

wackeln
① to wobble
② (*zittern*) to shake
③ *Zahn:* to be loose
④ **mit dem Kopf/den Ohren wackeln** to shake one's head/wiggle [*oder* waggle] one's ears

wack(e)lig
① *Zahn:* wobbly
② *Unternehmen:* shaky

die **Wade** calf [kɑ:f]

die **Waffe** weapon; (*Schusswaffe*) gun; **Waffen tragen** to bear arms

die **Waffel** waffle

der **Waffenstillstand** armistice

der **Wagen**
① (*PKW*) car
② (*Wagon*) carriage (GB), car (USA)

wagen
① to venture; **sich vor die Tür wagen** to venture out of doors ⚠ *Plural*
② (*sich getrauen*) to dare; **wie wagst du es!** how dare you!

Vorsicht Falle!
to dare (to) do something (= wagen, etwas zu tun): *how dare you tell me I'm a liar!* — Die verneinte Form von **to dare** ist **dare not** oder kurz **daren't** und wird immer ohne **to** gebraucht: *Bart daren't tell the truth; he doesn't dare disobey his father.*

der **Waggon** (*Bahn*) wag[g]on (GB), freight car (USA)

die **Wahl**
① *in der Politik:* election; **zur Wahl gehen** to go to the polls ⚠ *Plural*
② (*Auswahl, Möglichkeit*) choice; **ich habe**

keine andere Wahl I have no choice; **wenn ich die Wahl hätte ...** if I could choose ...

wahlberechtigt entitled [ɪn'taɪtḷd] to vote

der **Wahlbezirk** ward

wählen
1 (*Stimme abgeben*) to vote
2 **jemanden wählen** to elect [*oder* vote for] someone; **sie wurde zur Vorsitzenden/Präsidentin gewählt** she was elected chairwoman/president
3 (*auswählen*) **jemanden/etwas wählen** to choose someone/something
4 to dial *Telefonnummer*

der **Wähler**, die **Wählerin** voter

wählerisch discriminating, particular, choosy

das **Wahlfach** *in der Schule:* optional subject

der **Wahlkampf** election campaign [kæm'peɪn]

der **Wahlkreis** constituency (GB), district (USA)

wahllos
1 (*gedankenlos*) indiscriminate
2 (*ohne zu überlegen*) indiscriminately
3 (*zufälligerweise*) at random, haphazardly

das **Wahlrecht** right to vote

der **Wahlspruch** motto

die **Wahlurne** ballot box

der **Wahnsinn**
1 insanity
2 (*umgangsspr*) madness; **das ist reiner Wahnsinn!** this is sheer madness!

wahnsinnig
1 (*als Krankheit*) insane
2 (*umgangsspr*) crazy, mad (**vor** with)
3 (*super*) terrific
4 (*sehr*) incredibly; **sich wahnsinnig freuen** to be absolutely delighted

wahr
1 (*nicht falsch*) true; **nicht wahr?** right?; **wie wahr!** too true!
2 **das darf doch nicht wahr sein!** you're joking!, I don't believe it!
3 (*echt, wirklich*) real; **der wahre Grund** the real reason; **die wahre Liebe** true love

während
1 **während der Schulstunde** during the lesson
2 (*vor Nebensatz*) while; **während wir Pause hatten, ...** while we were on our break, ...
3 (*bei Gegensätzen*) whereas; **sie ging, während ich dablieb** she went off, while I stayed on

die **Wahrheit** truth; **die Wahrheit sagen** to tell the truth

wahrheitsgetreu truthful

wahrnehmen
1 (*sinnlich*) to perceive; (*bemerken*) to be aware of
2 to take *Gelegenheit;* to observe *Frist, Termin*
3 to look after *Interessen*

wahrsagen jemandem die Zukunft wahrsagen to predict someone's future

der **Wahrsager**, die **Wahrsagerin** fortune-teller

währschaft (CH)
1 *Mensch:* down to earth
2 *Material, Ware:* reliable
3 *Essen:* wholesome

wahrscheinlich
1 *Kandidat:* likely, probable; **das ist [nicht] sehr wahrscheinlich** that is very [un]likely
2 (*wie es scheint*) probably; **es ist nicht sehr wahrscheinlich, dass er kommt** he is not very likely to come

die **Wahrscheinlichkeit** likelihood, probability; **wie groß ist die Wahrscheinlichkeit, dass ...?** how likely is it that ...?

die **Währung** currency

das **Wahrzeichen**
1 emblem
2 *einer Stadt:* symbol

die **Waise** orphan; **sie ist Waise** she's an orphan

der **Wal** whale

der **Wald** wood; (*Forst*) forest

der **Waldbrand** forest fire

das **Waldsterben** dying of the forests

der **Walfang** whaling

der **Waliser**, die **Waliserin** Welshman *maskulin,* Welsh woman *feminin;* **die Waliser** the Welsh *Plural*

walisisch Welsh

wallend *Haar:* flowing

die **Wallfahrt** pilgrimage

die **Walnuss** walnut

das **Walross** walrus

wälzen
① (*rollen*) to roll
② **sich [im Schlamm] wälzen** to roll [*oder* wallow] [in the mud]

der **Walzer** waltz

die **Wand** wall; **eine Wand hochziehen** to put up a wall

der **Wandel** (*Änderung*) change

der **Wanderer**, die **Wanderin** hiker ['haɪkəʳ]

wandern
① (*gehen*) to roam, to wander
② (*als Freizeitgestaltung*) to hike, to ramble; **ich wandere gern** I like hiking [*oder* hill-walking]

die **Wanderung** (*Ausflug*) walk

die **Wange** cheek

wanken to sway; **ins Wanken geraten** to begin to rock [*oder* sway]

wann
① when
② **seit wann?** how long?

die **Wanne** *zum Baden:* tub

die **Wanze** bug

das **Wappen** *einer Familie:* [coat of] arms

die **Ware**
① (*als Produkt*) product
② (*Artikel*) article

warm
① warm *auch übertragen; Essen, Trinken, Wetter:* hot; **warm werden** to get hot; **komm rein ins Warme** come into the warm
② **sich warm laufen** *Auto, Sportler:* to warm up

die **Wärme**
① warmth
② *in der Physik:* heat

wärmen
① to warm
② **sich wärmen** to warm oneself

warmwerden mit jemandem warmwerden to warm to someone

warnen to warn; **sie hat mich davor gewarnt** she warned me against it; **jemanden davor warnen, etwas zu tun** to warn someone not to do something

die **Warnung** warning (**vor** about)

die **Warteliste** waiting list

warten[1]
① to wait (**auf** for); **warte mal** wait a minute; **ich warte schon seit einer Ewigkeit!** I've been waiting for ages!
② **na warte!** just you wait!

warten[2] (*pflegen*) to service, to maintain

der **Wärter**, die **Wärterin**
① attendant
② *im Gefängnis:* warder *maskulin* (GB), wardress *feminin* (GB), guard (USA)

die **Wartezeit** waiting period

das **Wartezimmer** waiting room

die **Wartung**
① *von Gerät:* maintenance
② *von Auto:* servicing

warum why; **warum auch nicht!** and why not!

was[1]
① (*als Frage*) what; **was?** what?; **was ist denn?** what is it now?; **was ist los?** what's the matter?, what's going on?; **was für ein ...?** what kind of ...?
② **weißt du was, ...** tell you what, ..., you know what, ...; **was auch immer!** whatever!
③ **alles, was ich habe** everything I've got; **das, was ich dir gesagt habe** what I told you; **du weißt, was ich meine** you know what I mean

was[2] →**etwas**
① (*als Frage*) **ist was?** something the matter?; **weißt du was?** do you know anything?
② **ich will dir mal was sagen, ...** I'll tell you what, ..., I'll tell you something, ...

waschbar washable

das **Waschbecken** washbasin

die **Wäsche**
① (*Bettwäsche*) linen
② (*das Waschen*) washing; **in der Wäsche sein** to be in the wash; **Wäsche waschen** to do the washing

die **Wäscheklammer** clothes [kləʊ(ð)z] peg

die **Wäscheleine** [clothes] line

waschen
① to wash; **Wäsche waschen** to do the washing; **sie hat mir die Haare gewaschen** she washed my hair
② **sich waschen** to have a wash; **sich die Haare/Hände waschen** to wash one's hair ⚠ *Singular*/hands

die **Wäscherei** laundry

der **Wäschetrockner** tumble drier [*oder* dryer]

der **Waschlappen**
1 flannel (GB), washrag (USA)
2 (*abwertend: Schwächling*) sissy, softy

die **Waschmaschine** washing machine

das **Waschmittel** detergent

das **Waschpulver** washing powder

der **Waschsalon** launderette (GB), laundromat (USA)

die **Waschstraße** car-wash plant

das **Wasser**
1 water; **unter Wasser stehen** to be under water, to be flooded
2 **mir lief das Wasser im Munde zusammen** my mouth watered ▶ WENDUNGEN: **der Ausflug ist ins Wasser gefallen** the excursion is off

wasserdicht
1 *Alibi, Kleidung:* waterproof
2 *Uhr, Zelt:* watertight

der **Wasserfall** waterfall

die **Wasserfarbe** watercolour

der **Wasserhahn** water tap (GB), faucet (USA)

die **Wasserkraft** water power

die **Wasserleitung**
1 (*Rohr*) water pipe
2 (*Anlagen*) plumbing ['plʌmɪŋ]

der **Wassermann** (*Sternzeichen*) Aquarius

wässern to water *Pflanze*

der **Wasserski** waterski; **Wasserski fahren** to go [*oder* do] waterskiing

der **Wasserstoff** hydrogen

der **Wasserweg** waterway

waten to wade

die **Watschen** (A) (*Ohrfeige*) slap in the face

das **Watt** (*elektrische Einheit*) watt; **500 Watt** 500 watts

die **Watte** cotton wool (GB), cotton (USA)

weben to weave

der **Wechsel**
1 change
2 **im Wechsel** alternately
3 *von Geld:* exchange
4 *im Bankwesen:* bill [of exchange]

wechseln
1 **die Arbeit/das Zimmer wechseln** to change jobs ⚠ *Plural*/rooms ⚠ *Plural;* **die Wohnung wechseln** to move house
2 (*umwechseln*) to change (**in** into); **können Sie mir einen Euro wechseln?** can you give me change for a euro?
3 to exchange *Ersatzteil*

wechselnd
1 changing; (*abwechselnd*) alternating
2 (*unterschiedlich*) variable

die **Wechselwirkung** interaction

wecken to wake [up], to waken; **jemanden wecken** to wake someone up

> **Grammatik**
> Richtiges Konjugieren von **wake**: wake, woke, woken — *The sun woke me up this morning; Peter was woken by a loud clap of thunder.*

der **Wecken** (A)
1 (*Brot*) loaf
2 (*Gebäck*) Viennese roll

der **Wecker** alarm clock; **sich den Wecker auf 7 Uhr stellen** to set the alarm for 7 o'clock

wedeln
1 **mit etwas wedeln** (*winken*) to wave something
2 **der Hund wedelt mit dem Schwanz** the dog wags its tail

weder **weder ... noch ...** neither ... nor; **weder in dem einen, noch in dem anderen Fall** in neither case

weg
1 **ich muss weg** I must be off; **ich kann jetzt nicht weg** I can't leave now; **er ist schon weg** he has already gone
2 **weg da!** out of the way!; **Hände** [*oder* **Finger**] **weg!** hands off!
3 **ich war** [**hin und**] **weg** (*begeistert*) I loved it

der **Weg**
1 path
2 (*Richtung, Route*) way; **auf dem Weg hierher** on the way here; **wir müssen uns auf den Weg machen** we must be making tracks ⚠ *Plural,* we must get going; **jemanden nach dem Weg nach ... fragen** to ask someone the way to ...
3 (*Art und Weise*) way; **es gibt viele Wege, das Problem zu lösen** there are many ways of solving this problem
4 **geh mir aus dem Weg!** get out of my way!; **du bist mir im Weg!** you're in my way!

5 **jemandem aus dem Weg gehen** to keep out of someone's way

wegbleiben to stay away

wegen
1 because of, on account of; **wegen seiner Mutter** on account of his mother
2 **wegen was?** why?
3 **von wegen!** nothing of the sort!

wegfahren
1 *Zug:* to leave
2 (*mit Auto*) to drive away
3 (*verreisen*) to go away

weggeben (*verschenken*) to give away

weggehen (*sich entfernen*) to go, to leave; **geh weg!** [just] go away!

> **Grammatik**
> Richtiges Konjugieren von **leave**: leave, left, left — *Harry left yesterday; He has already left.*

wegkommen
1 (*weggehen können*) to get away
2 **mach, dass du wegkommst!** make yourself scarce [skeəs]!

weglassen
1 (*gehen lassen*) to let go
2 (*auslassen*) to leave out

weglaufen to run away (**vor** from)

wegnehmen to take away

wegräumen to clear away

wegschicken
1 (*um etwas zu holen*) to send off
2 (*abschicken*) to send away

wegstecken to put away

der **Wegweiser** sign[post]

wegwerfen to throw away

wegwischen to wipe off

wegziehen
1 (*fortziehen*) to pull away
2 (*beiseiteziehen*) to draw back
3 (*umziehen*) to move away

wehen
1 *Fahne:* to wave
2 *Haare:* to blow about
3 *Geruch, Klang:* to drift
4 *Wind:* to blow

> **Grammatik**
> Richtiges Konjugieren von **blow**: blow, blew, blown — *The wind blew strongly; A lot of trees were blown over.*

der **Wehrdienst** military service; **jemanden zum Wehrdienst einberufen** to call someone up (GB), to draft someone (USA)

wehren
1 **sich wehren** (*sich widersetzen*) to [put up a] fight; **sich gegen etwas wehren** to fight something
2 (*sich verteidigen*) to defend oneself (**gegen** against)

> **Grammatik**
> Richtiges Konjugieren von **fight**: fight, fought, fought — *She fought the system for years; I have fought against the decision.*

wehrlos defenceless

der **Wehrmann** (CH), (A) soldier

die **Wehrpflicht** **allgemeine Wehrpflicht** conscription

wehtun to hurt; **es tut weh** it hurts; **mein Kopf/Rücken tut weh** I have a sore head/back

das **Weibchen** *Tier:* female, mate

weiblich
1 female
2 (*feminin*) feminine

die **Weiblichkeit** (*feminine Eigenschaft*) femininity

weich soft; **ein weich gekochtes Ei** a soft-boiled egg

weigern **sich weigern** to refuse

die **Weigerung** refusal

das **Weihnachten** Christmas; **fröhliche Weihnachten!** merry Christmas!; **was hast du ihr zu Weihnachten geschenkt?** what did you get her for Christmas?

der **Weihnachtsbaum** Christmas tree

der **Weihnachtsfeiertag** **erster Weihnachtsfeiertag** Christmas Day; **zweiter Weihnachtsfeiertag** Boxing Day

das **Weihnachtslied** carol

der **Weihnachtsmann** Father Christmas, Santa Claus

weil because

die **Weile** **eine Weile** a [little] while

der **Wein** wine

der **Weinberg** vineyard

weinen to cry; (*bitterlich*) to weep (**um** for, **über** over, **aus/vor** with)

Grammatik
Richtiges Konjugieren von **weep**: weep, wept, wept — *Lorna wept when she heard the news; He has't wept since he was a child.*

die **Weintraube** grape

die **Weise**
1 (*Art, Verfahren*) manner, way
2 **auf diese Weise** that way; **in gewisser Weise** in a way; **in keinster Weise!** under no circumstances! ⚠ *Plural,* no way! *umgangsspr*

weise wise

die **Weisheit** wisdom

der **Weisheitszahn** wisdom tooth

weiß
1 white; **weiß werden** to turn white
2 **das Weiße Haus** the White House

der **Weißkabis** (CH), der **Weißkohl** [white] cabbage ['kæbɪdʒ]

der **Weißwein** white wine

weit
1 (*lang gezogen*) wide
2 (*breit*) broad
3 (*lang*) long
4 (*Entfernung*) far; **von weitem** from a long way off
5 **bei weitem** by far
6 **wie weit bist du?** how far have you got?; **ich bin gleich so weit** I'm almost ready [*oder* done] *umgangsspr*
7 **das geht zu weit** that's going too far
8 **weit gereist** widely travelled; **weit hergeholt** far-fetched
9 **weit verbreitet** widespread

der **Weitblick** (*übertragen*) far-sightedness

die **Weite**
1 (*als Maß*) width
2 (*Größe*) expanse

weiten
1 to widen; to stretch *Schuhe*
2 **sich weiten** to widen, to broaden

weiter
1 (*Steigerungsform von weit*) farther
2 (*zusätzlich*) further
3 (*zudem*) furthermore
4 (*noch hinzu*) further
5 (*sonst*) otherwise; **weiter nichts?** is that all?
6 **immer weiter** on and on; **und so weiter** and so on

die **Weiterbildung** further education

weiterführen (*fortsetzen*) to carry on, to continue

weitergeben
1 to pass on
2 to transmit *Nachricht*

weitergehen
1 to go on
2 **so kann es nicht weitergehen** things can't go on like this

weiterhin furthermore

weiterkommen
1 (*auf dem Weg*) to get further
2 (*Fortschritte machen*) to make headway

weitermachen
1 **[etwas] weitermachen** to carry on [with something]
2 **mach weiter so!** (*als Ermutigung*) keep it up!

weithin **weithin bekannt/beliebt** widely known/popular

weitläufig
1 *Gebäude:* spacious ['speɪʃəs]
2 (*verzweigt*) rambling

weitsichtig
1 long-sighted (GB), far-sighted (USA)
2 (*übertragen*) far-sighted

der **Weitsprung** long jump (GB), broad jump (USA)

der **Weizen** wheat

welche(r, s)
1 (*als Frage*) which
2 (*Ding*) that, which; **ich habe verschiedene Kuchen, welchen möchtest du?** I've got different kinds of cake, which one would you like?
3 (*Mensch*) who; **siehst du den Mann? — welchen meinst du?** do you see that man? — who do you mean?; **welcher von den beiden?** which of the two?

welk *Blume:* faded, wilted

die **Welle** wave

der **Wellensittich** budgerigar ['bʌdʒᵊrɪgɑːʳ], budgie *umgangsspr*

wellig
1 *Oberfläche:* undulating
2 *Haar:* wavy

der **Welpe** whelp

welsch CH Swiss-French

die **Welschschweiz** CH French Switzerland

der **Welschschweizer**, die **Welschschweizerin** CH French Swiss

welschschweizerisch CH Swiss-French

die **Welt**
1 world; **auf der Welt** on earth; **in aller Welt** all over the world; **der schnellste Läufer der Welt** the fastest runner in [all] the world
2 **zur Welt bringen** to bring into the world, to give birth to; **zur Welt kommen** to be born

das **Weltall** universe; **im Weltall** in space

weltberühmt world-famous

der **Weltkrieg der Erste/Zweite Weltkrieg** World War One/Two

die **Weltmacht** world power

der **Weltmeister**, die **Weltmeisterin** world champion

der **Weltrang von Weltrang** world-famous

der **Weltraum** space

die **Weltreise** journey round the world; **eine Weltreise machen** to go on a trip around the world

die **Weltstadt** metropolis

weltweit global, worldwide

wem
1 to whom [huːm]; **wem glaubst du, ihr oder mir?** who[m] do you believe, her or me?
2 **von wem hat er das?** who gave him that?

wen who, whom; **wen meinst du?** who do you mean?; **an wen hast du das geschickt?** who did you send it to?, to whom did you send it?

die **Wende** (*Wandel*) change

die **Wendeltreppe** spiral staircase

wenden
1 to turn; (*in entgegengesetzte Richtung*) to turn [a]round; (*auf die andere Seite*) to turn over
2 (*umkehren*) to turn [a]round
3 **sich an jemanden wenden** (*um Hilfe*) to turn to someone; (*um Auskunft*) to consult someone
4 **sich gegen jemanden wenden** to come out against someone

die **Wendung**
1 turn
2 (*Änderung*) change
3 (*Redewendung*) expression, phrase

wenig
1 (*ein bisschen*) little; **ein wenig Salz** a little salt
2 **ich habe wenig Zeit** I haven't got much time; **zu wenig** not enough
3 **wenige** few, some, not many

weniger
1 (*unzählbar*) *Zeit:* less; **es wird immer weniger** it's getting less and less; **noch weniger** even less
2 (*zählbar*) *Leute:* fewer

Vorsicht Falle!
less oder **fewer**? **less** = weniger wird für Mengen gebraucht: *there is less juice in your glass than in my glass; Lisa has eaten less than her brother;* — **fewer** wird für zählbare Dinge oder Personen gebraucht: *there are fewer pages in this book than in that one.*

wenigste(r, s)
1 (*unzählbar*) least *Plural;* **und das ist noch das wenigste!** and that's the least of it!
2 (*zählbar*) fewest; **am wenigsten** fewest

wenigstens at least; **du könntest dich wenigstens entschuldigen** at the very least you could apologize

wenn
1 (*falls*) if, in case; **na, wenn das so ist!** well, in that case!
2 (*zeitlich*) when; **immer wenn ...** whenever ...
3 **wenn man bedenkt, dass ...** considering ...
4 **außer wenn** unless

wer
1 (*relativ*) **wer das glaubt, ...** he [*oder* anyone] who believes that ...
2 (*als Frage*) who?; (*auswählend: welcher*) which?; **wer von den beiden?** which of the two?
3 (*in Fragen oder Bedingungssätzen*) any-

body, anyone; **ist da wer?** is anybody there?
4 **wer auch immer ...** whoever ...

die **Werbeagentur** advertising agency

der **Werbeanruf** telemarketing call

der **Werbebanner** *im Internet:* banner

das **Werbefernsehen** television commercials
⚠ *Plural*

der **Werbefilm** advertising film; (*Werbespot*) commercial [kəˈmɜːʃəl]

das **Werbegeschenk** [promotional] gift

werben
1 (*kommerziell*) **[für etwas] werben** to advertise something
2 **neue Leser werben** to attract new readers

der **Werbespot** commercial

die **Werbung** (*Reklame*) advertising; **für etwas Werbung machen** to advertise something

der **Werdegang** (*beruflicher*) career

werden
1 **wir werden sehen** we shall [*oder* we will] [*oder* we'll] see
2 **es wird schon richtig sein** it'll be okay
3 **das Abendessen wird kalt** dinner is getting cold
4 **Schreiner/Lehrerin werden** to become a carpenter/teacher
5 **alt/müde werden** to get old/tired; **blind/grau werden** to go blind/grey
6 (*sich verwandeln in*) to turn into; **vom Frosch zum Prinzen werden** to turn from a frog into a prince
7 **was willst du mal werden?** what would you like to become later?; **ich werde mal Schriftstellerin** I'm going to be a writer

Grammatik
Richtiges Konjugieren von **become**: become, became become — *Harry became a minister; Joe has become very thin.*

werfen
1 to throw (**nach** at); **mit etwas werfen** to throw something
2 (*Junge kriegen*) to have, to throw
3 **einen Blick auf etwas werfen** to cast one's eyes ⚠ *Plural* over something

Grammatik
Richtiges Konjugieren von **throw**: throw, threw, thrown — *She threw the empty carton away; Tom was thrown off the horse.*

die **Werft** shipyard

das **Werk**
1 (*Buch, Kunstwerk*) work; **ein literarisches Werk** a work of literature
2 (*Fabrik*) works ⚠ *Plural*

die **Werkbank** workbench

die **Werkstatt**
1 workshop
2 *für Autos:* garage

der **Werktag** work[ing] day

das **Werkzeug** tool

der **Wert**
1 (*Geldwert, Bedeutung*) value; **Juwelen im Wert von einer Million Euro** jewels worth a million euros
2 (*Ergebniswert, Testwert*) results
3 **sittliche Werte** moral standards
4 **Wert auf etwas legen** to attach value to something

wert **was ist das wert?** what's this worth?; **das ist nichts wert** this is worthless; **ob es der Mühe wert ist?** is it worth the trouble?

werten
1 (*beurteilen*) to judge
2 (*einstufen*) to rate (**als** as)
3 (*Punkte geben*) to give a score

die **Wertgegenstände** valuables [ˈvæljuəbl̩z]

wertlos
1 valueless, worthless
2 (*nutzlos*) useless

die **Wertsachen** valuables

wertvoll precious, valuable

die **Wertvorstellung** moral concept

wesentlich
1 (*essenziell*) essential [ɪˈsenʃəl]
2 (*grundlegend*) fundamental; **das macht keinen wesentlichen Unterschied** that doesn't make a big difference; **das Wesentliche** the essential part; (*Kern*) the gist; **im Wesentlichen** essentially [ɪˈsenʃəli]
3 (*beträchtlich*) considerably

weshalb
1 (*Frage*) why [waɪ]
2 (*relativ*) for which reason

die **Wespe** wasp

wessen
1 (*von wem*) whose [hu:z]
2 (*wovon*) of what

die **Weste**
1 (*Herrenweste*) waistcoat
2 (*Strickweste*) cardigan

der **Westen** (*Himmelsrichtung*) west; **im Westen von ...** to the west of ...

der **Western** western

westlich
1 western ⚠ *nur vor Substantiv*
2 *Wind:* westerly
3 **das Dorf liegt westlich vom Fluss** the village lies to the west of the river

westwärts westward[s], [to the] west

der **Wettbewerb** competition

die **Wette** bet; **ich gehe jede Wette ein, dass ...** I'll bet you anything that ...; **mit dir renne ich nicht um die Wette** I'm not going to race you

wetten
1 to bet (**auf** on)
2 **ich habe mit ihm gewettet, dass ...** I have a bet with him that ...; **ich habe mit ihm um 10 Euro gewettet** I bet him 10 euros
3 **wetten, dass ich das tue!** bet you I do!

Grammatik
Richtiges Konjugieren von **bet**: bet, bet/ betted, bet/ betted — He bet all his money on one horse; I have never bet on a horse before.

das **Wetter** weather ['weðəʳ]

der **Wetterbericht** weather report

die **Wettervoraussage**, die **Wettervorhersage** weather forecast

der **Wettkampf** competition [ˌkɒmpə'tɪʃᵊn]

der **Wettlauf**
1 race
2 **ein Wettlauf mit der Zeit** a race against the clock

wichtig important; **nicht [besonders] wichtig sein** to be of no [great] importance

wichtigmachen sie will sich nur wichtigmachen she's just putting on airs

wickeln
1 (*einwickeln*) to wrap [ræp] (**in** in)
2 (*schlingen*) to wind [waɪnd] (**um** [a]round)
3 **einen Säugling wickeln** to put on a baby's nappy [*oder* USA diaper ['daɪpəʳ]]

der **Widder**
1 (*Schafbock*) ram
2 (*Sternzeichen*) Aries ['eəri:z]

wider
1 **wider Erwarten** contrary to expectations
2 **er hat die Aufgabe wider Willen übernommen** he accepted the job against his will

widerlich
1 (*eklig*) disgusting
2 *Person:* repulsive

widerspiegeln to reflect

widersprechen
1 to contradict
2 **sich selbst widersprechen** to contradict oneself; **diese Aussagen widersprechen sich** these statements are inconsistent

der **Widerspruch** contradiction; **im Widerspruch zu etwas stehen** to be contradictory to something

der **Widerstand**
1 (*Widersetzung*) resistance; **jemandem/gegen etwas keinen Widerstand leisten** to offer no resistance to someone/something
2 **auf Widerstand stoßen** to meet with resistance

widerstehen to resist; (*standhalten*) to withstand

widerstreben es widerstrebt mir, so etwas zu tun I am reluctant to do anything like that

widerwillig
1 reluctant, unwilling
2 **sie ging widerwillig mit** she went along reluctantly

widmen
1 **jemandem etwas widmen** to dedicate something to someone
2 **jemandem/etwas seine Aufmerksamkeit widmen** to devote one's attention to someone/something

wie
1 (*fragend*) how; **wie geht's?** how are you?; **wie viele?** how many?; **wie viel** how much; **um wie viel größer** how much bigger; **wie wäre es damit?** how about it?
2 (*welcher Art, was*) what; **wie ist er?** what's he like?; **wie sind die Zimmer?** what are the rooms like?
3 (*vergleichend bei Adjektiv/Adverb*) as; (*vergleichend bei Substantiv*) like

4 **wie z. B.** such as
5 **wie bitte?** pardon?

Vorsicht Falle!
Das englische Wort **how** wird nicht immer wie das deutsche Wort ‚wie' verwendet. In bestimmten Fällen würde man im Englischen **what** verwenden — z. B. wenn man wissen möchte, wie etwas heißt: *what is this called in English? (und nicht: how is this called in English?) oder wenn man wissen möchte, wie etwas/jemand aussieht: what does she look like?* (und nicht: how does she look like?).

wieder
1 again
2 **immer wieder** time and again; **schon wieder!** not again!; **da bin ich wieder** it's me again
3 **wieder gutmachen** to make good, to compensate for

wiedergeben
1 (*zurückgeben*) to give back
2 (*beschreiben*) to describe
3 (*reproduzieren*) to reproduce

wiederhaben
1 **er hat es wieder** he's got it back
2 **etwas wiederhaben wollen** to want something back

wiederholen
1 (*noch einmal tun*) to repeat [rɪ'pi:t]
2 **sich wiederholen** *Person:* to repeat oneself; *Ereignis:* to recur

die **Wiederholung**
1 repetition [ˌrepɪ'tɪʃᵊn]
2 *im Radio, TV:* repeat
3 *von Lernstoff:* revision
4 *von Spiel:* replay

das **Wiederhören** **auf Wiederhören!** goodbye!

wiederkommen to come back

das **Wiedersehen** **Auf/auf Wiedersehen!** goodbye!, see you again!

die **Wiedervereinigung** *in Deutschland:* [German] reunification [ˌri:ju:nɪfɪ'keɪʃᵊn]

die **Wiege** cradle ['kreɪdl]

wiegen[1] to weigh [weɪ]; **Gepäck wiegen lassen** to weigh in luggage; **was wiegt er jetzt?** how much does he weigh now?

wiegen[2]
1 (*schaukeln*) to rock
2 to shake slowly *Kopf*
3 **sich wiegen** *Boot:* to rock gently; *Bäume, Personen:* to sway

die **Wiese** meadow ['medəʊ]

wieso why; **wieso weißt du das?** how do you know that?

wievielt
1 **den Wievielten haben wir heute?** what day of the month [mʌnθ] is it?
2 **zum wievielten Mal ist die Vase jetzt schon umgefallen?** how many times has that vase [vɑ:z] fallen down now?

das **Wild** game; (*Rotwild*) deer [dɪəʳ]

wild
1 wild; **wild wachsend** wild[-growing]
2 (*unzivilisiert*) savage ▸ WENDUNGEN: **er ist ganz wild auf Eis** he's crazy about ice cream; **es macht ihn wild, wenn er angelogen wird** he gets mad when he is lied to; **sie hüpfte wie wild durch die Gegend** she jumped around like crazy

die **Wildnis** wilderness

der **Wille**
1 will
2 **seinen Willen durchsetzen** to get one's own way
3 **das geschah gegen meinen Willen** that was done against [ə'genst] my will

willkommen welcome; **herzlich willkommen!** welcome!; **jemanden bei sich willkommen heißen** to welcome someone to one's house

wimmeln to swarm [swɔ:m], to teem (**von** with)

wimmern to whimper ['wɪmpəʳ]

die **Wimper** eyelash

die **Wimperntusche** mascara [mə'skɑ:rə]

der **Wind** wind [wɪnd]

die **Windel** nappy (GB), diaper ['daɪpəʳ] (USA)

winden
1 (*wickeln*) to wind [waɪnd]
2 **sich winden** *Pflanze, Schlange:* to wind [itself]; *Fluss:* to meander [mi'ændəʳ]; *Weg:* to wind
3 **sich vor Schmerz winden** to writhe [raɪð] with [*oder* in] pain

der **Windhund** greyhound ['greɪhaʊnd]

windig windy [wɪndi]

die **Windmühle** windmill

die **Windpocken** chickenpox ⚠ *mit Singular*

die **Windschutzscheibe** windscreen (GB), windshield ['wɪnʃiːld] (USA)

der **Winkel**
1 angle; **spitzer Winkel** acute angle; **stumpfer Winkel** obtuse angle; **rechter Winkel** right angle
2 (*Stelle, Ecke*) corner

winken
1 **jemandem winken** to wave to someone; **jemandem zum Abschied winken** to wave someone goodbye
2 **mit etwas winken** to wave something

der **Winter** winter ⚠ *ohne Artikel;* **im Winter** in winter; **mitten im Winter** in the depth of winter

winterlich wintry

der **Winterschlaf** hibernation [ˌhaɪbəˈneɪʃən]; **Winterschlaf halten** to hibernate

der **Wintersport** winter sports ⚠ *Plural*

winzig (*sehr klein*) tiny [ˈtaɪni]

die **Wippe** seesaw

wippen
1 to seesaw
2 (*auf und ab*) to bob up and down; (*hin und her*) to teeter

wir
1 we
2 **wir beide/drei** the two/three of us; **wer ist da? — wir sind's!** who's there? — it's us!

der **Wirbel**
1 (*auch übertragen*) whirl [wɜːl]
2 *im Wasser:* eddy, whirlpool
3 *im Rücken:* vertebra, *Plural* vertebrae

wirbeln to whirl [wɜːl]; *Staub, Laub:* to swirl

die **Wirbelsäule** spine

der **Wirbelsturm** whirlwind [ˈwɜːlwɪnd]

wirken
1 (*wirksam sein*) to have an effect (**auf** on)
2 **er wirkt jünger** he appears [*oder* seems] younger

wirklich
1 really
2 **ach wirklich?** (*als Antwort*) [what,] really?; **hat er das wirklich gesagt?** did he actually say that?
3 **ein wirklicher Löwe!** a real lion!

die **Wirklichkeit**
1 reality [riˈæləti] ⚠ *ohne Artikel*
2 **in Wirklichkeit war es ganz anders** the reality was quite different

wirksam effective; **wirksam werden** to take effect

die **Wirkung**
1 effect (**bei/auf** on)
2 **seine Wirkung verfehlen** to not have the desired effect

wirr
1 (*durcheinander*) confused
2 (*unordentlich*) tangled
3 *Geschichten:* weird [wɪəd]

der **Wirrwarr** confusion

der **Wirt** landlord

die **Wirtin** landlady

die **Wirtschaft**
1 (*Volkswirtschaft*) economy
2 (*Gastwirtschaft*) pub (GB), bar (USA)

wirtschaftlich (*sparsam*) economical

die **Wirtschaftskrise** economic crisis

das **Wirtshaus** (*Lokal*) pub (GB), bar (USA); (*Gasthof*) inn

wischen to wipe; (*reinigen*) to wipe clean

wissen
1 to know (**von** about); **woher weiß sie das?** how does she know?
2 (*sich erinnern*) **weißt du noch?** do you remember?
3 **Bescheid wissen** to be well informed
4 (*rhetorisch*) **was weiß ich?** who knows?; **nicht, das ich wüsste** not that I know of; **soviel ich weiß** as far as I know
5 **ich will von ihm nichts mehr wissen** I don't want anything more to do with him

> **Grammatik**
> Richtiges Konjugieren von **know**: know, knew, known — *Lee knew where to go; I have known that for a long time.*

das **Wissen** knowledge [ˈnɒlɪdʒ]; **meines Wissens** to the best of my knowledge

die **Wissenschaft** science [ˈsaɪəns]

der **Wissenschaftler**, die **Wissenschaftlerin** scientist [ˈsaɪəntɪst]; (*Geisteswissenschaftler*) academic

die **Witfrau** (CH), die **Witwe** widow [ˈwɪdəʊ]

der **Witwer** widower [wɪdəʊəʳ]

der **Witz**
1 joke; **einen Witz über etwas machen** to make a joke about something; **mach keine Witze!** you're joking!
2 (*geistvolle Schärfe*) wit

witzig
1 (*spaßig*) funny
2 (*geistreich*) witty

wo
1 where; **wo seid ihr?** where are you?
2 **... wo doch alles so schön gelaufen ist** ... when everything was running so smoothly ['smu:ðli]
3 **wo er nun schon mal da ist ...** since he's here already
4 **jetzt, wo sie in Rente geht ...** now that she's going to retire ...

woanders elsewhere [ˌels'weəʳ], somewhere else

wobei
1 (*Frage*) how; (*bei was*) at what
2 **wobei ich denke, dass ...** although I think that ...

die **Woche** week; **in einer Woche** in a week; **Woche für Woche** week in, week out; **dreimal die Woche** three times a week; **morgen in einer Woche** a week tomorrow

das **Wochenende** weekend; **am Wochenende** at [*oder* USA on] the weekend; **übers Wochenende verreisen** to go away for the weekend

wochenlang for weeks

der **Wochentag** weekday

wöchentlich weekly

woher
1 (*Frage*) from where, where ... from; **woher wissen Sie das?** how do you know that?
2 (*wie*) how
3 (*relativ*) from which, where ... from

wohin
1 (*Frage*) where [to]; **wohin gehst du?** where are you going to?
2 (*relativ*) where; **der Ort, wohin ich gehe** the place where I'm going

das **Wohl**
1 well-being
2 **auf Ihr Wohl!** here's to you! your health!; **zum Wohl!** cheers!

wohl
1 (*gut, gesund*) well; **ich fühle mich nicht wohl** I don't feel well
2 (*wahrscheinlich*) probably; **sie ist wohl krank** she's probably ill; **du bist wohl verrückt!** you must be mad!
3 (*gut*) **wohl durchdacht** well thought [θɔ:t] out; **wohl geordnet** well-ordered; **[jemandem] wohl tun** to do [someone] good; **wohl überlegt** well-considered

der **Wohlfahrtsstaat** welfare state

wohlhabend prosperous ['prɒspᵊrəs], well-to-do

der **Wohlstand** affluence ['æfluəns], prosperity

wohltätig charitable; **für einen wohltätigen Zweck** for a good cause [kɔ:z]

der **Wohnblock** block of flats

wohnen
1 to live [lɪv]
2 (*vorübergehend*) to stay (**bei** with); **im Hotel wohnen** to stay at a hotel

die **Wohngemeinschaft** flat share

das **Wohnheim**
1 *für Rentner:* residential [ˌrezɪ'denʃᵊl] home
2 *für Studenten:* hall [of residence] GB, dorm[itory] USA

das **Wohnmobil** camper, motor caravan, recreation vehicle [ˌrekri'eɪʃᵊnˌvi:ɪkl] USA

der **Wohnort** [place of] residence ['rezɪdəns]

die **Wohnung** flat GB, apartment USA

der **Wohnwagen** caravan GB, trailer USA

das **Wohnzimmer** living room

der **Wolf** wolf [wʊlf]

> **Vorsicht Falle!**
> **wolves** ist die Mehrzahl von **wolf**: *the ten wolves hunted in a pack.*

die **Wolke** cloud [klaʊd]

der **Wolkenkratzer** skyscraper

wolkig cloudy ['klaʊdi]

die **Wolldecke** [woollen] blanket

die **Wolle** wool; **reine Wolle** pure wool

wollen¹ (*aus Wolle*) woollen

wollen²
1 (*beabsichtigen*) to want; **ich will später Medizin studieren** I want to study medicine ['medsᵊn]
2 **ich wollte dich mal was fragen** I just wanted ['wɒntɪd] to ask you something

A B C D E F G H I J K L M N O P Q R S T U V **W** X Y Z

wollen[3]
1 (*wünschen*) to want; **sie will ein Fahrrad** she wants a bike
2 **ich will nicht ins Kino** I don't want to go to the cinema
3 **mach, was du willst** do what you like

womit
1 (*Frage*) with what, what ... with; **womit hat er das gemacht?** what did he do that with?
2 (*relativ*) with which; **womit ich** (*bei Bezug auf ganzen Satz*) by which

wonach (*Frage*) **wonach suchst du?** what are you looking for?

woran what; **woran arbeiten Sie?** what are you working on?

worauf (*Frage*) what; **worauf wartest du?** what are you waiting for?

woraus
1 (*Frage*) [out of] what, what ... of
2 (*relativ*) out of which, from which

worin
1 (*Frage*) in what, what ... in
2 (*relativ*) in which

das **Wort**
1 word [wɜːd]; **Wort für Wort** word for word
2 (*Versprechen*) word; **sein Wort halten** to keep one's word; **sein Wort brechen** to break [breɪk] one's word
3 (*beim Sprechen*) **mir fehlen die Worte** words fail me; **jemandem ins Wort fallen** to interrupt someone; **zu Wort kommen** to get a chance to speak
4 (*Formulierung*) **mit anderen Worten** in other words

die **Wortart** part of speech

das **Wörterbuch** dictionary ['dɪkʃᵊnᵊri]

wörtlich literal

wortlos silent ['saɪlənt]

der **Wortschatz** vocabulary [və'kæbjəlᵊri]

das **Wortspiel** pun, play on words

wortwörtlich
1 word for word, verbatim [vɜː'beɪtɪm]
2 **er nimmt einfach alles wortwörtlich** he takes absolutely everything literally

worüber
1 (*Frage*) about what, what ... about; **worüber habt ihr gesprochen?** what did you talk about?
2 (*relativ*) about which, which ... about

worum
1 about what, what ... about; **worum handelt es sich?** what's it about?
2 (*relativ*) about which, which ... about

worunter **worunter leidet sie?** what does she suffer from?

wovon
1 from what, what ... from
2 **wovon redet er?** what is he talking ['tɔːkɪŋ] about?

wovor
1 before what, what ... before; **wovor fürchtest du dich?** what are you afraid of?
2 (*relativ*) before which, which ... before

wozu
1 to what, what ... to; **wozu soll das gut sein?** what is that supposed to be good for?
2 (*warum*) why; **wozu denn?** why?; (*warum sollte ich?*) why should I?
3 (*relativ*) to which, which ... to

das **Wrack** wreck [rek]

die **Wucht**
1 force [fɔːs]; (*Stoßkraft*) momentum [mə'mentəm]
2 **das Auto ist mit voller Wucht gegen den Baum gefahren** the car crashed into the tree at full throttle ['θrɒtl]

wuchtig massive

wühlen
1 *Nager:* to burrow ['bʌrəʊ]
2 (*stöbern*) **nach etwas wühlen** to root [*oder* rummage ['rʌmɪdʒ]] for something

wund sore [sɔːʳ]

die **Wunde** wound [wuːnd]

das **Wunder**
1 (*überraschendes Ereignis*) wonder [wʌndəʳ]
2 (*Übernatürliches*) miracle ['mɪrəkl]
3 **das ist kein Wunder** no wonder

wunderbar
1 marvellous ['mɑːvᵊləs], wonderful ['wʌndəfᵊl]
2 (*übernatürlich*) miraculous [mɪ'rækjələs]

wundern
1 **es würde mich nicht wundern, wenn ...** I wouldn't be surprised [sə'praɪzd] if ...
2 **sich wundern** to be surprised [*oder* astonished [ə'stɒnɪʃd]] (**über** at)

wunderschön lovely ['lʌli], wonderful ['wʌndəfəl]

der **Wunsch**
1 wish; (*sehnliches Verlangen*) desire [dɪ'zaɪər]
2 (*Bitte*) request [rɪ'kwest]; **haben Sie noch einen Wunsch?** is there anything else you'd like?

das **Wunschdenken** wishful thinking

wünschen
1 to wish; **was wünscht er sich zu Weihnachten?** what does he want for Christmas?
2 **jemandem alles Gute wünschen** to wish someone all the best; **jemandem frohe Weihnachten wünschen** to wish someone a merry Christmas

der **Wunschzettel** wish list; *an Weihnachten:* letter to Santa Claus

die **Würde** dignity

würdigen
1 **etwas zu würdigen wissen** to appreciate [ə'priːʃieɪt] something
2 **sie haben uns keines Blickes gewürdigt** they didn't deign [deɪn] to look at us

der **Wurf**
1 throw [θrəʊ]; *beim Handball:* shot
2 **ein Wurf Welpen** a litter of puppies

der **Würfel**
1 dice, *Plural* dice
2 *in der Mathematik:* cube

würgen
1 (*gewaltsam*) to strangle, to throttle
2 (*beim Essen*) to choke (**an** on)

der **Wurm** worm [wɜːm]; (*Made, Larve*) maggot

die **Wurst** sausage ['sɒsɪdʒ] ▶ WENDUNGEN: **das ist mir Wurst** (*umgangsspr*) it is all the same to me *umgangsspr,* I don't give a hang (USA) *umgangsspr*

das **Würstchen** [small] sausage

die **Wurzel** root

würzen to season ['siːzən]

würzig *Speisen:* tasty; (*scharf*) spicy

die **Wüste**
1 desert ['dezət]
2 (*Öde*) wilderness

die **Wut**
1 fury ['fjʊəri], rage; **in Wut geraten** to fly into a rage; **eine Wut auf jemanden haben** to be mad at someone
2 **er kochte vor Wut** (*umgangsspr*) he was boiling with rage

wütend
1 enraged, furious ['fjʊriəs]
2 **wütend sein** to be in a rage; **auf jemanden wütend sein** to be mad at someone; **über etwas wütend sein** to be furious about something

Xx

X

1 X, x [eks]
2 (*unbekannt*) **Herr X** Mr X
3 (*viele*) **x Leute/Anfragen/Briefe** umpteen people/requests/letters

x-beliebig (*umgangsspr*) any [old]

x-mal (*umgangsspr*) **ich hab dir schon x-mal gesagt** I've told you umpteen times

Yy

Y, y Y, y [waɪ]

die **Yacht** yacht [jɒt]

Zz

Z, z Z, z [zed]

zäh tough [tʌf]

die **Zahl**

1 number; **eine dreistellige Zahl** a three-figure number
2 (*Ziffer*) figure ['fɪgəʳ], numeral ['nju:mᵊrᵊl]

zahlen

1 to pay; **bar zahlen** to pay cash
2 **Herr Ober, bitte zahlen!** waiter, the bill [*oder* (USA) check] please!

> **Grammatik**
> Richtiges Konjugieren von **pay**: pay, paid, paid — *David paid $5 for the book; We have paid already.*

zählen

1 to count [kaʊnt]; **bis zehn zählen** to count to ten
2 (*dazugehören*) **er zählt zu den bekanntesten Malern unserer Zeit** he ranks as one of the best-known painters of our time
3 (*gültig sein*) **komm, das zählt nicht!** come on, that doesn't count!
4 (*wichtig sein*) **für sie zählt nur ihre Arbeit** her work is all she cares about
5 (*sich verlassen*) **du kannst auf mich zählen** you can count on me

der **Zähler** (*Ablesegerät*) meter ['mi:təʳ]

zahllos countless, innumerable [ɪ'nju:mᵊrəbl]

die **Zahlung** payment ['peɪmənt]

zahm tame

zähmen to tame

der **Zahn** tooth [tu:θ], *Plural* teeth [ti:θ]

> **Grammatik**
> Die Mehrzahl von **tooth** ist **teeth**: *The lion has sharp teeth.*

der **Zahnarzt**, die **Zahnärztin** dentist

die **Zahnbürste** tooth brush

das **Zahnfleisch** gum

die **Zahnpasta** tooth paste

die **Zahnschmerzen** toothache ['tu:θeɪk] ⚠ *Singular*

die **Zahnspange** brace

die **Zange**

1 pliers ['plaɪəz] ⚠ *Plural*, a pair of pliers
2 *von Krebs:* pincers ['pɪnsəz] ⚠ *Plural*

zanken **sich zanken** to quarrel ['kwɒrəl], to row [raʊ], to squabble ['skwɒbl]

der **Zapfen** *eines Nadelbaums:* cone

zappeln *Kind:* to fidget ['fɪdʒɪt]; *Fisch:* to wriggle ['rɪgl]

zart
① tender
② *Haut:* soft
③ *Farbe:* pale

zärtlich
① *Mutter:* loving
② *Kuss:* tender

die **Zärtlichkeit**
① (*Zärtlichsein*) tenderness
② (*Liebkosung*) caress [kə'res]
③ (*Gefühl*) affection [ə'fekʃᵊn]

der **Zauber**
① magic ['mædʒɪk]
② (*Reiz*) charm
③ (*Bann*) spell

die **Zauberei** magic

der **Zauberer**
① (*Magier*) magician [mə'dʒɪʃᵊn]; (*Hexer*) sorcerer ['sɔːsᵊrəʳ], wizard
② (*Zauberkünstler*) conjurer ['kʌndʒᵊrəʳ]

die **Zauberin** sorceress ['sɔːsᵊrɪs]

der **Zauberkünstler**, die **Zauberkünstlerin** conjurer ['kʌndʒᵊrəʳ]

zaubern
① (*Magie ausüben*) to do magic
② (*Zauberkunststücke zeigen*) to do magic tricks

der **Zauberspruch** [magic] spell

der **Zaum** bridle ['braɪdl]; **im Zaum halten** to keep a tight [taɪt] rein on

der **Zaun** fence

das **Zebra** zebra ['zebrə]

der **Zebrastreifen** zebra crossing (GB), crosswalk (USA)

der **Zeh**, die **Zehe** toe [təʊ]; **große Zehe** big toe

der **Zehennagel** toe nail

die **Zehenspitze** tip of the toe; **auf [den] Zehenspitzen gehen** to [walk on] tiptoe

zehn ten

zehnte(r, s)
① tenth, 10th
② **wir haben heute den zehnten Dezember** today is the tenth of December

das **Zehntel** tenth

das **Zeichen**
① sign [saɪn]
② (*Hinweis, Signal*) signal; **ein Zeichen geben** to give a sign [*oder* signal]
③ (*Anzeichen*) indication
④ (*Schriftzeichen*) character ['kærəktəʳ]

die **Zeichenerklärung** *auf Landkarte:* legend ['ledʒənd]; *auf Fahrplänen:* key to the symbols

die **Zeichensetzung** punctuation [pʌŋktʃu'eɪʃᵊn]
⚠ *ohne Artikel*

die **Zeichensprache** sign language ['saɪnˌlæŋgwɪdʒ]

der **Zeichentrickfilm** [animated] cartoon

zeichnen to draw

die **Zeichnung** drawing ['drɔːɪŋ]

zeigen
① to show; **er zeigte uns die Wohnung** he showed us around the flat
② (*anzeigen, deuten*) to point (**auf** at)
③ **sich zeigen** (*sichtbar werden*) to appear [ə'pɪəʳ]; (*sich herausstellen*) to prove [pruːv], to turn [tɜːn] out
④ **sich dankbar zeigen** to show one's gratitude

Grammatik
Richtiges Konjugieren von **show**: show, showed, shown — *Sandra showed her friend her new bicycle; The movie was shown on television.*

der **Zeiger**
① indicator, pointer
② *einer Uhr:* hand

die **Zeile**
① line
② **du solltest ihm ein paar Zeilen schreiben** you should drop him a line

die **Zeit**
① time; **wie die Zeit vergeht!** how time flies!
② **von Zeit zu Zeit** from time to time; **die ganze Zeit** all the time; **eine Zeit lang** [for] a while [waɪl]; **in letzter Zeit** lately
③ **das wird aber auch Zeit!** about time too!; **es wird langsam Zeit, dass sie kommt** it's about time she was here
④ (*Ära, Epoche*) age; **zur Zeit Kaiser Wilhelms I.** at the time of Emperor William I
⑤ *in der Grammatik:* tense

das **Zeitalter** age [eɪdʒ], era [ɪərə]

der **Zeitgenosse**, die **Zeitgenossin**
① contemporary [kən'tempᵊrᵊri]
② **seltsamer Zeitgenosse** (*abwertend*) oddball

zeitgenössisch contemporary

die **Zeitlupe** **etwas in Zeitlupe zeigen** to show something in slow motion

der **Zeitplan** schedule ['ʃedjuːl]

der **Zeitpunkt**
1 (*Termin*) time
2 (*Augenblick*) moment

der **Zeitraum** period ['pɪəriəd] of time

die **Zeitschrift** magazine; (*wissenschaftlich*) journal ['dʒɜːnᵊl], periodical [ˌpɪəri'ɒdɪkᵊl]

die **Zeitung** [news]paper

das **Zeitungspapier** newsprint; (*als Altpapier, zum Einwickeln*) newspaper

die **Zeitverschwendung** waste [weɪst] of time

der **Zeitvertreib**
1 (*Hobby*) pastime ['pɑːstaɪm]
2 **zum Zeitvertreib** to pass the time

die **Zelle** cell [sel]

das **Zelt** tent

zelten to camp

der **Zement** cement [sɪ'ment]

zensieren
1 to censor
2 (*benoten*) to mark

die **Zensur**
1 (*Kontrolle*) censorship
2 (*Note*) mark

das **Zentimeter** centimetre ['sentɪˌmiːtəʳ] (GB), centimeter (USA)

der **Zentner** hundredweight

zentral (*auch übertragen*) central

die **Zentrale**
1 *einer Firma:* head office
2 *von Militär, Polizei:* headquarters [ˌhed'kwɔːtəʳz] ⚠ *Plural*
3 (*Telefonzentrale*) exchange [ɪks'tʃeɪndʒ]; *in Firma:* switchboard

die **Zentralheizung** central heating

das **Zentrum** centre (GB), center (USA)

zerbrechen
1 to break into pieces ['piːsɪz]
2 **sich den Kopf zerbrechen** to rack one's brains

zerbrechlich fragile ['frædʒaɪl]

zerdrücken to crush; (*zu Brei*) to mash

die **Zeremonie** ceremony [serɪməni]

zerfallen *Häuser:* to decay, to fall into ruin

zerfressen **von Motten zerfressen** moth-eaten

zergehen
1 (*sich auflösen*) to dissolve
2 **auf der Zunge zergehen** to melt in the mouth

zerkleinern (*zerhacken*) to chop up

zerknittern to crease [kriːs], to crumple

zerknüllen to crumple [*oder* scrunch] up

zerkratzen to scratch [badly]

zerlegen (*auseinandernehmen*) to take apart

zerlumpt (*abwertend*) ragged ['rægɪd], tattered

zermalmen to crush

zerquetschen to crush, to squash

zerreißen
1 (*versehentlich*) to tear [teəʳ]; (*absichtlich*) to tear up
2 (*in Stücke*) to dismember
3 *Papier, Stoff:* to tear; *Faden, Seil:* to break

zerren
1 (*reißen*) to tear (**an** at); **an etwas zerren** to tug at something
2 **sich einen Muskel zerren** to pull [*oder* strain] a muscle

die **Zerrung** strain, pulling

zerschlagen[1] to smash; (*zerschmettern*) to shatter

zerschlagen[2] (*erschöpft*) washed [wɒʃd] out

zerschmettern (*auch übertragen*) to shatter

zerschneiden to cut up

zerstören
1 (*auch übertragen*) to destroy
2 (*ruinieren*) to ruin ['ruːɪn]

die **Zerstörung**
1 destruction
2 (*Ruin*) ruin

zerstreuen
1 to scatter *Asche*
2 (*auflösen, vertreiben*) to disperse
3 **jemandes Zweifel zerstreuen** to dispel someone's doubts [daʊts]

zerstreut (*übertragen*) absent-minded

zerteilen (*aufteilen*) to split up

zertrümmern to smash [up], to destroy

der **Zettel** piece [piːs] of paper; (*beschrieben*) note

das **Zeug** (*umgangsspr*)
1 stuff
2 (*Kleider, Dinge*) things ⚠ *Plural*
3 (*Quatsch*) rubbish; **red kein dummes Zeug!** don't talk drivel!

der **Zeuge**, die **Zeugin** witness

das **Zeugnis**
1 *in der Schule:* report
2 *vom Arbeitgeber:* reference

der **Zickzack**
1 zigzag
2 **im Zickzack fahren** [*oder* **gehen**] to zigzag

die **Ziege**
1 goat
2 **blöde Ziege!** (*abwertend*) stupid cow!

der **Ziegel**
1 brick
2 (*Dachziegel*) tile

ziehen
1 to pull; **nach oben ziehen** to pull up
2 (*zerren*) to tug
3 **einen Zahn ziehen** to pull out a tooth
4 **es zieht** there's a draught [drɑ:ft]; **zieht's dir?** are you in a draught?
5 **sich in die Länge ziehen** to drag on
6 **etwas nach sich ziehen** to lead to [*oder* entail] something
7 **an seiner Zigarette ziehen** to pull at one's cigarette
8 (*zu einem Wohnort*) to move [mu:v]; **er zieht nach München** he's moving to Munich ['mju:nɪk]
9 **was zieht dich denn nach Chicago?** what is it that draws you to Chicago?

das **Ziel**
1 *einer Reise:* destination
2 (*Zweck, Absicht*) aim, goal [gəʊl], objective; **sein Ziel verfehlen** to miss one's aim
3 *im Rennsport:* finish
4 (*Zielscheibe*) target

zielen
1 to aim (**auf** at)
2 *Bemerkung:* to be aimed (**auf** at)

ziellos aimless, purposeless

die **Zielscheibe**
1 target
2 *von Angriffen:* object

ziemlich
1 quite; **ziemlich groß** quite big; **ziemlich viele Leute** quite a few people
2 **das ist so ziemlich dasselbe** it's pretty much the same
3 **eine ziemliche Enttäuschung** quite a disappointment

zierlich *Hand:* delicate; *Frau:* petite

die **Ziffer**
1 figure ['fɪgəʳ], number
2 **römische Ziffern** Roman numerals

das **Zifferblatt**
1 dial ['daɪəl], [clock]face
2 *einer Armbanduhr:* [watch]face

zig (*umgangsspr*) umpteen; **ich habe es dir zigmal gesagt** I've told you umpteen times

die **Zigarette** cigarette [ˌsɪgəˈret]

die **Zigarre** cigar

der **Zigeuner**, die **Zigeunerin** (*abwertend*) gipsy ['dʒɪpsi] *abwertend*

das **Zimmer** room

das **Zimmermädchen** chambermaid ['tʃeɪmbəmeɪd]

der **Zimmermann** carpenter

die **Zimmerpflanze** indoor plant

das **Zinn** tin

die **Zinsen** interest ⚠ *Singular*

der **Zirkel**
1 (*Gerät*) compasses ⚠ *Plural*
2 (*Personenkreis*) circle ['sɜ:kl̩]

der **Zirkus**
1 circus
2 (*umgangsspr: Getue*) to-do

zischen
1 (*sprechen*) to hiss
2 *Fett:* to sizzle; *Limonade:* to fizz
3 (*umgangsspr*) **er zischte durch die Gegend** he whizzed [wɪzd] around

das **Zitat** quotation

zitieren (*Zitat angeben*) to quote [kwəʊt] (**aus** from)

die **Zitrone** lemon

zittern
1 (*vor Wut, Furcht*) to tremble ['trembl] (**vor** with); (*vor Kälte*) to shiver (**vor** with)
2 (*vibrieren*) to quiver ['kwɪvəʳ]

zittrig shaky

das **Zivil** **in Zivil** in plain clothes [kləʊ(ð)z]; **ein Polizist in Zivil** a plain clothes policeman

zivil (*nicht militärisch*) civilian [sɪ'vɪliən]

der **Zivildienst** community service for conscientious [ˌkɒnʃiˈenʃəs] objectors

die **Zivilisation** civilization [ˌsɪvᵊlaɪˈzeɪʃᵊn]

zivilisiert civilized [ˈsɪvᵊlaɪzd]

der **Zivilist**, die **Zivilistin** civilian [sɪˈvɪliən]

zögern
1 to hesitate
2 **er hat ohne zu zögern ja gesagt** he said yes without hesitating

der **Zoll**
1 customs duty [ˈdjuːti]; **Zoll auf etwas zahlen** to pay duty on something
2 (*Amt, Behörde*) customs ⚠ *Plural*

zollfrei duty-free

die **Zone** zone

der **Zoo** zoo [zuː]

die **Zoologie** zoology [zuˈɒlədʒi]

der **Zopf** plait [plæt]

der **Zorn** anger; (*Wut*) rage

zu[1]
1 (*hin*) to [tuː]; **zur Schule gehen** to go to school
2 (*in Richtung*) towards [təˈwɔːdz]; **er kam zu mir herüber** he walked [wɔːkt] over towards me
3 (*daneben*) **setz dich zu mir** come and sit with me
4 (*Lage*) at; **zu Hause** at home
5 (*zeitlich*) at; **zu Beginn** at the beginning; **zu Weihnachten** at Christmas
6 (*für*) for; **ein Buch zum Lesen** a book [bʊk] to read
7 (*mit*) **was sollen wir zum Essen trinken?** what shall we drink with our meal?
8 (*als*) **zur Belohnung** as a reward; **zur Probe** on approval [əˈpruːvᵊl]
9 (*mittels*) **zu Fuß** on foot
10 **es steht 3 : 1** the score is three-one
11 **zu Ende gehen** to come to a close
12 **sie waren zu fünft** there were five of them

zu[2] (*allzu*) too; **es ist zu heiß/kalt** it's too hot/cold

zu[3] (*geschlossen*) **die Tür ist zu** the door is closed [*oder* shut]

zuallererst first [fɜːst] of all

zubereiten to prepare; to mix *Getränk*

die **Zubereitung** preparation

zubinden to tie up; to lace up *Schuhe*

die **Zucchini** [tsʊˈkiːniː] courgettes [kɔːˈʒets]
⚠ *Plural* (GB), zucchini *Singular oder Plural* (USA)

züchten
1 to breed *Tiere;* to keep *Bienen*
2 to grow *Pflanzen*

zucken
1 (*nervös, krampfhaft*) to twitch; (*vor Schmerz*) to wince
2 (*zusammenfahren*) to start
3 **mit den Achseln zucken** to shrug one's shoulders

zücken
1 to draw *Messer*
2 (*umgangsspr*) to pull [*oder* whip] out *Brieftasche*

der **Zucker** sugar [ˈʃʊgəʳ]

der **Zuckerguss** icing (GB), frosting (USA)

zuckerkrank diabetic [ˌdaɪəˈbetɪk]

zudecken to cover [ˈkʌvəʳ] [up]

zudem in addition, moreover [mɔːˈrəʊvəʳ]

zudrehen
1 to turn [tɜːn] off *Wasserhahn*
2 **jemandem den Rücken zudrehen** to turn one's back on someone

zuerst
1 (*als erster*) first [fɜːst]
2 (*zunächst*) at first
3 (*als nächstes*) **zuerst gehe ich schwimmen** first of all I'm going swimming

der **Zufall**
1 accident [ˈæksɪdᵊnt], chance; **durch Zufall** by chance
2 **welch [ein] Zufall!** what a coincidence!

zufallen
1 *Tür:* to close, to shut
2 **jemandem zufallen** *Aufgabe, Rolle:* to fall to someone

zufällig
1 *Ergebnis, Zusammentreffen:* chance, accidental
2 by chance
3 **ich war zufällig da** I happened to be there
4 **haben Sie zufällig ihre Telefonnummer?** have you got her phone number by any chance?

die **Zuflucht** (*auch übertragen*) refuge, shelter (**vor** from)

zuflüstern **jemandem etwas zuflüstern** to whisper [wɪspəʳ] something to someone

zufolge
① (*gemäß*) according to
② (*aufgrund*) as a consequence ['kɒnsɪkwəns] of

zufrieden
① satisfied; **mit etwas zufrieden sein** to be satisfied with something
② **er ist damit zufrieden** he's happy with it *umgangsspr*
③ **zufrieden stellen** to satisfy

zufriedengeben **sich mit etwas zufriedengeben** to be content with something

die **Zufriedenheit**
① contentedness
② (*Befriedigung*) satisfaction

zufrieren to freeze up [*oder* over]

zufügen **jemandem etwas zufügen** (*antun*) to cause [kɔːz] [*oder* do] someone something; to inflict something [up]on someone *Böses*

der **Zug**
① train; **mit dem Zug fahren** to go by train; **im Zug** on the train
② (*Charakterzug*) characteristic, trait
③ (*Gesichtszug*) feature ['fiːtʃəʳ]
④ (*Zugluft*) draught [drɑːft] (GB), draft (USA)
⑤ *an Zigarette:* drag, pull; **einen Zug machen** to take a pull
⑥ *beim Spiel:* **du bist am Zug!** it's your move! ▶ WENDUNGEN: **in einem Zug** in one go; **in den letzten Zügen liegen** to be at one's last gasp; **etwas in vollen Zügen genießen** to enjoy something to the full

die **Zugabe** *im Theater:* encore ['ɒŋkɔːʳ]

der **Zugang**
① (*auch übertragen: Zutritt*) access; **zu etwas Zugang haben** to have access to something
② (*Eingang, Einfahrt*) entrance

zugänglich
① (*erreichbar*) accessible [ək'sesəbl]
② (*benutzbar*) available; *Bibliotheken:* open
③ *Personen:* approachable [ə'prəʊtʃəbl]

zugeben (*eingestehen*) to admit; **gib's zu!** admit it!

zugehen (*umgangsspr*)
① (*schließen*) to shut
② **auf jemanden/etwas zugehen** to approach [*oder* go towards] someone/something
③ **er geht auf die 50 zu** he's coming on for 50
④ **dort ging's sehr lustig zu** we had a great time there

der **Zügel** rein [reɪn]

zugestehen
① (*einräumen*) to concede [kən'siːd], to grant
② (*zugeben*) to admit

zugig draughty ['drɑːfti] (GB), drafty (USA)

zugleich
① (*ebenso*) both
② (*zur gleichen Zeit*) at the same time

zugrunde, zu Grunde
① **er legte seiner Rede die aktuellsten Ergebnisse zugrunde** he based his speech on the latest findings
② **zugrunde richten** to ruin, to destroy

zugunsten, zu Gunsten in favour ['feɪvəʳ] of; (*für Hilfsbedürftige*) in aid of

zuhalten to keep closed [*oder* shut]; **sich die Ohren zuhalten** to put one's hands over one's ears

das **Zuhause** home

zuhause (A), (CH)
① at home
② **er ist in Paris zuhause** he is [*oder* comes] from Paris
③ **fühl dich wie zuhause!** make yourself at home!

zuhören
① **jemandem zuhören** to listen ['lɪsᵊn] to someone
② **nun hören Sie mal zu!** now listen!

der **Zuhörer**, die **Zuhörerin** listener ['lɪsᵊnəʳ]; **die Zuhörer** the audience ['ɔːdiəns] ⚠ *Singular*

zuknöpfen to button up

zukommen
① **auf jemanden zukommen** to come towards [tə'wɔːdz] someone
② **etwas auf sich zukommen lassen** to wait and see
③ **sie wusste nicht, was mit diesem Projekt auf sie zukam** she didn't know what she was in for with this project

die **Zukunft**
① future ['fjuːtʃəʳ]; **in Zukunft** in future
② *in der Grammatik:* future tense

zukünftig
① future

2 **mein Zukünftiger, meine Zukünftige** (*humorvoll*) my intended

zulassen
1 (*dulden*) to allow, to permit [pəˈmɪt]
2 (*amtlich*) to authorize [ˈɔːθəraɪz]; to register [ˈredʒɪstəʳ] *Arzt, Heilpraktiker;* to license [ˈlaɪsəns] *Kraftfahrzeug*
3 **sie ist zum Studium zugelassen worden** she got a place at university

zuletzt
1 (*als Letzter*) last; **bis zuletzt** till the very end
2 (*endlich*) in the end

zuliebe jemandem zuliebe for someone's sake

zumachen
1 (*schließen*) to close, to shut; to stop up *Loch;* to seal *Brief*
2 (*umgangsspr: den Laden zumachen*) to close down

> **Grammatik**
> Richtiges Konjugieren von **shut**: shut, shut, shut — *Paul shut the window; Have you shut the front door?*

zumindest at least

zunächst
1 (*vor allem*) first of all
2 (*vorläufig*) for the time being
3 (*anfangs*) at first

die **Zündung** ignition

zunehmen
1 to gain weight [weɪt]; **5 Kilo zunehmen** to gain 5 kilos
2 (*anwachsen*) to increase [ɪnˈkriːs] (**an** in)

die **Zuneigung** affection; **Zuneigung für jemanden empfinden** to feel affection for someone

die **Zunge** tongue [tʌŋ]; **jemandem die Zunge herausstrecken** to stick one's tongue out at someone

der **Zungenbrecher** tongue-twister

zunutze, zu Nutze sich etwas zunutze machen (*verwenden*) to utilize something

zupfen
1 to pluck *Saite, Augenbraue*
2 **jemanden am Ärmel zupfen** to tug at someone's sleeve

zurechtkommen
1 (*auskommen*) to manage [ˈmænɪdʒ] (**mit** on)
2 (*bewältigen*) to cope (**mit** with)

zurechtmachen
1 to prepare [prɪˈpeəʳ] (GB), to fix (USA) *Zimmer*
2 **sich zurechtmachen** to get dressed; (*sich schminken*) to put on one's make-up

zureden jemandem zureden (*überreden*) to keep on at someone; (*ermutigen*) to encourage [ɪnˈkʌrɪdʒ] someone

zurichten
1 (*beschädigen*) to make a mess of
2 (*verletzen*) to injure; **jemanden übel zurichten** to beat someone up

zurück
1 back; **hin und zurück** there and back; **Bonn hin und zurück, bitte** a return to Bonn, please
2 **zurück!** back off!

zurückbekommen to get back

zurückbleiben
1 to stay [*oder* remain] behind
2 (*auch übertragen: nicht Schritt halten*) to fall behind
3 (*übrig bleiben*) to be left [behind]
4 *Schaden:* to remain

zurückblicken to look back (**auf** to)

zurückbringen
1 (*wieder herbringen*) to bring back
2 (*wieder wegbringen*) to take back

zurückfahren to drive [*oder* go] back

zurückfallen
1 (*in einen Fehler, in ein Laster*) to relapse [ˈriːlæps] (**in** into)
2 (*im Sport*) to drop back
3 (*an Besitzer*) to revert [rɪˈvɜːt] (**an** to)

zurückfinden to find one's way back

zurückgeben
1 to give back
2 (*erwidern*) to return [rɪˈtɜːn]

zurückgehen
1 to go back (**nach/in** to)
2 (*zurückweichen*) to retreat
3 *Geschäft:* to fall off
4 *Tradition:* **auf etwas zurückgehen** to go back to something

zurückgreifen to fall back (**auf** upon)

zurückhalten
1 (*nicht fortlassen*) to hold [*oder* keep] back
2 (*aufhalten*) to hold up
3 (*verheimlichen*) **etwas zurückhalten** to

hold something back
4 **sich zurückhalten** (*sich beherrschen*) to contain oneself; (*bescheiden sein*) to keep in the background

zurückhaltend
1 (*vorsichtig*) cautious ['kɔːʃəs]
2 (*reserviert*) reserved [rɪ'zɜːvd]

zurückholen
1 to fetch back
2 **jemanden zurückholen** (*übertragen*) to ask someone to come back

zurückkehren to come back, to return (**von/aus** from)

zurückkommen (*auch übertragen*) to come back, to return

zurücklassen
1 (*hinterlassen*) to leave
2 (*liegen lassen*) to leave behind

zurücklegen
1 (*an seinen Platz*) to put back
2 to lay back *Kopf*
3 (*aufbewahren, reservieren*) to put aside
4 to lay aside *Geld*
5 to cover ['kʌvəʳ] *Strecke*

zurückliegen
1 (*örtlich*) to be behind
2 (*zeitlich*) **das liegt zehn Jahre zurück** that was ten years ago

zurücknehmen to take back *auch Behauptung, Vorwurf*

zurückrufen
1 to call back
2 (*zurückbeordern*) to recall [rɪ'kɔːl]

zurückschauen to look back (**auf** at/on)

zurückschicken to send back

zurückschlagen
1 to beat back; to repulse *Angriff, Feind*
2 to return *Ball*
3 (*auch übertragen*) to hit [*oder* strike] back

zurückschrecken
1 to shrink [*oder* start] back (**vor** from)
2 **vor nichts zurückschrecken** to stop at nothing

zurückstellen
1 to put back *auch Uhr*
2 (*beiseitestellen*) to put aside
3 (*hintanstellen*) to defer [dɪ'fɜːʳ]

zurücktreten
1 to step back; **bitte zurücktreten!** stand back, please!
2 (*übertragen*) *Regierung:* to resign [rɪ'zaɪn]

zurückweichen
1 (*erschrocken*) to shrink back (**vor** from)
2 (*übertragen*) to retreat

zurückweisen to reject [rɪ'dʒekt]

zurückzahlen to pay back, to repay

zurückziehen
1 (*zurücknehmen*) to withdraw
2 **sich zurückziehen** to retire [rɪ'taɪəʳ]; (*auch übertragen*) to withdraw (**von/aus** from)

zurufen **jemandem etwas zurufen** to shout something to someone

zurzeit at the moment

die **Zusage**
1 (*Versprechen*) promise
2 (*Bestätigung*) confirmation [ˌkɒnfə'meɪʃᵊn]
3 (*Annahme*) acceptance

zusagen
1 (*versprechen*) to promise ['prɒmɪs]
2 (*auf Einladung*) to accept, to promise to come
3 (*behagen, gefallen*) to appeal [ə'piːl] to

zusammen
1 together
2 **zusammen sein** to be together

die **Zusammenarbeit**
1 cooperation
2 *mit dem Feind:* collaboration
3 *einer Gemeinschaft:* team work

zusammenarbeiten
1 to cooperate, to work together
2 (*mit dem Feind*) to collaborate

zusammenbauen to put together, to assemble

zusammenbeißen **die Zähne zusammenbeißen** to grit one's teeth

zusammenbrechen
1 (*zusammenfallen*) to cave in
2 *Wirtschaft:* to collapse
3 *Mensch:* to break [breɪk] down

der **Zusammenbruch** breakdown, collapse [kə'læps]

zusammendrücken to press together; (*verdichten*) to compress

zusammenfahren
1 (*erschrecken*) to start

2 *Verkehrsopfer:* to run over
3 *Fahrzeuge:* to collide [kəˈlaɪd]

zusammenfallen
1 (*einstürzen*) to collapse
2 (*sich decken*) to coincide [ˌkəʊɪnˈsaɪd]

zusammenfassen
1 (*vereinigen*) to unite [juːˈnaɪt]
2 (*als Fazit*) to sum up; **lassen Sie mich [kurz] zusammenfassen** just to sum up

die **Zusammenfassung**
1 (*Vereinigung*) union [ˈjuːnjən]
2 *eines Textes:* abstract, summary

zusammengehören
1 to belong together
2 *Einzelteile:* to go together

zusammenhalten
1 to hold together
2 to hold on to *Geld*
3 *Freunde:* to stick together

der **Zusammenhang**
1 connection [kəˈnekʃᵊn] (**von/zwischen** between); **im Zusammenhang mit etwas** in connection with something
2 *in einem Text:* context
3 **etwas aus dem Zusammenhang reißen** to detach something from its context; **in diesem Zusammenhang** in this context

zusammenhängen
1 (*übertragen*) to be connected
2 **das hängt nicht damit zusammen** that has got nothing to do with it

zusammenklappen to fold up *Messer, Stuhl;* to shut *Schirm*

zusammenknüllen to crumple up

zusammenkommen
1 to come together
2 (*sich treffen*) to meet
3 *Umstände:* to combine; **da kommt mal wieder alles zusammen** and everything is happening at the same time again

zusammenlegen
1 (*zusammenfalten*) to fold
2 *Spender:* to club together

zusammennehmen
1 (*sich anstrengen*) to make an effort
2 (*im Benehmen*) to control oneself, to pull oneself together

zusammenpacken
1 to pack up
2 (*umgangsspr: aufgeben*) to pack it all in

zusammenpassen
1 *Personen:* to suit [suːt] each other
2 *Dinge:* to go together

zusammenprallen
1 to collide [kəˈlaɪd]
2 (*übertragen*) to clash

zusammenpressen to squeeze [skwiːz] together; (*verdichten*) to compress

zusammenrechnen to add up, to total

zusammenreißen **sich zusammenreißen** to pull oneself together

zusammenschlagen
1 (*zerschlagen*) to smash up
2 to clap *die Hände*
3 (*verprügeln*) to beat up

zusammenschreiben to write [raɪt] together *Wörter*

zusammensetzen
1 to put together; (*aus Teilen*) to assemble
2 (*Personen nebeneinandersetzen*) to seat together
3 **sich zusammensetzen** to sit together; (*bestehen aus*) to consist of, to be composed of

die **Zusammensetzung**
1 (*Aufbau*) composition
2 (*Kombination*) combination

zusammenstellen to put together

der **Zusammenstoß** collision [kəˈlɪʒᵊn], crash

zusammenstoßen
1 to knock [nɒk] together
2 *Autos:* to collide

zusammenstürzen to collapse [kəˈlæps], to tumble down

zusammentun
1 (*umgangsspr*) to put together
2 **sich zusammentun** to combine forces, to get together

zusammenzählen to add [*oder* sum] up

zusammenziehen
1 to draw together
2 (*in eine Wohnung*) to move in together

zusätzlich
1 additional [əˈdɪʃᵊnᵊl]; (*ergänzend*) supplementary [ˌsʌpləˈmentᵊri]
2 **das hat er noch zusätzlich gekauft** he bought [bɔːt] that in addition to the other things

zuschauen **jemandem bei etwas zuschauen** to watch someone do/doing something

der **Zuschauer**, die **Zuschauerin**
1 spectator
2 *im Theater:* member of the audience
3 *am Fernseher:* viewer ['vjuːəʳ]
4 (*neugieriger Zuschauer*) bystander, onlooker

der **Zuschlag** *im Zug:* supplement

zuschlagen
1 to slam *Tür;* to shut *Buch*
2 **die Tür schlug zu** the door banged shut
3 (*schlagen*) to strike
4 (*umgangsspr: zugreifen*) to get in quickly

der **Zuschuss**
1 grant, subsidy
2 **dafür habe ich von meinen Eltern einen Zuschuss bekommen** my parents gave me something towards it

zusehen
1 (*beobachtend*) to watch [wɒtʃ]
2 **zusehen, dass ...** to see to it that ...

zuspitzen **die Lage spitzt sich zu** the situation [ˌsɪtju'eɪʃᵊn] is coming to a head [*oder* getting critical]

der **Zustand**
1 (*Beschaffenheit*) condition, state
2 **in gutem/schlechtem Zustand** in good/bad shape; *Gebäude:* in good/bad repair

zustande, zu Stande
1 **zustande bringen** to achieve [ə'tʃiːv], to manage
2 **zustande kommen** (*geschehen*) to come about; (*erreicht werden*) to be achieved

zuständig
1 (*verantwortlich*) responsible
2 **dafür bin ich nicht zuständig** that's not in my department

zustecken **jemandem etwas [heimlich] zustecken** to slip someone something

zustehen **etwas steht jemandem zu** someone is entitled to something; **es steht ihm nicht zu, darüber zu urteilen** he has no right to judge that

zustimmen
1 to agree
2 (*einwilligen*) to consent

die **Zustimmung** (*Einverständnis*) agreement, assent

zustoßen
1 to push shut *Tür*
2 **jemandem zustoßen** to happen to someone

zutage, zu Tage **zutage fördern** to unearth [ʌn'ɜːθ]; (*übertragen*) to bring to light [laɪt]

die **Zutaten** ingredients [ɪn'griːdiənts]

zuteilen (*zuweisen*) to allocate ['æləkeɪt], to allot

zutiefst deeply

das **Zutrauen**
1 confidence (**zu** in)
2 **Zutrauen zu jemandem haben** to trust someone; **Zutrauen zu jemandem fassen** to begin to trust someone

zutrauen
1 **jemandem etwas zutrauen** to credit someone with something; (*für fähig halten*) to believe someone capable of something
2 **das trau ich mir zu** I think I can manage that

zutreffen
1 (*richtig sein*) to be correct; **das trifft genau auf mich zu** that's me spot on
2 (*gelten*) to apply (**für** to)

zutreffend
1 (*richtig*) correct, right [raɪt]
2 (*auf etwas zutreffend*) applicable
3 **Zutreffendes bitte ankreuzen** mark with a cross where applicable

der **Zutritt** access; **kein Zutritt!, Zutritt verboten!** no admittance!, no entry!

zuverlässig reliable [rɪ'laɪəbl]

die **Zuverlässigkeit** reliability [rɪˌlaɪə'bɪləti]

zuversichtlich confident; **ich bin ganz zuversichtlich, dass ...** I have every confidence that ...

zuvor
1 before
2 (*zuerst*) beforehand

zuvorkommen
1 to anticipate [ænˌtɪsɪ'peɪt]
2 **er ist mir schon wieder zuvorgekommen** he beat me to it again

der **Zuwachs** increase ['ɪnkriːs] (**an** of)

zuwenden
1 (*auch übertragen*) to turn towards
2 **sich jemandem zuwenden** to turn to face someone; (*sich widmen*) to devote oneself to someone

zuwerfen
1 **jemandem einen Blick zuwerfen** to cast a glance at someone
2 **jemandem den Ball zuwerfen** to throw someone the ball

zuzahlen **20 Euro zuzahlen** to pay another 20 euros

zuziehen
1 to draw *Vorhang*
2 **sich eine Krankheit zuziehen** to contract an illness

der **Zwang**
1 (*Notwendigkeit*) compulsion [kəm'pʌlʃᵊn]
2 (*moralischer*) constraint
3 **etwas unter Zwang tun** to be forced to do something

zwängen to squeeze [skwiːz] (**in** into, **durch** through)

zwanglos
1 (*locker*) casual ['kæʒjuəl]
2 (*ohne Förmlichkeit*) informal

zwangsläufig inevitable; **dazu musste es ja zwangsläufig kommen** it was inevitable that that would happen

zwanzig twenty

zwanzigste(r, s) twentieth

zwar
1 (*erklärend*) it is true [truː], to be sure [ʃʊəʳ]
2 **und zwar** namely [*oder* that is]
3 **ich hab zwar keine Lust, aber ...** I don't really feel like it, but ...
4 **komm her, und zwar sofort!** come here, and I mean right now!

der **Zweck**
1 (*Verwendung*) purpose ['pɜːpəs]
2 (*Sinn, Nutzen*) point; **es hat keinen Zweck zu bleiben** there's no point in staying; **zu welchem Zweck?** to what end?

zwecklos
1 (*unnütz*) useless
2 (*sinnlos*) pointless

zwei two

das **Zweibettzimmer** twin room

zweideutig ambiguous [æm'bɪgjuəs], equivocal [ɪ'kwɪvəkᵊl]

der **Zweifel** doubt [daʊt] (**an** about); **es steht außer Zweifel, dass ...** it's beyond doubt that ...; **ohne jeden Zweifel** without question

zweifelhaft
1 doubtful ['daʊtfəl]
2 (*verdächtig*) dubious ['djuːbiəs]

zweifellos
1 undisputed
2 without doubt [daʊt]; (*als Antwort*) undoubtedly

zweifeln
1 to doubt [daʊt]
2 **ich zweifle nicht daran** I don't doubt it

der **Zweifelsfall**
1 doubtful [daʊtfəl] case
2 **im Zweifelsfall** in case of doubt; (*gegebenenfalls*) if necessary ['nesəsᵊri]

der **Zweig** branch; (*kleiner*) twig

die **Zweigstelle** branch

zweimal
1 twice
2 **sich etwas nicht zweimal sagen lassen** to not have to be told something twice

zweisprachig *Wörterbuch, Land:* bilingual [baɪ'lɪŋgwᵊl]; *Vertrag:* in two languages ['læŋgwɪdʒəz]

zweitbeste(r, s) second best

zweite(r, s)
1 second, 2nd
2 (*nächster*) next
3 **Zweite[r]** runner-up
4 **an zweiter Stelle** in second place
5 **zweiter Klasse fahren** to go second class
6 **wir haben heute den zweiten Dezember** today is the second of December

zweiteilig
1 *Kleidungsstück:* two-piece
2 *Fernsehserie:* two-part

zweitens secondly

zweitklassig (*übertragen*) second-rate

zweitrangig second-rate

der **Zwerg**, die **Zwergin** dwarf [dwɔːf]; (*Gartenzwerg*) gnome [nəʊm]

zwicken
1 (*kneifen*) to pinch; **sie hat mich ins Ohr gezwickt** she pinched my ear
2 **das zwickt mich** that's pinching me

die **Zwiebel**
1 onion ['ʌnjən]
2 *einer Blume:* bulb

das **Zwielicht**
① twilight ['twaɪlaɪt]
② (*abends*) dusk; (*morgens*) half-light

zwielichtig (*abwertend*) shady ['ʃeɪdi]

der **Zwilling**
① twin
② (*Sternzeichen*) **Zwillinge** Gemini ['dʒemɪnaɪ]

der **Zwillingsbruder** twin brother

die **Zwillingsschwester** twin sister

zwingen
① to compel, to force [fɔːs]; **sie haben mich zum Reden gezwungen** they forced me to talk
② **sich zwingen** to force oneself

zwischen
① between [bɪ'twiːn]
② (*unter einer Anzahl*) among, amongst [ə'mʌŋst]

zwischendurch
① in between [bɪ'twiːn]
② **etwas zwischendurch machen** (*nebenher*) to fit something in

der **Zwischenfall** incident

der **Zwischenhalt** (CH) intermediate stop

der **Zwischenraum**
① (*zeitlich*) interval ['ɪntəvᵊl]
② (*Lücke*) gap

die **Zwischenzeit**
① (*Zeitraum*) interval
② **in der Zwischenzeit** in the meantime

das **Zwischenzeugnis** interim report

zwölf
① twelve
② **zwölf Uhr** [**mittags**] twelve noon ▸ WENDUNGEN: **fünf Minuten vor zwölf** at the eleventh hour

zwölfte(**r**, **s**)
① twelfth [twelfθ], 12th
② **wir haben heute den zwölften Dezember** today is the twelfth of December

der **Zyklus** cycle ['saɪkl]

der **Zylinder**
① cylinder ['sɪlɪndəʳ]
② (*Hut*) top hat, topper

der **Zyniker**, die **Zynikerin** cynic ['sɪnɪk]

zynisch cynical [sɪnɪkᵊl]

Der Anhang

Dieser Teil deines Wörterbuches bietet dir viele nützliche Extras. So hast du die Möglichkeit, mehr über die englische Sprache und die englischsprachige Welt zu erfahren. Das findest du auf den folgenden Seiten:

Bildseiten

Hier kannst du deinen Wortschatz zu gebräuchlichen Themen erweitern.

Landkarten

Erfahre, wo überall auf der Welt Englisch gesprochen wird! Auf den Karten zu Deutschland, Österreich und der Schweiz, kannst du sehen, wie die Länder, Kantone, Hauptstädte und Hauptorte auf Englisch heißen.

Englische unregelmäßige Verben

Viele der englischen Verben, die man am häufigsten braucht, haben unregelmäßige Vergangenheitsformen. Solche Formen kommen in fast jedem englischen Text vor und du brauchst sie, sobald du von etwas sprechen willst, das in der Vergangenheit passiert ist. Wenn du also die englischen unregelmäßigen Verben gut lernst, dann machst du schnell große Fortschritte im richtigen Sprechen, Schreiben und Lesen.

Lerntipp 1: Gehe die Liste durch und mache vor jedes Wort, das du schon kennst einen Punkt. Kümmere ich dann zunächst um diese Verben und versuche, dir die jeweiligen Vergangenheitsformen zu merken. Am besten du schreibst sie in dein Vokabelheft oder auf ein extra Blatt. Vor jedes Verb, dessen Vergangenheitszeiten du sicher kannst, darfst du ein + schreiben. Die Verben mit + solltest du dann ab und zu wiederholen, damit sie dir nicht aus dem Gedächtnis rutschen. Suche dir jemanden, der dich alle + Verben abfragt. Wenn du dich abfragen lässt, solltest du die unregelmäßigen Formen sprechen und schreiben. So arbeitet dein Gehirn mit doppelter Lernpower.

Lerntipp 2: Hole dir die Vokabeltrainer-App. Die Anweisung für den Download steht auf der Rückseite der vorderen Umschlagsklappe. Wenn du regelmäßig und konzentriert mit der App die unregelmäßigen Verben lernst und wiederholst, wirst du schon bald Fortschritte machen.

Infinitiv	Präteritum	Partizip Perfekt	Deutsch
arise	arose	arisen	entstehen
awake	awoke	awaked, awoken	aufwecken; aufwachen
be	was *singular*, were *plural*	been	sein
bear	bore	borne	tragen; ertragen
beat	beat	beaten	schlagen
become	became	become	werden
begin	began	begun	beginnen
bend	bent	bent	biegen, beugen
beseech	besought	besought	anflehen
beset	beset	beset	bedrängen
bet	bet, betted	bet, betted	wetten
bid	bid	bid	bieten
bind	bound	bound	binden
bite	bit	bitten	beißen
bleed	bled	bled	bluten
blow	blew	blown	blasen
break	broke	broken	(zer)brechen
breed	bred	bred	züchten
bring	brought	brought	bringen
build	built	built	bauen
burn	burnt, burned	burnt, burned	verbrennen
burst	burst	burst	bersten
buy	bought	bought	kaufen
can	could	–	können
cast	cast	cast	werfen; formen
catch	caught	caught	fangen
choose	chose	chosen	(aus)wählen
cling	clung	clung	haften
come	came	come	kommen
cost	cost	cost	kosten
creep	crept	crept	kriechen
cut	cut	cut	schneiden
deal	dealt	dealt	verteilen; ausgeben
dig	dug	dug	graben
do	did	done	tun
draw	drew	drawn	zeichnen; ziehen

Infinitiv	Präteritum	Partizip Perfekt	Deutsch
dream	dreamed, dreamt	dreamed, dreamt	träumen
drink	drank	drunk	trinken
drive	drove	driven	fahren
dwell	dwelt	dwelt	wohnen, leben
eat	ate	eaten	essen
fall	fell	fallen	fallen
feed	fed	fed	füttern; ernähren
feel	felt	felt	fühlen
fight	fought	fought	kämpfen
find	found	found	finden
flee	fled	fled	fliehen
fling	flung	flung	schleudern
fly	flew	flown	fliegen
forbid	forbad(e)	forbidden	verbieten
forget	forgot	forgotten	vergessen
freeze	froze	frozen	(ge)frieren
get	got	got, *Am* gotten	bekommen
give	gave	given	geben
go	went	gone	gehen; fahren
grind	ground	ground	(zer)mahlen
grow	grew	grown	wachsen
hang	hung, hanged	hung, hanged	hängen
have	had	had	haben
hear	heard	heard	hören
hide	hid	hidden	verstecken
hit	hit	hit	schlagen
hold	held	held	halten
hurt	hurt	hurt	verletzen; weh tun
keep	kept	kept	halten; aufbewahren
kneel	knelt	knelt	knien
know	knew	known	wissen
lay	laid	laid	legen
lead	led	led	führen
lean	leaned, leant	leaned, leant	sich (an)lehnen
leap	leaped, leapt	leaped, leapt	springen, hüpfen
learn	learned, learnt	learned, learnt	lernen
leave	left	left	verlassen
lend	lent	lent	leihen
let	let	let	lassen
lie	lay	lain	liegen
light	lit, lighted	lit, lighted	anzünden
lose	lost	lost	verlieren
make	made	made	machen
may	might	–	dürfen
mean	meant	meant	meinen; vorhaben
meet	met	met	treffen
mistake	mistook	mistaken	missverstehen
mow	mowed	mown, mowed	mähen
pay	paid	paid	zahlen
put	put	put	setzen, stellen, legen
quit	quit, quitted	quit, quitted	kündigen; verlassen
read	read	read	lesen
rid	rid	rid	befreien

Infinitiv	Präteritum	Partizip Perfekt	Deutsch
ride	rode	ridden	reiten
ring	rang	rung	klingeln; läuten
rise	rose	risen	aufstehen; steigen
run	ran	run	rennen, laufen
saw	sawed	sawed, sawn	sägen
say	said	said	sagen
see	saw	seen	sehen
seek	sought	sought	suchen
sell	sold	sold	verkaufen
send	sent	sent	senden, schicken
set	set	set	setzen
sew	sewed	sewed, sewn	nähen
shake	shook	shaken	schütteln; erschüttern
shave	shaved	shaved, shaven	rasieren
shed	shed	shed	vergießen
shine	shone	shone	scheinen; leuchten
shit	shit	shit	scheißen
shoot	shot	shot	schießen
show	showed	shown	zeigen; ausstellen
shrink	shrank	shrunk	schrumpfen, eingehen
shut	shut	shut	schließen, zumachen
sing	sang	sung	singen
sink	sank	sunk	sinken
sit	sat	sat	sitzen
sleep	slept	slept	schlafen
slide	slid	slid	rutschen
sling	slung	slung	schleudern
slit	slit	slit	(auf)schlitzen
smell	smelled, smelt	smelled, smelt	riechen
sow	sowed	sowed, sown	(aus)säen
speak	spoke	spoken	sprechen
speed	speeded, sped	speeded, sped	sausen, jagen
spell	spelled, spelt	spelled, spelt	buchstabieren
steal	stole	stolen	stehlen
swell	swelled	swollen	(an)schwellen
swim	swam	swum	schwimmen
swing	swung	swung	schwingen; schaukeln
take	took	taken	nehmen
teach	taught	taught	lehren, unterrichten
tear	tore	torn	zerreißen
tell	told	told	erzählen
think	thought	thought	denken
throw	threw	thrown	werfen, schleudern
thrust	thrust	thrust	stoßen; drängen
tread	trod	trodden	schreiten; treten
wake	woke	woken	aufwachen; wecken
wear	wore	worn	(*Kleidung*) tragen
weave	wove	woven	weben
weep	wept	wept	weinen
win	won	won	gewinnen
wind	wound	wound	drehen, kurbeln
wring	wrung	wrung	auswringen
write	wrote	written	schreiben

Bildung des Perfekts (vollendete Gegenwart) mit *have*

Im Englischen wird das Perfekt ausschließlich mit dem Verb **have** *(haben)* gebildet, und nicht auch noch mit dem Verb **be** *(sein)*, wie es im Deutschen manchmal der Fall ist:

I **have forgotten** my pen.	Ich **habe** meinen Stift **vergessen**.
We **have come** from Ireland.	Wir **sind** von Irland **gekommen**.
It **hasn't come** yet.	Es **ist** noch nicht **gekommen**.
Maybe they**'ve found** it.	Vielleicht **haben** sie es **gefunden**.
Have you **been** to London yet?	**Sind** Sie schon in London **gewesen**?

Im Englischen stellt das Perfekt die Verbindung der Vergangenheit mit der Gegenwart dar, was im Deutschen jedoch mit der Gegenwart ausgedrückt wird:

She **has lived** in Munich for ten years.	Sie **wohnt** seit zehn Jahren in München.

Es gibt jedoch Fälle, wo man im Deutschen auch die einfache Vergangenheitsform wählen kann, z. B. wenn man etwas noch nie getan hat:

I **have** never **been** to Germany.	Ich **war** noch nie in Deutschland. *oder* Ich **bin** noch nie in Deutschland **gewesen**

Falsche Freunde

Auch beim Sprachenlernen muss man sich vor falschen Freunden in Acht nehmen. Ein falscher Freund beim Englischlernen, das ist ein englisches Wort, das ganz ähnlich klingt wie ein deutsches, aber etwas völlig anderes bedeutet.

Damit du beim Englischlernen nicht von falschen Freunden hinters Licht geführt wirst, findest du hier eine praktische Liste.

bedeutet auf Deutsch:	Englisch	Deutsch	bedeutet auf Englisch:
eigentlich	**actual**	**aktuell**	topical
den ganzen Tag	**all day**	**alltäglich**	everyday
auch	**also**	**also**	so; (*Füllwort*) well
werden	**to become**	**bekommen**	to get
unbeschrieben	**blank**	**blank**	shining; sheer
blinzeln	**to blink**	**blinken**	(*Auto*) signal, indicate
mutig	**brave**	**brav**	(*Kind*) good, well-behaved
hell	**bright**	**breit**	broad; (*weit*) wide
Hütte	**cabin**	**(Umkleide)kabine**	changing room
Koch/Köchin	**chef**	**Chef**	boss
Pommes frites	**chips** (GB)	Chips	crisps
Begriff	**concept**	**Konzept**	(*für Aufsatz*) rough copy
zubereiten	**to cook**	**kochen**	(*Wasser*) to boil
Getreide	**corn**	**Korn**	seed; (*Sand-*) grain
Handwerk	**craft**	**Kraft**	strength; force, power
knapp; barsch	**curt**	**kurz**	short; (*bündig*) brief
stumm	**dumb** (GB)	**dumm**	stupid
schließlich	**eventually**	**eventuell**	possible, perhaps, possibly
Stoff	**fabric**	**Fabrik**	factory
befestigen	**to fasten**	**fasten**	to fast
schnalzen mit	**to flick**	**flicken**	to mend
Fußboden	**floor**	**Flur**	hall
Formel	**formula**	**Formular**	form
Messgerät	**gage** (USA)	**Gage**	fee
heiter	**genial**	**genial**	brilliant
(Flaschen)geist	**genie**	**Genie**	genius
Geschenk	**gift**	**Gift**	poison; (*Tier-*) venom
Blick	**glance**	**Glanz**	shine; glory
kurz ansehen	**to glance*i***	**glänzen**	to shine; to be brilliant
gütig	**gracious**	**graziös**	graceful
belanglos	**inconsequential**	**inkonsequent**	inconsistent
Vorstellungsgespräch	**(job) interview**	**Interview**	interview
Insel	**island**	**Island**	Iceland
Art	**kind**	**Kind**	child
Arbeit	**labo(u)r**	**Labor**	laboratory
Mangel	**lack**	**Lack**	varnish; (*Auto-*) paint
Festland	**land**	**Land**	country
Zitrone	**lemon**	**Limone**	lime
Liste	**list**	**List**	cunning; trick

bedeutet auf Deutsch:	Englisch	Deutsch	bedeutet auf Englisch:
Ortsansässige(r)	**local**	**Lokal**	pub (GB); restaurant
Begierde	**lust**	**Lust, Lust haben**	to feel like
Mann	**man**	**(Ehe)mann**	husband
Landkarte	**map**	**Mappe**	briefcase; (*Hefter*) folder
Orangenmarmelade	**marmalade**	**Marmelade**	jam
Bedeutung	**meaning**	**Meinung**	opinion
Mitte	**middle**	**Mittel**	preparation; (*Hilfs-*) means
mittleren Alters	**middle-aged**	**mittelalterlich**	medieval
Dunst	**mist**	**Mist**	dung; (*umgangsspr*) rubbish
Art	**mode**	**Mode**	fashion
edel; adlig	**noble**	**nobel**	generous
Benachrichtigung	**notice**	**Notiz**	note
gewöhnlich	**ordinary**	**ordinär**	vulgar
Backofen	**oven**	**Ofen**	stove; heater
zufällig hören	**to overhear**	**überhören**	(*absichtlich*) to ignore
überwachen	**to oversee**	**übersehen**	to fail to notice
Aufsicht; Versehen	**oversight**	**Übersicht**	overall view
Mitleid erregend	**pathetic**	**pathetisch**	emotive
Benzin	**petrol**	**Petroleum**	paraffin
Foto	**photograph**	**Fotograf**	photographer
Arzt/Ärztin	**physician**	**Physiker(in)**	physicist
eingelegtes Gemüse	**pickles** *Plural*	**Pickel** *Plural*	spots, pimples
mollig	**plump**	**plump**	clumsy; (*roh*) crude
Beute	**plunder**	**Plunder**	junk
Polizei	**police**	**Police**	(insurance) policy
wichtigste(r, s)	**principal**	**prinzipiell**	on principle
kündigen	**to quit**	**quittieren**	to give a receipt for
voreilig	**rash**	**rasch**	speedy, swift
vernünftig	**rational**	**rationell**	efficient
Quittung	**receipt**	**Rezept**	(*Medizin*) prescription; (*Koch*) recipe
wiedergewinnen	**to reclaim**	**reklamieren**	to query; to make a complaint
Wiedergewinnung	**reclamation**	**Reklamation**	complaint
mieten	**to rent**	**(sich) rentieren**	to be worth it
rostig	**rusty**	**rüstig**	sprightly
Plan	**scheme**	**Schema**	(*Muster*) pattern
gewissenhaft	**scrupulous**	**skrupellos**	unscrupulous
Meer	**sea**	**der See**	lake
Geheimnis	**secret**	**Sekret**	secretion
vernünftig	**sensible**	**sensibel**	sensitive
ernst	**serious**	**seriös**	(*anständig*) respectable
scharf; spitz	**sharp**	**scharf**	(*gewürzt*) hot; (*streng*) severe
Schnitzer; Zettel	**slip**	**Slip**	briefs *Plural*
das Rauchen	**smoking**	**Smoking**	dinner-jacket, tuxedo (USA)
ausgeben	**to spend**	**spenden**	to donate

bedeutet auf Deutsch:	Englisch	Deutsch	bedeutet auf Englisch:
entdecken	**to spot**	**spotten**	to mock
bleiben	**to stay**	**stehen**	to stand; (*gut passen*) to suit
noch	**still**	**still**	quiet, silent
Hocker	**stool**	**Stuhl**	chair
Strähne	**strand**	**Strand**	beach
Bach	**stream**	**Strom**	current
mitfühlend	**sympathetic**	**sympathisch**	pleasant, nice
Mitleid	**sympathy**	**Sympathie**	(*Zuneigung*) liking
Tablette	**tablet**	**Tablett**	tray
Geschmack	**taste**	**Taste**	key
Landstreicher(in)	**tramp**	**Tramper(in)**	hitchhiker
Leichenbestatter	**undertaker**	**Unternehmer(in)**	employer
gefühllos	**unsympathetic**	**unsympathisch**	unpleasant
Unterhemd	**vest** GB	**Weste**	(*Herren-*) waistcoat; (*Strick-*) cardigan
Lagerhaus	**warehouse**	**Warenhaus**	(department) store
sich fragen	**to wonder**	**(sich) wundern**	to be surprised

Das englische Alphabet

Das englische Alphabet ist dem deutschen sehr ähnlich. Allerdings kommen im Englischen keine Umlaute, ä, ö und ü und kein ß vor. Die folgende Tabelle zeigt dir, wie jeder einzelne Buchstabe korrekt auf Englisch ausgesprochen wird.

a	b	c	d	e	f	g	h	i	j	k	l	m
[eɪ]	[biː]	[siː]	[diː]	[iː]	[ef]	[dʒiː]	[eɪtʃ]	[aɪ]	[dʒeɪ]	[keɪ]	[el]	[em]

n	o	p	q	r	s	t	u	v	w	x	y	z
[en]	[əʊ]	[piː]	[kjuː]	[ɑː]	[es]	[tiː]	[juː]	[viː]	['dʌbljuː]	[eks]	[waɪ]	[zed]

Wenn du ein deutsches Wort oder z. B. einen Namen, in dem Umlaute oder der Buchstabe ß vorkommen, auf Englisch buchstabieren willst, dann helfen dir die Übersetzungen aus dieser Tabelle.

ä	ö	ü	ß
eɪ-umlaut	əʊ-umlaut	juː-umlaut	eszett [es'zed]

Zahlwörter

Ganz egal, worüber man spricht oder wovon ein Text handelt, immer wieder kommen Zahlwörter vor. Wenn du also die folgenden Tabellen gründlich lernst, dann wirst du im Englischen mit Zahlwörtern nie Probleme haben.

null	0	nought, zero
eins	1	one
zwei	2	two
drei	3	three
vier	4	four
fünf	5	five
sechs	6	six
sieben	7	seven
acht	8	eight
neun	9	nine
zehn	10	ten
elf	11	eleven
zwölf	12	twelve
dreizehn	13	thirteen
vierzehn	14	fourteen
fünfzehn	15	fifteen
sechzehn	16	sixteen
siebzehn	17	seventeen
achtzehn	18	eighteen
neunzehn	19	nineteen
zwanzig	20	twenty
einundzwanzig	21	twenty-one
zweiundzwanzig	22	twenty-two
dreiundzwanzig	23	twenty-three
dreißig	30	thirty
einunddreißig	31	thirty-one
zweiunddreißig	32	thirty-two
vierzig	40	forty
einundvierzig	41	forty-one
fünfzig	50	fifty
einundfünfzig	51	fifty-one
sechzig	60	sixty
einundsechzig	61	sixty-one
siebzig	70	seventy
einundsiebzig	71	seventy-one
achtzig	80	eighty
einundachtzig	81	eighty-one
neunzig	90	ninety
einundneunzig	91	ninety-one
hundert	100	a [*oder* one] hundred
hundert(und)eins	101	hundred and one

hundert(und)zwei	102	hundred and two
hundert(und)zehn	110	hundred and ten
zweihundert	200	two hundred
dreihundert	300	three hundred
vierhundert(und)einundfünfzig	451	four hundred and fifty-one
tausend	1000	a [*oder* one] thousand
zweitausend	2000	two thousand
zehntausend	10 000	ten thousand
eine Million	1 000 000	a [*oder* one] million
zwei Millionen	2 000 000	two million
eine Milliarde	1 000 000 000	a [*oder* one] billion
eine Billion	1 000 000 000 000	a [*oder* one] trillion

Die Ordnungszahlen
Ordinal numbers

erste	1.	1st	first
zweite	2.	2nd	second
dritte	3.	3rd	third
vierte	4.	4th	fourth
fünfte	5.	5th	fifth
sechste	6.	6th	sixth
siebente	7.	7th	seventh
achte	8.	8th	eighth
neunte	9.	9th	ninth
zehnte	10.	10th	tenth
elfte	11.	11th	eleventh
zwölfte	12.	12th	twelfth
dreizehnte	13.	13th	thirteenth
vierzehnte	14.	14th	fourteenth
fünfzehnte	15.	15th	fifteenth
sechzehnte	16.	16th	sixteenth
siebzehnte	17.	17th	seventeenth
achtzehnte	18.	18th	eighteenth
neunzehnte	19.	19th	nineteenth
zwanzigste	20.	20th	twentieth
einundzwanzigste	21.	21st	twenty-first
zweiundzwanzigste	22.	22nd	twenty-second
dreiundzwanzigste	23.	23rd	twenty-third
dreißigste	30.	30th	thirtieth
einunddreißigste	31.	31st	thirty-first
vierzigste	40.	40th	fortieth
einundvierzigste	41.	41st	forty-first
fünfzigste	50.	50th	fiftieth
einundfünfzigste	51.	51st	fifty-first
sechzigste	60.	60th	sixtieth
einundsechzigste	61.	61st	sixty-first
siebzigste	70.	70th	seventieth

einundsiebzigste	71.	71st	seventy-first
achtzigste	80.	80th	eightieth
einundachtzigste	81.	81st	eighty-first
neunzigste	90.	90th	ninetieth
hundertste	100.	100th	(one) hundredth
hundertunderste	101.	101st	hundred and first
zweihundertste	200.	200th	two hundredth
dreihundertste	300.	300th	three hundredth
vierhundert(und)einund-fünfzigste	451.	451st	four hundred and fifty-first
tausendste	1000.	1000th	(one) thousandth
tausend(und)einhundertste	1100.	1100th	thousand and (one) hundredth
zweitausendste	2000.	200th	two thousandth
einhunderttausendste	100 000.	100 000th	(one) hundred thousandth
millionste	1 000 000.	1 000 000th	millionth
zehnmillionste	10 000 000.	10 000 000th	ten millionth

Die Bruchzahlen

Fractions

ein halb	$^1/_2$		one [*oder* a] half
ein Drittel	$^1/_3$		one [*oder* a] third
ein Viertel	$^1/_4$		one [*oder* a] quarter
ein Fünftel	$^1/_5$		one [*oder* a] fifth
ein Zehntel	$^1/_{10}$		one [*oder* a] tenth
ein Hundertstel	$^1/_{100}$		one hundredth
ein Tausendstel	$^1/_{1000}$		one thousandth
ein Millionstel	$^1/_{1000000}$		one millionth
zwei Drittel	$^2/_3$		two thirds
drei Viertel	$^3/_4$		three quarters
zwei Fünftel	$^2/_5$		two fifths
drei Zehntel	$^3/_{10}$		three tenths
anderthalb	$1^1/_2$		one and a half
zwei(und)einhalb	$2^1/_2$		two and a half
fünf drei achtel	$5^3/_8$		five and three eighths
eins Komma eins	1,1	1.1	one point one
zwei Komma drei	2,3	2.3	two point three

Vervielfältigungszahlen

Multiples

einfach	single		vierfach	fourfold, quadruple
zweifach	double		fünffach	fivefold
dreifach	threefold, treble, triple		hundertfach	(one) hundredfold

Mathematische Zeichen

Zusätzlich findest du hier die englischen Ausdrücke für die wichtigsten Mathematikzeichen.

Zeichen	Beispiel	Englisch	Deutsch
+	4 + 4 = 8	four plus four equal(s)/make(s) eight	vier plus vier ist/macht acht
-	6 - 2 = 4	six minus/less two equal(s)/make(s) four	sechs minus zwei ist/macht vier
× *oder* ·	3 × 2 = 6	three multiplied by two equal(s)/ make(s) six	drei mal zwei ist/macht sechs
÷ *oder* :	8 ÷ 2 = 4	eight divided by two equal(s)/make(s) four	acht geteilt durch 2 ist/macht vier
=	x = 9	x equals nine/x is equal to nine	x ist gleich neun
¼	x ≠ 9	x does not equal nine/x is not equal to nine	x ist ungleich neun
>	x > 5	x is greater than five	x ist größer als fünf
<	x < 5	x is less than five	x ist kleiner als fünf

Lerntipp:

So kannst du Englisch und Mathe ganz leicht verbinden: Versuche beim Rechnen einfach alles was du schreibst, auf Englisch mitzusprechen. Das ist am Anfang gar nicht so einfach, ist aber ein super Training.

Britische und amerikanische Maße und Gewichte

In England und Amerika wird in anderen Einheiten gemessen und gewogen, als du es gewohnt bist. Damit du weißt, was gemeint ist, wenn von *yards*, *inches*, *acres* oder *gallons* die Rede ist, bietet dir dein Wörterbuch die folgenden Übersichtstabellen. Hier siehst du das Verhältnis der einzelnen Einheiten untereinander und immer auch eine Umrechnung in die dir vertrauten Maßeinheiten.

Längenmaße

Linear Measures

1 inch (in) 1″		= 2,54 cm
1 foot (ft) 1′	= 12 inches	= 30,48 cm
1 yard (yd)	= 3 feet	= 91,44 cm
1 mile (m)	= 1760 yards	= 1,609 km

Nautische Maße

Nautical Measures

1 nautical, sea mile	= 10 cables	= 1,852 km

Flächenmaße

Square Measures

1 square inch		= 6,452 cm^2
1 square foot	= 144 sq inches	= 929,029 cm^2
1 square yard	= 9 sq feet	= 0,836 m^2
1 acre	= 4840 sq yards	= 40,47 Ar
1 square mile	= 640 acres	= 2,59 km^2

Raummaße

Cubic Measures

1 cubic inch		= 16,387 cm^3
1 cubic foot	= 1728 cu inches	= 0,028 m^3
1 cubic yard	= 27 cu feet	= 0,765 m^3

Britische Flüssigkeitsmaße

Liquid Measures of Capacity

1 pint (pt)	= 4 gills	= 0,568 l
1 quart (qt)	= 2 pints	= 1,136 l
1 gallon (gal)	= 4 quarts	= 4,546 l
1 barrel	= *(für Öl)* 35 gallons	= 159,106 l
	(Bierbrauerei) 36 gallons	= 163,656 l

Amerikanische Flüssigkeitsmaße

Liquid Measures of Capacity

1 pint	= 4 gills	= 0,473 l
1 quart	= 2 pints	= 0,946 l
1 gallon	= 4 quarts	= 3,785 l
1 barrel	= *(für Öl)* 42 gallons	= 159,106 l

Handelsgewichte

Avoirdupois Weights

1 ounce (oz)	= 16 drams	= 28,35 g
1 pound (lb)	= 16 ounces	= 453,59 g
1 stone	= 14 pounds	= 6,348 kg
1 quarter	= 28 pounds	= 12,701 kg
1 hundredweight (cwt)	= (GB *long cwt*) 112 pounds	= 50,8 kg
	(USA *short cwt*) 100 pounds	= 45,36 kg
1 ton	= (GB *long ton*) 20 cwt	= 1016 kg
	(USA *short ton*) 2000 pounds	= 907,185 kg

Temperaturumrechnung

Wie warm oder kalt es ist, wird in England und Amerika nicht in °C (Grad Celsius) angegeben. In der englischsprachigen Welt wird die Temperatur in der Einheit °F (Grad Fahrenheit) gemessen. Wenn dir also z. B. in England jemand sagt, dass es morgen 68 Grad warm wird, dann brauchst du keine Angst zu haben. Wie du aus der folgenden Tabelle leicht ablesen kannst, entsprechen 68 °F angenehmen 20 °C.

Um selbst Temperaturen von °C nach °F und umgekehrt umrechnen zu können, findest du hier auch die entsprechenden Formeln.

Fahrenheit (°F)	0	32	50	70	90	98,6	212
Celsius (°C)	-17,8	0	10	21,1	32,2	37	100

zur Umrechnung 32 abziehen und durch 1,8 teilen

Celsius (°C)	-10	0	10	20	30	37	100
Fahrenheit (°F)	14	32	50	68	86	98,6	212

zur Umrechnung mit 1,8 multiplizieren und 32 addieren

Die Uhrzeit

What time is it?
Wie spät ist es?

5:15	It's (**a**) **quarter past five**.	It's **fifteen minutes past five**.	It's **five fifteen**.
8:25	It's **twenty-five past eight**.	It's **twenty-five minutes past eight**.	It's **eight twenty-five**.
9:30	It's **half past nine**.	It's **nine thirty**.	
11:10	It's **ten past eleven**.	It's **ten minutes past eleven**.	It's **eleven ten** precisely.
11:40	It's **twenty to twelve**.	It's **twenty minutes to twelve**.	It's **eleven forty**.
13:45	It's **(a) quarter to two**.	It's **fifteen minutes to two**.	It's **one forty-five**.
17:55	It's **five to six**.	It's **five minutes to six**.	It's **five fifty-five**.

Bildquellen

II PC: Fotolia (TAlex), New York; II Laptop: Fotolia (Maksym Yemelyanov), New York; II Webcam: Thinkstock (schamie), München; II MP3-Player: Fotolia (pizuttipics), New York; II Lautsprecher: Fotolia (Artur Synenko), New York; II Handy: Fotolia (RTimages), New York; II USB-Stick: Fotolia (heigri), New York; II Smartphone: Fotolia (Andrew Barker), New York; II Drucker: Fotolia (sonne fleckl), New York; II Kopfhörer: Fotolia (Vitas), New York; II Scanner: Fotolia (Lusoimages), New York; II Tonerkartusche,: Fotolia (Klaus Eppele), New York; III Textmarker: Fotolia (Africa Studio), New York; III Schultasche: iStockphoto (artisteer), Calgary, Alberta; III Winkelmesser: iStockphoto (RusN), Calgary, Alberta; III Zirkel: iStockphoto (ChuckSchugPhotography), Calgary, Alberta; III Geodreieck: iStockphoto (Zocha_K), Calgary, Alberta; III Lineal: iStockphoto (Armin Staudt), Calgary, Alberta; III Filzstifte: iStockphoto (nongnewnun12), Calgary, Alberta; III Füller: iStockphoto (sabinadimitriu), Calgary, Alberta; III Federmäppchen: iStockphoto (hatman12), Calgary, Alberta; III Tacker: Fotolia (Rulan), New York; III Tesafilm: Fotolia (Diana Taliun), New York; III Locher: Fotolia (interklicks), New York; III Taschenrechner: Fotolia (robert), New York; IV Geschirrtuch: Fotolia (kornienko), New York; IV Mixer: Fotolia (mariocigic), New York; IV Schöpfkelle: Fotolia (nito), New York; IV Küchenmaschine: Thinkstock (Vitaliy Pakhnyushchyy), München; IV Kochlöffel: Fotolia (Schwoab), New York; IV Bratpfanne: Fotolia (cretolamna), New York; IV Handrührgerät: Fotolia (Denis Gladkiy), New York; IV Pürierstab: Fotolia (Alexander Morozov), New York; IV Kaffeemaschine: Fotolia (Alexander Morozov), New York; IV Wasserkocher: Fotolia (Sergii Moscaliuk), New York; IV Kochtopf: Fotolia (karandaev), New York; IV Mikrowelle: Fotolia (mrgarry), New York; IV Toaster: Fotolia (okinawakasawa), New York; IV Einbauküche: Fotolia (stock_for_free), New York; V Tablett: Fotolia (Kitch Bain), New York; V Flaschenöffner: iStockphoto (Libortom), Calgary, Alberta; V Tasse und Untertasse: iStockphoto (VSanandhakrishna), Calgary, Alberta; V Korkenzieher: Fotolia (Africa Studio), New York; V Becher: iStockphoto (design56), Calgary, Alberta; V Käsemesser: Fotolia (Lightzoom), New York; V Tischgedeck: Fotolia (Africa Studio), New York; V Steakmesser: Fotolia (Schlierner), New York; V Zahnstocher: Fotolia (Fotofermer), New York; V Karaffe: Fotolia (Coprid), New York; V Dosenöffner: Fotolia (cretolamna), New York; V Schüssel: Fotolia (Vitaly Korovin), New York; V Stäbchen: iStockphoto (gsermek), Calgary, Alberta; VI Ananas: Fotolia (Oleksiy Ilyashenko), New York; VI Birne: Fotolia (valeriy555), New York; VI Banane: Fotolia (valeriy555), New York; VI Erdbeere: Fotolia (azureus70), New York; VI Kiwi: Fotolia (valeriy555), New York; VI Weintraube: Fotolia (valeriy555), New York; VI Zitrone: iStockphoto (mariusFM77), Calgary, Alberta; VI Orange: iStockphoto (ValentynVolkov), Calgary, Alberta; VI Apfel: Fotolia (valeriy555), New York; VI Kirsche: Fotolia (valeriy555), New York; VI Mango: Fotolia (Natika), New York; VI Pflaume: Fotolia (valeriy555), New York; VI rote/schwarze Johannisbeeren: Fotolia (azureus70), New York; VI Kokosnuss: Fotolia (valeriy555), New York; VII Kartoffel: iStockphoto (kaanates), Calgary, Alberta; VII grüne Bohne: Fotolia (Zbyszek Nowak), New York; VII Olive: Fotolia (valeriy555), New York; VII Mais: Fotolia (valeriy555), New York; VII Tomate: Fotolia (valeriy555), New York; VII Aubergine: Fotolia (valeriy555), New York; VII Brokkoli: iStockphoto (kaanates), Calgary, Alberta; VII Paprika: Fotolia (valeriy555), New York; VII Radieschen: Fotolia (valeriy555), New York; VII Gurken: Fotolia (valeriy555), New York; VII Champignon: Fotolia (Natika), New York; VII Kopfsalat: Fotolia (jerome signoret), New York; VII Zwiebel: iStockphoto (ValentynVolkov), Calgary, Alberta; VII Kohlrabi: Fotolia (Natika), New York; VII Zucchini: Fotolia (silencefoto), New York; VII Kürbis: Fotolia (Malyshchyts Viktar), New York; VII Lauch: Fotolia (volga1971), New York; VII Spargel: Fotolia (marrfa), New York; VII Fenchel: Fotolia (Jessmine), New York; VII Karotten: iStockphoto (egal),

Calgary, Alberta; VIII Bluse: Fotolia (okinawakasawa), New York; VIII Hemd: iStockphoto (DonNichols), Calgary, Alberta; VIII Wintermantel: iStockphoto (adisa), Calgary, Alberta; VIII Rock: Fotolia (cedrov), New York; VIII Pyjama: Fotolia (nito), New York; VIII Trägertop: Fotolia (ludmilafoto), New York; VIII Strickjacke: Thinkstock (Alexandru Chiriac), München; VIII Boxershorts: iStockphoto (romikmk), Calgary, Alberta; VIII T-Shirt: Fotolia (BEAUTYofLIFE), New York; VIII Bikini: Fotolia (Alexandra Karamyshev), New York; VIII Shorts: Fotolia (Khvost), New York; VIII kurze Hose: iStockphoto (Tarzhanova), Calgary, Alberta; VIII Büstenhalter/BH: Fotolia (Robert Lehmann), New York; VIII Leggings: Fotolia (Elnur), New York; VIII Slip: Fotolia (Ruslan Kudrin), New York; VIII Kleid: Fotolia (Alexandra Karamyshev), New York; VIII Hose: iStockphoto (pioneer111), Calgary, Alberta; VIII Badehose: iStockphoto (LeventKonuk), Calgary, Alberta; VIII Pullover: iStockphoto (Grape_vein), Calgary, Alberta; VIII Jacke: Fotolia (BEAUTYofLIFE), New York; IX Sonnenbrille: Fotolia (Jiri Hera), New York; IX Rucksack: Fotolia (Andrew Buckin), New York; IX Strumpfhose: Fotolia (Elnur), New York; IX Uhr: Fotolia (Cobalt), New York; IX Handschuh: Fotolia (adisa), New York; IX Ballerina: Fotolia (lalouetto), New York; IX Regenschirm: Fotolia (Artem Merzlenko), New York; IX Socke: Fotolia (Liaurinko), New York; IX Gürtel: Fotolia (Jiri Hera), New York; IX Gummistiefel: Fotolia (PRILL Mediendesign), New York; IX Flip-Flop: Fotolia (Africa Studio), New York; IX Halskette: Fotolia (Unclesam), New York; IX Schal: Fotolia (Shariff Che'Lah), New York; IX Turnschuh: Fotolia (humbak), New York; IX Sandale: Fotolia (adisa), New York; IX Hut: Fotolia (Little_wine_fly), New York; IX Mütze: Fotolia (Kira Nova), New York; IX Kappe: iStockphoto (jml5571), Calgary, Alberta; IX Brille: Fotolia (rangizzz), New York; IX Geldbeutel: iStockphoto (valio84sl), Calgary, Alberta; X Dudelsack: Fotolia (photlook), New York; X Harfe: Fotolia (scalaphotography), New York; X akustische Gitarre: Fotolia (Brian Jackson), New York; X Querflöte: Fotolia (MUE), New York; X Akkordeon: Fotolia (Klaus Eppele), New York; X Fagott: Fotolia (MUE), New York; X Horn: Fotolia (deusexlupus), New York; X Tuba: Fotolia (alephcomo1), New York; X Cello: Fotolia (cynoclub), New York; X Saxofon: Fotolia (Henry Schmitt), New York; X Oboe: Fotolia (MUE), New York; X Posaune: Fotolia (Henry Schmitt), New York; X Trompete: Fotolia (Henry Schmitt), New York; X Flügel: Fotolia (venusangel), New York; X Mundharmonika: Fotolia (Denis Ivatin), New York; X Panflöte: Fotolia (Distrikt3), New York; X elektrische Gitarre: Fotolia (mekcar), New York; X Geige: Fotolia (Klaus Eppele), New York; X Klarinette: Fotolia (apops), New York; X Rassel: Fotolia (Constantinos), New York; XI Musikfestival: Thinkstock (A J James), München; XI Bongos: Fotolia (ILYA AKINSHIN), New York; XI Triangel: Thinkstock (egal), München; XI Schlagzeugstock: Fotolia (Lucky Dragon USA), New York; XI Rockkonzert: Fotolia (Andrey Armyagov), New York; XI Schlagzeug: Fotolia (ReMuS), New York; XI Becken: Fotolia (cjansuebsri), New York; XI Noten: Thinkstock (photoknot), München; XI Tamburin: Fotolia (Maruba), New York; XI Mischpult: Fotolia (bizoo_n), New York; XI Kesselpauke: Fotolia (dvs71), New York; XI Konzerthalle: Thinkstock (toxawww), München; XI Fans: Fotolia (G.Light), New York; XII Badmintonschläger: Fotolia (by-studio), New York; XII Baseballschläger: Fotolia (Kelpfish), New York; XII Fussball: Thinkstock (igorkov), München; XII Tischtennisschläger: Fotolia (PinkBlue), New York; XII Vorhand: Fotolia (Nicholas Piccillo), New York; XII Hockeyschläger: Fotolia (Igor Sokolov), New York; XII Schwimmerin: Fotolia (Andres Rodriguez), New York; XII Baseballhandschuh: Fotolia (Africa Studio), New York; XII Puck: Fotolia (piai), New York XII Skiläufer: Fotolia (dell), New York

Bildteil

Gehörst du auch zu den vielen Menschen, die mit Hilfe von Bildern besonders gut lernen können? Auf den folgenden Seiten findest du Bildersammlungen und englische Wörter zu wichtigen Alltagsbereichen.
Mit diesen 10 Themenseiten kannst du deinen Wortschatz leicht erweitern, da du immer gleich eine bunte Vorstellung von dem, was du lernen willst, im Kopf hast.

der Desktop-Computer
desktop computer
[ˌdesktɒp kəmˈpjuːtəʳ]

die USB-Schnittstelle
USB-interface
[ˌjuːesˈbiː ˈɪntəfeɪs]

das CD/DVD-Laufwerk
CD/DVD drive
[ˌsiːˈdiː/ˌdiːviːˈdiː draɪv]

die Tastatur
keyboard
[ˈkiːbɔːd]

der Bildschirm
screen
[skriːn]

die Maus
mouse
[maʊs]

das Scrollrad
scroll wheel
[ˈskrəʊl wiːl]

der Scanner
scanner
[ˈskænəʳ]

der Laserdrucker
laser printer
[ˈleɪzəʳ ˌprɪntəʳ]

die Tonerkartusche
ink cartridge
[ˈɪŋk ˌkɑːtrɪdʒ]

der/das Laptop
laptop
[ˈlæptɒp]

das Smartphone
smartphone
[ˈsmɑːtfəʊn]

der USB-Stick
USB flash drive
[ˌjuːesˈbiː ˈflæʃ draɪv]

der Lautsprecher
loudspeaker
[laʊdˈspiːkəʳ]

die Webcam
webcam
[ˈwebkæm]

der Touchscreen
touchscreen
[ˈtʌtʃˌskriːn]

das Handy
mobile phone
[ˌməʊbaɪl ˈfəʊn]

der MP3-Player
MP3 player
[ˌempiːˈθriː ˌpleɪəʳ]

der Kopfhörer
headphones
[ˈhedfəʊns]

die Schere
scissors
[ˈsɪzəz]

der Textmarker
highlighter
[ˈhaɪlaɪtəʳ]

der Farbstift
coloured pencil
[kʌləd ˈpensəl]

das Notizbuch
notebook
[ˈnəʊtbʊk]

die Haftnotiz
self-adhesive note
[selfədˌhi:sɪv ˈnəʊt]

der Haftstreifen
self-adhesive strip
[selfədˌhi:sɪv ˈstrɪp]

der Bleistiftspitzer
pencil sharpener
[ˈpen(t)sᵊl ˌʃɑ:pənəʳ]

der Bleistift
pencil
[ˈpensəl]

der Radiergummi
eraser
[ɪˈreɪzəʳ]

der Kugelschreiber
ballpoint
[ˈbɔ:lpɔɪnt]

die Büroklammer
paper clip
[ˈpeɪpəʳ klɪp]

die Reißzwecke
drawing pin
[ˈdrɔ:ɪŋ pɪn]

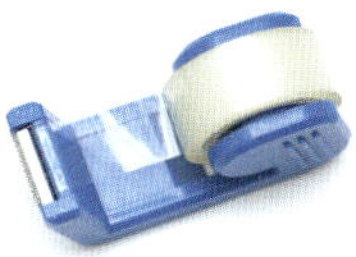

der Tesafilm®
Sellotape®
[ˈseləteɪp]

der Tacker
stapler
[ˈsteɪpləʳ]

der Locher
hole punch
[ˈhəʊl pʌnʃ]

der Taschenrechner
pocket calculator
[ˌpɒkɪt ˈkælkjəleɪtəʳ]

das Federmäppchen
pencil case
[ˈpen(t)sᵊlkeɪs]

der Füller
fountain pen
[ˈfaʊntɪnpen]

der Filzstift
felt-tip pen
[felt tɪp ˈpen]

die Schultasche
schoolbag
[ˈsku:lbæg]

das Lineal
ruler
[ˈru:ləʳ]

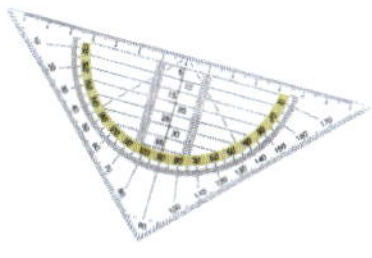

das Geodreieck
set square
[ˈsetskweəʳ]

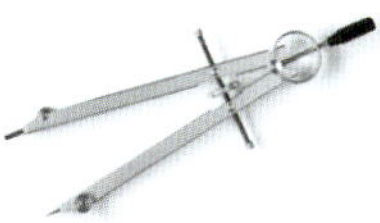

der Zirkel
compass
[ˈkʌmpəs]

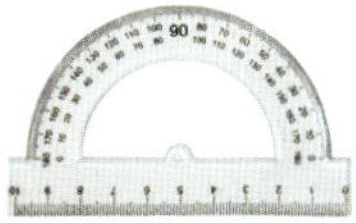

der Winkelmesser
protractor
[prəʊˈtræktəʳ]

die Einbauküche
fitted kitchen
[fɪtɪd ˈkɪtʃɪn]

die Dunstabzugshaube
extractor hood
[ɪkˈstræktəʳ hʊd]

der Herd
stove
[stəʊv]

der Kühlschrank
fridge
[frɪdʒ]

der Gefrierschrank
freezer
[ˈfriːzəʳ]

der Backofen
oven
[ˈʌvən]

das Geschirrtuch
tea towel
[ˈtiː taʊəl]

das Spülbecken
sink
[sɪŋk]

die Schublade
drawer
[ˈdrɔːʳ]

die Spülmaschine
dishwasher
[ˈdɪʃwɒʃəʳ]

die Schöpfkelle
ladle
[ˈleɪdl̩]

die Kaffeemaschine
coffee machine
[ˈkɒfiː məˌʃiːn]

der Toaster
toaster
[ˈtəʊstəʳ]

das Handrührgerät
hand mixer
[hænd ˈmɪksəʳ]

die Bratpfanne
frying pan
[ˈfraɪɪŋ pæn]

der Wasserkocher
electric kettle
[ɪˌlektrɪk ˈketl̩]

der Kochtopf
saucepan
[ˈsɔːspən]

der Kochlöffel
wooden spoon
[ˌwʊdən ˈspuːn]

der Pürierstab
hand-held blender
[ˌhændheld ˈblendəʳ]

der Mixer
blender
[ˈblendəʳ]

die Mikrowelle
microwave
[ˈmaɪkrəweɪv]

die Küchenmaschine
food processor
[ˈfuːd prəʊsesəʳ]

die Serviette
napkin
[ˈnæpkɪn]

die Gabel
fork
[fɔːk]

die Tischdecke
table cloth
[ˈteɪbl ˌklɒθ]

der Essteller
dinner plate
[ˈdɪnəʳ pleɪt]

das Wasserglas
water glass
[ˈwɔːtəʳ glɑːs]

das Weinglas
wine glass
[ˈwaɪn glɑːs]

der Dessertlöffel
dessert spoon
[dɪˈzɜːt spuːn]

der Suppenlöffel
soup spoon
[ˈsuːp spuːn]

das Messer
knife
[naɪf]

die Schüssel
bowl
[bəʊl]

die Karaffe
carafe
[kəˈræf]

das Steakmesser
steak knife
[ˈsteɪk naɪf]

der Zahnstocher
toothpick
[ˈtuːθpɪk]

das Tablett
tray
[treɪ]

der Korkenzieher
corkscrew
[ˈkɔːkskruː]

das Käsemesser
cheese knife
[ˈtʃiːz naɪf]

das Stäbchen
chopstick
[ˈtʃɒpstɪk]

der Dosenöffner
tin opener
[ˈtɪn əʊpənəʳ]

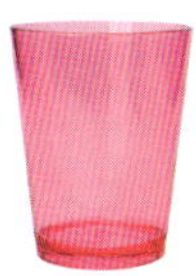

der Becher
mug
[mʌg]

die Tasse und
die Untertasse
cup and saucer
[kʌp] [ˈsɔːsəʳ]

der Flaschenöffner
bottle opener
[ˈbɒtl̩əʊpənəʳ]

die Erdbeere
strawberry
[ˈstrɔ:bəri]

die Himbeere
raspberry
[ˈrɑ:zbəri]

die Brombeere
blackberry
[ˈblækbəri]

die Heidelbeere
blueberry
[ˈblu:bəri]

die roten Johannisbeeren
redcurrants
[ˈredˌkʌrənts]

die schwarzen Johannisbeeren
blackcurrants
[ˈblækˌkʌrənts]

der Apfel
apple
[ˈæpl̩]

die Birne
pear
[peəʳ]

die Pflaume
plum
[plʌm]

die Kirsche
cherry
[ˈtʃeri]

die Weintraube
grape
[greɪp]

die Banane
banana
[bəˈnɑ:nə]

die Zitrone
lemon
[ˈlemən]

die Orange
orange
[ˈɒrɪndʒ]

die Ananas
pineapple
[ˈpaɪnæpl̩]

die Kiwi
kiwi
[ˈki:wi:]

die Mango
mango
[ˈmæŋgəʊ]

die Kokosnuss
coconut
[ˈkəʊkənʌt]

die Kartoffel
potato
[pəˈteɪtəʊ]

die Zucchini
courgette
[kɔːˈʒet]

die Aubergine
aubergine
[ˈəʊbəʒiːn]

die Tomate
tomato
[təˈmɑːtəʊ]

die grüne Bohne
green bean
[griːn ˈbiːn]

die Olive
olive
[ˈɒlɪv]

die Gurke
cucumber
[ˈkjuːkʌmbəʳ]

der Kürbis
pumpkin
[ˈpʌmpkɪn]

der Kopfsalat
lettuce
[ˈletɪs]

der Champignon
button mushroom
[ˌbʌtən ˈmʌʃrʊm]

der Mais
sweetkorn
[ˈswiːtkɔːn]

der Lauch
leek
[liːk]

der/die Paprika
sweet pepper
[ˌswiːt ˈpepəʳ]

der Spargel
asparagus
[əˈspærəgəs]

der Kohlrabi
kohlrabi
[ˌkəʊlˈrɑːbi]

das Radieschen
radish
[ˈrædɪʃ]

der Fenchel
fennel
[ˈfenəl]

die Karotte
carrot
[ˈkærət]

die Zwiebel
onion
[ˈʌnjən]

der Brokkoli
broccoli
[ˈbrɒkəli]

das T-Shirt
T-shirt
[ˈtiːʃɜːt]

der Schlafanzug
pyjamas
[pɪˈʤɑːməz]

der Pullover
jumper
[ˌʤʌmpəʳ]

das Kleid
dress
[dres]

der Wintermantel
winter coat
[ˈwɪntəʳ kəʊt]

das Hemd
shirt
[ʃɜːt]

das Trägertop
vest
[vest]

die Bluse
blouse
[blaʊz]

die Regenjacke
raincoat
[ˈreɪnkəʊt]

die Hose
trousers
[ˈtraʊzəz]

die Strickjacke
cardigan
[ˈkɑːdɪgən]

der Rock
skirt
[skɜːt]

die kurze Hose
shorts
[ʃɔːts]

die Boxershorts
boxers
[ˈbɒksəz]

die Shorts
shorts
[ʃɔːts]

die Badehose
swimming trunks
[ˈswɪmɪŋ trʌŋks]

der Bikini
bikini
[bɪˈkiːni]

der Büstenhalter/der BH
bra
[brɑː]

die Leggings
leggings
[ˈlegɪŋz]

der Slip
briefs
[briːfs]

der Sonnenhut
sun hat
[ˈsʌn hæt]

die Kappe
cap
[kæp]

die Brille
glasses
[ˈglɑːsɪz]

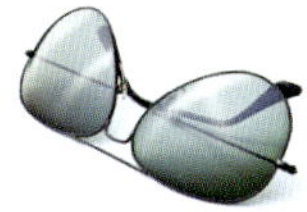

die Sonnenbrille
sunglasses
[ˈsʌnglɑːsɪz]

der Regenschirm
umbrella
[ʌmˈbrelə]

die Uhr
watch
[wɒtʃ]

der Handschuh
glove
[glʌv]

die Mütze
woolly hat
[wʊli ˈhæt]

die Halskette
necklace
[ˈnekləs]

die Sandale
sandal
[ˈsændəl]

der Ballerina
ballet flat
[ˈbæleɪ flæt]

der Gummistiefel
wellington boot
[welɪŋtən ˈbuːt]

der Gürtel
belt
[belt]

die Socke
sock
[sɒk]

der Schal
scarf
[skɑːf]

der Geldbeutel
purse (GB)
[pɜːs]

der Rucksack
rucksack
[ˈrʌksæk]

die Strumpfhose
tights
[taɪts]

der Turnschuh
plimsoll
[ˈplɪm(p)sᵊl]

der Flip-Flop®
flip-flop
[ˈflɪpflɔp]

das Cello
cello
[ˈtʃeləʊ]

die Geige
violin
[ˌvaɪəˈlɪn]

die akustische Gitarre
acoustic guitar
[əˌkuːstɪk gɪˈtɑːʳ]

die Harfe
harp
[hɑːp]

die elektrische Gitarre
electric guitar
[ɪˌlektrɪk gɪˈtɑːʳ]

die Rassel
maracas
[məˈrækəz]

die Tuba
tuba
[ˈtjuːbə]

die Posaune
trombone
[trɒmˈbəʊn]

das Fagott
bassoon
[bəˈsuːn]

die Oboe
oboe
[ˈəʊbəʊ]

das Horn
French horn
[fren(t)ʃ ˈhɔːn]

die Trompete
trumpet
[ˈtrʌmpɪt]

die Panflöte
pan pipes
[ˈpæn paɪps]

das Saxofon
saxophone
[ˈsæksəfəʊn]

die Klarinette
clarinet
[ˌklærɪˈnet]

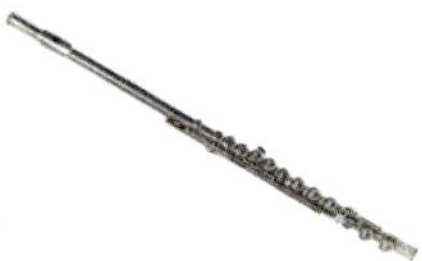

die Querflöte
flute
[fluːt]

die Mundharmonika
harmonica
[hɑːˈmɒnɪkə]

der Dudelsack
bagpipes
[ˈbægpaɪps]

das Akkordeon
accordion
[əˈkɔːdiən]

der Flügel
grand piano
[grænd piˈænəʊ]

das Schlagzeug
drum kit
[ˈdrʌm kɪt]

das Tamburin
tambourine
[ˌtæmbərˈiːn]

das Becken
cymbal
[ˈsɪmbəl]

die Kesselpauke
kettle drum
[ˈketl̩ drʌm]

die Noten
musical score
[ˈmjuːzikəl skɔːʳ]

der Schlagzeugstock
drumstick
[ˈdrʌmstɪk]

die Bongos
bongo drums
[ˈbɒŋgəʊ drʌmz]

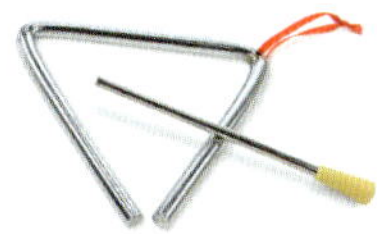

der/die/das Triangel
triangle
[ˈtraɪæŋgl̩]

das Rockkonzert
rock concert
[ˈrɒk ˌkɒnsət]

① *der Scheinwerfer*
spotlight
[ˈspɒtlaɪt]

② *das Mikrofon*
microphone
[ˈmaɪkrəfəʊn]

③ *der Bassist*
bass guitarist
[ˈbeɪs gɪˌtɑːrɪst]

④ *der Verstärker*
amplifier
[ˈæmplɪfaɪəʳ]

⑤ *der Gitarrist*
guitarist
[gɪˈtɑːrɪst]

⑥ *der Schlagzeuger*
drummer
[ˈdrʌməʳ]

⑦ *der Frontmann*
lead singer
[liːd ˈsɪŋəʳ]

die Konzerthalle
concert venue
[ˈkɒnsət ˌvenjuː]

die Fans
fans
[fænz]

das Musikfestival
music festival
[ˈmjuːzɪk ˌfestɪvəl]

das Mischpult
mixing desk
[ˈmɪksɪŋ desk]

der Fußball
football
[ˈfʊtbɔːl]

der Schienbeinschoner
shin guard
[ˈʃɪn ɡɑːd]

der Fußballschuh
football boot
[ˈfʊtbɔːl buːt]

der Tennisball
tennis ball
[ˈtenɪs ˌbɔːl]

der Tennisschläger
tennis racket
[ˈtenɪs ˌrækɪt]

der Badmintonschläger
badminton racket
[ˈbædmɪntən ˌrækɪt]

der Federball
shuttlecock
[ˈʃʌtl̩kɒk]

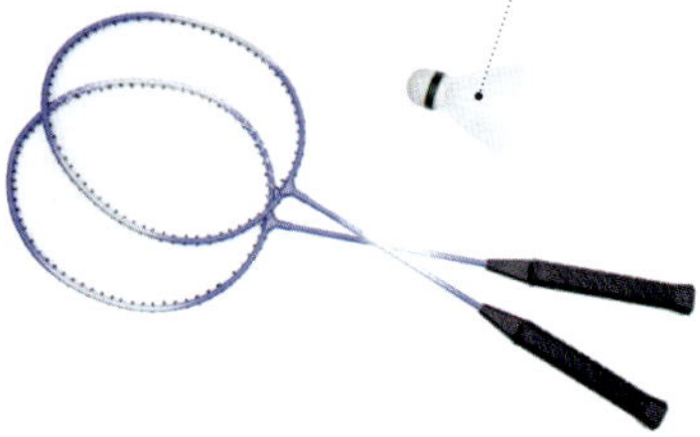

der Tischtennisschläger
table tennis bat
[ˈteɪbl̩ ˌtenɪs bæt]

der Tischtennisball
table tennis ball
[ˈteɪbl̩ ˌtenɪs bɔːl]

die Schwimmerin
swimmer
[ˈswɪməʳ]

die Badekappe
swimming cap
[ˈswɪmɪŋ ˌkæp]

der Schwimmanzug
swimming costume
[ˈswɪmɪŋ ˌkɒstjuːm]

die Schwimmbrille
goggles
[ˈɡɒɡl̩z]

der Sturzhelm
helmet
[ˈhelmət]

der Skistock
ski stick
[ˈskiː stɪk]

der Skistiefel
ski boot
[ˈskiː buːt]

der Skianzug
ski suit
[ˈskiː suːt]

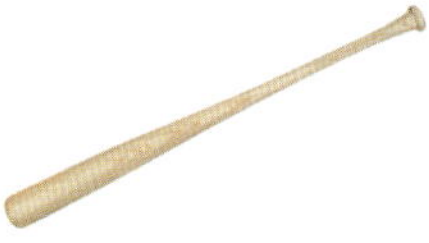

der Baseballschläger
baseball bat
[ˈbeɪsbɔːl bæt]

der Baseballhandschuh
baseball glove
[ˈbeɪsbɔːl ɡlʌv]

der Hockeyschläger
hockey stick
[ˈhɒki stɪk]

der Puck
puck
[pʌk]

Kartenteil

Englisch ist viel mehr als nur ein Unterrichtsfach in der Schule.
Diese Weltsprache wird jeden Tag von vielen hundert Millionen Menschen gesprochen.
Deshalb findest du in deinem Wörterbuch Karten, die dir die Länder zeigen, in denen Englisch die Hauptsprache ist, also England, die USA, Kanada und Australien.
Darüber hinaus gibt dir eine Weltkarte eine gute Übersicht darüber, wo überall auf der Welt Englisch gesprochen wird.
Und da dies ein englisch-deutsches Wörterbuch ist, bietet es dir auch Landkarten von Deutschland, Österreich und der Schweiz.

The English-Speaking World
Die englischsprachige Welt

1 : 89 000 000

0 1000 2000 3000 km
0 1000 2000 miles

- Countries where English is the official language
  Staaten, in denen Englisch die offizielle Landessprache ist
- Countries where English is one of the official languages
  Staaten, in denen Englisch eine der offiziellen Landessprachen ist

B.	BOTSWANA BOTSUANA
Br. V.	British Virgin Isla… Britische Jungfer… (U. K.)
C.	CAMEROON KAMERUN
G.	THE GAMBIA GAMBIA
Gi.	Gibraltar (U. K.)
Gu.	Guam (USA)

MIC. FEDERATED STATES OF MICRONESIA / FÖDERIERTE STAATEN VON MIKRONESIEN
N. Northern Mariana Is. / Nördliche Marianen (USA)
P. PAPUA NEW GUINEA / PAPUA NEUGUINEA
P. R. Puerto Rico (USA)
R. RWANDA / RUANDA
S. SINGAPORE / SINGAPUR
S. A. SOUTH AFRICA / SÜDAFRIKA
S. I. SOLOMON ISLANDS / SALOMONEN
S. L. SIERRA LEONE
ST K. ST KITTS AND NEVIS / ST. KITTS UND NEVIS
ST V. ST VINCENT AND THE GRENADINES / ST. VINCENT UND DIE GRENADINEN
U. UGANDA
Z. ZAMBIA / SAMBIA
ZI. ZIMBABWE / SIMBABWE

Countries in the Pacific Ocean:
Staaten im Pazifischen Ozean:

1 Midway (USA)
2 Hawaii (USA)
3 MARSHALL ISLANDS / MARSHALLINSELN
4 NAURU
5 KIRIBATI
6 TUVALU
7 SAMOA
8 FIJI / FIDSCHI
9 TONGA
10 COOK ISLANDS / COOKINSELN

British Isles
Britische Inseln
0 50 100 150 200 km
0 50 100 150 mi
Shetland Islands
Shetland-Inseln
Orkney Islands
Orkney-Inseln
Outer Hebrides
Äußere Hebriden
ATLANTIC OCEAN
ATLANTISCHER OZEAN
Spey
Scotland
Schottland
Tay
North Sea
Nordsee
Glasgow
Edinburgh
Tweed
North Channel/Nordkanal
UNITED KINGDOM
VEREINIGTES KÖNIGREICH
Northern Ireland
Nordirland
Belfast
Isle of Man
England
IRELAND
IRLAND
Irish Sea
Irische See
Dublin
Manchester
Liverpool
Shannon
Trent
Barrow
Suir
St George's Channel
St.-Georgs-Kanal
Wales
Birmingham
Ouse
Severn
Oxford
Thames
Themse
Cardiff
London
Isle of Wight
English Channel
Ärmelkanal
Scilly Isles
Scilly-Inseln
Channel Is. (U. K.)
Kanalinseln
Alderney
Guernsey
Sark
Jersey
FRANCE
FRANKREICH
Seine
60
57
54
51
9
6
3
0

Canada
Kanada

United States of America
Vereinigte Staaten von Amerika

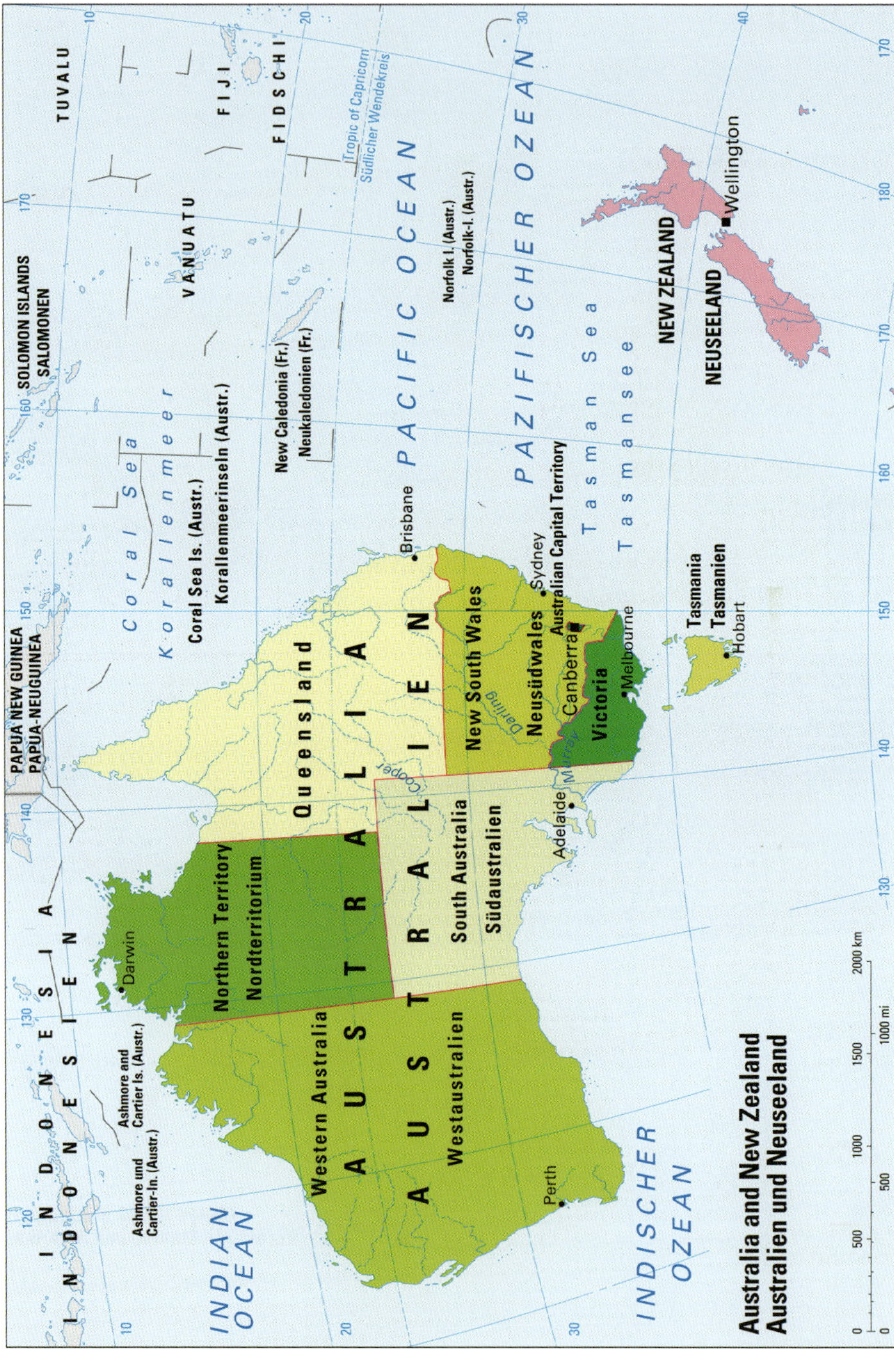
Australia and New Zealand
Australien und Neuseeland
INDONESIA
INDONESIEN
PAPUA NEW GUINEA
PAPUA-NEUGUINEA
SOLOMON ISLANDS
SALOMONEN
TUVALU
VANUATU
FIJI
FIDSCHI
Tropic of Capricorn
Südlicher Wendekreis
Coral Sea
Korallenmeer
Coral Sea Is. (Austr.)
Korallenmeerinseln (Austr.)
New Caledonia (Fr.)
Neukaledonien (Fr.)
Norfolk I. (Austr.)
Norfolk-I. (Austr.)
PACIFIC OCEAN
PAZIFISCHER OZEAN
Tasman Sea
Tasmansee
NEW ZEALAND
NEUSEELAND
Wellington
Ashmore and Cartier Is. (Austr.)
Ashmore und Cartier-In. (Austr.)
INDIAN OCEAN
INDISCHER OZEAN
AUSTRALIA
AUSTRALIEN
Darwin
Northern Territory
Nordterritorium
Queensland
Brisbane
Western Australia
Westaustralien
South Australia
Südaustralien
New South Wales
Neusüdwales
Australian Capital Territory
Sydney
Canberra
Victoria
Melbourne
Adelaide
Perth
Tasmania
Tasmanien
Hobart
Cooper
Darling
Murray
0 500 1000 1500 2000 km
0 500 1000 mi

DÄNEMARK
DENMARK
Nordsee
North Sea
Ostsee
Baltic Sea
Nordfriesische Inseln
North Frisian Islands
Rügen
Kiel
Schleswig-
Holstein
Ostfriesische Inseln
East Frisian Islands (zu/to Hamburg)
Mecklenburg-Vorpommern
Mecklenburg-West Pomerania
Schwerin
Hamburg
Hamburg
(zu/to Bremen)
Bremen
Bremen
Elbe
NIEDERLANDE
NETHERLANDS
POLEN
POLAND
Oder
Niedersachsen
Lower Saxony
Brandenburg
Berlin
Berlin
Potsdam
Hannover
Hanover
Sachsen-Anhalt
Saxony-Anhalt
Magdeburg
Weser
Nordrhein-Westfalen
North Rhine-Westphalia
Düsseldorf
Köln
Cologne
Elbe
Sachsen
Saxony
Dresden
Erfurt
Thüringen
Thuringia
Hessen
Hesse
BEL.
Rhein
Rhine
Rheinland-Pfalz
Rhineland-Palatinate
Wiesbaden
Mainz
Frankfurt
LUX.
TSCHECHISCHE REPUBLIK
CZECH REPUBLIC
Saarland
Saarbrücken
Bayern
Bavaria
Nürnberg
Nuremberg
Baden-Württemberg
Stuttgart
FRANKREICH
FRANCE
Donau
Danube
München
Munich
Rhein
Rhine
Bodensee
Lake Constance
SCHWEIZ
SWITZERLAND
L.
ÖSTERREICH
AUSTRIA
Deutschland
Germany
0 50 100 150 200 km
0 50 100 150 mi
BELG. BELGIEN BELGIUM
L. LIECHTENSTEIN
LUX. LUXEMBURG LUXEMBOURG

Österreich
Austria
0 25 50 75 km
0 25 50 mi
L. LIECHTENSTEIN
TSCHECHISCHE REP.
CZECH REP.
SLOWAKEI
SLOVAKIA
DEUTSCHLAND
GERMANY
Donau
Danube
Inn
Niederösterreich
Lower Austria
Wien
Vienna
St. Pölten
Linz
Oberösterreich
Upper Austria
Eisenstadt
Burgenland
Salzburg
Enns
Steiermark
Styria
Graz
Mur
UNGARN
HUNGARY
Bregenz
Vorarlberg
L.
Tirol
Tyrol
Innsbruck
Salzach
Kärnten
Carinthia
Klagenfurt
Drau
Drava
SCHWEIZ
SWITZERLAND
ITALIEN
ITALY
SLOWENIEN
SLOVENIA
KROATIEN
CROATIA

A. A.-R. Appenzell Ausser-Rhoden
Appenzell Outer Rhodes
A. I.-R. Appenzell Inner-Rhoden
Appenzell Inner Rhodes
B.-L. Basel-Landschaft
Basel District
B.-St. Basel-Stadt
Basel City
N. Neuenburg
Neuchâtel
Nidw. Nidwalden
Obw. Obwalden
S. Solothurn
Sch. Schaffhausen
DEUTSCHLAND
GERMANY
Rhein
Rhine
Sch.
Schaffhausen
Bodensee
Lake Constance
Basel
B.-St.
Liestal
B.-L.
Thurgau
Frauenfeld
Zürich
Zurich
Jura
Delémont
S.
Aare
Aarau
Aargau
St. Gallen
Herisau
A. A.-R.
Appenzell
A. I.-R.
Doubs
Solothurn
Zug
Schwyz
Luzern
Lucerne
Vierwaldstätter See
Lake Lucerne
Glarus
ÖSTERREICH
AUSTRIA
LIECHTENSTEIN
Neuenburg
Neuchâtel
N.
Neuenburger See
Lake Neuchâtel
Bern
Freiburg
Fribourg
Stans
Nidw.
Sarnen
Obw.
Altdorf
Uri
Chur
Coire
Inn
FRANKREICH
FRANCE
Waadt
Vaud
Lausanne
Graubünden
Grisons
Genfer See
Lake Geneva
Tessin
Ticino
Genf
Geneva
Sion
Rhône
Bellinzona
Wallis
Valais
Lago Maggiore
Lake Maggiore
Luganer See
Lake Lugano
Die Schweiz
Switzerland
ITALIEN
ITALY
0 25 50 75 km
0 25 50 mi

Inhalt und Aufbau Deutsch – Englisch

① Stichwort

② Angabe der Lautschrift bei Übersetzungen mit schwieriger Aussprache

③ Verschiedene Bedeutungen stehen auf einer neuen Zeile

④ Beispielsätze zeigen dir die typische Verwendung des Stichworts

eignen
① **sich eignen für/als** [*oder* **zu**] to be suitable ['su:təbl] for/as
② **er würde sich als Kindergärtner eignen** he'd make a good nursery school teacher

⑤ Der bestimmte Artikel – der, die oder das – vor jedem Stichwort gibt das Geschlecht an

⑥ Ein Warndreieck warnt dich vor typischen Fehlerquellen

⑦ Übersetzung

die **Halsschmerzen** sore throat ⚠ *Singular;* **Halsschmerzen haben** to have a sore throat ⚠ *Singular*

⑧ Hochgestellte Ziffern unterscheiden Wörter mit gleicher Schreibung voneinander

⑨ Bedeutungshinweise führen zur passenden Übersetzung

der **Strauß**¹ (*Blumenstrauß*) bunch of flowers
der **Strauß**² (*Laufvogel*) ostrich

⑩ Österreichische und schweizerdeutsche Wörter werden mit dem jeweiligen Länderkennzeichen markiert

⑪ Typisch britische oder amerikanische Wörter werden mit dem jeweiligen Länderkennzeichen markiert

das **Eiklar** Ⓐ egg white
der **Abfalleimer** rubbish bin (GB), trashcan (USA)

⑫ Infokästen zu

Kultur

der **Appetit** appetite (**auf** for); **Appetit bekommen** to get an appetite; …

Land und Leute
Im Englischen gibt es keinen entsprechenden Ausdruck für *„Guten Appetit"* oder *„Mahlzeit"*. Den Wunsch *„Enjoy your meal"* bekommt man nur in einem Restaurant zu hören. Zu Hause sagt man allenfalls *„Bon appétit!"*

Grammatik

das **Quiz** quiz [kwɪz]

Grammatik
Die Mehrzahl von **quiz** ist **quizzes**: *I like to do quizzes.*

falschen Freunden

bald
① (*gleich*) soon; **möglichst bald** as soon as possible; **bis bald!** see you soon!
② (*fast*) almost, nearly; **ich hab's bald geschafft!** I'm almost done!

Falsche Freunde
Das englische Wort **bald** bedeutet ‚mit wenig oder ohne Haare': *He started to go bald at the age of 46.*

Hinweise zu Fehlerquellen

die **Brille**
① (*Lesebrille*) glasses ⚠ *Plural;* **eine Brille tragen** to wear glasses
② (*Schutzbrille*) goggles ⚠ *Plural*
③ *von Toilettensitz:* [toilet] seat

Vorsicht Falle!
Das Wort **glasses** (= Brille) wird nur in der Mehrzahl gebraucht: *where* **are** *my glasses?*